U0922197

2012

JIANGXI NIANJIAN

江西年鉴

江 西 省 人 民 政 府 主 办

《江西年鉴》编辑委员会编

主　编　鹿心社

副主编　凌成兴

朱　虹

谭晓林

蔡玉峰

梅　宏

江 西 人 民 出 版 社

图书在版编目(CIP)数据

江西年鉴.2012 /《江西年鉴》编辑委员会编. --
南昌:江西人民出版社,2012.12
ISBN 978-7-210-05747-5

Ⅰ.①江… Ⅱ.①江… Ⅲ.①江西省-2012-年鉴
Ⅳ.①Z525.6

中国版本图书馆CIP数据核字(2012)第273080号

书名:《江西年鉴》2012
作者:江西省地方志编纂委员会办公室
责任编辑:蒯新民
封面设计:南昌怡和电脑设计公司
出版:江西人民出版社
发行:各地新华书店
地址:江西省南昌市三经路47号附1号
总编室电话:0791-86898825
发行部电话:0791-86898893
邮编:330006
网址:www.jxpph.com
E-mail:jxpph@tom.com web@jxpph.com
2012年12月第1版 2012年12月第1次印刷
开本:889毫米×1194毫米 1/16
印张:40.25
字数:1600千字
ISBN 978-7-210-05747-5
审图号:赣S(2012)38号
定价:260元
承印厂:江西龙莹印务有限公司

江西省测绘地理信息局编制

江西省测绘地理信息局编制

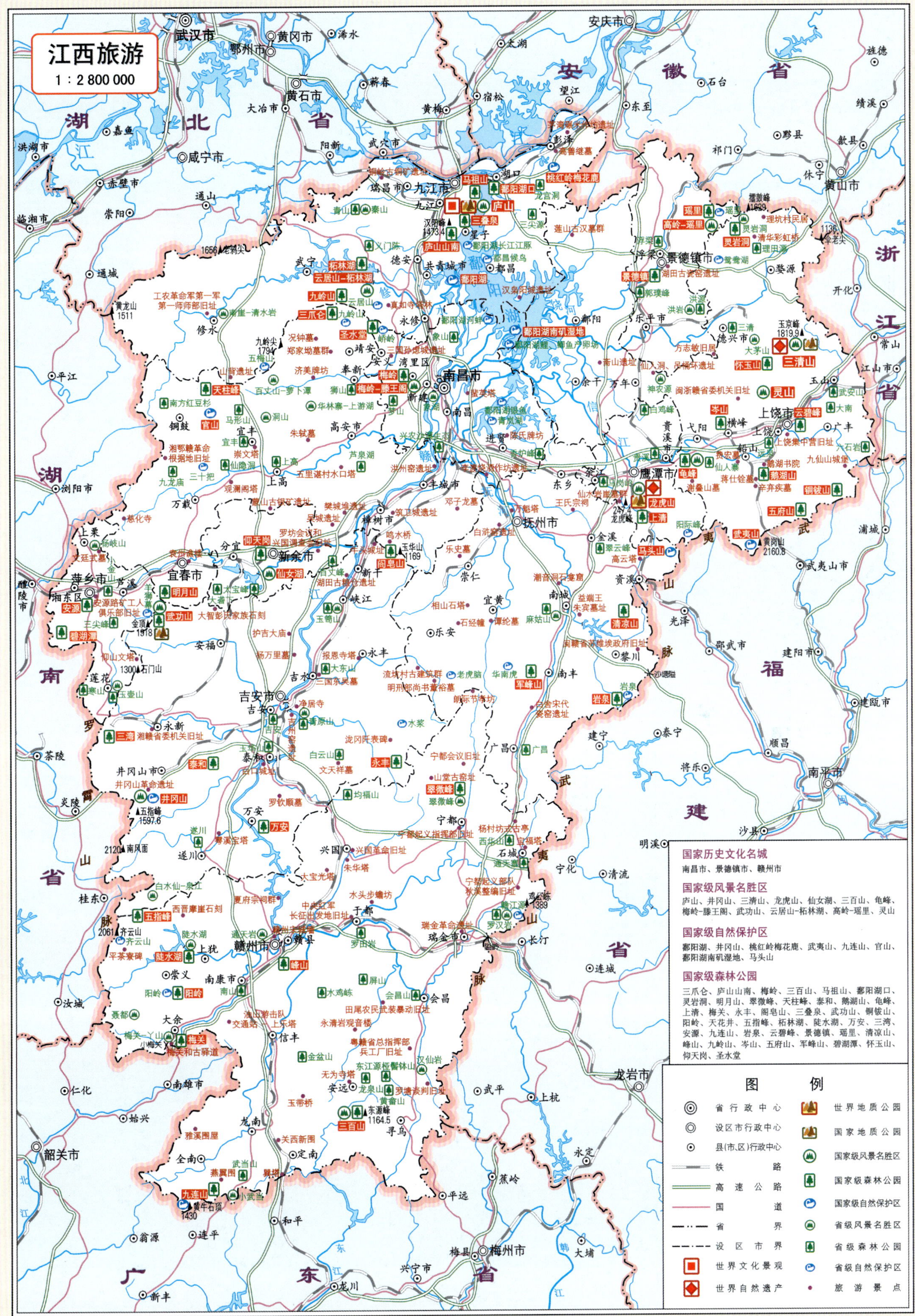
江西旅游
1：2 800 000
国家历史文化名城
南昌市、景德镇市、赣州市
国家级风景名胜区
庐山、井冈山、三清山、龙虎山、仙女湖、三百山、龟峰、梅岭-滕王阁、武功山、云居山-柘林湖、高岭-瑶里、灵山
国家级自然保护区
鄱阳湖、井冈山、桃红岭梅花鹿、武夷山、九连山、官山、鄱阳湖南矶湿地、马头山
国家级森林公园
三爪仑、庐山山南、梅岭、三百山、马祖山、鄱阳湖口、灵岩洞、明月山、翠微峰、天柱峰、泰和、鹅湖山、龟峰、上清、梅关、永丰、阁皂山、三叠泉、武功山、铜钹山、阳岭、天花井、五指峰、柘林湖、陡水湖、万安、三湾、安源、九连山、岩泉、云碧峰、景德镇、瑶里、清凉山、峰山、九岭山、岑山、五府山、军峰山、碧湖潭、怀玉山、仰天岗、圣水堂
图例
省行政中心
设区市行政中心
县(市、区)行政中心
铁路
高速公路
国道
省界
设区市界
世界文化景观
世界自然遗产
世界地质公园
国家地质公园
国家级风景名胜区
国家级森林公园
国家级自然保护区
省级风景名胜区
省级森林公园
省级自然保护区
旅游景点
江西省测绘地理信息局编制

温家宝同江西代表团共商国事

3月11日，中共中央政治局常委、国务院总理温家宝到出席十一届全国人大四次会议的江西代表团，同江西省全国人大代表一起审议政府工作报告，共商国事。

周　霖摄

温家宝在江西指导抗旱救灾工作

6月2日，中共中央政治局常委、国务院总理温家宝和中共中央政治局委员、国务院副总理回良玉，带着党中央、国务院对江西人民的关怀，亲临九江市永修县，亲切慰问抗旱一线的广大干部群众，深入旱灾最严重的地区，看望慰问受灾群众，指导抗旱救灾工作。省委书记苏荣、省委副书记鹿心社等陪同考察。图为温家宝在永修县鄱阳湖国家级自然保护区（吴城）考察旱情。

周　霖摄

● 贾庆林在江西调研

▶6月12～16日，中共中央政治局常委、全国政协主席贾庆林在江西调研，先后到景德镇、鹰潭、新余、宜春、萍乡、南昌等地，深入工厂企业、科技园区、农村乡镇，与广大干部群众共商科学发展大计。调研期间，贾庆林听取了江西省委、省政府的工作汇报，对江西近年来改革开放和现代化建设取得的成就给予充分肯定。图为贾庆林在江铜集团生产车间考察。

周　霖摄

● 回良玉在江西指导抗旱救灾工作

◀6月2日，中共中央政治局常委、国务院总理温家宝和中共中央政治局委员、国务院副总理回良玉，带着党中央、国务院对江西人民的关怀，亲临九江市永修县，亲切慰问抗旱一线的广大干部群众，深入旱灾最严重的地区，看望慰问受灾群众，指导抗旱救灾工作。省委书记苏荣、省委副书记鹿心社等陪同考察。图为回良玉在永修县鄱阳湖国家级自然保护区（吴城）考察旱情。

周　霖摄

● 刘云山参观中央苏区革命传统主题展览

◀7月5日，中共中央政治局委员、中央书记处书记、中宣部部长刘云山在省领导傅克诚、刘上洋、史文清等陪同下，参观在国家博物馆举行的中央苏区革命传统主题展览。

海 波摄

● 刘延东出席全国第七届城市运动会开幕式

◀10月16～25日，中华人民共和国第七届城市运动会在南昌举行，中共中央政治局委员、国务委员刘延东出席开幕式并宣布七城会开幕。

周 霖摄

● 李源潮在江西调研

▶3月18～19日，中共中央政治局委员、中央书记处书记、中央组织部部长李源潮在江西调研县乡党委换届工作，省领导苏荣、吴新雄、赵智勇、莫建成、史文清分别陪同调研。20日，中国浦东、井冈山、延安干部学院举行春季开学典礼，李源潮在中国井冈山干部学院出席开学典礼并讲话，省领导苏荣、张裔炯、赵智勇、莫建成等参加开学典礼。图为李源潮在兴国县长冈乡调研。

海 波摄

● 韩启德出席景德镇国际陶瓷博览会开幕式

◀10月18日，由商务部、中国轻工业联合会、中国国际贸易促进会、江西省政府共同主办的2011中国景德镇国际陶瓷博览会在景德镇开幕。全国人大常委会副委员长韩启德宣布瓷博会开幕。

潘辛菱摄

华建敏出席红十字老区行启动仪式

◀6月8日，由中国红十字会主办，中国红十字基金会、江西省红十字会、赣州市委市政府承办的“红十字老区行——庆祝中国共产党成立90周年系列活动”启动仪式在瑞金市举行，全国人大常委会副委员长、中国红十字会会长华建敏为“红十字老区行”志愿服务队授旗。省领导史文清、胡振鹏、谢茹出席仪式。图为华建敏出席启动仪式。

何　敏摄

陈至立在江西考察

▶9月21～23日，全国人大常委会副委员长、全国妇联主席陈至立在赣州市考察妇女工作，全国妇联副主席孟晓驷随同考察。省委常委、省人大常委会副主任陈达恒，省人大常委会秘书长魏民陪同考察。图为陈至立在赣州指导妇女工作。

何　敏摄

● 李建国出席江西省战略性新兴产业发展合作推介会

▶ 2月28日，江西省战略性新兴产业发展合作推介会在北京举行，全国人大常委会副委员长、秘书长李建国出席推介会。

周　霖摄

● 蒋树声出席第二届世界低碳与生态经济大会

◀ 11月10日，全国人大常委会副委员长蒋树声，以及国家有关部委领导和各方嘉宾，在省委书记苏荣、代省长鹿心社等领导陪同下，巡视第二届世界低碳与生态经济大会暨技术博览会展馆。11日，第二届世界低碳与生态经济大会暨技术博览会在南昌开幕，蒋树声宣布开幕。图为蒋树声巡视博览会展馆。

周　霖摄

严隽琪在江西调研

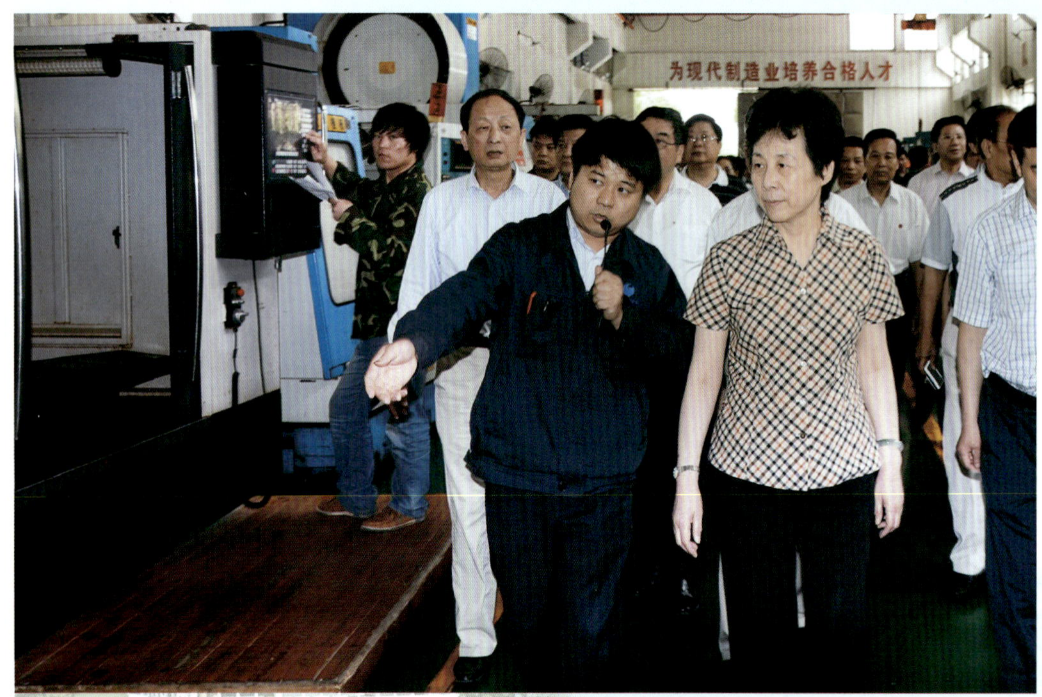

5月9～16日，全国人大常委会副委员长、民进中央主席严隽琪率民进中央调研组在江西就“完善制度环境、促进民办教育发展”进行专题调研。图为严隽琪在江西科技学院实践培训车间考察。

欧阳剑雄摄

孟建柱同江西代表团共商国事

3月6日，国务委员、公安部部长孟建柱到出席十一届全国人大四次会议的江西代表团，与代表们一起审议政府工作报告、审查“十二五”规划纲要草案，共商国事。

周　霖摄

● 李兆焯出席第七届泛珠三角区域合作与发展论坛

◀ 9 月 21 日，第七届泛珠三角区域合作与发展论坛暨经贸洽谈会在南昌开幕。全国政协副主席李兆焯出席大会，并在第七届泛珠三角区域合作与发展高层论坛讲话。

周　霖摄

● 罗富和出席第六届中国竹文化节开幕式

▶ 10 月 15 日，第六届中国竹文化节在宜春举行，全国政协副主席罗富和宣布第六届中国竹文化节开幕。

刘继刚摄

省第十三次党代会产生新一届省委班子

10 月 26 ~ 30 日，中国共产党江西省第十三次代表大会在南昌举行。这次大会是在全面推进鄱阳湖生态经济区建设、奋力实现跨越发展的重要时期召开的一次极为重要的会议。大会的主题是：高举中国特色社会主义伟大旗帜，以邓小平理论和“三个代表”重要思想为指导，深入贯彻落实科学发展观，动员全省广大党员和干部群众，在新的历史起点上进一步推进科学发展、进位赶超、绿色崛起，为建设富裕和谐秀美江西而不懈奋斗。会议回顾总结省第十二次党代会以来的工作，进一步明确今后一个时期江西抢抓重要战略机遇、提升经济综合实力、推进和谐社会建设和加强改进党的建设主要任务；选举产生新一届省委和省纪委。大会选举苏荣、鹿心社、张裔炯、尚勇、舒晓琴、凌成兴、赵智勇、莫建成、陶正明、史文清、王文涛、周萌、蔡晓明为省委常委；苏荣为省委书记，鹿心社、张裔炯为省委副书记。

▶ 10 月 26 日，中国共产党江西省第十三次代表大会在南昌隆重开幕。图为大会开幕式会场。

周霖宗 欢摄

▲ 10 月 30 日下午，新当选的省委常委与记者见面。左起：苏荣、蔡晓明、王文涛、陶正明、赵智勇、舒晓琴、张裔炯、鹿心社、尚勇、凌成兴、莫建成、史文清、周萌。

周霖宗 欢摄

● "十二五"开局实现又好又快发展

2011 年，面对极为复杂的国内外发展环境和春夏连旱、旱涝急转等自然灾害的严峻考验，全省上下坚定信心，顽强拼搏，完成省十一届人大四次会议确定的"三个突破、八个提高"目标任务，实现了"十二五"的良好开局。全省生产总值突破 1 万亿元，达到 1.16 万亿元，增长 12.5%。全社会固定资产投资突破 1 万亿元，总额达到 1.10 万亿元，增长 25.6%。财政总收入 1645 亿元，增长 34.2%，其中地方财政收入 1053.4 亿元，增长 35.4%。社会消费品零售总额 3457.7 亿元，增长 17.9%。城镇居民人均可支配收入 1.75 万元，农民人均纯收入 6892 元，分别增长 13% 和 19.1%。人口自然增长率控制在 7.5‰。

◀ 1 月 29 日，第三届中国赣州国际脐橙节在赣州市体育中心开幕。农业部党组成员张玉香，国务院侨务办公室党组成员熊昌良，省委常委、赣州市委书记史文清，副省长姚木根等出席开幕式。图为开幕式现场。

何　敏摄

◀ 2 月 28 日，江西省战略性新兴产业发展合作推介会在北京举行。省委书记苏荣出席，省长吴新雄致辞。省领导尚勇、凌成兴、余欣荣、洪礼和，省政府秘书长谭晓林，以及省有关部门、设区市主要负责人出席。推介会共推出 196 个产业项目，总投资 1381 亿元。图为推介会会场。

周　霖　宗　欢摄

▶ 3 月 20 日，新钢集团世界首台 420 毫米直弧型特厚板顺利下线。新钢世界首台 420 毫米直弧型特厚板坯连铸机工程经过一年多紧张施工，所有生产工艺均达到设计要求，它的成功投产，标志着中国已完全掌握此项技术，并拥有自主知识产权。图为 420 毫米直弧型特厚板坯连铸机正在生产。

朱文标摄

▶ 4月16日，浮梁县鹅湖镇农业技术人员正在给工厂化水稻育秧实施地的秧苗喷水增湿。水稻工厂化育秧是利用现代农业装备进行集约化育秧的生产方式，集机电化、标准化、自控化为一体，是一项现代化农业工程与农艺结合的技术。全省已建设58个省级水稻工厂化育秧技术推广示范点。图为农技员正在给秧苗喷水。

杨继红摄

◀ 5月18日，2011江西(香港)招商引资活动周开幕式在香港会展中心举行。省长吴新雄出席开幕式并致辞，副省长洪礼和主持开幕式。此次活动签约招商引资重大项目76个，金额86.1亿美元，同比增长35.16%。图为开幕式现场。

宗　欢摄

▶ 6月21日，都昌老爷庙风电场风机吊装完成，耸立鄱阳湖畔。此风电场是江西省迄今最大的风电项目，计划安装单机容量1500千瓦的风电机组33台，设计年发电量1.02亿千瓦小时。图为耸立鄱阳湖畔的都昌老爷庙风电场风电机组。

黄　勇摄

◀8月23日，研创光电科技（赣州）有限公司在赣州开发区香港工业园试生产LED陶瓷基板，成为全国第一家自主研发生产LED陶瓷基板的企业。图为公司技术人员在操作LED陶瓷基板叠层机。

何　敏摄

▶8月26日，'2011赣台(南昌)经贸合作研讨会在南昌开幕。研讨会由江西省人民政府、国务院台湾事务办公室主办，南昌市人民政府、省台办承办。开幕式上，对鄱阳湖生态经济区和江西省十大战略性新兴产业进行专题推介，并举行重点项目签约仪式，共签约75个项目，合同资金25.56亿美元。图为经贸合作研讨会现场。

宗　欢摄

◀丰城森禾花卉园艺公司按照现代企业运作模式，不断推进新品种、新技术，年产中高档盆花30万盆，解决当地农民200多人就业，每年为当地增加税收600多万元。图为8月26日，公司女工在管理花卉。

朱文标摄

▶9月初，节能环保型风光一体化发电系统在德昌高速公路金溪湖特大桥上应用。这是江西省首次在高速公路上应用此系统，既能保证夜间桥面行车安全，又能有效降低路灯运营时的能耗。图为金溪湖特大桥上的节能环保型风光一体化发电系统。

朱文标摄

◀9月26日，第六届中国中部投资贸易博览会在山西太原开幕。江西省委书记苏荣，代省长鹿心社25日下午巡视了江西展馆。鹿心社出席开幕典礼并在中博会高峰论坛上发表演讲。图为开幕典礼现场。

宗　欢摄

◀10月15日，第六届中国竹文化节在宜春举行，30多个国际竹藤组织成员国代表和驻华使节，19个国内产竹省（区、市）及30个中国竹子之乡代表等2000余人参会。本届文化节由国家林业局、江西省人民政府、国际竹藤组织联合举办，主题是“弘扬竹文化，低碳我先行”，为期3天。图为开幕式现场。

李冬显摄

▶ 10 月 18 日，由商务部、中国轻工业联合会、中国国际贸易促进会、江西省政府共同主办的 2011 中国景德镇国际陶瓷博览会在景德镇开幕。瓷博会为期 5 天，共签约项目 39 个，引进资金超过 67 亿元。图为瓷博会开幕式现场。

景德镇市志办提供

◀ 新余市围绕光伏、动力与储能电池、节能减排设备制造、风电四大板块，发挥江西赛维、瑞晶太阳能、升阳光电等企业的龙头作用，做优存量，扩张增量，延伸产业链，加快发展新能源应用产业，打造世界级光伏产业基地。图为 11 月 16 日，江西瑞晶太阳能科技有限公司繁忙的生产线。

朱文标摄

▶ 12 月 28 日，瑞金至寻乌、南昌至奉新（靖安）高速公路竣工通车仪式在寻乌县举行。代省长鹿心社出席竣工通车仪式，并宣布瑞寻、昌奉高速公路竣工通车。这两条高速公路的竣工通车，使江西省高速公路通车里程达到 3642 千米。图为高速公路竣工通车仪式现场。

何　敏摄

精神文明建设之花遍开赣鄱

2011年，江西进一步加大精神文明建设力度，以邓小平理论和“三个代表”重要思想为指导，深入贯彻落实科学发展观，立足江西实际，改革创新，深入开展社会主义核心价值体系建设，推进思想道德建设，拓展精神文明创建，涌现出王茂华、谭良才、曾庆香等一批精神文明建设英模群体。社会文明程度进一步提高，公民文明素质进一步提升，群众性精神文明创建工作取得明显成效。

▲9月20日，第三届全国道德模范评选表彰颁奖典礼——《德耀中华》在北京举行，江西省推荐的王茂华、谭良才、曾庆香当选全国见义勇为道德模范，蒋国珍、詹学银、郑宜栋、欧阳琦、陈勇琦、汤怡妹、闵青梅、陈永忠获全国道德模范提名奖。22日，受到表彰的道德模范代表载誉归来，副省长孙刚、省政协副主席汤建人到车站迎接。图为孙刚（中）、汤建人（右三）与谭良才（左四）、王茂华妻子谭长华（右二）、曾庆香妻子杨素兰（右一）等道德模范代表合影。 王 东摄

▲2010年3月21日，宜春市袁州区慈化镇伯塘村一民房突然失火，房内6名小孩被困火中。青年教师王茂华与岳父谭良才闻讯后，三次冲入火海，救出5名小孩，另一名被其家长救出。翁婿两人被大火严重烧伤，其中王茂华全身烧伤面积达98%，经多方救治无效，于5月2日凌晨不幸去世。王茂华、谭良才英雄事迹受到党、政府和全社会的褒扬，王茂华被追认为革命烈士，授予中国见义勇为英雄、全国模范教师称号。2011年9月，当选全国见义勇为道德模范。图为王茂华生前与妻子合照。 省文明办提供

▲2010年3月9日晚，北京市北六环小汤山西桥附近，一辆运煤大货车侧翻，大量煤块遗撒路面，刘薇（中央电视台记者）的车为躲避煤块侧翻，曾庆香（赣州市信丰县大塘埠镇万星村进京创业青年）乘车途经时将她救出。随后，又有一辆夏利车因轧到煤渣后失控与护栏相撞翻倒，二人上前一同救人，被一辆驶入“煤渣路面”的失控面包车撞倒，经抢救无效牺牲。曾庆香的英雄事迹经媒体报道后，受到全社会的赞扬，被追认为革命烈士，授予中国青年五四奖章、首都见义勇为荣誉市民称号。2011年9月，当选全国见义勇为道德模范。图为曾庆香生前照。 省文明办提供

▶5月31日，省委宣传部、省文明办联合有关单位，围绕“庆祝中国共产党成立90周年，促进未成年人健康成长”主题，在江西艺术剧院举办全省“金色童年”庆“六一”少儿文艺晚会。图为少儿文艺晚会现场。

王　东摄

◀8月12日，江西青年文明号“为民服务 创先争优”主题实践活动在南昌市八一广场启动。图为启动仪式现场。

王　东摄

▶9月25～30日，省文明办、省广播电台组织部分文明单位，在南昌市八一广场举办“江西省第五届文明健康艺术活动周展演”活动。活动期间，共演出各类文艺节目近100个，评出获奖节目20个，观看演出市民6万多人。图为活动周开幕现场。

王　东摄

文化建设精彩纷呈

2011年，江西以文化大省建设和鄱阳湖生态经济区文化建设为重点，实施重大文化项目和文化民生工程，推进公共文化服务体系、文化市场体系和文化产业体系建设，开展文物保护工作，深入推进文化体制机制改革创新，加强引导文艺作品创作生产，不断提升全省文化软实力和竞争力。全年评出入围繁荣工程剧目24个，其中扶持剧目12个；核心文化产品出口9.39亿美元，居全国第五位；省文化艺术中心、江西省方志馆等一批重点文化工程建成投入使用，全省公共图书馆、文化馆和乡镇综合文化站全部实行免费开放，群众文化生活更加丰富多彩。

◀3月28日，省文化建设重点工程——江西省展演中心竣工。展演中心包括剧场、展览馆和配套服务楼三个部分，成为省城南昌又一地标性建筑。图为江西省展演中心外景。

梁振堂摄

▶6月27日，江西省方志馆开馆仪式隆重举行，副省长朱虹出席并讲话，中国地方志指导小组秘书长兼办公室主任田嘉出席并致辞，省政府副秘书长蔡玉峰主持。省地方志办公室主任刘斌介绍江西省方志馆情况。来自北京、上海、江苏等全国11个省、市、自治区地方志办公室主任，江西省地方志编纂委员会委员，省直有关单位负责人和全省市、县（市、区）方志办负责人200余人出席开馆仪式。图为朱虹、田嘉、刘斌为江西省方志馆开馆共同开启水晶球。

朱　正摄

◀6月27日，省文化建设重点工程——江西省方志馆建成开馆，并向社会开放。该馆占地面积3800多平方米，建筑面积5000平方米，总投资2000万元，于2007年5月开工建设，2010年1月竣工。该馆负责收集、保管方志和地情资料，并向公众免费提供地方志和地情资料查阅、研究服务。馆藏省内外各种志书、地情资料2万余种5万余册，收有全国各种旧志书的电子图书7000种近10万册。馆藏量居全国省级方志馆第一。图为坐落在南昌市红谷滩新区中心地段的江西省方志馆外景。

方　巍摄

▲全省开展农村文化“三项活动”，各级各类剧团下乡演出 1.4 万余场，送电影 28 万多场，观众达 5000 万人次；开展农村农民赛歌会、健身、游艺比赛等各类文化活动 1 万多场次，参与观众近 2 万人次。图为 2011 年春节期间江西省歌舞剧院在南昌县农村演出。

省文化厅提供

▲3 月，新一轮江西省文艺创作繁荣工程项目全面启动。全省申报 42 个剧目，有 24 个入围繁荣工程，其中 12 个获扶持剧目。《八子参军》是其中之一，并入选 2010 ~ 2011 年度国家舞台精品工程资助剧目。图为赣南采茶歌舞剧《八子参军》剧照。

省文化厅提供

◀4 月 23 日，全省各级公共图书馆联动的江西省首届“读好书”活动启动仪式在省图书馆举行。本届活动以“读红色经典、扬爱国激情”为主题，推动全社会形成浓厚的书香氛围。图为“读好书”活动启动仪式现场。

省文化厅提供

▲6 月 26 日，江西艺术职业学院舞蹈系 68 名师生组成的艺术团队代表江西，应邀参加在北京人民大会堂举行的庆祝中国共产党成立 90 周年文艺晚会《我们的旗帜》演出。图为演出现场情景。

省文化厅提供

▲7 月 12 日，由省委宣传部策划、编创，历时 2 年时间精心打造的大型历史风情魔幻歌舞《神奇赣鄱》在南昌首演，获得广泛好评。省领导张裔炯、尚勇、刘上洋等与社会各界观众代表 800 多人观看了演出。图为《神奇赣鄱》在南昌首演。

梁振堂摄

● 携手共创辉煌

▲7月11～13日，中共中央政治局委员、天津市委书记张高丽，市委副书记、市长黄兴国等率天津市党政代表团100余人在江西省考察指导、传经送宝。代表团先后参观考察江中集团和南昌高新技术产业开发区、井冈山国家级经济技术开发区。省委书记苏荣，省委副书记、代省长鹿心社陪同考察。图为张高丽率天津市党政代表团在南昌高新技术产业开发区参观考察。

周　霖摄

▲4月15日，江西、甘肃两省交流座谈会在南昌举行，双方介绍了两地经济发展状况，就进一步加强交流合作、促进共同发展深入交换意见。江西省委书记苏荣、甘肃省委书记陆浩讲话，江西省省长吴新雄、甘肃省省长刘伟平介绍情况，两省领导傅克诚、冯健身等出席会议。图为交流座谈会现场。

朱文标摄

▲7月19～20日，湖北省委书记李鸿忠，省委副书记、代省长王国生率湖北省党政代表团到赣考察指导工作、传经送宝，共商全面加强合作、打造长江中游城市群、促进经济社会又好又快发展大计。图为发展合作交流会现场。

朱文标摄

▲9月25日，以“深化全面合作、加快转型跨越、促进中部崛起”为主题的中部论坛太原会议在太原隆重举行，中部六省党政主要领导及国家有关部委负责人出席。图为中部六省省委书记、省长相聚在中部论坛会上，左起：王国生、鹿心社、王君、苏荣、袁纯清、张宝顺、周强、王三运、郭庚茂。

第七届全国城市运动会在南昌举行

10月16～25日，中华人民共和国第七届城市运动会在南昌举行。来自全国57个代表团的6034名运动员，参加25个大项、300个小项的比赛。共有46个代表团获得金牌，54个代表团获得奖牌，有3人3次超3项世界青年纪录，4人6次超6项亚洲青年纪录，1队1次创1项全国纪录，8人1队11次创11项全国青年纪录。南昌代表团获金牌18枚、银牌11枚、铜牌26枚，创造南昌代表团城运会金牌、奖牌历史最好成绩。

◀10月16日，中华人民共和国第七届城市运动会在南昌国际体育中心隆重开幕。中共中央政治局委员、国务委员刘延东出席开幕式并宣布七城会开幕。省委书记苏荣，国家体育总局局长刘鹏，代省长鹿心社等出席开幕式。图为刘延东、苏荣、刘鹏、鹿心社等领导出席开幕式。

周　霖摄

▲10月17日，在江西中医学院体育馆举行武术套路比赛，南昌队选手刘忠鑫、邓鑫、胡丽萍，分别获得男子南拳、男子长拳、女子长拳的金、银、铜牌。图为刘忠鑫在比赛中。

朱文标摄

▲10月18日，在江西中医学院体育馆进行的武术套路比赛进入最后一天，共决出4枚金牌。南昌队选手李亚夺得女子太极拳金牌。图为李亚（中）在领奖台上。

朱文标摄

▲10月20日，在江西省奥林匹克体育中心主体育场的女子链球决赛中，南昌队选手王莹莹摘下一枚金牌，燕妮获得铜牌。图为王莹莹在比赛中。

杨继红摄

▲10月22日，男女团体武术散打决赛在江西中医学院体育馆进行，南昌队获男女团体冠亚军。图为在男子团体52公斤级决赛中，南昌队杨介祥（红方）将对手推下擂台。

朱文标摄

▲10月19日，在南昌湾里射击中心，来自南昌射击队的3名小将一路领先，轻松射落2金1银。其中，赵云凯、赵诗涛分获男子飞碟双多向150靶、男子50米步枪3种姿势项目冠军。图为赵云凯在比赛中。

海 波摄

▲10月23日，在瑶湖国际水上运动中心进行皮划艇决赛，南昌队获得男子2000米四人划艇比赛冠军，南昌队选手许哲怡夺得女子500米单人皮划艇冠军。图为南昌队在男子2000米划艇比赛中获得冠军。

杨继红摄

▲10月24日，七城会田径项目收官之日，南昌队选手李明洋在男子十项全能上夺金。图为李明洋在跳高比赛中。

杨继红摄

第四届中国绿色食品博览会隆重举行

11月3～6日，第四届中国绿色食品博览会在南昌举行。本届绿博会由商务部、江西省人民政府共同主办，以“绿色、生态、发展”为主题，设有展览展示面积5万平方米，国际标准展位2000多个。展区设5个室内展馆，主要展示绿色食品、名优特产品和台湾地区生产的农产品、食品。20多个省、市代表团参展参会，50多家大型或知名商贸流通企业派员参会采购。展会现场交易金额2.29亿元，意向合同金额38.10亿元。

▲11月3日，第四届中国绿色食品博览会开馆仪式在南昌国际会展中心举行。商务部原副部长孙广相、江西省副省长熊盛文、江西省政府秘书长谭晓林和商务部、南昌市有关领导出席开馆仪式。图为开馆仪式现场。

▲展会现场

▲台湾食品展区

（本版图片由南昌市政府会展办提供）

鄱阳湖生态经济区

区域范围： 包括南昌、景德镇、鹰潭3市，以及九江、新余、抚州、宜春、上饶、吉安的部分县（市、区），共38个县（市、区），面积约为5.12万平方公里，占我省总面积的30%。

发展定位： 建设全国大湖流域综合开发示范区、长江中下游水生态安全保障区、加快中部崛起重要带动区、国际生态经济合作重要平台。

战略目标： 到2015年，区域生态环境质量继续位居全国前列，率先在欠发达地区构建生态产业体系，生态文明建设处于全国领先水平；到2020年，构建保障有力的生态安全体系，形成先进高效的生态产业集群，建设生态宜居的新型城市群，为到本世纪中叶基本实现现代化打下良好基础。

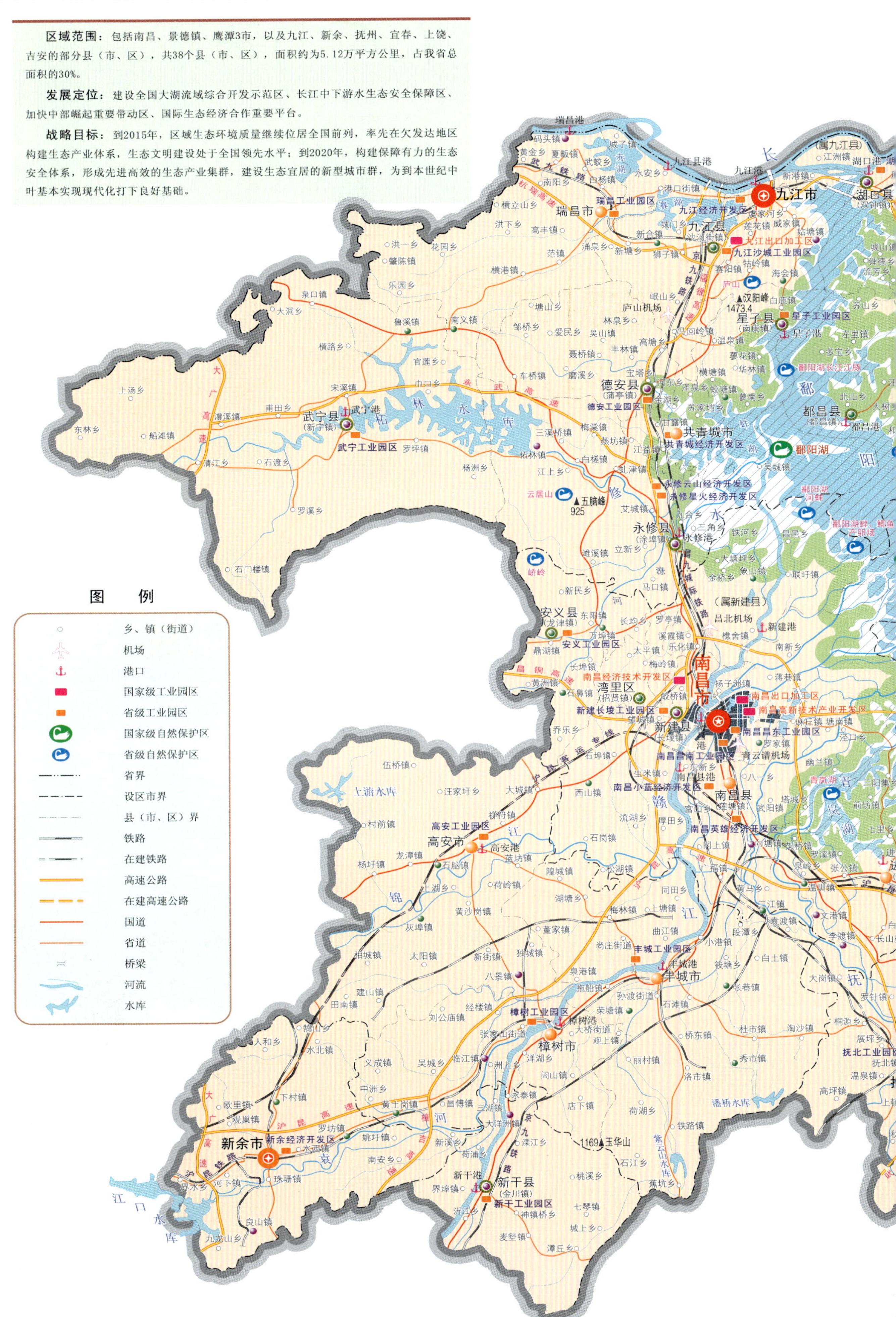

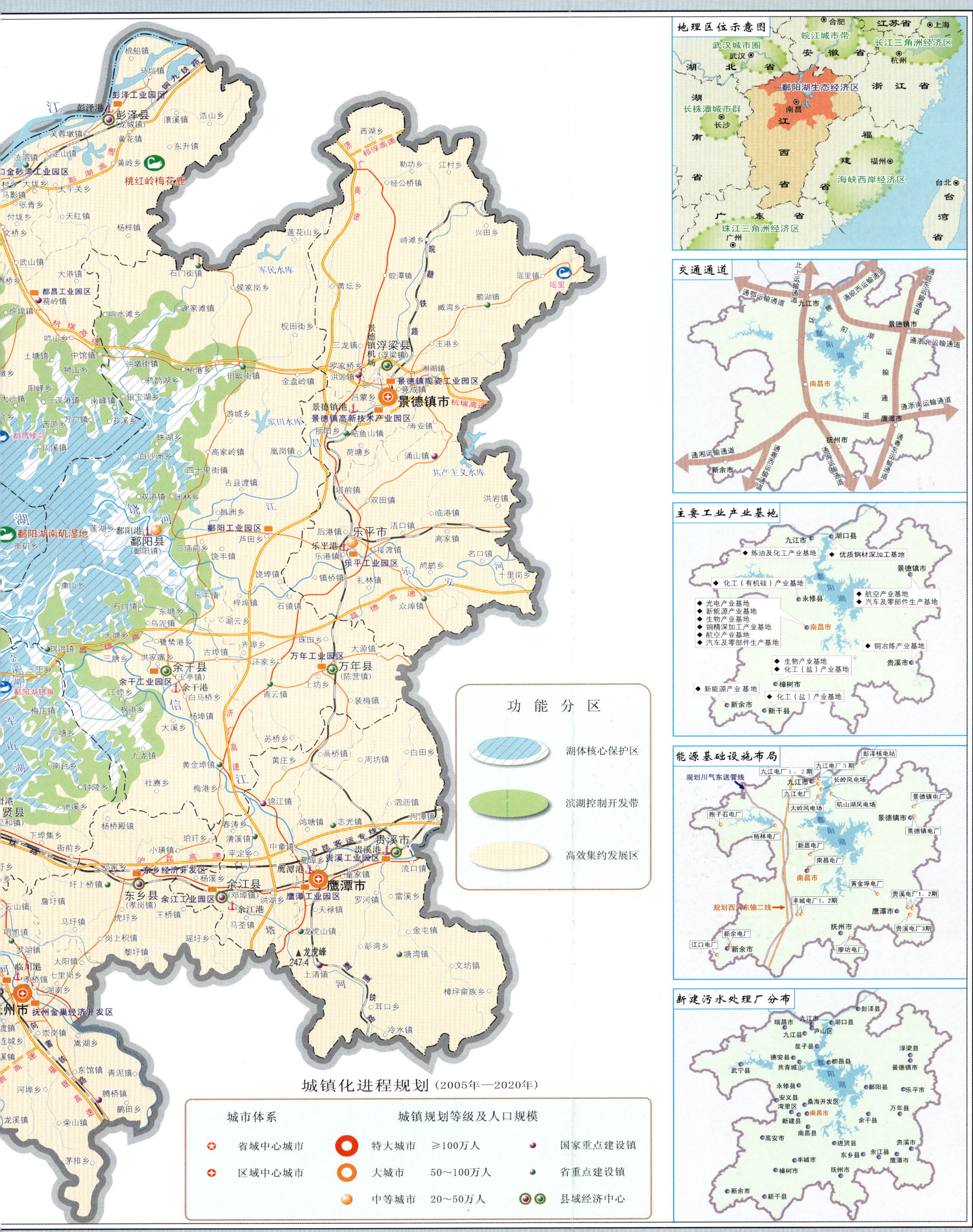

地理区位示意图
交通通道
主要工业产业基地
能源基础设施布局
新建污水处理厂分布
功能分区
湖体核心保护区
滨湖控制开发带
高效集约发展区
城镇化进程规划（2005年—2020年）
城市体系
省域中心城市
区域中心城市
城镇规划等级及人口规模
特大城市 ≥100万人
大城市 50～100万人
中等城市 20～50万人
国家重点建设镇
省重点建设镇
县域经济中心
景德镇市
乐平市
鄱阳县
余干县
万年县
贵溪市
鹰潭市
余江县
东乡县
彭泽县
浮梁县
龙虎峰 247.4
2012年8月 江西省测绘地理信息局编制

编辑说明

一、《江西年鉴》是江西省本级地方综合年鉴，由江西省人民政府主办、《江西年鉴》编辑委员会主编、江西省地方志编纂委员会办公室编辑，稿件由省直各单位、各市县区、中央驻赣单位编委会和编辑室及有关单位提供。

二、《江西年鉴》是一部系统记述江西省自然、政治、经济、文化、社会等多方面的年度资料性文献。其编纂宗旨是以马列主义、毛泽东思想、邓小平理论、“三个代表”重要思想为指导，深入贯彻落实科学发展观，逐年全面、真实地记录江西经济建设和社会发展的基本情况，为推进科学发展、加快绿色崛起，建设富裕和谐秀美江西服务。

三、《江西年鉴》每年出版一卷，2002 年创刊至今已经编纂 11 卷。

四、本卷年鉴着重记载 2011 年江西省发生的事情。内容分为综合情况、动态信息和辅助资料三大部分。综合情况设特载、大事记、专记、江西概览 4 个栏目。动态信息设中国共产党江西省委员会、江西省人民代表大会常务委员会、江西省人民政府、中国人民政治协商会议江西省委员会、中国共产党江西省纪律检查委员会、民主党派、人民团体、军事、法治、港澳台事务、外事侨务、农业、工业、非公有制经济、信息化建设、园区经济、旅游业、国内贸易、对外贸易 经济合作、就业与再就业、社会保障、交通运输、金融、财政税收、经济管理与监督、城乡建设、水利、自然观测、环境保护、教育、科学技术、社会科学、文化艺术、新闻出版 广播电影电视、医疗卫生、体育、居民生活、民政、市县区、人物 40 个栏目。辅助资料设专录、统计资料 2 个栏目。江西政区图、江西交通图、江西旅游图、鄱阳湖生态经济区图均为 2012 年版地图。

五、本年鉴内容层次设置是为了方便分类编辑和读者阅读，并不反映严格的科学分类体系，机关、企事业单位等排序和层次并不表示其地位和规模。部分条目因内容需要对比时，涉及到 2011 年度之前的情况。所载省级领导机构成员截至 2012 年 8 月；市县区主要领导人放在所属市县区之后便于查阅。《政府工作报告》中一些经济数据为快报数据，以统计资料中的数据为准。

六、《江西年鉴》得到全省上下和社会各界的大力支持和帮助，在此谨表谢意。有疏漏和不完善之处，敬请广大读者予以指正。

《江西年鉴》编辑委员会

《江西年鉴》编辑人员

《江西年鉴》撰稿单位编辑委员会及编辑室主任、副主任名单

省、省直机关和中央部属在赣单位

省委办公厅　杨宪萍　刘志远　邝先华　刘长城
省人大办公厅　魏　民　傅世平　刘小华
　　公艳萍
省政府办公厅　谭晓林　蔡玉峰
省政协办公厅　杨木生　雷心刚
省高级人民法院　张忠厚　方晓春　刘洪芳
省人民检察院　张国轩　熊国钦　李凯俊
　　王忠华
省委组织部　刘礼育　徐　忠
省委政研室　陈　强　谢明明
省委统战部　蔡晓明　张　勇
省委政法委　林　强　黄冬生
省委农工部　刘永思　刘谟炎　邓敏军
省新村办　王　志　徐清华
省信访局　朱荣辉　罗　强　鄢　华　郭黎明
省委党校(行政学院)　潘泽林　许　立
民盟江西省委　任江南　熊建平
团省委　曾　萍　孙　鑫　蔡清平
省工商联　舒国华　洪跃平　杨　旭
省文联　郃海镭　刘　华　曹　杭
省科协　梁纯平　张光明　曾晓安
省侨联　周　锦　陈世春　涂学东
省台联　何大欣　曾鲁台　林挺华
省红十字会　方　娅　刘安娜　欧阳平
省公安厅　梁小康　张　强
省人民防空办　林显君　陈文平
省司法厅　夏太华　毛保国
省外事侨务办　林兴富　张学军　吴健民　戴和智
省委台湾工作办公室　欧阳泉华　江　雷
　　王抚州　黄　忠
省农业厅　甘良淼　万国根　吴登飞
省林业厅　阎钢军　罗　勤　钟传宇　黄柏祯
省工业和信息化委员会　谢碧联　刘正明
　　王小永
省煤炭行业办　朱　毅　余　钢　万基伟
省国防工办　刘　星　杨章跃　赵　蓉
省轻工行业办　谢光华　胡桂香　何炳进
省烟草专卖局　胡义强　左荣华　肖福元
省中小企业局　吴治云　李增学　夏卫平
省工商行政管理局　邝小平　袁建军　梁卫光
　　帅扬生　唐锋峰
省住房和城乡建设厅　张　勇　曾绍平　姚宏平
省商务厅　伍再谦　邓必云　王胤兴
省粮食局　熊根泉　刘福元　林　华
省供销合作社　吴伏生　涂俊伟　高　明
省交通运输厅　马志武　万　明　谢元银
　　杨　文　邓振胜
南昌铁路局　郭竹学　王秋荣
人行南昌中心支行　高小琼　易寿生　刘居照
　　杨文悦
江西银监局　曾向阳　柯愈华　彭华峰
江西证监局　夏业成　周　军　匡晓凤　王显忠
省国税局　张贻奏　邱大南　刘荣军　黎伦和
省鄱湖办　许爱民　叶柏青　赖南京　刘　兵
省国有资产监督管理委员会　李天鸥　董晓健
　　张思益　陈义平
省安全生产监管局　张桃生　汪少舟　张贤义
江西煤矿安全监察局　贺爱民　王晓明　周　华
省质量技术监督局　王　詠　徐光辉　钟蔚恒
省国土资源厅　胡　宪　陈祥云　许建平
　　肖彦明
省食品药品监管局　关晏民　肖一华　谭友文
　　杨书炎
省统计局　王建农　彭道宾　彭勇平

省审计厅　邬晓明
南昌海关　林建平　陈　婷　黄奇峰
省气象局　常国刚　詹丰兴　封明亮
省测绘局　高振华　陈挺芳
省科技厅　王　海　赵金城　傅道言　龙洲雄
省文化厅　李玉英　舒仁庆　魏　玮　卢　川
郑志山
省档案局　涂勤华　方华清　邓东燕
省新闻出版局　黄　鹤　黄　春　阙米秋
省广播电影电视局　杨六华　梁　勇　万里波
省卫生厅　李　利　万筱明　朱烈滨
省体育局　刘　鹰　傅卓成　杜雅军　陈　萍
王　伟
国家统计局江西调查总队　邓盛平　邓祖龙
刘　凡

各市、县、区

青山湖区　李小豹　李松殿　孙　毅　张　雄
昌江区　方霞云　陈国清　朱平生　陈　莉
熊爱华
萍乡市　崔传鹏　刘晓峰　吴昌荣
湘东区　李新民　汤志清　李　剑
芦溪县　姚　虎　李水清　欧阳永生　刘欢萍
九江县　费卫国　杨　斌　周际平
武宁县　王正发　余　立　郑元刚
修水县　吴　玮　刘小渠　李四军
湖口县　周小喜　杨柳青　李海彦
星子县　汪红蕾　李春滚　陈　峰
彭泽县　宁小球　刘继华　华　安
瑞昌市　古小平　罗文江　李英豪
共青城市　李晓刚　夏　兴　卢宝云
新余市　史　可　喻国杰　李立峰
渝水区　聂志新　谢云萍　廖毅民
分宜县　刘　琼　李　华　杨　诚　林禾耿
鹰潭市　辜　清　刘永茂　况建军　朱仕平
月湖区　邵菁靓　雷荷莲
余江县　吴晓娟　宁新明
贵溪市　周光仁　黄建军　姜新文
赣州市　冷新生　孙黎明　谢芳桂
章贡区　刘建英　陈晓峰　郭晓明　胡敦祥
谢觊建
信丰县　邱建军　廖亚利　卢冠南
大余县　谭学忠　廖君侦　邓思喜
上犹县　邹常军　刘铭忠　李恩春
崇义县　徐　兵　谢　筠　黄　萌
安远县　周　建　兰春畔　钟朝阳
龙南县　张　逸　曾庆征　叶　为　徐柏胜
定南县　蓝应尚　魏更新　任建群
全南县　胡晓平　黄圣勇　叶祥财
宁都县　刘　勇　谢文才　邱新民
于都县　唐庆敏　钟玉良　蔡兰芳　管宝禄
寻乌县　杨永飞　陈阳山　刘元春　刘　斌
石城县　鲍峰庭　朱木发　刘晓波　张海龙
刘善泳
瑞金市　赖晓岚　林　星　李　光　杨　溢
南康市　柯岩松　杨晓斌　黄菊兰　倪贵清
峡江县　龚海生　刘小云
遂川县　刘路生　黄少刚　蒋　燕
万安县　刘军芳　傅仁万　杜　滨　叶章青
安福县　张安亮
宜春市　蒋　斌　王亚联　黄　河　鲍　焱
奉新县　钟存发　余启利　余雪勇　熊正秋
靖安县　田　辉　邹俊明　郭枣林
樟树市　曾文军　杨仕林　王剑平
抚州市　张和平　陈日武　余建平　黄亚玲
段绍镒
乐安县　张文贵　王国庆
宜黄县　毛宗保　罗建顺　叶　峰　胡美凤
罗来福
广昌县　陈惠龙　陈小青　钟立新
上饶市　潘东军　陈　平　饶爱京　王本忠
杨建林　李玉娜
信州区　周连文　夏子福　俞叶珍
上饶县　夏　磊　李希东　华荣跃
广丰县　邵小亭　周开旺　包晓辉　吴选美
徐积木
玉山县　章雪峰　舒宏光　林青彪　詹裕田
铅山县　柯维松　黄胜新　郑冬香
弋阳县　周启南　张善冬　陈伟东　杜育和
鄱阳县　潘表光　胡凌锋　邓正平　于爱泉
薛　文
万年县　刘德年　李承兵　朱国爱
婺源县　方建军　汪叔逊　方华军
德兴市　李流芳　王君儒　许庭根

目　　录

CONTENTS

卷　　首

特　　载

大 事 记

专　　记

江西概览

中国共产党江西省委员会

江西省人民代表大会常务委员会

江西省人民政府

中国人民政治协商会议江西省委员会

中国共产党江西省纪律检查委员会

民主党派

人民团体

军 事

法 治

港澳台事务

外事侨务

农 业

工 业

非公有制经济

信息化建设

园区经济

旅　游　业

国内贸易

对外贸易　经济合作

就业与再就业

社会保障

交通运输

金　融

财政税收

经济管理与监督

城乡建设

水 利

自然观测

环境保护

教　育

科学技术

社会科学

文化艺术

新闻出版　广播电影电视

医疗卫生

体　　育

居民生活

民　政

市　县　区

人　　物

专 录

统计资料

特　载

本栏编辑　李目宏　詹跃华

推进科学发展　加快绿色崛起
为建设富裕和谐秀美江西而不懈奋斗

——在中国共产党江西省第十三次代表大会上的报告

苏　荣

（2011 年 10 月 26 日）

同志们：

中国共产党江西省第十三次代表大会，是在我省全面推进鄱阳湖生态经济区建设、奋力实现跨越发展的重要时期召开的一次极为重要的会议。大会的主题是：高举中国特色社会主义伟大旗帜，以邓小平理论和"三个代表"重要思想为指导，深入贯彻落实科学发展观，动员全省广大党员和干部群众，在新的历史起点上进一步推进科学发展、进位赶超、绿色崛起，为建设富裕和谐秀美江西而不懈奋斗。

现在，我代表中国共产党江西省第十二届委员会向大会作报告，请予审议。

一、过去的五年，是极不平凡的五年，是江西在崛起进程中阔步前进的五年

省第十二次党代会以来的五年，我们面临极为复杂的国内外环境，经历了全球金融危机和历史罕见的低温雨雪冰冻灾害、特大洪涝和特大干旱等重大自然灾害的严峻考验。在以胡锦涛同志为总书记的党中央正确领导下，全省各级党组织带领全省人民大力弘扬伟大的井冈山精神，解放思想，抢抓机遇，迎难而上，团结奋进，克服重重困难，取得了全省改革开放和社会主义现代化建设的新成就，迈出了科学发展、进位赶超、绿色崛起的坚实步伐。

——经济综合实力跃上新台阶，跨越发展的态势初步显现。"十一五"时期，全省经济加速增长，经济总量五年翻一番，财政总收入、消费品零售总额、金融机构存贷款余额四年翻一番，固定资产投资和工业增加值三年翻一番，出口总额两年翻一番，农业农村经济全面发展。主要经济指标增幅高于全国平均水平，多项指标在全国位次前移。经济结构调整取得重大进展，工业主导地位进一步强化，农业基础地位进一步巩固，战略性新兴产业和优势主导产业加速成长，发展质量明显提升。"十二五"开局良好。初步预计，今年全省生产总值、全社会固定资产投资将分别突破 1 万亿元，财政总收入将突破 1500 亿元。强劲的发展势头，增强了全省干部群众实现进位赶超、跨越发展的信心。

——改革开放取得重大突破，创新发展的势头日益强劲。国有企业改革取得重大突破，一大批改制企业焕发出新的生机和活力。继在全国率先实施集体林权制度改革之后，又在全国先行实施国有林场改革。省市县乡政府机构改革任务圆满完成。医药卫生体制、文化体制、财税金融体制、行政审批制度以及事业单位等方面的改革稳步推进。要素市场加快形成，非公有制经济快速健康发展。对外开放的广度和深度不断拓展，开放型经济发展迅猛，实际利用外资持续保持中部第一，外贸出口跃居中部前列，一大批世界 500 强企业、跨国公司、央企等行业龙头企业来赣投资兴业，为促进我省经济发展增添了活力。

——城乡面貌发生显著变化，协调发展的格局逐步形成。全省城镇化率由 37.1% 提高到 44.06%，设区市建成区面积扩大 1.5 倍，城镇功能更为完善，承载力和辐射力明显增强。县域经济快速发展，县域生产总值、财政收入

占全省的比重明显提高，涌现了一批超常规发展的县(市、区)。城乡基础设施日趋完善，高速公路、乡村公路、铁路、机场、电力、通信、水利建设取得重大突破。社会主义新农村建设扎实推进，农村面貌发生深刻变化，全省近三分之一的农村人口过上了“走平坦路、喝干净水、住整洁房、上卫生厕、用洁净能”的生活。

——生态保护与建设强力推进，绿色发展的特色更加凸显。“五河一湖”生态环境综合治理、造林绿化“一大四小”、城镇污水处理、生态园区建设、农村垃圾无害化处理等重大生态工程建设成效显著。全省森林覆盖率由60.05%提高到63.1%，居全国前列；主要河流监测断面水质达标率由76.3%提高到80.5%，11个设区的城市空气环境质量全部达到国家二级标准，环境质量位居全国前列。特别是鄱阳湖生态经济区规划上升为国家战略，既为我省科学发展提供了明晰的“路线图”，又为我省跨越发展带来了千载难逢的历史性机遇。

——社会建设迈出坚实步伐，和谐发展的局面不断巩固。深入推进民生工程建设，大幅度增加财政投入，着力解决就业、社保、教育、医疗、住房、扶贫等事关人民群众切身利益的突出问题，社会保障和人民生活水平不断提高。在全国率先实现城乡困难群众最低生活保障、城乡义务教育免费和困难学生资助政策、城乡困难群众大病医疗救助制度、城乡居民基本医疗制度“四个全覆盖”。在全国率先启动白内障等四类重大疾病免费救治以及尿毒症患者免费血透治疗。科技创新能力不断增强，各类教育全面发展，文化、卫生、体育、人口与计划生育等各项事业全面进步。社会管理在创新中强化，安全生产状况持续稳定好转，公众安全感指数全国领先，全省社会保持和谐稳定。

——党的建设全面加强，共谋发展的氛围空前浓厚。学习实践科学发展观活动取得明显成效，学习型党组织建设和创先争优活动扎实推进，干部人事制度改革力度不断加大，人才工作成效显著，党风廉政建设和反腐败斗争深入推进，机关作风建设和效能建设进一步加强。社会主义核心价值体系建设扎实推进，思想道德建设和精神文明创建活动深入开展。与此同时，人大、政协工作显著加强，依法治省进程稳步推进。爱国统一战线日益壮大。群团组织的作用得到更好发挥。国防动员和后备力量建设进一步加强。对口支援四川小金县地震灾后重建任务圆满完成，新一轮对口支援新疆工作扎实推进。全省上下共谋发展、奋力崛起的氛围更加浓厚。

成绩来之不易。这是党中央正确领导的结果，是全省各级党组织和广大干部群众团结一心、奋力拼搏的结果，是在历届省委打下的扎实工作基础上不断前进的结果。在此，我代表中共江西省第十二届委员会向全省广大党员和干部群众，向各民主党派、各人民团体和社会各界人士，向驻赣部队、武警官兵、公安干警，向关心、支持江西发展的港澳台同胞、海外侨胞和一切关心、支持江西发展的同志们、朋友们表示衷心的感谢和崇高的敬意！

回顾五年来以及进入新世纪十年来全省发展的历程，我们的一切探索和实践归结为一点，就是不僵化，不浮躁，不摇摆，不折腾，坚韧不拔，开拓进取，致力走出一条符合江西实际的科学发展、进位赶超、绿色崛起路子，实实在在为4400万江西人民谋福祉。实践给予我们诸多有益的启示。

(一)必须始终立足江西基本省情，紧紧抓住主要矛盾，创造性地开展工作。这些年，我们始终从江西经济欠发达的基本省情出发，认真贯彻中央的大政方针，坚持以科学发展观为统领，紧紧抓住发展不足这个主要矛盾，把尽快做大经济总量与着力提升发展质量，统一于加快江西绿色崛起的进程中。不管东西南北风，牢牢扭住发展不放松，以推进重大项目建设为重要抓手，在做大经济总量的同时推进结构调整，转变发展方式，提升发展质量。实践证明，坚持党的思想路线，一切从实际出发，创造性地开展工作，这是我们不断开创全省发展新局面最为宝贵的经验，也是在今后工作中必须始终坚持的首要原则。

(二)必须始终把握国内外发展大势，抢抓发展机遇，赢得发展的主动权。近几年，面对国际国内发展环境的急剧变化，我们坚持把江西的发展放在国内外发展大格局中去思考和谋划，注重从变化的形势中捕捉和把握难得的发展机遇，在逆境中发现和培育有利因素，努力变压力为动力、化危机为生机、变经济波动期为发展机遇期。通过全省上下积极顽强的努力，在遭遇国际金融危机和严重自然灾害情况下，我省经济发展不仅没有出现大的波动，而且呈现增长加速、质量提升、民生改善的强劲势头。实践启示我们，切实增强工作的前瞻性、预见性，才能趋利避害、化危为机，把握发展的主动权。

(三)必须始终坚持经济与生态协调发展，在加快发展中保护和建设好江西的绿水青山。良好的生态环境是江西最宝贵的财富。在加快发展中，我们坚定不移贯彻“既要金山银山，更要绿水青山”的发展理念，大力推进重大生态工程建设，积极发展低碳、生态经济，切实加强节能减排工作。特别是在多年研究探索的基础上，提出并经国家批准实施鄱阳湖生态经济区建设。这一重大战略不仅对江西的发展具有里程碑意义，而且对于探索生态与经济融合的发展模式，破解经济与生态协调发展这一世界性难题，具有重大创新和示范意义。

(四)必须始终牢记富民为先、民生为本，不断满足全省人民过上更好生活的新期待。在加速江西崛起进程中，我们始终坚持发展为了人民、发展依靠人民、发展成果由人民共享，连续几年大幅度增加民生投入，扎实推进民生工程建设，让人民群众得到更多实惠；畅通群众诉求表达渠道，大力推进干部下基层常态化，实实在在为群众解决实际问题；坚持科学抗灾救灾，加强安全生产，切实保障人民群众生命安全和健康权益。实践反复昭示我们，坚持富民为先、民生为本，不断满足人民群众过上更好生活的新期待，是我省加快发展、加速崛起的根本目的所在，是我们实践党的宗旨、为民执政的终极追求。

(五)必须始终强化责任意识，敢于担当，勇于破解改革发展稳定的难题。五年来，我省发展并非一帆风顺。面对各类矛盾叠加交织、各方面难题日益增多的复杂情况，我们正视矛盾、直面难题，努力攻坚克难。狠下决心，用3年时间顺利完成全省国有工业企业改革任务、基本完成七个系统国有非工业企业改革任务；采取特殊政策措施，帮助企业在应对国际金融危机中渡过难关，缓解电力、土地、资金对经济发展的制约；标本兼治，着力化解影响社会稳定的突出矛盾。大量经验教训表明，矛盾、难题不可怕。只要我们不计个人名利得失，敢于担当，勇于碰硬，多谋善断，就没有趟不过的河、越不过的坎！

（六）必须始终致力江西崛起、富民兴赣，充分调动一切积极因素，一任接着一任干。这些年江西发展的好势头、好局面之所以能够不断巩固和发展，至关重要的是，我们坚持以发展凝聚人心，坚持继承与创新的有机统一，坚持正确的发展思路不动摇，形成了万众一心、加快崛起的强大合力和一任接着一任干的坚韧定力。实践给予我们深刻的启示，实现江西崛起、富民兴赣，是全省人民的共同愿望，也是一项长期任务。唯有全省上下坚持以发展为重，同心同德、团结奋斗，唯有各级领导班子坚持以事业为重，一任接着一任干，不懈奋斗，江西崛起、富民兴赣的航船才能在不折腾、不停顿中加速驶向胜利的彼岸！

五年来，我们取得了巨大成绩和进步，江西经济欠发达的状况有所改观，但尚未完全改变。发展不足仍然是我们面临的主要矛盾，经济总量偏小、城乡居民收入偏低、发展不平衡等突出问题亟待解决；产业层次整体不高、中心城市辐射带动能力不强、环境压力加大、资源约束趋紧，加快转变经济发展方式的任务十分艰巨；影响社会和谐稳定的因素仍然较多，维护社会稳定的难度加大；一些领导干部的思想素质、领导能力和工作作风与新形势新任务的要求还不完全适应，一些基层党组织战斗力、凝聚力不强，一些重点领域和关键岗位的腐败现象还比较严重，加强干部队伍建设、基层组织建设和反腐倡廉建设仍然是一项重要紧迫的任务。我们务必保持清醒头脑，高度重视并采取有效措施切实解决前进中的问题，不断开创各项工作新局面。

二、紧紧抓住进位赶超的重要战略机遇期，迈出科学发展、绿色崛起的更大步伐

放眼未来，当前和今后一个时期，我省仍处在可以大有作为的重要战略机遇期。和平、发展、合作仍是全球时代潮流，我国经济长期向好发展的基本面没有改变，国家对中西部地区和革命老区支持的力度越来越大，国际国内环境总体有利我省发展。以经济总量跨上万亿元、人均生产总值超过3000美元为标志，全省经济发展进入新的快速增长阶段，多年高强度投入的效应加速释放，工业化、城镇化进程加速推进，产业结构和消费结构加快升级，驱动经济持续较快发展的内生动力更加强劲。经济全球化和区域经济一体化深入发展，国内外产业转移加快，为我省扩大开放、加快发展提供了新的契机。全球新一轮技术革命和产业革命孕育突破，绿色产业蓬勃兴起，为我省发挥独特的生态优势和建设鄱阳湖生态经济区的政策优势，加快转变发展方式、实现后发赶超提供了难得的历史机遇。同时，我们也面临诸多可以预见和难以预见的风险挑战。世界经济复苏艰难曲折，不确定、不稳定因素仍然很多；我国经济社会发展中不平衡、不协调、不可持续问题依然突出；区域竞争更为激烈，“百舸争流、不进则退”的形势更加严峻；我省能源资源瓶颈约束更加凸显、要素成本逐步上升，面临加快发展和加快转型双重压力。综观大势，我们面临的机遇前所未有，面临的挑战也前所未有，总体而言机遇大于挑战。历史经验表明，能否抓住机遇、赢得发展，取决于对一系列风险挑战的科学应对转化，取决于在每一个战略十字路口作出正确的选择。我们要有强烈的忧患意识，更要有强烈的机遇意识，科学把握发展规律，敏锐把握发展大势，切实抓住用好机遇，努力迈出科学发展、绿色崛起的更大步伐。

今后五年发展的总体要求是：高举中国特色社会主义伟大旗帜，以邓小平理论和“三个代表”重要思想为指导，深入贯彻落实科学发展观，适应国内外形势新变化，顺应人民群众过上更好生活新期待，抓住用好发展机遇期，妥善应对矛盾凸显期，以科学发展为主题，以加快转变经济发展方式为主线，以鄱阳湖生态经济区建设为龙头，以富民兴赣为主要任务，全面加强社会主义经济建设、政治建设、文化建设、社会建设以及生态文明建设和新时期党的建设，不断迈出科学发展、进位赶超、绿色崛起新步伐，为建设富裕和谐秀美江西而奋斗。

建设富裕和谐秀美江西，就是要按照科学发展观的要求，立足江西省情，发挥比较优势和后发优势，把发展的着力点放在增进人民福祉、促进社会和谐、保护良好生态上，努力实现强省与富民的统一、经济发展与社会发展的统一、开发建设与保护生态的统一，把广袤的赣鄱大地建设成为经济繁荣、生活殷实、社会和谐、环境秀美的幸福家园。这是一个寄托着全省人民美好期待的目标，实现这一目标需要全省上下坚持不懈、长久奋斗！

按照建设富裕和谐秀美江西的要求，综合考虑未来发展趋势和条件，今后五年经济社会发展的主要目标是：实现经济总量、财政收入、居民收入翻番，主要经济指标在全国位次前移；力争基本公共服务、人均生产总值、城镇化率等指标达到或接近全国平均水平；保持生态环境质量全国领先水平，鄱阳湖生态经济区建设实现阶段性目标；加快全面建设小康社会步伐，为实现江西与全国同步进入全面小康社会打下决定性基础。

做好今后五年的工作，必须坚持正确的发展思路、发展战略、发展举措不动摇，并在实践中不断完善。

——要更加注重加快转变经济发展方式，坚持在发展中促转变、在转变中谋发展，努力实现经济总量、发展质量新跨越。

——要更加注重发挥鄱阳湖生态经济区建设的龙头引领作用，最大限度发挥有关政策效应，加快形成各展优势、竞相发展的生动局面。

——要更加注重统筹发展，坚定不移实施以新型工业化为核心的发展战略，坚定不移实施加速城镇化发展战略，坚定不移同步推进农业农村现代化，努力实现城乡协

调发展。

——要更加注重增强经济发展的内生动力，进一步解放思想，深化改革，扩大开放，加强科技创新，推动新一轮发展。

——要更加注重改善民生和维护稳定，坚持以人为本，坚持发展、稳定两手抓、两手硬，大力营造和谐稳定的发展环境。

——要更加注重加强党的建设，不断提高党的建设科学化水平，为科学发展、加速崛起提供坚强保证。

三、在加快发展中推进发展方式转变，不断提升全省经济的综合实力和竞争力

建设富裕和谐秀美江西，首要在发展，根本靠发展。要坚定不移加快发展，坚定不移加快转变经济发展方式，既注重做大总量，更注重提高质量，不断提升全省经济的综合实力和竞争力。

（一）加快产业结构转型升级，着力构建现代产业体系。抓住当前国际国内产业加快调整升级的机遇，大力培育发展战略性新兴产业，加快改造提升传统优势产业，积极发展现代服务业，着力构建特色鲜明、布局合理、技术先进、清洁安全的现代产业体系。坚持以科技为先导、市场为引领，立足现有基础和条件，突出江西优势和特色，大力培育壮大新能源、新材料、新动力汽车、民用航空、生物医药等战略性新兴产业，形成一批战略性新兴产业基地，使之成为引领江西未来发展的主导力量。充分利用高新技术和先进适用技术，加快对有色、钢铁、汽车、石化、建材、陶瓷、纺织等传统优势产业升级改造，建设铜、钨和稀土精深加工以及有机硅、铀、锂资源系列开发等若干国家级产业基地，打造一批超千亿元优势产业。把加快发展现代服务业作为推进产业结构优化升级的重要途径，大力发展现代物流、金融保险、信息咨询、科技服务、商务会展、服务外包、教育培训、医疗保健、文化创意、旅游娱乐等新兴服务业，尤其要大力挖掘整合、充分利用我省丰富的旅游资源，加快建设红色旅游强省、生态旅游名省、旅游产业大省。

强化传统优势产业和战略性新兴产业的内在联系，在改造提升传统产业中催生战略性新兴产业，用发展战略性新兴产业的成果带动和引领传统产业转型升级，促进传统优势产业与战略性新兴产业相互渗透、互动发展。强化新型工业和现代服务业的内在联系，在推进工业化进程中不失时机地发展现代服务业，通过发展现代服务业，拉长产业链，培育增长点，使新型工业与现代服务业相互促进、共同发展。强化重大项目、各类园区和大型骨干企业的内在联系，强力推进重大项目带动战略和质量兴省战略，加速产业向园区聚集，促进骨干企业裂变扩张，大力引进、培育一批拥有自主知识产权和知名品牌、核心竞争力强、主业突出、行业领先的大企业大集团，形成一批集中度高、关联性强、技术先进的产业集群，实现以项目兴园区，以园区聚企业的良性互动，加速提升全省产业整体水平。

（二）强力打造区域经济增长极，努力形成多极支撑、多元发展的格局。中心城市是江西崛起的脊梁。要坚持把做大做强中心城市放在更加突出的位置，以中心城市崛起带动全省崛起。加速产业和人口向中心城市集聚。鼓励支持省会南昌创新发展体制机制，大力提升综合实力和竞争力，成为带动全省发展的核心增长极。鼓励支持其他设区市找准定位、发挥优势，壮大实力、加强协作，形成特色鲜明、竞相发展的重要增长极。着力完善城市功能，加强城市基础设施和公共服务设施建设，协调推进旧城改造和新区建设，提高城市建设的质量和品位，提高城市管理服务水平，下大力气解决好城市道路交通、空气质量、防洪排水等方面的突出问题，为市民创造更加便捷、舒适、安全的环境。进一步完善城镇体系和空间布局，加快构建与长江中游城市群互通互连的鄱阳湖生态城市群和沿沪昆线、京九线两条城市带，建设一批各具特色的中小城市，形成中心城市与中小城市及小城镇分工明确、联系密切、布局合理、发展协调的城镇网络。

县域经济是江西崛起的筋骨。要坚持把壮大县域经济作为加快全省崛起的重要突破口。大力推进扩权强县、省直管县、兴乡强镇试点改革，给基层提供更大的发展自主权和更为宽松的发展环境。从政策上鼓励和引导科技、人才、资金向县域发展倾斜，加快产业向园区集聚，大力发展优势突出、产业配套的“块状经济”，提升县域经济的综合实力和竞争力。

基础设施是江西崛起的血脉。要坚持把能源建设摆在基础设施建设首位，统筹规划，适度超前，加快建设一批骨干电力项目，加速天然气和多类新能源的开发利用，加强能源输送通道建设，加快发展特高压电网，构建安全、稳定、经济、清洁的现代能源体系。坚持不懈加强水利基础设施建设，加强应对气候变化能力建设，以增强防洪抗旱减灾能力为重点，抓紧建设一批重大水利工程，构建调控有力、配置合理的水利保障体系。进一步加快公路、铁路、机场、港口和水运航道建设，推进中心城市轨道交通、城市组团快速通道建设，实现县县通高速公路，基本实现县县通铁路。加强信息基础设施建设，大力推进电子政务、电子商务和物联网的发展，努力实现网络互联互通、信息资源共享，加快经济社会信息化。

（三）大力推进农业农村现代化，进一步提高城乡统筹发展水平。广泛运用现代科技改造农业，现代手段装备农业，现代经营形式发展农业，进一步提高农业综合生产能力、抗风险能力和市场竞争力。加强耕地保护，推进土地节约集约利用，实施新增百亿斤优质稻谷工程，促进粮食生产稳定增长。大力发展特色农业，大力推进农产品精深加工，努力实现大宗农产品生产经营标准化、规模化、品牌化，打响“生态鄱阳湖、绿色农产品”品牌。持续推进高标准农田水利建设，形成一批现代农业示范基地。加强农业综合服务体系建设，着力培育壮大产业化龙头企业，推进农业产业化经营，促进农业生产效益稳定提高、农民收入持续增长。认真落实各项强农惠农政策，持续加大“三农”投入，不断提高农业技术装备水平和可持续发展能力。按照统筹城乡发展的要求，加快农村基础设施和公共服务体

系建设，不断改善农村生产生活条件，建设农民幸福生活的美好家园。坚持把培育有文化、懂技术、会经营、遵纪守法的新型农民作为促进农村繁荣进步的战略工程来抓，加强农村职业教育和劳动力培训教育，不断提高农民的法治观念、道德素养和科学务农能力、转移就业能力、创业致富能力。

（四）着力促进经济与生态的融合，切实把生态优势转化为发展优势。深入推进造林绿化“一大四小”工程，进一步提高森林质量和效益，构建城乡一体化的绿色生态屏障。加大生态综合治理力度，实施生态移民搬迁，推进可持续发展实验区建设。统筹鄱阳湖流域上下游、干支流的生态保护和建设，切实保护好“一湖清水”。加快建设资源节约型、环境友好型社会。大力发展生态经济，积极发展低碳、绿色产业，大力推动发展方式转变，逐步实现产业生态化和生态经济产业化，加快构建现代生态产业体系。用足用好国家赋予鄱阳湖生态经济区建设的先行先试政策，加快建立健全生态补偿机制，加大对生态保护和建设重点地区的生态补偿力度，积极探索市场化的生态补偿模式。发展碳汇林业，培育发展水权、林权、碳汇、排污权交易市场，促进资源环境产权有序流转和公开公平公正交易。

（五）深入推进改革开放，进一步增强经济发展的动力和活力。坚持解放思想、实事求是、与时俱进，始终保持开拓前进的精神动力，奋力把改革开放推向前进。以更大的决心和勇气推进重要领域和关键环节的改革。进一步深化国有企业改革，加强国有资产监管，引导国有资产向优势产业、优势企业集聚。深入推进全民创业，大力营造各类所有制企业公平竞争的市场环境，促进民营企业和中小企业更好更快发展。加快转变政府职能和管理方式，积极稳妥推进事业单位分类改革，继续深化财税、金融、投资体制改革，充分发挥市场在资源配置中的基础性作用。在推进改革中，要妥善处理好各方面的利益关系，坚持统筹兼顾，科学设计，民主决策，精心操作。既要坚持社会主义市场经济改革方向，敢于破除阻力，坚定不移推进改革，又要把握好改革的力度、时机和社会承受程度，平稳有序推进各项改革。

进一步拓展开放的广度和深度。紧紧抓住国内外产业、资本、技术、人才加速转移流动的重大机遇，完善服务体系，提高行政效率，对接国际规则，进一步优化我省投资发展环境，努力打造中部地区对外开放高地。扎实推进招商引资，更加注重择商选资，着力提高招商引资水平。充分利用长江岸线资源，大力推进沿江开放开发。加快各类园区等开放平台建设，充分发挥其在对外开放中的主阵地作用。进一步开拓海外市场，发展对外贸易，提高经济外向度。鼓励支持更多有条件的企业“走出去”，拓展发展空间。加强国际交流合作，进一步提升经济国际化水平。

（六）大力推进科技、教育和人才工作创新，为江西崛起提供强大智力支撑。科技支撑发展、引领未来。要深入实施科技创新“六个一”工程，推动经济社会发展进入创新驱动的轨道。加快建立以企业为主体、市场为导向、产学研结合的科技创新体系，围绕战略性新兴产业发展、传统产业改造升级开展集中技术攻关，重点突破一些产业发展的共性技术和关键核心技术，加速提升产业发展的核心竞争力。加强科技创新平台建设，有效整合科技资源，创建一批与全省经济社会发展紧密结合、高水平的科技创新平台。完善落实鼓励创新创造的政策和机制，大力培育创新型企业。大力推进“科技入园”工程，提升企业科技创新能力，加速科技成果转化和产业化。

教育是人才培养和科技创新的基础。要始终坚持把教育摆在优先发展的战略地位，加大投入，确保全省财政性教育经费支出占当年财政收入比例达到国家规定的要求，并稳定增长。着力提高教育质量，增加优质教育资源供给，促进教育公平，在基本解决“上学难”的基础上着力化解“上好学难”的矛盾。大力推动各级各类教育全面均衡发展，积极发展学前教育，巩固提高义务教育，加快普及高中阶段教育，切实办好继续教育和特殊教育。尤其要把加快高等教育和职业教育发展放在更加突出的位置，注重内涵发展，提高办学质量，加快培育和建设国家级高水平学科和科技创新平台，下大力气建设几所在全国有竞争力、影响力的高水平大学或特色大学。要积极构建高校与企业合作互动平台，增强教育服务全省经济社会发展的能力和水平。

人才资源是第一资源，建设一支高素质的人才队伍是强省之基、崛起之本。要敢为事业谋人才、用人才，像抓项目、抓招商引资一样抓好人才工作。加快培养造就创新创业型领军人才，大力引进开发急需紧缺专门人才，统筹抓好企业经营管理人才、专业技术人才、党政人才等各类人才队伍建设。进一步优化人才发展环境，完善有利于人才成长发展的政策机制，既要重视引进人才，更要大力培养使用本土人才，既要为各类人才提供干事创业平台，又要切实解决他们的后顾之忧，对一些高端、特殊人才要有特殊政策措施，努力形成人才辈出、人尽其才、才尽其用的生动局面。

四、大力推进和谐社会建设，不断增强人民群众的幸福感

建设富裕和谐秀美江西，根本目的和最终归宿是让人民更幸福、社会更和谐。要全面贯彻落实以人为本、执政为民的要求，切实维护人民群众各项权益，大力促进社会和谐，让全省人民生活得更加幸福、更有尊严。

（一）进一步保障和改善民生，大力促进社会公平。坚持以解决群众最关心、最直接、最现实的利益问题为切入点，着力推进基本公共服务均等化，努力使改革发展成果更好地惠及全省人民。实施积极的就业政策，千方百计增加就业岗位，扎实做好就业培训、就业援助和就业服务。着力理顺收入分配关系，努力提高居民收入在国民收入分配中的比重，提高劳动报酬在初次分配中的比重，逐步提高最低工资标准，保障职工工资正常增长和支付，完善公务员工资制度，深化事业单位收入分配制度改革，创造条

件增加居民财产性收入，着力改变我省城乡居民收入增长与经济发展不同步的状况，努力使全省人民的"腰包"伴随江西崛起的进程逐步鼓起来。加快建立健全与经济发展水平相适应，以基本养老、基本医疗、最低生活保障为重点，覆盖城乡居民的社会保障体系，努力实现人人享有基本社会保障、人人基本生活有保障。坚持公共医疗卫生的公益性质，强化政府责任和投入，加强监督管理，加快卫生事业改革发展，深入开展爱国卫生运动和全民健身活动，切实保障人民群众健康。加快推进住房保障体系建设，逐步解决中低收入家庭的住房困难。深入推进开发式扶贫，加大对连片特困地区和重点贫困村的帮扶力度，加快革命老区、民族地区和贫困地区经济社会发展。进一步做好人口和计划生育工作，切实保障妇女儿童和残疾人合法权益，确保人人拥有平等发展的权利。

（二）着力推动文化大发展大繁荣，建设全省人民美好精神家园。一个民族的觉醒，首先是文化的觉醒；一个国家、一个地区的振兴，离不开文化的振兴。在文化越来越成为综合国力竞争重要因素的新形势下，我们必须以高度的文化自觉和文化自信，推动社会主义文化大发展大繁荣，为建设富裕和谐秀美江西提供强大精神动力。

社会主义核心价值体系是兴国之魂。发展社会主义先进文化，必须把建设社会主义核心价值体系作为根本任务。坚持马克思主义指导地位，用马克思主义中国化最新成果武装全省党员和干部群众。坚持以社会主义核心价值体系引领社会思潮，大力弘扬以爱国主义为核心的民族精神和以改革创新为核心的时代精神，深入推进理论学习、研究和宣传，深入推进社会公德、职业道德、家庭美德、个人品德建设，深化群众性精神文明创建活动，提高全民科学文化素质和道德法律素养，在全社会形成统一指导思想、共同理想信念、强大精神力量、基本道德规范。坚持团结稳定鼓劲、正面宣传为主，把握正确的舆论导向，理直气壮唱响时代主旋律，不断提高舆论引导能力，为全省经济社会发展营造良好的舆论环境。

江西自古享有"文章节义之邦"美誉，近代更是驰名中外的革命老区，拥有深厚的文化底蕴和珍贵的红色文化资源。要结合新的时代条件，大力培育以赣鄱优秀传统文化为底蕴、以井冈山精神为特征、以社会主义核心价值体系为灵魂的新时期江西人文精神，大力弘扬近年来我省相继涌现的英模群体的崇高精神，增强江西人的自尊心、自信心、自豪感，进一步展示江西人求新思变、开明开放、诚实守信、善谋实干、大气包容、见义勇为的新形象。

要深化文化体制改革，加快建设特色鲜明、影响广泛的文化大省。大力实施文化惠民工程，切实保障人民群众普遍享有基本公共文化服务。深入实施文化精品工程，着力净化社会文化环境，充分挖掘我省丰富的文化资源，立足改革发展的火热实践，努力生产出更多群众喜闻乐见、健康向上的优秀文化产品。加强对优秀地方文化特别是非物质文化遗产的传承和保护，倾力打造江西文化品牌，不断提高赣鄱文化的影响力。积极实施重大文化产业项目带动战略，大力发展新兴文化产业和特色文化产业，努力把文化产业培育成为我省国民经济的支柱性产业。

（三）加强和创新社会管理，进一步提升社会和谐度。社会和谐稳定是顺利推进改革发展、保障人民安居乐业的重要基础和前提。要大力加强和创新社会管理，最大限度激发社会活力、最大限度增加和谐因素、最大限度减少不和谐因素，切实维护和谐稳定的良好局面。坚持科学决策、民主决策、依法决策，正确处理改革发展稳定关系，统筹兼顾和妥善协调各方面利益关系，建立健全重大决策风险评估机制，努力从源头上减少和化解社会矛盾。不断加强和改进新形势下的群众工作，建立健全党和政府主导的维护群众权益机制，完善并落实领导联系群众制度，推进干部下基层常态化，更好地把人民群众凝聚在党的周围。进一步完善社会管理格局，坚持党委领导、政府主导，充分发挥广大群众和社会力量的重要作用。扎实推进城乡社区建设，加强资源整合，健全新型社区管理和服务体制，提升城乡基层组织社会管理服务能力，最大限度地把矛盾纠纷化解在基层和萌芽状态。着力完善应急管理体制机制，提高对网络虚拟社会的管理水平，提高突发公共事件的预防、预警和应急处置能力。深入推进社会管理综合治理，切实加强国家安全工作，高度警惕、严密防范境内外敌对势力的渗透、窃密、破坏活动，依法打击各类违法犯罪活动。食品药品安全，是人命关天的大事。要严格依法依规加强对食品药品生产、流通等各个环节的监管，依法从快从重惩处那些见利忘义、昧着良心赚黑心钱的违法犯罪分子，确保人民群众吃得安全、吃得放心。

（四）加强社会主义民主法制建设，凝心聚力加速江西崛起。坚持党的领导、人民当家作主和依法治国的有机统一，进一步发挥社会主义政治制度的优越性，充分调动全省人民的积极性，加速江西崛起。

大力发展社会主义民主。依法实行民主选举、民主决策、民主管理、民主监督，保证人民享有广泛的民主权利。坚持和完善人民代表大会制度，支持人大及其常委会依法履行职能，保障人大代表依法行使职权，进一步发挥各级人大及其常委会在推进科学发展、促进社会和谐中的重要作用。坚持和完善中国共产党领导的多党合作和政治协商制度，支持人民政协围绕团结和民主两大主题履行职能，进一步提高政治协商、民主监督、参政议政的质量和成效。加强同民主党派的团结合作，充分发挥民主党派、工商联和无党派人士的作用，认真做好民族、宗教、外事侨务和对台工作，巩固和发展最广泛的爱国统一战线。进一步发挥工会、共青团、妇联等人民团体联系群众的桥梁和纽带作用。更加关注青年、关心青年、关爱青年，引导鼓励青年健康成长、为党和人民建功立业。进一步扩大基层民主，完善基层群众自治制度，推进政务公开、村务公开、厂务公开。健全决策机制，提高决策的透明度。

加快推进依法治省进程。坚持科学立法、民主立法，不断提高地方立法质量。深入开展"六五"普法教育，提高全民法治观念和法律素养，引导群众依法维权、理性表达诉求。支持审判机关和检察机关依法行使审判和检察权，维护司法公正。加强司法救助、法律援助和人民调解工作。

加强宪法和法律实施，维护社会主义法制的统一、尊严和权威。加强政法队伍和行政执法队伍建设，确保公正、廉洁、文明、规范执法。

落实党管武装责任，加强国防教育，健全国防动员体系，做好民兵预备役工作，加快推进全省武警部队现代化建设。提高“双拥”共建水平，巩固军政军民团结。

五、加强和改进新形势下党的建设，不断锻造建设富裕和谐秀美江西的坚强领导核心

建设富裕和谐秀美江西，关键在加强党的建设。要适应世情、国情、党情的深刻变化，进一步加强党的执政能力和先进性建设，不断提高党的建设科学化水平，为建设富裕和谐秀美江西提供坚强的思想、政治、组织保证。

（一）紧紧抓住思想理论建设这个根本，增强为党和人民事业不懈奋斗的责任感和使命感。坚持不懈抓好学习型党组织建设，教育引导党员、干部，尤其是党员领导干部，深入学习马克思列宁主义、毛泽东思想、邓小平理论、“三个代表”重要思想和科学发展观，系统掌握中国特色社会主义理论体系，不断提高思想理论水平和领导科学发展、促进社会和谐的能力。把坚定理想信念摆在思想理论建设的首位，切实增强党员意识、执政意识、“赶考”意识，为党和人民的事业不懈奋斗。党员意识从根本上说就是党员的先进性意识。每个党员，不论职务高低，不论从事什么工作，都要始终牢记自己是一名共产党员，时刻用党员标准严格要求自己，充分发挥先锋模范作用，决不能与党离心离德，决不能与党的宗旨背道而驰，决不能给党的形象抹黑。执政意识是执政党对自身历史方位、历史使命的清醒认识和把握。每个党员、干部都要增强执政意识，自觉把个人的前途命运与党的前途命运紧密联系起来，常怀忧党之心、恪尽兴党之责，为履行党的执政使命殚精竭虑、为巩固党的执政地位奋斗终生。“赶考”意识集中体现了一种自我警醒、自我鞭策的精神。62年前，毛泽东同志把党中央机关入驻北平、建立新中国形象地喻为“赶考”。今天，我们已经取得建立新中国的伟大胜利和建设新中国的伟大成就，但在迈向现代化的征程中，长期执政考验、改革开放考验、市场经济考验、外部环境考验，以及精神懈怠的危险、能力不足的危险、脱离群众的危险、消极腐败的危险，更加尖锐地摆在我们面前。在我省今后发展中，也会遇到许多新情况、新问题。我们必须不断强化“赶考”意识，始终保持“赶考”的精神状态，永不僵化、永不停滞、永不懈怠，不断迎接新的挑战，夺取新的胜利，向党和人民交出合格的答卷。

（二）紧紧抓住领导班子和干部队伍建设这个关键，进一步提高各级领导班子和领导干部领导科学发展、促进社会和谐的能力。坚持正确的用人导向，坚持五湖四海、任人唯贤，坚持德才兼备、以德为先用人标准，坚持民主、公开、竞争、择优原则，不断深化干部人事制度改革，进一步建立健全干部选拔任用、考核评议、管理监督和激励保障机制，努力提高选人用人的科学化、民主化、制度化水平。以更宽的视野、更高的境界、更大的气魄，广开进贤之路，真正把那些政治坚定、有真才实学、实绩突出、群众公认的干部选拔到领导岗位上来。特别注意保护和重用那些埋头苦干、不事张扬、坚持原则、作风正派的干部，真正让想干事者有机会、能干事者有舞台、干成事者有地位，不让老实人吃亏，不让投机钻营者得利。把提高领导水平和执政能力作为各级领导班子建设的核心内容来抓，继续扎实开展大规模干部教育培训，不断创新培训方式方法，提高培训质量和效果，加强思想作风建设，提高领导干部执政本领和整体合力。从保证党和人民事业继往开来的战略高度，加强培养选拔优秀年轻干部工作，鼓励年轻干部到艰苦地区、复杂环境、关键岗位经受锻炼和考验。重视培养选拔优秀女干部、少数民族干部和党外干部，真心爱护、真诚关怀基层干部，带着责任和感情认真做好老干部工作，大力推进机关与基层优秀干部的双向交流，加强干部管理和监督，增强干部队伍的生机与活力。

（三）紧紧抓住加强基层基础这个重点，着力增强基层党组织的创造力、凝聚力和战斗力。党的基层组织是党的全部工作和战斗力的基础。坚持把创先争优活动作为一项经常性工作来抓，不断丰富活动内容，突出实践特色，引导基层党组织和广大党员与时俱进、创先争优。不断创新基层党组织设置方式，抓紧在非公有制经济组织和各类新社会组织中建立党组织，扩大基层党组织覆盖面。切实加强农村、国有企业、城市社区和大专院校党建工作，提高机关和事业单位党建工作水平，积极构建城乡统筹、相互促进的基层党建工作新格局。坚持不懈抓好党员队伍建设，改进发展党员工作，建立健全教育、管理、服务党员的长效机制，切实加强对老党员、生活困难党员的关怀帮扶。坚持把服务群众、做好群众工作作为基层党组织的核心任务，拓宽党员联系和服务群众渠道，建立健全党员发挥作用的机制，使党的基层组织充分发挥推动发展、服务群众、凝聚人心、促进和谐的作用。加强基层党组织的制度建设和活动场所建设，推进基层党建工作项目化发展。

（四）紧紧抓住发展党内民主这个着力点，充分激发各级党组织和广大党员的积极性、主动性、创造性。党内民主是增强党的创新活力、巩固党的团结统一的重要保证。要以健全民主集中制为重点，以保障党员民主权利为根本，以加强党内基层民主建设为基础，积极发展党内民主。完善党内民主决策机制，完善集体领导与个人分工负责相结合的制度，防止个人或少数人说了算。不断拓宽党员参与党内事务的渠道，积极稳妥推进党务公开，切实保障党员主体地位和民主权利。大力营造讲真话、说实话的浓厚氛围和宽松环境。各级领导干部要带头讲真话、说实话，包容不同意见，决不能乐喜厌忧，更不能“报喜得喜、报忧得忧”，带坏风气！要坚持民主与集中的统一，严守党的纪律特别是政治纪律，维护中央的权威，确保政令畅通。

（五）紧紧抓住保持党同人民群众血肉联系这个核心，以优良的作风和良好的形象凝聚党心民心。我们党的最大政治优势是密切联系群众，最大危险是脱离群众。必须始

终把人民放在心中最高位置，始终把人民利益放在一切工作的首位，切实做到权为民所用、情为民所系、利为民所谋，永远保持并不断密切党同人民群众的血肉联系。坚持问政于民、问需于民、问计于民，虚心拜群众为师，真诚倾听群众呼声，真实反映群众愿望，真情关心群众疾苦，坚决保障群众的合法权益。大力弘扬求真务实、艰苦奋斗的作风，持之以恒加强机关作风和效能建设，坚决反对形式主义、官僚主义，坚决反对弄虚作假、急功近利，坚决反对不作为、乱作为，坚决反对贪图享受、铺张浪费，树立党员、干部的良好形象。

坚决惩治和有效预防腐败，关系人心向背和党的生死存亡，是我们必须始终抓好的重大政治任务。坚持标本兼治、综合治理、惩防并举、注重预防的方针，大力推进惩治和预防腐败体系建设，加大从源头预防遏制腐败力度。坚持把反腐倡廉教育融入干部培养、选拔、管理和使用的全过程，深入开展反腐倡廉教育，加强对党员领导干部的监督，认真落实廉洁自律、廉洁从政的各项规定。加强反腐倡廉制度建设，深化重点领域和关键环节改革，加强对权力运行的制约和监督，完善凭制度用权、靠制度办事、用制度管人机制，保障公共权力阳光公开、透明运行。加强对人民群众反映强烈的突出问题的专项治理，加大查办违纪违法案件工作力度，严肃查处侵害人民群众权益的案件，坚决惩处腐败分子。积极探索新形势下反腐败斗争的规律，继续完善反腐败领导体制和工作机制，不断提高反腐倡廉建设科学化水平。

同志们！建设富裕和谐秀美江西，责任重大、使命光荣。在风雷激荡的革命战争年代，江西这块红土地孕育的井冈山精神和苏区干部好作风，集中体现了我们党的理想追求和政治品格，是全党的宝贵精神财富，更是激励我们战胜各种艰难险阻、不断夺取胜利的强大精神动力。让我们更加紧密地团结在以胡锦涛同志为总书记的党中央周围，高举中国特色社会主义伟大旗帜，以邓小平理论和“三个代表”重要思想为指导，深入贯彻落实科学发展观，大力弘扬伟大的井冈山精神和苏区干部好作风，以百折不挠的坚定信念、求真务实的科学态度、艰苦奋斗的顽强作风，齐心协力为建设富裕和谐秀美江西而努力奋斗！

10月26日，中国共产党江西省第十三次代表大会在南昌隆重开幕。图为大会开幕式现场。 邓小勇摄

政府工作报告

——在江西省第十一届人民代表大会第五次会议上

代省长 鹿心社

（2012年2月1日）

各位代表：

现在，我代表省人民政府向大会作政府工作报告，请予审议，并请省政协委员和列席会议的同志提出意见。

一、2011年工作回顾

2011年，面对极为复杂的国内外发展环境和春夏连旱、旱涝急转等自然灾害的严峻考验，在党中央、国务院和省委的坚强领导下，全省上下坚定信心，顽强拼搏，完成了省十一届人大四次会议确定的“三个突破、八个提高”目标任务，实现了“十二五”的良好开局。全省生产总值突破1万亿元，达到11583.8亿元，增长12.5%。全社会固定资产投资突破1万亿元，总额达到11020亿元，增长25.6%。财政总收入1645亿元，增长34.2%，其中地方财政收入1053.4亿元，增长35.4%。社会消费品零售总额3457.7亿元，增长17.9%。城镇居民人均可支配收入17495元，农民人均纯收入6892元，分别增长13%和19.1%。人口自然增长率控制在7.5‰。受宏观环境影响，居民消费价格指数上涨5.2%，高于4%的调控目标。

一年来，我们主要做了以下工作：

（一）积极调整优化产业结构，经济保持平稳较快增长。

工业主导地位不断强化。坚定不移实施工业三年强攻计划，全省规模以上工业增加值3911亿元，增长19.1%；全部工业占生产总值比重达48.4%，提高3.0个百分点。重大产业项目集聚效应进一步显现，实施亿元以上工业项目1487个，产业项目投资占固定资产投资比重达58.8%。战略性新兴产业完成增加值1568亿元，增长21.6%；全省主营业务收入超千亿元的产业增加到5个，其中有色行业突破4000亿元，制造业竞争力明显提升。培育壮大龙头骨干企业，主营业务收入超百亿元工业企业总数达12家，江铜集团突破1000亿元。促进工业园区集约发展，全省工业园区主营业务收入1.3万亿元，新增过百亿园区12个，总数达46个。深入实施科技创新“六个一”工程，区域创新能力由全国第22位上升到第18位，科技支撑引领作用得到更好发挥。

农业基础地位更加稳固。全面落实各项强农惠农政策，农业农村经济发展出现多年少有的好形势。粮食总产2052.80万吨，创历史新高。落实最严格的耕地保护制度，通过土地开发复垦新增耕地1.17万公顷，改造中低产田5.33万公顷，建设高标准农田2.67万公顷。水利建设力度加大，修复重点水毁工程1.1万余处，新增灌溉面积4万多公顷，恢复和改善灌溉面积14万公顷。大力推进农业产业化，全省规模以上加工型龙头企业达2800家，472家省级以上龙头企业实现销售收入1500亿元，直接带动370万农户户均增收2200元。

服务业加快发展。市场流通体系不断完善，消费市场繁荣活跃，城市消费品零售额2859.4亿元，农村消费品零售额598.2亿元，分别增长18%和17.4%。金融业健康发展，全省金融机构本外币存款余额14322亿元，增长20.3%；银行业金融机构信贷类业务余额超过1万亿元，其中银行贷款余额9302亿元；企业直接融资237.5亿元；政策性保险保费收入5.56亿元。旅游产业发展迅速，全省旅游接待1.6亿人次，增长47.8%；旅游总收入1105.93亿元，增长35.2%。会展经济发展势头良好，成功举办了“泛珠会”、“赣台会”、世界低碳与生态经济大会、国际友好城市交流大会等大型展会。服务外包、文化创意、中介咨询等新兴服务业取得新进展。

（二）加快城镇化和基础设施建设，城乡面貌发生新的变化。

城镇化稳步推进。城乡规划体系进一步完善，基本完成市、县城市总体规划修编，全面完成省、市、县土地利用总体规划修编。城镇承载能力增强，11个设区市中心城区实施500万元以上城市建设项目1065个，新增建成区面积55平方千米。全省新增城镇人口80万，城镇化率达到45.7%。城乡人居环境继续改善，设区市建成区绿化覆盖率47.5%，国家园林城市达到7个，11个设区市和28个县（市）被评为省级园林城市。县域经济实力增强，财政总收入超10亿元的县（市、区）达到40个，南昌县超45亿元。省级重点示范镇建设取得明显成效。新农村建设深入推进，农村面貌有了新的改观。

基础设施不断完善。德兴至南昌、永修至武宁、瑞金至寻乌、上饶至武夷山、南昌至奉新、隘岭至瑞金6条高速公路建成通车，新增通车里程554千米，总里程3642千米。全省在建铁路里程1200千米。南昌昌北国际机场扩建工程竣工通航。景德镇500千伏洪源变电、贵溪电厂三期等一批电力项目建成投运。环鄱阳湖天然气管网建设基本完成。鄱阳湖水利枢纽工程立项工作有序推进，峡江水利枢纽、浯溪口水利枢纽等工程建设进展顺利，山口岩水利枢纽工程基本完成。省奥林匹克体育中心等一批公共基础设施项目建成使用。

（三）鄱阳湖生态经济区建设深入推进，生态优势巩固提升。

重大生态工程建设成效显著。鄱阳湖生态经济区规划实施方案确定的405个重大项目已启动建设300多个，累计完成投资近5000亿元。造林绿化"一大四小"工程新增造林面积25.93万公顷。全省81个县(市)新建配套污水处理管网1240千米，第二批30个工业园区污水处理设施启动建设。在3万个自然村实施农村清洁工程，建成乡镇垃圾填埋场2350个。积极开展市、县、乡、村四级生态示范创建活动，创建国家级生态镇40个、生态村9个。生态工业园区建设扎实开展，20个工业园区成为首批省级生态工业园区。

生态环境保护进一步加强。《鄱阳湖区综合治理规划》获得国家批复，"五河一湖"水污染治理等环境综合整治深入推进，全面清理了"五河"源头及其干流、鄱阳湖滨湖和东江源头污染企业。强化项目节能环保审查，严把"两高一资"项目准入关。投入1.35亿元对"五河"和东江源地区进行生态补偿试点，开展了矿山环境治理和生态恢复补偿试点。实施了鄱阳湖南岸片血吸虫病综合防治示范区建设。

节能减排扎实推进。启动实施了"千万吨标煤工业节能工程"和"百千万企业节能行动"，拆除了112家企业落后设备。完成13台12.5万千瓦机组关闭工作。在南昌、新余、萍乡等市开展了低碳城市、国家城市矿产示范基地、资源枯竭型城市转型、节能减排财政政策综合示范等一系列改革试点。全省主要河流监测断面水质达标率80.6%，11个设区市城市环境空气质量全部在二级以上，化学需氧量、氨氮、二氧化硫排放量均下降1%，二氧化碳排放强度下降3%，有效控制了氮氧化物排放。

（四）深入推进改革开放，体制机制活力明显增强。

重点领域改革继续深化。国有工业企业改革成果不断巩固，省建工集团股权多元化改革基本完成，江中集团、江钨控股集团等改组改制有序推进。非工口七个系统1771户国有企业完成改制，安置在职职工34.6万人。医药卫生体制改革扎实推进，全省1790个政府办基层医疗卫生机构全面实施了国家基本药物制度，累计完成基层医疗卫生服务体系建设中央项目1200个，4所公立医院开展了取消药品加成试点，启动了12所县级医院综合改革试点。林权制度配套改革不断完善，国有林场改革试点稳步推进，3万多职工得到妥善安置。财税体制改革步伐加快，在13个县(市、区)推行乡镇财政国库集中支付制度试点，所有设区市启动了公务卡改革；清理财政专户8846个，撤并率达51.2%，财政资金安全管理得到加强。

扩大开放取得新进展。全省实际利用外商直接投资60.59亿美元，增长18.8%。实际引进省外单项投资5000万元以上项目资金2579亿元，增长33.8%。外贸出口增势强劲，出口总额突破200亿美元，达到218.81亿美元，增长63.1%。出口结构进一步优化，机电产品、高新技术产品出口占全省出口的比重分别达到37.3%和17.6%。对外承包工程劳务合作实现营业额15.85亿美元，对外直接投资2.8亿美元，分别增长51.9%和31.5%。在中西部地区率先建成并上线运行电子口岸实体平台，开通了九江港至韩国仁川港直达始发货运班轮、上饶至宁波铁海联运"五定班列"，大幅加密了赣台航班，井冈山经济技术开发区获批国家级出口加工区，新增国际友好城市5对。

非公有制经济持续发展。全省非公经济完成增加值6393.2亿元、上缴税金941.13亿元，分别增长13.6%和33%。民间投资增长35.8%，对投资增长的贡献率达87.9%。全省私营企业总数达到19.4万户，个体工商户115.37万户，分别增长14.2%和15.2%。

（五）切实保障和改善民生，社会事业协调发展。

民生工程66件实事全面完成。全省城镇新增就业52.66万人，新增转移农村劳动力55万人，高校毕业生就业率85.8%。新增发放小额担保贷款62.6亿元，扶持带动就业36.1万人次。社会保障制度进一步完善，覆盖城乡所有居民的基本养老保险制度初步建成，保障了城乡低保对象和困难群众基本生活，在全国率先实现了城镇医保政策标准全省统一。新开工建设保障性安居工程32.6万套，发放廉租住房租赁补贴16万户，完成农村危房改造8万户。启动了新一轮贫困村整村推进扶贫，完成深山区、库区、地质灾害频发区贫困群众移民搬迁50829人，8个民族乡群众收入和公共服务水平进一步提高。解决了220万农村居民和30万农村学校师生饮水安全问题。

社会事业协调发展。财政教育支出占财政支出的比重实现中央下达我省15.1%的目标，教育总支出占生产总值比重超过4%。校安工程建设进展顺利。小学适龄儿童入学率99.8%，初中阶段适龄人口入学率98.33%，普通本专科在校生82.9万人，中等职业学校在校生75.7万人。医疗卫生保障能力增强，提高了城镇居民医保、城镇职工医保和新农合标准，对白血病、先天性心脏病患儿实行免费救治，启动了困难尿毒症患者免费血透救治。公共文化服务体系进一步完善，文化信息资源共享工程全面覆盖县、乡、村，群众文化生活更加丰富多彩。成功举办第七届全国城市运动会。计生工作实现"一升三降"目标。安全生产形势稳定好转。切实加强和创新社会管理，全面推行流动人口居住证制度，集中开展了一系列严打整治专项行动，社会保持和谐稳定。大力弘扬社会正气，在全国率先出台实施《英雄模范褒奖办法》。其他各项事业取得新成绩。

一年来，政府自身建设得到进一步加强。依法行政深入推进。省政府出台了《关于加强法治政府建设的实施意见》，依法行政纳入市县政府考核评价体系。向省人大常委会提请审议地方性法规草案10件，出台省政府规章8件，完成了112件省政府规章以及现行有效规范性文件的清理。组织开展了全省行政执法案卷评查，加强了行政执法人员资格管理，执法行为进一步规范。服务效能明显提升。基本形成了省、市、县、乡、村五级政务服务体系，方便了企业和群众办事。建成覆盖全省的网上审批系统，全年完成网上审批90多万项，对非行政许可审批项目进行了清理，审批效率明显提高。在全省开展了发展提升年活动，设立1.3万个监测点对各职能部门实行效能实时监测，深入开展“百千万”内设机构测评,效能建设取得新成效。行政监督不断强化。全省行政权力网上运行暨统一电子监察平台开通运行,风险岗位廉能管理全面推行。政务公开力度加大,主动公开政府信息97万多条,政府工作的透明度和公信力得到提高。扎实推进公共资源阳光交易,启动土地使用权和矿业权网上交易,全省公共资源交易中心(站)共承接交易项目3.5万多项,成交金额1900多亿元,公共资源交易更加公开透明。廉政建设力度加大。全面落实中央和省委关于反腐倡廉的各项决策部署,惩防体系不断完善,认真开展工程领域、公务用车、“小金库”等专项治理,严肃查处了一批损害群众利益的突出问题,依纪依法查办了一批违纪违法腐败案件。

各位代表,一年来的成绩和进步来之不易,是党中央、国务院和省委正确领导的结果,是全省人民同心同德、开拓奋进的结果。在此,我代表省人民政府,向全省广大工人、农民、知识分子、干部和历任老领导、老同志,向各民主党派、工商联、无党派和社会各界人士,向驻赣人民解放军、武警官兵和公安干警,向中央驻赣单位,致以崇高的敬意!向所有关心、支持江西发展的同志们、朋友们、港澳同胞、台湾同胞、海外侨胞和国内外友好人士,致以崇高的敬意和衷心的感谢!

在看到成绩的同时,我们也清醒地认识到,经济社会发展中还面临不少困难和问题。全省经济总量偏小,城乡居民收入偏低,发展不足仍然是我们面临的主要矛盾。产业层次整体不高,发展不平衡,统筹发展还有大量工作要做。资源和环境约束增强,生产成本上升,转变经济发展方式的任务还很繁重。改善民生方面还有不少问题亟待解决,影响社会和谐稳定的因素仍然较多,加强和创新社会管理面临许多新课题。一些行政机关工作人员依法行政意识还不强,执行能力和工作作风还不适应新形势的需要,政府领导科学发展的水平还需进一步提高。对此我们将采取有力措施,切实加以解决。

二、2012年的工作任务

2012年是实施“十二五”规划承上启下的关键一年。综合分析国内外形势,我们既面临严峻挑战,也面临难得机遇。从不利因素看,国际金融危机影响在短期内难以消除,贸易和投资保护主义明显抬头,世界经济复苏的不稳定性和不确定性因素增多。国内经济发展中不平衡、不协调、不可持续的矛盾和问题仍比较突出,经济增长下行和物价上涨双重压力并存,部分企业生产经营困难,节能减排形势严峻。我省经济也存在产业结构不合理、能源资源约束增强、生产要素成本上升等问题,实现经济平稳较快发展难度加大。从有利条件看,全球经济一体化趋势没有改变,国内外产业转移步伐加快,有利于扩大开放。今年中央对经济社会发展的总基调是稳中求进,实施积极的财政政策和稳健的货币政策,加大对实体经济的支持力度,有利于促进经济平稳较快发展。我省近几年3万多亿固定资产投入集聚的巨大能量正加速释放,国家支持中西部地区和革命老区发展的力度将进一步加大,鄱阳湖生态经济区建设先行先试的政策效应将进一步显现,有利于培育发展新优势。总体看,我国经济发展仍处于重要战略机遇期,经济发展长期向好的基本面没有改变,我省正处在可以大有作为加快发展的重要时期。我们一定要坚定信心、抢抓机遇,开拓进取、攻坚克难,全力推进经济平稳较快发展。

2012年政府工作的总体要求是:全面贯彻党的十七大和十七届三中、四中、五中、六中全会和省第十三次党代会精神,以邓小平理论和“三个代表”重要思想为指导,深入贯彻落实科学发展观,紧紧围绕建设富裕和谐秀美江西的奋斗目标,以鄱阳湖生态经济区建设为龙头,坚持把稳增长、调结构、抓改革、优生态、惠民生、促和谐更好结合起来,增强发展动力,调整经济结构,深化改革开放,优化生态环境,保障改善民生,保持经济平稳较快发展和社会和谐稳定,以优异成绩迎接党的十八大胜利召开。

今年全省经济社会发展的主要预期目标是:生产总值增长10%以上,财政总收入增长16%以上,全社会固定资产投资增长20%以上,社会消费品零售总额增长16%,实际利用外商直接投资增长10%,外贸出口力争增长5%以上,城镇化率提高1.7个百分点,城镇居民人均可支配收入和农民人均纯收入均增长12%,居民消费价格指数控制在4%左右,人口自然增长率控制在8‰以内,单位生产总值能耗下降3%,二氧化硫排放量下降1.2%,化学需氧量、氨氮排放量下降1%,氮氧化物排放量实现零增长。

围绕上述目标,重点抓好以下八个方面的工作。

(一)大力推进鄱阳湖生态经济区建设,加快转变发展方式。

突出“核心是发展”,强力打造区域经济增长极。充分发挥省会城市要素集聚、经济带动、城市辐射、改革示范作用,鼓励支持南昌创新体制机制,拓展发展空间,壮大经济规模,努力培育一批千亿产业集群、百亿企业方阵,着力打造带动全省发展的核心增长极。充分利用152千米长江岸线资源,推进九江沿江开放开发,抓紧修编和完善沿江开发总体规划和专项规划,重点抓好沿江“十大产业工程”和“十大基础设施工程”建设,努力使之成为带动区域发展的新引擎。加快昌九工业走廊发展,把南昌核心增长极和九江沿江产业带紧密联系起来,昂起鄱阳湖生态经济区产业经济发展的“龙头”,向南延伸连接吉泰走廊,并与赣南中央苏区振兴相衔接,两翼沿沪昆线展开,着力构筑“龙头昂起、两翼齐飞、苏区振兴、绿色崛起”的区域发展格局。鼓励支持其他设区市打造区域重要经济增长极,构建多极支撑、多元发展格局。进一步强化与长珠闽地区的产业对接合作,加强与海西经济区、武汉都市圈、长株潭城市群、皖江城市带等区域的联系互动,主动融入国家区域发展大格局。

强化“特色是生态”,着力提升生态文明水平。围绕建设秀美江西,深化和拓展造林绿化“一大四小”工程,完成造林15.67万公顷以上。提高工业园区生态建设水平,全面开工建设第三批37个工业园区污水处理设施。新增200个集镇、2万个自然村实施垃圾无害化处理。大力推进“绿色矿山”建设和矿产资源综合利用示范基地建设,启动实施重点工业企业污染源治理工程,继续开展环境保护专项整治行动,抓好自然保护区、森林公园和湿地公园建设和管理,强化环境监测、预警和应急能力建设。扎实推进节能减排,实行能源消费总量控制,严把项目准入能评环评关,抓好工业、交通、建筑和公共机构等重点领域节能减排，着力实施万家企业节能低碳行动，加快淘汰落后产能，抓好脱硫脱硝设施建设和运行。

围绕“走出一条生态与经济协调发展的路子”，积极开展先行先试。大力发展低碳与生态经济，推进循环经济发展，加快构建资源节约型、环境友好型产业体系。抓紧出台全省主体功能区规划及实施细则，建立有利于促进主体功能区形成的绩效考评体系，引导各地科学发展。积极探索市场化生态补偿模式，启动湿地生态补偿试点，力争林权、水权、碳汇、排污权等资源环境产权交易试点取得实质性进展。加快推进鄱阳湖生态经济区先导示范区建设，支持共青城建设成为经济文明与生态文明、社会文明有机统一的示范区，支持新余加快建设新能源科技示范城，鼓励基础条件较好的其他县(市、区)创建示范区。

(二)大力推进新型工业化，加快产业转型升级。

突出抓好战略性新兴产业发展。深入实施战略性新兴产业发展规划及延伸规划，大力发展新能源、新材料、航空制造、绿色照明、生物医药等新兴产业。出台战略性新兴产业投资引导资金管理办法，抓紧建立新能源、生物医药等产业创业投资基金，完善用地用电、环评审批、银企合作、财税支持等政策措施。加大重大项目协调推进力度，着力抓好景德镇直升机、南昌航空城、上饶太阳能科技产品扩建、吉安通讯终端和LED产品、宜春锂电新能源、萍乡高科技陶瓷，以及赣州钨和稀土、鹰潭铜、新余镍材料精深加工等148个战略性新兴产业项目建设。

加快传统产业改造升级。重点推进有色、钢铁、汽车、船舶、石化等传统产业改造升级。加快江铜集团10万吨铜板带、江铃汽车30万台整车、九江千万吨油品质量提升和千万吨优质钢铁基地等200个重大项目建设，促进产业结构优化升级。支持龙头优势企业通过兼并重组、合资合作、改造上市等多种途径做大做强，力争主营业务收入过百亿元的企业达到16家，过500亿元企业3家。大力支持中小微型企业成长，加快发展一批有独特竞争力的“专、优、特、精”中小微型企业。

着力打造特色工业园区。完善园区产业协作配套，促进园区项目集聚、产业集群、形成特色。依托比较优势培育特色产业基地，重点推进2~3个国家级高新技术产业特色基地、2个国家城市矿产示范基地、20个战略性新兴产业基地或配套基地建设，加快推进铜、有机硅、新能源汽车及配套产业等国家级产业基地建设。组织具备条件的产业基地申报国家级产业示范基地，支持有条件的园区扩区升级。切实为工业园区发展提供良好的产业孵化、技术支持等服务，努力解决用工难、融资难等问题，着力提高工业园区单位面积投资强度和产出效益。力争新增10个主营业务收入超百亿元的工业园区。

切实增强科技创新能力。深入推进科技创新“六个一”工程，重点围绕战略性新兴产业发展，着力实施一批重大科技项目，建设一批特色产业基地，培育一批创新型企业。实施好鄱阳湖科考、民用直升机、手机视频、纳米纤维等重大科技专项，着力提升战略性新兴产业创新能力。建设10个生态科技示范基地。积极创建国家级钨和稀土工程技术研究中心。加大高层次人才引进力度，积极引进科技创新领军人才和研发团队。深入推进质量兴省战略，加快培育一批拥有自主知识产权的知名品牌。

(三)大力推进农业农村现代化和城镇化，统筹城乡协调发展。

切实抓好农业发展。毫不放松粮食生产，力争粮食总产稳定在205亿千克以上。积极发展特色农产品生产，着力打响“生态鄱阳湖、绿色农产品”品牌。认真做好农村集体土地确权登记发证和永久性基本农田划定工作，深入实施造地增粮富民工程，建设10.67万公顷高标准农田。继续抓好鄱阳湖二期防洪工程、“五河”重点段治理、大中型灌区节水改造、中小型病险水库除险加固等水利设施建设。提高农业产业化经营水平，力争全省新增规模以上加工型龙头企业300家，主要农产品深加工率达到33%。着力抓好5个国家级、30个省级现代农业示范区建设。加快建设赣西苗木花卉走廊，大力发展高产油茶、速生丰产林、森林旅游等林业经济。

深入推进新农村建设。新选择8000个左右村点，推进新农村建设，建设农民幸福生活美好家园。大力发展“一村一品”为基础的特色产业，力争60%以上的新农村建设点形成“一村一品”，促进农业增效和农民增收。抓好村镇规划布局，加快推进村镇联动和村落连片整治建设，完善公共服务设施，着力改善农村生态环境和村容村貌。按照“地域相近、产业相同、利益共享、规模适度、群众自愿”的原则，建设农村新型社区，创新农村民主管理机制，促进乡风文明。

加快推进城镇化。强化规划引领作用，进一步完善全省城镇空间布局。以产业集群和人口集聚为重点，做大做强中心城市，增强辐射带动能力。坚持改造旧城与建设新城相结合，加强城镇基础设施建设，创新城市管理模式，增强城镇综合承载能力。大力开展园林城市、生态城市、森林城市和文明城镇创建，提高城市发展质量和品位。继续抓好省级重点示范镇建设。深化户籍管理制度改革，进一步放宽中小城市和小城镇落户条件，逐步实现城乡统一的户口登记制度，逐步放开省域内户口迁移政策，把在城镇稳定就业和居住的农村人口有序转变为城镇居民。实施扩权强县、兴乡强镇试点改革，深化省直管县财政体制改革，激发县域经济发展的活力，力争财政总收入超10亿元的县(市、区)达到50个。

(四)大力推进服务业发展，进一步优化经济结构。

加快发展商贸物流业。重点抓好南昌雨润农副产品全球采购中心、赣西万商红物流中心、赣中吉安农副产品物流中心、华东国际汽车综合贸易中心等商贸物流项目建设，力争当年完成投资80亿元。继续组织企业开展江西商品全国行活动，进一步拓展省外市场。支持景德镇实施国家服务业综合改革试点，选择10个县(市、区)开展城镇新区商业建设试点。继续实施“万村千乡”市场工程，开展农家店联合采购、统一配送试点，扩大农超对接和直供直销规模，积极发展“电子商务+物流配送”新型商业模式。完善鼓励消费政策，加强市场监管，努力保持物价基本稳定，改善城乡消费环境。

加快发展金融保险业。积极做大金融规模，鼓励国内外各类金融机构来赣设立分支机构、第二总部和后台服务中心，支持地方金融机构发展壮大，有序发展小额贷款公司和融资性担保公司。创新金融产品和服务方式,优化信贷结构,防范金融风险,引导金融机构加大对重点建设项目、低碳绿色产业、小微型企业和"三农"的信贷支持力度,力争全年新增贷款1400亿元。积极扩大直接融资,培育上市资源,支持省内企业在主板、中小板、创业板和境外上市融资。进一步扩大保险业的覆盖范围,支持农业保险、出口信用保险、责任保险等加快发展。

加快发展旅游产业。努力建设红色旅游强省、生态旅游名省、旅游产业大省。提升旅游基础设施配套功能,重点推进全省红色旅游二期、上饶市旅游集散中心、明月山旅游基础设施二期、中信庐山西海启动区、武功山旅游综合开发、景德镇古窑民俗博览区等旅游项目建设。大力支持龙虎山、景德镇、婺源等创建国家5A级旅游景区,支持井冈山、鄱阳湖、黄岗山等申报世界遗产。深入发展红色旅游,推进中央苏区红色旅游整体开发。大力发展乡村旅游和温泉度假旅游,支持婺源建设国家乡村旅游度假实验区。推进精品旅游线路整合,加快旅游区域横向联合。加强市场开发,着力打响"江西风景独好"形象品牌。力争旅游接待超过1.9亿人次,总收入超过1300亿元。

加快发展新兴服务业。坚持"分类指导、市场驱动、创新发展、开放合作"的原则,加快发展研发设计、知识产权、检验检测、科技成果转化、信息技术、地理信息、电子商务、生物技术等领域的高技术服务。大力推进宽带互联网、鄱阳湖生态经济区智慧工程、"三网融合"等建设,提高经济社会信息化服务水平。积极发展会展经济、总部经济、服务外包等其他新兴服务业。

(五)大力推进重大基础设施建设,为经济社会发展提供有力支撑。

抓好重大交通项目建设。开工建设九景衢、岳阳至吉安等铁路,续建向莆、衡茶吉、杭南长等6个项目。开工建设昌樟高速改扩建、昌九高速(通远段)改扩建、寻乌至全南、宜春至万载等6条高速公路,续建抚吉、厦坪至睦村等5个项目,建成吉安至莲花、奉新至铜鼓等6条高速公路,力争高速公路通车里程超过4000千米。力争开工建设上饶三清山机场、改扩建赣州黄金机场和井冈山机场,续建宜春明月山机场。开工建设赣江永泰航电枢纽、南昌集装箱码头扩能等项目,续建南昌至湖口二级航道整治、石虎塘航电枢纽工程等项目。

抓好重大能源项目建设。开工建设华能安源电厂2台66万千瓦机组、黄金埠电厂二期2台100万千瓦机组、抚州电厂2台100万千瓦机组、神华国华九江煤炭储备(中转)发电一体化、井冈山水电等项目;续建洪屏抽水蓄能电站,继续实施农网改造升级工程;建成"上大压小"国电九江电厂、贵溪电厂各一台60万千瓦机组和一批生物质发电、风力发电等项目。力争全省新增电力装机130万千瓦,统调电力装机超过1500万千瓦。加快推进省天然气管网一期支线、二期工程和城市天然气管网工程建设,力争管道天然气利用量达到10亿立方米。

抓好重点水利设施项目建设。继续推进峡江水利枢纽、浯溪口水利枢纽等重点水利工程建设,力争鄱阳湖水利枢纽工程尽早获得国家批复并开工建设,继续做好新余白梅水利枢纽工程、廖坊水利枢纽灌区二期工程前期工作。

(六)大力推进改革开放,增强发展的动力和活力。

深化重点领域改革。巩固和深化国有企业改革,加快推进江西国际经济技术合作公司、凤凰光学集团等股权多元化改革,推进江西钢铁集团重组,抓好非工口七个系统国有企业改革的扫尾工作,积极开展厂办大集体企业改革。深化医药卫生体制改革,基本药物制度实现行政村卫生室全覆盖,推进基层医疗卫生机构和县级公立医院综合改革,落实乡村医生补助和保障政策。深化集体林权制度配套改革,进一步完善林业产权制度,健全采伐管理、林权交易、抵押贷款、森林保险、科技服务等方面的政策措施,力争年底前完成国有林场改革。深化财税金融体制改革,完善国库集中收付制度,稳步推进财政预算决算公开,加强政府性融资平台管理,创新税收征管和金融服务模式。积极推进省级综合配套改革试点,继续稳妥推进事业单位分类改革。深入推进其他各项改革。

提升对外开放水平。创新招商引资方式,更加注重招商选资,突出产业链招商。重点围绕鄱阳湖生态经济区建设和战略性新兴产业发展,主动对接海内外产业转移,瞄准国内外有实力的大公司、大企业、大集团,开展有针对性的定向产业招商。力争实际利用外商直接投资66亿美元,引进省外单项投资5000万元以上项目资金3000亿元。转变外贸发展方式,深度开发传统市场,着力扩大新兴市场,积极拓展东盟等自由贸易区市场,支持帮扶重点出口企业扩大出口。支持上饶茶叶出口基地建设外贸转型升级示范基地。优化外贸出口商品结构,提升外贸出口效益和水平。积极稳妥实施"走出去",力争对外承包工程营业额增长15%。加强开放平台建设,继续推进安全高效的口岸大通关体系建设,加快井冈山出口加工区建设,积极推进设立九江保税港区申报工作。

大力支持实体经济发展。进一步完善支持实体经济发展的政策措施,鼓励支持有创业愿望的各类人才发展实体经济,积极引导各类资本更多投向实体经济。营造脚踏实地、勤劳创业、实业致富的浓厚氛围,激发全民创业的积极性,促进符合产业政策的实体经济快速发展。放宽市场准入,减少民间资本进入基础设施、社会事业、金融服务等领域的限制,为各类所有制经济公平竞争创造良好环境。加大对小微型企业的指导和支持服务力度,减轻企业税费负担,保护非公经济合法权益,促进非公经济和中小企业快速健康发展。

(七)大力推进民生工程,为人民群众多办实事好事。

深入实施民生工程。筹集财政性资金500亿元,集中办好涉及人民群众切身利益的70件实事。实施更加积极的就业政策,力争城镇新增就业45万人,新增转移农村劳动力50万人,免费培训省内工业园区员工30万人,新增发放小额担保贷款28亿元。扩大社会保险覆盖面,实现城乡居民社会养老保险全覆盖。提高全省最低工资标准,建立健全职工工资、退休人员基本养老金、城乡低保标准的正常调整机制。提高社会救助水平,城市低保、农村低保、城镇"三无"特困群众月平均保障标准分别提高到350元、170元和400元,农村五保集中和分散供养标准分别提高到每年2640元和2160元。增强医疗保障能力,提高城镇居民医保和新农合财政补助标准,资助困难企业职工参加城镇职工医疗保险。继续实行白血病和先天性心脏病患儿免费救治，全面实施困难尿毒症患者免费血透救治和重度聋儿实施人工耳蜗植入康复救治，为20万残疾人提供康复救助与服务。大力推进血防工程。设立省级妇女儿童事业发展专项资金，实施一批新的妇女儿童民生项目。提高城乡公办义务教育阶段家庭经济困难寄宿生生活费补助标准，实施农村义务教育学生营养改善计划试点。始终不渝地把改善民生作为政府的重大责任，千方百计让人民群众老有所养、病有所医、学有所教。

扎实推进保障性安居工程建设。认真贯彻落实国家调控房地产市场的各项政策措施，促进房地产业规范有序健康发展。实行经济适用住房、廉租住房、公租住房“三房合一、租售并举”，以公租住房为重点，加大保障性安居工程建设力度。确保新开工建设各类保障性住房23.1万套，力争30万套，建成18.22万套以上，完成农村困难群众危房改造8万户。完善保障性住房资格认定制度，真正做到公开公平公正。通过不懈努力，切实履行好政府对人民群众“住有所居”的庄严承诺。

大力推进中央苏区振兴和扶贫开发。争取国家出台支持中央苏区加快发展的政策，加快编制中央苏区振兴规划，对中央苏区发展振兴在政策、资金、项目等方面给予特殊支持。省财政新增安排3亿元，统筹相关扶贫资金，连续10年支持中央苏区县和连片特困县发展，力争2～3年内取得明显进展。启动实施国家和省级连片特困地区25个县的扶贫攻坚，扶持3400个贫困村实施整村推进扶贫。组织好省直单位定点扶贫，积极开展行业扶贫，鼓励支持社会扶贫。继续做好深山库区移民扶贫搬迁工作，大力推进地质灾害防治工程建设，完成地质灾害避灾移民搬迁6万人。支持民族乡经济社会发展。切实做好援疆工作和其他对口支援工作。

（八）大力推进社会事业发展，促进社会和谐稳定。

优先发展教育事业。积极发展学前教育，大力推进均衡化义务教育，加快普及高中阶段教育，更加重视职业教育，着力提升高等教育，办好特殊教育。重点抓好40个城镇新区教育园区、400所幼儿园、2000个标准化中小学校、40个中职示范学校、2～3所高水平大学或特色大学建设。全面落实教育规划纲要，组织实施教育改革试点项目，基本化解公办高校债务。进一步强化教育投入保障，确保财政教育支出占当年财政支出比重达到16%。

抓好文化体育事业发展。把加强文化建设与促发展、惠民生更好地结合起来，建设文化强省。深入实施文化惠民工程、基础文化设施提升工程和基层文物保护工程，加快推进村（场）广播电视工程和农家书屋建设，创新农村文化三项活动。大力繁荣文化市场，鼓励各类艺术团体开展丰富多彩的文化活动，博物馆、纪念馆、图书馆、文化馆（站）等继续向群众免费开放，实施“数字图书馆推广计划”。大力发展文化产业，抓好江西出版产业基地、江西新华发行集团文化城、南昌华夏艺术谷、景德镇陶瓷文化艺术创意产业基地、萍乡安源锦绣城、中国共青动漫城等文化产业基地建设，加快推进文化传媒、出版发行、创意陶瓷、动漫、演艺等文化产业集群发展。积极发展公共体育事业，大力开展群众性体育活动，办好江西省第四届全民健身运动会。

抓好医疗卫生事业发展。加强卫生服务能力建设，免费为城乡居民提供11项公共卫生服务。抓好重大疾病防治和妇幼保健工作，提高对突发公共卫生事件的预测预警和应急处置能力。深入开展爱国卫生运动。大力支持中医药事业发展。加强食品药品监管，保障群众饮食用药安全。切实做好人口计生工作，继续完善和落实各项计划生育奖励政策，扩大免费孕前优生健康检查项目试点，有效治理出生人口性别比偏高问题，提高出生人口素质。

加强和创新社会管理。按照“党委领导、政府负责、社会协同、公众参与”的总体要求，加快构建政府、企业、社区组织、社会团体和公民联动协作的社会管理机制，深入推进社会管理创新。建立健全社会稳定风险评估机制，深入细致排查化解社会矛盾，妥善解决群众合法合理诉求。大力推进政务诚信、商务诚信和社会诚信建设，加快建立健全覆盖全社会的征信系统。完善社会公共安全体系，推进视频监控系统联网建设及运用，加强虚拟社会现实化管理，抓好社会管理综合治理，依法严厉打击各种犯罪活动。全面落实企业安全生产主体责任、政府部门监管责任和属地管理责任，强化安全生产监管，坚决遏制重特大安全事故发生。

完善双拥工作机制，加强国防教育，支持国防后备力量建设。

各位代表，全面完成2012年的目标任务，对政府工作提出了新的要求，我们将以改革创新精神，进一步加强政府自身建设，更好地履行政府职责。坚持依法行政，推进法治政府建设。依法科学民主决策，严格按法定程序、法定权限行使职权。加强制度建设，区分轻重缓急，加快推进重点领域政府立法。完善依法行政考核机制，提高考核实效性。自觉接受人大及其常委会法律监督、政协民主监督和社会监督，不断提高依法行政水平。坚持精简高效，推进效能政府建设。以转变作风、提高效能为重点，全面开展集中整治影响发展环境的干部作风突出问题活动。深入推进行政审批制度改革，抓好非行政许可审批事项清理结果的落实。完善重大项目审批“绿色通道”，大力推进和规范网上审批，提高行政服务效能。坚持务实为民，推进服务政府建设。深入基层了解实情，深入群众体察民情，真心实意为基层和群众排忧解难。进一步完善省、市、县、乡、村五级政务服务体系，规范服务中心运行模式，提高“一个窗口对外、一站式服务”水平，力争实现“进一道门、办全部事”。加大政府信息公开力度，为人民群众提供更便利的政务信息服务。坚持标本兼治，推进廉洁政府建设。进一步完善惩治和预防腐败体系，从源头上预防腐败。深入推进行政权力公开透明运行，强化权力制约和监督。认真落实党风廉政建设责任制，严格遵守廉政准则，切实做到清正廉洁。严肃查处各类违法违纪案件，依法依纪严惩腐败分子。积极开展专项治理，坚决纠正损害群众利益的不正之风，让人民群众更加满意。

各位代表，今年的政府工作任务繁重、责任重大。让我们更加紧密地团结在以胡锦涛同志为总书记的党中央周围，在省委的正确领导下，坚定信心、锐意进取，开拓创新、扎实工作，为推进科学发展、加快绿色崛起，建设富裕和谐秀美江西作出新的更大贡献，以优异成绩迎接党的十八大胜利召开！

大 事 记

本栏编辑　李目宏　詹跃华

1　月

1日　首届中国（江西·庐山）“盛世中华、五教和谐”论坛开幕暨庐山“五教祈福文化园”开园仪式在庐山举行，全国性宗教团体负责人联袂撞响祈福大钟，共同祈福风调雨顺、国泰民安、社会和谐、世界和平。省政协主席傅克诚，副主席王林森、郑小燕，中国风景名胜区协会会长赵宝江等出席仪式并为庐山“五教祈福文化园”开园剪彩。副省长熊盛文宣布开幕开园并剪彩。

2日　因下雪路滑，在杭瑞高速公路景德镇方向337+50千米路段先后发生交通事故3起，当场死亡5人，送往医院救治途中死亡2人，在医院接受治疗或观察48人。次日上午，省委常委、常务副省长凌成兴代表省委、省政府冒雪前往景德镇市看望慰问“1·02”交通事故受伤人员。

4日　省委、省政府在南昌召开全省创业服务年活动总结表彰暨发展提升年活动动员电视电话会议。省委副书记、省长吴新雄出席会议并讲话；省委常委、省纪委书记尚勇通报2010年全省创业服务年活动情况，宣读《关于表彰2010年全省创业服务年活动先进单位的通报》；省委常委、省委秘书长赵智勇宣读《江西省开展发展提升年活动实施方案》；省委常委、常务副省长凌成兴主持会议。

△　11时17分，江西电网用电负荷达1202万千瓦，首次突破1200万千瓦，这是继1月2日、3日之后，江西电网用电负荷连续3天创历史新高，实现省政府提出的“应对1200万千瓦用电负荷不拉闸限电”的保电目标。其间，江西电网保持平稳运行，全省各地均未拉闸限电和错峰避峰。

6日　全省教育工作会议在南昌召开。省委书记苏荣、省长吴新雄出席会议并讲话。教育部副部长刘利民受教育部委派到会指导并讲话。省领导张裔炯、傅克诚、尚勇、舒晓琴、余欣荣等出席会议，赵智勇主持会议。

△　省政府在北京召开鄱阳湖水利枢纽“六大课题”研究成果验收评审会。鄱阳湖水利枢纽“六大课题”研究成果通过专家评审验收，这标志着鄱阳湖水利枢纽前期工作取得重大进展。省长吴新雄出席验收评审会并讲话，农业部党组副书记、副部长危朝安到会讲话，省委常委、常务副省长凌成兴致辞，省委常委、副省长陈达恒主持会议。

10日　江西省城镇开发投资有限公司成立揭牌暨全省棚户区改造和保障性住房建设项目融资签约仪式在南昌举行。省长吴新雄出席揭牌仪式，省委常委、常务副省长凌成兴在仪式上讲话，副省长朱虹出席，省政府秘书长谭晓林主持。吴新雄、凌成兴、朱虹共同为公司揭牌。

11日　全省双拥模范城（县、区）命名表彰大会在南昌举行。省长吴新雄、省政协主席傅克诚、省人大副主任蒋如铭出席，省委常委、副省长陈达恒主持，省委常委、常务副省长凌成兴讲话，副省长熊盛文宣读《关于命名省双拥模范城（县、区）和爱国拥军模范的决定》和《关于表彰拥军优属、拥政爱民先进单位和先进个人的决定》，省军区副政委戴勇宣读总政治部和南京军区贺信。

11～12日　省军区党委九届七次全体（扩大）会议在南昌召开。会议传达学习上级有关会议精神，总结分析2010年工作，研究部署2011年工作任务。省委书记、省军区党委第一书记苏荣出席会议并讲话。省军区党委书记、政委陶正明代表省军区党委常委作工作报告，省军区党委副书记、司令员郑水成出席会议并讲话。省军区党委常委陈健、戴勇、倪海峰、李宇、张玉生和省军区党委委员出席会议。

15日　山江湖工程策应鄱阳湖生态经济区建设的首个国家科技支撑计划项目——“鄱阳湖生态保护与资源利用项目”的5个课题，在南昌接受科技部组织的专家验收并通过。省人大常委会副主任胡振鹏出席验收会。

16日　省委常委会召开会议，传达学习十七届中央纪委第六次全会精神，听取省纪律检查委员会2010年工作汇报，分析当前党风廉政建设和反腐败工作形势，研究部署2011年党风廉政建设和反腐败工作。省委书记苏荣主持会议。

17日　省政府在南昌召开全省质量兴省工作电视电话会议，全面动员部署质量兴省工作。省长吴新雄、国家质检总局局长支树平、副省长朱虹出席会议并讲话，省政府秘书长谭晓林主持会议。

17～18日　中共江西省第十二届纪律检查委员会第八次全体会议在南昌举行。省委书记苏荣出席全会并作重要讲话，省领导吴新雄、张裔炯、傅克诚等出席会议，省委各部门、省直各单位主要负责人参加会议。会议以视频形式开到设区市和县（市、区）。

18日　省委书记苏荣、省长吴新雄率江西人民慰问团，专程赶赴南京军区走访慰问。南京军区司令员赵克石、政委陈国令和军区领导王洪光、王教成、秦卫江等会见江西省慰问团一行。江西省党政军领导凌成兴、赵智勇、熊盛文、郑水成、陶正明及省有关部门负责人参加慰问活动。

20日 全省农村工作会议在南昌召开。省委书记苏荣出席会议并讲话,省长吴新雄、省政协主席傅克诚、省人大常委会副主任蒋如铭出席会议。省委副书记张裔炯宣读省委、省政府的表彰决定,省委常委、副省长陈达恒出席会议并作工作报告,省委常委、省委秘书长赵智勇主持会议。

24日 省长吴新雄主持召开第46次省政府常务会议。会议原则通过《江西省特种设备安全监察条例(草案)》,确定由省政府提请省人大常委会审议;通过《江西省非煤矿矿山企业安全生产许可证实施办法》,由省政府颁布施行。

25日 省党政军负责人座谈会在南昌举行。省委书记、省人大常委会主任苏荣到会讲话,省长吴新雄主持座谈会,省党政军领导张裔炯、傅克诚、陈达恒、舒晓琴、凌成兴、赵智勇、蒋如铭、熊盛文、郑水成、陶正明等出席座谈会。

26日 省委、省政府在南昌举行在昌老同志及已故老同志夫人联谊会,同叙友谊,喜迎佳节,共贺新春。省委书记、省人大常委会主任苏荣出席联谊会并讲话,省长吴新雄主持联谊会。

30日 全省开放型经济暨工业园区工作会议在南昌召开。会议总结2010年及“十一五”期间全省开放型经济和工业园区工作,表彰先进,并对2011年工作进行部署。省委书记苏荣对开放型经济和工业园区工作提出要求,省长吴新雄出席会议并讲话。

31日 省委、省政府在南昌举行2011年春节团拜会,苏荣、吴新雄、张裔炯、傅克诚等省领导和社会各界代表欢聚一堂,互致新春问候,同庆兔年佳节,共话美好未来。省委书记苏荣主持团拜会,省长吴新雄在团拜会上致辞。原中央统战部副部长、九届全国人大常委万绍芬,全国人大常委会委员、环资委副主任委员黄智权,全国政协文史和学习委员会副主任钟起煌应邀出席团拜会。

2 月

1日 省长吴新雄到南昌市公安消防支队特勤大队、战勤保障大队,南昌长途汽车总站,南昌市八一大道与孺子路交叉口交警执勤点等地,检查指导春节期间安全工作。副省长洪礼和、省政府秘书长谭晓林随同检查指导。

9日 省领导苏荣、吴新雄、张裔炯、傅克诚等与省市机关干部、驻赣部队官兵、当地群众一起,参加新春万人植树活动。

13日 全省党管武装工作会议在南昌召开。会议总结2010年全省武装工作形势,部署新年度任务,组织军分区(警备区)党委第一书记述职。省委书记、省军区党委第一书记苏荣出席会议并讲话,省委副书记、省长吴新雄主持会议。省领导陈达恒、凌成兴、余欣荣、熊盛文、史文清及省军区领导郑水成、陶正明、戴勇、倪海峰、李宇、张玉生出席会议。

13~16日 省政协十届四次会议在南昌召开。会议通过政协江西省第十届委员会第四次会议决议,通过政协江西省第十届委员会第四次会议关于提案审查情况的报告,选举钟利贵、肖光明为政协江西省第十届委员会副主席。

14日 “感动中国”2010年度人物评选在北京揭晓,江西省宜春市火海救人的“英雄翁婿”王茂华、谭良才当选“感动中国”2010年度获奖人物。江西“英雄翁婿”的事迹、精神和带来的感动,通过央视“感动中国”颁奖盛典再次传遍神州大地,感动中国。

14~18日 省十一届人大四次会议在南昌召开。会议通过关于政府工作报告的决议、关于江西省国民经济和社会发展第十二个五年规划纲要的决议、关于江西省2010年国民经济和社会发展计划执行情况与2011年国民经济和社会发展计划的决议、关于江西省2010年省级预算执行情况和2011年省级预算的决议、关于江西省人民代表大会常务委员会工作报告的决议、关于江西省高级人民法院工作报告的决议、关于江西省人民检察院工作报告的决议。补选陈达恒为江西省人大常委会副主任。

15日 江西省人民政府鄱阳湖生态经济区建设办公室成立暨鄱阳湖生态经济区网站开通仪式在南昌举行。省委书记苏荣、省长吴新雄共同为省政府鄱阳湖生态经济区建设办公室成立揭牌,并开通鄱阳湖生态经济区网站。省领导张裔炯、赵智勇、莫建成、蒋如铭、史文清、胡幼桃出席仪式。省委常委、副省长陈达恒主持,副省长孙刚致辞。

17日 离休老红军、江西省军区原顾问胡定千(副兵团职待遇),因病在南昌逝世,享年101岁。胡定千1928年10月参加革命,1930年10月加入中国共产党,参加了红军长征,1955年被授予少将军衔,曾任江西军区副司令员、江西生产建设兵团司令员。23日,胡定千送别仪式在南昌西山万寿陵园万寿厅举行。中央军委原副主席张震、迟浩田、张万年,南京军区司令员赵克石、原政委傅奎清等以不同形式表示哀悼。省领导苏荣、吴新雄、张裔炯、傅克诚等参加送别仪式或送花圈致唁电。

22日 江西省第八届、第九届人大常委会副主任周述荣,因病在南昌逝世,享年75岁。24日,周述荣送别仪式在南昌举行。党和国家领导人习近平、李源潮,老同志吴官正、毛致用等以不同形式表示哀悼。省领导苏荣、吴新雄、张裔炯、傅克诚等参加送别仪式或送花圈。

△ 江西省第六届、第七届人大常委会副主任、党组副书记王泽民,因病在南昌逝世,享年91岁。26日,王泽民送别仪式在南昌举行。党和国家领导人胡锦涛、习近平、李源潮,老同志朱镕基、吴官正、毛致用等以不同形式表示哀悼;省领导苏荣、吴新雄、张裔炯、傅克诚等参加送别仪式或送花圈;外省(市)和中央有关部门领导,老同志王太华、张云川、王宪魁、刘德旺等发唁电唁函或送花圈。

24~26日 由中共中央组织部部务委员兼组织二局局长陈向群率领的中组部调研组,先后深入奉新、高安和南昌等地调研指导基层党组织建设和乡镇换届工作。省领导张裔炯、余欣荣、莫建成等分别陪同。

25日 省长吴新雄主持召开第47次省政府常务会议。会议原则通过《江西省人民政府关于加强法治政府建设的实施意见》，通过《关于深化户籍管理制度改革加快城镇化进程的意见》；讨论樟树市、南康市城市总体规划；研究土地管理等项工作。

28日　江西省战略性新兴产业发展合作推介会在北京举行。全国人大常委会副委员长、秘书长李建国，全国政协原副主席、中国企业家协会会长王忠禹出席推介会。省委书记苏荣出席推介会，省长吴新雄致辞。省领导尚勇、凌成兴、余欣荣、洪礼和，省政府秘书长谭晓林，以及省有关部门、设区市主要负责人出席推介会。推介会共推出196个产业项目，总投资1381亿元。

3　月

1日　2011北京振兴江西经济联谊会暨北京江西企业商会年会在京举行，众多在京乡友和赣商企业家欢聚一堂，共叙乡情，共谋发展，共商崛起。省委书记苏荣、省长吴新雄出席联谊会，并为郑跃文、王文京等20位企业家颁发2010赣商"慈善风范"奖。省领导赵智勇、洪礼和、胡幼桃出席，省政府秘书长谭晓林主持。

△　江西省出席全国政协十一届四次会议的全国政协委员，乘飞机抵达北京。

2日　江西省出席十一届全国人大四次会议的全国人大代表，乘飞机抵达北京。

4日　水利部、江西省在北京召开座谈会，就共同推进江西省水利改革与发展工作进行深入交流。省委书记苏荣主持座谈会，水利部部长陈雷、省长吴新雄讲话。省领导凌成兴、赵智勇、胡振鹏、胡幼桃，水利部领导董力、矫勇、胡四一、陈小江、汪洪、周学文等出席座谈会。

△　全省严格资金管理防范资金风险电视电话会议召开。会议传达中央纪委领导重要批示和省委书记苏荣、省长吴新雄就防范资金风险提出的要求。省委常委、省纪委书记尚勇出席会议并讲话。

6日　国务委员、公安部部长孟建柱到他所在的江西代表团，与代表们一起审议政府工作报告，审查"十二五"规划纲要草案。孟建柱指出，要坚定信心，开拓进取，进一步保持经济社会发展的良好势头，努力在新的起点上不断开创科学发展的新局面，把江西的明天建设得更加美好，创造新的辉煌。

8日　江西省与国家电网公司在北京举行会谈，共商江西电力建设发展大计。省委书记苏荣、省长吴新雄，国家电网公司总经理、党组书记刘振亚出席会谈。省领导凌成兴、赵智勇、洪礼和，国家电网公司副总经理杨庆、王敏参加会谈。

△　江西省与中国石油天然气集团公司在北京签署战略合作协议，细化油气管道建设、天然气供应、成品油销售网络建设等合作事宜，推动双方优势互补、互利共赢、共同发展。省委书记苏荣，省长吴新雄，省委常委、常务副省长凌成兴，副省长洪礼和；中石油总经理、党组书记蒋洁敏，副总经理周洁平、廖永远、喻宝才等出席签约仪式并亲切会谈。

9日　江西省与神华集团公司本着政企联动、优势互补、互利共赢、共同发展的原则，在北京签署战略合作框架协议。省委书记苏荣，省长吴新雄，省委常委、常务副省长凌成兴，省委常委、省委秘书长赵智勇，副省长洪礼和同神华集团公司董事长、党组书记张喜武，总经理张玉卓，副总经理凌文、王品刚等会谈并出席仪式。

△　国家旅游局、省政府在北京签署合作备忘录，进一步促进江西旅游产业发展。国家旅游局局长邵琪伟、副局长杜江、纪检组长刘金平，副省长朱虹等出席仪式并会谈。

△　教育部、省政府在北京签署《教育部与江西省人民政府义务教育均衡发展备忘录》，此举将为推进全省义务教育均衡发展提供良好的发展机遇。教育部部长袁贵仁、副省长孙刚出席签字仪式。

10日　省政府与中国石油化工集团公司在北京举行会谈，本着互利共赢、共同发展的原则，进一步深化双方合作。省长吴新雄，省委常委、常务副省长凌成兴，副省长洪礼和与中石化集团公司总经理、党组书记苏树林，中石化有限股份公司总裁王天普，副总裁张海潮、雷典武、凌逸群等亲切会谈。

11日　中共中央政治局常委、国务院总理温家宝同江西省全国人大代表一起审议政府工作报告。温家宝强调，要发扬伟大的井冈山精神，艰苦奋斗，开拓进取，在改革开放和现代化建设中取得更大的成绩。

13日　到北京出席全国政协十一届四次会议的江西省全国政协委员，乘飞机返回南昌。

15日　到北京出席十一届全国人大四次会议的江西省全国人大代表，乘飞机返回南昌。

16日　省委在南昌召开全省领导干部会议，传达学习贯彻全国两会精神和中央领导的重要讲话精神，进一步动员和激励全省干部群众做好2011年及"十二五"时期各项工作。苏荣到会讲话，吴新雄、傅克诚、陈达恒、赵智勇分别传达全国两会精神、通报有关情况。张裔炯、尚勇、刘上洋、舒晓琴、余欣荣、莫建成等出席会议，胡幼桃主持。

△　省委书记苏荣、省长吴新雄在南昌会见率团到赣访问的世界银行常务副行长英德拉瓦蒂一行。省委常委、省委秘书长赵智勇，省政协副主席胡幼桃以及省有关方面负责人会见时在座。17日，中国鄱阳湖生态经济区建设国际研讨会在南昌召开。研讨会上，英德拉瓦蒂代表世界银行发表演讲。

18～19日　中共中央政治局委员、中央书记处书记、中央组织部部长李源潮在赣调研县乡党委换届工作。李源潮指出，要认真贯彻落实胡锦涛总书记的重要指示，坚持正确用人导向，严肃组织人事工作纪律，确保换届工作风清气正，为"十二五"时期科学发展、社会和谐提供坚强的组织保证。省领导苏荣、吴新雄、赵智勇、莫建成、史文清参加县乡换届工作座谈会并分别陪同调研。20日，中国浦东、井冈山、延安干部学院举行春季开学典礼。李源潮在中国井冈山干部学院出席开学典礼并讲话。省领导苏荣、张裔炯、赵智勇、莫建成等参加开学典礼。

19日　省政府在南昌召开全省深化医药卫生体制改革工作会议，传达学习全国医改工作会议精神，总结前一阶段工作，研究部署当年的医改任务。省长吴新雄发表书面讲话，省委常委、常务副省长凌成兴主持会议。

20日　省政府在南昌召开全省国土资源工作会议，总结工作，表彰先进，颁发2011年度耕地保护目标责任状，研究部署当年全省国土资源工作。省长吴新雄出席会议并讲话，省政协副主席、省政府党组成员胡幼桃主持会议。国家土地督察南京局负责人到会指导。

22日　省委、省政府在南昌召开全省人口和计划生育工作会议。省委书记苏荣出席会议，省长吴新雄给各设区市颁发2011年度人口和计划生育工作责任书，省人大常委会副主任陈安众出席会议，省政协副主席胡幼桃出席会议并讲话，省政府秘书长谭晓林主持会议。

△　省政府在南昌召开全省保障性安居工程工作会议。省长吴新雄出席会议并讲话，副省长朱虹主持会议，并具体部署2011年全省保障性安居工程工作。

24日　省长吴新雄主持召开第48次省政府常务会议。会议听取全国粮食生产电视电话会议和全国春季农业生产工作会议精神的汇报，通过《关于进一步规范政府投资工程建设项目招标投标活动的若干规定（试行）》，原则同意《江西省村民委员会选举办法（草案）》，研究了土地管理等项工作。

24～25日　全国政协副主席、民盟中央第一副主席张梅颖一行，先后在赣考察江中集团药品生产基地——江中药谷、安福县，并出席江中集团举办的“弘扬中医药文化，打造民族品牌”高层专家研讨会。省委书记苏荣、省长吴新雄会见张梅颖一行，省政协副主席、民盟省委会主委刘晓庄陪同考察。

25日　全省发展粮食生产和春季农业生产工作电视电话会议召开。会议传达贯彻全国粮食生产电视电话会议和全国春季农业生产工作会议精神，分析江西省农业生产面临的形势，部署粮食稳定增长行动和春季农业生产工作。省委书记苏荣、省长吴新雄分别对粮食生产和春季农业生产工作提出要求。省委副书记张裔炯主持会议，省政府党组成员、省政协副主席胡幼桃作具体部署。

△　省政府在南昌召开全省非公有制经济工作暨表彰大会，总结“十一五”时期特别是2009～2010年全省非公有制经济工作，表彰先进，部署下一阶段工作任务。省长吴新雄、省人大常委会副主任朱秉发、省政协副主席陈清华出席会议，副省长孙刚讲话，省政府秘书长谭晓林宣读《关于表彰2009～2010年度全省发展非公有制经济先进单位和个人的决定》。

26日　省政府在南昌召开全省防汛工作会议，认真贯彻落实中央《关于加快水利改革发展的决定》，总结2010年防汛工作，表彰先进，下达防汛目标责任书，研究部署2011年防汛任务。省长吴新雄出席会议并讲话，省委副书记张裔炯主持会议。

28日　江西省展演中心竣工并举行竣工仪式。省委常委、省委宣传部部长刘上洋宣布省展演中心落成。省委常委、南昌市委书记余欣荣，省政协副主席陈清华出席仪式并剪彩，副省长孙刚致辞。

29日　北京银行南昌分行正式开业，这是北京银行继在天津、上海、深圳等地相继设立分行之后成立的第九家分行。省委书记苏荣、省长吴新雄，北京市政协副主席黎晓宏等出席仪式并为北京银行南昌分行揭牌。省领导赵智勇、余欣荣、胡振鹏出席仪式，副省长熊盛文代表省委、省政府致辞。仪式上，北京银行与江西省政府签订了战略合作协议。

31日　省政府首次组织召开的全省文物工作会议在南昌举行。副省长孙刚到会讲话。

4　月

1日　全省“科学发展、进位赶超、绿色崛起”主题教育活动电视电话动员大会召开，省委常委、省委宣传部部长刘上洋在南昌主会场出席会议并讲话。

2日　江西、台湾两地的各界人士和当年“上高会战”的老兵代表在上高县“上高会战”抗日阵亡将士烈士陵园集会，纪念“上高会战”胜利70周年暨公祭70年前在“上高会战”中献身的忠烈。

△　《江西省人民代表大会常务委员会关于修改〈江西省防震减灾条例〉的决定》已由江西省第十一届人民代表大会常务委员会第二十三次会议于3月30日通过，自4月2日公布之日起施行。

8日　景德镇市民窑遗址博物馆开馆。博物馆坐落于景德镇市浙江路，是世界上独一无二的陶瓷民窑遗址博物馆。

10日　江西省新四军暨华中抗日根据地历史研究会第五届会员代表会议在南昌召开，省委副书记张裔炯出席会议并讲话。

△　“江西风景独好”（杭州）旅游推介会暨江西旅游图片展在杭州举行，副省长朱虹、浙江省副省长王建满出席活动并讲话。赣浙两省旅游局签署省际旅游合作备忘录。

12日　“鄱阳湖智慧工程”讲座在南昌举行，中国工程院院士邬贺铨、工信部通信专家韦乐平发表主题演讲。

15日　江西、甘肃两省交流会在南昌举行，双方介绍了两地经济发展状况，就进一步加强交流合作、促进共同发展深入交换意见。江西省委书记苏荣、甘肃省委书记陆浩讲话，江西省省长吴新雄、甘肃省省长刘伟平介绍情况，两省领导傅克诚、冯健身等出席会议。

15～20日　国务院房地产市场调控工作督查组到江西景德镇、南昌督查，肯定江西省为落实房地产市场调控政策措施所做的工作和取得的成效。

18日　省委召开常委会议，研究贯彻全国市县乡换届工作座谈会和中央创先争优座谈会精神以及加强和改进反渎职侵权工作，省委书记苏荣主持会议。

19日　省政府召开第四十九次常务会议，省长吴新雄主持会议。会议听取全省落实房地产市场调控政策措施情况汇报，原则通过《江西省邮政条例（修订草案）》，研究了建设用地审批事项。

20～24日　以全国政协副主席白立忱为团长的全国政协军队委员考察团到江西考察调研退役军人安置工作。省政协主席傅克诚陪同考察。

25日　省委中心组举行集体学习会，综合分析当前经济形势，研究如何进一步保持江西经济发展的好势头。省委书记苏荣主持会议并讲话，国家统计局局长马建堂应邀到会作题为《关于中国当前经济形势》的辅导报告。

△ 全省国有林场改革动员大会在南昌召开，省长吴新雄就加快推进全省国有林场改革提出要求。

△ 由北京市人大常委会主任杜德印率领的北京市人大常委会调研组，到江西开展专题调研。

27 日 首届中国—亚欧博览会暨新疆旅游推介会在南昌举行，新疆维吾尔自治区党委常委尔肯江·吐拉洪等出席会议，江西省副省长孙刚出席会议并致辞。

29 日 2011 年环保赣江行活动正式启动，省人大常委会副主任胡振鹏、朱秉发，副省长孙刚出席新闻发布会并讲话。

5 月

4 日 全省加强和创新社会管理、做好新形势下群众工作专题研讨班在省委党校举行。省委书记苏荣出席开班式并讲话，省委副书记、省长吴新雄主持开班式，省领导张裔炯、傅克诚等出席开班式。研讨班于 5 月 6 日举行结业式。

△ 庆祝南昌大学建校 90 周年大会在该校前湖校区举行。党和国家领导人刘延东、韩启德、孟建柱，老同志吴官正、迟浩田和省委、省政府，教育部分别发了贺信贺电。受省委书记苏荣和省长吴新雄委托，省委副书记张裔炯到会讲话，代表省委、省政府表示祝贺。

5 日 2011 年院士专家江西咨询活动在南昌正式启动，省委书记苏荣出席启动仪式并致辞，省长吴新雄主持启动仪式，工业和信息化部副部长奚国华出席仪式并讲话。此项活动是受中共中央政治局委员、中央书记处书记、中央组织部部长、中央人才工作协调小组组长李源潮委托，中央有关部委负责人带领 30 多位院士到江西，通过举办专题报告会和学术讲座，开展技术诊断和咨询服务等方式，为江西经济社会发展提供智力支持。

9 日 2011 年“节能节电全民行动”活动启动仪式暨节能产品和技术展示会在南昌举行。省委副书记、省长吴新雄出席启动仪式并宣布活动正式启动。

9～16 日 全国人大常委会副委员长、民进中央主席严隽琪率民进中央调研组在江西就“完善制度环境、促进民办教育发展”进行专题调研。全国政协副主席、民进中央常务副主席罗富和，中央统战部副部长黄跃金，全国人大常委会委员、民进中央副主席兼秘书长朱永新参加调研。

10 日 江西省举行情况汇报会。国家发改委副主任徐宪平率调研组到江西就交通建设、“十二五” 规划等情况进行重点调研。省委常委、常务副省长凌成兴陪同调研并出席汇报会。

11 日 神华集团国华九江发电有限责任公司揭牌仪式在南昌举行，省委书记苏荣、神华集团董事长张喜武共同为公司揭牌，省长吴新雄、神华集团总经理张玉卓在仪式上致辞。神华集团在江西国华九江煤炭储备（中转）发电一体化项目分两期建设，规划建设年吞吐量 2000 万吨的煤炭储备（中转）基地和 6X1000 兆瓦超临界燃煤发电机组，总投资约 300 亿元。

△ 省政府召开第五十次常务会议，省长吴新雄主持。会议研究了地质灾害避灾移民搬迁工作，原则通过《江西省实施〈中华人民共和国村民委员会组织法〉办法（修订草案）》，研究了建设用地审批事项。

12 日 全国交通运输财务工作会议在南昌召开，省委常委、常务副省长凌成兴出席会议并致辞，交通运输部副部长高宏峰作工作报告。

△ 全国省会城市暨部分大中城市侨联工作经验交流会在南昌举行，中国侨联副主席李祖沛、王成云出席。省委副书记张裔炯在南昌会见李祖沛、王成云一行。

13 日 全省县乡两级换届选举工作电视电话会议召开，省委常委、省人大常委会副主任陈达恒出席会议并讲话，省委常委、省委组织部部长莫建成主持会议。

13～14 日 根据中宣部主要领导指示，中国文联党组书记赵实率领 30 余名文艺家到井冈山，开展“庆祝建党 90 周年中国文联文艺家采风慰问革命老区行”活动。

15～21 日 全省科技活动周在南昌启动，主题为“携手建设创新型江西”。

16 日 人力资源和社会保障部、教育部、全国总工会和全国工商联在南昌举行“2011 年全国民营企业招聘周”启动仪式。人力资源和社会保障部副部长信长星主持，教育部部长助理、党组成员林蕙青，全国总工会副主席王炯，全国工商联副主席谢经荣和省人大常委会副主任朱秉发、副省长熊盛文、省政协副主席李华栋出席。

16～19 日 人力资源和社会保障部调研组到赣，对江西省小额担保贷款、农村劳动力转移等情况进行实地调研。人力资源和社会保障部副部长信长星出席情况汇报会，副省长熊盛文主持会议。

18 日 2011 江西（香港）招商引资活动周开幕式在香港会展中心举行。这是江西连续 10 年在香港举行大型招商引资活动。省长吴新雄出席开幕式并致辞，副省长洪礼和主持开幕式。

22 日 南昌昌北国际机场扩建工程总结表彰大会在新落成的南昌昌北国际机场第二航站楼前召开。省委书记苏荣宣布竣工通航，省长吴新雄讲话，省领导张裔炯、傅克诚等出席，省委常委、常务副省长凌成兴主持，副省长洪礼和宣读表彰通报，中国民航局、首都机场集团公司、民航华东地区管理局负责人出席。

23 日 江西省人民政府与中国移动通信集团公司“智慧鄱阳湖”战略合作协议签字暨“无限城市群”建设启动仪式在南昌举行。省委书记苏荣、省长吴新雄出席仪式并会见中国移动总裁李跃一行。

24 日 以“协作·创新·发展”为主题，以“深入探讨面对媒体发展新生态，华文媒体如何融合借鉴新的传播理念、新的传播手段，实现互惠互通，强化两岸媒体合作，共创美好未来”为主旨的海峡媒体庐山峰会在庐山举行。台湾 15 家主流媒体的高层领导和记者，以及大陆的 10 个省市报业集团的负责人出席峰会。省委书记苏荣发贺信，省委常委、省委宣传部部长刘上洋，《中国时报》总监、中视董事长、台北市报业商业同业公会理事长林圣芬分别作了主旨演讲。

24～25 日 南昌市东湖区第十五届人民代表大会人大代表选举投票日，省领导苏荣、吴新雄、张裔炯、傅克诚等分别以普通选民身份在各自的选区参加投票。

25 日 省十一届人大常委会第

二十四次会议第一次全体会议在南昌举行。省委书记、省人大常委会主任苏荣主持会议。

△ 由江西日报传媒集团主办的2011年中南七省(市、区)报业发展协作座谈会在井冈山举行。

26日 由江西省网络文化建设和管理领导小组办公室和人民网共同主办的“民生面对面——走进鄱阳湖生态经济区”大型网络直播访谈活动启动仪式在南昌举行,省委常委、省委宣传部部长刘上洋出席并宣布活动正式启动。

△ 国土资源部部长徐绍史率南方四省稀土专项调研组在赣州调研,省委常委、常务副省长凌成兴,省委常委、赣州市委书记史文清陪同调研。

27日 省人大常委会第二十四次会议闭会。会议表决通过了《江西省村民委员会选举办法》《江西省特种设备安全监察条例》《江西省人民代表大会常务委员会关于各设区的市人民代表大会常务委员会组成人员名额的决定》《江西省人民代表大会常务委员会关于进一步加强法制宣传教育的决议》及有关决定和人事任免事项。

29日 省政府与国家开发银行在赣州举行高层联席会议。省长吴新雄、国家开发银行董事长陈元出席会议,省委常委、赣州市委书记史文清主持会议,副省长熊盛文与国家开发银行副行长郑之杰签署《江西省人民政府、国家开发银行“十二五”时期暨鄱阳湖生态经济区建设开发性金融合作备忘录》。

△ 省政协召开第四十六次主席会议,学习贯彻中共中央有关文件精神,省政协主席傅克诚主持会议并讲话。

△ 江西省发布《江西省气象灾害应急预案》实施以来首个干旱预警。当日,省气象局启动重大气象灾害三级应急响应。

△ 以“人居环境与健康”为主题的江西省第四届中国环境与健康宣传周活动在南昌启动,省委常委、常务副省长凌成兴出席启动仪式。

5月至年底 为庆祝中国共产党成立90周年,省委组织部、省委宣传部、省委党史研究室、省广电局、省文联等单位联合在全省党员、干部和群众中开展“学习党的光辉历史,传扬江西红色文化”主题教育活动。

6 月

1日 国内首个老子学院在龙虎山上清镇开工。该学院由龙虎山道教协会与深圳市赣冠实业发展有限公司合作办学,项目总投资5亿元。

2日 中共中央政治局常委、国务院总理温家宝和中共中央政治局委员、国务院副总理回良玉,带着党中央、国务院对江西的关心和支持,带着对抗旱一线广大干部群众的亲切慰问,亲临九江市永修县,深入旱灾最严重的地区,看望慰问受灾群众,指导抗旱救灾工作。

3日 省委召开常委会议,研究部署深化文化体制改革工作。省委书记苏荣主持会议。

△ 中国有色金属协会锂业分会在新余成立。成立大会由中国有色金属协会主办,江西赣峰锂业等企业承办。国内业界协会、科研院所、代表企业的50余人参加会议。

4日 为期3天的第四届江西茶业博览会在南昌举行,省委常委、省人大常委会副主任陈达恒宣布开幕。

7日 赣州市红十字博爱基金会在赣州成立,全国人大常委会副委员长、中国红十字会会长华建敏,省委常委、赣州市委书记史文清为基金会揭牌。8日,中国红十字会主办,中国红十字基金会、江西省红十字会、赣州市委市政府承办的“红十字老区行——庆祝中国共产党成立90周年系列活动”启动仪式在瑞金市举行。华建敏为“红十字老区行”志愿服务队授旗。中国红十字会常务副会长王伟,省委常委、赣州市委书记史文清,省人大常委会副主任、省红十字会名誉副会长胡振鹏分别讲话,副省长、省红十字会会长谢茹出席。

7~8日 团中央书记处第一书记陆昊,团中央书记处常务书记、全国青联主席王晓率领团中央、全国青联志愿者艺术团到井冈山,举办名为“青春颂歌献给党——庆祝建党90周年”大型文艺演出。省委副书记张裔炯,省委常委、常务副省长凌成兴,副省长孙刚与老区群众一起观看演出。

8日 省十一届人大常委会第二十五次会议在南昌举行。省委书记、省人大常委会主任苏荣出席并主持第一次会议。省委常委、省人大常委会副主任陈达恒主持第二次会议。会议决定任命鹿心社为省人民政府副省长、代省长,同时通过了关于接受吴新雄辞去省长职务的请求的决定。会议听取了省委副书记张裔炯所作的关于人事任命情况的说明。

△ 省委常委会召开会议,学习贯彻国务院总理温家宝在长江中下游五省抗旱工作座谈会上的讲话精神,研究全省抗旱防汛工作。省委书记苏荣主持会议。

△ 由中外专家参加的2011第二届鄱阳湖国际高端论坛暨鄱阳湖的保护与区域发展研讨会在南昌大学国际交流中心举行。省政协副主席李华栋出席开幕式并讲话。此次高端论坛由南昌大学主办。

8~9日 由中央统战部、中国光彩事业促进会主办的“非公有制经济人士感恩革命老区井冈行”活动暨纪念建党90周年座谈会在井冈山举行。中央统战部副部长、全国工商联党组书记、第一副主席、中国光彩事业促进会副会长全哲洙参加活动并在座谈会上讲话,全国工商联副主席、中国光彩事业促进会副会长谢经荣参加活动。省委副书记张裔炯,省委常委、省委组织部部长、省委统战部部长莫建成出席座谈会并讲话,副省长洪礼和一同参加。

9日 在第四届全国残疾人事业工作会上,萍乡市受到国务院残疾人工作委员会的表彰,会议还授予萍乡市“全国残疾人工作示范城市”称号。

11日 省防总启动防汛三级应急响应。6月上旬,全省平均降雨量为多年同期值的2倍多。

12日 江西省文学创作研究会成立大会在江西师范大学举行,省委常委、省委宣传部部长刘上洋出席成立大会并讲话。

12~16日 中共中央政治局常委、全国政协主席贾庆林在江西调研,先后到景德镇、鹰潭、新余、宜春、萍乡、南昌等地,深入工厂企业、科技园区、农村乡镇,与广大干部群众共商科学发展大计。调研期间,贾庆林听取了江西省委、省政府的工作汇报,对江西近年来改革开放和现代化建设取得的成就给予充分肯定。

13日 长江水运发展协调领导小组第三次会议在南昌召开。会议的主要任务是总结“十一五”期长江黄金水道建设成就,研究部署“十二五”期长江黄金水道建设重点任务,签署《“十二五”期长江黄金水道建设总体推进方案》《关于进一步加快推进长江干线船型标准化的合作协议》,加快推进长江高等级航道建设和船型标准化进程。中共中央政治局委员、国务院副总理张德江对会议召开作出批示,长江水运发展协调领导小组组长、交通运输部部长李盛霖出席会议并讲话,江西省委副书记、代省长鹿心社致辞。

△ 交通运输部与沿江七省二市在南昌共同签署《“十二五”期长江黄金水道建设总体推进方案》《关于进一步加快推进长江干线船型标准化的合作协议》,就合力推进“十二五”长江水运发展达成共识。交通运输部部长李盛霖,水利部副部长刘宁出席签字仪式。交通运输部副部长徐祖远,江西省委常委、常务副省长凌成兴,上海市副市长沈骏,江苏省副省长史和平,安徽省副省长黄海嵩,湖北省副省长段轮一,湖南省副省长韩永庆,重庆市副市长凌月明,四川省副省长王宁,云南省副省长刘平分别代表交通运输部及沿江七省二市签字。

15日 江西省出现入汛以来最强降水过程,50个县(市、区)共306个乡镇暴雨。9时15分,省气象台将数小时前发布的暴雨橙色预警信号提升至最高级别的暴雨红色预警信号。这是2011年江西省发布的首个暴雨红色预警。

15~19日 副省长洪礼和率江西省政府代表团应邀参加第二十二届中国哈尔滨国际经济贸易洽谈会。

16~17日 省政协十届十八次常委会议在南昌召开。会议传达学习贯彻中共中央政治局常委、全国政协主席贾庆林看望江西省政协机关干部、省委统战部及各民主党派省委会、省工商联负责人时的讲话精神,协商讨论“化解社会矛盾,构建和谐社会”问题。省政协主席傅克诚主持开幕式并在闭幕式会上讲话。

17日 中国共产党第十二次全国代表大会代表、第十二届中央纪律检查委员会委员、原中共江西省纪律检查委员会书记王铁,因病在南昌逝世,享年97岁。王铁1938年2月参加革命工作,同年5月加入中国共产党,1975年10月任中共江西省委组织部部长。病重期间,多次叮嘱家人,逝世后丧事一切从简,不搞遗体告别仪式;临终前,嘱托身边工作人员代其向党组织交纳了一万元的最后一次党费。王铁逝世后,中共中央总书记、中央军委主席、国家主席胡锦涛委托中共中央办公厅转达对其哀悼并向其家属表示慰问。中共中央政治局常委、中央书记处书记、国家副主席习近平,中共中央政治局常委、中央纪委书记贺国强,中共中央政治局委员、中央书记处书记、中央组织部部长李源潮,原中共中央政治局常委、国务院总理朱镕基,中共中央书记处书记、中央纪委副书记何勇,委托有关方面对其表示哀悼,向其家属表示慰问。中共中央组织部、中央纪委办公厅发来唁电并送花篮。省委书记、省人大常委会主任苏荣到其家中吊唁,向其家属表示慰问。

20日 全省食品安全宣传周暨严厉打击食品非法添加和滥用食品添加剂专项行动集中宣传日活动在南昌八一广场举行。省人大常委会副主任胡振鹏、副省长谢茹出席活动。

20~23日 由省政协主办的“日出东方——庆祝中国共产党成立90周年景德镇陶瓷艺术精品展”在北京全国政协礼堂举行。中共中央政治局常委、全国政协主席贾庆林,中共中央政治局委员、全国政协副主席王刚等观看展览。省政协主席傅克诚在开幕式上致辞并陪同全国政协领导观看展览。

23日 省测绘局在南昌举行江西省红色地图公开发行仪式。地图突出反映江西“四大红色摇篮”(安源——中国工人运动的摇篮、南昌——中国人民解放军的摇篮、井冈山——中国革命的摇篮、瑞金——中国红色政权的摇篮)在中国共产党历史上的地位、作用和意义。红色地图以红色为主基调,标明全省160多个红色景点。

23~24日 全国双拥办副主任、中国人民解放军总政治部群工办副主任李辉率全国双拥模范城检查考核工作组到井冈山,检查考核井冈山市创建全国双拥模范城工作。省委常委、省人大常委会副主任陈达恒出席检查考核反馈会。

△ 中国警察协会第四次主席会议暨第十次常务理事会议在井冈山召开。中国警察协会主席田期玉,副主席孙明山等出席会议,副省长朱虹致辞。

24日 为期5天的江西省地方特产(广东)展在广州市锦汉展览中心开展,副省长熊盛文出席开展仪式并讲话。

25日 大型党员教育系列片《红色故事汇》首播仪式在南昌举行。省委副书记张裔炯出席仪式并讲话,省委常委、省委组织部部长莫建成主持,省人大常委会副主任胡振鹏、副省长朱虹、省政协副主席肖光明等出席仪式。

26日 由省委宣传部、省委组织部、中国国家博物馆和赣州市委联合主办的“发扬革命传统 争取更大光荣”——中央苏区革命传统主题展览在中国国家博物馆开幕。省委书记苏荣发贺信。全国人大常委会法律委员会副主任委员刘锡荣、全国政协人口资源环境委员会副主任王太华、中央党史研究室副主任龙新民出席开幕式。省委常委、省委宣传部部长刘上洋出席并宣布开幕,省委常委、赣州市委书记史文清出席并讲话,副省长孙刚主持开幕式。展览6月26日至7月9日在北京中国国家博物馆展出,6月29日至7月3日同时在南昌展出。

27日 江西文化建设重点工程——江西省方志馆建成开馆,并向社会开放。副省长朱虹出席开馆仪式并讲话,中国地方志指导小组秘书长兼办公室主任田嘉出席开馆仪式并致辞,省政府副秘书长蔡玉峰主持开馆仪式。来自北京、上海、江苏等全国11个省、市、自治区地方志办公室主任,江西省地方志编纂委员会委员,省直有关单位负责人和全省市、县(市、区)方志办负责人200余人出席开馆仪式。江西省方志馆占地面积3866.67平方米,建筑面积5000平方米,总投资2000万元,于2007年5月开工建设,2010年1月竣工。这是一座集收藏、展示、开发、服务为一体的现代化历史文化场所,馆藏省内外各种志书、年鉴3万余部，地方志资料2万余种，近10万册，馆藏量在全国省级方志馆居第一。

28日 省委中心组举行集体学习会，就领导干部如何提高与媒体打交道的能力等有关问题，邀请北京市委外宣办主任王惠作辅导报告。省委书记苏荣主持学习会并讲话。

△ 江西省“十一五”重点工程建设总结表彰大会在南昌召开。省委书记苏荣出席会议，省委副书记、代省长鹿心社讲话，省领导张裔炯、傅克诚等出席会议。

29日 “领航中国——庆祝中国共产党成立90周年图片展”在南昌展出，省领导苏荣、鹿心社、张裔炯、刘上洋、赵智勇等参观展览。

30日 江西省庆祝中国共产党成立90周年大会在南昌举行。省委书记苏荣出席大会并讲话，省委副书记、代省长鹿心社主持会议，省领导傅克诚、尚勇、陈达恒、刘上洋、舒晓琴、凌成兴、赵智勇、莫建成、陶正明、王文涛等出席大会。会上，省委常委、省委组织部部长莫建成宣读省委的表彰决定，省领导为先进基层党组织代表、优秀共产党员和优秀党务工作者颁奖。

△ 原中共中央政治局常委、国家副主席曾庆红到国家博物馆参观中央苏区革命传统主题展览，江西省委副书记张裔炯，省委常委、赣州市委书记史文清陪同参观。展览由江西省委宣传部、省委组织部、中国国家博物馆、中共赣州市委联合主办，共有200多件珍贵历史文物参展。

△ “颂歌献给党爱我新江西”江西省庆祝中国共产党成立90周年歌咏晚会在南昌举行。苏荣、鹿心社、傅克诚等领导观看演出。

7 月

1日 上午，省委、省人大常委会、省政府、省政协四套班子成员分别收听收看了庆祝中国共产党成立90周年大会现场直播。下午，省委召开常委会议，认真学习胡锦涛总书记在大会上的重要讲话精神，省委书记苏荣主持会议并讲话。

△ 由江西省政府、国家旅游局联合主办的2011中国红色旅游博览会开幕式暨全国红色旅游地庆祝中国共产党成立90周年大型情景演唱会在南昌举行。省委书记苏荣宣布开幕，省委副书记、代省长鹿心社，国家旅游局党组副书记、副局长王志发分别致辞。省领导傅克诚、尚勇、陈达恒等出席，开幕式由副省长朱虹主持。

△ 党中央召开中国共产党成立90周年大会，表彰一批全国先进基层党组织、优秀共产党员、优秀党务工作者。江西省有14个基层组织被评为全国先进基层党组织，蒋国珍被评为全国优秀共产党员，黄欣泉、帅小玲、李友礼、廖泽方、胡春晓被评为全国优秀党务工作者。

2日 原中共中央政治局常委、中纪委书记吴官正在省委副书记张裔炯，省委常委、省委宣传部部长刘上洋等陪同下，参观在国家博物馆举行的中央苏区革命传统主题展览。

△ 国务委员、公安部部长孟建柱在省委副书记张裔炯，省委常委、省委宣传部部长刘上洋等陪同下，参观在国家博物馆举行的中央苏区革命传统主题展览。

3日 第11届CCTV模特电视大赛全国总决赛在宜春举行。江西省男模特刘骏伟获得亚军。副省长朱虹观看了比赛，并为冠军颁奖。

4日 省委常委会召开会议，研究加快江西省水利改革发展工作，讨论并原则通过《中共江西省委 江西省人民政府关于贯彻落实中发〔2011〕1号文件加快我省水利改革发展的实施意见》。省委书记苏荣主持会议。

△ 崇义章源钨业股份有限公司党建质量管理体系顺利通过中国质量认证中心认证，成为全省首家获得党建质量管理体系认证证书的民营企业。

5日 中共中央政治局委员、中央书记处书记、中宣部部长刘云山在省政协主席傅克诚，省委常委、省委宣传部部长刘上洋，省委常委、赣州市委书记史文清等陪同下，参观在国家博物馆举行的中央苏区革命传统主题展览。

7日 省委副书记、代省长鹿心社在南昌市考察第七届全国城市运动会部分比赛场馆建设情况，并就城运会筹备工作全面调度。省委常委、常务副省长凌成兴随同考察并主持调度会。省委常委、南昌市委书记王文涛，副省长谢茹随同考察，并就城运会相关工作提出要求。省政府秘书长谭晓林等随同考察并出席调度会。

△ 政协江西省第五届、第六届、第七届委员会副主席吴永乐，因病在南昌逝世，享年79岁。吴永乐1953年8月参加革命工作，1985年7月加入中国共产党，第五届、第六届全国人大代表。吴永乐逝世后，中共中央政治局常委、中央书记处书记、国家副主席、中央军委副主席习近平，中共中央政治局委员、全国政协副主席王刚，中共中央政治局委员、中央书记处书记、中央组织部部长李源潮，原中共中央政治局常委、中央纪律检查委员会书记吴官正，国务委员、公安部部长孟建柱，第十届全国人大常委会副委员长顾秀莲等领导，以不同形式表示哀悼，对其亲属表示慰问。省委书记苏荣参加送别仪式并送花圈，省委副书记、代省长鹿心社送花圈。

10日 省政府在南昌召开全省上半年经济形势分析会议。省委副书记、代省长鹿心社出席会议并讲话，省委常委、常务副省长凌成兴主持会议，副省长孙刚、熊盛文、洪礼和等出席会议。鹿心社要求，全力以赴做好下半年各项工作，确保圆满完成全年经济社会发展任务。

11日 中共中央政治局委员、天津市委书记张高丽，市委副书记、市长黄兴国等率天津市党政代表团100余人到江西省考察。省委书记苏荣，省委副书记、代省长鹿心社等省领导在南昌会见天津市党政代表团。

12日 由省委宣传部策划、编创，历时2年时间精心打造的大型历史风情魔幻歌舞《神奇赣鄱》在南昌首演。省领导张裔炯、尚勇、刘上洋等与社会各界观众代表800多人观看了演出。《神奇赣鄱》按照历史演进的顺序，分幕叙述有标志性的赣鄱历史文化事件，将舞台艺术与现代科技有机统一，将思想内涵与视觉享受融为一体，令观众大加赞美。

18日 中共江西省委十二届十七次全体会议在南昌召开。全会由省委常委会主持，出席会议的省委委员58人，候补委员10人。全会听取和审议苏荣作的省委常委会工作报告。审议通过《关于召开中国共产党江西省第十三次代表大会的决议》，确定省第十三次党代会于10月在南昌召开。

19日　湖北省委书记李鸿忠，省委副书记、代省长王国生率湖北省党政代表团到赣考察。下午，在南昌举行江西·湖北两省经济社会发展交流会。江西省委书记苏荣主持交流会并讲话，省委副书记、代省长鹿心社出席并讲话，省领导张裔炯、凌成兴、赵智勇等出席交流会。

21日　2010年度全省市县政府考评总结表彰大会在南昌举行。省委书记苏荣出席会议，并为受表彰的先进市县颁奖，省委副书记、代省长鹿心社出席并讲话，省委副书记张裔炯主持会议，省领导傅克诚、尚勇、陈达恒等出席会议并颁奖，省委常委、常务副省长凌成兴宣读省委、省政府《关于表彰2010年度市县政府考评体系先进市、县(市、区)的通报》。

23日　省委书记、省人大常委会主任苏荣在南昌会见乌兹别克斯坦最高会议参议院主席伊·马·萨比罗夫率领的乌最高会议代表团。乌兹别克斯坦驻华大使阿·阿·萨拉希济诺夫，全国人大财经委委员周坚卫，省委常委、省人大常委会副主任陈达恒，省人大常委会副主任朱秉发，省人大常委会秘书长魏民会见时在座。

△　由中国社会学会主办，江西省社会学学会与南昌市社会科学院、南昌市社科联共同承办的中国社会学会2011年学术年会在南昌召开。中国社会科学院副院长朱佳木，省委常委、省委宣传部部长刘上洋出席开幕式并讲话。

25日　根据江西省瑞昌市乡村民警、全国特级优秀人民警察周俊军事迹改编创作的电影《今天我出警》首映式在南昌举行。省领导张裔炯、尚勇、刘上洋等出席首映式，并会见了电影创作人员。

26日　江西省第十一届人大常委会第二十六次会议第一次全体会议在南昌举行。省委书记、省人大常委会主任苏荣主持会议。省委常委、省人大常委会副主任陈达恒，省人大常委会副主任胡振鹏、姚亚平、魏小琴、陈安众，秘书长魏民和委员共45人出席会议。

27日　全省城镇居民社会养老保险试点部署暨新型农村社会养老保险扩大试点工作会议在南昌召开。省委副书记、代省长鹿心社出席会议并讲话，省委常委、常务副省长凌成兴主持会议。鹿心社指出，要扎实推进城乡居民养老保险试点，让广大老年人过上更加幸福的生活。

△　宜丰县和埠村18岁青年邓智军为救溺水男孩献出宝贵的生命。30日，宜丰县委、县政府作出在全县开展向邓智军学习活动的决定。

28日　省委换届办、省委组织部在南昌召开新闻发布会，通报全省县乡领导班子换届工作相关情况。全省乡镇换届全部完成，县(市、区)党委换届月底可基本结束。

△　《江西省邮政条例》由江西省第十一届人大常委会第二十六次会议修订通过。自2011年10月1日起施行。

△　庆祝中国人民解放军建军84周年军地座谈会在南昌举行。省委书记、省人大常委会主任苏荣到会讲话，省委副书记、代省长鹿心社主持，省领导张裔炯、傅克诚等出席。部队领导郑水成、陶正明等出席座谈会。

29日　全省加强和改进工商联工作电视电话会议召开。省委书记苏荣，省委副书记、代省长鹿心社分别作出批示。省委副书记张裔炯到会讲话，省委常委、省委组织部部长、省委统战部部长莫建成主持会议并作具体部署，副省长洪礼和出席会议。中央统战部有关部门负责人到会指导。

8　月

1日　省政府在南昌召开全省保障性安居工程质量管理工作座谈会，听取基层管理单位、工程参建各方和保障房住户的意见，研究和部署进一步抓好保障性安居工程质量工作。副省长朱虹出席并讲话。

2日　省委中心组第二次集体学习胡锦涛总书记“七一”重要讲话。省委书记苏荣主持并讲话。会议强调，切实把思想和行动统一到讲话精神上来，推动江西省科学发展、进位赶超、绿色崛起。

△　“绿色发展看江西——第八届中国网络媒体江西行”活动在南昌启动。省委书记苏荣出席记者见面会，省委常委、省委宣传部部长刘上洋主持见面会。

4日　“江西省见义勇为先进分子”张学森、胡智龙命名表彰大会在赣州举行。省委常委、省委政法委书记、省综治委主任舒晓琴出席会议并讲话。

6日　沪昆高速江西上饶段发生一起特大交通事故，造成17人死亡，2人受伤。省委书记苏荣，省委副书记、代省长鹿心社立即作出指示，要求全力抢救伤员。省委常委、省委政法委书记、省公安厅厅长舒晓琴赶赴现场指导救援并看望伤员。省委常委、常务副省长凌成兴作出指示，要求相关部门妥善处理善后工作。

9日　全国人大常委会原副委员长、中国关心下一代工作委员会主任顾秀莲一行，就关心下一代工作到江西省考察调研。省委书记苏荣，省委副书记、代省长鹿心社，省委常委、省委政法委书记舒晓琴看望顾秀莲一行。省人大常委会副主任胡振鹏、省关工委主任周埶平、省关工委第一副主任刘运来陪同调研。

10日　纪念江西省关工委成立二十周年暨全省关心下一代工作表彰大会在南昌召开。顾秀莲到会讲话，并在会前参观了全省关心下一代工作20年回顾展。省委书记苏荣在会前参观展览并祝贺大会召开。省委副书记、代省长鹿心社出席大会，省委副书记张裔炯讲话，省委常委、省委宣传部部长刘上洋，省委常委、省军区政委陶正明，省人大常委会副主任胡振鹏，省政协副主席汤建人，省关工委第一副主任刘运来出席大会。副省长孙刚主持大会，省关工委主任周埶平作工作报告。

12日　省委副书记张裔炯在南昌会见西欧共产党联合考察团一行。考察团一行到井冈山、新余、南昌等地进行参观考察。

16日　全省旅游景区“扫黄打非”示范区建设工作会议在南昌召开，中共中央委员、全国“扫黄打非”工作小组专职副组长李长江，省委常委、省委宣传部部长刘上洋出席会议并讲话。省人大常委会副主任朱秉发主持会议。

△　省政府召开省节能减排工作领导小组会议。省委副书记、代省长鹿心社出席会议并讲话。鹿心社强

调，采取更加坚决有力的措施，确保完成年度节能减排目标。省委常委、常务副省长凌成兴主持会议。副省长洪礼和、姚木根，省政府秘书长谭晓林出席会议。

17日 省委副书记、代省长鹿心社就加快推进科技创新工作，先后到省农科院、南昌大学、省科学院、省科技厅考察调研。副省长谢茹，省政府秘书长谭晓林随同考察调研。

18日 支持江西电力建设座谈会在北京举行。省委副书记、代省长鹿心社与国家电监会党组书记、主席吴新雄，国家电网副总经理舒印彪，华能集团总经理曹培玺等一起共商合作、共谋发展。省委常委、常务副省长凌成兴，省政府秘书长谭晓林出席会议。

19日 全省加强和改进流浪未成年人救助保护工作电视电话会在南昌召开，副省长熊盛文出席并讲话。会议强调，最大限度减少未成年人流浪现象。

20～22日 中央纪委副书记吴玉良就贯彻落实十七届中央纪委第六次全会精神、推进反腐倡廉建设工作在江西省调研。省委常委、省纪委书记尚勇向吴玉良一行汇报了江西省反腐倡廉工作情况并陪同调研。省政协副主席、九江市委书记钟利贵在九江市陪同调研。

22日 省委常委会专题研究第七届全国城市运动会筹备工作，强调要举全省之力办好城运会，努力把城运会办成一届精彩难忘、绿色生态、欢乐祥和、节俭高效的体育文化盛会。省委书记苏荣主持会议并讲话。会前，省委常委实地考察了城运会场馆建设情况。

23日 省政协十届十九次常委会议在南昌召开，会议专题协商“着力打造旅游产业大省，促进鄱阳湖生态经济区建设”问题。省委副书记张裔炯到会讲话，省政协主席傅克诚主持会议，副省长朱虹讲话。省政协副主席朱张才等出席会议。

25日 省委书记苏荣，中共中央台湾工作办公室、国务院台湾事务办公室主任王毅，省委副书记、代省长鹿心社在南昌会见出席2011赣台（南昌）经贸合作研讨会的中国国民党荣誉主席吴伯雄、中国国民党副主席蒋孝严、全国台湾同胞投资企业联谊会会长郭山辉等台湾嘉宾。

26日 2011赣台（南昌）经贸合作研讨会在南昌开幕。研讨会由国务院台湾事务办公室、江西省人民政府主办，南昌市人民政府、省台办共同承办。省委书记苏荣宣布开幕。中国国民党荣誉主席吴伯雄，中共中央台湾工作办公室、国务院台湾事务办公室主任王毅，省委副书记、代省长鹿心社致辞。中国国民党副主席蒋孝严，海峡两岸关系协会副会长王富卿，省委副书记张裔炯，省政协主席傅克诚，省领导尚勇、陈达恒、赵智勇、王文涛和省政府秘书长谭晓林出席研讨会。副省长洪礼和主持开幕式。全国台湾同胞投资企业联谊会会长郭山辉等发表演讲。800多位台湾知名人士和企业家参加研讨会。开幕式上，对鄱阳湖生态经济区和江西省十大战略性新兴产业进行专题推介，并举行重点项目签约仪式，共签约75个项目，合同资金25.56亿美元。

28日 2011中国红歌会冠军场比赛在南昌举行。刘少峰获得2011中国红歌会全国总冠军，李高扬获得亚军，声音乐团获得季军。省委常委、省委宣传部部长刘上洋为冠军颁奖。

29日至9月2日 全国人大常委会副委员长兼秘书长李建国率调研组在赣就法院、检察院基层建设工作情况开展调研。全国人大常委会委员、全国人大内司委主任委员黄镇东等参加调研。省委书记、省人大常委会主任苏荣参加有关活动，并在南昌主持召开法院、检察院基层建设工作座谈会。省领导陈达恒、赵智勇、史文清等参加有关活动。

30日 省委书记苏荣，省委副书记、代省长鹿心社在南昌会见全国妇联党组书记、副主席、书记处第一书记宋秀岩一行。副省长谢茹，省政府秘书长谭晓林以及省直有关部门负责人参加会见。

△ 省委书记苏荣在南昌会见人民日报社副社长何崇元率领的人民日报“走基层、转作风、改文风”采访组一行。省委常委、省委宣传部部长刘上洋参加会见。

31日 省委副书记、代省长鹿心社就民生工程实施情况，先后到南昌市东湖区花园角集贸市场，省人力资源社会保障服务中心，省人才流动中心调研。他指出，要稳定物价抓好“菜篮子”，促进就业鼓起“钱袋子”。省委常委、南昌市委书记王文涛，省政府秘书长谭晓林随同调研。

9月

2日 萍乡市芦溪县银河镇紫溪村蛇形冲发生地质灾害。省委书记苏荣，省委副书记、代省长鹿心社及时对应急处置和受灾群众转移安置工作作出重要批示和指示。

3日 江西省文学艺术界联合会成立60周年纪念大会在南昌召开。省委书记苏荣向大会发贺信。省委常委、省委宣传部部长刘上洋到会讲话。中国文联党组副书记、副主席李屹代表中国文联致辞。省人大常委会副主任魏小琴、副省长孙刚、省政协副主席汤建人出席会议。会议宣读表彰212名从事文艺工作60年的文艺工作者的决定，向其中的39名老文艺家代表颁发荣誉证书。

5～6日 省委副书记、代省长鹿心社就加快推进鄱阳湖生态经济区建设，先后深入鄱阳湖湖区及沿湖星子县、都昌县、鄱阳县、余干县考察调研。省委常委、常务副省长凌成兴，省政协副主席、九江市委书记钟利贵，省政府秘书长谭晓林分别随同调研。

6日 在北京举行的5A级旅游景区颁牌仪式上，三清山风景区被正式授予“国家5A级旅游景区”称号。

8日 省政协在南昌举行各界人士中秋茶话会。苏荣、鹿心社出席，张裔炯讲话，傅克诚主持。赵智勇、陈安众、朱张才等，同在昌省政协常委、全国政协委员、省政协各专门委员会负责人、各民主党派省委会和省工商联负责人、省直有关单位负责人，以及各界代表欢聚一堂，共迎中秋佳节。

9日 在第27个教师节到来之际，江西省在南昌举行教师节座谈会，表彰特级教师、师德标兵、师德先进个人、优秀特岗教师和特岗先进工作者等，省委书记苏荣，省委副书记、代省长鹿心社，省委副书记张裔炯，省政协主席傅克诚，省委常委、省纪委书记尚勇，省委常委、省委秘书长赵智勇，省人大常委会副主任胡振鹏等出席座谈会并为先进教师代表颁奖。副省长孙刚主持座谈会并讲话。

10日　晚上23点20分，瑞昌市和湖北阳新县交界处发生4.6级地震，全省大部分地区有震感。省委书记苏荣，省委副书记、代省长鹿心社第一时间作出重要指示，要求保持高度警惕，加强地震监测，避免人员伤亡。11日，受苏荣、鹿心社、张裔炯、凌成兴的委托，副省长谢茹赶赴瑞昌市，指导地震应急处置工作。经排查，未发现倒房和人员伤亡。

13日　省委副书记、代省长鹿心社先后到省航空护林站、江西森林武警部队、江西森林武警部队新营区工地、省森林防火指挥中心，考察调研森林防火工作。副省长姚木根，省政府秘书长谭晓林随同考察调研。

14日　“12348”法律援助咨询专线平台正式开通。省委常委、省委政法委书记舒晓琴出席开通仪式并宣布开通。省人大常委会副主任陈安众、副省长朱虹、省政协副主席郑小燕出席。

15日　全省水利工作会议在南昌召开。会议的主要任务是，深入学习中央1号文件，贯彻落实中央水利工作会议精神，全面动员部署加快江西省水利改革发展的各项工作。省委书记苏荣，省委副书记、代省长鹿心社出席会议并讲话。省委副书记张裔炯，省委常委、常务副省长凌成兴分别主持会议。省领导赵智勇、朱秉发、姚木根等出席会议。

16日　德兴至南昌、永修至武宁(庐山西海)高速公路正式竣工通车。省委书记苏荣出席竣工通车仪式，并宣布两条高速公路竣工通车。省委副书记、代省长鹿心社讲话。省领导张裔炯、陈达恒、赵智勇等出席。省委常委、常务副省长凌成兴主持，副省长洪礼和宣读省政府对两条高速公路项目的嘉奖令。

△　第七届全国城市运动会火炬传递活动点火起跑仪式在南昌举行。省委书记苏荣宣布七城会火炬传递开始，省委副书记、代省长鹿心社点燃七城会“传承”主火炬，省委常委、省委秘书长赵智勇出席仪式，国家体育总局副局长肖天与省委常委、南昌市委书记王文涛分别致辞，副省长谢茹主持仪式。

19日　第七届泛珠媒体合作峰会在南昌召开。来自“9+2”地区的主流媒体负责人齐聚一堂，商讨深化合作大计，达成共谋发展共识，签署《泛珠三角媒体合作框架协议》。省委常委、省委宣传部部长刘上洋出席会议并讲话。

20日　第三届全国道德模范评选表彰颁奖典礼—《德耀中华》在北京举行。江西省推荐的王茂华、谭良才、曾庆香当选全国见义勇为道德模范，江西籍士官何祥美当选全国敬业奉献道德模范。

△　第七届泛珠三角区域合作与发展论坛暨经贸洽谈会文艺晚会在南昌举行。全国政协副主席李兆焯及泛珠区域各方行政首长观看演出，江西省领导苏荣、鹿心社、傅克诚等陪同观看。

21日　第七届泛珠三角区域合作与发展论坛暨经贸洽谈会在南昌开幕，全国人大常委会副委员长陈至立宣布开幕，全国政协副主席李兆焯出席大会，江西省委书记、省人大常委会主任苏荣致辞，江西省代省长鹿心社主持开幕式，泛珠区域各方行政首长出席开幕式。陈至立、李兆焯在苏荣、鹿心社等陪同下，参观泛珠大会各展馆。李兆焯出席第七届泛珠三角区域合作与发展高层论坛并讲话，泛珠区域各方行政首长和国家部委领导发表演讲。

21～23日　全国人大常委会副委员长、全国妇联主席陈至立在赣州市考察妇女工作，全国妇联副主席孟晓驷随同考察。省委常委、省人大常委会副主任陈达恒，省人大常委会秘书长魏民陪同考察。

25日　中部论坛太原会议举行。中部六省书记、省长和国家有关部委负责人出席，江西省委书记苏荣，代省长鹿心社出席会议。

△　截至当日，江西省早稻收购量达23.40亿千克，同比增加9.03亿千克，占全国收购总量的32.6%，居全国首位。

26日　第六届中国中部投资贸易博览会在山西太原开幕。中共中央政治局委员、国务院副总理王岐山宣布开幕。全国政协副主席黄孟复等出席开幕典礼。江西省委书记苏荣，代省长鹿心社25日下午巡视了江西展馆。鹿心社出席开幕典礼并在中博会高峰论坛上发表演讲。

28日　全国惩治和预防腐败体系建设工作会议召开。江西省委书记苏荣代表江西省委作题为《以工程建设领域专项治理和要素市场改革为突破口 深入推进惩防体系建设》的重点发言。

△　在收听收看全国加强和创新社会管理工作电视电话会议后，江西省接着召开全省电视电话会议，对贯彻落实全国会议精神作出部署。省委副书记、代省长鹿心社出席会议并讲话。省委副书记张裔炯主持会议。省委常委、省委政法委书记舒晓琴等出席会议。

10　月

3日　第七届全国城市运动会“幸福之光”火炬首站传递在共青城市开始。陶宇佳等20名火炬手完成首站传递。

6日　《江西省实施〈中华人民共和国村民委员会组织法〉办法》颁布实施。“办法”于9月29日由江西省第十一届人民代表大会常务委员会第二十七次会议修订通过。

8日　江西铜业公司1～3季度销售收入1018亿元，同比增长59%，成为江西省和国内铜行业首家销售收入超千亿元的企业。

9日　中共江西省委十二届二十次全会在南昌举行。会议确定省第十三次党代会于10月26～30日在南昌召开；原则通过提请省第十三次党代会审议的省委工作报告和省纪委工作报告；酝酿第十三届省委委员、候补委员，省纪委委员候选人预备人选名单。

10～11日　全省基层党建工作项目化发展现场会在南昌召开。省委书记苏荣作出批示，提出明确要求。省委副书记、省委党建工作领导小组组长张裔炯出席会议并讲话。省委常委、省纪委书记、省委党建工作领导小组副组长尚勇主持会议。省委常委、省委组织部部长、省委党建工作领导小组副组长莫建成作总结讲话，省委常委、南昌市委书记王文涛到会致辞。省委党建工作领导小组成员以及各设区市委副书记、组织部长，各县(市、区)委组织部长和省直单位、省属高校、省属国有企业相关负责人等出席会议。

11 日　2011 年度"庐山友谊奖"颁奖仪式在南昌举行。省委副书记、代省长鹿心社为获奖的外国专家颁奖并讲话。省委常委、常务副省长凌成兴宣读省政府授奖决定,省政府秘书长谭晓林主持仪式。

13 日　省委书记苏荣在南昌会见江西对口支援的新疆阿克陶县党政代表团。苏荣强调要坚持民生援疆、经济援疆、教育援疆、干部援疆、感情援疆。省领导赵智勇、莫建成、孙刚参加会见。

△　中国气象局与江西省人民政府在南昌签订合作协议。合作共建气象防灾减灾综合保障工程和鄱阳湖生态经济区气象灾害应急示范工程等项目,共同提升江西气象防灾减灾能力。代省长鹿心社,中国气象局局长郑国光出席仪式并签订协议书。副省长姚木根、中国气象局副局长许小峰分别致辞。省政府秘书长谭晓林主持。

14 日　省委书记苏荣、代省长鹿心社在北京与中国民用航空局局长李家祥举行会谈,共商加快推进江西民航发展大计。双方就如何推动江西省民航业发展深入交换了意见。鹿心社、李家祥分别代表江西省人民政府和中国民用航空局在《江西省人民政府・中国民用航空局关于加快推进江西民航发展的会谈纪要》上签字。省领导赵智勇以及江西省相关部门和中国民用航空相关部门、公司负责人出席会谈和签字仪式。

15 日　第六届中国竹文化节在宜春举行,30 多个国际竹藤组织成员国代表和驻华使节、19 个国内产竹省(区、市)及 30 个中国竹子之乡代表等 2000 余人参会。全国政协副主席罗富和宣布第六届中国竹文化节开幕,省领导傅克诚、陈达恒、姚木根、汤建人出席开幕式。本届文化节由国家林业局、江西省人民政府、国际竹藤组织联合举办,主题是"弘扬竹文化,低碳我先行",为期 3 天。

16～25 日　中华人民共和国第七届城市运动会在南昌举行。来自全国 57 个代表团的 6034 名运动员,参加 25 个大项、300 个小项的比赛。历经 10 天比赛,共有 46 个代表团获得金牌,54 个代表团获得奖牌,有 3 人 3 次超 3 项世界青年纪录,4 人 6 次超 6 项亚洲青年纪录,1 队 1 次创 1 项全国纪录,8 人 1 队 11 次创 11 项全国青年纪录。南昌代表团获金牌 18 枚、银牌 11 枚、铜牌 26 枚,创造南昌代表团城运会金牌、奖牌历史最好成绩。中共中央政治局委员、国务委员刘延东出席开幕式并宣布七城会开幕,江西省委书记苏荣,国家体育总局局长刘鹏,江西省代省长鹿心社等出席开幕式。七城会组委会副主任、执委会主任、江西省委常委、南昌市委书记王文涛主持开幕式。闭幕式上,苏荣宣布闭幕,刘鹏致闭幕辞,王文涛致辞。

18 日　由商务部、中国轻工业联合会、中国国际贸易促进会、江西省政府共同主办的 2011 中国景德镇国际陶瓷博览会在景德镇开幕。全国人大常委会副委员长韩启德宣布瓷博会开幕。商务部副部长傅自应,江西省委常委、省委秘书长赵智勇先后致辞。江西省副省长洪礼和主持开幕式。瓷博会为期 5 天,共签约项目 39 个,引进资金超过 67 亿元。

△　1～3 季度全省外贸进出口总值突破 200 亿美元,达 211 亿美元,比上年同期增长 45.5 %。其中出口总值 137.6 亿美元,超过上年全年 134.2 亿美元的水平,比上年同期增长 61.4 %,高出全国平均水平 38.7 个百分点,增速居全国第二位、中部第一位。

△　省军区离休老红军、福建省军区原副政治委员罗维道(副兵团职待遇),因病在南京逝世,享年 97 岁。罗维道系江西泰和人,1929 年 2 月参加革命,1932 年 2 月加入中国共产党,曾任防空第一军政治委员、福州军区空军副政治委员。1955 年被授予少将军衔。24 日,罗维道送别仪式在南昌市殡仪馆举行,原中共中央政治局常委、中央书记处书记、国家副主席曾庆红,中央军委原副主席张震、迟浩田等以不同形式表示哀悼,省领导苏荣、鹿心社、张裔炯、傅克诚等参加送别仪式或送花圈致唁电。

19 日　中国人民对外友好协会与美国全国州长协会在北京共同举办中美省州长对话。中共中央政治局委员、国务院副总理王岐山会见美国州长代表团。江西省代省长鹿心社发言并会见美国部分州长(总督)。

△　全省市县乡领导班子换届顺利完成。新一届市、县、乡党政领导班子分别形成以 50 岁、43 岁、35 岁左右干部为主体的梯次配备,市、县、乡党政正职大学本科以上学历分别占 95.4%、98%、83.8%。

20 日　由中华全国新闻工作者协会主办的第二十一届中国新闻奖评选结果揭晓。《江西日报》选送的通讯《中纪委文件刚下发 景德镇市邮政局仍顶风违纪副科级以上干部公款赴日游 第二批出游者计划明日出发》获中国新闻奖一等奖,江西人民广播电台选送的《新农村建设岂能让贫困农民失房又失地》获三等奖。

24 日　江西省举行战略性新兴产业百项重大项目集中开工仪式。在宜春主会场,省委书记苏荣出席仪式并下达开工令,省委副书记、代省长鹿心社讲话,省委常委、常务副省长凌成兴主持开工仪式,省委常委、省委秘书长赵智勇,副省长洪礼和,省政府秘书长谭晓林出席仪式。省领导王文涛、钟利贵等在各设区市分会场出席仪式。

26～30 日　中共江西省第十三次代表大会在南昌召开。会议审议通过中共江西省第十二届委员会向大会所作题为《推进科学发展加快绿色崛起 为建设富裕和谐秀美江西而不懈奋斗》的报告和省纪律检查委员会工作报告;选举产生中共江西省第十三届委员会和中共江西省第十三届纪律检查委员会。中共江西省第十三届委员会第一次全体会议以无记名投票方式,选举苏荣、鹿心社、张裔炯、尚勇、舒晓琴、凌成兴、赵智勇、莫建成、陶正明、史文清、王文涛、周萌、蔡晓明为中共江西省第十三届委员会常务委员会委员;选举苏荣为省委书记,鹿心社、张裔炯为省委副书记。

31 日　省委书记苏荣在南昌会见由越共中央委员、中央检查委员会副主任裴氏明怀率领的越南共产党中央检查委员会干部培训团。省委常委、省纪委书记尚勇,省委常委、省委秘书长赵智勇参加会见。

11　月

1 日　中央宣讲团党的十七届六中全会精神报告会在南昌举行。中央宣讲团成员、中宣部副部长、国家广电总局局长蔡赴朝作专题报告。省领导苏荣、鹿心社、尚勇、凌成兴、赵智勇、周萌、蔡晓明等出席报告会,张裔炯主持报告会。

3~6日　第四届中国绿色食品博览会在南昌举行。本届绿博会由商务部、江西省人民政府共同主办,以“绿色、生态、发展”为主题,设有展览展示面积5万平方米,国际标准展位2000多个。展区设5个室内展馆,主要展示绿色食品,名优特产品和台湾地区生产的农产品、食品。20多个省、市代表团参展参会,50多家大型或知名商贸流通企业派员参会采购。

4日　纪念中央革命根据地创建暨中华苏维埃共和国成立80周年座谈会在北京人民大会堂举行。中共中央政治局常委、国家副主席、中央军委副主席习近平出席座谈会并发表重要讲话。座谈会由中共中央政治局委员、中央书记处书记、中央组织部部长李源潮主持,中共中央政治局委员、中央书记处书记、中央宣传部部长刘云山,中共中央政治局委员、中央军委副主席徐才厚,全国人大常委会副委员长李建国,国务委员梁光烈,全国政协副主席陈奎元,中央军委委员李继耐出席座谈会。座谈会由中共中央党史研究室和江西省委、福建省委、广东省委联合举办。中央和国家机关、军队有关部门负责人和人民团体负责人,江西、福建和广东省委有关领导以及老红军、老同志代表,部分专家学者,江西省有关部门及赣州市、瑞金市负责人等近300人出席座谈会。江西省委书记苏荣在座谈会上发言。

7日　纪念中央革命根据地创建暨中华苏维埃共和国成立80周年大会在瑞金市沙洲坝“二苏大”会址举行。省委书记苏荣出席会议并讲话,省委副书记、代省长鹿心社主持大会。中共中央党史研究室副主任李忠杰到会讲话,省委常委、赣州市委书记史文清致辞。中央和国家机关、军队有关部门负责人,省直有关部门负责人,老红军、老同志和干部群众代表,赣州市和瑞金市主要领导以及参加80周年学术研讨会的专家、学者等近600人出席纪念大会。

8日　南京军区国防动员委员会第十四次会议在南昌召开。会议主要任务是总结交流工作,明确国防动员转型发展的任务要求,扎实推进军民融合式发展。中央军委委员、国务委员兼国防部长梁光烈出席会议并作重要讲话。江西省委书记苏荣出席会议并致辞。解放军副总参谋长孙建国出席会议,南京军区司令员赵克石、政委陈国令讲话。

9日　经国务院批准,文化部日前公布了第一批国家级非物质文化遗产生产性保护示范基地名单,江西省景德镇佳洋陶瓷有限公司(景德镇手工制瓷技艺)、江西省景德镇古窑瓷厂(景德镇手工制瓷技艺)、江西省含珠实业有限公司(铅山连四纸制作技艺)3家单位入选示范基地,成为获得示范基地最多的一个省份。

10日　全国人大常委会副委员长蒋树声,以及国家有关部委领导和各方嘉宾,在省委书记苏荣、代省长鹿心社等领导的陪同下,巡视第二届世界低碳与生态经济大会暨技术博览会展馆。11日,第二届世界低碳与生态经济大会暨技术博览会在南昌开幕。蒋树声宣布开幕,苏荣致辞,鹿心社主持开幕式。本届大会由商务部、国家发改委、工信部、科技部、财政部、环保部、住建部、国务院国资委和江西省人民政府联合主办。会议主题为“扩大低碳合作、发展生态经济、共建绿色家园”。

12日　浯溪口水利枢纽工程暨景德镇市重大项目集中开工仪式在景德镇市举行。省委书记苏荣出席仪式并宣布项目开工。水利部党组副书记、副部长矫勇,省委常委、常务副省长凌成兴出席开工仪式并分别讲话。省委常委、省委秘书长赵智勇,省政协副主席、省委副秘书长肖光明出席仪式。副省长姚木根主持仪式。

14日　文化部公布“中国民间文化艺术之乡”(2011~2013年)命名名单,江西省兴国县(山歌)、于都县(唢呐)、瑞昌市(剪纸)、上高县(农民摄影)、南昌市青山湖区(龙舞)、永丰县(农民画)、湖口县(戏曲)、永新县(书法)、宜春市袁州区(版画)、吉安县(灯彩)、安义县(唢呐)、萍乡市湘东区(傩面具)、婺源县(雕刻)、修水县(书法)等14个县区榜上有名。

△　中国民间文艺家协会授予萍乡市为中国首个傩文化传承保护基地,并成立了保护基地的组织机构,授予上栗县赤山镇石洞口傩庙等10座傩庙为萍乡市第一批重点傩庙,4人为第一批傩面雕刻传承人,8人为第一批傩艺表演传承人。

17日　代省长鹿心社主持召开第57次省政府常务会议。会议通过《江西省妇女发展纲要(2011~2020年)》和《江西省儿童发展纲要(2011~2020年)》,由省政府颁布实施;原则通过《关于贯彻落实<中国农村扶贫开发纲要(2011~2020年)>的实施意见》《江西省渔业条例(草案)》和《江西省物业管理条例(修订草案)》;研究深化集体林权制度改革等工作。

18~23日　全国政协副主席阿不来提·阿不都热西提率全国政协经济委员会专题调研组,就“推进发展现代农业、确保农产品有效安全供给”专题在江西省调研。在赣期间,调研组一行先后到抚州、鹰潭、南昌等地进行实地考察调研。省委书记苏荣、代省长鹿心社看望阿不来提·阿不都热西提一行,省政协主席傅克诚、副主席朱张才陪同调研。

21日　省政府与中国节能环保集团公司在南昌签订共同推进鄱阳湖生态经济区建设的战略合作协议。省委副书记、代省长鹿心社出席签字仪式。省委常委、常务副省长凌成兴,中国节能环保集团公司董事长、党委副书记王小康出席签字仪式并致辞。副省长孙刚,中国节能环保集团公司党委书记、副董事长陈津恩分别代表双方签订合作协议。省政府秘书长谭晓林主持仪式。

22日　江西省第一部河流生态志书——《修河志》,由九江市人大城市环境保护委员会编纂,江西人民出版社出版发行。全书130万字,分上、下两册,图文并茂,记载了修河的发源、演变以及沿河两岸人民繁衍生息的历史。

23日　以“友谊、合作、发展”为主题的江西省第二届国际友好城市交流大会在南昌举行。代省长鹿心社出席大会并致欢迎辞,中国人民对外友好协会副会长李建平致辞,副省长孙刚作主旨发言,省政府秘书长谭晓林主持。

24日　省政府与中国石化集团公司在南昌签署会谈备忘录,进一步加强双方的战略合作,拓宽合作领域,促进共同发展。省委副书记、代省长鹿心社与中国石化集团公司董事长傅成玉、总经理王天普进行会谈，并共同出席签字仪式。省委常委、常务副省长凌成兴参加会谈并主持签字仪式。省政协副主席、九江市委书记钟利贵，省政府党组成员、秘书长谭晓林参加会谈并出席签字仪式。

△ 凌晨3时46分，南昌市西湖区石头街134号发生一起死亡9人的火灾。火灾发生后，省委副书记、代省长鹿心社，省委常委、省委政法委书记、省公安厅厅长舒晓琴，副省长洪礼和对此分别作出批示。同日下午，省政府召开紧急电视电话会议，通报南昌市"11·24"火灾情况，传达省领导批示精神，对加强全省冬季防火安全工作进行再动员部署。

25日 九江石化油品质量升级改造工程开工奠基仪式在九江举行。此项目总投资超过100亿元，建成投产后炼油能力达1000万吨，年销售收入超过500亿元，年上缴税收超过100亿元。省委副书记、代省长鹿心社，中国石化集团公司董事长傅成玉出席仪式，并共同启动项目开工。中国石化集团公司总经理王天普，省委常委、常务副省长凌成兴，省政协副主席、九江市委书记钟利贵致辞，副省长洪礼和主持仪式。

29日 8时30分左右，新余市孔目江生态经济开发区欧里镇一私营煤矿——新山煤矿发生一起安全事故，造成6人死亡，1人重伤。事故发生后，新余市立即启动应急预案，市委、市政府主要领导赶赴现场指导救援，并要求有关部门妥善处理善后事宜。

30日 全省粮食总产量、亩产量均创历史新高，其中粮食总产量205.28亿千克，平均亩产量374.9千克。

△ 江西省接待境内外游客1.54亿人次，同比增长33.37%；旅游总收入1070亿元，首次突破千亿元大关，同比增长37.13%，均创历史新高，宣告江西旅游进入"千亿俱乐部"。

月底 江西省纺织产业规模以上企业实现主营业务收入1020亿元，首次突破千亿元大关，提前一个月完成年度目标。

是月 由省委宣传部、省司法厅、省普法办主办，新法制报社和江西五套共同承办的2011年度"江西十大法治人物"评选活动揭晓，江西卫视《金牌调解》栏目组、吕凯、杨丽芳、杨斌圣、杨慧芝、周俊军、南昌市公安消防支队特勤大队一中队群体、赵金生、黄红梅、魏云秀当选为2011年度"江西十大法治人物"。

12 月

2日 省委、省政府在南昌召开全省党员领导干部会议，传达学习贯彻中央扶贫开发工作会议精神，动员各方面力量，坚决打好江西省新阶段扶贫开发攻坚战，确保全省人民共同实现全面小康。省委书记苏荣主持会议并讲话，省领导鹿心社、张裔炯、傅克诚、尚勇、舒晓琴、凌成兴等出席会议。

7～8日 全国医患纠纷调处工作经验交流会在景德镇市召开。中央政法委副秘书长、中央综治办主任陈训秋，卫生部党组书记、副部长张茅，司法部副部长郝赤勇，中国保监会副主席周延礼及公安部治安管理局负责人出席会议并讲话。代省长鹿心社出席会议并致辞，省委常委周萌介绍江西省治理医患纠纷经验，副省长谢茹、省政府秘书长谭晓林出席会议。

9日 省委常委会召开会议，研究农村扶贫开发等工作。会议讨论通过《江西省农村扶贫开发纲要(2011～2020年)》；原则通过《中共江西省委江西省人民政府关于加强干部作风建设进一步优化发展环境若干问题的决定》《中共江西省委江西省人民政府关于加强新时期科协工作的意见》；会议听取关于全国党委秘书长会议、全国加强和创新社会管理工作座谈会(南通片会)精神的汇报，研究具体贯彻意见。省委书记苏荣主持会议。

△ 江西农业大学校长黄路生当选中国科学院院士。黄路生是中国生猪遗传育种研究领域的权威专家，是江西省自1955年以来当选的第一位中科院院士。省委书记苏荣、代省长鹿心社致信祝贺。

18日 中国工程院"中国特色城市化道路发展战略研究"调研组一行在赣调研。全国政协原副主席徐匡迪，中国工程院院长周济参加调研。省委书记苏荣陪同调研，代省长鹿心社主持座谈会。

19日 全省经济工作会议在南昌召开。会议的主要任务是，传达贯彻中央经济工作会议精神，总结全省2011年经济工作，分析当前经济形势，部署2012年全省经济工作。省委书记苏荣、代省长鹿心社出席会议并讲话，省委副书记张裔炯主持下午会议，省领导傅克诚、舒晓琴、凌成兴等出席会议。

20日 全省扶贫开发工作会议在南昌召开。会议的主要任务是，深入学习贯彻胡锦涛总书记、温家宝总理重要讲话和中央扶贫开发工作会议精神，总结江西省10年扶贫开发工作取得的主要成就和基本经验，分析新形势新任务，动员部署打好新一轮扶贫开发攻坚战，确保到2020年与全国一道实现全面建设小康社会的目标。省委书记苏荣、代省长鹿心社出席会议并讲话，省委副书记张裔炯主持会议，省领导傅克诚、舒晓琴、凌成兴等出席会议。

24日 鄱阳湖生态经济区建设推进大会在南昌举行。会议的主要任务是，深入贯彻落实中央经济工作会议和省第十三次党代会、全省经济工作会议精神，总结鄱阳湖生态经济区规划实施两年来的情况，进一步突出重点、强化措施，加快推进鄱阳湖生态经济区建设。省委副书记、代省长鹿心社出席会议并讲话，省委常委、常务副省长凌成兴主持会议。副省长姚木根，省政协副主席、省政府党组成员胡幼桃，省政府党组成员、秘书长谭晓林出席会议。

28日 瑞金至寻乌、南昌至奉新(靖安)高速公路竣工通车仪式在寻乌县举行。省委副书记、代省长鹿心社出席竣工通车仪式，并宣布瑞寻、昌奉高速公路竣工通车。省委常委、常务副省长凌成兴讲话。省委常委、赣州市委书记史文清，省人大常委会副主任朱秉发，省政协副主席汤建人出席仪式。省政府秘书长谭晓林主持会议。这两条高速公路的竣工通车，使江西省高速公路通车里程达到3642千米。

专　记

本栏编辑　李目宏　詹跃华

三个"万亿"提升江西发展新高度纪略

2011年是"十二五"开局之年，江西经济发展取得重大的历史性突破：GDP总量、固定资产投资与工业园区主营业务收入三大主要经济指标过万亿元，标志江西经济发展进入一个崭新的阶段。三个"万亿"将提升江西经济社会发展进入一个新的高度。

一、江西经济发展进入新阶段

"十一五"期间，江西省委、省政府牢牢抓住经济建设这个中心不放松，出台了一系列政策助推经济建设向又好又快方向发展，尤其是鄱阳湖生态经济区上升为国家战略，对江西的经济社会发展有一个强有力的整体性推动；组织开展了一系列重大经济商贸活动，直接推动江西经济的快速增长；开工建设了一大批重大基础设施，保证了江西经济建设实现进位赶超、跨越发展的启动；沉着应对国际金融危机，在党中央、国务院"全力以赴保增长，千方百计保民生，加大力度保稳定"的总体方针指导下，江西采取一系列强有力的措施，扩大内需，抓住机遇调整产业结构，成功化解危机，实现了全省经济逆势上扬的良好态势。这些强有力的政策、措施，是2011年江西经济发展取得三个"万亿"历史性突破骄人成就的有力保障。

三大主要经济指标过万亿元，体现江西经济总量的大跃升，经济发展的实力与动能逐渐增强，推动江西经济不断迈上新台阶。江西经济发展进入新阶段，具有以下主要特征。

一是经济总量做大。GDP在2011年过万亿，达到11583亿元，是江西经济规模达到的新高度。江西成功跨入全国"万亿元俱乐部"行列，标志着综合竞争实力进一步提高，经济发展迎来了一个大的飞跃，也标志着江西经济上升到快速发展的轨道，进入了加速发展的新阶段。从发达地区经济成长的规律看，生产总值过万亿元，一般要经历一段较长的时期，而跨越了万亿元这道坎后，区域经济会进入快速成长的通道。因为总量的提升，不仅为后续的发展奠定了强大的基础，而且能够带动投资的增大、进出口的提速、产业结构和消费结构的调整，"三驾马车"的共同发力，将推动区域经济实现更快速的发展。应该说，跨越万亿元GDP后的江西经济将迎来一个新的发展时期。

二是投资规模扩张。2011年江西全社会固定资产投资为11020亿元，增幅达25.6%，创历史新高。固定资产投资是拉动经济增长、保持经济增速的重要动力所在。在经济欠发达地区搞建设，投资拉动是保持经济增速的必要前提和条件。近年来，江西经济保持两位数的增长速度，得益于投资力度的不断加大，得益于固定资产投资保持较高的增长率。江西在民间投资、工业投资、战略性新兴产业投资、新型城镇化建设和民生工程投资等方面均有新的突破，使得整个投资的增速保持了较快的发展态势，对整体经济的发展具有较大的推动作用。江西投资在总量增加的同时，结构也不断优化，表现在：一是二、三次产业的投资率保持高速增长，尤其是第二产业的投资比重达到58.9%，有效的增量带动了存量调整，投资结构的调整带动了经济结构的优化，全省二三一的产业结构得到进一步强化和巩固。二是民间投资意愿不断加强，涉及国民经济各领域，持续快速增长的民间投资成为全省投资增长的主要动力，投资增长的内生机制持续增强。

三是工业增势强劲。在"十二五"开局之年，全省有46个工业园区主营业务收入进入百亿园区行列。全省工业园区主营业务收入首次突破万亿元，达到1.3万亿元。规模以上工业增加值3911亿元，增长19.1%；全部工业占生产总值比重达48.4%。战略性新兴产业完成增加值1568亿元，增长21.6%。全省主营业务收入超千亿元的产业增加到5个，其中有色行业突破4000亿元。区域创新能力由全国第22位上升到第18位。工业园区的快速成长，表明江西新型工业化的核心主导地位不断增强，重大产业项目集聚效应进一步显现，制造业竞争力明显提升，战略性新兴产业发展势头强劲，科技引领作用得以充分发挥，园区经济与工业产业发展相得益彰，工业的快速发展为江西崛起注入了澎湃动力，成为引领江西经济迈进新阶段的火车头。工业园区的快速增长，拉动江西城市化率的增速，而城市化的快速增长，又助推江西经济的发展。

三大主要经济指标过万亿，是我

省坚持科学发展、绿色崛起战略的必然结果。近年来，我省坚持以大开放促进经济的大繁荣、以大投入促进基础设施和战略性新兴产业发展，以搭建大平台促进大项目的集聚。紧贴省情的战略定位和强有力的政策举措，为江西经济加速发展奠定了坚实的基础。

二、江西经济运行呈现新规律

经济运行过程错综复杂，各类因素和要素交互作用，具有内在的联系与规律。江西三个过万亿元主要经济指标不是孤立的存在和产生，相互间有着重要的关联和促进作用。

三大经济指标互为依托，相互促进。GDP是国民经济发展的重要指标，反映经济的表现与总量，也反映区域经济的实力与财富水平。GDP的总量构成，由投资、出口与消费“三驾马车”运行状况所决定。尽管经济学界对拉动经济增长的因素存在分歧，但对投资的拉动作用却能够形成共同一致的观点。近年来，江西固定资产投资保持在高位运行，对GDP的拉动效用显而易见。基础设施建设、项目融资、招商引资以及民营资本的踊跃投入，为江西省“以工业化为核心、以大开放为主战略”的经济发展战略实施，提供了充足的资本保障。而2009年12月鄱阳湖生态经济区上升为国家战略后，为江西的科学发展、进位赶超、绿色崛起构建了高层次的平台，也为新一轮固定资产投资掀起了热潮。工业园区主营业务收入过万亿元，既是开放型经济和园区平台建设所引致产业集聚效应的体现，也反映以工业化为核心的战略投资思路与导向的重要成果。江西工业化尤其是新型工业化的大力推进，为经济总量的做大，为投资的不断扩张和经济运行质量的提升，提供了坚实的部门经济与产业支撑。

三、加快经济结构调整步伐

从三大经济指标变化的趋势看，江西经济运行将面临新情况与新问题，经济结构调整也将进入一个新的历史阶段。在经济发展的新阶段，主要矛盾是保持经济增长速度面临转变经济发展方式、调整经济结构的压力，必须促进经济从外生型驱动增长向内生型驱动增长的转型，需要经济增长从依靠资源消耗与投资拉动的总量扩张，向总量增长与内在质量提升共同促进的方向转变。

其一：经济总量和规模的扩张，迫切需要江西加快经济结构调整与产业结构优化升级的步伐。依靠投资拉动和工业化推进获取的GDP高增速，必然要面对国家投资政策变化影响、工业化对资源环境的过度依赖以及内需不振等问题，在经济总量达到一定规模或产能过剩的情形下，这些问题会以更为尖锐的形式表现出来。在实践中不断破解生态环境保护、投资结构优化、外向型经济竞争力提升、消费需求扩大、产业结构优化升级以及战略性新兴产业加速发展等难题，是推动科学发展、绿色崛起的必要路径选择。

其二：固定资产投资过万亿元，表明江西经济运行机制到了催生新机制的重要关头。从江西经济成长的规律分析，我们看到，新世纪以来经济增长速率与投资增长率呈正比例关系，高投资增长率成就了江西经济的较快发展速度，但投资增长率远高于GDP的增长率，显示投资的效率偏低。随着工业化进入更高级的成长阶段、经济结构调整以及投资效率不断提升，两者可能出现新的运行曲线，江西经济增长率与固定资产投资率的增幅虽然继续呈现向上趋势，但两者的增长率曲线将不断缩小差距。要提升投资对经济增长的贡献率，就必须进一步优化投资结构，注意解决投资增长后劲不足，新增投资项目环境压力增大，信贷政策趋紧导致项目融资压力加大以及产业项目投资中劳动力供给紧缺等问题。

其三：工业园区主营业务收入过万亿元，表明江西工业化的核心主导地位得以巩固和加强，也反映工业化进入加速调整和发展时期。加快传统优势产业的技术改造与升级，加速战略性新兴产业的布局与建设，是江西新型工业化发展的重要方向。战略性新兴产业已经成为我省工业经济的生力军，对于加快转变经济发展方式，调整和优化产业结构具有重要的推动作用。在经济发展的新阶段，江西的工业化与园区平台建设需要把握以下的基本思路：一要提高工业园区集约发展水平，以龙头企业和配套企业为重点，提升产业协作配套能力，培育园区产业集群；二要把工业园区打造成江西新型工业化的承载区与示范区，着力提升工业园区的生态效率；三要提升战略性新兴产业的主导地位，引领江西工业经济的转型发展与结构调整；四要提升改造传统优势产业，开拓江西工业化发展的新路径。

江西正处于加速崛起的关键时期，在经济发展的新阶段，既要保持经济增长的速度，又要努力提升经济运行的质量，需要我们坚持科学发展不动摇，把握经济发展的内在规律，不断调整与优化经济结构，实现“稳中快进”，推动经济社会又好又快发展，建设富裕和谐秀美江西。

（汪玉奇　孙育平）

深入开展“科学发展、进位赶超、绿色崛起”主题教育活动纪略

省委决定，2011年在全省范围内广泛开展“科学发展、进位赶超、绿色崛起”主题教育活动，引导广大干部群众始终坚持以科学发展为主题，以加快转变经济发展方式为主线，以建设鄱阳湖生态经济区为龙头，进一步抢抓机遇、乘势而上、奋力突破，努力实现“十二五”良好开局。

全省上下围绕这一主题，组织开

展声势浩大、形式多样、内涵丰富的主题教育活动，各地各部门紧密联系实际，抓好组织落实，取得良好成效。

精心组织大型采访报道活动。4月28日，在省展演中心广场举行“千百十”大型采访报道活动启动仪式。先后开展了历时两个月的“千百十”大型采访报道活动。集中推出4个过千亿元产业（有色产业、石化产业、钢铁产业、食品产业）、10家主营业务收入过百亿元企业、主营业务收入过五百亿元工业园区的南昌高新技术产业开发区和4个财政收入过20亿县（市、区）的系列。各新闻单位围绕“千百十”大型采访报道活动的主题，精心策划，充分安排，既把采访报道活动纳入主题教育的总体宣传中，又保持相对的集中性，充分体现出“千百十”大型采访报道活动的特色。省委书记苏荣充分肯定这次大型采访报道，认为这个宣传很好，对提振全省信心，鼓舞士气，加快发展具有重要作用。同时，在省直主要媒体（包括主要新闻网站）开设“科学发展、进位赶超、绿色崛起”专题、专栏、专页；编发《主题教育活动简报》，在江西文明网刊发；制作一批公益广告，在大型公共场所、主要交通沿线悬挂，为主题教育活动的开展营造浓厚氛围。

广泛开展宣讲研讨活动。为深入学习宣传党的十七届五中全会、中央经济工作会议和省委十二届十四次全会精神，引导全省广大干部群众深刻理解“十一五”时期全省经济社会发展的巨大成就和宝贵经验，全面掌握“十二五”时期全省经济社会发展的指导思想、总体思路、目标任务和重大举措，根据省委统一部署，4月12～22日，组织省委形势政策专家宣讲团赴全省各设区市、部分县（市、区）和部分高校开展宣讲活动。在宣讲团赴各地宣讲前，省委书记苏荣还专门抽出时间接见宣讲团全体成员，就搞好本次宣讲活动提出具体要求。在短短11天内，省委形势政策专家宣讲团共举行大型报告会60场，小型座谈会70场，直接受众达5万余人次。整个宣讲活动声势大、氛围浓、效果好，受到全省各地干部群众的热烈欢迎和高度评价。省委书记苏荣作出批示：“本次宣讲社会效果好，各位宣讲专家付出了辛勤的劳动。”与此同时，与有关单位共同举办纪念泰豪论坛创办10周年暨“思想大解放 发展新跨越”论坛。省委常委、宣传部部长刘上洋发表主旨演讲，省人大常委会副主任朱秉发，省政协副主席郑小燕出席。这次论坛活动受到社会各界关注，取得良好成效。

积极举办《永保一湖清水——鄱阳湖档案图片展》。6月17～23日，会同省档案局共同策划推出的“永保一湖清水——鄱阳湖档案图片展”在省展览中心展出。这次展览，打破传统的图片展模式，发挥档案的“原始性、真实性和形象鲜明”的优势，以鄱阳湖地区的历史档案为基础，共分“母亲湖”“历史记忆”“国家战略”3个部分，展出珍贵历史照片200多幅，辅之以实物、标本、视频、音频等手段，深刻揭示鄱阳湖形成发展的漫长历史过程，全面记录湖区人民“送瘟神”、治水患、兴水利的恢宏场景，生动展现赣鄱儿女在党中央和省委的正确领导下，在开发治理鄱阳湖、保护“一湖清水”方面取得的巨大成就和丰硕成果，系统展示省委、省政府全力推进鄱阳湖生态经济区建设一年多来的生动实践。省委书记苏荣、副书记张裔炯先后参观了展览，省委常委、省委秘书长赵智勇宣布图片展开幕，省人大常委会副主任朱秉发、省政府副省长朱虹等领导出席开幕式，社会各界共2万余名干部群众、解放军官兵和在校学生观看了展览。

组织开展“民生面对面——走进鄱阳湖生态经济区”大型网络直播活动。5月26日，“民生面对面——走进鄱阳湖生态经济区”大型网络直播访谈活动在南昌启动。省委常委、宣传部部长刘上洋出席并宣布活动正式启动。中国互联网新闻中心、中国违法和不良信息举报中心和人民网相关负责人，以及省有关部门、省直新闻单位负责人和支持本次活动的企业代表近200人参加了启动仪式。这次访谈活动以“科学发展、进位赶超、绿色崛起”为主题，采取领导、专家、网民代表座谈和在线交流相结合的形式，同时在人民网人民微博上同步直播，宣传建设鄱阳湖生态经济区的重大意义和重要举措，展示鄱阳湖生态经济区建设所取得的最新成果，进一步提升鄱阳湖生态经济区的知名度和影响力。6月初至7月底，《民生面对面——走进鄱阳湖生态经济区》直播组先后在鹰潭、景德镇、九江、宜春等地进行了15场网络直播访谈，参加访谈的设区市、县（市、区）党政领导有许爱民、李安泽、钟志生、曾庆红、董仚生等15位。据统计，16场访谈直播时间长达18小时，现场和在线网友提问交流的网民代表达64人，关注和参与活动的省内外网民超过1600万人；省市共发新闻稿突破2000篇（幅），网络转载量达到5.9万多条。形成上下联动、集中热烈的宣传声势。

广泛开展主题实践活动。深入推进“鄱阳湖生态文明示范村”创建工作。多次召开创建工作推进会，总结交流各省直单位帮建经验，加大创建资源的整合力度，推动创建工作深入开展。省文明委直接协调帮建的20个示范村已落实资金近1200万元，实施民生工程30余项，惠及群众1万多人。制作了《全省20个鄱阳湖生态文明示范村创建情况》画册。9月，组织省直主要媒体、重点新闻网站赴全省20个生态文明示范村进行宣传报道。省直新闻单位和网站均开设专题、专栏，推出一批质量较高的新闻稿件，共播发新闻稿件63篇；各有关设区市、县新闻单位同步宣传，也多角度、多层次推出一大批质量较高的新闻稿件。通过集中宣传营造了良好舆论氛围，总结了鄱阳湖生态文明示范村帮建工作涌现出的新思路、新举措、新经验，促进了鄱阳湖生态文明示范村创建和“文明帮建”工作。组织省文明委成员单位领导带队就创建工作进行集中督查，发现问题，检查不足，督促整改。5月下旬至年底，在全省窗口和公共服务行业扎实开展“加强职业道德、提升服务效能”主题实践活动，各地、各窗口行业踊跃参与、全力投入，增强了窗口和公共服务行业的效能意识，提升了文明优质服务水平，促进了窗口和公共服务行业的作风建设、形象建设，得到省效能办的肯定，并在省效能办专题网页上介绍宣传。年底，省文明办还对活动中表现突出的4个优质服务窗口和4个先进单位进行宣传报道，并评选出一批优质服务窗口、先进单位。

（张元城）

深入推进鄱阳湖生态经济区建设纪略

省委、省政府高度重视、全力推进鄱阳湖生态经济区建设。国务院批复《鄱阳湖生态经济区规划》后，2010年1月31日，省委、省政府迅速召开建设鄱阳湖生态经济区动员大会，省委书记苏荣、省长吴新雄亲自动员部署，提出建设鄱阳湖生态经济区“特色是生态，核心是发展，关键是转变发展方式，目标是走出一条科学发展、绿色崛起之路”的本质内涵。2011年12月24日，代省长鹿心社主持召开鄱阳湖生态经济区建设推进大会，对全省进一步加快鄱阳湖生态经济区建设作了再动员、再部署。江西省还先后召开建设鄱阳湖生态经济区新闻发布会、部委座谈会，举办专题论坛、大型宣讲、鄱阳湖国际生态文化节、环鄱阳湖国际自行车赛、鄱阳湖生态经济区建设国际研讨会、鄱阳湖档案图片展、走进鄱阳湖生态经济区大型网络直播等一系列重大活动，为《鄱阳湖生态经济区规划》实施进行广泛宣传动员。省政府成立由省长挂帅的鄱阳湖生态经济区建设领导小组，组建省政府鄱阳湖生态经济区建设办公室，各市、县(市、区)和省有关部门均成立相应的领导和工作机构，部分重大工程还专门成立工作机构(如省鄱阳湖水利枢纽建设办公室)。为了确保规划顺利实施，省政府制定《鄱阳湖生态经济区规划实施方案》，明确9大体系405项重大项目(任务)的责任主体、时间节点和实施要求，并将任务分解落实到各部门、各市县。全省上下基本形成党政领导统筹协调，职能部门各负其责，“一级抓一级、层层抓落实”的良好推进机制。

两年来，围绕深入推进鄱阳湖生态经济区建设，主要抓了五个方面的工作：

强力打造经济增长极，构建区域发展新格局。为了紧紧抓住深入实施鄱阳湖生态经济区战略的重大机遇，江西省正在强力打造由南昌核心增长极、九江沿江产业带、昌九工业走廊构成的核心增长区，昂起鄱阳湖生态经济区建设的龙头。全力支持南昌发展，以大投入推动大建设，以大开放促进大发展，加快产业转型，建设现代都市，创新体制机制，充分发挥要素集聚、辐射带动、改革示范作用，打造带动全省发展的核心增长极。深入推进九江沿江开放开发，充分利用152千米长江岸线资源，大力实施“十大产业工程”和“十大基础设施工程”，大力发展“飞地经济”，推动形成九江沿江地区和昌九工业走廊T字型发展格局，打造鄱阳湖生态经济区新引擎。向南延伸连接吉泰走廊，并与赣南等原中央苏区振兴相衔接，两翼沿沪昆线展开，支持各设区市发挥优势、壮大实力，形成特色鲜明、竞相发展的重要增长极，加快构建“龙头昂起、两翼齐飞、苏区振兴、绿色崛起”区域发展新格局。同时，进一步强化鄱阳湖生态经济区与长珠闽地区的产业对接合作，加强与长株潭城市群、海西经济区、武汉都市圈、皖江城市带等区域的联系互动。

大力推进重大生态经济工程，构筑生态环境新优势。近年来，江西在财力并不宽裕的条件下，大力实施城镇生活污水处理工程、工业园区污水处理工程、造林绿化“一大四小”工程、“五河一湖”水污染治理工程、长江暨鄱阳湖流域水资源保护工程、农村清洁工程等六个重点生态工程，对于增强生态系统功能，扩大生态环境容量，完善生态安全保障体系，发挥了重要作用。目前，全省85个县(市、区)城镇生活污水处理厂及截污主干管网全部建成，城镇生活污水集中处理率由2007年的2.5%大幅提高到2011年的78%；102个工业园区污水处理设施项目加快实施，确保2013年底前全部建成；造林绿化“一大四小”工程共完成造林绿化面积87.53万公顷；农村清洁工程在13万个左右自然村和1500个左右集镇推行农村垃圾无害化处理，已建成200多个国家级农村清洁工程示范村；“五河一湖”水污染治理工程、长江暨鄱阳湖流域水资源保护工程顺利实施。围绕保护好鄱阳湖“一湖清水”，每年开展各类专项整治行动，全面清理赣江、抚河、信江、饶河、修河“五河”源头及其干流、鄱阳湖滨湖1千米范围内及东江源头的污染企业。加大节能减排力度，提高对钢铁(铁合金)、电石、水泥、焦化、有色金属冶炼等14类项目的环保准入门槛，加强火电、钢铁、石化、有色、建材等行业重点污染源的脱硫设施建设，严格按规定对有关燃煤机组、水泥生产线实行脱硝改造。启动实施重点工业企业污染源治理工程，对工业企业老污染源进行全面治理，分门别类、分期分批关停淘汰。严格把好项目审批关口，坚决防止“两高一资”项目向鄱阳湖生态经济区转移。同时，加快建设一批事关全局、影响长远的重大基础设施。环鄱阳湖高速公路、铁路、机场、电力、天然气管网等“五个环湖网”基本建成，与鄱阳湖生态经济区建设相适应的基础设施支撑体系加快形成。

深入实施科技创新“六个一”工程，实现产业转型新提升。为了提升全省自主创新能力，带动产业结构转型升级，2009年开始实施科技创新“六个一”工程，即主攻10个优势高新技术产业，培育100个创新型企业，实施100项重大高新技术成果产业化项目，建设10个国家级研发平台，办好10个国家级高新技术产业特色基地，组建100个优势科技创新团队。两年来，全省战略性新兴产业工业增加值连续保持20%以上的增速，2011年实现增加值1568.32亿元，主营业务收入超过8500亿元，对全省工业增长的贡献率达45.2%。两年新增5个国家级、53个省级重点实验室和工程技术研究中心，2011年江西区域创新能力在全国的排位比2010年上升4位。同时，加快发展生态农业和现代服务业。“猪-沼-果”生态农业发展模式广泛推行，“生态鄱阳湖，绿色农产品”品牌形象初步树立，全省绿色、有机和无公害农产品数量达

2166个。生态旅游等现代服务业快速发展，《鄱阳湖生态旅游区规划》上升为国家旅游发展战略，2011年旅游接待1.6亿人次，旅游总收入突破1100亿元，建成4A级以上旅游景区15个，以鄱阳湖为中心的大旅游网络基本形成。

着力打响世界低碳大会等重大活动品牌，促进开放型经济新跨越。借助鄱阳湖生态经济区国家战略，积极打造世界低碳与生态经济大会、香港招商引资活动周、赣台经贸研讨会、泛珠三角区域合作大会、战略性新兴产业发展合作推介会等重大招商平台，密集推介鄱阳湖生态经济区重大生态工程和产业项目，不仅取得招商引资丰硕成果，而且推动了开放型经济跨越发展。以世界低碳大会为例，两届大会签约项目总投资达3595亿元。江西外贸出口2010年突破100亿美元，2011年突破200亿美元，达到218.8亿美元，出口规模在全国前移了8位，居第12位。全省出口加工区达4个，居中西部地区前列。

用足用活国家赋予的先行先试权，推动体制机制创新新突破。积极推进先行先试，开展"五河"及东江源头生态补偿、矿山环境治理和生态恢复补偿、森林生态效益补偿等生态补偿试点，出台差别电价和惩罚性电价、脱硫机组上网电量加价等价格改革措施，大力实施低碳城市、生态文明示范、现代服务业发展等重大改革试点。同时，探索加强生态环保法制建设。江西省首部专门针对鄱阳湖生态经济区的地方性法规——《鄱阳湖生态经济区环境保护条例》将于2012年5月1日起正式实施。近年来，先后出台了《江西省鄱阳湖湿地保护条例》《赣江水污染防治条例》《加强鄱阳湖及其他重要湖泊水环境保护工作的意见》《加强"五河一湖"及东江源头环境保护的若干意见》等一系列生态环保法律法规，具有江西特色的生态环保法制保障体系初步形成。

《鄱阳湖生态经济区规划》实施两年来，在党中央、国务院的亲切关怀下，在省委、省政府的正确领导下，全省上下按照"一年开好局，五年见成效，十年大跨越"的总体目标，齐心协力，开拓创新，扎实工作，深入推进鄱阳湖生态经济区建设，取得了阶段性显著成效，突出表现为"两个充分显现，两个积极进展"：

国家战略的王牌效应充分显现。鄱阳湖生态经济区正在成为江西吸纳项目、资金、技术、人才和各方面支持的"金字招牌"。截至2011年底，45个国家部委、中央企业和金融机构与江西省签署了有关战略合作协议，落实了一大批项目、资金和政策支持。境内外投资者纷纷看好鄱阳湖生态经济区发展，2010年和2011年，生态经济区实际利用外资分别增长24.7%和12.9%，引进省外资金分别增长43.1%和34.9%。两年实际利用外资67.43亿美元，利用省外5000万元以上项目实际进资2330亿元。

绿色崛起的龙头效应充分显现。各类生产要素的聚集带动了区内经济快速发展。2010年和2011年，生态经济区生产总值分别增长14.6%和12.8%，均高于全省平均增幅，多数主要经济指标增幅均明显超过全省平均水平。在鄱阳湖生态经济区建设的龙头引领下，全省地区生产总值和固定资产投资双双迈上万亿元台阶，财政总收入突破1600亿元。在经济社会快速发展的同时，江西的生态环境优势进一步巩固提高，持续保持全国领先水平。全省森林覆盖率由60.05%提高到63.1%；主要河流监测断面水质达标率由76.3%提高到81.8%，全省饮用水源地水质达标率全面实现100%；11个设区市城区空气质量全部达到国家二级标准。

生态与经济融合发展取得积极进展。战略性新兴产业发展迅速，鄱阳湖生态经济区战略性新兴产业增加值占全省比重达67%。生态农业发展模式广泛推行，生态旅游、商贸物流、金融保险等现代服务业快速发展。先行先试加快推进，启动了"五河"及东江源头生态补偿试点，6个城市列入低碳城市、资源枯竭型城市转型、城市矿产示范基地、节能减排综合示范等国家重大改革试点，组建了鄱阳湖产业投资基金和新材料创业投资基金，林权交易走在全国前列。

生态文明社会建设取得积极进展。各地、各部门牢固树立绿色发展理念，自觉把生态建设和环境保护放在更加突出的位置，加强生态环境保护宣传教育，普及生态科学知识，培育环保价值观念，弘扬生态文化。大力开展生态城市、绿色乡村、绿色社区等生态创建活动，新增国家森林城市1个、国家园林城市7个、国家级生态乡（镇）28个、国家级生态村9个，在全国率先启动省级生态园林城市创建工作，20个工业园区成为首批省级生态工业园区。全社会生态文明意识普遍增强，尊重自然、保护环境蔚然成风。

（张向东）

江西概览

本栏编辑 李目宏 詹跃华

自然环境

【区域位置】 位于长江中下游交接处的南岸，在北纬 24°29′14″～30°4′41″、东经 113°34′36″～118°28′58″之间。因赣江是境内主要河流，故简称“赣”。东邻浙江、福建，南连广东，西接湖南，北与湖北、安徽交界，北控长江，古称“吴头楚尾、粤户闽庭”。东西宽约 490 千米，南北长约 620 千米，总面积 16.69 万平方千米，占全国陆地总面积的 1.74%，居华东各省市首位。

【地势地貌】 地势周围高中间低，从外向内，由南向北，渐次向鄱阳湖倾斜，构成一个向北开口的巨大红色盆地。地貌类型齐全，区域差异明显，分布大体呈不规则的环状结构形式。以鄱阳湖为核心，向外依次为鄱阳湖平原、赣中南丘陵和边缘山地。山地占全省面积 36%，丘陵占 42%，岗地、平原占 12%，水面占 10%。素有“六山一水二分田、一分道路和庄园”之说。

【山河湖泊】 主要山脉多分布于省境边陲，走向以东北和西南走向为主体。赣东北和赣东有怀玉山、武夷山和黄山支脉，赣南有大庾岭和九连山，赣西有罗霄山脉，赣西北有幕阜山和九岭山。全省有大小河流 2400 多条（其中全年有水的约 160 条），总长约 1.84 万千米。主要河流有赣江、抚河、信江、修河、饶河等五大河流，其中赣江自南而北流贯全省，包括贡水在内全长 766 千米，是江西最大河流，是仅次于岷江的长江第二大支流。江西湖泊众多，并集中于五河尾闾地区，以鄱阳湖最为著名。鄱阳湖是中国第一大淡水湖，湖泊面积 5100 平方千米。

【土地资源】 全省土地大致可分三大类：红、黄壤土地，红壤丘陵，平岗地。土壤主要有 5 种类型，分别是红壤、黄壤、紫色土、潮土、水稻土。土地资源利用以耕地、林地、牧草地为主要形式。全省农用地总面积 1452.10 万公顷。其中，耕地 308.50 万公顷，园地 33.38 万公顷，林地 1040.76 万公顷，其他农用地 69.46 万公顷。建设用地总面积 128.92 万公顷。其中，居民点及工矿用地 87.11 万公顷，交通运输用地 21.60 万公顷，水利设施用地 20.21 万公顷。未利用土地总面积 88.34 万公顷。

【矿产资源】 地下矿藏丰富，矿产资源种类齐全，资源配套程度高，伴（共）生组分丰富。截至 2010 年底，全省发现各种有用矿产 187 种（以亚矿种计），矿产地 5000 多处，查明有资源储量的矿产有九大类 133 种，列入矿产资源储量统计的矿产 125 种。对国民经济建设有较大影响的 45 种主要矿产中，江西有 36 种。江西探明的矿产资源保有储量居全国前十位的共有 78 种，其中居首位的有钽、铷、伴生硫、化工用白云岩、粉石英、麦饭石等 6 种，居第二位的有铜、钨、金、银、锂、铯、碲、电气石、光学萤石、滑石、陶瓷土、玻璃用脉石英、水泥用辉绿岩等 13 种，居第三位的有铌、铍、钪、普通萤石、冶金用白云岩、冶金用砂岩、化肥用灰岩、叶蜡石、玻璃用砂岩、玻璃用大理岩、制灰用灰岩、海泡石黏土、饰面用板岩、透闪石等 14 种，居第四位的有铅、铋、自然硫、化肥用蛇纹岩、饰面用角闪岩等 5 种，居第五位的有石煤、硅灰石、玻璃用砂、水泥配料用砂、水泥配料用脉石英、水泥用凝灰岩等 6 种。铜、钨、铀、钽、重稀土、金和银矿被誉为江西的“七朵金花”。其中，铜占全国比重为 16%，钨 18%，钽 42%，金 8%，银 12.5%。

【能源资源】 主要有水能、光能、风能及能源矿产等。水能资源理论蕴藏量 682.03 千瓦，可开发利用的 610.9 万千瓦，全部开发年发电量可达 215.6 亿千瓦小时。光能资源较为丰富，全年太阳总辐射能力为 4057 兆焦耳/平方米至 4794 兆焦耳/平方米，全年日照 1473～2078 小时，日照百分率 33%～47%。风能，年平均风速为 1.0～3.8 米/秒（不含庐山），全省年大风日数 0.5～25 天，风能资源较为丰富的地方，主要集中在鄱阳湖滨、赣江和抚河下游及高山顶和峡谷地带。能源矿已发现煤炭、石油、天然气等 7 种。其中，煤炭产地在全省共有 190 处，分布在 70 个县；主要煤田有 11 个，主要分布在浙赣铁路沿线地区。

【生物资源】 全省动物资源丰富，有哺乳类 100 多种，鸟类 420 种，两栖类 40 种，爬行类 77 种，鱼类 205 种，还有水生哺乳类、软体动物、浮游动物等。有国家一级保护动物 18 种，分别为云豹、豹、虎、白鳍豚、黑麂、白鹳、黑鹳、中华秋沙鸭、金雕、黄腹角雉、白颈长尾雉、白头鹤、白鹤、鸨、蟒、中华鲟、白鲟。全省植物起源古老，组分较复杂，种类繁多，类型齐全，提供物质原料的资源生产潜力很大。主要有用材植物、木本粮食植物、油脂植物、药用植物、观赏植物等。

国家级风景名胜区

【庐山风景名胜区】 位于中国第一大江长江、第一大淡水湖鄱阳湖的交汇处，总面积333.42平方千米，全区有景区12个，最高峰大汉阳峰海拔1474米。1982年，庐山被国务院批准列为首批国家级风景名胜区。1996年12月6日，联合国教科文组织批准庐山以“世界文化景观”列入《世界遗产名录》，成为中国第一处世界文化景观遗产。

【井冈山风景名胜区】 位于江西西南部湘赣边界的罗霄山脉中段，是中国著名的革命圣地，由茨坪、龙潭、黄洋界、主峰等11个景区组成，最高峰江西坳海拔1841米，面积333平方千米。1982年，井冈山风景名胜区被国务院批准列为首批国家级风景名胜区。2009年，井冈山风景名胜区被列入第二批国家自然与文化双遗产预备名录。

【三清山风景名胜区】 位于赣东北玉山和德兴两县（市）交界处，主峰玉京、玉虚、玉华三峰似道教鼻祖玉清、上清、太清三仙列坐其巅而得名。最高峰玉京峰，海拔1816.9米，由七大景区组成，总面积229平方千米。1988年经国务院批准列为国家级风景名胜区。2008年被联合国教科文组织批准以“世界自然遗产”列入《世界遗产名录》，成为中国第七处、江西省第一处世界自然遗产。

【龙虎山风景名胜区】 位于江西鹰潭市，距市中心18千米，由仙水岩、龙虎山、上清宫、洪五湖、马祖岩和应天山等六大景区组成，有55个景点，261个景物景观，总面积220平方千米。1988年经国务院批准列为国家级风景名胜区。2010年被联合国教科文组织批准以“世界自然遗产”列入《世界遗产名录》。

【仙女湖风景名胜区】 位于江西新余市西南部，是一处以群岛曲水峡谷、植物基因宝库为主要特色，以山水游赏、休闲度假、科普修学为主要功能的岛屿湖泊型风景名胜区，总面积194.7平方千米，其中水域面积46.3平方千米。2002年经国务院批准列为国家级风景名胜区。

【三百山风景名胜区】 位于江西南部的安远县，京九铁路江西段南端，是集古火山构造、奇山幽壑、清溪碧湖、飞瀑深潭、密林古树、珍禽异兽、怪石险滩、温泉诸奇景于一体的山岳型风景名胜区，总面积137.6平方千米。三百山风景名胜区是香港同胞饮用水的东江源头，2002年经国务院批准列为国家级风景名胜区。

【龟峰风景名胜区】 位于江西弋阳县城区西南部，地处龙虎山、三清山、武夷山和瓷都景德镇等“三山一都”的中心位置，包括龟峰景区、南岩景区、弋江景区，总面积39.3平方千米。龟峰因其“无山不龟、无石不龟”，且整个主景区就像一只昂首巨龟，故名龟峰。2004年经国务院批准列为国家级风景名胜区。2010年被联合国教科文组织批准以“世界自然遗产”列入《世界遗产名录》。

【云居山—柘林湖风景名胜区】 地处九江市庐山西麓，水域广阔，风景秀丽，原生态山水完美结合，被誉为中国最美的湖光山色，总面积655.2平方千米。2005年12月经国务院批准列为国家级风景名胜区。

【高岭—瑶里风景名胜区】 位于江西景德镇市浮梁县东北部，以深厚古陶文化、群瀑名茶幽谷、原生态山水环境、古朴明清街坊为主要特色，总面积95平方千米。2005年12月，经国务院批准列为国家级风景名胜区。

【武功山风景名胜区】 位于江西省中西部，地跨萍乡、宜春、吉安三市，处于湘赣边界的罗霄山脉北段，以高山草甸、千古祭坛、瀑布温泉、沩仰祖庭为主要风景特色，总面积365平方千米。2005年12月，经国务院批准列为国家级风景名胜区。按照属地管理的原则，武功山风景名胜区分为宜春片区、萍乡片区和安福片区三个片区。

【梅岭—滕王阁风景名胜区】 位于江西省会南昌市西北部，由梅岭和滕王阁两大景区以及方志敏烈士墓、溪霞湖、西山万寿宫、梦山、小平小道5个外围独立景点组成，总面积143.7平方千米。2004年经国务院批准列为国家级风景名胜区。滕王阁景区位于南昌市沿江路赣江与抚河故道交汇处，以滕王阁为主体，东至榕门路，南至瓷器街，西至赣江防洪墙，北至叠山路为风景区管辖范围，面积0.12平方千米。梅岭景区位于南昌市湾里区境内，距南昌市区中心15千米，属于典型的城郊山岳型风景名胜区，面积143.58平方千米。

【灵山风景名胜区】 位于江西上饶县北部，距上饶县城、上饶市区均为25千米。灵山风景名胜区以环状花岗岩峰林地貌奇观为主要特色，面积101.5平方千米。2006年，灵山被江西省人民政府批准为省级风景名胜区。2009年12月，经国务院批准列为国家级风景名胜区。

（夏　萍）

历史沿革

【概　况】 江西省简称赣，因公元733年唐玄宗设江南西道而为省名，且所处地理位置被称为“吴头、楚尾、粤户、闽庭”，又与江东被称为“江左”相对，江西古时又称江右。自古以来江西人文荟萃，物产富饶，有“文章节义之邦，白鹤鱼米之国”的美誉。赣鄱大地独特的地理环境和人文历史孕育了内涵丰富具有浓郁地方特色的江西地域文化。

江西开发的历史，可以上溯到约四五万年前的旧石器时代。至距今五千年左右的新石器时代晚期，生产开发地区逐渐增多，形成许多居民聚落点，并相对集中于赣北平原。

商周时期，江西地区的水稻种植业和陶瓷业已初显优势，而铜矿开采、冶炼、青铜器铸造，在中国青铜文化的总体中也占有很重要的地位。据考古发掘的新干县大洋洲商墓等文物显示，江西地区的土著文化内涵既受中原文化的强大影响，又有鲜明的地方特色。

汉高祖初年设豫章郡，郡治南昌，下辖18县，分布地域为赣江、盱江、信江、修水、袁水沿岸，今天的南昌、赣州、吉安等主要城市都是在那时县城的基址上发展而来。两汉时期江西人口迅速增加，农业、陶瓷业、采矿业、造船业等较为发达。鄱阳湖平原成为重要的产粮区，至少从东汉开始，江西就是调出粮食的产粮区。

三国吴、两晋、南朝时期，中原战乱，北方地区人口第一次大规模南迁，其中一部分迁入鄱阳湖周边地区，使江西郡县数大增，农业生产水平得到很大提高。南朝时京城以外的大粮仓2/3在豫章郡，成为当时粮食主要供应地之一。

隋唐时期，全国经济重心逐步南移，江西开始进入勃兴期。733年，唐玄宗设江南西道监察区，下辖37县。安史之乱后，中原人口第二次大规模南下，不仅使鄱阳湖平原得到进一步发展，而且边缘丘陵区带也广泛开发，土地垦种面积扩大，粮食产量增加，茶叶和瓷器生产兴旺，行销各地。唐玄宗时，宰相张九龄开辟了穿越大庾岭、南达广州的驿道，赣江成为联系岭南和长江流域最重要的南北交通线路，沿线的江州（九江）、洪州（南昌）、吉州（吉安）、虔州（赣州），成为商旅汇聚的繁荣都邑。

五代时期，江西地区先辖于吴，后辖于南唐。此时期出现相当于下等州的新的行政区——军，划6州、4军、55县。由于南方的战争规模较小，时间较短，江西的社会经济仍得到一定发展，在全国的经济比重显著增加。

宋朝江西经济文化空前繁盛，进入大发展时期。宋代将道改为路，江西地区大部分隶属于江南西路，置9州、4军、68县。北宋末年的靖康之乱，是中原人口南迁的第三次高潮，江西的人口比唐代增加约3倍，居全国首位。南宋时，江西稻米、茶叶、纸张、陶瓷、铜铅、柑橘、木竹等物产极为丰盛，不仅满足国内需求且大量出口外销。漕运至京师的稻米1/3产自江西，茶叶产量为全国的1/4，均列第一位。景德镇和吉州窑进入全国名窑行列。两宋江西文化教育事业发展迅速，白鹿洞书院、鹅湖书院、白鹭洲书院、象山书院等天下知名的书院于此时创立，各州县也纷纷建立学校，培养大批杰出人才，出任宰相级的显宦有25人。同时，众多思想家、文学家、史学家在“宋学”的各个领域都作出重大贡献。

元朝开始确立行省制度，下设路、直隶州、县级州和县。江西行省辖区包括今江西绝大部分地区外和今天广东省的大部分，下辖13路、2直隶州、48个县和16个县级州。秉承宋朝的发展，元代江西的社会经济也有新的发展，经济作物的种植、矿物的开采、制瓷业的规模均有所扩大，制茶、造船、印刷也十分兴盛。

明朝基本上保留元朝的省区建制，但改行省为布政使司（习惯上仍称省），改路为府和改州为县，设13府，下辖78县，地域基本等同今天的江西省。江西在元末农民战争中没有受到大的战争破坏，政治、经济和文化诸方面仍在全国居十分重要的地位，是全国屈指可数的人口和经济大省。江西士人对明代的中枢政治有很大影响，入阁拜相者络绎不绝，出现“朝士半江西”的局面。南安府（大余）的梅关和赣江仍是联系广东和长江流域最繁忙的南北交通线路，赣江沿线城市的工商业更为繁荣。樟树镇、吴城镇成为新兴的航运与商业中心，景德镇和河口镇（铅山）则是著名的手工业中心，并称为“江西四大镇”。

清代江西省行政区域基本承袭明制。清代前中期，由于闽、粤等地移民的大量迁入，人口数量空前增加，山区得到更大规模的开发，手工业发达，商品经济活跃，市镇繁荣。鸦片战争后，列强对中国的商品倾销和资源掠夺主要经长江直接进出，经由赣江、大庾岭这一传统南北交通动脉的货物日趋减少，导致沿岸码头萧条，吴城、樟树等市镇商业也趋衰退。加上江西又曾是湘军和太平天国反复争夺的地区，损失巨大。人口从1853年的2450万人锐减至1873年的1770万人，全境城乡自然经济跌入停滞衰退之中。

民国时期，将清朝的府、州、厅一律改为县，江西省共辖81县。第二次国内革命战争期间，中国共产党先后在江西建立湘赣、闽浙赣、湘鄂赣等苏区。其中最重要的中央苏区包括赣南和闽西地区的21县，中华苏维埃共和国临时中央政府设在瑞金，称为“红色首都”或“红都”。1930～1934年，国民政府对江西苏区进行5次军事围剿，残酷的战争造成人员大量死亡或逃离，使江西人口锐减40%，到1936年只剩下1380万人。江西是中国革命的摇篮，为中国革命牺牲的有名有姓的烈士达25万人之多。

新中国成立后，江西农业在全国占有重要地位，是建国以来全国两个从未间断向国家贡献粮食的省份之一。生态农业前景可喜，有机食品数量415个，居全国第一位。农业产业化水平不断提升，省级以上农业产业化龙头企业273家，其中国家级14家。进入新世纪以来，江西大力实施以新型工业化为核心的发展战略，汽车航空及精密制造、特色冶金和金属制品、中成药和生物制药、电子信息和现代家电产业、食品工业、精细化工及新型建材等六大支柱产业有了较好的基础。近年来，光电、高精铜材、优特钢材、特种车船、精密机械、生物医药、特色化工、绿色食品、度假旅游、新型服务等产业呈现良好的发展势头。现在，江西人民将更加高举中国特色社会主义伟大旗帜，以邓小平理论和“三个代表”重要思想为指导，深入贯彻落实科学发展观，在省委、省政府的领导下，为建设富裕和谐秀美江西而努力奋斗！

（陈刚俊）

2011年人口发展状况

【概　况】 2011年，全省人口发展呈现出人口自然增长水平继续下降、人口城镇化水平进一步提高、人口文化素质持续提升等良好势头，为建设富裕和谐秀美江西创造了良好的人口环境。

【人口自然增长水平继续下降】 随着计划生育政策不断深入人心以及人们生育观念的改变，全省人口出生率和自然增长率逐年下降。年度人口变动情况抽样调查资料显示，2011年全省人口出生率13.48‰，死亡率5.98‰，自然增长率7.50‰。据此推算,2011 年全省出生人口 60.33 万人,死亡人口 26.76 万人,剔除迁移变动影响,全年净增人口 26.19 万人,年末常住人口总量为 4488.44 万人。与上年相比,人口出生率下降 0.24 个千分点,死亡率下降 0.08 个千分点,自然增长率下降 0.16 个千分点。

【人口城镇化水平进一步提高】 2011 年,全省城镇人口 2051.22 万人,人口城镇化率为 45.70%。与上年相比,城镇人口增加 85.15 万人,人口城镇化率上升 1.64 个百分点。人口城镇化快速发展主要得益于“十一五”以来,江西进入工业化中后期阶段,工业化进程不断加快,大批农村剩余劳动力进城务工,工业化带动的城镇化以及城镇自身不断扩张形成了全省城镇化“双轮驱动”局面,使人口城镇化进入一个快速发展时期,人口城镇化水平不断提高。

【人口文化素质持续提升】 全省上下以科学发展观为指导,着力提高全民素质,加大了教育投入力度,人口平均受教育年限这一衡量人口文化素质的综合指标不断提高,每十万人口中接受大专以上教育的人口比重不断提高。2011 年,全省 6 岁及以上人口平均受教育年限达到 8.73 年,比上年高 0.12 年;15 岁及以上人口平均受教育年限达到 9.02 年,比上年提高 0.16 年,是近年来提高幅度最大的一年。每十万人口中接受小学教育的人口有 2.93 万人,接受初中教育有 3.75 万人,接受高中教育有 1.31 万人,接受大专以上教育有 7403 人。与上年相比,每十万人口中接受小学和初中教育人数分别减少 768 人和 198 人,接受高中和大专以上文化教育人数分别增加 740 人和 546 人,可以看出全省人口接受更高水平教育的比重逐步增加,人口的文化素质持续提升。

【家庭户平均规模缩小】 随着全省经济社会的不断发展,人口城镇化水平不断提高,人口迁移流动加速,传统的大家庭居住方式已经不适应时代的需求,促使大家庭向小家庭转变,加上全省育龄妇女生育模式的根本性改变,家庭户规模向小型化、核心化发展。2011 年人口变动情况抽样调查资料显示,全省家庭户规模(平均每个家庭人口)为 3.62 人,比上年少 0.03 人,比 2000 年减少 0.28 人。调查数据显示:2011 年家庭户结构中,三人以下和四人的户分别占所有家庭户的 55.26% 和 22.45%,同比分别提高 6.01 和 1.95 个百分点,四人以上的家庭户占所有家庭户的比重为 22.29%,同比降低 3.96 个百分点;一代和两代户家庭占所有家庭户的 76.09%,同比提高 1.3 个百分点,三代和四代户家庭占所有家庭户的比重分别为 23.10% 和 0.81%,同比分别降低 1.11 和 0.2 个百分点。

【劳动力资源依然丰富】 2011 年,全省 15 ~ 64 岁劳动年龄人口 3167.49 万人,占全省总人口 70.57%。与上年相比,劳动年龄人口增加 22.27 万人,比重上升 0.08 个百分点。总抚养比为 41.70%,同比低 0.17 个百分点,比 2000 年低 5.73 个百分点,表明全省劳动年龄人口增长快于非劳动年龄人口增长,江西仍然处于劳动年龄人口的“黄金”时期,这对全省经济发展将会带来更加丰厚的收益。但是 0 ~ 14 岁非劳动年龄人口的不断下降,劳动力年龄人口增速正在逐步下降,未来劳动年龄人口的减少不可避免,必须充分利用“人口红利”这个相对短暂的历史机遇,把人口优势顺利地转化为发展的优势和经济增长的动力,为全省社会经济发展带来更大效益。

【人口老龄化速度加快】 江西省自 2005 年全面进入老龄化社会以来,人口老龄化速度逐步加快。2011 年,全省 65 岁及以上老年人口 355.48 万人,占总人口 7.92%,同比提高 0.31 个百分点。与 2005 年相比,老年人口增加 38.6 万人,比重上升 0.57 个百分点。老年人口的不断增加以及经济发展水平不高的省情,对江西的养老保障问题提出严峻的挑战。

(易鑫村)

2011 年环境质量

【概　况】 2011 年,全省地表水水质总体良好,Ⅰ ~ Ⅲ类水质断面(点位)比例为 80.6%,其中河流水质断面达标率 81.8%,湖库水质点位达标率 72.0%。与上年相比,地表水水质达标率增加 1.8 个百分点,其中河流增加 1.3 个百分点,湖库增加 4.0 个百分点;全省环境空气质量良好,11 个设区市都达到国家二级标准;酸雨污染有所减轻,酸雨频率下降 8.0 个百分点;全省区域环境噪声略有升高,城市道路交通噪声略有降低。

【水环境】 全省九条主要河流和三个主要湖库共设水质监测断面(点位)190 个,全省地表水总体水质良好。其中:长江九江段和修河水质为优,赣江、抚河、信江、袁水、萍水河和东江水质为良好,饶河水质为轻度污染。全省河流地表水主要污染物为总磷和氨氮。柘林湖水质为优,仙女湖水质为良好,鄱阳湖水质为轻度污染。全省湖库地表水主要污染物为总磷。

赣江　有 60 个监测断面,Ⅰ ~ Ⅲ类水质断面比例为 80.0%,水质良好。赣江主要流经赣州、吉安、宜春、南昌和九江 5 市,其中宜春段和九江段水质良好,赣州段、吉安段和南昌段水质存在部分污染断面,主要污染物为氨氮和五日生化需氧量。

袁水　有 16 个监测断面,Ⅰ ~ Ⅲ类水质断面比例为 81.3%,水质良好。袁水主要流经萍乡、宜春和新余 3 市,其中萍乡段和宜春段水质优,新余段部分断面水质为重度污染,主要污染物为氨氮、总磷和阴离子表面活性剂。

饶河　有 17 个监测断面,Ⅰ ~ Ⅲ类水质断面比例为 70.6%,水质为轻度污染。饶河流经上饶和景德镇 2 市,部分断面水质为重度污染,主要污染物为总磷、pH 值和氨氮。

信江　有 24 个监测断面,Ⅰ ~ Ⅲ类水质断面比例为 87.5%,水质良好。信江流经上饶和鹰潭 2 市,部分断面水质为轻度或中度污染,主要污染物为石油类。

萍水河　有 9 个监测断面,Ⅰ ~ Ⅲ类水质断面比例为 77.8%,水质良好。萍水河仅流经萍乡市,部分断面水质为轻度污染,主要污染物为氨氮。

修河　有 10 个监测断面,Ⅰ ~ Ⅲ类水质断面比例为 90.0%,水质优。修河流经九江和宜春 2 市,宜春段水质好于九江段水质，九江段个别断面水质为轻度污染。

抚河　有15个监测断面，Ⅰ～Ⅲ类水质断面比例为80.0%，水质良好。抚河流经抚州和南昌2市，抚州段和南昌段部分断面为轻度污染，主要污染物为氨氮和阴离子表面活性剂。

长江九江段　有监测断面7个，全部达到或优于Ⅲ类水质标准，水质为优。

东江　有7个监测断面，Ⅰ～Ⅲ类水质断面比例为85.7%，水质良好。东江仅流经赣州市，个别断面水质为轻度污染，主要污染物为总磷。

鄱阳湖　在南昌、九江和上饶3市设置17个监测点位，Ⅰ～Ⅲ类水质点位比例为64.7%，水质为轻度污染。其中，九江水质最好，南昌次之，上饶水质较差，主要污染物为总磷；富营养化程度为轻度富营养。

柘林湖、仙女湖　二湖均有4个监测点位，柘林湖所有点位水质均达到Ⅲ类，水质为优；仙女湖Ⅰ～Ⅲ类水质点位比例为75.0%，水质良好，个别点位水质轻度污染；富营养化程度二湖均为中营养。

【大气环境】　与上年相比，全省环境空气质量状况稳定良好，全省11个设区城市的环境空气质量均达到国家二级标准。

二氧化硫　全省11个设区城市年均值均达到二级标准。城市环境空气中二氧化硫年均值范围在0.02～0.06毫克/立方米之间，全省年均值为0.036毫克/立方米，同比上升0.002毫克/立方米。

二氧化氮　全省11个设区城市年均值均达到一级标准。城市环境空气中二氧化氮年均值范围在0.01～0.04毫克/立方米之间，全省年均值为0.026毫克/立方米，同比下降0.001毫克/立方米。

可吸入颗粒物　全省11个设区城市年均值达到二级标准。城市环境空气中可吸入颗粒物年均值范围在0.06～0.09毫克/立方米之间，全省年均值为0.071毫克/立方米，同比上升0.005毫克/立方米。

降尘　11个设区城市降尘年均值范围在1.89～8.56吨/平方千米·月之间，全省年均值为4.42吨/平方千米·月，同比增加0.04吨/平方千米·月，除南昌市降尘年均值超标外，其余10个城市均在评价标准范围内。

城市降水　全省城市降水pH年均值为4.89，11个设区市除九江市降水pH年均值5.61外，其余10个城市降水pH年均值均低于5.6，酸雨污染仍较严重；全省城市酸雨频率为70.4%，酸雨频率大于80%的城市有南昌、景德镇、鹰潭和抚州，酸雨频率最高的城市是抚州98.4%，酸雨频率最低的城市是九江28.4%。与上年相比，全省降水pH年均值上升0.21，酸雨频率下降8.0个百分点，降水酸性强度降低，酸雨污染有所减轻。

【声环境】　全省11个设区城市区域环境噪声等效声级在49.9～55.2分贝之间，全部达到2类标准（60分贝）；全省城市区域环境噪声等效声级均值为53.4分贝，同比上升0.5分贝。全省11个设区城市道路交通噪声等效声级在64.5～68.0分贝之间，道路交通声环境质量均为好；全省城市道路交通噪声等效声级均值为67.1分贝，同比下降0.4分贝。

（付　明）

2011年气候状况

【概　况】　2011年江西省总的气候特点是：全省年降水量1305毫米，较常年偏少2.2成，为历史第六少雨年；平均气温18.1℃，偏高0.4℃，为1997年以来连续第15个气温偏高年；日照时数1633.4小时，接近常年。年极端最高气温39.8℃，8月17日出现在永新县；年极端最低气温－5.9℃，1月12日出现在修水。

降水　全省年降水量偏少。2011年全省年平均降水量为1305毫米，较常年平均偏少2.2成，为1961年以来第六少雨年。各地降水量在906.5（泰和）～1870.7毫米（横峰）之间，其中赣东北和局部山区1500～1700毫米，局部超过1700毫米；宜春西部、抚州北部、赣州南部1300～1500毫米；吉泰盆地，赣州、新余、九江三市局部900～1100毫米，全省其他地区1100～1300毫米。与常年相比，赣北中西部、赣中大部、赣南东北部偏少2～4成，其余地区正常略偏少，以峡江县偏少4.4成为全省之最。2011年主汛期（4～6月）雨量全省平均为617毫米，较常年同期（749.8毫米）平均偏少1.8成。其中4月全省平均降水量为85.6毫米，较常年同期平均偏少6.3成，为有完整气象记录以来同期最少值。

气温　全省年平均气温偏高。2011年全省年平均气温18.1℃，较常年平均偏高0.4℃，为1997年以来连续第15个气温偏高年。各站（庐山、井冈山除外）平均气温在16.7（瑞昌、铜鼓）～19.9℃（于都）之间，其中赣西北17～18℃，赣南中南部19～20℃，其余地区18～19℃，局部山区17℃以下；与常年相比，除万安、井冈山和寻乌三县偏低0.2～0.4℃外，其余地区偏高0.1～0.9℃，以鹰潭市偏高1.1℃为全省之最。

日照　全省年日照时数基本正常。2011年全省年平均日照时数为1633.4小时，较常年平均偏少0.3成。各地日照时数1277.4（井冈山）～2025.1小时（都昌），环鄱阳湖地区、赣东北、赣南大部1650～1850小时，局部1850小时以上，其余大部分地区在1450～1650小时之间，西部不足1450小时；与常年相比，大部分地区日照时数基本正常，局部偏少1～2成。

【主要气象灾害及影响】　年内主要气象灾害是干旱，暴雨洪涝，冬季低温雨雪冰冻、春季低温、夏季高温酷暑、寒露风、秋季强暴雨，秋冬雾霾等气象灾害。

据省民政部门统计，全年因各种气象灾害或因气象灾害而引发的次生灾害致使全省农作物受灾面积达97万公顷，成灾面积69.4万公顷，绝收面积12.9万公顷；倒塌、损坏房屋11.3万间；受灾人口1291.2万人，死亡31人（其中雷击死亡16人），转移安置人口45万人。气象灾害给全省造成直接经济损失136.2亿元，其中农业直接经济损失83.5亿元。

干旱　从年初开始，全年降水就持续偏少，先后出现冬、春、初夏连旱，秋冬季赣南干旱，火险等级持续偏高，鄱阳湖9月就进入枯水期,枯水期较往年提前一个多月。1~5月,全省降水持续偏少,1月1日至6月2日全省平均降水量为433.9毫米,较常年同期平均偏少4.9成,降水之少位居历史同期第一位。由于降水异常偏少,进入4月以后,旱情迅速发展蔓延,至4月10日全省大部分地区达到中度及以上干旱,局部达到重度及以上干旱标准;至4月28日全省中南部普遍达到重旱及以上标准,北部中到重旱。进入5月赣南旱情解除,赣北赣中旱情持续发展,6月3~7日全省出现明显降水过程,旱情才逐步解除。受降水持续偏少影响,春季赣江、抚河、修河部分干支流出现历史最低水位,鄱阳湖水域面积异常偏小,昔日烟波浩渺的鄱阳湖湖面变成大草原,导致鄱阳湖鱼卵繁殖期明显缩短,鱼类资源受损严重;9月又提前进入枯水期,鱼业资源再次受创,捕捞期明显缩短,鱼政部门预测鱼业捕捞产量减少70%~80%。

暴雨　2011年全省先后出现9次区域性暴雨过程,其中主汛期(4月1日至6月30日)出现6次区域性的暴雨过程,8个区域性暴雨日,与历史同期相比,区域性的暴雨日数和站数均偏少;秋季局部地区也出现罕见强暴雨。据不完全统计,因暴雨洪涝导致全省受灾人口672万人次,因灾死亡15人,紧急转移安置43.9万人次,受灾面积54.7万公顷,绝收7.2万公顷。直接经济损失102亿元,其中农业直接经济损失53.1亿元。

低温雨雪冰冻　受频繁的冷空气影响,全省1月平均气温只有2.7℃,异常偏低,较常年偏低3.2℃,出现近35年以来同期最低值。其中庐山、万安和寻乌3个县出现有气象记录以来的同期最低值。1月全省出现3次明显的雨雪天气过程,其中1月18~20日九江、景德镇两市和宜春市北部出现大到暴雪,全省有19个县市先后出现冻雨。受其影响,全省农业不同程度遭灾,据不完全统计,全省农业因灾直接经济损失达20.32亿元。受北方冷空气扩散南下影响,1月1日傍晚开始出现2011年以来的第一场雨雪天气。1日17时开始先后有75个县市出现雪或雨夹雪天气,赣北赣中有56个县市出现积雪;3日8时有44个县市积雪深度超过2厘米,其中19个县市超过5厘米,以庐山14厘米为最大。受高空低槽和低层切变线共同影响,1月18日凌晨开始中北部有72县(市)先后出现雪或雨夹雪天气,其中64个县(市)为纯雪;61个县(市)先后出现积雪,九江、景德镇两市和宜春市北部出现大到暴雪;中北部雨雪量为20~30毫米,南部雨量2~5毫米;另外,有19个县市先后出现冻雨。

高温酷暑　6~8月,全省经历3次大范围的高温天气过程,分别是7月2~8日、7月22日至8月7日和8月13~22日。季内全省平均高温日数33天,较常年同期平均偏多9天,各地高温日数为13~50天,其中赣西北和局部山区20~30天,湖口、都昌、星子、安远、定南和寻乌等县不足20天,庐山和井冈山没有出现35℃以上高温,其余市县为30~45天,局部45天以上,以铅山县50天为全省之最。年极端最高气温39.8℃,8月17日出现在永新县。7月2~8日高温期间,全省最高气温普遍达35~37℃,此时大部分地区早稻正处灌浆乳熟期;据农业气象灾害监测,全省先后有58个县(市)达轻度以上高温逼熟天气灾害指标,16县市为重度。

春季低温　5月22~26日全省日平均气温18.1℃,为历年最低;全省出现"小满寒"农业气象灾害,有53个县(市)达重度"小满寒"灾害标准;赣北赣中大部分地区最低气温降至14℃以下。"小满寒"灾害发生期间,大部分地区早稻正处分蘖普遍期,部分发育期早的田块处分蘖末期。由于此次"小满寒"天气覆盖区域广、持续时间较长、极端最低气温低,不仅对进入幼穗分化期的早稻田块有不利影响,同时也使早稻分蘖速度减缓。

寒露风　9月中旬末、10月上旬前期遇"寒露风"天气。受冷空气影响,9月19~26日各地平均气温普遍在17.0~22.0℃。根据《寒露风等级》气象行业标准,先后有11个县(市)达重度"寒露风"气象等级,75个县(市)达中度等级,3个县(市)达轻度等级,全省"寒露风"等级为中度,对晚稻产量有不利影响。9月30日至10月4日全省平均气温普遍下降7~11℃,全省各地均出现中度以上寒露风天气,其中10月5~8日大部分地区还出现重度寒露风天气。

雾霾　秋冬季节大雾频繁,全年发生33次大雾天气过程,其间多次出现的区域性大雾或浓雾导致机场航班延误,多条高速公路临时封闭,给民航、高速公路等造成一定影响;此外赣北赣中局部地区还多次伴有霾出现,雾霾天气使污染物难以扩散,进而导致空气质量下降,11月29日南昌的污染指数达128,出现轻微污染,导致各种呼吸系统疾病的就诊人数都有不同程度增加,对人体健康等造成影响。

【水稻作物气候影响评价】　2011年全省气温偏高,降水偏少,日照时数正常。全省主要农业气候特点:春播期未出现明显烂种烂秧,属偏好年景;双季早稻受严重春旱影响,灌溉条件差的地段出现移栽困难;主汛期暴雨洪涝时间短,范围不大,全省洪涝灾害偏轻,对早稻孕穗抽穗有利;7月上旬大部分地区出现高温逼熟天气,对早稻灌浆、籽粒增重不利;伏秋干旱偏轻,但9月中旬末开始的"寒露风"天气对产量有不利影响。总体来说,2011年江西省双季早稻生产为偏丰年,双季晚稻为平年。

双季早稻生育期间(3月下旬至7月下旬)降水量偏少2成,气温偏高0.6℃,日照偏多25.7小时。农业气象条件主要特点:春播期未出现明显烂种烂秧,属偏好年景;移栽期受干旱影响,灌溉条件差的地段出现移栽困难;5月下旬"小满寒"天气对部分地区早稻分蘖有影响,但后期有一定的补偿作用;孕穗~抽穗期洪涝灾害偏轻,有利早稻高产;7月上旬大部分地区出现高温逼熟天气,对早稻灌浆、籽粒增重不利;由于冬季多雨雪天气,病虫为害较轻。总体上,2011年全省早稻全生育期气象条件利大于弊,属于偏好年景;早稻单产、总产均为近年来的第二高产年。

双季晚稻生育期间(6月下旬至11月上旬)全省平均降水量506毫米,偏少1成;平均气温25.2℃,偏高0.6℃;日照时数783.3小时,偏少98.5小时。总体上全省降水略偏少,大部分时段温度和光照适宜,气象条件对二晚生长发育较为有利;但9月中旬末开始的"寒露风"天气对产量有不利影响。2011年江西省双季晚稻单产属平年年景。

【棉花作物气候影响评价】 棉花生育期间(4~11月)平均气温较常年偏高0.9℃,降水、日照均略偏少;天气条件大部分时段对棉花生产较有利,其主要特点:播种期温光适宜,出苗整齐;移栽前后降水偏少,不利棉苗生长;裂铃吐絮期以晴好天气为主,有利提高产量和品质;旱涝灾害、病虫害总体发生较轻,但高温日数偏多且出现寒露风天气。从气象条件分析,2011年江西省棉花总产为丰产年景;与2010年相比,单产、总产均有所增加。

【油菜作物气候影响评价】 油菜生育期间(2010年9月下旬至2011年5月中旬)气温平均偏高0.1℃,降水偏少3.1成,日照偏多16小时。农业气象条件主要特点:播种期降水较多,面积有保障;苗期降水偏少明显,生育期较常年有所推迟;越冬气温低于常年,但未发生明显冻害;开花结荚期光温适宜,有利壮籽;成熟收获期天气晴好,有利收晒。总体来说,油菜生育期间气象条件利多弊少,据农气观测站考种资料及相关调查统计,2011年江西省油菜为丰收年景。

(邓晓明)

2011年体制改革

【水利体制改革】 研究出台《中共江西省委、江西省人民政府关于加快我省水利改革发展的实施意见》《省委办公厅、省政府办公厅关于落实加快我省水利改革发展工作任务分工的通知》,明确了全省水利改革发展的指导思想和目标任务,将水利改革任务细化为90项,分解到48个省直部门,并建立监督落实和协调推进机制。强化水利体制机制创新,修订一批水利地方法规,深化水费及管理改革,成立水资源管理中心,取水许可、水资源论证、水资源有偿使用、水权四项制度进一步强化。建立水利投融资稳定增长机制,制定《江西省水利建设基金筹集和使用管理办法》《江西省从土地出让权益中计提农田水利建设实施办法》,明确水利建设基金组成、来源和使用原则,从土地出让收益中按10%比例计提农田水利建设资金。着眼长远,加快基层水利服务体系建设,科学合理组建乡镇水务站,加强水利专业人才培养促进力度,推进农民用水户协会规范建设,全省建立农民用水户协会4267个,协会管理灌溉面积达83.07万公顷。

【教育体制改革】 颁布实施《江西省中长期教育改革和发展规划纲要(2010~2020年)》,在确保教育投入达到国家要求的同时,把教育改革作为推动教育科学发展的强大动力,作为贯彻落实教育规划纲要的重要抓手。印发《江西省人民政府办公厅关于开展教育体制改革试点的通知》,制定改革总体方案,明确今后5年10项重大教育体制改革试点(高等教育均衡发展改革试点,基础教育创新型人才培养改革试点,职业教育办学模式改革试点,高等学校考试招生改革试点,高等学校分类指导改革试点,支持民办教育持续发展改革试点,构建人才成长"立交桥"改革试点,教师教育综合改革试点,区域高等教育管理方式改革试点,地方教育投入保障机制改革试点)任务;创新教育投资机制,进一步提高财政性教育支出占全省生产总值比例,将县(市、区)征收的教育费附加收入的30%,地方教育附加省级返还部分的一定比例以及盘活城镇现有教育资源的收益,用于城镇新区教育园区建设。省统筹使用的地方教育附加资金,全部采取"以奖代补"方式用于城镇新区教育园区建设;设立民办教育发展基金,专项用于扶持民办教育发展,通过试行营利和非营利等民办学校的分类管理,探索民办学校规范发展、特色发展。

【统筹城乡发展改革】 健全城乡规划体系,基本完成了22个设市城市、70个县的城市总体规划修编工作,乡镇总体规划编制覆盖率达93%,2011年全省新增城镇人口约58.6万人,城镇化水平增长约1.3个百分点,新增建成区面积111平方千米。研究出台《关于深化户籍管理制度改革 加快城镇化进程的意见》,充分保障农业转移人口和流动人口在城镇享有的权益,促进人口管理有序流动和城乡人口的融合。出台《关于进一步加强乡村医生队伍建设的实施意见》,全面加强乡村医生队伍建设,逐步实现"村村有卫生室、室室有乡村医生"的建设目标,筑牢农村医疗卫生服务"网底",为广大农村居民享有基本医疗和公共卫生服务提供保障。

【农村综合改革】 在稳定农村土地承包关系的基础上,按照"农民自主、市场需要、三个不得、有利农民"的要求,坚持依法自愿有偿的原则,稳步推进农村土地适度规模经营和有序流转。全省已有600多个乡(镇)建立农村土地承包经营权流转服务中心,各地通过转包、转让、互换、出租、入股等形式,流转农村土地面积28.43万公顷,占全省家庭承包经营面积13.5%。积极推进全省农业系统国有企业改革,至年底,全省农业系统有102户国有企业完成改制任务,置换职工身份1.05万人,剥离企业自办学校12所,企业自办医疗机构16所,移交企业自办社区2个。全面完成乡镇机构改革任务,全省99个县(市、区)1398个乡镇的改革组织实施工作全部到位,比中央规定的时限提前近两年,受到中央编办的肯定。

【林权配套和国有林场改革】 遵照国务院总理温家宝就林权配套改革作出的重要指示,及时出台《关于贯彻落实温家宝总理重要指示 进一步深化集体林权制度改革的意见》,提出一系列具体的改革政策措施。重点引进北京环海投资管理中心,与南方林业产权交易所合作组建南北联合林业产权交易股份有限公司,促成南方林业产权交易所与农行江西分行、北京银行南昌分行、招商银行南昌分行签订了战略合作协议。全面启动国有林场改革,自国家批复同意江西省作为国有林场改革试点省份以来,省政府先后两次召开国有林场改革动员大会及国有林场改革推进会,下发《关于推进国有林场改革的指导意见》《江西省国有林场职工参加养老保险的实施办法》《江西省国有林场林业行业特殊工种提前退休的实施办法》等一系列配套性文件,井冈山、婺源等6县(市)已进入林场整合重组的实质性阶段。

【土地市场改革】 编制《江西省耕地保护和建设用地保障“十二五”规划》，并纳入全省国民经济和社会发展“十二五”规划。积极推进全省国土资源统一网上交易平台建设，制定统一规范的网上交易规则、交易办法和监管措施。完善资源节约集约制度，将节约集约用地考核评价纳入2011年度省政府对市县政府的考核评价体系。修改完善全省建设用地标准《江西省建设用地控制指标》（2011年版），实行差别化土地供应制度，新增建设用地计划向重大产业项目、重大基础设施项目和保障性住房等重大民生工程倾斜。2011年全省土地供应总量2.11万公顷，同比增长58.53%；审批建设用地2.07万公顷，同比增长6.74%，其中新增建设用地1.82万公顷。加强建设项目用地预审工作，核减用地规模2300公顷，对批而未供土地和闲置用地专项核查，着力提高供地率和利用率。

【企业改革】 采取分立方式推进省属集团公司改制。根据发展需要、选择经营状况好、管理能力强的大型企业，将招标集团公司、省建工集团公司由国有独资企业改造成多个国有股东共同出资的股权多元化企业；妥善解决国有企业职教幼教退休教师待遇，中央下放煤炭、有色系统政策性关闭破产企业遗留问题。围绕扶持中小企业发展推进改革，建设一批特色型、专业化创业基地。全省建成省级小企业创业基地84个，入驻企业3641家，吸纳就业26.7万人。构建多层次的信用担保体系，拓宽中小企业的投融资渠道。2011年全省中小企业信用担保机构总数达247家，累计为6563户中小企业提供204.3亿元担保贷款，同比增长24%。以转型升级为抓手，提高工业园区集约化水平。对47个过百亿工业园区实行动态分析，把握经济发展的新趋势，通过政策引导，促进工业园区培植汽车零配件、生物医药、电子信息、陶瓷、节能灯等极具特色的产业集群。

【财税金融体制改革】 巩固“省直管县”改革成果，加大对省直管县的财政转移支付力度，鼓励省直管县增强自身造血功能。深化预算改革，强化省属企业国有资本收益管理。在省直127个部门实行预算并实行预算公开的基础上，从建章立制入手，全方位构筑国有资本经营预算制度，制定出台了《江西省人民政府关于试行国有资本经营预算的意见》和《江西省省属企业国有资本收益收取管理暂行办法》。深化税制改革，积极探索排污费改环境税试点，江西省被国家税务总局列入首批试点省份上报国务院。严格执行国家结构性减税措施，用好用足出口退税政策，全年减免抵各项税收73.82亿元，办理出口退税77.87亿元，增长51.56%，增幅位居全国第三。金融机构改革创新能力不断增强，推出多种支持中小企业、“三农”等经济薄弱环节资金需求的信贷产品，选取农户住房抵押贷款、土地承包经营权抵押贷款、小额贷款等八大类金融创新产品进行全省推广。2011年，银行业金融机构累计实现直接融资551.58亿元，通过股票市场境内融资23.91亿元；发行债券144亿元，共有14家村镇银行和94家小额贷款公司挂牌营业或获准筹建；各类融资性担保机构293家，覆盖全省的融资性担保体系初步建成。

【资源性产品价格改革】 为缓解煤电价格矛盾，先后3次调整提高燃煤机组上网电价，两次调整提高除居民以外的销售电价；研究、完善输配电价格形成机制和小水电定价机制；落实差别电价政策，严格控制“两高”企业、产能过剩行业盲目发展，促进节能减排；完善成品油价格形成机制和配套措施，3次有升有降调整了成品油销售价格；建立健全能够反映市场供求和资源稀缺程度的燃气价格形成机制，出台《江西省管道煤气定价成本监审办法（试行）》和《江西省天然气城市销售价格作价办法》。

【社会保障和事业单位分类改革】 新农保试点范围进一步扩大，启动了城镇居民社会养老保险试点，开展小集体企业职工参加养老保险工作，养老保障制度实现基本覆盖。社会保障待遇稳步改善，企业离退休人员人均增加养老金156.8元，增幅13%；失业保险金提高118元，月平均标准440元；城镇居民医保、城镇职工医保年度最高支付额度分别为当地居民可支配收入和在岗职工平均工资的6倍以上。全面开展事业单位分类改革，重点在事业单位推行人员聘用制，完善岗位管理，完成岗位设置方案的备案工作；事业单位绩效工资工作实施进展顺利，县（市、区）级公共卫生与基层医疗卫生事业单位的绩效工资已兑现到位，其他事业单位绩效工资正在落实。

【医药卫生体制改革】 全省1621所乡镇卫生院和169所政府办社区卫生服务机构，全面实施基本药物制度，实现基层医疗卫生机构的全覆盖。群众医药费用负担得到有效减轻，全省基层医疗卫生机构门急诊和住院次均费用较去年同期分别下降26.3%和25.91%，门急诊诊疗人次同比上升14.26%。新型农村合作医疗制度惠及百姓。全省参合农民3238.76万人，参合率97.81%，筹资水平提高到每人每年240元，最高支付限额提高到5万元，2011年全省补偿参合农民1310.9万人次，政策范围内住院费用补偿比例64.97%。基层医疗卫生机构综合改革步伐加快。实行科学设岗、竞聘上岗、以岗定薪、合同管理的人事制度证明，基层医疗卫生机构已初步构建起体现公益性、调动积极性、保障可持续的运行新机制。创新基本药物采购配送机制。采取集中招标采购基本药物，统一配送基本药物，大幅度降低药品价格、确保基本药物在各基层医疗机构不缺货、不断档，百姓同病种医药支出费用有所下降，基层医疗机构就诊人员有所增长。

【行政审批制度改革】 率先在全国基本建成覆盖省、市、县（区）三级政府部门的网上审批和电子监察系统。覆盖省直47个部门、11个设区市和100个县（市、区），全省网上审批达111.08万件。省重大产业项目绿色通道系统已部署安装到投资审批部门，实行“统一受理、快速转办、并行审批、集中批复”机制，提高了审批效率。省级非行政许可审批项目全面清理完成。选择省教育厅等6家省直部门先期试点，确定十大类清理范围和四大类清理标准。共清理出省级非行政许可审批项目251项，拟保留156

项，精简压缩95项，精减比率为37.8%；保留项目原办理期限压缩为12个工作日，压缩比率为47.8%。

（饶伟明　范于群）

2011年国民经济和社会发展状况

【概　况】 2011年，面对极为复杂的国内外发展环境和春夏连旱、旱涝急转等自然灾害的严峻考验，全省上下以科学发展观为统领，以加快转变经济发展方式为主线，以鄱阳湖生态经济区建设为龙头，坚定信心，顽强拼搏，经济社会保持平稳较快发展，各项社会事业取得新的进步，实现了“十二五”时期良好开局。初步核算，全年实现地区生产总值1.16万亿元，同比增长12.5%。其中，第一产业增加值1391.1亿元，增长4.2%；第二产业增加值6592.2亿元，增长15.5%；第三产业增加值3600.5亿元，增长10.7%。三次产业结构调整为12.0:56.9:31.1。非公有制经济快速发展，实现增加值6393.2亿元，增长13.6%，占GDP比重达55.2%。鄱阳湖生态经济区主体地位初步显现，实现生产总值6804.8亿元，增长12.8%，占全省58.7%。十大战略性新兴产业完成增加值1568.3亿元，增长21.6%。人均生产总值2.59万元，增长11.8%。

【农　业】 全年粮食总产量2052.8万吨，创历史新高。其中，早稻785.6万吨，同比增长11.4%。肉类总产量320.1万吨，增长3.9%。472家省级以上龙头企业实现销售收入1500.5亿元，增长15.1%；实现利润89.0亿元，增长51.8%；直接带动370万农户户均增收2200元。全省规模以上加工型龙头企业达2800家，增长12.0%；实现销售收入2000亿元，增长19.1%。农民专业合作组织1.53万个，增长27.8%；合作组织成员12.8万户，增长27.3%。年末农业机械总动力4200.0万千瓦，增长10.4%。实际机耕面积达289.00万公顷；机械收获面积229.8万公顷，占农作物总播种面积的比重达41.9%，同比提高1.2个百分点。农用化肥施用量（折纯）140.8万吨，增长2.3%。

【工业和建筑业】 全年全部工业完成增加值5611.9亿元，同比增长17.6%，占生产总值比重达48.4%，同比提高3.0个百分点。其中，规模以上工业增加值3910.9亿元，增长19.1%。规模以上工业产品销售率98.9%；实现利税1814.7亿元，增长38.2%。工业经济效益综合指数292.2%，同比提高18.1个百分点。全年规模以上工业实现主营业务收入1.85万亿元，增长41.7%。全省工业园区投产企业达7951家；安置从业人数174.0万人，增长10.5%。全年园区完成工业增加值3003.4亿元，增长19.6%；主营业务收入、利润、利税分别完成1.32万亿元、837.6亿元和1327.9亿元，分别增长40.4%、47.5%和42.5%。年主营业务收入超百亿元的园区新增12家，总数达46家，其中南昌高新技术产业开发区达804.1亿元。全年资质等级以上建筑企业实现总产值2077.6亿元，增长22.9%；按建筑业总产值计算，全员劳动生产率人均22.9万元，增长22.1%。

【固定资产投资】 全年全社会固定资产投资1.10万亿元，同比增长25.6%。固定资产投资8756.1亿元，增长27.7%。新增通车里程554千米，高速公路通车总里程3642千米。全省在建铁路里程1200千米。南昌昌北国际机场扩建工程竣工通航。机场旅客年吞吐量660.7万人次。全年房地产开发投资852.7亿元，同比增长20.6%。商品房竣工面积1777.4万平方米，下降2.2%；商品房销售面积2335.4万平方米，下降5.4%；商品房销售额953.6亿元，增长22.8%。

【国内贸易】 全年社会消费品零售总额3457.7亿元，同比增长17.9%。限额以上批发零售业零售额1021.8亿元，增长35.3%。年成交额在亿元以上的商品交易市场95家，全年实现成交额1317.2亿元，增长6.4%。

【对外经济】 全年进出口总额315.56亿美元，同比增长46.1%。其中，出口218.81亿美元，增长63.1%；进口96.75亿美元，增长18.1%。全年机电产品出口81.51亿美元，增长79.6%；高新技术产业出口38.49亿美元，增长42.1%；机电产品、高新技术产品出口占全省出口的比重分别达到37.3%和17.6%。实际使用外商直接投资60.59亿美元，增长18.8%。截至年底，全省具有世界500强投资背景的企业达43家。实际引进省外单项投资5000万元以上项目资金2579.2亿元，增长33.8%。全年对外承包工程合同项目135个，合同金额14.42亿美元，增长6.3%；完成营业额15.85亿美元，增长51.9%。

【交通、邮电和旅游】 全年铁路、公路、水运完成旅客运输量7.89亿人，同比增长3.2%；完成货物运输量11.16亿吨，增长11.2%。机场旅客吞吐量660.7万人次，增长21.6%。其中，昌北机场旅客吞吐量534.8万人次，增长12.6%。全年完成邮电业务总量282.3亿元。其中，邮政业务量28.2亿元，电信业务量254.1亿元。年末互联网用户数达313万户，增长23.5%。全年接待国内旅游人数1.59亿人次，增长48.1%；国内旅游收入1079.2亿元，增长35.8%。接待入境旅游人数135.8万人次，增长19.1%；旅游外汇收入4.15亿美元，增长20.0%。

【财政、金融和保险业】 全年财政总收入1645.0亿元，同比增长34.2%。其中，地方财政收入1053.4亿元，增长35.4%。财政总收入占生产总值的比重达到14.2%，同比提高1.2个百分点；税收总收入1368.7亿元，增长32.5%，占财政总收入的比重达到83.2%。县域财力进一步增强，全年财政总收入超10亿元的县（市、区）达到40个，其中南昌县超45亿元。年末金融机构本外币各项存款余额1.43万亿元，同比增长20.3%。各项贷款余额9302.0亿元，增长18.6%。年末城乡居民人民币储蓄存款余额7123.6亿元，增长16.5%。全年新增证券公司4家，新增保险公司5家。年末全省境内证券市场共有上市公司31家，直接募集资金59.5亿元。年末证券公司营业网点126家,全年证券交易额1.45万亿元。年末期货公司营业部23家,全年成交金额2.0万亿元。全年保险公司保费收入252.2亿元,同比增长4.5%。

【教育和科学技术】 全年在校研究生2.4万人。普通高校在校生82.9万人。普通高中、初中、小学在校生分别达78.3万人、200.9万人和434.0万人。特殊教育在校生2.3万人。幼儿园9431所,在园幼儿145.5万人。高等教育毛入学率27.5%,同比提高2.0个百分点;高中阶段毛入学率77.5%,提高1.5个百分点;初中适龄人口入学率98.3%;小学适龄儿童入学率99.8%。全年研究与试验发展(R&D)经费支出110.1亿元。年末拥有国家重点实验室1家,省重点实验室66家;国家工程技术研究中心6家,省工程技术研究中心97家。全年通过省级科技主管部门鉴定的科技成果173项,获得国家级科学技术奖的科技成果6项。全年受理专利申请9674件,同比增长53.4%;授权专利5550件,增长27.6%。全年技术市场合同成交金额34.3亿元,增长48.8%。高新技术产业增加值994.3亿元,增长29.9%,占GDP 8.6%。区域创新能力由全国第22位上升到第18位。

【文化、卫生和体育】 年末有艺术表演团体85个,文化馆114个,公共图书馆113个,博物馆108个。年末有各类医疗卫生机构7121个(未含村卫生室)。全年在国际和国内的重大比赛中获金牌61枚、银牌45枚和铜牌62枚。

【人口、人民生活和社会保障】 根据人口变动情况抽样调查统计,年末常住人口4488.4万人,同比增长0.6%。65岁及以上老年人口355.48万人,占总人口的比重为7.92%。全年出生人口60.3万人,出生率13.48‰;死亡人口26.76万人,死亡率5.98‰;自然增长率7.5‰。全年农民人均纯收入6892元,同比增长19.1%;城镇居民人均可支配收入1.75万元,增长13.0%。农村居民恩格尔系数45.2%,城镇居民恩格尔系数39.8%。年末农村居民人均住房使用面积46.8平方米,城镇居民人均住房建筑面积39.4平方米,同比分别增加6.6平方米和0.5平方米。年末从业人员2532.6万人,同比增加33.9万人。城镇新增就业52.7万人。年末城镇登记失业率2.98%。新增发放小额担保贷款62.6亿元,直接扶持个人创业8.5万人次,带动就业27.6万人次。覆盖城乡所有居民的基本养老保险制度初步建成,保障了城乡低保对象和困难群众基本生活,在全国率先实现城镇医保政策标准全省统一。年末参加城镇基本养老保险人数653.0万人,同比增长7.5%。其中,参保职工484.3万人,参保离退休人员168.7万人。参加城镇职工医疗保险人数535.9万人。参加失业保险人数263.5万人。向城市低保户发放低保金月人均补差200元;向农村低保户发放低保金月人均补差90元。为全省城乡618万名义务教育阶段公办学校学生全面免除学杂费和免费提供教科书。全年新开工建设保障性安居工程32.6万套,发放廉租住房租赁补贴16万户,完成农村危房改造8万户,启动了新一轮贫困村整村推进扶贫,完成深山区、库区、地质灾害频发区贫困群众移民搬迁5.08万人,8个民族乡群众收入和公共服务水平进一步提高。解决220万农村居民和30万农村学校师生饮水安全问题。年末有各类收养性社会福利单位1922个,提供床位14.9万张,收养人数14.3万人,临时救济困难户3.8万人次。全年销售社会福利彩票23.1亿元,筹集社会福利资金7.3亿元,直接接受社会捐赠0.9亿元。

【资源、环境与安全生产】 造林绿化"一大四小"工程新增造林面积25.93万公顷。森林覆盖率达63.1%。全年自产地表水资源量1006.7亿立方米,同比减少55.4%。对环境空气质量进行监测的11个设区市城区环境空气质量全部达到二级(达标)以上。年末已建有自然保护区201个,其中国家级自然保护区9个;自然保护区总面积114.14万公顷,占全省土地面积6.8%。初步核算,全年能源消费总量6928.2万吨标准煤,同比增长9.0%。万元生产总值综合能耗0.65吨标准煤,下降3.1%。全年化学需氧量下降1.18%,二氧化硫排放量下降1.72%。全年生产安全事故8132起。亿元生产总值生产安全事故死亡人数0.16人,下降22.5%。

(张万才)

2011年精神文明建设

【概　况】 2011年,全省精神文明战线认真贯彻落实中央和省委、省政府决策部署,以邓小平理论和"三个代表"重要思想为指导,深入贯彻落实科学发展观,高举旗帜、围绕大局、服务人民、改革创新,立足江西实际,大力开展社会主义核心价值体系建设,大力推进思想道德建设,大力拓展精神文明创建,社会文明程度进一步提高,公民文明素质进一步提升,群众性精神文明创建工作取得明显成效,为顺利实现"十二五"规划开好局、起好步,推动全省经济社会又好又快发展,建设富裕和谐秀美江西提供强大的思想文化保证和良好环境。

【公民思想道德建设成果显著】 掀起道德模范评选表彰与学习宣传热潮。深入开展全国第三届道德模范评选,江西省候选人王茂华、谭良才、曾庆香当选"全国道德模范"(全国道德模范54人),蒋国珍等8人获全国道德模范提名奖。2月22日,中央电视台《身边的感动》栏目报道王茂华翁婿火海救人的义举;9月19日,《焦点访谈》栏目又以《用爱回报爱》为题专题报道这一感人事迹。同时,省文明办会同省总工会、团省委、省妇联等单位组织开展全省第二届道德模范评选,蒋国珍等16人当选全省道德模范。以全国和全省道德模范评选表彰为契机,省委宣传部、省文明办组织各地学习宣传道德模范先进事迹,启动道德模范故事巡讲活动。10月13~29日,巡讲团先后赴全省各地巡讲76场,观众达8.7万余人。江西文明网开设"名博连线道德模范"专题栏目,并组织有一定影响力的"知名博友、知名版主、知名网络评论员"对全省部分第三届全国道德模范及提名奖获得者进行现场连线采访,发表原创博文40篇，其中3篇博文入选全国百篇名博展播，累计浏览量达30多万人次。12月30日，全省第二届道德模范、第四届“江西十大井冈之子”颁奖晚会隆重举行，省领导张甯炯、陈达恒、刘上洋、汤建人及相关部门负责人出席晚会。

“我推荐、我评议身边好人”活动深入人心。广泛发动全省广大干部群众在熟悉的人群中推举好人，在日常生活中发现好事，踊跃参与“身边好人”的推荐和评议。省邮政、司法、国税、交通、电力等部门主动联系，参与并积极推荐“身边好人”。省直各媒体每月及时报道活动最新动态，江西文明网开设“我推荐、我评议身边好人”专题，对每期上榜好人进行集中报道。省交通电台、南昌市分别在出租车行业和全市社区开展“寻找身边好人”“寻找社区好人”等活动。活动自1月启动以来，全省各地各行业推荐“身边好人”600多人，专题网站访问量超过500万人次，评议留言近2000篇，累计有361人入围候选，全年有94人荣登“中国好人榜”上榜好人，名列全国第七。

第五届文明健康艺术活动周丰富多彩。9月25～30日，省文明办、省广播电台组织部分文明单位，在南昌市八一广场举办“全省第五届文明健康艺术活动周展演”活动。活动通过寓教于乐的形式，向广大群众宣传文明的生活理念、健康的生活方式、科学的生活习惯，倡导良好的社会道德风尚。活动期间，来自省、市40多家文明单位的文艺工作者和文艺爱好者共演出各类文艺节目近100个，评出获奖节目20个，观看演出市民达6万多人。

“爱在党旗下、红动中国心”活动影响广泛。5月6日，由省委宣传部、省文明办、省广电局、省国资委主办，江西人民广播电台、省残联、省邮政公司等单位承办的“爱在党旗下，红动中国心”——江西百万干群颂党恩系列活动在南昌启动。活动由百万干群“传颂红色祝福”“爱在党旗下”同走红色道路、“红动中国心”善行天下人物评选、总结表彰与红色祝福卡展览4个环节组成，评选出善行天下人物10人，红色祝福作品单项奖90个。7月10日，在南昌八一广场举办大型系列图片展，详实地展示整个活动的特色、亮点，特别是“善行天下人物”的感人事迹。国内主流媒体作了跟踪报道，人民网、新华网、中国文明网等近百家大小门户网站进行转载，报道量接近40万条，新浪官方微博为活动开辟了一个月的视频互动专栏，产生广泛影响。

【深入开展群众性精神文明创建活动】 大力推进“鄱阳湖生态文明示范村”创建暨“文明帮建”工作。省文明委直接协调省直单位帮建的20个示范村(自然村)落实资金近1200万元，实施民生工程30余项，惠及百姓1万余人。9月7～17日，省委宣传部、省文明办组织省直主要媒体、重点新闻网站赴全省20个生态文明示范村进行采访，各媒体和网站均开设了专题、专栏，推出一批质量较高的新闻稿件，各有关设区市、县(市、区)新闻单位同步宣传，对鄱阳湖生态文明示范村创建工作进行多角度、全方位、深层次报道，突出宣传鄱阳湖生态文明示范村帮建工作中涌现出的新思路、新举措、新经验。

进一步加强农村精神文明建设工作。广泛开展创建文明集市活动，组织各地各部门推动集市文明化、规范化、诚信化建设，使农村集市成为传播文明、引领风尚的重要窗口。以参评全国文明村镇为契机，进一步推进全省文明村镇创建活动。开展了农村精神文明创建大调研，深入基层挖掘、整理和总结出10年来的鲜活经验和创新做法，并在此基础上起草了《关于进一步加强我省农村精神文明建设工作的实施意见》，以省委、省政府两办名义印发执行。

积极做好第三批全国文明城市、文明村镇和文明单位的推荐工作。根据中央文明办《关于做好第三批全国文明城市、文明村镇、文明单位等推荐工作的通知》精神，依据有关评选标准和办法，省文明办在对申报城市、村镇和单位进行严格测评和实地考察，并征求相关部门意见的基础上，研究提出江西省参评第三批全国文明城市、文明村镇和文明单位的推荐名单和复查合格建议保留称号的第二批全国文明村镇、文明单位、文明风景旅游区名单，经省文明委审定后进行公示。12月20日，在北京召开的全国精神文明建设工作表彰大会上，南昌市等4个设区市获“全国文明城市”提名奖，新干县等4个县城、新余市渝水区罗坊镇等33个村镇获“全国文明县城”“全国文明村镇”称号，上饶县旭日街道信江社区等53个单位被评为“全国文明单位”。新余市渝水区罗坊镇在表彰大会上作了经验交流发言。12月下旬，中央文明办组织中央主要媒体对萍乡市、罗坊镇的创建工作进行宣传报道。

蓬勃开展“加强职业道德、提升服务效能”主题实践活动。5月下旬至12月底，省委宣传部、省文明办在全省窗口和公共服务行业开展“加强职业道德、提升服务效能”主题实践活动。活动紧扣“诚信服务、提高效能”主题，大力倡导行业文明新风，着力推进窗口服务的科学化、规范化、人性化、信息化建设。年底，省委宣传部、省文明办对活动中表现突出的4个优质服务窗口和4个先进单位进行宣传报道，并评选出一批优质服务窗口、先进单位和先进个人。

召开全省精神文明建设“看特色、看亮点”现场交流会。10月26～28日，全省精神文明建设“看特色，看亮点”现场交流会议在赣州召开。会议交流了精神文明建设的创新经验和做法，总结推广各类先进典型。与会人员实地参观考察了文明村镇、文明旅游风景区、未成年人思想道德建设工作、文明示范社区和“文明交通行动计划”实施情况。

【进一步营造未成年人健康成长氛围】 开展庆祝建党90周年主题读书教育活动。在全省青少年学生中广泛开展庆祝建党90周年主题读书教育活动，组织编写出版《红色经典传奇100例》作为读本，省委书记苏荣作序。围绕主题读本还组织开展了主题读书演讲和讲故事比赛、夏令营和网上征文、知识竞赛等活动。全省中小学生踊跃参与，300多万名学生参加各项比赛。其中，收到网上征文1.71万篇，12.34万人次参加网上知识竞赛，20个单位获网上征文比赛和知识竞赛组织工作奖，100人获征文比赛一、二、三等奖及优秀奖，160人获知识竞赛一、二、三等奖及优胜奖。

开展“金色童年”少儿系列文艺活动。2011年，省委宣传部、省文明办继续在全省组织开展“金色童年”少儿文艺系列活动。各地共举行专题晚会106场，创排节目2000多个。5月31日，省委宣传部、省文明办联合有关单位在江西艺术剧院举办全省“金色童年”庆“六一”少儿文艺晚会，省领导刘上洋、魏小琴、孙刚、郑小燕等出席晚会。活动还选送井冈山小学表演的《红星歌》《井冈山下种南瓜》节目，参加“童心向党”歌咏活动全国汇演和展演。

推进乡村学校少年宫项目建设。按中央文明办的部署，省文明办推荐上报了57个乡村学校作为江西省第一批乡村学校少年宫项目建设单位。9月底，举办全省乡村学校少年宫项目建设启动仪式及骨干人员培训班，所有项目单位负责人及文明办主任参加培训，中央文明办相关负责人出席。根据中央文明办5年之内，划拨中央专项彩票公益金支持江西省20%乡镇中心学校建设少年宫的安排，省文明办出台了《江西省中央专项彩票公益金支持乡村学校少年宫项目实施意见》，加强对各设区市及各县（市、区）、各乡村学校进行检查指导。

加强社会文化环境整治。省文明办全年组织开展全省性社会文化环境专项整治行动3次。行动以交叉检查、暗访为主方式，先后对全省11个设区市和35个县（市、区）900余家文化市场经营场所，包括网吧、电子游戏经营场所、歌舞娱乐场所和校园周边环境等重点场所进行清查、整治。加强网吧管理，对网吧违规接纳未成年人、违规超时经营、违法违规传播有害信息等情况进行严厉查处，并持续推进网吧连锁工作，压缩单体网吧数量。为配合南昌等地创建全国文明城市工作，省文明办组织协调文化、公安、通信管理、工商等部门，分6个检查组，在南昌集中开展为期10天的净化社会文化环境专项治理行动。江西文明网开设了“江西省净化社会文化环境举报平台”，江西省文化厅门户网、江西文化市场网、江西省文化市场稽查网等网站也分别开通了群众举报通道。通过一系列专项整治及日常检查，全省社会文化环境得到进一步净化。

【着力强化阵地队伍建设】 8月21～23日，省文明办在南昌举办全省文明办主任培训班。中央文明办专职副主任王世明莅临南昌，并在开班仪式上为参加培训的人员和省直宣传文化系统副厅级以上领导干部，以及南昌市有关领导和部门负责人，作了专题报告，省委常委、宣传部部长刘上洋出席并主持开班仪式。各设区市文明办主任、文明创建责任科室负责人和各县（市、区）文明办主任等170余人参加了培训。

江西文明网、江西手机台始终坚持“责任引领方向”的办网、办台理念，在网络和手机双媒体领域，摸索出一条特色发展之路。2011年江西文明网发布新闻信息26.46万篇次，江西手机台发布WAP新闻信息10.67万篇次，编发《江西通》手机报（公务版和青春版）1727期。江西文明网“民生博客”覆盖面进一步扩大，成为国内有较大影响力的网络问政平台，连续两年荣膺“中国互联网站品牌栏目（频道）”称号，并获第十八届江西新闻奖新闻专栏奖。江西文明网制作的大型网络专题“给力鄱湖”获江西新闻奖。依托江西文明网“读书博客”内容编辑的《读书博文精选》一书正式出版，省委书记苏荣作序，宣传部部长刘上洋任主编。江西手机台的“手机音视频新闻信息传播系统”项目成功申报省重大科技项目，争取专项经费1000万元。

（章亮华）

省级领导机构成员名单

（截至2012年8月）

中共江西省委

书　记　苏　荣
副书记　鹿心社　尚　勇
常　委　苏　荣　鹿心社　尚　勇
　　　　舒晓琴（女）　凌成兴
　　　　赵智勇　莫建成　陶正明
　　　　史文清　姚亚平　王文涛
　　　　周　萌　蔡晓明
秘书长　赵智勇

江西省人大常委会

主　任　苏　荣
副主任　陈达恒　胡振鹏
　　　　魏小琴（女）
　　　　朱秉发　陈安众
秘书长　魏　民

江西省人民政府

省　长　鹿心社
副省长　凌成兴　洪礼和
　　　　谢　茹（女）　胡幼桃
　　　　朱　虹　姚木根
顾　问　孙　刚　熊盛文
秘书长　谭晓林

政协江西省委员会

主　席　黄跃金
副主席　刘上洋　陈清华　李华栋
　　　　汤建人　刘晓庄
　　　　郑小燕（女）　钟利贵
　　　　肖光明　刘礼祖
秘书长　肖为群

中国人民解放军江西省军区

司令员　郑水成
政　委　陶正明
副司令员　陈　健
副政委　戴　勇
参谋长　倪海峰
政治部主任　李　宇
后勤部长　张玉生

（省委办公厅会议处　供稿）

中国共产党江西省委员会

本栏编辑　陈超萍

综　　述

2011年，省委高举中国特色社会主义伟大旗帜，坚持以邓小平理论和"三个代表"重要思想为指导，深入贯彻落实科学发展观，团结带领全省干部群众，抓住机遇、迎难而上，顽强拼搏、开拓创新，科学应对极为复杂的国内外发展环境，成功战胜春夏连旱、旱涝急转等严重自然灾害，夺取抗灾救灾和经济发展的双胜利，各方面工作在原有基础上迈出新步伐、取得新进展。全省生产总值完成1.16万亿元，增长12.5%；全社会固定资产投资完成1.10万亿元，增长25.6%；财政总收入达1645亿元，增长34.2%，其中地方财政收入1053.4亿元，增长35.4%；城镇居民人均可支配收入1.75万元，增长13%；农民人均纯收入6892元，增长19.1%。政治建设、文化建设、社会建设、生态文明建设和党的建设协调推进，实现了"十二五"的良好开局，朝着全面建设小康社会迈出了坚实一步。

积极应对极为复杂的国内外环境，继续保持全省经济又好又快发展的良好势头。坚持以科学发展为主题，以加快转变经济发展方式为主线，始终坚持紧紧扭住发展不放松，全力做大经济总量，提升综合经济实力。把产业结构调整作为转变经济发展方式的主攻方向，大力培育战略性新兴产业和优势主导产业，着力壮大优势企业和特色工业园区。把发展现代服务业作为转变经济发展方式的重要途径，着力加快商贸物流、金融保险、旅游休闲、文化创意等服务业发展。把科技创新作为转变经济发展方式的重要支撑，重点推进一批科技成果产业化项目，高新技术产业增加值占生产总值的比重进一步提高。把推进重大项目建设、扩大固定资产投资摆到全省发展全局的重要位置，一批交通、水利、能源、环保等公共基础设施项目建成使用。着力推进城乡统筹发展，一方面，大力加快城镇化进程，做大做强一批中心城市，完善城镇体系，充分发挥城镇化对新型工业化和农业农村现代化的双向带动作用，城镇化率达到45.7%。另一方面，坚持不懈地加强农业农村工作，全面落实各项惠农政策，实行最严格的耕地保护制度，加大农田水利基础设施建设力度，扎实推进新农村建设。粮食生产实现"八连增"，总产量达2052.80万吨。同时，坚持把壮大县域经济作为统筹城乡发展的重要抓手，全省县域经济呈现加速发展态势。

深入推进鄱阳湖生态经济区建设，努力推进经济与生态协调发展。《鄱阳湖生态经济区规划实施方案》确定的一批重大项目启动建设，造林绿化"一大四小"工程扎实推进，全省县(市、区)污水处理截污主干管网全部建成，农村清洁工程、生态工业园区建设扎实开展。生态环境保护进一步加强，环境质量居全国前列。充分发挥生态优势，大力发展低碳、生态产业，推动产业生态化和生态经济产业化，加快构建现代生态产业体系。开展低碳经济发展、资源枯竭型城市转型、节能减排综合示范等一系列城市改革试点。成功举办第二届世界低碳与生态经济大会。

不断深化改革、扩大开放，着力破除制约科学发展的体制机制障碍。在全面完成国有工业企业改革的基础上，启动实施并基本完成农垦、农业、水利、林业、粮食、商贸流通、交通运输等非工口7个系统的国有企业改革。医药卫生体制改革稳步推进，提前一年实现国家基本药物制度基层全覆盖，在全省所有政府办基层医疗卫生机构实行零差率销售。文化体制改革向纵深发展，初步形成文化体制改革与文化事业、文化产业联动发展的良好局面。全面启动国有林场改革试点，林权制度配套改革进一步深化，森林保险参保率居全国第一。农村综合改革、事业单位改革、财税体制改革等都取得明显成效。坚持大开放主战略不动摇，着力抓好引资引智工作，切实加强区域经济合作。进一步降低准入门槛，优化发展环境，鼓励扩大民间投资，激发全民创业的积极性；从加强金融信贷支持、拓宽企业融资渠道、加大财税扶持力度等方面出台引导和帮助小型微型企业发展的政策措施。

加大改善和保障民生工作力度，进一步增强全省人民的幸福感。全年省财政投向民生领域资金350亿元，全面完成民生工程66件实事。坚持把就业工作摆在突出位置，最大限度地满足人民群众的就业需求。加快保障体系建设，提高城乡低保、企业职工养老金、农村五保户和城镇"三无"特困群众等保障标准，以及城镇居民医保统筹基金、大病补充医疗保险、城镇职工医疗保险和新农合筹资等标准。率先在全国实现了城镇医保政策标准全省统一，基本实现"全民医保"目标，初步建成了覆盖城乡所有居民的基本养老保险制度。下大力气抓好保障性安居工程建设，新开工建设保障性住房、发放廉租住房租赁补贴、农村危房改造等工作稳步推进。把重大疾病免费救治作为重大民生实事来抓，在继续实施“光明·微笑”工程的基础上，先后启动免费救治白血病患儿、先天性心脏病患儿和尿毒症患者免费透析救治工作。深入推进扶贫开发，制定《江西省农村扶贫开发纲要（2011－2020年）》，组织动员各方面力量打好改变连片特困地区面貌攻坚战。深入实施科技创新“六个一”工程，区域创新能力进一步增强。坚持教育优先发展战略，深化教育体制改革，加快各类教育均衡发展，财政教育支出占财政支出的比重达到中央下达的目标。大力加强人口与计划生育工作，保持人口低生育水平，提高人口素质。

把握大局、总揽全局，着力推动全省经济建设、政治建设、文化建设、社会建设协调发展。坚持和完善中国共产党领导的多党合作和政治协商制度，支持省人大及其常委会、政府、政协、法检两院认真依法履行职能，圆满完成县乡人大换届工作。进一步加强统一战线工作，加强同民主党派、工商联、无党派人士的联系沟通。爱国统一战线不断巩固和壮大，民族、宗教、侨务和对台工作取得新进展。积极推进党建带工建、党建带团建、党建带妇建等工作，为工青妇等人民团体充分发挥优势和作用创造条件。切实加强宣传思想工作，弘扬主旋律，打好主动仗。高度重视意识形态工作，牢牢把握网络、手机等新兴媒体的舆论主动权。广泛开展“科学发展、进位赶超、绿色崛起”主题教育活动。严格领导干部维稳工作责任制，实行领导接访、下访、包案制度，加强维稳机制建设。举办加强和创新社会管理、做好新形势下群众工作专题研讨班，下发《关于加强和创新社会管理做好新形势下群众工作的意见》。深入推进“十万干部下基层、排忧解难促和谐”活动。全力抓实领导干部接访、信访积案化解、体制机制创新3个重点，进一步加强和改进信访工作。深入开展和谐平安江西创建活动，坚持开展严打整治专项行动，进一步加强社会治安综合治理。认真落实安全生产责任制，集中开展专项整治活动，切实加强各项安全工作。

以换届为契机，进一步提升新形势下党的建设科学化水平。成立由省委主要领导任组长的换届工作领导小组，建立换届工作联席会议制度。圆满完成省委换届工作，精心筹备和成功召开省第十三次党代会。实行市县乡换届“同步统筹、上下联动”，全省换届工作实现平稳有序健康推进。深入推进创先争优活动，进一步增强广大党员干部的党性意识。深入开展“富民兴赣我先行”百万党员承诺活动，大力推动干部下基层制度化、常态化。坚持把加强基层党组织建设作为重要任务，创新基层党建工作方式方法，加大村级组织建设和后进村整顿力度，提高党的工作影响力和覆盖面。加强干部的教育、管理和监督，启动“科学发展主题培训行动计划”，推进干部教育培训改革。深入推进人才强省战略，大力实施“赣鄱英才555工程”，引进博士以上优秀高层次专业技术人才1200余人。以完善惩防体系为重点，深入推进党风廉政建设和反腐败工作。进一步完善惩防体系基本框架制度，建立省市县乡村五级便民服务网络。全面推行县委权力公开透明运行工作，进一步加强高校反腐倡廉工作，对高校纪委书记实行“双重领导”管理体制。积极开展发展提升年活动，对面向基层的“一票否决”事项进行全面清理。坚决查办腐败案件，反腐败斗争保持高压态势，取得新的成效。

（省委办公厅编辑室）

重要会议

【省委十二届十五次全体（扩大）会议】 6月18日，中共江西省委十二届十五次全体（扩大）会议在南昌召开，会议主要内容是民主推荐市委书记、市长、省纪委副书记人选。

【江西省庆祝中国共产党成立90周年大会】 6月30日，江西省庆祝中国共产党成立90周年大会在南昌举行。会议回顾党的光辉历史，讴歌党的丰功伟绩，表彰近几年来特别是在开展深入学习实践科学发展观活动和创先争优活动中涌现出来的先进基层党组织、优秀共产党员、优秀党务工作者，激励和号召全省党员和干部群众在以胡锦涛同志为总书记的党中央坚强领导下，坚定不移地高举中国特色社会主义伟大旗帜，全面贯彻落实科学发展观，为推动江西省科学发展、进位赶超、绿色崛起而努力奋斗。

【省委十二届十六次全体会议】 6月30日，中共江西省委十二届十六次全体会议在南昌召开，会议主要内容是对市委书记、市长、省纪委副书记人选进行二次推荐。

【省委十二届十七次全体会议】 7月18日，中共江西省委十二届十七次全体会议在南昌召开。会议主要任务是，学习贯彻胡锦涛总书记“七一”重要讲话精神，报告省委常委会上半年工作情况及下半年主要工作安排，审议并通过《关于召开中国共产党江西省第十三次代表大会的决议（草案）》，确定省第十三次党代会于2012年10月在南昌召开，递补省委委员，部署全省下半年经济社会发展工作。

【省委十二届十八次全体（扩大）会议】 7月21日，中共江西省委十二届十八次全体（扩大）会议在南昌召开。会议主要内容是，对省委领导班子及成员和省纪委副书记进行民主测评、民主评议，投票推荐十八大“两委”人选，全额定向民主推荐新一届省委领导班子成员和省纪委正副书记人选。

【省委十二届十九次全体（扩大）会议】 7月28日，中共江西省委十二届十九次全体（扩大）会议在南昌召开。会议主要内容是，对十八大“两委”人选考察对象初步名单进行投票，对省委换届拟提拔人选二次会议推荐名单中的人选进行“德”的专项测评和遵守换届纪律情况测评，对省委换届拟提拔人选考察对象进行二次推荐。

【省委十二届二十次全体会议】 10月9日，中共江西省委十二届二十次全体会议在南昌召开。会议主要内容是，确定省第十三次党代会于10月26～30日在南昌召开，原则通过提请省第十三次党代会审议的省委报告和省纪委工作报告，酝酿第十三届省委委员、候补委员,省纪委委员候选人预备人选名单。

【中共江西省第十三次代表大会】 10月26～30日,中国共产党江西省第十三次代表大会在南昌举行。会议回顾总结省第十二次党代会以来的工作,对全省今后5年经济社会发展和党的建设进行全面部署,动员全省广大党员和干部群众,以邓小平理论和“三个代表”重要思想为指导,深入贯彻落实科学发展观,在新的历史起点上进一步推进科学发展、进位赶超、绿色崛起,为建设富裕和谐秀美江西而不懈奋斗。会议通过中共江西省第十二届委员会向大会所作的报告和省纪律检查委员会工作报告,选举产生中国共产党江西省第十三届委员会和中国共产党江西省纪律检查委员会。

【省委十三届一次全体会议】 10月30日,中共江西省委十三届一次全体会议在南昌举行。会议选举苏荣为省委书记,鹿心社、张裔炯为省委副书记,苏荣、鹿心社、张裔炯、尚勇、舒晓琴、凌成兴、赵智勇、莫建成、陶正明、史文清、王文涛、周萌、蔡晓明为省委常委;通过省纪委第一次全会选举结果的报告。

【省委十三届二次全体(扩大)会议】 12月15日,中共江西省委十三届二次全体(扩大)会议在南昌举行,会议主要内容是民主推荐省政协主席、副主席人选。

重要决策

【下发《江西省贯彻〈中国共产党党和国家机关基层组织工作条例〉实施办法的通知》】 1月18日,省委下发《江西省贯彻〈中国共产党党和国家机关基层组织工作条例〉实施办法的通知》。对新形势下江西省机关基层党组织工作作出科学定位和规范。要求全省机关基层党组织以改革创新精神扎实推进党建工作,提升机关党建科学化水平,为推进江西省经济社会发展提供坚强的组织保证。

【制定《关于做好2011年全省农业和农村工作的意见》】 1月27日,省委、省政府下发《关于做好2011年全省农业和农村工作的意见》。明确提出2011年江西省农业和农村工作指导思想和总体目标,制定相关政策措施。

【制定《江西省贯彻落实〈2010－2020年党外代表人士教育培训改革和发展纲要〉的实施意见》】 4月25日,省委办公厅下发《江西省贯彻落实〈2010年－2020年党外代表人士教育培训改革和发展纲要〉的实施意见》。明确提出江西省党外代表人士教育培训改革和发展的指导思想、总体目标、主要任务。提出建立健全教育培训运行机制,加强理论培训和实践锻炼,推进社会主义学院建设。

【制定《关于深入推进“十二五”时期全省和谐平安建设的意见》】 5月21日,省委、省政府下发《关于深入推进“十二五”时期全省和谐平安建设的意见》。明确深入推进“十二五”期间全省和谐平安建设的总体要求、基本思路、重点工作、主要措施以及考核奖惩等内容。

【部署深化文化体制改革工作】 6月3日,省委召开会议部署深化文化体制改革工作。要求全省各级党委、政府充分认识深化文化体制改革的重要性和紧迫性,切实按照中央的部署要求,认真做好深化文化体制改革的重点工作,加强对文化产品创作生产的引导,着力提高文化事业和文化产业发展的水平。

【制定《江西省“十二五”期间依法治省规划》】 6月20日,省委、省政府下发《江西省“十二五”期间依法治省规划》。要求各级党委和政府通过完善立法、依法行政、公正司法、普法教育、强化监督等途径全面深化依法治省各项工作,加快法治江西建设。

【制定《关于加快江西省水利改革发展的实施意见》】 7月8日,省委、省政府下发《关于加快江西省水利改革发展的实施意见》。要求把水利作为全省基础设施建设的优先领域,深化水利体制机制改革,促进水利可持续发展。提出5～10年基本建成“五大水利保障体系”的目标任务,部署水利基础设施“十大工程”建设。

【制定《关于加强与改进新形势下工商联工作的实施意见》】 7月22日,省委、省政府下发《关于加强与改进新形势下工商联工作的实施意见》。要求全省各级党委、政府深刻认识新形势下加强和改进工商联工作的重要意义,正确把握工商联工作的基本要求,充分发挥工商联的职能作用,着力增强做好新形势下工商联工作的自觉性和坚定性,切实加强和改善领导,努力开创全省工商联工作的新局面。

【制定《关于进一步建立健全维护和保障群众利益决策机制的意见(试行)》】 7月28日,省委、省政府下发《关于进一步建立健全维护和保障群众利益决策机制的意见(试行)》。强调推行重大事项决策社会稳定风险评估和合法性审查制度,大力推进决策的科学化、民主化、法制化,使各项决策更加符合客观实际,更加符合人民群众的根本利益。

【制定《江西省贯彻〈2010－2020年干部教育培训改革纲要〉的实施意见》】 8月10日,省委办公厅下发《江西省贯彻〈2010－2020年干部教育培训改革纲要〉的实施意见》。对2010～2020年全省干部教育培训改革作出全面部署,细化干部教育培训办学体制、运行机制、培训模式、师资队伍和宏观管理等改革的主要内容,提出到2020年,建立健全体现科学发展要求,符合江西实际,与干部人事制度改革相衔接,更加开放、更具活力、更有实效的干部教育培训体系。

【制定《关于加强和创新社会管理做好新形势下群众工作的意见》】 9月16日,省委、省政府下发《关于加强和创新社会管理做好新形势下群众工作的意见》。要求各级领导干部结合分工和工作需要,建立基层联系点。省级领导干部每年下基层工作和调研时间不得少于1个月,市、县(市、区)党政主要领导和省、设区市直属部门主要领导每年下基层工作和调研时间不得少于2个月。在此基础上，定期选派省、市、县机关干部到经济欠发达或矛盾较多的乡镇和村驻点帮扶工作。提出建立地方重大工程项目建设和重大政策制定社会稳定风险评估机制，凡是与人民群众切身利益密切相关、影响面广、容易引发社会不稳定问题的重大决策事项，都要进行社会稳定风险评估。凡未经风险评估或经评估认为风险不可控的，不得审批和实施。

【制定《关于进一步加强和改进党的基层组织建设的意见》】 10月8日，省委下发《关于进一步加强和改进党的基层组织建设的意见》。明确新形势下加强和改进党的基层组织建设的新要求，并制定相关政策措施。要求各地各部门进一步增强加强和改进党的基层组织建设的责任感和紧迫感，切实提高基层党建工作的科学化水平，推动全省基层党建工作再上新台阶。

【制定《关于分类推进事业单位改革的实施意见》】 11月15日，省委、省政府下发《关于分类推进事业单位改革的实施意见》。明确改革的指导思想、基本原则和目标任务，按照社会功能将现有事业单位划分为承担行政职能、从事生产经营活动和从事公益服务三个类别，分类指导、分业推进、分级组织、分步实施，稳步推进事业单位改革，不断创新事业单位体制机制。

【研究部署推进中央苏区振兴规划编制工作】 12月5日，省中央苏区规划编制工作领导小组召开第一次会议。会议提出要在尽快落实规划区域、重大课题研究成果以及相关政策措施的前提下，按照时间节点高质量地推进规划编制工作。要求相关地方和部门围绕省委、省政府的工作部署切实开展工作，全力配合、全力推动，确保规划编制工作顺利进行。

【制定《关于进一步加强江西省农村精神文明建设工作的实施意见》】 12月8日，省委办公厅、省政府办公厅下发《关于进一步加强江西省农村精神文明建设工作的实施意见》。要求全省各地各部门切实把握新形势下农村精神文明建设的指导思想和基本原则，制定具体实施办法，进一步加强新形势下农村精神文明建设。

【发布《关于加强干部作风建设进一步优化发展环境若干问题的决定》】 12月20日，省委、省政府下发《关于加强干部作风建设进一步优化发展环境若干问题的决定》。提出发展环境是区域发展第一竞争力，干部作风是发展环境的决定性因素。要求着力解决工作作风上的庸懒散、领导作风上的假浮蛮、生活作风上的私奢贪等突出问题，务求在进一步优化发展环境上取得新成效。

【部署2012年全省经济工作】 12月20日，全省经济工作会议召开。提出切实把握2012年经济社会发展工作的总基调稳中求进，推动社会经济平稳较快发展。把稳增长、控物价、调结构、惠民生、抓改革、促和谐更好地结合起来，坚持把改善民生放在更加突出的位置。

【部署2012年全省民生工作】 12月20日，省委、省政府对2012年民生工作进行全面部署。决定筹集财政性资金500亿元，集中办好涉及人民群众切身利益的70件实事，重点推进扶贫开发、保障性安居工程两大民生工程。

【制定《江西省农村扶贫开发纲要(2011－2020年)》】 12月31日，省委、省政府下发《江西省农村扶贫开发纲要(2011－2020年)》。要求各级党委和政府把扶贫开发作为全省“三农”工作重点任务，确保实现中央和省委、省政府提出的新一轮扶贫开发目标。支持革命老区加快发展，特别是扶持中央苏区县加快脱贫，着力推进集中连片特殊困难地区扶贫攻坚。

督查工作

【省委领导抓督查落实】 省委领导把督查落实放在突出位置，对于事关全局的重大决策亲自负责、亲自部署，深入基层一线推动落实。2011年，主要抓了以下几个方面的督查落实工作：一是就学习贯彻党的十七大和十七届六中全会精神，省委领导到基层进行督查。二是省委领导就推动十大战略性新兴产业建设、以项目建设带动县域经济发展，多次下基层进行督查指导。三是主汛期，省委领导到抚州等2010年受灾严重的地区检查指导防汛工作。四是就贯彻落实胡锦涛总书记“七一”重要讲话精神，抓好党的基层组织建设，省委领导到基层进行调研指导。五是省委领导分别走访慰问困难群众、英模及其家属，特别是针对修水县因病致贫的困难群众，省委主要领导亲切看望并召开座谈会研究具体帮扶措施，送去党和政府的温暖与关怀。

【配合中办督查组在赣督查】 3月底至4月初，中央办公厅回访调研组就贯彻落实胡锦涛总书记2009年春节期间在江西慰问考察时重要讲话精神的有关情况进行督查。省委办公厅陪同回访组到当年总书记视察的地方了解有关情况，认真做好组织协调工作和材料报送工作，圆满完成任务。11月下旬，中办联合督查组就贯彻落实中发〔2011〕1号文件、加强水利工作到江西省进行督查调研。省委办公厅牵头组织协调省政府办公厅、省发改委、省水利厅等多部门全力配合，向督查组汇报江西省贯彻落实中央1号文件的主要成效及存在的主要困难问题，并提出请中央和国家有关部委尽快批复鄱阳湖水利枢纽工程的相关建议和意见。省委办公厅还协助中办开展农民工住房和社会保障问题调研。

【开展决策督查工作】 2011年，围绕中央和省委的重大决策和重要工作部署，省委办公厅开展了9次重大决策督查活动。省第十三次党代会闭幕后，立即对各设区市和省直有关部门贯彻落实省党代会精神的情况开展督查。在2010年开展4次推进新型城镇化建设的督查活动后，又与省住建厅等单位一起，联合开展3次大型城镇化督查活动，深入全省11个设区市近50个县(市、区)，大规模、高强度地开展督查，有力地推动全省新型城镇化建设。联合有关部门，就贯彻落实中央《密码工作条例》《中共中央关于加强和改进新形势下党史工作的意见》等文件精神，分别开展一次大规模的联合督查，取得一定实效，有力地推动相关工作。此外，还就落实重复访化解工作座谈会精神、落实十七届六中全会精神、严肃换届纪律、社会管理创新等问题开展形式多样的专项督查。

【开展食品安全督查调研活动】 针对层出不穷的食品安全事故，7月份，省委办公厅专门就食品安全问题开展一次督查调研。先后赴卫生、食品药品监督、质量技术监督、工商、农业等省直部门了解有关情况，并实地调查了南昌市洪城大市场、洪客隆超市、红谷滩部分食杂店、部分乡镇食品安全监管站的食品安全情况，详细调查了解影响食品安全存在的突出矛盾和问题，提出对策建议，形成调研报告报省委。

【开展专项查办工作】 2011年，省委办公厅共承办中央和省委领导的批示件9件，其中中央领导批示件5件，省委领导批示件4件，做到按时按质办结率100%。在专项查办中，省委办公厅坚持高度负责，严格按照中央领导和省委领导的批示精神，了解真实情况，反映实际问题。坚持高效办理，无论是重大决策还是领导批示，一接到任务就迅速出动、快查快办，甚至不顾春节假日、不顾晚上休息连夜查访。坚持实地查办，不是一转了之，而是深入基层，实地核查办理，必要时还通过暗访来检验办理结果。坚持处理到位，不仅深入分析原因、明确责任，还根据实际情况提出对策建议，不仅全力帮助平息事态，还与当地政府一起，研究从源头上杜绝此类事件发生的长效机制。

（省委办公厅编辑室）

政策研究

【概　况】 2011年，省委政策研究室始终围绕省委重大决策部署和全省工作大局，认真履行职责，主动做好工作；坚持一手抓政研业务工作，一手抓机关作风建设，创造性地开展工作，呈现出机关作风明显改进、业务能力明显提升、工作效率明显提高的局面。

【高标准、高质量起草文稿】 2011年，省委政研室坚持高标准、高质量起草文稿，全年共起草或参与起草文稿61篇，其中省委领导重要文稿及省委、省政府重要文件15篇（个）。领导文稿主要有：中央领导同志在接见全国优秀党员专家井冈山暑期学习考察团时的讲话；省第十三次党代会工作报告；省委主要领导在江西省庆祝建党90周年大会及全省水利工作会议上的讲话等。重要文件有：省委、省政府《关于加强和创新社会管理，做好新形势下群众工作的若干意见》《关于进一步建立健全维护和保障群众利益的决策机制的意见》和《关于加强干部作风建设进一步优化发展环境若干问题的决定》等。

【提高调研工作水平】 2011年，省委政研室紧紧围绕全省改革发展稳定大局，积极开展调查研究，努力提升为省委科学决策服务的层次和水平。全年完成调研课题36个，省领导批示28人次。一是就全省经济社会发展的重大问题开展专题调研。所形成的调研成果，有的成为省委、省政府决策的重要依据，有的直接转化为政策性文件，推动了全省相关工作的开展。如，按照省委的部署，进行了支持革命老区特别是中央苏区发展振兴的专题调研，形成了《关于促进革命老区特别是中央苏区发展的调查》的报告，省委书记苏荣先后两次作出重要批示，省领导鹿心社、凌成兴、蔡晓明也分别作了批示。又如，《江西应进一步加大开放型经济发展力度——关于江西省发展开放型经济的调研》，省领导苏荣、鹿心社、洪礼和分别作了批示。省政府办公厅《参阅件》转发了调研报告，省政府把调研报告提出的进一步加大江西省开放型经济发展力度的建议提交到全省开放型经济工作会议进行讨论，并专门开会研究。二是及时反映江西改革发展稳定中出现的新情况、新问题。如《关于江西省棉花产业发展的调查与建议》《当前江西省殡葬公共服务体系建设中存在的突出问题及相关建议》《当前儿童收养工作亟待解决的几个问题》《消损就是增产增收》和《当前江西省房地产市场运行情况》等，得到省委、省政府主要领导或分管领导的批示，有的还在省政府办公厅《参阅件》上转发。三是总结全省各地科学发展、进位赶超、绿色崛起的典型经验。先后对余江县又好又快发展县域经济、新余市务实推进创先争优活动、抚州市加快推进新型城镇化、江西一元数码公司逆势快速发展等进行调研，形成的调研报告得到省委、省政府主要领导或分管领导的批示。

（省委政研室编辑室）

组织工作

【概　况】 2011年，全省各级组织部门认真学习贯彻党的十七届六中全会和省第十三次党代会及全省组织部长会议精神，突出做好市县乡领导班子换届这一中心工作，重点推进创先争优活动、深化干部人事制度改革、干部教育培训和人才工作等4件大事，坚持改革创新、狠抓工作落实，各项工作取得新的进展和成效。

同步统筹、上下联动推进换届，选优配强市县乡领导班子。根据中央和省委的部署要求，集中力量抓好换届这一中心任务，实现了市县乡领导班子换届“形成一个好报告、选出一个好班子、营造一个好风气”的总体目标。一是把换届放到实施“十二五”规划的大局中谋划。紧紧围绕推动江西省“十二五”良好开局和推动科学发展、加快绿色崛起，切实加强对换届工作的领导和指导，省委成立由苏荣书记任组长的换届工作领导小组，组建领导小组办公室，建立换届工作联席会议制度。省委组织部抽调精干力量参加省委换届办工作，圆满完成省党代会有关组织工作任务，配合中组部做好宜春市统筹县乡换届人事安排试点和奉新县乡镇党委换届试点工作。从江西实际出发提出市县乡换届“同步统筹、上下联动”的思路，市县乡党委换届与人大、政府、政协换届同步进行，换届人事安排上下联动，具体操作上做到前期准备统筹进行、总体安排统筹谋划、政策规定统筹研究、人事安排统筹考虑、工作落实统筹推进等“五个统筹”。二是把换届作为深化干部人事制度改革的重要契机。对各级领导班子新提名人选，在领导干部大会全额定向推荐和个别谈话推荐的基础上，全部采取党委全委扩大会二次署名推荐和党委决定干部任免票决制。对县乡党政正职考察对象的考察，把群众评议、部门评价、上级考核、纪检机关意见、关键时刻表现和平时表现等方面情况综合起来，构建"六点合一"体系，形成对干部全面客观准确的评价。采取公开竞争方式选拔了534名优秀乡镇事业编制干部、村党组织书记、大学生"村官"进乡镇领导班子。三是把换届作为发展党内民主的生动实践。注重代表的广泛性、代表性，坚持自下而上、上下结合、反复酝酿、逐级遴选代表，做到了"三个确保"，即党代表中基层一线代表比例确保不低于30%，选举的差额比例确保不低于20%，人大代表确保实现"两升一降一保证"目标。四是把换届作为对领导班子和领导干部党性党风党纪的重要检验。普遍采取召开专题民主生活会、组织专题培训、开展谈心谈话、签订承诺书、寄发公开信等方式，深入开展严肃换届纪律思想教育，结合江西实际提出了"十个严禁"的换届纪律要求，实行违反换届纪律问题举报受理专报制度和案件查核专办制度，派出换届工作督查组、组建换届风气纪律监督员队伍加强换届工作的全程督导。中纪委、中组部换届风气督导组评价江西省严肃换届纪律工作"态度坚决、组织严密、措施过硬、效果明显"。

紧扣科学发展主题，深入推进创先争优活动。紧紧围绕全省工作大局，组织基层党组织和党员争科学发展之先、创社会和谐之优。一是深入开展纪念建党90周年系列活动。在全省开展"学习党的光辉历史，传扬江西红色文化"主题教育活动和向杨善洲、陈淼洋学习活动，组织摄制并在江西卫视展播大型党员教育系列片《红色故事汇》，举办《苏区干部好作风大型展览》，评选表彰一批优秀共产党员、优秀党务工作者、先进基层党组织，各级党组织通过举办优秀共产党员先进事迹报告会、召开理论研讨会、开展征文比赛、组织唱红歌等形式多样的纪念活动，进一步增强广大党员干部的党性意识，营造了学习先进、争当先进、赶超先进的浓厚氛围。二是坚持把创先争优融入江西崛起的生动实践。在全省共产党员中组织开展"富民兴赣我先行"百万党员承诺活动，把推动科学发展的要求转化为创先争优促赣崛起的实际行动。在抗击旱涝急转灾害过程中，全省共组织党员先锋队、党员志愿服务队1300多支，设立临时党支部1300多个，86万多名党员在抗灾一线创先争优。把创先争优与深化七大系统国有企业改革结合起来，促进全省7个系统国有企业改革的顺利推进。三是突出为民服务主题深化创先争优。深入推进窗口单位和服务行业为民服务创先争优，广泛开展"三亮三比三争三评"活动，把创先争优活动办成惠民利民便民工程。全省16万多名党员干部在基层解决实际问题7.1万个、办好事实事15万件、排查矛盾纠纷3.8万件。举办全省加强和创新社会管理、做好新形势下群众工作专题研讨班，省委书记苏荣亲自授课，并在全省开展矛盾纠纷、公共安全隐患排查和整治工作，组织全省信访系统三级干部"大走访"，共排查各类矛盾纠纷5.24万件，化解4.89万件，化解率达93.4%。

推进基层党建工作项目化发展，提高基层党建工作科学化水平。一是大力推进基层党建工作项目化发展。在集中开展党的十七届四中全会以来基层党建工作情况大调研的基础上，以省委名义制定下发《关于进一步加强和改进党的基层组织建设的意见》，提出当前和今后一个时期全省基层党建工作的思路和重点工作，对进一步加强新形势下基层党建工作作出新的重要部署，进一步强化基层党建经费保障。召开全省基层党建项目化发展现场会，制定下发《关于推进基层党建工作项目化发展的意见》，引导基层党组织在组织设置、活动载体、制度机制等方面推陈出新。向全省推广开展市县乡领导干部"民情家访"和党员"先锋创绩"两项制度性成果，着力探索具有江西鲜明特色的基层党建科学化路径。二是进一步夯实农村基层党建工作基础。建立村党组织书记队伍建设长效机制，推行村党组织书记任期目标责任制和年度工作目标公开承诺制，实行村党组织书记"双述双评"和村干部"星级"管理。采取明确一名领导驻村指导、下派一名干部到村任职、安排一个单位包村帮扶、联系一个先进村（企）结对共建等"四个一"措施，集中整顿全省"后进村"。全面实行村党组织班子成员"两推一选"，农村致富能手、大学生村官进入村"两委"班子以及"两委"班子成员交叉任职、书记与主任"一肩挑"比例较上届有较大提高，增强班子整体战斗力。三是统筹推进各领域基层党建工作。大力推进非公有制经济组织和社会组织党建工作，实现省市县三级非公有制经济组织党工委全覆盖、省市两级社会组织党工委全覆盖，全省非公有制企业党组织组建率达43.72%，比2010年增加近30个百分点。将社区党建"十化"作为社区建设目标重点全力推进，全省社区党组织组建率和书记配备率达到100%。进一步优化党组织设置，扩大工作覆盖面，创新活动方式，不断提高企业、机关、高校等各领域党建工作水平。

【公开选拔35岁左右副厅级领导干部】　2011年12月至2012年1月，组织面向全省公开选拔10名35岁左右副厅级优秀年轻干部。积极探索干部选拔任用工作的新举措，做到"好"中选"优"。在笔试环节，采取人机对话方式进行理论素养和能力测试，测试题目由中组部考评中心制定。在面试环节，优化评委结构，评委组由专家评委和群众评委组成，专家评委11人，由省委组织部、省直有关单位领导和部机关有关干部处长组成；群众评委20人，由部分省级"两代表一委员"和省纪检、组织、人事部门处级干部组成。在专题调研环节，组织入围人员在规定时间内统一赴指定地区或单位进行调研，集中撰写调研报告，在此基础上，组织应试者对各自的调研报告进行个人陈述，提高调研环节评分的全面性和准确性。按照笔试成绩占30%、面试成绩占35%、专题调研成绩占35%的比列计算出综合成绩，并按1:2的比例确定20名考察对象，其中来自基层工作一线的干部达13人，7人在县（市、区）级党政领导班子中任职。

【创新推进基层党建工作项目化发展】　按照省委领导的要求和省委党建领导小组年度工作要点的安排，及时对全省各领域党建工作中存在的突出问题进行梳理,4~6月组织3次党建工作专题调研,由省委党建工作领导小组负责人和厅级干部带队,分别组成调研组对农村、社区、机关、国企等领域进行集中调研,形成6个专题调研报告,分两批对全省11个设区市党建工作情况进行调研,掌握了全省基层党建工作总体情况。在深入调研基础上,形成党建项目化工作的制度成果“1+1+2”文件,即《中共江西省委关于进一步加强和改进党的基层组织建设的意见》《中共江西省委党建工作领导小组关于推进基层党建工作项目化发展的实施意见》《关于在全省建立民情家访制度的意见》和《关于在全省建立党员“先锋创绩”制度的意见》。10月,召开全省基层党建工作项目化发展现场会,对全省推动基层党建工作项目化发展进行全面部署。全省建立以创新探索型项目为基础、以典型示范型项目为重点、以制度推广型项目为引领的“金字塔”式项目库。“民情家访”“先锋创绩”等两项制度化成果正在全省推广落实。

【扎实开展村“两委”班子换届工作】 2011年,会同省民政厅以“两办”名义制定下发《关于认真做好全省村党组织和第八届村(居)民委员会选举工作的通知》,并召开全省村“两委”换届选举工作会议进行动员部署。在村“两委”换届时间顺序上,明确村党组织换届在前,村民委员会换届在后;在选举方式上,明确全面实行村党组织班子成员“两推一选”,充分发扬民主,尊重和保障农村党员、群众的民主权利;在班子结构上,村党组织班子成员致富能手比例和村党组织书记致富能手比例有大幅度提高,大学生村官进入村“两委”班子的比例有大幅度提高,村“两委”班子成员交叉任职和村党组织书记、村民委员会主任“一肩挑”比例较上届都有较大提高,增强班子整体战斗力;在资格审查上,明确在乡镇党委对候选人资格条件初审后,县级人大、纪检监察、组织、民政、法院、公安等部门要联合进行再审,层层把好资格审查关;在换届纪律上,明确严格遵守“八条禁令”,并通过全省基层党建工作手机信息系统将“八条禁令”内容原原本本地发送到乡镇党委书记、村党组织书记,保证换届风清气正。

【开展院士专家咨询服务江西行活动】 5月,在中组部的统一部署下,围绕“实施‘十二五’规划、破解发展难题”主题,组织37位院士专家在江西开展为期一周的咨询服务活动。活动期间,院士专家深入到全省6个设区市、31个县市区和工业园区、113家企事业单位,举行专题报告会13场、专题研讨会25场、咨询座谈会49场,现场解答企业提出的技术难题252个,提出意见建议178条,达成合作意向10项。

【建立现代农业和工业两个综合性院士工作站】 为巩固扩大5月份院士专家咨询服务活动成果,在广泛调研、充分征求院士专家意见建议的基础上,分别于8月和11月正式成立江西现代农业和工业两个综合性院士工作站,汇聚16位院士入站工作。这两个院士工作站紧紧围绕江西发展现代农业和现代工业对高层次人才需求,改变过去院士工作站仅限于服务某个企业或单位的建站模式,既立足省重点行业和企业,更辐射和带动全省,探索院士工作站建站的新模式。

【开展“加强党性修养、坚定理想信念”专题培训】 2011年,采取党性教育、纪律教育、任职教育三结合的方式,强化换届前的正面引导,加强换届中的纪律警示,同时帮助新任职干部快速适应角色、尽快提高本领。换届启动前,省委组织部先后举办3期优秀中青年干部“加强党性修养、坚定理想信念”专题培训和1期乡镇党委书记“坚定理想信念、巩固执政基础”专题培训,共组织255名厅级后备干部和100名优秀乡镇党委书记赴井冈山开展党性修养和理想信念教育,有针对性地引导中青年干部正确面对进退留转。换届启动后,在省委党校、干部院校等各主体班次学员中普遍开展换届纪律知识普及培训及测试活动,提高各级干部对换届纪律要求的知晓率。换届人选确定后,组织125名市级换届新提拔干部在井冈山集中开展“坚定理想信念、提高执政能力”专题培训,既加强思想政治教育,又为干部履新尽职加油充电,及时引导各级党委把领导班子建设的重心转到加强思想政治建设上。

【开展学习李林森同志活动】 2011年,省委组织部在全省组织系统部署开展学习李林森同志活动。采取召开全省组织系统视频会议、制定下发实施方案、开展“见贤思齐学习李林森,立足岗位争优秀作表率”征文活动、在《江西组工通讯》《江西组工信息》开辟学习专栏“四个一”等形式,把学习李林森与找差距明方向结合起来,开展创先争优大讨论、个人党性分析,深入查找理想信念、工作能力、作风建设等方面的差距和问题;与抓落实谋思路结合起来,围绕基层党建工作、组织部门自身建设等课题,由部领导带队深入一线调查研究,寻计问策;与转作风办实事结合起来,广大组工干部带头开展“民情家访”活动,在一线了解民情、服务群众、解决问题。

(省委组织部编辑室)

宣传工作

【概　况】 2011年,全省宣传思想文化战线按照“高举旗帜、围绕大局、服务人民、改革创新”的总要求,坚持解放思想、实事求是、与时俱进,坚持贴近实际、贴近生活、贴近群众,着力统一思想、凝聚力量、增强信心,不断提高舆论引导能力,不断推动社会主义核心价值体系建设,不断促进文化大发展大繁荣,为推进科学发展、加快绿色崛起,建设富裕和谐秀美江西提供强大的思想文化保证和良好的舆论环境。

深化学习型党组织建设,进一步巩固团结奋斗的共同思想基础。省委中心组围绕党的十七届五中全会精神、汲取中国智慧、提高执政能力等专题举行了多次集体学习活动。省委主要领导还以身作则,带头撰写体会文章、调研报告,省委书记苏荣先后发表《汲取中国智慧 提高执政能力》《弘扬井冈山精神,实现经济社会新发展》《继承光荣传统,推进江西振兴》等重要文章,促进全省干部群众学习活动的开展。编辑出版《读精品,品经典》党员干部阅读系列丛书，认真开展“学习型党组织建设党委(党组)书记网上谈”活动，有力营造江西省学习型党组织建设的浓厚氛围。围绕学习贯彻十七届六中全会和省第十三次党代会精神，11月15～21日，组织十七届六中全会和省第十三次党代会精神省委宣讲团赴全省各市、部分高等院校、部分大中型企业开展宣讲活动。在为期7天的宣讲时间内，共作大型报告25场，小型座谈会20余场，直接听众达1.5万人次。与此同时，认真做好中央宣讲团党的十七届六中全会精神报告会的有关工作。认真做好《从怎么看到怎么办——理论热点面对面·2011》一书的学习宣传工作。在省委党校举办4期全省哲学社会科学教学科研骨干研修班。会同省社联共同开展2011年江西省经济社会发展重大研究课题招标活动。在中央“三报一刊”发表重点理论文章8篇，居全国前5位。国家社科基金申报立项迈上新台阶，立项排位前移3位，位列各省区市第8位。举办江西省第二届哲学社会科学宣传普及周。

坚持围绕中心服务大局，进一步营造经济社会又好又快发展的浓厚氛围。省一报两台充分发挥主阵地作用，各都市类媒体发挥自身特色，集中深入宣传中共中央总书记胡锦涛“七一”重要讲话和十七届六中全会精神。组织省内各大媒体对全国、全省“两会”进行重点突出、及时充分的宣传报道，特别是及时生动报道国务院总理温家宝参加江西代表团审议的情景。各媒体在刊发消息的同时，还通过侧记、图片等多种形式进行充分准确的报道。全省“两会”期间，新闻中心分别就“十二五”规划、廉租房建设和推进鄱阳湖生态经济区建设等热点话题举行3场新闻发布会，引起中央驻赣和省内媒体的高度关注，省委书记苏荣也对整个宣传报道工作给予高度肯定，称赞江西省媒体的报道不仅对中央大政方针把握得准，对省情吃得透，而且能够做好结合的文章，特别是善于捕捉新闻点，引起观众的兴趣，达到了很好的宣传效果。做好“第七届全国城市运动会”的宣传报道，重点报道“城运会”各项赛事准备工作和筹备进展情况，整个报道及时主动、形式多样、氛围热烈。做好“2011赣台经贸合作研讨会”的宣传报道，特别是对十大战略性新兴产业暨重点招商项目专题推介、鄱阳湖生态经济区暨重点招商项目专题推介、南昌市专场推介以及签约项目和金额的报道，大幅度提升社会各界对江西省产业发展环境的关注和支持。做好海峡两岸媒体庐山峰会的宣传报道，台湾媒体高度关注、积极报道此次峰会，特别是邀请泛绿媒体参加，为有效引导泛绿媒体正面、客观宣传报道大陆和两岸关系发展开辟了新渠道，在海峡两岸传媒界产生了强烈反响。做好第七届泛珠三角区域合作与发展论坛暨经贸洽谈会的宣传报道，将一届精彩、成功、反响热烈的泛珠大会多角度呈现在广大群众面前。此外，还做好了第二届世界低碳与生态经济大会暨技术博览会的宣传报道、江西省战略性新兴产业发展合作推介会、第七届深圳文博会、第八届中国景德镇国际陶瓷博览会、第42届樟树药交会等大型经贸文化活动等重大活动的宣传报道，为进一步扩大江西在全国的知名度，提供了有力的舆论支持。全省各级媒体及时有效地开展了日本地震引发核泄漏、瘦肉精、哄抢食盐、中东北非地区局势动荡等突发、敏感事件的新闻舆论引导工作。面对应急突发公共事件，江西省媒体积极主动，第一时间发出第一消息，赢得舆论的主动权，对于稳定社会情绪起到很好的疏导作用。做好江西省鄱阳县“2·11”公款遭侵吞案件、江西中医学院“5·9”网帖事件、新余钢铁有限责任公司退养职工刘萍参选人大代表、临川“5·26”爆炸案件等在国内外生产重大影响的事件的舆论引导工作，多次受到省委苏荣书记的充分肯定。还紧紧围绕省委、省政府的中心工作，积极组织开展对外宣传工作，围绕“2011江西(香港)招商引资活动周”，“2011赣台经贸合作研讨会”，第七届泛珠三角区域合作与发展论坛暨经贸洽谈会，广泛邀请境外、海外媒体访赣。大力加强和改进新闻发布工作，积极推动党务部门新闻发布制度建设，举办“江西省党政新闻发言人首次培训班”。一年来，省直单位组织的新闻发布会共有27场，各市县组织的新闻发布会有350余场。江西省的新闻宣传工作得到了省委、省政府的充分肯定。12月30日，省委书记苏荣走访慰问部分中央新闻单位驻赣分社、记者站和省直部分新闻单位，指出省直主要媒体围绕中心服务大局，认真组织了一系列特色鲜明、卓有成效的宣传报道，做到了百姓满意，是人民的眼睛；党委放心，是党委的喉舌。希望省直媒体在新的起点上，坚持唱响主旋律，为建设富裕和谐秀美江西作出更大的贡献。

积极推进文化体制改革，进一步加快文化事业文化产业发展。按照中央“加大力度、加快进度、巩固提高、重点突破、全面推进”的二十字总要求，稳步推进文化体制改革。全省共有327家经营性文化事业单位完成了转企改制。江西省出版集团公司连续三届入选“全国文化企业30强”。各出版社在完成转企改制的基础上，进一步深化内部体制机制改革，企业活力和竞争力进一步增强。全省电影发行放映体制改革成效显著，省、市、县(市、区)三级电影公司和电影院全面完成转企改制；城市数字影院建设速度明显加快，从2010年36家猛增到达60家，同比增长61%；大力推行电影院线制后，影院票房收入增幅惊人，2011年全省电影票房收入已达1.64亿元，与改革前相比翻了三番。全省文化行政执法主体改革扎实推进，全省11个设区市及100个县(市、区)全面完成了文化市场综合执法改革工作，部分市、县实现“三局合一”。非时政类报刊出版单位改革稳步推进，确定了属于改革范围的非时政类报刊出版单位，制定了第一批和第二批非时政类报刊出版单位名单，有关方案上报后，得到国家新闻出版总署的充分肯定。江西省九江市、赣州市荣获“全国文化体制改革工作先进地区”称号。根据中共中央政治局常委李长春和中共中央政治局委员、中央书记处书记，中央宣传部部长刘云山的指示精神，组织专门队伍将“大型情景歌舞井冈山”“井冈山革命斗争全景画”制作成视频资料，入选全国公共文化资源共享工程，成为江西省红色文化发展的新亮点。全省农村文化三项活动，在实现“四个全覆盖”“四个增多”的基础上，继续努力提高服务质量，不断创新工作方式，在全国产生了重大影响。“农家书屋”工程覆盖全省70%的行政村。广播电视覆盖全部通电行政村和20户以上自然村。全省乡镇综合文化站达到1295个,实现"乡乡有综合文化站"的建设目标。重点文化设施建设力度不断加大,全省新建改建文化馆、图书馆、博物馆、影剧院、文化广场、艺术中心329个,总投入达61.5亿元。县级图书馆、文化馆维修改造工程3年共投入维修改造资金11000万元,完成65个县级图书馆、文化馆的改造任务。博物馆等"五馆"免费开放效果显著,全省103家博物馆纪念馆共接待观众1950万人次,取得了良好的社会效果。围绕第十二届"五个一工程"的实施,集中精力打造文艺精品,认真组织全国"唱响中国——群众最喜爱的新创作歌曲征集评选活动"的参评工作。精心打造优秀红色剧目,重点组织创排大型采茶歌舞剧《八子参军》。编辑出版《江西创作歌曲选》一书,热情讴歌赣鄱儿女建设江西的崭新风貌。精心创排大型历史风情魔幻歌舞《神奇赣鄱》,不少国际友人在观看演出后给予高度评价,称演出是"一流的编排、一流的舞台、一流的舞美、一流的表演、一流的效果"。文化创意产业基地初具规模。目前江西省拥有文化产业园13家,各类主题公园34家;拥有国家级文化产业示范基地4家,省级文化产业示范基地36家,市县级文化产业基地22家。已初步形成6个创意基地,江西省登记在册且有一定规模的动漫企业共14家,设立1000万元的"泰豪动漫人才基金"。在2011年深圳文化产业博览会上,李长春、刘云山先后到江西展区参观,对江西文化产业发展情况予以充分肯定。

【开展庆祝中国共产党成立90周年宣传教育活动】 2011年,省委宣传部认真做好中央和江西省庆祝中国共产党成立90周年大会等重要活动的报道,全省各新闻媒体推出《红旗飘飘》《走近老党员老功臣》《红色足迹》《信仰的力量》等专题专栏。会同有关部门在南昌和北京国家博物馆成功举办"发扬革命传统、争取更大光荣"——中央苏区革命传统主题展览,近20万首都观众和省内5万多名观众参观展览。组织开展"党建知识竞赛"活动。会同有关部门举办全省纪念中国共产党成立90周年理论研讨会。成功组织"颂歌献给党、爱我新江西"大型群众歌咏比赛,全省数百万党员干部群众积极参加。同时,还举办第六届"中国红歌会"和全省机关文艺调演活动,开展"爱在党旗下、红动中国心"江西百万干部群众颂党恩以及党建知识竞赛、"百万红色祝福卡"等系列活动。

【做好"科学发展、进位赶超、绿色崛起"宣传工作】 2011年,全省新闻战线紧紧围绕省委、省政府重大决策部署,服务经济发展,打响多场宣传战役。突出报道省委、省政府充分利用鄱阳湖生态经济区这一国家战略平台,加快推进重大产业、重大基础设施、重大生态和社会事业项目建设的情况。推出了鄱阳湖生态经济区"十二项重大生态经济工程"系列报道。特别是年末组织的中央和省直媒体集中宣传《鄱阳湖生态经济区规划》实施两周年的系列报道,在全省兴起大力推进鄱阳湖生态经济区建设的热潮。根据省委书记苏荣要求,省委宣传部多次组织省直各新闻单位对经济社会发展先进典型进行集中宣传。

【开展"走基层、转作风、改文风"活动】 2011年,根据中央和省委的要求部署,省委宣传部及时调度、强力推动。召开新闻战线"走基层、转作风、改文风"座谈会,并通过新闻阅评、简报、通报和调度会等形式,及时对各地各单位开展活动以及推出报道情况进行点评,交流经验,肯定成绩,指出问题,做到全过程跟踪,全方位督查,有力地推动"走转改"活动向纵深推进、向广度拓展。活动开展以来,全省新闻单位积极响应、快速行动,领导带头深入基层一线采访,体验民生民情并亲自撰写新闻报道,广大新闻编辑记者热情参与、倾情投入。各新闻媒体都在重要时段、重要版面开设面向基层、服务群众的专题专栏。各媒体按照省里的统一部署,在基层一线均建立联系点,与贫困偏远地区群众结对子,做到"家家有基地、人人在驻点、天天有报道"。其中,《江西日报》开设的"基层蹲点见闻"、《信息日报》开设的"跑腿新闻"等专栏报道贴近群众、鲜活生动,受到群众欢迎。江西电视台新推出的《金牌调解》栏目,以"调解纠纷、化解矛盾、促进和谐"为定位,受到社会各界的赞誉。据不完全统计,省直新闻单位建立联系点和社会实践基地200多个,地点涵盖革命老区、边远山区、工业园区、生态新区、少数民族区、困难企业和街道社区等基层一线。

【加强互联网管理】 12月14日,省委宣传部召开全省互联网宣传与管理工作会议,强调要认真贯彻落实中办、国办《关于加强和改进互联网管理工作的实施意见》,切实加强江西省的互联网宣传与管理工作。把查处互联网和手机淫秽色情、低俗信息及政治类有害信息工作贯穿全年,组织各地各网站按照中央的要求,对全省近10万家各类网站、论坛、博客、手机台(报)、视频、微博等涉政治有害信息、不良信息、低俗信息等内容进行查处和清理整治。共清理违规转载新闻1.3万余条,违规登载、转载时政评论4000余条,通知整改网站76个。同时,积极推动文明网站创建,要求各职能部门24小时接受网友的监督,共同创建积极向上、和谐文明的网络环境,使网站建设成为全省宣传思想工作的新阵地、对外宣传的主渠道。

【开展江西省第四届"十大井冈之子"评选活动】 2011年,省委宣传部组织开展江西省第四届"十大井冈之子"评选活动,社会各界和广大群众积极响应、踊跃参与,共向省评选工作领导小组办公室推荐候选人70人。经省评选工作领导小组严格审核考察,从中确定20人为正式候选人,在省直各新闻媒体同步组织公示与投票,120余万各界群众参与网络和平面媒体投票。最后,经过评审,谭良才、颜龙安、彭小峰、毛秉华、彭印琨、曾凯、傅宁波、熊瑛、王少君、王敏获得江西省第四届"十大井冈之子"称号。

【注重宣传、培养先进典型】 近几年,江西始终以高度的使命感和历史责任感发现、挖掘先进典型,不断创新宣传方式宣传典型,让典型贴近群众,让人民群众感到典型可亲可敬可学。同时,省委、省政府率先在全国建立帮扶英模、褒奖英模长效机制。江西宣传、培养先进典型的成功经验多次受到中央领导的肯定。

2011年，省领导苏荣、鹿心社、尚勇、王文涛、刘上洋分别为陈森洋、肖玉玲、张学森、钱金滚、19名农民工、夏娟以及胡生贵等典型事迹作出批示，要求广泛宣传先进典型。10月底，《江西日报》头版发表《英模辈出，感动常在》的文章，深入分析江西“英模辈出”现象产生的原因。12月30日晚，第二届全省道德模范、第四届“十大井冈之子”颁奖典礼在江西电视台举行，省委副书记张裔炯、省人大常委会副主任陈达恒，省委宣传部部长刘上洋、省政协副主席汤建人出席颁奖典礼并为获奖者颁奖。英模精神深入人心，全省上下已形成学英模争先进的浓厚氛围。

（彭海宝）

统战工作

【概　况】 2011年，全省各级统战部门紧扣主题主线，汇聚各方力量，服务科学发展，力促社会和谐，圆满完成年度各项工作任务，为实施省“十二五”规划和推进鄱阳湖生态经济区建设作出积极贡献。

开展共识教育，进一步巩固统一战线共同思想政治基础。2011年，全省各级统战部门以庆祝中国共产党成立90周年和纪念辛亥革命100周年为契机，深入开展“重温历史，同心同行”为主题的共识教育。以专题研讨班、报告会、座谈会等形式，组织全省统一战线成员认真学习领会胡锦涛总书记在庆祝中国共产党成立90周年大会和纪念辛亥革命100周年大会上的重要讲话精神。通过举办“江西省统一战线纪念辛亥革命100周年书画作品展”、举行“唱响红歌”文艺晚会、瞻仰革命旧址、参观史实展览、观看有关影视作品等活动，深入开展革命传统和爱国主义教育，引导统一战线广大成员特别是青年成员深刻了解中国共产党团结带领全国人民艰苦奋斗、开拓进取的伟大历程，深刻了解各民主党派同中国共产党风雨同舟、肝胆相照的光荣传统，深刻认识中国特色社会主义政治发展道路的历史必然性，唱响党外代表人士与中国共产党“同心同德、同心同向、同心同行”的主旋律，进一步巩固和发展统一战线团结奋斗的共同思想政治基础。

发挥优势作用，进一步提高统一战线服务科学发展的水平。充分发挥统一战线智力密集优势，积极支持、引导各民主党派、工商联、无党派代表人士围绕全省实施“十二五”规划和鄱阳湖生态经济区建设，深入进行调查研究，共提交各类调研报告306件，其中16件得到省领导重要批示，很多意见建议得到有关部门的重视和采纳，为各级党委、政府民主决策、科学决策提供了重要依据。充分发挥统一战线联系广泛优势，省委统战部邀请148名重点客商出席5月中旬举办的江西（香港）招商引资活动周开幕式，签约重大项目76个，同比增长18.8%，签约金额86.1亿美元，同比增长35.16%。充分发挥统一战线资本雄厚优势，动员、组织非公有制企业积极参与定点扶贫和社会主义新农村建设，继续组织开展“百千万惠农工程”“千企带千村”“村企合作”等活动，全省有3153家非公有制企业对接2618个自然村，实施产业帮扶惠农项目498个，项目资金14.93亿元，解决农民工就业9万余人，帮助大学生就业逾万人。鼓励、引导非公有制经济人士开展回报社会感恩行动，各级统战部门共组织1900多家非公有制企业走访慰问9775名“老革命、老党员、老劳模”和困难群众，开展技能培训1.51万人次，解决就业7424人，捐赠慰问金及实物4710余万元。省委统战部配合中央统战部举办非公有制经济人士感恩革命老区井冈行活动，全国非公有制经济人士向吉安市6个社会公益项目捐款1430万元人民币和捐赠200台电脑。

维护和谐稳定，进一步彰显统一战线服务社会管理的优势。印发《关于统一战线服务社会管理创新工作的实施意见》，组织召开全省统一战线服务社会管理创新专题研讨大会，共收集全省统战部门和有关省直单位49篇调研文章，交流探讨统一战线服务社会管理的思路理念、制度机制，编辑出版20万字的《凝心聚力促和谐》一书。召开全省民族工作座谈会，总结全省民族地区“十一五”期间发展成果及成功经验，部署“十二五”时期的民族工作。举办全省首届畲族文化艺术节，推进少数民族文化大发展、大繁荣。继续深入开展“和谐宗教团体、和谐宗教场所”创建活动，表彰一批先进集体和先进个人；出台《全省性宗教团体领导班子及成员考核办法》，并在省伊斯兰教、天主教和基督教等团体中开展了考核工作，举办第一期全省爱国宗教界人士研修班，有效推动宗教团体及其领导班子自身建设。扎实做好高校民族宗教工作，省委统战部会同有关单位对部分高校宗教工作有关情况进行联合调研，建立健全了抵御境外利用宗教对高校进行渗透和防范校园传教工作专门协调机制。

强化教育培训，进一步夯实多党合作事业持续发展的人才基础。认真贯彻落实中央办公厅《2010－2020年党外代表人士教育培训改革和发展纲要》，制定下发《江西省贯彻落实〈2010－2020年党外代表人士教育培训改革和发展纲要〉的实施意见》，认真做好培训和调训工作，举办两期党外县处级领导干部政治理论学习班。认真总结第一批党外干部挂职锻炼工作经验，制定《江西省党外干部到培养基地挂职锻炼工作暂行办法》，选派第二批5名党外干部到培养基地挂职。进一步加强无党派人士、党外知识分子和新社会阶层代表人士统战工作，已掌握1200多名留学归国在赣人员名单并建立了江西省留学人员基础数据库，登记了1.2万多名具有副高以上职称的党外知识分子基本情况，在全国高校统战工作研讨会上，省委统战部作了《创建高校统战工作目标管理考核机制》的大会发言。全面开展第二轮全省非公有制经济代表人士综合评价工作，全省参与综合评价的非公有制经济人士共有6990名，其中县级人选4216名，市级人选2406名，省级重点审核人选369名。

广泛联谊交友，进一步拓展港澳台海外统战工作空间。加强与港澳台、海外爱国人士和社团组织的密切联系，认真做好江西海外联谊会的组团出访工作，加强对外交流与合作。以省黄埔同学会、江西中华文化学院和省高等教育学会名义分别组团赴台湾考察，与台湾统派社团建立联系和交流。做好访赣团组接待工作，共接待港澳台及海外团组24批次，600多人次。继续举办海联干部专题研讨班，加强省市、高校海联干部队伍建设。举办江西海外联谊会第一期港澳台海外理事国情研讨班，港澳台海外理事共38人参加培训，系统学习党的统一战线理论、政策等。在珠海召开江西海外联谊会五届三次常务理事（扩大）会议，增补一批理事、常务理事、副理事长。江西旅港同乡会举办第十一届董事会就职典礼，成立江西省中国和平统一促进会、澳门（江西）同乡会、新西兰（江西）联谊会。

【实施“同心·兴赣惠民”品牌工程】 2011年，按照中央统战部的安排部署，省委统战部在全省统一战线大力实施“同心·兴赣惠民”十大品牌工程。5月，组织各民主党派省委会主委、省工商联负责人等一行赴景德镇市开展“同心·促发展赣鄱行”考察活动，为景德镇市实施“十二五”规划，在发展陶瓷文化创意产业、航空产业等方面提出28条建议。11月，由省委统战部和南昌市委联合创建的江西省留学人员“同心·报国基地”在南昌高新开发区成立，“同心·报国基地”把引进人才、培训人才、举荐人才、孵化企业作为总体目标，给留学归国人员创新创业搭建了平台，这是全国首个省级留学归国人员创业基地，受到中央统战部表彰。围绕促进非公有制企业转型升级，开展“同心·科技助推”活动，组织百名科技专家（博士）和非公有制企业签定科技协作意向，支持全省非公有制企业开展技术革新项目2600多个。扎实开展“同心·海联益民”活动，引导江西海外联谊会理事奉献爱心，共捐资600余万元帮助贫困地区建设学校、农村卫生室等公益项目。大力推进“同心·理论创新”活动，首次面向全省开展统战理论课题招标工作，在中央统战部表彰的43项统战实践创新奖中，江西省委统战部有《创立留学人员“同心·报国基地”》《首创统战官方微博》等两项获奖，获奖数量在各省（市、区）中位居前列。

【加大党外代表人士安排力度】 2011年，以市、县两级换届为契机，省委统战部与省委组织部先后联合制定下发了关于换届工作中党外人士安排的3个指导性文件，不断加大党外代表人士安排力度。11个设区市领导班子中，人大、政府全部按要求配齐党外副主任、副市长，政协暂缺2名党外副主席，其中新提拔进市级领导班子的党外人士共15名。全省市级人大共安排党外人大代表1288名，党外常委108名；市级政协安排党外委员2613名，党外常委435名，都达到中央规定的比例要求。100个县（市、区）领导班子中，安排了人大党外副主任95名，政府党外副县（市、区）长96名，政协副主席273名。全省县级人大共安排党外人大代表5504名，党外常委499名；县级政协安排党外委员1.16万名，党外常委1952名，达到中央规定的比例要求。首次推动换届中党外干部交流，推荐4名民主党派省委会副主委交流到设区市任职；加强市、县工商联主席进领导班子的安排力度，市级安排7名，比上届增加40%，县级共安排39名，占全省县（市、区）的39%；首次解决市级相关党外副厅级干部的正厅级待遇，共有12名党外副厅级领导干部提任为正厅级巡视员。向省委推荐民进省委会副主委梅国平担任江西师范大学校长，这是1999年以后江西再次有党外干部担任本科高校正校长。积极做好党派省委会届中调整主委和副主委的相关考察工作，解决1名新任兼职副主委的副厅级待遇。

【加强和改进工商联工作】 召开全省加强和改进工商联工作电视电话会议，省委书记苏荣，省委副书记、代省长鹿心社对加强和改进工商联工作分别作出批示，制定下发《中共江西省委、江西省人民政府关于加强和改进新形势下工商联工作的实施意见》。《意见》对加强和改进工商联工作作出全面部署，细化发挥工商联五项职能作用的操作要求和程序，明确加强工商联自身建设的具体要求和举措，要求各级党委加强和改善对工商联工作的领导。统筹推进全省非公有制经济组织深入开展创先争优活动，6月26日、8月17日、10月13日，省委书记苏荣三次对加强非公有制经济组织党建工作作出重要批示，要求各地高度重视非公有制经济组织党的建设工作。实现非公有制经济组织党工委在省、市、县（区）全覆盖，在全省上下形成上下对应、工作互动、各方联动的非公有制经济组织党建工作网络，为提升全省非公有制经济组织党建工作水平提供了坚强的组织保障。2011年，全省非公有制经济完成增加值6393.2亿元，上缴税金941.13亿元，分别增长13.6%和33%。民间投资增长35.8%，对投资增长的贡献率达87.9%。全省私营企业总数达19.4万户，个体工商户115.37万户，分别增长14.2%和15.2%。

（李文强　杨吉星）

政法和社会治安综合治理工作

【概　况】 2011年，全省政法机关坚决贯彻中央和省委、省政府的决策部署，忠实履行职责，奋力开拓进取，保持了社会和谐稳定，维护社会公平正义，保障人民安居乐业，促进经济社会发展。

服务发展大局水平有新提高。全省政法机关自觉把政法工作摆到全省科学发展、进位赶超、绿色崛起的总体布局中来谋划和推进，结合自身职能，找准服务发展的切入点和结合点。围绕推进鄱阳湖生态经济区建设，按照实现打击与保护、管理与服务、社会效果和法律效果有机统一的要求，出台提供司法保障的指导意见，建立服务联系点，优化办事程序，妥善处理重大建设项目推进中引发的各类矛盾纠纷，严厉打击危害市场经济秩序的违法犯罪，为全省经济社会发展提供有效的法律保障。

破解社会管理难题有新突破。全省政法机关将社会管理工作纳入“十二五”规划，围绕解决重点难点问题，推出一系列创新举措。建立社会稳定风险评估机制，完善“三调联动”机制，成功化解22.9万件矛盾纠纷，化解成功率达95.6%。在医患纠纷调处、交通事故速调速裁以及特殊人群服务管理等方面创造了一批新经验，既依法加强了管理，又有效提供了服务。全省刑释解教人员重新犯罪率继续走低，帮教帮扶效果明显；排查出的4300余名肇事肇祸精神病人全部落实治疗管控，未发生危害社会的案（事）件。社会管理综合试点工作稳步推进，丰城市加强特殊青少年教育帮扶等试点经验在全国推广。

履行首要政治职责有新进步。全省政法机关把维护国家安全和社会政治稳定摆在首位，加强情报信息工作，完善应急处置机制，进一步提高维稳处突的能力，确保社会政治稳定。坚持严打方针不动摇，深入开展一系列专项行动和治安重点地区排查整治，侦破了一批大要案件，摧毁了一批黑恶势力，追回一大批逃犯，打掉一批严重威胁群众健康安全的生产销售“黑窝点”，清除一批公共安全隐患，保持了良好的治安秩序。全省社会大局持续稳定局面进一步巩固，连续7年被评为全国社会治安综合治理优秀省，公众安全感指数和人民群众对政法单位满意率不断提升。

完成重大安保任务有新贡献。全省政法机关总结运用平安奥运、世博、亚运的成功经验，在大事喜事接连不断的情况下，牢固树立一盘棋的思想，按照严之又严、细之又细、实之又实的要求，坚持打整体战、攻坚战，建立安保工作统一指挥体系，各部门协调联动，武警部队勇挑重担，出色完成全国、全省“两会”、庆祝建党90周年、深圳“大运会”、南昌“七城会”、省第十三次党代会等一系列重大安保任务。特别是南昌“七城会”时间跨度长、空间范围大，赛事涉及10个设区市。各地强化区域合作、全面互动，坚决贯彻外圈保内圈、内圈保核心圈、以面保点的工作思路，采取非同寻常的措施，确保万无一失，为“七城会”的圆满成功作出重大贡献。

创新群众工作措施有新进展。全省政法机关积极回应新形势下人民群众对政法工作的新期待，进一步贯彻以民意为导向的理念，推出一系列便民利民惠民的新举措。深入开展政法干警下基层大走访活动，千方百计访民情、解民忧、保民安，产生良好的社会反响。高度关注生活困难群众的权益保障，提高优抚安置标准，争取中央财政首次安排江西省流浪乞讨人员救助专项补助1970万元；大力开展法律援助和司法救助，推动建立了刑事被害人和特困申请执行人司法救助资金，更多地向群众传递党和政府的温暖。扎实有效开展涉法涉诉信访案件化解工作，中央政法委交办的进京重复访案件基本化解，位居全国前列。坚持把政法工作的评判权交给群众，激励广大干警扎根基层、服务群众，树立正确的工作导向，加强同群众的沟通，增进同群众的感情。

加强队伍作风建设有新成效。全省政法机关把“发扬传统、坚定信念、执法为民”主题教育实践活动与社会主义法治理念教育、创先争优、加强执法规范化建设等紧密结合起来，突出纪律作风整肃，认真开展案件质量评查和信访案件剖析，专项治理队伍存在的突出问题，严格执行各项从严治警规定，提升了政法机关的公信力。结合庆祝建党90周年，大力弘扬井冈山精神，隆重表彰了一批人民满意政法单位和政法干警，涌现出曾凯等一批在全国有影响的先进典型，充分展示政法队伍的良好形象。

【开展社会管理整体规划和试点工作】 2011年，省委、省政府出台《关于加强和创新社会管理做好新形势下群众工作的意见》。结合江西省情，把推进社会管理分解为健全联系群众制度、提高服务水平、加强源头治理、夯实基层基础、强化人的服务管理、营造良好环境、健全管理格局等八大任务，具体细化为32项具体工作，并将任务和责任落实到60多个部门，明确“路径图”和“时间表”。确定的11个全国、全省社会管理创新综合试点单位亮点纷呈，景德镇、新余市调处医患纠纷，丰城市加强特殊青少年管理，分宜县有效解决农村留守儿童进城就学等先行先试的鲜活经验得到推广，中央综治委对此给予充分肯定。

【分类施策化解突出矛盾】 2011年，省综治办针对医患纠纷增多的情况，在省、市、县三级建立医患纠纷调解中心，在县（市、区）以上医院设立警务室，在公安机关建立三级响应机制，综合运用多种手段化解医患纠纷7300余件，调处成功率达92.5%。中央综治办、卫生部、司法部在江西景德镇召开现场会，向全国推广江西预防和处理医患纠纷的经验。针对涉及铁路和高速公路纠纷增多的情况，构建综治部门牵头、主管部门实施、路地双向联动的工作机制，有效化解了2200多件涉路纠纷。针对交通事故纠纷增多的情况，各级综治办牵头，组建交通事故纠纷速调速裁中心，由法院派驻法官，交管及司法行政部门派驻调解员，速调速裁3200多件交通事故纠纷。针对高校非正常死亡引发的纠纷增多的情况，省综治办、教育厅、公安厅联合出台处置实施意见，建立了校地联动机制，2011年发生的30余件纠纷全部成功化解。对环境污染、非法集资、城市动拆迁及农村土地征地等突出矛盾，也研究制定化解机制。各级综治办建立抄告、督办、交账机制，推动重大矛盾的化解。2011年，全省排查出的重大矛盾均已成功化解，预防和减少了群体性事件发生。

【深入推进社会稳定风险评估】 2011年，省综治办认真贯彻落实省委、省政府《关于建立重大事项社会稳定风险评估机制的意见》和《关于进一步建立健全维护和保障群众利益决策机制的意见》，将此项内容纳入综治考评体系，进一步推动各地、各部门把涉及群众切身利益的重大工程项目和重大政策进行社会稳定风险评估且作为决策的必经程序，提高决策的科学化水平。全年对1508个重大事项进行社会稳定风险评估，其中暂缓实施166个，不予实施45个，有效防止了因决策不当、操作不妥引发不稳定事端。健全和完善群体性事件应急处置机制，省委、省政府两办下发《江西省处置大规模群体性事件应急预案》，各地和各相关部门均制定符合本地、本部门实际的应急处置预案，形成了总预案、分预案、专项预案相配套的预案体系。省、市、县均成立突发事件联合应急指挥部，组织开展以市、县为重点的各类突发事件应急处置演练310场，提高突发事件应急处置能力和水平。注重做好重大活动的安全稳定工作。着力抓好建党90周年、深圳大运会、南昌七城会等重大活动安保稳定工作，各地、各部门协调联动，牢固树立一盘棋的思想，坚持打整体战、攻坚战，周密部署，超前防范，扎实工作，全面排查和妥善处理了一大批重大涉稳问题，消除了一大批不稳定隐患，确保全省社会政治稳定。

【开展法学研究】 2011年，省法学会全年向各类论坛推荐优秀论文近百篇，并获第6期中国法学青年论坛“优秀组织奖”。精心组织，周密安排，成功举办“第五届中部崛起法治论坛”，组织中部六省专家、学者，围绕“深化‘三项重点工作’，服务国家和区域发展战略”的主题，开展学术研讨。通过创办刊物、开通网页、召开座谈会、参与法律咨询活动等多种方式，不断加大法治宣传力度，进一步巩固宣传阵地，拓宽宣传渠道，提高宣传水平。

（文敬峰）

农村工作

【概　况】 2011年，以鄱阳湖生态经济区建设为龙头，以加快转变农业发展方式为主线，大兴水利强基础、狠抓生产保供给、力促增收惠民生、着眼统筹添活力，努力克服春夏连旱、旱涝急转等不利天气影响，积极应对农产品价格异常波动等不利因素，全省继续保持粮食增产、农业增效、农民增收、农村发展的良好势头。

农业生产全面丰收，粮食总产量创历史最高水平。年内，在自然灾害频发、农业生产制约因素增多的情况下，省委、省政府科学部署抗御洪旱灾害，高度关注粮食稳定增产，省委常委会在春耕生产前对粮食生产进行研究部署，省政府下发了《关于深入开展2011年粮食稳定增产行动确保完成全年405亿斤目标的实施意见》。全省广大农村干部和群众按照省委、省政府的决策部署，积极进取、迎难而上，农业生产在重大自然灾害之年获得全面丰收。粮食播种面积365.01万公顷，同比增长0.3%；粮食总产量达到2052.8万吨，同比增长5.0%，总产量创历史新高。油料总产量113.6万吨，增长5.6%；棉花总产量14.3万吨，增长9.2%；蔬菜总产量1165.8万吨，增长4.5%；园林水果总产量387.7万吨，增长30.5%；肉类总产量320.1万吨，增长3.9%；水产品总产量222.8万吨，增长3.5%。

农民收入大幅度增长，当年农民增收额创历史最高水平。年内，在充分依靠政策和农产品价格上涨拉动的同时，江西积极扶持发展农业产业化龙头企业和农民专业合作组织，广泛开辟农民就业增收渠道，促进农民收入大幅度增长。全省472家省级以上龙头企业实现销售收入1500.5亿元，同比增长15.1%；直接带动农户370万户，户均增收2200元。农民专业合作组织发展到1.53万个，增长27.8%；合作组织成员达到12.8万户，增长27.3%。全年农村外出从业劳动力达780.2万人，增长8.62%，其中在省内务工农村劳动力人数首次突破200万人，达211.3万人，增长42.77%。全年农民人均纯收入达6892元，同比增长19.1%，增加额首次超千元，达到1103元，其中农民人均工资性收入2934.5元，增长22.6%；农民人均家庭经营纯收入3421.4元，增长17.2%；农民人均财产性收入111.5元，增长11.3%；农民人均转移性收入424.2元，增长13.4%。

农业基础设施加快改善，农业综合生产能力进一步提高。年内，江西着力加快水利改革发展步伐，出台《省委省政府关于加快水利改革发展的实施意见》，水利建设规模空前，鄱阳湖水利枢纽工程立项工作有序推进，峡江水利枢纽、浯溪口水利枢纽等工程建设进展顺利，山口岩水利枢纽工程基本完成，修复重点水毁工程1.1万余处，新增灌溉面积4万公顷，恢复和改善灌溉面积14万公顷。造地增粮富民工程扎实推进，通过土地开发复垦新增耕地1.17万公顷，改造中低产田5.33万公顷，建设高标准农田2.67万公顷。农业机械装备水平进一步提高，农业机械总动力达4200万千瓦，比上年增长10.4%；机耕面积达289万公顷，机收面积达229.8万公顷，机收面积占农作物总播种面积的41.9%，同比提高1.2个百分点。

农村生态保护和建设力度不断增强，农村环境进一步优化。年内，江西继续推进造林绿化“一大四小”工程，全年投入工程建设资金98.6亿元，其中社会资本51.4亿元，新增造林面积25.93万公顷，森林覆盖率达63.1%。稳步推进农村清洁工程，省财政新增安排5000万元专项资金，选择3.01万个村点、500个集镇，开展农村垃圾无害化处理，一大批村镇面貌焕然一新。大力推进生态示范创建活动，创建国家级生态镇40个、生态村9个。不断加大农业面源污染治理力度，稳步提升农产品质量安全水平，无公害农产品、绿色(有机)食品发展势头良好，没有发生一起因食用农产品而导致的重大安全事件，没有发生重大动物疫情。

农村民生工程扎实推进，农民生活条件进一步改善。年内，江西省市县三级安排财政资金19.54亿元，选择了8000个省批村点和976个市县自建点开展社会主义新农村建设，更多的农民走上平坦路、住上整洁房、喝上干净水、用上卫生厕。全年改造建设农村公路8000千米，新建成乡镇客运站123个，新建成农村候车亭2000个，解决220万农村居民和30万农村学校师生饮水安全问题，完成农村危房改造8万户。3400个贫困村的新一轮整村推进启动，完成深山区、库区、地质灾害频发区贫困群众移民搬迁5.08万人。农村人口计划生育年度各项工作任务全面完成，新增加“计划生育绿色养老”家庭8万户，累计达到16万户，占农村二女户的66%。新型农村合作医疗参合农民3238.76万人，参合率达到97.81%。农村五保集中供养标准由每人每年1920元提高到2400元，分散供养标准由每人每年1320元提高到1560元。农村低保标准由平均每人每月110元提高到130元，财政月人均补差水平由75元提高到90元。新型农村养老保险试点范围增加53个县(市、区)，实现新型农村养老保险试点覆盖县(市、区)的比例达到77%。全年新增转移农村劳动力55万人。农村教育、文化、体育、卫生等公共服务水平不断提升，基层组织和民主法制建设进一步加强，农村社会保持和谐稳定。

农村各项改革继续深化，农村发展活力和后劲进一步增强。年内，江西以增强农村发展活力和后劲为动力，着力打好农村改革攻坚战。农村综合改革一事一议财政奖补试点继续在60个县开展，实施村内道路、小型水利设施、植树造林、村庄整治等项目近4000余个，惠及农民1000多万人。集体林权制度改革成果进一步巩固，省政府出台《贯彻落实温家宝总理重要指示进一步深化集体林权制度改革的意见》。林权制度配套改革进一步深入，组建了南北联合林业产权交易股份有限公司。县级林权管理服务中心建设试点工作顺利推进，武宁、铜鼓、德兴、遂川等4县（市）逐步建立起集林权管理、流转交易、社会服务"三位一体"的林权管理服务机构。农口所属国有企业的改革和发展积极稳妥地推进，国有林场改革被列入国家试点省，累计有3.04万名国有林场职工实现了身份转换；农业系统104家国有企业、粮食系统525家国有企业基本完成改革，水利系统国有企业改革成效显著。基层农技推广服务体系不断健全，科技进步对农业增长的贡献率达51%。新一轮农村改革试验区工作启动实施，南昌县城乡经济社会发展一体化改革试验区得到国家农业部批复。

【召开全省农村工作会议】 1月20日，全省农村工作会议在南昌召开。会议认真贯彻党的十七届五中全会、中央经济工作会议、中央农村工作会议和省委十二届十四次全会精神，系统总结"十一五"时期和2010年全省农业和农村工作，科学谋划"十二五"农业和农村发展，具体部署2011年农业和农村工作，表彰2010年全省农业和农村工作先进单位和个人。省委书记苏荣出席会议并讲话，省长吴新雄、省政协主席傅克诚、省人大常委会副主任蒋如铭出席会议。省委副书记张裔炯宣读了省委、省政府的表彰决定，省委常委、副省长陈达恒出席会议并作工作报告，省委常委、省委秘书长赵智勇主持会议。会议强调，做好当前和今后一个时期全省农业农村工作，就是要更加突出强化"重中之重"意识，进一步增强做好"三农"工作的责任感和使命感。要从党和国家工作的全局出发，进一步强化"重中之重"意识；要着眼于全省实现科学发展、进位赶超、绿色崛起，进一步强化"重中之重"意识；要把强化"重中之重"意识，贯彻落实到同步推进工业化、城镇化和农业现代化的重大决策之中。会议指出，做好当前和今后一个时期全省农业农村工作，重点做好发展现代农业、兴修农田水利、加强生态建设、推进城乡统筹、维护农村稳定五篇大文章，进一步加快全省农业现代化进程。大力发展现代农业，进一步提高农业综合生产能力和比较效益；大力加强农田水利基本建设，进一步夯实农业发展基础；大力推进生态建设，进一步优化全省生态环境；大力搞好城乡统筹，进一步促进城乡经济社会一体化；大力维护农村稳定，进一步夯实全省社会稳定的基础。会议要求，各级各部门要按照"重中之重"的要求，积极关心"三农"，全力扶持"三农"，合力推进"三农"。

【全省统筹城乡一体化试点工作扎实推进】 2011年，南昌市、新余市、共青城市的统筹城乡一体化试点工作取得明显进展。南昌市按照改造城中村、建设新农村、打造小城镇的思路，加快推进城镇化进程，选择部分乡镇或重要干道沿线，重点打造若干个城镇社区带、特色产业带、新农村示范带、生态文化旅游带和群众生活富裕带。新余市大力实施一元化户籍、宅基地换房、扩权强镇、农村产权制度改革等"四项改革"，在分宜县召开一元化户籍改革动员大会，制订农民土地承包责任制不变、可耕种土地不减和尊重村民意愿的宅基地换房工作原则，分宜县、渝水区相继出台《扩权强镇改革试点实施方案（试行）》，农村产权制度改革试点工作正在罗坊、双林两镇开展。共青城市围绕统筹城乡产业发展、规划布局、基础设施建设、市场化改革、信息化发展、公共服务、社会管理、环境管理等8个方面进行全面细致的安排部署，各项工作正在有序开展。

【全面实施一村一名大学生工程】 2011年，"一村一名大学生工程"在全省范围内正式启动。9月15日，省委办公厅、省政府办公厅印发《关于在全省实施"一村一名大学生工程"的通知》，决定从2012年开始每年培养6000名农民大学生，用3年时间培养1.8万名大学生，实现全省每个行政村都有一名大学生，农民大学生培养学费全部由省、市、县（市、区）三级财政按比例负担。10月10日，省委、省政府成立以省委常委、组织部部长莫建成为组长，省政府副省长姚木根为副组长的"一村一名大学生工程"工作领导小组，领导小组下设办公室，办公室设在省委农工部，各市、县（市、区）也相继建立领导机构和工作机构。10月15～16日，在省"一村一名大学生工程"领导小组办公室的组织指导下，江西农业大学组织400余名考生参加全国成人高校统一考试，之后招录343名成人高等教育函授"农民大学生"。12月8日，省"一村一名大学生工程"领导小组办公室下发《关于做好2012年"一村一名大学生工程"远程教育学员推荐和招生工作的通知》，并会同省广播电视大学全面布置5600余名通过远程教育学员的招生录取工作。

（董兆华）

社会主义新农村建设工作

【概　况】 2011年，按照中央"5句话20个字"目标要求和省委、省政府"五新一好"实施目标，在切实巩固历年新农村建设工作成果的基础上，通过省市县三级共建、社会各界合力共建，全省新农村建设扎实推进、进展顺利，取得了比较好的成效。

在谋划布局上，注重整体平衡。一是统筹布点。一般选择30～50户左右、交通便利、自然条件和经济基础较好的自然村开展新农村建设；同时在一些经济条件较好、基础设施较全、基层组织较强、群众积极性较高的乡镇集镇和大村庄，开展村镇联动、村落连片整治建设。从而在基础村、中心村、集镇所在村3个层面协调推进新农村建设。二是自主建设。在抓好8000个省批新农村建设村点的同时，各市县自我加压，主动增加自建点，全年省批准的市县自建点976个。三是点面互动。在组织村点开展新农村建设的同时，各地结合下年度的选点工作，组织广大农村积极开展清路障、清垃圾、清淤泥等前期工作。

在建设内容上，突出三个重点。

各地以发展生产、富裕农民为立足点，以解决农民群众最急需而又能办到的事情为切入点，积极引导村点农民因地制宜抓好产业发展、村庄整治、新社区建设等三项重点工作。大力发展“一村一品”和农民专业合作社，不断提高村点农民产业增收的水平；突出抓好以“三清六改四普及”“三绿一处理”为主要内容的村庄整治建设，优化农村人居环境和生态环境；按照“地域相近、产业相同、利益共享、规模适度、群众自愿”的原则，结合村镇联动和村落连片整治建设，建设农村新社区。

在资金投入上，鼓励多方参与。一是三级共建。省、市、县三级财政按6:1:3的比例，共同出资16万元/村点支持新农村建设。二是两个统筹。通过直接统筹，整合省市县三级财政性资金以及省交通厅车改税项目资金、省发改委以工代赈项目资金；通过衔接统筹，整合农村沼气、农村饮水安全、以工代赈、小型农田水利、农业综合开发、村级公益事业“一事一议”“一村一品”、造林绿化“一大四小”等涉农项目资金支持新农村建设。三是多元融资。采取各种激励措施，形成各级政府投一点、受益群众出一点、涉农资金捆一点、帮扶单位助一点、社会各界捐一点、政策优惠减一点、金融市场贷一点“七个一点”的新农村建设融资机制。据统计，全省2011年度8976个村点，筹措各类资金58.99亿元(平均每个村点投入65.7万元)，其中：财政性资金22.19亿元，占37.6%；农民自筹资金30.58亿元，占51.8%；社会捐助等资金6.23亿元，占10.6%。

在推进措施上，强化组织领导。一是加强组织推动。各市县党委政府把新农村建设作为统筹城乡发展、推进“三化同步”的重要抓手，不少党政主官坚持新农村建设重要活动亲自参加、重要工作亲自部署、重要问题亲自协调，到基层调研指导也必看新农村建设点。二是加强各界帮扶。领导挂点、部门驻点、干部蹲点以及社会力量帮扶新农村建设的工作制度，在各县(市、区)得到坚持和有效完善。通过投入新农村建设实践，干部作风得到明显转变，部门单位为农服务水平得到有效提升，国企民企心系三农、支持新农村的社会责任感进一步增强。三是加强督查指导。各地坚持推行适时调度、定期督查、通报情况、公布排名、奖优罚劣等机制，较往年，督查指导更加科学得力，效果也更凸显。

在建设效果上，凸显五新一好。一是农村产业发展不断加快。全省8976个村点有7255个规划和发展“一村一品”。结合产业发展，近29万村点农民新加入3352个农民专业合作社，极大地促进农民增收。二是农村人居环境不断改善。硬化道路1.37万千米，有35.5万农户用上安全卫生的自来水，35.3万农户用上卫生厕，5.1万农户用上沼气，8.4万农户安装了太阳能热水器。各村点还积极开展垃圾无害化处理，在房前屋后、进村道路两侧、村庄周围种树569万株。村点农民走平坦路、喝干净水、上卫生厕、住整洁房、用洁净能、居优美村，已成为美好现实。三是农村社会管理不断规范。修建农村社区活动设施1.92万个，文娱中心、文化广场、图书超市和农家书屋等一批新事物走进农村社区。在此基础上，以农村社区为载体，广泛开展各类精神文明创评活动，实现新农村建设与农村精神文明建设的良性互动。

【开展新农村自建村点建设】 鉴于各地新农村建设积极性不断提高、县域财政增长加快的形势，从2011年起，全省鼓励各市县动用自有财力开展新农村自建村点建设，省级调剂村点指标与市县自建村点挂钩安排。自建村点和省定村点的建设内容和标准完全相同，实行申报、建设、督查、考评等工作与省定村点完全同步。据统计，2011年全省新农村建设市县自建村点达976个，累计投入建设资金6.4亿元。

【开展全省新农村建设社会捐赠百佳企业和个人评选活动】 2011年，为充分调动社会各界力量支持新农村建设的积极性，进一步营造全社会共建新农村的良好氛围，省新村办按照县(市、区)推荐、设区市审核、省里审定的原则，从近年来各地新农村建设捐赠资金和物资超过50万元的企业或个人中，评选确定62家企业、64名个人为“全省新农村建设社会捐赠百佳企业和个人”。10月12日，全省社会主义新农村建设工作会议对百佳企业和个人进行了表彰。

【开展第二届江西百佳优美村庄及首届江西新农村建设五周年十大先进人物评选活动】 2011年，为总结江西新农村建设5周年取得的丰硕成果，表彰对新农村建设作出杰出贡献的先进个人，省委农工部、省新村办、省文明办、省旅游局和中国电信江西分公司联合，采取逐级申报、网络(电话)投票、组委会评审相结合的形式，评选出100个优美村庄、10名先进人物。10月12日，全省社会主义新农村建设工作会议对百佳优美村庄和十大先进人物进行表彰。

【承办第三届中国新农村电视艺术节暨第五届农村小康电视节目工程专题片颁奖典礼】 11月30日，“第三届中国新农村电视艺术节暨第五届农村小康电视节目工程颁奖典礼”在江西进贤开幕。中国文联党组成员、书记处书记夏潮，全国政协常委、中国文联副主席、中国电视艺术家协会主席赵化勇，江西省副省长姚木根出席。来自全国各省、市、县电视台和电视艺术家协会代表齐聚一堂，参加表彰的2010～2011年全国各地优秀农村电视节目，特别是新农村建设“小康工程”优秀电视节目集中亮相。“10位致富带头人、10位好村官、30部最佳作品、50部好作品”奖项各归其主。颁奖典礼在中央电视台七套《乡村大世界》栏目黄金时间播出，时长85分钟。

【开展“人民网——走近江西新农村”大型网络采访活动】 为展示江西新农村建设的丰硕成果，扩大江西新农村建设影响，12月8日，人民网、省新村办共同组织、正式启动为期一个月的“人民网——走近江西新农村”大型网络采访活动。省委宣传部部长刘上洋出席启动仪式。人民网开设“走近江西新农村”专题，安排省新村办领导与网民在线交流，对各设区市党政分管领导和部分县(市、区)领导，以及典型乡镇、行政村和有代表性的农村项目进行专访。

(徐清华　吴义勇)

机关党的建设

【概　况】 2011年，全省机关党组织按照“围绕一条主线、紧扣两大核心任务、突出五个重点”的工作部署，全面推进机关党的思想、组织、作风、制度和反腐倡廉建设，有力地促进机关各项任务的完成。

学习型党组织建设扎实推进。总结推广领导班子和领导干部带学促学的做法和经验，以中心组学习带动机关党员干部的学习。发挥工委党校、讲师团和基层党校的教育培训功能，采取多种形式培训党员干部2万余人次。切实抓好省第十三次党代会精神的学习贯彻，先后举办4场形势任务报告会，集中开展形势政策教育。

基层组织建设有效加强。大力推进基层党建项目化发展，制定下发推进机关党建工作项目化发展的实施意见，着力加强基层党组织规范化建设。在10个基层单位开展党支部规范化建设试点。认真做好党员教育、管理、服务、发展工作，发展新党员3219名。截至12月底，省直机关共有党员12.86万人，党委539个，党总支435个，党支部6683个。督促指导机关党组织按期换届。加强专职党务干部履新培训和定期培训，举办了新任机关党务干部、党支部书记和宣讲骨干培训班，组织省直机关“两委”书记赴清华大学高级研修班培训。

作风效能建设常抓不懈。制定全省机关改进作风效能创建最优发展环境实施方案，建立工作台账，设立监督电话、网络信箱，受理群众投诉，通报会风会纪，加强督查督办。进一步抓好“万名群众评机关”群众意见整改落实工作。积极倡导文明新风，继续组织新春植树。2月9日，30多名省领导与上万名省、市机关党员干部一道植树造林，《人民日报》、中央电视台等主流媒体进行报道。

反腐倡廉建设深入推进。组织参加反腐倡廉知识竞赛、理论征文和廉政公益广告创意征集活动。抓好元旦、春节期间廉洁自律、厉行节约以及贯彻《廉政准则》自查工作。制定印发了机关党务公开工作规则。加强风险岗位廉能管理，加大查办损害群众利益突出信访问题和违纪案件力度，做好信访举报工作。2011年，省直机关受理群众举报1356件（次），立案92件，结案83件，处分违纪党员89人，其中处级干部9人、科级干部31人。

机关文化建设蓬勃展开。召开省直机关文化建设现场会，总结交流省直单位加强机关文化建设的经验。深入推进和谐文明机关创建，做好第三批全国文明单位推荐和省直机关第八届文明单位评选表彰工作。着力抓好机关党员干部心理健康教育，举办心理健康大型系列讲座，深入开展心理健康普查和省社科重点规划项目《公务员心理疏导机制建设研究》，完善心理健康调研、宣传、教育机制，引导机关党员干部保持良好的心态和健康的心理。认真总结“五五”普法工作经验，搞好“六五”普法启动和规划工作，省直机关工委被评为全国“五五”普法先进单位。

机关党组织自身建设得到加强。认真贯彻落实《中国共产党党和国家机关基层组织工作条例》，省委制定印发江西省实施办法，重点从领导体制、机构设置、管理机制、人员编制、保障机制等方面对机关党建工作进行了规范和加强。省委重视《条例》贯彻落实的经验做法在中组部举办的培训班和全国部分省（区、市）机关党建工作座谈会上交流。省直机关工委撰写的《以规范化建设为主线推动〈条例〉贯彻落实的实践与思考》一文获得2011年度全国机关党建研究成果一等奖。紧扣《条例》修订《机关党务工作指南》，较好地发挥了指导作用。

【积极融入中心服务大局】 2011年，省直机关工委在100个县（市、区）全面推开“四级联动、携手共建”，组织机关党员干部深入基层访民情、解民忧、帮民困，推进生态经济项目建设和基层党的建设。开展“节能减排、低碳生活”有奖征文，组织废旧电池回收活动，倡导绿色、健康、环保理念，推动鄱阳湖生态经济区战略部署的落实。与省红十字会联合开展“携手共建，博爱送万家”活动，筹措慰问款物1500余万元，走访慰问结对共建村的困难家庭，受益群众近10万人。与南昌市联合开展共建文明社区共创文明城市活动，为支持南昌市创建全国文明城市、办好“七城会”，促进省会城市经济发展，维护社会和谐稳定作出积极贡献。

【广泛开展“三创三提”主题实践活动】 2011年，省直机关工委按照全省创先争优和“发展提升年”活动的统一部署和总体要求，在省直机关开展“三创三提”主题实践活动：争创“五带头”优秀党员，提高综合素质；争创“五个好”先进党支部，提高基层党组织的创造力、凝聚力、战斗力；争创“五型机关”（效率型、责任型、学习型、服务型、廉政型机关），提高服务意识、水平、效能，提升发展速度、质量、效益。召开“三创三提”活动现场推进会，认真总结推广有关单位的经验做法。广泛开展服务技能竞赛、岗位练兵，举办省直机关首届窗口岗位服务技能竞赛暨形象大使评选。深入开展“富民兴赣我先行”百万党员承诺活动，引导党员立足本职岗位创先争优。6月，面对旱涝急转的严峻形势，全省各级机关党组织和党员干部把抗灾救灾作为开展创先争优活动最大实践阵地，以实际行动履行承诺。

【组织开展纪念中国共产党成立90周年系列活动】 6月29日，省领导苏荣、鹿心社、傅克诚等出席省直机关庆祝建党90周年文艺晚会并接见受表彰的省直机关“一先两优”代表。对省直机关老党员、老干部和优秀共产党员进行走访慰问。组织全省机关文艺调演，唱响主旋律。表彰先进基层党组织、优秀共产党员和优秀党务工作者，激励各级机关党组织和广大党员干部以一流业绩向党的生日献礼。广泛开展讲党课、观红影、征文研讨、书画摄影、党史党建知识竞赛等活动，组织新党员集中进行入党宣誓，促进广大党员干部深入学习党的理论、党的知识、党的历史和优良传统，增强知党、爱党、兴党意识。

【为基层党组织和党员群众办好“十件实事”】 2011年，省直机关工委筹集资金224万元，慰问省直机关劳动模范和困难党员、职工2206人；慰问长征时期入党的10名老党员；慰问奋斗在彭泽核电工程、鄱阳湖水利枢纽工程等鄱阳湖生态经济区重大项目建设一线的基层党组织和党员；组织107名在职劳动模范和“一先两优”代表疗休养；为432名“空巢”老党员提供志愿服务；为158名单亲困难女职工办理安宁保险；开展在职党员、干部职工重大疾病医疗互助，2万多人自愿参加，为35名符合救助条件的对象发放帮扶金66万元；举办省直机关第九届“春之舟”联谊活动；开展金秋助学，115名困难党员、职工家庭子女受到资助。

（付利明）

高校党建工作

【概　况】　2011年，省委教育工委、省教育厅坚持以邓小平理论、“三个代表”重要思想为指导，深入贯彻落实党的十七届六中全会精神、省第十三次党代会精神和全国第十九次高校党建工作会议精神，以贯彻《中国共产党普通高等学校基层组织工作条例》和纪念建党90周年为契机，以开展创先争优活动和高校基层组织建设提高年为载体，大力推进高校党建工作。

围绕贯彻落实《中国共产党普通高等学校基层组织工作条例》，扎实推进高校党建工作。一是进一步完善高校基层党建工作的长效机制。起草《江西省贯彻落实〈中国共产党普通高等学校基层组织工作条例〉的实施意见》并报省委审批。制定印发贯彻《中共江西省委关于进一步加强和改进党的基层组织建设的意见》的实施意见，对进一步加强全省高校基层党组织建设作全面规划和部署。二是不断创新基层党建工作载体。开展全省高校“基层组织建设提高年”主题活动，通过举办党员培训班、加强党员活动室建设、建立党建工作示范点、组织党建专项调研、建立健全长效机制等措施，深入推进高校基层党建工作。三是大力推进民办高校党建工作。顺利完成民办高校党委书记换届，并向13所民办高校选派党委书记（督导专员）。组织开展民办高校党建工作评估，全面总结和检查评估向民办高校委派党委书记制度实施4年来的成效，推动民办高校党建工作发展，党组织在全省民办高校的政治核心作用得到进一步增强。四是积极加强高校党建工作研究。设立高校党建研究项目课题并正式被确定为省级课题。开展高校党建研究项目课题的申报评审，共评定全省高校党建课题46项，资助经费近50万元；同时许多课题成果通过进一步提高后成为指导全省高校党建工作发展的有效制度，推进江西高校党建工作的科学化水平。2011年全省高校党建工作得到教育部充分肯定，在教育部召开的贯彻落实《中国共产党普通高等学校基层组织工作条例》工作会和全国高校统战工作会上，省委教育工委作为典型在会上作经验交流发言；在全国高校党建研究会举办的纪念建党90周年专题征文活动中，省委教育工委参评论文《关于高校发展“高学历、高职称”人员入党问题的研究》获一等奖，充分展示江西省高校党建工作的成效和特色。

围绕充分发挥党组织和党员的战斗堡垒和先锋模范作用，深入开展创先争优活动。把创先争优活动与贯彻落实教育规划纲要和服务鄱阳湖生态经济区建设紧密结合起来，广泛开展了“十万干部下基层、排忧解难促和谐”“富民兴赣我先行百万党员承诺活动”等活动，启动“为民服务创先争优”活动。高校各级党组织和广大共产党员按照“五好五带头”的总要求，在服务广大师生和经济社会发展中争做“六比六看齐”“六带头六表率”优秀共产党员。把创先争优活动与纪念建党90周年结合起来，加强党员教育，发挥党员的先锋模范作用。开展以“学党史、知党情、跟党走”为主题的系列学习教育活动，召开了全省教育系统庆祝建党90周年暨表彰大会，组织广大党员干部认真学习胡锦涛总书记的重要讲话精神，进一步坚定广大干部和师生员工“永远跟党走”的理想信念。同时，表彰先进基层党组织40个、优秀共产党员30名和优秀党务工作者30名。江西农业大学校长助理、组织部部长胡春晓被中组部授予全国优秀党务工作者荣誉称号，充分展示江西省高校党员干部的良好形象。

围绕提高领导班子办学治校的能力，加强高校干部队伍和人才队伍建设。领导干部学习方式不断创新。推进高校学习型党组织建设，建立全省高校领导干部论坛，并在南昌大学举办第一期论坛，邀请了中国工程院院士、副院长、第四军医大学校长樊代明作《精品战略与学校建设》的报告，在南昌本科高校的领导班子成员和处级干部500余人参加论坛，打造一个高校领导干部学习和教育的新平台。高校干部教育培训不断推进。开展了第三批选派高校领导干部到国内著名高校挂职和高校、市县教育局干部到委厅挂职的工作。从高校选派了2名校级领导和5名处级领导到北京航空航天大学、西北工业大学和中南大学等3所国内名校挂职；从9所高校和11个地市教育局选调了40名干部到委厅机关上挂锻炼。启动第二批“井冈学者”特聘教授计划，在第一批15个“井冈学者”特聘教授岗位基础上，增设15个“井冈学者”特聘教授岗位。配合省委组织部落实第一批“赣鄱英才555工程”人选者的政策，同时完成第二批“赣鄱英才555工程”人文社科类人选的遴选，推进全省高校创新团队建设和人才培养。

【开展“基层组织建设提高年”活动】　2011年，省委教育工委以提升党员的形象和先锋模范作用为重点，注重载体建设，结合创先争优活动，开展全省高校“基层组织建设提高年”主题活动，从领导班子建设、制度规范、党员教育、科学研究和工作创新等5个方面全面推进高校基层党建工作。先后举办3期大学生新党员培训示范班和2期高校基层党组织书记学习培训班，培训大学生新党员300人、基层党组织书记200人；举办第二批党建工作示范点和第二批示范性党员活动室评选，评出党建工作示范点14个，示范性党员活动室20个；开展全省高校党员教育管理服务工作和在“双高”人员中发展党员工作等多个方面的专项调研，形成一批有实践指导意义的调研成果；启动了高校基层党建工作项目化发展，评比确定一批全省高校基层党建工作的品牌项目，其中在高校“双高”人员中发展党员的项目被省委确定为全省基层党建工作创新探索型项目并予以重点建设。

（戴乐旺）

领导干部培训

【概　况】 2011年，全省各级党校（行政学院）认真贯彻落实中央和省委的决策部署，按照《中国共产党党校工作条例》《行政学院工作条例》和《2010－2020年干部教育培训改革纲要》要求，以提升办学质量、服务发展大局为主题，紧密结合江西省干部队伍建设实际，扩大培训规模、推进教学改革、夯实科研基础、提升保障水平、增强培训后劲，初步探索出一条具有江西特色的干部教育培训新路子，有力推进全省干部教育培训事业又好又快发展。

积极发挥主渠道主阵地作用，继续大规模培训轮训干部。省委党校（江西行政学院）共举办市厅班、县处班、中青班、公务员班、乡镇（街办）党委书记班等常规主体班次17期，培训学员771人；承办“全省加强和创新社会管理，做好新形势下群众工作”专题研讨班，培训学员130人；与省内有关部门合作举办各类班次9期，培训学员824人。全年培训1725人，圆满完成年度任务。

积极推进教学改革，不断提升干部教育培训质量。各级党校（行政学院）坚持围绕中心、服务大局，积极探索具有地方特色的干部教育培训新方式新方法，不断增强教育培训的针对性、实效性。省委党校（江西行政学院）在教学内容上，把学习贯彻胡锦涛总书记“七一”重要讲话、六中全会和省党代会精神作为重要内容，及时调整主体班教学单元、教学专题、教学内容，进一步完善以中国特色社会主义理论体系为中心的教学框架，进一步加大与江西发展密切相关的教学比重，并深入开展读经典、学原著、学党史、学历史活动。在教学方式方法上，重点改进理论课讲授方式，扩大教师团队与学员互动研讨的教学比重，并注重发挥教学基地和现场教学点作用，根据不同班次的特点，分层次、分类别开展“做大做强中心城市”“壮大江西县域经济”“乡镇经济社会发展”和“走小平小道”“学习方志敏”等现场教学，实施“促进经济与生态融合，建设富裕和谐秀美江西”等项目制专题研究式教学，举办领导干部如何经受“四大考验”、应对“四大危险”和如何实现“经济与生态共赢”、推进鄱阳湖生态经济区建设等互动论坛，增强了教学针对性和实效性。在教学管理上，制订了《现场教学实施方案》，继续实施“主体班理论辅导员”制度，组织开展以“怎样当好一名党校教员”为主题的师资培训以及教学观摩、教学法研讨等活动，并进一步完善集体备课制度。在学员管理上，坚持把严格管理、规范管理与人性化管理统一起来，把组织管理与学员自我管理结合起来，把加强党性教育贯穿学员管理全过程，推动学员形成良好学风，更加自觉地创先争优。

积极拓宽办学渠道，着力提升开放式办学水平。省委党校（江西行政学院）充分利用品牌优势和国内国际培训资源为“我”所用。一方面继续深化国际合作交流。会同江西省委组织部举办了第八期中美研修班，培训学员22人；实施第一期“中德（国）合作管理培训项目江西行动学习子项目”，培训学员26人。协助省委组织部举办江西省中高级公务员赴瑞士培训班，培训学员22人。另一方面扩大继续教育和对外培训。以纪念建党90周年为契机，依托江西丰富的红色资源，采取多种方式开展继续教育和对外培训，合作对象、培训班次及人数均比上年大幅度增长，并打造一批特色品牌。

【举办社会管理、做好群众工作专题研讨班】 5月4～6日，江西省加强和创新社会管理、做好新形势下群众工作专题研讨班在省委党校举行。省领导苏荣、吴新雄、张裔炯、舒晓琴等作重要讲话或工作部署。研讨班的主要任务是，深入学习贯彻胡锦涛总书记等中央领导在省部级主要领导干部社会管理及其创新专题研讨班上的重要讲话精神，深刻分析江西社会管理和社会稳定面临的形势，认真研究进一步加强和创新社会管理、做好新形势下群众工作的对策措施，为促进江西科学发展、进位赶超、绿色崛起凝聚强大力量、营造和谐稳定环境。省委、省人大、省政府、省政协领导班子成员，省法院、省检察院主要负责人，各设区市市委书记、市长，省委各部门、省直各单位主要负责人200余人参加研讨班。　（许　立）

信访工作

【概　况】 2011年，面对国内外复杂的经济发展环境和广大人民群众的新期待，面对春夏连旱、旱涝急转等自然灾害，面对建党90周年、“七城会”等重大活动，全省信访工作取得显著成效，主要体现在两个方面：一是信访形势继续呈现良好态势。具体表现为“四下降、三持平、两上升、一保持”。“四下降”，进京集体上访98批701人次，批次和人次分别下降22.8%和14.1%；全省重复访4.26万人次，同比下降24.2%；来省上访3.76万人次，同比下降8.4%；来省非正常集体上访大幅下降，116批4659人次，分别下降32.2%和50.5%。“三持平”，进京正常上访总量2137人次，与上年基本持平；全省信访总量33.2万件（人）次，与上年基本持平；来省集体上访1484批2.47万人次，与上年基本持平。“两上升”，即到和谐大厦上访9480批2.95万人次，分别占来省上访总量的94.4%和77.4%，占比分别上升8.4%和14.3%；省级“网上信访”受理群众诉求6590件，同比上升8.5%。“一保持”，全省进京重复非正常上访在全国排位保持在20位左右。二是多项工作在全国有较好影响。2011年12月5～6日，中央处理信访突出问题及群体性事件联席会议（以下简称“中央联席会议”）在宁波召开全国领导干部接访工作经验交流现场会，江西省是8个作经验交流的省份之一，重点介绍构建大格局，实现大化解，全面提升领导干部接访效能的经验做法。同时，江西省万年县群众工作模式、用群众工作统揽信访工作试点、联合接访中心建设、信访三级终结、特殊疑难专项资金使用、“信访视频系统”运用等方面的工作，得到中央联席办、国家信访局的肯定和兄弟省市的好评。

领导干部接访深入推进。一是省直部门领导联合接访。全年职能部门厅级领导干部到省人民来访接待中心参加接访达137人次，累计接待上访群众263批1159人次。二是市县领导常态接访。全年全省市、县(市、区)党政领导接访1.9万批10.67万余人次。三是创新领导接访方式。运用现代信息技术,建设覆盖全省各市、县(市、区)和部分乡镇的"江西省信访视频系统",致力于创建省、市、县、乡四级同步视频会商接访新模式,信访群众与省直厅局领导和市、县领导通过视频面对面地交流。全年接待群众92批1639人次。

化解信访积案成效明显。一是全面落实领导包案化解积案。省、市、县三级共排查出重复访积案4421件,全部实行领导包案,其中省党政领导包案处理15件"三跨三分离"信访积案。全年办结4142件,办结率93.7%。其中省重点交办313件,办结290件,办结率92.6%。二是全面规范使用解决特殊疑难信访问题专项资金。全年使用中央救助资金1570万元,省、市、县三级(含省直单位)共配套资金6280万元,救助解决特殊疑难信访个案1646个。三是全程坚持依法终结信访事项。积极开展信访事项三级终结工作,按照事实清楚、证据充分、定性准确、程序规范、档案完备的要求,已向中央联席办上报备案信访事项289件。四是全力抓好督导调度跟踪问效。省处理信访突出问题及群体性事件联席会议(以下简称"省联席会议")先后两次组织督查组,由厅级干部带队,到各设区市和有关县(市、区)进行督导。9月初开始,省联席会议办公室每半个月通报一次全省重复访化解工作进度以及典型案例,报省委各位常委,高位推动积案化解工作。

体制机制创新凸显亮点。一是协助起草文件有新意。完成了《中共江西省委、江西省人民政府关于加强和创新社会管理做好新形势下群众工作的若干意见》的起草工作,省领导充分肯定文稿内容实在、有新意。9月中旬,此文件已由省委、省政府下发。二是协调推动体制有突破。新余市和18个县(市、区)被列为用群众工作统揽信访工作试点后,按照省委、省政府的要求,学习借鉴万年县的经验做法,紧密结合实际,进行积极的探索。2011年,新余市和8个县(市、区)相继设立了群众工作机构。三是信息化应用水平有提高。开通了江西信访网上服务中心,进一步推进了江西省信访信息化建设,标志着江西省网上信访工作迈上了一个新的台阶。四是工作方式方法有创新。积极探索完善考核通报机制,对发生进京非正常上访和来省集体上访的,只要解决了合理诉求,考核时不扣分;对到省人民来访接待中心上访和进京非正常上访初访的,只登记、不通报。积极组织开展创"无进京重复非正常上访、无进京集体上访、无来省非正常集体上访县(市、区)"活动。对"三无"县(市、区)的有关人员,经考核可给予一个月工资的奖金,并为县(市、区)党政主要领导记功。

【信访工作现场会暨信访问题大治理表彰会在万年召开】 4月3日,全省用群众工作统揽信访工作现场推进会暨五类信访问题百日大治理活动总结表彰会在万年县召开。省委常委、政法委书记、省公安厅厅长舒晓琴出席会议并讲话,省委常委、常务副省长凌成兴主持会议。会议表彰全省五类信访问题百日大治理活动先进集体和个人,与会人员还实地参观万年县四级群众工作平台。各设区市、县(市、区)党委或政府分管领导及信访局局长,省委有关部门、省直有关单位分管领导近300人参加会议。

【三级信访干部开展大走访活动】 为深入推进全省信访系统创先争优活动,切实转变机关干部作风,全力推动疑难信访问题解决,5月24日,省信访局召开省、市、县三级信访干部大走访活动电视电话会议。全省各级信访干部集中1个月左右时间,深入基层,重点走访一批到省进京重复上访的群众,走访活动由省信访局副处级以上干部牵头,市、县信访干部参与,组成近40个走访组,走访近80个县(市、区)近200个信访群众的家庭,努力实现在解决群众实际困难中创先争优,在化解矛盾中创先争优,在促进社会和谐中创先争优。

【召开全省重复访化解工作座谈会】 6月18日,省委召开江西省信访工作历史上第一次高规格专题座谈会,专门研究重复访化解工作。省委书记苏荣出席会议并讲话,省委副书记、代省长鹿心社,省委副书记张裔炯先后主持会议,省委副秘书长、省信访局局长朱荣辉通报当前全省重复访有关情况,11个设区市委书记先后发言。省委常委、省联席会议召集人、省法院院长,省检察院检察长等15位省级领导及各设区市委政法委书记、信访局长、维稳办主任,省直有关部门主要负责人近百人参加会议。

【中南华东十一省(区)信访工作座谈会在南昌召开】 12月26~28日,中南华东十一省(区)信访工作座谈会在南昌召开。中央联席会议办公室副主任、国家信访局党组成员、副局长徐业安出席会议。省委常委、省委秘书长赵智勇出席会议并致辞。山西、江苏、安徽、福建、河南、湖北、湖南、广东、广西、海南及江西省信访部门负责人参加会议。会议交流探讨信访积案化解工作的思路和方法,分析当前信访形势,研究工作中出现的新情况、新问题,提出改进意见和建议。

(省委省政府信访局)

老干部工作

【概　况】 2011年,全省老干部工作取得明显成效。创先争优活动深入推进。各地各部门坚持把创先争优活动作为加强思想政治建设和党支部建设的有力抓手,积极创新载体,激发创先争优的内生动力。先后召开了全省党组织和党员创先争优活动座谈会、省直单位党支部建设研讨会,并举办了全省基层党支部书记培训班和省直厅局级老干部理论学习班,及时总结并编辑《红旗漫卷——江西省党组织和党员创先争优活动事迹选编》6000余册,赠送全省老干部工作部门和党支部学习。

离退休干部对组织工作满意度稳步提升。2011年是省市县乡四级党委集中换届之年。按照中组部部署,各地加强情况通报制度,特别是重点通报地方换届等情况。省委副书记张裔炯,省委常委、组织部部长莫建成先后3次向离退休干部作全省政治经济形势及组织工作通报,为各级领导作出表率。不少市注重发挥离退休干部政治可靠、经验丰富的优势,特邀离退休干部参加市、县领导干部换届人选推荐工作,赢得离退休干部对换届工作的认可和支持,提高他们对组织工作的满意度。

庆祝建党90周年活动富有声势。按照省委统一部署,各地各部门普遍开展走访慰问老干部、老党员活动,送上党和政府的温暖。对跨省易地安置在全国21个省(市、区)的300余名离休干部进行上门慰问。全省近5万名离退休干部参加诗文创作、书画比赛、文艺汇演,展示良好的精神风貌。省关工委会同有关部门组织开展"学党史、颂党恩、跟党走"感恩教育和征文演讲比赛、关爱报告团下基层宣讲党史等系列庆祝活动,增进了青少年对党的认识、坚定跟党走的信心。老友杂志社利用庆贺创刊20周年之机出版两本深受离退休干部欢迎的20年精粹集,举办创刊20周年座谈会,扩大《老友》在省内外的影响力,同时组织开展"与党同呼吸、共命运、心连心"和"科学发展展新姿"征文活动,在全国征文活动表彰会上展示了江西省开展征文活动的成绩,省委老干部局荣获中组部征文活动优秀组织奖一等奖。

老干部生活待遇和医疗待遇大幅提高。调整了离休干部公用经费、退休干部活动经费标准。全省离休干部"三个机制"运行良好,确保了离休干部医药费按规定实报实销。加强跨省易地安置离休干部服务管理工作,出台政策明确跨省易地安置离休干部看病用药使用安置地离休干部药品目录,药费随到随报,医保经办机构或单位向离休干部提供不低于5000元的医药费备用金,用于看病报销周转。认真落实中组发〔2011〕27、28、29号文件精神,做好提高离休干部生活补贴标准和扩大发放范围工作,为1.4万多名离休干部普遍增发一个月的生活补贴,为67名离休干部提高享受副省级及以上医疗待遇。

阵地建设和社区试点工作扎实有效。继续推进全省创建老年大学示范校和老干部活动中心创先争优活动。活动开展6年来,49所老年大学和17个市、县级活动中心分别获"省级老年大学示范校"和"优秀活动中心"荣誉称号。完成江西省老年大学协会换届工作,原省人大副主任蒋如铭当选会长。在省领导的直接关心和有关部门的大力支持下,庐山老干部疗养中心建设进展顺利,整个工程即将竣工。各地普遍抓了1~2个社区的服务试点工作,在努力为高龄、多病、行动不便离退休干部安度晚年提供人性化、亲情化服务等方面,作了有益探索和实践。

【举办全省离退休干部形势报告会】 1月19日,省委举办全省离退休干部形势报告会。省委副书记张裔炯代表省委、省政府作形势报告。会议通过电信网络传送形式,南昌设主会场,各市县设分会场。全省各地各部门分管老干部工作的领导、老干部工作者共1.5万人参加报告会。报告会上,张裔炯全面通报了"十一五"期间,特别是2010年江西省经济社会发展的情况,生动描绘"十二五"时期和2011年江西政治建设、经济建设、文化建设、社会建设和党的建设的美好画卷,赢得离退休干部的高度评价。

【开展"与党同呼吸、共命运、心连心"征文活动】 2011年初,根据中组部的统一部署,省委老干部局迅速开展"与党同呼吸、共命运、心连心"征文活动,并得到广大老干部的积极参与。此次活动共收到诗词、回忆录、散文、短篇纪实文学等各种体裁的征文作品3179篇。稿件内容以回忆历史和记述现实为主,讴歌党的丰功伟绩,抒发老干部热爱党、热爱社会主义、热爱祖国、热爱人民、热爱改革开放的深厚感情,展示老干部的良好精神风貌,弘扬了党的优良传统和作风。征文活动结束后,及时对征文稿件进行认真评选并报中组部。经中组部审定,江西省有10篇稿件入书,50篇稿件被评为一等奖。

【评选推荐全国老干部工作先进集体和先进工作者】 根据中组部、人力资源和社会保障部《关于开展全国老干部工作先进集体和先进工作者评选表彰工作的通知》要求,5月以来,省委老干部局会同省委组织部、省人社厅在全省老干部系统开展评选推荐全国老干部工作"双先"活动。经自下而上层层评选推荐、考察公示,并报省委同意,向中组部、人社部推荐吉安市委老干部局、金溪县委老干部局2个单位为全国老干部工作先进集体,罗幸泉、傅瑛、周庆军、敖仁清、李信南、张和西6人为全国先进老干部工作者。同时,对27个全省老干部工作先进集体和45名先进工作者进行了表彰。

【开展走访老干部、老党员活动】 按照中组部《关于在中国共产党成立90周年之际开展走访慰问老干部、老党员活动的通知》和《中共江西省委关于中国共产党成立90周年纪念活动的通知》精神,各地各部门领导高度重视,"七一"前夕普遍开展走访老干部、老党员等一系列活动。省委组织部、省委老干部局代表省委、省政府分别走访慰问全省副省级以上老党员和老红军80余人,送去中组部致全国老干部、老党员《慰问信》和慰问金。6月29日,省委书记苏荣,省委常委、秘书长赵智勇,省委常委、组织部长莫建成一行在南昌走访慰问部分在革命和建设中作出贡献的老干部、老党员。

【召开离退休干部党组织和党员创先争优活动推进会】 11月中下旬,省委老干部局先后在南昌和九江召开离退休干部党组织和党员创先争优活动推进会。来自各地各部门从事党建工作的人员和离退休党支部书记共120多人参加会议。会议认真学习省第十三次党代会精神和中组部对党组织和党员创先争优活动提出的新要求,总结交流了各地各部门的好做法好经验,实地学习考察南昌市和九江市部分优秀党支部。

【召开庆贺《老友》杂志创刊20周年座谈会】 12月13日,省委老干部局、老友杂志社在南昌召开庆贺《老友》杂志创刊20周年座谈会。省委常委、组织部长莫建成,老同志许勤、孙希岳、蒋如铭出席会议。省委组织部、省委宣传部、省委老干部局、省新闻出版局、省文联、省刊协等相关部门负责人,老友杂志社的保健顾问、作者、读者、编者代表60余人参加了座谈会。莫建成在充分肯定《老友》杂志20年所取得成绩的同时,强调要进一步总结经验,弘扬传统,发挥优势,提升水平,更好地为老干部、老干部工作和老干部工作者服务,真正成为老干部

"政治上不落伍"的学习乐园、"生活上不孤独"的情趣乐园、"身体上保健康"的长寿乐园。 （胡 珲）

党史工作

【概 况】 2011年，省委党史研究室以纪念建党90周年为契机，科学制定工作规划，扎实推进各项工作，在建设党史工作强省方面迈出新步伐、取得新成绩。

党史编研工作达到新高度。一篇文章入选中组部、中宣部等八部委联合举办的"纪念中国共产党成立90周年理论研讨会"，为江西省两篇入选文章之一；10篇文章入选华东六省一市党史学会纪念建党90周年理论研讨会；与省委宣传部等单位联合举办建党90周年理论研讨会，1篇文章获得特等奖，2篇文章获得三等奖，1篇文章获得优秀论文奖。撰写、编纂出版《中国共产党江西简史》《江西党史集萃》《江西省抗战时期人口伤亡和财产损失》（上下册）、《中央革命根据地历史资料文库·党的系统》（共五册）、《中国苏区史》（上下册）等6种党史著作和资料集。

党史宣教工作出现新亮点。参与筹办在北京召开的纪念中央革命根据地创建暨中华苏维埃共和国成立80周年座谈会、在瑞金召开的纪念中央革命根据地创建暨中华苏维埃共和国成立80周年纪念大会和第四次苏区精神研讨会、在北京召开的纪念康克清同志诞辰100周年座谈会、宁都起义80周年纪念活动、"方志敏精神与执政党建设"学术研讨会；与省委组织部、省委宣传部、《当代江西》杂志社联合举办纪念中国共产党成立90周年党史知识竞赛活动；与省委组织部、省委宣传部、省教育厅和团省委等部门对全省党员、干部、群众和青少年开展党史学习教育作出部署；与省委组织部、省委宣传部等部门联合要求全省开展学习党史活动；参与大型党员教育系列片《红色故事汇》20集的审稿摄制工作。《党史文苑》半月刊按期出版，刊发的党史文章受到各界读者的欢迎。

党史资政和党史服务取得新突破。积极组织中央苏区县申报核定工作，形成《江西省所辖中央苏区县核定报告》，负责省委交办的《加强和改进新形势下党的群众工作》的课题调研工作，审阅《中央苏区史话》《红色印记》和《井冈山往事》等党史书稿；参与省委组织的宣讲团，并组织多名业务骨干在全省各地多次进行党史宣讲，扩大党史服务范围；根据省委领导指示，省委督查室和省委党史研究室组成联合督查组，对全省各设区市和部分县（市、区）贯彻落实《中共中央关于加强和改进新形势下党史工作的意见》和《中共江西省委关于加强和改进新形势下党史工作的实施意见》文件精神的情况开展专项督查。

【开展"学习党的光辉历史，传扬江西红色文化"教育活动】 为庆祝中国共产党成立90周年，省委党史研究室与省委组织部、省委宣传部、省广电局、省文联等单位联合在全省党员、干部和群众中开展的"学习党的光辉历史，传扬江西红色文化"主题教育活动于5月18日正式启动，以"增强党性，提高素质""立足岗位，争创佳绩""牢记宗旨，服务群众""坚定信心，推动发展"为目标，重点开展六大活动：大型党员教育系列片"红色故事汇"展播、党员教育大讲堂、红色书籍大家读、红色歌曲演唱、红色电影放映月及组织参观红色旧址等活动。

【编辑出版《中国共产党江西简史》和《江西党史集萃》】 2011年，根据省委关于中国共产党成立90周年纪念活动的整体部署，省委党史研究室组织编写《中国共产党江西简史》《江西党史集萃》两部党史著作，共43万余字，由江西人民出版社公开出版，新华书店发行。《中国共产党江西简史》一书由省委书记苏荣作序。

【《中央革命根据地历史资料文库——党的系统》出版发行】 7月，江西省委党史研究室、中共赣州市委党史工作办公室和中共龙岩市委党史研究室联合编纂的《中央革命根据地历史资料文库》（党的系统1—5册），由中央文献出版社和江西人民出版社联合出版发行。政权系统、军事系统、群团系统、分省系统等分册还将陆续推出。《中央革命根据地历史资料文库》，是迄今收录中央革命根据地史料最为全面丰富的大型资料集，其编纂出版，对于抢救和保护中央革命根据地的历史资料，推动中央革命根据地历史的研究，发挥党的历史以史鉴今、资政育人的作用，均具有十分重要的意义。

【开展纪念中央革命根据地创建暨中华苏维埃共和国成立80周年系列活动】 11月4日，纪念中央革命根据地创建暨中华苏维埃共和国成立80周年座谈会在北京举行。中共中央政治局常委、国家副主席、中央军委副主席习近平出席会议并讲话。座谈会由中共中央政治局委员、中央书记处书记、中央组织部部长李源潮主持。中共中央政治局委员、中央书记处书记、中央宣传部部长刘云山，中共中央政治局委员、中央军委副主席徐才厚等出席座谈会。座谈会由中共中央党史研究室和江西省委、福建省委、广东省委共同举办。中央和国家机关、军队有关部门负责人和人民团体负责人，江西、福建、广东省委有关负责人和老红军、离退休干部及专家学者代表出席座谈会。

11月7日，由中共江西省委、江西省人民政府举办的纪念中央革命根据地创建暨中华苏维埃共和国成立80周年大会在红都瑞金沙洲坝"二苏大"会址隆重举行。省委书记苏荣出席会议并讲话，省委副书记、代省长鹿心社主持，中央党史研究室副主任李忠杰讲话，省委常委、赣州市委书记史文清致辞；省委、省人大、省政府、省军区和中央和国家机关、军队有关部门负责人，省直有关部门负责人，老红军、老同志和干部群众代表，赣州市和瑞金市主要领导以及参加80周年学术研讨会的专家、学者等近600人出席纪念大会。

同日，中央革命根据地创建、中华苏维埃共和国成立80周年暨第四次全国苏区精神研讨会在瑞金召开，研讨会由中央党史研究室一部、江西省委宣传部、江西省委党史研究室、中共赣州市委和苏区精神研究会等单位联合主办。中央党史研究室副主任李忠杰出席并作主旨报告。省委党史研究室主任沈谦芳、副主任何友良参加上述活动。 （刘 津）

江西省人民代表大会常务委员会

本栏编辑　陈超萍

综　述

2011年，全省各级人民代表大会1512个，其中：省级人民代表大会1个，设区市级人民代表大会11个，县级人民代表大会100个，乡（镇）人民代表大会1400个。各级人大代表10万多人，其中全国人大代表74人，省人大代表610人。省十一届人民代表大会常务委员会有组成人员56名，其中主任1名，副主任6名，秘书长1名、委员48名。省十一届人民代表大会设内务司法委员会、财政经济委员会、教育科学文化卫生委员会、农业和农村委员会、环境与资源保护委员会、法制委员会等6个专门委员会。省十一届人民代表大会常务委员会下设：办公厅、法制工作委员会、选举任免联络工作委员会、外事华侨民族宗教工作委员会、预算工作委员会5个厅级工作机构。

省人大常委会以邓小平理论和“三个代表”重要思想为指导，深入贯彻落实科学发展观，坚持党的领导、人民当家作主、依法治国有机统一，围绕中心、服务大局，依法履行职责。常委会准确把握地方立法需求，以完善法律体系为重点，一手抓法规制定，一手抓法规清理，不断加强和改进立法工作，切实提高立法质量；紧紧围绕推动中央和省委重要决策部署的贯彻落实、人民群众普遍关心的热点难点问题，突出监督重点，创新监督方式，拓展监督平台，强化跟踪督查，不断增强监督实效；依法加强对换届选举工作的指导，保障县乡人大换届选举依法有序进行；牢固树立为代表服务的思想，认真做好代表议案、建议办理工作，积极组织开展闭会期间的代表活动，进一步提高服务代表水平；坚持把思想政治建设摆在首位，着力加强能力建设，不断改进工作作风，努力提高常委会组成人员依法履职水平；注重抓好机关建设和干部队伍建设，切实提高服务保障能力。

（省人大常委会办公厅研究室）

重要会议

【省十一届人大四次会议】 2月14～18日在南昌举行。会议听取和审议省人民政府省长吴新雄作的政府工作报告；省人大常委会副主任蒋如铭作的省人大常委会工作报告、省高级人民法院院长张忠厚作的省高级人民法院工作报告、省人民检察院检察长曾页九作的省人民检察院工作报告；审查和批准了江西省国民经济和社会发展第十二个五年规划纲要、江西省《2010年国民经济和社会发展计划执行情况与2011年国民经济和社会发展计划草案的报告》、江西省2010年省级总预算执行情况与2011年省级总预算草案的报告，批准了江西省2011年国民经济和社会发展计划、江西省2011年省级预算。省人大内务司法委员会、财政经济委员会、教育科学文化卫生委员会、农业和农村委员会、环境与资源保护委员会、法制委员会分别向会议提交2010年工作总结和2011年工作要点（书面）。大会补选陈达恒为省十一届人大常委会副主任，魏民为省十一届人大常委会秘书长，龚培兴、程水凤（女）为省十一届人大常委会委员。

大会收到代表联名提出的议案23件。经大会秘书处研究，主席团会议通过，将许苏卉等12名代表提出的“关于制定《江西省农产品质量安全管理条例》的议案”交由省人大农委办理。其余22件议案改作代表建议，连同大会期间收到的代表提出的建议，共计464件，由省人大常委会及时将这些建议交有关国家机关、组织办理，并答复代表。省委书记、省人大常委会主任苏荣在闭幕会上作重要讲话。

【省十一届人大常委会会议】 2011年举行常委会会议8次（省十一届人大常委会第二十一次至第二十八次会议）。

省十一届人大常委会第二十一次会议于1月25日在南昌举行。会议审议通过了《江西省人民代表大会常务委员会关于县、乡两级人民代表大会代表选举时间的决定》和《江西省人民代表大会常务委员会关于县、不设区的市、市辖区人民代表大会常务委员会组成人员名额的决定》；听取和审议了省人大常委会代表资格审查委员会关于代表资格的审查报告；审议了省人民政府关于2009年度省级预算执行和其他财政收支审计查出问题整改情况、关于落实省人大常委会对江西省惩治和预防土地领域腐败工作情况报告审议意见情况、关于落实省人大常委会对全省抗洪抢险及灾后重建工作情况报告审议意见情况等3项书面报告；通过了人事任免事项。

省十一届人大常委会第二十二次会议于2月9日下午在南昌举行。会议审议通过了《江西省人民代表大会常务委员会关于调整江西省第十一届人民代表大会第四次会议召开时间的决定》和江西省第十一届人民代表大会第四次会议列席人员范围；审议了江西省人民代表大会常务委员会工作报告（讨论稿），决定提请江西省第十一届人民代表大会第四次会议审议；审议了江西省第十一届人民代表大会第四次会议议程（草案）及江西省第十一届人民代表大会第四次会议主席团和秘书长名单（草案），决定提请江西省第十一届人民代表大会第四次会议预备会议审议；审议通过了《江西省人民代表大会常务委员会关于接受陈发芳等辞去江西省人民代表大会常务委员会委员职务的请求的决定》，并报江西省第十一届人民代表大会第四次会议备案；通过了人事任免事项。

省十一届人大常委会第二十三次会议于3月29～30日在南昌举行。会议审议通过了《江西省人民代表大会常务委员会关于修改〈江西省防震减灾条例〉的决定》和《江西省人民代表大会常务委员会关于共青城市人民代表大会代表名额的决定》；审议了《江西省村民委员会选举办法（草案）》和《江西省特种设备安全监察条例（草案）》；听取和审议省人民政府关于江西省现代渔业发展情况的报告；审议省人民政府关于落实省人大常委会对全省科技创新"六个一"工程实施情况报告审议意见情况、关于落实省人大常委会对江西省固定资产投资情况报告审议意见情况及关于落实《江西省旅游条例》执法检查报告和省人大常委会对执法检查报告、旅游产业大省建设情况报告审议意见情况等3项书面报告；审议通过了《江西省人民代表大会常务委员会接受陈达恒辞去江西省人民政府副省长职务的请求的决定》《江西省人民代表大会常务委员会关于接受肖光明辞去江西省人民代表大会常务委员会委员职务的请求的决定》，并报江西省第十一届人民代表大会第五次会议备案；通过了人事任免事项。

省十一届人大常委会第二十四次会议于5月25～27日在南昌举行。会议审议通过了《江西省村民委员会选举办法》和《江西省特种设备安全监察条例》；审议了《江西省邮政条例（修订草案）》；审议通过了《江西省人民代表大会常务委员会关于各设区的市人民代表大会常务委员会组成人员名额的决定》；听取和审议了省人民政府关于江西省"五五"普法规划实施情况和"六五"普法工作安排意见的报告，审议通过了《江西省人民代表大会常务委员会关于进一步加强法制宣传教育的决议》；审议了省人民政府关于落实省人大常委会对全省"十一五"节能减排任务完成情况报告审议意见情况、关于落实省人大常委会对2010年全省民生工程实施情况报告审议意见情况、关于落实省人大常委会对江西省农民专业合作社发展情况报告审议意见情况、关于落实《开展2010年赣鄱农产品质量安全行活动情况的报告》及省人大常委会审议意见情况等4项书面报告；审议了省人民检察院关于落实《省人大内司委检查〈江西省人大常委会关于加强检察机关对诉讼活动的法律监督工作的决议〉执行情况报告》及省人大常委会审议意见情况的报告（书面）；审议通过了《江西省人民代表大会常务委员会关于接受史文清辞去江西省人民政府副省长职务的请求的决定》，并报江西省第十一届人民代表大会第五次会议备案；通过了人事任免事项；决定许可对省十一届人大代表兰林炎采取强制措施。

省十一届人大常委会第二十五次会议于6月8日上午在南昌举行。会议审议通过了《江西省人民代表大会常务委员会关于接受吴新雄辞去江西省人民政府省长职务的请求的决定》，并报江西省第十一届人民代表大会第五次会议备案；审议通过了省人大常委会主任会议提请的人事任命议案，决定任命鹿心社为江西省人民政府副省长；审议通过了《江西省人民代表大会常务委员会关于鹿心社代理江西省人民政府省长职务的决定》。

省十一届人大常委会第二十六次会议于7月26～28日在南昌举行。会议审议通过了《江西省邮政条例》；审议了《江西省实施〈中华人民共和国村民委员会组织法〉办法（修订草案）》；听取和审议了省人民政府关于2011年上半年国民经济和社会发展计划执行情况的报告；审议了《2011年省级预算调整方案（草案）》，通过了《江西省人民代表大会常务委员会关于批准2011年省级预算调整方案的决议》；听取和审议了省人民政府关于2010年省级决算和2011年上半年预算执行情况的报告，审议通过了《江西省人民代表大会常务委员会关于批准2010年省级决算的决议》；听取和审议了省人民政府关于2010年度省级预算执行和其他财政收支的审计工作情况的报告、关于深化文化体制改革 加快文化事业和文化产业发展情况的报告；听取和审议了省高级人民法院关于全省法院推进量刑规范化改革工作情况的报告；听取和审议了省人大常委会执法检查组关于检查《中华人民共和国大气污染防治法》实施情况的报告；审议了省人大农业和农村委员会关于江西省第十一届人民代表大会第四次会议代表议案办理情况的报告（书面）；审议了省人民政府关于落实省人大常委会对江西省现代渔业发展情况报告审议意见情况、关于落实2010年环保赣江行活动情况报告及省人大常委会审议意见中有关水土保持问题情况等2项书面报告；通过了人事任免事项；确认许可对省十一届人大代表江胜文采取强制措施。

省十一届人大常委会第二十七次会议于9月27～29日在南昌举行。会议审议通过《江西省实施〈中华人民共和国村民委员会组织法〉办法》；审议了《江西省义务教育条例（草案）》、《江西省农民专业合作社条例（草案）》、《鄱阳湖生态经济区环境保护条例（草案）》；审议通过了《江西省人民代表大会常务委员会关于重新确定九江市人民代表大会代表名额的决定》；听取和审议了省十一届人大常委会代表资格审查委员会关于代表资格的审查报告；审议通过了补选第十一届全国人民代表大会代表办法，补选鹿心社为第十一届全国人民代表大会代表，依照有关法律规定，报请第十一届全国人大常委会代表资格审查委员会审查后，由全国人大常委会确认并予以公告；听取和审议了省人民政府关于全省战略性新兴产业发展情况的报告、关于江西省基本农田保护和农村土地开发整理情况的报告；在听取和审议省人民政府关于深入推进鄱阳湖生态经济区建设情况报告的基础上,召开联组会议围绕深入推进鄱阳湖生态经济区建设进行了专题询问;听取和审议了省人大常委会执法检查组关于检查《江西省实施〈中华人民共和国残疾人保障法〉办法》实施情况的报告;审议了省人大法制委、省人大常委会法工委关于《江西省实施〈中华人民共和国残疾人保障法〉办法》立法质量评价结果报告(书面);审议了省人民政府关于落实省人大常委会对江西省“五五”普法规划实施情况和“六五”普法工作安排意见报告审议意见情况的报告(书面);通过了人事任免事项。

省十一届人大常委会第二十八次会议于11月28日至12月1日在南昌举行。会议审议通过了《江西省义务教育条例》和《江西省农民专业合作社条例》;听取和审议了关于江西省地方性法规有关行政强制规定专项清理工作的报告,审议通过了《江西省人民代表大会常务委员会关于修改20件地方性法规的决定》;审议了南昌市人大常委会报请批准的《南昌市城乡规划管理规定》,通过了《江西省人民代表大会常务委员会关于批准〈南昌市城乡规划管理规定〉的决定》;审议了《江西省物业管理条例(修订草案)》和《江西省湿地保护条例(草案)》;审议通过了《江西省人民代表大会常务委员会关于召开江西省第十一届人民代表大会第五次会议的决定》;听取和审议了省人大教育科学文化卫生委员会关于开展2011年食品药品安全赣鄱行活动情况的报告、省人大农业和农村委员会关于开展2011年赣鄱农产品质量安全行活动情况的报告、省人大环境与资源保护委员会关于开展2011年环保赣江行活动情况的报告、省人大常委会选举任免联络工作委员会关于2011年江西省县乡人大换届选举工作情况的报告;听取和审议了省人民政府关于全省以高新技术产业为重点的固定资产投资情况的报告和关于全省高速公路建设情况的报告;听取和审议了省人民检察院关于贯彻执行《江西省人大常委会关于加强检察机关对诉讼活动的法律监督工作的决议》情况的报告;审议了省人民政府关于落实省人大常委会对2010年省级决算和2011年上半年预算执行情况报告审议意见情况、关于落实省人大常委会对江西省深化文化体制改革 加快文化事业和文化产业发展情况报告审议意见情况等2项书面报告;审议了省高级人民法院关于落实省人大常委会对全省法院推进量刑规范化改革工作情况报告审议意见情况的报告(书面);审议通过了《江西省人民代表大会常务委员会关于接受王树林等辞去江西省人民代表大会常务委员会委员职务的请求的决定》,并报江西省第十一届人民代表大会第五次会议备案;通过了人事任免事项。

(省人大常委会办公厅研究室)

地方立法工作

【概　况】 2011年,省人大常委会制定地方性法规4件,修改法规3件,围绕行政强制规定专项清理,修改法规20件;批准南昌市人大常委会制定的法规1件。其中制定的地方性法规是:《江西省村民委员会选举办法》《江西省特种设备安全监察条例》《江西省农民专业合作社条例》《江西省义务教育条例》;修改的地方性法规是:《江西省防震减灾条例》《江西省邮政条例》《江西省实施〈中华人民共和国村民委员会组织法〉办法》;审议通过了《江西省人民代表大会常务委员会关于修改20件地方性法规的决定》。审查和批准南昌市人大常委会制定的法规是:《南昌市城乡规划管理规定》。

按照国家完善法律体系的总体要求,常委会把修改完善法规放在更加突出的位置。行政强制法出台后,根据全国人大常委会统一部署,及时对江西省现行有效的152件地方性法规中有关行政强制设定权、行政强制实施主体、行政强制程序方面的规定进行了专项清理,查找出与行政强制法不一致的规定43项,涉及29件地方性法规。按照分类处理的要求,对20件法规中的29项行政强制规定,各方面修改意见比较一致的,已作了修改,其余9件法规将适时作出修改。在总结江西省历次法规清理工作经验的基础上,制定了地方性法规清理工作若干规定,明确了法规清理的启动、原则、内容和标准等,使法规清理工作步入常态化、规范化轨道。

随着中国特色社会主义法律体系的形成,常委会更加注重立法质量,全面推进科学立法、民主立法。一是改进立法调研工作。着眼法规要解决的主要问题,有针对性地开展调查研究,深入基层听取意见,拓展立法调研的广度和深度。将立法调研报告以及向社会征求的意见建议,全部印发常委会会议,便于组成人员全面了解民意、集中民智。二是改进法规审议服务工作。为便于常委会组成人员更好地审议法规草案,起草单位和部门编写了法规草案条文解读本,详细介绍立法目的、理由和依据,提供相关专业资料。三是认真执行审议制度。对法律关系复杂、意见分歧较大的法规草案,采取积极慎重的态度,深入调研、耐心协商、充分论证,反复审议修改后再提请表决。四是完善立法质量评价机制。制定地方性法规质量评价工作规程,积极推行立法后评估,首次将立法质量评价与执法检查相结合,在开展实施残疾人保障法办法执法检查时,深入了解该法规的实施情况和社会效果,为修改完善法规提供依据。

(省人大常委会办公厅研究室)

监督工作

【概　况】 2011年,省人大常委会先后听取和审议了“一府两院”专项工作报告10项。分别是:省人民政府关于江西省现代渔业发展情况,关于江西省“五五”普法规划实施情况和“六五”普法工作安排意见,关于深化文化体制改革、加快文化事业和文化产业发展情况,关于全省战略性新兴产业发展情况、关于深入推进鄱阳湖生态经济区建设情况、关于江西省基本农田保护和农村土地开发整理情况,关于全省以高新技术产业为重点的固定资产投资情况和关于全省高速公路建设情况等8项报告,省高级人民法院关于全省法院推进量刑规范化改革工作情况的报告,省人民检察院关于贯彻执行《江西省人大常委会关于加强检察机关对诉讼活动的法律监督工作的决议》情况的报告。常委会组成人员在充分肯定取得工作成绩的基础上，有针对性地提出了改进工作的意见和建议。有关专门委员会和工作机构及时整理审议意见转“一府两院”研究处理，并督促整改落实，推动了“一府两院”的工作。

加强计划预算监督。常委会先后听取和审议了省人民政府关于2011年上半年国民经济和社会发展计划执行情况的报告、关于2010年省级决算和2011年上半年预算执行情况的报告、关于2010年度省级预算执行和其他财政收支的审计工作报告，审议通过了《江西省人民代表大会常务委员会关于批准2011年省级预算调整方案的决议》和《江西省人民代表大会常务委员会关于批准2010年省级决算的决议》。进一步深化预决算审查监督，加大对部门项目预算审查力度，并与审计整改情况监督结合起来。首次开展了审计整改情况专题调研，推动审计查出的问题加快整改。

检查法律法规实施情况。常委会先后开展对《中华人民共和国食品安全法》《中华人民共和国大气污染防治法》《江西省实施〈中华人民共和国残疾人保障法〉办法》执行情况的检查。受全国人大常委会委托开展了《中华人民共和国老年人权益保障法》和《中华人民共和国农村土地承包法》执法检查。

开展规范性文件备案审查。2011年，常委会出台关于加强江西省各级人大常委会规范性文件备案审查工作指导意见，进一步明确备案审查工作的程序、任务和要求，推动备案审查工作深入开展。认真办理公民提出的审查建议，对7件报送备案的规范性文件进行审查，督促制定机关纠正与上位法不一致的规定。

【开展专题监督】 2011年，省人大常委会开展专题监督。一是以“保护蓝天碧水，促进鄱阳湖生态经济区建设”为主题，深入推进“环保赣江行”活动，对大气污染防治法开展执法检查，重点检查了城市和工业园区的大气污染和水污染防治情况，督促有关部门出台有关机动车尾气排放的两项地方标准，推动机动车尾气污染治理；同时，对以往环保赣江行活动中发现的重点问题整改情况进行了跟踪督查，督促已建成的城市污水处理设施尽快实现正常运行。二是以“关注健康餐桌”为主题，以全国人大常委会委托开展食品安全法执法检查为契机，组织开展“食品药品安全赣鄱行”活动，督促有关部门切实解决存在的突出问题，严厉查处打击食品安全领域的违法行为。以“安全生产、放心消费”为主题，继续开展“赣鄱农产品质量安全行”活动，推动解决一些关系人民群众切身利益的农产品质量安全问题，进一步提升全省农产品质量安全水平。

【创新监督工作方法】 省人大常委会积极探索增强监督实效的途径和方法，不断提高监督工作质量。一是首次依法开展专题询问。为推动鄱阳湖生态经济区规划的实施，加快鄱阳湖生态经济区建设，常委会第二十七次会议在听取和审议省政府关于深入推进鄱阳湖生态经济区建设工作情况报告的基础上，依法开展专题询问。政府有关部门积极配合、精心准备，11个部门的负责人，围绕常委会组成人员提出的10个方面问题，到会听取意见、回答询问，会后认真落实审议意见，使人大监督工作的力度进一步增强。二是运用多种方式推动监督工作。将听取和审议专项工作报告与开展专题调研、进行执法检查、组织代表视察结合起来，深化监督工作。在文化工作监督中，通过组织专题调研、开展专题视察，形成了15个专题调研报告，为常委会组成人员在审议有关专项工作报告时，掌握情况、分析问题、提出有见地的建议提供了依据。将开展监督工作与决定重大事项相结合，在听取和审议有关普法工作情况报告的基础上，作出进一步加强法制宣传教育的决议，加大推进法治江西建设的力度。三是拓展监督工作平台。重视运用舆论监督、群众监督，形成监督合力。在打造“环保赣江行”“赣鄱农产品质量安全行”等监督品牌的同时，首次启动了“食品药品安全赣鄱行”活动。在开展执法检查、专题调研、视察和听取专项工作报告的基础上，结合举办专题论坛，形成“4+1”监督工作平台。四是强化跟踪问效。对历年“环保赣江行”活动发现的一些老大难问题，坚持抓反复、反复抓，推动解决贵溪冶炼厂渣场污染问题，3个受污染的自然村近2000名村民的整体搬迁工作进展顺利。在开展“食品药品安全赣鄱行”“赣鄱农产品质量安全行”活动中，推动有关部门逐步建立完善监管机构和检验检测体系，依法查处违法生产“瘦肉精”“地沟油”等一批重大案件，加大对农产品种养基地、农资经营单位、集贸市场的检查整顿力度，下大力纠正农药残留超标、非法添加有毒有害物质等违法行为。通过开展推进旅游产业大省建设的监督活动，积极支持省政府创新体制机制，落实旅游产业大省建设各项任务，加大旅游宣传力度，切实加强依法治理。

（省人大常委会办公厅研究室）

决定重大事项

【关于县、乡两级人民代表大会代表选举时间的决定】 1月25日，省十一届人大常委会第二十一次会议审议通过了《江西省人民代表大会常务委员会关于县、乡两级人民代表大会代表选举时间的决定》。会议决定，江西省县、乡两级人民代表大会代表在6月底以前进行换届选举。

【关于县、不设区的市、市辖区人民代表大会常务委员会组成人员名额的决定】 1月25日，省十一届人大常委会第二十一次会议根据《中华人民共和国地方各级人民代表大会和地方各级人民政府组织法》第四十一条规定，作出决定，确定本省的县、不设区的市、市辖区新一届人民代表大会常务委员会组成人员名额：南昌县、于都县、宜春市袁州区、丰城市、抚州市临川区、余干县、鄱阳县为35人；南昌市青山湖区、新建县、进贤县、乐平市、修水县、都昌县、新余市渝水区、贵溪市、赣县、信丰县、宁都县、兴国县、瑞金市、南康市、高安市、上饶县、广丰县为27人；南昌市东湖区、南昌市西湖区、南昌市青云谱区、安义县、景德镇市珠山区、浮梁县、萍乡市安源区、萍乡市湘东区、莲花县、上栗县、芦溪县、九江市庐山区、九江市浔阳区、九江县、武宁县、永修县、星子县、湖口县、彭泽县、瑞昌市、分宜县、余江县、赣州市章贡区、大余县、上犹县、崇义县、安远县、龙南县、定南县、会昌县、寻乌县、石城县、吉安市吉州区、吉安市青原区、吉安县、吉水县、新干县、永丰县、泰和县、遂川县、万安县、安福县、永新县、奉新县、万载县、上高县、宜丰县、樟树市、南城县、黎川县、南丰县、崇仁县、乐安县、宜黄县、金溪县、东乡县、广昌县、上饶市信州区、玉山县、铅山县、横峰县、弋阳县、万年县、婺源县、德兴市为25人;南昌市湾里区、景德镇市昌江区、德安县、共青城市、鹰潭市月湖区、全南县、峡江县、井冈山市、靖安县、铜鼓县、资溪县为23人。

【关于调整江西省第十一届人民代表大会第四次会议召开时间的决定】 2月9日,省十一届人大常委会第二十二次会议决定,原定2月21日召开的江西省第十一届人民代表大会第四次会议,提前到2月14日召开。

【关于共青城市人民代表大会代表名额的决定】 根据《中华人民共和国全国人民代表大会和地方各级人民代表大会选举法》第十一条、第十二条的规定,3月29日,江西省第十一届人民代表大会常务委员会第二十三次会议确定共青城市人民代表大会代表名额为143名。

【关于各设区的市人民代表大会常务委员会组成人员名额的决定】 5月25日,省十一届人大常委会第二十四次会议根据《中华人民共和国地方各级人民代表大会和地方各级人民政府组织法》第四十一条规定,对各设区市的新一届人民代表大会常务委员会组成人员名额确定如下:赣州市51人,南昌市、九江市、吉安市、宜春市、抚州市、上饶市41人,景德镇市、萍乡市、新余市、鹰潭市37人。

【关于进一步加强法制宣传教育的决议】 省十一届人大常委会第二十四次会议在听取和审议省人民政府关于江西省"五五"普法规划实施情况和"六五"普法工作安排意见的报告的基础上,结合江西实际,作出了关于进一步加强法制宣传教育的决议。决议要求,深入学习宣传以宪法为统帅的中国特色社会主义法律体系,进一步增强公民的宪法意识和社会主义民主法治观念,形成崇尚宪法、遵守宪法、维护宪法权威的良好氛围。着力增强法制宣传教育的针对性和实效性,重点是领导干部和青少年。不断丰富和创新法制宣传教育的形式和方法,深入群众、深入基层,贴近实际、力求实效。坚持法制宣传教育与法治实践相结合,扎实开展法治城市、法治县(市、区)、法治乡镇、民主法治村(社区)、法治企业等创建活动,深化依法治省,推进法治江西建设。完善法制宣传教育的组织领导和保障机制,进一步健全完善党委领导、人大监督、政府实施、各部门齐抓共管、全社会共同参与的法制宣传教育领导体制和工作机制。决议强调,加强对本决议贯彻实施情况的监督检查,进一步完善法制宣传教育考核评估机制,加强年度考核、阶段性检查。全省各级人民政府要切实组织实施好法制宣传教育第六个五年规划,做好中期督导检查和终期评估验收,并向本级人民代表大会常务委员会报告。全省各级人民代表大会及其常务委员会要充分运用执法检查、听取和审议专项工作报告以及代表视察、专题调研等形式,加强对法制宣传教育工作的监督检查,保证本决议得到贯彻落实。

【关于批准2011年省级预算调整方案的决议】 省十一届人大常委会第二十六次会议审查了省人民政府提交的2011年江西省省级预算调整方案(草案)。会议同意省人民代表大会财政经济委员会提出的《关于2011年省级预算调整方案(草案)的审查报告》,决定批准2011年江西省省级预算调整方案。

【关于批准2010年省级决算的决议】 省十一届人大常委会第二十六次会议听取了省人民政府关于2010年省级决算和2011年上半年预算执行情况的报告、关于2010年度省级预算执行和其他财政收支的审计工作报告。会议结合审议审计工作报告,对《江西省2010年省级决算(草案)》和省级决算的报告进行了审查,同意省人民代表大会财政经济委员会提出的《关于2010年省级决算的审查报告》,决定批准《江西省2010年省级决算》。

【关于重新确定九江市人民代表大会代表名额的决定】 省十一届人大常委会第二十七次会议根据《中华人民共和国全国人民代表大会和地方各级人民代表大会选举法》第十一条、第十二条的规定,重新确定九江市人民代表大会代表名额为439名。

【关于召开江西省第十一届人民代表大会第五次会议的决定】 省十一届人大常委会第二十八次会议作出了关于召开江西省第十一届人民代表大会第五次会议的决定。会议决定:江西省第十一届人民代表大会第五次会议于2012年2月1日在南昌召开,并对会议的主要议程提出建议。

(省人大常委会办公厅研究室)

选举和任免

【概　况】 2011年,省人大及其常委会坚持党管干部和人大依法选举、任免的有机统一,认真做好选举、任免工作。省十一届人大四次会议,补选陈达恒为省十一届人大常委会副主任,魏民为省十一届人大常委会秘书长,龚培兴、程水凤(女)为省十一届人大常委会委员。

省人大常委会共任免国家机关工作人员88人(次),从组织上保证国家机关的正常运转。省十一届人大常委会第二十一次会议,任命屠永发为江西省人大环境与资源保护委员会副主任委员;决定任命傅世平为江西省人大常委会办公厅主任、张振球为江西省人大常委会预算工作委员会主任;决定免去程水凤的江西省人大常委会办公厅主任职务;蒲日新因涉嫌严重违法违纪,赣州市人大常委会依法罢免其省十一届人大代表职务。根据有关法律规定,蒲日新的代表资格终止,其江西省人大常委会委员、江西省人大财政经济委员会副主任委员职务相应撤销;决定免去毛惠忠的江西省农业厅厅长职务;免去谢金龙的江西省高级人民法院刑事审判第一庭副庭长、审判员职务；任命刘立斌、龚永斌、祝光红为江西省人民检察院检察员；免去陈飞虎、熊佑启的江西省人民检察院检察员职务。

省十一届人大常委会第二十二次会议，接受陈发芳、阎鑫元、胡柏龄、林海辞去江西省第十一届人民代表大会常务委员会委员职务的请求，并报省十一届人大四次会议备案；任命龚培兴为江西省人民代表大会财政经济委员会副主任委员、程水凤为江西省人民代表大会教育科学文化卫生委员会副主任委员、李亚平为江西省人民代表大会环境与资源保护委员会副主任委员；免去陈发芳的江西省人民代表大会内务司法委员会副主任委员职务、阎鑫元的江西省人民代表大会财政经济委员会副主任委员职务、胡柏龄的江西省人民代表大会财政经济委员会副主任委员职务、林海的江西省人民代表大会法制委员会副主任委员职务；决定任命董立新为江西省人民代表大会常务委员会选举任免联络工作委员会副主任、王曼萍为江西省人民代表大会常务委员会预算工作委员会副主任、李雪为江西省人民代表大会常务委员会预算工作委员会副主任；免去崔可夫的江西省高级人民法院副院长、审判委员会委员职务。

省十一届人大常委会第二十三次会议，接受陈达恒辞去江西省人民政府副省长职务的请求，并报省十一届人大五次会议备案；接受肖光明辞去江西省人民代表大会常务委员会委员职务的请求，并报省十一届人大五次会议备案；任命陈达恒为江西省人民代表大会常务委员会代表资格审查委员会主任委员；任命夏克勤为江西省高级人民法院副院长、审判委员会委员；批准任命胡火箭为赣州市人民检察院检察长；免去徐寿春的江西省高级人民法院审判员职务；免去张志海、胡火箭的江西省人民检察院检察委员会委员、检察员职务；任命胡闽文、陆炳忠、杨峰涛、阚莉为江西省人民检察院南昌铁路运输分院检察员。

省十一届人大常委会第二十四次会议，接受史文清辞去江西省人民政府副省长职务的请求，并报省十一届人大五次会议备案；决定任命姚木根为江西省人民政府副省长；任命石青、吴爱民、匡华、易莉勤、胡嘉金、黄河、彭玉兰为江西省高级人民法院审判员；免去徐洪民、万在贵的江西省高级人民法院审判员职务。

省十一届人大常委会第二十五次会议，接受吴新雄辞去江西省人民政府省长职务的请求，并报省十一届人大五次会议备案；决定任命鹿心社为江西省人民政府副省长；决定鹿心社代理江西省人民政府省长职务。

省十一届人大常委会第二十六次会议，免去吴礼洪的江西省高级人民法院审判监督庭副庭长、审判员职务。

省十一届人大常委会第二十七次会议，决定任命许爱民为江西省发展和改革委员会主任、甘良淼为江西省农业厅厅长、张勇为江西省住房和城乡建设厅厅长；决定免去姚木根的江西省发展和改革委员会主任职务；任命李丽君为江西省高级人民法院审判委员会委员、审判员；免去肖玉纯的江西省高级人民法院审判员职务；任命蔡田为江西省人民检察院检察委员会委员、检察员；任命郑良军为江西省人民检察院检察员；任命蒋以平为江西省南昌长埭地区人民检察院副检察长；任命熊水平为江西省南昌长埭地区人民检察院副检察长、检察委员会委员；免去黄永茂、朱德才的江西省人民检察院检察委员会委员、检察员职务。

省十一届人大常委会第二十八次会议，接受王树林、刘昌持、胡应良、彭春兰辞去江西省第十一届人民代表大会常务委员会委员职务的请求，并报省十一届人大五次会议备案；免去胡应良、刘昌持的江西省人民代表大会内务司法委员会副主任委员职务，王树林的江西省人民代表大会农业和农村委员会副主任委员职务，彭春兰的江西省人民代表大会环境与资源保护委员会副主任委员职务；批准任命徐胜平为南昌市人民检察院检察长、熊少健为九江市人民检察院检察长、黄永茂为景德镇市人民检察院检察长、朱德才为萍乡市人民检察院检察长、刘炽为新余市人民检察院检察长、罗庆华为鹰潭市人民检察院检察长、胡火箭为赣州市人民检察院检察长、熊金文为宜春市人民检察院检察长、黄严宏为上饶市人民检察院检察长、谢健为吉安市人民检察院检察长、何刚为抚州市人民检察院检察长；免去万磊的江西省高级人民法院审判员职务，免去欧璐的江西省高级人民法院刑事审判第二庭副庭长、审判员职务，免去张小鸥的江西省南昌长埭地区人民检察院检察委员会委员、检察员职务。

【依法做好县乡人大换届选举指导工作】 2011年，为切实做好县乡人大换届选举工作，省人大常委会依法加强指导，及时对江西省选举法实施细则进行修改，对县乡两级人大代表选举时间、县级人大常委会组成人员名额等作出相关决定，在充分调查研究的基础上提出做好县乡两级人大换届选举工作的指导性意见，报省委批转各地执行。针对换届选举中的新情况新问题，常委会领导带头深入实际、深入基层调查研究、掌握情况，认真研究解决换届选举中的重点难点问题。在落实中央关于人大代表构成“两升一降”（与上届相比，工人农民代表和妇女代表比例上升，领导干部代表比例下降）的要求、完善选举委员会的组成及工作机制、邀请选民与候选人见面等方面，按照法律法规的规定，出台一系列新举措。编发县乡人大换届选举工作指导手册，开展了换届选举工作培训，直接对市县两级换届选举工作人员专题培训达400多人。加强具体工作指导，根据换届选举各阶段工作，深入各地了解实际情况，掌握工作进展，对换届选举工作进行面对面指导，对发现的问题依法进行纠正。强化舆论宣传，根据此次换届选举工作的特点、人民群众关注的热点，研究提出宣传报道的具体指导意见，建立新闻发言人制度，积极进行正面引导。配合全国人大常委会办公厅，组织13家中央主流媒体记者，对瑞金市的市乡人大换届选举工作进行集中采访报道，短时间内刊（播）发专稿30多篇，为动员和引导广大选民依法参加选举，正确行使民主权利，顺利推进全省县乡人大换届选举工作发挥了积极作用。

（省人大常委会办公厅研究室）

代表工作

【概　况】 2011年，省十一届人大四次会议期间，大会议案组共收到代表联名提出的议案23件。经大会秘书处研究，主席团会议通过，将许苏卉等12名代表提出的“关于制定《江西省农产品质量安全管理条例》的议案”交由省人大农委办理。其余22件议案改作代表建议，连同大会期间收到的代表提出的建议，共计464件。其中：涉及政法综合方面109件，占建议总数23.5%；涉及工业交通方面134件，占建议总数28.9%；涉及财经农林方面146件，占建议总数31.5%；涉及教科文卫方面75件，占建议总数16.1%。

会后，省人大常委会及时交由有关国家机关、组织办理，其中，交由党群系统办理的18件；交由人大系统办理5件；交由省政府系统办理436件；交由省高级人民法院和省人民检察院办理5件。建议办理工作共涉及72个单位和部门。从办理答复情况看，所提问题已经解决或基本解决的（A类）173件，占37.3%；列入年度计划将逐步解决的（B类）262件，占56.5%；因条件限制或者其他原因无法解决的（C类）29件，占6.2%。从代表对办理答复反馈意见看，表示满意和基本满意的占99.8%。省人大常委会坚持以保障代表依法履职为目的，以突出代表建议办理实效为重点，积极创新督办方式，通过开展经常性督办和重点督办，不断强化办理工作实效。注重加强培训，努力提高建议办理工作整体水平；加强沟通和协调，做好经常性督办工作；关注社情与民生，做好重点督办工作；强化服务意识，密切与代表的联系。

【组织开展代表活动】 2011年，省人大常委会围绕全省改革发展稳定中的重点、难点问题，精心组织江西省选举的全国人大代表和省人大代表开展保障性住房建设、污水处理设施完善配套和运行管理情况专题调研；就全省法院加强审判管理、创新矛盾化解机制和全省检察机关开展重大项目建设服务年活动及“一院一品”建设进行了专题视察；集中视察江西省实施重大项目带动战略、物价调控和市场监管、水利工程建设等工作。在常委会的精心组织和周密安排下，代表们深入了解情况，广泛听取民意，积极建言献策，为“一府两院”改进工作发挥了重要作用。

【加强代表履职培训】 2011年，省人大常委会先后组织5批共40名江西省选举的全国人大代表，参加全国人大常委会举办的代表专题和法律培训班。通过培训，代表们进一步明确了人大代表的地位、性质和作用，增强了执行代表职务的责任感和使命感；同时使代表较全面地了解和掌握了执行代表职务所必备的相关知识，提高了参与管理国家事务的能力和水平。全省市县乡人大换届选举后，省人大常委会及时组织编印人大代表履职手册，方便代表学习掌握，不断提高依法履职能力。

（省人大常委会办公厅研究室）

·资　料·

2011年江西省地方性法规

法规名称	通过日期
1. 江西省防震减灾条例	2011年3月30日省十一届人大常委会第二十三次会议修订
2. 江西省村民委员会选举办法	2011年5月27日省十一届人大常委会第二十四次会议通过
3. 江西省特种设备安全监察条例	2011年5月27日省十一届人大常委会第二十四次会议通过
4. 江西省邮政条例	2011年7月28日省十一届人大常委会第二十六次会议修订
5. 江西省实施《中华人民共和国村民委员会组织法》办法	2011年9月29日省十一届人大常委会第二十七次会议修订
6. 江西省义务教育条例	2011年12月1日省十一届人大常委会第二十八次会议通过
7. 江西省农民专业合作社条例	2011年12月1日省十一届人大常委会第二十八次会议通过
8. 江西省人民代表大会常务委员会关于修改20件地方性法规的决定	2011年12月1日省十一届人大常委会第二十八次会议通过
9. 南昌市城乡规划管理规定	2011年12月1日省十一届人大常委会第二十八次会议批准

江西省人民政府

本栏编辑　陈超萍

综　述

2011年，全省上下坚定信心、顽强拼搏，完成了省十一届人大四次会议确定的“三个突破、八个提高”目标任务，实现了“十二五”良好开局。全省生产总值突破1万亿元，达到1.16万亿元，增长12.5%；全社会固定资产投资突破1万亿元，达到1.10万亿元，增长25.6%；财政总收入1645亿元，增长34.2%，其中地方财政收入1053.4亿元，增长35.4%；社会消费品零售总额3457.7亿元，增长17.9%；城镇居民人均可支配收入1.75万元，农民人均纯收入6892元，分别增长13%和19.1%。

*积极调整优化产业结构，经济保持平稳较快增长。*工业主导地位不断强化。全省规模以上工业增加值3911亿元，增长19.1%；主营业务收入超千亿元的产业增加到5个，其中有色行业突破4000亿元；主营业务收入超百亿元工业企业总数达12家，江铜集团突破1000亿元。工业园区主营业务收入1.3万亿元，新增过百亿园区12个，总数达46个。农业基础地位更加稳固。全面落实各项强农惠农政策，粮食总产达到2052.80万吨；472家省级以上龙头企业实现销售收入1500亿元，直接带动370万农户户均增收2200元。服务业加快发展。金融机构本外币存款余额1.43万亿元，增长20.3%，银行业金融机构信贷类业务余额超过1万亿元，其中银行贷款余额9302亿元；全年接待旅游人数1.6亿人次，旅游总收入1105.93亿元，分别增长47.8%和35.2%；服务外包、文化创意、中介咨询等新兴服务业取得新进展。

*加快城镇化和基础设施建设，城乡面貌发生新的变化。*城镇化稳步推进。全年新增城镇人口80万，城镇化率达到45.7%；财政总收入超10亿元的县（市、区）40个，南昌县超45亿元。基础设施不断完善。高速公路新增通车里程554千米，总里程3642千米，在建铁路里程1200千米。建成德兴至南昌、永修至武宁、瑞金至寻乌、上饶至武夷山、南昌至奉新、隘岭至瑞金6条高速公路和南昌昌北国际机场扩建工程、景德镇500千伏洪源变电、贵溪电厂三期、省奥林匹克体育中心等重大项目；环鄱阳湖天然气管网建设和山口岩水利枢纽工程基本完成；鄱阳湖水利枢纽工程立项工作有序推进，峡江水利枢纽、浯溪口水利枢纽等项目进展顺利。

*鄱阳湖生态经济区建设扎实推进，生态优势巩固提升。*重大生态工程建设成效显著。造林绿化“一大四小”工程新增造林面积25.93万公顷；全省81个县（市）新建配套污水处理管网1240千米，第二批30个工业园区污水处理设施启动建设；在3万个自然村实施农村清洁工程，建成乡镇垃圾填埋场2350个。生态环境保护进一步加强。《鄱阳湖区综合治理规划》获得国家批复，“五河一湖”水污染治理等环境综合整治深入推进，对“五河”和东江源地区进行生态补偿试点，开展了矿山环境治理和生态恢复补偿试点。节能减排扎实推进。启动实施了“千万吨标煤工业节能工程”和“百千万企业节能行动”，主要河流监测断面水质达标率80.6%，11个设区市城市环境空气质量全部在二级以上，化学需氧量、氨氮、二氧化硫排放量均下降1%，二氧化碳排放强度下降3%，有效控制了氮氧化物排放。

*不断深化改革扩大开放，体制机制活力明显增强。*重点领域改革继续深化。非工口7个系统1771户国有企业完成改制，安置在职职工34.6万人；医药卫生体制改革扎实推进，全省1790个政府办基层医疗卫生机构全面实施了国家基本药物制度，4所公立医院开展了取消药品加成试点，启动了12所县级医院综合改革试点；林权制度配套改革不断完善，国有林场改革试点稳步推进，3万多职工得到妥善安置；财税体制改革步伐加快，在13个县（市、区）推行乡镇财政国库集中支付制度试点，所有设区市启动了公务卡改革。扩大开放取得新进展。实际利用外商直接投资60.59亿美元，增长18.8%；实际引进省外单项投资5000万元以上项目资金2579亿元，增长33.8%；出口总额突破200亿美元，达到218.81亿美元，增长63.1%；对外承包工程劳务合作实现营业额15.85亿美元，增长51.9%。非公有制经济持续发展，完成增加值6393.2亿元、上缴税金941.13亿元，分别增长13.6%和33%。

*切实保障和改善民生，社会事业协调发展。*民生工程66件实事全面完成。全年新增城镇就业52.66万人，新增转移农村劳动力55万人，高校毕业生就业率85.8%；新增发放小额担保贷款62.6亿元，扶持带动就业36.1万人次。新开工建设保障性安居工程32.6万套，发放廉租住房租赁补贴16万户，完成农村危房改造8万

户。启动了新一轮贫困村整村推进扶贫,完成深山区、库区、地质灾害频发区贫困群众移民搬迁5.08万人,8个民族乡群众收入和公共服务水平进一步提高。社会事业协调发展。财政教育支出占财政支出的比重实现中央下达江西省15.1%的目标,教育总支出占生产总值比重超过4%;深入实施科技创新"六个一"工程,区域创新能力由全国第22位上升到第18位;医疗卫生保障能力增强,文化信息资源共享工程全面覆盖县、乡、村,成功举办第七届全国城市运动会。计生工作实现"一升三降"目标,安全生产形势稳定好转,社会保持和谐稳定。

*加强政府自身建设,服务水平和行政效率进一步提高。*依法行政深入推进。出台了《关于加强法治政府建设的实施意见》,向省人大常委会提请审议地方性法规草案10件,出台规章8件,完成了112件规章以及现行有效规范性文件的清理。服务效能明显提升。扎实开展"发展提升年"活动,建成覆盖全省的网上审批系统,全年完成网上审批90多万项。行政监督不断强化。全省行政权力网上运行暨统一电子监察平台开通运行,风险岗位廉能管理全面推行,主动公开政府信息97万多条;积极推进公共资源阳光交易,全省公共资源交易中心(站)共承接交易项目3.5万多项,成交金额1900多亿元。廉政建设力度加大。全面落实中央和省委关于反腐倡廉的各项决策部署,认真开展工程领域、公务用车、"小金库"等专项治理,严肃查处了一批损害群众利益的突出问题,依纪依法查办了一批违纪违法腐败案件。

(省政府办公厅调研处)

重要会议

【省政府全体会议】 1月19日上午,省政府召开全体会议,讨论提请省十一届人大四次会议审议的《政府工作报告(讨论稿)》和《江西省国民经济和社会发展第十二个五年规划纲要(草案)》,总结2010年政府工作,部署下一步工作。省长吴新雄出席会议并讲话,还代表省政府与各设区市政府负责人签订2011年民生工程责任状。常务副省长凌成兴主持会议。副省长陈达恒、孙刚、熊盛文、洪礼和、谢茹、朱虹,省政协副主席、省政府党组成员胡幼桃,省政府秘书长谭晓林,省政府党组成员汪毓华出席会议。3名高校师生代表应邀旁听会议。2011年是实施"十二五"规划的第一年,各地各部门要认真做好年初的各项工作,为全年工作开好局、起好步。一是根据省委十二届十四次全会的精神,坚持以科学发展为主题,以加快转变经济发展方式为主线,以鄱阳湖生态经济区建设为龙头,精心谋划好全年的工作部署。二是切实抓好一季度经济工作,重点抓好工业生产、农业工作、重大项目安排和建设。三是切实加强依法行政工作。四是切实做好雨雪冰冻天气防范应对工作。五是切实做好春节期间有关工作。

【省政府常务会议】 2011年,省政府共召开常务会议14次。

1月24日上午,省长吴新雄主持召开第46次省政府常务会议,副省长凌成兴、陈达恒、孙刚、熊盛文、洪礼和、谢茹,省政协副主席、省政府党组成员胡幼桃,省政府秘书长谭晓林出席,省政府党组成员汪毓华列席。会议原则通过《江西省特种设备安全监察条例(草案)》《江西省非煤矿矿山企业安全生产许可证实施办法》;同意成立江西省专利奖励委员会;讨论建设用地审批事项;部署当前几项重点工作。

2月25日上午,省长吴新雄主持召开第47次省政府常务会议,副省长凌成兴、孙刚、洪礼和,省政协副主席、省政府党组成员胡幼桃,省政府秘书长谭晓林出席,省政府党组成员汪毓华列席。会议原则通过《江西省人民政府关于加强法治政府建设的实施意见》《关于深化户籍管理制度改革加快城镇化进程的意见》《樟树市城市总体规划(2008-2030)》《南康市城市总体规划(2009-2030)》;同意成立第七届泛珠三角区域合作与发展论坛暨经贸洽谈会筹备工作委员会、江西省地区经济协调发展领导小组、江西省成品油供应中断应急指挥部;讨论建设用地审批事项;部署当前几项重点工作。

3月24日下午,省长吴新雄主持召开第48次省政府常务会议,副省长孙刚、洪礼和、朱虹,省政协副主席、省政府党组成员胡幼桃,省政府秘书长谭晓林出席,省政府党组成员汪毓华列席。会议听取省农业厅关于全国粮食生产电视电话会议和全国春季农业生产工作会议精神的汇报,原则同意汇报中提出的贯彻意见;原则通过《关于进一步规范政府投资工程建设项目招标投标活动的若干规定(试行)》和《江西省村民委员会选举办法(草案)》;同意成立江西省新增粮食产能工程建设领导小组、鄱阳湖生态经济区规划展示馆建设工作领导小组、景德镇直升机研发生产基地建设工作推进领导小组;讨论建设用地审批事项;同意省监察厅关于龚绍礼违纪违法案处理意见的请示、关于解除陈日武同志行政警告处分意见的请示;部署当前几项重点工作。

4月19日上午,省长吴新雄主持召开第49次省政府常务会议,副省长孙刚、熊盛文、朱虹,省政府秘书长谭晓林出席,省政府党组成员汪毓华列席。会议原则通过《江西省邮政条例(修订草案)》;听取省住房和城乡建设厅关于全省落实房地产市场调控政策措施情况的汇报;同意成立江西省国有林场改革试点工作领导小组;讨论建设用地审批事项。

5月11日上午,省长吴新雄主持召开第50次省政府常务会议,副省长凌成兴、孙刚、洪礼和、朱虹,省政协副主席、省政府党组成员胡幼桃,省政府党组成员姚木根,省政府秘书长谭晓林出席,省政府党组成员汪毓华列席。会议通过《关于在全省开展地质灾害避灾移民搬迁工作的通知》;同意将第七届全国城市运动会开幕式场址调整到南昌国际体育中心;原则通过《江西省实施〈中华人民共和国村民委员会组织法〉办法(修订草案)》;讨论建设用地审批事项;部署当前重点工作。

6月29日下午,代省长鹿心社主持召开第51次省政府常务会议,副省长凌成兴、孙刚、熊盛文、洪礼和、谢茹、朱虹、姚木根,省政协副主席、省政府党组成员胡幼桃,省政府秘书长谭晓林出席,省政府党组成员汪毓华列席。会议研究审议2010年度市县政府考评结果；批准2010年度江西省科学技术奖和首届江西省专利奖授奖项目；原则通过《江西省农民专业合作社条例（草案）》；传达全国农作物种业工作会议精神，研究贯彻意见；同意成立江西有机硅产业发展协调领导小组；研究审议2011年地方政府债券资金安排意见。

7月21日下午，代省长鹿心社主持召开第52次省政府常务会议，副省长凌成兴、孙刚、熊盛文、洪礼和、谢茹、朱虹、姚木根，省政协副主席、省政府党组成员胡幼桃，省政府秘书长谭晓林出席。会议听取省人保厅关于全国城镇居民社会养老保险试点工作部署暨新型农村社会养老保险试点经验交流会议主要精神的汇报，通过《江西省城镇居民社会养老保险试点实施办法》；通过《关于加快发展学前教育的实施意见》《关于整合资金建设高标准农田的指导意见》；同意建立鄱阳湖生态经济区建设统计调查工作联席会议制度，成立江西省服务外包产业发展领导小组；传达学习7月20日国务院常务会议精神，听取省国土资源厅关于江西省建设用地审批和供应主要情况的汇报，讨论建设用地审批事项；原则通过《鄱阳湖生态经济区环境保护条例（草案）》。

8月11日上午，代省长鹿心社主持召开第53次省政府常务会议，副省长凌成兴、孙刚、谢茹、朱虹、姚木根，省政协副主席、省政府党组成员胡幼桃，省政府秘书长谭晓林出席，省政府党组成员汪毓华列席。会议原则通过《江西省义务教育条例（草案）》；讨论《江西省湿地保护条例（草案）》；通过《江西省流动人口服务和管理办法》；传达全国扶贫办主任会议精神，研究贯彻落实中央颁布的《中国农村扶贫开发纲要》；通过《九江市城市总体规划（2008－2020）》《南昌历史文化名城保护规划》；部署当前几项重点工作。

8月23日上午，代省长鹿心社主持召开第54次省政府常务会议，副省长凌成兴、孙刚、洪礼和、谢茹，省政府秘书长谭晓林出席。会议听取省教育厅关于江西省第六次特级教师评选工作汇报，批准233名特级教师名单；原则通过《关于修改〈江西省河道采砂管理办法〉的决定》；同意废止《江西省邮政特快专递专营管理办法》；原则通过《德兴市城市总体规划》；同意成立江西省企业一套表统计改革领导小组；讨论建设用地审批事项；通报莲花、鄱阳两县未及时上报突发事件信息问题，研究进一步做好突发事件信息报送工作。

9月28日上午，代省长鹿心社主持召开第55次省政府常务会议，副省长凌成兴、孙刚、谢茹、朱虹，省政协副主席、省政府党组成员胡幼桃，省政府秘书长谭晓林出席，省政府党组成员汪毓华列席。会议通过了江西省2011年度主要学科学术和技术带头人培养对象；通过了2011年省扶持的高新产业重大项目；讨论并原则通过了《江西省价格监测规定》；讨论建设用地审批事项；研究了适当调整土地审批程序的意见；同意省监察厅关于给予吴志明开除公职处分的请示；研究部署了近期几项重点工作。

10月31日上午，代省长鹿心社主持召开第56次省政府常务（扩大）会议，副省长凌成兴、孙刚、熊盛文、洪礼和、谢茹、朱虹、姚木根，省政协副主席、省政府党组成员胡幼桃，省政府秘书长谭晓林出席。会议贯彻落实省第十三次党代会精神，总结前三个季度全省的经济运行情况，分析当前的经济形势，部署后两个月的经济工作，确保年初各项目标任务圆满完成。

11月17日下午，代省长鹿心社主持召开第57次省政府常务会议，副省长凌成兴、孙刚、洪礼和、谢茹、朱虹、姚木根，省政协副主席、省政府党组成员胡幼桃，省政府秘书长谭晓林出席，省政府党组成员汪毓华列席。会议通过了《江西省妇女发展纲要（2011—2020年）》和《江西省儿童发展纲要（2011—2020年）》；原则通过了关于贯彻落实《中国农村扶贫开发纲要（2011—2020年）》的实施意见、《江西省渔业条例（草案）》《江西省物业管理条例（修订草案）》；同意成立江西省世行贷款鄱阳湖生态经济区及流域城镇发展示范项目领导小组。

12月7日上午，代省长鹿心社主持召开第58次省政府常务会议，副省长凌成兴、孙刚、熊盛文、洪礼和、姚木根，省政协副主席、省政府党组成员胡幼桃，省政府秘书长谭晓林出席，省政府党组成员汪毓华列席。会议听取了省发改委关于2011年计划执行情况的汇报，原则同意2012年经济工作初步安排；原则同意2012年民生工程安排意见；通过了《江西省人民政府2012年立法工作计划》《江西省行业协会管理办法》《江西省地名管理办法》；原则同意2012年预算和公共财政政策安排意见。

12月26日下午，代省长鹿心社主持召开第59次省政府常务会议，副省长孙刚、熊盛文、洪礼和、谢茹、朱虹，省政协副主席、省政府党组成员胡幼桃，省政府秘书长谭晓林出席。会议传达学习了中共中央总书记胡锦涛和国务院总理温家宝重要讲话精神，原则同意省国土资源厅关于进一步加强全省国土资源管理工作情况汇报；通过了《江西省建筑消防设施管理规定》《江西省规范行政处罚裁量权规定》《江西省雷电灾害防御办法》；批准了省级非行政许可审批项目清理结果、江西省规章和规范性文件中有关行政强制规定专项清理结果；研究了立法工作；部署了当前重点工作。

（省政府办公厅会议处）

办理人大代表建议和政协委员提案

【概　况】 2011年，在省十一届人大四次会议和省政协十届四次会议上，人大代表共提出建议464件，交省政府系统办理441件，占总数95%。政协委员共提交提案584件，交省政府系统办理548件，占总数93.8%。经各承办单位共同努力，交由省政府系统办理的建议提案全部办理完毕，取得了明显成效，90%以上的建议提案反映的问题得到及时妥善的解决或正在抓紧解决，一些建议提案内容被吸纳为具体的政策措施，为促进全省经济社会发展发挥了重要作用。建议提案办理工作得到代表委员的充分肯定，绝大多数代表委员表示满意和基本满意，满意率分别为100%和99.8%。

加强组织领导，推动建议提案办理工作的落实。省政府精心组织建议提案办理工作，一是坚持高位推动。

省政府领导高度重视建议提案办理工作,在2011年年底部分全国人大代表集中视察意见反馈会上,代省长鹿心社与代表们座谈,现场解决代表提出的问题,并针对代表提出的建议,鹿心社要求省政府有关部门、市(县、区)政府,要认真研究、积极采纳,对合理化建议,有的要吸纳到政府工作报告中,有的要在调查研究基础上形成政策措施,有的要在实际工作中得到体现,努力把代表们的智慧转化为推动江西经济社会发展的政策措施。常务副省长凌成兴在省政府交办会上研究部署建议提案办理工作,要求各承办单位强化责任意识,精心抓好建议提案办理工作,对每一份代表委员不满意件,承办单位负责人亲自主持重新办理工作,切实解决问题,以实事求是的工作作风取得代表委员的理解和支持。对重点建议提案的办理,省政府领导亲自过问,亲自作出批示,亲自协调督办。省政府办公厅在省政府交办会结束后,立即下发了《关于认真做好人大代表建议政协提案办理工作的通知》,明确提出做好建议提案办理工作的具体工作要求。二是落实办理责任。各承办单位严格落实"主要领导全面负责、分管领导具体负责、办公室协调督办、承办处室办理落实"的分级责任制度,做到一级抓一级,层层抓落实,确保认真办理好每一件建议提案。省水利厅、省公安厅、省教育厅、省旅游局等部门坚持实行厅领导交办制度,由承办处室或单位主要负责人在厅交办会上当场领受任务,进一步强化了建议提案办理工作的责任意识。为了确保重点建议提案办理责任的落实并取得办理实效,承办单位严格实行厅领导领办制度,由厅领导亲自负责主持重点建议提案办理工作,亲自带队走访代表。三是加强协作配合。建议提案办理工作往往涉及多个部门和单位。在办理过程中,主办单位主动与协办单位协商;协办单位积极配合,在规定的时限内将书面意见反馈给主办单位,共同做好办理工作。人民银行南昌中心支行、宜春市政府把协办件当主办件办理,密切配合主办单位工作,多次深入基层开展调查研究,主动征求代表委员和群众意见,研究探讨解决问题的办法,为主办单位提供基层真实情况和建设性建议,积极促进问题的解决。四是抓好督促检查。省商务厅、省广电局、省卫生厅对建议提案办理工作定期进行调度、通报和督办,对情况复杂、办理难度大的建议提案,承办单位负责人召开专题会议进行研究,协调解决办理过程中遇到的难点、重点问题,顺利推进建议提案办理工作。省政府办公厅进一步加大建议提案办理工作的督办力度,实行"台账式"督办,将省政府系统办理的所有建议提案,按主办单位和协办单位划分后分别编号登记在两本台账上,密切跟踪主办件和协办件的办理情况,办复一件销号一件,同时加强与省人大常委会选任联工委和省政协提案委的联系,强化对承办单位建议提案办理工作的指导、协调和服务,确保建议提案的办理质量和办理时效。

加强制度建设,提高建议提案办理工作科学化水平。各承办单位在建议提案办理工作中,建立和健全建议提案办理工作制度,进一步推进建议提案办理工作制度化、规范化和程序化,建议提案办理质量和效率不断提高。一是认真执行"主要领导全面负责、分管领导具体负责、办公室协调督办、承办处室办理落实"的分级责任制度,形成了协调高效的建议提案办理运行机制。二是进一步规范集中交办、分工办理、逐级审核、书面答复、督促检查、跟踪落实等办理程序,使建议提案办理工作更加规范有序。省科技厅修订了《省科技厅办理建议工作流程图》,用图表形式表现本单位的代表建议办理工作的程序和要求,使代表建议办理工作更加条理清晰、程序规范、重点突出、简明扼要、易于掌握。三是在建议提案办理实践中不断探索创新好方法好经验,形成新的制度规范。省财政厅、省地税局加强与代表委员的联系沟通,始终坚持办前、办中、办后"三沟通"的做法:着手办理前与代表委员沟通,认真了解代表委员原意和办理要求;形成初步答复意见后与代表委员沟通,与代表委员取得一致意见;正式答复后与代表委员沟通,再次征询代表委员意见。为了提高重点建议提案的办理质量,省林业厅对重点建议提案的办理实行"四个一"制度:制定一个办理工作方案、实行一次会议协商,邀请代表委员和督办单位进行一次实地调研,厅领导向代表委员汇报一次办理情况。政府许多部门和单位将实践中行之有效的做法上升为制度,使本部门本单位的建议提案办理工作更加规范和高效。2011年,省教育厅修订本单位2005年制定的《省教育厅人大代表建议政协提案办理工作规定》,对建议提案的办理原则、办理职责、办理程序、办理要求、考核奖惩等方面进行细化规定;省住房和城乡建设厅、抚州市政府建立建议提案办理工作考核奖励制度。

【创新工作方法办理建议提案】 2011年,各承办单位创新工作方法,不断适应新形势、新任务、新要求,努力提高建议提案办理工作实效。一是突出办理重点。重点围绕涉及经济社会发展大局和人民群众切身利益的难点问题进行重点办理,力争取得解决一个难点问题、推动一方面工作的效果。对代表委员关注的延长景德镇市资源枯竭城市财力性转移支付年限问题,省发改委和省政府有关部门反复向国家有关部门汇报,并积极指导景德镇市做好相关申请工作,为景德镇市积极争取中央财力性转移支付政策顺延5年。省发改委结合代表委员提出的建议,认真梳理了一批重大项目、重大资金和重大政策,反复向国家汇报,争取国家支持,获得国家批复。对于代表委员关注的城市农贸市场摊位费降低问题,赣州市政府积极配合主办单位,专门成立了由市政府领导任组长的工作小组,立足实际,认真研究,准备在市内开设蔬菜露天早市,通过增加蔬菜供应点与供应量使菜价下降,解决好关系全市人民群众日常生活的菜价问题,让人民群众得到实惠。二是实行开门办理。承办部门通过电话联系、登门拜访、出差顺访、调研座谈等方式交换意见、了解情况、听取意见,共同探讨解决问题的办法。省农业厅在办理"赣江流域实行春季休渔"建议时,承办部门渔业局领导亲自带队登门面商面复。省水利厅在办理"修订《江西省实施水土保持法办法》"建议时,先后5次登门沟通协商,反复征求和听取代表对修订工作的意见。三是注重结合工作。各承办单位在办理建议提案时,紧密结合工作，积极从建议提案中汲取思想、凝聚智慧，将合理的意见和建议转化为具体的政策措施，落实到日常工作中，推动和改进政府工作，努力提高为公众服务的水平。对代表委员关注的加快江西省养老服务事业发展问题，省民政厅多次和代表委员一起调研、座谈，介绍全省养老服务事业现状，学习外省先进经验，共同分析探讨如何做好新形势下江西养老服务保障工作、提升全省养老服务管理水平。对代表委员关注的宜春经济开发区电镀集控区内电镀项目环评审批问题，省环保厅在做好办理工作的同时，举一反三，抓住重金属排放严重影响人民群众身体健康和社会和谐稳定这一具有全局性和倾向性的问题，经认真研究，下发了《关于加强涉及重金属排放建设项目环境影响评价管理的通知》，对涉及重金属排放建设项目的环评审批提出更严格的要求，进一步推动重金属污染防治工作，增强了建议提案办理实效。四是跟踪落实。各承办单位办理建议提案，不仅仅满足于答复层面上的满意，而是坚持在解决实际问题上狠下功夫，努力实现追求满意率向追求落实率转变，让代表委员和人民群众对问题得到圆满解决的效果满意，做到取信于民。省林业厅积极开展"回头看"工作，跟踪落实B类件，促进B类件转为A类件。五是充分利用现代信息技术。一些承办单位不断完善网上办理系统，形成建议提案交办、承办、督办三位一体的办理工作网络，提高办理工作效能。

（省政府办公厅督查处）

法制建设

【概　况】 2011年，全省各级政府法制机构深入贯彻落实科学发展观，认真贯彻实施国务院《关于加强法治政府建设的意见》，扎实推进鄱阳湖生态经济区建设，为江西科学发展、进位赶超、绿色崛起作出积极贡献。

加强和改进政府立法，为江西经济社会发展提供制度支撑。2011年，省政府法制办共组织起草、审核修改8件地方性法规草案和8件省政府规章，实现了省政府立法计划确定的目标。围绕"生态立省、绿色崛起"战略目标，审查修改湿地保护条例草案。为巩固和加强农业基础地位，审核修改农民专业合作社条例和渔业条例草案。为加强农村基层民主建设，审查修改村民委员会选举办法草案。为加强和创新社会管理，先后审查修改物业管理条例草案、流动人口服务和管理办法、行业协会管理办法、建筑消防设施管理规定。为加强政府自身建设，规范行政执法行为，组织起草规范行政处罚裁量权规定。

开展行政强制专项清理，保障行政强制法的顺利实施。9～12月，省政府法制办组织省直有关部门和市、县集中开展地方性法规、规章和规范性文件中有关行政强制规定和行政强制主体的专项清理工作，共清理省政府规章112件、省政府规范性文件27件、省政府部门规范性文件72件，市、县政府规范性文件1119件，对不符合行政强制法规定的内容全部予以修改或删除。配合省人大清理地方性法规127件，提出保留意见的有32件，提出修改意见的有29件。另经审查确认符合行政强制法规定、具有行政强制职能的省级行政强制实施主体54个。此外，还清理涉及征地拆迁有关规定的规章2件、规范性文件399件；并对涉及企业兼并重组的规章和规范性文件进行清理，提请省政府废止规章1件。办理回复法律法规和规范性文件征求意见稿177件。

组织非行政许可项目清理工作，进一步深化行政审批制度改革。省政府法制办会同省监察厅、省审改办组织52个省直单位清理251项非行政许可审批项目，经省政府常务会议审议决定保留196项，精简压缩95项，压缩比例为37.8%；保留项目原办理期限平均为23个工作日，压缩为12个工作日，压缩比率为47.8%。

强化行政执法监督，为全省经济社会发展营造规范文明的执法环境。一是深入推进规范行政处罚裁量权工作。省政府常务会议审议通过了《江西省规范行政处罚裁量权规定》，并以省政府令的形式发布。省政府法制办对2010年和2011年新制定或者修改的法律、法规、规章中的行政处罚条款，进行全面梳理，细化量化、分档设限，压缩自由裁量空间，并汇编成《江西省行政处罚裁量权执行标准汇编（2011年）》印发执行。二是组织开展优秀行政执法案卷评选活动。集中评选市（县、区）和省直部门的306宗行政处罚案卷、213宗行政许可案卷和44宗重大行政决策案卷，通报表彰一批优秀执法案卷、优秀执法单位和优秀执法人员。三是加强规范性文件备案审查。组织两期规范性文件制定和备案工作培训班，培训各级法制机构工作人员400多名。全年备案审查规范性文件91件，完成4件规章译审任务。

认真办理行政复议案件，依法化解行政争议。2011年，全省共收到行政复议申请4200余件，各级政府法制机构均作出积极稳妥处理；收到以省政府为被告的行政应诉案件4件，经省政府法制办协调，1件被驳回，3件未予受理，较好地维护了社会和谐稳定。

扎实推进依法行政，为全省经济社会发展营造良好的服务环境。一是完善推进依法行政工作制度建设。省政府制定出台了《关于加强法治政府建设的实施意见》，省政府办公厅印发了《江西省2011年推进依法行政工作要点》。二是狠抓推进依法行政工作要点的贯彻实施。通过召开工作联席会议、开展专题调研、邀请省领导出席情况汇报会等方式，督促指导各地各部门抓好年度依法行政工作要点的贯彻落实。三是进一步完善依法行政考核机制。2011年，经省政府法制办与省政府办公厅、省统计局反复沟通协调，依法行政工作考核首次被纳入省政府对市、县政府绩效考评体系。

【"全省规范性文件制定和备案工作培训班"在井冈山举行】 5月，"全省规范性文件制定和备案工作培训班"在井冈山举行。省政府法制办副主任廖晓凌出席开班仪式并作讲话，国务院法制办备案司处长孔祥泉、省政府法制办处长周靖应邀授课。培训班分两期举办，来自各市、县政府法制部门和省政府各部门法制机构的工作人员共400余人参加此次培训。

【开展法治援疆活动】 按照省政府对口支持新疆工作的部署和新疆克孜勒苏柯尔克孜自治州（以下简称克州）邀请，9月3～23日，省政府法制办派出行政复议处副处长陈欢欢、南昌市政府法制办副主任宗云彪、九江市政府法制办副主任周文利,赴新疆克州开展法治援疆活动,对全州行政执法人员和行政执法监督人员进行行政执法资格上岗培训。先后为阿合奇县、乌恰县、阿克陶县、阿图什市及克州政府的1700余名行政执法和行政执法监督工作人员进行授课,授课内容主要包括《行政强制法》《行政处罚法》《行政许可法》《行政复议法》《行政诉讼法》《国家赔偿法》,以及依法行政基本理论和行政执法操作实务等内容。此外,应阿合奇县委主要领导的邀请,陈欢欢为该县县委、县政府、县人大、县政协四套班子领导及法院、检察院、公安局等相关部门的主要负责人,专题讲授《国有土地上房屋征收与补偿条例》的相关内容。

【成功化解一大批社会矛盾纠纷】 2011年,全省收到行政复议申请4200余件,大部分都得到妥善解决。省政府法制办直接收到的案件86件,办结78件;收到以省政府为被告的行政应诉案件4件,经沟通协调,1件被驳回,3件未予受理。此外,根据省政府主要领导的指示,省政府法制办对南昌某公司涉嫌传销案件组织有关部门和专家进行法律论证,参与处置余干县“1·20”重大群众事件。

(李　珂　何定中)

·资　料·

2011年度颁布的江西省政府规章

序　号	省政府规章名称及公布日期
1.	《江西省人民防空工程》(2011年1月4日江西省人民政府令第187号)
2.	《江西省英雄模范褒奖办法》(2011年1月25日江西省人民政府令第188号)
3.	《江西省非煤矿矿山企业安全生产许可证实施办法》(2011年1月31日江西省人民政府令第189号)
4.	《江西省流动人口服务和管理办法》(2011年8月26日江西省人民政府令第190号)
5.	《江西省价格监测规定》(2011年10月13日江西省人民政府令第192号)
6.	《江西省地名管理办法》(2011年12月21日江西省人民政府令第193号)
7.	《江西省行业协会管理办法》(2011年12月21日江西省人民政府令第194号)

财政预决算

【概　况】 2011年,面对极为复杂的国内外发展环境和春夏连旱、旱涝急转等自然灾害的严峻考验,全省财政部门坚持以科学发展观为统领,以鄱阳湖生态经济区建设为龙头,积极发挥职能作用,不断夯实财源基础,继续优化支出结构,稳步推进财政改革,切实加强财政管理,各项工作取得新进展、新成效,圆满完成全年目标任务,为经济社会发展作出新贡献。

收入任务圆满完成。全省财政总收入完成1645亿元,增长34.2%。其中:地方财政收入1053.4亿元,完成年初汇总各级人代会批准预算的115.5%,增长35.4%;上划中央“两税”收入396.3亿元(其中增值税321.4亿元,消费税74.9亿元),增长23%;上划中央所得税195.3亿元(其中企业所得税146.8亿元,个人所得税48.5亿元),增长55%。地方财政收入分项完成情况是:增值税25%部分105.9亿元,增长24.9%;营业税272.8亿元,增长33.5%;企业所得税40%部分97.9亿元,增长53.7%;个人所得税40%部分32.3亿元,增长59.4%;资源税18.7亿元,增长44.6%;城市维护建设税41.8亿元,增长35.9%;房产税11.3亿元,增长24.2%;印花税8.4亿元,增长34.4%;城镇土地使用税18.3亿元,增长16.7%;土地增值税37.3亿元,增长45.1%;车船税5.6亿元,增长35.1%;耕地占用税47.2亿元,增长32%;契税78亿元,增长10.6%;烟叶税1.6亿元,增长50.4%;专项收入49.1亿元,增长38.4%;行政事业性收费收入116.6亿元,增长64.5%;国有资源(资产)有偿使用收入30.8亿元,增长53.1%;罚没收入39.4亿元,增长29.2%;国有资本经营收入20.3亿元,下降15.5%(主要是2010年省级一次性入库南钢、江铜产权转让收入较多);其他收入20.2亿元,增长68.5%。

财政支出保障有力。全省财政支出完成2534.6亿元,增长31.8%。财政支出分项目情况是:一般公共服务258亿元,增长17.9%;国防支出5亿元,增长23%;公共安全支出123.9亿元,增长15.3%;教育支出474.4亿元,增长59.5%,按财政部统计口径,全省教育支出占公共财政支出比重达到15.2%,完成了中央下达的15.1%目标,增幅超过全省财政经常性收入增幅45.9个百分点;科学技术支出

21.3亿元,增长16.7%,超过全省财政经常性收入增幅3.1个百分点;文化体育与传媒支出39.7亿元,增长39.7%;社会保障与就业支出272.7亿元,增长17%;医疗卫生支出196.3亿元,增长30.9%;节能环保支出43.8亿元,下降10.9%,主要是2010年江西省市县污水处理厂已整体打包出售,2011年建设贷款还本付息大幅减少,相应减少相关支出;城乡社区事务支出125.3亿元,增长22.3%;农林水事务支出288亿元,增长24%,超过全省财政经常性收入增幅10.4个百分点;交通运输支出218亿元,增长103.2%;资源勘探电力信息等事务支出157.4亿元,增长33.9%;商业服务业等事务支出38.2亿元,增长8.5%;金融监管等事务支出2.1亿元,增长94.1%;国土资源气象等事务支出28.5亿元,增长12.1%;住房保障支出108.3亿元,增长59%;粮油物资管理事务支出45.4亿元,增长5.4%;储备事务支出1.7元,下降28.7%,主要是2010年中央下达江西省储备粮(油)库建设资金较2009年增加1.3亿元,基数较高;债务付息支出12.5亿元,增长88.8%;其他支出74.1亿元,下降1.2%。

(伍晓峰)

发展研究与决策咨询

【概　况】 2011年,紧紧围绕省政府工作重点和全省经济社会发展中的重大问题,深入调查研究,努力开拓创新,积极勤奋工作,克服了人员少、任务重等困难,较好地完成省领导交办的各项任务和年度课题计划。承担或参与省委、省政府重要文件和省委、省政府领导重要文稿的起草修改10多项。先后组织60多人次,赴省内外50多个市、县进行调研。全年完成各类成果30多项,完成特约研究员课题18项,省委、省政府领导批示3项。两项成果获中国发展研究三等奖,一项成果奖获省社会科学优秀成果奖。全年编辑《调研报告》13期,专送件2期,编印《2011年特约研究员课题成果汇编》,发送各类报告4550份。

【完成省委、省政府领导交办的重大任务】 2011年,省政府发展研究中心参与省第十三次党代会报告的起草,承担党代会报告第二部分的专题研究。抽调骨干研究力量,吸收省决策咨询委、江西农大、江西中医学院的研究力量,赴省内多个市县调研,及时完成任务。牵头组织全省学前教育改革发展调研。与省政府办公厅、省教育厅、省发改委等9个部门组成联合调研组,采取座谈交流、问卷调查、实地查看、个别访谈、个案分析、成本测算等方式,到全省11个设区市30多个县(市、区)进行深入调研,起草了总报告、案例分析、国外调研报告,总报告《江西省学前教育改革发展调研报告与政策建议》得到省政府领导的充分肯定,并作为省政府制定加快发展学前教育实施意见的重要依据和基础。牵头组织全省中等职业教育发展专题调研。与省政府办公厅、教育厅、省发改委等9个部门组成联合调研组,采取实地考察、座谈交流、问卷调查、统计分析以及案例分析等形式,到全省11个设区市30多个县(市、区)进行全面深入调研,调研报告已经完成。牵头组织江西旅游文化丛书"鄱湖风韵篇"的撰写工作。制定详细的编撰计划,邀请南昌大学、江西旅游商贸学院和九江市的相关专家学者共同参与研究与编撰,课题组先后到沿湖各县(市、区)开展调研,收集大量第一手资料后,用不到两个月时间完成初稿,并按初审意见加紧修改。遵照省政府主要领导对《江西生态城市建设指标体系与促进措施》的批示,做了进一步的调研,并对课题报告加以完善,此课题获得中国发展研究三等奖。

【完成年度课题任务】 2011年,省政府发展研究中心紧紧围绕年初确定的课题计划,深入实际调查研究,广泛收集各方面资料,高质量地完成各项研究课题,综合研究能力和影响力得到较大提高。完成的主要课题有:《2010年及"十一五"江西省发展成就与今后一个时期宏观经济重大走势及对策》《2011年上半年经济形势分析报告》《关于当前江西省经济形势分析报告》《关于江西省城镇新区教育园区发展问题研究——以赣州赣县、于都、上犹三县为例》《中部地区产业结构服务化拐点预测与政策准备》《做大做强江西旅游产业问题研究》《对做好国家"十二五"规划〈纲要〉实施综合评价考核体系工作的建议》《关于江西当前经济形势分析报告》《江西保障性安居工程建设情况汇报》《2011年全国省区市发展研究中心主任座谈会成果汇报》《我国货币政策透明度对货币政策区域效应的影响》《我国债权型货币错配程度的测算及风险防范研究》《江西省银行业发展与经济发展的关系研究》《金融监管的理论与实证研究——基于协同学的分析》《国家开发银行南昌市金融系统性融资规划》《江西金融业"十二五"发展约束研究》《鄱阳湖生态经济区辐射带动作用研究》《未来10年中国经济的发展前景与对策——第72次中国改革国际论坛之专家观点》《热点问题,智库解析》《追求起跑线的公平——江西省学前教育改革发展调研报告》等20项。

【研究成果得到领导批示和获奖】 2011年,省政府发展研究中心研究成果得到省领导批示和获奖。受到省领导批示的课题有:《关于当前江西省经济形势分析报告》《关于江西省城镇新区教育园区发展问题研究——以赣州赣县、于都、上犹三县为例》《2011年全国省市发展研究中心主任座谈会成果汇报》。

获得省级以上奖项的课题:《江西生态城市建设、指标体系与促进措施》获中国发展研究奖三等奖;《江西省光伏产业发展方向、方针、措施与风险规避研究》分别获中国发展研究奖三等奖和江西第十四次社会科学优秀成果奖二等奖。

【参加咨询论证、交流活动】 2011年,省政府发展研究中心利用中心专家资源,积极参加各级党委政府组织的评审、论证、咨询和各类学术交流活动,努力扩大社会影响。多人次参加省人大财经委经济形势分析会,提出的观点和建议得到省人大领导和与会人员的认可;参加省发改委组织的景德镇资源型城市转型评估并出任评估组长;参加多个县(市、区)"十二五"规划和产业发展规划评审;参加国家社科基金项目《中央政府与地方政府在区域经济发展中的博弈关系研究》的评审；参加省水利厅2010年部门决算审查；参加省环保厅2011年预算审查；参加“南昌第十次党代会今后5年经济社会发展目标”评估；参加省社科5个重点招标课题的中期检查与评估；在“泰豪论坛”、省图书馆、省社联、人行南昌中心支行、江南都市报社、江西理工大学作主题讲座；接受媒体关于鄱阳湖旅游的专访和关于入世10周年采访。

【特约研究员管理工作扎实有效】 2011年，省政府发展研究中心以特约研究员为组长的课题研究团队，做了大量调研工作，完成18项具有一定参考价值的研究课题。发展研究中心及时对这些课题进行结题评审工作，评审过程中严把质量关，并对每项课题加以指导、修改、完善，将质量好的研究成果印发《调查研究报告》，并编印《2011年特约研究员课题成果汇编》。及时下发2011年特约研究员课题申报通知，对52项课题申请，及时组织专业处进行评审，共批准20项，下发立项通知，提出了课题研究要求。省政府发展研究中心在充分酝酿的基础上，增聘31人为中心特约研究员，进一步扩大研究力量。

（过士木）

【参与制定《江西中小企业服务体系规划建设方案》】 江西省中小企业2011年已突破100万家，占全省企业总数的99%以上。省政府决策咨询委与省中小企业局合作，结合制定中小企业服务体系“十二五”规划和申请两部委2011年中小企业服务体系专项资金工作，参与制定《江西省中小企业服务体系规划建设方案》。国家对江西省按照“政府搭台、机构唱戏、网络布局、集聚发展”的总体思路，建立以主管部门为主导、核心服务机构为骨干、各类社会服务机构积极参与，公益性与市场性相结合、线下实体服务与网上虚拟服务相结合的运行机制非常认可。江西的建设方案在全国34个省市竞争中脱颖而出，成为全国9个入围省份之一，排名及争取资金支持名列前茅，中部唯一。

【开展“江西产业发展和产业集群形成”课题专项研究】 2011年，省政府决策咨询委致力于“江西产业发展和产业集群形成”课题研究。一是进行对比研究。江西产业的发展要借鉴周边省份成功经验。省政府决策咨询委和省中小企业局组建联合调研组，远赴重庆调研，就重庆产业发展和产业集群形成问题进行座谈，并深入到有关工业园区实地考察，获得与重庆市进行对比研究的相关资料。完成《重庆模式对江西省产业发展和产业集群形成的启示》调研报告，已提供给省中小企业局起草相关政策参考。二是进行实证研究。省政府决策咨询委和中小企业局联合赴南昌市高新技术开发区、经济技术开发区、小蓝工业园区，进行为期3天的调研活动。随后赴井冈山经济技术开发区、吉州区、青原区、吉安县、吉水县、泰和县、永新县等县区的工业园区进行调研，就产业发展和产业集群形成问题，进行广泛的探讨座谈，得到大量关于产业发展和产业集群形成的实证性研究资料。在广泛调研和研读大量资料的基础上，提炼出《做好顶层设计，加快实现重大项目带动产业集群发展——重庆产业发展模式对江西省承接产业转移的启示》调研报告，获得省委、省政府主要领导和省政府相关领导的重要批示。省政府领导的批示均刊发在省政府办公厅《每日要情》刊物，调研报告刊发在省政府决策咨询委《决策咨询》2011年第二期。

【开展“广昌县工业园区主导产业集群研究”课题项目调研】 2011年，受广昌县政府委托，省政府决策咨询委与江西财大联合承接“广昌县工业园区主导产业集群研究”课题。课题组先后4次赴广昌县工业园区，就广昌经济社会发展、食品加工业、物流产业、铜加工产业、轻纺产业等多个专题进行详细的调查研究，完成《广昌县工业园区主导产业集群研究》报告。报告不仅得到广昌县委、县政府的认可和采纳，也得到省政府决策咨询委主要领导的肯定和鼓励，并将报告转给南昌市相关县政府主要领导参阅。

【开展“创新文化的基本内涵研究”】 “创新文化的基本内涵研究”，是省科技厅的社会发展软课题。2011年，省政府决策咨询委邀请省农业厅有关人员加盟，组建课题组，就江西省创新文化问题进行调研。课题组收集和研读大量创新文化的相关资料，特别是认真研读《中共中央关于深化文化体制改革推动社会主义文化大发展大繁荣若干重大问题的决定》，用党的十七届六中全会精神指导创新文化课题的研究和思考。在赴上海市、江苏省、浙江省、重庆市等地进行考察的基础上，课题组完成6万字《创新文化内涵研究》报告初稿。

【参与开展省政府办公厅组织的“学前教育”课题调研活动】 4月中旬，省政府决策咨询委抽调研究处人员参与省政府“学前教育”调研第五组的调研活动，参加宜春市本级、丰城市、高安市和萍乡市本级、安源区、莲花县等地的学前教育大型调研，并参与撰写《学前教育个案分析和成本分析》调研报告。

（李鹏飞）

人事管理

【概　况】 2011年，全省各级人力资源社会保障部门牢固树立和认真落实科学发展观，紧紧围绕全省经济社会发展大局，大力实施人才强省战略，解放思想，开拓进取，各项工作取得显著成效。

人才智力工作取得丰硕成果。以贯彻落实人才规划为主线，充分发挥政府人才工作综合管理职能作用，不断加大工作力度，为经济社会发展提供人才智力支撑。一是专业技术人才队伍建设进一步加强。出台专业技术人才队伍建设中长期规划。配合省委组织部实施“赣鄱英才555工程”第二批人选评审考察工作，继续开展优秀高层次专业技术人才引进工作，全年刚性引进博士和正高专业技术人才450人。积极推进博士后管理体制改革，设立博士后工作专项资金并出台管理办法。全省博士后进站总人数达248名，博士后科研项目（课题）转化的经济效益4亿多元。完善专业技术人员继续教育管理制度。组织开展专家下基层咨询服务活动，共组织260名专家到基层服务。二是技能人才队伍建设进一步推进。实施“高技能人才振兴工程”，新建2个国家级和5个省级技能大师工作室、1个国家级高技能人才培养示范基地。全年新增培养技能人才38万人，其中高技能人才8.5万人。举办各类职业技能竞赛16项，参赛人数10万余人。在世界残疾人职业技能大赛和全国第四届残疾人职业技能竞赛中取得1个世界第三、1个全国第一和4个全国前六的优异成绩。技工院校招收新生5.4万人，资助2万名城乡困难家庭子女免费入读技工院校。三是引进国外智力工作力度加大。积极实施鄱阳湖生态经济区和十大战略性新兴产业引智项目，引进海外高层次专家330人次，帮助形成自主知识产权7项、获得专利13项、填补国内空白2项，改进提升生产技术100余项，培训专业技术人员1500多人次。选拔推荐国家“外专千人计划”2人，申报国家级高端外国专家项目3个，争取国家外专局首批“千人计划配套引智工程”立项3个。着重扶持一批“一村一品”优质项目，加大对第三产业附加值高、农民增收潜力大的项目支持力度，评选了第二届省级“一村一品”示范企业。依托示范村和示范企业及产业基地，培训农民近20万人次，分类培训产业带头人5500余人次。1名外国专家获国家“友谊奖”、15名外国专家获“庐山友谊奖”。组织实施26个出国(境)培训项目，培训575人次。四是职称制度改革迈出新步伐。制定出台深化职称改革的意见，全面修订专业技术资格条件，扩大自主评审和考评结合范围，完善专业技术资格评审办法，规范调整高级评委会，启动深化中小学职称制度改革试点前期工作，精心组织职称评审工作，严格控制评审通过率，评审质量进一步提高，评聘矛盾有所缓解。五是人事考试和职业技能鉴定工作平稳有序。全年组织各类人事考试76项，报考人数达到54万余人，同比增长27%，江西省人事考试工作得到人保部肯定。创新技能鉴定模式，理顺鉴定主体，完善鉴定制度，改进证书管理办法，在全国率先实施自主研发的网上报名信息系统，全年完成职业技能鉴定37万人次。

人事制度改革不断深化。一是公务员管理工作不断加强。坚持和完善公务员“凡进必考”和“四级联考”制度，实行设区市面试考官异地交流和省直单位增加面试考官办法，提高录用考试的科学性和公正性。省级党政机关招考公务员，除特殊职位外，全部从具有两年以上基层工作经历的人员中录用，优化了公务员的经历结构。全省考录公务员9000多人，其中录用人民警察5300余人。在全省公务员队伍中开展带头创先争优、争做人民满意公务员活动。推广南昌市工商局对基层公务员数字绩效考核经验，完善公务员考核工作联系点制度，探索建立其他类别公务员绩效考核指标体系。会同省委组织部制定《2011－2015年江西省行政机关公务员培训纲要》，积极开展公务员初任、任职、专门业务和在职等四类培训和职业道德培训，开通“公务员在线学习网”，全年培训公务员13万人次。二是事业单位人事制度改革积极推进。初步建立岗位设置管理制度，全省核准了88%的事业单位岗位设置方案，完成了50多万人首次岗位聘用备案。出台事业单位专业技术二级岗位管理办法，首批356人通过审定受聘二级岗位。推行事业单位公开招聘，全年公开招聘近3万人。严肃事业单位公开招聘纪律，严厉查处违规事件，进一步规范进人行为。三是军转干部安置任务圆满完成。全年接收安置计划分配军转干部565名、自主择业104名、随调家属162名，任务完成的进度和质量好于往年，安置工作得到国务院军转安置领导小组领导的肯定。认真落实企业军转干部解困一系列政策，加强思想教育和政策宣传，落实“五包”责任制，开展关爱行动，确保了企业军转干部总体稳定。

工资收入分配制度改革稳步推进。按照国家统一部署，开展公务员和企业相当人员工资水平调查比较试点。会同财政部门部署市、县调整公务员津贴补贴标准工作。义务教育学校实施绩效工资工作进入常态化运转，公共卫生与基层医疗卫生事业单位实施绩效工作基本完成。其他事业单位绩效工资实施工作全面开展，省直和设区市市直事业单位已基本实施到位，县(市、区)正在抓紧实施。

【提高省政府特殊津贴标准】 4月11日，省人力资源社会保障厅和省财政厅下发《关于调整省政府特殊津贴标准的通知》，决定调整按月发放省政府特殊津贴标准，由每人每月50元调整为每人每月300元。调整的省政府特殊津贴标准所需经费，由省财政专项列支拨付，从2010年1月1日起开始计算。

【举办博士后流动站与工作站对接活动】 4月21日，省人保厅、江西财大在南昌共同举办全省首次博士后流动站与工作站对接活动。全省10个博士后流动站分别就专业方向、合作导师、招聘要求作了介绍，40余家博士后工作站提出了各自的招聘项目和招聘条件，在双方充分交流的基础上，有14家工作站与流动站初步达成联合培养的意向，取得了积极的效果。此次对接活动，受到了博士后设站单位的一致好评。期间，中国博士后基金会副秘书长邱春雷、评估与服务处处长刘丹华分别介绍博士后工作相关业务知识和博士后站评估指标体系，与会代表还就博士后人员的招收、博士后站的评估指标的修订等进行了讨论。

【组织万名专家下基层江西专家抚州行活动】 9月6日，“万名专家下基层，江西专家抚州行”启动仪式在抚州市举行。本次专家抚州行活动，是省人力资源社会保障厅根据人社部“万名专家服务基层行动计划”要求，联合省卫生厅开展的一项惠民活动。这次活动，共组织了省级医院16名权威专家赴抚州、广昌、赣县等地开展义诊、讲学和临床带教活动。活动受到群众欢迎，群众踊跃前来咨询，接受专家的诊治。

【实施留学人员回国创业支持计划延揽海外人才】 12月，江西省出台实施留学人员回国来赣创业支持计划，未来四年，大力引进海外人才和智力，每年至少资助10名留学回国来赣创业人员。利用鄱阳湖生态经济区的先行先试政策，制定更加开放和灵活有效的引才政策，完善人才流动配置和柔性引才机制，优化服务环境和创新创业环境，打破人才流动限制，建立健全人才激励保障机制，吸引海内外高层次人才来赣创新创业，力争国家在全省重点建设1家留学人员创业园。组织选派各类急需、紧缺人才到国（境）外进行有针对性的培训，加强外国专家行政许可服务窗口建设，建立健全外国专家表彰奖励机制、权益保障机制和纠纷调解机制，依法保护外国专家的合法权益。

【出台"庐山友谊奖"奖励办法】 9月20日，省政府出台《"庐山友谊奖"奖励办法》（以下简称《办法》）。"庐山友谊奖"是省政府向为江西省作出突出贡献的外国专家授予的荣誉奖项，原则上每年评选一次。荣获"庐山友谊奖"的外国专家，将获得省政府颁发奖章、荣誉证书及省内免费休假疗养等待遇。《办法》对"庐山友谊奖"的评选条件、评审程序、批准授奖和经费保障等进行了进一步的规范和完善。《办法》规定，由省外国专家局牵头成立"庐山友谊奖"评审委员会，对各外国专家聘请单位申报的外国专家进行评审。评选表彰工作所需经费，列入省财政预算专项安排。《办法》于2011年10月1日起实施。

【举行2011年度"庐山友谊奖"颁奖仪式】 10月11日，省政府在南昌举行2011年度"庐山友谊奖"颁奖仪式。代省长鹿心社为获奖专家颁奖并讲话。鹿心社向受到表彰的各位专家表示祝贺，希望并欢迎更多的外国专家和国际友人，以各种方式支持和参与江西的现代化建设。荣获2011年度"庐山友谊奖"的15名外国专家分别来自法国、美国、意大利、捷克、挪威、加拿大、澳大利亚、孟加拉国8个国家。"庐山友谊奖"是江西省政府授予来赣工作外国专家的最高荣誉奖项，已有282名外国专家获此殊荣。

【全国公务员考核工作经验交流会在南昌召开】 2月28日至3月1日，全国行政机关公务员考核工作经验交流会在南昌召开。人力资源和社会保障部副部长杨士秋出席会议并讲话，江西省人民政府副省长孙刚致辞，江西省考核联系点南昌市工商局作公务员考核经验介绍。杨士秋充分肯定江西省公务员考核联系点——南昌市工商局公务员考核工作，认为南昌市工商局的经验介绍生动、直观，考核工作细致、周全、深入，措施针对性强，效果好。全国31个省、自治区、直辖市公务员局（人力资源社会保障厅局），省直有关单位人事部门负责人对南昌市工商局开展基层公务员考核工作进行现场考察。

【组织省部级劳动模范代表休假疗养】 7月24～29日，省人力资源和社会保障厅组织全省省部级以上先进工作者、劳动模范称号获得者代表在井冈山进行为期一周的休假疗养。在井冈山休假疗养期间，组织劳模参观革命旧居旧址、井冈山的秀丽风光，还请参加休假疗养的劳模代表，江西师范大学心理学院院长、全国模范教师胡竹菁教授为大家上了一堂如何保持心理健康的课。

【启用江西公务员培训网】 9月20日，由省人力资源和社会保障厅主办的"江西公务员培训网"启用。"江西公务员培训网"是为公务员量身定制的便捷式学习平台，它利用多媒体手段提供政治理论、政策法规、公共管理、业务知识、工作方法、个人修养等方面的课程，通过在线学习的形式打破了时空限制，更好地满足公务员多元化、个性化、差异化的培训需求。网站每月能支撑1万人规模的在线学习，支持3000人的每周视频学习，适用于开展大规模的公务员培训。培训网不仅是全省公务员提升业务素质的培训平台，也是广大基层、农村和边远地区专业技术人员获取、更新专业技术知识的便捷途径。

【出台事业单位专业技术二级岗位管理办法】 1月5日，省政府办公厅下发《关于印发江西省事业单位专业技术二级岗位管理试行办法的通知》，决定从2011年起在事业单位中首设专业技术二级岗位，17类人才可直接申报。申报竞聘二级岗位要求受聘正高级专业技术职务满8年或5年，包括取得国家奖项、国家项目成果，或者取得国家或省荣誉称号的具有社会影响力的人才。全省专业技术二级岗位的控制标准为全省正高岗位数的10%。在审定中，二级岗位受聘人员的人选产生将向一线专业技术人员倾斜，聘期原则上定为3年，一年一次申报，定期考核、动态管理，对于经考核不合格的受聘人员，将予以低聘或解聘。4月底，凡符合以上要求的专业技术人才可以向人力资源和社会保障部门申报。2011年二级岗位申报工作，经个人申报，单位、主管部门或设区市人保部门推荐，共有432人参加了推荐。经过专家审定，通过356人，通过率82%。

【出台《关于推进基层医疗卫生机构人事制度改革的指导意见》】 6月9日，经省政府同意，省人力资源和社会保障厅、省卫生厅、省发改委、省财政厅、省编办印发《关于推进基层医疗卫生机构人事制度改革的指导意见》（以下简称《指导意见》）。《指导意见》以提高基层卫生服务质量和工作效率为核心，要求对基层医疗卫生机构（乡镇卫生院和政府举办的社区卫生服务中心）科学设置岗位、选聘机构负责人、清退在编不在岗人员、组织竞聘上岗、妥善安置分流人员，建立能上能下、能进能出的用人机制。《指导意见》规定，基层医疗卫生机构按照管理岗位、专业技术岗位、工勤技能岗位3种类别进行岗位设置，实行全员聘用，合同管理。原则上，乡镇卫生院和社区卫生服务中心的卫生专业技术岗位占总岗位的比例，分别不得低于90%、95%。竞聘上岗后，基层医疗卫生机构法定代表人与受聘人员，按照有关规定签订聘用合同，实行合同管理。在聘期3～5年期间，对发生医疗事故、收受药品回扣及"红包"、套取医疗保险基金等违规违纪行为、造成严重影响的人员，经查实坚决予以处理或解聘；对连续2年考核不合格的，予以解聘。对基层医疗卫生机构定岗竞聘中的未聘人员，《指导意见》对正式职工和非正式职工分流安置办法作出规定。

（省人力资源和社会保障厅）

民族宗教工作

【概　况】 2011年，全省民族宗教工作部门坚持以科学发展观为统领，紧紧围绕“民族团结进步、宗教和谐稳定”的目标，抓大事，破难题，办实事，工作领域不断拓宽，基层基础更加稳固，管理机制切实完善，各项业绩更加突出。民族工作方面，全省上下坚持“山上办银行、工业兴畲乡、文化创特色、和谐促发展”思路，紧扣贯彻落实〔2010〕1号文件主线，民族地区经济社会发展再创佳绩，民族团结进步事业又开新局。全省8个民族乡财政收入达到2.94亿元，农民人均纯收入达到6892元。成功举办首届畲族文化艺术节和庆祝建党90周年系列活动，少数民族传统体育活动取得新突破。全国政协主席贾庆林6月在江西考察时，对江西省民族乡经济社会发展模式进行了高度评价。宗教工作方面，全省民宗系统围绕党和国家工作大局，继续夯实基层基础，着力解决重点难点问题，努力创新宗教事务管理。宗教教职人员认定备案、宗教活动场所财务监督管理工作、“双和谐创建”、宗教文化交流活动和宗教文化挖掘整理等多项工作取得显著成效。全省宗教工作“主体在县”争先创优活动及多项宗教专项工作得到中央领导和中央统战部、国家宗教局领导的充分肯定。

【举行首届中国(江西·庐山)“盛世中华、五教和谐”论坛暨“五教祈福文化园”开园仪式】 1月1~2日，首届中国(江西·庐山)“盛世中华、五教和谐”论坛暨“五教祈福文化园”开园仪式在庐山举行。活动由省民族宗教事务局、九江市人民政府、省宗教文化交流协会主办，庐山世界遗产管理委员会具体承办，五大全省性宗教协会共同协办。副省长、省宗教文化交流协会名誉会长熊盛文宣布论坛开幕、庐山“五教祈福文化园”开园。省政协主席傅克诚，省政协副主席王林森、郑小燕出席开园仪式。省民族宗教事务局局长、省宗教文化交流协会会长谢秀琦致辞。中国佛教、道教、伊斯兰教、天主教、基督教等五大宗教的相关负责人联袂撞响祈福大钟。来自各全国性宗教团体的负责人及来自北京的专家学者在论坛作了发言。

【江西省首届畲族文化艺术节在贵溪举办】 4月26~28日，江西省首届畲族文化艺术节在鹰潭贵溪市成功举办。活动由省民族宗教事务局、省文化厅、鹰潭市人民政府主办，贵溪市人民政府承办。本届畲族文化艺术节坚持以“共同团结奋斗，共同繁荣发展”为宗旨，致力于挖掘和展示少数民族优秀文化遗产，按照“突出民族性、坚持群众性、倡导多样性、体现时代性、兼顾专业性”的总体要求组织编排。主要活动包括迎宾礼、开幕式、摄影书法展及民俗展、畲族山歌赛、畲家宴、闭幕式、民族大联欢等7项内容。省人大常委会副主任朱秉发、副省长熊盛文、省政协副主席郑小燕和国家民委、中国少数民族戏剧学会等有关领导出席系列活动。艺术节期间，来自全省10多个民族共同参与艺术节相关活动，先后上演山歌剧《七彩畲乡》、100幅作品体现畲民生活为题材的作品展以及以《都是一家人》为主题的少数民族文艺汇演，艺术节还对展演节目进行评奖。

【中国首部反映畲族文化电影《大天地》在贵溪杀青】 5月，中国首部反映畲族文化的电影《大天地》在鹰潭贵溪市顺利杀青。影片以当代新农村建设为背景，通过在贵溪城区及樟坪、雷溪、金屯等乡镇的实地取景拍摄，讲述了贵溪市樟坪畲族乡复转军人的生活情感故事，充分展现江西省新农村建设成果和浓郁的畲族风情。

【举办少数民族庆祝建党90周年系列活动】 6月21~22日，以“唱支山歌给党听，各族人民跟党走”为主题的江西省少数民族庆祝建党90周年系列活动在南昌举办。活动由省民族宗教局主办，包括培训班、座谈会、书画摄影展和少数民族文艺晚会等内容。省委常委、省委组织部部长莫建成，副省长熊盛文，省政协副主席李华栋、肖光明分别出席相关活动。省民宗局局长谢秀琦在培训班作专题授课，全省民族宗教工作系统的140余名学员参加学习。

“各族人民颂党恩”座谈会于6月22日下午举行，来自全省民宗系统和南昌部分高校分管领导、社会各界少数民族代表人士160多人参加座谈会，畅谈民族乡村和民族工作的大发展大变化，感恩党和政府对民族工作的重视支持；6月22日上午开幕的少数民族书画摄影作品展，汇集江西反映民族文化和少数民族群众生产生活为题材的180幅精品书画和摄影作品，来自全省各地民族地区代表和少数民族代表以及社会各界人士参观了展览；以“唱支山歌给党听、各族人民跟党走”为主题的文艺晚会于22日晚在江西艺术剧院举行。晚会推出大批江西原创的民族题材歌曲，全省民族地区和省内大专院校的近200名少数民族演员参加演出。

【江西在第九届全国少数民族传统体育运动会上获佳绩】 9月7日，江西省组团赴黔参加第九届全国少数民族传统体育运动会。江西派出以副省长熊盛文为团长，省民宗局局长谢秀琦为副团长的94人代表团，包括畲、回、蒙古、瑶、柯尔克孜、维吾尔、壮族等十几个少数民族，参加射弩、蹴球、高脚竞速、板鞋竞速等4个竞赛项目和表演项目——畲族跳马灯的角逐。最终，江西少数民族运动员表演的《马灯舞》获表演项目二等奖，标准弩混合团体、男子高脚竞速2×200米接力、男子板鞋竞速2×100米接力均获得三等奖，实现江西省参加民运会20年来团体奖项零的突破。同时，江西代表团还获体育道德风尚奖。

【第五届海峡两岸道教文化论坛在龙虎山举办】 11月5~7日，由鹰潭市人民政府、江西省人民政府台湾事务办公室、江西省民族宗教事务局主办，鹰潭市人民政府台湾事务办公室、鹰潭市民宗局、龙虎山风景名胜区管委会、龙虎山嗣汉天师府、鹰潭市道研中心筹办的第五届海峡两岸(鹰潭·龙虎山)道教文化论坛在鹰潭龙虎山开幕。本届道教文化论坛以“同源、传承、和谐、发展”为主题，旨在弘扬中华道教文化精粹，促进海峡两岸文化交流。省人大常委会副主任朱秉发，副省长熊盛文，省政协副主席李华栋以及国台办、国家旅游局、国家宗教局、海协会、中国道教协会有关领导和省台办、省民宗局、鹰潭市主要领导及海内外嘉宾200余人出席开幕式和论坛。本届海峡两岸道教文化论坛同期举办第十二届(龙虎山)道教文化旅游节、道教文化高端学术论坛、两岸道

6月22日，省民族宗教局在江西艺术剧院举行“唱支山歌给党听，各族人民跟党走”文艺晚会。

文化书画展道文化武术表演、茶艺表演、经贸推介恳谈等系列丰富活动。

【全国民族宗教工作研讨班在南昌开班】 11月28日，全国民族宗教工作研讨班在南昌开班。中央统战部常务副部长朱维群出席开班式并讲话，省委副书记张裔炯致辞，省委常委蔡晓明出席。朱维群在讲话中总结2011年的全国民族宗教工作，分析了民族宗教工作面临的新形势新情况，对统战部门进一步做好民族宗教工作提出了要求。朱维群充分肯定了江西省统一战线工作特别是民族宗教工作取得的成绩。此次全国民族宗教工作研讨班由中共中央统战部主办。全国各省（区、市）、新疆生产建设兵团、副省级城市党委统战部等有关负责人参加研讨班。

（宋　璐）

政府采购

【概　况】 2011年，省政府采购工作围绕着扩大规模、规范管理的工作重点，依法全面推进政府采购制度改革，深化创新，加大政府采购宣传力度。

积极推进政府采购“管采分离”工作，严格落实进场交易规定。按照《关于实行政府采购集中采购机构职能市场化的意见》的要求，在全省范围内全面推进采管分离工作，全省已有40余个县市区实现市场化管理。同时加大对政府采购代理机构管理力度，建立健全政府采购领域预防腐败长效机制，堵塞政府采购过程中容易产生腐败的漏洞。全省各级财政部门严格执行省政府有关政府采购进入公共资源交易中心进行交易的规定，加强政府采购的监督管理，省本级政府采购公开招标方式采购的项目全部做到进场交易。省本级累计进场交易603次，交易金额17.89亿元。全省累计进场交易1.21万次，交易金额46.78亿元。

扩大政府采购规模，提高采购效率。严格执行采购预算，加大专项资金实施政府采购管理力度，确保应采尽采。同时规范直接支付的程序，印发《江西省财政厅关于规范政府采购直接支付政府采购程序审核相关事宜的通知》。对不办理政府采购手续或亿元。不委托政府采购招标代理机构实施招标采购的，省财政厅责令改正，拒不改正的，停止按预算向其支付采购资金。通过加强政府采购资金支付管理，极大地规范各采购单位的采购行为，保证政府采购工作的公开、公平、公正开展。2011年度全省完成采购规模140亿元，增长6%，节约财政资金约15

完善制度、构建规范的政府采购市场体系。制定《政府采购代理机构行为规范》《江西省政府采购程序规范》《江西省政府采购代理机构考核管理办法》，对政府采购代理机构在招标过程中的行为进行规范，对公开招标、邀请招标、竞争性谈判、询价、单一来源5种采购方式程序作出详细明确的规定，建立标准化的政府采购流程。加大对政府采购代理机构的考核力度，有效规范政府采购代理机构行为。通过建立政府采购行为、规范程序管理和建立政府采购代理机构考核机制，有效地规范政府采购市场，提高政府采购质量和效率。

【建立电子化政府采购系统】 按照省委《江西省贯彻落实〈建立健全惩治和预防腐败体系2008－2012年工作规划〉实施办法任务分工方案》文件要求，2011年起，积极推进电子化政府采购工作，制定项目建设实施推进方案，要求在2012年7月1日起在省本级全面实施电子化政府采购，2012年12月1日起在全省全面推行。通过电子化政府采购系统，加强对政府采购从计划批复、采购公告、招标投标、合同验收备案全流程实行电子化管理，构建统一的、规范的招投标体系，确保政府采购工作在透明的环境下开展，打造阳光采购。

（熊　颖）

中国人民政治协商会议江西省委员会

本栏编辑　陈超萍

综　述

2011年,省政协常委会认真履行职能,主动开展工作,不断提高政协工作科学化水平,为推动江西省科学发展、进位赶超、绿色崛起作出了积极贡献。

突出思想理论建设,进一步筑牢团结合作的共同政治基础。省政协常委会坚持把加强思想理论建设摆在各项工作的首位。一方面按照创建学习型组织的目标要求,充分运用政协常委会议集中学习、新任市县政协主席学习培训班、中国共产党建党90周年专题报告会、人民政协理论研讨会等各种形式,积极组织和推动各级政协、广大政协委员和机关干部职工,深入学习中共十七届五中、六中全会和中共中央总书记胡锦涛在庆祝中国共产党成立90周年大会上的重要讲话精神,深入学习中发〔2006〕5号和中办发〔2011〕16号文件精神,学习全国政协十一届四次会议和中共中央政治局常委、全国政协主席贾庆林看望江西省政协、统战干部时的重要讲话精神,深入学习贯彻省第十三次党代会精神;另一方面,常委会把加强人民政协理论建设作为思想理论建设的重要抓手和重大举措。积极推动中央关于人民政协理论研究、宣传、教育要求落到实处,省委宣传部和省社联已将人民政协理论研究纳入江西省马克思主义研究和建设工程,纳入江西省哲学社会科学发展规划,省政协办公厅成功申报人民政协理论研究省级社会科学课题;省委宣传部下发了《关于进一步加大人民政协工作宣传力度的通知》;省委党校(省行政学院)、省干部学院和省社会主义学院等干部培训院校,已将人民政协理论纳入教学计划,开设人民政协理论课程。成立江西省人民政协理论研究会,召开提高政协工作科学化水平理论研讨会,出版发行提高政协工作科学化水平的论文汇编。

突出主题主线,为江西省经济保持平稳较快发展献计出力。常委会统筹参加政协的各党派团体、专门委员会、市县政协等力量,采取专题调研、集中视察、大会发言、提案等方式,紧扣科学发展这个主题和加快转变经济发展方式这条主线议政建言,取得积极成效。

做好萍乡煤矸石资源的综合开发与利用,是贾庆林视察江西时提出的重大课题。常委会组织委员深入萍乡主要煤矿和相关企业进行调研,针对煤矸石企业缺乏统一规划、缺乏龙头型企业引导、国家发展综合利用产业优惠政策落实较困难等问题,提出搞好煤矸石资源化利用的基础和评价工作、发展高附加值的综合利用技术和产品、规范全市煤矸石资源开发和管理、落实国家的有关政策等建议。

常委会围绕"着力打造旅游产业大省,促进鄱阳湖生态经济区建设"开展专题调研和协商,邀请部分民主党派省委会和设区市政协开展联合调研。经省政协十届十九次常委会议专题协商和主席会议研究后,向省委、省政府报送了主席会议建议案,提出重点培育和扶持一批旅游企业集团;推动旅游与文化有机融合,打造具有人文特色的旅游品牌;大力开发具有本土特色的旅游商品,提高旅游消费水平等17条建议。

常委会把开展加强农田水利基本建设的集中视察活动,作为一项重点工作加以部署和推进。组织省政协常委、委员视察团,深入宜春、南昌、抚州三市视察,形成了视察报告。报告抓住影响全省农田水利基本建设的四个关键问题,提出建立加大水利投入的长效机制、抓好农田灌溉工程建设、加强基层水利服务体系建设等对策建议。

突出保障和改善民生,积极协助党委政府排忧解难。常委会坚持把保障和改善民生作为政协工作的根本出发点和落脚点,紧紧抓住与民生息息相关的问题,积极建利民惠民之言、献富民安民之策。

根据全国政协办公厅的安排和省政协的选题,组织住赣全国政协委员考察团赴重庆市学习考察公租房建设。返赣后向省委、省政府报送了《住赣全国政协委员考察团赴重庆市考察公租房建设情况汇报》,总结提炼重庆市公租房建设的主要经验,提出"以公租房为主,(经济适用房、廉租房、公租房)三房合一、租售并举,积极推进江西省保障房建设"的建议。关于发展江西省民办学前教育的建议,为省政府制定《关于加快发展学前教育的实施意见》和有关部门编制《江西省学前教育三年行动计划(2011－2013年)》提供了有益的参考依据。关于进一步推进江西省新阶段农村扶贫开发工作的建议,被有关部门吸纳进全省"十二五"扶贫开发总体规划。关于加强社会化养老服务体系建设的调研,推动有关部门解决了新建县"中华情"老年公寓出行难等实际问题。关于加强南昌城市交通建设和管理的许多具体建议建议得到有效采纳。

充分发挥政协联系广泛、渠道畅通的优势，通过走访调研、座谈交流等多种形式，广泛收集、积极反映社情民意。全年向全国政协和省委省政府报送社情民意81篇，报送和采用数量均创本届政协历年新高。

*突出加强和创新社会管理，为促进社会和谐稳定建言献策。*常委会组织党派、工商联等界别委员和部分专家学者，协调11个设区市政协共同参加，围绕“化解社会矛盾，构建和谐社会”这一课题进行调研，形成1份综合调研报告和18份子课题调研报告。省政协十届十八次常委会议围绕这一课题进行协商讨论，向省委、省政府报送了主席会议建议案，针对影响江西省社会稳定的种种矛盾和因素，按照源头治理、健全机制、创新方法“三管齐下”的思路，提出完善社会稳定风险评估机制、健全群众利益诉求表达机制、构筑排查预警防范机制等15条意见建议。为进一步推进江西省《人口与计划生育条例》的贯彻落实，由省政协相关专委会和各民主党派省委会联合组成6个调研小组，就全省贯彻落实《条例》情况开展专题民主监督调研活动。在省政协十届二十次常委(扩大)会议上，调研组作了情况反馈，针对江西省计生政策贯彻落实存在的7个方面的问题，提出坚持和完善现行生育政策，切实稳定低生育水平；加强宣传教育，增强公民守法意识；进一步完善目标管理和考核体系等10条意见建议。常委会还组织委员对福利彩票公益金专项用于发展残疾人事业、公安出入境管理情况、“七城会”筹备工作等进行视察，就关注学生安全、建立校车监管机制，构建和谐医患关系等提出意见和建议，为协助党和政府化解矛盾纠纷、维护社会和谐稳定发挥了积极作用。

*不断提高政协工作科学化水平，大力加强政协自身建设。*常委会坚持按照科学发展观的基本要求和人民政协事业发展的内在规律、时代精神推进政协工作，积极探索加强自身建设的新载体、新途径、新方法。紧扣省委、省政府部署的“发展提升年”和“科学发展、进位赶超、绿色崛起”主题教育活动，大力开展“政协工作科学化水平提高年”活动。邀请民主党派、工商联、有关人民团体和无党派人士参加政协的调研、座谈、视察、专题民主监督等活动，全年各民主党派省委会、省工商联共提出提案107件，反映社情民意36篇，提交发言材料121篇，成为推进政协工作的重要力量。强化专委会与界别对口联系制度，将界别活动纳入政协工作的整体安排，较好地发挥界别作用，不断提高界别活动的质量和成效。进一步扩大委员在政协各项活动的参与面，注意加强对委员的培训，为委员提供知情问政的机会和施展才华的舞台，提高对委员的服务与管理水平，引导委员切实增强主体意识和责任意识，进一步激发全体委员投身江西经济社会发展的热情。进一步规范和创新专委会工作，完善专委会考核管理办法，使专委会调研、视察等各项工作开展更加科学合理、有序高效。全年总共形成27份调研报告，大部分被相关部门吸收采纳。召开全省政协第五次提案工作座谈会，修订《江西省政协提案工作条例》，表彰优秀提案和先进承办单位。全年办理委员提案601件，督办重点提案16件，编发《重要提案摘报》49期。充分发挥港澳地区省政协委员的优势和作用，助推江西省招商引资工作。文史征编工作扎实有效，编辑出版《艰苦卓绝——南方三年游击战争》《江西畲族百年实录》《蒋经国赣南文存》等重要文史资料专辑，《人类陶冶与稻作文明起源地》一书荣获第20届“金牛杯”全国优秀美术图书金奖。

（雷心刚）

重要会议

【十届四次会议】 2月13～16日在南昌举行。十届委员会共有委员697名，出席会议委员658名。省政协副主席朱张才主持开幕大会，会议审议通过省政协副主席王林森所作的常务委员会工作报告和副主席刘晓庄所作的提案工作情况报告；与会委员列席了江西省十一届人大四次会议，听取和讨论省长吴新雄所作的《政府工作报告》和其他重要报告。会议期间，委员们通过大会发言、参加小组讨论和联组讨论、提交提案、反映社情民意等形式，围绕科学发展、转变经济发展方式、鄱阳湖生态经济区建设、实施民生工程和人民群众关注的问题，提出许多建设性的意见和建议。中共江西省委书记苏荣、省长吴新雄分别参加小组讨论，听取委员的意见；中共江西省委、省政府领导和有关部门负责人参加了专题协商座谈会及听取大会发言。会议举行了选举大会，通过了关于同意王林森辞去政协江西省第十届委员会副主席职务、胡剑平辞去政协江西省第十届委员会秘书长职务的决定；会议增选肖光明、钟利贵为政协江西省第十届委员会副主席，选举肖为群为政协江西省第十届委员会秘书长。选举李秋生等8人为政协江西省第十届委员会常务委员；副主席朱张才主持闭幕大会，并作讲话。会议通过了《政协江西省第十届委员会第四次会议决议》和《政协江西省第十届委员会第四次会议提案审查情况的报告》。会议通过的《决议》认为，省政协常委会要坚持以邓小平理论和“三个代表”重要思想为指导，深入贯彻落实科学发展观，认真学习中共十七届五中全会和中央经济工作会议、省委十二届十四次全会精神，紧紧围绕省委关于加快经济发展方式转变、加强鄱阳湖生态经济区建设、推进改革开放、保障和改善民生、加强社会管理促进社会和谐等重大问题，认真履行职能，充分发挥作用，不断提高政协工作科学化水平，为推动江西省又好又快发展续写新的篇章。

【十届第十六次常委会议】 1月12～13日在南昌召开。省政协十届常委会现有组成人员127人，出席会议102人。中共江西省委常委、副省长凌成兴应邀到会，就《政府工作报告(征求意见稿)》的有关情况作说明。会议协商讨论《政府工作报告(征求意见稿)》；通过政协江西省第十届委员会常务委员会工作报告；通过政协江西省第十届委员会常务委员会关于提案工作情况的报告；通过关于召开政协江西省第十届委员会第四次会议的决定。

【十届第十七次常委会议】 2月15

日在南昌召开。省政协十届常委会现有组成人员125人,出席会议108人。会议审议通过省政协十届四次会议决议(草案);审议通过了省政协十届四次会议关于提案审查情况的报告(草案);审议通过政协江西省第十届委员会增补委员名单。

【十届第十八次常委会议】 6月16~17日在南昌召开。省政协十届常委会现有组成人员134人,出席会议113人。会议传达学习贯彻中共中央政治局常委、全国政协主席贾庆林看望江西省政协机关干部、省委统战部及各民主党派省委会、省工商联负责人时的重要讲话精神;协商讨论"化解社会矛盾,构建和谐社会"问题。会议听取了省政协副主席郑小燕作的"关于对江西省化解社会矛盾,构建和谐社会情况的调研报告",以及省政协常委贾益纲、任江南、徐良平、张丽华、涂建、栾波、谭文英分别代表各民主党派省委会和省工商联作的专题发言。副省长姚木根到会并讲话。

【十届第十九次常委会议】 8月23~24日在南昌召开。省政协十届常委会现有组成人员134人,出席会议121人。会议专题协商"着力打造旅游产业大省,促进鄱阳湖生态经济区建设"问题,会议听取了省政协副主席朱张才"关于着力打造旅游产业大省,促进鄱阳湖生态经济区建设"情况的调研报告,以及李发昌、毛惠忠、吴文峰、文之周、王东林、赵波、傅春等省政协常委和委员的大会发言。省委副书记张裔炯到会并讲话。

【十届第二十次常委(扩大)会议】 11月1日在南昌召开。会议认真学习贯彻中国共产党江西省第十三次代表大会精神,传达全国政协十一届第十五次常委会议精神。

【十届第二十一次常委会议】 12月29日在南昌召开。省政协十届常委会现有组成人员128人,出席会议113人。中共江西省委常委、副省长凌成兴应邀到会,就《政府工作报告(征求意见稿)》的有关情况作说明。会议协商讨论《政府工作报告(征求意见稿)》;通过政协江西省第十届委员会常务委员会工作报告;通过政协江西省第十届委员会常务委员会关于提案工作情况的报告;通过关于召开政协江西省第十届委员会第五次会议的决定。

(雷心刚)

重要活动

【全国政协考察团在赣调研退役军人安置工作】 4月20~24日,以全国政协副主席白立忱为团长的全国政协军队委员考察团就江西省退役军人安置工作进行考察调研。白立忱对江西省退役军人安置工作给予充分肯定,阐述了做好退役军人安置工作的重要性,并对进一步做好退役军人安置工作提出明确要求。

【"日出东方——庆祝中国共产党成立90周年景德镇陶瓷艺术精品展"在北京举行】 6月20~23日,由省政协主办的"日出东方——庆祝中国共产党成立90周年景德镇陶瓷艺术精品展"在北京全国政协礼堂举行。展览以生动的艺术形式,展现中国共产党的奋斗历程、光荣传统和丰功伟绩。中共中央政治局常委、全国政协主席贾庆林,中共中央政治局委员、全国政协副主席王刚等9位党和国家领导人观看了展览,社会各界人士踊跃观展,各级新闻媒体纷纷报道,引起了较大反响。

【举办纪念辛亥革命100周年书画精品展】 9月27~30日,为纪念辛亥革命100周年,缅怀孙中山先生的历史功勋,由省政协、省文化厅、省文联共同举办的"纪念辛亥革命100周年书画精品展"在南昌展出,这次书画展共有作品近百幅,都是江西书画家近期创作的精品力作,题材广泛、风格多样,以鲜明的艺术语言展现了江西改革开放以来发生的巨大变化和辉煌成就,用书画艺术弘扬了伟大的中华民族精神,洋溢着艺术家们对党对祖国对人民的深情厚意,是一次内容丰富、精彩纷呈的书画艺术展示。

【举行全省市县政协主席培训班】 11月1~2日,全省市县政协主席培训班在南昌滨江宾馆举行,来自全省的112位市县政协主席参加培训。举办此次培训班,旨在学习贯彻省第十三次党代会精神,帮助全省各设区市、县(市、区)新任政协主席进一步学习党中央关于人民政协工作的方针政策和政协工作的基本原理,进一步了解政协工作的基本要求,促进全省各地政协在履行职能上再上新台阶,不断提高江西省政协工作科学化水平。培训班要求,做好政协工作,要坚持党的领导、依靠党的领导,确保人民政协工作的正确方向;要围绕中心、服务大局,为建设富裕和谐秀美江西献计出力;要加强团结,发扬民主,为保障和改善民生、促进社会和谐凝心聚力;要强基固本,求真务实,为加强政协自身建设,提高政协工作科学化水平出实招、下工夫。

【住赣全国政协委员考察团赴渝考察】 11月4~11日,全国政协委员、省政协主席傅克诚率住赣全国政协委员考察团在重庆市学习考察公租房建设。返赣后,考察团向省委、省政府报送《住赣全国政协委员考察团赴重庆市考察公租房建设情况汇报》,得到省委、省政府的高度重视。省住房和城乡建设厅厅长张勇率领导班子全体成员及主要业务处室负责人赴省政协上门汇报情况并听取意见,与住赣全国政协委员座谈,商讨学习借鉴重庆经验。重庆公租房建设的经验,通过住赣全国政协委员的考察活动,引发了省党政主要领导的重视和推崇,得到了政府职能部门的吸纳与落实。

【全国政协专题调研组到赣调研】 11月18~23日,全国政协副主席阿不来提·阿不都热西提率全国政协经济委员会专题调研组,就"推进发展现代农业、确保农产品有效安全供给"专题在江西省调研。这次调研主要是了解江西省现代农业发展现状、趋势,并有针对性地提出对策和建议,为国家出台相关政策措施提供参考。

【召开全省政协第五次提案工作座谈会】 11月29日,全省政协第五次提案工作座谈会在南昌召开,会议主要任务是学习贯彻省第十三次党代会精神和全国政协第六次提案工作座谈会精神，总结交流提案工作经验，修订《江西省政协提案工作条例》，表彰优秀提案和先进承办单位，安排部署新形势下的提案工作。省政协主席傅克诚出席会议并讲话，省政协副主席朱张才主持，省政协副主席陈清华、肖光明，秘书长肖为群出席会议。

【江西省人民政协理论研究会成立大会召开】 12月9日，江西省人民政协理论研究会成立大会暨提高政协工作科学化水平理论研讨会在南昌召开。中国人民政协理论研究会致贺信。省政协主席、江西省人民政协理论研究会名誉会长傅克诚出席成立大会并为理论研究会题词。他指出，人民政协理论研究会要坚持正确方向，突出实际问题，整合社会资源，发扬学术民主，努力成为全省人民政协理论建设的组织者和实践者，为不断推进政协事业的蓬勃发展而不懈奋斗。会议审议通过了江西省人民政协理论研究会章程；审议通过了江西省人民政协理论研究会第一届常务理事名单；选举产生了会长、副会长、秘书长；聘请了研究会名誉会长和顾问；会议还进行了理论研讨。

（雷心刚）

调查研究

【对“化解社会矛盾，构建和谐社会”专题调研】 1～4月，省政协副主席郑小燕率社会和法制委员会调研组，就“化解社会矛盾，构建和谐社会”专题赴九江、赣州、上饶、吉安、抚州5个设区市、10个县（市）、20个乡（镇）和30个村（社区）开展调研。听取当地党委、政府的情况介绍，召开市、县相关职能部门、乡（镇）、村（社区）负责人及群众代表座谈会50余次。与此同时，省政协常委会还组织党派、工商联等界别委员和部分专家学者，协调11个设区市政协共同参加，围绕这一课题进行调研，形成1份综合调研报告和18份子课题调研报告。省政协十届十八次常委会议围绕这一课题进行协商讨论，向省委、省政府报送主席会议建议案，针对影响江西社会稳定的种种矛盾和因素，按照源头治理、健全机制、创新方法“三管齐下”的思路，提出完善社会稳定风险评估机制、健全群众利益诉求表达机制、构筑排查预警防范机制等15条意见建议。省委书记苏荣评价建议案引用的材料数据翔实，分析客观合理，所提建议标本兼治，对全省进一步加强和创新社会管理、改进群众工作具有重要参考价值。省综治办对省政协的建议逐条梳理，分送有关部门研究落实，推动了一些影响社会和谐稳定问题的解决。

【关于推进萍乡市煤矸石资源综合开发利用的调研】 7～8月，根据全国政协主要领导指示和省委要求，省政协副主席刘晓庄率省政协专题调研组深入安源煤矿、赣西电煤选配煤储运公司、高坑王家源、湘东区等煤矸石堆放点及湘东区煤电铝项目区就“萍乡煤矸石资源综合开发与利用问题”进行考察调研。调研组针对煤矸石企业缺乏统一规划、缺乏龙头型企业引导、国家发展综合利用产业优惠政策落实较困难等问题，提出了搞好煤矸石资源化利用的基础和评价工作、发展高附加值的综合利用技术和产品、规范全市煤矸石资源开发和管理、落实国家的有关政策等建议。中共中央政治局常委、全国政协主席贾庆林对调研报告作了重要批示，要求国家发改委研究参考吸纳。

【关于“着力打造旅游产业大省，促进鄱阳湖生态经济区建设”的调研】 3～8月，省政协常委会围绕“着力打造旅游产业大省，促进鄱阳湖生态经济区建设”开展专题调研和协商，邀请部分民主党派省委会和设区市政协开展联合调研。经省政协十届十九次常委会议专题协商和主席会议研究后，向省委、省政府报送主席会议建议案，提出了重点培育和扶持一批旅游企业集团；推动旅游与文化有机融合，打造具有人文特色的旅游品牌；大力开发具有本土特色的旅游商品，提高旅游消费水平等17条建议。省委、省政府多位领导作出重要批示，肯定建议案对做大做强旅游产业面临问题的分析客观，对加快全省旅游产业发展的建议可行。各相关部门积极研究并认真吸纳政协的意见建议。

【关于进一步推进计划生育政策贯彻落实的调研】 为进一步推进江西省《人口与计划生育条例》（以下简称《条例》）的贯彻落实，由省政协人口资源环境委员会和各民主党派省委会联合组成6个调研小组，就江西省贯彻落实《条例》情况开展专题民主监督调研活动。从6月开始，经过半年时间的调研，在省政协十届二十次常委（扩大）会议上，调研组作了情况反馈，针对江西省计生政策贯彻落实存在的7个方面的问题，提出了坚持和完善现行生育政策，切实稳定低生育水平；加强宣传教育，增强公民守法意识；进一步完善目标管理和考核体系；建立计划生育工作综合治理机制；积极探索流动人口管理工作新机制；加大打击“两非”工作力度；不断完善人口计生利益导向政策体系；尽快兑现计划生育奖励优惠政策；切实加强全省计生队伍建设；强化计生技术服务体系建设等10条意见建议。省政府领导和相关部门负责人到会听取意见，一致认为建议针对性和可操作性强，为贯彻落实《条例》起到了重要参考作用。

（雷心刚）

中国共产党江西省纪律检查委员会

本栏编辑　陈超萍

综　述

2011年，全省各级纪检监察机关按照十七届中央纪委第六次全会、省十三次党代会和省纪委十二届八次全会的部署，坚持标本兼治、综合治理、惩防并举、注重预防的方针，认真履行职责，扎实抓好党风廉政建设和反腐败斗争长期性、基础性工作，着力解决反腐倡廉建设中人民群众反映强烈的突出问题，党风廉政建设和反腐败斗争方向更加明确、思路更加清晰、措施更加得力、特色更加鲜明、成效更加明显，为全省改革发展稳定提供了有力保证。

一是坚持围绕中心、服务大局，通过监督检查保证中央和省委关于科学发展重大决策部署的贯彻落实。建立健全落实科学发展观的纪律保障机制，加大对违法违规行为的查处力度，坚决纠正有令不行、有禁不止的现象，确保政令畅通。全省各级纪检监察机关加强对“发展提升年”活动组织协调和监督检查，继续深入开展“百千万”内设机构测评活动，充分运用好专项整治、督办整改和检查考核，推动各项任务落到实处。

二是坚持惩防并举、注重预防，率先建成惩防体系基本框架。按照中央建立健全惩治和预防腐败体系重大战略决策和省委率先建成惩治和预防腐败体系基本框架要求，初步建成了以“八大子体系、三十项机制”为核心指标要素的江西省惩治和预防腐败体系基本框架。以实施“廉政阳光工程”为载体，系统推进惩治和预防腐败体系建设。制定反腐倡廉法规制度220多项，形成了具有江西特色的“1+N”模式反腐倡廉制度体系。

三是坚持以人为本、执政为民，切实维护好最广大人民群众的根本利益。各级纪检监察机关把贯彻落实好以人为本、执政为民理念作为政治纪律监督检查的重要内容，把维护群众利益、解决发生在群众身边的腐败问题作为纪检监察工作的重点任务，认真解决在征地拆迁、涉法涉诉等方面损害群众利益的问题，严肃查处少数基层干部滥用职权、涉黑涉恶、侵吞国家和集体财产以及对群众疾苦漠不关心甚至与民争利的行为。不断拓宽和畅通人民群众诉求渠道，建立维护人民群众利益的长效机制。

四是坚持从严治党、从严执纪，坚决查办违纪违法案件。贯彻党要管党、从严治党方针，始终保持查办案件的强劲势头，严肃查处腐败分子，坚决惩治腐败行为。严肃查办发生在领导机关和领导干部中贪污贿赂、失职渎职案件，重点领域和关键环节中的违纪违法案件，严重违反政治纪律和组织纪律的案件，重大责任事故和群体性事件涉及的失职渎职及背后的腐败案件。严肃查办商业贿赂特别是直接损害群众利益的商业贿赂案件，加大对行贿行为的处罚力度。严肃查办发生在基层政权组织和重点岗位以权谋私、滥用职权的案件。严肃查处以案谋私、贪赃枉法和为黑恶势力充当“保护伞”等案件。

五是坚持加强教育、严明纪律，保证换届工作风清气正。加强反腐倡廉宣传教育，结合省市县乡四级党委换届，深入抓好思想政治和组织纪律教育，引导党员干部讲党性、顾大局、守纪律，正确行使民主权利，坚决服从组织决定，经受住进退留转的考验。严明换届纪律，加强对选人用人情况的监督检查，坚决惩治买官卖官、跑官要官、拉票贿选、突击提拔干部等违规违纪行为，坚决纠正违反规定选拔任用干部的行为，严肃查处干扰破坏换届选举工作的行为。

六是坚持严格要求、严格管理，切实加强纪检监察机关自身建设。继续深入开展“创先争优”活动，积极做好各级纪委换届工作，推进系统干部交流，一批优秀纪检监察干部得到提拔重用。扎实开展纪检监察系统评选表彰活动，一批优秀纪检监察系统先进集体和先进个人受到表彰。加强乡镇纪检组织建设，聘任省属高校纪委书记为驻高校纪检监察专员。制定下发了《中共江西省纪委省监察厅内部监督暂行办法》，严格落实“十个严禁”，树立了纪检监察干部可亲、可信、可敬的良好形象。

（省纪委办公厅编辑室）

重要会议

【省纪委十二届八次全体会议】　1月17～18日，中国共产党江西省第十二届纪律检查委员会第八次全体会议在南昌举行。出席会议的省纪委委员40人，列席352人。省纪律检查委员会常务委员会主持了会议。省委书记苏荣出席全会并作重要讲话。吴新雄、张裔炯、傅克诚、陈达恒、刘上洋、舒晓琴、凌成兴、赵智勇、余欣荣等省领导出席会议。省委各部门、省直各单位主要负责人参加会议。会议以视频形式开到设区市和县（市、区）。

全会传达学习了中共中央总书记胡锦涛在第十七届中央纪委第六次全会上的重要讲话和中共中央政治局常委、中央纪委书记贺国强所作的工作报告。审议通过省委常委、省纪委书记尚勇代表省纪律检查委员会常务委员会所作的题为《以建立健全惩防体系基本框架为重点,深入推进党风廉政建设和反腐败斗争》的工作报告。

全会指出,惩治和预防腐败体系建设是从源头上预防腐败的治本之策。各地各部门要结合实际,以重点领域和关键环节的改革和制度建设为重点,以改革创新的精神,扎实推进惩防体系建设,确保2011年完成惩防体系基本框架构建任务,重点建成"八大体系"。

【省纪委十二届十一次全体会议】 10月8日,中国共产党江西省第十二届纪律检查委员会第十一次全体会议在南昌举行。出席会议的省纪委委员45人。省纪律检查委员会常务委员会主持了会议。省委常委、省纪委书记尚勇出席会议并讲话。

全会听取省纪委常委会关于《中共江西省纪律检查委员会向省第十三次党代会的工作报告起草工作的说明》,审议并表决原则通过了报告稿。

全会强调,要适应新形势新任务的要求,继续保持好的传统、好的作风,创造更加辉煌的新局面。要以统筹兼顾的方法和真抓实干的作风抓好工作落实。要抓紧构建惩防体系基本框架,始终保持查办案件的强劲势头,大力推进全省统一的电子政务和电子监察系统建设,切实抓好绩效考核工作,确保2011年任务的圆满完成。

【省纪委十三届一次全体会议】 经中共江西省第十三次代表大会选举产生的中共江西省第十三届纪律检查委员会,10月30日下午在南昌举行第一次全体会议。出席会议的省纪委委员45人。受省第十三次党代会主席团的委托,尚勇主持会议。

全会选举产生了中共江西省纪律检查委员会常务委员会委员和书记、副书记,并经省委十三届一次全会通过。尚勇、陈尚云、刘卫平、赵力平、陈小平、李建发、李泉新、肖德福、汪爽、饶利萍、王仁辉当选为中共江西省纪律检查委员会常务委员会委员,尚勇当选为书记,陈尚云、刘卫平、赵力平、陈小平当选为副书记。

（省纪委办公厅编辑室）

廉政建设

【概　况】 2011年,省纪委加强党风廉政教育。深入开展形式多样的主题教育活动。充分发挥井冈山革命博物馆、瑞金中央纪委监察部旧址等廉政教育基地的教育功能,增强教育的针对性和实效性。利用好《反腐倡廉10个热点问题》和《腐蚀与反腐蚀——一场没有硝烟的战争》两种理论读本,深入开展反腐倡廉形势教育。摄制警示教育片《落马的"县官"》。2011年,省反腐倡廉警示教育基地(豫章监狱)接待各级领导干部参观学习73批次,5566人次。成功举办全省纪检监察系统纪念建党90周年唱红歌比赛活动,积极开展廉政公益广告创意征集、廉政文化创建和廉政文化建设理论研讨活动,扎实推进廉政文化"六进"活动。

加强领导干部廉洁自律工作。省纪委下发《关于开展＜中国共产党员领导干部廉洁从政若干准则＞贯彻执行情况专项检查工作的通知》,全省138个省直单位,11个设区市,1262名市厅级干部,2.04万名县处级干部对照《廉政准则》进行了自查自纠,自查面达100%。切实纠正干部廉洁从政中存在的突出问题,开展公务用车专项治理,清理出违规车辆2084辆。继续深化"小金库"专项治理,共清查出小金库277个,涉及金额0.95亿元。认真落实中央关于公务接待、公务用车管理、因公出国(境)管理的要求,全省党政机关各项支出均低于全年控制目标。

加大党内监督工作力度。认真落实党内监督条例。全省各级纪委与下级党政组织主要负责人谈话4667人次,开展任前廉政谈话1.61万次,进行诫勉谈话889人次,函询1532人次,开展领导干部述职述廉4.70万人次。全省2.16万名副处级以上、厅级以下领导干部全部报告了个人有关事项及配偶子女均移居国(境)外的有关情况。加强对换届工作的监督,组成11个督查组,对各设区市及其所辖县(市、区)、乡镇领导班子换届工作进行督查。对一批换届中严重违纪问题在全省进行通报,营造了风清气正换届工作环境。加强了巡视工作,对1个设区市和11个县(市、区)、4个国有企业、7所高校、5个省直单位开展了巡视。

加大查办案件工作力度。2011年,全省纪检监察机关受理信访举报3.03万件,初核5816件;立案5190件,其中市厅级干部8人,县处级干部85人,结案5068件,给予党纪政纪处分5324人,其中涉嫌犯罪移送司法机关处理161人。严肃查办了省政府原副秘书长吴志明、省煤田地质局原局长龚绍礼、省交通厅原副厅长胡琳等一批严重违纪违法大案要案。严肃查办鄱阳县财政局经建股股长李华波携巨款潜逃案,对57人进行党纪政纪处分或组织处理,其中12人移送司法机关追究刑事责任。严肃追究抚州市临川区"5·26"爆炸案相关责任人的责任,给予党纪政纪处分和组织处理16人。查办商业贿赂案件193件208人,涉案金额1.04亿元。查处农村党员违纪违法案件3243件,处分3244人。坚持依纪依法、安全文明办案,加强了办案信息支撑系统建设。查案治本功能进一步得到加强。

加强基层党风廉政建设。在全省评选表彰了102个优秀乡镇便民服务中心。继续在全省倡导"有事请找我,我为您服务"理念,不断完善便民服务中心功能。建立健全农村集体"三资"管理工作机制,并将其纳入农村党务、政务和村务公开的重要内容。全省大多数乡镇和村组都开展了清产核资工作。全省98%的行政村实行了村级财务代理制度。认真贯彻落实《国有企业领导人员廉洁从业若干规定》,加强了国有企业党风廉政建设。学校和街道社区党风廉政建设取得新进展,省属高校纪委书记聘为省纪委驻省属高校纪检监察专员。

（省纪委办公厅编辑室）

制度建设

【制定《中共江西省委巡视组工作规

则(试行)》】 为认真贯彻落实《中国共产党巡视工作条例(试行)》和《中共江西省委关于贯彻落实〈中国共产党巡视工作条例(试行)〉的实施意见》,规范省委巡视组工作,1月19日,省委办公厅印发《中共江西省委巡视组工作规则(试行)》,就巡视工作领导体制与工作原则,巡视范围与巡视内容,人员组成与职责分工,工作程序与工作方式,工作纪律与责任追究等事项作出规定。

【出台《中共江西省纪委江西省监察厅内部监督暂行办法》】 为加强对省纪委省监察厅机关和派驻机构工作人员的监督,增强纪检监察干部拒腐防变和抵御风险的能力,防止违纪违法行为的发生,确保纪检监察干部队伍的清正廉洁,根据《中国共产党章程》《中国共产党党内监督条例(试行)》《中国共产党党员领导干部廉洁从政若干准则》等有关规定,结合省纪委省监察厅机关和派驻机构实际,1月26日,省纪委办公厅下发了《中共江西省纪委江西省监察厅内部监督暂行办法》,就省纪委省监察厅内部监督工作作出规定。

【制定《江西省惩治和预防腐败体系基本框架及指标要素(试行)》】 为认真落实中央《建立健全惩治和预防腐败体系2008—2012年工作规划》和《江西省贯彻落实〈建立健全惩治和预防腐败体系2008—2012年工作规划〉实施办法》,切实提高反腐倡廉建设科学化水平,1月28日,省纪委、省监察厅下发《江西省惩治和预防腐败体系基本框架及指标要素(试行)》,就江西省推进惩治和预防腐败体系建设的8个子体系和30大项指标予以明确。

【出台《江西省拟提拔人选廉政报告实施办法(试行)》】 为加强对领导干部的管理和监督,促进干部廉洁从政,根据《中国共产党党内监督条例(试行)》《中国共产党党员领导干部廉洁从政若干准则》和中共中央办公厅、国务院办公厅《关于领导干部报告个人有关事项的规定》以及党内有关规定和国家有关法律,3月16日,省纪委、省委组织部联合下发《江西省拟提拔人选廉政报告实施办法(试行)》,就拟提拔人选廉政报告事项作出规定。

【制定《江西省行政服务中心管理办法》】 为加强全省各级行政服务中心管理,规范行政服务行为,推进服务型政府建设,促进经济社会发展,根据《中华人民共和国行政许可法》及中央和省有关文件规定,4月11日,省政府办公厅下发《江西省行政服务中心管理办法》,就行政服务中心机构和职责、工作机制、工作程序、管理和考核、责任追究等作出规定。

【出台《关于进一步建立健全维护和保障群众利益决策机制的意见》】 为进一步建立健全维护和保障群众利益决策机制,切实把以人为本、执政为民的要求落实到各项工作中,使各项决策更加符合人民群众根本利益,推动江西科学发展、进位赶超、绿色崛起,7月28日,省委、省政府印发《关于进一步建立健全维护和保障群众利益决策机制的意见》,就建立健全维护和保障群众利益决策机制作出规定。

【下发《关于加强干部作风建设进一步优化发展环境若干问题的决定》】 为实现省第十三次党代会提出的建设富裕和谐秀美江西宏伟目标,最大限度地调动和激发各方面的积极性、主动性、创造性,吸引和集聚各方面的人才、资金、项目,加速江西崛起,12月20日,省委、省政府下发《关于加强干部作风建设进一步优化发展环境若干问题的决定》,就加强全省干部作风建设,进一步优化发展环境的若干问题作出规定。

(省纪委办公厅编辑室)

行政监察

【概　况】 2011年,全省各级行政监察机关坚决纠正损害群众利益的不正之风。省委、省政府出台《关于进一步建立健全维护和保障群众利益决策机制的意见(试行)》,推动涉及群众利益决策的科学化、民主化、法制化。切实纠正医药购销和医疗服务中的不正之风,查纠违规资金3757.6万元;实行以政府为主导、以省为单位的网上药品集中采购,采购金额68.44亿元,平均降价幅度29.9%;率先在全国全面实行新农合“直补”,新农合参合率达到97.81%。继续治理教育乱收费问题,查处教育乱收费问题涉及金额3084.4万元。深入推进食品安全专项整治工作,查处食品药品安全责任追究案件192件。清理规范庆典、研讨会、论坛活动,取消各类庆典、研讨会、论坛共50项,节约资金824.7万元。查处违法违规强制征地拆迁案件334件,责任追究3人。清理“一票否决”事项,全省62项面向基层的“一票否决”事项中仅保留4项。查处公路“三乱”问题49起,年减免“绿色通道”通行费6.38亿元。加强社保基金、住房公积金和扶贫、救灾救济资金的监管,纠正和查处违纪违规问题49件。纠正和整改强农惠农资金管理违规问题148件,涉及金额2301万元。纠正农村土地承包、流转、耕地占补平衡、土地整治中损害农民利益的突出问题,严肃查处哄抬农资价格、制售假劣农资坑农害农问题。

加强监督检查力度。开展加快转变经济发展方式监督检查,在中央拟定7个方面检查内容的基础上,增加了对鄱阳湖生态经济区规划落实情况的监督检查。针对中央检查组和省检查组检查中发现的问题,督促有关地方和部门积极整改。继续加强对政府投资和使用国有资金工程建设项目的滚动排查和整改,全省共排查出2007年1月1日以来政府投资和使用国有资金100万元以上的工程项目1.46万个,对发现的问题整改率达到69.7%。督促各设区市政府对闲置土地宗地台账进行再梳理、再审核,全省闲置土地处置率达99.7%。组织开展了对规范和节约用地政策、节能减排政策、优化产业发展政策、环境保护政策、《中共中央国务院关于加快水利改革发展的决定》落实情况的监督检查。组织开展“发展提升年”活动,通过“百千万”内设机构测评、发展环境监测点监测和明察暗访,纠正和解决影响机关效能、损害发展环境的突出问题6849个,责任追究2356余人次。

(省纪委办公厅编辑室)

民 主 党 派

本栏编辑　陈超萍

中国国民党革命委员会江西省委员会

【概　况】 2011年，民革江西省委会共有地方组织12个，其中省级组织一个，设区市组织11个；基层组织209个，其中：基层委员会1个，总支27个，支部181个。全年发展新党员222名，平均年龄38岁，其中本科以上占82%，具有中高级职称的占54.5%。截至年底，全省共有党员3831人，其中得到实职安排的有：省领导1人，市（厅）级领导14人，县处级干部210人，科级干部616人；得到政治安排的有：各级人大代表和政协委员786人，其中全国人大代表1人，全国政协常委、委员各1人。此外还有9人担任省、市政府参事和文史馆员，124人担任省、市特邀（约）“四员”。民革省委会副主委胡汉平于2011年12月被任命为省农业科学院院长，这是江西省自1987年以来首次由党外干部担任省级科研院所正职。

在省政协十届四次会议上，民革省委会共向大会提交发言材料6篇，集体提案17件。其中，民革省委会的《关注百姓出行困难，缓解道路交通拥堵》和民革界别李季仁、许小欢委员共3份提案入选会中办案提案。省政协委员邓斌代表民革省委会在大会作《加强社会管理，全面推进社区矫正工作》的发言。在11月省政协召开的全省提案工作经验交流及表彰大会上，民革省委会作“围绕大局、服务中心，充分发挥民主党派在提案工作中的作用”的发言。会上，《关于加强民营医院监管》等7件民革集体、个人提案获得省政协十届一次会议以来优秀提案奖。

《江西民革》杂志在2011年从形式到内容进行了全新改版，改版后的《江西民革》内容更加丰富，可读性进一步增强。江西民革网站加快了更新速度，基层组织的活动宣传报道力度进一步加大。《团结报》江西记者站积极组织稿件，及时报道民革和江西省统一战线重大活动，被《人民日报》《人民政协报》《团结报》《江西日报》、中央电视台、江西电视台及凤凰卫视等海内外媒体广泛关注和报道，其中有20多篇被《团结报》采用，多篇在头版刊登，产生了积极的社会影响。

全省各级组织按照“发挥优势、突出重点、量力而行、注重实效、持之以恒”的原则，开展了卓有成效的社会服务工作。全省各级组织共开展科技、文化、医疗、教育、法律等服务300余次，向贫困地区捐赠药品、图书等物品价值达20余万元，开展义诊、诊治患者4000余人次，提供科技和法律咨询服务达2000多人次。7月，民革省委会和江西赣基集团在民革中央扶贫点贵州省纳雍县开展赣纳“同心博爱行”助学行动，向贵州省纳雍县阳长镇核桃寨村捐赠人民币10万元，设立“赣纳助学基金”，受到当地群众的欢迎和好评。

民革省委会以帮困扶贫、改善民生、化解矛盾、协调关系为重点，走出了民主党派参与创新社会管理，推进社会和谐稳定的新路径。9月，民革省委会和省直四、八支部在江西省女子监狱联合开展“爱在金秋·情暖高墙”大型帮教活动，把关注的目光，投向高墙内的女子服刑人员，使她们感受到党和政府教育改造政策的温暖，对鼓励罪犯积极改造、争取早日新生和维护社会稳定发挥了重要作用。

【民革江西省第十一届委员会第四次会议召开】 3月22～23日，民革江西省第十一届委员会第四次全体会议在南昌召开。中共江西省委常委、省纪委书记尚勇莅会指导并作重要讲话。省政协副主席、民革省委会主委陈清华受民革江西省第十一届委员会常务委员会的委托向大会作工作报告。会议传达全国两会和民革第十一届十四次中央常委会议精神，表彰了2010年度民革全省市级组织先进单位、2010年度民革全省参政议政工作先进集体和先进个人、民革全省基层工作先进集体和先进个人，选举增补陈春平为民革省委会副主任委员。

【纪念辛亥革命100周年“六个一”系列活动】 为了纪念辛亥革命100周年，民革省委会举办以“举行一次公祭活动、走一条多党合作之路、举办一系列书画展、召开一场座谈会、举办一次诗歌朗诵比赛、办一本专刊”为主要内容的“六个一”系列纪念活动。

上高会战70周年公祭活动。4月2日，由民革江西省委与中共宜春市委联合主办、民革宜春市委和中共上高县委承办的的纪念“上高会战”胜利70周年暨公祭抗战忠烈典礼在上高县“上高会战”抗日阵亡将士陵园举行。全国政协常委、民革中央副主席郑建邦，江西省政协副主席、民革江西省委会主委陈清华以及省市县各级领导，台湾知名人士、民意代表帅化民及夫人，参战将领张灵甫的遗孀王玉龄，参战将士代表及亲属，自发参加活动的群众2000余人出席公祭活动。

观故居，走多党合作之路。5月中下旬，按照民革中央的统一部署，组织全省民革机关干部赴重庆市、武汉市开展“观故居，走多党合作之路”活动。

宝岛台湾采风画展。5月3～5日，由民革江西省委会、江西省文联、民革中央画院联合主办，江西省美协、江西中山书画院承办的《宝岛台湾采风画展》在北京民族文化宫展览馆举行。本次展览汇集罗文华、陈一文、孙宪、方国兴、万国华、邹良材、廖维章、刘扬、范立礼、陈罡等10位江西著名画家作品86幅。民革中央主席周铁农、海峡两岸关系协会会长陈云林、全国台湾同胞联谊会会长梁国扬，民革中央副主席修福金、何丕洁、郑建邦，中国文联副主席、书记处书记冯远，江西省政协副主席、民革省委会主委陈清华，中国美协常务副主席吴长江，民革中央画院院长宋雨桂，中共江西省文联党组书记部海镭等出席开幕式。周铁农为画展亲笔题词：“丹青绘宝岛 翰墨传友情”。陈云林会长在参观画展后接受海峡之声记者采访时表示：此次台湾采风画展成为两岸文化交流中非常重要的进展。

全省统一战线纪念辛亥革命100周年书画作品展。9月28日上午，江西省统一战线纪念辛亥革命100周年书画作品展在南昌美术馆隆重开幕。省委副书记张裔炯出席开幕式并作重要讲话，省委常委、宣传部长刘上洋，省政协副主席朱张才，省政协副主席、民盟省委会主委刘晓庄，老同志王林森及省直统战系统有关单位机关干部、民主党派和工商联成员代表、部分参展书画家共200余人参加开幕式，省政协副主席、民革省委会主委陈清华致辞。本次书画展由省委统战部、民革省委会、民盟省委会、民建省委会、民进省委会、农工党省委会、九三学社省委会、省工商联、省知联会联合主办。共选出150余件作品参展，展览于10月2日结束。

纪念辛亥革命100周年座谈会。10月10日，民革省委会纪念辛亥革命100周年座谈会在民革省委会机关会议室召开。省政协副主席、民革省委会主委陈清华主持座谈会并作重要讲话。辛亥革命后裔代表李季仁、丁慈孙、周泽孙、伍瑛等先后在会上作了发言。

纪念辛亥革命100周年诗歌朗诵比赛。11月5日，“共和之光——江西民革纪念辛亥革命100周年诗歌朗诵比赛”在上饶举行。来自全省各市委会和省直支部的50余名选手参加了此次比赛。民革上饶市委会精心编排的群体朗诵《上饶的微笑》获比赛一等奖。

江西民革杂志纪念辛亥革命100周年专刊。《江西民革》编辑部认真收集整理了部分辛亥革命参与者后裔撰写的怀念文章，并刊发纪念辛亥革命100周年专刊，共收录在江西的辛亥革命革命先驱者事迹回忆录14篇。缅怀先驱，追古励今，以此向为争取辛亥革命胜利而英勇奋斗、流血牺牲的仁人志士们致以崇高的敬意。

【《团结报》全国记者站工作会议在赣召开】 10月30～31日，《团结报》全国记者站工作会议在景德镇市举行。民革中央副主席修福金出席大会并讲话。江西省政协副主席、民革江西省委会主委陈清华，民革中央秘书长李惠东，民革中央宣传部副部长王秉默，民盟中央宣传部部长吴志实，民建中央宣传部宣传处处长朱旭，民进中央宣传部副部长黎晓英，农工党中央宣传部部长石光树，致公党中央宣传部部长王翔，台盟中央宣传部部长郑世凯等出席会议。《团结报》总编辑胡忠谦主持开幕式并作题为《总结经验，再接再厉，努力开创记者站工作新局面》的工作报告。会上还对江西记者站等先进记者站以及黄威娜等优秀记者进行表彰。

【民革省委学习践行活动受表彰】 2月22～23日，民革中央学习践行社会主义核心价值体系先进组织和先进个人表彰大会在北京举行。民革中央主席周铁农出席表彰大会并讲话。民革江西省委会、民革南昌市委会、民革抚州市委会获“学习践行社会主义核心价值体系先进组织”称号，胡汉平、徐汉芝、崔华、华宏获“学习践行社会主义核心价值体系先进个人”称号，民革萍乡市委会、民革九江市委会获“地市级组织思想宣传工作先进集体”称号。

（徐文华）

中国民主同盟江西省委员会

【概　况】 2011年，民盟江西省委员会共有地方组织12个，其中省级组织1个，设区市组织11个；基层组织265个，其中：基层委员会15个，总支委员会28个，支部委员会218个。全省共有民盟盟员6416人，平均年龄53.2岁，全年发展新盟员391人，其中：具有高级职称92人，占23.5%；重点界别240人，占61.4%；新社会阶层人士32人，占8.2%；公有制经济人士19人，占4.9%；其他人士6人，占1.5%。截至年底，全省有214位民盟盟员担任县（处）级以上领导职务，其中：省级1人，地厅级18人，处级195人；1位民盟盟员任设区市副市长，1位民盟盟员任大学副校长，838位民盟盟员担任全国、省、市、县人大代表、政协委员和特邀工作。其中全国人大代表1人，全国政协委员2人，省级人大常委会委员2人，省级人大代表10人；省政协副主席1人，省政协常委11人，省政协委员59人。

围绕中心，参政议政。全省各级民盟组织和广大盟员积极履行参政党职能，不断提高议政建言水平，取得明显成效。民盟省委领导积极参加中共江西省委、省政府、省委统战部举行的协商会、座谈会和情况通报会。全省担任特约人员的盟员围绕机关效能和廉政建设加强民主监督，为建设廉洁、高效、服务型机关发挥了积极的作用。2011年，民盟省委在教育、文化、经济发展、生态环境、社会问题等方面开展调研，完成调研报告30余篇。在省政协十届四次会议上，民盟省委提交集体提案10件和大会发言7篇。其中《大力扶持我省苗木花卉产业发展的几点建议》受到省领导重视，省长吴新雄、副省长凌成兴、政协副主席胡幼桃分别作了批示；《农村义务教育师资问题亟待解决》被省政协列为2011年跟踪问效提案；《以“医改”为动力，改进乡镇医务工作者职称评定》被列为2011年省政协主席督办提案。在全省政协第五次提案工作座谈会上，民盟省委提案工作经验材料《突出“三新”打造精品》入选大会发言，民盟省委3件集体提案和6件盟员政协委员提案被评为优秀提案；民盟省委与省政协人资环委、省林业厅合作完成的《关于提高森林质量和效益，推进鄱阳湖生态经济区建设的调研报告》得到副省长姚木根批示。民盟省委参与了民盟中央《徽文化非物资遗产的保护》的调研，为民盟中央的调研提供基本素材。民盟省委与民盟四川、贵州省委会合作共同完成盟中央《特殊教育政策制度的完善》课题的调研任务，民盟省委的调研报告受到民盟中央的重视，并已转化成提案递交到全国政协。民盟省委将其他的调研成果，向民盟中央、省政协报送相关信息100余条，被上级采用30余条。6月，省政协办公厅对全省政协系统宣传及信息工作进行评选奖励，民盟省委报送的信息《关于农村义务教育公用经费问题的几点建议》被评为“10篇好信息”之一。为进一步做好参政议政和社情民意信息反映工作，民盟省委在全省11个市委会聘请了137名特约信息员，并组织开展了参政议政（信息）工作专题培训活动，邀请民盟中央参政议政部的有关领导莅会指导并现场授课，通过培训、交流，进一步提高了盟员参政议政水平和履职能力。民盟省委将社会服务视为参政议政工作的延伸和补充。民盟省委深入社区开展共建活动，先后在南昌市洪西社区、恒茂社区、朝阳社区、南昌经济开发区开展送温暖活动，组织书法家到恒茂社区开展送“福”、送春联活动，组织医疗专家到经济开发区广兰社区开展送医送药活动。在2011年的“烛光行动”中，民盟省委累计开展各种形式的支教培训28批次，在7所中学免费为140名农民工子女和特困生开展了为期4个月的英语培训，3次邀请省外专家到赣授课。争取到民盟上海市委会捐资25万元、新东方教育集团捐资5万元、上饶市盟员捐资2万元，用于改善贫困地区学校办学条件。民盟中央副主席李重庵专程带领专家到江西省开展社会服务工作和“烛光行动”调研，并对江西省“农村教育烛光行动”给予高度评价。

3月19日上午，民盟江西省委会在南昌召开纪念中国民主同盟成立70周年大会。 省民盟供稿

【召开纪念中国民主同盟成立70周年大会】 3月19日上午，民盟省委在南昌召开纪念中国民主同盟成立70周年大会。民盟中央副主席索丽生，中共江西省委常委、副省长陈达恒出席会议并讲话，主委刘晓庄作主题报告。省委统战部常务副部长黄小华及省教育厅、省文化厅、各民主党派省委会、省工商联的领导到会祝贺。大会由副主委任江南主持，民建省委会副主委徐良平代表各民主党派省委会、省工商联致贺辞，民盟南昌航空大学委员会主委李勤代表全省盟员在会上发言。副主委朱友林、温锐、辜清、罗慧芬、王东林和副巡视员兼秘书长凌维平及民盟省委历届老领导出席。会议表彰2009－2010年度全省先进基层民盟组织和先进盟员。

【民盟全省组织工作座谈会在庐山召开】 10月27日，民盟全省组织工作座谈会在庐山举行，省政协副主席、民盟省委主委刘晓庄出席会议并讲话，九江市政协主席魏宏彬出席开幕式并致辞，中共江西省委统战部党派处处长刘星平莅会并代表中共江西省委统战部讲话，民盟省委副主委任江南在会上传达全国民盟组织工作座谈会精神，民盟省委副主委辜清、王东林、副巡视员兼秘书长凌维平出席。民盟九江、赣州、吉安、新余、鹰潭5个市级民盟组织先后作交流发言。

【召开全省参政议政（信息）工作培训会】 10月26日，民盟省委召开民盟全省参政议政（信息）工作培训会。民盟中央参政议政部巡视员张冠生、信息处副处长张雨斌应邀出席，民盟省委副主委任江南出席并讲话，民盟省委副巡视员兼秘书长凌维平主持。民盟各市委会主委、专职副主委、信息员，民盟省直各基层组织主委，民盟南昌市各支部主委及民盟全省新盟员培训班成员共100余人参会。张冠生、张雨斌先后作题为《关于参政议政的若干思考》和《进一步做好反映社情民意信息工作》的辅导报告。

【举行第二届世界低碳与生态经济大会暨技术博览会】 11月11日上午，第二届世界低碳与生态经济大会暨技术博览会在南昌开幕。全国人大常委会副委员长、民盟中央主席蒋树声宣布开幕，中共江西省委书记苏荣、省长鹿心社主持开幕式。在赣期间，蒋树声接见了民盟省委会领导班子成员，省政协副主席、民盟省委主委刘晓庄汇报民盟省委在组织建设和参政议政等方面的工作情况，副主委温锐、辜清、任江南、王东林接见时在座。

【高教理论研究出精品】 9月，在民盟高等教育（沈阳）研讨会上，通过教育专家远程、匿名、盲评的方式严格筛选,江西省有两篇高等教育理论研究精品之作(任江南、熊建平撰写的《民办高校办学趋同化现象采摭与探析》和陈国庆撰写的《服务区域发展,凝练办学特色》)入选优秀论文并作大会发言,江西省成为入选优秀论文数最多的省级民盟组织。其中《民办高校办学趋同化现象采摭与探析》一文被《群言》杂志刊载。

(熊建平)

中国民主建国会江西省委员会

【概　况】 2011年底,全省共有会员3451人,平均年龄50岁。其中:大专以上学历2717人,企业高级管理人员608人,具有中高级职称1794人。会员中,女会员占35.4%,经济界人士占会员总数的比例保持在74%以上,体现了经济界特色。全省基层组织数量达到194个。

会员中担任政府及司法单位领导职务105人,其中:副省级干部1人,厅级干部15人(其中正厅级干部3人),县处级干部94人。会员中省部级以上学科带头人十多人,国务院特殊津贴获得者十余人。会员中担任各级人大代表、政协委员688人(各级人大代表105人次,各级政协委员583人次)。其中:全国人大代表3人(含常委1人),全国政协委员2人,省人大代表16人(含常委会副主任1人、常委2人),省政协委员38人(含常委8人),设区市人大常委会副主任2人,政协副主席7人。担任各级政府司法部门特邀职务208人。

政协大会发言及提案质量稳步提高。省政协十届四次会议期间,民建省委会共向会议提交口头发言1篇,书面发言17篇,联组发言两篇。向大会提交集体提案18件。内容涉及旅游、金融、中小企业融资、规范市场管理、农业和社会保障等多个方面,不仅质量进一步提高,而且界别特色明显。其中《关于大力促进我省旅游业从观光旅游向休闲度假旅游转型的建议》的提案被省政协列为督办提案。《关于建立农药经营许可制度规范农药市场秩序的建议》的提案受到承办单位省农业厅的高度重视和认同,他们认为:"'提案'所提的建议非常好,很多建议与我们的思路不谋而合。"此外,积极组织和帮助会员中的省政协委员开展履职工作,会员中的省政协委员共提交个人提案40多件。在省政协第五次全省提案工作会议上,民建省委会在省政协十届委员会期间提交的集体提案中,有3件被评为"优秀提案"。

专题调研和参政议政活动扎实开展。民建省委会围绕省政协确定的"化解社会矛盾,构建和谐社会"协商专题,协调并组织调研队伍,深入到新余市及所辖县、乡(镇),实地开展调研,形成《完善大调解工作机制,维护社会和谐稳定》专题调研报告,在省政协第三季度常委会议上,民建省委会就此作专题发言;积极参加省政协组织开展的"我省现行计划生育政策贯彻落实情况"的专题民主监督活动,深入6个县(区)开展调研,形成《赣州市现行计划生育政策贯彻执行情况专题调研报告》和《稳定队伍提升素质 不断加强基层计生队伍建设》的专题调研成果,并提交省政协及省政府有关部门。参加由中共省委统战部组织开展的"同心·促发展赣鄱行"考察团赴景德镇市考察建言活动,民建省委会主要领导亲赴景德镇市开展调研,并就景德镇市进一步加快经济社会发展向中共景德镇市委提出建议。开展民主党派服务社会管理创新调研和为社会管理创新作贡献的活动,向省委统战部组织的全省统一战线服务社会管理创新研讨会递交书面材料《发挥优势,不断探索民主党派服务社会管理创新的途径和方法》;印发《民建江西省委会关于服务社会管理创新工作的实施意见》,指导全省各级组织围绕服务社会管理创新开展工作。

社情民意信息工作力度进一步加强。民建省委会进一步加大对各市委会和省直基层组织社情民意信息工作的考核力度,全年累计向民建中央、省政协、省委统战部报送社情民意信息30余件,其中有4件被民建中央采用。会员李秀香提交的《建议尽快对南昌高校周边安全环境进行整治》的社情民意,受到省政府领导重视,副省长朱虹作出重要批示。

社会服务工作取得新成果。据不完全统计,2011年,全省民建组织为"三农"办实事68件(次);捐资建校6所;援建乡村公路30千米;会员办校10所,在校生2万多人;举办各类培训班30余期,为社会培养各类人才7000人;协助党和政府安置下岗职工3.4万人;招商引资项目6项,引进资金2亿元,促进地方经济发展。民建全省各级组织和会员慈善公益事业捐款捐物达1169余万元。

【召开民建江西省第七届委员会第五次会议】 3月25~26日,民建江西省第七届委员会第五次会议在南昌市召开。会议选举孙菊生为民建江西省委主委。民建中央副主席王永庆,中共江西省委常委、宣传部部长刘上洋,中共江西省委统战部副部长黄小华莅会并讲话。省人大常委会副主任、民建省委主委胡振鹏作工作报告。

【举办庆祝中国共产党成立90周年和辛亥革命100周年系列活动】 民建省委会把开展庆祝中国共产党成立90周年、纪念辛亥革命100周年活动和深化树立和践行社会主义核心价值体系教育活动结合起来,制定并下发《民建江西省委学习贯彻胡锦涛同志在庆祝中国共产党成立90周年大会上重要讲话精神的实施方案》,对各市委会和省直基层组织深入开展学习教育活动提出具体要求。在全省各级组织中开展"庆祝建党90周年"主题征文活动,共收到征文100余篇;同时积极组织会员参加民建中央开展的"庆祝建党90周年"主题征文活动,民建省委会获征文活动优秀组织奖,3篇征文被民建中央评为优秀作品。民建省委会先后召开全省各级组织会员代表和退休老同志及省委会机关干部庆祝建党90周年座谈会,通过回顾中国共产党90年来的光辉历程和丰功伟绩,重温民建与中国共产党风雨同舟、患难与共的历程,学习中国共产党90年来的成功经验,更加坚定了接受中国共产党的领导,与中国共产党同心同德、同心同向、同心同行、共创伟业的信念和决心。民建省委会还与其他民主党派省委会联合举办江西统一战线纪念辛亥革命100周年书画作品展，并积极组织会内书画家创作作品，选送11幅书画作品参展，得到组委会的好评。

【获2010~2011年度民建中央新闻宣传工作先进单位称号】 2011年，民建省委会获2010~2011年度民建中央新闻宣传工作先进单位称号。民建省委会积极拓宽宣传渠道，加大宣传工作力度，全方位、多角度地宣传全省各级民建组织履行参政党职能开展的活动，在中央电视台、《人民政协报》、人民网、网易、《民讯》《江西日报》、江西电视台、《光华时报》等省级以上媒体上刊登新闻宣传稿件300余篇，其中一篇被民建中央评为优秀作品。民建省委会网站和机关刊物《诤友之声》开辟学习胡锦涛重要讲话、庆祝建党90周年、践行社会主义核心价值体系等专栏，强化宣传效果，推动学习教育活动的进一步开展。扎实做好民建中央网站信息报送、民建省委会网站和《诤友之声》的编辑工作，民建省委会获民建中央网站信息组织工作三等奖，《诤友之声》被评为江西省优秀连续性内部资料。组织征集11篇先进典型事迹材料报送民建中央，其中已有2篇在民建中央《民建优秀会员风采录》第一册刊用；向省委统战部报送5篇践行社会主义核心价值体系活动先进个人材料。

【打造“思源”品牌，支持教育事业】 革命老区新干县沂江乡，自然条件差，经济社会发展比较滞后，校舍破旧急需改造。经民建省委会牵线搭桥，民建省委会企业工作委员会副主任、江西恒大高新技术股份有限公司总经理胡恩雪，慷慨解囊，向该乡捐赠25万元，新建“恒大思源小学”，解决该乡农民子女上学难问题。

德安县丰林镇黄桶学校创办于1968年，现有条件不能满足黄桶片区的学生就读要求。为改善丰林镇黄桶片区学生的学习环境，经民建省委会协调，省委会企业工作委员会副主任、江西开开电缆有限公司董事长李光荣奉献爱心，捐赠20万元在德安县丰林镇援建“光荣思源小学”。

（廖　雷）

中国民主促进会江西省委员会

【概　况】 2011年，民进江西省委会有市级委员会9个，市级工作委员会筹备组2个，省直工作委员会1个；基层组织210个，其中基层委员会11个，总支委员会9个，支部185个，小组5个。全年发展新会员154人，平均年龄37.9岁，其中具有高中级职称93人，博士3人，硕士10人；新成立4个支部。至年底，全省民进会员为3059人，平均年龄49.6岁，高中级职称和中上层人士会员分别占总数的82.1%和93.4%，教育文化出版界会员占总数的66.1%。担任各级人大代表和政协委员的有574人（次），其中全国人大代表3人，全国政协委员2人；省人大代表13人，省政协委员37人。担任各级政府和司法机关副县（处）级以上职务33人，其中副厅级以上领导干部6人。

2011年，“1%工程”公益项目获全国各民主党派、工商联、无党派人士为全面建设小康社会作贡献社会服务优秀成果奖。民进江西省委会被民进中央授予民进全国机关建设工作先进单位、2011年民进省级组织电子信息化建设工作先进单位、2011年民进省级组织社会服务工作先进单位和民进“民主党派社会服务”理论征文活动优秀组织奖。

2011年，民进省委会以纪念建党90年活动为契机，开展一系列的社会主义核心价值体系学习教育活动。一是开展了“重温历史、同心同行”——参观中共党史、民进会史教育基地活动；二是开展读书在线征文活动；三是开展“庆祝中国共产党成立90周年书画、摄影展”；四是开展以“唱红歌，跟党走”为主题的合唱大赛活动，组织江西民进同心合唱团参加庆祝中国共产党成立90周年合唱大赛、第二届全国部分省市民进合唱团演唱大赛；五是制作以庆祝中国共产党成立90周年为主题的宣传展板；六是继续按每位会员30元的标准给全省各基层组织下拨学教活动工作经费，共下拨经费9万余元。2011年，民进省委会在外发稿195篇，其中42篇刊登于《人民日报》《光明日报》、中央电视台等中央媒体；153篇刊登于《江西日报》、江西卫视等省级媒体。《江西民进》刊物被评为江西省优秀连续性内部资料。

在省政协十届四次会议上，民进省委会共提交发言材料8篇，集体提案12件，个人提案29件。其中，以《关于鄱阳湖生态经济区建设现代农业示范区的对策建议》为题进行大会发言，集体提案《关于南昌市修建城市快速路的提案》被选为会中办理，同时该提案与《关于抢救性修复梅汝璈故居和新建梅汝璈纪念馆的提案》被列为省政协重点督办提案。在省十一届人大四次会议上，民进会员中的人大代表共提交建议13件，其中《关于加快我省养老服务事业发展的具体建议》被省人大常委会列为7件重点督办的代表建议之一。

调研活动卓有成效。民进省委会关于“新生代农民工融入城市问题”的调研成果被《瞭望新闻周刊》采用，并得到了中央领导人的重要批示；“维护残疾人权益，促进社会和谐稳定”调研报告，副省长熊盛文、谢茹分别作出重要批示；“加快我省老龄服务事业发展”调研报告，副省长熊盛文作出重要批示；“关于加强高速公路交通安全管理促进和谐平安高速建设的调研报告”，副省长洪礼和作出重要批示。

2011年，民进省委会共向民进中央报送31篇《江西民进信息》，其中《应尽快提高稀土资源税税率》被全国政协采用；《抓住医疗改革契机，积极发展农村卫生事业》和《简化新农合直补程序，用好农民“救命钱”》被《民进中央信息》采用，为党和政府的决策提供有益的参考。

社会服务业绩突出。2011年“1%工程”在全省26所本科院校及部分中小学资助学生403人，资助款项55.4万元。1月16日，举行“1%工程”新年爱心联欢会，有18家爱心企业和单位向“1%工程”捐赠100万元和价值80万元的医疗服务和慰问品。4月22日，举行“让我们的爱像泉水一样流淌——1%工程”贫困家庭关爱行动捐赠仪式暨“赣之蓝·嗨瀑”矿泉水新闻发布会,资助修水县贫困学子资金22.1万元。4月23~27日,举行“1%工程·匹克杯”首届省属本科院校大学生男子篮球赛,有16所高校参赛。5月7日,举行“1%工程志愿者纳百川公益行动”启程仪式,南昌电视台全程直播。6月7日,“1%工程”携手泰豪集团公司,赠送2万瓶价值3万元的“嗨瀑”牌矿泉水,慰问交警、环卫工人、公交和出租车司机。10月23日,启动“1%工程”关爱老年人在行动活动。11月20日,江西民进红歌艺术团开展送文化下乡活动,在萍乡市安源区举办“唱响江西”文艺晚会。12月14日,为纪念宁都起义80周年,在宁都县江西民进摄影协会举办了“人文宁都”摄影展;江西民进红歌艺术团与将军后代合唱团联合举办了“纪念宁都起义80周年文艺晚会”;“1%工程”举行了系列资助活动,2万元资助10名贫困学生,5000元慰问老红军,2.5万元购买乒乓球桌用于宁都23所农村学校改善教学条件。

【民进中央率团到江西考察民办教育】 5月9~16日,由全国人大常委会副委员长、民进中央主席严隽琪和全国政协副主席、民进中央常务副主席罗富和率领的民进中央考察团到江西进行“完善制度环境,促进民办教育发展”专题调研。中共江西省委常委、常务副省长凌成兴出席并主持调研情况反馈会。此次调研对促进江西民办教育的发展有着重要的意义。

【民进中央领导参加民进支部组织生活】 5月15日,全国人大常委会副委员长、民进中央主席严隽琪,全国政协副主席、民进中央常务副主席罗富和,中共中央统战部副部长黄跃金,民进中央专职副主席兼秘书长朱永新,省人大常委会副主任陈安众,省政协副主席、民进省委会主委汤建人,省委统战部常务副部长黄小华,省委教育工委书记、省教育厅厅长虞国庆,民进中央有关部门领导,以及上海、广东、安徽等省市民进组织负责人参加了民进江西蓝天学院支部组织生活。严隽琪指出,今天支部组织生活,除有民进中央领导参加外,还由于有中共中央统战部和江西省的领导出席而显得尤为可贵,意义非凡,十分令人鼓舞。罗富和代表民进中央作重要讲话。

【召开民进江西省六届五次全委会议】 3月19~20日,民进江西省六届五次全委会在南昌召开。中共江西省委常委、政法委书记舒晓琴到会祝贺并作重要讲话。民进省委会主委汤建人作工作报告。会议传达全国两会、民进十二届四中全会精神;审议通过全委会工作报告;免去陶燕琴的民进江西省第六届委员会委员,补选欧阳剑雄、陈洪萍为民进江西省第六届委员会委员,欧阳剑雄为民进江西省第六届委员会常务委员、副主任委员。

【召开江西民进企业家联谊会第三次会员大会】 10月27~28日,江西民进企业家联谊会第三次会员大会在南昌召开。会议修改了《江西民进企业家联谊会章程》;选举产生了江西民进企业家联谊会第三届理事会,邓凰保当选为会长。

【召开“1%工程”基金第一届理事会第二次全体大会】 12月22日,“1%工程”基金第一届理事会第二次全体大会召开。会议主要审议通过了“1%工程”基金第一届常务理事会工作报告和财务报告,以及关于增补和改选理事、常务理事、副理事长的决定。

(陈洪萍　黎传综)

中国农工民主党江西省委员会

【概　况】 2011年,农工党全省组织有省级委员会1个,设区市委会11个。新成立了农工党萍乡市委会、省直文艺综合支部委员会。全省发展新党员132人,其中:具有副高以上职称27人,担任副处以上领导职务1人,硕士10人,博士4人。截至年底,全省党员总数4503人,其中:医药卫生界占51.3%,文化教育和经济科技界占36.3%,政府机关占8.1%,党员年龄结构进一步优化。在全省党员中,共有各级人大代表121人,各级政协委员669人,省政府有关部门特约人员17人;有在职副省级领导干部1人,厅级领导干部18人,县处级领导干部126人。

2011年,农工党江西省委会紧紧围绕中共江西省委、省政府的中心工作,深入调查研究,积极建言献策,就江西省“十二五”规划实施、推动社会主义文化大发展大繁荣、加强和创新社会管理、贯彻落实计划生育政策情况等问题提出意见、建议。农工党省委会主委郑小燕在全国政协会议上提出的《加大支持指导力度,支持江西特高压电网建设》等提案,受到国家有关部委的高度关注,提出的“新生代农民工社会保障”的建议,引起了中央电视台的高度关注,《焦点访谈》栏目进行专题报道。担任各级人大代表、政协委员的农工党党员,认真参加各类考察、调研活动,积极反映社情民意,提出意见、建议。在省政协十届四次会议上,农工党省委会共提交集体提案23件,大会发言材料10篇,其中《关于完善城镇基本医疗保障体系的建议》的大会发言受到与会委员的广泛好评;《科学管理和规划,尽快解决南昌市区道路交通拥堵问题》的提案被列为省政协大会会中重点督办提案;《关于峡江水利枢纽工程移民搬迁安置的建议》《重度聋儿实施人工耳蜗植入康复的建议》分别被省政府采纳;《关于发展普惠性幼儿园办学模式的建议》得到副省长孙刚的重要批示。《加强城市备用水源建设,保障南昌城区用水安全》的社情民意,副省长姚木根作重要批示;《关于基本药物制度试点工作的研究报告》《南昌市农村公共基础设施建设现状及对策思考》等2篇调研报告分别被农工党中央评为优秀调研报告一等奖和三等奖。农工党省委会主委郑小燕还参加各民主党派省委会、省知联会主要负责人“共促发展赣鄱行”——赴景德镇考察活动,为景德镇市经济社会发展建言献策。

【农工党萍乡市委会成立】 1月8日,农工党萍乡市第一次党员大会在萍乡市安源宾馆召开,大会选举产生中国农工民主党萍乡市第一届委员会和市委会领导班子。省政协副主席、农工党省委会主委郑小燕出席大会并为新成立的农工党萍乡市委会授印。

农工党萍乡市委会的成立，进一步壮大农工党全省组织力量，完善了农工党江西省地方组织建设。

【获“国际科学与和平周”活动科学和平贡献奖称号】 1月，中国“国际科学与和平周”活动组委会对农工党江西省委会2010年开展的“国际科学与和平周”活动进行了表彰，授予农工党江西省委会第二十二届中国“国际科学与和平周”活动科学和平贡献奖。

【开展“中国环境与健康宣传周”活动】 5月12日，农工党江西省委会牵头并会同省教育厅、省科学技术厅、省国土资源厅、省环境保护厅、省住房和城乡建设厅、省水利厅、省农业厅、省卫生厅、省林业厅等9个厅局发起成立江西省“中国环境与健康宣传周”活动领导小组，领导和组织开展江西省“中国环境与健康宣传周”活动。

5月30日上午，以“人居环境与健康”为主题的江西省第四届“中国环境与健康宣传周”活动在南昌八一广场正式启动。中共江西省委常委、常务副省长凌成兴出席仪式并宣布活动正式启动，省政协副主席、农工党省委会主委、江西省“中国环境与健康宣传周”活动领导小组组长郑小燕出席启动仪式并讲话。活动期间，相关成员单位开展健康、医疗义诊咨询，发放第四届“中国环境与健康宣传周”主题宣传画、宣传册，参观江西省林业生态文化展，举行“买下一本书、种下一棵树”等系列公益活动。

【开展“庆祝中国共产党成立90周年”活动】 为庆祝中国共产党成立90周年，农工党江西省委会开展一系列庆祝活动。5月17日，省政协副主席、农工党省委会主委郑小燕率领省委会机关部分干部参加全省机关庆祝建党90周年文艺调演比赛。5月22日至6月3日，农工党省委会组织机关全体干部职工赴农工党全国党史教育基地广东省惠州市邓演达纪念园、广州市黄埔军校旧址等地开展多党合作和革命传统教育活动。6月13日，省政协副主席、农工党省委会主委郑小燕为参加农工党2011年全省新党员培训班的学员作《中国共产党领导的多党合作发展历程》专题报告。6月29日，农工党省委会组织全体干部职工和离退休老同志观看庆祝中国共产党成立90周年献礼影片《建党伟业》。7月7日，农工党省委会组织全体机关干部职工集中学习中共中央总书记胡锦涛在庆祝中国共产党成立90周年大会上的重要讲话。9月9日，农工党省委会在滨江宾馆举办庆祝中国共产党成立90周年专题学习报告会，邀请中共江西省委党校专家作《学习中共党史，聚集前进的智慧和力量》专题报告。

【“管飞江西扶贫基金”捐赠医疗设备】 6月12日，农工党省委会、中国初级卫生保健基金会“管飞江西扶贫基金”在赣州市举行医疗设备捐赠仪式，向赣州市肿瘤医院捐赠价值160万元的彩超医疗设备。

【参加全省统一战线纪念辛亥革命100周年书画作品展】 9月28日，江西省统一战线纪念辛亥革命100周年书画作品展在南昌开幕。农工党江西省委会作为主办单位之一，共选送了12幅由农工党员知名书画艺术家创作的、主要以辛亥革命志士诗词楹联和辛亥革命前后发生的历史事件和历史人物为题材的书画作品参展。书画展期间，农工党省委会积极组织农工党党员参观书画展。

【获“树立和践行社会主义核心价值体系活动先进省级组织”称号】 9月28日，在中国农工民主党全国宣传工作会议上，农工党江西省委被授予“农工党中央开展树立和践行社会主义核心价值体系活动先进省级组织”荣誉称号。

【省直文艺综合支部第一届委员会成立】 10月18日，农工党省直文艺综合支部委员会召开成立会议，选举产生了第一届农工党省直文艺综合支部委员会。省政协副主席、农工党省委会主委郑小燕出席会议并讲话。

【开展第二十三届“国际科学与和平周”医疗义诊活动】 11月12日，农工党江西省委会在南昌市红谷滩新区万达广场建筑工地开展第二十三届“国际科学与和平周”医疗义诊活动。省政协副主席、农工党省委会主委郑小燕出席义诊活动，并看望和慰问参加义诊活动的医疗专家和前来求诊的农民工。义诊活动首次以建筑行业工人中的农民工为服务对象，为200余名农民工提供医疗诊治、健康体检等义诊服务，并赠送价值4000元的药品。

【开展扶贫帮困和捐资助学活动】 1月27日，农工党省委会在南昌市开展慰问困难劳模家庭活动，省委会领导春节前深入到南昌市城区慰问困难劳模家庭，并送上慰问品和慰问金，把党和政府的温暖带给群众。8月22日，农工党省委会与江西省慈善总会、江西省慈善书画院共同举办“爱心捐助”活动，向14位贫困大学生每人捐助5000元、总计7万元的爱心助学金。9月，农工党省委会积极联系九江职业大学，在甘肃、青海、四川3省新招收20名贫困生到九江职业大学免费就读，3年将为20名贫困生减免学杂费和住宿费40万元。

【开展定点扶贫工作】 农工党江西省委会积极落实江西省新一轮扶贫工作要求，在抚州市金溪县陈坊积乡城湖村开展定点扶贫工作，成立由省政协副主席、农工党省委会主委郑小燕任组长，农工党省委会副主委杨世林、涂建，抚州市政协副主席、农工党市委会主委郑友清任副组长的农工党江西省委会扶贫工作领导小组。12月14日，农工党省委会组织人员赴金溪县陈坊积乡城湖村开展考察调研，实地了解扶贫点的经济、社会发展现状，积极帮助城湖村制定扶贫发展规划，争取通村公路、水利灌溉等各种资金和项目扶持。

（江建中）

九三学社江西省委员会

【概　况】 2011年，九三学社在江西的组织有：省级委员会1个，市委员会11个，省直基层委员会5个（含一个筹备组），支社17个。社员总数2608人，其中高中级职称占97%；高校、科研、医药、工程技术人员占76%，体现了以科技界高中级知识分子为主体的特色。社员中担任全国政协委员2人，省、市、县（区）政协委员279人，各级人大代表52人。

2011年，九三学社江西省委会积极履行参政党职能，各项工作取得新成绩。社省委坚持以树立和践行社会主义核心价值体系为抓手，以向杨佳学习活动为契机，在全社开展着力抓好思想建设，先后召开主委会和常委扩大会，专题传达中共和九三学社中央树立和践行社会主义核心价值体系的主要精神，围绕阶段主题"基层组织建设"开展一系列活动。

2011年，九三学社省委举办庆祝中国共产党成立90周年、纪念辛亥革命100周年暨社史社章知识竞赛和征文活动；召开庆祝中国共产党成立90周年座谈会；赴革命圣地延安开展"重温历史，同心同行"主题教育考察活动；依托九三学社江西书画院，编辑出版旨在歌颂中国共产党成立90年来取得丰功伟绩的书画专辑。

九三学社省委于11月下发《关于开展向杨佳同志学习活动的通知》，在全省社组织和社员中开展向杨佳同志学习活动。要求全省各级组织把向杨佳同志学习活动作为当前加强思想建设的重要工作来抓，做好杨佳同志先进事迹的学习和宣传，将学习活动与履行职能、发挥作用相结合，与省、市级组织换届工作相结合，促进全省社的各项工作不断取得新成果，为建设富裕和谐秀美江西作出新贡献。

组织建设工作上，九三学社省委不断取得进步。社省委与省委统战部、省社科院联合举办第295期九三学社基层骨干培训班，46名来自基层各条战线的社员骨干参加了培训。社省直江西广播电视大学支社、社九江市浔阳区支社先后成立。社上饶市工作委员会筹备组举行了第一次全体社员大会。社省直向塘支社、省直华东交通大学基层委员会完成换届。

2011年，九三学社省委向有关媒体等报送新闻100余条，刊登70余条。截至年底，网站已有篇目1500余条，图片800多幅，访问人次达170万。在社中央优秀新闻评选活动中，江西省社员一篇新闻作品《杏林医风在九三传扬》被评为二等奖。在省新闻出版局举行的全省内部刊物评选中，社刊获优秀刊物奖，宣传部1人获优秀个人奖。

九三学社省委不断创新参政议政工作方式方法，工作成效稳步提升。全国政协委员、江西省政协副主席、社省委主委李华栋在2011年全国两会期间，围绕中国农业发展中出现的问题，积极建言献策，取得较大反响。

在全省政协第五次提案工作座谈会上，九三学社省委提交的《发展循环经济，确保江西省煤炭产业可持续发展》《关于进一步做好林权制度配套工作的建议》和《实现科技人员收入公平，大力提升区域科技创新力》获省政协优秀提案奖。专职副主委栾波提交的《关于南昌市发展低碳经济的建议》获委员优秀提案奖。

在2011年第二十三届"国际科学与和平周"活动期间，九三学社江西省各级组织紧密围绕活动主题，开展了形式多样、内容丰富的社会服务活动，活动内容突出重点，取得了良好成效。社江西省委员会荣获"科学和平贡献奖"和"优秀组织奖"称号；社南昌市委员会、九三学社赣州市委员会、社吉安市委员会、社鹰潭市委员会、社宜春市委员会、社景德镇市委员会、社抚州市委员会、社新余市委员会被授予突出贡献奖。

九三学社省委有关部门努力做好信息工作，全年接收并处理信息40余篇，向社中央报送30篇，采纳7篇；向省政协、省委统战部各报送38篇。

此外，为弘扬中国传统书画文化，培养书画艺术人才，丰富社组织生活，社省委积极发动社员参与相关活动。九三学社江西书画院院长冯杰、副院长胡志亮应九三学社中央邀请，同来自全国27个省（市）自治区、直辖市的90位书画家出席九三学社中央庆祝中国共产党成立90周年大型书画活动，现场挥毫泼墨，分别创作"骏马图"和"崇德修己"两幅书画作品，喜庆中国共产党90华诞。期间，全国人大常委会副委员长、社中央主席韩启德亲笔撰写"和静怡真"书法作品惠赠冯杰，副主席邵鸿亲笔撰写"日月光华"书法作品惠赠胡志亮。

【为困难社员送"九三王选关怀基金"资助款】 11月9日，省政协副主席、九三学社省委主委李华栋，专职副主委栾波，副主委、南昌市政协副主席、社南昌市委主委李广振，社省委秘书长肖庆礼、社市委副主委谢保成一行，到江西工业贸易职业技术学院教师、社员黄云龙家中看望，中共南昌市委统战部副部长钮润荪陪同。李华栋向黄云龙转交"九三王选关怀基金"资助款3万元，并转交全国人大常委会副委员长、九三学社中央主席、"九三王选关怀基金"理事长韩启德的慰问信。

【第三届"江西科学论坛"在南昌举行】 9月27日，第三届"江西科学论坛"在南昌举行。"江西科学论坛"是由省科学院发起和主办，体现中国自然科学前沿水平的高端论坛，已成为江西自然科学界的知名学术品牌。本届论坛由省科学院与九三学社中央院士工作委员会联合主办，九三学社江西省委会协办，主题为"环境变化与低碳经济"。

副省长谢茹出席论坛并宣布开幕，省政协副主席、省科协主席、九三学社江西省委会主委李华栋致辞。中国科学院院士、陕西省政协副主席周卫健，国家林业局副局长印红出席论坛。九三学社中央社会服务部部长苟红旗，江西省科技厅党组副书记、副厅长吴文峰，江西省发改委党组成员、能源局局长郑沐春出席论坛启动仪式。省科学院党组书记郭建晖主持论坛启动仪式，学术报告会由副院长周世健主持。来自省社科院、省林科院、江西师范大学、江西农业大学等单位和省科学院的专家、学者共计200余人参加论坛。论坛开幕式结束后，周卫健、印红分别作题为《环境变化与低碳经济》、《林业生态建设与绿色增长》的学术报告。

（梁　磊）

人民团体

本栏编辑　朱　岳

江西省总工会

【概　况】 2011年，省总工会制定《江西省总工会2011年~2015年劳动竞赛规划》。以建功鄱阳湖生态经济区建设为主题，开展各种形式的劳动竞赛和技术创新，吸引全省5.2万家企事业单位，500多万职工参加。职工提出合理化建议49.69万条，实施技术创新3.7万项，发明创造1.35万项。全省各级工会深入一线慰问劳模，实现全省8000多名劳模的社保全覆盖。发放劳模慰问金、困难补助、特殊困难帮扶金1200余万元。组织89名全国劳模、210名省劳模进行疗养。

加强企业文化建设，省总工会制定下发《江西省总工会企业文化、职工文化建设年活动实施方案》。全省职工开展文化体育活动7190场，参加单位4万余个，职工390余万人。

着力提升职工素质。各级工会落实《全省职工素质建设工程五年规划(2010~2014年)》，全年投入教育培训资金7749万元，培训职工56万人。推行校企联合办学模式，开展订单培训和定向培养，职工技能培训66.9万人次。评选表彰了第十二届全省职工职业道德建设"双十佳"先进单位和个人。

坚持维权维稳并举，加强舆情研判。全省各级工会核查处置舆情信息190余起，省市两级工会受理职工信访(职工维权热线)4184件次。全省各级工会配合人保、住建等部门，开展工资拖欠集中清理活动，为5.1万余农民工追回拖欠工资7500余万元。省总工会联合省安监局、省卫生厅等单位开展"安全生产月"和"职业病防治法宣传活动周"活动。全省1253家单位、5万余个班组参加全国"安康杯"竞赛活动。对九江市修水县患尘肺病职工状况进行调查，向有关部门反映情况。坚持"凡伤必探"制度，对工伤职工全部进行探访。召开全省构建和谐劳动关系大会，表彰101家企业和11家工业园区。配合省委省政府研究制定《江西省委、省政府关于构建和谐劳动关系的意见》。省总工会在九江召开全省非公企业和谐劳动关系、和谐企业文化建设现场会议，学习推广江西旭阳雷迪等企业关爱员工、履行社会责任的先进经验。

参与国企改革，加强厂务公开民主管理。2011年，全省已建工会的公有制企业职代会和厂务公开建制率达90%以上，分别列全国第四、第五位；非公有制企业建制率达86%以上，列全国第二位。

创新帮扶工作形式。全省职工互助保障参保职工达180余万人，保费5270余万元，赔付率达68%。启动实施江西省2011年女职工"关爱行动"，开展"两癌"检查，省总工会拨出55万元用于后续治疗。开办卤制类食品和面包制作、家政服务等各种女职工就业技能培训班，组织100名一线女职工和先进女职工疗养。全省各级工会筹集帮扶资金4.83亿元，人均帮扶标准达1200元。2011年元旦春节送温暖活动筹集款物1.5亿元，走访慰问困难企业6800余户，慰问困难职工25万余人。对2万余人开展就业培训，成功介绍26余万人就业。推进金秋助学和阳光就业活动，帮助2.6万余名困难职工子女上学或就业。

以创先争优活动为载体，不断加强自身建设。省总工会出台《江西省总工会2011~2013年推动企业普遍建立工会组织工作规划》，召开全省工会组建工作现场会，开展全省工会组建工作大检查活动。全省基层工会组织达6.48万家，会员646.85万人，工会组建工作获全国一等奖。召开全省工资集体协商工作交流会，制定《江西省工资集体协商三年实施计划(2011年~2013年)》《江西省工资集体协商培训实施计划(2011年~2013年)》《2011年度全省企业工会工资集体协商工作目标管理》，全省建会企业开展工资集体协商达90%。全省各级工会招聘社会化工会工作者381人，组织发展工会维权律师志愿团律师1500余人，劳动争议调解员3.3万人，工会法律监督员3.5万人，劳动争议兼职仲裁员120余人，集体协商指导员1.5万人。省总工会举办17期工会干部培训班，培训工会干部1960人。全省工会700余名经审干部参加内部审计资格培训，全部实现持证上岗。"三大场所"(职工活动场所、办事场所、办公场所)新建25座，改造156座。新建改造面积75万平方米，在建面积13万平方米，"三大场所"建筑面积达102万平方米。全省工会资产总额(不含划拨土地)达18.6亿元，省总干校重建被批准立项，惠苑宾馆、省工人疗养院、庐山工人休养院改造等项目开工。制定《江西省总工会关于加强工会经费"收、用、管"工作的若干意见》，全总财务部专程到赣总结经验。制定《江西省总工会加强审计监督工作的若干规定》，工会经费持续稳步增长，9个设区市总工会年工会经费超过1000万元,83个县(区)超过100万元。

【国企改革完成】 全省各级工会加强对7个系统国企改制企业厂务公开、职代会等工作的业务指导,省总工会举办全省农垦系统国企改革职代会培训班,对7个系统改制企业6882名大病职工一次性专项救助551万元。在全省国企改革中,各级工会做到"两全三高",即改制的方案全部交职代会审议,全部实行无记名表决,改制企业职代会的总通过率高(超过80%)、方案总得票率高(超过80%)、职工签约率高(超过97%),有效维护了职工合法权益,维护了企业和职工队伍稳定,平稳推动非工口7个系统1771户国企完成改制,安置在职职工34.6万人。

【困难职工帮扶中心转型】 推进困难职工帮扶中心向职工服务中心转变,11个设区市总工会、72个县(区)总工会职工服务中心正式挂牌。省总工会成立产业困难职工帮扶中心。全省工会建立市县两级帮扶中心112个,县级以下基层帮扶工作站1256个,全省25.4万户困难职工档案基本实现电子化、网络化、动态化管理。

【启动2011年"金秋助学"活动】 8月25日,全省各级工会启动2011年工会"金秋助学"活动,筹集资金达4496.69万元,资助2.67万名困难职工和困难农民工子女上学。省总工会按照每人3000元的标准资助102名考入大学的困难职工和困难农民工子女,按照每人1000元的标准资助58名就读高中的困难职工和困难农民工子女。

【召开省总工会十二届四次委员(扩大)会议】 会议于1月24日在南昌召开。省委副书记张裔炯出席并讲话。省人大常委会副主任、省总工会党组书记、主席姚亚平主持会议并讲话。省委副秘书长潘东军出席,省总工会常务副主席郭学勤代表省总十二届常委会作工作报告。张裔炯高度评价全省各级工会围绕中心、服务大局,特别是在服务重点项目建设做大做强江西经济总量、积极参与支持国企改革、开展党工共建加强工会基层组织建设三方面,敢有作为、善有作为,为江西经济平稳较快发展作出的突出贡献。

【召开全省创先争优劳动竞赛启动大会】 全省庆"五一"暨"当好主力军、建功'十二五'"创先争优劳动竞赛启动大会4月26日在南昌召开。省委副书记张裔炯出席并讲话,副省长洪礼和宣读表彰决定。省人大常委会副主任、省总工会党组书记、主席姚亚平主持会议。大会对江西省五一劳动奖状、劳动奖章、工人先锋号的获得者以及职工经济技术创新活动的先进集体和个人进行了表彰。

8月25日,江西省总工会举行全省工会帮扶工作会议暨全省工会2011年金秋助学资金发放仪式。 曾思云摄

【召开全省模范劳动关系和谐企业与工业园区表彰大会】 大会于6月3日在南昌召开。省人大常委会副主任、省总工会党组书记、主席姚亚平出席,副省长熊盛文出席并讲话。省协调劳动关系三方会议副主席、省人力资源和社会保障厅副厅长陈利克作工作报告。省协调劳动关系三方会议副主席,省企业联合会、企业家协会常务副会长胡健宣读表彰决定。省协调劳动关系三方会议副主席、省总工会副主席吴海平主持会议。大会表彰了104个江西省模范劳动关系和谐企业和8个江西省模范劳动关系和谐工业园区。

【召开全省深化创新厂务公开民主管理工作会议】 会议于9月29日在南昌召开。省委副书记、省厂务公开领导小组组长张裔炯出席并讲话,副省长、省厂务公开领导小组副组长洪礼和出席。省人大常委会副主任、省总工会党组书记、主席、省厂务公开领导小组副组长姚亚平主持会议。会议的主要任务是以胡锦涛总书记"七一"重要讲话精神为指导,学习贯彻全国深化创新厂务公开民主管理工作会议精神,总结工作,分析形势,部署任务。

【召开全省构建和谐劳动关系工作电视电话会议】 会议于9月29日在南昌召开。省委副书记张裔炯出席并讲话。省人大常委会副主任、省总工会党组书记、主席姚亚平传达全国构建和谐劳动关系先进表彰暨经验交流会会议精神。副省长熊盛文主持会议。张裔炯在讲话中强调构建和谐劳动关系是检验领导干部能力的一个重要方面。要把构建和谐劳动关系纳入经济社会发展的总体规划,纳入加强和创新社会管理的重要内容,纳入党政领导班子和领导干部政绩综合考评体系,不断提高各级党委、政府和各级领导干部做好构建和谐劳动关系工作的自觉性和坚定性。

【召开省政府与省总工会第十一次联席座谈会】 会议于12月22日在南昌召开。代省长鹿心社出席并讲话。

省委常委、常务副省长凌成兴出席。省人大常委会副主任、省总工会党组书记、主席姚亚平通报第十次联席会议决议事项的执行情况，就构建和谐劳动关系和需要关注的问题提出建议。省政协副主席胡幼桃、省政府秘书长谭晓林出席。副省长洪礼和主持会议。鹿心社在讲话中指出，2011年，全省各级工会围绕中心、服务大局，团结动员广大职工投身江西发展、支持改革创新、维护社会稳定，在构建和谐劳动关系、维护职工合法权益、加强工会自身建设、促进社会和谐稳定等方面做了大量富有成效的工作，为全省经济社会发展作出了贡献。各级政府和部门要贯彻《中华人民共和国工会法》和省委《关于进一步加强和改进新时期工会工作的意见》，全力支持工会依照法律和工会章程独立开展工作。会议同意安排给省总工会2012年困难职工帮扶、送温暖、劳模春节慰问、省劳模特殊困难帮扶资金和省总工会干部学校重建资金达7000万元，新增4500万元，其中重建干校补助资金4000万元。

（胡靓怡）

共青团江西省委

【概　况】 2011年，全省各级团组织围绕“两个全体青年”的总体目标，全面履行四项基本职能，实施年初确定的“双十战略”（即：抓好十项重点工作，办好十件实事）。

加强青少年形势政策和理想信念教育。开展纪念建党90周年系列活动。学习中共中央总书记胡锦涛“七一”重要讲话精神，重点开展“青春给力，紧跟党走”百县百场百万青年“青春红歌会”活动、“微博记录身边变化——纪念建党90周年红色微博大赛”、微博拍客大赛，1万多名青年网民参与。举办112场“我与祖国共奋进”形势政策报告会，举办50余万青年学生参加的“永远跟党走”全省大学生演讲比赛和大中专院校社团文化艺术节。贯彻省第十三次党代会精神。会前，组织开展“喜迎党代会、青春建功业”主题实践活动，举办“喜迎党代会——我的青春故事”网络访谈，30余万网友在线观看。会后召开全省各界青年代表学习党代会精神座谈会，开展“青年对话党代表”宣讲活动，组织28名党代表深入基层，与青年面对面交流。推进红色教育。省委书记苏荣在“五四”前夕给赣南师范学院“红色班级”同学回信，对全省团员青年提出殷切期望。在学习贯彻省委书记苏荣回信精神的基础上，在全省开展红色文化进校园活动。依托江西丰富的红色资源，培养各级“井冈之星”大学生骨干3.5万人。开展少先队“红领巾心向党”“我是江西好少年”“在光荣的旗帜下——党团队员话成长”主题活动，覆盖1.8万个基层少先队组织和420万名少先队员。创新教育引导形式。开展乡村青年文化节、高校社团文化艺术节、环境艺术节等活动。团中央书记处第一书记陆昊、团中央书记处常务书记王晓率团中央全国青联志愿者艺术团赴井冈山慰问演出。发挥新媒体引导作用，开通省市县三级团委官方微博，各级团组织和团干部开设微博5797个、博客3318个、建立即时通信群3552个，团省委官方微博粉丝突破14万，被评为“2011腾讯微博十大团委影响力官方微博”，定期编发网络舆情参阅。发挥典型的示范带动作用，开展创先争优青年典型、青年创业典型、大学生西部计划志愿者、优秀大学生村官事迹巡回宣讲，10多万青年收看宣讲。

坚持围绕中心服务大局。全力支持共青城发展。团省委帮助引进的13个重大项目有9个实现投产，投资30亿日元的中日智能电网项目正式落户。团省委筹资2200万元建设的“江西希望工程阳光成长中心”投入使用，中央团校共青城培训基地正式挂牌运营。服务鄱阳湖生态经济区建设。实施“青春唱红鄱阳湖、青春扮绿鄱阳湖、青春创新鄱阳湖”“红绿蓝”三色战略，通过招募万名绿鄱志愿者、开展高校环保社团宣传、建设生态希望学校、实施保护母亲河行动，助力生态建设。通过青年岗位能手、青工技能大赛、青年文明号、博士服务团考察、“三下乡”社会实践等方式，助力生态低碳经济发展。为“七城会”和第七届“泛珠大会”提供志愿服务。招募7000多名志愿者为大会提供服务。

服务青少年成长成才。服务青年就业创业，组织开展5万多名大学生参与的“挑战杯”课外学术科技作品竞赛，20多万青年参与“赢在江西”青年创业大赛，为获奖创业选手提供500余万元启动资金扶持。规范保留青年就业创业见习基地1738家，到岗见习青年1.03万人。新增培养农村青年致富带头人1000名，培训进城务工青年2.85万人。发放青年就业创业贷款7.5亿元，帮扶、带动4.5万多名城乡青年实现就业创业。服务青少年综合素质提升。举办“相约校园、成长对话——名家讲坛”478场，覆盖大学生50多万人。拓展青年外事工作，组织23名优秀青年赴日本、尼泊尔、匈牙利等6个国家学习考察，接待美国、日本、世界青年领袖组织等外国来访团组326人，宣传推介江西，帮助青年扩大国际视野。服务特殊青少年群体。以纪念希望工程实施20周年为契机，全年募集款物1900万元，援建希望小学27所，资助贫困学生1189名，资助养育贫困孤儿268名。“1%工程”影响力日益扩大，创建江西第一家社会公益企业——江西百分之一实业有限公司，“奉献1%，爱心100%”的理念日益深入人心，全年募集爱心款物180余万元。推进“杜鹃花——江西共青团关爱农民工子女志愿服务行动”，结对学校1360所，结对农民工子女46万人，建立“杜鹃花爱心小屋”等服务阵地400多所。组织开展“青春暖冬”行动，在元旦春节期间集中开展共青团“送温暖”工作。加大维权工作力度。“共青团与人大代表、政协委员面对面”活动在全省广泛开展，推动省市县三级人大代表、政协委员形成有关青少年的建议、提案551份。推进吉安市农村留守儿童帮扶全国试点和其他省级分类试点，鼓励基层探索农村留守儿童帮扶“阳光家园”、闲散青少年职业教育培训“雏鹰计划”等经验。“青果援”关爱服刑在教人员子女行动常态推进，结对2786对，帮扶款物365万元。探索建立一批“我帮你青春工作室”、实施“让梦想照亮未来”关爱务工青年行动，招募90名务工青年权益使者、设立100个务工青年维权站、开展100场面对面交流活动。

加强团的基层组织建设和基层工

作。争取省委组织部、省财政厅、省教育厅等部门支持,做好100名高校团干部赴县挂职选派工作,为130名在县级团委工作的大学生西部计划专项行动志愿者争取到每月增加540元生活补贴。完善基层组织网络。在全省1400个乡镇、139个街道全面开展团的组织格局创新,全省乡镇、街道团委共有团干部1.26万人,其中体制外6268人,占49.9%。推动非层级化组织载体,全年新建非公企业团组织2596家,新社会组织建团295家,农村专业合作社建团614个,驻外团组织293个,新覆盖团员青年50多万人。创建少先队示范学校200所,提升基层少先队工作活跃度。支持基层。团省委为基层团组织提供款物支持700多万元,全省各级团的领导机关为基层团组织提供款物支持1452万元。深化"双创双促双提高"创先争优活动。建立省市两级团委班子成员创先争优联系点375个,开展领导干部点评活动,6.5万多个基层团组织、180多万团员参与点评,"青年文明号为民服务创先争优"等活动取得实效。开展"江西共青团2011年十件大事"评选。

【启动高校团干部到县级团委挂职工作】 2011年,团省委启动实施高校团干部到县级团委挂职工作,选派100名高校团干部赴县级团委挂职工作一年。1月8日,全省高校团干部到县级团委挂职干部培训班开班,全面启动这项工作。团省委书记王少玄,省委教育工委书记、省教育厅厅长虞国庆出席开班仪式并讲话,团省委副书记梅亦主持开班仪式。培训班上,100名挂职干部收看基层组织建设及农村工作教学片,并聆听团省委各有关部门负责人的授课。挂职期间,挂职干部走访基层单位3420个次,召开940次座谈会,访谈青年约2.85万人次,撰写调研报告244篇,发现、培养基层工作案例260个,向团省委报送信息700余条,并在团中央网站刊出32条。同时,挂职干部发挥个人优势和特点,通过"双挂"等方式,参与县里的招商、拆迁、综治、城建、计生、维稳等重点工作,为县委县政府中心工作作出贡献。同时,全省开展校地合作或结对596次(个),既给基层团组织提供了人力和智力支持,也为大学生社会实践开拓了空间,实现校地合作双赢局面。

【召开全省基层党建带团建暨共青团系统深入开展创先争优活动视频会议】 1月11日,全省基层党建带团建暨共青团系统深入开展创先争优活动视频会议召开。会议总结交流全省党建带团建工作经验,研究部署今后一个时期党建带团建工作和共青团系统创先争优工作。省委常委、省委组织部部长、省委创先争优活动领导小组副组长莫建成出席会议并讲话,团省委书记王少玄出席并讲话,省委组织部副部长杨伟东主持会议。省委创先争优活动领导小组办公室相关负责人,省委创先争优督查指导组组长,在昌省直属各单位和省直属各高校党委分管领导、组织部长、团委书记,团省委有关部门负责人在南昌主会场参加会议。各市、县党委分管领导,党委组织部领导及有关人员,南昌以外省直属各单位、省属各高校党委分管领导、组织部长和团委书记,各市、县团委领导及有关人员共5000余人在各设区市、县(市、区)分会场参加会议。九江市委组织部、遂川县委组织部、江西财经大学团委在会上作典型发言。

【召开团省委十四届四次全体会议】 1月18~19日,共青团江西省委十四届四次全体会议在南昌召开。省委副书记张裔炯出席会议并讲话。省委副秘书长潘东军,团省委书记王少玄,副书记梅亦、曾萍等出席会议。团省委委员、候补委员,非委员、候补委员的设区市、省直属单位、省属本科院校团组织主要负责人,各团县(市、区)委书记,部分驻外团工委书记,团省委全体机关干部及下属单位副处级以上干部共200余人参加大会。王少玄代表团省委常委会作题为《高举团旗跟党走,青春建功鄱阳湖,团结带领全省团员青年在"十二五"开局之年切实发挥生力军作用》的工作报告,大会审议通过《关于团结带领全省团员青年为实现江西省"十二五"时期奋斗目标作贡献的决定》,进行委员卸职并增补委员和常委。会上表彰了九江团市委等10个"2010年度全省共青团工作先进单位"。新余团市委、南昌大学团委、洪都集团公司团委、南昌团县委等4个单位作典型发言。

【举行2011年江西省"共青团与人大代表、政协委员面对面"活动】 2月11日,2011年江西省"共青团与人大代表、政协委员面对面"活动在南昌举行。团省委副书记梅亦围绕"新生代农民工的社会融入"主题,向与会代表、委员介绍团组织的调查分析、意见建议。部分省人大代表、政协委员,省直厅局相关处室负责人,专家学者,新生代农民工代表,省青少年权益使者代表,团省委相关处室负责人等共40余人参加座谈会。与会人大代表政协委员表示将把达成共识的具有普遍性、有价值的成果,通过提交建议提案和大会发言、开展执法监督、专题调研和视察,或向有关部门提出意见和建议等方式,发出集中呼吁,在全社会进一步营造关注新生代农民工成长的良好氛围。2月16日,省政协常委、共青团江西省委书记王少玄做客大江直播室,就新生代农民工如何融入社会的问题接受专访。通过"面对面"活动在省市县三级全面开展,全省共推动省市县三级人大代表、政协委员形成有关青少年的建议、提案551份。

【开展新形势下青年群众工作方式方法大调研】 根据党中央书记处的指示精神和团中央的统一安排部署,团省委在2011年集中力量开展"新形势下青年群众工作方式方法大调研"。团省委通过省、市、高校三级联动,由"团省委一个部门+一个设区市团委+2所高校团委"的模式组建11个课题组,围绕11个课题进行领题。团省委书记王少玄4月中旬率队赴宜春调研,拉开大调研的序幕。各课题组综合采用个别访谈、会议座谈、实地体验、问卷调查、网络调查、文献研究等形式展开调研。团省委机关牵头的11个课题组,共发放问卷2.1万余份,召开座谈会120余场次,走访青年8300余人次,走访机关、学校、企业、社区等单位355家,直接参与团干部710人次,形成调研报告11篇20多万字。

【启动"保护母亲河——2011年度青少年植树行动"】 4月22日是"保护

母亲河——2011年度青少年植树行动”全国统一行动日，启动仪式于当日在瑞金的沙洲坝镇举行。中央纪委驻国家林业局纪检组组长、国家林业局党组成员陈述贤出席仪式并讲话，团省委书记王少玄等出席，团中央农村青年工作部部长郭祥玉主持仪式。此次行动以“青年心向党，绿动长征路”为主题，由共青团中央、全国绿化委员会、国家林业局联合开展，在全国选择10个党的历史和红军长征途中有重要意义的地区，开展“青年长征纪念林”植树造林活动。瑞金作为红色革命圣地，成为此次活动主会场。当日，出席活动的领导还为“保护母亲河——瑞金青年长征纪念林”揭碑，并与1000余名青少年一起现场种植桂花、香樟等树苗5200多株。

【举行“青春给力，紧跟党走”江西百县百场百万青年青春红歌会活动】 4月24日上午，“青春给力，紧跟党走”江西百县百场百万青年青春红歌会启动仪式在井冈山市新城区市政广场举行。省人大副主任陈安众、团中央宣传部副部长刘德扬、吉安市委书记周萌，团省委书记王少玄、副书记梅亦及井冈山市委、市政府等领导出席，福建团省委副书记兰明尚应邀出席，当地学校、企业、农村等各界青年5000余人参加启动仪式。随后，全省各地开展青春红歌会活动。6月26日，青春红歌会总决赛在江西师大举行。省人大副主任陈安众等领导出席并为获奖选手颁奖，各界青年5000余人观看。进入总决赛的20强包含14位个人选手和6个合唱团体，分别来自南昌、赣州和萍乡三个赛区。活动启动以来，全省100个县(市、区)、75所高校以及机关、部队、企业举办200余场唱红歌活动，参与青少年近230万人次。

【开展“舞动团旗、爱心100——1%工程志愿者纳百川公益行动”】 5月7～8日，团省委、民进省委会、省青少年发展基金会共同组织开展“舞动团旗、爱心100——1%工程志愿者纳百川公益行动”。5月7日上午，活动启程仪式在红谷滩行政广场举行，省政协副主席汤建人、团省委副书记曾萍出席仪式并讲话。来自社会各界的100名自行车爱好者，年龄最大的59岁，最小的年仅18岁，他们从南昌出发，骑行前往共青城。5月7日晚，在共青城希望工程阳光成长中心与孤儿开展手拉手爱心送暖联欢会。在联欢会上志愿者们与孤儿一起表演节目，为孤儿捐款、举行爱心结对活动。5月8日，志愿者开展“舞动团旗，拌绿鄱湖——志愿者阳光成长中心绿化行动”，所有志愿者们为贫困孤儿生活的家园种植爱心树，营建爱心林。

【举行第十二届“挑战杯”全国大学生课外学术科技作品竞赛江西赛区决赛】 5月28～29日，由团省委、省教育厅、省科协、省学联联合举办，赣南师范学院承办的第十二届“挑战杯”全国大学生课外学术科技作品竞赛江西赛区决赛在赣南师范学院举行。团省委副书记梅亦等有关部门负责人出席活动。本届“挑战杯”竞赛历时半年，共有全省41所高校的197件作品入围决赛，是历届竞赛参赛规模最大、参与人数最广、参赛作品最多的一次。同时也是大赛首次在南昌以外的高校举办决赛，并由省外专家联合匿名评审，且第一次将高职高专院校作品进行单独评审。大赛决赛分为质疑、问辩、答辩、终审等环节，共评出特等奖5件、一等奖16件、二等奖46件、三等奖130件，南昌大学、江西师范大学、赣南师范学院分获本科组团体总分前三名，景德镇高等专科学校、江西环境工程职业技术学院和江西工业工程职业技术学院夺取高职高专组团体总分前三甲。

【团中央、全国青联志愿者艺术团赴井冈山慰问演出】 6月7～8日，团中央书记处第一书记陆昊，团中央书记处常务书记、全国青联主席王晓率团中央全国青联志愿者艺术团来到革命圣地井冈山慰问演出，并走访慰问部分群众。省委副书记张裔炯，省委常委、常务副省长凌成兴，副省长孙刚等一起观看了演出，并参加走访慰问。团中央宣传部部长张劲，团中央统战部部长刘佳晨、副部长达娃次仁、副巡视员张彦，省委副秘书长潘东军，省政府副秘书长叶磊及团省委、井冈山干部学院、吉安市、井冈山市党政负责人参加。6月7日下午，围绕庆祝建党90周年，著名配音表演艺术家李杨、央视著名主持人董卿、冯琳、耿晨晨主持，蒋大为、郁钧剑、冯巩、解晓东等新老艺术家、青年演员为老区人民献上了一场“青春颂歌献给党”大型文艺演出。

【举办庆祝建党90周年红色微博大赛】 “党旗飘扬、沃心飞翔·微博纪录身边变化”——建党90周年红色微博大赛由共青团江西省委、中国联通江西省分公司、腾讯科技(深圳)有限公司联合主办。活动从6月29日始至10月31日止，参赛作品以“党旗飘扬、沃心飞翔”为主题，以真实的笔触，记录人民新生活、青年新风貌、社会新发展、祖国新变化。6月29日，省政协副主席郑小燕、团省委书记王少玄、中国联通江西省分公司总经理王竑弢、腾讯科技(深圳)有限公司副总裁马斌出席活动启动仪式，团省委副书记曾萍主持仪式。南昌市及所辖县区团委书记，驻昌省属高校、独立本科院校、省直单位团委书记，部分省直厅局团委书记，团员青年代表，联通公司、腾讯公司员工代表以及新闻单位记者共计160余人参加启动仪式。本次大赛收到参赛作品共计5221件，作品转播量达数万人次。最终评选出300件获奖作品，其中一等奖1名，二等奖10名，三等奖50名，入围奖239名。

【中央团校共青城培训基地成立】 7月13日，中央团校共青城培训基地挂牌仪式在共青城市举行，省政协副主席、九江市委书记钟利贵，中央团校党委书记倪邦文，中央团校党委副书记、常务副校长王新清，中央团校党委副书记、副校长酒曙光，中央团校党委副书记李保国，团省委书记王少玄以及中央团校、省委组织部、省委党校、九江市委、共青城市委领导出席，共青城基层团干部和团员青年300余人参加挂牌仪式。这是中央团校自1995年以来在京外建立的第八个全国团干部教育培训基地。仪式上，九江市委常委、共青城市委书记李晓刚致欢迎辞。中央团校党委副书记李保国宣读中央团校《关于批准建立中央团校共青城培训基地的决定》，王新清、王少玄先后讲话，钟利贵、倪邦文共同为中央团校共青城培训基地揭牌。

【开展未成年人保护宣传周活动】 9月12～18日是江西省第二个未成年人保护宣传周。全省各地以“保护未成年人——我们一起行动”为主题开展系列宣传活动。宣传周期间，全省各地共设立宣传点1000多个，散发宣传资料10万余份，为青少年提供法律咨询服务15万余人次，制作宣传图版、漫画展板3000余块，举办各类法制报告会、“12355阳光行动”“优秀青少年维权岗在行动”维权服务、主题队会、观看法制宣传片、法律知识竞赛、自护演练共2500余场，全省各级各类新闻媒体宣传报道2000余篇，受益未成年人及家长100万余人次。

【举办江西希望工程实施20周年爱心盛典】 12月5日，团省委、省青少年发展基金会在江西省艺术剧院举办“圆梦红土地”——江西希望工程实施20周年爱心盛典。省人大常委会副主任陈达恒、副省长孙刚、省政协副主席汤建人、省政府副秘书长叶磊、中国青少年发展基金会常务副秘书长杨晓禹、江西省30多个厅局单位的领导、部分兄弟省份青基会负责人以及来自国内外长期支持江西希望工程的爱心企业和人士代表共1200余人出席。爱心盛典上，进行现场捐赠仪式，11家单位纷纷献出爱心，共捐助善款765万元人民币。为江西希望工程实施20周年致敬人物、致敬单位获奖者颁发爱心奖牌。2011年，是江西希望工程实施20周年。20年来，江西希望工程共募集善款近4.2亿元人民币，救助贫困大、中、小学生17万余名，兴建希望小学1220余所，修缮农村贫困学校272所，捐建希望书库、希望电脑室700余个，培训农村希望小学教师7200余名。20年来，江西希望工程被评为“放心工程”“民心工程”“人才工程”，江西省青基会曾4次获“全国希望工程建设奖”。

（杨龙兴）

江西省妇女联合会

【概　况】 2011年，省妇联围绕妇联组织参与社会管理创新的主题，把握社会管理“最大限度激发社会活力、最大限度增加和谐因素、最大限度减少不和谐因素”的总要求，找准激励妇女参与、反映妇女民意、维护妇女权益、改善妇女民生、理顺妇女情绪的工作重心，开展党群共建创先争优活动，努力做好新形势下党的妇女群众工作。

激励妇女参与江西建设实践、激发社会活力。省妇联开展“颂党恩、跟党走，做党的好女儿”演讲、党史知识网络竞赛、“红色经典伴我成长”阅读等宣传教育活动。坚持用有效服务增强妇女参与的实力，促进妇女平等参与经济社会发展。在经济参与方面，推进妇女小额担保贷款工作。全省3.57万人（次）创业妇女获得全贴息贷款19.35亿元，较上年增长52.48%，占全省总额的43.98%，较上年提升7个百分点。推进家政服务、来料加工生产等品牌工作。省妇联召开“红杜鹃”家政服务工作联席会推动工作开展。全省培训家政服务人员5000余人次，确立示范企业21家。南昌市、新余市妇联家政服务中心被全国妇联命名为“全国家政培训示范基地”。上饶市妇联带动16万余妇女通过从事来料加工，实现年加工收入7亿元。持续推进“春风送岗位行动”、就业创业培训等服务工作。全省妇联系统共举办或联办女性就业招聘会110余场，提供就业岗位13万余个，指导服务4.1万余人次，培训妇女8万余人次。在社会参与方面，结合第八届村（社区）委员会换届推动妇女进村（社区）“两委”工作，联合省委组织部、省民政厅下发《关于在全省村级党组织和第八届村民委员会换届选举中全力推进妇女进村“两委”工作的意见》，并在崇仁县举办现场观摩会。结合市、县两级领导班子换届配合党委组织部门推荐优秀女干部，促进女性参政比例提升。11个设区市党政领导班子全部配备女干部；县（市、区）党政领导班子有91%配备了女干部，比上届提高3.12个百分点。坚持用特色活动激发妇女参与的活力。深化“双学双比”活动，以助推农村妇女增收致富为重点，培育农村女能人，发展妇女专业技术协会，引导农村妇女稳定粮食生产、发展现代农业。全省农村已建有县级以上妇女示范基地7341个、以妇女为主体的各类专业协会3116个。九江市妇联引导农村妇女发展生态旅游，打造“鄱湖”系列旅游服务及产品品牌，吸纳1.2万名妇女就业。深化“巾帼建功”活动，开展“服务创一流、巾帼展风采”创先争优活动等，引领女职工立足本职、创造业绩。省女职工委员会动员广大女职工参加“当好主力军、建功‘十二五’、和谐奔小康”活动。深化五好文明家庭创建活动，开展创建学习型家庭、低碳家庭、廉洁家庭等系列活动，全省第三届道德模范评选活动，组织“十佳军嫂”“好警嫂”“好婆婆”“好媳妇”“好邻居”等评选活动。组织开展“低碳你我他，节能靠大家”、家庭低碳达标示范活动。深化“双合格”家庭教育活动，做好全省家庭教育“十一五”规划终期评估工作，参与全国家庭教育“十二五”规划制定工作，牵头落实“净化未成年人社会文化环境家庭护卫行动”，举办全省家庭教育骨干培训班，开展亲子教育进乡村（社区）大讲堂、“小手拉大手，文明一起走”等活动。

维护妇女权益、促进社会和谐稳定。做好第三期妇女社会地位调查数据分析工作，推动调研成果转化为决策依据。配合做好2001～2010年妇女儿童发展纲要终期评估工作，通过分析实施情况、重点问题以及困难指标成因，寻找差距，提出建议。配合做好2011～2020年江西省妇女儿童发展纲要编制颁布和启动实施工作，围绕“十二五”发展目标，明确十年妇女儿童发展的重点领域、主要目标和策略措施。全省妇联共接待妇女来信来访8000余件，并协调解决铁路系统家属工养老保险等上访事件。开展“关爱儿童，反对拐卖”等法制宣传活动，发放法律宣传资料10万余份。举办法律宣讲进乡村（社区）活动1000余场，受益妇女10万余人次。省妇联通过举办全省妇联系统12338热线接听员培训班、印发宣传折页，进一步规范了热线接听工作。全省建有县级以上妇女维权联席会65个，建有妇女维权合议庭、法律援助中心、维权服务站点等基层维权阵地1600余个。整合资源，改善妇女民生。省妇联争取并实施“两癌”检查、免费婚检、母亲健康快车、母亲水窖、儿童伤害干预等项目，依托资金1.3亿元扶助妇女儿童；实施“春蕾计划”，争取助学资金400万元，新建春蕾学校2所、开办春蕾班10个；开展为孤残儿童编织毛衣、关爱太阳村服刑人员子女等活动；推进关爱留守妇女儿童行动，通过开展专题调查，联合省文明办、省综治办、省教育厅、省关工委举办庆“六一”关爱农村留守儿童工作推进会，建设留守儿童“彩虹家园”，组织留守妇女建立互助组织等措施，努力为留守妇女儿童排忧解难。

加强妇联建设、创新妇女群众工作。全省已组建非公经济妇女组织1843个、流动妇联组织55个、妇女理事会7685个、县以上机关事业单位妇委会3827个、志愿者服务队伍4300余支，在民政部门注册的妇女团体133个。省妇联指导3个省级妇女联谊团体完成换届工作，组织实施社区巾帼志愿服务行动计划。与港澳台以及非洲等地妇女组织进行交流互访。按照全国妇联有关要求，在全省各村（社区）全面建立“妇女之家”，省妇联组织开展优秀“妇女之家”评选活动。能力建设实现新突破。省妇联推动省财政以妇女人均1元钱的标准划拨妇女事业发展经费，并列入2012年民生工程。

（张　箭　石爱忠）

【召开党建带妇建创先争优工作推进会】 10月21日，省妇联十届五次执委会议暨党建带妇建创先争优工作推进会在南昌召开。省委副书记张裔炯出席会议并讲话。副省长、省妇儿工委主任谢茹，省委副秘书长、省委办公厅主任杨宪萍出席会议。省委组织部常务副部长张宝瑜到会指导选举工作。会议选举潘玉兰为省妇联主席。省妇联十届常委、执委，省级妇女联谊团体负责人等近150人参加了会议。赣州市妇联、宜春市妇联、新余市妇联分别作大会发言。

【推进妇女进村“两委”工作】 省妇联争取省人大在重新修订的《省村民委员会选举办法》中对女性进村“两委”作出四条明确规定。11月29日，《关于在全省村党组织和第八届村民委员会换届选举中大力推进妇女进村“两委”工作的意见》出台，这是省委组织部、省民政厅、省妇联第一次就女性进村“两委”工作联合发文。12月29日，省委组织部、省民政厅、省妇联联合召开 全省第八届村民委员会选举女性进两委现场观摩会。以定位候选、定位选举、定位补选的方式，促进妇女特别是村（社区）妇代会主任进入村（社区）“两委”。各设区市妇联分管副主席到现场观摩。

（张晓雯）

【开展《我的维权故事》征文活动】 省妇联权益部、东方女报社组织开展以“我的维权故事”为主题的有奖征文活动。活动共征集到百余篇稿件，经过专家评定，评出一等奖2名，二等奖4名、三等奖6名，优秀奖52名。

（周莉萍）

【召开“巾帼建功”20周年纪念大会】 6月24日，江西省妇女“巾帼建功”活动20周年纪念大会在南昌召开。副省长、省“巾帼建功”活动协调小组组长谢茹出席会议并讲话，省妇联主席、省“巾帼建功”活动协调小组副组长李亚平主持会议。大会听取了省“巾帼建功”活动协调小组副组长、省妇联巡视员刘屹烈作的工作报告，表彰江西省“巾帼建功” 活动20周年征文评选获奖单位和个人。丰城矿务局坪湖煤矿洗煤厂女子洗煤班、江西昌泰高速公路有限责任公司、江西省儿童医院内分泌科、中国移动江西有限公司客户服务呼叫中心、江西省地方税务局等5个优秀“巾帼文明岗”作典型发言。

（温肖霞）

【开展“春风送温暖”系列活动】 3月4日，为纪念“三八”国际妇女节101周年，省妇联、南昌市妇联在南昌八一广场举行“春风送温暖·服务进万家”大型系列活动。省委常委、省委政法委书记、省公安厅厅长舒晓琴出席并宣布活动正式开始。省人大常委会副主任姚亚平，省政府副省长朱虹，省政协副主席朱张才，南昌市委副书记蔡社宝，南昌市人大常委会副主任姚燕平，南昌市副市长罗慧芬，南昌市政协副主席徐荷娣，以及省委创先争优活动领导小组、省纪委、省综治委、省公安厅、省司法厅、省人保厅、省文明办等单位领导和部分在昌女厅（局）长，省妇联常（执）委出席活动仪式。此次“春风送温暖·服务进万家”大型活动包括“春风送岗位——‘三八’女性专场招聘会”“春风送维权——‘三八’维权周法律宣传咨询”和“春风送服务——巾帼志愿服务活动”。在女性专场招聘会上，150余家企业提供1万多个就业岗位供求职者选择。2万余名妇女参加了招聘会，其中7000多人达成招聘意向，3267人签订协议。同时展示了一批风险小、投资少、见效快的微型创业项目，有8个项目达成加盟协议。“三八”维权周法律宣传咨询活动期间共发放12338热线、防艾、留守儿童教育、预防和制止家庭暴力、妇女权益保障法、法律援助、公证等宣传资料1.3万余份，接待咨询人员200余人。

（王晶洁、温肖霞）

江西省工商业联合会

【概　况】 2011年，省工商联参政议政工作取得实效。通过人大会议、政协会议、党外人士座谈会等多条渠道向省委省政府建言献策。在省政协十届四次会议上，组织提交“关于促进江西民营经济科学发展的建议”“关于推进我省非公经济党建工作的建议”等提案，其中“关于促进江西民营经济科学发展的建议”被确定为重点督办提案。在省政协第五次提案工作会上，“建议营造宽松优良环境促进非公有制经济又好又快发展”“进一步优化我省民营经济发展软环境”“关于推进我省服务外包产业发展的建议”等3篇提案被评为本届优秀提案，省工商联被评为参政议政工作先进单位。

经济服务能力增强。协助省政府举办各种招商引资活动，共联络20多家商会，落实91名客商出席活动，同时邀请40名客商分别参加省发改委和设区市承办的项目推介活动。省工商联被省委、省政府评为“第七届泛珠三角区域合作与发展论坛暨经贸洽谈会先进单位”。累计组织280多人次参加“第三届海峡两岸商会经济论坛”“第五届中国企业国际融资洽谈会”“第五届民营经济发展天津论坛”“全国知名民营企业重庆行”等区域经贸交流活动。

会员队伍、组织结构优化。截至2011年底，各级工商联共有会员6.07万名，比2006年底增加了1.74万名，增长40%，其中，企业会员3.15万名，比2006年底增加1.53万名，增长95%，个人会员2.71万名，比2006年底增加445名。会员发展速度呈快速上升态势，主要是企业会员比重进一步增加，结构更趋合理，与江西省非公有制经济发展基本一致。

非公党建工作取得进展。2010年12月28日，省非公党工委挂牌成立并设在省工商联。2011年9月20日，省委组织部批复省非公经济组织党工委组成人员，为探索非公经济领域党建工作新模式提供组织保障。《中共江西省委关于进一步加强和改进党的基层组织建设的意见》正式下发、全省基层党建工作项目化发展现场会召开后，省非公经济党工委召开全省非公有制经济组织党建工作推进会，下发《关于进一步加快推进各设区市、县(市、区)非公有制经济组织党工委组建工作的通知》，推动各设区市、县(市、区)成立非公有制经济组织党工委的组建。

科技服务促进转变发展方式。省工商联在南昌举办“同心·报国”基地科技产业项目洽谈会，向全省发布39项科研成果进行配对，联系有科技需求的29家企业参加会议对接，为企业寻求科技项目支撑。与省知识产权局合作开展专利申报及专利代理人培训工作。继续做好“全国工商联科学技术奖”推荐申报工作，以开展科技进步奖、创新企业奖的评选，树立典型，引导民营企业依靠自主创新转变发展方式，2011年江西省共有5家民营企业获此殊荣。

【召开全省加强和改进工商联工作会议】 为贯彻国务院《关于加强和改进新形势下工商联工作的实施意见》，7月22日，《中共江西省委江西省人民政府关于加强和改进新形势下工商联工作的实施意见》颁发。7月29日，全省加强和改进工商联工作会议在南昌召开，省委书记苏荣，省委副书记、代省长鹿心社分别就贯彻国务院“意见”精神作出批示，省委常委、省委组织部部长、省委统战部部长莫建成主持会议，省委副书记张裔炯到会讲话。九江、抚州、萍乡、宜春等市纷纷制定实施意见，召开会议进行贯彻落实。

【召开全省非公有制经济组织党建工作推进会】 11月15日，省工商联召开全省非公有制经济组织党建工作推进会，会上宣读省委书记苏荣关于非公有制经济党建工作的3次重要批示和省委常委、组织部部长、统战部部长莫建成关于加强非公有制经济组织党建工作的批示。省委常委蔡晓明出席会议并讲话。省委统战部常务副部长黄小华主持会议，省委统战部副部长、省工商联党组书记舒国华宣读省委领导批示。

【深化银企合作】 2011年，省工商联在原有银企合作基础上，又与交通银行、民生银行建立合作关系并举办银企对接会，直接与省内60多家企业进行对接，解决一批中小企业融资难题。同时推动各设区市工商联利用这个合作平台，与两家银行开展多种形式的合作，通过设置联络员增进日常交流，举行定期和不定期的高层会晤或召开联席会议，加强信息沟通。通过共同努力，2011年民生银行向省内各基层商会累计完成授信21.5亿元。

【推动民企“走出去”】 省工商联参与制定《关于加快推进全省“走出去”工作的指导意见》。收集促进民营经济发展的政策文件以及江西省“走出去”业务指南，汇编成册，下发给全省各市、县级工商联及会员企业。4月，会同海关、出入境检疫、税务等部门，联合开展民营企业“走出去”业务咨询活动。与澳大利亚维多利亚雇主工商会、新加坡中华总商会、泰国中华总商会、柬埔寨中国商会、台湾八大工商社团以及香港地区5家商会建立友好合作关系。先后组织60余名企业家赴美参加商会交流及经贸洽谈团和第十一届世界华商大会团。

【举行“非公有制经济人士感恩革命老区井冈行”活动】 6月8~9日，由中央统战部、中国光彩事业促进会主办的“非公有制经济人士感恩革命老区井冈行”活动暨纪念建党90周年座谈会在井冈山市举行。中央统战部副部长、全国工商联党组书记、第一副主席全哲洙率领150位全国知名非公有制经济代表人士参加活动。省委副书记张裔炯出席活动，省委常委、组织部长、统战部长莫建成在座谈会上作重要讲话，副省长洪礼和出席欢迎宴会并致辞。此次活动将向井冈山革命老区捐赠1500余万元。

(唐迎丰)

江西省文学艺术界联合会

【概　况】 2011年，省文联以打造有实力、有地位的“文艺赣军”为目标，以实施重大文艺活动为抓手，以发展文化产业为突破口，以出作品、出人才、出效益为追求，广泛团结全省文艺工作者，文艺事业蓬勃发展，推进文化产业，文艺队伍不断壮大，文联影响逐渐提升。

重大文艺活动营造氛围作用日益凸显。以庆祝建党90周年、辛亥革命100周年、中央苏区创建80周年等为主题，先后举办“党在我心中”江西省首届大学生合唱大赛及颁奖音乐晚会，道德模范故事汇基层巡讲，梅花奖艺术团江西行活动，“红色畅想”——庆祝建党90周年江西省美术作品展，井冈山、遵义、延安、韶山、西柏坡五地纪念中华苏维埃共和国成立80周年“革命圣地书法联展”，全省企业庆祝建党90周年散文诗歌朗诵大赛和美术书法摄影展等一系列主题展览、展演和比赛。

文化走出去迈出新步伐。在李立三诞辰112周年之际，举办文化部批准的乌克兰女画家莲娜(李立三的外孙媳妇)绘画作品展，副省长孙刚和老同志王林森观看画展。与民革江西省委会在北京成功举办宝岛台湾采风画展，全国人大常委会副委员长周铁农、海协会会长陈云林等领导出席开幕式。组织艺术家随团赴台湾开展文化交流，参加中宣部、中国文联、文化部等组织的赴土耳其、巴西、智利、阿根廷等国家和地区文化交流活动，宣传和推介江西，传播和弘扬中华文化。

与全国文艺界交流持续深入。联合全国文艺家协会先后举办鲁迅文学院江西作家班、全国革命历史题材文艺创作研讨会、中国当代花鸟画展、全国壁画名家架上艺术精品展和全国高等院校壁画创作与教学研讨会等一系列国家级的活动、培训和比赛。

文艺创作硕果累累。省文联主席刘华当选中国民间文艺家协会副主席，成为江西省第一个担任全国文艺家协会副主席的文艺家。黄训国获第八届中国音乐“金钟奖”声乐大赛民族组铜奖，为江西省首个获此殊荣的歌手。刘华的《车头爹 车厢娘》等5部作品入围第八届茅盾文学奖参评名单，创历史之最。《车头爹 车厢娘》和彭学军的《腰门》入选新闻出版总署第三届“三个一百”原创图书出版工程。邓伟民、熊纬作曲，黄小名作词的《那一片红》入围“唱响中国”36首歌曲。吴帮国的故事《为了一个约定》获第十届中国民间文艺“山花奖”民间文学作品奖，刘滨鸿的《金秋》、路岩的《映日荷花》、熊国辉的《江南情》获第十届中国民间文艺“山花奖”民间工艺美术作品奖。

文化产业发展取得突破。响应中央和省委推动文化产业成为国民经济支柱性产业的战略部署，把握文化产业发展趋势，开工建设华夏艺术谷文化产业园，创办江西文化艺术品交易所，在探索文化与金融、市场、科技的融合上，进行了有益尝试。

省文联机关建设扎实有效。坚持以学习为先导，抓好党组中心组理论学习，开展读书活动，推进学习型机关建设。坚持以主题教育活动为载体，先后开展“科学发展、进位赶超、绿色崛起”主题教育活动、创先争优和“发展提升年”活动，省各类主题教育活动简报均专版刊发省文联活动情况。开展“走基层、转作风、改文风”活动，重点组织赴省文联定点扶贫村广昌县甘竹镇龙溪村的“送欢乐、下基层”慰问演出活动。坚持以硬件建设为保障，改造展厅，创办食堂、“艺文苑”，装饰大楼，文联面貌有了很大改观。做好会员发展工作，2011年发展省级会员690人，推荐加入全国文艺家协会116人。《星火》《创作评谭》《心声》《摇篮》坚持正确办刊方向，应对全国期刊改革大势，不断提高作品数量和质量，在巩固阵地、推介作品、发现新人等方面发挥积极作用。

2011年，文联工作引起各级媒体广泛关注，中央电视台、《人民日报》《光明日报》、江西卫视、《江西日报》《中国艺术报》等主流媒体，先后播发省文联及各协会活动新闻200多条（篇）。2011年省文联被评为全省社会治安综合治理优秀单位、中国文联舆情信息工作先进单位（连续3年获此荣誉）、省直机关第八届文明单位（连续7届获此荣誉）。

【开展省文联成立60周年纪念活动】 2011年是省文联成立60周年，省文联开展一系列纪念活动。从2010年开始编撰《大事记》，收集整理资料，梳理发展成就。2011年初设立省文联“艺文苑”。粗线条展现60年发展历程，展示江西文艺领军人物的成果和形象。苏荣、张裔炯、陈达恒、刘上洋、孙刚等省领导和中国文联赵实、李屹等领导分别视察指导，给予充分肯定。表彰213名从艺60年的文艺工作者，制作颁发纪念奖牌和奖杯。召开纪念省文联成立60周年大会。省委书记苏荣发来贺信，中国文联党组副书记李屹到会指导，宣读中国文联贺信，省委常委、省委宣传部部长刘上洋讲话，魏小琴、孙刚、汤建人等省领导以及文艺家代表280多人出席大会。39名老艺术家代表到会接受表彰。解策励、龙红分别代表老中青文艺家发言。会议期间举办“如歌岁月”图片展，展示了省文联和各团体会员的主要工作。

【举行“党在我心中”江西省首届大学生合唱大赛】 大赛于3月启动，在进行大规模校内选拔赛的基础上，全省组织了52支合唱队、104个节目、3000多人参加的复赛。大赛组委会从全国征集了近百首合唱歌曲曲谱，2010年江西“一首好歌”大赛的获奖作品多数被合唱队采用。比赛严格按照国内合唱大赛细则进行，强调专业性、艺术性，突出合唱声部效果，现场不使用话筒和音响，为江西省首次专业性合唱比赛。为充分体现比赛的公平公正，半决赛评委由省内评委担任，总决赛评委由曾担任中国音乐金钟奖和央视青歌赛等大赛的评委担任。6月11～13日，总决赛在蓝天学院进行。6月14日，大赛颁奖音乐晚会在江西艺术剧院举行，省领导魏小琴、孙刚、刘晓庄等出席。

【开展道德模范故事汇基层巡讲活动】 根据中央文明办通知要求，在第三届全国道德模范评选表彰的基础上，省文联和省委宣传部、省文明办共同主办“全省道德模范故事汇”基层巡讲活动。从5月开展故事创作评选和故事员选拔，历时近半年，评选出33篇优秀故事和10名故事员。组织全国创作力量对江西省推荐的王茂华、谭良才、曾庆香等10名道德模范进行了专门故事创作。10月12日，省委常委、宣传部长刘上洋出席巡讲活动启动仪式并讲话。13～28日，整个巡讲活动历时16天，行程数千千米，在江西省11个设区市巡讲20多场，观众达6万多人。

【举行“梅花回报沃土”梅花奖艺术团江西行活动】 省第十三次党代会闭幕不久，省文联与中国剧协组织邀请尚长荣、裴艳玲等戏剧大家和梅花奖获得者赴南昌、上饶演出，让高雅艺术走进基层百姓，为省党代会的胜利召开营造良好氛围。两台晚会让观众近距离领略了全国一流水准的戏剧艺术表演。省领导陈达恒、胡振鹏、孙刚、汤建人和老同志舒圣佑、刘运来、叶学龄等观看演出。中央电视台、《光明日报》《文艺报》和江西卫视、《江西日报》《江西晨报》等分别以现场连线、整版推出、专栏介绍等方式作了大篇幅、多角度的密集报道。为切实体现活动的公益性、群众性，省文联将400多张门票通过社区和媒体免费赠送给南昌市民。

【举行中国当代花鸟画展】 为了展示中国当代花鸟画创作水平，推出具有中国特色、中国风格、中国气派的精品画作，促进花鸟画艺术的创新发展，中国美协、江西省文联联合主办中国当代花鸟画展。画展从9月开始征稿，4个多月时间，征集到全国31个省3000余件作品。经中国美协组织国家级评委评选，入选作品250件，优秀作品50件。江西省画家在此次画展中表现不俗,有20多幅作品入选,其中,夏利华的《春韵》、徐艳和陈勇的《生生不息》、王清丽的《雨林之歌》3幅作品获优秀奖。省领导胡振鹏、陈清华,省武警总队政委唐晓、老同志王林森以及全国著名美术家和江西省画家、美术工作者代表200余人出席开幕式。副省长孙刚等省领导观看了展览。这是继“百年百虎”中国画展后,江西省又一次与中国美协联合主办的全国性大展。

【举行全国壁画名家架上艺术精品展】 10月20日,由中国美协壁画艺术委员会和江西省文联主办、省美协承办的中国壁画名家架上艺术精品展在省文联艺术展览中心开幕,省人大常委会副主任魏小琴、省武警总队政委唐晓和全国壁画名家、47所高校壁画专业的专家学者及十几家美术机构负责人共130多人出席展览开幕式。展览展出成吉思汗陵壁画、北京地铁4号线壁画、淮海战役大型全景画群等30余幅壁画精品样稿或微缩图,这些作品均先后获全国美展金、银奖,在国内外产生广泛影响。展览同时展出107幅全国壁画名家的架上作品,包括国画、油画、版画、雕塑和丝毯等综合艺术。20日下午,在南昌大学挂牌成立江西省美协壁画艺术委员会和江西省美协现当代艺术委员会。21~24日,在庐山召开全国高等院校壁画创作与教学研讨会,分析中国当代壁画创作和教学现状,探讨今后的发展方向。这次活动是建国以来全国规模最大、水平最高的一次壁画艺术研讨盛会,也是首届壁画名家架上作品展。

【江西文化艺术品交易所成立】 省文联争取省政府的支持,成立江西省第一家由政府领导批准的文化艺术品交易所,也是全国文联系统第一家。8月16日上午,江西文化艺术品交易所在南昌挂牌成立。8月18日,副省长孙刚为文交所鸣锣开市。12月,省文联及时调整运营方法,完善交易规则,以“依法、有序、科学、规范、多方获益”为原则,调整和完善交易规则,探索交易方式。文交所主要从事文化艺术品物权交易,旨在连通艺术家与投资者、艺术品与金融资本,促进艺术产品和生产要素合理流动,推动艺术资源市场化、产业化,实现文化艺术品市场与资本市场有机结合,为中小投资者搭建参加高端艺术品投资平台。

(章伟新)

江西省社会科学界联合会

【概　况】 2011年,社科规划工作实现新跨越。全省共获92项国家社科基金立项,获得重点项目4项,超过前10年的总和,首次跨越90项大关,比上年净增30项,获资助经费1420万元,比上年的700万元增加720万元,增长102.8%;立项数在全国排名前移3位,列全国第8位;立项数等8项指标均创历史新高。开展全省经济社会发展重大课题招标活动。5个中标课题《江西做大经济总量与转变经济发展方式研究》《江西战略性新兴产业发展研究》《江西新型城市化与房地产健康发展研究》《鄱阳湖生态经济区现代生态产业体系研究》《江西当前面临的突出社会矛盾与创新社会管理研究》的研究成果,获得省领导高度评价并呈送省“两会”代表、委员参阅。省级项目申报评审立项工作实现新发展。从2011年开始与国家同步,把每两年一次的评审改为一年一次。2011省社科规划项目实行双向匿名评审制度,共下达459项课题立项,总经费达275.9万元。

应用对策研究取得丰硕成果。全年共获省领导肯定性批示31篇次,其中由省社联课题组撰写的《论抓项目的科学内涵》获得省委书记苏荣等5位省领导肯定性批示;《2011年我省国家社科基金立项再获新突破的分析与启示》获得省委书记苏荣、省长鹿心社等10位省领导肯定性批示。

学术活动出新出彩。成功承办2011年中国科学社会主义学会年会暨“纪念中国共产党成立九十周年与中国特色社会主义”理论研讨会。全国科学社会主义领域的知名专家共300余人出席。组织召开全省社科界学习贯彻胡锦涛总书记“七一”重要讲话精神座谈会。成功举办“9+2”泛珠社科专家论坛。来自泛珠区域九省(区)和澳门特别行政区的社科界领导、专家学者共50余人出席论坛,取得丰硕成果。开展全省第十四次社科优秀成果评奖活动。全省共上报800多项。共评出获奖项目319项,资助经费97.2万元。

社科普及宣传活动影响广泛。“社科大讲堂”影响力不断扩大,全年共举办23讲,现场听众超2万人,中央党校教授周天勇、严书翰,凤凰卫视资深评论员何亮亮,山东大学教授包心鉴等国内知名学者走进“社科大讲堂”。举办2场“1+1”科学沙龙活动,邀请有关专家、学者和实际工作部门的负责人解疑释惑,并通过大江网直播,现场点击率分别达到36.03万、20.58万人次。组织开展江西省社科普及宣传基地创建活动,共评出省图书馆、三湾改编纪念馆等15家为首批江西省社科普及宣传基地。组织江西省首届优秀社科普及读物和社科普及工作专家评选和表彰活动,毛秉华等4人被评为“全国优秀社会科学普及专家”,《社会主义核心价值观100例》被评为全国优秀社会科学普及读物。采取省市联动,继2010年成功举办全省首届社科普及宣传周活动,2011年成功组织实施全省第二届社科普及宣传周活动,全省11个设区市社联、各高校及100余家省(市)属学会开展社科普及活动近200场。

推进社联组织建设。恢复召开中断16年之久的全省社联工作会议,推动县(市、区)社联建设,数量由61个增加到73个,且呈不断增长趋势。组织召开2011年全省设区市社联工作协作会,制定《关于设区市、企业社联目标管理暂行办法》,上饶、南昌、新余等3个市社联被考核为优秀,在全省社联系统形成了争先创优的工作格局。高校社联建设与基层社联工作稳步推进。自2010年启动高校成立社联工作以来,全省21所公办本科高校已全部成立社联机构,江西省最大规模的民办高校蓝天学院也已组建社联,标志江西省高校组织开展各项社科活动有了新的依托与平台。

加大对省属学会的管理与服务力度。全年共批准并指导省老年大学协会等10余个学会召开会员代表大会进行换届选举,批准成立省科学社会主义与国际共产主义运动学会等5个学会;组织召开省属学会秘书长工作会议;推出品牌学会建设工程,制定《江西省品牌学会评估指标体系》,省老年体育科学学会等7个学会获“江西省社联品牌学会”称号。

学术阵地建设实现新发展。《内部论坛》全年共编印45期,刊载文章49篇,及时为各级党委与政府科学决策提供服务,有效发挥“智囊团”和“思想库”作用。2011年被评为“江西省‘十佳’连续性内部资料”。《老区建设》创新工作思路,围绕扶贫与移民工作大局,对中央扶贫开发工作会等重大活动进行及时有力的宣传报道。编辑出版《江西扶贫和移民工作年鉴(2001~2009)》。完成新世纪中国农村扶贫开发成就展江西馆的设计制作及展出工作。刊物月发行量达1.7万册,较上年实现翻番。江西馆的设计制作展出获得全国优秀展览奖。省社联获2011年“全省扶贫和移民宣传调研工作先进单位”称号。

机关自身建设卓有成效。开展“创先争优”、学习型党组织建设、精神文明创建等活动。院内环境还建工程顺利完工。网站改版更新,办公自动化系统(OA)建立并投入使用,访问点击率已突破35万人次。组织离退休老干部到香港、澳门参观考察。在省委第十三次党代会上,省社联党组书记、主席祝黄河当选省党代表。获“省直机关文明单位”“全省综合治理先进单位”和“全省主题教育活动先进单位”称号。在全省领导班子考核中,省社联班子与班子成员在所在的考察组中双获优良。

【召开2011年全省社联工作会议】 3月2日,2011年全省社联工作会议在南昌召开。会议总结了全省社联系统上年的工作情况,并部署了2011年及今后一个时期的工作任务。省委常委、宣传部部长刘上洋出席并讲话。省委宣传部领导,省社联班子全体成员、全省各设区市、企业社联主席,省属学会主要负责人,高等院校分管社科规划、社联工作的领导和科研处长,科研机构和省直有关单位的分管领导以及省社联全体干部职工共300余人参加会议。会议表彰了2010年度江西社会科学工作先进单位和社会科学先进工作者。省委常委、宣传部部长刘上洋,省委宣传部常务副部长陈东有,省社联党组书记、主席祝黄河,省社联党组成员、副主席黄万林、吴永明向获奖者颁发了奖牌和荣誉证书。设区市社联代表庄西翻、姜斌,高校代表严武、汪荣有,省属学会代表陈向明、邓东燕先后在大会上发言。

【召开2011年度全省设区市(企业)社联协作会】 5月18~19日,2011年度全省设区市(企业)社联协作会在九江召开。会议的主要任务是:以科学发展观为指导,围绕国家、省“十二五”规划,探讨各级社联如何开创新局面,再创新佳绩,为全省社会科学事业繁荣发展作出更大贡献。省社联班子全体成员、九江宣传部主要领导出席会议。16个设区市、企业、部分县社联代表先后作典型发言。会议还确定2012年度全省设区市、企业社联协作会由上饶市社联承办。会后,与会人员考察了九江市及地区工业、旅游业发展情况及城市建设情况。

(刘志飞)

江西省科学技术协会

【概　况】 2011年,江西省科学技术协会组织开展决策咨询,为决策科学化服务。全年组织实施11项重点课题调研,调研报告通过《决策咨询专报》呈送省领导和相关部门,得到省委主要领导及多位省领导批示。加快院士工作站建设,推动企业技术创新与技术进步。打造科普惠农平台,推动新农村建设。继续实施“科普惠农兴村计划”“科普惠农行动计划”。在全省农村科普致富示范村开展争创“创业示范户”活动,农村科普致富“十百千”示范工程的辐射范围和带动作用不断增强。大规模开展农业专题培训,实现远程教学网络全覆盖,全省培训农函大学员达24.5万人次。

提升学术交流质量和实效,促进科技进步与科技创新。组织省级学会开展大型学术活动。联合有关单位主办核电安全与核电技术、江西省战略性新兴产业发展、陶瓷艺术的继承和创新、武宁绿色照明产业发展和余江县花生产业发展等研讨会。组织人员参加中国科协学术年会、首届中国湖泊论坛。全年,各省级学会共开展多层次、多形式学术交流500余次,到赣进行技术指导和讲学的两院院士达50余人次。举办“鄱阳湖生态经济区高效生态农业发展”等12期系列学术沙龙,“推进德安桑蚕产业发展”“彭泽核电站建设效益及影响”“加快都昌县珍珠产业发展”“推进南康有色金属及矿产品开发利用”“龙虎山石蛙特色养殖产业发展”“奉新猕猴桃产业化发展”等系列学术沙龙,为县域经济产业发展提供技术引导。利用国际科技资源,开展对外科技交流。举办“2011年湖泊—湿地—流域生态环境保护与3S技术应用学术研讨会”“第十二届海峡两岸三地水土资源保育与生态环境建设学术研讨会”等沧海论坛活动。承办中国科协2011年海智计划专家工作会议,申报设立中国科协海智计划江西工作基地。组织留学生在彭泽县开展野生梅花鹿保护国际研讨交流合作活动,拓宽对外民间科技交流形式与内容。举办第五届“两岸三地大学生科技文化夏令营”活动,开展“香港院士江西行”活动。

实施《全民科学素质纲要》,提升公众科学素质。“科普能力建设工程”正式纳入省“十二五”规划。履行省科学素质领导小组办公室职责,编制《江西省贯彻落实全民科学素质行动计划纲要“十二五”实施方案》。组织实施“2011年全国科普日”“科普之春”、科技活动周、核科学技术知识科普宣传和防灾减灾等主题科普活动。承办全国政协、中国科协在瑞金举办的“送科技下乡”活动。举办第二十六届江西省青少年科技创新大赛、江西省“珍爱生命之水”青少年科学调查体验、全省“全民健康科技行动——社区行”活动,开展“党旗映社区、科普进楼宇”示范社区创建、科普大使与科普示范社区创建点对接。全省30个县(市、区)被中国科协命名为2011~2015年度全国科普示范县(市、区)。命名鄱阳湖湿地科普园等16个单位为省科普教育基地。组织编印“核能·安全·健康”、低碳与环境、防灾减灾科普读本和科普挂图,制作科普主题展板。加快组织实施“江西数字科技馆”建设步伐，开展全国、省科普教育基地特色科普活动资源包征集和资助工作。

竭诚为科技工作者服务，促进科技人才成长。举办社会组织秘书长能力建设培训班、全省学会（院校、企业科协）干部学习研讨班，组织学会开展“会员日”宣传活动。坚持走访慰问科技工作者，出台《江西省科协人才发展“十二五”规划》。打造“远航工程”品牌，资助有突出贡献的优秀中青年学者和实用型科技人才赴国（境）外进行国际学术交流与科技进修。加强科技工作者科学道德和学风建设，与省教育厅联合举办省高校研究生科学道德和学风建设宣讲教育报告会。加强全国科技工作者调查站点工作，召开2011全国科技工作者状况调查江西站点工作会，颁布《江西省科协科技工作者状况调查站点工作实施办法（暂行）》。

【建成8家院士工作站】 院士专家工作站的设立，搭建了技术创新智囊平台，推进了全省科技产业与企业创新，“点对点”地为企业科技创新提供长期支持。2011年新建8家院士工作站。截至2011年底，全省9家院士工作站共柔性引进中国科学院、中国工程院院士24名，建站单位与院士签订协议并实施合作项目40余项。江西省现代农业院士工作站和江西省院士工作站（工业）两个综合性院士工作站的建立，创新了院士工作站模式。江西现代农业院士工作站首批引进8名院士，涉及生态农业、油菜、动物基因、水稻、油料作物、果树等领域。江西省院士工作站（工业）首批引进8名院士，涉及钢铁、有色、航空等领域。召开全省院士工作站工作研讨会，推进院士工作站建设步伐，为全省开展产学研用深度合作奠定了基础。

【召开“沧海论坛”2011年系列学术研讨会】 6月25～26日，沧海论坛“2011年湖泊—湿地—流域生态环境保护与3S技术应用学术研讨会”“2011年先进测量与测试学术研讨会”在南昌召开。论坛由省科协、江西师范大学联合主办，由中国科协海外智力为国服务行动计划领导小组办公室支持，由江西师范大学鄱阳湖湿地与流域研究教育部重点实验室、省国际科技交流促进会承办，由武汉大学测绘遥感与信息工程国家重点实验室、香港中文大学太空与地球信息科学研究所、国际智能信息技术应用学会、省科学院、南昌大学、省山江湖开发治理委员会办公室、省水利科学研究院、省地理学会、省遥感信息技术应用协会协办，由ESRI中国（北京）有限公司、北京天诺基业科技有限公司赞助。来自美国、法国、台湾等国家和地区以及全国各地的专家、学者计200余人参加论坛。中国工程院院士、中国水利科学研究院水资源研究所所长王浩，省政协副主席、省科协主席李华栋，江西师范大学党委书记傅修延，中国科协海外智力为国服务行动计划领导小组办公室副主任方进，俄罗斯联邦工程院外籍院士、国际宇宙航行科学院院士、台湾国立中央大学太空及遥测研究中心主任刘说安，法国图卢兹大学联合实验室主任JeanLucProbst，美国密苏里大学地球科学系季维，江西师范大学副校长涂宗财，省科协副主席彭玲华，省山江湖开发治理委员会办公室主任戴星照，鄱阳湖湿地与流域研究教育部重点实验室主任陈晓玲等出席本次论坛。论坛开幕式由省科协党组书记龚绍林主持。李华栋和傅修延代表主办方分别致辞。论坛上，王浩、Jean－LucProbst、季维分别就“鄱阳湖水利枢纽建设若干关键问题研究”“湿地生物地球化学作用：养分和污染物的转化角色”和“美国湿地制图标准及相关问题”等主题展开演讲。刘说安、吴宜进、蔡晓兵、张杰和陈晓玲也分别就有关主题作了报告。26日，论坛设置“水资源与生态保护”“3S（RS/GIS/GPS）技术与应用”“先进测量与测试”3个分会场进行学术交流。本次论坛共收到学术论文近300篇，其中224篇被录用论文由国际EI期刊Advanced Materials Research出版，论文将被EI检索，另有62篇被录用论文由International Industrial Electronics Publisher（Center）出版，并将被ISTP检索。

【召开第十二届海峡两岸三地水土资源保育与生态环境建设学术研讨会】 7月2～4日，中国环境资源与生态保育学会主办，省科协、江西农业大学、省水利厅等单位联合承办的第十二届海峡两岸三地水土资源保育与生态环境建设学术研讨会在江西南昌召开。省政协副主席、省科协主席李华栋出席并致辞，江西农业大学校长黄路生、省水利厅厅长孙晓山、科协副主席彭玲华、台湾中国文化大学理学院院长蔡强国、香港中文大学地理与资源管理学系教授伍世良、江西农业大学副校长金志农等领导和专家出席研讨会开幕式，两岸三地专家、学者和江西农大师生200余人参会。围绕“环境资源保护”主题，孙晓山、伍世良、金志农、李载鸣分别作学术报告。与会专家就水土资源保育与生态环境建设中的问题进行交流。同时，论坛在分会场报告中还专门设置了学生专场，为两岸三地的研究生们提供了学习机会。会后，有关与会代表赴省内有关生态建设示范基地进行考察。

【举行“推进南康有色金属及矿产品开发利用”学术沙龙】 9月30日，由省科协、江西理工大学主办，南康市政府、赣州市科协承办的省科协系列学术沙龙第三十六期“推进南康有色金属及矿产品开发利用”沙龙在南康市举行。省科协党组书记龚绍林、江西理工大学副校长温和瑞出席沙龙并讲话，南康市委书记谢德强致欢迎辞，省科协副主席梁纯平主持开幕式。本期沙龙由江西理工大学教授万林生担任首席专家并主持沙龙研讨，主、承、协办单位领导和来自南昌大学、江西理工大学、江钨控股集团公司、省钨与稀土研究院、赣州有色金属协会等专家、教授及南康市矿产品培育领导小组成员单位负责人、规模以上有色金属产业企业负责人计80余人参加沙龙。沙龙上，南康市副市长刘晓方介绍南康市有色金属产业发展基本情况，赣州市矿管局局长李国清介绍赣州市矿产资源基本情况和矿产资源管理的相关扶持政策，省钨与稀土研究院孙文俐博士通报当前国内钨与稀土的质量技术标准，各位专家就南康有色金属及矿产品开发利用进行专题报告与交流。万林生作《中国钨冶炼技术进展》主题报告，南昌大学材料科学与工程学院教授谭敦强就南康有色金属产业发展提出看法，江西理工大学教授廖春发作《关于锡冶炼及资源综合利用》的报告,江西理工大学副教授陈颢作《钨产品开发及深加工》专题报告。与会专家围绕钨、锡、铜的开发利用问题,结合各自的工作及科研实际交流了看法,就南康有色金属产业发展基本形成一致意见:要加大科技投入,依靠科技进步,促进产业转型升级。

【举行省高校研究生科学道德和学风建设宣讲教育报告会】 11月18日,由省科协、省教育厅联合主办的江西省高校研究生科学道德和学风建设宣讲教育报告会在南昌市举行。中国科学院院士杨乐、景德镇陶瓷学院院长教授周健儿、南昌大学副校长江凤益为来自全省高校900余名研究生新生进行科学道德和学风建设宣讲教育。省政协副主席、省科协主席李华栋出席并致辞,省科协党组书记龚绍林、副主席彭玲华,省教育厅副厅长洪三国以及省卫生厅、省水利厅、省委宣传部、省人保厅、全省各研究生培养单位的有关负责人出席报告会。报告会由省教育厅厅长虞国庆主持。报告会上,杨乐结合个人经历,从研究生培养教育、如何做好学位论文角度,介绍学习、研究过程中应该遵循的科学道德和科学规范,勉励同学们继承老一辈科学家勤奋读书、刻苦攻关、严谨治学的传统,树立远大理想,立志成才,为祖国、为学术、为人类作贡献。周健儿通过回顾自己人生成长经历中的3次重大选择,展示科技工作者报效祖国的情怀,潜心科研的决心和孜孜以求永无止境的学习精神。江凤益介绍创新与跟踪的关系,阐述要产生真正的中国创造要注意的9方面因素,从科技创新的角度说明遵守学术道德的重要性,并结合自身专业和体会提出"崇尚创新、宽容失败、反对抄袭"和"多发光、少发热"的理念。会上,南昌大学新闻系2011级硕士研究生李雯婷代表江西高校研究生发言,向全省高校研究生发出恪守科学道德、遵守学术规范、坚守学术诚信、维护学术尊严的倡议。

【召开2011年会员日活动暨优秀科技工作者座谈会】 12月15日,省科协在南昌举办主题为"科技工作者勇担责任,在建设富裕和谐秀美江西中建功立业"的省科协2011年会员日活动暨优秀科技工作者座谈会。省政协副主席、省科协主席李华栋,省科协党组书记龚绍林,省科协党组成员、副主席李雪南、彭玲华、梁纯平出席座谈会。中国工程院院士石屏、中国科学院院士黄路生和省科技界优秀科技工作者代表40余人应邀出席。座谈会由龚绍林主持。会上,李华栋和龚绍林向当选中国科学院院士的江西农业大学校长黄路生送上鲜花表示祝贺。石屏、黄路生等13位与会院士专家围绕主题进行发言。

(杜春发)

江西省归国华侨联合会

【概　况】 2011年,省侨联围绕建设鄱阳湖生态经济区发挥侨力。先后组团参加江西旅港同乡会第11届董事会就职典礼、第11届(新加坡)世界华商大会等侨界重大活动。组织省侨商会会员参与国内外招商引资活动16次,签约投资总额达35亿元。完成2011年江西(香港)招商引资活动周、第二届世界低碳与生态经济大会暨技术博览会的邀商任务,再次获得"全省服务开放型经济工作先进单位"称号;深入侨资企业调研,协调解决困难,分别为法国侨商在井冈山的水资源综合利用项目、新加坡侨商在吉安的矿材深加工项目以及西班牙侨商在抚州的城市综合体项目等提供跟踪与协调服务,先后引荐上海隆盛投资集团考察现代服务业项目、厦门御天成企业考察建筑环保项目,协助加拿大侨商举办专利产品推介会,推介芬兰侨商考察南昌高新区服务外包产业,推荐美国曾氏国际集团参与南昌市"十城万盏"节能工程项目竞标等。

顺应侨界群众生活新期待,维护归侨权益。在获得"省直单位定点包扶贫困村工作先进单位"荣誉称号的基础上,对新一轮包扶点、省级重点贫困村——靖安县中源乡船湾村进行调研摸底,制定扶贫工作方案。开展侨联原下属企业历史遗留问题的排查与协调处理工作。办理群众信访19件,接待来访群众百余人次。组织省侨联法律顾问委员会及其法律维权工作站开展侨务政策法律的宣传普及工作,为侨商和归侨提供法律咨询和诉讼代理服务,妥善处理多起涉侨诉讼纠纷。组织省内知名法律专家学者深入南昌、抚州两地侨资企业开展现场法律释疑与解答。省侨联和省侨联法律顾问委员会双双获得全省"'五五'普法教育工作先进单位"称号。省侨联领导分赴全省各设区市走访慰问困难归侨侨眷,累计发放慰问款物18.57万元。联合省人大外侨民宗工委、省外侨办、省政协港澳台侨委等"四侨"部门,赴敖山、金坪、秀谷3个华侨农场开展"送文艺进侨场"活动。募集海内外侨领侨商捐赠助学资金330万元,新建农村"侨心学校""侨心卫生所"13个,新开办"珍珠班"3个,资助"珍珠生"240人。争取海外侨胞李江山基金、郑添文许婉华基金等爱心捐助,共发放助学金12万元,受助学生近500名。分别引导省侨联副主席、侨商胡彪斌,省侨商会荣誉会长、香港侨商李江山和阿联酋江西同乡会会长、侨商万文辉建立"胡彪斌侨界扶贫帮困基金""李江山基金"和"万文辉侨界扶贫帮困基金",总金额达800万元。

拓宽海外联谊渠道增进侨谊。先后邀请陈永栽、万长青、王加青、潘建伟、董泰康等一批著名侨领、侨商到赣开展经贸考察和文化交流活动,接待到赣考察的美国、加拿大、英国等60多个国家和港澳台地区客商1000余人次;在日本、新西兰、泰国、菲律宾等地遭受特大灾害之际,及时致电当地侨团表达慰问,并协助当地侨胞联系国内亲属;成功举办泛珠三角省区侨联(社团)秘书长联席会议,召开省侨联法律顾问委员会、青年委员会、侨商联合会等年会,举行2011年侨界迎新联欢酒会等联谊活动。先后组团出访瑞士、英国、阿联酋、新加坡、加拿大、美国、阿根廷、巴西、墨西哥等国家,并在境外举办多场投资项目推介会、发展环境说明会。支持阿联酋江西商会暨同乡会、北美新余同乡联谊会等赣籍海外民间团体的创立,为新西兰华人华侨江西同乡会的成立提供咨询和服务。建立完善侨联海外顾问、侨团组织、侨商会员及青年委员的资料信息库。先后与陕西、河北、黑龙江、湖北、吉林、辽宁、宁夏、甘肃、青海、山西、内蒙古等11个省区侨联缔结友好协议。首次组团赴台湾访问，参加第十届（台北）河洛文化学术研讨会系列活动，与台湾中华侨联总会、台湾和平统一促进会及台北、花莲江西同乡会等十余个台湾民间团体开展联谊交流。

履行参政议政职能汇集侨智。组织省政协侨界委员和各级侨联组织围绕《江西客家文化的传承与发展》《建立困难归侨社会救助体系》《促进海西区域经济协作》《促进江西省动漫产业发展》等4项调研课题开展调研活动；省政协侨联界别提案《关于扩大我省老年归侨生活补助范围、提高补助标准的建议》在省政协第五次提案工作会上获优秀提案奖。省“两会”期间，侨界人大代表、政协委员分别提交议案3件，界别提案3件，个人提案24件，省政协大会书面发言2篇，委员联组发言5人次。其中，向省政协大会提交的《关于建立具有江西特色区域合作机制的建议》被列为省政协领导督办的重点提案。

促进侨联事业创新发展夯实侨基。省委为省侨联领导班子配齐领导干部，充实了领导力量。萍乡、宜春、九江等设区市侨联成立党组。景德镇、萍乡、宜春、上饶市侨联召开换届大会。赣州市侨联新增设全额拨款事业单位及人员编制，新余市侨联增加内设机构和人员职数。省农科院成立全省首个科研院所侨联，南昌理工学院成立全省首个民办高校侨联，上饶师范学院成立侨联，成为首个驻省会城市外的高校侨联组织。正式启动新闻发言人制度，成功举办省侨联首场新闻发布会。组织开展第12届世界华人学生作文大赛江西赛区征文活动，选送征文3302篇，330篇获奖，全省18个省、市、县（区）侨联获得组织奖。

【举行2011吉安（澳门）旅游暨招商项目推介会】 4月，省侨联组团参加澳门缅华互助会成立40周年暨第十六届缅华泼水节期间，与澳门缅华互助会、吉安市人民政府联合举办“山水庐陵·生态井冈”—2011吉安（澳门）旅游暨招商项目推介活动。省侨联巡视员黄荣福在会上推介江西丰富的旅游资源。澳门中联办、澳门民政总署管理委员会、澳门旅游局有关官员，以及来自世界30多个国家和地区的缅甸华侨华人社团代表、港澳旅游企业界人士、新闻媒体等应邀出席活动。同时，协助景德镇市政府在澳门举办第六届缅华同侨大会新闻发布会，景德镇市人大副主任梁莉莉代表景德镇市人民政府介绍第六届世界缅华同侨联谊大会的有关筹备情况。

【召开第六届世界缅华同侨大会】 经国务院侨办批准，10月，省侨联与景德镇市政府主办“第六届世界缅华同侨大会”。全国人大常委、全国人大华侨委员会副主任委员、中国侨联原副主席李祖沛，中国华文教育基金会理事长、国务院侨务办公室原党组成员、纪检组长林文肯，中国侨联顾问黄军军，省人大常委会副主任陈安众，省政协副主席汤建人，中缅友好协会副会长耿志远，中央驻澳门特别行政区联络办公室协调部副局级部长助理叶俊斌，省外侨办巡视员吴健民，省侨联党组书记、主席周锦，省侨联巡视员黄荣福，省侨联副主席王强、陈世春，景德镇市委书记邓保生，市委副书记、市长刘昌林，市政协主席梁高潮等出席开幕式。来自美国、加拿大、澳大利亚、泰国、缅甸等国家和地区的600余名缅华同侨参加开幕式。大会组织海内外嘉宾观摩“2011年景德镇国际陶瓷博览会”产品展示活动，参观景德镇瑶里古窑遗址，召开景德镇招商投资项目推介会，以及开展联欢联谊活动。大会决定第七届世界缅华同侨大会在缅甸仰光召开。

（杜克鹏、田广星）

江西省台湾同胞联谊会

【概 况】 2011年，省台联贯彻落实中央对台工作方针政策和全省对台工作会议精神，以纪念台联成立30周年为契机，坚持联谊和服务并举，继续促进赣台人员往来和各项交流合作。协助有关部门和设区市组团赴台交流，促成余江县一小与台湾桃园德龙小学结为友好学校。会领导分别随“全国台联会长文化交流参访团”和“江西省文化交流访问团”两度赴台访问，拜访台湾政界要员、民间社团、工商大佬等各界人士，加深对台湾社情民意的了解，结识新的台胞台商朋友，扩大联谊交流工作面。会领导随团赴巴西等南美洲国家考察，与当地台胞社团进行交流。继续做好省内台胞工作，走访慰问老年和困难台胞，发放台胞生活困难补助款。热情接待台胞台商来访，考察、了解台商投资和台企情况，为台商和台资企业排忧解难。组织台籍政协委员参政议政，台籍省政协委员提交的《关于发展壮大竹炭纳米材料应用产业的建议》荣获省政协优秀提案。做好台联宣传、信息、调研工作，2011年获得全国台联信息工作二等奖。以庆祝建党90周年为契机，

10月21日，第六届世界缅华同侨联谊大会开幕。 省侨联供稿

深入开展创先争优和“台商发展提升年”活动，进一步推进机关作风和效能建设，台联党支部被省台办机关党委评为优秀党支部，受到表彰。

【参与省政府举办的“赣台会”“低碳会”等活动】 2011年赣台经贸合作研讨会、江西(香港)招商引资周、第二届世界低碳与生态经济大会是2011年江西省的几项重大活动。省台联作为这几个活动的成员单位之一，将其列入全年台联重中之重的工作，按照各组委会的要求和统一安排，全力以赴参与做好这几项活动的筹备工作，全体工作人员统一安排到各个小组，各司其职，配合组委会做好对口客商的联系、邀请、跟踪、落实、接待等工作，完成各组委会交给的客商邀请和接待任务。

【泰国华侨协会台商领袖参访团到赣访问】 5月，应全国台联邀请，泰国华侨协会主席余声清率领旅泰台商领袖参访团一行30人首次到赣访问，省台联做好该访问团在赣期间的领导会见、参观考察、接待和陪同考察等工作。省政府对该参访团的到来高度重视，副省长洪礼和在南昌会见并宴请访问团一行，向访问团成员介绍江西的投资环境和经济发展情况。访问团在赣期间参观考察南昌国家高新技术开发区、九江经济开发区和出口加工区、景德镇台企法蓝瓷厂和庐山风景区，与当地有关领导和招商部门进行座谈，建立联系，沟通信息。

【举行2011年全国台联台胞青年千人夏令营江西分营活动】 这是省台联连续第七年举办台胞青年夏令营活动。夏令营以“龙脉相传、青春中华”为主题，以感受“赣鄱文化”、体验“绿色生态”和赣台青年交流等为主要活动内容。来自台湾中央大学等17所院校的32名台胞青年，在北京参加全国台联总营和两岸万名青年大交流主题活动后，专程到赣参加江西分营活动。省委常委、省委组织部部长、省委统战部部长莫建成和有关部门领导出席夏令营闭营式暨联欢活动，并为获得夏令营“江西之行”摄影比赛优胜奖的台湾营员颁发纪念品。在赣期间，营员们参观游览龙虎山、三清山、景德镇等名胜风景，聆听客家文化讲座，加深了对江西的了解，并与江西青年学生一起联欢，增进了赣台青年之间的交流与友谊。领队和台湾学生还参观了余江县一小，与该校部分师生交谈并合影留念。

【台湾政治受难人互助会参访团到赣访问】 5月，省台联接待以台湾夏潮联合会长陈福裕为团长的台湾统派团体“台湾政治受难人互助会参访团”一行到赣参访，安排参访事宜，全程陪同服务。参访团专程到井冈山参观，实地感受了中国革命历史和井冈山革命精神，坚定了统派人士和平统一的信念。

【开展庆祝台联成立30周年活动】 2011年，是全国台联和省台联成立30周年。全国台联举行系列庆祝活动，省台联组织台胞代表赴京参加全国台联成立30周年庆祝大会及其活动。中共中央政治局常委、全国政协主席贾庆林会见全体与会人员并作重要讲话。省台联4名从事台联工作满20年的工作人员获得全国台联表彰，获得荣誉证书和奖章。省台联与有关部门合作，设计制作《江西台胞之家》纪念画册。画册全面概括反映省台联成立30年来的历程和取得的成绩，扩大了台联的宣传和影响。

【召开全省台湾省籍党员大会】 根据中组部和全国台联的通知精神和省委组织部的要求，省台联配合省委组织部，在南昌召开全省台湾省籍党员大会，推荐2名江西省出席党的十八大的台湾省籍代表候选人初步人选，选举产生2名出席全国台湾省籍党员代表会议的代表。截至2011年底，全省已发展台盟盟员7名。台盟中央已批准成立“台盟江西省支部委员会”，并组建了第一届台盟江西支委。

（林挺华　俞红光）

江西省残疾人联合会

【概　况】 2011年，省政府批转实施《江西省国民经济和社会发展第十二个五年规划纲要》，残疾人事业全面纳入经济社会发展大局。残疾人两个体系建设不断推进，取得阶段性成果。民生工程任务完成，残疾人状况进一步改善。全省共为15.87万名残疾人提供康复服务，为城乡残疾人开展职业培训9923人次，购买公益性岗位安置残疾人就业4094名，选聘农家书屋残疾人管理员5621名。江西省选聘优秀残疾人担任农家书屋管理员的做法，得到中残联和国家新闻出版总署的肯定。

省残联先后与省财政厅等部门制定《2011年省政府民生工程扶持民办残疾儿童康复机构办法》《江西省民办残疾儿童康复机构登记管理办法》和听力语言、脑瘫、孤独症儿童三类康复机构的建设规范。江西省加强民办康复机构及其人才队伍建设的做法，得到中残联的肯定，全文转发江西省“扶持办法”，供全国借鉴。

全省享受城市低保、农村低保的残疾人分别达15万和34万，有2.27万名“三无”残疾人享受农村五保供养，城镇残疾职工参加社会养老保险9.6万余名，城镇残疾居民参加社会养老保险5.2万名、参加城镇医疗保险29万名。新农合“参合”残疾人115.3万余名，24个新农保试点县参保残疾人26.2万名，其中6万多名重度残疾人100%由政府补贴。全省残联系统已建成公办或民办公助集中托养机构17家，安置残疾人500名；对6862名智力、精神残疾和重度残疾人进行托养补助。江西省残疾人康复中心新大楼作为全省2011年残疾人康复和托养服务设施项目之一，建设规模为2万平方米，在省人大会前省发改委已审批立项。

实施“彩票公益金助学”“交通银行—残疾青少年助学计划”等项目，资助贫困残疾学生2189名。省残联继续派员进驻高招录取现场，上线残疾考生录取率达100%，还有200多名残疾学生免费进入民办中专就读。

各级残联和人保部门开展“春风行动就业援助月”“残疾人大中专毕业生就业服务月”活动，举办多种形式的就业招聘会，主动加强与企业的沟通联系，促进各类企业招收残疾人就业，加大福利企业集中安置力度。全省挂牌成立残疾人职业培训学校85所，全年城镇残疾人职业培训实名制登记人数5345名。

省残联从就业保障金中下拨200万元，扶持54个农村残疾人种养基地，部分种养基地已成为生态环保型农业。完成4800万元康复扶贫财政贴息贷款工作。首次与有关部门联合完成了2800户农村贫困残疾人危房改造任务，全省各地通过各种途径，累计帮扶残疾人脱贫4.55万名。

全省残联系统加强残疾人事业宣传，各级各类媒体用稿600余篇，省残联与省图书馆共同开展"牵手残疾人，走进图书馆"活动，与省教育厅一起为4所特殊学校举行"全国特殊艺术人才培养基地"揭牌仪式，与省文化厅联合举办"第二届残疾人文化周活动"，组织全省特校学生艺术节目选拔工作，评出13个获奖节目参加全国汇演。

组织参加"世界残疾人田径锦标赛"等3个国际性赛事，江西省选手共获金牌8枚、银牌1枚、铜牌2枚。参加"第八届全国残疾人运动会"等四大国内赛事，共获金牌26枚、银牌21枚、铜牌34枚。特别是在第八届全国残运会上，江西省取得奖牌总数和总分排名同时前移的成绩。

成立由省法院等多部门组成的"江西省残疾人法律救助领导小组"，建立"江西省残疾人法律救助站"。8个设区市残联有维权机构，县以上残联都有法律服务机构。加大信访工作力度，加强重点案例调查、走访，使残疾人的合理诉求得到妥善处理，合法权益得到有效维护。

省残联与省住建厅联合开展"无障碍县"创建工作，制定创建标准。全省按时做好残疾人机动轮椅车燃油补贴的发放和录入，继续实施"千户贫困残疾人家庭无障碍改造"项目，省财政资助金额增加一倍。南昌、九江"全国无障碍城市"创建工作已通过国家检查验收。及时发现、协调解决残疾人驾驶汽车政策实施中遇到的问题，已有2000多名残疾人参加驾驶培训，其中500多人领到C5驾照，实现"出行无障碍"夙愿。

全省1592个乡（镇、街）都成立了残联，聘任专职委员1725名，绝大多数村成立残协，聘用残协专职委员1.67万名。举办培训班600余期，培训乡村两级专职委员8000余名。结合类别特点进一步规范和活跃专门协会工作，开展心智障碍群体状况调研，指导成立"江西省聋人协会摄影艺术部"。

省残联、省残疾人福利基金会与新闻媒体携手，启动"2011年度'集善江西'·爱心扶弱，善行助残全省公益接力暨聚焦爱心写助残，新闻记者走基层大型公益新闻纪实报道"活动。

【省政府表彰第五届特奥会有功单位及人员】 1月18日，省政府颁发决定，表彰参加第五届全国特奥会江西代表团的有功单位及人员。省政府决定给予省残联、省残疾人体育管理中心、南昌市培智学校通令嘉奖。在中华人民共和国第五届特殊奥林匹克运动会上，江西代表团的59名智障残疾人运动员顽强拼搏，在参加田径等七大项115个小项的比赛中，夺得58枚金牌、20枚银牌、5枚铜牌的优异成绩，奖牌总数并列全国第一、金牌总数列全国第二。

【残疾人事业发展首次专节纳入省"十二五"纲要】 2月16～18日，省第十一届人民代表大会第四次会议通过了《江西省国民经济和社会发展第十二个五年规划纲要》，支持残疾人事业发展首次以一个专节的篇幅入编"纲要"。"纲要"第八篇第二章第四节为"支持残疾人事业发展"。"纲要"量化了残疾人康复和托养设施建设项目，明确建设省、市、县级残疾人综合性康复机构和10个设区市、100个县级托养服务设施，将这些项目纳入全省"十二五"期间的重大民生建设工程项目予以实施。

【召开全省第四次残疾人事业工作会议】 8月9日上午，省政府残疾人工作委员会在南昌召开第四次全省残疾人事业工作会议，总结"十一五"时期全省残疾人工作，部署"十二五"时期全省残疾人工作。副省长、省政府残工委主任熊盛文出席会议并讲话，省委副秘书长潘东军，省政府办公厅副主任陈石俊，省政府残工委全体成员，各设区市政府残工委主任，各设区市残联理事长和市教育局、民政局、人保局、卫生局、财政局的负责人及省残联机关全体工作人员、直属中心负责人参加会议。省残联理事长徐效钢代表省政府残工委作题为《科学发展，共建和谐，全面推进残疾人社会保障体系和服务体系建设》的工作报告。萍乡市政府残工委、省教育厅、省民政厅、省人保厅、省卫生厅、省发改委、省财政厅、省新闻出版局分别就如何履行职责、重视和做好残疾人工作的经验和做法作了发言。

【开展新一轮全省残疾人状况监测】 10月21日上午，新一轮全省残疾人状况监测会议暨监测师资培训与综合试点会议在南昌市召开，标志着江西省新一轮全省残疾人状况监测工作正式启动。省残联理事长徐效钢、省民政厅副厅长饶剑明、省残联副理事长宋寅安出席会议并讲话。中国残联研究室专家贾同金、陈润田出席会议，省残联办公室主任邹凯主持会议。省残联理事长徐效钢在讲话中要求，要抓紧落实前期准备，有序推进调查工作，确保数据质量，强化数据应用，确保新一轮全国残疾人状况监测工作成功。省残联副理事长、全省监测办主任宋寅安全面部署监测工作省级培训和综合试点等下一步具体工作，要求各地抓住重点，全面完成调查监测的各项任务。全省监测办公室成员单位副主任、监测组专家、医师组专家和全省24个县（市、区）监测办公室主任以及调查监测骨干共约160人参加会议。

（孙鹏飞）

江西省红十字会

【概　况】 2011年省红十字会推进组织建设，开展体制机制改革试点。围绕筹备建立红十字会项目、筹资、志愿者、监督四个委员会试点工作，经过考察调研，多方论证，积极筹备，各项工作有序推进。全省新增31个县级红十字会理顺管理体制，理顺率达到77%，高于全国平均水平。基层组织新增132个，总数达2689个。全省新增红十字志愿者队伍20支。

灾害救援积极主动。修订《江西省红十字会自然灾害应急预案》《江西省红十字会灾害救助规则》等制度，工作流程更加规范。及时向九江、景德镇、上饶等水灾地区下拨救灾物资，与省委组织部联合慰问樟树房屋倒塌事件中死难者家属，组织为云南盈江地震和日本海啸灾区捐款活动。省红十字会备灾中心已列入江西省“十二五”期间突发事件应急体系建设规划、省减灾委《江西省综合减灾“十二五”规划》中的“十二五”防灾减灾重点建设项目。

救助能力进一步增强。2011 年，省红十字会筹集款物 7602.4 万元，实施人道项目 36 个。与省直机关工委合作开展“红十字博爱送万家”活动，动员 91 个省直单位参与，整合社会资源 2000 多万元，提高了救助覆盖面。成功举办中国“红十字老区行”纪念建党 90 周年系列活动，争取援助款物 1200 万元，开展系列公益活动，受到总会和老区群众好评。争取捐款 52 万元，开展“2011 正荣集团公益助学行动”，资助 259 名贫困学子；争取小天使基金 146 万元，资助 46 名白血病患儿；争取天使阳光基金 119.5 万元，资助 77 名先心病患儿；管理使用爱尔眼科光明基金 13 万余元，为 1230 位白内障和准分子患者提供手术费减免服务；管理使用英雄家属关爱基金 36.5 万元，捐助 1 名烈士家属褒扬金和为 13 名未成年烈士子女实施救助；争取中国红十字基金会幸福天使基金和香港、澳门、黄福荣传播基金等捐赠款物近 700 万元，实施对贫困大病患儿的救助。人道服务稳步开展。全省培训应急救护员 3.34 万人，普及卫生救护知识 7.68 万人。造血干细胞新增入库资料 6000 人份；实现器官捐献 3 例，遗体捐献 32 例。

宣传力度不断加大。改进省红十会门户网站，创办《江西红十字》简报。省、设区市和部分县级红十字会门户网站内容丰富，成为公众了解红十字会工作的重要平台。充分利用“5·8”世界红十字日、“12·5”国际志愿者日等时机，开展各种形式的公益宣传活动。省红十字会机关文化走廊被列为省直机关文化建设现场会 4 个观摩点之一，120 多个省直单位领导到省红十字会参观，受到好评。针对红十字工作的热点、难点、疑点开展深入调研，其中公信力分析、创新红十字理念等文章先后被总会报刊网站采用。省红十字会新闻宣传被总会评为一等奖。

公信力明显提升。以中国红十字会制度建设年为契机，建立新闻发言人、收支两条线、内部财务管理、捐赠款物公示等一系列制度，编印《江西省红十字会机关工作制度》和《江西省红十字会业务工作制度》。贯彻总会廉政工作会议精神，组织“两公开、两透明”自查自纠，开展应急救护培训专项检查和整治。2010 年度财务收支通过江西惠普会计师事务所审计。主动配合省人大教科文卫委对我会工作的综合调研和执法督查。民政部中民慈善捐助中心发布的《2010 年度中国慈善透明报告》显示，江西省红十字会“内部管理信息透明指数”位居全国第三。

对外合作更加广泛。省红十字会派员参加总会考察组，赴美国、加拿大等国家红十字会及器官捐献非营利组织学习、交流。中国南丁格尔志愿护理服务总队组织北京、上海、江苏、山东、云南等市省的志愿者考察团到江西参观交流。与日本民间组织加强合作，培训介护员 118 名，选派 20 名介护师资赴日本冈山旭川庄研修，在南昌建立第一个省级老年介护工作站。与香港、台湾、金门等地区红十字组织在灾后重建项目等方面进行合作；与内蒙古红十字会缔结友好红十字会。

【开展红十字博爱送万家活动】 为贯彻落实全省“十万干部下基层，排忧解难促和谐”活动部署，进一步深化“四级联动、携手共建”活动。春节期间，省红十字会筹措了价值 700 余万元物资，整合社会资源 1500 余万元，与省直机关工委联合开展“携手共建、博爱送万家”活动，慰问救助“四级联动、携手共建”结对共建村的困难党员、群众。全省共有 91 家省直单位、理事单位和 11 个设区市、90 多个县（市、区）红十字会参与该活动。

【启动中国“红十字老区行”活动】 6 月 8 日，中国“红十字老区行——庆祝建党 90 周年系列活动”启动仪式在瑞金市举行，全国人大常委会副委员长、中国红十字会会长华建敏为“红十字老区行”志愿服务队授旗。中国红十字会原党组书记、常务副会长王伟，省委常委、赣州市委书记史文清，省人大常委会副主任、省红十字会名誉副会长胡振鹏分别讲话，江西省副省长、省红十字会会长谢茹，中国红十字会党组副书记、副会长郭长江，省红十字会党组书记、常务副会长方娅，国家机关工委宣传部巡视员郭存亮出席。活动期间，慰问 2000 名老红军、老革命、老党员、老模范及贫困群众，组织知名专家开展义诊筛查活动，对 200 名贫困先心病和白血病患者开展集中救治，援助建设 10 所卫生站、4 所救护站和 14 个红十字书屋，培训 100 名乡村医生。

【召开省红十字会六届二次理事会】 10 月 19 日，省红十字会六届二次理事会在南昌召开，省委书记、省红十字会名誉会长苏荣对做好新形势下红十字工作作出批示。会议决定聘请省委副书记、省长鹿心社为省红十字会名誉会长。副省长、省红十字会会长谢茹出席会议并讲话。省红十字会党组书记、常务副会长方娅代表常务理事会作工作报告。会议更换、增补部分理事、常务理事、专职副会长，听取并审议理事会工作报告和省红十字会 2010 至 2011 年 9 月接收捐赠款物收支情况报告。

（陈建平）

军 事

本栏编辑 李荣根

江西省军区

【概 况】 2011年,省军区以科学发展观为指导,以多样化、常态化军事斗争准备为龙头,围绕“四个拓展”加强后备力量建设,突出能力提升,推进军事训练转变,坚持融合发展,加速国防动员准备,依法从严治军,强化安全管理,各项工作有效落实,部队全面建设稳步发展。

思想政治建设有新加强。推进学习型党组织建设,抓好党的创新理论学习武装,采取“六个一遍”的办法抓好胡锦涛主席“七一”重要讲话和党的十七届六中全会精神学习。以岗位练兵为抓手,组织团以上党委机关和师团干部理论集训,加强党委班子和干部队伍能力建设。结合“江西砺剑—2011”战役演习,完善政治工作计划方案,组织重难点问题攻关。突出加强非战争军事行动政治工作研究演练,重点推广赣州军分区“七个一”做法。把政治工作贯穿抢险救灾、演习训练等行动始终,确保重大任务完成。开展“加强党性修养、锤炼思想作风”教育整顿和“爱驻地、有作为”专题教育,用好用活江西红色资源,分3批组织干部上井冈山学传统,编写《红土地上的永恒记忆》学习读本。推动国防教育进企业,组织战士业余演出队创作党史军史专题文艺节目到各设区市、部队、高校巡演。

遂行多样化军事任务能力有新提升。坚持把应急能力建设作为重点来抓,组织应急指挥所开设和应急分队快速出动演练。围绕“四个拓展”加强后备力量建设,突出能力提升推进军事训练转变,组织“江西砺剑-2011”防空战役演习。结合军区日常战备综合整治任务部署会议精神和省军区实际,制定下发《省军区日常战备综合整治实施方案》,组织开展战备教育整顿,指导上饶军分区、预备役步兵师拟制试点方案,规范战备业务办理程序,修订完善应急处突方案,规范省军区大交班的程序、方法和内容,完成核化生作战数据和非战争行动案例汇编录入。整合资源加快信息化建设步伐,坚持“平战结合、建用一致”,加强信息化建设筹划指导,研究制定《省军区信息化建设三年规划》。新建省军区地面指控中心,升级综合信息网交换接入设备,抓好首长机关信息化知识学习和一体化指挥平台操作运用,机关干部实际操作运用能力普遍提升。落实基干民兵和预备役部队整组任务,编实建强各类应急队伍。针对江西境内自然灾害多发、应急任务较重的特点,加强非战争军事行动工作建设与规范,统筹加强森林灭火、防化救援等队伍建设,配备完善应急装备器材,提升部队遂行多样化军事任务能力。综合施策破解“征兵难”问题,征集新兵质量高于以往。完成南京军区国防动员委员会第十四次会议召开相关保障任务。

后勤和装备建设有新成效。坚持以核心能力建设为基点,牵引带动非战争军事任务后勤保障能力整体提高。结合应急应战演练,修订完善后勤保障方案和勤务保障计划。加强后勤专业勤务训练,完成各类分队训练。突出力量体系建设,指导赣州、上饶军分区做好专业保障力量建设先行试点。全面推行“部财区管”改革,有效提升经费综合保障效益。研究制定《进一步加强职工管理的补充意见》,开展“争先创优”活动,职工管理进一步规范。推动“八个方面问题”清查治理,不合理占房清退率达100%,退休干部移交完成率达110%,权属省军区土地确权办证率达94%,省军区本级108宗土地100%完成办证。盘活空闲房地产资源,在有针对性制定开发方案的基础上,对空闲房地产和外围土地资源开发实行公开招标竞标,实现经济效益最大化,推进“三经五纬”营区改造。转变观念,改革创新,科学管理,实行一体化指挥平台、通用办公平台和军人保障卡系统应用。师职干部就医一卡通、“四分一全”审计模式和保障社会化等改革取得新进展。成立防火整治工作领导小组,解决仓库防火工作中存在的4类6个方面可能存在的隐患和漏洞,投入经费400余万元,配套完善防火、防雷、防爆等安全设施,进一步促进仓库防火安全工作有效落实。开展武器装备调整和隐患排查专项治理,对全省仓库(兵器室)进行拉网式排查,排查和整改6类338个具体问题,有效正规武器装备管理规范秩序。后勤和装备综合保障能力明显提升。

基层建设和安全稳定工作势头良好。组织召开小散远直单位建设座谈会和正规化管理集训,落实“两个帮带”提高一线指挥部建设质量。开展“学条令、用条令、守条令”活动,每季度组织四项检查评比,完善配套基础设施,通过抓试点、补弱项、树样板,提升小散远单位规范化建设水平。把安全工作作为基础工程紧抓不放,围绕“四个管住、三个不出”目标,研究制定《省军区机关工作规范》,建立应急值班室，开展安全隐患排查整治，狠抓重大安全问题防范，组织新《保密条例》学习和保密知识竞赛，升级改造保密档案室，深化军地协作，做好“四反”工作，加大打击假冒军车力度，完成报废民兵武器弹药调运任务，部队保持安全稳定。

党管武装工作有新举措。组织开展党管武装政策制度宣讲辅导，建立第一书记任前谈话、任职大会、颁发任职通知书等制度；协调省委、省政府将武装工作纳入党政领导班子和领导干部综合考评体系；会同地方推荐命名双拥模范城（县），采取超常措施提高军转安置质量，为全省21万军烈属重新颁发“光荣牌”，推广运用“宜春经验”，做好涉军维权工作。全年安置转业干部565名，91%进入党政机关，团以上干部90%以上安排实职，其中上饶市、宜春市、萍乡市、景德镇市、鹰潭市、新余市100%安排实职。全省党管武装氛围更加浓厚，军政军民关系更加密切。

中央军委领导视察江西。10月12日，中共中央政治局委员、中央军委副主席徐才厚率工作组在总政治部副主任吴昌德、第二炮兵政委张海洋，南京军区司令员赵克石、政委陈国令，省军区司令员郑水成、政委陶正明陪同下到上饶军分区调研。11月7日，中央军委委员、国务委员兼国防部部长梁光烈在南京军区司令员赵克石、政委陈国令，省军区司令员郑水成、政委陶正明陪同下在江西调研国防动员工作。7日，梁光烈先后在江西洪都集团和南昌陆军学院展开调研。8～9日，出席南京军区国防动员委员会第十四次会议。

（周旭东　黄冬冬　饶建平　吴革善）

【南京军区推进省军区系统涉军维权工作座谈会在宜春召开】 9月8日，南京军区在宜春市温汤镇召开推进省军区系统涉军维权工作座谈会，就南京军区在各省军区系统全面推广“宜春涉军维权工作经验”进行部署。会议期间，与会代表先后参观宜春军分区涉军维权服务中心和图片展，观看军分区维权工作专题片和维权动漫故事。总政治部副主任童世平、军区副政委徐德学出席会议并讲话，军区政治部主任吴长海主持会议，解放军军事法院院长刘季幸，军区政治部副主任郭礼云，省军区司令员郑水成、政委陶正明和南京军区各大单位分管领导出席会议，省委政法委副书记刘德意及南京军区所属军分区政治部主任近150名代表参加会议。

（傅建华　欧阳晃军）

【南京军区国防动员委员会第十四次会议在南昌召开】 1月8日，南京军区国防动员委员会第十四次全体会议在南昌召开。中央军委委员、国务委员兼国防部长、国家国动委副主任梁光烈，副总参谋长、国家国动委秘书长孙建国，南京军区司令员赵克石、政委陈国令、副司令员秦卫江、副政委吴刚、参谋长杨晖，江西省委书记苏荣、代省长鹿心社，上海市市长韩正、江苏省副省长曹卫星、浙江省代省长夏宝龙、安徽省省长王三运、福建省省长苏树林及各省军区（警备区）司令员、参谋长等200余人参加会议。会议紧紧围绕胡锦涛主席主题主线重大战略思想，贯彻落实国家国动委第七次会议精神，进一步明确南京战区国防动员转型发展的任务要求，推进军民融合式发展。会议期间，江西省、浙江省、江苏省分别播放了军民融合式发展、党管武装和国防教育专题电视片，表彰了30名南京军区“党管武装好书记”。

【召开全省党管武装工作会议】 2月13日，全省党管武装工作会议在南昌召开，省委书记、省军区党委第一书记苏荣，省委副书记、省长吴新雄，省军区党委书记、政委陶正明，省军区党委副书记、司令员郑水成，省委常委、副省长陈达恒，省委常委、常务副省长、预备役步兵师第一政委凌成兴，副省长、预备役炮兵旅第一政委熊盛文以及省军区部门以上领导，各设区市市委书记、市长，省军区所属师旅单位主官共60人出席会议。会上，13名军分区（警备区）党委第一书记和预备役步兵师、预备役炮兵旅第一政委进行书面述职。陶正明总结2010年全省党管武装工作，部署2011年工作任务。苏荣在会上讲话，吴新雄主持会议。

【召开党委全体（扩大）会议】 1月11～12日，省军区党委九届七次全体（扩大）会议在南昌召开。省军区党委常委、委员参加会议，省军区后勤部副部长，各师旅单位参谋长、政治部主任、后勤（装备）部长，省军区直属单位党委正、副书记，机关各处（室）领导列席会议。会议传达军委、军区党委扩大会议精神，总结2010年省军区部队和民兵预备役工作，部署2011年工作任务。省委书记、省军区党委第一书记苏荣出席会议并讲话。省军区党委书记陶正明代表省军区党委常委作工作报告，省军区党委副书记郑水成作讲话。8月18～19日，省军区党委九届八次全体会议在南昌召开，会议传达学习全军和军区党委书记座谈会精神，集中研究加强思想作风建设问题。会上，省军区党委书记陶正明、副书记郑水成分别作出讲话，各师旅单位党委书记围绕加强思想作风建设问题进行交流发言。

（汤　飞　肖　辉）

【开展“三个机制”衔接试点】 2011年，江西省国防动员委员会按照军区统一部署，组织指导九江军分区开展国防动员机制与军队指挥体制机制、政府应急管理机制衔接试点，成立军地联合应急指挥机构，整合了地方应急力量、国动委力量与民兵预备役力量，建立军地情报互通机制，制定《九江市国防动员机制与军队指挥体制机制、政府应急管理机制衔接的实施意见》《九江市民用运力战时及突发事件动员方案》等4个具体实施办法，在组织指挥、力量建用、情报信息、方案计划、综合保障上实现军地有效衔接，取得初步成果。

（关朝江）

【组建江西省共青城市人民武装部】 2011年，省军区根据总参谋部《关于组建江西省共青城市人民武装部部门》批复，组建江西省共青城市人民武装部，番号称“中国人民解放军江西省共青城市人民武装部”，正团级，编制8人，归江西省军区建制，由九江军分区领导管理。2010年9月，共青城被国务院正式批准为县级市。

（曹晓晖）

**【举行中国工农红军总政治部旧址修

缮竣工暨移交仪式】 9月29日，中国工农红军总政治部旧址修缮竣工暨移交仪式在江西瑞金举行。总政治部副主任吴昌德、南京军区副政委吴刚及总政、南京军区机关有关领导，江西省、赣州市、瑞金市党政军领导以及当地各界代表共100人出席交接仪式。移交仪式上，吴昌德讲话，江西省副省长胡幼桃致辞。总政、南京军区领导和江西省领导共同为雕塑揭幕。总政组织部领导与江西省瑞金中央革命根据地纪念馆领导签订了移交协议书。省军区政委陶正明主持移交仪式。

（汤 飞 肖 辉）

【举行中央红军兵工厂旧址迁建竣工暨开馆仪式】 11月22日，中央红军兵工厂旧址迁建竣工暨开馆仪式在瑞金市沙洲坝镇乌石垅村举行。总装备部副政委黄作兴出席仪式并讲话，总装备部政治部副主任贺天成、总装备部综合计划部副部长王庆宗、南京军区装备部副部长黄企生及赣州市、瑞金市党政领导参加仪式，省军区政委陶正明主持仪式。

（张海峰）

【为全省烈军属统一颁发光荣牌】 “八一”前夕，省委、省政府、省军区下发通知，决定从2011年起，为全省烈军属统一颁发“光荣烈属”“光荣军属”牌匾。通知明确，全省行政区域内持有烈士证明书的烈士家庭和持有入伍通知书的现役军人家庭全部纳入颁发范围，分别悬挂“光荣烈属”“光荣军属”牌匾。7月底，全省在南昌市举行了颁发光荣牌启动仪式，省委、省政府、省军区领导亲自上门为烈军属颁发牌匾，并看望慰问部分烈军属。截至12月底，全省共为21万户烈军属颁发了光荣牌。

【召开全省双拥模范城（县）命名表彰大会】 1月11日，省委、省政府、省军区在南昌召开江西省双拥模范城（县）命名表彰大会。会议总结近年来全省双拥创建工作情况，对下一步双拥创建工作进行动员部署，并对59个省级双拥模范城（县、区）、5名爱国拥军模范进行命名表彰。省委副书记、省长吴新雄，省政协主席傅克诚，省委常委、常务副省长、省双拥工作领导小组组长凌成兴，省人大常委会副主任蒋如铭，副省长、省双拥工作领导小组副组长熊盛文，省军区副政委、省双拥工作领导小组副组长戴勇，省民政厅厅长、省双拥工作领导小组副组长徐毅等领导参加会议。

（侯毅军 章征江）

【完成“神八”应急返回搜索回收值班备勤任务】 2011年，按照南京军区统一部署，省军区组织本级和南昌、九江、上饶、景德镇、宜春、抚州和鹰潭7个军分区（警备区），于10月25日8时开始专项值班，11月1日8时起每个军分区组织民兵应急连100人的转入分散备勤，11月17日21时解除任务，行动安全顺利。省军区专门召开任务部署会，要求各级树立政治意识，立足最复杂最困难情况细致准备，严格值班备勤，做到万无一失。省军区各级周密制订方案计划，落实指挥编组，沟通指挥通联，组织专项演练，提高遂行任务能力。各军分区预征车辆、船艇，作好遂行任务准备。值班备勤期间，各级值班室加强检查督导，值班人员密切跟踪掌握飞船发射、运行和对接情况，相关任务分队和民兵按规定要求保持在位。

（胡伟龙）

【作好抗洪救灾各项准备】 2011年，针对局部地区有发生洪涝内涝和地质灾害的可能，省军区作好抗洪抢险各项准备。进入汛期后，省军区采取统一计划、分级承训的方法，组织全区冲锋舟操舟手集训。4月中旬，修订完善省军区参加防汛抗洪应急预案，指导各级结合自身实际，按照任务清楚、责任明确、保障有力的要求，细化完善行动预案。6月9～20日，省军区军师团三级采取“统一标准、以上带下、异地同步”等方式，全员额、全要素、全过程组织应急指挥所开设和应急分队快速出动演练。20日上午，省军区本级，南昌警备区带南昌县人武部，预备役步兵师带预备役高炮团在南昌组织三级应急指挥所开设演练，省防总有关领导和省军区首长机关、两个师单位首长机关以及所属部分团单位主官等110余人参加观摩。

【组织九江、上饶、景德镇军分区抗洪救灾】 6月15日，强降雨造成赣北部分地区出现内涝、河堤漫顶、管涌、塌方等险情。省军区及时下发《关于切实做好旱涝急转防汛准备工作的指示》，依托作战值班室组织九江、上饶和景德镇军分区抗洪救灾。截至17日19时，全省共出动现役官兵和民兵预备役人员5000余人次，冲锋舟69艘，橡皮艇6艘，车辆80台，工程机械2台参加抢险救灾，共排除管涌55处，加固堤坝1.74万米，解救转移群众3.49万人，运送生活用品和转移物资490吨。

（徐新舟）

【启动省军区应急处置值班室】 2011年，根据省军区“5·24”首长办公会精神，在省征兵办一楼设立应急处置值班室，并于6月27日正式启动应急值班。主要职能是对省军区机关和驻昌直属部（分）队驻地出现的紧急情况进行应急处置，并负责会客室的接待工作。应急值班室设值班首长、值班处长和值班员各1名，由省军区司、政、后三大部干部轮流担任，落实24小时值班制度，每周轮换1次，值班情况接受作战值班室监控。与应急处置领导小组、作战值班室、大门岗哨、应急分队、驻地派出所建立应急联动机制，先后成功处置多起起职工住房分配、退役士兵安置等上访事件。

（饶 侃）

【开展军警联合打击假冒军车专项行动】 2011年，省军区在省市高速公路管理局、各设区市公安交通管理局配合下，采取设站固定查与巡逻流动查、昼间查与夜间查、军地联合查与督导巡回查相结合的方式，在军车流动频繁场所和时段，严密组织打击假冒军车行动。共检查过往军车972台次、查扣假冒军车27台，查纠车辆派遣手续不全军车52台。4月，组织指导部队开展车勤部（分）队专项教育整训和车辆安全管理专项整治活动。

（郭 立）

【开展高校毕业生入伍预征工作检查督察】 6月16～19日，省征兵办、省教育厅组织2个督查组，对全省90所高校毕业生入伍预征工作情况进行检查督查。其间，听取69所高校预征工作情况汇报，组织各高校分管领导、就业办和学校武装部负责人座谈，实地查看16所高校，通报全省高校毕业生入伍预征报名排名情况。针对高校毕业生参加预征人数比往年减少、预征与征集时间脱节、是否参加预征对年底应征入伍无实质影响、学费补偿发放周期较长等实际问题，研究制定4项具体措施：一是充分利用7月初高校毕业生返校有利时机，进行再宣传再发动，激励更多高校毕业生参加入伍预征；二是督促民政、教育、财政等相关部门，从就业安置、学费补偿、优抚金发放等环节入手，保障各项优惠政策落到实处；三是加大平时征兵准备工作力度，抓好高中生网上预征工作，做好预征对象管理；四是利用江西红色资源，制定征兵宣传工作方案，分步骤有重点做好征兵政策宣传工作，为冬季征兵工作奠定良好基础。

（宋　超）

【召开非战争军事行动政治工作推进会】 2月22日，省军区在赣州市召开非战争军事行动政治工作推进会，南京军区政治部组织部副部长范金华莅会指导，省军区政委陶正明，政治部主任李宇、副主任高学训，各师旅单位政治部主任和军师两级机关部分业务处（科、办）领导约100人参加会议。会上，赣州军分区介绍了非战争军事行动政治工作研究试点成果，12个师旅单位作研讨发言和书面交流，并现场观摩成果展示演示。

（汤　飞　肖　辉）

【评选表彰优秀预备役军官】 2011年，省军区采取自下而上、逐级审核的办法，指导各预备役部队根据《关于做好优秀预备役军官推荐评选工作的通知》有关要求，推荐30名优秀预备役军官预选对象，协调省委组织部、省人力资源和社会保障厅对拟表彰对象进行联审，并组织公示。2月24日，省委办公厅、省政府办公厅、省军区政治部联合下发表彰通报，形成每3年定期表彰一次的机制。

（陈李忠　江赛清）

【抓好专武干部队伍建设】 3月，省军区根据《关于在全省乡（镇）、街道专武干部考试录用中加试军事理论和进行体能测试等有关问题的通知》有关要求，协调地方有关部门做好对23名专武干部考录对象的军事理论加试工作，指导南昌、吉安、上饶和新余军分区组织体能测试，把好专武干部队伍“入口关”。根据《关于做好2011年全省专职人民武装干部轮训工作的通知》部署，依托省人武学院举办4期轮训班，组织500名素质较好和有发展潜力的专武干部练指挥、练战术、练技能，军事素质和组织指挥能力得到进一步提高。

（陈李忠　廖启明）

【组织预备役医疗专家赴干休所（点）为老干部巡诊】 “八一”前夕，省军区在预任军官中精选6名省内知名老年病医疗专家组织“医疗大篷车”，到所属12个干休所（点）进行巡回义诊。此次巡回义诊共10天，行程8个地市20余个点，共计3200余千米，开展以健康咨询、检查、诊断为一体的巡诊服务，先后为700余名老干部及家属义诊2800余人次，开设医疗保健讲座24次，提出合理化建议300余条，受到老干部及家属的高度赞誉，活动情况先后被中央电视台军事频道、江西卫视和《人民前线》《江西日报》等媒体报道。

（陈李忠　江赛清）

【开展“坚定理想信念弘扬革命传统”主题教育】 4月中旬，省军区在老干部系统组织开展“坚定理想信念、弘扬革命传统”的主题教育活动，活动中各单位充分利用驻地红色资源丰富的优势，采取现场参观、播放影视片、组织宣讲、印发红色资料等多种措施，组织开放式、启发式教育，引导老干部在历史现场中追忆，自觉保持政治本色。所属12个干休所（点）先后组织离退休老干部前往南昌“八一”起义纪念馆、革命摇篮井冈山、方志敏纪念馆、上饶集中营等地参观。

（陈李忠　欧阳春）

【协助军队院校和地方普通高校做好在赣招收应届高中毕业生工作】 2011年，60所军队院校和地方国防生院校计划在江西招收应届高中毕业生782名。6月，省军区政治部会同省高等院校招生委员会、省公安厅联合发出《关于做好江西省2011年军队院校招收地方应届高中毕业生和普通高校招收国防生工作的通知》，并作出具体部署。依托“军校招生信息网”，及时向社会公布有关信息，推进“阳光招生”工程。同时，采取体检点互派医生、纪检部门全程监督等办法，对4757名考生进行政审、面试、体检，组织900余名考生进行身体复查，完成782名招生计划，完成军队院校和国防生招生工作任务。

（陈李忠　刁　磊）

【抓好军地平安建设和涉军维权工作】 2011年，省军区为进一步深化涉军维权工作，省军区政治部协调省综治办联合下发《关于将军地平安建设和涉军维权工作纳入江西省社会治安综合治理目标考评工作的实施意见》，会同省委政法委等单位对各设区市工作情况进行综治考评，有效推动军地平安建设和涉军维权工作发展。同时，协调省委政法委联合下发《关于认真做好涉军案件信访救助和刑事被害人救助工作的通知》，为妥善解决涉军案件军人军属的特殊生活困难提供制度依据。

【协调召开江西地区第七次军地隐蔽斗争协作工作会议】 3月14日，省军区协调省国家安全厅在南昌召开江西地区第七次军地隐蔽斗争协作工作会议。省军地隐蔽斗争协作工作领导小组成员，各设区市国家安全局、驻赣重点军工企业分管领导，以及省军区各师旅单位政治部主任、宣保科长共123人参加。会议传达学习上级会议精神，全面总结协作经验，研究部署下步工作，进一步推进军地隐蔽斗争协作工作的深入发展。

（丰志明　梁义俊）

【组织“加强党性修养、锤炼思想作风”教育整顿活动】 2011年，省军区根据军委、南京军区统一安排部署，加强党性修养、坚定中国特色社会主义政治信念、加强人品官德修养3个专题，开展“加强党性修养、锤炼思想作风”教育整顿活动，活动贯穿全年，突出理论武装、突出实践特色、突出解决问题。11月10～13日，南京军区政治部主任吴长海率工作组对省军区开展教育整顿活动情况进行调研，并听取了省军区学习教育整顿活动情况汇报。

（汤　飞　肖　辉）

【组织“坚定理想信念、忠实履行使命”主题教育活动】 2011年，省军区根据南京军区统一部署，以“坚定理想信念、忠实履行使命”为主题，开展系列教育活动，通过组织官兵参加“学党史、知党恩、听党话、跟党走”活动、开展拒腐防变和党性观念教育、参观军区“流动党史馆”、参与中国军网和国防部网站主办的“红色足迹万里行”活动、参加全军党史军史知识竞赛和全国党建知识竞赛等各种教育活动，引导官兵进一步培育当代革命军人核心价值观，坚定理想信念，强化军魂意识。

（饶开东　刘以华）

【开展对台宣传工作】 2011年，省军区针对2012年岛内所谓“立法委员”和“总统”选举、两岸关系仍有变数的实际，密切跟踪选举前岛内政局走向，开展对台宣传，共在各类对台对外宣传单位用稿3635篇，完成系列报道14个，联络办连续第五年获军区对台宣传工作组织奖。结合纪念建党90周年，联合中央人民广播电台和海峡之声广播电台完成《胜利的旗帜，不变的军魂——建党九十周年报道》采访活动，制作《建功红土地，拳拳赤子情》系列报道。组织《庐山南山公园山体公园主入口竣工迎客》《走进宜春——一次与月亮的相遇》等大型报道。

（李平东　安梁青松）

【编撰《红土地上的永恒记忆》】 2011年，省军区组织编撰江西红色资源学习读本——《红土地上的永恒记忆》，作为省军区部队开展理论学习、政治教育、培育当代革命军人核心价值观的重要教材。读本突出反映八一南昌起义、井冈山革命根据地、赣南革命根据地、赣东北革命根据地、安源路矿工人运动等方面的内容，收录各个时期有关事件的主要人物、革命旧址遗址、文物遗物部分图片，共30余万字，配图180张，人物和知识链接110个。

（饶开东　刘以华）

【筹备省军区机关营院易地新建搬迁】 2011年，经国家发改委立项批准，省“四套班子”将易地搬迁至南昌市红角洲卧龙岗地域。省军区党委贯彻军民融合的战略思想，决定将省军区机关营院随同省“四套班子”易地搬迁新建。根据全省统一规划，省军区机关新营区位于红角洲卧龙岗西南侧，东依规划中的市民广场、西通学府大道、南接祥云大道、北临卧龙路及江西经济管理干部学院，距省军区机关现营区约12千米，占地面积15.2公顷，呈三角形分布。

（吴赤刚）

【设计制作省军区标识】 2011年，省军区为规范全区部队形象标志，组织力量专门设计省军区标识，供全区部队在制作课件、席位卡、军事网络标志以及其他大型活动使用。标识以“红色传承、巩固国防”为主题，以红色、绿色为主色调，以富有江西特色和部队特点的元素为架构。图案元素中，五角星和八一军旗的组合表示省军区部队是中国共产党领导下的武装力量，广大官兵永远听党话、跟党走；八一军旗表示省军区部队驻守在军旗升起的地方；井冈山与八一旗帜相连表示广大官兵大力传承红色精神，争当红军传人；长城和橄榄枝体现省军区部队主要担负军事斗争准备和国防后备力量建设、支持地方经济建设、维护社会和平稳定等职能；部队番号标在绸带上作为底座，与橄榄枝组成圆形图案，意在营造平安和谐的氛围，表示省军区官兵在党委领导带领下开拓进取、阔步前进。

（饶开东　刘以华）

武警江西省总队

【概　况】 2011年，武警江西省总队贯彻武警部队第二次党代会的决策，始终聚焦主题主线，注重探索把握规律，持续打牢建设基础，提升全面建设水平，完成各项任务。

思想政治建设扎实有效。深入推进党的创新理论武装，以理论学习“第一班”为牵引，突出胡锦涛主席主题主线重大战略思想、“七一”重要讲话和党的十七届六中全会精神的学习贯彻，举办团以上领导干部理论网上集训，持续兴起学习贯彻热潮。深化当代革命军人核心价值观培育，充分运用驻地红色资源优势深入抓好主题教育，开展纪念建党90周年和争做党和人民忠诚卫士系列活动，与省妇联、团省委联合表彰“十佳军嫂”和“十佳共青团员”，吉安支队主题教育试点经验在武警部队推广。重视做好意识形态工作，加大形势政策教育力度，加强网络和手机管控。注重发挥政治工作作战功能，为遂行多样化任务提供了有力的服务保证。

现代化建设进一步推进。贯彻“广东会议”精神，制定推进现代化建设路线图，建设思路更加清晰，步伐进一步加快。信息化建设深入推进，科学构建信息智能网络系统，推广运用机关办公自动化平台，完成有线网扩容建设，总队被总部评为“信息化建设先进单位”。人才建设力度不断加大，深入开展大练基本功活动，组织“六类人才”评比竞赛，安排196名干部送学培训。装备建设稳步发展，分批采购配发反恐装备器材，重点加强工化救援中队装备建设。调整改革有序展开，编制调整改革方案初步形成，执勤减员增效改革初见成效，保障社会化改革工作受到总部表彰。

遂行任务能力明显增强。加强力量体系建设，处突反恐、抢险救援和应急保障更加有力有效，执勤“四防一体化”建设扎实推进，“三共”活动深入开展，警卫、“两规”勤务万无一失，总队连续12年无执勤事故。推进军事训练转变，精心组织“卫士—11”演习和参谋业务集训竞赛，狠抓反恐战法研究、骨干培训和实战化对抗性训练，参加总部各类比武竞赛取得较好名次。大抓战备建设，着眼有效应对网上煽动非法聚集活动和各类突发事件，严密组织实兵演练和战备转级。全年成功处置警卫目标上访事件、危及目标和哨兵安全事件，担负临时性勤务，“七城会”安保和抗洪抢险等重大任务，维护了社会稳定。

依法从严治警成效显著。全面实施三步走“三线推进”，通过重点整治、全面达标、会议提升，“四个秩序”更加正规，接受总部正规化管理达标检查验收总评优秀。严格部队作风纪律，开展新兵“三查一除”和条令学习月活动，对家门口士兵和县市中队原籍干部进行专项清理，对重点岗位进行专项整治，深入发生问题单位专题调研剖析。突出防范重大安全问题，组织“五个过一遍”，开展枪弹安全管理、保密安全、密切内部关系以及专项教育整顿，持续推行“双防”工作四级联查，部队保持安全稳定。

抓经常打基础持续深入。始终把工作重心放在基层，党委专门下发抓经常打基础工作指示，召开抓建基层工作会议、经常性思想工作和管理工作座谈会，组织“四心”活动试点，探索实践经常性思想工作有效抓手，形成抓经常打基础的鲜明导向。加大按纲抓建力度，精心组织纲要轮训和预任党支部书记培训，建立“六按”抓建工作规范，开展“反对空谈、崇尚实干、狠抓落实”教育整顿，推行“一二一”工作制，总队组织3批174人次蹲点调研帮建和当兵锻炼，6个重点帮建的中队跨入先进。注重优化基层干部编配，着力稳定基层干部队伍，基层主官以副代正率降至2%。

综合保障水平不断提高。突出应急保障能力建设，完善应急预案，着眼“一专多能”强化岗位练兵考核，严格规范后勤“三室一库”建设，基本形成物资筹措储备多元化格局。坚持以保障基层为重心，投入经费5400余万元解决基层实际困难，配套建设成效明显，在总部讲评会上受到领导的肯定。训练基地新址建设进展有序，医院创“三甲”工作推进有力，机关办公楼和直属分队装修完成，官兵地方生活补贴提高到每人每天3元。狠抓后勤科学化精细化管理，加大对大项工程建设和经费物资管理审计监督力度，持续推进后勤各项改革，综合保障效益明显增强。

部队党的建设全面加强。坚持以建强党委班子为重点，突出抓好思想作风建设，集中开展“加强党性修养、锤炼思想作风”教育，整顿“七个方面问题”专项治理成效明显。组织民主集中制学习研讨，研究制定加强党委工作三个规范性文件，加大考察帮建力度，党委班子领导能力、决策水平和团结质量进一步提高。着力加强基层党组织建设，深化创先争优活动，研究把握“五性”特征，持续抓好“三治四建”，总结宣扬永新县中队党支部先进事迹。重视加强干部队伍建设，着力改进考评办法、规范考评程序、完善制度机制，班子结构不断优化。推进党风廉政建设，学廉政法规、倡廉洁新风、树清廉形象，加大对热点敏感问题的监督力度，促进了部队风气建设。抚州支队被总部表彰为基层建设先进单位，一支队、二支队、赣州、上饶、吉安支队被总队评为先进支队，景德镇、宜春、新余支队进步较大。

中央军委领导视察上饶支队。10月12日，中共中央政治局委员、中央军委副主席徐才厚到武警江西省总队上饶支队机关视察调研。

【担负到赣视察中央领导警卫勤务】 6月2日，中共中央政治局常委、国务院总理温家宝莅临江西九江视察旱情。武警江西省总队担负首长视察期间的住地警卫、专机警卫和机动备勤任务。6月12～16日，中共中央政治局常委、全国政协主席贾庆林一行莅临江西景德镇、鹰潭、新余、萍乡、南昌等地视察，江西总队担负首长视察期间的住地警卫、专机守卫和机动备勤任务。10月1～3日，中共中央政治局常委李长春视察九江庐山，江西总队担负首长视察期间的住地警卫和机动备勤任务。

【担负“七城会”安全保卫】 10月16～25日，第七届全国城市运动会在南昌举行。武警江西省总队派担负开闭幕式表演和现场警卫、火种采集、火炬传递、场馆守卫、主要交通，要道设卡、武装巡逻及处突、反恐和机动备勤等12项安保任务，成功应对拥堵险情2起，妥善处置翻越围栏、投掷物品、冲闯安检等120余起，要道设卡共抓获犯罪嫌疑人15名，查获仿真枪支26支、毒品30克和各类违禁物品1650余件，完成各项任务。

【召开第三次党代表大会】 7月19～22日，武警江西省总队第三次党代表大会在南昌召开。大会高举中国特色社会主义伟大旗帜，贯彻落实科学发展观和胡锦涛主席关于新形势下国防和军队建设重要论述以及武警部队建设重要指示，回顾总结总队过去7年建设取得的成绩和经验，深刻分析新的形势下面临的机遇和挑战，思考规划未来5年总队建设发展的目标和任务。大会审查通过中国共产党中国人民武装警察部队江西省总队委员会报告、纪律检查委员会工作报告，选举出了中国共产党中国人民武装警察部队江西省总队第三届委员会和新的纪律检查委员会。

【开展主题教育先行活动】 2月24日至3月2日，武警部队围绕“坚定理

10月16～25日，第七届全国城市运动会在南昌举行。武警江西省总队派出3700名兵力，担负开闭幕式表演和现场警卫、火种采集、火炬传递、场馆守卫、主要交通要道设卡、武装巡逻及处突、反恐和机动备勤等12项安保任务。

武警江西省总队供稿

想信念，忠实履行使命，持续深入开展培育当代革命军人核心价值观，争做党和人民的忠诚卫士”主题教育先行活动在江西总队吉安市支队进行。活动相对集中7天时间进行，总结出的教育做法在武警部队主题教育部署会上作了经验介绍，并在全武警部队推广运用，为推进武警部队主题教育广泛深入开展摸索总结经验规律。

【开展团以上领导干部理论学习网上集训】 9月21～28日，武警江西省总队举行团以上领导干部理论学习网上集训。集训围绕“深入学习贯彻胡主席‘七一’重要讲话精神、在新的起点上推进部队建设科学发展”这一主题，采取统一计划、同步组织、分级实施的方法，进一步提高领导干部理论素养，为推动部队现代化建设协调发展、有效履行职责使命、高标准实现“两个确保”打下扎实的理论基础。

【开展后勤专业岗位练兵集中考评】 8月25日至9月2日，武警江西省总队分三个片区对所属16个支队级单位后勤机关及直属分队干部、专业兵进行实地考核。后勤处（部）的战勤、财务、军需、军械、运输、卫生、营房干部，直属分队的司务长、炊事员、卫生员、驾驶员、军械修理工和军械保管员参加考核。考核设7个专业，分为共同课目和专业课目两大块。

（杨　俊）

消防部队

【概　况】 着眼服务大局，火患排查整治取得新成效。以建党90周年、“七城会”消防安保为重点，构筑“防火墙”工程，深化“五大”活动，全面推进重点单位“四个能力”建设达标，持续实施重大火灾隐患政府挂牌督办，开展人员密集场所、合用场所、建筑消防设施专项治理，严厉打击假冒伪劣消防产品，召开建筑消防设施规范化和全民消防宣传教育现场会，社会消防安全环境不断优化。推进“清剿火患”战役，制定消防执法“八条铁规”，推行消防安全“网格化”管理模式，全面排查整改合用场所、九小场所、社区火灾隐患，实行监督执法网上绩效考评，始终保持了清剿火患的高压态势。2011年，全省消防部队共检查社会单位22.9万多家，整改火灾隐患48.9万余处，责令“三停”3052家，罚款9998万余元，行政拘留860人。完成建党90周年、泛珠大会、“七城会”、低碳大会、省第十三次党代会等重大活动的消防安保任务。全年共发生火灾4562起，死亡29人，受伤14人，直接财产损失8380万元，未发生有重大政治影响火灾、重特大火灾尤其是群死群伤火灾，全省火灾形势持续保持总体平稳。

强化主业意识，灭火救援能力经受新考验。在全国消防部队率先开展创建铁军中队试点，成功承办全国现场会，共青城铁军中队“五化”创建模式受到公安部领导的肯定。推动综合应急救援工作，省、市、县三级全部完成队伍组建任务，举办全省应急救援工作推进会和灾害事故处置实战演习，推广南昌县、丰城市综合应急救援队伍建设经验，综合应急救援工作稳步推进。深化全员岗位练兵，加强战训基础工作，开展“六熟悉”活动和实战演练，组织石油化工场所灭火救援专项测试，举办基层指挥员培训班和打造铁军集中考核、比武竞赛活动，部队灭火救援能力进一步增强。2011年，全省消防部队共接警出动1.3万余次，营救疏散人员2.6万多人，抢救保护财产价值36.6亿元。特别是在参加“8·6”沪昆高速重大交通事故、“9·11”江中制药在建厂房坍塌等急难险重抢险救援任务中，队伍灭火救援能力得到实战检验和锻炼提升，总队司令部被公安部消防局评为“全国战训工作先进司令部”。

狠抓队伍建设，部队官兵凝聚力得到新增强。学习实践胡锦涛总书记“三句话”总要求（要努力建设一支“忠诚可靠、服务人民、竭诚奉献”的消防队伍），开展建党90周年专题教育，宣传贯彻《公安消防部队思想政治教育大纲》，正确行使教育“四种权利”，建立科学的教育评估体系，教育的主动性、针对性和时效性显著增强。开展支队党委班子规范化建设试点，举办团职领导干部理论读书班，推广基层党支部规范化建设试点经验，各级党委班子领率能力进一步提升。健全完善干部选拔任用机制，全面推行团职干部公推公选、机关干部公开选调，提拔调整营团职干部464名，实现任免同步，形成了德才兼备、以德为先的用人导向。按照“能说、会写、善做”要求，立足岗位，开展政工干部练兵活动。加强党风廉政建设，开展党纪法纪教育和警示教育，实施五项“阳光工程”，制定廉洁自律六条禁令，开展治理“小金库”活动，强化审计结果应用，内外和谐、上下畅通、风清气正的良好局面逐步形成。

依法从严治警，部队正规化建设迈上新台阶。严格落实条令条例，开展正规化建设精细化管理试点，各支队以点带面，推广吉安支队示范成果，规范部队“四个秩序”，确保了部队的高度集中统一，总队在全国正规化建设现场会上作了经验介绍。贯彻执行新编制，推行财务暨装备规范化建设和执法规范化建设，部队正规化建设步伐进一步加快。开展作风纪律教育整顿，深化“五无”创建活动，出台安全工作三个文件，加大督察访查力度，确保了部队的安全稳定。举办第三届“魅力杯”篮球赛，唱响《公安消防组歌》，发挥警营文化的熏陶作用和先进典型的引导作用，激发官兵的工作热情和战斗激情。南昌特勤大队一中队党支部被中组部授予“全国先进基层党组织”称号，瑞金大队被中央文明委授予“全国文明单位”称号，南昌特勤大队、崇仁大队被公安部、团中央命名为“全国青年文明号”，全省消防官兵被江西电视台评为全省“十大好人”英雄群体，总队在全省“百千万”内设机构测评活动中连续两年综合排名第二。

夯实发展基础，后勤保障水平实现新跨越。制定执勤中队装备配备标准，尝试利用外国政府贷款购置消防装备，探索政府担保融资租赁消防装备模式，年度装备建设经费达到1.35亿元，部队新增消防车100台、装备器材6万余件（套）。全年投入5.47亿元新（改扩）建消防站48个，其中15个已投入使用、11个已主体完工、22个正在建设。总队本级争取经费1亿元，推进省应急救援指挥中心、总队培训基地和省应急救援装备物资储备基地等三项基本建设，其中培训基地学员楼、大绳横渡等训练设施已完工并投入使用，培训基地综合训练馆和省应急救援指挥中心已开工建设，省应急救援物资储备库项目建议书已获省发改委批准。

【消防业务经费大幅增加】 2011年，消防部队加大沟通协调力度，争取地方财政支持，部队长远发展的基础更加牢固。全年消防业务经费总量达到5.4亿元，其中正常经费2.42亿元、专项经费2.98亿元，同比分别增长38%和19%；总队本级落实消防业务经费6027万元，其中正常业务经费1327万元，同比增长71%，首次突破1000万元。

（省公安消防总队办公室）

人民防空

【概 况】 贯彻第六次全国人民防空会议精神。11月，省政府办公厅、省军区司令部转发省人防办《关于推进人民防空建设融合发展若干意见的通知》。根据全国全省人防会议精神，各级人防部门对已拟制的人防"十二五"规划和年度工作计划进行了修改完善，使"十二五"规划和年度工作计划方向性更加明确、针对性更加突出。

加强人防指挥通信建设。按照信息化条件下局部战争需要，结合应急救援需求，全面加强人防指挥通信能力建设。全年新完工县级人防应急救援指挥中心9个，在建12个，新批准建设8个。合理布局县级人防卫星通信系统建设，实现全省应急救援1.5小时到达现场。完成了省本级无人机图像信息采集系统建设。组织开展全省人防"北斗"卫星导航定位应用系统项目建设试点，在省人防办和宜春市办开展3G应急通信系统建设试点。全年共新增警报器86台。各设区市在抓好传统防空群众组织整组训练的同时，着力抓实人防新型抢险抢修专业队整组工作，多数设区市人防办组建了数支民防志愿者队伍。上饶县人防办建成全省首个县级民防教育馆并对外开放。

推进人防工程建设。引资建设已成为人防服务城市建设的重要模式和拉动经济发展的重要增长点。全省各地6个总建筑面积21万多平方米、总投资额20亿元的社会投资建设的人防工程项目相继竣工或开工。特别是沃尔玛、步步高等国内外著名商业企业入驻人防工程，取得了很好的社会效益、经济效益和战备效益，为人防工程平战结合开辟了新路。《江西日报》以"人防+商业，江西省城市地下开发风起云涌"为题进行大幅专题报道。人防部门自寻人防工程取得新成果，城市地下空间开发兼顾人防需求取得新突破。省和南昌市人防办对南昌地铁兼顾人防要求进行全程指导、服务和监管。南昌市组织编制《南昌市中心城区地下空间开发利用专项规划》。

推动人防法制化建设。3月1日起《江西省人民防空工程管理办法》施行。4月省政府办公厅、省军区司令部联合发出《关于加强省级人民防空重点城市人民防空工作的意见》。2月，南昌市政府办公厅出台《关于印发南昌市地下空间开发利用管理若干意见（试行）的通知》。召开全省人防工程质量监督会议。组织开展"安全生产年"活动，制订《江西省人防工程安全生产管理办法》，建立安全质量工期履约保证金制度、安全质量专家评审制度和人防工程建设季报制度，从而确保全省所有人防工程都实现"安全生产零事故"。规范防护设备市场管理，与省工商局联合印发人防工程防护设备购销合同示范文本，结合实际情况发布2011年度全省人防工程防护设备信息价。对建设单位反应强烈的防护设备企业市场垄断行为进行了查处。

全省人民防空工作会议召开。1月13日，全省人民防空工作会议在南昌召开。省委常委、副省长陈达恒作主报告，国家人防办副主任李扬，省军区领导郑水成、陶正明、倪海峰出席会议并讲话。会议总结"十一五"时期人防工作，部署"十二五"时期人防工作。

举办《江西省人民防空工程管理办法》远程培训班。1月4日，省长吴新雄签署第187号省政府令，发布《江西省人民防空工程管理办法》。省人防办于2月23日举办《江西省人民防空工程管理办法》远程培训班，全省市、县（区）人防办主任和分管主任以及业务工作人员420余人参加了培训班。

《江西人民防空》创刊。《江西人民防空》于7月1日正式创刊。《江西人民防空》为双月内刊，是省人防办的机关刊物，是全省各级人防部门和人防企事业单位的重要宣传交流平台，是面向社会宣传人防政策、开展人防教育的重要工具。杂志内容涵盖人防、民防、军事题材，重点反映全省各地贯彻落实第六次全国人民防空会议和全省人民防空工作会议成果、人防训练演练、人防融合发展、人防信息化建设、人防工程建设、人防法制建设及宣传教育、机关建设、财务资产管理等方面的情况。杂志面向全省人防系统发行，并向全省各级党政军机关主要领导和分管领导、以及与人防工作相关的部门免费赠阅。

【江西人防系统参加"江西砺剑—2011"演习】 9月26～28日，全省人防系统参加由省军区组织的"江西砺剑—2011"防空战役演习。省、市两级人防指挥部领导实名制参演。省人防指挥部带头落实了"实名制"，副省长姚木根以指挥长身份参加演习，主持召开平战体制转换会议，并在省军区作战会议上汇报了防空决心建议，近30名厅、局、委、办的领导参加演练，8个设区市分管副市长以指挥长身份组织实兵课目演练。省和11个设区市人防指挥部近500人全程参演，2000多名人防专业队员、社区群众、志愿者和100多台人防机动指挥车、卫星通信车、抢修车、救援车、运输车等各型车辆参加了实兵课目演练。演习采取上导下演、异地同步、网上作业的方式，演练了平战体制转换、定下防空决心、组织协同保障和临战人口疏散、信息防护、城市管制、重要经济目标防护、消除空袭后果、跨区支援等内容的组织与指挥。

（陈文平 陈 婧）

法　　治

本栏编辑　李目宏　詹跃华

公　　安

【概况】　2011年，全省公安机关围绕科学发展、进位赶超、绿色崛起的总体要求，主动融入鄱阳湖生态经济区建设大局，以深入推进"三项重点工作"和公安"三项建设"、队伍建设为主线，以深圳"大运会"、南昌"七城会"和省第十三次党代会等安全保卫任务为重点，忠实履行第一责任，主动服务第一要务，扎实做好各项工作。

全力履行首要政治责任，积极适应、准确把握稳定形势的新变化新特点，统筹国际国内两个大局、网上网下两个战场，严密防范、严厉打击境内外敌对势力的渗透破坏活动。积极化解社会矛盾，主动对接"三调联动"机制，全面加强基层调解工作，着力加快派出所、交警队调解室建设。切实强化危机管理，建立政府牵头的综合应急救援工作机制，加大物质装备保障力度，加强公安特警队等应急力量建设，组织开展技能比武竞赛和跨区域实战演练。

精心组织严打整治行动，以打开路、重拳出击，有针对性地组织开展一系列打击整治专项行动，始终保持对犯罪活动的高压严打态势。深入推进追捕网上逃犯"清网行动"，抓获逃犯1.83万名，网上逃犯下降率达88.71%，位列全国第七名。广泛开展"打四黑除四害"和"亮剑"行动，成功侦破"瘦肉精""地沟油""有毒有害腐竹"等一批部督案件，捣毁黑作坊、黑工厂、黑市场、黑窝点380个，抓获犯罪嫌疑人2899人。组织开展"春季攻势""打黑除恶"、打击"两抢一盗"、打击拐卖妇女儿童等专项行动，打掉黑恶势力团伙83个，抓获团伙成员654人。集中开展打击淫秽色情违法犯罪、禁赌"百日行动"和企业及周边治安环境等专项整治行动，查处各类治安案件24.5万起。

全面加强公共安全监管，将常态监管与重点整治有机结合，有效预防和减少各类安全事故发生。持续深入开展治爆缉枪专项行动，查处涉枪涉爆案件117起，抓获违法犯罪人员165人，收缴一大批枪支弹药，缉捕会战战果列全国第3名。深入推进道路交通安全专项整治行动，严厉查处"三超一疲劳"和酒驾、校车超载等严重交通违法行为，全省道路交通事故起数、死亡人数、受伤人数分别同比下降17.08%、3.83%、19.26%。深入推进社会消防安全"防火墙"工程建设，以"清剿火患"战役为抓手，全面排查整治火灾隐患，全年整改火灾隐患48.9万余处。

着力提高育警带警能力，注重以党建带队建，坚持抓班子、带队伍，进一步强化对民警队伍的严格教育、严格管理、严格纪律、严格监督，实现队伍教育管理的新进步。进一步坚定队伍理想信念，依托江西"红色"资源优势，大力弘扬井冈山精神，引导民警自觉践行忠诚、为民、公正、奉献的江西公安核心价值观，永葆忠诚的政治本色。深入开展"创先争优"活动，充分发挥基层公安党组织的战斗堡垒作用和广大党员民警的先锋模范作用，在完成各种急难险重任务中摔打磨炼队伍，涌现出曾凯、吕凯等一大批受到全国、全省表彰的先进典型。狠抓队伍科学管理，优化配强各级公安领导班子，大力推进公安厅机关机构改革，继续深化干部人事制度改革，加大竞争选拔和上下交流力度，制定出台《2011年各设区市公安工作综合考评办法》。强化队伍教育训练，加大公安领导干部教育培训力度，全面落实"三个必训"制度，深入推进"轮训轮值、战训合一"训练模式，积极创新教育培训方法，大力加强教育训练基地建设。

【完成重大安保任务】　全省公安机关牢固树立"一盘棋"思想，按照严之又严、细之又细、实之又实的要求，坚持将严打、严防、严管、严控有机结合，全警动员、全力以赴，以面保点、整体防控，圆满完成深圳"大运会"、南昌"七城会"和省十三次党代会等重大活动及"两会"、庆祝建党90周年等重要敏感时期的安全保卫任务，省公安厅被公安部荣记集体二等功。

【推动社会管理创新】　全省公安机关以省委、省政府"两办"转发的《公安厅关于进一步做好社会管理创新工作的意见》为契机，在深化社会矛盾化解、加强社会治安管理的同时，不断推动社会管理创新在重点领域取得新突破，提高社会管理科学化水平。积极创新人口服务管理，稳步推进户籍管理制度改革，全面推开融子女教育、养老保险、计划生育、办理驾照等公共服务功能于一体的居住证管理制度，在保障流动人口应享的服务和权益的同时，促使他们主动自觉接受社会管理。有效实施虚拟社会管控，组织开展打击网上诈骗、网上赌博、网络淫秽色情、涉枪涉爆"净网行动"、清理整治"网络黑市"等专项打击整治行动，成功侦破涉案金额数亿元的“511”特大跨国网络赌博案等一大批网络违法犯罪案件，摧毁“61”特大网上涉毒恶势力团伙，有效维护了网上秩序和网络安全。广泛开展创意警务活动，以警务改革创意、战术战法创意、科技应用创意、队伍管理创意等为重点，着力用创新创意的理念、思路和方法、手段破解社会管理难题，探索和积累了一批各个层面警务工作创新的经验和成果，有效激发了广大民警和基层蕴藏的巨大创造活力。

【推进公安“三项建设”】 全省公安机关以深入推进公安“三项建设”为载体，着力解决影响社会稳定的源头性、基础性和根本性问题，不断夯实公安工作的发展基础，推动传统警务向现代警务转型升级，进一步提升维护社会稳定的能力和水平。公安信息化建设深入发展。以公安信息化基础建设和高端应用为重点，大力加强平台功能建设与完善，着力整合各类信息资源，有效提升核心战斗力；全省公安二、三级网带宽升级改建完成，专线视频指挥调度系统全面开通，卫星移动通信能力明显改善；深入推进警务机制改革，精心组织合成作战、信息会战，广泛开展网上作战、网上追逃、网上管理、网上办公，促进警务工作现代化。执法规范化程度明显提高。制定出台《江西省公安机关常见警情处置规范》和《江西省公安机关执法流程管理手册》，进一步明确民警岗位职责和执法标准；以组织开展公安民警基本执法资格考试为载体，采取集中举办培训班、定期开展法制讲座、组织网上模拟训练等方式，不断加大执法教育训练力度；围绕确保执法安全，强力推动执法办案场所功能分区和涉案财物管理中心建设，逐步实现对民警执法过程全景式监督，全省涉案人员非正常死亡事件同比下降64%；大力改进执法质量考评工作，完善网上执法办案系统和考评机制，全省刑事案件、行政案件网上流转率分别达99.67%、99.82%，执法质量考评合格和优秀率达94.78%。和谐警民关系建设。以“大走访”开门评警活动为载体，坚持“走出去”和“请进来”相结合、“键对键”与“面对面”相结合，在继续完善警营开放、警民恳谈和在线交流等长效机制的基础上，通过网上警务论坛、民警微博、QQ群、聊天室等方式，加强与群众的多渠道联系沟通，将走访评议活动延伸覆盖到社会各个领域和群体，累计走访群众368万人次，解决群众实际困难12万多个，收集群众意见或建议4万余条，落实整改措施1.27万项；结合开展“发展提升年”活动，制定《全省公安机关创业优化发展环境的若干意见》，在治安、道路交通、消防、出入境等公安管理方面出台了一批便民利民措施，积极搭建网上服务高速路，大力推行“一窗式受理”“一站式服务”和“外网受理、内网办理”工作模式；继续完善以民意为导向的警务工作机制，全面推行“短信评警”“民调评警”“网络评警”等，将评议结果与奖惩、提拔等挂钩，群众满意率达88.98%，同比上升3.2%。

（张跃文）

检 察

【概 况】 2011年，全省检察机关围绕科学发展这个主题和加快转变经济发展方式这条主线，履行宪法和法律赋予的职责，做好各项工作。

强化服务大局，保障全省经济社会科学发展。部署开展“重大项目建设服务年”活动，与省发改委、省国土资源厅等五部门建立服务重大项目建设联系协作机制，积极参与项目建设周边治安环境整治，配合有关部门妥善化解征地拆迁、移民补偿、环境保护等方面的矛盾纠纷，保障重大项目建设顺利推进。积极参与整顿和规范市场经济秩序工作，批准逮捕破坏市场经济秩序犯罪嫌疑人820人，提起公诉797人；批准逮捕侵犯知识产权和制售假冒伪劣商品犯罪嫌疑人96人，提起公诉78人。严厉打击侵害群众利益的犯罪，批准逮捕生产销售“地沟油”“瘦肉精”“毒腐竹”等有毒有害食品的犯罪嫌疑人25人，提起公诉21人；依法查办发生在征地拆迁、社会保障、医药购销、医疗服务等民生领域的职务犯罪案件257件383人；开展查办危害民生民利渎职犯罪专项工作，立案侦查案件126件151人。

强化第一责任，全力维护社会和谐稳定。制定《关于加强和完善工作机制，深化三项重点工作的实施意见》，建立健全贯彻宽严相济刑事政策、畅通群众诉求表达渠道、参与社会管理创新等六大类24项工作机制，把各项法律监督工作纳入三项重点工作整体布局。依法履行批捕和起诉职责，全年批准逮捕刑事犯罪嫌疑人2.11万人，提起公诉2.55万人，其中批准逮捕危害公共安全、黑恶势力、严重暴力犯罪嫌疑人4388人，提起公诉5721人。制定覆盖执法办案各个环节的风险评估预警工作实施细则，积极开展执法办案风险评估预警工作，启动1367起案件的风险评估和预警；推进检调对接工作，对936件轻微刑事案件开展刑事和解，有414件不服法院正确判决的民事行政申诉案件调解息诉。排查化解涉检信访积案，中央政法委交办的37件涉检进京信访积案全部办结。开展案件评查工作，共评查案件1635件，对有执法过错或重大瑕疵的13件案件全部予以纠正。配合有关部门，对城中村、城乡结合部等重点部位进行集中整治；结合执法办案，向政府和有关部门提出整治非法行医、加强财政资金管理等检察建议223件，防止管理漏洞；针对拖欠土地出让金、矿产资源转让金等行为，办理督促起诉案件341件，帮助催收催缴资金2.2亿元。

强化惩防腐败，依法查办和预防职务犯罪。查办贪污贿赂犯罪，全年立案746件1031人，其中大案521件，县处级以上领导干部要案36人（含厅级干部2人）；深入贯彻落实中央《关于加大惩治和预防渎职侵权违法犯罪工作力度的若干意见》，各级检察院积极查办渎职侵权犯罪案件，共立案190件236人，立案人数同比上升14.6%；精心组织惩治和预防渎职侵权犯罪展览江西巡展，积极开展服务和保障换届选举专项预防工作，全面落实预防职务犯罪年度综合报告制度，预防工作质量和效果进一步增强。全年立案侦查各类职务犯罪案件936件1267人，提起公诉1024人，侦结后起诉率为86.9%，起诉后有罪判决率为99.9%。

强化诉讼监督，捍卫社会公平正义。全年监督侦查机关立案433件、撤案300件；纠正漏捕1628人，纠正漏诉1845人；提出刑事抗诉123件，抗诉意见采纳率为72.5%；提出民事行政抗诉154件，原审裁判改变率78.3%；监督纠正减刑、假释、暂予监外执行不当791人(次)，对执法司法活动中的违法情况提出书面纠正意见2784件(次)。监督行政执法机关移送涉嫌犯罪案件40件46人，开展看守所械具和禁闭使用情况专项检查活动，促进行政执法机关公正执法和监管场所规范管理。

强化自身监督，促进公正廉洁执法。深入开展理性、平和、文明、规范的执法观教育，认真落实《检察机关执法工作基本规范》的各项要求；制定《江西省检察机关执法办案内部监督实施细则》，重点加强对不立案、不批捕、不起诉、撤销案件和变更强制措施等执法环节的监督。加强党风廉政和纪律作风建设，通过逐级签订党风廉政建设责任状，督促各级检察院领导班子、领导干部履行“一岗双责”；扎实开展“维护人民群众合法权益，解决反映强烈突出问题”专项检查活动，重点加强和规范对扣押、冻结涉案款物的管理，及时退还违规扣押款物。自觉接受外部监督，全省检察机关向同级人大及其常委会专题报告工作131次，邀请人大代表、政协委员视察检察工作205次；办理人大代表建议和政协委员提案，全年办结66件，满意率为100%；依法支持和保障人民监督员开展监督工作，对127件拟作撤案、不起诉处理的职务犯罪案件进行监督；重视网络舆论监督，制定实施《涉检舆情引导和应急处置暂行办法》，增强应对和处置涉检舆情的能力。

【召开全省检察机关服务鄱阳湖生态经济区建设推进会】 4月1日，全省检察机关服务鄱阳湖生态经济区建设推进会在丰城市召开。会议总结2010年以来全省检察机关服务鄱阳湖生态经济区建设工作，研究部署下一阶段服务措施。省委书记苏荣、省长吴新雄专门对会议作出重要批示；省检察院党组书记、检察长曾页九出席会议并讲话；省发改委主任姚木根应邀作全省“十二五”规划和重大项目建设情况报告。会上，全省各设区市检察院、南铁分院检察长签订建立服务鄱阳湖生态经济区建设联系协作机制的框架协议。

【开展重大项目建设服务年活动】 年初，省检察院部署开展全省检察机关重大项目建设服务年活动，制定下发14条实施意见。各级检察院有针对性地选取南昌航空工业城、峡江水利枢纽工程、杭南长铁路客运专线等256个投资规模大、带动能力强、关系经济社会发展大局的重大项目，集中力量，积极主动地提供优质法律服务，积极参与重点项目周边环境的综合整治，依法打击危害项目建设的犯罪活动，维护项目单位合法权益；严肃查办各类影响项目建设的职务犯罪，着力抓好重大项目建设专项预防，提供工程建设招投标行贿犯罪档案查询；深入项目建设单位开展法制宣传和警示教育，妥善化解涉及项目建设征地拆迁、移民补偿、环境污染、安全生产等方面的矛盾纠纷，营造有利于项目建设的良好环境，保障全省重大项目建设顺利推进。

【开展监督行政执法机关移送涉嫌犯罪案件专项活动】 全省检察机关按照高检院、公安部、监察部和商业部的联合部署，会同公安、监察、商务部门走访国土资源、环保、农业、文化、卫生、税务、工商、质检、新闻出版、知识产权、烟草专卖、食品药品监督等行政执法机关，了解2008年以来作出行政处罚或涉嫌犯罪尚未移送公安机关的案件情况。通过专项检查，监督行政执法机关移送涉嫌犯罪案件201件265人，公安机关依法立案侦查145件199人，批准逮捕50件69人，已起诉68件98人，法院作出有罪判决43件58人。发现14起行政执法人员涉嫌渎职犯罪案件线索，及时移送反渎职侵权部门，已立案侦查11件12人，依法决定逮捕6人，起诉9件10人，法院作出有罪判决8件9人。

【开展2010年度另案处理和在逃人员专项检查活动】 省检察院会同省公安厅开展对2010年度公安机关提请批准逮捕案件中涉及另案处理、在逃人员的专项检查活动，共查出另案处理人员217名、在逃人员498名。针对存在的问题，发出检察建议10余份，监督上网追逃121人，督促追回逃犯103人，发现“另案处理”不当移送追加起诉2件。在此基础上，出台《江西省人民检察院、江西省公安厅关于规范办理“另案处理”案件的指导意见》。此项工作得到最高人民检察院肯定，并在全国范围内开展另案处理人员专项检查活动。

【首届全省检察机关人民监督员学习研讨班在井冈山举行】 4月18～22日，第一届全省检察机关人民监督员学习研讨班在国家检察官学院井冈山分院举行。全省检察机关人民监督员170余人参加研讨班，集中学习研讨人民监督员制度相关知识、检察业务知识等。研讨期间，举行省检察院人民监督员颁证仪式，省检察院党组书记、检察长曾页九出席仪式，并为15位省检察院人民监督员颁发证书。

【召开人民检察制度创立80周年纪念大会】 10月23日，共和国检察从这里启航——人民检察制度创立80周年纪念大会，在人民检察制度发源地瑞金市沙洲坝中华苏维埃工农检察人民委员部旧址召开。高检院党组成员、政治部主任李如林出席大会并讲话，省委常委、省委政法委书记舒晓琴出席大会并致辞，省委常委、赣州市委书记史文清出席大会。省检察院检察长曾页九和应邀出席大会的福建省检察院检察长倪英达、陕西省检察院常务副检察长崔明生、河北省检察院副检察长史建明、广东省检察院副检察长王雁林，围绕人民检察制度形成、发展和不断完善的80年光辉历程作主题演讲。会议还举行庄严的检察官宣誓仪式和“发扬革命传统、争取更大光荣”——人民检察光辉旗帜电子传递仪式。

【制发《依法保障侦查阶段律师会见在押职务犯罪嫌疑人权利的通知》】 7月18日，省检察院制发《依法保障侦查阶段律师会见在押职务犯罪嫌疑人权利的通知》，要求全省检察机关从推进社会主义民主法治建设和尊重保障人权、维护司法公正的高度出发，充分认识依法保障律师会见权的重要性和必要性，主动采取有效措施，落实相关法律法规政策，解决律师“会见难”问题。

（熊国钦　罗菁婷）

审　判

【概　况】 2011年，省法院始终坚持“三个至上”指导思想和“为大局服务，为人民司法”工作主题，深入推进三项重点工作，全面履行审判职能，各项工作取得新进展。全省法院有24个集体、13名个人受到中央政法委、最高人民法院表彰；1个法院被评为全国模范法院，2名法官被评为全国模范法官；3个法院被评为全国法院文化建设示范单位，省法院机关和寻乌县法院被评为全国文明单位。

坚持能动司法，服务大局有新作为。出台服务全省“十二五”规划的28条意见、加强环境司法保护的20项措施，举办鄱阳湖生态经济区环境司法保护专题论坛。支持全省7个系统国企改革，全省法院妥善审理企业破产案件73件，协助安置职工1.52万人。全省法院积极参与社区矫正工作，组织送法进农村、进社区、进校园等法律服务活动4048场次。深入推进诉讼与非诉讼衔接、“三调联动”和司法协理机制建设，将矛盾纠纷化解在萌芽状态、化解在诉讼之前。全省法院诉前调解化解纠纷1.48万件，指导行政调解、人民调解8249件次；1.56万名司法协理员参与调处矛盾纠纷和信访维稳2.82万件次。加强对宏观经济调控下企业资金链断裂、民间借贷纠纷多发等新情况、新问题的专题调研，为化危机、调结构、转方式建言献策，向有关部门和企业单位提出司法建议1051条。进一步完善与政府相关职能部门的联系协作机制，建立企业联系点，积极提供法律服务。

坚持公正司法，执法办案有新成效。全省法院受理各类案件20.67万件，审结20.66万件(含旧存，下同)，同比分别上升3.08%和2.12%。一是依法打击刑事犯罪，维护社会稳定。全省法院审结一、二审刑事案件1.95万件，判决生效人犯2.26万人，其中判处5年以上有期徒刑直至死刑2856人。准确适用刑法修正案(八)，依法审理醉驾案件126件，对41名被告人适用禁止令，对16名被告人决定限制减刑。二是妥善审理民商纠纷，服务经济发展。全省法院审结一、二审民商事案件12.68万件，上升2.72%，涉案标的额124.18亿元；一审民商事案件调解撤诉率达60.75%。三是积极化解行政争议，促进依法行政。全省法院审结一、二审行政案件2386件，上升15.99%；案件协调撤诉率47.44%。四是深入推进执行专项活动，保障债权人合法利益。全省法院执结各类案件4.18万件，标的额57.84亿元，执结率为77.63%。

坚持司法为民，便民服务有新拓展。深化立案信访窗口建设，不断提高窗口服务水平。加强交通事故、物业、环保、旅游纠纷等专业法庭建设。继续推行网上立案、预约开庭、巡回审判，全省法院开展巡回审判1.19万次。加强刑事司法领域人权保护，为符合条件的被告人指定辩护人589人次。依法保障公民申请再审权利，全省法院受理申诉、申请再审案件1265件，审结1387件。加大司法救助力度，全省法院建立各项救助基金1836万元，为968名经济困难的刑事案件被害人、申请执行人及涉诉信访当事人发放司法救助款1415万元，为4756件案件的困难当事人缓减免交诉讼费1131万元。进一步落实信访工作责任制，落实领导包案和接访常态化工作制度，各级法院开展“院长接访日”活动1405次；省法院约期接谈165件次，领导带案下访68件次。深入开展“集中清理涉诉信访积案”和“集中化解进京重复访案件”专项治理活动。同时，建立涉诉信访案件督促监督机制，完善判后答疑、申诉听证等制度，有效疏通申诉上访渠道，引导当事人理性表达诉求。

坚持改革创新，审判管理有新突破。围绕“加强监督，规范司法，完善制度，提高质效”的目标，从建立专门机构、健全制度体系、优化管理职能入手，对审判过程进行严格规范，对审判质效进行科学考评，对司法资源进行有效整合，认真解决影响和制约案件质量和效率的突出问题，确保司法公正和高效。依托信息化管理平台，细化以审判流程管理和案件评查为核心的微观管理机制，对办案流程实行节点监督，跟踪办案进度，督办超审限案件，防止案件久拖不决。完善以审判质量效率评估和绩效考核为核心的宏观管理机制，实时掌握各项考核评估指标，并实行月通报基础数据、季度分析审判动态、半年评估案件质效，促进均衡结案。强化院长、庭长和审判委员会的层级监督职责，明确各业务庭办案细则，加强对合议庭和承办法官的审判监督，形成案件质量层级管理机制。强化审级监督，严把二审、申诉、再审审查关，实行发回重审和改判案件评查、分析、通报等制度，依法监督、纠正错案和瑕疵案件。完善案件质量评查标准，继续开展“百万案件大评查”，全年评查案件4700余件。

【举行全省法院司法保护专题论坛】 9月21～22日，全省法院服务“十二五”规划和加强鄱阳湖生态经济区环境司法保护专题论坛在都昌县举行。省法院党组书记、院长张忠厚出席论坛并讲话，省社科院院长汪玉奇作题为“江西经济与社会发展战略”专题讲座，省法院副院长方晓春主持，副院长夏克勤作总结讲话。论坛围绕主题进行讨论，并对《关于加强环境司法保护的若干意见》和《关于为我省“十二五”规划顺利实施提供司法保障的意见》两个讨论稿提出意见和建议。省法院各业务庭(局)主要负责人、鄱阳湖生态经济区范围内9个中级法院和42个基层法院院长参加论坛。

【召开全省法院院长会议】 8月22日，全省法院院长会议在南昌召开。会议传达贯彻全国法院大法官研讨班和省委关于加强和创新社会管理研讨班精神，总结1月以来全省法院工作情况，分析当前形势，部署下一阶段工作任务。同时，组织各级法院院长对“中国特色社会主义法律体系的形成”“加强和创新社会管理”“加强审判管理”三个专题进行研讨。省委常委、省委政法委书记舒晓琴，省法院党组书记、院长张忠厚出席会议并讲话。全省三级法院院长，省法院班子成员和副处级以上干部以及各中级法院办公室(研究室)主任共300多人参加会议。

【出台28条意见服务江西"十二五"规划】 为充分发挥审判职能作用,推动全省法院从司法上保障江西省"十二五"规划实施,省法院出台《关于为我省"十二五"规划顺利实施提供司法保障的意见》(简称《意见》)。《意见》共28条,针对《江西省国民经济和社会发展第十二个五年规划纲要》的目标任务及其实施中的相关问题,就全省各级法院为"十二五"规划积极提供司法保障提出六项要求:一要为加快转变经济发展方式提供司法保障;二要为推进农业现代化提供司法保障;三要为实施科教兴赣和人才强省战略提供司法保障;四要为保障和改善民生提供司法保障;五要为深化重点领域和关键环节改革提供司法保障;六要为优化发展环境提供司法保障。

【开展反规避执行专项活动】 3月,省法院部署全省法院开展反规避执行专项活动。其目标任务是:创新执行理念、执行措施和执行机制,完善被执行人财产申报和财产调查制度,追查被执行人财产,严厉打击拒执犯罪活动,最大限度保护申请执行人的合法权益,建立破解规避执行行为的长效机制。全年,全省法院对1.86万件案件、2.19万名被执行人发出财产报告令,对2009名不履行义务的被执行人实行公开曝光、限制高消费、限制出境等措施,对拒不执行、拒不协助执行的102名个人予以司法拘留、罚款。

【开展全省法院系统庆祝建党90周年知识竞赛活动】 2月,省法院部署竞赛活动,并组织编写《江西法院系统学习党的基本知识500题》。竞赛活动分选拔赛、复赛、总决赛三个阶段进行。全省三级法院500多名干警报名参加活动,各中级法院组织辖区基层法院开展选拔赛后组成代表队,分别在2个赛区进行复赛。经过复赛,省法院机关代表队和萍乡市等6个中级法院代表队共21名选手进入总决赛。6月,总决赛在省法院机关举行,省法院机关、吉安市中级法院、九江市中级法院代表队分别获第一、二、三名,彭彩玲等5名选手获"最佳选手"称号。省法院副厅以上领导和院机关在职、离退休干警到现场观看,全省各中级法院1000多名干警通过专网高清视频收看比赛。

【开展小额速裁试点工作】 最高人民法院确定南昌市青山湖区法院、吉安市安福县法院为开展小额速裁工作试点单位后,省法院出台《关于在部分基层人民法院开展小额速裁试点工作的实施方案》,全面部署推进试点工作,同时确定新余市渝水区法院、上饶市万年县法院作为省法院小额速裁试点单位。明确规定,对法律关系单一,事实清楚,争议标的额不足1万元的五类案件,可以适用小额速裁,但当事人提出异议的除外;小额速裁案件,由审判员一人独任审理,可以根据当事人的申请在晚间、休息日进行调解或开庭,并应当在立案之日起一个月内审结,不得延长审限。4个试点法院全年受理小额速裁案件312件,结案301件,平均结案时间不超过7天,调撤率97.34%。

【陈长庚受贿案】 陈长庚在1999~2010年担任景德镇市政府副市长,市委常委、宣传部长,市人大常委会党组副书记、副主任期间,利用职务便利,为他人谋取利益,多次收受贿赂折合人民币62万余元,单独或伙同他人贪污公款合计12万元。2011年4月19日,抚州市中级法院一审以受贿罪、贪污罪数罪并罚,判处其有期徒刑12年6个月,并处没收财产15万元。12月21日,省法院作出维持原判的二审判决。

【赛维公司与韩国重工保证合同纠纷案】 2008年,赛维公司与韩国重工签订长期硅片供货合同。2010年底,韩国重工单方提出不履行合同约定价格的要求,双方未能达成新的协议。2011年3月15日,韩国重工向中国银行江西分行发来书面索付函,以赛维公司未履行交付义务为由,要求支付预付款保函项下的款项折合人民币3亿余元。3月21日,赛维公司向省法院递交诉前财产保全申请书,以韩国重工违反合同义务拒绝支付货款导致其无法发货为由,请求中止支付该保函项下的款项。省法院对此案十分重视,立案一庭迅速组成合议庭依法进行审查,确认赛维公司申请合法,于3月21日裁定冻结预付款项,并在当天送达、保全完毕。在诉前财产保全期间,赛维公司与韩国重工紧急磋商,达成新的协议。4月6日,韩国重工致函放弃索回预付款,赛维公司也申请解除保全措施,此案得到圆满解决。

【"景德镇"证明商标专用权纠纷案】 1999年,景德镇市陶瓷协会向国家商标局申请注册"景德镇"证明商标,2002年被认定为中国驰名商标。随着陶瓷行业的蓬勃发展,博艺陶瓷私营企业未经许可擅自使用该商标,严重损害品牌价值及影响力,景德镇市陶瓷协会遂提起诉讼。景德镇市法院在审理中了解到博艺陶瓷企业员工均系下岗工人,合伙集资从事陶瓷行业,一旦被认定侵权,企业的后续经营及员工生活将受影响。通过辨法析理、邀请职能部门参与调解,在促成双方就损害赔偿达成共识,并签订商标授权使用协议后,于2011年12月12日,依法裁定准许原告撤诉,使诉讼对手成为合作伙伴,实现双赢。

【南昌世贸中心系列执行案】 2006年,南昌世贸中心项目因资金不足停工,世贸公司欠下杭州建工集团、购房户等巨额债务,经江西有关法院审结的案件超过200件,标的额超过4亿元。由于公司无偿债能力,购房户多次上访。省法院领导高度重视,多次前往最高人民法院和南昌市有关方面进行协调,在最高人民法院支持下,2011年1月促成各方达成《协调意见》。5月12日,随着最后一笔款项划付完毕,此案全部执结。

(黄亨爱)

司法行政

【概　况】 2011年,全省司法行政机关立足职能,服务大局,着力强化六个方面工作。

坚持以推进社会管理创新为目标,着力加强特殊人群服务管理。提高教育改造质量。强化教育矫治工作,开展"红色文化进监所"活动,全省监狱顽危犯、劳教难危人员和"法轮功"罪犯转化率继续处于全国前列；深化职业技能培训和就业推介，1.1万名符合条件罪犯、劳教人员接受培训，获证率达91%；推进宽严相济刑事政策常态化，出台《关于加强保外就医精神病罪犯收治工作的意见》。落实安置帮教政策措施。推进信息和人员对接、接送补助经费、安置帮扶政策落实，全省刑释解教人员月接回率达98.13%，网上衔接率达96.6%；启动电子交接单，监所、司法局与企业三方共建安置帮教基地54个，滚动安置刑释解教人员1335人。推进社区矫正工作。健全社区矫正组织体系，建立社区矫正成员单位联系会议和联络员等工作机制；规范社区矫正业务流程，全省接收社区矫正对象1.27万人，解除矫正2470人；丰富社区矫正教育管控手段，开展适用非监禁刑审前社会调查试点，探索应用GPS手机定位系统对社区矫正对象进行监控，探索分类教育、心理矫正和激励教育等办法，实行分类型、分阶段、分等级矫正。

坚持以争创“十面红旗”活动为抓手，着力推进监所规范化管理。维护监所安全稳定。落实监管安全责任制，强化狱所情研判和安全风险评估，深化与武警、检察机关的“三共”活动，开展安全竞赛和矛盾纠纷排查，完善应急处置机制，至年底全省监狱系统连续57个月、劳教系统连续49个月实现“四无”目标。促进民警准确执法。省监狱局清理、汇总各项制度，形成《江西省监狱系统制度汇编》，省劳教局制定《大中队标准化建设实施细则》；监狱系统审批保外就医罪犯367名、劳教系统审批减期3万余人次，实现零差错、零投诉。确保安防体系高效。监狱系统投入资金2000余万元改造武警监门哨和门禁系统，全省监狱全面完成AB门建设，配备了消防逃生气垫、执法记录仪，完善了监控、报警系统及高压电网系统。劳教系统重点研发了所政管理、教育矫治、“一卡通”、OA办公以及移动执法平台等应用软件，推动执法活动和重要执法环节网上流程管理。

坚持以打造《金牌调解》栏目为动力，深入化解社会矛盾。创办《金牌调解》栏目。与省电视台联合创办《金牌调解》电视节目，在江西卫视播出，至12月底已拍摄340期，播出280期，调解纠纷280件，成功率达92%。构建“大调解”工作格局。开展“争当矛盾纠纷化解能手”竞赛活动，集中化解一批“积、老、难”矛盾纠纷，全年调处各类矛盾纠纷22.61万件，防止群体性上访3977件、群体性械斗1156件、民转刑案件5364件；加强人民调解组织实战能力建设，全省调委会基本做到“三落实”“三规范”“五健全”。加强专业性调解组织建设，拓展劳动争议、刑事和解、道路交通事故、医患纠纷、房地物业纠纷、征地拆迁等调解领域，推进人民调解与诉讼调解、刑事和解、行政调解、仲裁调解良性互动，全年调解劳动纠纷6202件，医患纠纷1622件，道路交通事故纠纷7474件，征地拆迁纠纷7584件。坚持“调解优先”原则。发挥专业优势，协助政府依法处理重大突发性事件和群体性事件，参与政府重大公共决策和风险评估，引导群众采取非诉讼手段化解矛盾。

坚持以建设“12348”法律援助咨询专线为平台，着力推进法律援助工作。健全组织体系。推进工、青、妇、老、残等社团组织和农民工聚集地法律援助站（点）建设，实现法律援助与监所教育转化工作“无缝对接”，开通运行“12348”法律援助咨询专线平台，接听群众来电总量11万余个，日处理来电量300余个。加大办案力度。降低门槛，扩大范围，以农民工及子女、零就业家庭、残疾人、老年人、农村留守儿童、妇女列为重点，2011年全省办理各类法律援助案件2.19万件，受援人员2.61万人，解答法律咨询21.80万人次。深化便民服务。开展“百千万”法律援助下基层“大走访、大回访、大宣传”活动，召开座谈会900余次，举办咨询活动1538场次，发放调查问卷5万余份，回访6万余人，收集意见建议50余条。

坚持以开展“法企联姻”“法律套餐”活动为载体，着力推进法律服务业规范管理优质服务。规范法律服务行业管理。完成赣江公证处脱钩改制，办证数和收费同比分别增长15.9%、13.6%；出台《关于规范我省律师异动申报材料的通知》，开展规范司法鉴定机构执业专项检查；举办专题教育培训班及论坛研讨，培训律师、公证员、司法鉴定人4400余人次；暂缓考核4家律师事务所、26名律师，吊销1名律师执业证书、3家律师事务所和2名律师停止执业；1家司法鉴定机构和100余名司法鉴定人被注销执业资格；1家公证处受到停业整顿处理。优化法律服务执业环境。会同省高级法院联合下发《关于进一步加强律师执业权利保障共同维护司法公正廉洁的意见》，与省检察院联合举办第三届诉辩对抗大赛。提升法律服务质量效能。出台《关于为发展提升年活动提供优质高效律师法律服务的意见》，部署开展“企业大走访”“法企联姻”“法律套餐”等专项服务。2011年，全省律师担任法律顾问8318家，刑事辩护2.80万件，诉讼代理3.49万件，非诉讼法律事务8119件；公证机构办理各类公证事项16.21万件，制止不法经济活动12件，涉及金额2464万元；司法鉴定机构办理各类案件7.8万余件，鉴定结论采信率90%以上。

坚持以启动实施“六五”普法规划为主线，着力推进普法依法治理工作。高位启动“六五”普法规划。省委常委会议专题研究普法工作，省人大常委会作出《关于进一步加强法制宣传教育的决议》，省委、省政府高规格召开了第十二次全省法制宣传教育工作会议，转发“六五”普法规划、印发“十二五”依法治省规划，提出建设法治江西的目标。丰富普法教育手段。举办“落实‘六五’普法规划，推进法治江西建设”在线访谈，参与网民2万人；开展“给力‘六五’普法，助推法治江西”为主题的全省“百万网民学法律”网络法律知识系列竞赛活动，参赛人数近万人。推进法治江西建设。以“法律六进”活动为载体，深入推进各类依法治理活动，开展2011年度“江西十大法治人物”评选，170多万人参与投票。

【《金牌调解》电视节目开播】 3月21日，由省司法厅与江西电视台联合创办的《金牌调解》电视节目在江西卫视首播。节目每日一期，每期45分钟，以案释法，由省内外优秀人民调解员现场调解当事人纠纷，化解矛盾，促进社会和谐。至12月底，已拍摄340期，播出280期，调解纠纷280件，成功率达92%。

【召开全省第十二次法制宣传教育工作会议】 6月29日，省委、省政府在南昌召开全省第十二次法制宣传教育工作会议，传达贯彻第七次全国法制宣传教育工作会议精神，总结全省“五五”普法工作，表彰“五五”普法先进，部署“六五”普法任务。省委常委、省委政法委书记舒晓琴出席会议并讲话，省人大常委会副主任陈安众作工作报告，省政协副主席郑小燕宣读表彰决定，省司法厅厅长马承祖主持会议并作总结讲话。会议表彰了235个先进集体、259名先进个人，南昌市、都昌县、江西铜业集团公司作典型发言。

【开通“12348”法律援助咨询专线平台】 9月14日，“12348”法律援助咨询专线平台正式开通仪式在南昌举行。省委常委、省委政法委书记舒晓琴出席开通仪式并宣布开通，省人大常委会副主任陈安众、副省长朱虹、省政协副主席郑小燕、司法部法律援助中心副主任桑宁等出席仪式。“12348”是全国统一的、公益性的法律服务专用号码，是司法行政机关开设的面向广大群众提供便捷、高效法律咨询和各方面法律服务的专线电话，主要解答法律疑问和宣传有关法律及政策；引导符合条件的困难群众申请法律援助，维护其合法权益等。“12348”专线共接听群众来电总量11万余个，日处理来电量300余个。

9月14日，“12348”法律援助咨询专线平台开通仪式在南昌举行。图为开通仪式现场。 省司法厅供稿

【海峡两岸共同打击犯罪及司法互助协议矫正业务参访团访赣】 9月15～19日，以台湾法务部矫正署副署长詹哲峯为团长的“海峡两岸共同打击犯罪及司法互助协议矫正业务参访团”一行10人，由司法部台湾事务办公室司绍寒陪同，到赣参访交流矫正业务。参访团先后访问了省未成年犯管教所和省南昌监狱，省司法厅副厅长夏太华全程陪同。

【第九届华东律师论坛在南昌举行】 9月17～18日，由华东六省一市律师协会主办、江西省律师协会承办的第九届华东律师论坛在南昌举行，华东六省一市的律师精英齐聚一堂，围绕“律师业发展与创新”这一主题开展交流与研讨。司法部律师公证工作指导司副司长达瓦、中华全国律师协会会长于宁出席论坛并讲话，江西省司法厅副厅长、省律协党委书记吴志坚主持开幕式并讲话，省律师协会会长方世扬致辞。来自华东六省一市的律师代表共120余人参加论坛。

【开展2011年度“江西十大法治人物”评选活动】 9月21日，由省委宣传部、省司法厅、省普法办主办，新法制报社和江西电视台五套承办的2011年度“江西十大法治人物”评选活动启动。省直有关部门和各设区市积极组织推荐参评，共推荐候选人61人。经过活动评委会遴选，确定20名正式候选人进行媒体公示，并同步接受社会公众投票。至11月23日公示和投票结束，活动组委会收到有效报纸选票22.12万张；超过150万名网民登录大江网、江西法制网、平安江西网、江西普法网等网站，为2011年度“江西十大法治人物”投票。12月1日，评选活动揭晓，江西卫视《金牌调解》栏目组、吕凯、杨丽芳、杨斌圣、杨慧芝、周俊军、南昌市公安消防支队特勤大队一中队群体、赵金生、黄红梅、魏云秀当选为2011年度“江西十大法治人物”。

（胡大德）

港澳台事务

本栏编辑　李目宏　詹跃华

港澳事务

【概　况】　2011年，省港澳部门充分发挥港澳政协委员优势，广泛联系港澳地区各界人士，扎实推进赣港澳三地交流与合作，为全省经济社会发展服务。全年赴港澳361批1943人次，占全省因公出国(境)总量的32.4%；接待港澳同胞268批2073人次。

促进三地经贸合作交流。成功举办“2011江西(香港)招商引资活动周”、承办“第七届泛珠三角合作论坛暨经贸洽谈会”等重大活动。进一步加大香港、澳门在赣投资力度，香港与澳门在赣投资企业数分别为597个、24个，占全省引进外商投资企业数73.52%和2.96%；合同投资金额分别为66.98亿元、2.8亿元，占全省引进外资金额79.31%和3.32%；实际使用外资金额分别为43.9亿元、1.5亿元，占全省实际使用外资72.46%和2.47%。

创新三地社会文化交流。创新合作形式，继续加大环保、文化等领域交流。2月，会同香港特别行政区及内地福建、广东、广西、海南等省区举办“紫荆龙情在广西”电视文艺晚会，各省区政府派出政府代表团参会，江西省歌舞剧院选送《滕王阁》和《鄱阳湖》等节目，赢得在场领导和近千名观众的高度评价。3月，以“低碳城市发展”为主题的2011澳门国际环保合作发展论坛及展览会在澳门召开，江西省人民政府应澳门特别行政区政府邀请担任协办单位，省外侨办(港澳办)、省环保厅共同牵头组织政府代表团拜会澳门特区崔世安特首，并组织省内20余家环保厂商参会。

积极争取港澳同胞捐赠。全年争取港澳同胞捐款575.2万元，用于贫困地区农村教育和社会福利事业。其中，香港应善良福利基金会捐赠95.21万元，用于兴建教学楼3座、卫生楼1座。同时，争取香港应善良福利基金会救灾款6万元，发放到省内灾区及省外侨办(港澳办)扶贫点。

【举行2011江西(香港)招商引资活动周开幕式】　5月18日，2011江西(香港)招商引资活动周开幕式在香港会展中心举行。这是江西省连续第十年在香港举行大型招商引资活动。省长吴新雄出席开幕式并致辞，副省长洪礼和主持开幕式。本届招商引资活动周共签约招商引资重大项目76个，金额86.1亿美元。

【第七届泛珠三角合作论坛暨经贸洽谈会在南昌举行】　9月20～24日，由江西省承办的第七届泛珠三角合作论坛暨经贸洽谈会在南昌举行，香港特首曾荫权、澳门特首崔世安分别率香港、澳门政府大型代表团参会。泛珠“9+2”(内地9省区及2个特别行政区)各方齐聚一堂，在“合作发展，共创未来”的主题框架下，更加突出“转变发展方式、深化合作、绿色发展”，围绕深入推进经济合作、务实加强生态环保合作、加强社会管理合作三大议题，共同探讨泛珠三角区域合作与发展。会议期间，与会各方签约合作项目1544项，金额4512.83亿元。

【第六届世界缅华同侨联谊大会在景德镇召开】　10月，经省外侨办(港澳办)和澳门缅华同侨大会牵线搭桥，第六届世界缅华同侨联谊大会在景德镇市召开，来自美洲、欧洲、大洋洲、亚洲等国家和港澳台地区的缅侨社团负责人、知名企业家、社会名流等800余人参会。本届大会是以侨居在欧美、东南亚、澳洲等近20多个国家和港澳台地区的30多万缅甸华侨华人为主要对象，旨在增进团结互助，为祖国的现代化建设提供支持和服务。

(汪　敏　杜　旻　金　颖)

台湾事务

【概　况】　2011年，全省台办系统落实中央对台工作方针政策，抢抓两岸关系和平发展的历史机遇，以扩大和深化赣台合作与交流为目标，一手抓经贸合作，一手抓联络交流，全力服务台商台企和台胞台属，取得较好成效。6月，全国对台工作系统首次开展表彰活动，江西省台办被评为“全国对台工作先进集体”，是中部地区唯一获评先进的省级台办。

积极招商引资，深化经贸合作。全年引进台资项目142个，实际进资11.95亿美元。其中：引进台资额1000万美元以上注册项目47个，同比增长20.51%；实际进资超1000万美元项目24个。成功举办第九届赣台会，签约项目75个，金额25.56亿美元。出台《江西省人民政府关于支持台资企业发展的若干意见》。全年对台进出口贸易总额13.4亿美元，同比增长33.6%。

力推双向互动，促进人员往来。

全年组织269批1850人次赴台招商和考察交流，其中省级领导10人、厅级干部137人。举办台湾佛光山星云大师"江西禅文化之旅"、南昌大学"两岸高校鄱阳湖生态和科技文化交流活动"、吉安"第三届两岸青年学生中华传统文化研习营"、台南里长联谊会宜春行、九江"首届海峡两岸江州义门陈文化交流活动"、景德镇"第三届海峡两岸陶瓷艺术家交流笔会"、吉安"首届赣台基层农会恳谈会"、鹰潭"第五届海峡两岸道教文化论坛"、九江"赣台妇女交流活动"9项中台办对台交流重点活动。

拓宽交流渠道，加强宣传调研。组织13批101名新闻工作者赴台参访交流，邀请台湾新闻界人士12批95人次到赣采访。积极做好台湾联合报系"大陆开发区巡礼"专项入岛宣传及台湾中时集团"大陆魅力城市"专项入岛宣传工作，协助中央人民广播电台举办"再聚原乡——两岸媒体追寻客家迁徙路"系列采访报道活动。对"赣台心桥网"进行改版升级，"赣台心桥网"和"江西台办视窗网"的信息量和点击率等指标继续位居全国涉台系统前列；加大各市对台网络宣传力度，已有8个市台办开通网站。整合对台研究资源，成立江西省台湾研究会，完成与江西财经大学共同开展的《台湾基层农会研究》课题。编辑出版《江西对台工作》12期、《江西对台工作简报》12期，向中央台办报送调研文章18篇，被采用6篇。

提升服务水平，倾力排忧解难。扎实开展"台商创业发展提升年"活动，全年协助台企招聘员工1.3万余人，帮助30多家台资企业争取贷款5.1亿元。积极引进台塑集团明德小学项目，与省教育厅共同做好受赠项目服务工作。进一步发挥"赣台法律服务室"的作用，为涉诉案件提供大量咨询、服务，共受理涉台投诉案52件，处理涉台信访184件，保障台商台胞合法权益。

【举行第九届赣台(南昌)经贸合作研讨会】 8月25～29日，2011赣台(南昌)经贸合作研讨会在南昌举行。省委书记苏荣，代省长鹿心社，国台办主任王毅，海协会会长陈云林、副会长王富卿等领导出席。中国国民党荣誉主席吴伯雄、副主席蒋孝严等台湾政要，全国台企联会长郭山辉、东元集团会长黄茂雄、远东集团董事长徐旭东、正葳精密董事长郭台强等重点台商及17家台湾百大企业、29家上市公司和六大工商团体有关负责人共800余人参加。研讨会由国台办和省政府共同主办，分领导会见、欢迎晚宴、文艺晚会、开幕式、专题推介、赣台农业合作论坛、客商赴市县考察7个分项活动，共签约项目75个，签约金额25.56亿美元。

【举行海峡媒体庐山峰会】 5月23～25日，国台办重点交流项目"海峡媒体庐山峰会"在庐山举行。峰会以"协作·创新·发展"为主题，以"深入探讨面对媒体发展新生态，华文媒体如何融合借鉴新的传播理念、新的传播手段，实现互惠互通，强化两岸媒体合作，共创美好未来"为主旨。省委常委、宣传部部长刘上洋，国台办新闻局局长杨毅，中国时报总监、中视董事长、台北市报业商业同业公会理事长林圣芬分别作了主旨演讲。峰会发表了《海峡媒体庐山峰会共同建议书》。台湾15家主流媒体负责人、记者和大陆10个省报业集团负责人，以及江西省主要媒体负责人共100余人参加峰会。

【开展赣台禅宗文化交流活动】 5月23～30日，在南昌、九江、宜春等地开展国台办重点交流项目"赣台禅宗文化交流活动"。台湾佛光山开山宗长、佛教临济宗第四十八代传人星云大师一行32人，先后参访南昌佑民寺、九江庐山东林寺、庐山五教祈福园、云居山真如寺，以隆重的教仪朝拜临济宗祖庭——宜丰县黄檗禅寺，出席宜丰县东方禅文化园开园仪式。活动期间，省委书记苏荣，省长吴新雄，省委常委、省委秘书长赵智勇，副省长熊盛文等会见星云大师一行；南昌大学举行受聘仪式，授予星云大师名誉教授称号。

【第三届海峡两岸陶瓷艺术家交流笔会在景德镇举行】 9月22～27日，国台办重点交流项目"第三届海峡两岸陶瓷艺术家交流笔会"在景德镇举行。笔会以"弘扬中华优秀传统文化，促进两岸文化交流合作"为主题，由开幕式、书画专场、陶瓷绘画专场、参观考察三清山等四个部分组成，吸引了两岸知名陶瓷艺术家及业内资深人士80人参与。笔会期间，两岸艺术家挥毫泼墨、抒发豪情，相互切磋、积极交流、增进了解，为两岸艺术界共同弘扬中华传统优秀陶瓷文化凝聚共识。

【举行第五届海峡两岸(鹰潭·龙虎山)道教文化论坛】 11月5～8日，国台办重点交流项目"第五届海峡两岸(鹰潭·龙虎山)道教文化论坛"在龙虎山举行。论坛以道教文化为纽带，以"同源、传承、和谐、发展"为主题，分领导会见、道学专题研讨、道教文化旅游节暨世界旅游小姐全球总决赛颁奖晚会、经贸推介恳谈会、两岸道教文化书画展、武术表演、茶艺表演等项活动。海协会副会长张铭清、国家宗教局副局长蒋坚永、省人大常委会副主任朱秉发、省政府副省长熊盛文、省政协副主席李华栋等领导，中国道教协会副会长黄信阳及台湾中华道教总会理事长张柽、台北市道教会荣誉理事长王君相、台湾中华道教民俗文化学会副理事长徐文良等两岸和海外道教界人士、专家学者共350余人参加论坛。

【举办两岸高校鄱阳湖生态和科技文化交流活动】 11月21～26日，省台办与南昌大学在南昌举办国台办重点交流项目"两岸高校鄱阳湖生态和科技文化交流活动"。活动期间，举办"鄱阳湖生态保护与资源利用""鄱阳湖文化旅游漫谈""鄱阳湖水资源漫谈""鄱阳湖鸟类介绍""鄱阳湖生态经济区规划和建设"等5场专家讲座；实地考察南昌湖泊湿地、鄱阳湖湿地、省水科院、南昌大学鄱阳湖中心及生物博物馆、太阳能游泳馆等；开展湿地保护交流座谈会、湿地保护生态实验并组织学生交流心得体会。来自台湾辅仁大学、清华大学、大仁科技大学、嘉南药理科技大学以及澳门大学、海南大学、苏州大学、南昌大学等8所高校84名师生参加了活动。

(黄　忠)

外事侨务

本栏编辑　李目宏　詹跃华

外事工作

【概　况】　全省外事系统坚持以科学发展观为指导,紧紧围绕推进鄱阳湖生态经济区建设和全省对外开放工作,发挥职能优势,增强外事为国家总体外交服务、为全省经济社会发展服务意识,不断解放思想、开拓创新,外事工作取得新成绩。

提升管理质量与服务。落实中央提出的"控制总量、突出重点、保压结合、服务发展"的原则,制定并执行年度因公出访计划,制止部分非洲国家人员伪造留学生身份非法入境,加大对大专院校、科研单位承办的发展中国家政府官员培训班的外事指导力度,巩固制止公款出国(境)旅游专项工作成果,加强对因公出国(境)的审核把关,全年劝退团组54个191人次,核减境外时间184天,核减团组成员80人。服务全省重大招商和企业走出去,继续给予绿色通道,实行特事特办、随到随办,至年底,累计申办APEC商务旅行卡342本,办妥231本。

调控出访批次与结构。2011年全省因公出国(境)团组1520批,5991人次,与上年基本持平,占年度计划数99%(计划总量6050人次)。其中,出国1159批4048人次,批次、人数较上年分别减少5.8%、8.1%。经贸团组3056人次,占出访总量的51%;境外培训821人次,占总量的13.7%;科技团组502人次,占总量的8.3%。因公出国(境)总量控制较好,人员结构更为合理,经济活动占据主导地位,既有效控制公款出国旅游现象,又保证招商引资、项目交流和友好往来。

加强经济引资与引智。积极服务第二届世界低碳大会,邀请来自13个国家23名驻华使节出席大会开幕式和高峰论坛,提升会议层次,扩大江西省在低碳科技方面的国际影响。加强国际合作,全省外事侨务部门牵线促成合作项目20个,合同资金4.94亿美元,到位资金1.48亿美元,其中江西省睿能科技公司7874万美元、宏德圣(江西)房地产3307万美元。

拓展友好城市合作与交流。全年友好城市交流出访459人次,占全省因公出国(境)总量的7.6%;接待外宾248批1795人次,海外侨胞263批2099人次。新增江西省与法国香槟阿登大区、南非自由省、埃及卢克索省,九江市与巴西基玛多斯市、英国虹桥市,瑞昌市与德国沃尔泽伦市6对,全省友好城市总数达68对,其中省级15对,设区市及县级市53对。

法兰西浪漫婚典等一批友好城市间文化交流项目取得良好社会效应。牵线搭桥促成南昌大学艺术表演团前往法国中央大区参加"法兰西中国年"演出活动,与南昌市政府、芬兰驻上海总领事馆共同举办芬兰赫尔辛基男声合唱团南昌之夜演出,反响较好。

深化领事管理与保护。出台《江西省外国常驻新闻机构和外国记者采访条例实施细则》,先后两次召开江西省小范围协调机制成员单位会议,协助省国家安全厅举办境外非政府组织管理培训班。与外交部新闻司共同组织外国驻华记者"红色之旅"采访团走进江西,来自英国、瑞士、德国、丹麦、白俄罗斯、日本、韩国、哈萨克、印度、巴基斯坦、新加坡等20家媒体近30名外国驻华记者在井冈山、南昌两地进行为期4天的实地采访和考察活动。妥善处理发生在境内涉外事件11起,涉及6个国家和地区的人员,处理省内公民境外领事保护事件7起。

【召开江西省第二届国际友好城市交流大会】　11月23日,江西省第二届国际友好城市交流大会在南昌召开。大会以"友谊、合作、发展"为主题,英国巴斯郡、希腊中希腊大区、日本岐阜县、柬埔寨暹粒省等7省(郡、区、县)和江西省国际经济技术合作公司、南昌市、九江市、赣州市代表围绕主题作交流发言。代省长鹿心社出席大会并致欢迎辞,中国人民对外友好协会副会长李建平致辞,副省长孙刚作主旨发言,省政府秘书长谭晓林主持。来自21个国家38个城市的嘉宾和江西省代表共200余人出席大会。会议期间,江西省和赣州市、萍乡市、上饶市分别与法国香槟阿登大区等4省区和哥斯达黎加加德斯安帕拉多市等4市签署友好城市协议或交往意向。

【举办三次"总领事江西行"活动】　1月、7月和11月,"总领事江西行"系列活动分别在景德镇、广昌、赣州举办。活动邀请了加拿大驻广州总领事李贤辉、马来西亚驻广州总领事方世凯、葡萄牙驻上海总领事雷默思、韩国驻武汉总领事严基成、新加坡驻厦门总领事郑美乐、瑞士驻广州总领事洪立焜、美国驻武汉总领事苏黛娜、俄罗斯驻广州总领事梅德韦杰夫、菲律宾驻厦门总领事卢德安和墨西哥驻广州总领事大卫·纳赫拉等多名与江西省有领区关系的驻华总领事馆高级官

11月23日，江西省第二届国际友好城市交流大会在南昌召开。图为代省长鹿心社出席大会并致辞。 省外事侨务办供稿

1月、7月和11月，“总领事江西行”系列活动分别在景德镇、广昌、赣州举行。图为六国驻华总领事与景德镇陶艺大师共同创作陶艺作品。

省外事侨务办供稿

员，加深了解江西，进一步加强经贸、环保、教育和旅游等领域的交流与合作。

（金 颖）

华侨事务

【概 况】 以国内侨务工作为基础，海外侨务工作为主导，围绕中心，服务侨胞，发挥侨界优势，为经济社会发展服务。

积极服务侨商，搭建合作平台。积极为侨商提供便利和周到服务，组织侨商参加国务院侨办举办的第十一届华侨华人创业发展洽谈会和第十二届“国际西部博览会”，组织会员赴日本新潟参加2011年新潟国际经贸展。至年底，省侨商投资企业协会共接纳会员143人。

关爱归侨侨眷，涵养侨务资源。全力推进华侨农场体制机制改革，着力解决历史遗留问题，促进侨场产业发展，取得较好成效，得到国务院督查组的肯定。联合省财政厅、省人力资源和社会保障厅、省侨联发文，将江西省老年归侨生活补贴提高到每人每月100元，并制定操作细则，发放至全省1100多名老年归侨。积极开展“侨爱工程—送温暖医疗”“关爱工程—归侨侨眷子女夏令营”活动和侨务扶贫工作，共诊疗患者500余人，发放药品4万余元，遴选20名归侨侨眷子女参加中国红色之旅夏令营活动。邀请省杂技团在三个华侨农场演出6场，华侨农场干部职工3000多人观看演出。

积极宣传侨法，保护侨眷权益。积极宣传贯彻侨法，发放侨法宣传材料1000余册；新设南昌市经堂巷社区、南昌市青云谱社区、赣州市张家围社区、于都县城东社区、万载县东门社区、丰城市石滩镇、东乡县东乡铜矿社区、鹰潭市新广场社区8个侨法宣传角，全省侨法宣传角达14个。帮助九江西宁源口电力开发有限公司、吉安回归园、江西安顺堂生物科技公司等侨资企业解决问题，维护侨商权益。全年接待来信、来访192件次，结案176件次，结案率为91.67%。

发挥部门优势，落实侨务捐赠。在吉安市实施“侨爱工程—振乾坤优良种畜推广站”项目，争取捐赠款86万元，用于建设10个推广站。元旦、春节期间，省“四侨”联席单位组成3个慰问组赴华侨农场走访部分归难侨，送上慰问金和慰问品。会同省财政厅积极申报并获得华侨事业费374万元，促进各项工作落实。全省争取海外华侨华人捐赠项目60个，获捐赠款1680.34万元。

【开展“海外侨胞江西行”活动】 4月12～16日，在南昌市、九江市开展“海外侨胞江西行”活动，邀请旅居欧洲、南美地区中青年侨胞企业家、侨领46人参加，其中大部分侨胞都有经济实体，行业遍及高科技、纺织、教育、餐饮、进出口贸易等。活动期间，南昌市政府、九江市政府分别召开项目推介会，围绕鄱阳湖生态经济区建设向海外侨胞进行推介。

（金 颖）

农　业

本栏编辑　罗会忠

综　述

2011年，全省农业部门紧紧围绕“稳粮、增收、强基础、惠民生”的工作目标，积极应对农产品价格异常波动、极端天气频繁发生等不利因素挑战，完成各项目标任务，成为全省经济社会发展中的突出亮点。

粮食等主要农产品全面丰收。全省粮食播种面积365.01万公顷，总产2052.89万吨，增长5%，单产374.9千克，增长4.7%，单产、总产均创历史新高。全年肉、蛋、奶总产分别达到320.1万吨、53.5万吨、12.7万吨，分别增长3.9%、4.5%、3.5%，其中生猪出栏首次突破3000万头，增长3.5%。水产品总产222.8万吨，增长3.5%。渔业经济总产值600.8亿元，增加100亿元。全年经济作物播种面积121.33万公顷，增加5.07万公顷。水果面积38.2万公顷，产量387.7万吨，增长30.46%，其中柑橘产量356.71万吨，增加88.2万吨。蔬菜面积53.55万公顷，产量1165.75万吨。茶园面积5.89万公顷，产量3.27万吨。油料面积73.24万公顷，油料总产113.59万吨。农民人均纯收入6660元，增长15%，实现了“八连快”，创历史新高。

农业产业化经营发展迅速。全省规模以上加工型龙头企业2800家，实现销售收入2000亿元，增长20%；472家省级龙头企业销售收入1500亿元，增长15%，其中超百亿元3家、超10亿元24家、超亿元273家，直接带动农户370万户，户均增收2200元，吸纳就业人数26万多人。全省农民专业合作社发展到1.49万家，社员总数15万户。主要农产品深加工比重全年达到31%。新增2个国字号品牌，有中国驰名商标总数16个，新增江西省著名商标47个，总数达223个，“鄱阳湖农产品”“江西绿茶”“赣南脐橙”、“南丰蜜橘”等区域性品牌知名度进一步提升。

农业系统改革推进有力。推进基层农技推广体系改革与建设，全省95个涉农县有89个基本完成改革任务，全额拨款基层公益性推广机构比例提高到80.4%。推进农产品质量安全监管质检机构建设，全省11个设区市全部完成农产品质量安全监管机构建设任务，1/3的县级农业部门组建监管机构，全省1402个乡镇中有1315个开展监管机构建设。全省共有2个部省级农产品质检中心和55个县级农产品质检站项目获得国家立项支持，共争取中央建设资金1.55亿元。农业系统国有企业改革步伐加快，全省104家国有农业企业基本完成改革任务，厅属农业场所养老保险参保、危房改造等民生工程顺利推进。

开放型农业成效显著。成功举办第七届江西名优农产品（上海）展示展销会、第三届中国赣州国际脐橙节等一系列重大农产品促销及招商引资活动。全年引进国内外农业项目306个，实际引资107.7亿元，增长6.9%，其中引进外资项目29个，引资3.1亿美元，增长26%。全年农产品出口5.2亿美元，增长18.2%，创历史新高。全省农产品出口企业524家，增加58家，出口能力千万美元以上的企业有7家。休闲农业产业规模不断扩大，全省农业休闲点超过2000家，年产值500万元以上的达200多家，休闲农业从业人员超过40万人。

农产品质量安全水平不断提升。强化农产品质量安全例行监测，2011年全省农产品抽检合格率99%，提高0.22%，高于全国平均水平。全省“三品一标”农产品总数2214个，其中无公害农产品1051个、绿色食品703个、有机食品412个、地理标志保护农产品48个。创建园艺作物标准园、畜禽和水产标准化示范场200个，农业标准化生产走在全国前列。全省没有发生重大农产品质量安全事件，没有发生区域性重大动物疫情。

农业项目建设稳步推进。全年争取省以上农业资金投入102.3亿元，增长24.5%，为历年之最。其中争取中央基本建设投资12.78亿元，增长53%；争取农业部专项资金13.35亿元、各项惠农补贴65.46亿元。全面启动并推进高标准农田建设项目，全年整合资金40.45亿元，建设高标准农田10.67万公顷。推进粮棉油高产创建，创建国家级粮棉油高产示范片193个，增加10个。编制《江西省“十二五”农业发展规划》，制定《江西省特色农产品区域布局规划（2011～2015年）》。政策性农业保险进一步加强，农业保险试点险种在原有能繁母猪、奶牛、林木保险基础上，新增加水稻、棉花、花生、油菜、柑橘、育肥猪保险，实现水稻、能繁母猪政策性保险全覆盖。

服务“三农”能力不断提高。农业科技的贡献率进一步提高，达到52%。开展“十百千万”活动（即厅领导联系11个设区市、百名处长挂百县、千名领导干部帮千企、万名农技人员下基层）。搭建农业创业政策扶持、项目扶持、创业融资、农产品促销、技术服务和创业维权等服务平台。实施阳光工程项目,累计培训学员18.13万人。举办各类讲座和培训班2266期次,发放农业技术和农业政策法规资料161.85万本(册)。

(贺中朝　郭跃华)

种植业

【概　况】 2011年,全省粮食油料获得全面丰收,粮食油料单产、总产均创历史新高。全省粮食播种面积365.01万公顷,单产374.9千克/亩,增产16.8千克/亩,增长4.7%;粮食总产2052.89万吨,增产98.1万吨,增长5.0%。其中,水稻播种面积331.77万公顷,水稻总产1964.29万吨,增产91.5万吨,增长4.9%;水稻单产391.9公斤/亩,增产18.5千克/亩,增长5%。全省油料播种面积73.23万公顷,总产113.59万吨,增长5.6%,实现连续8年增产。其中,油菜播种面积54.26万公顷,总产66.66万吨,增长4.4%;花生播种面积15.79万公顷,总产43.75万吨,增长7.2%;芝麻播种面积3.18万公顷,总产3.17万吨,增长11.6%。

全省经济作物生产发展较快,经济作物播种面积121.33万公顷,增加5.07万公顷;总产值386.3亿元,增加39亿元。水果面积38.2万公顷,产量387.7万吨,增加90.52万吨,增长30.46%,创历史最新记录。其中柑橘面积30.8万公顷,产量356.71万吨,增加88.2万吨。柑橘类中赣南脐橙面积11.6万公顷,产量133.4万吨,赣州已成为脐橙种植面积世界第一、年产量世界第三、全国最大的优质脐橙鲜果主产区;南丰蜜橘7万公顷,产量120万吨,增加近一倍。蔬菜面积53.55万公顷,增加1.26万公顷,产量1165.75万吨,增加27.7万吨。茶园面积5.89万公顷,产量3.27万吨。棉花面积8.3万公顷,增长4.18%,皮棉总产13.8万吨,增长5.34%,皮棉亩产突破110千克,增加2.0千克,创历史新高。花卉面积3.05万公顷,增加0.28万公顷,销售额23.8亿元,增加3.61亿元,出口创汇85万美元。西甜瓜面积7.28万公顷,产量192.92万吨。中药材面积2.43万公顷,产量8.67万吨。麻类面积0.78万公顷,产量0.99万吨。甘蔗面积1.77万公顷,产量62.85万吨。桑园面积1.5万公顷,蚕种发种量18万张。烟叶面积2.02万公顷,产量4.55万吨。

【推进高标准农田建设】 按照省委、省政府统一部署和要求,为进一步提高涉农资金使用效率,稳步提高农业综合生产能力,对涉农部门农田水利基础设施建设专项资金进行整合,集中支持全省粮食主产区高标准农田建设。2011年全省整合省发改委、财政、农业、水利、国土、农开办等部门涉农资金40.45亿元,开工建设高标准农田10.67万公顷。

【推进粮棉油高产创建活动】 根据农业部统一部署,在全省组织实施国家级粮棉油高产创建万亩示范片193个,增加10个,其中粮食高产创建示范片161个,增加5个,大豆示范片2个,棉花示范片5个,油菜示范片22个,花生示范片3个。高产创建整建制推进试点县2个,整建制推进试点乡镇20个。粮食高产创建示范面积28.93万公顷,高产创建实现粮食增产29万吨。棉花高产创建示范面积4700公顷,棉籽亩均增收40千克以上,亩均效益增加220元以上。

【推广粮食增产增效技术】 推广运用"多用一斤种、增收百斤粮"综合集成技术,通过提高栽插密度增加粮食产量;推广抛秧和机插等轻简栽培技术,水稻抛秧面积160万公顷,占水稻种植面积48.2%;水稻综合机械化率54%,增长4%,其中机耕、机收、机插率分别达83%、66%、13%;实施水稻防早衰工程,全省水稻防早衰示范推广面积31.47万公顷;推广绿色植保和专业化统防统治技术,全省减少化学农药使用量6000吨以上,专业化统防统治面积30.67万公顷。

【推进新一轮"菜篮子"工程建设】 按照国务院关于大力实施新一轮"菜篮子"工程总体部署,继续强化"菜篮子"市长负责制,推进百万亩高标准蔬菜园建设,加快鄱阳湖生态经济区优质蔬菜产业发展,加快标准化菜园基地建设,重点发展冬季蔬菜、供港蔬菜、城郊蔬菜、高山蔬菜以及食用菌,加大对农产品质量安全和蔬菜生产信息监测,确保全年蔬菜充足供应,市场价格基本平稳。

【进一步加强园艺产品质量安全】 继续组织开展蔬菜、水果、茶叶无公害基地申报活动。截至年底,全省累计认定省级无公害经济作物产品基地375个,面积19.88万公顷,产量153万吨。经济作物产品获国家驰名商标2个,省著名商标11个,绿色食品标志78个,有机食品标志96个,无公害食品204个。继续加大对园艺产品质量安全抽检力度,2011年抽检合格率99.42%,提高0.53%,高出全省农产品合格率0.42%,其中水果、茶叶合格率100%。

【提高经济作物产品出口创汇水平】 通过品牌整合和加强宣传,提升"江西绿茶"、赣南脐橙、南丰蜜橘等知名度。按照打造"生态型、效益型、精品型和外向型"现代经济作物产业总体思路,加快推进产业化经营,加大市场开拓力度,扩大产品出口额,着力提升产业经济效益,2011年全省经济作物产品出口额2.7亿美元,增长19.15%,占全省农产品出口额一半以上,达到54%。

(李　明　罗省根)

林　业

【概　况】 2011年,各级林业部门继续深化林权制度配套改革,深入推进国有林场改革,切实加强森林资源保护,加快发展林业特色产业,全省林业工作继续保持强劲发展态势。实现总产值1318亿元,同比增长25.1%。其中:第一产业543.5亿元,第二产业482.3亿元,第三产业291.9亿元,分别增长19.91%、33.54%、22.38%;产业结构进一步改善,一、二、三产业产值由2010年的43:34:23调整到41:37:22,林业产业均衡发展。全年林业计划投资43.81亿元,实际完成57.08

亿元,增长21%。其中,国家预算内资金37.34亿元,增长83%;国内贷款1.46亿元,增长386.17%;利用外资7487万元,增长271.38%;自筹资金6.69亿元,增长19%;其他资金10.82亿元,减少48%。全年生态建设与保护完成投资29.16亿元,林业支撑与保障完成投资7.30亿元,林业产业发展完成投资5.61亿元。全年林业固定资产计划投资2.63亿元,实际完成4.17亿元。林业利用外资项目281个,协议利用外资632万美元,实际利用外资1673万美元。全省完成营造林面积25.93万公顷。生产木材290.28立方米,竹材7077.40万根,小杂竹6.73万吨;生产各种锯材200.86万立方米,各种人造板286.84万立方米,其中,胶合板90.70万立方米、纤维板96.72万立方米、刨花板17.36万立方米,木竹地板2169.24万立方米,松香7.59万吨、松节油1.80万吨,樟脑395吨。生产核桃138吨,板栗2.85万吨,银杏112吨,杜仲1797吨、桂皮17吨、竹笋干1.09万吨,食用菌1.48万吨,油茶籽42.72万吨,乌桕籽1012吨,五倍子310吨、棕片2473吨、松脂7.99万吨。林业产业结构由过去单一的木材加工业,发展为油茶、毛竹、林木种苗、药材、森林旅游等各具特色的林业优势产业。

全省油茶产业迅速发展。全年依法核发32家油茶定点育苗基地、20家高产油茶采穗圃的种苗生产、经营许可证。生产苗木1.65亿株。新造油茶林面积3.69万公顷。全省实有油茶林面积达到82.48万公顷,增长13.38%,油茶种植面积和油茶产量均居全国第二位。全年油茶产值实现70.32亿元,增长278%。国家和省级认定油茶良种58个,江西春源绿色食品有限公司等8家企业获得“全国油茶重点企业”称号。江西省林科院等3家单位获得“全国油茶科技示范基地”称号。全省竹产业继续保持快速发展势头,处于全国先进水平,全省竹林面积98.6万公顷,立竹总数23.21亿株,资源总量居全国第2位。有20家全国竹产业龙头企业,占全国竹龙头企业1/3。30多家竹企业组建研究创新团队,26家企业拥有发明专利,运用专利160多项。全年竹产业实现总产值58.66亿元,增长174%。

省林业厅参加在宜春市举办的第六届中国竹文化节,并获“优秀组织奖”。中国竹产业协会在全国认定3个竹产业集群,其中江西宜丰县和奉新县各占1个。组团参加首届中国(上海)竹制品博览会,10家企业获博览会金奖,3家企业获银奖;组团参加中国(义乌)第二届林业产业国际博览会,江西坚华林业有限公司和江西省泰昇碳业有限公司荣获“最佳参展奖”,16个参展品获金奖,22个产品获优质奖。

全省共有苗木生产基地1221个,经营总面积6.87万公顷,年苗木生产能力16.2亿株。全年新发放生产、经营许可证38份,注销生产、经营许可证34份。全年采集林木种子129吨,其中良种23吨;生产苗木14.31亿株,其中良种苗木3.47亿株;育苗面积2.76万公顷,其中新增育苗面积5329公顷;全年实现育种和育苗总产值23.43亿元,增长112%。全省中药材面积7.33万公顷,林产中药材种植与采集实现总产值13.81亿元,增长1%。

全年实现森林旅游人次、森林旅游收入双增长,森林旅游4272.55万人次,增长41%,森林旅游收入187.72亿元,增长29%,直接带动其他产业产值325.90亿元。省林业厅获“2011中国森林旅游博览会优秀组织奖”,森林旅游工作经验作为全国森林旅游工作会议典型在会上进行交流。武夷山国家级自然保护区以“黄岗山”名称在全省50个参评单位中脱颖而出,被评为“江西省十大新旅游景区”。靖安县宝峰镇毗炉村批准为“全国森林旅游示范区”试点单位。

全省野生动植物驯养繁育和经营利用产业产值43.7亿元,增长67.7%。其中,野生动物驯养繁育及利用产业产值11.1亿元,增长155.8%;野生植物繁育利用产业产值32.6亿元,增长50%。全省共有野生动植物驯养繁育和经营利用企业913家,增长19%。其中野生动物驯养繁育及经营利用企业500家,新增83家,野生植物繁育利用企业413家,新增63家。全年办理野生动植物行政许可309件,增长66%。其中,野生动物行政许可130件,审核40件,审批90件。野生植物行政许可179件,审核9件,审批170件。

2011年,全省有国家级农业产业化龙头企业6家、省级农业产业化龙头企业84家、省级林业龙头企业157家。全年40家林业龙头企业获得中央贴息项目林业贷款6.73亿元,贴息率2%~3%,8家竹业龙头企业获得省级林业发展毛竹特色产业专项资金。江西飞宇竹业集团有限公司被授予“中国林业产业突出贡献奖杰出基层单位”,江西嘉华林业有限公司董事长被授予“中国林业产业突出贡献奖特别奖”称号,江西南丰振宇实业集团有限公司林垂都、江西艺竹实业有限公司赵斌、江西省林业厅魏运华被授予“中国林业产业突出贡献奖”。2011年度全省木竹加工企业新增17家,新批消耗木材指标6.10万立方米、毛竹120.7万根。全省共有木竹加工企业4706家、消耗木材657.80万立方米、毛竹1.49亿根。

全省共组建各类林业合作组织1.48万个,参与农户241.34万户,涉及面积488.6万公顷。其中,林业“三防”协会1.10万个,林业专业合作社1789个。获得中央财政扶持农民林业专业合作社发展资金1100万元,增长130%,扶持林业专业合作社88个,增长110%。全年林权抵押贷款面积36.37万公顷,其中农户抵押面积15.56万公顷。全年贷款金额53.30亿元,其中农户贷款金额23.79亿元,贷款农户27.54万户,农户贷款余额16.36亿元。全省森林保险新增面积308.11万公顷,累计投保面积878.68万公顷,每亩投保500元;新增保险金额231.21亿元,累计保险金额659.00亿元;新增保费1.06亿元,累计保费1.85亿元。森林保险面积占全省有林地面积80.12%,江西森林保险参保面积、参保率、综合险面积均列全国第1位。全省有林权交易服务机构79个,森林资源资产评估机构73个。林权流转面积64.35万公顷,其中通过林权交易机构流转面积占52.28%;流转蓄积量1522.14万立方米,其中通过林权交易机构流转蓄积量占59.27%;流转金额45.92亿元,其中通过林权交易机构流转金额占63.95%。全省调处山林权属争议277起,面积0.44万公顷。其中:县内争议调处232起,跨县争议调处37起,跨设区市争议8起,没有出现因林权争议引发的重大群体性事件。全省农民人均林业收入1037.4元，增长15.26%。全年接待国家部委和外省林改考察调研35批次280人次。

全省国有林场参加基本养老保险职工7.61万人，占78.3%；参加医疗保险职工8.30万人，占85.4%。累计完成职工身份置换人数3.17万人；剥离国有林场办医院63所，占73.3%；剥离国有林场办学校91所，占91.0%。崇义、全南、大余、婺源、安福、井冈山等6县(市)完成林场与整合重组。全省2011年1万户危旧房改造竣工5064户(其中入住1214户)，占50.6%。2011年2万户危旧房改造全部开工。其中：竣工169户，占0.9%；进入基础施工5619户，占27.2%；完成土地平整1.44万户，占71.9%。国家国有贫困林场扶贫项目补助1500万元，安排50个林场。其中：基础设施建设项目36个，生产发展项目14个。林构公路硬化653千米，解决7650人饮水安全问题，新建输电线路18千米，改造7万平方米办公、生产用危房，完成7691.73公顷毛竹低改和低产林改造。

省林业厅共收到“两会”期间建议提案56件，其中人大建议43件、政协提案13件，均在规定时限内办毕。其中，主办件与建议、提案人面商率96.4%；已解决或基本解决的A类件17件，占37%；正在解决或列入计划解决的B类件27件，占58.7%；暂时无法解决的C类件2件，占4.3%；建议、提案人反馈满意率100%。中共省林业厅直属机关党委被授予“全国先进基层党组织”称号，省林业厅荣获“全国文明单位”称号，被授予“全国林业系统‘五五’普法先进集体”称号。德安县森林公安局局长聂辉被授予“全国特级人民警察”称号。永丰县官山林场被评选为“2011年度全国十佳林场”。铜鼓县基层林业站职工袁志勇入选“2011年中国好人榜”。

【江西林业遭遇严重雨雪冰冻灾害】 1月2~17日，江西大部分地区出现大范围低温雨雪冰冻天气，气温全部在零度以下，最低气温达到零下7℃。全省有70个县市先后有雪或雨夹雪天气，其中49个县市先后出现积雪，九江、景德镇两市和宜春市北部出现大到暴雪，19个县市先后出现冻雨。全省北部雨雪量为10~25毫米，南部雨量1~5毫米。极端低温雨雪天气给江西林业生产造成严重的经济损失。全省林业受冻害面积81.21万公顷，直接经济损失42.92亿元。全省苗木受灾面积8.93万公顷，林木受灾面积80.18万公顷，其中毛竹受灾面积24.03万公顷，湿地松受灾面积11.33万公顷，马尾松受灾面积8.56万公顷，杉树受灾面积12.89万公顷，杨树受灾面积2.40万公顷，其他树种受灾面积11.46万公顷。在受灾林木中，桉树、毛竹、湿地松、杨树等树种及绿化苗木受灾尤其严重。抚州、新余两市桉树受灾面积100%，宜春、九江和萍乡等3市毛竹受灾面积达90%以上。省林业厅迅速部署抗击严重雨雪冰冻灾害，把林业损失减少到最低限度。

【出台贯彻落实林改20条举措】 3月，国务院总理温家宝在参加全国“两会”江西代表团审议时，明确提出集体林权制度改革要实现“五个确保”：确保林农的合法权益得到有效落实，确保林农在林地经营中真正得到实惠，确保森林资源总量增长和生态环境改善，确保林区乡村组织和林业部门的正常运转，确保林区社会稳定。围绕贯彻落实温家宝总理重要指示，省政府常务会议研究决定出台《关于贯彻落实温家宝总理重要指示进一步深化集体林权制度改革的意见》，提出实现国务院总理温家宝“五个确保”目标的20条举措。该意见强调稳定和落实林地家庭承包经营政策，完善林木采伐管理制度，加强林权管理，建立健全林权管理机构；就做大做强林权交易、扩大林权抵押贷款、推进森林保险、扶持林业专业合作组织、发展林业特色产业、加强技术指导和服务等方面提出要求；将“森林保有量、森林覆盖率、林地保护管理”3项指标考核纳入政府年度目标考核体系，继续推进造林绿化“一大四小”工程建设，完善生态补偿机制和奖励政策，建立生态大县和林业大县奖励机制；建立和完善支持乡村发展的公共财政制度，完善支持林业发展的公共财政政策；强调加大涉林纠纷处理力度，加强林业综合执法，提升林业灾害防控能力。

【首届中国景德镇檵花节开幕】 3月25日，省林业厅和景德镇市政府共同主办的首届中国景德镇檵花节在景德镇市龙山生态园开幕。主题是“千年瓷都，千年檵花”。按照“以花为媒促发展、站高起点创品牌”的思路，集中展示景德镇市发展生物制药、现代农业和有机食品等战略性产业方面所取得的成就和新兴产业广阔的发展前景。檵花节期间，举办檵花个性邮票、首日封首发式，檵树博览园开园仪式，檵花博览园游园活动，登山健身活动，檵花征文比赛，檵花摄影比赛，檵花陶瓷艺术创作比赛，国家科技重点项目檵花药用价值研讨交流会等8大特色活动。白花檵木是金缕梅科檵的原始品种，常绿灌木，分布于亚热带地区，属江西省区域性特色资源，具有重要的药用价值。景德镇市檵树博览园内，已形成白花檵木30万棵规模，是全国唯一国家级林业中药材基地。

【江西列入全国国有林场改革试点省】 江西省有国有林场421个，职工9.73万人，分别占全国国有林场个数与职工人数1/10和1/6。林场类型既有生态公益型林场，又有商品经营型林场，在全国具有很强的代表性。省委、省政府在推进7个非工口系统国企改革中，锁定“三增长、两建立、一确保”总体目标，单独成立国有林场改革领导小组，单独出台《关于推进国有林场改革的指导意见》。4月和9月，省政府分别召开国有林场改革动员大会和推进会，标志着江西省在全国率先启动国有林场改革并进入全面实施阶段。10月17日，国家发改委、国家林业局正式批复将江西省列为全国国有林场改革试点省。试点内容包括改革国有林场领导体制、理顺国有林场管理体制、创新生态公益林场经营机制、创新商品经营型林场经营机制、解决历史遗留问题等5个方面。

【南北联合林业产权交易股份有限公司成功组建】 4月15日，南北联合林业产权交易股份有限公司成立。公司由南方林业产权交易所和北京环海投资管理中心共同投资5000万元人民币发起组建，是林权市场迈向资本市场的标志性一步，是建立全省统一、规范、活跃、辐射南方乃至全国的区域性林权市场重要平台，是吸引各类社会资本进入林业行业重要途径。截至年底，交易额9.66亿元。

【森林保险多项指标居全国首位】 江西抓住被列为中央财政森林保险保费补贴试点省的机遇，将森林保险纳入政策性农业保险范围，对公益林和商品林由省、县财政分别补贴40%和30%的保费。全省340万公顷生态公益林实行全省统保，统保险种由单一的林木火灾险扩展至林木综合险，暴雨、洪水、泥石流、冰冻、霜冻、暴雪、森林病虫害等全部纳入保险责任范围。至2011年底，全省森林保险取得一系列突破，保费规模、承保面积、保险覆盖率均位列全国第一名。承保的林地面积占全省林地面积97.1%，达到893.33万公顷，保费规模1.62亿元。全省有69个县开办森林保险，其中26个县实现森林保险全覆盖，森林保险成为江西覆盖面最高的政策性保险产品。

（省林业厅编辑室）

畜牧业

【概 况】 2011年，江西畜牧业以加快转变畜牧业发展方式为主线，以增加畜产品总量、增加畜牧业产值、降低畜禽养殖污染“两增一降”为主要任务，积极应对国内外经济形势复杂、养殖成本提升、“瘦肉精”事件等严峻考验，继续保持稳定增长。全省肉类、禽蛋、鲜奶产量分别达到320.1万吨、53.5万吨、12.7万吨，同比分别增长3.9%、4.5%、3.5%。生猪出栏3000万头，增长3.5%，能繁母猪存栏190.8万头，增长5.5%；家禽出笼4.1亿只，增长3.4%；牛出栏140.1万头，增长0.4%；羊出栏87.7万只，下降2.9%；兔出栏328.2万只，增长2.7%；养蜂箱数38.7万箱，增长4.1%。畜牧业产值734.3亿元，占农业总产值比重33.3%，提高2.6%，农民来自畜牧业的现金收入人均增加120元。生猪外销和出口实现逆势增长，市场供给能力明显增强。全年外调生猪1160万头，增长5.3%。其中，供沪生猪大幅增加，跻身上海活猪供应前两名；供港生猪（含直接出口量和转口量）近30万头，增长6%，跻身活猪供港前3名。

【畜禽养殖效益可观】 2011年，主要畜禽产品价格维持较高水平，畜禽养殖效益可观。按全年平均价格测算，出栏1头肥猪可盈利400～600元，出售1头商品仔猪可盈利200元左右。出栏1头肉牛可盈利1000元。每头奶牛可盈利3000～5000元。每只优质地方肉鸡可盈利6～9元，每只蛋禽一个产蛋周期可盈利20～30元。

【扎实推进标准化规模养殖】 以畜禽清洁生产、标准化示范创建为抓手，通过政策促动、项目推动、服务联动、示范带动，发展标准化规模养殖。猪禽规模养殖比重分别达到85%、74%，处于全国领先水平。以粪污治理为主的标准化建设步伐明显加快，全省完成粪污治理改造的规模养猪场2800家，省部共建国家级和省级标准化示范场205家，畜禽规模养殖场粪污无害化处理率72%，资源化利用率65%，分别提高2%和5%。

【加大动物疫病防控】 动物疫病防控工作力度进一步加大，省、市、县、乡、村五级联动，上下协调、内防外堵、联防联控，狠抓免疫、消毒、监督、净化、检疫等防控措施落实，免疫抗体水平继续名列全国前茅，在畜禽饲养量持续增长、流通量不断增加情况下，实现了对动物疫病的有效控制，重大动物疫情稳中有降，其危害为近10年来最少一年，其他动物疫情也较为平稳，全年没有发生重大动物疫情。

【加强畜产品质量安全监管】 开展“瘦肉精”、饲料、兽药、生鲜乳专项整治，加大执法查处力度，畜产品质量安全水平继续保持全国前列。饲料产品抽检合格率99%，提高1个百分点，兽药产品抽检合格率91%，提高0.8个百分点，“瘦肉精”等违禁添加物检出率继续保持在极低水平，生鲜乳三聚氰胺检测合格率连续3年保持100%。全力保证江西省供应上海世游会、深圳大运会、南昌城运会等重大活动畜产品安全。全年没有发生重大畜产品质量安全事件。

【推进产业化经营】 实施龙头带动战略，畜牧龙头企业实力增强，产业链条不断延伸。省级以上畜牧龙头企业105家，年销售额534亿元，增长20%，其中国家级龙头企业12家，新增3家。畜产品加工水平稳步提升，新增双汇、雨润、宝迪、洪门等4条畜产品加工线，生猪、家禽屠宰加工能力1200万头和1.1亿只，分别增加550万头、1200万只。畜牧业专业合作社加快发展，新增1040个，新增入社农户1.5万户，组织化程度进一步提高，产业化经营体系不断完善。

【发展饲料、兽药工业】 饲料行业联合重组进程加快，大型饲料企业快速发展，产业链向纵向、横向不断延伸，整合特点明显。饲料生产克服原料价格上涨等不利因素影响，继续保持良好发展态势。全年饲料产量550万吨，增长9.8%，饲料工业产值192.5亿元，增长9.8%。推进兽药经营企业GSP和兽药生产企业GMP建设，进一步规范兽药生产经营行为，兽药工业稳定发展。全省兽药GSP合格企业210家，兽药生产企业增加9家，达到61家。全省兽药生产企业总产值12.2亿元，增长10%。

（刘 翔）

水产业

【概 况】 2011年，江西省渔业部门按照“控制捕捞、发展养殖、主攻加工、搞活流通、确保安全、拓宽功能”发展方针，全方位融入鄱阳湖生态经济区建设，推进现代渔业项目建设，科学应对市场大幅波动，积极化解春夏连旱、旱涝急转等极端气候影响，全省渔业经济继续保持良好发展态势。水产品总量222.8万吨，增长3.5%。渔业经济总产值600.8亿元，增长19%；渔民人均纯收入8433元，增长10.7%。水产品自营出口额2.53亿美元；中央和省级财政支渔投入4.4亿元。渔业产业化经营快速增长，规模以上渔业产业化龙头企业378家，实现产值150.8亿元。全省渔民专业合作社396家，合作社成员数近3万户。休闲渔业稳步增长，3.33公顷以上水面垂钓休闲渔业基地300余家，水面约9533.33公顷，从事休闲渔业人数10万余人。

【渔业生产抗灾夺丰收】 2011年，江西省出现历史罕见的春夏连旱，赣、抚、修三大河流先后出现历史最低水位。长时间干旱对全省渔业生产与水域生态造成严重影响。全省水产养殖业受灾面积11.13万公顷，损失水产品18万吨，亲鱼6350组，捕捞渔船平均减收2.7万元，直接经济损失约16.9亿元。灾情发生后，全省各级渔业部门紧急行动，迅速调运救灾物资，召开重点苗繁企业水产苗种调度会，组织工作组深入重灾区，了解灾情，指导抗灾。及时将中央财政下拨江西省的1亿元渔业救灾资金补助给渔民购买种苗、药物等。

【支持渔业投入大幅度提高】 2011年，中央和省级财政支渔投入4.4亿元，相当于过去10年总和。其中：渔船燃油补贴资金1.92亿元，增加230%；渔业生产救灾资金1亿元，为历史上最多一年；现代渔业专项资金9000万元，增加2000万元；鄱阳湖渔民困难救助资金3848万元，基建和财政专项资金1900万元。

【外向型渔业继续向好】 2011年，江西省水产品出口继续保持全国内陆领先地位，出口额2.53亿美元，相当于全国其他20个内陆省水产品出口之和。全省现已有通过江西出入境检验检疫局注册的水产品出口企业28家，与之配套的出口备案注册养殖基地110个，加工出口产品20大类，鲜活出口品种7个，水产品省外销售超过100万吨。

【推进现代渔业建设】 2011年，全面启动第二轮现代农业水产项目标准化池塘改造和规模化苗种繁殖场改造建设，争取中央财政现代农业项目资金9000万元，池塘标准化改造面积3466.67公顷，改扩建规模化良种繁殖场8个。成功申报农业部健康养殖示范场97家，全省拥有农业部健康养殖示范场278家，面积突破10万公顷。

【加强水产品质量安全】 2011年，省级水生动物疾控中心和5个县级水生动物防疫站批准立项建设，为第一批26个县级水生动物防疫站增加水产品质量快速检测设备，推广从源头控制质量安全的关键技术，完善600个种苗繁育、成鱼养殖单位抽检数据库，选出8家规模繁殖企业推广替代孔雀石绿药物试验，完成3小时草鱼质量安全生产圈建设试点工作，农业部对全省水产品产地监督抽查检验合格率达到99.2%。

【渔业科技成果丰硕】 2011年，参与并实施"国家大宗淡水鱼产业技术体系"专项和农业部珍珠、小龙虾、黄鳝公益性行业专项等项目。全省渔业科技喜获丰收，乌鳢产业化技术开发与研究、草鱼疫苗免疫技术示范与推广应用研究、克氏原螯虾繁育及养殖技术研究项目分获省科技进步三等奖和全国农牧渔丰收奖三等奖。

【江西省珠江流域实施禁渔期制度】 继鄱阳湖全湖及长江江西段实施禁渔期制度10年后，2011年起，江西省珠江流域寻乌、安远、定南、信丰4县启动禁渔期制度，禁渔时间每年4月1日12时至6月1日12时。为保证江西省珠江流域禁渔期制度顺利实施，省政府及相关市县分别成立珠江流域禁渔工作领导小组，召开"江西省珠江流域东江及北江水系禁渔工作启动会"。

（于向阳）

农垦

【概 况】 2011年，全省农垦拥有独立核算单位162个，同比减少1个（南昌垦区减少1个独立核算农工商公司，即南昌市农垦农工商公司），其中：垦殖场145个，企业集团9个，独立核算工业企业2个，独立核算农垦农工商公司6个。垦殖场（企业集团）办工业企业912个、商业企业2286个、建筑企业70个、运输企业247个；拥有土地总面积59.32万公顷，其中耕地面积5.25万公顷，林地面积41.50万公顷，水面面积2.76万公顷，果茶桑园面积1.58万公顷，宜林荒山面积6769.34公顷，分别占土地总面积的8.85%、69.96%、4.65%、2.66%、1.14%；年末总人口89.05万人，从业人员28.65万人；年人均纯收入7064元，增加1267元，增长21.86%。

2011年，全系统实现生产总值115.11亿元，增长22.77%，连续9年实现两位数增长，其中，第一产业增加值16.72亿元，增长5.92%；第二产业增加值73.73亿元，增长32.25%；第三产业增加值24.66亿元，增长10.95%；一、二、三次产业结构比例由上年的17∶59∶24调整为15∶64∶21。完成工农业总产值319.68亿元，增长30.52%；固定资产总投入122.72亿元，增长30.4%；实现利润4.95亿元，增长14.85%，连续9年盈利；上缴税费10亿元，增长20.19%。162个独立核算企业中，盈利企业105个，盈利面64.8%；盈利企业盈利额5.52亿元，亏损企业亏损额5766万元，盈亏相抵盈利4.95亿元。

全年实现农业产值40.50亿元，增长5.51%，占工农业总产值12.67%。其中，种植业产值21.05亿元，占农业总产值51.99%；林业产值3.20亿元，占农业总产值7.91%；牧业产值10.82亿元，占农业总产值26.72%；渔业产值3.61亿元，占农业总产值8.91%，服务业产值1.50亿元，占农业产值3.7%。农作物总播种面积10.81万公顷，增长0.92%。其中，粮豆播种面积7.84万公顷，增长1.3%；油料播种面积1.25万公顷，减少1.63%；棉花播种面积3244公顷，增加6.26%；茶叶种植面积5918公顷，减少1.4%。水果种植面积9595公顷，增长2.57%。粮豆、油料、棉花、水果产量分别为51.14万吨、2.61万吨、9740吨、6.48万吨，分别增长1.62%、17.9%、12.28%、13.64%。茶叶产量4300吨，减少4.32%。大牲畜年末存栏3.19万头，减少3.04%。生猪出栏91.28万头，增长7.21%。牛奶产量2.01万吨，减少0.62%；肉类总产量8.47万吨，增长8.8%。水产品产量3.66万吨，增长2.93%,其中,养殖产量2.54万吨,占水产品总产量69.58%。

全年实现工业产值279.19亿元,利润11.27亿元,分别增长35.17%、81.48%。轻工业仍是农垦工业主体,轻工业产值166.05亿元,占工业总产值59.48%。规模较大的上5亿元的行业有13个,累计完成工业产值246.3亿元,占工业总产值88.22%,增加40.73%。

2011年,随着改革的推进,农垦职工"老有所养"和"病有所医"后顾之忧得到根本解除。6万户危房改造项目建设,让20万农垦职工群众居住环境得到明显改善;2亿元公路建设项目启动,30万农垦职工及周边群众出行不便问题得到一定程度缓解;5000万元安全饮水工程实施,使10万农垦职工群众用水不便、饮水不安全局面有很大改观;1400万元扶贫项目推进,10万职工群众生产生活条件得到进一步改善;随着454家农家书屋建设到位,90万农垦职工群众精神文化生活得到进一步丰富。

【农垦企业改革基本完成】 截至2011年底,列入全省国有农垦企业改革范围的125家农垦企业已全部完成制定改制和职工安置方案,其中完成偿还拖欠职工费用的114家,占企业总数91.2%;职代会通过两个方案、完成落实"一补两险"的和基本完成职工安置的均为119家,占企业总数95.2%;完成剥离办社会职能的110家,占企业总数88%。这场改革的主要任务是:落实"一补两险",化解企业债务,剥离办社会职能,转换职工身份、建设新型劳动关系,转换经营机制、建立现代企业制度。

【危房改造工作进展顺利】 2011年,全省农垦危房改造任务6万套,总投资63亿元,其中中央补助资金4.5亿元、省财政配套资金4.5亿元,涉及71个县市区127个农垦场。截至年底,全系统危房改造实现开工率100%、完成主体竣工3.27万套、10.8万人入住,超额完成省委、省政府下达的目标任务。在推进危房改造进程中,全省农垦系统实现"三个结合":把危房改造与新农村建设结合,参照新农村建设标准和要求,高起点、高标准、高水平规划危房改造项目;整合新农村建设资金,加大基础设施建设力度,提升危房改造整体水品;把危房改造与园区建设结合,在临近工业园区的区域划出一块土地整体实施危房改造项目,既促进充分就业,化解工业园区用工荒矛盾,又妥善解决人口向危房改造区集中居住问题。

(赵 强)

绿色食品

【概 况】 2011年,全省绿色食品行业按照现代农业发展要求,不断创新工作机制和工作方法,提高绿色食品品牌公信力和市场竞争力,绿色食品产业稳步发展,品牌形象全面提升,绿色食品事业保持健康快速发展良好态势。至年底,全省绿色食品产品总数703个,全省有机食品产品总数412个,拥有全国绿色食品原料标准化生产基地47个,生产基地面积58万公顷,均居全国前列。

【产生一批绿色食品示范企业和创新型试点企业】 经中国绿色食品协会评审,江西煌上煌集团食品股份有限公司、江西绿海油脂有限公司、江西省春丝食品有限公司、江西仙客来生物科技有限公司等4家企业被评选为"全国绿色食品示范企业"。江西绿海油脂有限公司、江西银河杜仲开发有限公司、江西田昌农业技术开发有限公司、江西洪门实业集团有限公司等4家绿色食品生产企业被列为江西省2011年创新型试点企业。

【赣牌绿色有机食品畅销沪穗两地】 5月26~28日,江西组团参加第五届中国国际有机食品博览会,全省有12家有机产品生产企业参加博览会,现场共签约或意向金额8240多万元。江西展团获"最佳组织奖",江西田昌农业技术开发有限公司、浮梁县浮瑶仙芝茶叶有限公司产品获"金奖"。12月1~3日,组团参加中国绿色食品2011广州博览会,仙客来科技有限责任公司等20家各具特色的绿色食品生产企业200余种生态绿色农产品集体亮相,充分展示江西省"三品一标"产品的发展成就,宣传推介江西绿色生态品牌,有效开拓绿色食品市场。江西在这次展会上现场交易178万元,意向交易1.26亿元,拟合作项目66个,金额7.8亿元,获"优秀组织奖"和"优秀展位设计奖"。江西省进贤县军山湖鱼蟹开发公司等10家企业获"畅销产品奖"。

【加强绿色有机食品队伍建设】 7月28~29日,全省绿色食品内检员培训班在南昌举行,来自全省绿色食品生产企业质量负责人参加培训。经笔试和资格审查,全省有212人通过中国绿色食品发展中心绿色食品内检员审批注册。9月16~17日,来自全省有机食品生产单位80余人参加"江西省有机食品内检员培训班"。通过组织培训企业内部检查员,进一步规范企业内部管理,促进产品质量安全水平提升。10月26~27日,举办全省绿色食品检查员、标志监管员培训班,共有140余人参加培训。2011年,全省共有17人新注册绿色食品检查员、17人新注册绿色食品标志监管员、8人新注册有机产品检查员。

【绿色食品产业延伸链发展规划正式印发】 2月24日,省发展和改革委员会、省工业和信息化委员会、省科学技术厅、江西省农业厅、江西省国防科学技术工业办公室等5部门联合发文印发《战略性新兴产业延伸产业链发展规划》。其中,《江西省绿色食品产业延伸链发展规划》为战略性新兴产业延伸产业链发展规划之一。《江西省绿色食品产业延伸链发展规划》是在组织实施《江西省十大战略性新兴产业(绿色食品)发展规划(2009~2015)》基础上,为加快江西省绿色食品产业发展制定的又一纲领性计划。《绿色食品产业延伸链发展规划》共编制重大项目48个,项目总投资497.58亿元,涉及粮食油料产业、蔬菜产业、果业、茶业、畜牧业、渔业等。

(熊晓辉)

花卉业

【概 况】 随着工业化、城镇化的快速发展,全省花卉产业也得到较快发展。江西省花卉业呈现出"种植规模不断扩大、生产结构明显优化、科技水平大幅提高、花农收入增长凸显、生产模式逐步转变"的特点。2011年全省花卉种植面积3.05万公顷,较上年增加2800公顷。销售23.8亿元,增加3.61亿元。出口创汇85万美元,增加6万美元。形成了一批专业花卉生产基地和龙头企业。全省现有小型花卉市场51个,花卉企业850家,花卉种植专业户4.42万户,从业人员10.45万人。全省花卉品种主要有杜鹃、现代月季、菊花、兰花、金边瑞香等,其中金边瑞香740公顷,主要分布在赣州市。杜鹃202公顷,主要分布在井冈山、兴国县。兰花224公顷,其中国兰140公顷,蝴蝶兰5公顷,国兰主要分布在赣州市崇义县、寻乌县、抚州市乐安县、九江市、南昌市等,蝴蝶兰是江西省近年来广受消费者喜爱的新品种,主要分布在江西省农科院花卉蔬菜研究所、丰城市、井冈山市。

【做好江西省第三届花卉园艺博览会筹备工作】 根据省政府《关于印发江西省第三届花卉园艺博览会实施方案的通知》精神,江西省第三届花卉园艺博览会将于2012年9月下旬至10月上旬在宜春举办,省农业厅作为协办单位和第三届花博会组委会成员,全力以赴协助政府主管部门做好"第三届花卉园艺博览会"筹备工作,各市外景展园设计方案已全部确定。

【举办2011年第二届中国井冈山国际杜鹃花节】 4月15日,省花协与省旅游局、吉安市委、市政府联合举办2011年第二届中国井冈山国际杜鹃花节。同时,由省花协盆景专业委员会筹办的"江西省'井冈山'杯花卉盆景精品展"也同步举行,此次展出的300多盆赤楠、榆树、三角枫、对节白蜡与松柏类盆景,吸引了来自全国各地的游客,为推动江西省盆景事业发展起到良好的宣传作用。

【举办首届中国南昌(红谷滩)月季文化节】 9月28日,首届中国·南昌(红谷滩)月季文化节由南昌市政府、中国花卉协会月季分会、省花卉协会主办,红谷滩新区管委会、市园林绿化局、市花卉协会承办。主会场设在红谷滩新区滨江月季园,分会场设在红谷滩新区各主要景点、街道。其中月季精品展、名品欣赏与评比、月季摄影赛、月季知识竞赛、月季小姐选拔赛、专题讲座等多项活动受到市民喜爱。

【出版发行《江西寒兰》】 江西省是全国寒兰六大主产地之一,为有效保护和合理开发利用寒兰资源,让更多兰友掌握寒兰的欣赏和栽培技术,省花协组织有关专家整理编写了《江西寒兰》,并由江西人民出版社发行。

(胡伟平)

农业机械化

【概 况】 2011年,江西农业机械化事业超额完成各项目标任务,实现"十二五"农机化工作良好开局,巩固了农业机械化全面快速健康发展的好势头。全省农机原值330亿元,农机总动力4200万千瓦,同比增长10.4%;耕整地机械86.6万台,增长16.4%;联合收割机5.07万台,增长10.9%;插秧机1.17万台,增长49.5%。

【农机购置补贴激励效应显著】 全省农机购置补贴政策落实启动早、进展快,到11月底全面结束。全省全年补贴机具种类12大类39小类125个品目,落实农机购置补贴资金6.4亿元(中央财政资金6.1亿元,省财政资金0.3亿元),全省共补贴各类机具50.84万台套,其中水稻联合收割机5051台、大中型拖拉机1470台、手扶拖拉机6.5万台、耕整地机械12.2万台、插秧机3822台、茶叶机械3541台、畜牧水产养殖机械1.85万台、直接受益农户33.8万户,共拉动市、县财政投入1820万元,拉动农民投入12.5亿元。

【提高农机作业水平】 全省水稻机耕作业面积289万公顷,机收作业面积289万公顷,机插面积45.27万公顷,机耕、机收率分别达83%、66%,分别提高3%和4%,水稻机插水平13%,增长4.5%。全省水稻耕种收综合机械化水平56.9%。全省开展"推进机插秧,创建高产县"活动,在62个"推进机插秧,创建高产县"活动示范县重点推广水稻工厂化育秧技术,新增育秧大棚7450余栋,育秧播种流水线170条,形成从播种、机插、田间管理到整套双季稻育插秧机械化技术体系。在全省油菜、花生、茶叶、果业等优势农产品农业生产环节,一大批农机新技术广泛应用,推动了农机与农艺进一步融合。

【农机生产服务收入有新变化】 全省农机专业合作社发展步伐加快,至2011年底,全省有农机专业合作社412个,新增52个,增长15%。农机专业合作社社员1.5万人,社员年服务总收入4.5亿元,增长30%。农机专业合作社在促进农民增收致富及实现农业生产机械化过程中发挥了越来越大的作用。2011年,全省组织3000余台联合收割机跨省进行小麦或水稻收获作业,台均创收2.2万元。全省农机作业总收入144亿元,增长10%。越来越多的农机手走上了职业服务道路。

【农机安全生产取得新成就】 2011年,全省共排查事故隐患1693起,整改1668起,整改率98.5%。全省共发生农机事故7起,受伤5人,死亡0人,没有发生一起农机重特大事故。全省靠收费罚款养人的农机监理理念逐步得到转变,"以民为本、为民服务、帮民解难、助民增收、保民平安"的思想得到延伸与拓展,全省农机安全生产形势持续稳定好转。

(欧阳柳)

农业综合开发

【概 况】 2011年,江西省农业综合开发办贯彻全国农业综合开发工作南昌会议精神,实施中低田改造,以建设高标准农田为重点,加强农业基础设施建设,不断改善农业生产条件,着力打造江西为国家粮食生产核心区。按照"一县一业"农业开发模式,实施农业产业化经营项目,做大做强农业优势,推动现代农业发展。

2011年农业综合开发项目涉及全省11个设区市的86个开发县(市、区)(新增上犹县、瑞昌市)及2个省直属单位(农业厅、省监管局)所属5个国营农场,完成年度财政总投资11.8亿元,其中财政10亿元。全省完成2010年度农业综合开发产业化项目210个。投入财政资金1.42亿元,带动农民、企业和社会投入农业开发资金16亿元。建设优质水稻、赣南脐橙、南丰蜜橘、中药材、有机蔬菜等优势农产品基地4万多公顷,建设优质高产水稻基地4.67万公顷。扶持一批特色明显、影响力、竞争力与辐射带动作用强的农业龙头企业和农民合作组织,帮助其做大做强,做到扶持一个企业,发展一片基地、致富一方百姓、带动一方经济。按照龙头带基地、基地连农户的形式和产加销、贸工农一体的经营模式,发展农民合作社,农业产业化水平和生产组织化程度得到明显提高,项目区农民年人均收入增收3000余元。

【加强农业基础设施建设】 省农业开发办搞好土地治理项目规划,在赣抚平原、赣西平原、吉泰平原和环鄱阳湖地区,沿铁路、高速公路、国道等交通干线,38个高标准农田建设县建设38块万亩连片高标准农田,改造中低产田5.33万公顷,生态综合治理项目6666.67公顷。2010年土地治理项目完成投资金额10亿元,其中财政资金9.3亿元。修建小型水库86座、拦河坝82座、开挖渠道87千米,修建排灌站213座、机电井157眼、田间配套渠系建筑物1342座、机耕路1983千米;改良土壤2533.33公顷;营造防护林面积1.47万公顷;开展技术培训28万人次。通过山水田林路综合治理,农业、林业、水利措施配套,新增和改善农田灌溉面积5.93万公顷,新增节水灌溉面积1万公顷,新增耕地面积2000公顷,水稻"单改双"4万公顷,增加机耕面积1.77万公顷。新增主要农产品粮食9万吨、棉花1.8万吨、油料1.5万吨,项目区直接受益农业人口230万人,农民纯收入总额增加1.7亿元。

【推进农村民生工程】 围绕新农村建设大局,省农业综合开发办安排财政资金1.7亿元,扶持576个新农村点建设,把土地治理项目的山水田林路治理与新农村建设的村容村貌建设结合起来,把田间机耕路修建与乡村道路结合起来,把田间灌溉等水利设施建设同人畜饮水工程结合起来,把农田防护林建设同"绿色家园"结合起来,安排项目资金1.5亿,扶持全省8个少数民族乡镇,改善少数民族地区生产生活条件,促进少数民族地区的社会稳定。

【用农业开发项目推进农村民主建设】 省农业开发办利用农业开发项目推进农村民主建设。项目按照"科学规划、民主管理,规范运行、阳光操作"要求,推进项目申报竞争立项制,在立项时充分听取、尊重群众意愿,充分发扬民主,变"要我开发"为"我要开发"。项目申报前,召开村民大会,选什么项目,解决什么问题,由群众决定,项目资金多少,怎样实施,群众要承担哪些义务,项目实施方案都要向群众公示。全面推行项目公示、招投标和监理制度,让群众有知情权、参与权,将项目置于群众监督之下。省委书记苏荣在视察农业开发项目时,看到村民大会的会议纪要,群众代表的签字和按的手印非常满意,并作出重要指示:"群众有了知情权、决定权、参与权,这样的事情一定能办好。"项目的实施对于提高基层组织凝聚力,改善干群关系,促进农村民主进程,构建和谐乡村发挥了重要作用。万年县陈营镇项目区,在实施项目时,全面推行项目公示,邀请乡村老党员、老干部、老同志参与项目监理,项目区干部群众参与农业开发积极性高涨,并引导项目区农民成立蔬菜合作社、生产用水协会、项目工程管理协会等民间组织,农民自主管理意识明显提高,干群关系融洽。

(罗 华)

科教兴农

【概 况】 2011年,全省农业科教工作围绕全省农业工作大局,密切结合"全省农业系统发展提升年"活动,以全国基层农技推广示范县项目为抓手,全面推进基层农技推广体系改革与建设。以新技术、新品种推广为突破口,进一步促进农业科技成果转化。实施阳光工程培训,增强农民就业创业能力。开展农业科技服务工作,为实现粮食增产、农民增收提供强有力的科技支撑。按照"整合资源、综合建站,统一协调、分块运作,'三权'归县、财政保障,双重管理、以县为主"的改革思路,加快推进基层农技推广体系改革与建设工作,全省11个设区市、95个涉农县全都出台了实施方案,89个县基本完成改革任务。通过改革,全省全额拨款的基层公益性推广机构比例由2006年的33.07%提高到2011年的80.4%。全省共有1.13万名农技人员工资纳入财政预算,占全省农技人员85.93%。省财政安排的农业技术推广经费也由2006年的1000万元提高到现在的6000万元。全省基层农技人员中有大专以上学历的9215人,比2006年增加5522人,提高22.81%;有专业技术职称的1.42万人,比2006年增加4351人,提高17.98%。2011年,国家安排江西省中央投资3000万元,为375个乡镇农技推广机构配置推广服务设备。35个县(市、区)列为基层农技推广体系改革与建设示范县。各示范县主导品种、主推技术到位率和入户率均在95%以上,3年来,全省共建设农技推广示范基地440个,观摩培训超过22万人次;培育科技示范户10万户,辐射带动农户200万户。

【实施农村劳动力培训阳光工程】 按照"政府推动、学校主办、部门监管、农民受益",坚持管培分离原则,重点围绕农业发展方式转变和新农村建设需要,面向农业产前、产中和产后服务和农村社会管理领域开展种植业生产服务人员、畜牧和渔业生产服务人员、兽医服务人员、农机服务人员、农业经营管理和农村社会管理人员、休闲农业、涉农企业和农业创业人员开展短期技能培训,推动支持农业创业培训,加快培育专业化的现代农业产业劳动者队伍,拓宽农民增收渠道,为现代农业发展和新农村建设提供人才支撑。全省在11个设区市、95个县(市、区)的289个培训基地和3所省农业院校实施阳光工程项目,累计培训学员18.13万人。

【开展农业科技服务】 2011年，全省组织万名农技人员开展农业科技服务活动，采取丰富多彩、生动活泼的形式，通过印发资料、展板宣传、实物展示、巡回放映、科技咨询、现场指导、举办培训等，把农业科技送进千家万户。全省共组建科技服务小分队1248个，参与科技服务活动的农技人员1.34万人次，举办各类讲座和培训班2266期次，培训20.64万人次。发放农业技术和农业政策法规资料161.85万本(册)，赠送种子(苗)价值143.32万元，赠送农资等价值164.75万元。

【示范推广超级稻】 全年全省示范推广超级稻64.35万公顷，其中早稻25.27万公顷、中稻15.65万公顷、晚稻23.43万公顷。比计划面积增加11.01万公顷，比上年增加9.47万公顷，增加17.3％。全省超级稻平均亩产504.2千克，累计增产23.7万吨，增效5.3亿元，增产增收效益显著。

【加大农村沼气建设力度】 2011年，省委、省政府连续第六年将农村沼气建设列入新农村和“民生工程”重点建设内容，进一步加大支持力度，争取中央资金1.5亿元，省级财政安排资金4000万元。沼气建设规模不断扩大，形成了农村户用沼气、养殖场大中型沼气、养殖小区和联户沼气、秸秆集中供气沼气等多种形式协调发展新格局。全省沼气用户177.07万户，新增户用沼气8.51万户、小型沼气工程753处、中型沼气工程56处、大型沼气工程92处。沼气产业迅速发展，推进了大中型沼气发展转型，全省农村沼气产业总产值7.3亿元。沼气服务体系逐步健全，万安县的“协会领办”服务模式入选全国6大主推农村沼气服务模式之一。

(吴加发)

扶贫开发和水库移民

【概　况】 2011年，全省扶贫和移民工作围绕“十二五”开局之年各项目标任务抓好落实。全省启动实施3400个贫困村整村推进扶贫开发，1200个贫困村纳入国家整村推进“十二五”规划，争取到国家彩票公益金3000万元，在20个贫困村实施新一轮整村推进试点项目。5万人搬迁任务继续与生态移民、以工代赈移民统一实施，搬迁扶贫补助标准统一提高到每人4000元，并进一步统筹地质灾害避灾、农村危房改造资金，组织完成全省范围当年避灾移民搬迁4万人任务。产业化扶贫进一步发挥120家扶贫龙头企业带动作用，抓好新增4个重点县扶贫主导产业连片开发项目的组织实施，贫困村建立“互助资金”组织扩大到350个村。投入2000多万元贴息资金支持扶贫产业基地建设，龙头企业发展和贫困农户发展生产。重点培育并发挥20家扶贫龙头企业、22个“互助资金”组织和50家农村合作经济组织示范作用。“雨露计划”培训3.46万人，超出年计划3.5％。完成新一轮省直181个部门和省直属110个单位定点扶贫安排部署。

2011年全省核定移民后扶人口156.98万人，其中直补人口92.12万人，按时兑现发放直补到人政策资金5.42亿元。做好移民村组后扶项目安排工作，突出抓好51个移民超万人县移民产业项目试点和200个乡镇扩大统筹资金实施移民项目试点，当年落实项目6340个，投资9.24亿元。移民安置工作加强落实地方政府责任，重点推进峡江、浯溪口水利枢纽工程移民安置工作，完成《江西省大中型水利水电工程征地和移民安置管理暂行办法》的立法调研和拟订。全面完成自主迁赣三峡移民257户、721人的遗留问题处置，启动三峡农村淹没土地新增补偿和生产安置费结算补差两项资金共9843万元的使用，争取到国家《三峡工程后续规划》支持鄱阳湖影响区十年规划项目静态投资2.39亿元帮扶政策，继续积极稳妥地抓好小型水库移民解困工作。

2011年全省各级投入扶贫和移民资金24.54亿元，增加4.23亿元，其中争取国家投入21.55亿元，增加3.58亿元，增长20％。在全国率先确定3400个贫困村，扶贫开发作为重要任务纳入省政府《政府工作报告》和全省“十二五”规划。联合省直14个单位共同制定促进库区和移民安置区经济社会发展的“实施方案”；制定三峡农村移民新增土地补偿资金使用的“实施方案”；拟订《江西省大中型水利水电工程征地和移民安置管理暂行办法》。成功承办全国特困片区扶贫攻坚高级研修班、科技扶贫工作会议、三峡移民解困帮扶工作会议、全国扶贫资金绩效考评调研和非洲赴赣扶贫开发考察培训班等多次全国性高层次工作活动。开展全国、全省扶贫和移民工作先进的评选、表彰和宣传，组织参加全国新世纪扶贫开发成就展并获优秀组织奖，编印社会扶贫和移民示范村建设画册，出版大型报告文学《大山作证》。进一步落实扶贫和移民工作各项监管措施，加强资金项目的巡查和稽查，组织开展扶贫和移民资金绩效考评，省扶贫资金在绩效考评中评为全国A级。

【召开全省扶贫开发工作会议】 12月20日，全省扶贫开发工作会议在南昌召开。会议深入学习中央扶贫开发工作会议精神，总结十年来江西省扶贫开发工作取得的主要成就和基本经验，分析扶贫开发面临的新形势新任务，动员部署全省上下打好新一轮扶贫开发攻坚战，努力推动贫困地区经济社会更好更快发展，确保到2020年与全国一道实现全面建设小康社会的目标。省委书记苏荣、省长鹿心社出席会议并讲话。省委副书记张裔炯主持会议。省领导傅克诚、舒晓琴、凌成兴、赵智勇、史文清、周萌、蔡晓明、陈达恒、熊盛文、谢茹、胡幼桃、钟利贵出席会议。

【圈定新一轮扶贫开发工作主战场】

圈定全省新一轮扶贫开发工作主战场38个县，其中：争取国家将罗霄山区17个县划为国定特困片区并专项投入扶贫攻坚资金5200多万元；争取省委、省政府划定省定特困片区8个县。以中央重点支持罗霄山特困片区扶贫攻坚为契机，积极建言献策，为省委、省政府提出中央苏区振兴发展战略构想、制定出台特困片区和中央苏区涉及38个县市的“四个一”组合式扶贫重大举措、将扶贫开发列入2011年全省民生工程重点抓好的两件大事之一。

(龚亮保)

工 业

本栏编辑 罗会忠

综 述

2011年,面对复杂多变的国内外经济形势,全省工信系统加快转变经济发展方式,开拓进取,扎实工作,圆满完成年初制定的“三个快速增长、四个明显提高”目标任务,工业和信息化建设取得显著成就,实现了“十二五”良好开局。

主要经济指标实现快速增长。全省规模以上工业完成增加值3910.88亿元,同比增长19.1%,高出全国平均水平5个百分点;主营业务收入1.85万亿元,增长41.7%;利税总额1814.69亿元,增长38.2%。工业经济效益综合指数再创新高,达292.21%,提高18.1个百分点,增幅居全国前列。工业对全省经济增长贡献率63.7%,拉动GDP增长8个百分点。

战略性新兴产业支撑作用明显提高。年初制定2011年战略性新兴产业推进工作指导意见,明确重点工作任务。精心组织战略性新兴产业重大活动。在北京举办江西省战略性新兴产业发展合作推介会,有效宣传了江西,加强了江西省新兴产业对外合作。在南昌举办第二届世界低碳与生态经济大会暨技术博览会,共签约项目212个,总投资额2548亿元,比上一届翻了一番,取得较好经济和社会效益。举行全省战略性新兴产业百项重大项目集中开工仪式,进一步细化各产业发展重点领域和关键环节。2011年,全省战略性新兴产业完成工业增加值1568.32亿元,占全省工业40.1%,增长40.1%,高于全省平均增速2.5个百分点,拉动工业增长8.6个百分点,贡献率45.2%。实现主营业务收入超过8500亿元,增长43%,高于全省工业平均增速3个百分点。其中光伏产业突破800亿元,生物和新医药产业580亿元,稀土、钨产业各突破300亿元,手机产业180亿元,新能源汽车及动力电池产业160亿元。

改造提升传统优势产业取得新成效。编制全省工业和信息化“十二五”发展规划以及十大行业专项规划,制定铜、石化、建材等行业扶持条件和标准,推动稀土行业集中整治、钢铁产业兼并重组和医药企业上市融资等工作。加强企业技术改造,进一步提高工业技术水平。加快淘汰落后产能,进一步提升优势产业工艺装备水平。推进企业技术创新,进一步提升企业创新能力和竞争力。2011年,技改投资占全省工业投资比重达60%。112户企业落后生产线已全部关停,获得中央财政奖励资金2.2亿余元,181户已关闭小企业获得补助资金2.3亿元。115家拥有省级技术中心的企业科技经费支出占销售收入比重超过3%。全省主营业务收入过千亿产业达到5个,其中有色产业4000亿元,(江铜成为江西省首个过千亿的企业),新增纺织产业过千亿。过百亿企业13家,新增晶科能源、中烟江西公司、正邦科技3家,萍钢、新钢首次突破400亿元。

重大项目建设步伐明显加快。围绕“十百千亿工程”,加强对亿元以上项目调度,对重大项目储备库实施动态管理。充分发挥重大项目绿色通道作用,搭建重大项目协调推进平台。全力抓好产业招商引资工作,推进产业链补全和产业聚集发展,新能源、新材料和生物医药等新兴产业投资力度不断加大。集中表彰奖励一批对工业发展、项目建设作出突出贡献的单位。全年共推动投资亿元以上工业重大项目1479项,项目总投资7052亿元,全部竣工达产后,可年新增主营业务收入1.71万亿元、利税1961.86元。其中新开工项目624项、续建855项,投资10亿元以上重大工业项目176个。全省工业投资完成5155亿元,增长27.3%,比全国平均增速高0.4个百分点。占全省固定资产投资58.9%,较全国平均水平高16.2个百分点。

园区经济发展规模和水平明显提高。进一步加大省级产业基地培育力度,新认定小蓝生物医药、信丰电子信息等8个省级产业基地,组织景德镇直升机研发生产基地、陶瓷产业基地申报国家新型工业化产业示范基地。进一步做好新兴产业配套工作,批准建立11个战略性新兴产业配套基地。全省工业园区产业集聚能力更强,特色更加鲜明,生态更加优化。全省工业园区全年完成工业增加值3003.39亿元,增长19.63%;实现主营业务收入1.32万亿元,增长40.39%;上缴税金485亿元,增长35%;过百亿园区新增14个,总数达到48个,其中南昌高新区超800亿元,新余高新区超600亿元,南昌经开区、萍乡经开区、上饶经开区超500亿元。

节能降耗完成目标任务。制定《江西省千万吨标煤工业节能工程实施方案》,分解落实“十二五”全省工业节能目标任务。出台《江西省工业固定资产投资项目节能评估和审查办法》,从源头上控制“两高一资”项目和投资。加强对重点耗能企业监管工作,500户省重点用能企业全年节能量预计在160万吨标准煤以上。推进能效对标活动,在冶金、建材、有色、石化、电力等高耗能行业树立一批标杆企业。制定水泥、光伏等13个行业单位产品能耗限额地方标准,对短流程炼钢、立窑水泥等企业实施差别电价,成功遏制工业能耗高位运行势头。2011年,全省规模以上工业单位增加值能耗1.15吨标准煤/万元,下降6.87%,超额完成年度4%目标任务。重点企业能源利用效率不断提高,全省年耗能5000吨标准煤以上的424户重点用能企业用能3835万吨标准煤,占规模以上工业用能87%,万元工业产值能耗0.81吨标准煤(可比价),下降4.95%。清洁生产取得重大突破,全省共有138家通过省级清洁生产审核评估,其中自愿审核企业93家,超过“十一五”五年总和。

信息化工作得到推进。牵头成立全省工程建设领域项目信息和诚信体系建设工作协调小组,制定工作方案和实施细则,推动工程建设领域项目信息和信用信息公开共享平台建设。对63个省直单位、11个设区市政府及直属部门、100个县(市、区)政府门户网站进行信息系统安全检查,督促有关单位整改薄弱环节和存在问题,全面提升公共信息安全和水平。全面加强无线电台站管理监测,切实保障重大活动和航空、铁路、水运等重点行业无线电安全,为全省经济社会发展做好服务。制定《江西省政府网站管理办法》,召开全省政府网站建设工作会议,举办全省电子政务及政府网站建设领导干部培训班,32个省直单位和10个设区市开展183期“在线访谈”,有4个县区被列为全国依托电子政务平台加强县级政府政务公开和政务服务试点县。全面加快物联网项目建设,争取到国家物联网发展专项资金1100万元。加快无线电管理基础设施和技术设施建设步伐,保障了第七届全国城市运动会等重大活动以及铁路、航空等重点领域的无线电安全。

(省工信委编辑室)

煤炭工业

【概 况】 2011年,全省原煤产量2810万吨,省产煤炭销量2735万吨,同比分别增长2.33%和1.71%;煤矿企业煤炭库存由年初62万吨降至40万吨。全省煤矿全年共发生事故23起,减少7起,下降23.3%;死亡36人,减少20人,下降35.7%;原煤百万吨死亡率1.281,首次降至2以下,减少0.758,下降31.2%;杜绝重特大事故。市县属和乡镇煤矿发生死亡事故19起,减少3起,下降13.6%;死亡31人,减少17人,下降35.4%;原煤百万吨死亡率1.623,减少0.935,下降36.6%;事故死亡人数、较大事故起数、原煤百万吨死亡率均远低于省安委会下达的控制指标。全省煤矿安全生产再创历史最好水平。全省煤炭行业主营业务收入首次超过200亿元,增长2.54%;工业增加值约80.1亿元,增长2.56%;利税总额约37.5亿元,增长2.74%;在岗职工人均年工资约3.3万元,增长10%。全省煤矿供应电煤1100万吨,增加19.6%,创历史最高。

推进技术改造和队伍建设,夯实煤矿发展基础。精简优化煤矿改扩建项目审批程序,促推全省煤矿企业改扩建进度。通过加强调度协调,2011年,各相关部门对生产能力由3万吨以下改造提升至6万吨以上的小煤矿改扩建项目行政审批进度明显提速。229处改扩建矿井,已有199处正式核准立项,项目核准工作基本完成;167处通过初步设计审批,陆续开工建设。引导生产矿井开展技术改造,全省共有107处矿井实施以改造生产环节、优化采掘布局、更新主要生产设备、完善安全设施为主要内容的技术改造,乡镇煤矿15千瓦以下主扇、1米以下主提升绞车、1.2米以下提人绞车已基本淘汰,基本普及矿井机械提人装置。同时,通过鼓励现有合法矿井扩大开采范围,开展补充勘探,有效提升生产矿井资源储量,2011年新增备案资源储量3300万吨以上。推进安全质量标准化建设,通过明确目标、落实责任、加强检查、召开现场工作会等措施,全省342处正常生产矿井,已有295处达标,达标率93%。切实抓好煤炭主体专业学历教育,2011年省内涉煤院校共招收煤炭主体专业大中专生438人,毕业1107人。开展煤矿矿长资格培训和煤矿技术负责人、机电副矿长的上岗培训,全年共对619名现任矿长和159名拟任煤矿矿长人员进行任职培训,对282名现任技术负责人、86名拟任技术负责人和285名现任机电副矿长、77名拟任机电副矿长进行上岗培训。开展煤矿班组长和专职安全管理人员安全培训,共培训井下班组长6330人,培训专职安全管理人员2100人。

突出重点监管,保障煤炭有效供给。全省煤炭行业监管部门严格执行“一证一系统”发证原则,认真开展煤炭生产许可日常监督检查,严厉打击煤矿超层越界和超能力生产等违法生产行为;规范煤矿采掘方案审查,优化矿井生产系统,推进采煤方法改革。2011年全省煤矿计划回采工作面数509个、计划掘进工作面数1329个,矿井采掘比例更加合理;省属煤矿综采工作面3个,岩巷综合掘进机和煤巷全液压装煤机得到进一步应用。

省煤炭行业办组织全省市、县煤炭经营监管部门开展煤炭经营专项整治工作,淘汰一批经营规模不达标企业,进一步优化煤炭经营企业结构。全省煤炭经营企业年经营煤炭3000万吨,为全省煤炭稳定供应作出积极贡献。省煤炭行业办承担的国家发改委“煤炭经营资格证登记内容变更规范”课题研究工作,已完成起草了国家《煤炭经营资格证登记内容变更管理办法》。省煤炭行业办通过加强煤、电、运的运行监测,合理安排省内电煤生产,积极协助调运省外煤炭资源,及时做好跟踪、协调、服务,有效保障全省电煤供应。2011年,全省煤矿供应电煤1100万吨,创历史最好水平。

【开展专项整治】 为贯彻落实新修订的《煤矿安全规程》《防治煤与瓦斯突出规定》,遏制煤与瓦斯突出事故,省煤炭行业办从严组织开展矿井煤与瓦斯突出鉴定和评估工作。截至年底,全省已有36个煤矿进行了瓦斯突出危险性鉴定,17个煤矿进行了瓦斯突出危险性评估。全面开展煤矿“一通三防”工作专项检查,共查出煤矿“一通三防”方面隐患1726条,被责令停产矿井21处次,被责令停产采掘工作面28个次。通过强化治理,市县属和乡镇煤矿杜绝了瓦斯事故,杜绝了较大以上火灾事故,火灾事故起数和死亡人数分别下降50%和93%,扭转了因2010年发生1起重大瓦斯和1起火灾事故所带来的不利局面。全省始终把查清矿井老空积水情况、导水断层分布情况和严格执行探放水制度作为煤矿水害治理重点,开展水害隐患专项排查,全力推进矿井水文物探工作。在水害专项排查期间,全省共出动2586人次,检查311矿次,查出隐患516条,下达执法文书279份,责令9处矿井和16个采掘工作面停产整改。在前三年完成334处次矿井水文物探基础上,2011年又有231处次矿井完成水文物探,煤矿防治水工作基础得到进一步夯实。

按照《江西省煤矿开展严厉打击非法违法生产经营建设行为专项行动实施方案》,省煤炭行业办领导深入到吉安市、赣州市和上饶市等地,对市县属和乡镇煤矿中的非法违法生产建设行为进行专项检查督查,严查煤矿13处,隐患115条。其中:针对上饶市煤矿事故近期相对多发状况,省煤炭行业办组织对其煤矿安全生产进行专项调研和整治,认真分析存在问题,重点查找煤矿瓦斯治理、水患防治、顶板管理等方面存在的隐患,对该市2011以来发生的8起煤矿事故逐起分析事故发生原因和应吸取的教训,督促制定下一步必须采取的安全管理和监管措施。

(吴 妍)

电力工业

【概 况】 2011年江西电力行业继续保持良好发展态势,电力行业投资保持稳定增长,电源点项目建设进展顺利,新能源发电装机容量增速较快,电源结构有所改善;电网主网架得到进一步加强,电网过载问题得到有效解决;全省发电量持续增长,而用电量也大幅提升,用电负荷连创新高,电力供需形势仍偏紧;电力行业节能减排成效显著;由于电煤价格持续上扬,电力行业整体亏损加剧,年内启动3次上网电价调整后,电力行业企业经营压力有所缓解。2011年江西电力行业固定资产投资(规模以上部分)114.3亿元,其中:电源项目完成电力建设投资(规模以上部分)约32.07亿元;电网项目完成电力建设投资(规模以上部分)约82.2亿元。

2011年江西电网统调发电量649.4亿千瓦小时,同比增长17.7%,其中水电20.6亿千瓦小时,火电628.6亿千瓦小时,风电0.2亿千瓦小时。全省统调机组发电设备平均利用小时数为4703小时。

电力供应能力增强。电源方面:截至2011年底,江西全口径发电总装机容量1806万千瓦,比2010年增加115万千瓦,其中水电410.76万千瓦,增长5.7%;火电1381.54万千瓦(含生物质燃烧发电4.2万千瓦),增长6.7%;风电13.35万千瓦,增长58.9%;太阳能发电0.73万千瓦,增长26.5%。全省统调发电厂28座,其中火电厂14座,水电厂13座,风电场1座。统调发电装机容量1418万千瓦,增长5%,其中水电129万千瓦,与上年持平;火电1284万千瓦,增长5%;风电4.95万千瓦,全部为新增容量。

2011年建成投运机组,主要有景德镇电厂上大压小#2机组66万千瓦、贵溪电厂#2机组64万千瓦和老爷庙风电场4.95万千瓦等。上大压小关停的机组主要有景德镇电厂3台机组42.5万千瓦和安源电厂2台机组26万千瓦。

电网方面:截至2011年底,全省110千伏及以上输变电线路长度和变电设备容量分别为:2.20万千米和5860万千伏安,增长7%和14%。500千伏变电站13座、500千伏开关站1座,变电容量1600万千伏安,增长10%;220千伏变电站94座,变电容量2349万千伏安,增长15%;110千伏变电站346座,变电容量1911万千伏安,增长16%。500千伏线路37条,长度2959千米,增长9%;220千伏线路295条,长度8101千米,增长5%;110千伏线路699条,长度1.1万千米,增长7%。

2011年建成投运项目主要有:500千伏输变电工程(洪源变、梦山扩建#2变)共2项,变电容量150万千伏安;220千伏输变电工程(宜丰荷舍输变电工程等)共26项,变电容量303万千伏安;110千伏输变电工程(京九电气化铁路配套110千伏送电线路等)共28项,变电容量257万千伏安。500千伏线路3条,233千米;220千伏线路30条,405千米;110千伏线路100条,726千米。

电力消费持续增长。2011年,江西全社会用电量累计835.09亿千瓦小时,增长15.04%,超过全国平均增速11.7%近3.3个百分点。其中:第一产业用电量10.99亿千瓦小时,减少15.37%;第二产业用电量606.18亿千瓦小时,增长15.95%;第三产业用电量92.96亿千瓦小时,增长20.50%;全省城乡居民生活用电量124.95亿千瓦小时,增长12.77%。

2011年,江西电力市场累计交易电量699.47亿千瓦小时,增长10.28%。其中,购本省发电企业电量605.04亿千瓦小时,增长17.83%;购省外电量93.78亿千瓦小时,增长2.74%;售省外电量0.65亿千瓦小时。

节能减排效果明显。2011年,全省电力生产及输送环节能源利用效率继续提高,发供电标煤耗、线损指标都有不同程度下降。2011年统调电厂发电标煤耗305.59克/千瓦小时,降低3.86克/千瓦小时,供电标煤耗324.97克/千瓦小时,降低5.35克/千瓦小时;500千伏线路综合线损率为0.8%,降低0.01个百分点;220千伏线路综合线损率0.96%,降低0.02个百分点;110千伏线路综合线损率1.48%,降低0.08个百分点;江西电网全网综合线损率7.51%,降低0.47个百分点。截至2011年底,江西火电厂脱硫机组容量1242万千瓦,占统调火电机组总容量96.88%;脱硝机组容量468万千瓦,占统调火电机组总容量36.45%;因投运了环保设施,2011年江西电力行业二氧化硫和氮氧化物排放量占全省排放量的比重下降2个百分点和1个百分点。

【三次调整上网电价】 2011年由于电煤价格高企、连续加息使财务费用增加等多种原因,导致火电企业亏损加重。据统计,江西统调火电企业亏损额度约为36亿元。2011年内江西进行三次上网电价调整后,(2011年4月10日,上网电价平均每千瓦小时上调2分钱;2011年6月1日,工商业、农业用电价格每千瓦小时上调1.67分钱;2011年11月30日,上网电价对煤电企业上涨每千瓦小时2.6分钱。)电力行业经营状况有所改善,但火电企业仍面临较大经营压力。

【在赣电力企业初成规模】 江西电力公司系国家电网公司全资子公司,担负江西电网建设、管理和运营职责,现有资产总额402.59亿元。下属地市级供电公司12家,控股、全资县级供电公司96家,服务客户1406万户。截至2011年底,已经在赣成立分公司的发电集团有两家,分别是华能集团和大唐集团;成立子公司的发电集团有两家,分别是中电投集团和国电集团;华电新能源发展有限公司和华润电力控股有限公司在赣分别设立筹备处和代表处;中电投集团和中核集团分别成立中电投江西核电有限公司(彭泽核电)和中核江西核电公司筹备处(万安核电);神华国华在赣成立神华国华九江发电有限责任公司。国电集团、中电投集团、华能集团、大唐集团和省投资集团公司控股容量,分别为418万千瓦、495万千瓦、262万千瓦、44万千瓦和156万千瓦。

(省发改委能源局编辑室)

钢铁工业

【概　况】 2011年,江西钢铁行业克服原材料价格大幅上涨、钢材价格大幅下降、下游需求增速放缓、市场需求萎缩以及全行业盈利水平低等困难,通过抓增长点、抓产业链延伸、抓节能减排等有力举措,在2010年主营业务收入超千亿元和主要产品产量在全国排名实现进位赶超基础上又有新发展、新进步、新特色和新亮点。全年全行业实现主营业务收入1483.06亿元,同比增长28.78%,比2010年全年总量1151.63亿元超出331.43亿元;实现工业增加值173.31亿元,增长7.95%;实现利税71.92亿元, 增长16.66%,其中,实现利润41.11亿元,增长18.14%。全年累计生产生铁、粗钢、成品钢材分别为1917.1万吨、2067.4万吨和2247.4万吨,分别增长14.5%、12.7%和15.3%。全年累计出口钢材80.21万吨,下降15.59%,出口值6.34亿美元,增长4.71%;出口铁合金7357吨,增长57.23%,出口值6.04亿元,增长410.49%。

出口产品高附加值化。2011年,全省钢材出口均价790.67美元/吨,与上年同期均价637.38美元/吨相比,吨材增加153.29美元,上升24.05%。全行业钢铁产品出口种类趋向多样化、高附加值化,钢材出口量减价增特征明显,结构优化效果显著。

节能减排效果显著。2011年全行业循环经济再上新台阶,钢铁企业自发电量22亿千瓦小时,增长37%,创效约11亿元,可节约标准煤约270万吨、减少温室气体二氧化碳排放量290万吨。

优势产品市场占有率走高。2011年全省优势产品继续保持市场占有率位居全国前列,方大特钢的弹簧扁钢、新钢公司的钢绞线制品均为国内市场占有率第一;新钢船用钢板、锅炉容器、核电板、舰艇板、高层建筑用板、耐磨板、桥梁板等在全国的市场份额也都在前5位;方大特钢易切削钢也快速发展,已成为全国产量第一;新余带钢年产达10万吨,市场占有率位居全国前列。

产业集中度居全国前列。2011年全行业三家重点钢铁企业——新钢、萍钢和方大特钢的钢产量占全省比重98.7%,产业集中度处全国前列,远高于全国排名前10钢铁企业占总量49.2%的集中度。2011年新钢、萍钢、方大特钢三家重点钢铁企业共实现税金18.68亿元,平均每个企业实现税金6.23亿元,是全省规模以上企业平均实现税金1121万元的56倍。同时,沿江产能占全省总产能比重达16.6%,增加了3%,产业结构进一步优化。

产业基地快速发展。通过特色发展,夯实产业基地基础,提升基地发展水平。新余良山特钢产业基地、九江湖口新型钢铁产业基地、萍乡安源金属新材料产业基地,分别形成特色鲜明的特钢附加值高、新技术新装备节能减排效果好、新材料前景广阔的发展特色和发展优势,整体发展水平不断提升。

全省钢铁行业存在的主要问题:钢材价格大幅下降,加大企业经营风险。2011年国内钢材价格总体呈现“前高后低”态势,9月中旬以后受欧债危机恶化以及国内资金空前紧张影响,国内钢价出现一波急速下跌,多数市场在短短一月内跌幅超过600元/吨,年末部分市场价格处于全年最低点,以高线价格为例,年底价格4440元/吨,比年内最高点5140元/吨下降700元/吨,急剧、快速的钢价下跌给企业的生产经营带来巨大压力。

市场需求萎缩,停限产现象普遍。伴随着中国经济结构调整,固定资产投资增速出现回落,钢材消费增长放缓。同时,世界经济整体复苏乏力,国际市场钢材价格也在走低,人民币加速升值和国外需求不振使得钢材出口难度加大,加剧国内市场压力,部分企业手持订单剧减,最少时仅能维持数天生产,大部分企业不得不提前安排设备检修,从8月以来,全省粗钢产量环比逐月下降。

盈利水平创新低,个别月份出现亏损。2011年全国大中型钢铁企业实现利润875.3亿元,下降4.51%;销售利润率仅为2.42%,下降0.59个百分点。而2011年江西省钢铁行业平均销售利润率仅为2.77%,10月、11月全行业均处于亏损状态。

【方大特钢走差异化发展之路】 2011年方大特钢生产的弹簧扁钢在国内市场占有率位居第一,具备了国内市场定价权。易切削钢快速发展,已成为全国产量第一,力争做细分市场龙头企业,成为世界最大弹簧扁钢和易切削钢生产基地。在钢铁行业面临不利环境情况下,2011年方大特钢销售利润率稳居全国同行业前10位,全省第一位。

(省工信委编辑室)

有色金属工业

【概　况】 2011年,江西有色金属工业收入、利润、税金在全国均排第一位,省有色工业3年强攻目标提前1年实现;连续3年企业效益同比增长幅度较高,结构调整优化,技术进步和创新、节能减排成效显著,全行业综合实力和竞争力不断加强,实现了"十二五"开门红。

截至2011年底,全省规模以上有色金属企业608个,占全省工业企业9.7%;全年有色金属主营业务销售收入4159.6亿元,同比增长53.0%,占全省工业收入22.5%;利润264.4亿元,增长68.3%,占全省工业利润23.7%;税金141.1亿元,增长52.8%,占全省工业税金20.1%。

全省规模以上铜企业223个,全年铜主营收入2588.4亿元,增长47.1%;利润129.2亿元,增长29.1%,增幅环比下降15个百分点;税金71.2亿元,增长33.6%;铜产业从业人员为6.71万人,增长8.2%。全省规模以上钨企业94个,全年钨主营收入305.1亿元,增长54.5%;利润24.0亿,增长98.0%,增幅环比下降24个百分点;税金12.1亿元,增长68.9%;钨产业从业人员2.93万人,增长7.7%。全省规模以上稀土企业51个,全年稀土主营收入329.2亿元,增长139.8%;利润65.0亿元,增长493.5%;增幅环比下降33.4个百分点;税金27.1亿元,增长227.1%。稀土从业人员1.16万人,增长9.8%。

2011年规模以上(主营业务收入2000万元以上的工业企业,下同)有色金属企业工业增加值583.8亿元,增长34.8%,其中采选业工业增加值112.7亿元;冶炼及压延加工业增加值471.1亿元。剔出价格影响因素,增长11.5%。6种精矿金属含量37.6万吨(铜、铅、锌、锡、镍、锑),增长21.3%。10种有色金属产量115.3万吨,增长3.6%。铜材产量156.5万吨,增长18.7%。

产业利润向拥有资源企业集中。2011年底,608家规模以上有色金属工业企业实现利润增长幅度高于同期全省工业企业,实现利润增幅23.8个百分点。其中,规模以上有色金属矿山采选业实现利润40.7亿元,增长108.2%,高于全省工业平均增幅63.9个百分点;规模以上有色金属冶炼及加工企业实现利润223.7亿元,增长62.7%。

固定资产投资增速下降。2011年江西省完成有色行业固定资产投资额366.7亿元,增长10.3%,增幅低于全国有色行业固定资产投资增长24.4个百分点;江西有色行业新开工项目投资额227.7亿,下降9.2%,低于全国有色行业新开工项目投资增长幅度42个百分点,全省有色工业项目投资增速明显低于全国有色工业和全省工业投资增速。

【中国高铁滑线铜合金产品空白被填补】 1月9日,赣州江钨拉法格高铁铜材有限公司年产4万吨高铁铜材项目投产。项目填补了中国高速铁路滑线产品的空白,将为中国高速铁路接触线、承力索、吊弦等提供高强度、高导电的铜合金材料。这意味着中国高速铁路用铜合金材料完全依赖进口局面将得到改变。该公司研发生产的高强度铜镁合金吊弦和承力索等6种新产品经上级部门鉴定验收合格,产品主要技术指标达到国际领先水平。同日,江西江钨钴业有限公司年产4000吨钴冶炼加工项目一期工程竣工投产。

【《江西省铜、钨和稀土产业延伸产业链发展规划》发布】 2月24日,省政府颁发《江西省铜、钨和稀土产业延伸产业链发展规划》。该规划对全省当前铜、钨和稀土产业链的构成及下游产业发展现状,提出了江西省铜、钨和稀土产业链的发展重点和"十二五"发展目标,该规划的颁布将推动江西有色工业快速繁荣发展。

【开展稀土专项整治行动】 根据《关于促进稀土行业持续健康发展的若干意见》要求,全国从矿山开采、生产秩序、环境保护、出口秩序等方面先后开展大规模整顿规范稀土行业秩序的行动。江西省稀土钨矿产资源整治协调领导小组各成员单位各司其职,通力合作,先后开展江西稀土矿山开采、生产、环保、出口秩序专项整治行动。国家稀土专项整治行动联合检查组对稀土专项整治情况进行检查后,认为江西省有关部门在四个专项整治行动中做了大量工作,矿山开采秩序全面整改规范、生产秩序明显好转、企业环保意识提升,环保投入加大、稀土及相关产品出口秩序出现根本性好转,切实维护了良好的行业秩序。

【江铜铅锌冶炼项目一期工程点火】 12月2日,江西省"十百千亿工程"重点建设项目——江铜集团40万吨铅锌冶炼项目一期工程顺利点火,正式形成年产电铅20万吨、电锌20万吨生产能力。这标志着江铜在整合铅锌资源,高水平实施铅锌产业项目,做大做强江西铅锌产业上迈出重要一步。江铜铅锌冶炼项目位于湖口县金砂湾工业园,项目对提高全省铅锌资源集约化利用水平、促进矿产资源整合具有重要意义。项目总投资50亿元,为国内首家采用基夫赛特直接炼铅锌工艺,具有环保效果突出、技术先进、规模大、能耗低、回收率高、原料适应范围广等特点。项目最终建成达产后,可年产电铅20万吨、电锌20万吨。

(省工信委编辑室)

机械工业

【概 况】 2011年江西省机械行业各项主要经济指标继续保持两位数增长,固定资产投资高增长,呈现出产销较快增长、实现利润稳定增加、结构调整积极推进良好态势,为实现"十二五"规划目标打下坚实基础。

2011年,江西省机械工业规模以上企业981家,从业人员27.55万人,机械产品总数8000多种。规模以上机械工业企业累计完成工业总产值2411.47亿元,增长38.62%,工业销售产值2395.53亿元,增长39.47%,产销率99.34%,完成出口交货值174.87亿元,增长44.26%。工业增加值、主营收入和利税三大指标继续稳定增长,其中实现工业增加值675.21亿元,增长38.62%,高出全国平均水平23个百分点;实现主营收入2485.85亿元,增长40.80%,高出全国平均水平16个百分点;实现利税271.78亿元,增长38.72%,高出全国平均水平17个百分点;实现利润187.19亿元,增长45.38%,高出全国平均水平24个百分点。机械工业增加值、主营收入和利税占江西省规模以上工业增加值比重为17.27%、13.46%和14.98%，占比略有上升。全年机械工业企业用电42.43亿千瓦小时，增加30.66%，万元工业增加值耗电628千瓦小时，下降5.71%，节能降耗成效稳定。

2011年，全行业各经济成分均呈现两位数以上增长良好发展态势，其中私营企业工业增加值、主营收入、利税总额占比36.70%、35.55%和38.64%；外资企业工业增加值、主营收入、利税总额占比25.32%、26.23%和30.13%；其他成分工业增加值、主营收入、利税总额占比33.05%、32.68%和28.45%。

固定资产投资保持较高增速。全行业固定资产投资完成额1695.3亿元，占全省工业固定资产投资比重37.33%，占全省制造业固定资产投资比重41.62%，占比略有上升。全行业固定资产投资完成额增长31.6%，高于全省工业和制造业增速，继续保持较快增长势头。

科技创新能力得到提升。2011年江西省机械行业共实施科技计划170项，列入省级计划项目122项。其中：高新技术产业化重大专项项目7项，重大科技研究专项项目9项，新能源汽车及动力电池产业链关键技术研究与应用项目13项。有15项成果获科学技术奖，其中荣获国家科学技术二等奖1项、中国汽车工业科学技术奖1项。

2011年，江西省机械行业实施省级新产品试制计划项目252项，完成鉴定验收128项。其中：达到国内同类产品先进水平项目占40%，达到国内同类产品领先水平项目占50%，达到国际先进水平项目占10%。2011年，江西省机械行业共有自主创新产品259项。其中当年被认定的自主创新产品42项，当年有23家企业24类产品被认定为江西省名牌产品，有12件商标被江西省工商局新认定为江西省著名商标。

2011年，行业有公告专利1659项，其中发明专利401项，实用新型专利1167项、外观设计专利91项，发表科技论文2401篇，被认定或已进入江西省自主创新产品目录项目259项。

【两大重点分行业带动全行业发展】 电工电器和汽车行业两大重点分行业继续带动全行业整体上行，两个重点分行业工业增加值合计502.92亿元，增长35.61%，占全省机械行业工业增加值74.48%；主营收入合计1850.62亿元，增长37.47%，占全省机械工业主营收入74.45%；利税合计211.34亿元，增长35.74%，占全省机械工业利税总额77.76%。两大分行业工业增加值、主营业务收入、利税的快速增长，带动全行业形势稳定向好。

【两大汽车生产企业产销一升一降】 江西省汽车行业两大骨干企业产销量一升一降：江铃汽车集团公司生产汽车20.34万辆，增长2.66%；销售汽车20.99万辆，增长8.72%；主营收入305.02亿元，增长13.9%；实现工业增加值55.07亿元，增长8.66%；利税46.57亿元，增长22.20%，主营收入在全省工业企业中排名第5，利税排名第3。昌河汽车有限责任公司生产汽车14.32万辆，减少17.01%；销售汽车14.49万辆，减少17.43%；主营收入53.98亿元，下降9.75%；实现工业增加值6.98亿元，下降36.18%；利税2.40亿元。

【新能源汽车在南昌市示范推广】 南昌市作为江西省首批国家节能与新能源汽车示范推广试点城市之一，在组织实施节能与新能源汽车示范推广中已取得阶段成效。2011年，在示范推广方面，已经完成252辆新能源汽车示范应用，其中公交车86辆、出租车160辆、公务车6辆，并在“七城会”期间全部投入使用。在配套设施建设方面，南昌市高新区首座充电站一期建设已完成并投运，正在开展二期换电站建设；位于红谷滩的第2个充电站和100根充电桩建设工作也正在规划布局当中；6个新能源汽车维修服务站和信息化管理平台建设已经完成；105台新能源汽车终端数据采集系统已投入使用。截至2011年底，共获得国家购车补贴资金5667万元，下达中央财政资金2100万元，下发市级补助资金1560万元。在新能源汽车研发及产业化方面，在2010年已有6个新能源汽车产品进入国家《节能与新能源汽车示范推广应用工程推荐车型目录》基础上，2011年，南昌市又有6个新能源汽车产品纳入推荐车型目录。

【四个特色产业基地发展良好】 江西机械行业的4个特色产业基地发展良好。小蓝经济开发区汽车零部件产业基地：主导产品为汽车空调系统、汽车座椅、汽车整车及其他汽车零部件，已形成年产35万台套汽车空调系统、5万台整车、16万吨汽车用冷轧板产能。2011年生产22万台套汽车空调系统、1.30万辆汽车、17.95万吨汽车用冷轧板。产业基地龙头企业有南昌宝江钢材加工配送有限公司、江西新电汽车空调系统有限公司和江铃控股有限公司等。宜春经济开发区省级机电产业基地：主导产品为特种电机、石油钻采钻头，已形成年产200万千瓦特种电机、石油钻采钻头1.3万个的产能。基地内有24家企业主营业务收入过亿元，产业基地龙头企业有江西特种电机股份有限公司、江西飞龙钻头制造有限公司等。崇仁江西省变电设备产业基地：主导产品为变压器、互感器，已形成年产4450万千伏安变压器、3万台互感器产能。2011年生产3980万千伏安变压器、1.68万台互感器，产业基地龙头企业有江西变电设备有限公司、江西亚珀变电设备有限公司、江西赣电电气有限责任公司、江西明正变电设备有限公司等。芦溪电瓷产业基地：主导产品为线路绝缘子、电站电器用绝缘子、轨道交通用绝缘子，已形成年产29万吨线路绝缘子、16万吨电站电器用绝缘子、12万吨轨道交通用绝缘子产能。2011年生产18万吨线路绝缘子、13万吨电站电器用绝缘子、7万吨轨道交通用绝缘子。产业基地龙头企业有江西强联电瓷有限公司、萍乡高强电瓷集团、江西怡源绝缘子材料有限公司、萍乡华东出口电瓷厂、萍乡华通制造有限公司、芦溪县电瓷制造有限公司等。

（董雪辰）

国防工业

【概　况】 2011年，江西国防科技工

官田中央兵工厂军工教育基地竣工典礼仪式现场。

业围绕建设先进国防科技工业这个目标和转变发展方式这条主线，始终牢记富国强军神圣使命，坚定不移地走军民融合发展道路，各项事业均取得较好成绩，特别是各项主要经济指标实现快速增长，全年全行业完成工业总产值422.5亿元，同比增长36.9%；完成工业增加值90.8亿元，增长41.2%；实现产品销售收入400.6亿元，增长42.2%；实现利润17.9亿元，增长101%。全省国防科技工业增幅高出全国规模以上工业平均增速27个百分点，高出全省22个百分点。省国防科工办连续8年受到国家国防科技工业局通报表扬。

【开展纪念人民军工创建80周年系列活动】 2011年是人民军工创建80周年。1931年10月，中央红军创办的第一个大型综合性兵工厂在江西兴国县兴莲乡官田村建立，开人民军工先河。官田成为人民兵工发祥地，人民军工摇篮。为使官田中央兵工厂旧址群得到更好保护，省国防科工办推动官田中央兵工厂军工教育基地建设，争取中国兵器工业和兵器装备集团公司共1000万元资金投入，用于对官田兵工厂旧址群进行全面修复和基地基础工程建设。工程于2010年11月正式开工，2011年9月竣工。10月11日，由国家国防科技工业局、江西省人民政府、中国兵器工业集团公司、中国兵器装备集团公司共同主办，省国防科工办和兴国县委、县政府承办，在官田隆重举行"官田中央兵工厂军工教育基地"竣工典礼。10月20日，副省长朱虹率领江西省12名军工行业代表出席中央在北京召开的纪念人民军工创建80周年大会，并作为全国唯一一名地方政府领导在大会发言，凸显江西作为人民军工摇篮的重要历史地位。与此同时，省国防科工办在全行业组织开展纪念人民军工创建80周年系列活动，举行"把一切献给党"主题文艺晚会，与江西日报社联合开展"国泰杯"纪念人民军工创建80周年征文评选活动，编辑出版《崛起之魂—人民军工80年纪念珍藏邮册》，组织编撰《砺剑—揭秘江西军工》纪念文集，开展表彰慰问为国防科技工业作出突出贡献的功勋模范和军工老战士活动，利用报刊、电视、网络等媒体全面宣传展示国防科技工业特别是江西军工80年创业历程和辉煌成就，进一步扩大了江西军工的社会影响。

【推进景德镇直升机研发生产基地建设】 2011年，抓住国家大力发展直升机产业有利时机，江西全力推进景德镇直升机研发生产基地建设。成立由省政府主要领导亲自挂帅的景德镇直升机研发生产基地建设工作推进领导小组；印发《支持景德镇直升机研发生产基地建设的若干政策措施》，从土地、规费减免、人才引进、招商引资、国际合作、子女考学等方面制定了优惠政策；精心编制基地建设用地规划，已确定直升机总装园用地363.73公顷，国际合作园89.6公顷，航空零部件园293.27公顷，602所直升机研发园11.4公顷，商住用地80公顷，预留发展区309.8公顷；组建江西直升机产业投资管理有限公司，注册资金5000万元；开展招商引资和申报"国家新型工业化产业(军民结合)示范基地"工作，努力将景德镇打造成一流军民用直升机产业基地。

【C919大型客机首件生产相继在洪都、昌飞开工】 12月29日，C919大型客机铝锂合金机身工作包首件开工仪式相继在中航工业洪都和昌飞数控机加厂举行，这标志着C919大型客机前机身研制工作取得阶段性重大成果，正式转入全面研制阶段。C919前

C919机身等直段首件开工仪式 李慧摄

机身工作包首件——前货舱门1号纵梁(上纵梁和下纵梁)部段由中航工业洪都公司研制。机体结构动部件"前缘缝翼"和"后缘襟翼"两大部段由中航工业昌飞公司研制,此次首件开工的前机身零件以铝锂合金为主要材料。

【国产AC313直升机创8000米升限新纪录】 9月2日,由中航工业自主研制的大型民用直升机AC313,在青海共和机场成功飞到海拔8000米高度,创造国产直升机高原试飞最高升限新纪录。AC313的卓越表现,证明中国大型国产民用直升机能够覆盖青藏高原,可在中国全疆域使用。这项试飞成果表明该型直升机燃油、滑油、液压及航电等各系统能够满足飞行特殊要求,其性能和可靠性得到充分检验,为今后确定包线飞行奠定坚实基础。AC313型直升机由中航工业旗下的昌飞公司、六〇二所、发动机公司、系统公司等单位共同研制,于2010年3月18日在景德镇吕蒙机场首飞成功,是中国第一个完全按照最新适航条例规定要求和程序进行研制的大型民用运输型直升机,填补了中国大型民用直升机空白。

【U8无人直升机顺利通过技术鉴定审查】 12月16日,中航工业直升机所全新自主研发的U8无人直升机通过技术鉴定审查。这标志着中国无人直升机发展进入一个崭新阶段,也标志着该机可以转入产业化生产,投放市场,为军民两用服务。 U8无人直升机最大起飞重量220~260千克,任务载荷40千克,测控距离100千米,续航时间4~5小时。其具有人工、程序和自主飞行控制能力,可实施自动起降、大机动、大速度、预设航线、超视距等飞行,具备了发动机安控、测控失效、传感器融合等故障处理应急处理能力。可用于昼夜侦察、目标指示、生化采样、电力巡查、边防巡检、气象监测、灾情评估等领域,应用前景广阔。

【强力推进省属军工资产重组工作】 2011年,省国防科工办加大省属军工改制重组力度,引进民口单位泰豪科技和南昌创业投资公司,整合江西军品生产、科研、市场等优势资源,对江西国科军工产业有限公司进行增资扩股,组建江西军工集团,做强做大江西军工产业;完成江西飞龙钻头公司与上海神开股份公司重组,企业运营正常,公司扭转亏损局面,当年实现利润200万元;基本完成江西国泰公司资产重组,紧锣密鼓推进国泰公司上市工作;完成江西海虹测控公司增资扩股,吸收洪都集团公司和江西军工资产公司为新的股东,公司注册资本由300万元增加到3000万元,公司产品在航天测控基础上增加飞机航电等,产值规模将由1000万元增加到数亿元;全力推江西钢丝厂与北京贝纳斯公司合作,组建江西贝纳斯有限公司;江西新余国科公司重组工作有序推进,召开组建新余国科科技股份有限公司发起人会议,相关各方经友好协商,签订《新余国科科技股份有限公司发起人协议》。一系列重组动作有效整合省属军工优势资源,为江西军工可持续发展增添后劲。

(杨章跃 赵 蓉)

轻工业

【概 况】 2011年,江西省轻工行业规模以上工业企业累计完成工业增加值917.13亿元,同比增长27.83%;实现主营业务收入4227.28亿元,增长46.1%,高于全国平均增速16个百分点;完成利税总额440.31亿元,增长39.90%,高于全国9.5个百分点。其中:食品工业累计完成工业增加值254.01亿元,增长17.02%;实现主营业务收入1263.31亿元,增长42.40%;完成利税总额113.8亿元,增长38.93%。陶瓷制品业累计完成工业增加值85.93亿元,增长20.78%;实现主营业务收入398.52亿元,增长43.6%;实现利税总额65.30亿元,增长29.64%。皮革、毛皮、羽绒及其制品业累计完成工业增加值67.78亿元,增长15.37%;实现主营业务收入231.38亿元,增长42.5%;实现利税总额25.49亿元,增长40.69%。塑料制品业累计完成工业增加值56.58亿元,增长23.13%;实现主营业务收入253.17亿元,增长53.5%;实现利税总额24.14亿元,增长49.47%。木材加工及竹藤棕草制品业累计完成工业增加值52.87亿元,增长16.42%;实现主营业务收入250.00亿元,增长40.2%;实现利税总额24.87亿元,增长34.73%。造纸及纸制品业累计完成工业增加值47.65亿元,增长15.96%;实现主营业务收入210.94亿元,增长37.1%;完成利税总额22.11亿元,增长34.36%。

轻工行业重大项目建设步伐加快。以调整产业结构、促进产业升级为抓手,大力推进重大轻工业项目建设,形成轻工行业新的经济增长点。2011年,全省轻工行业共有投资亿元以上续建项目73个,已完工项目36个,新开工项目96个,总投资930亿元,增长28%。这些重大轻工行业项目的建设和发展,为全省轻工业快速发展奠定坚实基础。

扎实开展轻工行业品牌建设。通过多渠道、多方式来鼓励企业加强产品宣传力度,争创国家级、省级名牌产品,组织轻工企业、产品参加国家级、省级名牌产品推介,参与各种形式的博览会,进一步扩大品牌知名度。2011年,江西省轻工行业新增1个中国驰名商标、29个省级著名商标和27个省级名牌产品。截至2011年底,江西省轻工行业共有7个国家名牌产品、126个省级名牌产品,17个中国驰名商标、217个省级著名商标。

手联社系统进一步和谐稳定。贯彻落实省人民政府《关于印发2011年民生工程安排意见的通知》,开展江西省手联社大集体企业未参保退休人员养老生活补助年审工作,解决江西省手联社职工生活困难问题。经省轻工行办、省人保厅、省财政厅三家联合审核,2011年江西省100个县(市、区)共有4.2万人符合补助条件,补助资金1.34亿元。同时,积极配合省人保厅、省财政厅做好全省手联社大集体未参保退休人员养老生活补助提标工作,将补助标准从每人每月245元提高到每人每月265元,进一步改善困难职工生活条件,维护联社系统和谐稳定局面。

【新增三个国家级产业基地】 按照"龙头企业拉动、配套企业跟进、产业集群发展"思路,着力培育发展一批专业化程度高、集聚效应强的产业，推动产业集群的形成和发展。2011 年，成功争取南康市“中国中部家具产业基地”、黎川县“中国日用耐热陶瓷产业基地”和樟树市“中国金属家具产业基地”挂牌。截至 2011 年底，江西省轻工行业共有 3 个国家级产业基地、13 个省级产业基地。这些产业基地的建设和发展，带动整个产业及上下产业链的集聚，形成产业集群优势，促进整个社会经济发展。

【举办 2011 中国（江西）旅游工艺品交易会暨第四届中国（江西）旅游工艺美术作品设计（创作）大赛】 6 月 24～26 日，江西省人民政府、中国工艺美术协会在南昌国际展览中心联合举办 2011 中国（江西）旅游工艺品交易会暨第四届中国（江西）旅游工艺美术作品设计（创作）大赛，成为江西省有史以来规模最大、参赛作品最多、效果最好的一次工艺美术展会。活动集聚江西、浙江、上海、江苏、福建、安徽、湖南、贵州、海南、云南等 10 省市 1000 余名工艺美术师的 1 万余件作品。这次展会展出了省内外参赛作品 660 件，共评出金奖 62 件，银奖 73 件，铜奖 83 件，达到全国同类展评活动最高水平。展会吸引省内外 3 万余人参观、交流和交易，达成意向合同 1 亿多元，现场成交 2000 余万元。

【三家手联社荣获“全国集体经济先进联社”称号】 6 月 7～8 日，中华全国手工业合作总社第七次全国代表大会在北京召开，江西省赣州市手联社、丰城市手联社、进贤县手联社受到中华全国手工业合作总社通报表彰，获“全国集体经济先进联社”称号。

（付志伟）

陶瓷工业

【概 况】 2011 年，江西省陶瓷工业生产保持强劲增长势头。规模以上企业累计完成工业增加值 85.93 亿元，同比增长 20.78%；实现主营业务收入 398.52 亿元，增长 43.6%；完成利税总额 65.30 亿元，增长 29.64%；实现利润 46.05 亿元，增长 34.36%。其中，日用陶瓷实现主营业务收入 94.33 亿元，增长 76.3%；完成利税总额 8.46 亿元，增长 62.19%；实现利润 4.71 亿元，增长 61.29%；完成产品产量 29.66 亿件，增长 8.84%。特种陶瓷制品制造业实现主营业务收入 294.71 亿元，增长 37.98%；园林、陈设艺术及其他陶瓷制品制造业实现主营业务收入 4.81 亿元，增长 6.49%。

截至 2011 年底，全省已形成萍乡陶瓷产业基地、黎川日用耐热陶瓷产业基地、高安建筑陶瓷产业基地、景德镇陶瓷文化创意产业基地、景德镇陶瓷产业基地等多个各具特色的产业基地。

科研机构努力推动科研成果产业化。2011 年，省陶瓷研究所开展课题研究 7 项。其中，国家级课题研究 2 项；获国家专利 1 项，即适应快烧工艺的磷石膏陶瓷配方；完成高档艺术陈设瓷设计创作 400 余件，共获奖项 44 项；新开发礼品级艺术陶瓷、旅游纪念瓷、生肖纪念瓷共计 41 种，获国家发改委、云南省人大常委会等单位好评。建成江苏宜兴新凯耐火材料有限公司 50 米轻体隧道窑，以及国内最长的山东临邑（奥福）精细陶瓷有限公司 102 米蜂窝陶瓷隧道窑。与云南某公司签定一台 28 立方全自动控制燃气节能台车窑，采用最先进的线性/脉冲复合燃烧控制，在蜂窝陶瓷间歇窑炉方面属首次开发和应用。国内首创技术—多孔陶瓷蓄热体在隧道窑中烧成获得重大突破，调试一次成功，受到用户称赞，并申报国家专利。

2011 年，景德镇市瓷局向国家部委、省厅申报项目 70 余项，主要包括重点产业振兴、省高新重大产业化项目、资源型城市转型项目、省战略新兴产业重大项目等。截至 2011 年底，景德镇市共有 43 个项目获国家部委、省厅共计 1.53 亿元资金支持，推动了陶瓷行业快速发展。2011 年，景德镇市陶瓷工业实现总产值 192.6 亿元，增长 20.22%；上缴税收 3.00 亿元，增长 12.86%；固定资产投资 60.07 亿元，增长 20.02%。

【黎川县陶瓷产业步入发展“快车道”】 2011 年，黎川县陶瓷行业规模以上企业完成工业总产值 5.2 亿元，增长 23.8%；上交税金 2200 万元，增长 22.2%；实现出口创汇 1.1 亿元，增长 23%；完成固定资产投资 1.15 亿元，增长 20%。工业总产值和上交税金连续 10 年保持两位数增长。继 2010 年康舒陶瓷公司的“康舒牌”荣获“中国驰名商标”后，2011 年环球陶瓷公司“怀泉牌”也获此殊荣；九州陶瓷公司生产的“比格牌”陶瓷洁具被评为“中国十大品牌”；环球陶瓷公司单个企业出口量继续名列江西省日用瓷出口第一位。2011 年，黎川县康舒陶瓷公司与嘉信陶瓷公司成功组合，成为国内最大耐热瓷产业生产厂家之一；华星陶瓷公司生产红瓷项目、振晖实业公司卫生洁具项目、嘉信瓷业公司生产耐热瓷二期扩建工程、康舒陶瓷公司生产耐热瓷第五期扩改项目、环球陶瓷公司生产镁质强化瓷项目全面竣工投产；武夷陶瓷公司第二期厂房建设竣工，辊道窑建成投入生产；九州陶瓷公司 5 层 3 万平方米和 4 层 1.2 万平方米厂房基本竣工，80 米长隧道窑开工建设。10 月 31 日，经专家考核评定，黎川县获中国轻工业联合会授予的“中国日用耐热陶瓷产业基地”称号。

【中国景德镇国际陶瓷博览会的优势和特色显现】 2011 年瓷博会期间，展会累计内贸成交总额 8.01 亿元人民币，增长 14.12%；外贸成交总额 1.32 亿美元，增长 13.71%；现场交易 2854.7 万元，增长 25.58%。瓷博会国际性、专业化、品牌化的陶瓷精品展示、陶瓷贸易投资、陶瓷文化交流平台日益凸显。通过瓷博会平台举办经贸洽谈会，共签约项目 39 个。其中：内资项目 30 个，合同引资 60.49 亿元人民币；外资项目 3 个，合同引资 5867 万美元；签约贸易合同 6 个，其中外贸出口合同 3 个，合同交易金额 3215 万美元，内贸合同 3 个，合同交易金额 9322 万元。

【江西陶瓷工艺美院推进示范性高职院校建设】 2011 年，学院陶瓷工程专业和动漫设计与制作专业被列入中央财政支持高职院校重点建设专业项目，获国家补助资金 630 万元；“陶瓷文化创意与制作实训基地”被列入中央财政支持职业教育项目，获国家补助资金140万元。江西陶瓷工艺美院实施“人才强校”战略，打造“名师工程”。学院副院长、中国工艺美术大师、粉彩制瓷技艺传承人李文跃荣获第六届全国高等学校教学名师奖（江西省本届唯一获此奖项教师），朱辉球、程久发、祝正茂3名教师荣获“中国陶瓷设计艺术大师”称号。

【第四届中国陶瓷行业竞争力年会高安论坛召开】 1月19日，主题为“高屋建瓴为民安居”的2011（第四届）中国陶瓷行业竞争力年会高安论坛在中国建筑卫生陶瓷产业基地（高安陶瓷基地）实训中心会议大厅举办。这是中国陶业竞争力年会首次在新兴产区召开，中国陶瓷工业协会原秘书长黄芯红、秘书长浦永祥，中国建材流通协会会长孟国强出席论坛，年会邀请备受行业欢迎的品牌策划专家、央视《第一财经》总策划罗振宇作2011经济趋势分析报告。高安市陶瓷协会常务副会长、江西太阳陶瓷董事长胡毅恒，江西新明珠营销总经理谭肖文等江西产区知名陶瓷企业家探析2011市场走势，解读新形势下新兴陶瓷产区品牌运营之道。

（付志伟）

石化工业

【概　况】 2011年，江西石化行业抵御欧州债务危机等不利因素对行业经济冲击，全省石化行业仍保持良好发展势头，经济增长质量进一步提高。尽管原油加工业受国际原油价格大幅上涨影响，经济效益出现下滑，但化学工业生产、销售及效益继续保持较快增长良好态势。全行业全年实现工业增加值433亿元，同比增长42.9%；主营业务收入突破千亿大关，达1619亿元，增长39.3%；实现利税总额173亿元，增长32%。

化学工业成为行业发展主力军。2011年，全省化学工业发展取得突破性进展，成为行业产销增长以及盈利的主力军。1～12月，全省化学工业实现工业增加值364亿元，占全行业84%，增长44.7%；完成主营业务收入1343亿元，占全行业82.9%，增长44.9%；实现利税138亿元，占全行业79.8%，增长69.9%，其中利润103亿元，为全行业的1.17倍，增利29.58亿元。

重点产品产量有升有降。19种主要产品中，产量较去年同期增长的有14种，占73.6%，增幅在20%以上的有8种，占42.1%。其中增幅较大的是：钛白粉3.66万吨，增长100.3%；合成橡胶1.2万吨，增长60.3%；化学农药（折100%）2.99万吨，增长20.4%。

企业四率不断改善。2011年，石化行业着力引导企业一手抓经济效益，一手抓节能减排和节能降本，两手并举并重，全省石化重点企业四率水平不断改善。人均创利率、资金利润率及人均劳动生产率同比提高较多的企业有江西添光化工有限责任公司、江西世龙实业有限公司、江西天人生态股份有限公司等企业。万元产值综合能耗同比下降的企业较多，如江西添光化工有限责任公司由0.76吨标煤/万元下降至0.68吨标煤/万元，江西天人生态股份有限公司由0.49吨标煤/万元下降至0.45吨标煤/万元。

重点产品优势进一步突出。2011年，江西石化产品品种不断增多，产能逐渐提高，高新技术产品比重加大，落后产品得到淘汰，产品结构进一步优化。橡胶行业中轮胎外胎的子午化率达到88.24%，高出全国平均水平41个百分点。离子膜烧碱产量占全部烧碱比重49%。江西星火有机硅厂有机硅单体产能30万吨/年，国内市场占有率30%；江西世龙实业股份有限公司氯化亚砜产能3万吨/年，国内市场占有率20%；黑猫股份炭黑产能47万吨/年，国内市场占有率14%；昌九农科丙烯酰胺产能6.5万吨/年，国内市场占有率30%；江西天人生态有限公司真菌杀虫剂产能1800吨/年，产能居全球第一，国内市场占有率在80%以上。

技术水平得到进一步提升。2011年，全省石化行业技术创新意识不断增强，投入逐渐增多，通过自主研发、引进吸收和消化，重点实施了一批行业急需和对行业技术进步带动性较大的新技术和新工艺。其中建成国内单系列最大产能高档金红石型钛白粉生产线并投入运行；利用引进法国罗地亚专利技术建设24万吨/年有机硅下游深加工产品生产装置；利用自主创新技术建成国内单台生产能力最大炭黑生产装置；正在建设全球最大有机硅单体生产装置及全球最大的气相白炭黑生产装置；成功开发生物发酵技术、万吨微生物法丙烯酰胺合成技术、硫基氮磷钾复合肥生产技术、控制释放技术等一批先进适用技术。

产业集群效应进一步显现。2011年，全省石化行业积极优化产业布局，引导产业集聚、壮大产业集群。形成以九江石化产业、永修有机硅产业、乐平精细化工产业、樟树—新干盐化工产业、赣州氟化工产业、贵溪硫磷化工产业等6大产业板块。以上产业板块特色鲜明，规模日趋壮大，2011年6大产业板块实现主营业务收入906.6亿元，占全行业主营业务收入57.6%，对行业经济增长拉动作用明显。

产品出口高速增长。2011年，全省石化行业累计实现出口交货值238.5亿元，增长14.1%。其中，橡胶制品业实现出口交货值18.45亿元，增长43.9%，增速居全国同行业第三位；化学试剂与助剂制造业实现出口交货值9.13亿元，增长99.2%，增速位居全国同行业第二位；涂料、油墨、颜料及类似品制造业实现出口交货值5.63亿元，增长104.9%，高出全国平均增幅98个百分点，增速居全国同行业第一位；林产化学品实现出口交货值2.48亿元，增长85.6%，高出全国平均增幅59个百分点，增速位居全国同行业第一位；化学农药制造业实现出口交货值1.38亿元，增长123.3%，增速位居全国同行业第三位。

重点企业平稳运行。2011年，江西钛白粉行业龙头企业江西添光化工有限责任公司抓住机遇，产品供不应求，实现主营业务收入5.47亿元，增长37.33%；完成利税3062万元，增长201%，其中利润2441万元，增长239%。省氯碱行业龙头企业江西世龙实业股份有限公司各项经营管理工作进一步细化，产品适销对路，销售形势十分看好，经济效益大幅提升。2011年实现主营业务收入9.16亿元，增长37.33%；完成利税1.33亿元，增长34.2%，其中利润1.05亿元，增长71.2%。重点农药企业海利贵溪化工有限公司深挖内部潜力，抓住机遇，开拓市场。2011年经济效益速增，累计完成主营业务收入3.25亿元，增长31%；实现利税3334万元，增长122%，其中利润3034万元，增长125%。

【引进和建设一批重大石化项目】 江西省石化行业引进和建设了一批重大项目，项目科技含量高，带动作用强，对行业快速发展起到重要推动作用。九江石化在原有500万吨/年炼油能力基础上进行技术改造，成功扩大到650万吨/年，800万吨/年的改造也在做前期准备，为企业后续发展奠定坚实基础。星火有机硅厂成功将有机硅单体生产能力由10万吨/年改造到30万吨/年，巩固了亚洲领先地位，投资80亿元的有机硅一体化项目也在建设之中。江西金龙化工年产2.5万吨草甘膦项目顺利实施，填补省内空白。江西添光化工年产5万吨高档金红石型钛白粉及其配套年产20万吨硫酸项目成功投产，使企业产品品质有了质的飞跃。江西蓝恒达5万吨/年离子膜烧碱、5万吨/年PVC项目、3万吨/年三氯氢硅项目的达产，为盐化工企业的引入起到很好示范作用。

（省工信委编辑室）

纺织工业

【概 况】 2011年，全省纺织行业有效克服原材料价格大幅震荡、生产成本持续上升、人民币升值等不利因素影响，承接产业转移，推动转型升级，不断优化产业结构，全行业实现跨越式发展，主营业务收入首次突破千亿大关，成为全省第五个千亿产业，实现了“十二五”良好开局。全年全行业687户规模以上企业完成工业增加值270亿元，同比增长28.57%；实现主营业务收入1120亿元，增长31.76%，超出千亿目标12%；实现利税总额89亿元，增长43.55%，其中利润58亿元，增长48.72%；纺织品服装实际出口30.62亿美元，增长43.7%；全行业经济效益综合指数262%，提高40个百分点。

固定资产投资高速增长。2011年，全省纺织行业实际完成固定资产投资457.7亿元，增长40.45%，居全国同行业第5位；竣工项目734个，增长10.04%。其中，江西恩达家纺公司投资5亿元的10万纱锭麻棉混纺高支纱项目、江西宝源纺织公司投资5亿元的年产3.6万吨天然彩棉项目、鸭鸭股份公司投资3亿元的鸭鸭创新产业基地项目等一批重大项目陆续竣工投产，为全行业快速发展注入新的活力。

产业集中度进一步提升。2011年，全省纺织行业龙头企业面对不利发展环境，展示较强抗风险能力，主营业务收入前30位企业均实现不同程度增长，共实现主营业务收入292.7亿元，占全行业26.1%，提高4.2个百分点。其中，主营业务收入过5亿元企业24户，比2010年多14户；过10亿元企业9户，比2010年多4户；过20亿元企业4户，比2010年多3户。

棉花价格大幅波动加大行业风险。2011年，全国棉花价格大体呈现M型震荡向下走势：年初至3月中旬，328级棉价在2010年棉价大幅上涨惯性作用下，一路推高至3.12万元/吨的年内最高点。随后棉价开始持续下跌，在8月中旬至9月下旬出现小幅反弹后，棉价继续下跌并大体稳定在1.91万元/吨左右。2011年棉花价格走势，波动幅度超过40%，给全省纺织行业带来很大风险。受此影响，使企业不敢接长单，影响了正常生产和上下游企业有效衔接；在采购原材料时难以把握市场节奏，增加了企业采购风险和采购成本。

【工信部在南昌召开纺织企业行业形势分析座谈会】 为准确分析判断纺织行业形势，研究提出促进纺织行业稳定发展具体政策措施，工信部于9月17日在南昌召开纺织行业形势分析会。来自浙江、福建、广东、湖南、湖北5省经(工)信委、中国纺织工业协会及部分重点企业代表共40余人参加座谈会。会议指出：纺织行业的重要地位没有改变，纺织行业正处在发展的重要关头，转型升级是纺织行业持续发展的重要途径。

【多措并举助推行业过千亿】 3月，省工信委制定下发《2011年江西纺织工业主营业务收入过千亿实施方案》。根据方案中“着力培育一批重点企业、着力培育一批原创品牌、着力培育一批产业基地、跟踪服务一批重点项目、引导发展一批特色园区”的工作要求，省工信委先后召开全省纺织行业重点企业座谈会、全省纺织服装产业基地座谈会、全省纺织行业千亿工程调度会等会议，分析形势，协调解决出现的问题。此外，省工信委在加强统计调度基础上，每个季度按时发布运行通报，公布千亿工程进度。11月，在全行业共同努力下，在重点企业、原创品牌企业、产业基地、重点项目和特色园区共同推动下，全省纺织行业提前一个月完成千亿目标。

【出台《江西纺织行业转型升级示范企业认定管理办法(试行)》】 7月，省工信委出台《江西纺织行业转型升级示范企业认定管理办法(试行)》。该试行办法分为总则、认定条件、认定程序、扶持政策、跟踪服务和附则等六部分。其中，认定条件部分规定具备在所属行业领域有一项或多项指标(含技术)处于国内领先地位、市场占有率居国内同行业前20位以内、通过自主研发形成核心专利技术或独创工艺等条件企业可以申报江西纺织行业转型升级示范企业。8月，省工信委开展首批示范企业申报工作。

【制定全省印染行业能耗限额标准】 为进一步加强江西省高耗能行业和重点用能行业节能监管，加快淘汰落后产能，促进产业结构调整升级，根据省工信委统一部署，省工信委纺织工业处组织恒天(江西)纺织设计院有限公司和江西省纺织工业协会共同起草编制《江西省机织印染布单位产品能源消耗限额标准》和《江西省针织印染布单位产品能源消耗限额标准》，并与江西省质量技术监督局联合组织召开专家审核会。标准已按江西省地方标准要求，由省质量技术监督局向国家质监局上报备案。

【分宜县晋级为“省级苎麻纺织产业基地”】 苎麻纺织是分宜县传统特色支柱产业。2011年，全县拥有苎麻纺织生产企业50户，其中规模以上企业26户，年主营业务收入超亿元企业5户，从事苎麻纺织生产与销售人员约10万余人。为引导分宜县苎麻产业做强做大，进一步提升产业集聚水平，10月10日，省工信委经评估认定，授予分宜县"江西省苎麻纺织产业基地"称号，分宜县成为全省第五个省级纺织产业基地。

（省工信委编辑室）

建材工业

【概　况】　江西省建筑材料工业产品主要涉及水泥、平板玻璃、玻璃纤维及制品、建筑陶瓷、化学建材、新型墙材、非金属矿及制品等7大类，2011年，全省规模以上建材企业完成工业增加值320亿元，同比增长15.5%；实现主营业务收入928.3亿元，增长45.5%；实现利税134.9亿元，增长75.0%；实现利润48.4亿元，增长1.2倍。其中，水泥行业完成工业增加值100亿元，增长24.5%；水泥行业实现主营业务收入328.3亿元，增长54.8%；实现利税65.8亿元，增长1.1倍；实现利润48.4亿元，增长1.2倍。建筑陶瓷行业完成工业增加值60.0亿元，增长16.8%；实现主营业务收入196.1亿元，增长28.8%；实现利税23.4亿元，增长35.0%；实现利润15.7亿元，增长37.6%。玻璃纤维及制品制造行业完成工业增加值8.5亿元，增长73.0%；实现主营业务收入44.4亿元，增长72.4%；实现利税4.5亿元，增长1.9倍；实现利润3.0亿元，增长1.9倍。水泥产量6932万吨，增长13.4%；建筑陶瓷产量5.98亿平方米，增长2.5%；玻璃纤维纱23.5万吨，增长70.5%。2011年，全省建材行业效益大幅增长，全行业实现利润95.3亿元，增长83.7%。其中水泥和玻璃纤维纱行业更是实现利税和利润翻番，是近几年效益最好一年。

产业集中度提高。截至2011年底，江西万年青水泥股份有限公司水泥总产能1500万吨；江西南方水泥有限公司水泥总产能1800万吨；海螺集团水泥总产能600万吨；江西亚东水泥有限公司水泥总产能800万吨，红狮水泥控股集团水泥总产能600万吨。上述四家企业总产能达到5300万吨，占全省水泥产能的74%，产业集中度居全国前列。

节能减排成效显现。新型干法水泥占全省水泥总产能比重提高3个百分点，随着新型干法水泥比重的提高及高效节能管磨等节能技术推广，水泥行业单位能耗进一步降低。全省水泥行业平均水泥综合能耗93.6千克/吨，降低9.0%；万元产值能耗2.17吨标准煤，降低8.1%。全省日产2000吨熟料以上水泥生产线全部配备了纯低温余热发电设备，余热发电站30个，装机容量突破300兆瓦，每年可发电23亿千瓦小时，节约能源85万吨标准煤。

发挥协会作用。建材协会、水泥协会等行业协会积极引导行业企业开展自律活动，初步形成市场有序竞争格局，避免了以往行业内部以降价为主要竞争手段，相互残杀，损害行业整体利益现象，也使全年水泥价格没有出现大起大落，保持了平稳。

推进项目建设。全年共有4条日产5000吨水泥项目投产，新增水泥产能800万吨；江西宏宇能源发展有限公司（樟树）日产700吨水泥熟料和江西中煤科技有限责任公司（萍乡安源）光伏玻璃生产线相继建成投产；8条建筑陶瓷生产线也顺利投产。日产1.2万吨的特大型水泥项目三个初选址、石灰石资源考察和建设企业初选均完成。其中，江西南方水泥有限公司和江西万年青水泥股份有限公司已编制完成项目可行性研究报告，争取2012年通过核准并开工建设。

投资势头依然强劲。全省建材行业投资完成额525.1亿元，增长34.9%；其中，建筑陶瓷行业投资完成额100.2亿元，增长71.2%，为今后建材行业持续发展奠定了基础。

【三个建材子行业协调发展】　大建材行业中传统建材、无机非金属新材料、非金属矿及制品三个子行业协调发展。传统建材所占比重不断下降，水泥行业主营业务收入占建材行业主营业务收入比重从2005年的62.1%，下降到2011年的31.9%。无机非金属新材料所占比重不断提高，玻璃纤维纱行业主营业务收入占建材行业主营业务收入比重从2008年的3.0%提高到2011年的8.9%。非金属矿及制品业快速发展，其他非金属矿物制品制造业主营业务收入从2007年的2.0亿元发展到2011年的3.8亿元，增幅90%。

（省工信委编辑室）

生物和新医药产业

【概　况】　2011年是江西生物和新医药产业机遇与挑战并存的发展期，医药工业企业在日益激烈竞争中，通过研发创新、市场营销、品牌建设等多项举措实施，综合实力得到强化，增长态势平稳，整个产业规模首次突破600亿，呈现出进位式发展。2011年，全省生物和新医药工业累计完成总产值623.46亿元，同比增长32.66%；主营业务收入631.74亿元，增长35.38%；实现利税72.58亿元，增长40.85%，其中，实现利润43.21亿元，增长48.76%。

医药经济总量在全国排名进位。2011年，医保体系建设进一步促进医疗需求，加快了医药工业效率大幅提升，经济总量再上台阶。全省生物和新医药收入、利税、利润3个主要经济指标增速均高出全国平均水平，在全国位次均前移。

产业基地集聚水平得到提升。2011年，6个医药工业集聚地企业共完成主营业务收入264.43亿元，占全行业41.85%。按主营业务收入排序，依次为小蓝生物医药产业基地、袁州医药产业基地、福城医药工业园。按收入增速排序，依次为国家南昌（桑海）生物医药产业基地，进贤医疗器械产业基地，袁州医药产业基地。

优势企业起到领军作用。2011年，汇仁、济民可信、仁和、青峰药业、江中药业、洪达医疗6家年产值过10亿元集团企业基本上保持快速、持续发展态势。主营业务收入、利税总额、利润合计占全行业比重分别达27.05%、30.80%、27.10%，均占据全省医药行业近三成份额。其中济民可信集团利税7.48亿元，成为全省医药行业中利税首户。

大品种为产业发展夯实基础。2011年，单品种年销售超亿元品种有

19个，增加4个。其中销售上10亿元品种3个，增加1个。江中牌健胃消食片连续3年进入全国年销售额过10亿元中成药品种。江中药业的参灵草、桑海制药的八珍益母胶囊、百神药业的夏桑菊颗粒和昌诺药业的活血止痛胶囊4个品种也首次进入过亿元品种行列。

【中成药工业列全国第三位】 2011年，江西中成药工业依然是省医药工业中比重最大行业。按工业总产值指标计算，全省中成药占全国总量7.7%，占全省医药工业40.52%，提高0.68个百分点；实现主营业务收入260.83亿元，在全国排第三名；实现利税30.95亿元，在全国排第五位，前移1位。

【江西省生物和新医药产业发展座谈会召开】 1月14日，江西省工信委在南昌市召开全省生物和新医药产业发展工作座谈会。会议对2010年全省生物和新医药工作进行总结，对2011年工作进行部署，向各设区市工信委介绍《江西省生物和新医药产业“十二五”发展规划》和《江西江西省生物和新医药产业延伸产业链发展规划》的有关情况并征求意见。各设区市工信委就近期工作和安排进行交流汇报。省工信委副主任万庆胜出席会议并讲话。

（省工信委编辑室）

食品工业

【概　况】 至2011年底，全省共有规模以上食品工业企业510户，全行业从业人员13万人。全省规模以上食品工业实现总产值1374.9亿元，列全国前20位，同比增长40.5%，高出全国平均9.0个百分点；主营业务收入1370.9亿元，增长39.7%；实现利税188.5亿元，增长30.2%；利润86.3亿元，增长37.5%。

2011年全省食品工业“四个一”（即一支烟、一瓶酒、一片茶叶和一盒胶囊）项目实现主营业务收入240.0亿元，占食品工业17.5%，增长13.6%；利税97.1亿元，占全省食品工业51.5%，增长16.3%。

2011年全省规模以上食品工业完成出口交货值65.6亿元人民币，列全国食品工业出口第10位，增长51.7%，增速列全国食品工业出口第四位。全省米、面制品制造业出口交货值6.5亿元人民币，占全国米、面制品制造业出口总值42.6%，增长48.3%，总值和增幅均列全国第一位。

固定资产投资增长迅速。2011年全省规模以上食品工业完成固定资产投资392.5亿元，增长26.7%。其中，农副食品加工业完成193.0亿元，占全省食品工业49.2%，增长30.7%。由赣南卷烟厂、兴国卷烟厂合并重组后的赣州卷烟厂易地技术改造年产60万大箱卷烟项目，占地48.67公顷，总投资22亿元，属省、市重点建设工程。由南昌亚洲啤酒有限公司投资6亿元建设的60万吨啤酒厂首期工程项目，总体规划全部建成后，可形成年产60万吨啤酒综合生产能力。

绿色有机食品快速发展。截至12月底，全省绿色食品产品总数703个，列全国前10位；有机食品产品总数412个，列全国前4位；全省拥有全国绿色食品标准化生产基地47个，生产基地面积58万公顷，列全国第2位；全省绿色食品制造业完成增加值270.0亿元，增长20.8%；绿色食品制造业实现利润75.9亿元，增长40.2%。

各设区市食品工业发展迅速。2011年，全省各设区市食品工业快速发展，其中九江市发展最快，全市规模以上食品工业主营业务收入、利税同比增长均超过65%以上，分别为84.7%和65.5%，增速均列全省第一位。萍乡市、上饶市、吉安市、抚州市食品工业主营业务收入增长速度超过四成。2011年食品工业主营业务收入位列前3位的设区市分别为南昌市、宜春市、赣州市，共实现主营业务收入874.80亿元，占全省食品工业主营业务收入63.81%。

知名品牌商标再增。2011年，江西省春丝食品有限公司“春丝”牌商标（第30类：面条），江西大井冈科技实业有限公司“井冈牌”商标（第33类：酒），赣州市赣南脐橙协会“赣南脐橙”商标及商标图（第31类：柑橘）和江西华茂保健品开发有限公司“光临GUANGLIN”商标及商标图（第30类：蜂蜜）被国家工商总局认定为中国驰名商标。至此，全省食品行业经国家工商总局认定的中国驰名商标达12件；117个产品获江西名牌产品称号；185个产品商标获评江西省著名商标。

抓好食品安全工作。2011年，省食品工业办公室积极配合有关部门抓好食品安全工作。主要内容有：加强乳品行业管理，开展乳品项目（企业）审核清理工作；开展打击食品非法添加和滥用食品添加剂专项整治行动；配合卫生、农业、质检等相关部门开展“瘦肉精”等食品安全专项整治行动；宣传《食品安全法》和《食品安全法实施条例》等相关法律法规。

开展诚信体系建设工作。2011年，省食品工业办公室配合有关部门开展诚信体系建设工作。与有关部门（单位）研究制定2011年～2013年全省食品工业企业诚信体系建设工作实施方案并印发各有关单位，各设区市工信委及各有关企业。组织召开江西省食品工业企业诚信体系建设启动暨宣贯培训会，对全省食品工业企业诚信体系建设工作进行动员和部署，并邀请工信部诚信体系建设专家为全省100家食品企业以及11个设区市工信委、有关行业协会共计150余人宣讲国家诚信建设有关标准文本和文件精神，指导企业建立诚信体系。开展诚信体系建设试点工作，将全省乳制品行业11家企业以及肉制品、饮料酒行业的部分重点企业共计22家食品生产企业纳入第一批试点范围。组建省食品工业企业诚信体系建设专家队伍为指导省内企业建立诚信管理体系、开展诚信管理培训、参与企业诚信评价工作，为形成诚信咨询和管理服务机制奠定良好基础。5月12日，省工信委批复同意授予石城县“江西省绿色食品（白莲）产业基地”称号。至此，全省食品行业已有南昌小蓝经济开发区、青山湖区、南城县、南丰县、石城县5个省级食品产业基地。

（省工信委编辑室）

烟 草 业

【概　况】 2011年，江西烟草行业落实国家烟草专卖局“卷烟上水平”战略任务,工业企业围绕加快“金圣”品牌发展的核心任务,商业企业着眼长远,注重基础,后发先行,深化改革,狠抓烟叶生产、卷烟营销、品牌培育、专卖监管、科技进步、基础管理和队伍建设,保持持续平稳较快发展态势,实现“十二五”良好开局。

全年种植烟叶1.82万公顷,收购烟叶4.35万吨;烟农销售烟叶总收入7.12亿元,户均收入3.84万元,同比提高74.5%;生产卷烟116.8万箱,增长4.47%;销售卷烟134.25万箱,增长6.36%。全省零售客户综合毛利率超过10%,全年零售客户平均收入1.8万元。全省烟草实现税利139.36亿元,增长24.33%,其中上缴税金104.35亿元,增长23.94%。烟草商业税利65.08亿元,增长29.56%,其中上缴税金36.85亿元,增长27.79%。烟草工业税利74.28亿元,增长18.59%,其中上缴税金67.5亿元,增长21%。

强化市场管理、以品牌出效益。坚持以市场为导向,突出品牌培育、均衡销售、价格管理,精心培育“金圣”品牌,全面推进产品创新,有力促进了经济运行,质量明显提升。持续提升现代烟草农业建设水平,加大基础设施建设投入,在稳定生产规模基础上突出江西烟叶质量特色。进一步提高卷烟打假工作质量,探索建立现代市场日常监管体系,在强化市场监管基础上增强市场控制能力。持续推进“两项工作”,建立对标工作长效机制,全面推进成本费用管理和定额标准管理,着力加强生产、质量、设备和安全管理,在实现严格规范基础上提高企业管理创新水平,进一步增强科技创新能力。

【推进九项改革】 从2010年7月开始,烟草商业公司开始逐步推行九项改革,2011年全面推进,取得显著成效。九项改革主要内容是:深化领导班子年度业绩考核办法、用工分配制度、新进员工招录办法、新增效益工资分配办法、高价位卷烟和紧俏卷烟供应方式、卷烟购进计划分配办法、营销管理体制、内部专卖管理监督机制、烟叶经营模式。

改革领导班子绩效考核办法:坚持以市场为导向,充分尊重市公司市场营销主体地位,突出均衡销售、价格、库存指标,并将考核结果与领导班子薪酬及单位工资总额增幅挂钩。

完善用工分配制度改革:打破和淡化员工身份界限,变身份管理为岗位管理,坚持“因事设岗”,建立岗位动态管理机制;打通员工晋升通道,对员工进行分类分级管理,提供多条平行成长通道,并建立正常工资调整机制。

改革员工招录办法:坚持“优化队伍、改善结构、按岗招录、择优录用”和“按岗位需求招录、面向社会招录、委托第三方招考”等原则,适当拓宽新进员工招录范围。

改革新增效益工资分配办法:新增效益工资与实现税利、卷烟销量、“双十五”品牌销量、卷烟三项费用率和人均劳动效率等指标挂钩,进一步增加新增效益工资分配的透明度,更加有效地调动各市级局(公司)干部职工工作积极性和主动性。

改革紧俏货源的供应方式:推行“一禁止三公开”,即禁止批条烟,公开货源情况,公开货源分配办法,公开货源分配结果;完善紧俏货源分配办法,全面停止各种形式卷烟“批条”行为,进一步规范内部经营行为,提高零售户毛利率,全年零售毛利率为8%。

改革卷烟计划分配办法:将调拨计划与实际销量挂钩、紧俏烟调入与卷烟销售结构挂钩,根据各市公司卷烟总销量、“双十五”品牌销量、均衡销售和稳价销售情况,对卷烟购进计划进行二次分配,实现卷烟经营的日益规范和可持续发展。

改革营销管理体制:营销、配送人员人事关系、工资关系、业务考核逐步脱钩于县级局(分公司),由市公司营销中心和配送中心进行直接管理。

改革内部专卖管理监督体制:探索实行内管机构改革,从岗位设置、岗位职能、人员配备、人事管理、工作制度、工作流程等方面建立专卖内管长效机制。

改革烟叶经营模式:取消烟叶备货组,省公司不再统一销售烟叶,各产区市公司独立开展烟叶经营,促使市公司真正树立主体意识、市场意识和质量意识。

【国家烟草局内管委派制试点在江西省推行】 3月,国家烟草专卖局决定在江西省开展内部专卖管理监督机构改革试点,并在全国烟草专卖工作会上作出部署。在国家烟草专卖局的部署和指导下,全省烟草商业系统上下围绕“改革监管体制,发挥监管人员积极性和主动性;延伸监管职能,提高监管实效;实现从发现问题到解决问题,推动长效机制良性循环三个方面,推动专卖内管委派制试点工作。实行“垂直管理、双重领导、相对独立”的专卖内管派驻体制。烟草商业系统共设立派驻办12个、派驻组100个,在岗内管工作人员265人。修订和完善16项工作制度、25项工作流程。提高专卖内管实效,开展同级监管和日常监管工作,加强对“异常品牌、异常订单、异常客户”的监管,开展对卷烟工业企业定期检查和烟叶种植、烘烤、收购环节专项检查,加强对高价位卷烟的销售及价格管理。建立健全协同监管工作长效机制,加大对真烟异地流动监管查处力度,对不规范经营行为实行“零容忍”,提高监管实效。

【赣州卷烟厂易地技改】 赣州卷烟厂易地技术改造项目是江西中烟工业有限责任公司“十二五”发展规划重要战略部署。2011年1月在南昌召开项目建设启动大会,4月在赣州举行奠基仪式。易地技改项目位于赣州开发区香港工业园,占地48.67公顷,总建筑面积16万平方米。建成投产后,赣州卷烟厂生产规模将达到年产60万箱以上。项目采用国内外烟草行业和相关技术领域中成熟、适用的新工艺、新技术、新设备、新材料,并充分考虑合作生产品牌的工艺兼容性,确保技术改造项目先进性和实用性相结合。计划该项目将于2013年底全面竣工投产。

(王　萱)

非公有制经济

本栏编辑　朱　岳

综　述

2011年，全省非公有制经济坚持以科学发展为主题，以加快转变经济发展方式为主线，以鄱阳湖生态经济区建设为龙头，牢固树立“与企业共成长”的发展理念，围绕中小企业成长工程，推进服务全省非公有制经济的培训辅导、组织网络、投融资、创业孵化四大体系建设，克服金融危机的不利影响以及要素成本上升、融资困难等发展难题，完成年初预定各项目标任务，全省非公有制经济继续保持平稳较快增长，实现“十二五”时期良好开局。全省非公经济完成增加值6393.2亿元，增长13.6%，占全省GDP的55.2%；上缴税金941.1亿元，增长33%，占全省税收总额的66.2%；出口创汇202.5亿美元，增长69.2%，占全省出口总额的92.6%。全省实有个私企业134.8万户，增长15%，其中个体工商户115.4万户，私营企业19.4万户；非公有制企业从业人员达1270万人，增长5%，占全省社会就业总人数的50%。

支持非公有制经济发展的政策体系不断完善。2011年，省政府相继出台《关于鼓励和引导民间投资健康发展的实施意见》《关于贯彻落实国务院支持小型微型企业发展若干政策的实施意见》，为非公有制经济快速发展创造了良好发展环境。同时，省直各部门相继出台《服务非公有制经济发展税收优惠政策和服务措施50条》《关于个体工商户转型升级为企业的登记管理指导意见》《关于做好个体私营经济小额贷款工作的通知》等文件措施30余件，最大限度激活民间投资热情，促进实体经济发展。

服务非公有制企业的培训辅导体系初见成效。坚持以成长工程为主线，依托创业大学开展培训辅导，打造江西中小企业成长培训品牌，初步形成“省市联动、助推成长”的良好氛围。继新余创业大学之后，南昌、九江、赣州、萍乡、宜春、景德镇等6个设区市也相继创办公益性创业大学，全省创业大学合计有企业学员2837人，累计培训2万人次。联合清华大学、浙江大学等国内名牌院校，聘请国内知名专家学者、优秀企业家，举办工业园区拟上市企业总裁、非公有制企业高管等4个为期一年的高级研修班。其中，清华大学拟上市企业总裁班中有22家企业被省政府纳入全省重点拟上市企业后备资源库。依托九江旭阳雷迪高科技股份有限公司，探索开展1000名企业中基层管理人员实训活动。通过政府购买服务，引进专业管理咨询机构，对南昌、九江、赣州、南康等地35家成长型中小企业开展管理咨询诊断服务试点。做好成长型中小企业入库工作，加大对入库企业项目补助力度。全省有58家非公有制中小企业获得国家项目补助资金5620万元。

全省非公有制企业组织化程度不断提高。按照我省的产业特点，以中小企业协会会员企业为主体，按照上下游产业链的组织形态，组建中小企业行业专业委员会，促进协会会员抱团发展。全省中小企业协会拥有会员企业792家，2011年新增342家，已成功组建绿色照明产业、家居艺术产业委员会。积极加强同金融机构的联系沟通，推动金融机构向专业委员会进行整体授信，帮助会员企业解决融资难题。其中，促成民生银行南昌分行同绿色照明产业委员会合作，对其会员企业给予1.5亿元贷款授信。依托中小企业协会，不定期举办行业管理咨询等沙龙活动，为会员企业诊断把脉，破解行业发展中的困难和瓶颈，实现“一家诊断、多家受益”。加强对外合作交流。应台湾中小企业协会的邀请，组织协会部分会员企业代表赴台湾进行考察交流，促进赣台双边中小企业经济贸易与合作，努力实现企业优势互补、合作发展。

非公有制企业融资服务成效明显。中小企业信用担保机构服务能力有新提升。全省注册备案的中小企业信用担保机构总数达到253家，注册资本金144亿元，全年为1.33万家中小企业提供担保贷款313.2亿元，增长89.9%。受保企业新增就业岗位19.7万人，新增销售收入515亿元，新增利税28.9亿元。支持29家担保机构争取国家专项资金补助6460万元，增长13%；10家担保机构获得国家3年免征营业税政策。成功组建全省中小企业信用担保行业协会，搭建起担保机构与政府和银行业金融机构的合作桥梁。企业直接融资取得新进展。与国家开发银行江西省分行、北京银行南昌分行、长城资产公司、联合资信等机构建立战略合作关系，推进全省中小企业集合票据发行。成功举办“投资机构江西行”，引入36家国内知名投资机构来赣与100家中小企业进行洽谈对接。其中，有20家企业与16家投资机构在“鄱阳湖生态经济区成长性中小企业投融资推进会”上签订投资合作协议。政银企对接活动有新影响。联合省金融办、人行南昌中心支行、省银监局共同举办“百园千企”政银企对接活动,809 家非公有制企业获银行贷款授信 112 亿元,有力缓解非公有制企业融资困难。

促进非公有制小微企业创业孵化工作日见成效。依托城区、工业园区、产业集聚区,建设一批配套型、专业化的小企业创业基地。全省已挂牌省级小企业创业基地 98 个,入驻小微型企业 5237 户,吸纳就业 30 万人;开展各类创业培训服务 4.1 万次,培训创业人员 6.4 万人。大力举办江西青年创业大赛。联合共青团江西省委共同举办“赢在江西”2011 江西青年创业大赛,激发青年创业活力。整个大赛覆盖全省 11 个设区市及 30 余所高校,有近 2000 个项目参赛,10 万名青年参与网络互动,并邀请风险投资机构参与论证创业项目,其中前 30 强和前 10 强选手分别获得“江西省新锐创业青年”和“赢在江西十强”荣誉称号。加快建立以省级服务平台为核心、以各设区市综合窗口平台及县区产业集群窗口服务平台为支撑的全省中小企业服务平台网络,引进专业服务机构为广大中小企业提供有针对性、系统性的创业服务。江西省中小企业服务体系建设已被列入全国首批 11 个试点省,获得中央财政专项补助资金 5300 万元,资金总额居全国第三。

非公有制经济实现“六个超过”。非公有制经济增加值超过 6000 亿元,达到 6393.2 亿元,同比增长 13.6%;占全省 GDP 的 55.2%,较上年提高 0.6 个百分点,对全省 GDP 增长贡献率为 58.2%。规模以上工业增加值超过 2800 亿元,达到 2883.9 亿元,同比增长 23.3%;占全省规模以上工业增加值总数 73.7%,同比提高 2.5 个百分点,对全省规模以上工业增加值增长的贡献率达 86.9%。上缴税金超过 900 亿元,达到 941.13 亿元,同比增长 33%;占全省税收总额 66.2%,同比提高 2.9 个百分点,对全省税收增长的贡献率达 76.7%。出口交货值超过 200 亿美元,达到 202.5 亿美元,同比增长 69.2%;占全省出口总额 92.6%,同比提高 3.3 个百分点,对全省出口总额增长的贡献率达 97.8%。固定资产投资超过 6500 亿元,达到 6540.2 亿元,同比增长 34.1%;占全省全社会 500 万元以上固定资产投资总额 74.7%,同比提高 3.6 个百分点,对全省投资增长的贡献率达 87.6%。从业人员超过 1250 万人,达到 1261.3 万人,同比增长 4.5%;占全省全社会就业总数 49.8%,同比提高 1.5 个百分点。

(徐星龙 韩 坤)

【召开全省非公有制经济工作暨表彰大会】 3 月 25 日,省政府在南昌召开全省非公有制经济工作暨表彰大会,总结“十一五”时期全省非公有制经济工作。省长吴新雄、省人大常委会副主任朱秉发、省政协副主席陈清华出席会议,副省长孙刚讲话。会上,省政府表彰了 4 个发展非公有制经济先进设区市、25 个先进县(市、区)、42 个服务非公有制经济发展先进单位、13 个优秀省级民营小企业创业基地以及 114 家优秀非公有制企业、20 位优秀非公有制企业家、80 户先进个体工商户。

【举行“赢在江西”2011 江西青年创业大赛】 由团省委和省中小企业局联合举办的“赢在江西”2011 江西青年创业大赛 4 月 8 日启动,本次大赛分为海选、闯关赛、半决赛和决赛四个阶段,共吸引全省 11 个设区市及 30 余所高校 2000 个项目参赛,并有 10 万青年参与网络互动。8 月 11 日,大赛决赛在南昌举行,戴前、王建斌、涂莉分获前三名。

(韩 坤)

外商、港澳台商投资企业

【概 况】 2011 年,全省新登记注册外商投资企业 691 户,其中法人企业 543 户,分支机构 148 户;法人企业中,合资企业 50 户,合作企业 2 户,独资企业 490 户,外商投资合伙企业 1 户。新登记外商投资企业数同比减少 29.5%,其中合资企业数减少最为明显,减少 41.1%,合作企业数减少 33%,独资企业数减少 30.8%。新登记外商投资企业投资总额 58.09 亿美元,注册资本 42.29 亿美元,分别减少 8% 和 9%,投资总额 1000 万美元以上 114 户,同比减少 21.3%。

全年新设立外商投资法人企业 542 户,其中亚洲 487 户、北美洲 8 户、拉丁美洲 8 户、欧洲 8 户、非洲 12 户、大洋洲 3 户、其他国家 16 户。亚洲占新设立企业户数 89.8%。从国别地区看,涉及 38 个国家和地区,其中重点国别和地区:香港 396 户、台湾 46 户、澳门 19 户、美国 3 户、英属维尔京群岛 8 户、新加坡 3 户、日本 7 户、塞舌尔 4 户、萨摩亚 2 户。

截至年底,全省实有外商投资企业 6926 户,其中法人企业 5370 户,分支机构 1554 户,外商投资合伙企业 2 户。法人企业中,合资企业 1106 户,合作企业 82 户,独资企业 4166 户,股份有限公司 16 户(其中上市股份有限公司 4 户),常驻代表机构 197 户。投资总额 490.81 亿美元,注册资本 312.85 亿美元,其中外方认缴出资额 269.89 亿美元,占注册资本 86.2%。投资总额 5000 万美元以上 123 户,投资总额 1000 ~ 5000 万美元 859 户。全省外商投资企业投资总额、注册资本、实收资本分别较上年同期增长 11%、11.2%、15.7%。

截至年底,全省外商投资企业(不含分支)分布三大产业总户数比上年有所增加,第一、第二产业稳步增长,第三产业有所下降。其中,第一产业 477 户,占总数 8.8%;第二产业 3502 户,占总数 65.2%;第三产业 1391 户,占总数 25.9%。与 2010 年底相比,外资企业分布三产户数第一产业增加 0.7 个百分点,第二产业增加 0.8 个百分点,第三产业减少 1.6 个百分点。

2011 年,江西省确定的十大战略新兴产业情况:①光伏产业全省投资总额 13.13 亿美元,注册资本 8.55 亿美元,共 50 户,主要集中于南昌、九江、赣州等地,分别是 11 户、9 户和 9 户。南昌投资总额 10.23 亿美元,注册资本 6.85 亿美元,分别占全省光伏产业的 77.8% 和 80.1%。②风能核电产业全省投资总额 4.36 亿美元,注册资本 1.9 亿美元,共 28 户,主要集中于新余、南昌、吉安等地,分别是 7 户、5 户和 5 户。新余投资总额 2.18 亿美元,注册资本 9008.35 万美元,分别占全省风能核电产业的 50.1% 和 47.3%。③生物医药产业全省投资总额 4150 万美元,注册资本 4150 万美元,共 11 户,其中吉安 8 户,主要是生物医药的研发。④半导体照明产业全省投资总额1.41亿美元，注册资本1.02亿美元，共11户。南昌有7户，投资总额3180万美元，注册资本2800万美元，分别占全省22.6%和27.3%。投资地区仍然以香港为主。⑤金属新材料产业全省投资总额1.49亿美元，注册资本1.29亿美元，共47户。主要集中在鹰潭，有22户，投资总额3024万美元，注册资本2156万美元，分别占全省81.9%和70%。⑥非金属新材料产业全省投资总额2.13亿美元，注册资本8214.2万美元，共56户。主要集中在景德镇，投资总额9810.8万美元，注册资本3414万美元，分别占全省64.6%和46%。⑦航空制造产业全省投资总额3320.4万美元，注册资本3114.2万美元，共2户，其中南昌1户、景德镇1户。⑧新能源汽车和动力电池产业全省投资总额2.28亿美元，注册资本2.11亿美元，共24户，以南昌、九江等地为主。南昌投资总额1.89亿美元，注册资本1.74亿美元，分别占全省82.9%和82.7%。⑨绿色食品产业全省投资总额2352万美元，注册资本1986万美元，共15户。其中南昌、赣州各5户，投资总额1780万美元，注册资本1500万美元，分别占75%和76%。⑩文化及创意产业共有17户，投资总额1.2亿美元，注册资本1.1亿美元，其中南昌投资总额、注册资本分别占68%和65%。

各设区市外商投资企业投资总额、注册资本总排名基本不变，南昌、九江、赣州仍排名前三，新余、吉安、宜春、上饶之间的差距逐步缩小。

外商投资企业投资者国别和地区仍集中香港、台湾、美国和英属维尔京群岛等地。其中，香港3245户，台湾728户，美国208户，英属维尔京群岛190户。台湾、英属维尔京群岛同比分别增加4%。

全省登记外国(地区)常驻代表机构197户，主要国家地区是香港和美国，分别有104户和33户。2011年新登记常驻代表机构4户、注销3户。

【全省外商投资企业组织形式趋向独资】 2011年，江西省外商投资企业户数总体呈下降趋势，较上年同期减少8.5%。其主要原因：新增691户，注吊销外商投资企业929户，同时有大量外商投资企业变更为内资企业，截至年底，全省变更406户。外商投资合伙企业新增加1户，企业所在地为赣州，合伙企业发展较缓慢。外商投资企业组织形式不断趋向独资形式，独资企业占法人企业数77%，同比增长6.5个百分点。

【全省外商投资企业吊销数大幅增加】 2011年，全省注吊销外商投资企业929户，其中注销301户，吊销628户。注吊销数同比明显增加，为上年注吊销数的710%，注销企业主要以决议解散为主，达241户。吊销数较上年大幅增加，为上年的69倍。注吊销企业集中分布在制造业(548户)、计算机服务与软件(108户)、批发零售业(81户)及房地产业(60户)，占注吊销总数85.7%。按国别(地区)分，香港324户，台湾104户，占注吊销总数46%，其次为英属维尔京群岛和美国，分别为15户和14户。截至年底，累计注、吊销外商投资企业6366户，其中注销外商投资企业2053户，吊销外商投资企业4313户。

(孙　浩)

个体私营经济

【概　况】 2011年，全省个体工商户实有115.37万户，登记资金数额551.82亿元，同比分别增长7.95%、22.24%。全省私营企业(含分支机构，下同)实有户数19.4万户，登记资金数额4523.5亿元，同比分别增长14.18%、29.24%。新开业个体工商户20.88万户，同比下降24.27%；新登记私营企业3.48万户，同比增长3.93%。全省个体私营经济完成税收863.68亿元，占全省财政总收入52.50%。

年底，全省个体工商户从业人员316.16万人，私营企业从业人员315.39万人。个体、私营从业人员分别首次突破300万，超全省在岗职工人数(指国有经济单位、城镇集体经济单位、国有及集体控股的其他经济单位、港澳台商投资及外商投资企业在岗职工人数)。个体私营经济从业人员631.55万人，占全省2400万社会就业人口的1/4。个体私营企业成为群众创业就业主渠道。其中：城镇个体私营企业解决就业334.85万人，同比增长20.15%；农村个体私营企业解决就业296.69万人，同比增长15.69%。2011年，全省有1.52万名下岗失业人员、8147名高校毕业生、524名退伍转业军人、149名残疾人在个体私营企业实现创业就业。

【全省私营资本在新领域投资大幅增加】 截至年底，全省私营企业在新领域增幅高于行业平均增幅。私营企业户数增长率最快前三行业依次为：金融业65.55%，科学研究、技术服务和地质勘查业23.92%，文化、体育和娱乐业23.40%；私营企业资金投向增长率最快前三行业依次为：租赁和商务服务业35.89%，科学研究、技术服务和地质勘查业31.77%，金融业22.76%。鼓励和引导民间投资健康发展政策，为私营资本投向基础产业和基础设施、公用事业、金融服务等新领域拓宽了渠道。

【全省私营资本响应承接产业转移规划】 全年新登记私营企业中制造业户均资金规模达369.64万元，比同期新登记私营企业户均资金规模高出28.83%，同比私营企业制造业户均资金规模高出58.95%；制造业新登记私营企业户数、登记资金总额均排在新增私营企业行业分布第二位。私营企业制造业资金密集度提高，表明民间资本响应全省承接产业转移战略规划，投资者发展实体经济实力壮大。

【全省个私经济产业结构优化】 个体私营经济在以种植养殖为主的第一产业、以服务业为主的第三产业比重呈逐年提高趋势。截至年底，个体工商户户数在第一产业比重由上年的1.51%升至2.07%，在第三产业比重由上年的88.13%升至88.32%；私营企业户数在第一产业比重由上年的5.74%升至5.99%，在第三产业比重由63.41%升至63.97%。省委省政府一系列惠农政策推动农业产业化经营，鄱阳湖生态经济区战略生态立省、绿色发展的基本取向促进资金、技术、人才向农村聚集。

(胡少华)

信息化建设

本栏编辑　罗会忠

综　述

2011年，省工信委围绕全省经济社会发展总体目标，加快推进全省信息化建设，社会各领域信息化应用进一步深化，信息服务领域进一步拓展，信息化助推经济发展能力进一步提升，《江西省国民经济和社会信息化"十二五"规划》编制工作得以完成。

信息网络基础设施建设跃上新台阶。2011年，全省光缆总长度40万千米，移动电话基站4.9万个，其中3G基站1.4万个，移动电话交换机容量超过3800万个。全省电话用户总数3060万户，新增540万户，其中固定电话673.9万户，移动电话2380万户，新增570万户；3G用户250万户，新增165万户；互联网宽带用户313万户，新增57万户，互联网宽带接入端口550万个。全省广播综合人口覆盖率97.06%，电视综合人口覆盖率98.18%。全省11个设区市基本完成有线电视数字化整体转换，全省82.6%的县城网基本实现有线电视数字化整体转换。有线广播电视传输干线总长8.22万千米。继续实施行政村通光纤工程，加快农村通信设施建设，行政村通光纤比例92%，电信公司3G网络实现乡镇全覆盖。

信息化和工业化向纵深融合。省工信委贯彻国家《关于加快信息化与工业化融合的若干意见》，落实扶持两化融合的政策措施，发挥社会各方面积极性，启动全省万家数字企业建设活动，争取国家专项资金支持全省物联网发展应用，大力推动鄱阳湖生态经济区智慧工程建设。

城镇信息化建设稳步推进。积极促进信息化与城镇化融合，全省示范镇信息化建设不断推进，"政务网乡乡通"工程和县乡(镇)两级政务部门网上办公业务协同平台的建设，为城镇信息化建设打下坚实基础。南昌市被列为国家第二批三网融合试点城市。

电子政务工作取得长足进步。政府网站建设发展成绩突出，全省123个省直单位、11个设区市及100个县(市、区)政府全部开通网站，各设区市有行政管理职能的单位也开通了政府网站，全省各级各类政府网站数量已经达到2032个，一个相互链接、上下联动、覆盖全省、惠及城乡的政府网站服务体系基本形成。

电子政务业务应用系统建设步伐加快，全省各级政府部门主要业务系统数字化、网络化程度越来越高，覆盖面越来越广，信息共享和业务协同稳步推进，在提高工作效率、提高决策质量上起到重要作用。基层电子政务建设初见成效，全省1518个乡(镇)全部建立便民服务中心，全省行政审批和电子监察系统建设向乡(镇)便民服务中心延伸。

软件服务产业规模继续壮大。2011年，全省软件服务业实现主营业务收入74.91亿元，同比增长18.19%。其中，软件业务收入50.44亿元，增长23.39%；软件外包服务收入4895.24万元，增长9.24%；软件业务出口2479万美元，增长4.29%；利润总额6亿元，增长24.22%。全省共有软件企业400多家，规模以上软件企业96家，年销售收入超亿元企业18家，超1000万元企业64家，国家规划布局内的重点软件企业3家，全国软件百强企业2家，形成以高等院校信息工程学院、软件学院及软件职业技术学院为主，民间培训机构和社会团体、企业认证培训等为辅的软件及信息技术服务人才培训体系。

电子信息制造业快速增长。全年完成工业增加值213.23亿元，增长38.51%，完成主营业务收入976.75亿元，增长34.16%，完成出口交货值275.25亿元，增长22.52%。半导体照明(LED)产业特色产业链向中下游产品应用纵深发展，手机等通信产品产业规模得到迅速扩张，骨干企业支撑作用越来越突出，特色园区、基地和重点项目建设取得新成绩，承接沿海发达地区的产业转移获得丰硕成果。

信息安全保障能力进一步提高。江西信息安全工作以推进信息安全保障体系建设为目标，加强信息安全政策法规和信息安全人才队伍建设，完善信息安全技术检测工具的信息安全基础设施，开展以政府网站为重点的信息安全检查，全省信息安全保障能力有所提高。继续推进以身份认证及密码技术、电子认证为基础的网络信任体系，推广数字证书在电子政务、电子商务等的应用。截至2011年底，全省有效数字证书持有量达近9.5万张。

无线电管理工作服务水平进一步提高。进一步加快江西无线电管理基础设施和技术设施建设步伐，启动全省无线电台站数据库管理系统、地理信息数据库、监测网四期工程、可搬移站和3G检测设备采购建设工程。积极加强重大活动期间的无线电安全保障，完成第七届全国城市运动会无线电安全保障。

(省工信委编辑室)

信息基础设施

【概　况】 2011 年,江西通信业务总量 250 亿元,增长 17.6%;电信业务收入 200 亿元,增长 13.4%;固定资产投资 58 亿元。

电信基础设施建设加快。2011 年全省重点场所电信基础设施共建共享继续推进,共建基站 373 个,共建杆路 460 线路千米,共建管道 108 千米,共建铁塔 305 个,共享杆路 975 线路千米,节省建设投资 2.1 亿元。全省累计共享杆路 6190 线路千米,节省建设投资约 12.6 亿元。继续实施行政村通光纤工程,加快农村通信设施建设,行政村通光纤比例达 92%,电信公司 3G 网络实现乡镇全覆盖。

通信企业发展势头强劲。江西电信、江西移动、江西联通、江西铁通等通信企业主动作为,密切配合,集中人力物力,开展设备调查、端局割接改造、内网测试等工作,南昌本地固定电话网成功升至 8 位。通信行业累计投入资金 5600 万元,完成 90 个交换设备、94 个业务平台、36 个 IT 系统、3003 个公用电话升位改造。

有线广播电视覆盖面加大。2011 年全省广播综合人口覆盖率 97.06%,电视综合人口覆盖率 98.18%。全省 11 个设区市基本完成有线电视数字化整体转换,全省 82.6% 的县城网基本实现有线电视数字化整体转换。有线广播电视传输干线总长 8.22 万千米,有线广播电视用户 489.7 万户,增加 50.23 户,增幅 11.43%。其中数字电视用户数 219.04 万户,增加 177.63 万户,增幅 428.96%;付费数字电视用户 16.41 万户,增加 4.21 万户,增幅 34.51%。城市有线广播电视用户 128.84 万户,农村有线广播电视用户 360.86 万户。

【全省城镇影院效益增加】 2011 年,全省积极推动电影院线发展,大力实施城镇数字电影院建设改造过程,全年全省城市影院总数达到 60 家,银幕总数达到 205 块,票房收入 1.64 亿元。同比新增影院 38 家,增幅 172.7%,平均每月有 3 家影院开业;新增银幕 134 块,增幅 188.7%;票房收入净增 5500 多万元,增幅 51.2%,全省全年票房过百万影院 19 家。推进农村电影放映工作,全年共放映农村公益电影 27 万多场。

（申甲林）

信息技术应用

【概　况】 2011 年信息技术在政府、企业和社会各个领域广泛应用,在政府管理模式创新、保障和改善民生、农村信息化、数字城市等方面发挥重要作用,推动了区域经济和社会发展。电子政务向乡镇延伸,电子监察、项目信息公开、公共资源交易平台等陆续开通。万家数字企业和企业信息化“百千万工程”全面铺开。社会公共服务信息化务实推进,有力提升了城市建设、交通、环保、教育、民政、社保、医疗等领域社会公共服务信息化水平。

【省政府开通决策支持综合服务系统】 省政府决策支持综合服务系统于 1 月 24 日开通。该系统主要含经济社会发展情况、鄱阳湖生态经济区、民生工程、县域经济、法律法规文件资料、基础地理信息等专栏,涵盖全省国民经济和社会发展主要指标,收录 13 万条法律条文以及 7000 余个省内文件,存有全省基础地理信息数据,通过表格、图形、文字、图片、多媒体等方式展现。

【远程教育网络覆盖所有乡村】 全省农村党员干部现代远程教育网络、全省基层党建工作手机信息系统暨全省“大组工网”网络于 1 月 25 日开通。农村党员干部现代远程教育工作已全面完成 111 个平台和 1.86 万个终端站点建设任务,实现全省乡镇、村远程教育网络全覆盖,创造性同步建设省、市、县三级视频会议系统,可对全省近 2 万个终端站点进行会议直播和开展培训,是江西唯一能直播到村的系统。

【鄱湖云计算中心在南昌启动】 由全球 500 强企业美国甲骨文、戴尔和中国华为共同打造的全球首个开源技术的公有云——中国鄱湖云计算中心,5 月 26 日在南昌高新区国家软件产业基地正式启动运营,标志着江西省“智慧鄱阳湖”工程取得重大突破。作为全球首个开源技术公有云,鄱湖云计算中心具有指源代码开放,易扩展、可编译、用户操作性强等特性,是继微软、IBM 非开源云计算之上的又一次变革。该项目启动运营,将有望形成鄱阳湖生态经济区云计算产业核心集聚区,为江西乃至中部地区提供信息化公共服务平台。

【江西 GPS 基准站网监系统开通运行】 江西省 GPS 基准站网监测系统,由省测绘局和省气象局共同建设,是首次在全省区域统一布网的省级连续运行基准站网络系统,包括 62 个基准站、1 个监测站、1 个控制中心和 2 个数据处理中心。6 月 21 日,系统正式运行开通。该系统既可满足社会各界对定位导航的需求,又能实时动态的进行地理空间信息数据更新采集,对加强地理国(省)情监测,构建“数字江西”地理空间框架起到重要作用。

【养老保险信息系统覆盖全省】 江西“金保工程”养老保险信息系统按照“统一应用软件、省市两级部署”建设模式,经过两年多推进,信息系统覆盖到全省 11 个设区市、100 个县(市、区)建立全省统一的养老保险信息系统和省市两级数据中心。养老保险信息系统全面覆盖,是江西金保工程一期建设取得的重要成果,也为全省发行统一的社会保障卡及开展“金保工程”二期建设奠定坚实基础,大幅提升了养老保险业务经办的信息化水平。

【江西省婚姻登记信息实现全国联网】 江西婚姻登记信息实现全国联网,并与公安部门身份信息互联互通。同时对婚姻登记网络系统进行扩容,省本级接入 100 兆宽带,县级婚姻登记处接入 4 兆以上宽带,乡镇婚姻登记处接入 2 兆以上宽带,基本满足全省 900 多个婚姻登记机关同时在线工作。

【科技业务综合管理系统首次开展省级科技项目网上评审】 省科技厅改变已往科技项目专家组面对面集中开会评审的方式，采用网上评审，第一批科技项目网上评审工作已于2011年5月圆满结束。此次科技项目网上评审是在“江西省科技业务综合管理系统”开通后实行的首次网上双盲评审。评审专家通过网络登录后，在系统自动屏蔽项目申报单位和项目负责人等信息情况下，只根据申报项目的必要性、创新性和技术方案可行性、已具备的研究条件等内容对项目进行评价，评价结果通过网络提交。每个项目专家独立评审，最后由系统自动汇总专家评价意见，提交给项目管理部门作为项目立项依据。首批网上评审项目共690项，包括科技支撑计划、软科学计划、成果推广计划和星火计划。

【义务教育学科课程网络资源启动建设】 为进一步加强教育信息资源建设，均衡配置教育资源，促进全省义务教育均衡发展，省教育厅采购“人教课标版”九年义务教育学科课程网络资源，其中：小学3门学科（语文、数学、英语），初中9门学科（语文、数学、英语、物理、化学、生物、历史、地理、思想品德），确定了全省8个单位、12个拍摄点30余所中小学承担资源建设的任务。

【省市县地名属性数据库全面建立】 江西省、市、县三级地名属性数据库8月全面建立，99个县（市、区）全部建立地名数据库，省本级和11个设区市开通地名网站。以地名网站、电子地图、地名导航屏为载体的地名信息化服务项目相继投入使用，共采集、录入、更新地名信息31万余条，将地名属性数据库应用于互联网，实现地名网上查询功能。

【江西公务员培训网启用】 由省人力资源和社会保障厅主办，省公务员局和省人才流动中心合作开发创建的江西省公务员培训网9月20日在南昌正式启用。江西省公务员培训网是为公务员量身订制的便捷式学习平台，利用多媒体手段提供政治理论、政策法规、公共管理、业务知识、个人修养等课程。网站每月能支撑1万人规模的在线学习，适用于开展大规模培训。

【宜春市获“全国数字城市建设示范市”称号】 5月2日，国家测绘局验收通过“数字宜春”地理空间框架建设项目，宜春市被授予“全国数字城市建设示范市”称号。“数字宜春地理空间框架建设试点”项目是以大比例尺地形图为基础而建设的地理信息公共平台，为政府、企事业单位和公众提供高质量的基于空间位置的应用服务。通过该项目，宜春市搭建了“数字宜春”地理信息公共服务平台，实现测绘成果服务由传统数据提供向在线服务转变，并完成国土城镇地籍管理系统、规划三维可视化城市管理系统、城市监管管理系统、宜春市公众地图服务网站四个典型应用示范项目。

【江西省金审工程二期项目通过验收】 11月10～11日，江西省金审工程二期验收会暨国产化审计管理系统应用示范项目评审会在南昌召开。受国家发展改革委委托，由审计署信息办和审计署计算机技术中心主任王智玉主持，审计署验收委员会对国家发展改革委批复的江西省金审工程二期进行了验收。项目按照金审二期工程规划建设要求，采用国产自主、安全可靠的基础软件和系统软件。在全国各审计机关，江西率先实现基于自主可控操作系统、数据库和中间件产品的国产化审计管理系统推广部署，具有较好示范作用。

【全省网上审批和电子监察系统开通运行】 10月17日，江西开通全省行政权力网上运行暨统一电子监察平台。全省统一电子监察平台由江西省政务服务专网、全省网上审批系统、省重大产业项目绿色通道系统、全省公共资源交易系统等组成，实现政务信息在网上公开、行政审批在网上办理、公共资源在网上交易、财政资金在网上运行。该平台覆盖全省47个省直部门服务中心、228个市（县、区）行政服务中心和公共资源交易中心，用一套软件实现对全省行政权力运行的实时动态监察，用一套视频监察系统实现对全省各地各部门行政服务中心、公共资源交易中心、公共服务大厅和服务窗口的全程视频、音频监察，从而全面实现对全省行政审批、公共资源交易、药品招标采购、财政资金收支、干部人事任免、民生工程监管、司法执法监督等进行数据、音频和视频全方位监察。

【江西第二代数字地形图完成】 江西第二代1:10000数字地形图项目12月8日在南昌通过项目验收委员会验收。该项目历时10年，投入资金1.06亿元，完成覆盖全省16.7万平方千米6197幅第二代1:10000数字地形图的测制与建库，成果形式包括数字线划图、数字正射影像图、数字高程模型。

（申甲林）

电子信息制造业

【概　况】 2011年，江西省电子信息制造业全年完成工业增加值213.23亿元，同比增长38.51%，完成主营业务收入976.75亿元，增长34.16%，完成出口交货值275.25亿元，增长22.52%，实现利税总额84.57亿元，增长0.69%。半导体照明（LED）产业特色产业链向中下游产品应用纵深发展，手机等通信产品产业规模得到迅速扩张，骨干企业支撑作用越来越突出，特色园区、基地和重点项目建设取得新成绩，承接沿海发达地区的产业转移获得丰硕成果。

LED产业发展迅速。在国家大力扶持LED产业发展环境下，全省LED产业快速发展，产业链不断完善和延伸，应用产品带动产业发展的模式逐渐形成。已经形成LED芯片年产能350亿粒、LED器件封装能力超过150亿只、LED背光源5000万块、LED显示屏40万平方米、LED小型灯具（包括各种节能灯、装饰灯）1500万套和LED路灯及隧道灯20万盏生产能力。全年全省半导体照明（LED）产业实现主营业务收入80亿元，增长60%，实现利税10亿元，增长30.22%。

手机等数码产品产能提升。手机产业抓住智能手机换代和3G网络应用普及的契机谋发展，产业规模不断壮大，智能手机终端制造增长强劲。

全年全省手机及通信产业实现主营业务收入180亿元，增长68%，实现利税5.9亿元，增长72%。手机整机累计生产3237.36万部，增长111.13%，列全国同行业第七位，中部地区第一。数字视听企业22家，全年实现主营业务收入100亿元，增长30%。其中液晶电视整机生产企业2家，全年生产液晶电视机103.52万部，增长53.04%。

【吉泰工业走廊产业基地集群效益显现】 吉泰工业走廊电子信息产业基地建设取得显著成效，全年实现主营业务收入208亿元，增长58%，实现利税18亿元，增长60%。基地形成红板电子、盛泰通讯、友利电电子、博硕科技、协迅电子等一批年主营业务收入超10亿元的重点企业。信丰省级电子信息产业基地经过一年多的发展，基地规模不断壮大，产业集聚效益初步显现。全年实现主营业务收入20亿元，增长27.3%，实现利税0.6亿元，增长7.9%。以高飞数码、福昌发电子、可立克电子等骨干企业为龙头，超淦科技、嘉辉科技、深华国科技、迅捷兴科技等一批投资数额较大、产业集中度高的企业入驻基地。

【硅衬底原创技术产业化进程进一步加快】 2011年，江西省硅衬底原创技术产业化主体——晶能光电（江西）有限公司，凭借着原创技术优势和规模化的成本优势，在国内LED芯片产品价格平均降幅25%的影响下，仍然保持快速发展良好势头，新增的9条生产线已全部投入生产，已拥有23条生产线，LED芯片产能达到230亿粒，增长64.3%。公司继续加大大尺寸硅衬底外延片的投入，新建6条生产线，进一步提升产能，同时积极垂直整合产业链上下游，新增5亿元资金投入LED应用产品发展，力争在2012年，成为国内较大的外延材料及芯片制造企业之一。

【吉安木林森电子科技有限公司产能上新台阶】 全省最大器件封装企业——吉安木林森电子通过加大技术改造，产能再上新台阶，从2010年的年产50亿粒发光二极管提升到2011年的60亿粒。全年实现主营业务收入增长89.49%，实现利税2326万元，增长179.9%。

【江西晶和照明有限公司灯具生产水平列世界前列】 晶和照明是由金沙江创投基金投资的专业生产LED照明应用产品的绿色照明企业，也是江西省最大的LED路灯和装饰灯生产企业。在使用平均光效为125.5lm/W的芯片情况下，经国家电光源检测中心检测：晶和照明LLRA120大功率LED路灯的成功开发，表明江西省自主研发的LED路灯、隧道灯具技术已经走在世界同行前列。公司已形成年产20万盏LED路灯及隧道灯的生产能力。

【高飞数码科技有限公司大力扩建液晶电视生产线】 高飞数码是数字视听产业骨干企业，主导产品为液晶电视机，近年来取得良好发展。2011年生产液晶电视机93.34万台，增长1.52倍，主营业务收入增长55%。公司拥有两条26寸至46寸液晶电视产品全自动化生产线、一条15～22寸液晶电视半自动化生产线。该公司计划投资10亿元新增3条液晶显示屏生产线，将液晶显示屏生产力提升至每年80万片。

【江西特康一项目获发展基金资助】 2011年，江西特康科技有限公司的“基于基层医疗机构的系列血液和生化常规检验产品的产业化”项目获得400万元国家电子信息产业发展基金资助。

（省工信委编辑室）

电子信息和软件服务业

【概　况】 2011年，江西省全面贯彻落实省委、省政府关于深入推进江西省十大战略性新兴产业发展的重大决策，推进软件服务业重大项目实施，全省软件服务业产业规模继续壮大，发展质量明显提高。2011年，全省软件服务业实现主营业务收入74.91亿元，同比增长18.19%。其中，软件业务收入50.44亿元，增长23.39%；软件外包服务收入4895.24万元，增长9.24%；软件业务出口2479万美元，增长4.29%；利润总额6亿元，增长24.22%。全省软件服务业研发经费5.34亿元，增长113.6%；软件著作权数509件，增长65.8%。

软件企业增多。2011年，全省共有软件企业400多家，规模以上软件企业96家，年销售收入超亿元企业18家，超1000万元企业64家，国家规划布局内的重点软件企业3家，全国软件百强企业2家，有46家企业获得工信部计算机信息系统集成资质，其中有5家企业获一级资质，通过CMM、CMMI认证企业6家，在香港创业板上市2家，思创、先锋、泰豪3家公司连续多年跻身全国百强行列。全省全年新认定软件企业26家、登记软件产品104项，对103家软件企业进行年审，办理25项软件产品延续登记。全省累计认定软件企业202家，登记软件产品564项，退税/减免累计金额1.54亿元。

产业集群效益提升。以行业应用软件、系统集成为主导，培育形成一批能够承担国家863计划、国家火炬计划、国家“核高基”重大专项，能够发挥一定示范带动作用的优秀企业。以南昌市为中心，以金庐软件园、浙大科技园、南大科技园等园区为支撑，集聚全省90%以上的软件企业，在国内外已具备较大影响和一定的竞争优势。特别是南昌高新区在2008年被商务部、信息产业部和科技部联合认定为“中国服务外包示范区”，南昌市在2009年被国务院批准为中国服务外包示范城市，对软件服务业集聚发展起到很大推动作用。

加强软件人才培养。形成以高等院校信息工程学院、软件学院及软件职业技术学院为主，民间培训机构和社会团体、企业认证培训等为辅的软件及信息技术服务人才培训体系。全省共有相关教育培训机构37家，其中省级软件学院7所、国家示范性软件职业技术学院1所、信息工程和管理学院20所，拥有3个国家级计算机类特色专业，每年培养软件和信息服务相关专业大学毕业生5万名，为企业发展提供了大量人才。

软件产业助推全省社会经济发展。省软件产业技术创新联盟获资金支持的“基于物联网的鄱阳湖生态经济区环境监测数字综合平台研究与应用”项目在多部门联合推动、督促和指导下，得到顺利实施，该项目的研究开发对鄱阳湖生态经济区建设具有重要意义。江西金庐软件园等5个园区通过省直有关部门组织的首次省级服务外包示范园区评审工作，成为江西省首批省级服务外包示范园区。服务外包示范园区的认定，对推动江西省软件服务外包等服务外包业务具有重大推动作用，服务外包发展后劲明显增强。

【南昌市政府对先锋软件给予软件服务业基金扶持】 先锋软件2009年获得国家规划布局内重点软件企业认定后，连续7年被评为中国软件100强企业。作为江西省软件行业的典范，政府和社会各界给予肯定和支持。

根据《南昌市人民政府印发关于进一步加快现代服务业发展若干意见的通知》，2011年7月，先锋软件获得南昌市服务业发展引导资金扶持。

（省工信委编辑室）

电子政务

【概　况】 2011年，在国家信息化发展战略和江西省国民经济和社会发展“十二五”发展规划指导下，全省电子政务工作取得长足进步。全省各级政府部门的主要业务系统数字化、网络化程度越来越高，覆盖面越来越广。一系列重大工程如期实施，如省市县三级视频会议、公文电子传输、政府信息报送、机关机要密码通信、财政国库支付、党员远程教育、地税业务、司法业务，以及全省重大产业项目网上“绿色通道”“金财”“金土”“金质”“金水”“金审”“金保”等一系列横向和纵向系统，在提高工作效率、提高决策质量上起到重要作用。

信息共享和业务协同稳步推进。已初步建成基础地理信息数据库、人口信息库、劳动力市场信息数据库、税收数据库、帮教安置数据库、医药（器械）生产经营企业信息库、旅游文化资源库、林业数据库、土地利用规划数据库、矿产资源储量数据库、地质灾害调查与区划数据库和省级评标专家库等。省电子政务公共数据统一交换平台按照分级部署、分级管理和各级联动的要求，已完成省级交换中心和44个省直部门、11个设区市市级中心和80多个县（区）前置交换服务器的部署，初步实现各级政务部门、各类政务信息化应用系统在统一的物理数据交换平台上进行数据交换。平台承载了国家法律法规数据库、宏观经济数据库、省委省政府公文数据库、企业基础信息数据库、社会信用联合征信数据库、政府信息公开数据库和高级人才信息数据库等一批基础数据库，实现省网上审批和电子监察、省企业信用联合征信系统、省企业基础信息交换系统、省政府决策支持综合服务系统、省社会综治信息系统等跨部门、跨地域、多业务、异构系统、异构数据库的信息交换与共享。可交换共享的信息项有100多项，已交换共享的信息量180G。

基层电子政务建设初见成效。依托乡（镇）统一电子网络平台，推行网上政务公开，方便基层群众查阅信息，全省1518个乡（镇）全部建立便民服务中心，全省行政审批和电子监察系统建设向乡（镇）便民服务中心延伸，将乡（镇）事业站所具有审批权以及与群众生活密切相关的服务项目，统一纳入乡（镇）便民服务中心办理，统一进行电子监察。依托乡（镇）公共资源交易站，建设公共资源交易系统。截至年底，全省已有92%的乡镇建立乡（镇）公共资源交易站，助推农村集体资产、资源交易公开。

政府网站建设发展成绩突出。全省123个省直单位、11个设区市及100个县（市、区）政府全部开通了网站，各设区市有行政管理职能的单位也开通政府网站，全省各级各类政府网站数量已经达到2032个，一个相互链接、上下联动、覆盖全省、惠及城乡的政府网站服务体系基本形成。2011年，省政府门户网站在全国省级政府门户网站绩效评估中排名第18位，南昌市政府门户网站列省会城市政府网站绩效评估第9名，其余10个设区市均进入全国地市级政府网站百强行列。2011年，全省政府系统通过网站主动公开政务信息304.57万条，依申请公开政务信息4.37万条；网站办事指南查阅量3363.79万人次，表格下载量807.03万人次，网上咨询量233.55万人次，网上申请量266.83万人次，结果反馈量264.67万人次，网上办事度平均为68%。全省政府网站公众参与量1136.72万条，参与答复量75.82万条。2011年，全省政府部门依托本部门（单位）网站开展“在线访谈”183期，其中省直部门（单位）开展“在线访谈”90期，厅级领导参与访谈的有61期，占68%。全省“在线访谈”现场答复网民提问6700余个，在线参与网民70余万人次，访问量突破730余万人次。全省政府网站已经成为信息公开的“黄金平台”和为民办事的“绿色通道”。

电子监察系统建设全国领先。推进统一的网上审批和电子监察系统建设，通过建设省、市、县行政服务中心和乡镇便民服务中心，实现行政服务事项集中在行政服务中心办理。开发出统一的网上审批和电子监察系统软件，供省、市、县行政服务中心使用，并逐步向乡镇延伸。建立涵盖全省各级政府各部门所有审批事项的行政审批系统及所有处罚事项的行政处罚系统，建立具有实施监察、预警纠错、绩效评估、信息服务等功能于一体的电子监察系统。

【电子政务规章制度日益完善】 11月9日，《江西省政府网站管理办法》（以下简称《办法》）正式出台。出台《江西省政府网站管理办法》，体现整合资源、集约建设、多元发展、差别对待、注重实效原则，在管理体制和手段上进行尝试和创新。办法的出台对实现全省政府网站建设和管理工作规范化、制度化、常态化意义深远。11月1日，出台《江西省级电子政务和电子监察项目经费管理使用暂行办法》，弥补电子政务管理手段上的缺失，为提高省电子政务和电子监察项目的建设管理水平及省财政资金的使用效益提供保证。

（省工信委编辑室）

无线电管理

【概　况】 2011年，全省无线电管理工作有序进行，其中主要业绩有：进一步提高无线电管理水平，服务经济社会发展、服务国防建设、服务党政机关；加强无线电频率台站管理工作，对全省 WIFI、CMMB 、MUDS 台站及手机干扰器进行全面清理整治；开展铁路无线电专用频率保护工作，完成铁路 GSM - R 系统和 800MHz 列车安全预警系统电磁环境测试和清频工作；配合公安、广电、教育、电信等部门，打击利用无线电设备进行手机诈骗、卫星干扰，考试作弊等违法活动；做好重大活动期间的无线电安全保障，完成第七届全国城市运动会无线电安全保障；进一步加快全省无线电管理基础设施和技术设施建设步伐，启动全省无线电台站数据库管理系统、地理信息数据库、监测网四期工程、可搬移站和 3G 检测设备采购建设工程；配合军队做好预备役电磁频谱管理部队的管理工作，完成无线电管理机构预备役人员“三学一练”集训和频谱数据库建设任务；完成《江西省无线电管理“十二五”规划》编制工作。

截至 2011 年底，全省共拥有各类无线电台站总数 2112 万多台部。其中，公众移动电话 2047 万部，无线市话（小灵通）54 万部，广播电视台 377 座，数传电台 670 部，短波电台 62 部，超短波电台 1.67 万部，船舶电台 50 部，蜂窝无线电通信基站 3.82 万个，PHS 基站 1.16 万个，卫星地球站 62 座，微波站 213 座。

【科学配置无线电频率】 重点保障重要业务部门用频需求，及时为民航部门指配 1.8GHz 无线接入频率，确保昌北机场新航站楼安全启用。加强铁路系统无线电台站管理，2011 年，共核查铁路无线电台 6287 部，其中车载电台 89 部，固定电台 228 部，移动电台 5970 部。加强无线电新业务管理，对符合国家政策业务大力支持，对不符合规定业务限期责令整改，正确引导全省无线电业务健康发展。积极发展业余无线电业务，引导业余无线电爱好者规范使用，全省业余无线电台注册率显著提高。

【创建良好的无线电行政执法环境】 根据省无线电办公室《关于进一步加强移动通信干扰器管理的通知》，各级无线电管理机构迅速行动，通过整治，全省共关闭手机干扰器 1979 部，为公众移动通信营造较好电磁环境。严厉查处手机诈骗案件，保障群众财产安全。1 月 18 日，赣州市无线电管理局侦破一起重大电信诈骗团伙案件，现场抓获嫌疑人 10 名，缴获各类设备价值近 300 多万元。3 月 7 日，景德镇市无线电管理局查获一起手机诈骗案件窝点，现场缴获作案手机 100 余台。3 月 22 日，萍乡市查处一起手机诈骗案，缴获手机 202 台。8 月 5 日，新余市无线电管理局成功捣毁两处短信诈骗窝点，查获手机 277 部、电脑主机 7 台、电脑显示器 6 台、电话卡 600 余张、银行卡、假身份证、无线上网卡等一批作案工具；开展长江水上无线电台站整治核查。九江市无线电管理局联合长江水上通信管理部门，为长江九江段、鄱阳湖等水域内船舶电台站办理设台站手续，水上无线核发电台执照，同时严厉查处违规设台站行为，维护水上无线电通信秩序。共核查水上电台站 1500 台部，有效整治无线电通信安全。

【加强无线电监测】 全省各级无线电管理机构在主要节假日和重要会议期间，启动 24 小时监测值班制度，对重要频率、重要业务和重要地域实施全天候监测。其次完成铁路 GSM - R 系统和 800MHz 列车安全预警系统电磁环境测试和清频工作。全年全省共出动移动监测车 11 辆，监测设备 44 部，监测人员 321 人次，行程 5460 多千米，完成省境内京九、沪昆、武九、铜九、皖赣、分文、向乐、吉井、赣龙、峰福十条主要铁路沿线、车站和编组站的电磁环境测试。向南昌铁路局提供 11 份上述频率电磁环境测试报告。再次排除民航导航干扰，2011 年，全省排除民航干扰 10 余起，为民航系统进行电磁环境测试 20 余次，检测无线电台站近 200 余台部，4 月，九江市无线电管理局排除空军某部甚高频电台受到干扰案件一起。

【完成第七届全国城运会无线电安全保障工作】 “七城会”期间，省无线电办公室起草并以“七城会”组委会名义报请省政府批准发布《关于第七届城市运动会开闭幕式期间实施局部无线电管制的通告》，对开、闭幕式场馆附近设台单位逐一发放书面通告，关闭大专院校调频广播电台 6 座，协调宜春电信关闭与南昌地区交界的高安、丰城两市所有的 450MHz 农村无线接入系统基站 40 个。开、闭幕期间，及时排查违规带入主场馆内无线电发射设备 37 台，将无线电干扰隐患消除在事前，实现无线电安全保障“零失误、零差错、零投诉”工作目标。七城会期间全省共批准频率使用机构 47 个，指配频率 1000 个，检测设备 1.24 万部。

（省工信委编辑室）

信息安全

【概　况】 2011 年，江西省信息安全工作以推进信息安全保障体系建设为目标，加强信息安全政策法规和信息安全人才队伍建设，完善以信息安全技术检测工具为主的信息安全基础设施，开展以政府网站为重点的信息安全检查，全省信息安全保障能力有所提高，全年没有发生重大信息安全事件。但通过检查也发现全省信息安全形势仍然较严峻，主要表现在：信息安全产业支撑和技术支撑能力不强，信息安全技术防护能力薄弱、管理不完善、人才匮乏、应急响应能力不足，政府信息系统还存在中高危漏洞，工业控制系统信息安全问题凸显，需引起高度重视。

信息安全基础设施建设。江西省工业和信息化委员会拿出专项资金启动全省信息安全基础设施建设，在反复比较和专家论证基础上购置一批信息安全专业技术检测工具，初步搭建全省信息安全攻防实验室，全省信息安全技术检测和支撑能力有所提高。

信息安全人才队伍建设。省工业和信息化委员会等继续组织开展针对省政府组成部门、直属机构及各设区市信息安全主管部门的信息安全管理人员专业培训，通过培训，提高各单位信息安全管理人员的业务能力和保障能力。

网络信任体系建设。继续推进以身份认证及密码技术、电子认证为基础的网络信任体系，推广数字证书在电子政务、电子商务等的应用。截至

2011年底,全省有效数字证书持有量近9.5万张。

【开展政府信息系统安全检查】 9月6日,省工业和信息化委员会在各级政府部门及部分重要行业组织开展以自查为主的政府信息系统安全检查,下发了安全检查指南。在各单位自查基础上,组织专业技术机构对部分关系国计民生的重要政府信息系统进行以技术检测为主的安全抽查,通过检查查找信息安全隐患和漏洞,提出相应整改建议,并督促有关单位进行整改,以消除安全隐患,提高政府信息系统安全保障能力和为民服务能力。2011年江西省没有发生重大信息安全事件,但也出现多起政府网站被篡改及被黑的信息安全事件,在社会上造成一定影响。

【开展政府网站安全测评】 1月25日,省工业和信息化委员会组织开展全省政府网站绩效评估安全测评工作,制定2011年度政府网站安全测评标准和指标体系,设定指标权重和具体分值。组织专业测评机构对全省各级政府网站进行以技术测评为主的安全测评,对各级政府网站安全状况进行评估。测评发现江西省各级政府网站安全整体水平有所提升,但部分政府网站还存在SQL注入、跨站脚本、明文传输等中高危漏洞,网站日常管理方面也还存在漏洞。

【2011年"江西省信息安全高峰论坛"举行】 4月13日,由江西省计算机用户协会、江西省信息中心主办的"2011年江西省信息安全高峰论坛"在南昌举行。国家信息中心网络安全部、江西省信息中心以及江西省各级政府机关信息中心、行政服务中心领导,大中型企业及院校信息安全管理人员等近180人出席会议,共同研讨目前信息安全领域最新技术水平及应用现状。本次论坛旨在进一步提高江西省各级政府及企事业单位信息安全技术水平,帮助用户单位掌握了解最新信息安全技术应用状况,促进江西省政务系统信息安全建设。近年来,随着信息化快速发展以及信息技术应用的深化,信息安全问题变得越来越重要,特别在电子政务领域,信息安全已成为事关国家安全战略问题。与会嘉宾总结各自在信息安全实践过程中的成功经验并交流探讨信息安全面临的问题和挑战。

(省工信委编辑室)

邮　政

【概　况】 2011年是江西邮政实现3年发展战略起步之年。

全省邮政实现业务总收入40.5亿元,同比增长28.6%,超出"十一五"年均增幅14个百分点,增长绝对值10亿元,较上年翻番,增长绝对值和增长速度双双刷新江西邮政的历史纪录,全省邮政经济进入一个快速增长时期。实现企业发展方式转变,促进有效收入15亿元,占总收入67%,增长25.9%,高于业务收入增幅7.2个百分点,高于成本支出增幅8.2个百分点,收入质量和发展效益明显提升。

企业管理创新,运行质量提升。创新企业管理举措,加大对资金、成本、人力和网络等资源的集中管控力度,财务核心管控能力增强,在全国率先将损益核算精细到营销策划项目,对224个营销策划项目进行损益核算,95%以上项目超额完成预算目标。继续推进降本增效工作,加大资产盘活力度,开展各类审计471项。人力资源优化配置提升,实施省直单位机构改革,精简内设机构和管理人员,实现岗位匹配,提升整体组织效能。对全省1686个营业网点,1825条农村投递邮路,940个报刊亭依法明确委代办及外包的管理方式,网运流程优化效果显现。开展以南昌为区域集散中心的集装箱运邮试点工作,完成南昌邮区中心信函分拣机改造项目,信函机械化、自动化处理水平大幅提高。

邮改基础设施提升,服务改善。全年新增投资1亿元,邮政服务实现五化。服务网络便民化:装修改造24个邮政营业网点,邮政营业旗舰店、精品店、标准店已基本建成;完成邮储网点改造400余个,新增ATM机160台;建设5043家邮政便民服务站。邮政金融信息化:先后完成邮政储蓄手机银行系统上线等工程。传统邮政电子化:将电子商务平台建设作为传统邮政业务升级改造重点,联通全省便民服务站,开发"自邮一族"信息系统等。名址信息专业化:建设海量名址数据库,名址数据保有量2479万条;数据质量居全国前列,基础地址库数据准确率98.4%,规范率99.1%;组织机构库数据准确率94.3%。企业管理现代化:建成省、市、县、网点四级视频会议系统,省市视频会议和远程培训履盖到900多个基层网点;对11个市局实行财务管理远程报账;利用OA系统实现省、市、县之间无纸化办公,办公用品支出下降17.8%。

【省邮政公司获"全国企业文化建设示范基地"称号】 江西省邮政公司获"全国企业文化建设示范基地"称号授牌仪式8月5日在南昌举行。授牌仪式上,中国企业文化促进会常务副会长郭丽伶宣布授牌决定,省邮政公司总经理罗桂林接收荣誉证书。中国企业文化促进会会长张光照、省总工会副主席吴海平共同揭牌。

【国内外媒体广泛报道乡邮员罗细英先进事迹】 7月29日,人民日报、新华社、中央人民广播电台、中央电视台、江西人民广播电台等10多家中央和省、市级主流媒体对铅山县邮政局陈坊乡邮政代办点乡邮员罗细英事迹进行集中报道。中国共产党新闻网、中国经济网、环球网、中青网、千华网、腾讯网、新浪网、雅虎网等媒体也对罗细英的事迹进行转载。英国《每日电讯报》网站在题为《中国"超级女邮递员"让英国同行汗颜》的报道中称,"在过去15年里的每一天,不管天气怎么样,一名中国女邮递员总是会踏上让她的英国同行退缩和汗颜的征程"。美联社同时转发了罗细英肩扛自行车、淌水送邮件的图片。15年来,罗细英共投递党报党刊、各类邮件76多万份,为畲民、山民捎带日用等物品3万多人次,深受畲民、山民的好评。2007年以来,罗细英被授予上饶市邮政"劳动模范"、江西邮政"十佳投递员"、全国邮政系统"先进个人"和全国五一劳动奖章等称号和荣誉。

【直邮高峰论坛在南昌召开】 "服务中小企业,促进鄱阳湖生态经济区建设"直邮高峰论坛于4月22日在南昌召开。论坛由江西省中小企业局、省邮政公司联合主办,省中小企业协会、江西省直邮协会联合承办。来自全省近200家直邮协会会员单位、中小企业代表参加此次论坛。环鄱阳湖地区中小企业达上万家。举办此次高峰论坛活动,旨在传播媒体新理念、宣传媒体新方法,搭建直邮产业链发展平台,培育江西省直邮媒体发展土壤,为全省中小企业经营发展、市场开拓、客户锁定、实现销售等提供优质直邮媒体服务,进一步促进鄱阳湖生态经济区建设。

【《新华社建社80周年》纪念邮票首发式隆重举行】 11月7日,在中央革命根据地创建暨中华苏维埃共和国成立80周年和新华社建社80周年之际,《新华社建社80周年》纪念邮票首发式在瑞金叶坪“一苏大”旧址举行。《新华社建社80周年》纪念邮票一套4枚,分别为《红色电波》《抗战号角》《解放战鼓》《走向世界》。纪念邮票高度浓缩新华社80年光辉历程,具有重要历史纪念意义和珍藏价值。图案分别以红色中华通讯社旧址、延安清凉山新华社编辑部旧址、西柏坡新华社旧址、北京新华社新闻大厦为主图,配上不同时期新华社创办的报刊和播发的新闻稿件为底图。为配合此次邮票首发式活动,江西省集邮公司和赣州市集邮公司制作了《红色中华》《开国大典》《美丽家园》《新华社80年邮折》《新华社80年纪念封》等邮品。

(叶金平)

通　信

【概　况】 2011年,全省电话用户总数2996.0万户,同比新增475.1万户。其中,固定电话用户数673.9万户,减少35.7万户,移动电话用户2322.1万户,新增510.8万户,其中3G用户249.4万户。互联网宽带用户313.0万户,新增59.6万户。电信业务总量251.2亿元,增长18.2%,电信业务收入202.5亿元,增长14.8%。光缆总长度新增4.6万千米,达到41万千米。移动电话交换机容量新增48万户,达到3811万户。移动电话基站数新增4934个,达到4.89万个,其中3G基站数1.42万个,新增4586个;互联网宽带接入端口新增203.9万个,达到562.0万个。

网络与信息安全。9月,省网络与信息安全事件应急指挥部办公室评选确定首批江西省网络与信息安全事件应急支撑单位和专家组成员,网络安全保障机制进一步健全。按照省委、省政府要求,省通信管理局共配合开展20起重大信息安全事件专项处置工作。配合省直单位开展查处网上低俗信息、整治非法网络公关行为、查处网上非法出版物和打击发票违法犯罪、整治网上非法地理信息等多个专项行动,取得显著成效。按照省网络与信息安全事件应急预案要求,通报涉及政府部门、银行、电力、教育等多个行业206家重要单位的网络安全事件,并处置公共互联网网络安全事件23起。开展空壳网站集中注销专项工作,共注销空壳网站并删除虚假网站备案信息4.9万个。

【制定鄱阳湖生态经济区通信业“十二五”发展规划】 2011年6月,省通信管理局制定《鄱阳湖生态经济区通信业“十二五”发展规划》,着重实施八项工程,包括光网工程、宽带普及和提升工程、3G移动网络覆盖工程、智慧城市工程、信息惠农工程、通信设施共建共享工程、通信保障与网络信息安全工程和通信服务优化工程。

【南昌固定电话号码升至八位】 8月28日零时起,南昌市及所辖县固定电话(含小灵通)号码从7位升到8位,升位采取冠首法,在原固定电话号码前加“8”。此次升位工作共组织近千名专家、技术人员和客户服务人员,投入5600余万元,完成90个交换设备、94个业务平台、36个IT系统、3003个公用电话升位改造。正式升位后,通信网络各设备、系统、平台运行正常,用户接通率与升位前水平相当,升位工作平稳完成,提升了南昌信息通信发展水平和城市形象。

【完成第七届全国城市运动会通信保障工作】 10月16~25日,第七届全国城市运动会在南昌举行,省通信管理局组织各通信运营企业加强协作,投入3000多万元,打造“数字城运”,确保赛会期间信息通信网络畅通、服务优质高效。各通信运营企业进一步完善应急通信保障体系和应急预案,加快建设和完善重点区域、重要场所的通信设施,重点对主要大型场馆江西奥林匹克体育中心、南昌市国际体育中心以及运动员村周边基站和室内覆盖状况进行网络测试和优化,保证赛场、会场、展馆和其他重要活动场所的通信畅通,完成第七届全国城市运动会通信保障工作。

(黄卫华)

互 联 网

【概　况】 2011年,全省固定互联网宽带用户313.0万户,同比新增59.6万户;移动互联网用户1312.4万户,

2011年8月28日,南昌固定电话升8位

新增225.3万户。3G网络规模持续扩大,3G用户数249.4万户,新增175.7万户,促进了移动上网进一步普及。全省互联网宽带接入端口新增203.9万个,达到562.0万个。

净化网络环境 。省通信管理局组织通信行业配合相关职能部门开展网上扫黄打非、不良信息删除、非法网站查处工作以及创建"文明网站"、整治非法网络公关行为、整治药品安全、整治虚假违法广告、查处取缔无证无照经营、打击非法"网络共享"网站及设备产品、地理信息市场整治等多个专项行动。

开展空壳网站集中注销专项工作。按照国家工业和信息化部的统一部署,省通信管理局组织通信行业开展空壳网站集中注销专项工作,对缺乏网站接入服务商信息或网站信息的备案数据进行集中清理,共注销空壳网站并删除虚假网站备案信息4.9万个。

【健全网络安全保障工作机制】 省网络与信息安全事件应急指挥部办公室评选确定首批江西省网络与信息安全事件应急支撑单位和专家组成员,网络安全保障机制进一步健全。按照《江西省网络与信息安全事件应急预案》要求,省通信管理局组织实施了网络与信息安全事件应急处置工作。全年通报网络安全事件涉及政府以及银行、电力、教育等多个行业206家重要单位、384个IP地址,处置公共互联网网络安全事件23起。开展省内增值电信运营企业网络信息安全专项审查,累计完成12家增值电信企业定级工作。

【开展整治手机淫秽色情专项行动】 全年共关闭未备案网站、虚假备案网站、内容低俗网站3270个,封堵淫秽色情网站6000多个;清退无证经营服务器近400台,查封IP地址1200余个。省通信管理局被全国"扫黄打非"办评为"打击互联网和手机媒体传播淫秽色情信息专项行动有功集体"。

2011年11月25日,江西省网络与信息安全事件应急指挥部部办公室向应急支撑专家颁发聘书

【组织从业单位签署《抵制非法网络公关行为自律公约》】 6月10日,省通信管理局组织省内基础通信运营企业、互联网接入服务企业和大型网站共计40余家互联网从业单位联合签署《抵制非法网络公关行为自律公约》,共同抵制非法网络公关行为,营造文明诚信的网络环境,规范互联网市场经营行为和信息传播秩序。自律公约主要内容包括坚持文明办网,自觉维护互联网行业形象和声誉,努力营造安全可信的网络环境;严格遵守国家法律法规,坚决抵制任何形式的非法网络公关行为;引导网民理性思考、文明发言、有序参与网上活动。

【编制江西通信业"十二五"发展规划】 省通信管理局依据部、省"十二五"相关规划,组织全省通信行业围绕江西经济社会发展开展《江西通信业"十二五"发展规划》编制工作。"十二五"期间,江西通信业将实施七项重点工程,分别是光纤宽带网络建设工程、第三代移动通信网络建设工程、通信传输骨干网建设工程、下一代互联网工程、以物联网应用为核心的智慧鄱阳湖工程、信息下乡工程、网络信息安全管理工程。光纤宽带网络建设工程:利用EPON、GPON等实用技术,根据不同区域特点探索发展多种模式的光纤宽带接入,加速接入网络的"光进铜退"进程,提高城乡光纤宽带网络普及水平和接入能力。到2015年,城市基本实现光纤到楼并逐步推进光纤入户,用户接入能力平均达到20M以上;农村实现光纤到行政村,用户接入能力平均达到4M以上。下一代互联网工程:推动互联网向下一代互联网平滑过渡和IPv6终端应用普及。"十二五"期间,首先在重点城市以及部分行业率先部署IPv6商用网络。"十二五"期末,全省初步建成以IPv6为核心的下一代互联网。智慧鄱阳湖工程:加大在鄱阳湖生态经济区投入,以3G、宽带网络为基础,以物联网、云计算等平台为依托,推广基础设施、环保监测、公共安全、医疗卫生等重点领域的智能化应用,助力鄱阳湖生态经济区构建生态环保、交通运输、低碳产业、社会运行四大智能化体系,辐射带动11个设区市和共青城,着力把鄱阳湖生态经济区打造成一个信息化设施完善、信息化应用普及的智慧型经济区。

(黄卫华)

园区经济

本栏编辑　苗建林

综　述

2011年，全省工业园区牢牢咬住工业3年强攻目标，围绕提升园区集约化、经济生态化、服务社会化“三个水平”，努力克服宏观政策紧缩、电力紧张、原材料价格上涨等带来的不利因素影响，抢抓机遇，克难而进，在做大总量中提升质量，工业园区经济继续保持平稳较快增长的良好态势，为全面完成“十二五”发展目标奠定坚实基础。

*经济总量攀新高，成为全省经济增长的重要平台。*2011年，全省工业园区实现主营业务收入突破万亿元，达1.32万亿元，同比增长40.4%；完成工业增加值3003.4亿元，增长19.6%，占全省工业GDP53.5%，提高0.9个百分点，对全省工业GDP增长贡献率为58.7%。其中：高新技术产业完成工业增加值939.6亿元，增长28.3%。主营业务收入过100亿元园区新增12个，达46个，占全省园区总数48.93%，完成主营业务收入1.06万亿元，占全省园区总量4/5。南昌等6个设区市工业园区主营业务收入超过1000亿元，全省过200亿元园区达19个，南昌高新区达804亿元；新余高新区、南昌经开区超过500亿元。

*效益稳步提升，成为全省财政增收的重要渠道。*2011年，全省工业园区入园企业达1.27万家，实现利税总额1.33万亿元，增长42.4%。其中实现利润836.6亿元，增长47.4%；上缴税金490.3亿元，增长34.6%，占全省税收总额34.5%，同比提高1.9个百分点，年均增长58.2%。上缴税金过亿元园区80个，增加6个，其中过10亿元园区11个。全省工业园区全年实现出口交货值1249.3亿元，增长39.1%，占全省出口总额90.6%。出口创汇1亿美元以上园区达到46个，其中4个园区超过10亿美元。

*投入快速增长，成为全省工业发展的重要阵地。*2011年，全省园区合同引进资金3973.4亿元，其中引进1亿元以上项目资金2948亿元；招商实际到位资金2322亿元，增长17.7%，其中招商实际到位资金亿元以上项目514个，到位资金1378.8亿元，占全部到位资金59.4%。新开工、投产亿元以上重大项目899个，总投资3439.3亿元，分别增长3%和18%。投资5亿元以上项目191个，投资总额2243亿元，占重大项目总投资65.2%；全省园区实际开发面积525平方千米，增长4.7%；完成基础设施投入378.5亿元，增长17.9%；固定资产投资2611亿元，增长11%，占全省工业固定资产投资总额50.7%。全省园区每亩投资强度为110.8万元，提高35.1万元；其中13个国家级开发区（含高新区、出口加工区）207.3万元，高出全省平均水平96.5万元。

*产业集群取得新进展，成为经济转型和结构调整的重要载体。*全省制定出台《关于在全省工业园区推进产业集群促进集约发展的指导意见》，优选20个园区作为省级产业集群试点，支持编制产业集群规划。利用省级产业集群发展专项资金，集中支持23个特色产业集群发展。引导园区将所获专项资金设为风险保证金，按10倍放大比例提供担保贷款，支持集群中龙头和配套企业做强做大。为永新等16个园区的200余户企业提供担保贷款4.15亿元；围绕产业集群缺失环节，组织开展百个园区服务对接、百家企业合作对接为主的“双百对接”活动，举办“泛珠三角区域产业转移合作与园区对接磋商会”，引进重大项目214个，签约资金358.9亿元。南昌半导体照明及软件、赣州钨和稀土、鹰潭铜加工、九江有机硅、宜春锂电、吉安电子、抚州生物医药、新余和上饶新能源、萍乡和景德镇陶瓷等各具特色的产业正在加速集群，成为园区壮大规模、提升集约化水平的重要推动力。

*生态创建纵深推进，成为建设绿色生态江西的重要窗口。*坚持地下减污、地上绿化相结合，着力环境保护与循环经济相促进，大力实施园区污水处理厂建设、绿化提升、生态化改造三大工程。全省94个工业园区中，有78个园区编制生态工业园区建设规划，63个园区列入省级生态工业园区创建试点，其中20个园区通过省级考核验收，经省政府批准命名为省级生态工业园区，2个园区列入国家生态工业示范园区建设范畴；会同省直有关部门，将32个工业园区污水处理设施建设项目列入2011年全省统一开工建设污水处理设施建设规划，16个污水处理厂已经进入开工建设实施阶段；依托科技力量，在鄱阳湖生态经济区范围内，选择南昌小蓝经济开发区等7个工业园区，开展工业园区绿化提升试点，通过典型示范引领全省工业园区提升生态绿化水平；联合省环保厅等部门，积极推进生态工业园区环保信息平台以及环境报告书制度建设，加强对工业园区的环境管理和动态评估。对萍乡、高安两地建筑陶瓷

企业开展试点，推广合同能源管理，促进企业节能降耗。2011年，全省工业园区万元主营业务收入耗电量下降为310.6千瓦小时，降低6个百分点。

服务社会化水平明显提高，成为推进工业化和城镇化结合的重要阵地。按照工业化与城镇化相结合、工业与服务业相融合的要求，积极探索园区建设发展新机制，着力推进园区走向城区化。依托全省中小企业服务平台网络，以建立行业技术开发中心、检测中心、试验中心等为重点，推进工业园区产业共性服务平台建设。南康家具产业、安义铝型材产业、樟树医药产业、玉山轴承产业等11个产业集聚区窗口服务平台全面启动；举办"赢在员工"企业文化建设现场会，授予旭阳雷迪"全省中小企业中层管理干部培训基地"，对全省1000名中小企业的车间主任和班组长进行培训，引导和促进全省园区企业重视文化建设、提高内在素质、增强人文关怀。配合省委组织部、省教育厅，在全省范围内启动实施职业学校与工业园区干部双向交流挂职制度，着力缓解园区企业招工难和技能型人才紧缺矛盾，建立工业园区人才培养长效机制；加快向园区办社会转变，引导各地集中规划建设若干个园区配套生活社区，将公共租赁房、经济适用房建设政策与促进企业招工政策相衔接，推广九江市等地建设新市民公寓经验，为职工安居乐业提供保障。促进各地抓紧完善园区学校、商业、医院、酒店等生活设施，积极引进金融、物流、市场等生产性服务业，努力提升工业园区人气和活力。截至年底，全省园区从业人员达174万人，增长10.5%，增加就业岗位16.5万个，占同期全省城镇新增就业总数31.8%。

（徐星龙　江　海）

·资　料·

2011年江西省工业园区主要经济指标

指标名称	计量单位	2011年本期	2010年同期	增长(%)
园区实际开发面积	平方千米	525.01	501.58	4.67
完成基础设施投入	万元	3784473	3210173	17.89
招商签约资金	万元	39733529	39968712	-0.59
1亿元以上项目的资金	万元	29480666	28579493	3.15
1000万美元以上的资金	万美元	538651	605581	-11.05
招商实际到位资金	万元	23220788	19735124	17.66
省外资金	万元	14830479	12506683	18.58
境外资金	万美元	320187	318642	0.48
园区内工业企业数	个	7951	8108	-1.94
工业增加值	万元	30033868	25105632	19.63
出口交货值	万元	12493132	8979467	39.13
主营业务收入	万元	132414769	94319231	40.39
利润总额	万元	8376114	5677566	47.53
税金总额	万元	4903159	3643033	34.59
从业人员	人	1740294	1574926	10.5
资产总额	万元	66886121	54865163	21.91
历史以来投资总额	万元	87249141	57350905	52.13
本期工业固定资产投资	万元	26112695	23528472	10.98
投资强度	万元/亩	110.79	76.23	45.34
工业企业用电量	万千瓦时	4112680	3231207	27.28

注：截至2011年12月底，全省工业园区共有各类企业12659个，其中非工企业1889个，在建工业企业2819个。

南昌高新技术产业开发区

【概 况】 位于南昌市昌南城区,辖2镇1管理处,辖区面积231平方千米,户籍人口22.33万人。2011年,全区完成总产值1116亿元,同比增长25%;主营业务收入804亿元,增长21.5%;园区工业增加值241亿元,增长13%;园区利税总额115亿元,增长26%;全区500万元以上固定资产投资230亿元,增长30%;财政总收入28.1亿元,增长30.7%;地方一般预算收入8.6亿元,增长64%;实际利用内资67.9亿元,增长16.74%;实际利用外资3.64亿美元,增长12.68%;出口创汇17.02亿美元,增长59.1%,占全市外贸出口总量1/3。规模以上工业增加值占全市24%,规模工业利税总额占全市32.4%,对全市工业发展起到重要的支撑作用。

2011年,全区小学、初中入学率均达100%,初中招生计划完成率达100%;投资5000万新建九年一贯制学校——孺子学校,于9月开学。实施"春蕾"计划,92名家庭经济困难学生免费入读技工学校;配套100余万元提高五保供养标准,列支60万元打造两个居家养老示范点;安排33万元救灾资金发放到困难群众手中;配套105万元用于社区办公和服务用房建设,全区社区办公用房全部达300平方米;建设农家书屋10个,购买8个公益性岗位,安排残疾人担任书屋管理员;"光明·微笑"工程完成50例白内障患者的治疗;新型农村合作医疗参合率达99%;安排20万元农产品质量安全监管专项经费;农村公路国改项目10.9千米全部竣工;完成麻丘镇森林城镇,昌东镇岭永谢家、赵围村赵家、尤口村上范及艾溪湖管理处艾溪村四个森林村庄建设,完成造林面积550.67公顷。

2011年,全区签约落户投资超亿元或1000万美元的项目15个,包括总投资16亿元的医药创新园联合研究院及孵化基地项目、总投资15亿元的深圳科陆电子项目、总投资10亿元的湘江电缆特种电缆产品及铜杆等铜制品项目、总投资6亿元的先材纳米科技公司聚酰亚胺(PI)纳米纤维电池隔膜生产基地、总投资8000万美元的台湾永磁电子LED项目、总投资5000万美元的富港电子公司电子产品生产项目等;引进央企有突破性进展,引进中国节能环保集团总投资100亿元在高新区建设区域总部和低碳产业园。

2011年,13个项目获省科技进步奖,其中一等奖2个,占全省获奖成果的40%;13个项目获南昌市科技进步奖,其中一等奖3个,占全市75%;16个技术创新团队入选省优势科技创新团队。获各类科技计划立项218项,其中国家级项目47项,6个项目被列为省高新产业重大项目,11家企业入选全市工业企业科技创新20强,8个产品荣获全市国家重点新产品十佳奖;质量优化提升项目分别是鄱湖云计算中心、中兴产业园和江西联创电子公司联创声像科技园项目。高新区被批准为鄱阳湖生态经济区自主创新示范区,荣获中国软件与信息服务外包最具发展潜力园区、全国绿化先进集体称号,成为全省首家国家知识产权试点园区,中成药产业入选科技部首批国家创新型产业集群试点,是全省首个列入国家试点的产业集群。

【省战略性新兴产业南昌市重大项目集中开工】 10月24日,全省战略性新兴产业百项重大项目集中开工仪式举行。南昌市在高新区设立分会场,省委常委、市委书记王文涛出席。高新区开工3个项目是,总投资15亿元的科陆电子(南昌)智能电网研发与产业基地项目、总投资10亿元溪远生物医药服务外包项目、总投资6亿元的先材纳米年产2亿平方米纳米纤维电池隔膜项目。

【一批产业集群海外高层次创业基地和项目入驻园区】 5月,由台湾绿扬光电总投资1亿美元的大功率LED封装项目正式落户高新区;8月31日,高新区与中国电子信息产业发展研究院、中关村软件园、苏州工业园等共同宣布发起的中国云计算基地(中心)联盟在北京成立,是云计算领域级别最高的"国字号"产业联盟;中国节能环保集团江西区域总部基地落户高新区,项目投资100亿元;9月,全省首个干细胞库项目落户高新区;11月16日,江西留学人员"同心·报国基地"在高新区揭牌;12月,高新区生物医药产业集群被科技部列入"创新型产业集群试点(培育)"对象,成为全省首个列入国家试点的产业集群;在中国留学人员广州科技交流会上,高新区成功入选中组部第三批海外高层次人才创新创业基地并获授牌,跻身全国112个海外高层次人才创新创业基地行列,成为江西省首家海外高层次创业基地。

【南昌中科高新创业投资基金设立】 12月31日,高新区管委会与中科招商创业投资管理有限公司签署战略合作协议,按照协议框架,双方将展开股权投资合作,共同发起设立创业投资基金——南昌中科高新创业投资基金。中科高新基金总规模50亿元,首期募集10亿元,这是全省首家由工业园区管委会作为牵头人直接发起设立的基金。

【全省首部原创动画强势登陆央视】 1月4日,高新区企业江西笛卡传媒有限公司创作的中国首部反恐励志题材动画片、江西省首部原创三维动画系列片《笛卡特警队》强势登陆央视少儿频道,成为中央电视台开年巨献。

(邹新晖 宋群芳)

新余高新技术产业开发区

【概 况】 辖1镇2办事处,面积266平方千米,人口16万人。2011年,高新区规模以上企业实现销售收入590亿元,同比增长27.7%;完成工业增加值156.53亿元,增长27.5%;完成财政总收入25.6亿元,增长134%。全区签约项目60个,实际引进外资和国内资金分别达4.18亿美元和103.77亿元;外贸进出口总量居全省工业园区前列,主要经济指标综合排名位列全省工业园区第2位。

高新区被授予“省级生态工业园区”称号、“全国模范劳动关系和谐工业园区”“2011年度全省先进工业园区”。

项目建设取得新成效。全年完成固定资产投资188.43亿元，增长5.8%。新建、续建工业项目49个，累计完成投资102.56亿元，其中列入市重点项目25个，完成投资53.7亿元。亿铂电子等15个项目投（试）产。全年区内企业融资总余额298亿元，其中银行贷款余额183.18亿元；马洪光伏硅等企业上市准备工作就绪；争取土地整理、中央专项资金近亿元，争取地方政府债券资金4000万元，列入省政府调度用地指标341.73万平方米，已批复用地指标290万平方米；清收闲置土地5宗61.33万平方米。

新城功能进一步增强。全年投入1.2亿元完成防洪排污等6大工程建设，新建（续建）安置小区15个，23万平方米，棚户区改造拆迁12.8万平方米，完成183%。客商服务中心等一批现代服务项目启动建设。投资1.1亿元，完成赛维大道、春龙大道绿化升级改造，园区新增公共绿化面积48万平方米，绿化率达42%，被评为全市创建国家园林城市先进单位。

社会事业取得新进步。投入民生项目资金4047万元，新增城镇就业1.1万人，新增转移农村劳动力2550人，零就业家庭就业安置率100%；失业保险、城镇职工基本养老保险、新型农村社会养老保险、失地农民参加养老保险均完成100%以上；新农合参合率98.6%，城镇居民医疗保险覆盖率、低保人员医疗保险参保率100%；水西镇彭家新村被评为江西百佳优美村庄；投入2000万元改善中小学办学设施；艾格菲等6家重点龙头企业纳入市农业产业化“1010”工程；农民人均纯收入达8660元，增长11.9%。

【国家高新区建设启动仪式隆重举行】 7月13日，新余国家高新技术产业开发区建设启动仪式在市会展中心影剧院举行。国家科技部副部长曹健林，副省长洪礼和共同为新余高新技术产业开发区揭牌，标志着新余国家高新区建设启动。

【赛维LDK公司跻身2011年“最具全球竞争力中国公司20强”】 2011年，赛维LDK公司积极面对欧债危机带来的严峻形势，通过对内精细化管理、降低成本，对外努力开拓新的海外市场，在困境中实现新突破。实现销售收入323亿元，上缴税收13.6亿元，跻身2011年“最具全球竞争力中国公司20强”、中国企业500强，是进入榜单企业中唯一新能源企业，全省唯一入围工信部首批20家符合《多晶硅行业准入条件》企业。

【中国·新余光伏交易市场投入运营】 2011年，中国·新余光伏交易市场正式投入运营。市场商铺规划总面积30万平方米，一期投入2亿元，6万平方米、1000余间商铺装修竣工，签约入驻企业近100家，签约客户近200家，其中30余家企业开始对外营业，并批量交易。

500千伏厂房屋顶光伏发电项目

新余高新区供稿

【全省首个500千瓦厂房屋顶项目建成并网发电】 3月28日，江西天能电力股份有限公司500千瓦太阳能屋顶项目建成并网发电。这是江西省首个建成并网发电的金太阳示范项目。安装面积6743平方米，有效利用面积3755平方米，总装机容量484.45千瓦，建成后可运行使用25年。年发电约464千瓦小时，每年可节约标煤172吨左右，减少二氧化硫排放量约4吨、氮氧化物0.75吨、粉尘60吨、灰渣72吨。

【三个项目列入2011年度国家火炬计划】 2011年，经科技部审批立项，江西赣锋锂业股份有限公司“锂母氯化钠压浸法提锂制备电池级碳酸锂及资源综合化利用”、江西中材太阳能新材料有限公司“年产15万只多晶硅用石英陶瓷坩埚示范生产线”、江西赛维LDK太阳能高科技有限公司“年产500吨多晶硅块机加工副产物硅粉回收利用”三个项目被列为2011年度国家火炬计划。

【高新区新建两个企业院士工作站】 2011年，经省科技厅批准，同意赛维、力德两家企业分别建立“江西赛维LDK太阳能高科技有限公司院士工作站”和“力德风力发电（江西）有限责任公司院士工作站”。全省4个企业院士工作站，其中2个落户新余高新区。

（肖　鸿　黄永林　欧阳小和）

景德镇高新技术产业开发区

【概　况】 位于景德镇西城区，辖1乡。辖区总面积50平方千米，常驻人口1.89万人。2011年，工业经济平均增速和财政收入增幅在全市继续保持领先水平。完成财政总收入7.14亿元，同比增长13.6%。其中：国税完成收入1.55亿元；地税完成收入4.18亿元，契税和耕地占用税2.22亿元；

财政收入1.39亿元。地方财政收入543亿元,增长15.5%。全区新签约项目26个,签约资金39.25亿元;完成内资62.48亿元,外资2924万美元,实现外贸出口2.17亿美元。入园投产工业企业达200家,其中规模以上企业77家。全区完成工业总产值201.58亿元,实现主营业务收入200.41亿元。

推进园区基础设施建设。2011年,平整土地93.33万平方米,打通道路4条,形成路基5000多米;铺设雨、污水管网近5000米;实施园区"一大四小"绿化面积约2万平方米;第二城市污水处理厂投入运营;合盛光电产业园等项目已投入使用。

提升产业集聚能力。基本实现园区产业集群,引进景德镇汽车零部件产业项目,形成一定规模的机械加工产业集群;形成以华意压缩、江西美菱制冷有限公司等企业为龙头的绿色家电产业集群;形成以半导体新材料、威富尔新能源为主导的新能源产业群;形成以新昌南炼焦、爱地那非国家一类新药项目、心血管制药项目为龙头的医药化工产业。

快速推进项目建设。年产4500吨多晶硅二期项目冷氢化技术工艺流程包已完成,设备基本选定;年产300兆瓦单晶硅生产线二期项目,1.5万平方米厂房建设、内部设施安装完成;年回收9万吨砂浆项目开始施工,6500平方米主厂房和一栋2000平方米的化学品原料库房框架已完成建设,并签署了设备采购合同。

【甘肃省党政代表团考察高新区】 4月15日,甘肃省委书记、省人大常委会主任陆浩,甘肃省委副书记、省长刘伟平率领甘肃省党政代表团在景德镇市考察高新区。省委书记、省人大常委会主任苏荣,省政协主席傅克诚,省委常委、省委秘书长赵智勇,副省长朱虹和市领导陪同考察。代表团一行先后考察威富尔新能源公司、华意压缩机股份有限公司,代表团对高新区发展给予充分肯定。

【九个大项目成功签约】 3月9日,浙江安迈太阳能科技有限公司投资的石英坩埚与石墨热电系统项目成功签约,项目投资3亿元;10日,江西柏莱特投资有限公司投资的现代物流仓储项目正式签约,项目投资2亿元,用地6.67万平方米;15日,景德镇市鸿森再生资源有限公司投资的再生资源项目成功签约,项目投资6000万,用地2.67万平方米。4月18日,景德镇市文苑陶瓷有限公司的陶瓷生产加工项目落户高新区,项目总投资8000万元;19日,景德镇市广汇机械设备有限公司陶瓷窑炉、热能产品生产项目落户景德镇嘉和机械工业城,项目总投资1.05亿元;5月8日,全球最大光伏硅片切割液回收处理巨头—德国赛锡科技有限责任公司,在景德镇投资6500万欧元打造的国际领先光伏9万吨砂浆回收项目与高新区成功签约;16日,景德镇锐泰食品有限公司的食品生产项目成功签约落户,项目总投资4800万元;17日,浙江1004文化酒店项目成功签约落户,项目总投资5000万元;10月8日,景德镇百特威尔新材料有限公司投资2.5亿元的百特威尔新材料项目成功落户高新区。

(汪光华)

南昌经济技术开发区

【概　况】 位于昌北,辖区面积158平方千米,辖1镇2处。总人口30万人。2011年,全区落户企业1134家,产值过亿元以上79家。生产总值(GDP)187.84亿元,同比增长15.3%。全年完成固定资产投资256.41亿元,增长33%,高于全市平均水平近7个百分点;完成工业总产值542.64亿元,实现主营业务收入537.07亿元,分别增长35.46%和35.4%;实现利润总额为29.89亿元,增长77.9%。其中规模以上完成工业增加值115.32亿元,占全市规模以上工业增加值的比重为15.15%。全年实际利用外资3.74亿美元,增长26.79%;实际利用内资75.95亿元,增长13.11%;外贸出口6.6亿美元,增长82%。完成财政总收入27.02亿元,增长28%;其中一般预算收入6.69亿元,增长32.8%。完成税收收入25.42亿元,增长33%。

基础设施建设加快推进。全面实施黄家湖东路等8条道路建设,配合红湾公路等省市重大工程建设,拆迁建筑面积12万平方米。榴云路商业中心等商业综合体投入使用。建成昌九、乐温段等两大绿色长廊,改造广岚大道等绿色景观带。组织实施双岭水库除险加固工程和防洪规划编制。

加大民生工程投入。全区累计投入资金1000多万元,高标准打造一批示范学校,全区办学条件和教育质量进一步提升,全区小学及初中入学率均达100%。全面启动新建六村小学维修、改造等工程。加大教师培训力度,全年组织培训骨干教师200余批次。加快推进8000多平方米的保障性住房建设。城乡社会保障体系做到应保尽保、全面覆盖,实际保障标准位于全市前列。全年累计救助城市低保9979人次、农村低保2.1万人次,发放救助资金534.3万元;299名城乡困难群众得到城乡医疗救助,发放城乡医疗救助资金133.5万元,全年城市、农村低保人均补差平均分别达263元、130.3元。新型农村合作医疗参合农民数为4.17万人,参合率96.4%。全区城镇新增就业8212人,安置"4050"人员就业398人;新增转移农村劳动力1283人,省内新增转移农村劳动力1038人,创业培训420人。较好完成小额贷款、"4050"人员安置、农村劳动力转移培训等市下达的民生指标,圆满完成镇党委及村"两委"换届工作。全年赴省、市上访减少,办理人民群众来信9件,办结率100%。受理省市长手机、信箱信件41件(减少14件),"网上信访"10件(减少2件);荣获全市2011年度无赴京重复非正常访、无赴京集体访、无赴省非正常集体访先进县区(开发区、新区)及2011年度信息系统建设及应用工作先进单位称号。

产业集聚能力增强。2011年,以海立、奥克斯为主链的家电,以康师傅、润田为骨干的饮品,以立健药业、苏克尔为主体的生物医药,以欧菲光为支撑的电子信息产业,以陆风、百路佳为龙头的汽车机电和以天高、硬质合金为引领的新型材料等六大主导产业,呈现出集群化产业发展态势,累计完成工业产值476.24亿元,增长36.51%,占工业总产值87.76%,提高7.24个百分点。其中汽车机电和

10月24,全省战略性新兴产业百项重大项目集中开工南昌分会场开工仪式。

南昌高新区供稿

新材料产业分别为126.38亿元和133.37亿元,初步形成汽车机电和新材料产业两大“百亿产业集群”。家电、生物医药化工、食品饮料和电子信息产业分别完成工业总产值72.29亿元、69.3亿元、47.31亿元和27.59亿元,形成产业集群化发展雏形。

【首次进入工业总产值500亿园区序列】 2011年,经开区通过大力推进招商引资,扶大扶优扶强现有企业,着力发展和培育新兴产业,加快推动工业经济发展,首次进入工业总产值500亿园区序列,完成工业总产值为542.64亿元,规模企业产值过亿元以上增加到79户。

【江西钢城基地项目列全市“百大重点项目”】 2011年,由上海富展钢铁发展有限公司投资11.2亿元兴建的江西钢城大型钢材加工仓储园区基地项目,列为全市“百大重点项目”。项目分三期建设,其中一、二期总投资7.2亿元,可年加工200万吨钢材。项目一、二期工业部分已经建成并投入市场交易运营。项目达产后,年销售额将可达47亿元以上,税收可达6000万元以上。

【小额投融资平台发展迅速】 2011年,全区有中诺、智信、云程、钢缘4家小额贷款公司获得开业资格,其中中诺小额贷款公司注册资金1亿元、智信小额贷款公司注册资金1.68亿元、云程小额贷款公司注册资金1.5亿元、钢缘小额贷款公司注册资金1.6亿元。小额贷款公司的组建开业,为“三农”和微小企业的发展提供金融服务平台,解决园区小微企业融资难问题。

【现代物流业快速发展】 2011年,依托交通区位和开放平台的叠加优势,南昌经开区重点发展现代物流业,积极打造中部地区“成本最低、通关最快、服务最好、政策最优”的区域物流中心。苏宁电器物流中心项目、美的-安得物流中心项目、中能国际电煤仓储中心项目等一批物流项目陆续落户南昌经开区,项目推进顺利。

【格特拉克DCT项目开工建设】 3月,由德国格特拉克(GETRAG)集团与江铃汽车集团(JMCG)联合组建的格特拉克(江西)传动系统有限公司,DCT(双离合自动变速箱)生产项目开工建设。项目总投资18亿元,占地20万平方米。分二期建设,其中一期投资6亿元,占地13.33万平方米,2015年达产后,将达到40万台生产能力,年总产值达38亿元以上。二期投资12亿元,占地6.67万平方米,2021年全部建成达产后,将形成80万台生产能力,年总产值将达70亿元以上,年税收将达5亿元以上。

(张　华　胡常发)

九江经济技术开发区

【概　况】 2011年,开发区完成工业主营收入371亿元、财政收入15.68亿元、外贸出口6.5亿美元,同比分别增长65.5%、106.6%和145.3%,一年“三个翻番”目标基本实现。全年新引进、新开工、新投产项目分别达66个、54个和51个,其中24个项目实现当年签约、当年开工、当年投产。实际利用内资43亿元,外资1.48亿美元。完成社会固定资产投资首次突破百亿,达108.8亿元。出口加工区主要经济指标位居中西部出口加工区前列,外贸出口总额首次跃居中部地区出口加工区第一。全年先后荣获国家级玻纤高新技术产业基地、江西省国家级开发区开放型经济先进单位、省先进开发区、省百千亿工程产业示范基地、省电子信息产业出口基地、省级科技企业孵化基地等称号。

招商引资成效显著。全年引进亿元以上项目33个,其中10亿元以上重大项目6个。全年实际利用内资43亿元,同比增长43%,列全省第三;外资1.48亿美元(现汇进资7460万美元)。总投资47亿元的迅腾硅业项目利用美国GT公司最新节能环保冷氢化法工艺,建设年产1.2万吨多晶硅料生产基地,达产后产值超百亿元。总投资10亿元的明阳线路板项目拓展了玻纤新材料产业链。裕同印刷包装项目填补中部地区高端电子产品包装材料空白。昌河新能源汽车、迅通动力电池项目符合新能源未来发展方向。总投资26亿元的现代综合大市场项目,建成运营后,可容纳各类商户3000多家,吸纳1.5万人就业,3年内年交易规模可达100亿元。盛翔电子布、三一重工、力达机电、泰开电器设备等一批产业项目的引进,加快推动产业集聚发展。

龙头企业扩量提质。总投资80亿元的旭阳雷迪三期顺利投产,整个项目达产后产能超5GW。昌河汽车实现主营收入33亿元,增长57%。中国长安再投资30亿元,实施昌河20万辆整车、30万台发动机发展计划,3年内产值超100亿。志高空调二期2条生产线投产。巨石玻纤一期17万吨达产，二期细纱项目开始启动。绿晶光电“图形处理模组”拥有自主定价权，出口额突破3亿美元。九江铨讯电子生产相机446万台，实现出口1.8亿美元。新能源、新材料、电子电器、汽车及零部件工业产业集聚发展格局初步形成，产值占全区总量70%。

园区基础设施日臻完善。出口加工区建设公租房6.1万平方米，沿街商业门面、增压泵房等投入运行，建成万人居住的3个商住配套小区。城西港区实施公建项目23个，完成投入6.98亿元，一期14.92平方千米开发基本完成。官湖北路等6条道路建成通车，完成44万平方米公租房和安置房建设，完成绿化升级改造18.8万平方米，整治约7.7千米河道，开工建设日处理2万吨官湖污水厂，装机2700千伏的八赛泵站投入运行。完成房屋征收1786户26万平方米，征收土地113.33万平方米。汽车工业园东岸110千伏变电站建成投运，电子配套产业园完成绿化3.2万平方米，超市、银行等30多家配套服务机构入驻。省级恒盛科技孵化器一期入驻融美科技、中国网库等科技孵化项目35个。恒盛科技园升级为江西省服务外包示范基地，入驻服务外包企业11家。全年实施城建项目59个，总投资83.4亿元，八里湖北大道等41个项目竣工，完成投资48.2亿元，新增城市绿地32万平方米。完成棚户区改造41.07万平方米、公租房建设4000套20万平方米。

科技创新成果丰硕。2011年，开发区完成国家“863”计划项目2个，科技部支持项目9个，获国家专利80余项，软件著作权20余项，获“双软”认证企业2家。区内企业与中科院、清华大学等40多所国内知名院校建立合作关系，对接科技项目60多个，其中奥盛钢缆公司“高性能预应力镀锌钢丝”项目被列入国家火炬计划项目，同方科技公司与清华大学联合研制的北斗定位导航终端项目，产品填补国内空白。

社会事业长足发展。民生工程在全市综合排名第一，全年民生事业投入3.21亿元，争取上级民生工程资金突破4000万元，均为历年最多；率先在全市实现城乡社会救助一体化，在全省首创将两大医疗保险纳入企业员工参保范围，社区居家养老工作排全市前列，养老医疗保险、城乡低保、社会救助实现全覆盖，全年发放低保、医疗救助、廉租房补贴资金1836万元。新湖社区荣获全国综合减灾示范区，畔湖社区被评为全省十大敬老模范社区，失地农民养老保险工作成为全市推广的典型样板。全面落实义务教育政策，安排务工子女就读、公开选聘教师医生和完成海扬一医院改制收编工作，在3个园区设立医疗门诊部。人口自然增长率控制8‰以内。完善矛盾纠纷排查调处工作机制，加大信访案件处理，荣获江西省五类信访问题百日大治理先进集体。

【九江市政府与长安汽车集团签署战略合作协议】 11月1日，九江市政府与中国长安汽车集团在九江宾馆签署战略合作协议。长安汽车将根据集团整体规划，对九江基地的后续产品研发、技术改造、市场拓展和新建产能等方面增加投入30亿元，到2015年实现整车产能20万辆、发动机产能30万台、销售收入100亿元。当日上午，昌河铃木2011年最重要的一款时尚小车——铃木派喜在九江工厂下线，标志着该款车正式进入量产阶段。

【16个重大项目集中开工】 6月22日，九江经济技术开发区举行16个亿元以上重大项目集中开工仪式。省委书记苏荣出席开工仪式并发布开工令。省委常委、省委秘书长赵智勇出席，副省长洪礼和，省政协副主席、市委书记钟利贵讲话。省、市有关部门领导参加开工仪式。16个重大项目总投资173亿元，全部建成投产后，可实现年产值394亿元，利税44.6亿元。

（龚晓军　曾凡明）

赣州经济技术开发区

【概　况】 位于赣州市西城区，辖4个镇1个街道办事处，总面积219平方千米，常住人口28万人。2011年，全区实现生产总值93.8亿元，财政总收入15.9亿元，工业主营业务收入336.2亿元，固定资产投资114.9亿元，增幅分别为33%、76.5%、55%、26%。主营业务收入、招商到位资金、利税总额、工业增加值等主要指标在全省34家百亿元园区年度排名第4~8位，前进2~8位；财政收入、工业主营业务收入居全市首位。

工业经济成为经济发展的动力。全区全年实现工业增加值74.3亿元，增长22%，占GDP79.2%，提高8个百分点。稀土和钨及其应用、铜加工、新能源汽车及其配套、机电、食品药品等五大主导产业实现主营业务收入297.1亿元、增长51%，占工业主营业务收入88.3%。主导产业利税总额实现翻一番，达33亿元，增长109%。主营业务收入过亿元企业51家、过10亿元7家、利税超千万元47家。工业经济总量稳居全市第一，工业主营业务收入在全省34个百亿元工业园区中排位第八。工业用电量29万千瓦小时，增长32%，占全社会用电量64%以上。2011年，被省政府评为全省先进国家级科技兴贸创新基地。

加大招商引资力度。围绕稀土和钨及其应用、铜加工、新能源汽车及其配套、机电、食品药品等五大主导产业，瞄准央企和知名企业，狠抓重大项目和高税收项目招商。全年签约项目63个，签约资金162亿元，增长24%；实际利用内资54亿元，外资1.1亿美元，分别增长37%、22%。其中亿元以上项目33个，5亿元以上6个，20亿元以上2个。引进主导产业项目54个，占85%。工业项目平均投资2.6亿元/个，增长37%。全区首个投资超百亿元的赣州综合物流园项目，10天完成项目前期谈判。出口总额首次突破3亿美元，增长153%。2011年，被省政府评为全省国家级开放平台先进单位。

工业项目建设进展顺利。全年新开工工业项目43个，包括中烟、中国华电、中国华星等国企和万宝至等世界名企，项目建设投产后年纳税千万元以上17个，纳税总量35亿元以上。全年安排财政性基本建设投资项目152个，实现开工80个，完工60个，完成工程建设投资约19.8亿元。建成道路16.3千米、标准厂房12万平方米、员工宿舍4.8万平方米。肖岭

220千伏、水碓110千伏变电站建设加快推进。征地拆迁和打击违建工作取得明显成效,促进项目建设快速推进。

民生支出力度加大。全区教育、卫生、住房、社保等民生支出3.8亿元,增长192%,占一般预算支出36%,增长9个百分点。全年安居公寓主体完工6530套,解决历年拆迁户的安置需要;公租房新开工5000套,全年主体完工3420套。城镇新增就业5200多人,新增转移农村劳动力4600多人。农民人均纯收入4900元,增长11%。各类安全死亡事故死亡人数同比下降18.18%,实现"三杜绝、三减少"的总体目标。综治维稳扎实推进,全年没有发生有重大影响的信访事件。2011年,被评为全市和谐平安建设暨社会治安综合治理目标管理先进单位。

【创建生态工业示范园区】 2011年,全区扎实推进节能减排,全年投资近10亿元完成道路、通讯等设施建设,区内所有建成路网已完成安装、改装LED路灯或太阳能灯。推进分布式能源和太阳能发电项目、热电联供等循环经济科技园项目,对废渣、废水、废气、余压余热进行回收利用。建立完善"五看一审一否决"评审机制,提高企业入园标准,全年拒绝50个不符合产业需求、入园标准的项目入园。2011年,被省政府命名为首批省级生态工业园区,被省质监局批准成为全省首个高新技术产业标准化示范区。

(肖上清　刘地长)

井冈山经济技术开发区

【概　况】 位于吉安市城南,辖1个街道办,辖区面积46.5平方千米。3月14日,经国务院批准同意设立江西井冈山出口加工区。2011年,实现园区主营业务收入301亿元,增长41%;规模以上工业总产值216亿元,增长38%;实现工业增加值53亿元,增长25%;实现税收10.5亿元,增长27%;外贸进出口4亿美元,其中外贸出口3.11亿美元,增长107%;完成固定资产投资41.5亿元,增长43%;实际引进内资43.5亿元,增长37%;实际利用外资6140万美元,增长38%。2011年,被省政府评为全省先进国家级开发区、全省先进工业园区。

抓住时机引进项目。园区抓住沿海地区产业转移的时机,引进项目亿元以上项目25个、20亿元项目2个、10亿元项目2个、5亿元项目8个。总投资20亿元的江西吉安航盛工业园开工建设,总投资6亿元的三一重工机械整机及零部件项目等一大批项目落户开建。吉安(深圳)产业园建设、六星通讯终端产业园等相继落户。当年引进项目中,电子信息类项目13个,占项目总数46%,进一步突出电子信息产业集群效应。

发展公共事业。园区投资500多万元开工建设200套保障性住房,基本满足区内困难群体住房需求;全面开通公交车,方便群众及企业员工出行;加快良种场安置小区建设;完成九年义务制学校规划设计;完成4个新农村建设点、15个清洁工程村点建设;开展农村集体土地登记确权发证工作,制定下发《农村集体土地确权登记发证工作实施方案》;坚持文明执法,市容市貌良好;加强和创新社会管理,园区和谐稳定发展。

【思立科新材料项目开工建设】 1月,思立科(江西)新材料项目开工建设,投资1250万欧元。项目主要生产销售各类离型材料、保护膜和其他表面处理涂布开发、设计、制造等。项目达产达标后,年产值可达5亿元,出口2000万美元,年创税收1000万元。二期投入3000万欧元建设国内最长一条离型材料生产线。

【振宇达科技首条生产线投产】 2月,振宇达科技(吉安)有限公司首条电容式触摸屏生产线投产。项目主要生产自动化制程生产设备、电容式触摸屏、TFT显示屏、显示屏背光源元器件、智能手机,投资规模2500万美元,注册资本1000万美元,项目达产达标后,年产值20亿元,年创税7500万元。

【蓝微电子材料项目竣工投产】 6月,江西蓝微电子材料项目竣工投产。项目由山华集团合肥日升科技投资有限公司总投资,生产加工单晶铜键合引线和微电子材料、集成电路,投资总额3亿元,达产达标后,年产值3亿元,年创税1800万元。

【优特利科技一期项目竣工投产】 2011年,由集动力锂离子电池及锂离子电芯、电池研发、制造和销售为一体的高科技企业巨跃(香港)有限公司投资创办,优特利科技公司一期项目竣工投产。项目总投资10亿元,年产70安动力锂离子电池10万套、日产锂电池50万块,是国内投资规模较大、技术水平最高的锂离子电芯、电池设计和制造商之一,列居全国锂电行业前五名,先后通过ISO9001、ISO14001和UL认证。公司建有省级企业技术研究中心,自主开发的锂离子动力电池,将为新能源汽车提供动力源泉,是节能环保汽车的重大技术突破。项目竣工投产,可实现产值6亿元,税收3000万元。

【梨山公园建成】 2011年,园区投资6500万元建成梨山公园。梨山公园位于园区起步区中心,面积60公顷,总投资1亿元,设计着重因地制宜,因地制景,利用原有水面植被、地形地貌,巧妙地通过植物的配置、园木小品的点缀、驳岸、亲水平台的处理,做到景观感应和自然形意相融合。公园建成,为市民增加一处休闲娱乐锻炼场所、也为园区增添一景。

(胡学兰)

上饶经济技术开发区

【概　况】 辖区总面积176平方千米,总人口11万人,规划控制面积100平方千米,已开发面积11.8平方千米。2011年,开发区完成基础设施投资7000万元,新建工程4个、续建项目10个;平整土地133.33万平方米,挖填土石方400余万立方米,进行道路路基及路面硬化和雨污管网铺设。全年工业主营业务收入400亿元,同比增长40.8%;工业增加值89亿元,增长23.6%;全社会固定资产投资80亿元,增长107%;实现税收10.67亿元,增长20%;财政总收入13亿元,增长33%。多项综合经济指标实现进位赶超，工业主营业务收入较上年前移两位，列全省开发区第五。实现主营业务收入500亿。外资实际进资1.17亿美元，其中现汇进资9034万美元，完成年度计划129%；新批外资项目9个，完成年任务100%。完成进口1.85亿美元，占全市进口总额82%；完成出口10.14亿美元，占全市出口总额43%。内资完成引进经省商务厅认定的固投5000万元以上工业项目12个，其中亿元以上项目5个，内资综合考评首次跃居全市第一，进资增长率全省第二。

【举行国家级经济技术开发区揭(授)牌仪式】 6月27日，上饶经济开发区举行国家级经济技术开发区揭(授)牌仪式。市领导出席并揭牌。

【三项“百日活动”促开发区科学发展】 2011年，开发区坚持科学发展观，开展以“重点项目‘破解难题、攻坚推进’百日活动”“百家企业服务‘三农’、百名干部服务企业百日活动”和“安全生产大排查、矛盾纠纷大调处、经济秩序大整顿、社会治安大整治百日活动”。三项“百日活动”以“改进干部作风、优化发展环境、狠抓工作落实”主题活动为切入点，按照“做热、做优、做强、做品牌”的总要求，围绕中心、服务大局，努力实现开发区科学发展、和谐发展，全区经济及社会各项工作取得明显成效。

【首批重大项目集中开工】 2月27日，上饶经济技术开发区2011年首批17个重点产业项目暨配套工程项目，在凤凰光学“退城进区”项目现场集中开工。项目包括凤凰光学“退城进区”、晶科光伏新材料、艾尔迪科技、锦裕机械制造、圣达威5万吨电工铜铝生产、田墩220千伏输变电站等，总投资41亿元。项目开工，不仅壮大上饶市工业产业的规模总量，更为开发区加快发展增添新动力。市领导出席开工仪式。

【晶科能源与中国银行签下授信协议】 1月14日，中国银行江西省分行与晶科能源有限公司在上饶签订500亿元的授信合作协议，省委常委、常务副省长凌成兴及省市领导出席签约仪式。

(桂裕辰)

萍乡经济技术开发区

【概　况】 辖区总面积57.6平方千米，辖15个管理处，12个社区居委会，人口12万人。区内建有新能源、新材料、生物医药食品、非金属材料、机械和汽车及零配件、冶金制造等六大产业基地，拥有企业300余家。2011年，开发区生产总值81.08亿元，同比增长17.9%；实现财政总收入12.1亿元，增长43%；规模以上工业增加值60.5亿元，增长30.4%；固定资产投资69.63亿元，增长40.7%；招商引资实际进资33亿元，增长57%；实际利用外资3516万美元，增长46.5%；出口创汇1.8亿美元，增长79.5%；城市人均可支配收入2.04万元，增长15%；农民人均纯收入8965元，增长16.1%。完成工业主营业务收入410亿元，增长31.9%；工业增加值86.6亿元，增长30.2%；出口交货值24.2亿元，增长98.8%；工业企业税金总额14.5亿元，增长31.2%；工业企业利润总额20.8亿元，增长30.1%。开发区成功申报国家高新技术企业4家、国家重点新产品1项、国际专利2项。区内拥有2个省级工程技术中心、4个省级综合服务平台和5个市级工程技术中心。被授予“国家新材料高新技术产业示范基地”“江西省先进工业园区”等荣誉称号。

推进产业聚集效应建设。2011年，开发区以推进汽车及零配件、新能源、生物医药食品三大产业的聚集效应为重点，集中开展产业平台建设和项目招商，产业建设取得重大发展。新完成生物医药食品产业基地和非金属材料产业基地“五通一平”66.67万平方米、国家新材料高新技术产业基地“五通一平”43.33万平方米、创业园新增标准厂房面积约5万平方米；利用闲置土地和厂房进行招商引资盘活资源，先后引进宝瑞新能源、优锂新材料落户、捷英达落户，这些平台地拓展，为增强产业聚集效应提供强大支撑。全年引进项目55个，协议进资108.5亿元，实际到位资金33亿元；引进5000万元以上项目25个，其中亿元项目10个，国内500强企业投资项目3个；实际利用外资3516万美元，实现外贸出口1.8亿美元，新增出口企业11家。全年新开工和续建工业项目72个，项目总投资138亿元。新增主营业务收入80亿元，利税5亿元。全年新入驻大型商服项目总投资近30亿元，区内商贸流通企业上升到116家，全年完成商贸流通企业税收超1亿元。

加快推进城市基础设施建设。全年续建和新建规模以上基础设施项目65项，项目总投资113亿元。完成田中生态水库土方工程35%，泄洪道和防洪工程50%；征地329.46万平方米，拆迁房屋286栋，安置区建设全面启动，完成6.5万平方米建筑面积；城市和园区主干道路网络进一步完善，建设迎宾大桥、东路延伸段，彭高路竣工通车，中环路开发区段等城区和园区主要路网建设进展迅速；全年完成供电线路架设16条；完成供水搬迁、改造工程4个，天然气改造工作全面完成。累计投入主次干道、河道、城郊及城乡结合部生态环境改造资金1.5亿元。公园中路等道路进一步美化，疏通五丰河等主要河流，城市“脏、乱、差”现象得到有效治理。完成“一大四小”造林绿化总面积111.33公顷，增加城市森林面积33.33公顷，绿地率上升到42.18%，绿化覆盖率达50%，城市主干道绿化达标率100%。

【民生工程全面推进】 2011年，开发区在全市率先实现城乡最低生活保障、城乡困难群众大病医疗救助、城乡义务教育免学杂费和贫困生资助政策、城乡居民合作医疗全覆盖。城乡居民养老保险参保人员4347人，发放基础养老金145万元；被征地农民养老保险参保9905人，发放养老金419.7万元。为465名特困残疾人办理城乡低保。城镇职工医疗保险参保1.58万人、城镇居民医保参保4.39万人、新农合参合3.7万人。为义务教育阶段学生全面减免杂费和公共经费，免费提供教科书；资助普通高中贫困家庭学生334人、中等职业教育贫困家庭学生1179人、新入大学的贫困家庭学生40人。新提供2万个就业岗位，区内新增城镇就业人数3915人，新增转移农村劳动力4310人，零就业家庭安置率100%。受理劳动监察举报投诉47件，为300余名农民工追回被拖欠工资170余万元。投入资金2786.48万元，新建27个“新农村”建设点；开工建设廉租房600套，共3万平方米。

（朱 吕）

南昌出口加工区

【概 况】 位于南昌高新技术产业开发区内，总面积1平方千米，其中A区0.31平方千米，B区0.69平方千米。区内有生产型企业8家、物流企业4家、研发企业1家、检测维修企业1家，基本形成富港电子和荣晶科技的电子类产品加工生产、绿扬光电的LED和新能源研发制造、中核科技和运发物流的保税物流、绿腾科技的研发和南大苏富特的检测维修等功能性业务的新型出口加工区。2011年，园区荣获2010年度全省国家级开放平台先进单位暨“全省先进出口加工区”、全市开放型经济工作先进单位暨“全市外贸出口优秀奖”称号。

园区经济跳跃发展。2011年，园区实现进出口总值6.08亿美元，占全市进出口总量7.71%，同比增长292.2%。其中，出口创汇3.69亿美元，增长434.7%。保税物流进出区货物总值8.9亿美元，增长170%。实现工业总产值8.68亿元，增长782%。完成全社会固定资产投资暨工业投入11.8亿元。完成协税护税604.6万元。实际利用工业外资2100万美元；完成合同外资6000万美元，新增总投资1.25亿美元；完成内资1.34亿元。在全国55家出口加工区综合排名由第42位跃升至第29位，在中部地区8个出口加工区中排第3位。

提升服务吸引优质企业入区。2011年，园区抢抓沿海地区产业转移的契机，以光电产业为主导，克服全球经济危机的不利影响，通过以商招商、小分队招商、平台招商等形式，大力引进投资强度大、建设周期短、科技含量高的优质光电企业入区，截至年底，园区累计吸引外商投资6.5亿美元，实际利用外资5.3亿美元；累计引入企业19家，初步形成以光电产业为主导，物流、研发等功能服务平台为辅助的新型出口加工区。

完善园区设施服务企业。2011年，园区不断完善区内外软硬件设施。加快园区内2万平方米新建厂房建设，确保洽谈项目顺利落户；积极主动与消防部门协调，完善区内各厂房消防设施；完善园区配套设施，组织落实对园区卡口、装卸平台、园区绿化里亮化工程等基础配套设施进行维护和改造，规划新增区内交通标示、机动车停车泊位、非机动车停放车棚等设施，使园区整体秩序和面貌焕然一新；提高行政审批效率，积极申请成为全省加工贸易电子化审批及信息化监管试点单位，积极建设企业无纸化申报及加工贸易联网审批系统等措施，提高园区通关效率；组成专项小组，积极排查园区管理和安全盲点，不断完善园区现场管理。

【一对一服务龙头企业见成效】 2011年，园区突出重点，高效服务，指派项目服务小分队对富港电子、绿扬光电等龙头企业实行一对一服务。协助企业办理工商、税务和外管等相关事务，协调解决问题，确保项目如期建设。富港电子公司从厂房装修到投产仅用3个月，正崴集团董事长郭台强对其南昌厂快速进展给予高度评价，称这是公司在大陆地区设厂以来“筹建时间最短、最短时间赚钱”的一个厂区，并表示将继续加大投资。

【保税物流成为园区发展重要支撑】 2011年，出口加工区以拓展保税物流功能作为园区发展重要支撑，保持在省内乃至全国保税物流拓展工作领先地位。加工区采取政策宣讲会、重点企业上门服务、保税物流企业市场拓展等方式，拓展功能、增强园区辐射范围和平台服务功能，帮助企业降低物流成本，提升园区的可持续发展水平，促进地方经济发展。全年进出区货物批次超过1200次，保税物流进出区货物总值突破9亿美元。

【建长效机制提通关效率】 2011年，园区建立健全长效管理机制，强化与海关、检验检疫等驻区机构的协调服务机制，定期召开“关、检、企、局”四方工作联席会，为企业提供各项业务更快捷、更有效的操作办法；完善现场管理制度，对卡口保安、海关协管员、检验检疫协检员等人员进行集中培训，提高工作效率；落实安全责任制，打造平安园区，主动联系消防大队、区安管局、区公安分局等职能部门，通过消防安全演习、安全生产联合检查、民警联勤点建设等措施，打造和谐平安园区；强化A、B两区联动式管理，通过视频联网监管、不定期下厂检查；实施无假期，通过与驻区监管机构的协调，实现周末与节假日预约的通关模式，早7:30至晚6:30现场管理值班等方式，确保园区各项业务开展，初步达成“一区两园”的联动式管理模式。

（曹释尹）

赣州出口加工区

【概 况】 位于赣州经济技术开发区，规划控制面积2.93平方千米，是海关监管的特殊区域。2011年，实现进出区货物总值6768.22万美元，其中进区2702.80万美元，出区4065.43万美元；进出境货物总值3802.96万美元，其中进境943.09万美元，出境2859.87万美元。全年完成固定资产投资7427万元。C区景观绿化项目、潭东二路、3栋员工宿舍及垃圾中转站项目开工建设；110千伏东坑变电站、2栋员工宿舍、高压线扩容、污水处理站等项目竣工。生活、商贸、娱乐等配套设施进一步完善。截至年底，累计完成固定资产投资约4.1亿元，建成海关、国检、管委会办公大楼、海关监管仓库、国检检疫楼、查验场、检疫场等设施；建成标准厂房6栋10万平方米，员工宿舍5栋5.2万平方米。

【围绕目标拓展业务】 2011年，园区围绕“保税加工为主，保税物流为辅”目标，发挥政策优势，着力引进高新技术叠加型产业，大力发展加工贸易业务。根据区内及周边进出口物资需求，提出“立足开发区、辐射周边”的原则，着力引进省内知名保税物流企业，拓展保税物流业务，加快形成加工贸易与保税物流业务互为补充，相互促进的发展格局。扩大钕铁硼合金速凝永磁片、硫酸钴、碳酸钴、氢氧化钴、甜菊糖甙、家用口腔护理器、变压器等商品出口。

【实施大项目带动战略】 2011年，园区强化产业链招商，大力引进以产品出口为主、科技含量高和有利于产业结构调整、辐射带动力强的高新技术加工企业，致力于打造赣州现代制造业的集中区、吸引外资的集聚区和体制改革的先行区。园区引进项目4家，由世界五百强伟创力集团成立的伟创力电源（赣州）有限公司发展态势良好，企业有员工4500余人，组建电源变压器生产线58条。积极拓展保税物流业务，引进赣州中核科技有限公司、赣州捷运仓储物流有限公司和赣州祺达物流有限公司等3家保税物流企业。

【投资环境不断优化】 2011年，园区本着"企业为本、服务至上、效率优先、满意为旨"的宗旨，推行"保姆式"服务，立足服务过程的全履盖、全跟踪和全满意，为企业提供更加优质、高效的服务。伟创力电源项目在入区2个月内就实现投产，创造项目投产的"赣州速度"。实行"24小时预约通关"，提前沟通企业出口信息，使海关、国检等监管部门及时掌握业务进展，提前解决出口困难问题，确保实现货物高效通关。

（肖上清　刘地长）

九江出口加工区

【概　况】 位于庐山西麓、鹤问湖畔，是全省首家国家级出口加工区。2011年，全区实现内资进资10亿元，外资进资4863万美元。新引进项目14个，其中赛翡蓝宝石项目投资30亿元、盛祥电子布项目投资2.26亿元、绿翔光电项目投资2000万美元；新开工项目12个，新投产项目11个，其中正展光电、绿翔光电、切割液回收等7个项目均实现当年动工、当年投产。园区累计落户项目69个。完成工业主营业务收入181亿元，同比增长171.2%；实现利税17亿元，增长132.8%；完成财税1.65亿元，增长191.1%。

积极创建生态园区。根据省政府"将九江出口加工区作为江西省第一个创建绿色生态工业园试点园区"的要求，高标准开展绿化亮化，管网改造、循环经济、物业管理和环境设施建设等各项创建活动。园区加强对规划范围内的4.5平方千米主次干道、支道、河流、厂区等全面绿化。改进污水处理厂处理工艺，完成项目全部工程，进入设备调试和试运行阶段。建成后，达到国家一级排放标准。1月，园区顺利通过江西省生态园区验收小组的各项考核。

大力帮企业排忧解难。2011年，园区举办26场招聘、招工会，为园区企业招工6854余人，免费技能培训4198人，协调解决园区企业各类劳动纠纷调解26起。帮助铨讯电子公司开展多次普工面试、体检工作，为铨讯电子企业输送上岗普工2937人，缓解企业用工难问题。定期开展银企对接，为企业做大做强提供融资平台和资金支持。对入园企业实施细节化服务，经园区帮扶，铨讯电子、绿晶光电两家企业升为海关A类企业，瀚森科技公司升为九江市海关AA类企业，并成为省内第一家用企业ERP管理系统与海关实现联网监管的企业，实现园区、海关、企业三赢。

【园区外贸出口首次跃居中部地区第一】 2011年，园区紧紧围绕九江经济技术开发区"4+1"产业发展目标，积极引进和发展新能源、新材料、电子信息产业。促进园区外贸出口等经济指标保持高速增长态势。全年外贸出口突破6亿美元，同比增长222%，首次跃居中部地区7个出口加工区第一。

【30亿元赛翡蓝宝石项目开业投产】 11月20日，总投资30亿元的九江赛翡蓝宝石项目在出口加工区举行开业暨公司成立一周年庆典。公司于2010年12月17日成立，建筑面积13万平方米，建设年产1600万片蓝宝石衬底生产线，所产蓝宝石衬底基片全部用于蓝、紫、白光二极管（LED）和蓝光激光器（LD）工业。项目全部达产后，年产值可达35亿元，利税12亿元，成为国内LED衬底基材的领军企业。

【盛翔电子布项目开工建设】 7月7日，由江西盛翔新型玻纤材料有限公司投资2.3亿元兴建的无碱电子布项目开工建设。项目主要建设年产6720万米无碱电子布生产线。项目达产达标后，年销售收入达4.65亿元。项目开工建设，完善园区玻纤新材料产业链，促进园区玻纤新材料产业集聚发展。

【投资3亿元讯通新能源项目开工建设】 7月19日，由深圳市迪凯特集团投资3亿元的九江讯通新能源项目开工建设。项目占地面积2.67万千米，建筑面积约2万平方米，主要生产20万千伏动力锂离子电池及500吨磷酸铁锂材料。项目重点发展储能动力电池领域，形成面向移动终端、储能、动力三大行业全系列产品格局，主导产品包括新型高能锂离子电池、太阳能电池、动力及其相关产品。

（易志斌）

·资 料·

江西省工业园区(开发区)

南昌市(9家)

1 南昌高新技术产业开发区

2 南昌出口加工区

3 南昌经济技术开发区

4 江西南昌小蓝经济开发区

5 江西新建长堎工业园区

6 江西安义工业园区

7 南昌昌南工业园区

8 南昌昌东工业园区

9 南昌英雄经济开发区

九江市(13家)

10 九江出口加工区

11 九江经济技术开发区

12 江西共青城经济开发区

13 江西瑞昌工业园区

14 江西九江沙城工业园区

15 江西武宁工业园区

16 江西修水工业园区

17 江西永修云山经济开发区(江西永修星火经济开发区)

18 江西德安工业园区

19 江西星子工业园区

20 江西湖口金砂湾工业园区

21 江西都昌工业园区

22 江西彭泽工业园区

景德镇市(3家)

23 景德镇高新技术产业开发区

24 江西乐平工业园区

25 江西景德镇陶瓷工业园区

萍乡市(3家)

26 萍乡经济技术开发区

27 江西莲花工业园区

28 江西芦溪工业园区

新余市(2家)

29 新余高新技术产业开发区

30 江西分宜工业园区

鹰潭市(3家)

31 江西鹰潭工业园区

32 江西贵溪工业园区

33 江西余江工业园区

赣州市(16家)

34 赣州经济技术开发区(赣州出口加工区)

35 江西赣州沙河工业园区

36 江西赣县经济开发区

37 江西南康工业园区

38 江西信丰工业园区

39 江西大余工业园区

40 江西上犹工业园区

41 江西安远工业园区

42 江西龙南经济技术开发区

43 江西定南工业园区

44 江西宁都工业园区

45 江西全南工业园区

46 江西于都工业园区

47 江西兴国工业园区

48 江西会昌工业园区

49 江西瑞金工业园区

宜春市(9家)

50 江西宜春经济开发区(江西袁州医药工业园)

51 江西樟树工业园区

52 江西丰城工业园区

53 江西靖安工业园区

54 江西高安工业园区

55 江西奉新工业园区

56 江西上高工业园区

57 江西宜丰工业园区

58 江西万载工业园区

上饶市(11家)

59 上饶经济技术开发区

60 江西广丰工业园区

61 江西玉山工业园区

62 江西横峰工业园区

63 江西铅山工业园区

64 江西弋阳工业园区

65 江西婺源工业园区

66 江西万年工业园区

67 江西鄱阳工业园区

68 江西余干工业园区

69 江西德兴大茅山经济开发区

吉安市(13家)

70 井冈山经济技术开发区

71 江西吉安河东经济开发区

72 江西吉州工业园区

73 江西吉安工业园区

74 江西吉水工业园区

75 江西永丰工业园区

76 江西新干工业园区

77 江西安福工业园区

78 江西峡江工业园区

79 江西泰和工业园区

80 江西遂川工业园区

81 江西永新工业园区

82 江西万安工业园区

抚州市(10家)

83 江西抚州金巢经济开发区

84 江西抚北工业园区

85 江西崇仁工业园区

86 江西金溪工业园区

87 江西南城工业园区

88 江西南丰工业园区

89 江西广昌工业园区

90 江西东乡经济开发区

91 江西宜黄工业园区

92 江西黎川工业园区

注:对外园区数为94家(包括:江西永修星火经济开发区、江西袁州医药工业园)。

旅　游　业

本栏编辑　邓玉兰

综　述

2011年，全省旅游行业加大旅游宣传推广力度，有效拓展客源市场，“江西风景独好”旅游品牌形象深入人心。全年全省接待旅游总人数1.60亿人次，同比增长47.8%，增幅居全国首位；旅游总收入1105.93亿，增长35.15%，首次突破千亿元大关，跻身“千亿元俱乐部”，增幅居全国第四位，旅游总收入相当于全省GDP的9.54%；接待入境旅游人数135.83万人次，增长19.06%；外汇收入4.15亿美元，增长19.97%。

*省委、省政府高度重视并高位推动旅游产业发展。*省委书记苏荣鼓励全省旅游行业“事在人为，业在人创”，又针对江西旅游免票月活动批示：“免票月活动很有创意，旅游业的快速发展是今年全省工作的一大亮点”。省长鹿心社批示：“江西省旅游资源丰富，旅游业发展潜力大，赞成从更高层次上谋划推动，将旅游业进一步做大做强。”副省长朱虹在进行大量调查研究的基础上，提炼确定“江西风景独好”旅游主题口号，作词创作主题歌曲，撰写发表多篇优美散文，协调中央电视台、中国国际广播电台、央视网等主流媒体加大江西旅游宣传，并带队赴国内外推介江西旅游，对江西旅游业的发展倾注了大量精力。年内，省政府与国家旅游局签署《旅游业发展合作备忘录》，以省政府名义召开8次旅游专题会议，先后出台并实施《关于加快发展温泉旅游的若干意见》和《关于加快发展乡村旅游的若干意见》等促进旅游产业发展的政策措施，考核表彰旅游工作先进县（市、区），专门召开省直部门参加的支持旅游发展座谈会，调动方方面面积极性，营造了发展大旅游、培育大支柱、形成大产业的良好氛围。

*开展“发展提升年”等活动。*全省旅游行业以提升发展质量为目标，以创先争优为抓手，转变工作作风，展现行业风貌，涌现出一大批先进典型。2011年，省旅游局在省直机关各项检查评比中获得所有的奖项，获“全省发展提升年活动先进单位”“‘十一五’安全生产工作综合先进单位”“第八届省直机关文明单位”“节能工作先进单位”等称号。在全省旅游行业窗口单位开展“为民服务争先创优”“加强职业道德、提升服务效能”“诚信兴商宣传月”等活动。江西省获评全国旅游系统先进集体2个、劳动模范2名、先进工作者4名，全国红色旅游工作先进集体6个、先进个人6名。

*加快发展旅游业的社会合力更加强劲。*省人大、省政协组织开展关于江西省旅游产业发展情况的调研活动。省政协十届十九次常委会议专题协商“着力打造旅游产业大省，促进鄱阳湖生态经济区建设”问题。各级党委、政府积极推进，发展旅游产业的氛围日渐浓郁。11个设区市都对旅游业作出明确的战略定位，其中7个设区市定位为战略性重要支柱产业，上饶等3个设区市提出建设旅游强市的目标，萍乡市把发展旅游业作为推进城市转型的主要抓手和中心工作，景德镇市把旅游业作为城市的三张主牌之一。11个设区市都出台加快旅游发展的意见或决定，其中南昌、赣州、鹰潭、九江、宜春等设区市连续出台扶持旅游产业发展的政策措施。11个设区市都成立由党委或政府主要领导牵头的旅游产业发展领导协调机构，鹰潭市由市委书记担任旅游产业发展委员会主任，萍乡市由市委书记担任旅游工作的总督导。吉安、抚州等8个设区市旅游部门成为政府组成部门。6个设区市增加旅游发展资金的预算，赣州市、南昌市旅游发展资金预算分别达到3000万元和2600万元。各部门各领域密切配合，纷纷出台配套政策和创新举措，不断加大对旅游业发展的支持力度。省发改委、省财政厅在旅游投资建设和资金安排上给予大力扶持。省国土资源厅优先安排温泉旅游开发用地。省地税局出台30条旅游税收优惠政策。省交通运输厅加快推进旅游公路建设。省农业厅、省林业厅、省卫生厅等相关单位都主动发挥职能，携手共促旅游发展。年内，全省共有1350辆旅游客运车辆（4.88万个座位）享受2010年度一次性财政专项补贴2051万元，新增43家旅游星级饭店享受与一般工业企业同等用电价格优惠政策。政府大力推动、各方积极参与、全社会大办旅游的格局基本形成。

*温泉旅游脱颖而出。*组织开展全省温泉旅游调研，召开全省温泉旅游工作会议，制定并下发《关于加快发展温泉旅游的若干意见》。各地加快推进温泉旅游项目建设，新开工建设投资额在亿元以上的项目16个，其中投资额在10亿元以上的项目6个。截至年底，全省共有在建温泉旅游项目35个，总投资213.2亿元。其中，九江市12个、宜春市9个、赣州市4个、吉安市2个、抚州市3个，南昌市、鹰潭市、萍乡市、新余市、上饶市各1个。

乡村旅游蓬勃发展。省政府召开全省乡村旅游工作会议，印发实施《关于促进乡村旅游发展的若干意见》。江西省乡村旅游发展经验得到国家旅游局的充分肯定，副省长朱虹出席全国休闲农业和乡村旅游工作会并作典型发言。国家旅游局批准在婺源设立国家级乡村旅游度假实验区。江西省以标准化建设为抓手，实施乡村旅游品质提升计划，推进A级乡村旅游点创建工作。各设区市创建3A级乡村旅游点33个。同时，推进特色景观旅游名镇（村）创建，吉安市青原区渼陂村和九江市庐山区海会镇获评第二批全国特色景观旅游名镇（村）。全省有全国休闲农业与乡村旅游示范县3个，全国休闲农业与乡村旅游示范点5个，各类休闲农业与乡村旅游景区（点）600余处，休闲农庄630多家，农家旅馆3000多家，规模经营的农家乐和农家餐馆1.2万家，创评9个全国特色旅游景观名镇（村）、23个全国农业旅游示范点、154个省级乡村旅游示范点、200家星级农家旅馆。

生态旅游快速推进。推进鄱阳湖生态旅游区建设，编制完成鄱阳湖生态旅游区规划。启动生态旅游示范工程建设，建设一批生态旅游示范设施。省旅游局与省林业厅签署《关于推进森林旅游发展的合作框架协议》，建立江西省森林旅游工作联席会议制度。靖安县宝峰镇毗炉村被国家林业局、国家旅游局列为全国森林旅游示范区试点单位。

休闲旅游、自助旅游、商务旅游渐成气候。江西省旅游正从观光旅游向观光、休闲等多种旅游形态转变，旅游消费水平逐步提高，自助旅游成为江西省各地旅游接待的重要组成部分。萍乡武功山景区被中国风景名胜区协会评为“全国风景名胜区自驾游示范基地”。

（万　晶）

红色旅游

【概　况】 江西省弘扬井冈山精神和苏区精神，推出一系列红色培训拓展项目，寓教于游，寓教于乐，深受游客喜爱，成为红色旅游和老区经济的有效增长点，也促进了老区整体形象的提升。2011年，全省红色旅游接待人数5560万人次，红色旅游综合收入440亿元，分别增长28.5%和34.5%。完成红色旅游一期规划项目18个，总投资超过5亿元，红色旅游重点景区环境、配套基础设施等条件得到改善。启动江西省红色旅游二期规划项目建设。全国红色旅游工作协调小组办公室到江西进行红色旅游健康发展情况专项检查，对江西省红色旅游发展工作给予了充分肯定。

【举办2011中国红博会】 2011年适逢中国共产党建党90周年，7月1日晚，由江西省人民政府、国家旅游局联合主办的2011中国红色旅游博览会开幕式——全国红色旅游地庆祝中国共产党成立90周年大型情景演唱会在南昌举行。演唱会3000多名演唱人员参与演出，以“红色旅游·红歌嘹亮”为主题，气势恢宏、震撼人心。省委书记苏荣宣布2011中国红色旅游博览会开幕，并为全国16个红色旅游城市代表授旗。省委副书记、代省长鹿心社，国家旅游局党组副书记、副局长王志发分别致辞。开幕式由副省长朱虹主持。省四套班子领导及国家有关部委的领导和嘉宾，北京、上海、重庆等14个省市旅游局，韶山、遵义、延安等16个全国重点红色旅游地的负责人，全国百强旅行社负责人，江西省直单位、各设区市和社会各界代表，中央、地方、境外媒体记者等5000余人参加开幕式活动。7月3日，中央电视台《新闻联播》报道了2011中国红色旅游博览会开幕式盛况。红博会首次上升为国家层面的大型旅游节庆活动，成为全国旅游行业的一次盛会。开幕式由江西卫视携中国网络电视台、人民网、新华网、腾讯网、新浪网等10多家网站全程同步直播，移动、联通、电信手机以及腾讯微博、新浪微博、江西旅游交通广播等直播，现场有中央、地方、境外共100余家媒体参与活动的宣传报道，全媒体覆盖的超强宣传阵营开创了江西省大型旅游活动宣传的新模式，直接覆盖人群超过2亿人次。

【全省红色旅游工作座谈会在井冈山召开】 8月22日，全省红色旅游工作座谈会在井冈山召开。副省长朱虹出席会议并讲话，省政府副秘书长蔡玉峰、吉安市市长王萍、省旅游局局长王晓峰和部分设区市分管旅游工作领导及各设区市旅游局主要负责人出席会议。会议由省旅游局局长王晓峰主持，南昌、萍乡、赣州、吉安市政府分管旅游工作副市长分别进行工作发言，井冈山管理局、上饶集中营名胜区管委会、上饶方志敏纪念馆委会、八一起义纪念馆、小平小道陈列馆的主要负责人在会上作经验交流。朱虹在会上强调，红色旅游是江西省的特色产业，也是江西省的一大优势，建设红色旅

7月1日，国家旅游局与江西省人民政府联合举办2011中国红博会开幕式暨全国红色旅游地隆重纪念建党90周年大型情景演唱会。

蔡　涛摄

游强省是省委、省政府的重要决策，希望这次座谈会后大家要进一步统一思想，高举红色旅游旗帜，切实树立实事求是的工作作风，细化目标任务，明确时间节点，落实责任人员，强化工作措施，加强工作督导，把每一项工作落到实处。

【井冈山"CCTV红色主题影视节目示范基地"揭牌】 8月22日，"CCTV红色主题影视节目示范基地"揭牌仪式在井冈山革命博物馆举行。与中央电视台旗下重要的传媒集团中国国际电视总公司合作成立"CCTV红色主题影视节目示范基地"，在"革命摇篮"井冈山引入中国最优秀的红色主题影视节目进行展示和销售，在江西省尚属首次。

（万　晶）

景区建设

【概　况】 全省形成省、市、县、项目单位4级旅游项目储备体系，不断调整充实江西省旅游产业项目库，实现对旅游项目的动态管理。定期召开全省旅游项目建设和招商引资调度会，统筹协调全省旅游重大项目建设，中信集团庐山西海、萍乡杨岐山风景名胜区综合开发等一批重大旅游项目列入省级调度重点项目。南昌梅岭旅游风景区综合开发、南昌环城水上游项目、九江星子东林大佛文化游览区等重大旅游项目开工建设。南昌滕王阁二期改造、吉安武功山嵘源国际温泉度假村、庐陵文化生态园、上饶方志敏纪念馆新馆、新余圣集寺及佛教文化园等项目建成开放。南昌、九江两市旅游集散中心建成并投入运营，萍乡、上饶、赣州等市旅游集散中心建设工作启动，庐山、三清山、龙虎山、龟峰、鄱阳湖湿地公园等25个游客服务中心投入使用，总投资达8.6亿元。

【编制旅游发展规划】 省旅游局组织编制《江西省旅游产业发展"十二五"规划纲要》《鄱阳湖生态旅游规划》《江西省温泉旅游发展规划》等旅游规划。指导各设区市、重点旅游景区开展规划编制工作，对部分设区市、4A级旅游景区的规划进行评审。

【举办首届全省旅游招商大会】 在第七届泛珠合作大会期间，举办首届全省旅游招商大会，现场签约引进23个重大旅游项目，合同金额超过180亿元，活动成效显著。全年全省共签约引进129个内资旅游项目，合同金额达639亿元，实际进资157亿元；引进外资项目6个，合同金额13.7亿美元，实际进资4.3亿美元。

【建立银旅战略合作关系】 省旅游局与中国银行江西省分行签署《江西省银旅战略合作协议》，建立银旅战略合作关系，并联合发行"江西风景独好"旅游卡。中行江西省分行向全省旅游行业提供总金额达200亿元的授信意向，签约现场向大觉山景区集团有限公司、三清山旅游产业发展集团有限公司等旅游企业授信贷款14亿元。同时，省内多家金融机构加大了对旅游产业发展的支持。

【创评国家A级旅游景区】 2011年，三清山获国家5A级旅游景区称号，武功山、兴国三僚、会昌汉仙岩、南昌宝葫芦农庄、大余丫山、石城通天寨6家景区获评4A级旅游景区，南昌市小平小道爱国主义教育基地等11家单位获批3A级旅游景区。截至年底，全省A级旅游景区共有126个，其中5A级3个、4A级45个。

【组织开展"江西省十大新旅游景区"评选活动】 经省政府同意，组织开展"江西省十大新旅游景区"评选活动。全省各景区踊跃报名参选，共50家景区通过资格审核。萍乡武功山、庐山西海、鄱阳湖国家湿地公园、大觉山、吉安庐陵文化生态园、黄岗山、井冈山杜鹃山、小平小道、大余丫山瀑布群、奉新百丈寺获评"江西省十大新旅游景区"。德兴大茅山、江西凤凰沟等10家景区获评"江西省优秀新旅游景区"。

（万　晶）

市场促销

【概　况】 2011年，江西省加强海外旅游推广。与中国国际广播电台、央视网建立旅游宣传战略合作伙伴关系，与《中国日报》合作推出江西省第一个全英文旅游网站。中国国际广播电台用61种语言向200多个国家播出介绍江西经济社会发展和旅游资源的节目，组织"游在江西——CRI中外记者江西行"活动和"魅力江西"旅游知识竞赛，共收到来自32个国家和地区的听众答卷28万余份，邀请前10名获奖的外国游客代表到江西参观。策划制作并在央视四套播出16集《走遍中国·精彩江西》系列电视片和48集以江西为题材的《快乐学汉语》节目。江西省与全国3000余家旅行社建立合作关系，特别是与韩国哈拿多乐旅游有限公司等国内外旅行社签署合作协议，共同开拓韩、日等客源市场。年内，派出4批旅游促销团分赴欧洲、非洲、南美洲有关国家进行宣传促销，积极组团参加国家旅游局组织的国际旅展，与国外旅游部门和企业加强合作，宣传推介江西旅游。

4月9日至5月20日，江西省先后在上海、杭州、西安、长沙、广州、武汉、北京等重点旅游客源市场开展"江西风景独好"旅游推广月活动，组合运用各类传统与新兴媒体资源进行全方位宣传，600余家中外媒体为江西旅游作宣传，创造了江西旅游发展史上的多项新纪录。策划组织"江西'5·19'百项活动、百个优惠"主题活动，推出各种惠民措施，鼓励居民出游，参与公益惠民活动的企业达374家。年内，举办第七届泛珠大会旅游合作论坛，签署《泛珠三角区域深化旅游合作协议》，推进旅游区域合作。组织全省旅游行业参加"中博会""世界低碳大会"、2011中国国内旅游交易会、第七届海峡旅游博览会等活动。组织开展第三届"全国网络媒体江西游"活动，邀请近50家重点网站媒体记者采访报道。全年由省旅游局组织省内外各类媒体集中参与报道江西旅游活动达50多场次，国内外媒体共刊播江西旅游稿件3550篇，其中中央电视台《新闻联播》刊播16条，《江西日报》刊发旅游类宣传稿件148篇，江西电视台刊播旅游类新闻261条。

【宣传"江西风景独好"形象品牌】 江西省在央视一套、新闻频道并机直播的《朝闻天下》栏目，播出4版“江西风景独好”旅游形象广告片1825次，在《午间新闻》《晚间新闻》栏目播出300多次，重点推介江西省各主要旅游景区，社会反响热烈，江西卫视黄金时段每天也配合播出。

【开展首届最受游客喜爱的“十大赣菜”评选活动】 评出“鄱湖胖鱼头”“四星望月”等游客喜爱的十大赣菜和20道江西精品赣菜，确定28家酒店作为“十大赣菜”的定点推广单位，30多万游客直接参加投票评选，100多家中央、境外及省内各大主流媒体对活动进行全程报道。

【首次举办“江西省重点旅游景区免票月”活动】 组织庐山、井冈山、三清山、龙虎山等71个重点旅游景区（点）于2011年12月20日至2012年1月20日向全国游客推出免门票活动，推出68条冬游线路。活动月期间，各景区共免票接待国内外游客1261万人次，增长82.06%，拉动交通运输、酒店餐饮和娱乐等行业收入超过60亿元。各类媒体累计发稿500多条（篇），百度、谷歌等网络搜索关于“江西景区开展免票月活动”的点击率超过200万。庐山共接待游客14.8万人次，增长近4倍；龙虎山共接待游客7.2万人次，增长236%；三清山共接待游客9.6万人次，增长148.1%；井冈山在20天的免票活动中吸引游客3.5万人次。

【创新宣传营销手段】 加大新媒体、新技术在旅游宣传营销中的运用，启动“江西风景独好——沃3G传递行动”，开展与通讯运营商合作，搭建手机旅游宣传平台，累计发送旅游宣传短信近200万条。江西移动“旅游通”短信平台24小时提供信息发布支持，并让所有到赣游客第一时间收到江西旅游问候和信息提示。省旅游局在新浪、腾讯、搜狐、网易四大微博平台启用“@江西风景独好”官方微博，全省旅游行业共开通微博169家，吸引了广大网友粉丝关注江西旅游。江西旅游政务网被省计算机协会评为2011年省政府优秀政务网站，“江西风景独好”官方微博入选“2011腾讯微博十大影响力排行榜”，居全国旅游目的地官方微博前列。截至年底，“江西风景独好”官方微博关注用户数达54万，官方发布博文4000多条，相关信息评论达4.3万余条。

【挖掘旅游文化】 集中推出“一句宣传口号、一部宣传片、一本旅游画册、一首主题歌曲”，出版英、日、韩、繁体中文等多语种版本的《江西风景独好——通用自由行》旅游书籍，省政府组织编写《江西旅游文化丛书》（10本）和《走遍江西100县》。

（万　晶）

行业管理

【概　况】 2011年，省旅游协会完成换届改选，完善了协会工作机构，服务行业，服务会员，引导旅游企业加强行业自律。出台旅行社、导游人员服务质量监督管理办法，建立和完善星级饭店、旅行社退出机制。年内全省取消星级饭店21家，其中四星3家，三星3家；吊销、注销旅行社36家。开展旅游标准化工作，指导3家单位通过全国旅游标准化示范试点工作验收。修订旅行社星级评定地方标准，并评选出星级旅行社47家，其中五星1家、四星4家。多次联合工商、卫生、安全等部门开展旅游执法检查，充分发挥百名义务监督员的作用，加强旅游行风监督，坚决整治扰乱旅游市场秩序的行为，维护游客的消费权益。年内，全省新评五星级饭店1家、四星级15家、三星级21家。截至年底，全省共有五星级饭店8家、四星级78家、三星级225家。新批旅行社69家，新增出境游组团社2家，旅行社总数达730家（其中出境游组团社24家），持证导游2.18万人。

年内，争取国家公务员局支持举办江西旅游产业发展与管理培训班1期，配合国家旅游局在景德镇举办中西部地区旅游局长培训班和全国IC卡导游证管理系统操作人员培训班各1期，与浙江大学联合举办“旅游高层管理人员工商管理高级研修班”1期，举办全省旅游安全管理和执法人员培训班各1期，指导省旅游培训中心举办饭店、旅行社管理人员岗位职务培训班5期，旅游系统微博信息人员培训班1期，参训人员共1200余名。组织开展导游年审培训，1.07万导游人员参训。指导各级旅游部门组织开展旅游饭店、旅行社等各类高中级旅游管理人员岗位培训，提升旅游队伍素质。全省培训人数创历史新高。组织开展全省导游资格考试和中级、高级导游员等级考试评定工作，全年共有8146人参加全省导游资格考试，录取2084人。

【组织开展重大旅游政策课题研究】 将旅游课题研究纳入省级社科规划项目，为旅游产业发展提供智力支持。年内共确定9个重点研究课题。省旅游局承担中德合作管理培训项目江西行动学习子项目——鄱阳湖生态经济区建设保障体系分课题研究任务。

（万　晶）

风景名胜区

【概　况】 全省有庐山、井冈山、三清山、龙虎山、仙女湖、三百山、梅岭—滕王阁、龟峰、云居山—柘林湖、高岭—瑶里、武功山、灵山等12处国家级风景名胜区和24处省级风景名胜区。风景名胜区总面积达5257平方千米，占全省国土总面积的3.2%。庐山、三清山、龙虎山和龟峰等风景名胜区被联合国教科文组织世界遗产委员会列入《世界遗产名录》。全省共设立风景名胜区管理机构39个，风景名胜区从业人员4.50万人。2011年，国家级风景名胜区基础设施建设投资30亿元。全年国家级风景名胜区接待境内外游客3100万人次，增长55%。实现旅游收入180亿元，增长50%，其中门票收入14.3亿元，增长56%。

【推进旅游品牌升级】 井冈山申报世界遗产工作积极推进。明确作为福建武夷山拓展项目进行申报的申遗途径，争取井冈山列入中国世界遗产预备清单，启动井冈山世界遗产地保护管理规划的编制工作。2011年，神农源、瑞金、大茅山申报国家级风景名胜区通过国家层面考察。启动大余县梅关一丫山、上栗县杨岐山、龙南县小武当等景区申报国家级风景名胜区工作,对共青城市富华山、抚州市梦湖、龙南县安基山、横峰县葛源等景区申报省级风景名胜区进行调研和指导。省旅游局承担省政府部署的江西旅游文化丛书中《特色山水》的编写任务,完成22万字初稿并送省政府办公厅和出版社审稿。完成中国风景名胜区旅游手册《江西分册》书稿的编写,初稿已报中国风景名胜区协会审稿。

【开展“控规强化年”活动】 省住房和城乡建设厅下发《关于加强风景名胜区控制性详细规划编制和实施的通知》,布置控规编制任务,编制完成30多项风景名胜区详细规划,为风景名胜区项目落地建设提供了依据,国家级风景名胜区近期建设区和重点控制区的控规覆盖率达到60%。《江西省风景名胜区体系规划》通过省风景名胜区规划委员会第十一次全体会议审查。截至年底,全省36个风景名胜区中,12个国家级的总体规划全部上报国务院审批,24个省级规划已经有23个完成报批程序,省政府批复14个。

【加强风景名胜区资源保护管理工作】 庐山、三清山、龙虎山和龟峰等完成世界遗产地定期报告材料的撰写和上报工作。庐山世界遗产地地图信息顺利上报联合国教科文组织世界遗产中心。开展2010年度风景名胜区规划实施和资源保护状况年度报告工作,12个国家级风景名胜区年度报告材料上报住房和城乡建设部。加强风景名胜区资源保护和规划监管力度。开展风景名胜区遥感监测图斑变化核查活动,组织专家对国家级风景名胜区共计104处遥感监测图斑变化情况进行实地核查。加强风景名胜区资源保护和规划建设实地核查工作。组织人员对国家级风景名胜区的资源保护和规划建设情况进行督导检查,有效遏制了风景名胜区违法建设行为。

12月13日,举行“江西省旅游总收入过千亿”、重点旅游景区免票月活动暨“江西省十大新旅游景区颁布”新闻发布会,隆重庆祝江西旅游跨入“千亿元俱乐部”。

蔡 涛摄

【风景名胜区法规体系建设取得突破】 《井冈山风景名胜区条例》立法顺利推进。省人大常委会将《井冈山风景名胜区条例》列为2012年立法计划。井冈山风景名胜区管理实现新的突破,省政府办公厅下发《关于加强井冈山风景名胜区规划建设管理工作的通知》,就做好井冈山风景名胜区的资源保护和规划建设管理等工作提出具体要求。加快风景名胜区规范性文件制定。组织专家编制起草《江西省风景名胜区控制性详细规划编制导则》《江西省风景名胜区建设活动审批和监督办法》等规范、规定。完善审查程序,落实风景名胜区规范化管理措施。坚持控规指导、实地勘察、专家评审、集体研究的规划及项目选址审批程序,对30多项风景名胜区内建设项目选址方案进行专家评审,核发10多个建设项目选址意见书,批复10多个规划及建设方案。

【加大旅游基础设施建设】 加快推进风景名胜区旅游接待基地建设。庐山南、北山游客服务和换乘中心及环保车二期正式投入使用,井冈山新游客中心完成选址和方案规计,三清山金沙服务区游客中心完成升级改造并全面投入使用,枫林接待服务区启动路网建设等前期工作,龙虎山启动龙虎山镇接待中心北部片区建设并完成规划设计方案,云居山—柘林湖巾口接待服务区启动一期精品酒店建设。萍乡武功山新游客服务中心完成规划设计,上饶灵山左溪服务区完成立项。推动风景名胜区内交通等基础设施建设。庐山五老峰景区公路(植青路)竣工通车,上德高速三清山连接线完成选线,鹰瑞高速公路龙虎山连接线正式通车,武吉高速公路云居山—柘林湖连接线建成通车,萍乡武功山福星谷游步道、栈道、栈桥正式投入使用。做好风景名胜区重大建设项目规划服务工作。对三清山枫林服务区、云居山—柘林湖巾口旅游服务区和司马旅游镇等重大建设项目做好规划服务工作。完成云居山—柘林湖巾口中心镇总体规划、司马旅游镇总体规划和休闲欢乐世界控制性详细规划的审查,对三清山枫林服务区内的便民服务中心、拆迁安置区和云居山—柘林湖司马旅游镇休闲欢乐世界拆迁安置区、巾口拆迁安置区等项目选址和方案设计进行专家评审,为巾口中信精品酒店核发选址意见书。

(李小龙)

·资 料·

江西省省级风景名胜区基本情况

序号	风景名胜区	所在地	面积(平方千米)	批准设立时间
1	通天岩风景名胜区	赣州市	5.6	1995年
2	翠微峰风景名胜区	赣州市宁都县	16.1	1995年
3	罗汉岩风景名胜区	赣州市瑞金市	22	1995年
4	汉仙岩风景名胜区	赣州市会昌县	40.4	1995年
5	梅关—丫山风景名胜区	赣州市大余县	58.9	1995年
6	小武当风景名胜区	赣州市龙南县	13.5	1995年
7	陡水湖风景名胜区	赣州市上犹县	28.6	1995年
8	聂都风景名胜区	赣州市崇义县	109.9	1995年
9	青原山风景名胜区	吉安市青原区	19.4	1995年
10	玉笥山风景名胜区	吉安市峡江县	47.5	1995年
11	白水仙—泉江风景名胜区	吉安市遂川县	30.66	1995年
12	麻姑山风景名胜区	抚州市南城县	36	1995年
13	杨岐山风景名胜区	萍乡市上栗县	30.94	1995年
14	玉壶山风景名胜区	萍乡市莲花县	51.24	1995年
15	洪岩风景名胜区	景德镇市乐平市	100	1995年
16	秦山风景名胜区	九江市瑞昌市	102.95	1995年
17	南崖—清水岩风景名胜区	九江市修水县	50	1995年
18	灵岩洞风景名胜区	上饶市婺源县	38	1995年
19	神农源风景名胜区	上饶市万年县	43.13	2000年
20	大茅山风景名胜区	上饶市德兴市	154.09	2006年
21	百丈山—萝卜潭风景名胜区	宜春市奉新县	155	1999年
22	华林寨—上游湖风景名胜区	宜春市高安市	178	2006年
23	洞山风景名胜区	宜春市宜丰县	80.21	2006年
24	象湖风景名胜区	南昌市	6.65	2007年

国内贸易

本栏编辑　邓玉兰

综　　述

2011年，全省商务部门抓住国家扩大内需特别是消费需求的重要机遇，实施促进消费政策，加强市场体系建设，开拓省产品市场，保障市场供应，进一步加大市场监管力度，国内贸易各项工作取得显著成绩。城乡居民消费保持较快增长。全年全省实现社会消费品零售总额3457.7亿元，同比增长17.9%，高于全国平均增幅0.8个百分点。其中：城镇市场实现社会消费品零售额2859.4亿元，增长18.0%；农村市场实现社会消费品零售额598.3亿元，增长17.45%，城乡市场保持同步发展。全省限额以上企业零售额实现1093.2亿元，增长30.3%，在全省社会消费品零售总额中所占比重为31.6%，提高5.2个百分点。全省累计销售家电下乡产品371.7万台，销售金额达到101亿元，增长40%，累计销售以旧换新家电203.05万台，销售金额76.7亿元，广大农民得到更多实惠。流通业对全省经济增长的贡献率达10.7%，拉动力为1.2%。

*加快推进城乡市场建设。*一是抓好项目建设。各级商务部门共组织实施3大类11个项目，落实项目建设资金3亿多元。二是组织实施"万村千乡"市场工程。全省新建或改造2090个标准化农家店和36个农村商品配送中心。截至年底，累计新建或改造2.22万个标准化农家店和129个配送中心，覆盖全省所有的县、乡镇和85%的行政村。成立江西万联投资发展公司，率先在全国建立"万村千乡"市场工程联合采购平台。三是稳步推进城市商业网点规划。全省11个设区市、9个县级市及58%的县（区）基本完成城市商业网点规划工作。四是扎实做好农产品现代流通综合试点工作。江西省被列入全国9个农产品现代流通综合试点地区，争取到中央财政支持资金7500万元。南昌、赣州、宜春、上饶等4个设区市共有4个农产品批发市场建设项目、14个农超对接项目和25个农贸市场建设项目列入首批试点范围。组织一批餐饮龙头企业"走出去"，扩大赣菜品牌影响力。五是推进再生资源回收体系建设。赣州、景德镇、南昌等地再生资源回收体系和再生资源回收基地建设试点工作进展顺利，为促进循环经济发展发挥了重要作用。

*城市商业服务功能不断增强。*一是加强家政服务网络体系建设。年内指导南昌市、赣州市开展家政服务体系和吉安市主食加工配送中心及标准化固定早餐网点建设试点工作，全省9000名下岗人员、农民工在13个家政培训基地进行家政服务培训并被推荐上岗就业。截至年底，共建成7个家政服务网络中心、3个主食加工配送中心和176个标准化固定早餐网点，累计有2.30万名下岗人员、农民工接受家政服务培训并实现上岗就业。二是加强餐饮服务行业管理。举办首届赣菜展示会暨江西餐饮业博览会，开展"创赣菜四百工程"重大活动，完成赣菜100个名菜、100名大师名师、100个名店和100个名点的评选认定工作，为展示赣菜特色，打响赣菜品牌，推动赣菜产业发展迈出实质性步伐。

*省产品促销活动成绩显著。*一是举办省外江西产品展销会。为帮助中小企业开拓省外市场，由省商务厅牵头与兄弟省市合作，先后组织1000多个省内名优产品，选定北京、上海、广州、西安等地举办江西商品展销会，开展产品推介和产销对接，活动现场销售额3551.3万元，签订产销合同额44.3亿元，通过展销会推动一批参展企业在省外开设分公司、专卖店或发展经销商、代理商等，在北京、上海、广州等地扶持建立8个较大规模的江西产品省外展示销售平台，使一大批省内产品进入到省外超市或卖场。江西商品在全国的知名度、影响力和市场占有率进一步得到提升。二是多形式大力推介省产品。组织省内重点生产企业加强产销对接，举办展销会，推进江西产品打入全国市场。江西大米、冷鲜肉、水产品、柑橘脐橙等四大类重点绿色有机产品已进入沃尔玛、麦德龙、家乐福等30多家省外连锁超市1500多个门店，遍布全国20多个省市区，销售额达30亿元。组织企业参加绿博会、酒博会等一批省内外大型展销会、交易会。三是举办各类促销活动。各市、县商务部门举办、承办和组织企业参加各类促销活动198次，企业签订销往省外市场的产品合同金额285.58亿元。连续3年在全省组织开展金秋购物消费月活动。全省参与商家达5738万家，销售额35.61亿元，有力地促进了居民消费。

*加强市场供应保障工作。*一是抓好市场运行监测工作。全省已建成生活必需品、重点流通企业等8个市场监测系统，样本企业总数达613家，主要内贸企业均已纳入监测样本企业。建立定期发布市场运行信息合作平台

和省、市以及11个县级市商务预报平台。全省发布市场运行原创信息1.3万条,并多次被《江西日报》《经济晚报》等省内知名媒体采用,省商务厅市场监测信息被公认为是江西省该领域最权威、最专业的市场资讯。2011年,江西省市场运行监测综合工作在全国排名由第十四名提高到第五名,得到商务部通报表扬。建立完善成品油市场运行监测制度,采取日报、周报、季报等形式,年内共报送1903条信息,向商务部、省政府报送8条专报信息,为保障成品油市场平稳供应发挥重要作用。全年全省成品油市场供应保持基本稳定。二是加强市场应急保障工作。进一步完善全省生活必需市场供应应急预案,确定59家省级市场应急保供重点联系企业。稳妥应对商务突发事件,受日本大地震核辐射引发含碘食盐可预防核辐射等谣言影响,在接到玉山县商务局报告抢盐风波后,省商务厅迅速启动应对日本地震海啸及核辐射事故应急工作机制,及时向省政府报告江西省食盐市场异常波动情况,组织各地商务主管部门调度市场供应保障,实施近1个月的市场异常波动信息日报和生活必需品市场监测日报制度,密切与盐业公司的协调配合,加大食盐投放量,满足群众日常用盐需求。江西省食盐市场供应仅在3天内便得到平稳恢复,得到省委、省政府领导的充分肯定。

*市场秩序进一步规范。*一是开展市场秩序专项整治。开展成品油市场整治、生猪屠宰行业专项整治和打击侵犯知识产权和假冒伪劣商品专项行动,依法取消151家不符合条件的屠宰企业资格。成立26个部门组成全省打击侵犯知识产权和制售假冒伪劣商品工作领导小组,初步建立工作机制,开展为期8个月的打击侵权和假冒伪劣专项行动,重点开展“两节”“两会”期间的市场监管和农村市场重点商品专项整治活动,切实维护了市场秩序。二是开展商务领域综合行政执法工作。省级和10个设区市“12312”商务举报投诉服务中心基本建成,10个设区市开通“12312”举报电话,60个县(市、区)建立县级“12312”商务举报投诉服务联系点。三是加强生猪定点屠宰监管工作。将《江西省生猪屠宰管理办法》列为省政府2011年立法计划,江西省生猪屠宰管理工作纳入法制化轨道。开展为期7个月的生猪屠宰行业集中整治行动,进一步完善肉类追溯体系,南昌市被列为2011年全国肉菜追溯体系建设试点单位。四是推进药品流通监管工作。基本建立省、市、县三级完整的药品流通行业管理工作体系,建立与部门、协会和企业3个联系机制,并出台农村连锁药店发展扶持政策。五是进一步加强商务领域信用建设。印发《江西省商务领域信用信息管理暂行办法》,建立省商务厅商务领域信用信息管理平台,征集录入企业信息907条。组织开展“诚信经营”示范创建活动,配合省委宣传部开展“百城万店无假货”活动,全省共计评选出示范街10条,示范店49家。向商务部争取中小商贸企业融资担保补助专项资金约918万元,帮助全省930多家中小商贸企业解决担保贷款15.9亿元,促进中小商贸企业实现销售额63.6亿元,为江西省搞活流通、扩大消费作出了积极的贡献。

(省商务厅编辑室)

市场秩序建设

【打击侵犯知识产权和制售假冒伪劣商品工作领导小组成立】 根据全国打击侵犯知识产权和制售假冒伪劣商品专项行动领导小组的统一部署,江西省开展为期8个月的打击侵权和假冒伪劣专项行动。成立由26个部门组成的全省打击侵犯知识产权和制售假冒伪劣商品专项行动工作领导小组,领导小组办公室设在省商务厅,根据国务院《关于进一步做好打击侵犯知识产权和制售假冒伪劣商品工作的意见》要求,此项工作进入常态化,江西省又成立26个部门组成的全省打击侵犯知识产权和制售假冒伪劣商品工作领导小组,领导小组办公室仍设在省商务厅。并草拟《全省打击侵犯知识产权和制售假冒伪劣商品工作领导小组工作规则》呈省政府审定。联合省发改委等10个厅局开展农村市场重点商品专项整治活动,对农村重点商品市场专项整治,严肃查处与农村市场相关的制售假冒伪劣商品行为,进一步规范了市场秩序。

【药品流通行业管理工作成效显著】 2011年,江西省药品流通行业管理工作成效显著,在全国药品流通行业管理工作视频会议上作经验介绍。全省基本建立省、市、县三级完整的药品流通行业管理工作体系,落实领导分工、责任部门和工作人员。会同省医药商业协会起草制定江西省药品流通行业发展5年规划,通过召开相关部门和企业座谈会,发征求意见函和调研等多种方式,修改完善规划,争取尽快出台。建立与部门、协会和企业3个联系机制,加强与药监、卫生、发改、人保等有关部门沟通协调。密切与行业协会的联系,依托行业协会做好调研等基础性工作。建立与企业工作联系机制,选择有代表性的批发、零售企业作为联系点,建立工作联系机制。参与省医改领导小组的各项工作,密切跟踪各项医改政策进展,引导药品批发企业依法依规参与各地基本药物招投标和配送工作,确保基本药物供应及时。组织11家药品流通企业开展统计数据的直报工作和对非典型企业的统计报表工作。并组织3期商务主管部门干部培训班,使商务干部进一步明确职能,提高了管理水平。

【扶持发展农村连锁药店】 省商务厅多次深入萍乡等地开展发展农村连锁药店的专题调研,研究农村发展连锁药店的对策,并提出12条支持农村连锁药店发展的措施。出台扶持农村连锁药店发展政策,从2011年省内贸专项资金中安排72万元专项经费用于引导、鼓励大型药品流通企业拓展业务,发展农村连锁药店。对药品零售连锁企业2011年度在农村每开设一家连锁药店给予药品零售连锁企业1万元补助,共扶持药品零售连锁企业16家,发展农村连锁药店72家。

【推进商务综合执法工作】 自商务部在全国商务系统开展市场监管公共服务体系建设工作以来,江西省推进商务综合执法工作,取得显著成效。商务执法队伍建设取得新突破。全省累计有10个设区市和19个县(市、区)列为商务部市场监管公共服务体系建设试点单位,省级试点县(市、区)41个,新增加省级试点县(市)23个,使部、省级试点县(市)的数量达到60个。全省商务综合执法人数达909人,其中行政、事业编652人(聘用人员257人)。执法条件明显改善。各试点单位为执法队伍安排专门的办公场所,改善办公条件,配备专门的交通、通讯、检验检测、调查取证等执法装备。执法范围进一步拓展。商务综合行政执法已从生猪屠宰、酒类流通等领域开始,逐步拓展到成品油等其他领域。开展培训工作,提高执法水平。对60个试点县(市)区的81名商务综合行政执法支(大)队负责人就食品安全形势、鲜肉和肉制品安全整治工作要求和商务执法相关法律法规知识等方面进行培训,通过培训提高了综合执法水平和市场监管能力。综合执法成效显著。年内各地商务主管部门注重与公安、工商、质监、农业、卫生等部门密切配合,充分发挥商务综合执法队伍的作用,组织专项打击行动,在打击私屠滥宰、规范酒类流通秩序、打击成品油非法经营等方面,取得显著成效。年内全省共出动执法检查人员10.05万次,检查企业1.82万家。查处屠宰违法行为6763起,缴获私宰肉70.09万千克,查处销毁病害肉、注水肉15万千克。查处酒类违法3206起,没收假酒6571瓶。其他领域违法查处684起。通过商务行政综合执法查处涉及总货值1814.8万元。立案288起,移送12起,逮捕5人。

【逐步完善“12312”商务举报投诉服务平台建设】 省级“12312”商务举报投诉服务中心正在建设,10个设区市建成“12312”商务举报投诉服务中心,开通“12312”举报电话,60个县(市、区)已经建立县级“12312”商务举报投诉服务联系点。广大人民群众对“12312”商务举报投诉服务电话的知晓度逐渐提高。全省各地通过“12312”电话取得举报投诉信息,端掉私宰窝点近百个。

【规范生猪定点屠宰管理】 生猪定点屠宰法规建设取得新进展,将《江西省生猪屠宰管理办法》列为省政府2011年立法计划,江西省生猪屠宰管理工作纳入法制化轨道。从5月起开展为期7个月的生猪定点屠宰专项整治行动,对全省180多家存在问题的小型屠宰场点提出整改意见和整改期限,进一步规范生猪定点屠宰管理。生猪定点屠宰企业审核换证工作有序开展。全省屠宰企业从792家减少到643家,依法取消151家不符合条件的屠宰企业,全省生猪屠宰行业布局进一步优化。组织开展2011年度猪肉抽验工作,抽检样本合格率98.7%,高于往年近1个百分点。指导南昌市成功申报2011年全国肉菜追溯体系建设试点单位,争取到中央财政资金3500万元。

【加强商务流通领域食品安全管理工作】 为进一步提高对流通领域食品安全重要性的认识,增强行业管理人员和屠宰企业的责任感和紧迫感。针对媒体曝光的河南“瘦肉精”事件和食品安全形势分别于3月25日和5月18日召开全省商务主管部门和县以上屠宰企业生猪屠宰监管工作视频会议,强化行业管理人员食品安全方面监管职责以及屠宰企业负责人是食品安全第一责任人的意识。进一步加强食品安全宣传,年内,全省各级商务主管部门开展各类宣传咨询活动30场次,悬挂宣传横幅135条,发放宣传材料3.49万份,广播、电视、报刊、网络报道102篇次。抓好全国食品安全迎检考评工作和第七届全国城市运动会商务领域食品安全保障工作,在“七城会”期间,督促和落实肉品保障分工,10个赛会承办城市商务部门对定点屠宰企业所供赛会猪(牛、羊)肉品质量进行全程监管,保障了赛会期间的用肉安全。

(付蓉 吴萍)

市场体系建设

【探索“万村千乡市场工程”长效机制】 2011年,全省“万村千乡市场工程”共建设合格农家店2086个,其中:乡级店239个、村级店1847个;日用品店1447个,农资店639个。农家店新增营业面积14万平方米,新增销售额19.4亿元,带动就业5638人。建设与改造配送中心37个,新增配送面积8万平方米,总投资1.58亿元。以城区店为龙头,乡镇店为骨干,村级店为基础的农村现代流通网络逐步形成,实现农家店基本覆盖的阶段性目标。省商务厅积极探索“万村千乡市场工程”发展的长效机制,进一步提高项目建设质量和提升承办企业、农家店市场竞争力。在严格农家店和配送中心建设标准与验收程序的基础上,组织设区市进行交叉验收,成效良好。进一步规范农家店管理,农家店店招统一更换1.9万余家,占农家店总数的97%。开展承办企业管理人员培训和考察学习。对全省80余家“万村千乡市场工程”承办企业董事长、总经理进行培训,并且组织10余家承办企业赴浙江、河南等经济发达省份实地考察、现场再学习,全面提升“万村千乡市场工程”承办企业的实施水平和管理人员的综合素质。成功打造“万村千乡市场工程”合作平台,年内江西省“万村千乡市场工程”建设促进会和江西万联投资发展有限公司顺利组建,为全省“万村千乡市场工程”承办企业搭建了一个省级购销平台,开启江西省“万村千乡市场工程”商品联合采购之路。

【推进“农超对接”】 截至年底,全省开展“农超对接”的超市达180余家(不含农业合作社龙头企业),对接的农民专业合作社和农产品生产基地876个,“农超对接”生鲜农产品采购额16亿元,占超市全部生鲜农产品采购额的23%,同比提高12个百分点。4月、5月,分别在南昌和陕西西安举办江西省“农超对接”大会、江西省“农超对接”陕西行活动,“请进来”与“走出去”相结合,邀请省外超市到南昌与省内农民专业合作社对接洽谈,带领全省农民专业合作社和农产品生产企业赴西安推介,四大类农产品进入省外超市取得较好成效。两次活动签订农产品采购协议14.2亿元,其中大米3.69亿元,柑橘脐橙1.76亿元,冷鲜肉0.64亿元,淡水产品0.56亿元。10月,组织沃尔玛、家乐福、山东家家悦等省内外20余家大型连锁超市生鲜采购负责人赴南丰、信丰、新干、万载等省内大型农产品生产基地考察,现场感受、体验江西省优良的生态环境、丰富的农产品资源,促进农超双方了解和对接。先后组织农民专业合作社赴上海都市家园、浙江农华农产品配送中心学习考察,探索"农超对接"统一集中配送途径,在瑞金市农产品冷链加工配送中心试行生鲜等产品集中统一配送成效初显。邀请江西农大农产品流通专家和北京超市发采购总监给省内超市和相关农民专业合作社讲课,增强"农超对接"操作技能。

【开展"家电下乡"销售网点清理整顿工作】 2011年,全省累计销售"家电下乡"产品381.7万台(件),销售金额101亿元,分别增长25.9%、40%。5~7月,对全省1.12万个销售网点开展清理整顿工作,取消1713家销售网点的备案资格,暂停1267家销售网点的销售资格,维护"家电下乡"产品正常经营秩序,严厉打击违规操作,骗取国家财政补贴资金的行为。会同省财政厅开展"家电下乡"产品检查,分赴全省44个县抽查216个销售网点,实地走访5360户农户,电话回访1952户农户,查出骗补资金118万元。实施"家电下乡"销售网点抽查规定,各设区市、县(市、区)主管部门每月按规定对所属销售网点进行一次抽查,省商务厅对抽查情况进行通报,加大监管力度,防止各种违规情况发生。

【出台加快推进全省城镇新区商业建设的有关文件】 为认真贯彻落实省委、省政府关于加快推进城镇化的战略部署,加快全省城镇新区商业建设,省商务厅起草《关于加快推进全省城镇新区商业建设的意见稿》,以省商务厅、省住房和城乡建设厅的名义联合上报省政府。6月27日,省政府办公厅转发《省商务厅、省住房和城乡建设厅关于加快推进全省城镇新区商业建设的意见的通知》,该通知对推进全省城镇新区商业建设具有很强的指导作用。

【推进城市商业网点规划工作】 截至年底,全省11个设区市城市商业网点规划工作基本完成,其中南昌市、赣州市、上饶市的城市商业网点规划工作做得早、质量高,得到商务部的表彰,并在全国城市商业网点规划工作会议上作经验介绍。江西省被列入商务部考核的11个县级市中,有9个县级市完成商业网点规划工作。全省有78个县(区)城市启动商业网点规划工作,获政府批准的县级城市商业网点规划共有23个,已报政府待批的县级城市商业网点规划共有5个,已完成规划编制初稿的有17个,基本完成城市商业网点规划工作的县(区)约占全省80个县(区)城市商业网点规划编制总数的63%,比上年提高21个百分点。

【加强内贸特殊行业监管】 2011年,全省新设立拍卖企业17家。全省共举办拍卖会1433场次,下降4.8%;年成交总额212.28亿元,下降11.63%;实现佣金总额1.25亿元,增长38.6%;纳税金额886.14万元,下降36%。认真开展新增典当行审批、典当行年审、典当行有关情况检查、典当行业信息监管系统培训及日常监管、企业变更、行业宣传等工作。截至年底,江西省经商务部批准设立的典当企业113家(不含3户分支机构),实收资本总额7.99亿元,增长29.2%;典当总额12.47亿元,增长22.7%;利息及综合费用收入5194.27万元,下降13.6%;上缴税金413.77万元,增长2.6%;税后利润1111.29万元,增长24.5%。举办全省典当行业监管系统培训会,共培训学员120余人,参训率达100%。开展内贸融资租赁试点申报,江西省鄱阳湖融资租赁有限公司被商务部、国税总局批准为全国第八批13家融资租赁试点企业之一,这也是江西省第二家内资融资租赁试点企业。开展旧货业直销业监管工作。

【江西省被列入全国农产品现代流通综合试点省份】 2011年,江西省被列入全国9个农产品现代流通综合试点省份之一,获得国家财政支持资金7500万元,吸引社会资金11亿元。全省共有43个项目获得支持,其中:农产品批发市场升级改造项目4个,"农超对接"项目14个,农贸市场升级改造项目25个。项目建设进展顺利,项目投资已完成约60%。

(付 蓉 王 玮)

商贸服务管理

【开展"创赣菜品牌四百工程"认定工作】 为弘扬赣菜文化,打造赣菜品牌,提高赣菜知名度,促进全省餐饮业品牌化、特色化、规模化、产业化发展,从2010年开始,在全省实施"创赣菜品牌四百工程"。2011年3~5月,在全省开展"创赣菜品牌四百工程"的认定工作,评出100个名菜、100个名点、100位名师大师、100家名店。

【举办首届中国赣菜展示会暨江西餐饮业博览会】 10月,首届中国赣菜展示会暨江西餐饮业博览会在南昌举办,这是继2010年4月举行的江西名优小吃博览会和开展"创赣菜四百工程"重大活动之后,江西省举办的又一次推动中国赣菜振兴和发展的重大活动,是江西省历史上规模最大、规格最高的活动。博览会以"振兴赣菜、绿色餐饮"为主题,通过多种形式,向社会各界充分展示100家中国赣菜名店、100家中国赣菜名菜、100个中国赣菜名点(名小吃)、100名中国赣菜名师大师,还组织江西餐饮特色产品展销,举办"振兴赣菜"高峰论坛和中国赣菜品鉴晚会。通过一系列活动大力宣传推广赣菜品牌,较好地带动了相关产业发展。

【建立成品油流通监督管理体系】 2011年全省成品油采购594.88万吨、销售583.8万吨、库存28.7万吨,分别增长12.6%、13%、8%。建立全省成品油市场运行监测预警体系。开通江西省成品油市场监管信息平台和网上直报系统,建立全省成品油市场运行监测网络,监测样本零售企业1209家,重点监测企业44家,监测率50%,样本企业监测率全国最高。完善成品油市场运行监测机制,制定《江西省成品油市场运行监测报送制度》及其《考核办法》。建立成品油市场长效监管机制。省、市、县三级政府均调整充实了成品油市场监督整顿领导小组,政府分管领导任组长,商务、发改、公安、工商等部门为成员单位。在全省范围内开展整顿和规范成品油市场经营秩序及其督导工作，全省累计出动执法车辆4000余台次，出动执法人员8000余人次，共检查加油站1730座，抽检油品380余批次，查处非法流动加油车136辆，查处无证、证照不全加油站155座，有效地规范江西省成品油市场经营秩序，打击成品油市场的非法经营行为，成品油市场环境明显改善。有效保障成品油市场供应。组织制定《江西省商务厅关于全省成品油市场供应应急预案》，建立全省成品油市场供应应急处置机制，提高应急处置能力，明确应急工作组织保障，保障省内重点单位用油，协调省经贸委、省农机局和两大油企，确定195家全省重点用油企业名单。制定《江西省农业机械柴油供应实施办法》，建立农业机械柴油长效保供机制，确保柴油供应紧张情况下农用柴油供应，保障农业生产顺利进行。制定《江西省农村成品油零售网点设置办法》，优化农村加油站布局，提高农村成品油市场供应能力。规范成品油经营许可。推行网上审批，企业通过江西省行政审批系统提交相关信息，纸质申请材料则由设区市商务主管部门派专人送达省商务厅行政审批窗口。实行阳光操作，新建加油站规划确认实行公示制度，成品油经营许可进行公告制度，增加审批透明度。规范成品油经营许可审批流程，制定《江西省成品油经营许可操作手册》。开展成品油经营资格年检，合格企业2410家。开展加油站管理示范活动，建设100个示范加油站。组织编制成品油分销体系“十二五”发展规划。规划未来5年全省加油站和油库布局，于4月1日公布实施。

【加快推进电子商务发展】 通过问卷调查、现场走访、查阅档案、召开座谈会等形式，开展全省商贸流通、电子商务发展调研，指导南昌市申报电子商务全国示范城市。出台《江西省加快电子商务发展的指导意见》，明确“十二五”期间江西省电子商务的指导思想、工作目标、主要任务和相关措施。建立电子商务重点联系企业，组织全省电子商务业务知识培训。

【国有商贸流通企业改革完成】 指导全省国有商贸流通企业改革工作。全省共有449家国有商贸流通企业、71997名职工参加改革，到6月底全部完成改革任务。稳步推进省商务厅属9家国有商贸流通企业改革。职工得到妥善安置，历史遗留问题得到妥善解决，国有资产得到有效监管，整个改革工作平稳有序。

【完善再生资源回收体系建设】 建立再生资源回收项目储备库，试点城市2个，区域性大型再生资源回收利用基地13个，其中具有一定规模、功能较完善的基地5个。

（付　蓉　黄乃忠）

市场运行调节

【省搞活流通扩大消费工作领导小组成立】 年内，成立由省政府分管副省长担任组长，省政府办公厅、省商务厅主要领导担任副组长，省委宣传部、省发改委、省财政厅等20多个省直或中央驻赣单位领导为成员的省搞活流通扩大消费工作领导小组，制订领导小组工作职责、成员单位工作分工和领导小组办公室职责，确保高位推动消费促进工作。建立扩大消费工作定期分析报告制度，每周通报全省重要消费品价格变化情况，每月通报全省消费品市场运行情况，每季召开市场运行分析会，不定期邀请省内专家学者会商全省消费品市场运行情况，提出对策建议。省级建立内贸发展专项资金2000万元，各设区市建立搞活流通扩大消费专项资金8409万元。

【推进省产品销售】 年内，省商务厅先后组织400多家省内名优特企业2000多个产品赴上海、广州、北京举办江西特产展销会，现场销售产品金额3551.3万元，签订产品销售合同金额44.23亿元。通过举办展销会广泛宣传和展示江西绿色生态品牌，多数参展企业在省外开设分公司、办事处，发展经销商，使一大批江西地方产品进入省内外大型超市和卖场，为开拓市场、扩大消费、促进地方经济发展发挥了重要作用。全省各设区市商务主管部门组织和指导企业参加各类产品展示推介交易活动，签订产品销售合同金额达420.11亿元。年内，江西省南丰蜜橘、赣南脐橙和瑞昌山药滞销，省商务厅多措并举，通过请求商务部建立鲜活农产品销售平台，加大省外推介扩销、组织“农超对接”活动、加强对外宣传和外贸出口帮扶力度，及时帮助当地企业和果农解决“卖难”问题，有效缓解了江西省农产品滞销问题。支持省产品销售平台建设，加大在北京、上海、广州等地建设江西产品销售市场和营销网络建设的力度，对省内企业在省外建立8个销售平台给予指导和资金支持。

【建立完善的商品市场运行监测系统】 进一步扩大和优化市场运行监

6月24日，江西省地方特产（广东）展开幕式现场。

省商务厅供稿

测样本企业和监测品种，全省市场监测样本企业总数已达613家，其中重点流通样本企业377家、生活必需品样本企业102家、生产资料样本企业51家、应急商品数据库企业31家、酒类流通样本企业25家、茧丝绸样本企业16家、县农村市场监测单位11家，共涉及22个行业、7种业态，在全省建立比较完善的商品市场运行监测系统。针对监测样本企业点多面广的情况，建立和完善催报、审核等制度，并将报送情况与信息费发放相结合，定期考核，促进了监测信息报送率和发布率的提高。开通11个设区市和11个县级城市商务预报平台，全省11个农副产品批发市场已列入全国重点监测市场。开通酒类流通监测系统和茧丝绸行业监测系统。及时发布市场信息，引导社会消费预期。全年对外发布全省生活必需品每周监测报告50期、各类市场运行监测信息1.30万条。争取中央财政资金支持，为全省100个县级商务主管部门和96个新增监测企业配置电脑、传真和打印设备，初步改善了基层主管部门和监测样本企业的信息报送条件。2011年江西省市场运行监测工作在全国排名上升至第五名。

【完善市场供应应急体系建设】 针对3月中旬江西省部分地区出现抢购食盐现象，省商务厅及时向省政府报告江西省食盐市场异常波动情况，并牵头协调盐业、物价、工商等各有关部门，及时调度食盐市场供应，加大食盐市场投放量，加强舆论宣传引导，满足群众日常用盐需求。由于措施得力，反应迅速，江西省抢购食盐风波在不到3天的时间便得到平息，受到省委、省政府领导的充分肯定。进一步完善市场供应应急体系建设，修订《江西省生活必需品市场供应应急预案》，提出《加快全省生活必需品应急保障体系建设的实施意见》，及时部署春节、国庆节和汛期等重要时期全省市场保供和安全工作。会同省直有关部门检查督促各地落实"菜篮子"市长负责制、保障蔬菜市场供应工作。开展中央储备肉和设区市储备肉任务落实情况的检查，确定28家省级应急保供重点联系企业，确保了全省重要消费品市场供应不断档、不脱销。

【开展2011江西金秋购物消费月活动】 10月10至11月10日，省商务厅在全省开展以"扩消费、促发展、惠民生"为主题的金秋购物消费月活动。统一制作活动月宣传条幅、宣传画，并免费向消费者发放10万个环保购物袋。在活动月期间，省、市、县共组织举办50多个大型促消费活动，参与企业达5738家，全省销售额达到35.61亿元。

【加强酒类流通管理】 认真落实酒类流通备案登记制度和酒类流通随附单制度。全省备案登记的酒类生产企业53家，批发企业7720家，零售企业7.90万家，实施酒类流通随附单的企业超过6000家。开通全省各级酒类流通管理网络平台，在网上备案的酒类经营企业2.60万户。在全省开展打击假冒侵权酒类产品专项集中行动，切实维护酒类生产者、经营者和消费者的利益，确保全省酒类食品消费安全。深入南昌、新余、宜春、抚州等地调查研究，推进江西省酒类流通立法调研工作。对酒类流通管理和执法人员进行业务培训。

【加强茧丝绸行业管理】 组织编制江西省茧丝绸行业"十二五"发展规划，制订2011年桑蚕丝生产指导性计划。开展茧丝绸市场监测和信息报送发布工作。争取中央财政资金425万元，支持全省3家茧丝绸企业开展品牌和营销网络建设，支持9家企业开展病虫害防治、茧桑资源综合利用开发、丝绸生产废水处理和节能减排、设备升级和技术改造等。组织企业参加2011年中国国际丝绸博览会，获得组委会颁发的优秀组织奖。指导和帮助企业参加国家茧丝绸储备竞拍活动，取得18吨储备计划额度。

（付　蓉　刘仁文）

粮油贸易

【概　况】 2011年，面对极为复杂的国内外经济形势和历史罕见的春夏连旱、旱涝急转等自然灾害，全省粮食部门广大干部职工秉承"为耕者谋利、为食者造福、为企业增效"的服务理念，落实国家政策，抓好粮食收购，加强宏观调控，深化国企改革，强化市场监管，实现全省粮食工作"十二五"良好开局。

全年全省累计收购粮食103.53亿千克，同比增加39.61亿千克，其中：早稻收购40.21亿千克，增加14.10亿千克；晚稻收购61.61亿千克，增加24.07亿千克；其他收购1.71亿千克。收购总量首次突破100亿千克，创近年来最好成绩。

加强党的作风建设和干部职工队伍建设。严格落实党风廉政建设责任制，不断完善惩治和预防腐败体系，重点开展工程建设领域突出问题、物资采购、大宗粮食交易等"三项专项治理"工作，落实《廉政准则》和"三重一大"事项集体决策制度，完善风险岗位廉能管理机制，狠抓系统政风行风建设，推动全省粮食部门反腐倡廉工作深入开展，党风廉政建设和反腐败各项工作稳步推进。加强队伍建设。坚持以教育培训为重点、以队伍建设为核心，加强党政领导、企业管理、专业技术、技能人才的培训管理工作，全年共培训1665人次，为全省粮食流通产业科学发展提供智力支持和人才保障。抓好社会治安综合治理与安全生产。围绕"建党90周年""第七届城市运动会"等重大活动，落实综治领导责任，夯实综治工作基础，加强综治规范化建设，深化矛盾纠纷排查调处。开展全省粮食行业安全生产隐患排查治理和粮食行业安全生产检查等工作。全年没有发生重大安全事故、交通事故、火灾事故。没有发生重大事故和群体性事件，没有发生影响稳定的事件，继续保持和谐平安的良好治安环境。

进一步巩固"机关效能年"和"创业服务年"活动成果，开展"发展提升年"活动，发展环境继续优化。机关政务事务取得新进展。省粮食局公文运转、政务信息报送、政府信息公开、机要保密及政府网站建设等工作取得新成绩。进一步规范事务管理，建立健全内部管理制度，开展公共机构节能工作，降低行政运行成本。老干部、工青妇、粮食行业协会、粮经学会等继续发挥群团组织桥梁纽带作用，为全局各项业务工作的开展和精神文明创建等作出了贡献。

【多措并举促进农民增产增收】 2011年,受多种因素影响,粮食收购工作形势异常复杂。省粮食局审时度势,多措并举,努力促进农民增产增收。一是加强国家粮食最低收购价政策宣传,及时将中央惠农政策传达到基层,让农民家喻户晓,充分调动农民种粮积极性,保障粮食稳定增产。二是加强信息服务,向社会发布市场畅销、价格较高的稻谷品种信息,指导农民选好种,提高种粮的比较效益。并通过政府网站"为民服务""经营信息""市场行情""省内粮油价格监测周报"等信息板块定期发布有利于企业经营发展的粮食供求、价格形势等粮油市场信息,帮助农民卖好粮。三是加强收购督导、沟通和联系。收购期间,先后安排各工作小组到基层收购一线督导工作。多次牵头协调农发行、中储粮江西分公司解决收购资金问题,粮食收购资金整体得到较好解决。同时还召开银企对接座谈会,拓宽企业融资渠道。与建行江西省分行联合举办银企座谈会,11家粮油企业现场与银行签订《客户贷款意向书》,总金额达4.26亿元,有效解决企业融资难问题。

【完善地方粮食储备体系】 增强政府调控粮食市场能力,全省落实地方粮食储备10.6亿千克,其中市县级储备落实4.85亿千克。各地积极争取当地政府支持,落实地方粮食储备规模。新余市在原有1500万千克市级储备的基础上,再增1000万千克规模。南昌市、赣州市建立了成品粮油储备。

【采取先购后销等灵活方式进行省级储备粮轮换】 在新陈价差拉大、轮换难度加大的形势下,各地粮食部门指导企业准确把握轮换节奏,采取先购后销等灵活方式进行轮换,总体上规避了轮换风险,完成轮换计划的96.9%。从5月份开始,成功推行省级储备粮轮换网上竞价,共交易33批次,成交量15.9万吨,约占轮换计划的60%。

【首次动用储备调控粮食市场】 全省共安排5000万千克省级储备粮、争取中央配套2500万千克政策性粮,通过定向销售形式投放市场,发挥了稳定粮食市场价格的调节作用。

【推动粮食产销协作】 省粮食局先后组织省内200多家各类涉粮企业共400余人次参加外省各类粮食交易合作洽谈会,共签订粮食购销合同90余项。上饶市发挥毗邻浙江主销区的区位优势,与温州、衢州等地粮食部门共同举办区域产销协作专场会。全省全年粮食销售总量达100多亿千克。

【深化粮食国企改革】 坚持以人为本,继续做好职工身份置换工作,严格落实职工"一补两险"政策,为全省国有粮食企业752名尚未参加办理养老保险人员落实养老保险。扎实做好改革稳定工作。先后派出工作组到各设区市粮食局调研,对存在稳定隐患进行分析排查,做到问题早发现、早解决,维护全省粮食部门改革、发展与稳定。努力推进全省粮食资源整合工作。先后组织召开两次全省粮食资源整合做大做强江西粮食产业专题研讨会,草拟《进一步深化粮食流通体制改革实施意见》征求意见建议,研究进一步整合粮食资源、做好粮食流通体制改革和产业发展的具体工作措施。认真部署粮油加工业专项调查,全面掌握全省辖区内粮油加工和用粮企业基本情况,为制定粮油产业化发展规划,整合粮油产品品牌,做大做强粮油产业提供科学决策依据。加强调研,致力加快现代粮食流通产业发展。由省粮食局领导带队赴外省调研,学习各地在发展现代粮食流通产业方面的好经验、好做法。并积极与有关部门沟通、协调,争取相关政策扶持。

【夯实粮油仓储设施建设】 全年共争取5000万元仓库维修资金和6500万元仓储设施购置资金,用于改善全省仓储企业基础设施条件。同时,全省粮食部门新增中央预算内投资粮油仓储设施项目6项、物流项目5项,投资计划3.9亿元,其中中央预算内投资5000万元全部到位。继续开展农户科学储粮仓项目建设。完成2010～2011年度3万个农户储粮仓的生产监管、质量检查、登记造册和发放工作,使这项民心工程真正落在实处,惠及民生。

【提高行业经营效益】 一是提高省级储备粮轮换费用标准,由以前一个轮换期0.12元/千克提高到0.14元/千克。二是落实税收优惠政策,对生产经营用房和土地按规定缴纳房产税、城镇土地使用税有困难的1044家国有粮食购销企业(粮库)继续给予3年期的减免政策。三是指导企业盘活存量资产,强化内部管理,多种形式搞活经营,提升企业盈利能力,全省粮食行业全年实现赢利8782万元。

【推进粮油监管依法行政】 联合省发改委颁布《江西省粮油仓储单位备案管理办法》,为规范粮油仓储单位监管、提升仓储管理水平、保障粮食储存安全提供制度保障。开展粮食收购资格审核,积极争取将修订《江西省粮食收购资格许可管理办法》列入2012年立法计划。对行政审批项目以及行政处罚依据等进行认真梳理,编制《江西省粮食局行政职权目录》并予以公开,构建"权责明确、行为规范、监督有效、保障有力"的粮食行政执法体制。推进网上审批和电子监察,切实提高行政审批效率,做好机构测评工作。在全省"百千万"机构测评中,粮食行业的排名由中等位置提高至第三位,创下考评以来的最好成绩。开展粮食库存、油脂、政策性粮食购销活动等专项检查,维护粮食流通市场秩序。加强粮食质量安全监管和服务,提升粮食质量安全保障能力。授予60家企业"放心粮油示范企业"称号,开展粮食科技活动周及"放心粮油"进农村、进社区、进军营、进学校活动和送科技下乡等活动,保障城乡居民粮油食用安全。

(熊国锋)

供销合作

【概　况】 2011年,省供销合作社突出主题主线,推进农村现代流通服务体系建设,推进体制机制改革,强化内部管理,各项工作取得新进展、新突破,完成全年各项目标任务,实现"十二五"良好开局。主要经济指标完成情况呈现"三双"特点:一是经营总量实现"双突破"。全行业商品购销总额突破700亿元大关，达到780.84亿元，同比增长22.7%。商品销售总额突破400亿元大关，达到400.29亿元，增长18.5%。二是利税总额实现“双提高”。全行业实现利润总额1.95亿元，增长31.1%；其中基层社实现利润总额1904万元，增长57.1%。社会贡献总额达6.3亿元，增长19.5%，上交各类税费总额1.5亿元。三是资产权益实现“双提升”。全行业资产总额达86.4亿元，增长5.7%其中基层社13.3亿元，增长12.9%。年末所有者权益达23.13亿元，增长22.44%。这些指标不仅反映了全系统经济实力的稳步增长，更体现出为农服务体系建设的日臻完善。至年底全行业各类连锁经营网点达4.31万个，较上年增加4304个，配送中心372个。其中县及县以下连锁经营网点4.07万个，配送中心356个。发展农业产业化龙头企业65家，其中省级龙头企业35家，带动农户44.5万户。新增基层供销社104个，总数达693个；新增农民专业合作社108个，总数达1120个；新增村级综合服务社（社区服务中心）245个，总数达4442个。各类专业、行业协会385个，入会会员新增257个（人），总会员达3.95万（人）。

开展“发展提升年”活动，全行业干部职工思发展、谋发展、服务发展的能力和意识明显提升。全力抓好安全稳定，部门主要负责人较好地履行了第一责任人的责任。进一步完善安全稳定工作快速反应机制。安全稳定形势总体很好，特别是烟花爆竹经营连续10年无人员伤亡事故。进一步加强宣传工作力度，提升了供销合作社的社会形象，营造了良好的发展氛围。

【推进“网络建设”】 农资现代经营服务网络不断巩固。截至年底，全行业已发展农资连锁企业129家，农资连锁经营服务网络乡村覆盖率、市场份额达75%，全年销售各类化肥535.2万吨，增长14.1%。保障了全省农业生产的需要。再生资源回收利用网络继续优化。推动以村有供销合作社回收人员、乡镇有回收机构、县城有再生资源回收公司和再生资源集散市场为目标的县、乡（镇）、村三位一体的城乡再生资源回收利用网络，完成再生资源回收网络信息数据库建设。截至年底，全行业发展再生资源回收经营企业110家，交易市场或集散中心81个，再生资源加工企业28家。全面履行了省委、省政府赋予的负责做好农村可利用垃圾回收工作的职责，在全省8000个新农村建设点配套建设回收（站）点。农副产品现代购销网络加快形成。发展冷链物流，完善农产品专业批发市场功能，提升流通效率。截至年底，发展农业产业化龙头企业65家，其中省级龙头企业35家，带动农户44.5万户，交易市场67个，建立商品基地174个。全年商品交易（批发）市场交易额达139.53亿元，增长26.28%，其中农副产品市场交易额111.22亿元，增长32.60%。日用消费品现代经营网络迅速发展。以优化农村消费环境，改善城乡群众生活质量为目标，大力开展消费品连锁经营。至年底，全行业已发展日用消费品连锁经营企业182个，配送中心194个，县级连锁超市205个。2011年，消费品销售总额127.13亿元，增长32.98%。烟花爆竹经营服务网络逐步完善。重点推进经营企业、标准化仓库和城乡连锁经营网点建设，逐步完善县乡村连锁经营网络，并向“公司规模运作、连锁经营配送”的转变，供销主导、功能完善、制度健全、安全仓储、统一配送、连锁经营的工作格局逐步形成。至年底，全行业已发展烟花爆竹经营企业103家，建立标准化仓库近300个。

【加快社有企业改革改制】 全行业企业改制面达79%，置换职工身份9万多人，改革重组社有资本全资或控股企业292家，注册资本在千万元以上的23家。通过债权回购、债务减让、破产重组等途径，有效化解了90多亿元不良债务。在省社直属企业中，改制面达95%以上，置换安置职工近5000人，职工分流安置率达90%以上。省社改革重组控股、参股企业11家，年购销规模已超出百亿元。

【推进县级社改革发展】 省供销合作社连续8年组织设区市供销合作社考核评比，连续7年组织“十佳”县级供销合作社考核评比活动，在机关经费较为紧张的情况下，每年自筹资金几十万元，对先进单位进行表彰。连续6年执行机关干部定点联系县级供销合作社工作制度，由县级供销合作社对省供销合作社挂点干部进行测评，测评结果与干部年终奖金挂钩。为进一步凝聚县级供销合作社的工作合力，以省供销合作社党组名义重点考察、推荐12名优秀县级供销合作社主任作为提拔或重用对象，向当地党委推荐。

【转换工作职能】 以转变自身职能为突破口，不断拓展为农服务领域，创新为农服务新平台。全行业领办、引办的专业合作社1120个，基本涵盖种植、养殖、畜牧等几十个产业，全年助农增收近82亿元。开展职业技能培训工作，依托江西旅游商贸职业学院资源，成立江西省供销合作社培训中心、江西旅游商贸职业教育集团，全省建有职业培训鉴定站30个，累计培训农产品经纪人、庄稼医生及各类工种人员近4万人次。为拓展可靠的金融服务保障，省供销合作社与工商银行江西省分行、南昌万寿宫集团股份有限公司三方达成《战略合作协议》和《个人业务专项合作协议》。

【推进项目建设】 做实做强项目，加快联合与对接。坚持走上下联合、靠大联强的路子，努力谋求壮大各级龙头企业。省重点工程江西省供储物流中心占地14.67公顷、总投资3.6亿元，3月正式开工。省合众旅游汽车服务有限公司为满足业务需要，采购别克商务、奥迪轿车等30辆运营客车。江西沃尔得农资连锁集团公司主动与南昌万寿宫集团股份有限公司合作成立江西省供销小额贷款公司，注册资本总额达1亿元。江西省万载天禧商贸物流中心项目获批备案，该项目总投资4.7亿元，总建筑面积30.5万平方米。

（范胜良）

对外贸易　经济合作

本栏编辑　邓玉兰

综　　述

2011年,全省商务部门积极应对复杂多变的国内外经济形势,采取有力举措,扩大总量、转方式、抓开放、促发展,全省外经贸工作全面完成各项进位赶超目标,实现"十二五"良好开局。

*出口结构进一步优化,服务水平不断提升。*一是开拓市场成效显著。组织1200多家企业参加20个国内国际性展会;组织380家企业参加51个境外专业展会,实现成交近40亿美元。出口市场更加广阔,出口额超过1亿美元的市场有37个国家和地区,同比增加9个。对印度、巴西、南非、俄罗斯等"金砖国家"出口大幅增长,出口额均超过1亿美元。对伊朗、约旦、阿根廷、土耳其、巴拿马、尼日利亚、肯尼亚等新兴市场出口成倍增长,新兴国家市场出口份额达到50%。对欧美传统市场出口继续保持稳定增长。二是出口结构进一步优化。出口额超10亿美元的商品3种,出口额超1亿美元的商品20种,比上年增加3种,出口额超1亿美元的企业21家,比上年增加10家。进一步扩大机电、高新技术等高附加值产品出口,全省机电产品出口81.51亿美元,增长79.6%,较全省出口增幅高出16.5个百分点,占全省出口总额的37.25%。三是出口后劲不断增强。全省新办理进出口经营权企业1308家,新增出口实绩企业615家,出口额73.38亿美元,占全省出口增长总额的86.7%。培育22个出口基地和70个出口名牌产品,提升了出口的国际竞争力。认定5家省级服务外包示范园区,促进服务外包产业发展。四是出口环境不断优化。全面加强关贸、检贸、税贸、银贸合作,创新百人服务团工作,为312家"两转"(省产品供外省出口及出口到沿海海关特殊监管区转本省出口)企业开展专题服务,实现"两转"超过10亿美元。

*产业招商成效显著,招商引资质量水平进一步提升。*一是重大项目向战略性新兴产业和鄱阳湖生态经济区集聚。瞄准世界500强、国内500强企业和央企开展上门招商,引进美国甲骨文、日本万宝至和双汇集团、北京银行、中电投集团、中国建材等一批重大项目落户江西。全省引进合同外资1000万美元以上的重大项目146个,省外1亿元以上重大项目607个。招商引资项目中制造业比例达到75.2%,第三产业的比重达到20%以上,进入全省十大战略性新兴产业的比重达到45%,鄱阳湖生态经济区引进项目和资金占全省的50%以上。二是百人招商团和"一会战三竞赛"成效显著。20支小分队对接洽谈项目425个,签约重大项目84个,签约总额254.38亿元,其中36个重大项目进资,进资总额21.05亿元。"一会战三竞赛"共签约重大项目220个,签约总额890.05亿元,其中109个重大项目实现进资,推动500多个项目开工、285个项目竣工投产。三是投资环境进一步优化。完善招商引资重点项目服务和监管机制,围绕提高招商引资项目落户率、进资率、开工率、投产率,加强重点产业重大项目的调度推进和跟踪服务,完善项目建设进度监督,及时帮助解决投资困难。进一步下放审批权限,将投资总额3亿美元以下外商投资鼓励类、允许类项目的合同、章程审批权下放至各设区市商务主管部门和国家级经济技术开发区,省、市两级商务主管部门实现基本同权,拥有外资审批权的县(市、区)总数达到53个,极大便利了当地企业。

*"走出去"加速发展,境外资源开发取得新突破。*一是对外承包工程实现进位赶超。对外承包工程业务达15.85亿美元,增长51.92%,增幅居中部第一,全国第四,总量跃居全国第十三位,前移二位。全年新增2家营业规模上亿美元对外承包工程企业。二是对外投资快速发展。全年共核准境外企业70家,对外直接投资额2.81亿美元,推动省内外经龙头企业江西国际整合资源,组建"走出去"航母——江西国际矿业有限公司,联合实施境外矿产资源勘探开发。全年全省在境外4个国家获得矿权22个,争取国家境外资源风险勘查基金1.3亿元,居全国第三位。三是外派劳务市场安全有序。日本发生地震、核泄漏事件以及利比亚内乱爆发后,省商务厅主动跟进,24小时跟踪调度,安抚协调,及时妥善处理江西省在外4000名劳务人员的撤离,做好安全稳定工作,并协助300多名劳务人员顺利回国。四是新获援外项目创新高。全省新获援外项目17个,是上年项目数量的2倍。江西省外语外贸职业学院"国际商务官员研修基地"项目,全年共执行商务部援外培训项目8个,培训60多个国家的商务官员400余人。

*口岸通道平稳推进,平台建设进一步优化完善。*一是航空口岸实现新突破。南昌一台北航班由每周2班加密至每周7班,并开通直飞台中航线。新开通6条国内航线,加密5条航线

的航班,昌北机场开通航点城市增至37个。二是水运口岸实现新突破。开通九江城西港直达韩国的货运班轮,加密九江港始发上海外高桥进出口支线班轮每周2班,达到每周4班。开通九江港直达韩国仁川港的国际直达始发货运班轮,九江成为内陆省份首个开辟江海直航的港口。三是铁海联运实现新突破。上饶—宁波“五定班列”正式开通,铁海联运线路增加到12条,全年铁海联运发送集装箱超过2万重标箱,增长1倍,运行效率大幅提升。四是电子口岸联网运行实现新突破。开发检港联网系统加工贸易海关与商务联网系统3个电子口岸应用系统,海关特殊监管区联网系统实现上线运行,成为全国首个以省为单位全面实现加工贸易联网审批的省份。

重大外经贸活动成效显著。先后举办香港招商引资活动周、第七届泛珠经贸洽谈会等一系列重大招商活动,举办第四届中国绿色食品博览会、首届赣菜博览会、第八届景德镇国际陶瓷博览会等重大经贸活动。参与组织第二届世界低碳会、第九届赣台经贸研讨会等重大活动的招商推介和招展组展工作。香港招商引资活动周成效突出,邀请1000余名重要客商参会,省市县组织各类专题活动100余场,签约一批重大项目,开幕式上签约的重大项目达76个,总金额86.1亿美元,增长35.2%,签约金额创下历史新高。第七届泛珠会邀请148家国内外500强企业和重要商协会共8000余名客商参会,开幕式集中签约项目117个,总金额940.62亿元,其中江西省集中签约项目31个,金额301.3亿元,签约招商项目数量和金额超过历届江西参会签约项目。此外还组织参加第六届中博会、厦洽会、东盟博览会等国家层面的投资促进活动,会同省直有关部门和设区市主要承担邀请和接待客商、组织项目签约仪式等工作,完成各项任务。

区域经济合作和对口支援工作取得新成效。一是区域经济合作交流进一步增强。先后组团参加西洽会、渝洽会、青洽会、兰洽会、广博会、亚欧博览会、东北亚博览会、宁洽会等区域合作会议。二是西部大开发工作进展顺利。成立以省政府主要领导为组长的西部大开发领导小组,开展西部大开发前期调研摸底工作,拟定省西部大开发工作实施方案。三是对口支援工作稳步推进。完成支援四川小金县灾后恢复重建任务扫尾工作,成功促成一些江西籍企业在小金投资。援助新疆克州阿克陶县和重庆武隆县工作进展顺利,帮助两县在江西省进行招商引资推介。四是商会合作发展再上台阶。完成赣商联合会换届工作,促进江西商会在外省发展,全国江西商会发展到70余家,会员企业由3万多家发展到近5万家,大力推进外省江西商会合作与交流,促进区域经济合作发展。

(省商务厅编辑室)

商品进出口贸易

【概　况】 2011年,全省累计实现进出口总值315.56亿美元,增长46.06%,增幅高出全国平均水平23.56个百分点。其中:出口218.81亿美元,增长63.1%,增幅高出全国平均水平42.8个百分点;进口96.75亿美元,增长18.14%。外贸出口总额在中部地区超过湖北省,前进一位,跃居中部第一,在全国超过湖北省、黑龙江省,前进二位,居第十二位。

对外贸易的主体情况:民营企业进出口贸易占比显著增长,全省民营企业进出口158.25亿美元,增长1.03倍,占全省进出口总值的比重首次突破50%,达到50.1%,增长13.7个百分点。外资企业进出口136.05亿美元,增长15.6%,下降39.1个百分点,占全省进出口总值的43.1%。国有企业进出口21.26亿美元,增长12.6%,下降9.6个百分点,占全省进出口总值的6.7%。全年全省新增进出口企业726家,增加44家,新增进出口额77.4亿美元,增长66.1%,其中新增出口企业615家,增加64家,出口额73.38亿美元,增长80.7%。新增企业出口额占全省出口净增总额的86.68%,增长19.6个百分点。

对外贸易的方式情况:全省一般贸易进出口208.03亿美元,增长47.7%,占全省进出口总值的65.9%,其中出口135.9亿美元,增长71.5%,增长11.4个百分点。加工贸易进出口63.9亿美元,增长30.6%,其中出口44.37亿美元,占全省出口增值的20.3%,增长30%,下降33.4个百分点。此外,旅游购物方式出口34.99亿美元,增长76.22%,占全省出口总值的16%,成为重要的贸易增长点。

对外贸易的商品情况:出口方面,机电和高新技术产品保持快速增长,出口额达86.9亿美元,增长57.1%,其中电子元件出口16.14亿美元,增长82.54%;船舶出口4.96亿美元,增长18.28%;汽车及其零附件出口4.18亿美元,增长55.33%;光伏产品出口20.39亿美元,增长14.83%。劳动密集型产品出口高速增长,其中塑料、箱包、玻璃制品、家具及其制品出口成倍数增长;纺织服装出口30.62亿美元,增长43.74%;鞋类出口5.79亿美元,增长31.29%。资源性产品出口飞速增长,其中稀土制品出口9.92亿美元,增长5.22倍;铁合金出口6.04亿美元,增长4.1倍;钨品出口2.25亿美元,增长36.33%;钢铁出口6.34亿美元,增长4.71%。进口方面,机电产品进口26.16亿美元,增长36.16%,其中集成电路进口7.38亿美元,增长1.32倍。高新技术产品进口17.52亿美元,增长49.6%。资源性产品进口小幅下降,其中铁矿砂及其精矿进口12.2亿美元,下降2.81%;铜矿砂及其精矿进口23.52亿美元,下降0.96%。

对外贸易的市场情况:2011年,全省出口市场扩大到全世界218个国家(地区)。前十大出口市场分别为:欧盟、美国、东盟、中国香港、日本、韩国、印度、伊朗、阿拉伯联合酋长国和中国台湾省。传统市场方面继续保持高速增长,全省对欧盟出口49.56亿美元,增长68.6%;对美国出口35.18亿美元,增长83.1%;对中国香港出口19.47亿美元,增长83%;对日本出口14.92亿美元,增长1.26倍。新兴市场方面开拓效果显著,对“金砖国家”出口均突破1亿美元;对伊朗、沙特、埃及、以色列、约旦等中东地区国家出口增长均在70%以上;对非洲地区出口15.38亿美元,增长58.56%;对东盟出口22.8亿美元,增长46.7%。进口方面,江西省进口商品来自127个国家(地区),智利、欧盟和中国台湾省是前三大进口来源地,其中对智利进口18.36亿美元,增长77.3%;对欧盟进口12.57亿美元,增长28.1%;对台湾省进口9.73亿美元,增长75%。

【参加华交会】 第21届中国华东进出口商品交易会于3月1~5日在上海举行。江西交易团组织108家企业参展,设展位185个,累计成交2.38亿美元,较上届增长9.2%。

【参加广交会】 第109届中国进出口商品交易会(简称广交会)于4月15日至5月5日分3期在广州举办。江西省组织285家企业参展,共有展位530个,成交6.41亿美元,增长9.4%。第110届广交会于10月15日至11月4日分3期在广州举办。江西交易团共组织298家企业参展,设展位530个,首次参展的企业达36家,占参展总数的12.1%。成交6.61亿美元,增长3.08%。

【加强出口基地和品牌建设】 组织江西省优势产业申报国家级外贸转型升级示范基地,上饶茶叶被商务部认定为国家外贸转型升级示范基地。认定第二批省级区域出口基地和产业出口基地,认定南昌市农产品出口基地、南昌市汽车及零部件产业出口基地、九江经济技术开发区电子信息产业出口基地、信丰县电子信息产业出口基地、瑞金市农产品出口基地、吉安市吉州区电子信息产业出口基地和吉安县电子信息产业出口基地等7个省级产业出口基地。认定赣县、新余市渝水区、崇仁县、星子县等4个区域出口基地。至年底全省已认定省级产业出口基地11个、区域出口基地11个。评选认定2011年江西省重点培育和发展的出口名牌,新增省级出口名牌11个,全省省级出口名牌总数累计达72个。支持重点出口企业做大做强,争取由省政府出台《关于培育全省重点出口企业做大做强的实施措施》政策性文件。

【参加境内外展会】 全年共组织1200多家企业参加广交会、华交会和高交会等20个国内国际性展会。组织380家企业参加51个境外专业展会。支持156家企业自行参加120个境外专业展会,参加境内外展会实现成交近40亿美元。

【发展电子商务】 支持企业利用第三方电子商务平台开展电子商务,年内江西省在阿里巴巴、中国电子商务中心等国内知名第三方电子商务平台上线企业达到1200家,采取线上撮合、线下签约的方式出口成交近5亿美元。

【重点支持十大战略性新兴产业发展】 2011年,江西省支持企业投保短期出口信用保险,降低出口收汇风险。全年出口信用保险重点支持光伏、汽车、船舶、电子信息等十大战略性新兴产业发展,累计支持全省出口21.4亿美元,比上年超5.3亿美元,支持出口企业214家,增长30.5%,出口信用保险对江西出口的渗透率从2002年的4.5%提高到2011年的13%,有效地帮助企业解决"有单不能接、有单不敢接"的问题。

【推进"两转"工作】 2011年,省商务厅以省产品供外省出口及出口到沿海海关特殊监管区转本省出口(简称"两转")工作作为突破口,破解制约外贸出口发展的共性问题,出台一系列针对性措施,挖掘出口潜力。组织省直有关部门组成5个工作组,集中上门为312家"两转"企业开展服务工作,确定重点"两转"企业50家,帮助解决实际问题,全年实现"两转"超过10亿美元。

【加强县级外贸服务体系建设】 2011年,江西省把建立县级外贸服务体系建设作为完善省、市、县三级联动外贸出口工作机制的重要工作来抓,在5月14日召开的全省县(市、区)扩大外贸出口经验交流会上,要求各县级商务主管部门从建立一支队伍、一笔基金、一个机构等3个方面,建立强有力的外贸发展服务体系。至年底,全省100个县(市、区)商务主管部门大多数县(市、区)建立县级外贸服务促进中心,为当地生产企业寻找出口订单、办理出口业务提供服务,提升了当地外贸流通企业出口代理能力,有效地扩大当地优势产业出口。

【进一步下放对外贸易经营者备案登记权限】 7月,商务部批复同意江西省38家县级商务主管部门作为对外贸易经营者备案登记机关,这是继2010年10月份商务部批复江西省32个县(市、区)商务主管备案登记机关后的第二批县(市、区)受委托的商务主管备案登记机关,至年底,江西省70%的县(市、区)商务主管部门可开展对外贸易经营者备案登记工作。

(付 蓉 刘聃琼)

·资 料·

2011年江西省主要出口市场情况

国别(地区)	出口金额(亿美元)	占出口总额比重(%)
欧盟	49.56	22.65
美国	35.18	16.08
东盟	22.8	10.42
中国香港	19.47	8.9
日本	14.92	6.82
韩国	5.19	2.37
印度	4.78	2.19
伊朗	4.77	2.18
阿拉伯联合酋长国	4.02	1.84
中国台湾省	3.67	1.68
合 计	164.36	75.13

服务贸易

【概　况】 2011年,全省服务贸易进出口总额11.6亿美元,比上年的9.1美元增长26.7%。其中:出口额4.4亿美元,比上年的3.6美元,增长21.3%;进口额7.2美元,比上年的5.5美元,增长30.3%。服务贸易主要行业涵盖旅游、运输、咨询、保险服务、建筑服务以及其他商业服务,贸易伙伴主要来自美国、中国香港。全省技术进出口总额2亿美元,增长92.80%。签订引进技术和进口设备合同项目141个,增长45个。合同金额1.94亿美元,增长91.13%。签订技术出口合同项目31个,增长19个。合同金额599.49万美元,增长168.02%。

【支持服务外包产业发展】 江西省高度重视和支持服务外包产业发展,4月出台《江西省服务外包示范园区认定管理办法(试行)》,并启动申报省级服务外包示范园区工作,认定金庐软件园等5家园区为"江西省服务外包示范园区",为建设省级服务外包集聚平台,建立服务外包重点企业队伍,打下良好的基础。7月成立由分管领导副省长洪礼和为组长,省发改委、省工信委、省财政厅等17个省直部门负责人为成员的江西省服务外包领导小组,进一步健全了工作机制。出台《2011年江西省外经贸发展扶持资金管理实施细则》,专门设立支持服务外包示范城建设资金50万元,用于支持示范城市公共平台建设,对省级服务外包示范园区给予每个园区10万元支持资金。全年江西省新增服务外包企业221家,增长16.93%。新增从业人数3.4万人,增长24.38%,其中新增受训人数5912人,下降46.11%。服务外包接包合同签约金额16.5亿美元(含在岸),增长69.82%。接包合同执行金额14.68亿美元(含在岸),增长100.19%。新增服务外包企业认证43个。

【促进文化产品出口】 完成文化出口奖励资金申报等工作,审核江西省国家文化出口重点企业网上填报出口数据。联合省财政厅完成2011年文化出口奖励资金申报工作,新闻出版集团获得2011年文化出口中央奖励资金50万元。江西省核心文化产品出口继续保持稳步增长态势,全年核心文化产品出口9.39亿美元,增长71%。

【组织企业参加国内外服务贸易展会】 2011年共组织企业参加4个国内外服务贸易展会,推动企业开拓市场,达到预期目标。4月,组织先锋服务外包教育、妆点信息技术等服务外包企业参加第三届中国国际服务外包交易博览会。6月,组织先锋服务外包教育、妆点信息技术等企业参加第三届中国服务贸易大会。6月组织泰豪软件、思创数码、先锋服务外包教育、金格科技、凯峰软件、中兴软件、鼎文多媒体、南昌嘉上嘉等8家企业参加第九届中国国际软件和信息服务交易会,金格科技作为业内知名企业,被大会指定为大会专题发言企业,并举办企业的专场推介会。9月,组织鼎文多媒体、泛美动画等企业参加2011年美国加德纳外包峰会暨展会。

【建立江西省服务贸易统计重点企业样本库】 全省有90多家服务贸易企业在商务部服务贸易统计系统中注册,有40余家企业在网上输入服务贸易数据。建立江西省服务贸易统计重点企业样本库(100家),依据省外汇管理局提供的BOP数据,挑选100家服务贸易进出口额相对大的企业(单位)入选重点企业样本库。

(付　蓉　赵　群)

·资　料·

2011年江西省服务贸易进出口情况

单位:万美元

行业	进出口		出口		进口	
	金额	同比(%)	金额	同比(%)	金额	同比(%)
运输	5478	-43.6	677.9	-12.3	4800.1	-46.4
旅游	74723.8	29.8	36583.9	12.1	38139.9	40.8
通讯服务	15.6	-34.7	2.1	-43.2	13.5	30.2
建筑服务	6276.9	20.9	2568.1	31.2	3708.8	14.7
保险服务	4732.3	2000.1	296.2	228.9	4436.1	3210.4
金融服务	1549	-34.3	414.1	-53.4	1134.9	-22.8
计算机和信息服务	568	29.4	403.1	15.1	165.8	87.5
专有权利使用费和特许费	1854	-2.6	4.8	-58.6	1849.2	-2.4
咨询	9949.5	79.9	2042.9	127.6	7906.6	70.7
广告、宣传	695.1	28.2	59.1	84.3	636	24.7
电影、音像	0.1	-98.3	0	0	0.1	-98.3
其他商业服务	9710.5	26.4	823.8	23	8886.7	14.3
合计	115553.8	26.7	43876	21.3	71677.7	30.3

利用外资

【概 况】 2011年,江西省新批外商投资企业812家,下降25.64%。合同外资84.45亿美元,增长12.69%。实际利用外资60.59亿美元,增长18.78%,其中现汇进资20.16亿美元,增长1.45%。主要特点体现:一是利用外资规模快速提升。全年实际利用外资保持两位数增长,完成全年计划目标进度的107.98%,继续保持中部领先地位。现汇进资首次突破20亿美元大关,新批外资项目平均规模达到1040万美元,首次突破1000万美元。鄱阳湖生态经济区利用外资增长强劲。区内新批外商投资企业423家,占全省52.09%。新增合同外资55.74亿美元,占全省66%。实际利用外资35.76亿美元,占全省59.02%。二是重大外资项目推进效果明显,"火车头"效应不断扩大。全省实际进资1000万美元以上项目125家,增长48.81%,实际进资29.29亿美元,增长65.19%,重大外资项目有力推动了全省实际利用外资增长。263个外资项目实现增资扩股,增资24.81亿美元,分别增长8.68%和44.58%,其中增资超3000万美元的项目有7个,实际进资达到5.71亿美元,增长11.74%。外资项目增资踊跃,成为实际进资的重要来源。此外,还推进了江西省最大的外资并购案,南昌洪客隆投资有限公司引进华润集团作为战略合作者,双方协议并购对价达到36.9亿元人民币。运用跨境结算的政策,推进万宝至马达(鹰潭)有限公司实现进资近2000万美元。三是外资来源结构调整日趋合理,新兴产业发展势头迅猛。承接港台地区产业转移成效显著,新批企业、合同外资、实际进资三项指标始终保持占总量的80%以上,港台地区在其他国家和地区对外投资形势相对低迷的情况下加大投入,确保江西省年内利用外资实现稳定增长。十大战略性新兴产业利用外资增长迅速,新增合同外资和实际利用外资分别达到38.16亿美元和32.56亿美元,增长17.2%和18.93%。平均规模达1081万美元,增加336万美元,项目质量大幅提升。制造业仍为江西省吸收外资的主要领域,全省新批制造业项目524个,占全省总数的71.88%,新增合同外资金额46.73亿美元,占全省总数的66.48%,实际利用外资金额38.15亿美元,占全省总数的69.96%。开发(工业园)区利用外资载体作用日渐明显,全省开发区新批外商投资企业420家,占全省总数51.72%,提高4.1个百分点。新增合同外资46.35亿美元,占全省54.89%。实际利用外资38.3亿美元,占全省63.21%。

【全省开放型经济暨工业园区工作会议召开】 全省开放型经济暨工业园区工作会议于1月30日在南昌召开。会议对2010年开放型经济及工业园区工作进行总结和表彰,并对2011年工作进行部署。省委书记苏荣对会议作出批示,省委副书记、省长吴新雄作重要讲话,省委常委、常务副省长凌成兴,省人大常委会副主任朱秉发,省政协副主席朱张才出席会议。副省长洪礼和主持会议并作工作报告。省政府秘书长谭晓林宣读苏荣批示,省政府副秘书长胡世忠宣读全省开放型经济及工业园区先进单位表彰通报。各设区市市长、分管副市长及商务主管部门、中小企业局(园区办)主要负责人,各县(市、区)主要领导、商务主管部门主要负责人,及省发改委、省财政厅等省直有关单位负责人,部分外贸、外经、口岸物流服务企业主要负责人,全省工业园区主要负责人等共计550余人参加会议。

【开展重大招商引资活动】 围绕鄱阳湖生态经济区建设精心组织一系列重大招商引资活动。5月18～22日,省政府在香港成功举办2011江西(香港)招商引资活动周,这是江西省连续第10年在香港举行大型招商引资活动。省委副书记、省长吴新雄,副省长洪礼和率江西代表团参加活动周。大会举办一批重大活动,其中重大专题活动7场,设区市层面的活动12场,县(市、区)活动89场,展览展示活动1场,精心包装895个十大战略性新兴产业推介项目,共吸引40多家香港媒体进行大幅宣传报道。省长吴新雄在开幕式致辞,副省长洪礼和主持,开幕式上签约的重大项目76个,增长18.8%;签约金额86.1亿美元,增长35.2%,签约金额创下历史新高。8月25～29日,国台办与江西省政府共同举办第九届赣台经贸合作研讨会,省委书记苏荣,省委副书记、省长吴新雄,副省长洪礼和出席会议。会上签约重大项目共75个,总投资25.5亿美元。9月26～28日,省政府组团参加第六届中部投资贸易博览会,省委书记苏荣,省委副书记、省长吴新雄,副省长洪礼和出席会议。会议期间,举办鄱阳湖生态经济区推介会,重点推介江西重大基础设施、新能源、风能核能等16个鄱阳湖生态经济区重大产业和10个战略性新兴产业,共895个招商项目,总投资9554亿元。4月12～23日,副省长洪礼和率江西省经贸代表团赴澳大利亚开展经贸洽谈活动,走访了澳洲航空公司、宝泽金融集团、三菱(澳大利亚)有限公司等跨国公司,推进了澳航昌北机场国际航空货运枢纽中心项目、宝泽金融集团生态旅游小镇项目等一批重大招商引资项目。4月13日,举办"鄱阳湖生态经济区产业项目推介会",对699个重大产业及生态工程项目进行推介。

【组织招商引资"一会战、三竞赛"活动】 2011年,组织开展招商引资"百日大会战""项目开工投产大竞赛""百支新兴产业小分队招商大竞赛"和"国家级开发区招商大竞赛"等活动,其间共编印专题简报3期,通报活动开展情况4次。上半年"百日大会战"期间全省实际利用外资32.37亿美元,完成竞赛目标任务的107.9%。竞赛期间全省百支新兴产业小分队共签约重大项目220个,签约总额890.05亿元,109个重大项目实现进资,进资总额71.7亿元,43个重大项目开工,13个重大项目实现投产。

【完善重大项目调度推进机制】 充分利用各种资源和平台调度推进项目进展。省领导赴港澳推进重大项目,走访一批港澳地区重点企业,指导宜春市举办江西(香港)锂电产业推介会,签约6个锂电产业项目,总投资3.4亿美元。进一步完善重大项目调度推进机制,建立重大项目信息库,制定印发进一步完善重大项目调度机制的通知，按月对各设区市在谈、签约、开工、投产项目进行调度和通报，督促各地加快推进。用好激励机制促进项目进资，充分发挥重大外资项目进资奖励的激励作用，组织拟奖励项目的核查认定，年内针对上年81个重大项目兑现奖励资金790万元，有效促进了重大项目进展。9月，省政府在南昌召开全省扩大开放推进重大项目建设调度会，副省长洪礼和出席会议并讲话，省发改委、省工信委、省商务厅、省国资委、省国土资源厅、省环保厅等部门负责人出席会议。会议就19个重大项目涉及立项、用地、用电、参展等22个问题进行协调推进。

【开展全省百人招商团活动】 2011年，百人招商团20支招商小分队共外出拜访客商及企业协会1919批次，签约重大项目119个，签约总额466亿元。其中57个重大项目进资，进资总额33.48亿元。43个项目开工建设，21个项目投产。新引进美国甲骨文、湖南三一重工、日本万宝至、泰国正大、台湾大田精密工业等国内外500强及跨国公司、台湾百大、行业龙头企业投资项目。

【优化投资环境】 进一步下放外资审批权。将投资总额3亿美元以下外商投资鼓励类、允许类项目的合同、章程审批权下放至各设区市商务主管部门和国家级经济技术开发区，将投资总额3000万美元以下外商投资鼓励类、允许类项目的合同、章程审批权限下放至53个县级商务主管部门。至此，全省外商投资企业审批发证点增至76个，在中西部地区处于前列。开展网上审批业务新模式。在全国率先启动外商投资网上审批业务新模式，方便企业办理审批手续。江西省成为商务部指定的7个外商投资审批管理系统试运行省市。加大培训和宣传力度。组织编写近100万字的《外商投资法律法规汇编》，将国务院制定的法律法规，商务部、工商总局、外汇管理局、国家税务总局等国家部委的部门规章及省内出台的文件汇编成册，方便基层商务主管部门了解、掌握和查找国家相关政策，实行依法行政。并在南昌、吉安举办两期外资审批统计业务培训班，进一步提高了基层商务部门人员的业务素质。加强网上实时监控和实地抽查。充分利用网上审批系统，对未参加联合年检和投资额1000万美元的项目实行网上审查，同时对部分重点地区进行现场抽查，防止违规审批和越权审批，提高审批统计数据的真实性和准确性。

（付　蓉　廖旭芳）

·资　料·

2011年江西省外商直接投资行业情况

行　业	新批外商投资企业数(家)		合同外资金额(万美元)		实际使用外资金额(万美元)	
	企业数	比　重%	金　额	比　重%	金　额	比　重%
全省合计	812	100	844545	100	605881	100
农、林、牧、渔业	70	8.62	52185	6.18	46425	7.66
采矿业	3	0.37	11699	1.39	6539	1.08
制造业	578	71.18	515985	61.1	420875	69.46
电力、燃气及水的生产和供应业	5	0.62	7343	0.87	10213	1.69
建筑业	4	0.49	3367	0.4	2792	0.46
交通运输、仓储和邮政业	1	0.12	100	0.01	506	0.08
信息传输、计算机服务和软件业	23	2.83	40332	4.78	26156	4.32
批发和零售业	27	3.33	75127	8.9	10645	1.76
住宿和餐饮业	5	0.62	7240	0.86	6389	1.05
金融业	4	0.49	7186	0.85	3225	0.53
房地产业	6	0.74	9829	1.16	15498	2.56
租赁和商务服务业	54	6.65	67564	8	28664	4.73
科学研究、技术服务和地质勘查业	17	2.09	23222	2.75	10927	1.8
水利、环境和公共设施管理业	7	0.86	20046	2.37	9812	1.62
居民服务和其他服务业	4	0.49	1562	0.18	4538	0.75
教育	1	0.12	257	0.03	1	
文化、体育和娱乐业	3	0.37	1501	0.18	2676	0.44

国际经济合作

【概　况】 2011年,全省对外承包工程实现营业额15.85亿美元,增长51.92%。新签合同额14.42亿美元,增长6.26%。全省核准境外投资企业70家,增长12.9%。中方协议投资额5.16亿美元,是上年的2.37倍。对外直接投资2.81亿美元,增长32%。对外劳务合作派出3517人,下降21.39%,年末外派劳务人员13535人。对外援助中标工程项目5个,获得援外培训项目12个。推进对外经济技术合作,企业"走出去"迈出更大步伐。加快发展对外承包工程,克服中东、北非局势动荡带来的不利影响,先后组织50多家外经企业参加国内外各种对接推介活动20余场,帮助企业开拓市场。中鼎国际在阿尔及利亚成功中标8410套社会保障房项目,合同金额达3亿多美元,刷新江西省中标国际工程承包项目最大金额记录。有效推进对外投资,协调推进企业"走出去"对外投资,矿产资源等重点领域的投资进展顺利,新组建的江西国际矿业有限公司获得境外22个探矿权和采矿权。争取援外项目,全省新获援外项目17个,是上年项目数量的2倍。省外语外贸学院国际商务官员研修基地举办援外培训项目8期,培训60多个国家的商务官员400余人,为宣传江西、扩大影响打下了良好基础。扎实开展外派劳务市场整治,妥善处理日本地震后江西省4000名劳务人员的安全稳定和利比亚撤侨工作。创新服务工作,创办《江西"走出去"》简报,为"走出去"企业搭建信息交流平台。

【获得国家专项资金扶持创新高】 2011年,指导帮助企业申请获得外经贸扶持资金848万元,增长39%。帮助江西省6家外经企业79个项目共获得2425万元国家对外经济技术合作专项资金支持,这是江西省自2006年组织企业申报对外经济技术合作专项资金工作以来获得支持最多的一年,争取资金数额超历年总和(2007~2010年共获得1648万元),实现连续四年四大步跨越。

【受理劳务投诉】 2011年,省商务厅共受理劳务纠纷10余起,涉及劳务人员230余人,投诉处理满意率100%。特别是上半年因日本发生地震、核泄漏事件以及利比亚内乱,在外务工人员及国内家属情绪激动,省商务厅24小时跟踪调度,安抚协调,及时妥善处理江西省在外4000名劳务人员的撤离和安全稳定工作,并协助300多劳务人顺利回国,有效保证了江西省外经企业财产安全和人员的生命安全。

【开展援外质量年活动】 根据商务部的统一部署,省商务厅组织开展援外质量年活动。制定《江西省开展援外项目质量年活动工作方案》,重点在全省商务行业和承担援外项目实施任务的单位中开展"大练兵、大排查、大整顿"3项具体活动,切实加强援外工作管理和执行能力建设。组织江西国际、中鼎国际、江西中煤集团、江西外语外贸职业学院等16家援外项目实施单位签订质量自律承诺书,并赴几个重点企业进行巡查,对各企业承担援外项目加强监管,确保质量,赢得商务部领导在全国会议上的多次表扬。此外,还会同省外侨办、省公安厅联合下发《江西省处置援外项目突发事件应急工作预案》,建立健全事前—事中—事后快速反应处置机制,全面提升江西援外工作质量和水平。

【营造"走出去"氛围】 3~4月,深入各设区市及辖区内企业进行政策宣讲活动,并对设区市商务主管部门工作人员进行现场传帮带,全年新批外经企业6家。11月份,组织全省6家外派劳务企业,在吉安举办全省出国劳务政策宣传暨现场报名会。现场发放政策宣传资料近1000份,企业发放宣传单7000余份,接受市民咨询、报名500余人次,现场达成出国务工意向近百余人,通过高位推动、部门互动、省市联动,企业行动,形成全省加快发展"走出去"的良好氛围。

【为企业搭建"走出去"平台】 省商务厅利用和搭建"走出去"平台,推进企业"走出去"开拓国际市场,扩大江西省影响力。年内,开展各种对接、协调、调度等各种重要活动近60项,其中召开全省"走出去"工作会、省"走出去"工作推进领导小组联络员会议、外派劳务管理工作会、新批企业业务推进会等各类工作会议9次。通过一对一,上门辅导,开展"走出去"政策宣讲10余次。通过组织研修班官员与外经企业对接联谊会、政银企对接会、赣沪大型企业对接会、青岛—江西外派劳务对接会,引导和帮助企业进行项目对接活动10次,促成多项企业间的合作。组织省内30余家近百人次参加中国—亚欧博览会、厦洽会、东盟博览会,其中组织"走出去"企业参加中国东盟—博览会,被组委会评为最佳组织工作奖。

【为企业提供全方位服务】 实行一对一帮扶行动,4~5月,对多年来没有业绩的企业进行梳理,有针对性地上门了解情况,一起研究对策,一对一帮助其开拓业务,使江西省有业务的外经企业队伍进一步扩大。帮助企业做强做大。推动省内外经龙头企业江西国际整合资源,组建"走出去"航母,5月31日,江西国际矿业有限公司挂牌成立,联合实施境外矿产资源勘探开发。建立服务推进机制。4月和12月份组织召开全省承包工程重点企业、重点项目调度会,协调解决企业经营中遇到的困难和问题,推动海关、税务、商检等部门制定便利化措施。

(付　蓉　杨　光　温英萍)

省际招商引资

【概　况】 2011年,全省利用省外资金工作围绕进位赶超目标,以承接沿海产业转移为重点,突出战略性新兴产业招商和招大引强,着力抢抓机遇,开展重点产业招商,超额完成利用省外资金进位赶超目标,利用省外资金得到持续快速增长。一是利用省外资金快速增长,超额完成进位赶超目标。全省实际利用省外5000万元以上项目资金2579.15亿元,增长33.81%。超额完成年初政府工作报告提出的2217亿元的年度目标,超额完成2500亿元进位赶超目标,增幅比进位赶超目标增幅高3.81个百分点。二是招大引强成效显著,省外资金项目质量提升。全年累计引进省外亿元以上项目数607个,增长37.6%。亿元项目数占全部项目的44.18%,提高10.05个百分点。引进国内500强投资亿元以上项目41个,新引进国内500强企业12家,总数达到86家。三是战略新兴产业招商成效明显,招商引资结构优化。年内,全省引进的亿元以上项目中,属于省重点推进的14个重点产业类项目共392个,占64.58%。省外亿元以上项目进资中,重点产业项目进资918.11亿元,占亿元项目进资的66.02%。战略性新兴产业招商占据半壁江山,年内引进的亿元项目中,十大战略性新兴产业项目共306个,占50.41%,实际进资726.69亿元,占52.25%。现代服务业项目明显增多,招商引资结构得到优化。全省引进生产性服务业、旅游产业省外亿元以上项目60个,增加22个,占省外亿元以上项目9.88%,提高1.26个百分点。四是承接沿海产业转移加速,鄱阳湖生态经济区成为引资热点。全省实际利用省外5000万元以上项目资金中,来自长珠闽沿海地区项目1090个,增长9.22%,占全省的79.33%。来自长珠闽沿海地区项目进资1912.61亿元,增长34.12%,占全省的74.16%。鄱阳湖生态经济区实际利用省外5000万元以上项目629个,占全省的45.78%,实际进资1338.10亿元,增长34.94%,高出全省增幅1.13个百分点,实际进资占全省51.88%。五是重大招商活动成果丰硕,利用省外资金项目后劲足。泛珠经贸洽谈会、药交会招商引资洽谈会、低碳会、江西吉安(深圳)电子信息产业推介会等重大经贸洽谈活动累计签约招商项目305个,签约资金1545.6亿元。全省引进的607个省外亿元以上项目,年内实际进资486.87亿元,其中进资1亿元以上的项目168个、3亿元以上项目15个。

【第二届世界低碳与生态经济大会暨技术博览会在南昌举行】 11月11日,第二届世界低碳与生态经济大会暨技术博览会在南昌开幕。全国人大常委会副委员长蒋树声宣布开幕,省委书记苏荣致辞,代省长鹿心社主持开幕式,省委、省政府领导,商务部原副部长沈觉人以及国家发改委、科技部等有关部委领导出席开幕式。12日,省商务厅牵头承办第二届世界低碳与生态经济大会重大项目签约仪式,省委常委、省纪委书记尚勇,副省长洪礼和出席仪式,省政府秘书长谭晓林主持。在签约仪式上,共有155个重大项目签约,总投资金额888亿元,签约投资总额较上届翻番。其中:内资项目共143个,项目总投资855.47亿元;外资项目12个,项目总投资32.52亿元。引进绿色低碳的战略性新兴产业项目97个,占62.58%,项目总投资572.64亿元,占64.48%。绿色低碳产业项目主要集中在半导体照明、新能源汽车和动力电池、太阳能光伏、金属新材料、非金属新材料、绿色食品、文化创意产业、风能核电等新兴产业。江西省与三一重工、辽宁方大、华润集团等国内500强企业签约投资项目5个,签约资金18亿元。

【12家国内500强企业落户江西】 2011年,全省共新引进12家国内500强企业到赣落户,增长50%,累计引进国内500强企业总数达到86家。一是投资项目多。全年到赣投资项目42个,增加9个,增幅27.27%,项目合同引资264.3亿元。二是投资领域进一步拓宽。在绿色生态农业方面,引进江苏阳光集团在新余投资2个万亩花卉苗木产业园项目。在商贸物流招商方面,引进大连万达、中国邮政物流、深圳天虹商场、双汇物流等5个投资项目。在金融保险方面,引进北京银行、华厦银行等在昌投资2个项目。三是投资项目规模大。最大规模为39.16亿元,平均单个投资规模6.47亿元,超出同期亿元项目平均单个投资规模1.7亿元。其中较大的项目有:中电投集团在峡江县总投资39.16亿元,江西中电投峡江发电有限公司年发电量11.42亿千瓦小时项目,中航工业飞机有限责任公司、西安飞机工业有限责任公司等在南昌高新区总投资35亿元的南昌航空工业城大飞机生产、航空转包项目,江苏雨润集团在东乡县总投资20亿元抚州祥润食品有限公司年屠宰100万头生猪及加工项目等。

【引进央企合作项目25个】 2011年,全省新引进央企1家,引进央企合作项目25个,央企合同项目总投资160.33亿元,对方总投资156.83亿元。主要有中电投集团在都昌县总投资17亿元的中电投江西分公司老爷庙风电项目,中国石油化工股份有限公司在九江市浔阳区总投资10亿元中石化九江分公司120万吨油/年连续重整项目,中国建材集团分别在萍乡湘东区、兴国县各投资6亿元的百万吨水泥生产项目等。

【沿海大型民企到赣投资显著增多】 2011年,全省引进长珠闽沿海地区

5月11日,赣企-央企“走出去”项目对接会现场。

省商务厅供稿

5000万元以上项目资金达1912.61亿元，占利用省外资金的74.16%，增长34.12%。引进中国民营企业500强到赣投资亿元以上项目17个，增加12个，项目总投资182亿元。全年新引进民企500强9家，较上年翻番，增长125%。累计引进民营企业500强总户数达到37家。如红星美凯龙家居集团股份有限公司在南昌红谷滩新区总投资30亿元的江西凯利置业有限公司红星美凯龙家具建材城项目，浙江吉利装璜材料有限公司在九江经开区总投资20亿元的江西长能风电科技有限公司建设年产1.5兆瓦以上风力发电机整机及配件项目，四川科伦集团在宜春市袁州区总投资20亿元的江西科伦医疗器械制造有限公司年产10亿件医疗器械产品项目等。

（付　蓉　甘爱平）

区域经济合作

【概　况】　2011年，省商务厅先后接待到赣考察的湖南、新疆、安徽、重庆武隆等地党政或经贸代表团和参观调查考察团20余批次。组织省内企业参加在全国各地举办的各种经贸活动，包括“第十五届中国东西部合作与投资贸易洽谈会”“中国（重庆）国际投资暨全球采购会”“2011中国·青海绿色经济投资贸易洽谈会”“第十七届中国兰州投资贸易洽谈会”“第十九届广州博览会”“首届中国亚欧博览会”“2011东北亚博览会”“2011宁洽会暨第二次中阿论坛”“十七届中国西部博览会”“闽浙赣皖四省九方区域经济协作会”“闽粤赣十三市区域合作组织等区域合作会议”，促进地区、省区交流，企业经贸合作。

【推进对口支援工作】　以“渝洽会”为平台，帮助武隆县开展招商引资活动。组织江西和重庆江西商会的企业家到武隆进行投资考察，落实项目，促成江西商会与武隆县合作协议签署，并拟建设江西工业园区，为江西企业投资武隆做好前期准备工作。2011年，江西省对重庆市武隆县和新疆克州阿克陶县建设专项资金115万元和1050万元，全部落实到项目上。7月，副省长孙刚赴武隆考察，对江西省的对口支援工作给予充分肯定并提出新的要求。8月，重庆市武隆县移民招商团一行赴江西省部分地市开展招商推介，华意压缩、美的贵雅照明等多家企业对投资武隆产生较大兴趣。11月，在江西举办一期武隆移民致富带头人培训班，收到很好的效果，得到各方的一致好评。做好对口援建四川省小金县灾后恢复重建扫尾工作，组织小金县参加各种招商活动，提供招商引资工作平台，积极推介小金县、成都阿坝州工业园，成阿工业园成功引进一户江西籍企业。

【第七届泛珠三角区域合作与发展论坛暨经贸洽谈会在南昌举行】　9月20～24日，第七届泛珠三角区域合作与发展论坛暨经贸洽谈会在南昌举行。全国人大常委会副委员长陈至立宣布大会开幕，全国政协副主席李兆焯出席开幕式。江西省委书记苏荣致开幕词，江西省代省长鹿心社主持开幕仪式。澳门特别行政区行政长官崔世安、香港特别行政区政府政制及内地事务局局长林瑞麟，以及泛珠内地9省区、国家多个部委领导出席开幕式。该届泛珠会以“合作发展，共创未来”为主题，突出“加快转变发展方式，深化合作、绿色发展”。各政府代表团、经贸代表团、国内外500强企业以及参加经贸洽谈和展览展示活动的企业代表近6万人参加会议。开幕式上，举行泛珠区域合作项目集体签约仪式，共涉及重大投资项目117个，合同总投资940.62亿元。大会期间，泛珠各方签约项目1544项，签约额超过4500亿元，涉及制造业、基础建设、旅游开发、交通运输、物流仓储、电子信息、节能环保等领域。泛珠各方行政首长围绕“打通省界断头路”“通关便利化”“产业转移合作”“深化旅游合作”和“引进港澳服务业”等议题展开深入讨论和交流，联合签署《2011年泛珠三角区域合作行政首长联席会议纪要》。同时，大会举办一系列专题论坛及磋商会，签署一批合作协议。泛珠会期间，还举办江西名优农产品展暨第二届江西农业博览会，现场销售江西名特优农产品累计2323.7万元。签订合同订单250个，金额5.8亿元、80万美元。签订意向订单248个，金额6.55亿元。

【参加第六届中国中部投资贸易博览会】　9月26～28日，第六届中国中部投资贸易博览会在山西太原举办。江西省组织省政府代表团和省经贸代表团参会，代省长鹿心社出席开幕典礼，并在高峰论坛上发表演讲。副省长洪礼和出席开幕典礼、高峰论坛和中部六省与跨国公司恳谈会。省商务厅厅长伍再谦、副厅长陶莉萍以及省直有关部门、设区市领导参加大会。江西省举办鄱阳湖生态经济区重点产业推介会，围绕“低碳、生态、合作、共赢”主题，重点宣传推介鄱阳湖生态经济区和江西省战略性新兴产业及重点项目。会议邀请山西省江西商会代表、境内外100余名客商参加，通过现场交流和对接，达成一批合作意向。另外，各设区市均组织分团参加中博会，全省百人招商团选派10多名招商队员广泛接洽客商。

（付　蓉　韩　涛）

就业与再就业

本栏编辑　邓玉兰

综　述

2011年,全省人力资源和社会保障部门贯彻中央和省里的决策部署,始终把就业工作作为头等大事,多措并举,强力推进,完成就业工作的各项目标任务,保持就业局势基本稳定。

就业目标任务全面完成。全省城镇新增就业52.7万人,同比增加2.1万人,占全国总量的4.3%,高于江西省人口总量占全国3.3%的比重,为历年之最。"4050"人员再就业7万人。城镇就业率达到95%,高于年计划0.5个百分点;城镇登记失业率2.98%,低于全国平均水平,处于历史同期较低水平。

重点群体就业保持稳定。高校毕业生就业率92.3%,其中初次就业率85.2%。总结表彰5年来"三支一扶"工作,启动新一轮"三支一扶"招募选拔,全年选拔1791名、妥善安置2281名服务期满的大学生。推进青年见习计划,设立见习单位1564家,完成见习人员1万余人。完成新疆576名未就业大学生培训任务,超额完成400名。成功承办第七届泛珠三角区域人力资源合作联席会议,进一步强化区域合作机制。针对江西省工业园区用工需求,有序组织农村劳动力就地就近转移就业,全年新增转移农村劳动力55万人,其中省内转移36万人,60%在县级工业园区就业,外出从业人员省内回流速度进一步加快。开发公益性岗位,开展就业援助系列活动,帮助一大批就业困难人员和零就业家庭实现就业。

职业培训工作进一步加强。贯彻国务院《关于加强职业培训促进就业的实施意见》,以省政府名义出台加强职业培训促进就业的实施意见,在培训范围、补贴政策、规范管理等方面有创新和突破。在7个县(区)试点基础上,加快规范化、程序化、信息化建设,提出"三个突出、一个提高"的新思路,构建"一个系统、四项程序、六项制度"的新机制,推出订单式、定向式等校企合作新模式。推广新余市"招工、培训、就业"三位一体模式,开展订单式培训、定向培训和校企合作培训,省内工业园区定向培训38万人,创业培训6.5万人,均超额完成年计划,有效缓解了工业园区用工结构性矛盾。

创业促就业成效突出。充分发挥小额贷款扶持创业带动就业的作用,全年发放小额贷款62.6亿元,完成240.85%,其中扶持个人创业44亿元,占70.28%。累计发放235亿元,累计扶持个人创业和带动就业148.35万人,对就业贡献率达到13%。贷款规模、回收率保持全国领先。创业型城市创建工作稳步推进,创业服务体系和创业服务模式进一步优化完善,南昌、宜春在创建国家级创业型城市中期评估中评为优秀等次。

公共就业服务水平不断提升。发放全国统一的就业失业登记证,并实行动态管理。就业工作信息化建设步伐加快,初步建立失业预警机制和动态用工监测制度,及时收集就业岗位信息,开展动态用工监测分析,强化用工需求对接。坚持专项活动和日常招聘并重,开展就业和人才公共服务。加强人力资源市场规范管理,促进人力资源服务业发展,人力资源市场为促进就业发挥了重要作用。县级基层就业和社会保障服务设施建设项目在17个县试点,基层人力资源社会保障平台负责人两年轮训一遍任务全面完成,为实现公共就业服务均等化迈出了坚实的一步。

就业资金管理使用成效显著。积极争取国家支持,按照科学性、合理性、成效性、平衡性、协调性原则合理安排资金。全年累计使用资金23.74亿元,增长31%。

(李玉亭)

公共就业服务

【举办江西省2011年"春风行动"】 2月11日,省人力资源和社会保障厅、省总工会、省妇联、省残联与新余市政府联合举办江西省2011年"春风行动"启动仪式。副省长熊盛文参加仪式并宣布"春风行动"正式启动。此次"春风行动",全省共有近9000家单位参加,搜集就业岗位60余万个。整个活动持续至4月底,为期100天。活动现场还为返乡创业农民工和灵活就业人员代表发放小额担保贷款和社保补贴。

【"红杜鹃"家政服务师资培训班开班】 4月24～29日,省妇联与省人力资源和社会保障厅在南昌市联合举办全省"红杜鹃"家政服务师资培训班。此次培训对象主要是有志从事家政服务的妇联干部、家政专业人士、优秀家政服务员及其相关专业(如烹饪学、营养学、护理学专业)人员。培训采用专题讲座、专家授课、实际操作等方式，内容为家政服务职业与职业道德、家政工作阳光心态、家政服务企业管理、家政基本礼仪及团队建设等。参训人员经考核合格颁发家政服务师资合格证书。

【职业培训新政出台】 5月25日，省政府出台《关于加强职业培训促进就业的实施意见》，提出要达到"培训一人、就业一人"和"就业一人、培训一人"的目标。该意见扩大了培训补贴范围，规定今后凡是有培训愿望的各类劳动者均可参加职业培训并享受培训补贴，而且在补贴政策上实现四大突破，使更多的培训对象可以享受到政府补贴，调动劳动者参加职业培训的积极性。该意见首次将取得专项职业能力证书情况纳入培训补贴、鉴定补贴范围，首次对到工业园区企业就业和实习的给予补贴，首次规定对参加劳动预备制培训的城乡未继续升学的应届初高中毕业生，在给予培训费补贴的同时，对其中的农村学员和城市家庭经济困难学员给予生活费补贴。该意见提出，要加大各类职业培训资源整合力度，优化布局，加强职业培训基地建设。技工院校要以中短期职业技能培训为主，逐步打造成职业技能综合培训基地。要依托高级技工学校、技师学院、高等职业院校和大型骨干企业，在各设区市改造建设一批以中、高级技能培训为主的职业技能培训基地，基本形成覆盖中心城市和重点产业的高技能人才培养网络。在各县(市、区)改造建设一批以初、中级技能培训为主的职业技能培训基地，面向社会提供职业技能培训和鉴定服务。该意见坚持待遇留人，提出十大激励措施：一是完善人力资源市场工资指导价位制度，定期调查发布技能人才的工资指导价位。二是指导企业搞活内部分配机制，鼓励技术要素参与收益分配，引导工资分配向技能人才倾斜。三是制定高技能人才与工程技术人才职业发展贯通办法。四是鼓励企业设立技能人才特聘津贴，对本企业的首席技师、省级优秀高技能人才、省级技术能手等给予特殊岗位津贴。五是加大高技能人才引进力度，在安家费补助、户口迁移、子女就学等方面享受专业技术人才引进政策。六是开展多层次的职业技能竞赛，发现和选拔优秀人才。七是提高国务院和省政府特殊津贴评选中高技能人才的比重，提高"江西省优秀高技能人才"获得者奖励标准。八是对受到国务院、省委、省政府表彰的，且具有高级技师职业资格的高技能人才参照享受正高级专业技术人员保健医疗待遇。九是对在职业培训工作中作出突出贡献的单位和个人给予表彰奖励。十是开展优秀高技能人才带薪疗休养活动。

【举办2011省级残疾人就业服务日活动】 5月15日，省人力资源和社会保障厅、省残疾人联合会主办的"2011江西省级残疾人就业服务日"活动在江西省人力资源市场举行。副省长熊盛文莅临活动现场视察，仔细询问现场每个企业情况，耐心细致地听取残疾人员的诉求，对为残疾人提供专场招聘、创业项目展示与推介、小额担保贷款服务、职业培训信息、职业指导、政策咨询等服务内容给予充分的肯定和赞赏。此次活动有38家企业为残疾人提供涉及IT互联网、物业管理、食品医药、教育培训、服装饰品等多个行业的1280余个工作岗位。有239人现场报名应聘，达成初步用工意向69人，当场录用55人，报名参加创业培训75人，为232人提供政策咨询、职业指导、小额担保贷款等服务。

【2011年全国民营企业招聘周活动在南昌启动】 5月16日，2011年全国民营企业招聘周活动在南昌启动。人力资源和社会保障部副部长信长星，教育部部长助理、党组成员林蕙青，全国总工会副主席王炯，全国工商联副主席谢经荣，江西省人大常委会副主任朱秉发、副省长熊盛文、省政协副主席李华栋出席活动。招聘周以"为高校毕业生求职建立通道、为民营企业吸纳人才搭建平台"为主题，招聘对象以高校毕业生为主，兼顾职业院校毕业生，以及就业困难群体和农民工。全国民营企业招聘周已经连续举办7届，前6届累计有515万求职者与用人单位达成就业意向，其中大中专毕业生达200万人。各省、自治区、直辖市设立的分会场与江西主会场同步启动招聘周活动，招聘时间为5月16～22日。各地有19.6万户民营企业参加招聘活动，提供各类岗位信息达297万条。江西省展览中心主会场共有438家民营企业入场，提供就业岗位2.6万个，求职者超过1万人。招聘周期间，江西有4382家企业提供23万个就业岗位供求职者选择，启动仪式后，江西各地开展为期一周的招聘服务活动，通过举办现场招聘会、送岗进校园、开通网络招聘等活动，为民营企业和求职者搭建供需对接平台。

【第七届泛珠三角区域人力资源合作联席会议在南昌举行】 9月27日，第七届泛珠三角区域人力资源合作联席会议在南昌举行，江西省副省长熊盛文、中国就业促进会会长张小建出席会议。福建、广东、广西、贵州、海南、湖南、四川、云南、江西等9省区人力资源和社会保障部门及香港特别行政区劳工处、澳门特别行政区劳工事务局代表团共130余人参加会议。上届会议主办方福建省总结了第六届泛珠三角区域劳务合作洽谈会以来泛珠三角区域劳务合作开展情况。"9+2"省区代表围绕本届会议主题"适应发展方式转变、缓解就业结构性矛盾"分别作主旨发言。会上，泛珠三角区域9省区共同签订《泛珠三角区域九省区企业用工合作交流协议》，将共同搭建区域内企业用工合作交流平台，推进就业服务、职业培训、技能鉴定、劳动维权等领域的交流合作。加快推进企业用工信息网络建设力度和省级联网，每年集中组织1～2次大型的跨省区劳务交流对接活动，共同宣传和推广信息网络平台，鼓励和引导劳动密集型企业多种形式向劳动力输出地梯次转移或在输出地建立生产基地，鼓励和引导劳动力就地就近转移就业。

【为英勇救人的19名农民工提供就业服务】 10月25日，省人力资源和社会保障厅召开见面会，为10月19日在南昌市英勇救人的19名农民工提供面对面的就业服务，现场向19名农民工发放《致英勇救人的农民工朋友一封信》、免费培训券和就业创业维权政策宣传册。同时，余干县就业局免费为他们办理江西省就业失业登记证，凭证在全省范围内免费享受各类公共就业服务机构的就业创业服务。

省就业局提供每人额度为1600元的免费培训券，凭券在认定的培训机构自主选择并参加适合自身需求的技能培训项目。江西省和南昌市人力资源市场提供免费职业介绍服务，各级劳动监察部门提供权益维护。

【3个城市在人社部组织的创建国家级创业型城市中期评估中取得佳绩】 在人社部组织的创建国家级创业型城市中期考评中，南昌市得分96分、宜春市得分95分，为优秀等次；萍乡市得分94分，为良好等次。本次考评是由人社部委托中国就业促进会组织有关专家，采用第三方评估的方式，对首批创建创业型城市2009～2011年创建工作情况和创业带动就业工作进行考察评估。全国85个首批创建城市大体分为4类，其中优秀等次16个城市，良好等次31个城市，一般等次26个城市，较差等次12个城市。

【召开全省就业培训暨校企合作推进会】 11月22日，全省就业培训暨校企合作推进会在新余召开。副省长熊盛文，省委组织部副部长、省人力资源和社会保障厅党组书记、厅长揭赣元出席会议。熊盛文在讲话中充分肯定全省就业培训和校企合作工作所取得的成效。熊盛文强调，要明确重点，认真把握校企合作"三个转变"，即：由"学校培养什么学生，就给企业什么学生"转变为"企业需要什么人才，学校就培养什么人才"，由"以省外校企合作为主"转变为"以省内校企合作为主"，由"先学习再实习"转变为"学用相间"。要创新方式，不断探索校企合作模式，紧紧围绕提高技校技能培训的针对性、有效性和组织性，开展订单式、互动式、参与管理式、企业主导式等多形式、多层次的校企合作。要强化激励，加大对校企合作的扶持力度。揭赣元在会上就做好就业培训、推进校企合作作具体部署。会议现场举行校企合作培训签约仪式。

【开展工业园区企业用工监测】 11月，省人力资源和社会保障厅印发《江西省开展工业园区企业用工监测实施方案》，由人力资源和社会保障、中小企业等部门共同对全省94个工业园区选择500户用工在300人以上的企业，实行每季动态监测，定期进行分析掌握园区企业用工变化情况，进一步准确掌握江西省工业园区企业用工变化情况，做好服务跟进和用工对接，及时为领导科学决策提供可靠依据。

【调整失业保险金发放标准】 5月5日，省人力资源和社会保障厅、省财政厅联合下发《关于调整失业保险金发放标准的通知》，从5月份起，调整失业保险金发放标准。此次失业保险金调整后较2008年有所提高，调整后的失业保险金发放标准为：一类区域500元/月，二类区域470元/月，三类区域440元/月，四类区域410元/月，五类区域380元/月。5类区域的划分也做了调整。其中，湾里区、红谷滩新区、南昌经济技术开发区和南昌高新技术产业开发区并入一类区域，按每月500元新标准执行。南昌县、新建县属二类区域，按每月470元的新标准执行。进贤县、安义县属三类区域，按每月440元的新标准执行。

【失业人员可按新规定参加职工基本医疗保险】 7月16日，省人力资源和社会保障厅、省财政厅出台《关于领取失业保险金人员参加职工基本医疗保险有关问题的通知》，规定自2011年7月起对领取失业保险金人员按规定参加职工基本医疗保险（以下简称"职工医保"），所需费用由失业保险基金支付，个人不缴费。文件规定，领取失业保险金人员失业前已经在参保地医保经办机构参加职工医保的，由失业前单位所属失业保险统筹地经办机构统一办理职工医保接续手续。失业前未参加职工医保的，在当地按规定参加职工医保。失业人员在领取失业保险金期间参加职工医保的缴费年限与其失业前参加职工医保的缴费年限累计计算。文件还对领取失业保险金人员参加职工医保的缴费基数和费率作出具体的规定。领取失业保险金人员参加职工医保的缴费基数，失业前参加了职工医保的，缴费基数为当地上年职工平均工资的60%；失业前未参加职工医保的，缴费基数可参照失业保险统筹地上年度职工平均工资的一定比例确定，最低比例不低于60%，缴费率原则上按照职工医保统筹地区的缴费率确定。领取失业保险金人员参加职工医保按规定应由用人单位和个人缴纳的基本医疗保险费由失业保险基金统一支付，个人不缴费。

【跨省劳务输出占全省就业总量近三成】 2011年，江西省全社会就业人员总量达到2532.6万人，比上年末增加33.9万人，其中跨省劳务输出720万人，占全省就业总量近三成。江西跨省劳务输出主要集中在泛珠三角区域各省区，其中向广东、福建两地劳务输出356万人，占全省劳务输出总量的52.2%。江西坚持省内就业与劳务输出并重、省内增岗与省外输出并举，通过搭建区域用工平台，引导区域人力资源合理流动，推进省际人力资源合作，取得良好成效。"十二五"期间，江西每年新增劳动力和产业转移就业人口合计130万人左右。结构性矛盾是江西当前就业问题的主要矛盾，主要表现为四个方面：一是企业对人力资源的需求结构与人力资源的供给结构不一致。二是低素质劳动者过剩与技能劳动者短缺同时出现。三是"4050"人员就业难和年轻劳动力短缺同时存在。四是江西部分地区劳动力供给过剩和邻省劳动力供给不足同时存在。

【加强基层公共服务平台负责人培训工作】 人力资源和社会保障基层公共服务平台是江西省人力资源和社会保障部门设在乡镇最基层的经办窗口。从2010年开始，计划用两年时间，对全省1737名基层公共服务平台负责人培训，培训内容立足于平台需要，涉及就业创业、社会保险、劳动关系、劳动争议调解、信访等，基本涵盖基层平台各项工作。年内，江西省举办7期培训班，实现"两年轮训一遍"目标，提升了基层服务水平。

（李玉亭）

大学生就业

【启动新一轮"三支一扶"选拔】 5月12日，省人力资源和社会保障厅组织开展新一轮高校毕业生"三支一扶”选拔工作。从2011年起，江西将连续5年共选拔1万名高校毕业生到基层从事支教、支农、支医和扶贫服务。2011年，江西省计划选拔1800名左右的大学生到基层从事“三支一扶”服务。选拔对象为2011年及2010年、2009年的全日制普通高校毕业生，其中江西生源的要求大专及以上学历，非江西生源的要求本科及以上学历。低保家庭和城镇零就业家庭的30岁以下的江西生源高校毕业生，凭相关证明也可参加选拔。从事支教服务者，原则上为师范类专业或取得教师资格、具有一定教育教学经验的毕业生。从事支医服务者，原则上为医药卫生类专业毕业生。5月16～22日，在江西人事考试网上报名。6月11日，全省组织统一考试。8月底到服务单位报到。服务期满考核合格的“三支一扶”大学生将获得高校毕业生“三支一扶”服务证书。愿意留在基层单位就业的，由县（市、区）人社部门会同有关部门办理接收安置手续，并享受公务员考录、事业单位公开招聘、报考研究生加分等方面的优惠政策。

【开展2011年高校应届毕业生职业技能专场鉴定工作】 5月，组织开展全省各类高校应届毕业生职业技能专场鉴定。各类普通高校（含高等职业技术院校）2011年应届毕业生均可申请参加职业技能专场鉴定。凡组织2011年应届毕业生参加职业技能专场考核鉴定的院校，可登陆“江西省职业资格工作网”按申报程序组织考生报名。按规定，凡高等院校毕业生参加专场职业技能鉴定，属初次参加考核鉴定并取得国家职业资格证书的考生，给予一次性职业技能鉴定补贴，补贴标准按考核鉴定收费标准的50%给予补助，但最低不少于200元，鉴定补贴资金分别从省本级和各地就业专项资金中列支。

【举办大学生创业实训班】 8月22～30日，江西省就业局和江西人才市场联合举办第九期大学生创业实训班。参加实训的大学生共有南昌大学、江西财经大学、蓝天学院等多所大学的毕业生41人，实训班最后组织开展创业竞赛，对获得前三名的同学给予奖励。举办创业实训班目的在培养大学生的创业意识、宣传国家提出的创业优惠政策、激发大学生的创业激情、提升大学生的创业能力。创业实训班自从开办以来，受到大学生的青睐，参加创业实训班的学员们反映在创业实训的课程中感受到创业的乐趣，掌握了创办企业的技巧，了解了国家的创业政策，对创业有了一个全新认识。

【启动高校毕业生就业服务季活动】 9月，江西省开始启动高校毕业生就业服务季活动。9～12月，江西省人力资源市场向42所高校提供近百次公共就业服务，受益毕业生超过10万人。活动开展前，江西省人力资源市场工作人员积极向各高校推荐校园招聘会、高校就业政策宣传等多项公共就业服务。活动期间，在29所高校组织29场校园招聘会，在26所高校举办职业指导讲座，为16所高校的学生提供职业素质测评，结合26所高校提供的双困毕业生资料，实施一对一重点帮扶。

12月6日，江西省首届“振兴杯”职业技能大赛开幕式现场。
省人力资源和社会保障厅供稿

【开展全省大学生就业创业典型宣讲活动】 从11月17日起到年底，省人力资源和社会保障厅集中开展“同样的青春、同样的梦想”2011年全省大学生就业创业典型宣讲活动，在全省范围内，选拔近5年毕业的、可学易学的12名大学生就业创业典型，组成宣讲团于12月上旬进高校开展宣讲。通过举办大学生就业创业典型报告会、座谈会，开办就业创业形势与政策知识讲座以及扶持一批大学生去就业见习基地和创业孵化基地见习，帮助大学生理性就业、成功创业。

【举行江西省高校毕业生就业双向免费招聘大会】 11月20日，2011赣鄱学子齐就业暨江西省高校毕业生就业招聘大会在江西师范大学瑶湖校区西区体育场启动。这是省人力资源和社会保障厅、省教育厅、省总工会、团省委针对2012届毕业生就业联合举办的年内全省规模最大、岗位最具针对性的一场双向免费专场招聘大会。招聘会共设置招聘展位300个，提供适合高校毕业生的就业岗位1.1万个次，进场毕业生达2万人次以上。所有岗位都没有对工作经验提出要求，且覆盖大多数学科、专业、学历层次，可以提供大多数毕业生的就业机会和选择空间。大会现场、网络和报纸招聘同步举行，实现了资源共享。全省各设区市同步开展高校毕业生公益招聘会。招聘会现场设有人事政策、就业指导、创业政策、社保政策、就业援助、人才测评等服务咨询台，为高校毕业生就业创业提供方便快捷的“一条龙”咨询指导服务。从11月21日开始，江西人才人事网举办为期一个月的大中专毕业生网络招聘会，提供就业岗位3万余个。

（李玉亭）

社会保障

本栏编辑　邓玉兰

综　述

2011年，全省各级人力资源和社会保障部门以贯彻落实《中华人民共和国社会保险法》为主线，以实施民生工程为重点，完成社会保险各项目标任务，为保障和改善民生、促进经济发展与社会和谐发挥了重要作用。

*扩面征缴任务全面完成，覆盖人群进一步扩大。*贯彻实施《中华人民共和国社会保险法》，进一步完善工作机制，创新举措，加大力度，扩面征缴工作取得新成效。一是保持参保人数和基金征缴较快增长。到年底，全省基本养老、基本医疗、失业、工伤、生育保险参保人数分别达653万人、1329.7万人、263.5万人、387.9万人和200.1万人，均超额完成全年任务，共有93.2万人次新纳入5项保险范围。全年征缴基本养老、基本医疗、失业、工伤、生育保险费分别达196亿元、77.2亿元、7.8亿元、4.7亿元和1.05亿元，基金征缴总量比上年增长19.6%。二是推进困难群体参保工作。落实困难企业和群体参保政策，将50多万未参保城镇集体企业职工等纳入养老保障范围，158.5万关破改企业退休人员和困难企业职工参加基本医疗保险。按照推进7个系统国有企业改革的部署要求，落实涉及职工的各项安置政策，保证了改制职工的养老、医疗保险等按规定落实到位。三是有序开展社会保险关系转移接续。进一步规范社会保险关系转移接续工作流程，强化跟踪服务，全省办理养老、医疗保险关系转移3.7万人次，转移基金2.8亿元。四是开展社会保险费清欠和稽核工作。加大清欠工作力度，全省清欠养老保险费10.1亿元。以缴费基数为重点开展实地稽核，全省实地稽核4.9万户、461.2万人，追回社会保险费2183万元。

*制度建设取得重大进展，历史遗留问题加快解决。*相继出台一系列新政策、新举措，加快推进制度改革和创新，加紧解决历史遗留的突出问题，社会保险制度建设呈现加速发展态势。一是启动城镇居民社会养老保险试点和新农保第三批试点。积极争取国家支持，全省77个县(市、区)纳入试点范围，中央苏区县、国定贫困县实现试点全覆盖。全省城乡居民养老保险参保人数达1372.8万人，领取待遇318.8万人，发放养老金21.8亿元。建立新农保参保缴费激励机制，鼓励和引导参保农民长缴费、多缴费。二是完善城镇职工养老保险政策。出台未参保城镇小集体企业职工等参加基本养老保险办法，进一步完善城镇大集体企业职工和返城未安置就业知青等参加养老保险政策，从制度上实现基本养老保险对城镇职工的全覆盖。出台并实施灵活就业人员参加养老保险缴费政策，建立过渡期结束后新老养老保险待遇计发办法过渡机制，制定企业立功获奖人员提高退休待遇政策。三是推进医疗保险制度建设。3年医改目标任务全面完成，率先实现城镇医保政策标准的全省统一。规范医疗保险三大目录项目编码、技术参数和付费管理，出台城镇职工大病医疗保险暂行办法，完善并落实领取失业保险金人员参加职工医保政策。组织开展居民医保门诊统筹，建立基层医疗卫生机构一般诊疗费医疗保险支付政策标准。推进按人头付费、按病种付费、按项目付费、总额预付等多种付费方式相结合的医疗保险支付方式改革。出台生育保险暂行规定。四是贯彻实施新修订的《工伤保险条例》。下发《江西省贯彻〈工伤保险条例〉有关问题的处理意见》，保证了工伤保险新旧政策过渡与衔接。根据国家部署要求，开展“老工伤”人员纳入工伤保险统筹管理工作，全省确认“老工伤”人员10.6万人，7.38万人已纳入统筹管理，“老工伤”历史遗留问题得到有效解决。按照省委、省政府领导的指示要求，妥善解决修水、武宁两县630名矽肺病患者纳入工伤保险统筹管理问题。五是稳步提高社会保险统筹层次。城镇职工养老保险省级统筹进一步巩固。在全面建立居民医保市级统筹制度的基础上，出台职工医保市级统筹意见。以省政府名义出台进一步推进失业保险市级统筹指导意见，创新和完善了失业保险市级统筹制度。开展工伤保险市级统筹工作，对工伤保险市级统筹的标准和要求作出了具体规定。

*待遇水平大幅提高，群众生活得到有效改善。*一是完成2011年企业退休人员基本养老金调整工作。为全省150万企业退休人员提高基本养老金水平，月人均增加154元，增幅达13.2%，有效保障和改善了广大企业退休人员的基本生活。继续落实未参保城镇大集体企业退休人员、返城未安置就业知青、手工业联社职工享受养老生活补助工作，补助标准提高到每人每月265元。二是进一步提高基本医疗保险报销水平。职工和居民医保政策范围内报销比例分别达80%和70%，居民医保年度内最高支付限

额平均达12万元，统筹基金封顶线达6万元左右；职工医保年度内最高支付限额平均达20万元，统筹基金支付不低于6万元。在全省范围内开展“全民健康体检关爱行动”，让城镇参保人员享受免费体检。积极参与实施光明微笑工程、儿童两病救治和尿毒症免费救治工作。三是提高工伤、失业保险待遇标准。调整工伤保险伤残津贴标准，1～4级和5～6级的伤残津贴每月分别增加150元和100元，并相应提高了供养亲属待遇。将失业保险金月人均发放标准提高到440元，平均增幅36.7%。四是推进被征地农民社会保障工作。建立被征地农民社会保障工作联席会议制度，组织开展专项治理“回头看”，认真审查被征地农民社会保障落实情况，有效维护了被征地农民的合法权益。

基金监管进一步加强，基金运行安全平稳。一是组织开展基金管理安全检查活动。巩固社会保险基金专项检查成果，组织开展医疗保险基金检查“回头看”、失业保险基金专项检查和社保封闭运行单位管理情况检查，针对发现的问题，及时提出整改措施，有力维护了基金安全。加快基金监管信息化建设步伐，将基金监管软件联网建设纳入金保工程二期。二是做好基金预算管理工作。进一步完善基金预算管理办法，完成基金预决算任务，进一步提高了基金预算的科学化水平。三是推进内控制度建设。在推进省本级内控管理制度建设的同时，组织开展对部分设区市社会保险经办机构的内控检查评估工作，实现内控检查评估的常态化。四是加强企业年金基金监管。开展企业年金的日常备案审查工作，建立企业年金的企业达478户，参加企业年金人数达28.2万人，基金规模达27.1亿元。

管理服务体系不断完善，经办能力进一步提升。一是规范社会保险封闭运行管理。将部分封闭运行单位纳入属地社保经办机构管理，启动省本级医疗、工伤和生育保险业务经办，初步建立省本级医疗、工伤和生育保险政策、管理和经办制度体系。二是加强医保管理服务。全面推进定点医疗机构分级管理，完善医疗保险定点准入、退出机制和医疗保险行政监督、社会监督、网上监督管理办法，初步建立医疗服务监督评价体系。统筹区域内医疗费用基本实现即时结算，推进省内异地就医实时结算，南昌、抚州、吉安市实现与省内异地就医结算平台互联。三是推进信息化建设。完成金保工程二期立项、筹资工作，部署和启动社会保障一卡通建设。金保工程一期建设任务顺利完成，全省统一的养老保险信息系统全面上线运行，建立省、市、县三级数据网络，启动城乡居民养老保险信息系统的建设。完成省本级“统征分付”医疗、工伤和生育保险信息系统建设，为全省推行“多险统一征缴”积累了经验。四是进一步强化基层经办能力建设。继续开展基层就业和社会保障服务设施建设试点，向国家争取到第二批10个试点县。联合省编办下发新型农村和城镇居民社会养老保险经办机构设置等有关问题的意见，对基层经办机构的人员编制作出具体规定。完成设区市社保、医保经办机构和30%县级经办机构业务档案达标验收工作。

【社会保险经办工作首次实行绩效考核】 4月12日，省社保中心决定自2011年起改变年度目标任务考评办法，在全省社保系统实行绩效考核，并制定出台《2011年全省社会保险经办工作绩效考核办法》。该办法进一步完善社保经办工作的考核、评价体系，树立客观、公开、公正、科学、简约、常态六项基本原则。全省社会保险工作绩效考核实行“分险种考核，按机构评先”，养老保险和医疗保险的绩效考核试行按季度考核与按年度考核相结合的办法。省社保中心从年度考核指标中抽取若干核心指标作为季度考核指标，每季度结束后，省社保中心根据各设区市社保经办工作进度进行考核计分，考核结果按季通报，并在网上公布。被考核单位如出现因工作不力发生大规模群体事件、挤占挪用社保基金、养老金拖欠、社会保险经办工作出现重大失误等情况的，将取消当年考核评先资格。

【启动社会保险法宣传周活动】 7月3日，由省委宣传部、省人力资源和社会保障厅、省司法厅、南昌市政府主办的全省《中华人民共和国社会保险法》宣传周活动启动仪式在南昌市八一广场举行。省人大常委会副主任魏小琴、副省长熊盛文、省政协副主席郑晓燕出席启动仪式。与此同时，全省其他设区市、县（区）也举行《中华人民共和国社会保险法》宣传周活动启动仪式。为期一周的宣传活动由此拉开帷幕。宣传活动启动仪式现场接受广大人民群众社会保险政策咨询，并向咨询群众发放宣传社保法环保袋1万个，发放宣传资料2万余份，把社会保险政策送给参保对象，让广大人民群众了解社会保险法、了解社会保险政策，加深对社会保险的理解，取得好的宣传效果。

【全面实施社保一卡通及金保工程二期项目】 8月24日，省发改委印发《关于江西省金保工程二期建设项目可行性研究报告的批复》，江西省金保工程二期项目正式立项，项目建设资金9.44亿元。11月16日。省政府组织召开江西省社会保障一卡通及金保工程二期项目实施动员会，并下发《关于印发加快推进江西省社会保障一卡通及金保工程二期建设工作意见的通知》。任务分为两个方面，一是在全省发放全国统一的社会保障卡并实现一卡通。按照省政府确定的“部门职能不变、上下左右兼容、政府补助进卡、全省乡镇通用”的总体要求和“整体设计、留下空间、人保先行、逐步到位”的具体安排，第一步将社会保险、劳动就业、劳动关系、人事人才等业务管理纳入社会保障卡使用范围，为全省人民提供“记录一生和管理一生、服务一生”的人力资源社会保障业务服务。第二步是将财政、民政、卫生等部门对老百姓的各项政府补助、交缴规费纳入社会保障卡的覆盖范围，力争达到“两年发卡，三年配套，到2015年全省发行4400万张社会保障卡”的目标，进而实现“人手一卡、一卡多用，全国通用”的总体目标。

（李玉亭）

养老保险

【调整企业退休人员养老金待遇】 1月19日，省人力资源和社会保障厅、省财政厅下发通知，自2011年1月1

日起，上调2010年12月31日前已按规定办理退休手续的城镇企业和农垦企业人员基本养老金。截至1月31日，江西省2011年度企业退休人员养老金待遇调整工作完成，全省参加此次调待工作的退休人员共计125.38万人，其中特殊调整的有29.70万人，人均增加养老金156.81元，共计发放调待资金1.96亿元。调整方案继续实行普遍调整与特殊调整相结合。普遍调整继续实行按基本养老金水平和缴费年限调整；特殊调整的退休人员包括年满70周岁以上的高龄人员、具有高级职称的企业退休科技人员、1953年底以前参加革命工作的人员、原工商业者和企业退休军转干部及1953年底前参军后在企业退休的军队退役人员。为了确保增加的养老金在2011年春节前发放到位，江西省随即启用新开发的全省统一的待遇调整软件，一改传统的“分散”调整模式，通过“统一调整”模式成功实现同一数据中心“统一调整、分级发放”，确保江西省2011年度企业退休人员养老金待遇调整工作完成。

【**提高未参保城镇大集体企业退休人员等养老生活补助标准**】 5月20日，经省政府同意，省人力资源和社会保障厅、省财政厅、省轻工行业管理办公室联合下发通知，对未参保城镇大集体企业退休人员等养老生活补助标准进行了调整。从2011年1月1日起，未参保城镇大集体企业退休人员、手工业联社大集体企业未参保退休人员及返城未安置就业知青享受养老生活补助标准由每人每月245元调整为265元，所需资金由省、设区市、县财政按比例负担。选择参加城镇企业职工基本养老保险的已达退休年龄的上述人员，已一次性缴费参加养老保险的，财政补助至参保地统筹基金的标准也同步调整。

【**出台未参保城镇小集体企业职工等参加基本养老保险办法**】 7月28日，省政府办公厅印发《关于妥善解决未参保城镇小集体企业职工参加城镇企业职工基本养老保险等遗留问题实施方案的通知》，将35万名未参保城镇小集体企业职工纳入基本养老保险，江西省实现了基本养老保险制度对城镇职工的全覆盖。具备条件的未参保的城镇小集体企业职工可纳入基本养老保险。按规定，2010年12月31日前，男未满60周岁、女未满55周岁的人员，补缴2010年底前缴费的年限加2011年1月1日以后至退休年龄时的缴费年限累计满15年，2011年1月1日以后基本养老保险费按规定逐年足额缴纳。参保缴费后，达到男年满60周岁、女年满55周岁时，实际缴费年限累计满15年的，从批准退休次月起，由社会保险经办机构按规定按月计发其基本养老金，并参加以后年度基本养老金调整。参保后死亡的，可享受丧葬抚恤金，基本养老保险个人账户储存额的余额可继承。2010年12月31日前，男年满60周岁、女年满55周岁的人员，一次性补缴至参保时缴费年限累计满15年的基本养老保险费。参保缴费后，从办理缴费手续的次月起享受由社会保险经办机构按规定计发的基本养老金。其中超过70周岁的个人账户养老金计发月数按70周岁确定。

【**江西省新农保试点范围扩大至77个县(市、区)**】 在前两批试点的基础上，2011年江西省新型农村养老保险试点已扩大至全省77个县(市、区)，覆盖全省1886万农村人口。按照国家规定，在第三批试点县中，有223万余名60周岁以上的老年农民，不用缴费就可以直接领取国家给予的每人每月55元基础养老金。与此同时，这77个县(市、区)也是城镇居民社会养老保险的首批试点县，将惠及900万城镇非从业居民。其中，有72万60周岁以上的城镇老年居民，不用缴费就可以直接领取每人每月55元基础养老金。

【**举行城乡居民社会养老保险宣传周活动**】 10月22日，江西省城乡居民社会养老保险宣传周活动在信丰县举行，从即日起在全省集中宣传城乡居民社会养老保险政策，活动时间持续一周。活动现场，工作人员通过发放宣传资料、现场解答等方式，对城乡居民社会养老保险惠民政策进行宣传和讲解，共发放《城乡居民养老保险政策解答》《致全县城乡居民的一封信》等宣传资料达数千份，并为600余名养老保险领取人员发放养老金存折。

【**实现异地居住离退休人员养老金直发**】 2011年，省社保中心提出改革养老金发放从“经办型代发”向“服务型直发”发展。试推行省本级行业单位养老金直发一年来，共直发养老金18万多人，占发放人数的94.58%，该做法得到广大离退休人员的一致好评。为了开展“直发”满足离退休人员需求，省社保中心在每个省级银行的指定代发机构开设一个社保基金支出户，杜绝了银行利用内部户代发养老金导致的养老金押单、缺乏监督等情况，也实现养老金本地划拨异地领取零手续费，真正做到养老金的“按时足额”发放。“直发”实现了社保中心数据与银行系统对接，数据由系统自动管理，改变了以前发放数据的纯手工操作，避免了在数据录入过程中可能出现的误差。省社保中心对5家银行提出：离退休人员养老金谁的发放手段先进、发得好、发得快、不收费，全省的发放业务就向那里集中。

【**养老保险信息系统实现全覆盖**】 截至2011年6月，养老保险信息系统覆盖到全省11个设区市、100个县(市、区)，实现养老保险信息系统全覆盖。江西省养老保险信息系统于2009年2月26日率先在省本级上线运行。养老保险信息系统的上线应用，大幅提升了全省养老保险业务经办的信息化水平，经办操作更加标准化和规范化。同时，通过大力开展网上登记、申报、银行缴费服务，将业务向下延伸到劳动保障事务所(站)，减轻了养老保险业务经办的压力，为广大参保人员提供了方便快捷的优质服务。养老保险信息系统的全面覆盖，是江西省金保工程一期建设取得的重要成果，也为江西省发行统一的社会保障卡及开展“金保工程”二期建设奠定了坚实的基础。

(李玉亭)

医疗工伤生育保险

【**开展“老工伤”人员纳入工伤保险统筹管理工作**】 3月25日，省人力资源和社会保障厅等部门出台《江西省国有企业老工伤人员等纳入工伤保险统筹管理工作方案》。该方案明确国有企业老工伤人员等纳入工伤保险统筹所需资金通过统筹基金调剂、企业趸缴部分费用、政府补助等多渠道筹集。对已参保的企业,应将其“老工伤”人员直接纳入工伤保险统筹管理,所需资金通过工伤保险基金调剂解决。工伤保险基金没有结余或结余较少的,也可以规定企业按一定标准一次性趸缴部分费用。对尚未参加工伤保险的企业和工伤保险封闭运行企业,要依照《工伤保险条例》督促其参保,并同步将其老工伤人员全部纳入工伤保险统筹管理。企业已实施关闭破产的,老工伤人员纳入工伤保险统筹管理所需资金,主要通过工伤保险基金调剂解决,同级财政给予适当补助。该方案按照有利于保障老工伤人员权益的原则,坚持新、老办法相衔接,从优制订财政补助政策。财政补助范围有4个扩大:一是补助企业范围扩大到中央和中央下放地方政策性关闭破产国有企业;二是补助对象扩大到7~10级老工伤人员;三是扩大到已过退休年龄的老工伤人员;四是将老工伤人员界定从2004年1月1日之前扩大到2010年12月31日前发生工伤的人员。该方案重点向最困难群体倾斜,突出两个重点:一是在人员类别上,突出1~10级(特别是1~6级)工伤及工亡供养亲属。二是在企业类别上,突出关闭破产改制企业。该方案区别中央、省属与市、县(区)属企业分级负担。中央、省属关闭破产改制国有企业“老工伤”人员纳入工伤保险统筹管理所需财政补助资金由省财政安排(中央财政给予一次性补助),市、县(区)财政不需负担。市、县(区)属关闭破产改制国有企业“老工伤”人员纳入工伤保险统筹管理所需资金由同级财政负担,省财政给予适当补助。

【实施全省城镇医疗保险参保人员免费健康体检关爱行动】 4月10日,省人力资源和社会保障厅、省财政厅、省卫生厅联合下发《关于实施全省城镇医疗保险参保人员免费健康体检关爱行动的通知》,决定于2011年4月至2012年10月组织实施全省城镇医疗保险参保人员免费健康体检关爱行动。健康体检关爱对象为按规定在江西省辖区内参加并缴纳了城镇职工基本医疗保险和城镇居民基本医疗保险的,并有愿望健康体检的参保人员。健康体检项目由设区市结合统筹基金结余、疾病发生、基本公共卫生服务项目开展和机关企事业单位体检等情况,分参保人员类别和年龄结构,在规定项目范围内自行确定,也可根据当地实际适当调整确定体检项目。项目具体内容可参照卫生部《健康体检基本项目目录》。定点体检机构由各统筹地区医疗保险经办机构按照技术实力强、价格合理等条件,从具有健康体检资质的医疗保险定点医疗机构中择优选择,必要时可采取招标办法确定体检单位。全省共安排13亿元健康体检经费,由医疗保险统筹基金结余支付。

【出台省本级医疗、工伤和生育保险实施办法】 4月20日,省人力资源和社会保障厅于下发《江西省省本级医疗、工伤和生育保险实施办法》,该实施办法规定从7月1日起,未参加基本医疗保险,又未享受公费医疗的中央和省直企事业单位驻昌人员可在省社会保险管理中心参加医疗、工伤和生育保险。省本级医疗、工伤和生育保险待遇执行《江西省城镇职工基本医疗保险市级统筹意见》、新修订《工伤保险条例》和《江西省职工生育保险暂行规定》等各项规定。该实施办法还规定经原省劳动保障厅批准的封闭运行行业单位逐步取消封闭运行,基金纳入省级财政专户管理,医疗、工伤和生育保险业务分步纳入省社保中心经办管理。该实施办法的出台,标志着省本级医疗、工伤和生育保险经办进入实质性操作阶段。

【统一全省城镇职工基本医疗保险政策】 6月15日,省政府办公厅下发《关于城镇职工基本医疗保险设区市级统筹的意见》,统一全省城镇职工基本医疗保险政策,全面启动城镇职工基本医疗保险设区市级统筹。该意见要求,各设区市要在2011年9月底前出台城镇职工医保市级统筹实施方案,并在2011年12月底前全面开始组织实施。该意见要求,各设区市在2011年基本建立覆盖范围统一、筹资标准统一、待遇水平统一、基金管理统一、经办流程统一、信息系统统一的“六个统一”城镇职工基本医疗保险设区市级统筹制度。要统一提高职工医疗保险待遇水平,从个人账户划入、门诊特殊慢性病待遇和住院医疗待遇三方面着手。统一规范门诊特殊慢性病数量、种类和报销标准,门诊特殊慢性病病种原则上不少于12种。在住院医疗待遇上,起付标准和报销比例全省统一为两档,由各设区市按照不低于现行住院医疗待遇水平的原则,选择其中之一实施。职工医疗保险年度内最高支付限额不低于15万元,其中职工基本医疗保险统筹基金支付不低于6万元。

【出台《江西省城镇职工大病医疗保险暂行办法》】 9月28日,省人力资源和社会保障厅出台《江西省城镇职工大病医疗保险暂行办法》。该办法规定,大病医保费原则上由用人单位(个人缴费部分由用人单位代收代缴)在缴纳城镇职工基本医疗保险费时一并缴纳。灵活就业人员等则由个人在缴纳城镇职工基本医疗保险费时一并缴纳。关闭破产改制企业退休人员可按照自愿原则,以统筹地区当年大病医保筹资标准,一次性补齐此前欠缴年份的大病医保费后,享受当期大病医保待遇。此前已一次缴费参加大病医保的已关闭、破产、改制企业的退休人员(含内退人员)等维持原缴费水平不变,并按本办法规定享受大病医保待遇。参保职工发生的超过城镇职工基本医疗保险统筹基金年度最高支付限额的,符合城镇职工基本医疗保险支付范围(含门诊特殊慢性病)的医疗费用,大病医保基金按照90%的比例支付。大病医保的报销支付流程由各统筹地区按照方便群众、便于结算的原则确定。同时,大病医保必须与基本医疗保险同步实行医疗费用即时结算。

【省政府出台《江西省职工生育保险暂行规定》】 10月19日,省政府出台《江西省职工生育保险暂行规定》。该规定明确,男女职工均须参加生育保险,但职工个人不缴纳生育保险费。缴费满一年方可享受生育保险待遇,晚育且顺产可领120天生育津贴，晚育且剖腹产可多领15天生育津贴。职工本人已缴纳生育保险费，其未就业配偶也可享受生育医疗保险待遇。要求江西省内所有用人单位（含企业、事业单位、机关单位、社会团体以及民办非企业单位等），必须参加生育保险，由用人单位缴纳生育保险费，其标准是按上年度本单位全部职工（含男性职工）工资总额的0.5%～1%的比例缴费。

【发布《江西省本级生育保险经办管理暂行办法》】 11月23日，江西省发布《江西省本级生育保险经办管理暂行办法》。省本级参加生育保险的单位按照省社保中心核定的本单位职工工资总额缴纳生育保险费，缴费费率为0.6%，职工个人不缴费。根据此暂行管理办法，整体新参保单位的职工在参保并正常缴费的次月按规定享受生育保险待遇。已参保单位中新增职工，其单位必须为该职工连续足额缴费满6个月后，方可按规定享受生育保险待遇。省本级生育保险的生育医疗费、疾病医疗费、计划生育手术费均实行定额支付，超过定额部分生育保险基金不予支付。参保人员在定点机构现金垫付全部费用后，按规定到省社保中心进行报销结算。参保男职工其在农村或属城镇未稳定就业的配偶，同时也未参加城镇居民医疗保险或生育保险的，可按参保在职女职工同类定额标准支付其医疗待遇。并由参保男职工持所在单位相关证明、结婚证和户籍等材料，按其参保在职男职工所在单位上年度月平均缴费工资基数办理享受50%的生育津贴申领手续。另外，在分娩或实施终止妊娠的流、引产术后，由参保职工本人或委托单位，于当次医疗行为结束后30天内到省社保中心申请结算相关生育保险待遇。

【出台《省本级工伤保险经办管理暂行办法》】 11月20日，省人力资源和社会保障厅出台《江西省本级工伤保险经办管理暂行办法》。“办法”提出，在江西省本级参加工伤保险的单位要按照省社保中心核定的本单位职工工资总额缴纳工伤保险费，职工个人不缴费。用人单位要在职工发生事故伤害之日或被诊断、鉴定为职业病之日起24小时内将事故发生的简要情况以及救治情况（救治医院、住院床号）电话报省社保中心，并在48小时内填写《省本级职工工伤事故情况快报表》报省社保中心。在统筹地区以外发生工伤的职工，应优先选择事故发生地定点医疗机构治疗，待伤情稳定后转回省本级定点医疗机构继续治疗。明确规定，治疗工伤所需费用符合工伤保险诊疗项目目录、工伤保险药品目录、工伤保险住院服务标准的，从工伤保险基金支付。“办法”要求，职工因工死亡的，其近亲属领取丧葬补助金、供养亲属抚恤金和一次性工亡补助金。伤残职工在停工留薪期内因工伤死亡的，其近亲属领取丧葬补助金。

【启动省本级医疗、工伤和生育保险业务经办】 6月29日，江西省本级医疗、工伤和生育保险业务经办启动仪式在省社保中心举行。省本级医疗、工伤和生育保险业务经办有4个方面的突出特点：一是建立四险合一、统收分付的经办模式；二是建立全省异地购药“一卡通”；三是建立基本医疗保险和大病补充医疗保险同步即时报销机制，提供一站式服务；四是建立医疗、工伤和生育保险银行缴费和业务、财务一体化经办。这些举措减轻了参保单位的社会保险事务性负担，更好地维护了参保人员的社会保险权益。启动仪式上向首批参保人员代表发放省本级医疗保险卡。

（李玉亭）

社保基金管理

【开展严格资金管理防范资金风险专项清查工作】 3月4～15日，省人力资源和社会保障厅在全厅开展严格资金管理防范资金风险“拉网式”专项清查工作。专项清查工作采用自查自纠和重点检查相结合的方式，分动员部署、自查自纠、重点检查、总结整改四阶段进行，自查自纠和重点检查范围全覆盖。通过开展专项清查工作，进一步提高了加强资金基金安全管理意识，健全资金安全管理长效机制，确保全厅资金基金的安全完整。

【召开全省社保基金监督暨企业年金基金管理工作会议】 4月28日，全省社会保险基金监督暨企业年金基金管理工作会在南昌召开。全省各设区市人保局、就业局分管局长、全省企业年金基金运营管理机构负责人与经办人员及省人保厅、省国资委、省财政厅有关负责人共计80余人参加会议。会议全面总结“十一五”期间全省社会保险基金监督和企业年金基金管理工作，深入分析当前基金监督工作面临的新形势。部署2011年全省社会保险基金监督检查和企业年金基金管理工作任务。会议指出，各项社保基金、资金问题波及面广，社会各界高度关注，基金资金监督不单是经济问题，更是民生和政治问题，要切实加强基金监督和各项专项检查，对各地自查、检查不认真、走过场、弄虚作假的，要发现一起查处一起，并对相关责任人作出相应的行政纪律处分。

【出台新农保资金管理办法】 11月9日，省财政厅、省人力资源和社会保障厅出台《新型农村社会养老保险基金财务管理暂行办法》，对新农保基金预算、基金筹集、基金支付、基金结余等做出明确规定。该办法明确指出，除国家另有规定外，任何地区、部门、单位和个人不得动用基金结余进行任何其他形式的投资。基金应纳入社会保障基金财政专户，实行收支两条线管理，单独记账、核算。任何地区、部门、单位和个人均不得挤占、挪用，不得用于平衡财政预算，不得用于经办机构人员和工作经费。基金应按照新农保制度规定的项目和标准支出，任何部门、单位和个人不得擅自调整支出项目和随意改变支出标准，且当地人民政府在基金出现支付不足时，给予补贴。

（李玉亭）

交通运输

本栏编辑　邓玉兰

公　路

【概　况】 2011年,全省交通基础设施建设,完成投资345.9亿元,同比增长12.7%,高于全国平均水平5.7个百分点。其中公路建设完成投资342亿元,增长13.6%。高速公路完成投资占全省重点工程投资比重21%。截至年底,全省公路总里程14.7万千米,其中高速公路通车里程3642千米,一、二级公路里程1.1万千米,农村公路13.1万千米。建成德兴至南昌、永修至武宁、隘岭至瑞金、上饶至武夷山、瑞金至寻乌、南昌至奉新(靖安)等6条高速公路554千米,建成里程占全国新增里程的5.1%。新增3个出省大通道,济广高速江西境内全线贯通,实现鄱阳湖生态经济区城市群高速公路网络化,直通高速公路的县(市、区)达到89个。全省高速公路密度由上年的1.85千米/百平方千米上升到2.18千米/百平方千米。

全省公路运输场站基本建设计划补助资金7000万元。按计划类别分:乡镇农村公路综合服务站计划5000万元,农村候车亭计划2000万元。年内累计完成投资1.95亿元,增长180%。其中,三级以上站场完成投资9515万元,农村客运站完成投资7578万元,农村候车亭完成投资2400万元,分别增加47.29%、90.5%和减少13.97%。全年全省公路运输客货运站场建设累计新增固定资产9080万元,竣工房屋建筑面积4.33万平方米。其中:三级以上站场新增固定资产565万元,新增房屋建筑面积1.60万平方米;农村客运站项目新增固定资产6115万元,新增房屋建筑面积2.73万平方米;农村候车亭新增固定资产2400万元。2011年,在建项目2103个,其中:三级以上站场项目5个,农村客运站项目98个,农村候车亭2000个。新开工项目2059个,其中:三级以上站场2个,农村客运站57个,农村候车亭2000个。

公路管理和养护水平实现历史性突破。围绕打造"畅通、安全、舒适、美观"的干线公路交通环境,全力以赴抓路况养护、全力以赴抓规范管理、全力以赴抓路域环境整治,取得全国公路养护管理排名第十四、高速公路排名第六的好成绩,江西省被评为"十一五"全国干线公路养护管理工作进步单位,完成省委、省政府提出的"确保进步奖、力争前十五"的目标任务。

科技教育、节能减排和信息化建设取得新成效。6个科研项目列入部、省年度科技计划,7项科技成果获省科学技术进步奖和中国公路学会科技进步奖,11项技术获得国家发明专利或国家实用新型专利授权证书。永武高速公路项目成为全国"十二五"第一条科技示范路。节能减排扎实推进,实现年综合节能20.76万吨标准煤。智能交通加速推进,完成15条2256千米高速公路智能交通系统建设。新增ETC车道60条,累计达163条。交通教育取得新进展,交通干部学院新校区建成。

交通运输安全生产态势平稳。开展"安全生产年"、安全生产隐患排查整治、道路客运隐患整治、打击非法违法生产经营建设行为等专项活动,对390辆凌晨2点至5点运行的卧铺客车进行排查整治,在所有卧铺客车加装视频监控装置。建立高速公路四级应急响应机制,完善与交警、路政、排障救援、气象、医疗、地方政府等联勤联动机制。联合气象等有关部门启动江西省高速公路气象自动监测预警工程项目。优质高效完成昌金高速萍乡芦溪段"9·2"地质灾害抢修,共出动400余人、设备220多台(套),提前10天完成省政府提出的路面修复任务。

截至年底,全省公路运输完成客运量7.25亿人、旅客周转量340.90亿人千米、货运量9.84亿吨、货物周转量2066.8亿吨千米,分别增长2.69%、3.15%、11.2%、11.7%。客运平均运距47千米,货运平均运距210千米,日均运送旅客198.7万人、货物269.5万吨。公路运输四大指标在综合运输体系中所占比重分别为92%、36%、89%、70%。公路货运逐步形成以普通货物运输,特种专项货物运输,货运服务,物流服务为主的多种服务方式相结合共同发展的新格局。

截至年底,江西省机动车维修业共有9872户,增长4.21%,其中:一类机动车维修271户,二类机动车维修1290户,三类机动车维修5744户,摩托车维修2567户。全省机动车维修从业人员6.08万人,增长5.63%,其中技术负责人6245人,质量检验员4049人,其他维修技术人员3.68万人。全省汽车综合性能检测站共有66个,其中:南昌市4个,景德镇3个,萍乡市3个,九江市9个,新余市2个,鹰潭市1个,赣州市13个,吉安市9个,宜春市7个,抚州市4个,上饶市11个。完成2010年度机动车维修质量信誉考核工作,共有111户维修企业被评为"质量信誉AAA级企业";评审认定第三批"江西快修"企业7户,并对三批共计116户"江西快修"品牌企业进行授牌。根据《江西省道路运输条例》综检机构实施能力公告制度,省运管局制定出台《江西省机动车综合性能检测机构管理规定(试行)》,明确综检机构应当具备的条件、申报流程和经营行为等事项。

【6条高速公路建成通车】 9月6日,德昌、永武高速公路通车。德昌高速公路全长204.6千米,投资约98.88亿元,起自南昌,途经南昌县、余干县、万年县、乐平县,到德兴县城止,内含金溪湖特大桥桥长9178.5米。永武高速公路起自永修县城,经武宁县、庐山西海风景区,全长104.5千米,投资41.85亿元。

10月20日,隘岭至瑞金高速公路建成通车。隘瑞高速公路起点于赣闽两省交界的隘岭,途经东头岭、田坞、四工排、观音前、松山下、棋杆、新屋家,终于瑞金市云石山乡坡下村,全长31.12千米。

11月5日,上饶至武夷山高速公路和余干县"两路一桥"建成通车。上武高速公路起自上饶市,止于铅山县武夷山镇,途经紫溪乡、石塘镇、永平镇、稼轩乡、鹅湖镇和上饶经济技术开发区董团乡,全长52.97千米。余干县"两路一桥"是指德昌高速公路余干互通连接工程,长11.5千米;余黄一级公路改造工程,长23.2千米;中洲大桥工程,长332米。"两路一桥"工程共投资5.65亿元,上武高速公路投资30.4亿元。

12月28日,瑞寻、昌奉高速公路竣工通车。瑞寻高速公路起自瑞金,途经会昌,至寻乌,全长123.96千米,它直接沟通广东省的梅州市及汕头、汕尾两个港口城市,是江西又一条重要入粤通道。昌奉高速公路全长39.05千米,起自南昌,止于奉新,是昌铜高速公路的重要一段。

【推进农村公路网建设】 全年建成农村公路8647千米,加强农村公路安保工程、危桥改造、水毁恢复重建。统筹农村路、站、运建设协调发展。建成农村客运站122个,农村客运候车亭2000个。农村客运班线达到3610条,车辆达到9460辆,乡镇通班车率达到100%,建制村通班车率达到90.4%。"改渡建桥"任务全面完成,新建成桥梁621座,撤销农村渡口800个,惠及90个县(市区)、383个乡镇、616个村,直接受益群众达1000多万人,全面完成省委、省政府提出的"除大江、大河、大湖外的农村改渡建桥"任务。

【推进城乡客运一体化试点工作】 2011年,全省新增公交车601辆,公交运营线路95条,出租汽车522辆。南昌市至安义县、鹰潭市至辖区3县、丰城市至辖区32个乡镇实现城乡客运一体化,票价下降幅度大多超过50%。南昌、赣州、九江等3个设区市设置6条共26千米公交专用道。启动对设区市落实城市公交优先发展的考核工作,完成11个设区市城市公交满意度调查测评。及时发放2010年度农村客运、城市公交、出租汽车燃油补贴8.5亿元。

9月16日,德兴至南昌高速公路建成通车。江西形成沿鄱阳湖地区高速公路圈。

省交通运输厅史志办供稿

【实施高速公路服务区整治提升工程】 把服务区作为星级酒店来管理,作为特色超市来经营,作为休息景点来开发。加大投入,突出硬件提升。针对早期建成的高速公路服务区"三个严重滞后"的情况,先后投入5亿多元新建庐山、三清山等一批中心服务区,改扩建峡江、萍乡、吉安、石钟山、东乡、南城、新余、宜春8对服务区,改造遂川、横市、七里岗、黎川等15对服务区。新通车的高速公路服务区则坚持高标准设计、高质量建设,使江西高速公路服务区硬件设施达到全国一流水平。同时,理顺物管机制,提升物管水平,严格落实"保洁、保通、保绿、保亮、保安、保形象"等6保要求,推进服务区物业管理的专业化、品牌化。

【推进交通运输企事业单位改革】 各地涉改交通运输企业113家、厅属涉改企业9家,基本完成改革任务,国有企业改革总体平稳。推进事业单位改革,完成事业单位机构实名制管理和清理规范,34个单位岗位设置工作通过审核,20个单位完成岗位聘任工作。完成省水上搜救中心与省港航管理局合署办公,交通工程质量监督站变更为全额拨款事业单位,交通职业技术学院升格副厅级,交通干部学校更名等工作,组建省公路管理局信息数据中心。

(凌景坡)

铁　路

【概　况】 2010年9月昌九城际高铁建成开行200千米时速动车组,标志着江西铁路跨入中国现代化铁路先进行列。至2011年末江西省铁路营业里程2734.1千米,车站190个。主要干线(过境铁路)有10条。即京九线九江至定南营业里程704.7千米,沪昆线下镇至老关547.4千米,皖赣线倒湖至贵溪198千米,武九线西河村至庐山55.8千米,鹰厦线鹰潭至资溪79.4千米,峰福线横峰至永平(含上饶联络线)65.7千米,赣龙线赣州东至瑞金131.3千米,吉井线(井冈山铁路)吉安南至井冈山79.8千米,铜九线香隅至九江86.9千米,江西省合资公司昌九城际线九江至南昌北118.7千米。铁路支线(省内铁路线)10条。即分文线分宜至文竹158.3千米,向乐线向塘西至江边村106.7千米,张塘线张家山至上塘镇47.4千米,张建线董家至建山34.8千米,上新线新余至上高53.5千米,弋樟线弋阳至樟树墩13.5千米,丰洛线丰城站至洛市煤矿24.6千米,沙浔线自九江西站至九江北站(即原九江老站)长11.6千米。乐德铁路从皖赣线乐平至香屯站44.1千米。九炼线并入铜九线,其铜九疏解线琵琶湖至九江7.8千米。

2011年,南昌铁路局快速提升技术装备水平。年内新增动车组20组,全局配属达到54组。新增"和谐型"大功率电力机车43台,配属达到298台,电力机车牵引比重提高到65.8%;新增新型空调客车298辆,配属达到2961辆,比重提高到74%。京九南线电气化改造竣工投产,全局电气化里程达到3268.3千米,电气化率65.1%。铺设无缝线路244.8千米,全局无缝线路达到5358.4千米,无缝化率74.9%。车辆5T设备和GSM-R无线网络系统、CTC调度集中系统、CTCS列控系统等先进设备设施覆盖面不断扩大,技术装备智能化、信息化、现代化水平进一步提高。2011年配属机车1175台。其中:内燃机车647台,电力机车528台。配属客车3433辆。全局运输业从业人员劳动生产率按换算周转量计算为228万换算吨千米/人年,同比增长7.2%,按运输进款计算为22.02万元/人年,增长14.7%。

年内坚持以"人民群众满意"为目标,开展"服务旅客创先争优"活动,树立"以服务为宗旨,待旅客如亲人"的理念,推出一系列便民利民新举措。优化旅客列车开行模式,调整杭深、沪昆线和昌九城际铁路动车组运营速度及票价,提高安全冗余。增开动车组25对,提升3对旅客列车等级,较好地适应了旅客乘车需要。创新售票方式,增加电话订票系统线数,动车组、直通旅客列车全部实行互联网售票和网上电子支付票款,全局93个客运站全部实行实名制售票,并安装POS机,方便旅客刷卡购票。对学生往返票优先集中办理,为残疾旅客专门预留席位并搞好售票安排。投入1.05亿元改善服务环境,集中力量整治车站环境卫生和客运服务设备设施,提高列车餐饮质量,保证旅客基本服务需要。加强客户服务中心和12306网站建设,方便旅客、货主信息查询,及时受理投诉。完善客运服务标准,抓好客运系统干部职工业务培训,学习引进民航系统的先进服务理念和服务技能,不断提升客运服务质量。2011年,江西省铁路旅客发送量6152.2万人,旅客周转量600.18亿人千米,分别增长9.8%和6.3%;货物发送量5769.1万吨(含行包,下同),货物周转量733.77亿吨千米,分别增长7.3%和3.9%。合计换算周转量1333.95亿吨千米。

【铁路运输收入完成171亿元】 2011年,南昌铁路局着眼于实现可持续发展,深入探索多元化经营的有效途径,推进运输业和非运输业协调发展。强化客货运输核心业务,抓住3次调图契机,优化客货运输产品结构,加强市场营销和运输组织,提高运输效率,保障重点物资运输,客货运量实现稳步增长。积极发展非运输业,充分利用全局运力、设备、土地、技术、信息等资源,全方位拓展市场经营领域,大力发展现代物流、广告、商贸、旅游等业务,千方百计增收创效。南昌铁路局完成旅客发送量1.09亿人,为年计划的102.9%,增长16.5%,建局以来首次突破亿人大关;货物发送量9704.8万吨,为年计划的100.6%,增长4.7%。换算周转量1738.77亿吨千米,为年计划的97.4%,增长5.8%;运输收入171.45亿元,为年计划的102%,增长13.8%,提前6天完成全年任务。完成非运输营业收入126.95亿元,为年计划的100%,同口径增长37.9%。利润实现扭亏为盈,完成4426万元,为年计划的100%,同口径同比增加9292万元。全局集经企业完成营业收入6.2亿元,实现利润200万元。与此同时,狠抓节支降耗,严控成本支出,全局盈亏总额完成-49.67亿元。

【铁路建设完成投资465亿元】 2011年,南昌铁路局抓好国家《中长期铁路网规划》和铁道部、江西省和福建省协议的落实,推进铁路依法建设和标准化管理。全年完成铁路基建投资454.58亿元,更新改造投资10.96亿元。合计铁路建设完成投资465.54亿元。年内,面对建设资金短缺的困难,千方百计筹措资金,维护建设队伍稳定,保证铁路建设持续推进。开展工程质量安全大检查,深化工程建设领域突出问题专项治理,强化工程质量安全控制。全力抓好在建重点项目,合理配置建设资源,确保工程进度。杭长铁路江西段、京福铁路闽赣段和衡茶吉铁路等14个在建项目进展顺利。

【京九南线电气化改造工程竣工投产】 2009年12月京九铁路(南段)电气化改造工程即京九铁路三江镇(不含)K1490+216至上陵(不含)K2008+200电气化改造工程开工建设,计划投资29.83亿,经过整整两年的施工,2011年12月底竣工投产。工程由中铁十六、十七、十八局等单位施工建设,电化局、铁二院、铁四院、北京现代等单位监理。其中南昌枢纽京九电气化改造引入工程范围包括向塘西编组站改扩建工程、京九线江家站(不含)至K1481+120~三江镇站(不含)K1484+890段电气化改造工程、乐化(含)至江家(含)新建及改建CTC系统工程、西环线GSM-R工程和南昌机务段、向塘机务段电气化改造工程。正线长度72.66千米,初设概算总额8.85亿元。初设批复全线永久用地70.87公顷,房屋拆迁1.41万平方米,路基土石方131.84万立方米,桥梁3座170.2米。该项目于2009年3月开工,与京九铁路三江镇至上陵电气化改造工程同步竣工。

(南昌铁路局档案史志办)

·资 料·

2011年南昌铁路局运输生产主要指标完成情况

项目	单位	2011年计划	2011年完成	完成年计划%	2010年完成	比较	
						增减	增减%
旅客发送量	万人	10610	10962.6	103.30%	9367.8	1594.8	17.00%
货物发送量	万吨	9650	9706	100.60%	9269.9	436.1	4.70%
日均装车数	车	4250	4273		4112	161	3.90%
静载重	吨	62.2	62.2		61.8	0.4	
煤炭发送量	万吨	2500	2914	116.60%	2427.1	486.9	20.10%
日均卸空车数	车		5937		5614	323	5.70%
换算周转量	亿吨千米	1785	1750.73	98.10%	1644	106.73	6.50%
旅客周转量	亿人千米	835	802.55	96.10%	731.38	71.17	9.70%
货物周转量	亿吨千米	950	948.18	99.80%	912.62	35.56	3.90%
运输收入	万元	1680400	1714959	102.10%	1506522	208437	13.80%
客票收入	万元		902090		721497	180593	25.00%
货物运费收入	万元		510507		494287	16220	3.30%
日均运用车	辆日	26500	26599		25758	841	3.30%
日均工作量	车		10141		9733	408	4.20%
货车周时	天	2.63	2.62		2.65	-0.03	
货车日产量	吨千米		9766		9707	59	0.60%
货车中时	小时		5.5		5.3	0.2	
货车停时	小时		21.5		18.5	3	
货车旅速	千米/小时		31.8		30.7	1.1	
机车日产量	万吨千米	112.8	112.5		109.7	2.8	
机车日车千米	千米	395	405		396	9	
平均牵引总重	吨	3053	3037		3033	4	
技术速度	千米/小时		51.9		51.2	0.7	

2011年南昌铁路局日均请求车与装车比较

月份	全局			江西		
	日均请车	日均装车	装车满足率%	日均请车	日均装车	装车满足率%
1	4447	4117	93.9	2549	2444	95.9
2	3548	3650	100	2015	2172	100
3	4132	4248	100	2304	2540	100
4	3961	4365	100	2255	2589	100
5	4020	4365	100	2310	2626	100
6	4043	4401	100	2468	2783	100
7	4043	4401	100	2468	2783	100
8	4497	4502	100	2740	2858	100
9	4424	4512	100	2635	2850	100
10	4003	4401	110	2290	2682	100
11	3847	4165	100	2249	2529	100
12	5627	4202	74.7	3357	2641	78.7
全年	4217	4273	100	2457	2607	100

民 航

【概　况】 2011年，江西省机场集团公司时刻以服务地方社会经济发展为己任，开通南昌与京、沪、穗之间的穿梭航班，构建通达国内20多个省份40多个城市的航线网络，开通南昌直达首尔、香港、台北的国际、地区航线，实现与欧美、东南亚主要城市之间一票到底、行李直挂，架起江西对接长珠闽、连通港澳台、融入全球化的空中交通走廊，年均发展速度超出江西GDP增速，也高于全国民航的增长速度。获得“全国五一劳动奖状”“全国社会治安综合治理先进单位”“江西省社会治安综合治理先进单位”“江西省文明单位”“江西省园林绿化先进单位”等称号。

2011年，省机场集团公司完成旅客吞吐量660.7万人次，同比增长17.22%，高于全国机场平均增速9%。起降达6.44万架次，增长1.26%。货邮吞吐量3.92吨，增长9%。高于行业平均水平10%。其中南昌机场完成旅客吞吐量534.8万人次，增长12.61%；赣州机场旅客吞吐量51.5万人次，增长63.4%；吉安机场旅客吞吐量30.24万人次，增长65.8%；景德镇机场旅客吞吐量35.6万人次，增长15.6%；九江机场旅客吞吐量8.54万人次，增长4.75%。安全服务品质持续提升。

2011年，省机场集团公司坚持持续安全理念，狠抓安全体系建设，落实安全责任，成功实现自集团成立以来的第八个安全生产年，未发生机场责任原因内的事故及事故征候，安全形势总体平稳，实现各项安全目标，为服务、生产、经营的持续发展提供了坚强的保障。同时大力践行中国服务，打造红色服务品牌，初见成效，服务品质持续提升。南昌昌北国际机场二季度ACI服务测评4.7分，取得ACI全球排名第六名的良好成绩，在200万～500万级机场中全球排名第一，为江西机场的发展提供了可靠的保障。

【推进基础设施建设】 2011年，省机场集团公司快速推进绿色机场建设，固定资产投资项目完成8.6亿元。南昌昌北国际机场二期扩建工程如期完工，景德镇扩建工程新航站楼投入运行，宜春机场建设工程进展顺利，井冈山机场扩建工程前期工作稳步推进，井冈山民航培训基地举行奠基典礼、筹建工作正在积极推进。

【召开南昌昌北国际机场二期扩建工程总结表彰大会】 5月22日，南昌昌北机场扩建工程总结表彰大会在T2航站楼前举行。省委书记苏荣宣布竣工通航，省长吴新雄讲话，张裔炯、傅克诚、尚勇、陈达恒、刘上洋、赵智勇、史文清、王文涛、胡振鹏、魏小琴、肖光明、张忠厚、陈宏举、姚木根等领导出席，省委常委、常务副省长凌成兴主持，副省长洪礼和宣读表彰通报，民航局机场司司长覃章高，首都机场集团公司党组书记刘彦斌，民航华东地区管理局副巡视员胡亚明以及省直各单位，南昌市委、市政府，各参建单位，各航空公司，各驻场单位领导和相关人员参加大会。5月23日，南昌昌北机场新航站楼顺利启用，12月15日，南昌昌北机场飞行区3400米跑道顺利切换，如期实现“零事故、零事件、零投诉的”目标。

【南昌昌北国际机场3400米跑道正式启用】 12月15日7时42分，随着东方航空公司A320型客机平稳落地，南昌昌北国际机场延长至3400米跑道的起落航线、仪表进离场程序、机场净空、助航灯光设备、通信导航系统等通过全面测试，各项标准均符合运行要求，3400米跑道试飞成功，并于当日正式启用，南昌昌北国际机场晋升为4E级机场迈出重要一步。

【省政府与国家民航局签署《关于加快推进江西民航发展的会谈纪要》】

10月14日，江西省政府与国家民航局在北京签署《关于加快推进江西民航发展的会谈纪要》。省委书记苏荣、代省长鹿心社与民航局局长李家祥、党组纪检组组长梁宁生出席签字仪式，鹿心社和李家祥分别代表双方在会谈纪要上签字。根据会谈纪要，民航局将积极支持江西省优先发展民用航空战略，支持江西民航发展规划、民用机场布局规划、通用机场布局规划和临空经济发展规划。双方贯彻落实《民用机场管理条例》，共同加快建设以南昌昌北国际机场为中心，其他机场为补充并协调发展的“一干七支”民用机场体系和航线网络体系，打造江西省旅游特色机场群，促进江西民用航空事业的发展。双方将共同努力将昌北机场打造成为江西民航客运枢纽中心、服务鄱阳湖生态经济区建设的现代交通运输体系的集散中心和服务中部地区的国际航空货运枢纽中心，进一步完善江西区域内综合交通运输体系。会谈纪要还就加大对江西支线机场基础设施建设和运营的支持力度、促进支线航空加快发展、支持民航江西监管局和空管部门的建设和

5月22日，南昌昌北机场扩建工程总结表彰大会现场。

省机场集团公司供稿

发展、加大对基地航空公司的支持力度、加快江西通用航空业务发展、加大空域协调力度、进一步完善客货进出境通关环境、建立民航发展高层协商机制等事项达成共识。

纪要签署前,苏荣与李家祥就推动江西民航业又好又快发展交换了意见。首都机场集团公司总经理董志毅,民航局相关司局,中航集团,东航集团,南航集团主要负责人以及江西省委、省政府,省机场集团公司有关方面负责人参加签字仪式。

【省机场集团与南昌海关签署合作备忘录】 8月23日,省机场集团公司与南昌海关举行《优化海关监管服务、促进空港发展合作备忘录》签字仪式。副省长洪礼和出席并讲话。根据备忘录,南昌海关将从优先支持省机场集团发展空运货运业务,为省机场集团提供政策支持和服务措施,帮助其用足用好海关优惠政策。配合省机场集团加强空港口岸边境保护,协助维护机场安全稳定。支持省机场集团增开进出境航班及发展进出境公务机业务,从开通“多点报关、机场验放”“机场报关、口岸验放”进出口通关模式等6个方面入手,支持省机场集团公司扩大空运货物发展,提高空港货运能力,打造区域性的国际物流集散中心,建设机场国际物流服务体系,积极培育临港经济,推动南昌空港口岸经济做大做强。省机场集团公司从支持南昌海关依法行政,为海关监管执法创造良好环境,优化海关旅检通关环境,支持机场海关监管场所建设及海关监管配套设施建设等方面入手,支持配合海关工作。双方商定,建立定期会晤制度,并逐步完善多层次、宽领域、经常性的沟通平台,不断提升合作水平、共同致力于打造出便捷顺畅的南昌机场国际客货进出渠道,进一步加快南昌昌北国际机场“三个中心”的打造进程,进一步推动江西航空口岸的做大做强,推动南昌地区临空经济的发展。

【南昌机场开通南昌至台北直飞航班】 2011年11月1日,台湾中华航空公司开通台北—南昌直飞航班。省商务厅、省台办、省旅游局、南昌市政府、省机场集团公司、中华航空公司等单位领导出席航班开通仪式并剪彩。该航班的开通,进一步缩减双方往来的时间成本,促进双方来往更加密切,为赣台经济合作提供新的条件和注入新的动力。

(李　思)

水　路

【概　况】 2011年,全省完成社会水路货物运输量7428.4万吨,货物周转量196.25亿吨千米,同比分别增长14.4%和12.1%,旅客运输量251.5万人,旅客周转量2985万人千米。内河完成货物运量6947.6万吨,货物周转量126.76亿吨千米。其中进入长江干流的货物运量908.8万吨,货物周转量54.43亿吨千米;沿海完成货物运量480.8万吨,货物周转量69.49亿吨千米,分别增长16.8%和增长15.3%。

全省内河拥有各类运输船舶4162艘,减少55艘。船舶净载重量208.63万吨位,增加12.83万吨位。载客量1.16万客位,减少197客位。船舶总功率71.92万千瓦,增加7.86万千瓦。沿海运输船舶51艘,减少4艘。总载重量为21.61万吨位,增加3.49万吨位,功率为6.30万千瓦,增加4614.3千瓦。全省船舶完成货物运输连续8年保持增长的势头,水运经济在逐渐升温,天然气、钢铁、水泥、木材等大宗货运物资的水上运输量不断增长,特别是矿建材料(石砂)区间内砂石运输增长幅度较大。沿海运输呈现的特点是货源(特别是长途货源)在不断增加,海轮运输随着货源的增加其运量和周转量增长比较大,主要是石油天然气制品、钢铁、煤炭增长幅度较大,分别增加35.8万吨、20.8万吨、14.9万吨。

2011年,省发改委、省交通运输厅下达省港航部门基本建设项目投资计划为6.34亿元。款源为:中央预算内投资8250万元,交通运输部补助资金1.24亿元,省交通运输厅统筹资金400万元,项目法人贷款1.75亿元,国外贷款1.52亿元,地方自筹或单位自筹9550万元。所建项目为:赣江石虎塘航电枢纽工程续建4.47亿元(中央预算内投资7100万元、部补1亿元、项目法人贷款1.25亿元、国外贷款1.52亿元);赣江(南昌—湖口)Ⅱ级航道整治工程续建3150万元(中央预算内投资1150万元、部补2000万元);九江市水上应急指挥中心项目(新建)1050万元(厅统筹400万元、地方自筹或单位自筹650万元);永修县地方海事航道工作用房复建工程(新建)150万元(地方自筹或单位自筹);会昌县地方海事处工作用房复建工程(新建)150万元(地方自筹或单位自筹);九江市港航分局海巡艇(1艘)建造项目1600万元(地方自筹或单位自筹);万年港综合码头项目续建600万元(部补400万元、地方自筹或单位自筹);南昌龙头岗综合码头工程(新建)1.20亿元(项目法人贷款5000万、地方自筹或单位自筹7000万元)。

至年底,已完成年度投资计划的基本建设项目为:赣江石虎塘航电枢纽已完成电站厂房、船闸、设备、防护工程等施工任务,船闸开始运行,赣江(南昌—湖口)156千米Ⅱ级航道整治工程已完成年度筑坝护岸及疏浚施工任务;万年港综合码头建设项目(码头、吊机及附属工程等)已按年度计划推进;南昌龙头综合码头一期工程完成施工A合同段及监理J合同段的招投标工作,开工准备就绪。

2011年,全省拥有港口59个,港区73个,港口管理部门66个,港口经营1071户,船厂19户。生产性码头泊位1728个,泊位总长达6.33万米;非生产用泊位75个,泊位总长3765米。最大靠泊能力5000吨级。拥有千吨级以上泊位115个,港口生产性仓库面积24.32万平方米,生产用仓库容积47.76万立方米、堆场面积209.91万平方米,铁路专用线1.48万米,其中装卸线3931米。港口装卸机械2865台(套)。最大起重能力175吨。

全省港口完成货物吞吐量2.36亿吨,其中出口1.62亿吨,进口7386.4万吨,分别增长11.5%、9.5%、16.4%。旅客吞吐量475.7万人次,增长5.9%,其中:出港230.1万人次,进港245.6人次,分别增长1.9%、10%。集装箱吞吐量为20.4万标准箱、237.8万吨,分别增长

18.8%、11.7%。其中九江港集装箱吞吐量为14.2万标准箱、168.8万吨,分别增长17.7%、12.8%。南昌港集装箱吞吐量为6.2万标准箱、69万吨,分别增长21.3%、9.3%。

港口生产经营呈现以下几个特点:一是全省港口吞吐量最大货种还是矿建材(砂石),达到1.91亿吨,占全省港口吞吐量的80.9%,增长9.1%。二是全省货物吞吐量增长较大的货种除砂石外还有煤炭及其制品、散水泥。其中煤炭及制品增长384.8万吨,散水泥增长308.5万吨。三是集装箱运输是江西省适箱货物运输发展的主要方向,全省集装箱吞吐量完成20.4万标准箱,增长18.8%。

全年完成基本建设投资3.95亿元。其中:建筑工程3.68亿元,设备购置553万元,其他费用2185万元。累计新增固定资产4.81亿元。施工项目19个,其中年内新开工2个,建成项目8个。新建客运码头泊位1个,泊位岸线长度50米,新增旅客通过能力7万人/年。

重点港口建设项目方面,总投资24.58亿元的石虎塘航电枢纽工程已完成投资2.07亿元,第一台发电机组装机完成已具备并网发电条件,通航船闸已在11月建成并投入使用,其各项防护工程也在紧张建设中。赣江(南昌—湖口)航道整治(改善二级航道)工程计划总投资1.83亿元,已完成投资6950万元(其中建筑工程完成5900万元),新干港河西综合码头年内完成投资50万元,累计完成投资4128万元,完成码头主体大部分工程量的施工,其建设资金筹集困难较多,建设进度较慢。其他中小港站的建设进展顺利,工程质量合格率保持100%,未发生工程质量和安全事故。

2011年,全省通过年度核查的水路运输经营业户共294户,增加17户,增幅为6.1%。水路运输服务经营业户122户,增加20户,增幅为19.6%。全省经交通运输部、长江船务管理局批准筹建的水运企业共有23户。其中经交通运输部批准筹建的国内沿海及长江中下游普通货物运输企业有16户。

至年底,全省水路交通规费征收2.91亿元,较上年增收4014万元,增长15.98%。其中:海事规费征收1.08亿元,增收1043.76万元,增长10.70%;港口规费征收1.83亿元,增收2970.24万元,增长19.33%。

【加强规费征收管理】 各稽查管理单位针对本地区的新情况,建立或完善稽征管理制度。南昌港航分局重新修订《规费征收管理办法》,宜春港航分局修订《船舶港务费征收管理办法》,九江市港口管理局制定《规费征收管理规定》。针对性的制度建立健全与狠抓落实并举,增加实征到位率。九江、上饶试行收费与稽查分享,使收费到位率大大提高,成本明显降低,达到预期目的。同时,稽查人员加大巡查频率和征罚力度,增强了船舶主动报港缴费的意识。

规范海事与港航联合执法征费管理,发挥优势互补作用。8月份以来,新增加南昌海事与港航联合执法征费点,联合执法征费提高了办事效率,不仅方便了船民,而且提升了征费到位率,降低了征收成本。

加大现场稽查力度,加大打击偷逃规费力度。堵漏查补收费增长83.49%。鄱阳湖区补征额达377.45万元,占入湖收费的18.47%。九江对省外始发港未缴费的入赣船舶补征达370多万元,南昌港航处补征321万元。九江市地方海事局直属执法监察大队全年作出各类行政处罚共计769起,减少25.48%,共处罚款248.48万元。其中查处严重超载或屡次超载船舶97艘次,查处假证书船舶18艘次,查补漏缴船舶港务费53.58万元,查补货物港务费148.93万元,违章和偷逃规费的现象得到遏制。

寓管理于服务之中,增值费源增长点。九江市地方海事局长期与蛤蟆石过驳企业保持良好关系,主动帮助企业排忧解难,维系企业过驳业务稳定,同时维系住过驳平台的港务费源。九江市港口管理局牢固树立"服务沿江重点港埠企业、服务沿江工业园区、服务沿江港口工程建设"的"三服务"理念,赢得港口企业对征费工作的支持。南昌市港航管理处在推进《南昌港总体规划》实施中专人负责跟踪服务,促进一批具有相当实力的大企业相继落户南昌港。如江西赣江海螺水泥,其企业专用码头投产后,随着码头发生的货物装卸,已陆续缴纳规费65.8万元。

【两艘大型化学品液货船相继落户宜春】 5月3日,赣东港化158、赣东港化168两艘化学品液货船相继在宜春市地方海事局办理船舶所有权、船籍登记,两船的船籍港均为宜春港,船舶所有人为江西东港航运有限公司。两船为省内最大的化学品液货船,总长达90米,总吨位2826吨,载重吨位4240吨,型深5.6米,总功率1150千瓦。由九江船厂有限公司承建。从机舱设备到驾驶设备在整个长江流域的化学品液货船中属先进水平。

【"横渡8号"渡船正式渡客】 6月3日,满载乘客的"横渡8号"渡船从湖北黄梅抵达九江城区客运码头。"横渡8号"的启航,标志着赣鄂两省间的水上渡运拉开新的序幕。该船长28米,宽6米,总吨位107吨,核定载客220人,运营航线为九江城区至黄梅横坝头。"横渡8号"正式投入使用,不仅改善了两岸群众出行难的问题,更为两地经济发展提供了动力支持。

(凌景坡)

金　融

本栏编辑　邓玉兰

综　述

2011年，江西金融业在复杂多变的经济金融环境下，仍然保持健康快速发展。全省银行业妥善处理贯彻落实稳健货币政策与支持经济平稳较快发展的关系，继续加大信贷投入，不断优化信贷结构，抵御风险能力进一步增强。江西省内证券期货市场规范发展，基础逐步夯实，上市公司质量不断提升。保险业整体规模持续扩大，服务保障和社会管理功能有效发挥。江西省金融业的良好健康运行，有力支持了江西经济发展方式转变，促进了江西经济平稳较快发展。年末，江西省金融业（以中国银行业监督管理委员会江西监管局统计口径，不含人民银行机构数）共有银行业机构6291个，同比增长2.79%。从业人员8.52万人，增长7.72%。其中：政策性银行2家，机构96个，从业人员2213人；国有商业银行5家，机构1825个，从业人员3.99万人；全国性股份制商业银行6家，机构137个，从业人员2439人；邮政储蓄银行1家，机构1414个，从业人员1.12万人；城市商业银行5家，机构243个，从业人员6033人；农村法人金融机构111家，机构2565个，从业人员2.27万人；财务公司2家，从业人员97人；信托投资公司2家，从业人员300人；金融资产管理公司4家，从业人员179人；外资金融机构2家，机构3个，从业人员96人。

*存款总量保持较快增长。*年末，江西省金融机构本外币存款余额为1.43万亿元，比年初增加2412.68亿元，比年初增长20.26%，高出全国平均增速6.7个百分点，增速在全国排名第三，在中部6省排名第一。2011年各项存款结构呈现出新的变化特点：一是单位存款增长平稳，活期存款增加最多。年末，江西省金融机构本外币单位存款余额为6469.35亿元，比年初增加1223.86亿元，少增225.54亿元。其中单位活期存款比年初增加545.84亿元，定期存款比年初增加369.59亿元。二是个人存款快速增长，储蓄存款大量增加。年末，江西省金融机构本外币个人存款余额为7177.43亿元，比年初增加1034.63亿元，多增14.48亿元。其中储蓄存款比年初增加1015.99亿元，保证金存款比年初增加2.36亿元，结构性存款比年初增加16.28亿元。三是财政存款增量较大。年末，江西省金融机构本外币财政存款余额为499.82亿元，比年初增加138.17亿元，多增135.17亿元。四是其他存款明显少增。年末，江西省金融机构人民币其他存款余额为133.00亿元，比年初增加17.22亿元，少增60.30亿元。

*贷款投放更加均衡合理。*2011年末，江西省金融机构本外币各项贷款余额为9301.95亿元，比年初增加1491.98亿元，比年初增长19.03%，高出全国平均增速3.18个百分点，增速在全国排名第十二，在中部6省排名第二。2011年贷款投放的主要特点为：一是投放更加均衡。全年四个季度新增贷款分别为456.42亿元、417.72亿元、301.58亿元和316.26亿元，占全年新增贷款的比例分别为30.59%、28.00%、20.21%和21.20%，基本符合“3:3:2:2”，是近十年来贷款投放最为均衡的一次。二是期限结构搭配更加合理。年末，江西省金融机构本外币短期贷款余额为3665.43亿元，比年初增加801.30亿元，多增255.43亿元；中长期贷款余额为5474.82亿元，比年初增加720.99亿元，少增279.38亿元。新增短期贷款与新增中长期贷款占全部新增贷款的比重分别为53.71%和48.32%，全省贷款中长期化得到改善。

*民生领域资金需求得到重点满足。*2011年，江西省金融机构加大对教育、就业、居住、消费等民生领域的信贷投入，具体表现在：一是贷款保就业。年末全省下岗失业人员小额贷款余额为49.51亿元，增长29.32%，高于全部贷款平均增速10.64百分点。二是贷款保安居。年内全省保障性住房开发贷款大踏步发展，年末余额为73.07亿元，是年初余额的13倍，远高于贷款增速平均水平。三是贷款促消费。年末全省个人消费贷款余额1621.68亿元，比年初增长22.85%，高于全部贷款平均增速3.82个百分点。四是贷款助教育。年末全省助学贷款余额为9.73亿元，比年初增长48.11%，高于全部贷款平均增速29.43百分点。

*金融运行质量稳步提高。*一是不良贷款余额和占比继续双降。12月末，江西省银行业金融机构不良贷款余额比年初减少63.06亿元，不良贷款占比较年初下降1.26个百分点。二是银行业利润保持高速增长。全年，江西省银行业金融机构实现利润270.81亿元，增加79.50亿元，增长42.37%。

（杨文悦　付秋虹）

银行业监管

【概　况】 2011年,全省银行业改革发展、风险防范和支持经济建设取得新的成绩。年内,江西银监局牢固树立大局和责任意识,引领、督促全省银行业切实加大信贷投入,深入推进改革创新,不断改善服务水平,有效防范化解风险,各项工作取得重要进展和新的成绩。全省银行业机构规模、效益稳步增长,风险监管指标显著改善,整体实力迈上新的台阶。年末,全省银行业机构网点达6291个,比年初增加171个;银行业机构资产总额1.79万亿元,同比增长20.54%。全年实现税后利润238.41亿元,增长48.13%。不良贷款继续实现"双降",不良贷款余额224.68亿元,下降63.06亿元,不良贷款率2.42%,下降1.26个百分点。中小法人机构资本充足率、拨备覆盖率等指标继续改善,抗风险能力有效增强。

支持地方经济发展力度持续加大。全省银行业机构围绕鄱阳湖生态经济建设中心和经济发展需求,切实发挥信贷资金的资源配置、结构调整和杠杆调节功能,努力寻求金融支持地方经济发展的有效突破口,在货币政策总体偏紧的大环境下,实现信贷投入的平稳较快增长。年末,各项贷款余额9301.95亿元,比年初增加1491.98亿元,增长19.10%,增量为历年来最多,增幅居中部6省第二,高出6省平均增幅2.23个百分点,高出全国平均增幅3.43个百分点。

【改善经济发展薄弱环节金融服务】 全省银行业机构加强和改进中小企业、"三农"和各项民生工程金融服务,金融在经济发展薄弱环节的助推和保障作用得到凸显。年末,全省小企业贷款余额1817.81亿元,比年初增长24.6%,高于各项贷款增幅5.5个百分点,小企业贷款占企业贷款比重位居中部6省第一。涉农贷款余额3337.15亿元,比年初增长21.38%,高于各项贷款增幅2.28个百分点。全年发放小额担保贷款62.6亿元,累计发放贷款在全国率先突破200亿元,扶持和带动就业36.1万人次。保障房建设、助学、灾后重建等领域金融服务持续跟进。

【有效遏制重点领域风险隐患】 全力以赴推进平台贷款清理规范。着力加强组织推动和制度建设,加强平台贷款现场检查,建立健全风险监测管理台账、"退出"联席会议等一系列制度机制。采取情况通报、四方会谈、风险提示、限期整改、行政处罚等多种监管措施,促进一批重点银行、重点融资平台风险和问题的有效解决。未雨绸缪强化房地产信贷风险防范。按季分析通报房地产信贷风险。及时收集土地闲置和违法违规房贷企业名录,指导银行业机构防化相关风险。严格执行房地产信托业务推介事前报告制,从源头遏制房地产信托业务的风险和违规问题。辖内房地产信贷调控取得明显成效,全年房地产开发贷款增幅大大低于各项贷款平均增幅。突出重点防范非法集资等外生性风险。强化非法集资风险重点行业和地区排查,组织开展高利贷及非法集资相关情况调研,有效维护了地方经济金融和社会秩序的稳定。

【健全银行业金融服务体系】 顺应地方经济发展需求,推进银行业机构体系建设。华夏银行南昌分行获批筹建,股份制商业银行数量达到7家。北京银行南昌分行开业,为在江西省设立分支机构的第一家省外城市商业银行。以完善县域金融服务体系为重点,中小银行机构跨区域取得新的进展。加快银行业机构"走出去"步伐,3家城市商业银行省外分行开业。

【实现乡镇农村金融机构全覆盖】 新型农村金融机构试点稳步推进,全年批筹和开业村镇银行23家,村镇银行总数达到37家,完成3年规划目标任务。继2010年实现全省乡镇农村金融服务全覆盖后,2011年实现乡镇农村金融机构全覆盖。

【银行业改革取得重要进展】 督促、引领农村合作金融机构进一步深化产权制度改革,全年批准筹建农商行6家,开业农商行2家。完成景德镇城信社改革和风险处置工作,成功组建景德镇城商行。在改革中化解农村合作金融机构历史包袱,成功消灭高风险6级合作金融机构,5级机构数量大幅下降。中小银行业机构法人治理结构进一步完善,各项经营管理和内控机制逐步健全。辖内国有商业银行、政策性银行、邮储银行和各类非银行金融机构改革也取得新的进展。

【多措并举狠抓银行业案件防控】 开展"案防建设巩固深化年"活动,组织开展全省范围内的资金账户和大额资金风险排查,及时发现和成功堵截2起案件,对违规及风险问题及时督促整改。组织案防"三项制度"等培训6期,培训人员2000余人次。组织各机构"一把手"签订案件防控承诺书,强化银行业机构第一责任人主体意识。厘清案防工作职责,专门设立省银监局案防办。严肃追究迟漏报责任,对相关机构主要负责人采取诫勉谈话等处理措施。督促全省农合机构全面落实岗位轮换、干部交流、强制休假、履职回避四项制度。全省银行业案防长效机制建设得到扎实推进,一个协调有序、运转顺畅、齐抓共管的案件查防工作新格局基本成形。

(邬为敏)

金融服务

【履行信贷调控职责】 营造落实稳健货币政策的环境。主动向省委、省政府及有关部门沟通金融调控和货币信贷政策情况,对稳健货币政策下金融支持经济的配套措施、财政、产业、货币政策配合等方面进行协调。多次召开窗口指导会,并下发《关于落实稳健货币政策加强货币信贷调控的通知》《关于进一步加强全省信贷调控工作的通知》等指导性文件,引导金融机构把握好信贷投放的力度和节奏。切实抓好法人金融机构信贷调控工作。建立法人金融机构存贷款情况日报监测制度和四级联系沟通机制,对贷款投放过快的法人机构及时给予预警。对贷款增长偏离正常水平的法人金融机构采取约见谈话、电话提醒等方式警示。对贷款增长严重偏离正常水平的金融机构执行差别存款准备金率。在信贷偏紧的形势下适度进行预调微调。积极向总行争取适度调增法人金融机构全年合意贷款，对经营稳健且支持“三农”和小微企业力度较大的法人金融机构进行微调。

【推动农村金融创新与发展】 在江西省金融系统部署开展“三农”发展金融支持服务年活动，提出在全省实施“创新一百项农村金融产品、推出一百项特色金融服务、打造一百个金融示范主体”的目标，并围绕这一目标建立健全信贷支农体系，创新符合农业产业特点的信贷产品、扩大抵（质）押物的范围，加大对“三农”的信贷支持力度。2011 年末，江西省涉农贷款余额为 3329.39 亿元，占全部贷款比重为 35.80%，比上年末提高 1.40 个百分点。

【支持小微企业发展】 落实国务院常委会议研究确定的金融支持小微企业发展的政策措施，及时引导金融机构不断降低中小企业的信贷准入信用等级，放宽担保条件，在风险可控的情况下，提高对中小企业不良的风险容忍度。年末，江西省小微企业贷款余额为 1817.81 亿元，比年初增长 24.64%，比全部贷款平均增速快 5.92 个百分点。

【支持战略性新兴产业发展】 引导金融机构围绕全省科技创新“六个一”工程大力开展金融创新，先后针对科技型企业推出股权、股票、保单、知识产权等多种担保形式的贷款品种，全年发放 2.55 亿元知识产权抵押贷款。

【开展跨境贸易人民币结算业务】 做好跨境人民币前期准备工作。在江西省正式纳入跨境贸易人民币结算试点地区之前，加强对进出口企业跨境贸易人民币结算需求调研，引导江西省金融机构及时接入人民币跨境收付信息系统，为跨境贸易人民币结算业务正式启动作好充分准备。并设立跨境贸易人民币结算工作领导小组办公室，形成跨境人民币业务工作合力。提高参与主体政策认知度。开展层次不同、形式多样的宣传培训，全年共面向金融机构和企业组织开展各类业务培训 8 次。规范跨境人民币业务发展。制定出台《江西省跨境贸易人民币结算业务操作暂行办法》《关于明确江西省跨境人民币业务信息报送要求的通知》等工作制度。及时掌握江西省开展跨境人民币业务相关情况。先后组织开展跨境人民币业务认知度、境外项目人民币贷款需求等专项调研，加强对金融机构上报数据的动态监测核查，切实防范金融机构和企业开展跨境人民币业务的风险。年末，全省 11 个地市已全部开展跨境人民币业务，参与企业数量达到 60 余家，银行机构累计办理跨境人民币结算金额 31.2 亿元，业务品种包括经常项下的货物贸易、服务贸易、资本项下的贸易融资、人民币债券融资、外商直接投资等相关业务。

2011 年 11 月 22 日，江西省金融学会与金融时报社在南昌共同举办“三农”发展与金融支持论坛。

人行南昌中心支行供稿

【维护全省金融稳定】 继续完善地方法人金融机构风险监测点制度，健全地方法人金融机构风险监测分析系统，将财务公司、信托公司等非银行金融机构纳入地方法人机构监测体系。探索建立金融机构金融风险现场检查评估工作机制，对江西省农信社系统开展稳健性现场评估工作。密切监测辖内金融风险。配合省政府开展全省融资性担保机构规范整顿“回头看”专项检查工作、全省非法集资风险排查工作，严厉查处各类担保机构违法违规经营活动及民间非法集资活动。

【进一步完善支付体系建设】 组织开展第二代支付系统和中央银行会计核算数据集中系统的推广上线工作。进一步完善同城清算系统的相关制度，确保同城清算系统的安全、稳定运行。进一步加大对农村地区支付服务环境建设的力度，加快县域银行卡市场发展。密切关注全省新版银行票据的使用情况，防范票据支付风险。继续开展银行卡专项整治工作，预防和打击银行卡犯罪。贯彻落实好银行账户实名制。规范和加强预算单位账户管理。推动电子商业汇票普及应用。拓展金融 IC 卡在社会公共服务领域应用。培育支付服务市场主体。强化支付清算业务监督，开展支付清算业务执法检查。清理整顿和规范商业预付卡使用。完成江西省银行业金融机构支付结算执法检查和多用途储值卡专项检查，有效规范江西省支付结算业务发展。开展非金融机构支付服务管理工作。制定《江西集中代收付业务管理办法（试行）》。开展江西省财政专户清理整顿规范专项工作。

【推进现代化服务型国库建设】 加快推进国库信息化建设，开发完成“国库统计数据核对系统”，得到中国人民银行总行肯定并在全国推广。加快推进财税库银横向联网进度，江西省国税、地税、商业银行全部与国库信息处理系统实现联网，电子缴库业务量大幅提升。大力拓展国库集中收付业务。组织开展江西省国库账务核对专项检查，开发“财政专户资金监测系统”，加强对国库资金流向财政专户的监测。探索开展国库数据集中系统（TCBS）业务操作与风险排查流程再造工作，切实防范国库资金风险，确保了国库资金安全。

（杨文悦 付秋虹）

外汇管理

【概 况】 2011年，国家外汇管理局江西省分局按照“抓改革、优服务、防热钱、强管理、夯基础”的工作思路，加快转变外汇管理理念和方式，优化外汇服务，加强监测与管理，促进国际收支状况继续改善，支持江西省开放型经济发展。全年，全省对外贸易进出口总值为315.6亿美元，同比增长46.1%。实现进口总额96.8亿美元，增长18.1%，出口总额218.8亿美元，增长63.1%；实际使用外商直接投资60.59亿美元，增长18.8%。江西省跨境资金收支和银行结售汇总额分别达到270.21亿美元和221.32亿美元，分别增长23.8%和27.0%，增幅分别回落32.0和24.3个百分点。江西省跨境收支和银行结售汇差额分别为48.51亿美元和48.49亿美元，分别增长87.8%和96.4%。

【加大外汇资金流动监管】 及时研究，出台专项治理措施。出台《关于进一步做好防热钱、减顺差工作的意见》，建立工作机制和结售汇顺差增长超常报告制度，实时监控银行结售汇数据变化。加强监测与核查，有效防范异常资金跨境流动。加强重点企业重点环节监测，重点开展资本金结汇核查，采取上下联动，直接核查与委托核查相结合的方式，将资本金结汇核查对象扩展到县域银行及企业。主动对江西省外债结汇资金用途情况进行全面核查。开展短期外债余额指标执行情况非现场核查，强化短期外债展期管理。加大案件查处力度，重点打击违法违规资金流入，严厉打击外汇领域违法违规行为，有力维护了辖内外汇市场秩序，促进了地方开放型经济又好又快发展。

【创新外汇管理工作方法】 以非现场监测为切入点，推进主体监管改革。探索建立全员参与、信息共享、定期监测、按季分析的主体非现场监测工作机制。按银行、企业、个人的主体分类分别落实监管责任部门，建立主体分类管理标准，按正常、关注、异常三类进行评价管理。研发推广构建主体非现场监管公共信息平台，推进江西省开展非现场主体监管方式自主创新。以创新从业人员管理为突破口，探索促进银行合规经营的新手段。从源头加强对银行的监管，探索外汇指定银行从业人员管理。研究出台《外汇指定银行外汇从业人员资信管理办法（暂行）》，构建外汇指定银行从业人员培训与考试、准入与退出的一体化管理机制，组织涵盖所有外汇指定银行人员参与的外汇政策法规考试。以制度创新为依托，改进个人参与境外上市公司股权计划外汇管理。研究制定《境内个人参与境外上市公司股权激励计划外汇管理核查制度》，进一步明确规范相关管理。并自主研发审核模块，部分核查方法被总局“业务系统整合”相关模块采纳，核查系统在全省推广运用。

2011年10月27日，国家外汇管理局江西省分局与省商务厅在南昌联合举办“改革与发展”外汇管理专题宣讲会。

人行南昌中心支行供稿

【提升外汇服务效率】 先后研究实施促进贸易投资便利化、支持企业“走出去”、完善外汇服务体系、推进跨境贸易人民币结算试点和保税区建设以及支持“两转”出口业务等方面的服务措施。主动增强服务于重点企业的针对性，依托重点企业联系制和季度例会制，主动深入工业园区和重点企业提供上门指导，现场释疑解惑和排忧解难，为企业提供贴身服务。与省商务厅联合对企业开展调研，全面了解江西省外资企业外汇管理情况及合规经营情况，现场为企业解决涉汇难题。简化企业出口核销、联网核查等业务操作，推广企业国际收支网上申报，优化流程，便利企业业务办理。

【健全外汇服务体系】 支持贸易融资业务，向国家外汇管理局争取短期外债余额指标，获批1500万美元的短期外债余额指标，为企业拓宽融资渠道，支持外向型经济发展。完成洪都农村商业银行结售汇市场准入审批，填补了江西省农村金融机构办理银行外汇业务的空白。鼓励符合条件的银行增设外汇业务网点，支持银行不断拓宽服务领域，引导金融机构加大对县域经济发展的支持，健全服务体系，继续扩大外汇服务覆盖面。

（杨文悦 付秋虹）

保险业

【概 况】 2011年，江西保险业按照

“转方式、促规范、防风险、稳增长”总体要求，突出“诚信服务”这一主题，不断提升保险服务水平，努力防范化解保险风险，切实保护被保险人利益，取得了较好成效。

业务规模不断扩大。全年全省实现保费收入252.23亿元，同比增长4.5%，保费规模居全国第二十位。保险深度为2.18%，保险密度561.96元/人。全省保险公司省级分公司33家，年内新增5家。全省保险总资产535.83亿元，增长16.9%。从业人员7万余人。

服务能力继续增强。全省保险业累计赔付支出74.31亿元，增长22.7%。农业保险、责任保险分别实现保费收入4.91亿元、3.09亿元，增长36.1%、37.5%。出口信用保险的增速位居全国第四位。保险的经济补偿和社会管理功能日益受到政府和社会的重视。

发展基础进一步夯实。一方面，产险业务快速增长，经济效益明显改善。全省产险公司累计实现保费收入88.47亿元，增长23.3%，增速全国排名第九位。实现利润4.04亿元，增长199.6%。另一方面，结构进一步优化。寿险新单期交保费23.24亿元，占新单保费收入的26.6%，提高2.5个百分点。个人代理业务占比达43.6%，提高6.4个百分点。非车险业务增长35.9%，高于车险增速15.9个百分点，其中工程险增速列全国第四位。

开展“诚信服务年”活动。一是创新机制，加强行业诚信建设。分别制定产、寿险公司诚信服务指引，督促引导公司对销售、理赔、回访、投诉处理等关键环节方面加强规范。组织各公司签订《诚信合规承诺书》，要求公司就依法合规经营、提升服务品质、完善内控管理作出承诺。二是把握关键环节，推动公司提高服务水平。产险方面，开展车险理赔查勘服务现场测评，探索逐步公开车险理赔数据，在江西保险网上开通承保理赔信息客户自主查询窗口，开展理赔服务满意度测评。寿险方面，围绕“三个百分百”组织公司开展回访自查自纠，进一步完善回访监管长效机制。中介方面，建立营销员管理责任追究制度。三是畅通渠道，健全消费者维权机制。全省保险业开展“3·15”诚信服务活动和“百名干部大下访，排忧解难促诚信”活动，聘请省内主要媒体记者担任保险诚信服务监督员，推动完善合同纠纷调解机制。同时，江西保监局班子成员带案下访，接听信访投诉热线，参与省“政风行风热线”节目、《江西日报》“财金会客室”栏目，身体力行督促行业切实诚信经营，改进服务，切实把被保险人利益保护工作落到实处。

【发展“三农”保险】 2011年，全省农业保险实现保费4.91亿元，增长36.1%，再创新高，累计为445万户次参保农户提供648亿元风险保障。森林保险实现保费收入1.62亿元，承保面积893.33万公顷，承保面积和覆盖率达到有林地面积的90%以上，均列全国首位。年内批准农村小额人身保险试点保险公司7家，累计参保74万人次，保费收入3428.04万元，提供风险保障120亿元。

【支持出口信用保险助推外向型经济发展】 中国信保南昌营管部累计支持江西出口21.7亿美元，保费收入增长84.3%，增速居全国第四位，其中重点支持光伏产业出口14亿美元，渗透率67%，居全国首位。支持机电、船舶、纺织等产品出口增速均超过100%。对高新、机电、纺织行业龙头企业覆盖率为50%。对汽车整车及零部件、船舶行业龙头企业实现全覆盖。

【推动责任保险发展】 与省安监局联合印发《关于推进全省安全生产责任保险工作的指导意见》，在全省有关高危行业和领域推行安全生产责任险。根据新修订的《江西省消防条例》明确建立火灾公众责任保险制度精神，积极与省消防总队协调，研究推动火灾公众责任保险。

【参与多层次社会保障体系建设】 2011年，全省11家保险公司开办补充医疗保险业务，参保人数达521万人次，实现保费收入1.22亿元，增长42.5%。累计受托管理医疗保障资金1.92亿元，增长77.8%。

【发挥社会管理功能】 面对2011年江西发生的春夏连旱、旱涝急转灾情，全省保险业全力投入抗洪救灾工作，切实做好防灾减损和查勘理赔工作，对减少人民群众生命财产损失和灾后重建发挥积极作用。“5·26”抚州爆炸案发生后，全省保险业迅速行动，与当地政府联合召开爆炸案保险理赔协调会，对已投保的车辆，迅速开展查勘和理赔工作；对于未投保的车辆，无偿提供专业的定损服务并协助转移修理，得到地方政府以及社会大众的好评。推动实施交强险费率与酒驾“双挂钩”制度，从6月1日起在全省实施酒后驾驶违法行为与交强险费率联系浮动的制度，成为新法施行后第一个实施酒后驾驶违法行为与交强险费率联系浮动制度的省份。

【整顿规范保险市场秩序】 加强组织领导。江西保监局成立整规领导小组，下设寿险、产险、中介和督导3个委员会，分别由3位局领导挂帅。印发全省保险业整规工作方案，部署保险机构自查自纠和现场检查工作，推进整规工作。开展密集检查。年内共派出39个检查组，检查人员164人次，以数据真实性、销售误导、中介业务等为重点，分别对产险、寿险、中介市场进行现场检查，检查对象涉及保险公司省级及以下机构30家次、专业代理机构3家次、银邮保险兼业代理机构5家次、非银邮保险兼业代理机构1家次。产险方面：针对费用监管难点制订《江西省财产保险公司费用监管指引》，针对车险电销、交强险拒保和政策性农业保险等热点问题下发规范性文件。寿险方面：深入贯彻《商业银行代理保险业务监管指引》，出台“三承诺、三备案、四必查”等配套制度，召开银邮机构代理保险业务工作会议，联合银监局对银邮机构开展现场检查。中介方面：开展保险代理市场清理整顿工作，将辖内13家专业代理法人机构、575家兼业机构清退出市场。开展营销员持证专项检查并在业内通报，印发加强中介业务管理的通知，强化保险公司中介业务监管。加大处罚力度。实施行政处罚54家次，罚款合计231.6万元。其中，处罚机构18家次（含保险分支机构13家次，银邮代理机构3家次，专业中介机构2家次），罚款171万元，警告2家次，责令停止接受银保新业务3个月1家次;处罚个人36人次,罚款60.6万,警告32人次,撤换1人次;下发监管函46家次,约见谈话14次。一系列强有力的市场整规工作,产生了较强的震慑作用,保险机构普遍规范了经营,完善了内控和责任追究机制,辖内保险市场秩序进一步好转。

【防范保险风险】 进一步加强统计分析工作。建立统计数据核查制度,开展数据核查,规范报表报送工作。加强月度、季度分析,坚持完善监管联络员和市场分析例会制度,强化对市场的动态监测。推进分类监管。开展分类监管测评,完善分类监管指标体系,着重关注和防范C、D类公司存在的经营风险,有针对性地提供风险提示、辅导、劝告建议等窗口指导,进一步发挥扶优限劣的监管导向作用。切实做好重点风险的监测应对工作。防范非正常退保风险,印发《江西省人身险非正常集中退保应急工作指引》,对银邮渠道退保情况加强调研和风险监测。针对信访投诉中反映比较突出的销售误导问题,采取监管措施,防范化解矛盾纠纷。

高度重视保险案件风险治理工作。密切关注辖内发生的一起涉嫌非法集资案和一起涉嫌贪污案,督促公司妥善处理。做好案件责任追究工作,建立保险案件被问责人员信息报送制度,加大督办力度督促保险机构严格落实案件问责有关规定。开展处置非法集资工作,完善信息报告制度,开展非法集资风险排查。开展高管人员风险教育。通过加强高管培训、改进高管任前测试、设立保险风险专栏等形式,深入开展风险教育,强化高管人员依法合规意识。

【进一步健全保险业监管制度和机制】 以稽查处成立为契机,制定稽查委工作细则,完善稽查工作机制。全面推进查处分离工作机制,出台处罚委工作规程,实现案件调查、处理建议和处罚决定的三权分离。进一步完善监管制度,修订和新出台15项制度和管理办法,涉及规范行政许可事项申报和程序、执法处罚、案件督查、高管任职管理、营销员管理等多个方面。

在业内,充分发挥行协辅助监管作用,督促行协结合产、寿险市场实际修订自律公约,开展车险、银保业务自律检查。建立同业监督评议制度,推进市场自律规范工作。推动实现"见费出单"制度全覆盖和车险手续费"跟单、跟渠道、跟人、跟卡、跟账"运行,净化市场环境。在业外,在与银监局建立协同监管机制的基础上,与银监局、省检察院、省公安厅联合印发《关于建立江西省银行代理保险业务涉嫌犯罪司法移送机制的通知》,共同打击银邮领域违法犯罪行为。与省公安厅、省检察院等部门共同推动建立联合打击保险欺诈机制,成功移送一起保险业涉嫌犯罪案件。加强媒体合作,及时发布监管信息,在加大正面宣传的基础上强化舆论监督。

【推动保险行业基础建设】 编制修订《江西保险业"十二五"规划》,引领行业科学发展。加强行协工作指导,建立行协秘书长联系会议制度,强化行协工作考评力度,推进协会职业化改革进程。推动成立行业宣传工作委员会,整合行业资源,提升行业宣传深度和广度。推动省高院《关于审理保险合同纠纷案件若干问题的指导意见(一)》落实执行。与省高院召开司法联谊会,就指导意见(一)出台后对江西省保险诉讼的积极作用及新保险诉讼纠纷热点难点问题进行探讨,并积极推动指导意见(二)的出台。指导保险业与各级法院建立长效联络机制,巩固司法交流合作成果,优化保险司法环境。

【重大承保】 1月1日,人保财险江西省分公司连续7年首席承保江西省电力公司财产一切险及机损险业务,提供225.21亿元的风险保障。2月10日,人保财险江西省分公司首席承保江西赛维LDK光伏硅科技有限公司马洪硅料厂年产1.5万吨硅料项目财产一切险及机损险业务,为江西赛维LDK光伏硅科技有限公司承担164.54亿元的风险保障。3月25日,人保财险江西省分公司独家统保江西省非煤矿山企业安全生产责任保险,共为江西省2336家非煤企业的6.07万名从业职工提供242.64亿元的保险保障。6月1日,人保财险江西省分公司独家承保新余钢铁股份有限公司财产综合险业务,为新余钢铁股份有限公司承担134.04亿元的风险保障。7月1日,人保财险江西省分公司首席承保江西铜业公司财产一切险、机损险及预约货运险业务,为江西铜业公司承担438.81亿元的风险保障。7月,大地保险江西分公司承保江西铜业集团公司的企业财产综合险、机器损坏险、货运运输险,累计提供风险保障金额达108.57亿元。10

大地产险东乡营销服务部工作人员不顾自己查勘车熄火被淹,积极帮助水浸车主脱离危险。

江西保监局供稿

月9日，人保财险江西省分公司独家为全省340万公顷生态公益林提供保险保障，保险责任为森林综合保险，承担保险金额255亿元。

【重大赔付】 5月2日，人保财险江西省分公司赔付南昌市鸿翔经济贸易有限公司仓库着火损失616.76万元。5月28日，永诚财险江西省分公司赔付东坤食品有限公司仓库着火损失319万元。5月，中国出口信用保险公司南昌营业管理部向泰豪科技股份有限公司支付赔款1355.13万元。6月，人保财险江西省分公司赔付因江西省水灾而造成公司承保的企财险、工程险、农险、家财险等险种财产标的损失3175.39万元。12月15日，人保财险景德镇市广场支公司赔付哈尔滨飞机工业集团有限责任公司航空险赔款1050万元。

（庄　佳）

证券期货

【概　况】 2011年，中国证券监督管理委员会江西证监局按照中央和中国证监会的决策部署，始终坚持将加强监管与提升服务质量相结合，寓监管于服务之中，在服务中融入监管。至年底，全省共有31家境内上市公司，其中：A股上市公司29家（含中小板上市公司6家，创业板上市公司2家），A+B股和A+H股上市公司各1家。上市公司股本总额194.99亿股，较上年末增长8.25%，总市值2332.31亿元，受股市整体下滑影响较上年末有所回落。年内全省首发上市企业1家。通过资本市场共融资58.5亿元。

江西省辖区证券营业部共126家，开户数223.75万户，托管客户资产1678.59亿元，全年证券交易金额1.45万亿元。辖区共有37家营业部开展融资融券业务，信用资金账户数1572户，信用证券账户数3024户。

年内，江西省辖区期货市场规模持续扩大。至年底，期货市场共成交1.79万亿元，实现手续费收入9574.1万元，同比减少2.74%和0.41%。辖区期货市场客户总数、月均客户权益增长17.16%和22.29%。期货市场机构户增长26.33%，期货市场商品期货交割量增长19.45%。

【加强上市公司日常监管】 2011年，对辖区上市公司2010年年报披露采取全过程动态监管。事前做好沟通，事中及时提醒，事后强化审核。累计约见年审会计师谈话35人次，实施现场监管5家次，下发监管函、整改通知等文件10份。

【加强上市公司后备资源培育】 年内，恒大高新在中小企业板首发上市，博雅生物通过证监会发审会。全省重点拟上市培育对象140余家，全年新增辅导备案企业7家。至年底，正在辅导企业14家，除已过发审会等待批文的博雅生物，还有4家企业的申报材料在证监会审核之中。

【推动上市公司并购重组和再融资】

年内，江西省辖区提出或实施并购重组或再融资公司17家次，占江西上市公司总数的一半以上。其中有5家公司的再融资已实施，募集资金总额54.5亿元，3家公司的再融资方案获证监会审核通过，将择机实施。至年底，7家公司的再融资方案已上报证监会审核，2家公司公告了再融资方案，正推进前期工作。

【推进解决同业竞争和减少关联交易】 按照证监会部署，通过约谈公司负责人、现场走访等方式，督促公司切实履行承诺，加快推进解决同业竞争和减少关联交易的工作进度。至年底，辖区5家重点公司中的3家已通过资产重组基本解决关联交易和同业竞争问题，1家部分解决，还有1家方案正在研究中。

【开展辖区内部控制规范试点工作】

年内，成立上市公司内控规范试点工作领导小组，扎实推进辖区公司的内控规范试点工作。除证监会指定的江西铜业外，综合考虑各方面因素，同时选取赣粤高速和华意压缩2家公司参加试点，扩大试点范围。至年底，3家试点公司均按计划顺利完成年度内的内控规范试点相关工作。

【加大内幕交易防控和打击工作力度】 2011年，向辖区各上市公司及其控股股东和实际控制人下发依法打击和防控资本市场内幕交易意见的相关通知，推动省政府出台《江西省人民政府办公厅贯彻落实国务院办公厅关于依法打击和防控资本市场内幕交易的实施意见》，内幕交易防控和打击工作有序进行。

【强化证券服务中介机构执业监管】

年内，江西证监局先后制定下发《关于加强证券服务中介机构执业管理的通知》《关于做好首次公开发行股票辅导有关工作的通知》和《关于加强证券服务中介机构执业管理的补充通知》等多个文件，强化中介机构执业备案和报告工作，加强证券执业中介机构的监管。

【推动证券公司基础性制度建设】

年内，督促国盛证券、中航证券2家公司从完善制度体系和加强制度落实两个方面着手，不断提高信息隔离墙制度的健全性和有效性。制定并下发《江西辖区证券公司合规总监约谈规程》，建立合规监管的长效机制。督促上述2家公司健全压力测试机制。完善对各项业务和财务风险的动态监测、预警和控制，持续提高机构的风险管理能力。在2011年证券公司分类评价工作中，国盛证券被评为B级，中航证券被评为BB级。

【夯实期货市场规范发展基础】 充分运用监控手段，强化期货公司保证金监管。加强期货公司自有资金监管和净资本监管，完成期货公司的分类评价工作，同时做好持证企业境外期货业务监管工作。至年底，辖区期货公司各项净资本风险监管指标同比均有所提高，并持续优于预警标准。辖区持证企业境外期货业务全年运行平稳，没有发生重大风险。

（黄歆璐）

财 政 税 收

本栏编辑　邓玉兰

财政管理

【概　况】 2011年，全省财政总收入、地方财政收入、财政支出同步3年翻番，为历史首次。财政总收入达1645亿元，比上年增收418.8亿元，增长34.2%。地方财政收入1053.4亿元，增长35.4%。财政支出2534.6亿元，增长31.8%。财政总收入、地方财政收入增幅均创1994年“分税制”改革以来新高。财政总收入占GDP比重14.2%，同比提高1.2个百分点。剔除预算外收入纳入预算管理因素，税收收入占财政总收入比重85.3%，提高1个百分点，设区市总量不断壮大，吉安、新余、抚州3个设区市财政总收入相继迈上百亿元台阶，财政总收入超100亿元的设区市达8个。县级财政加快发展，县级财政总收入1242.3亿元，占全省的75.5%，比上年提高1个百分点，增幅36%，高于全省平均水平1.8个百分点。县县财政总收入过3亿元，其中，超10亿元40个，增加18个；超20亿元14个，增加10个；超30亿元5个，新增丰城市、西湖区、贵溪市、青山湖区，南昌县突破45亿元。鄱阳湖生态经济区财政总收入849.6亿元，占全省的51.6%。

全省财政部门以开展“发展提升年”和“创先争优”活动为契机，围绕建设“五型”财政目标，进一步拓展“八项服务承诺”内涵，创新发展理念，提升服务效能，精简办事程序，完善管理制度，财政部门机关运转不断规范，政务环境更加优化。通过开展“学准则、守法则，廉洁自律、为民理财”活动，全省财政系统廉政建设得到加强。同时，全省财政干部学习张学森先进事迹，在全省财政系统营造“比学赶超、争当先进”的浓厚氛围。开展“颂歌献给党”、网络征文、主题演讲等活动，以丰富多彩的形式为党的90岁生日献礼。开展扶贫帮困活动，财政干部深入基层、深入群众、深入农村，为民办实事、做好事、解难事。年内，省财政厅获得“全国文明单位”“全省发展提升年活动先进单位”“全省‘五五’普法先进集体”“省直机关先进基层党组织”“省直先进机关纪检组织”等荣誉共30余项。

【支持发展取得新成效】 综合运用财政政策工具，发挥财政宏观调控职能，促进全省经济平稳较快增长。一是支持经济发展方式转变。省财政下达污染防治资金7.2亿元、能源节约利用资金5.3亿元、可再生能源资金3.9亿元、资源综合利用资金1.8亿元，并整合资金3.5亿元支持十大战略性新兴产业发展，促进了江西省产业转型升级。二是促进企业加快发展。落实支持企业发展的各项措施，实施结构性减税政策，帮助企业特别是小型微型企业减轻负担。发挥省信用担保公司平台作用，为中小企业提供贷款担保65亿元。省财政安排2.17亿元对电力企业实施奖励政策，安排1000万元对支持地方经济发展力度大、效果好的34个金融机构进行奖励。三是扩大和促进消费。省财政筹集资金15.4亿元，大力实施家电下乡和以旧换新政策，直接拉动消费近235亿元。投入1.5亿元支持全省农村现代流通服务体系建设，投入1.4亿元推进商贸流通服务领域项目建设。同时，向中央财政争取地方债券资金70亿元，加大水利、铁路、保障性安居工程等重大项目建设投入。通过地勘基金的有力运作，支持地勘单位在寻找探明紧缺的煤、铁、钨等战略矿产资源上取得质的突破。

【民生投入进一步加大】 把保障和改善民生摆在更加突出的位置，民生保障达到新水平。全省教育、医疗、环保、社保、农林水事务支出等民生资金达1421.6亿元，规模创历史新高。支持就业和创业。下达促进就业资金16.8亿元，安排2亿元用于免费培训工业园区新招收员工。拨付小额担保贷款贴息资金3.4亿元，引导金融机构发放小额贷款49.2亿元。教育投入进一步加大。统筹安排64.7亿元推进义务教育均衡发展，安排38.9亿元用于化解高校债务，安排35.5亿元促进高等教育加强内涵建设，安排10.2亿元构建覆盖大、中、小学教育阶段困难学生资助体系，全年财政教育支出占财政支出比重达到15.2%。惠农政策有效落实。省财政共拨付农作物良种补贴、粮食直补、农机具购置补贴和农资综合补贴资金49.5亿元。共投入53.2亿元支持农业综合开发、病险水库除险加固和小型农田水利建设，改善农业生产条件。进一步扩大农业保险范围，省财政拨付保费补贴资金3.4亿元。农村综合改革继续深化，村级公益事业一事一议财政奖补试点范围扩大，村级组织运转经费保障机制不断完善。文化事业加快发展。全省文化与传媒支出39.5亿元，公共文化设施、文化民生工程、文化惠民活动等深入推进，文化单位转企改制、国有艺术剧团、经营性出版单位等国有文化企业发展活力和市场竞争力显著增强。保障性安居工程扎实推进。省财政共投入78.2亿元,并通过省资产集团公司融资130亿元,支持保障性安居工程建设。全省新开工建设保障性安居工程32.6万套,开工率达102%。

【社会保障体系更加健全】 在77个县(市、区)开展新农保和城镇居民养老保险试点,覆盖面高出全国17个百分点。医疗卫生体制改革不断深化,国家基本药物制度实现全覆盖,在全国率先实现城镇医保政策标准全省统一。覆盖城乡所有居民的基本养老保险制度初步建立,城乡低保、农村五保户等保障标准进一步提高。

【财政改革迈出新步伐】 部门预算改革不断深化,将除教育收费外的预算外收入全部纳入预算管理,省、市、县全面编制社会保险基金预算,国有资本经营预算体系初步建立,政府预算体系逐步健全。国库集中支付改革深入推进,在市、县全面铺开的基础上,选择13个县(市、区)推行乡镇财政国库集中支付制度试点。财税库银横向联网全面实施应用,省、市、县财政收入纵向一体化管理机制初步构建。公务卡改革范围扩大,省级240家预算单位总计发卡1.3万张,累计报销金额2.4亿元,设区市公务卡改革全面启动县(市、区)试点。政府采购规模达140亿元,增长8%,节约资金15亿元,节支率10.7%。财政惠农补贴资金"一卡通"发放项目达21大项,56小项,发放金额达134亿元,发放率92.4%。财政信息化建设步伐加快,"金财工程"应用支撑大平台建设稳步推进,实现财政业务上下联通,财政资金网上运行、网上监管,属全国首创。

【财政管理绩效提升】 全省财政部门着力加强预算执行管理,注重提升资金使用的安全性、规范性和有效性。一是支出进度明显加快。提前下达转移支付资金,提高市县资金预留比例,大力清理压缩暂付款项,建立和完善财政支出通报制度及资金下达督促制度,预算支出的均衡性、时效性、安全性得到增强,全省12月份财政支出占全年支出比重继续下降。二是监督力度明显加大。在加强对民生资金、预算编制执行、会计信息质量、会计基础规范等监督检查的同时,开展拉网式资金安全大排查,坚决堵塞安全漏洞。与省纪委、监察厅等部门联合开展财政账户清理整顿工作,全省共撤并财政专户8846个,撤并率达51.2%,专户统管率达100%。2009~2011年,对党政机关、事业单位、社会团体、国有和国有控股企业开展"小金库"专项治理工作,全省共发现"小金库"1590个,整改落实金额4.16亿元,取得显著成效,得到中央领导和中央治理办的充分肯定。三是资金绩效明显提升。组织对2010年省高新产业重大项目资金等专项实施绩效考评,各设区市积极开展绩效评价试点,财政资金的使用效益进一步提高。同时,积极、有效使用外国政府和国际金融组织贷款,在争取国际金融组织知识和技术援助合作上取得大的飞跃。

(伍晓峰)

国家税收

【概　况】 2011年,江西国税部门以"税收管理年"活动为抓手,实施科学化、法治化、专业化、规范化、集约化和人性化管理,完成各项国税工作任务,累计组织各项税收收入820.57亿元,实现"三年翻番",同比增收134.87亿元,增长19.7%。其中计划口径税收收入(不含海关代征)743.82亿元,增收116.71亿元,增长18.6%,完成年计划的107.7%。纳入江西财政总收入口径国税收入633.26亿元,增收144.93亿元,增长29.7%,是2008年以来增幅最大的一年。

江西国税收入呈现4个主要特点:一是各税种普遍增长。除储蓄存款利息个人所得税因国家政策因素下降60.7%外,各税种普遍增长。其中企业所得税增长59.9%,国内增值税增长12.3%,国内消费税增长10.8%,车辆购置税增长17.7%。二是地区税收有突破。南昌、九江市组织国税收入分别突破200亿元和100亿元大关,分别为218亿元和108.9亿元。10个设区市计划口径国税收入增收。其中新余和赣州市增幅30%以上,分别为38.2%和35.2%;南昌、宜春和萍乡市增幅20%~30%,分别为27.5%、27.1%和24.6%。三是第二产业税收增长快于第三产业。第二产业实现国税收入492.16亿元,增收103.97亿元,增长26.8%;第三产业实现国税收入327.83亿元,增收30.61亿元,增长10.3%。四是税收增长滞后于经济发展。2011年,江西GDP按现价计算增长22.8%,国税收入增幅低于按现价计算GDP增幅3.1个百分点,国税收入与GDP增长弹性系数为0.86。

国家税务总局领导肖捷、丘小雄,省领导苏荣、鹿心社、凌成兴、莫建成、洪礼和、胡幼桃等先后对江西国税工作进行视察或作出批示,给予充分肯定。4月13日,国家税务总局党组书记、局长肖捷在江西调研时指出:"十一五"时期,江西国税系统各项工作取得很大成绩,为江西经济社会发展作出了积极贡献。2月15日,省委书记苏荣在省委办公厅《今日信息汇要》第26期上批示:省国税局的工作是高效率的,各机关如都能如此,全省各项工作一定会生机勃勃。7月5日,省委副书记、代省长鹿心社在专门听取江西国税工作汇报时指出:近年来全省国税系统围绕中心、服务大局,提高效率、优化服务,为江西经济社会发展作出了重要贡献。江西省委、省政府对国税工作是满意的。9月13日,国家税务总局副局长丘小雄在江西调研时指出:江西国税部门组织收入卓有成效、服务大局卓有成效、纳税服务卓有成效、税收征管卓有成效、队伍建设卓有成效。

开展"发展提升年"活动,召开江西国税部门"发展提升年"活动视频动员大会,落实责任,明确时限。通过内外网开设宣传专栏、组织各市、县(区)国家税务局100多位局长谈发展提升、营造浓厚氛围。采取主动公开、效能监测、明察暗访等方式,查找不足,狠抓整改,着力解决纳税人投诉以及效能监测点反映的问题,优化发展监测满意率位居江西省前列。省国家税务局被评为"发展提升年"活动先进单位,连续3年在省委、省政府组织的机关效能建设活动评比中,位居全省行政执法类单位前列。

年内,13个单位被评为第三批全国文明单位。省国税局连续9年被评为“全省服务开放型经济工作先进单位”和“全省主题教育活动先进单位”,连续5年被被评为“全省依法行政先进单位”,连续4届被省政府评为“服务非公有制经济发展先进单位”。省国税局网站蝉联4届全省政府网站评比一等奖。

强化教育培训。制定实施教育培训工作5年规划,按照税收专业化管理的要求,以专业分类为重点,以岗位需求为导向,加强处、科级领导干部能力培训,加强专业岗位人员更新知识和专门业务的深度培训,举办中长期培训班17期,培训1224人次。积极开展“春训”“科学发展、进位赶超、绿色崛起”主题教育等活动。

推进廉政建设。首次实行综合检查工作机制,整合执法督察、效能监察、巡视检查、财务审计等监督资源,构建“大预防”“大监督”工作格局。以税收执法权和行政管理权的重点领域和关键环节为突破口,着力构建责任明晰、流程规范、制度完备、监督到位的内控机制。落实“一岗双责”,省国税局党组分别与局机关各部门和设区市国税局主要负责人签订党风廉政建设责任状。认真贯彻执行《廉政准则》,严格遵守廉洁自律各项规定,严格落实“一报告两评议”制度。

【出台规划纲要】 制定《“十二五”时期江西国税工作发展规划纲要》,提出“十二五”时期重点构建“六大机制”,即服务科学发展,构建持续稳定的收入增长机制;坚持依法治税,构建规范文明的依法行政机制;深化管理创新,构建科学严密的税收征管机制;强化需求导向,构建优质高效的纳税服务机制;加强队伍建设,构建充满活力的人本管理机制;推进勤政廉政,构建惩防并举的反腐倡廉机制。实现“六大目标”,即贡献提高、管理科学、手段先进、征纳和谐、充满活力和协调发展。

【服务经济发展】 落实结构性减税政策,大幅度提高增值税起征点,出台扶持农产品加工业发展、支持农业产业化龙头企业出口等税收措施,全方位助推江西经济社会发展。依法办理减免及出口退税105.11亿元,占同期国税收入总额的12.8%,其中办理出口退税78.1亿元,增长52%,增幅位居全国第二。抵扣固定资产进项税金47.2亿元,增长41.3%。增值税起征点上调至国家新政策最高上限后,江西10万户个体户受惠免缴增值税,预计每年免缴税款3.8亿元。选取提升财税质量、承接产业转移等重点课题开展调研,积极探索税收经济最佳结合点,主动提出扶持再生铜产业发展财税政策的建议,提请省政府上报国务院,财政部回函给予肯定。

【推进依法治税】 制定《江西国税系统开展法制宣传教育第六个五年规划(2011~2015年)》,紧扣国税工作重心,明确指导思想、总体目标和工作原则,找准普法教育切入点,合理安排每年度普法工作计划,推动改善税收法治环境。深化依法行政考核指标体系试点,上线运行税收执法管理信息系统疑点信息库,丰富执法监督手段。开展税收规范性文件清理,共清理文件516份,其中全文保留117份,部分失效或废止34份,全文失效或废止365份。首次以江西国税公告形式对外发布税收政策,共发布公告6件。规范行政处罚裁量权,压缩自由裁量权的空间,减少执法随意性。依法审理复议案件,及时作出复议决定。组织参与江西省执法案卷评选工作,江西国税部门9宗案卷分别获得优秀行政许可案卷奖、优秀行政处罚案卷奖、优秀重大行政决策案卷奖,获奖件数和入选率居江西省第一,入选率高于江西省平均数22个百分点。年内,依法查处各类税收违法行为,共检查纳税人1997户,入库查补收入8.63亿元,选案准确率94.7%,查补税款入库率93.9%,结案率100%。

【加强发票管理】 落实新修订的发票管理办法,规范发票鉴定工作,实施普通发票全省集中印制管理,推广使用机打发票单机版开票软件。组织开展超标未认定小规模纳税人清理和超标小规模纳税人代开发票核查,有效夯实征管基础。

【强化税收征管】 完善税务登记制度,切实加强无照户纳税人、非正常户纳税人管理。探索税源专业化管理,推进分级分类管理。制定《关于开展信息管税试点工作的指导意见》,选择宜春、景德镇市国税局开展信息管税试点。完善税收数据及征管质量考核指标体系,按月发布税收数据及征管质量情况通报。按季对700户重点税源企业纳税情况进行全面分析和通报,对重点税源企业增值税税负情况进行分析和预警通报。按照“省局统一部署、省市二级联动、一次下户、各税统评”的重点评估工作模式,开展295户重点企业专项纳税评估。建立煤炭开采与洗选、化工等23个行业纳税评估模型,强化行业税收管理。全面实施金税三期工程广域网项目建设,加快信息化建设步伐。推进国税机关部门之间、国税与地税之间信息共享,国税与政府有关部门及相关社会组织的涉税信息共享。

【开展打击发票违法犯罪活动】 严肃查处虚开增值税专用发票等违法犯罪行为,取得阶段性成果。履行江西打击发票违法犯罪活动工作协调小组办公室职责,按照“破大案、打团伙、捣窝点、破网络”的总体要求,开展打击发票违法犯罪活动,查获各类假发票、非法代开发票321.3万份,查补税款及罚款1.83亿元,移交公安机关立案59起,刑拘51人,捣毁发票制售窝点16个,缴获作案设备55台。检察机关起诉案件31起,6人被判有期徒刑。

【开展星级办税服务厅和纳税服务标兵评选活动】 将办税服务厅打造成为优化税收服务的综合平台、展示国税形象的重要窗口、密切征纳关系的沟通桥梁。按照统一办税职责、统一窗口设置、统一办税规程、统一区域划分、统一形象标识,细分环境舒适宜人、贴近服务暖人、科学管理育人、和谐发展喜人等方面创星要求,鼓励办税服务厅及其工作人员为纳税人构建一个舒适宜人的办税办公环境,并根据纳税人需求,想纳税人之所想,急纳税人之所急,为纳税人提供超值服务,同时,鼓励办税服务厅以人为本,加强工作人员的培养力度,提高人员素质和工作能力,增强集体荣誉感,增强组织凝聚力。2011年共评定五星级办税服务厅 17 个,四星级办税服务厅 30 个,评选纳税服务标兵 99 名。

【优化纳税服务】 全面推行财税库银横向联网系统和在此模式下的 POS 机刷卡缴税工作,推广应用防伪税控网上抄报税系统,推进生产企业退税审核审批权限下放,降低纳税人办税成本。开展江西省纳税服务需求调查,覆盖面达 36%。创新维权工作措施和手段,组建由国税部门牵头、纳税人、政府部门、税收服务志愿者等代表参与的纳税人维权组织 59 个,引导和帮助纳税人参与维权活动。省国税局在全国纳税服务工作会议上作经验交流。

【开通"12366"纳税服务热线】 年内,建成开通"12366"纳税服务热线,通过采用自动语音、人工服务、传真、短消息等技术手段,实现 24 小时全天候为纳税人服务。省国税局设立呼叫中心,集中处理纳税人和社会公众提出的涉税服务需求。11 个设区市国税局分别设立远程坐席,处理呼叫中心分转的涉及本地区纳税人的个性化咨询解答。

(黄　青)

地方税收

【概　况】 2011 年,全省地税部门组织入库各项收入 777.9 亿元,在 2010 年过 400 亿元的基础上,连上 3 个百亿台阶,比上年增收 207.3 亿元,增长 36.3%。其中:地方税收 604.5 亿元(不含契税和耕地占用税),增收 169.5 亿元,增长 39.0%;契税和耕地占用税 125.2 亿元,增长 17.9%;教育费附加等其他收入 48.2 亿元,增长 63.7%。

地税收入呈现 5 个显著特点:一是总量 3 年翻番,实现进位赶超。含契税和耕地占用税在内,税收收入 729.7 亿元是 2008 年 316.8 亿元的 2.3 倍。其中地方税收 604.5 亿元是 2008 年 272.1 亿元的 2.2 倍,在全国地税列第二十一位,比上年前进 1 位。二是增幅创出新高,排名位次前移。全省地方税收增长 39.0%,高出全国地税平均增幅(28.5%)10.5 个百分点,列全国地税第五位,比上年前移 5 位。三是区域税收快增,发展势头强劲。11 个设区市地方税收增幅均超 20%。鄱阳湖生态经济区地方税收 347.4 亿元,增长 37.9%。81 个县(市)地方税收 290.9 亿元,增长 38.6%。四是主税收入增长,税收贡献突出。营业税 272.8 亿元,增长 33.5%;企业所得税 105.7 亿元,增长 46.3%;个人所得税 80.6 亿元,增长 60.4%。3 个主体税种收入合计增收 132.2 亿元,占地税增收总额的 77.9%。五是重点行业快增,支柱作用彰显。房地产业、建筑业、金融业、制造业和交通运输业地方税收分别增长 34.6%、31.4%、80.2%、34.1% 和 53.6%,合计完成 470.3 亿元,增收 136.9 亿元,占地方税收增收总额 77.9%。

收入增长原因主要有 4 个方面:一是经济平稳较快发展奠定税收增长基础。全省规模以上工业增加值、主营业务收入、利润和工业品出厂价格指数上涨反映在税收上,全省工业地方税收完成 93.1 亿元,增长 34.2%;房地产开发投资和商品房销售额增长,推动建筑业税收完成 143.0 亿元,增长 31.4%,房地产业税收完成 136.0 亿元,增长 34.6%;限额以上社会消费品零售额和居民消费价格指数上涨,导致除房地产业和金融业外的其他第三产业地方税收增长 39.1%;金融机构贷款余额增长,带来金融业营业税增长 37.8%。二是一次性收入扩大了税收增长空间,限售股转让所得税入库 21.7 亿元,增加 18.8 亿元,拉动增长 4.3%。三是加强征管提供了税收增收保障。建筑业、房地产业税收管理系统推广,带来建筑业营业税增长 26.3%;信息管税推动网报税额 316.6 亿元,占全省地方税收的 52.4%。四是政策调整助推税收增长。统一内外资城建税入库,外资城建税 3.9 亿元,拉动城建税增长 33.1%;开征地方教育附加入库 14 亿元,增加 11.8 亿元;自 2010 年 7 月开始实施的土地增值税提高预征率和核定征收率政策的翘尾效应,使土地增值税增长 45.1%;房地产企业所得税核定征收率调整,促进房地产业企业所得税增长 50.8%;个人住房转让营业税政策调整带来营业税增收 2.1 亿元;稀土矿原矿资源税税额标准(轻稀土 60 元/吨、中重稀土 30 元/吨)调整,增加资源税约 1 亿元。

地税工作得到省领导关心与关注。2 月 11 日,省委书记苏荣在《江西省地方税务局 2010 年工作总结和 2011 年工作安排》上批示:"省地税局工作不断创新,成效显著。金融危机时,开明的税收政策对于保增长、保稳定、保民生起了重要作用。全省财政收入稳定大幅增长,地税部门功不可没。祝地税部门工作再上新台阶。"6 月 29 日,省委书记苏荣,副书记、代省长鹿心社,副书记张裔炯,省委常委、宣传部部长刘上洋,省委常委、省委秘书长赵智勇莅临八一广场,参观由省地税局协办的"领航中国——庆祝中国共产党成立 90 周年图片展",在"江西地税献礼建党 90 周年"展区,听取地税工作汇报。年内,苏荣、刘上洋、朱秉发、孙刚等领导对地税工作作出批示 27 次。

2011 年,全系统获全国文明单位 10 个、"五一"劳动奖章 1 个、"三八"红旗集体 1 个、巾帼文明岗 13 个、青年文明号 1 个、巾帼建功标兵 2 人。全省先进基层党组织 1 个、优秀共产党员 1 名、优秀党务工作者 2 名、"五一"劳动奖章 1 个,全省"加强职业道德、提升服务效能"主题实践活动先进单位 1 个、先进个人 1 人。在全省"发展提升年"活动中,3 项测评再次名列榜首,实现"八连冠"。承办第七届泛珠三角区域地方税务合作会议,推动区域交流与合作,展示良好精神风貌和管理水平。省地税局机关先后获"全省依法行政先进单位""服务非公有制经济发展先进单位""综治先进单位和平安单位""第三轮对口支援民族乡工作先进集体""2007～2010 年省直单位定点包扶贫困村工作先进单位"和"'十一五'全省公共机构节能先进单位"称号。

做好纪检监察工作。制定"十二五"地税系统反腐倡廉规划,巩固风险岗位廉能管理成果,做好风险防控"上网""上桌""上墙"工作。拟定《江西省地方税务局惩治和预防腐败体系基本框架建设实施意见(试行)》,探索"制度 + 科技 + 管理"方式,推进廉政文化建设,举办全系统"祝福您亲爱的党"红歌大奖赛,省地税局获全省机关纪念建党90周年文艺调演二等奖。开展对景德镇市地税局党组的第二轮巡视，对原延伸巡视的县(市、区)局进行“回头看”，全系统领导干部报告重大事项1108人次，述职述廉2202人次，任前谈话305人次、诫勉谈话21人。

【坚持依法治税】 修订下发《江西省地方税务系统税务行政处罚裁量权适用规则》，省级非许可行政审批项目保留4项，下放2项，非许可行政审批事项缩减33%。系统绩效考核增设“门临税收占地方税收的比重”“建筑业营业税弹性”等指标，严格考核收入质量。开展以资本交易项目、广告业、房地产及建筑安装业、地方性银行等为重点的专项检查，检查纳税户972户，自查1069户，补缴入库地税收入4.33亿元。全省交通运输业区域税收专项整治共检查企业302户，查补税款479.5万元。推进排污费改环境税试点，与国家税务总局、北京大学联合开展环境税试点方案与立法研究，被列为试点省份之一上报国务院。执行“支持鄱阳湖生态经济区建设税收优惠政策和服务措施60条”和支持小型微利企业、县域经济发展税收优惠政策，认真执行营业税起征点提高、企业所得税减半、个人所得税费用扣除提高等政策措施，全年依法减免地方税收37.6亿元。连续第5年被授予“全省依法行政先进单位”，在全省执法案卷评选活动中被评为优秀组织单位，9宗案卷被评为全省优秀执法案卷，推荐案卷获奖比例达90%。景德镇、新余、吉安3个市地税局被授予全国“五五”普法先进单位。

【实施分税种精细化管理】 试点并推广“两业”(建筑业、房地产业)管理系统，确定“项目分批上线、全省同步实施”的上线方针。制定下发《江西省地方税务局规范现代物流税收征管、支持现代物流业发展的税收政策和服务措施22条》《服务非公有制经济发展税收优惠政策和服务措施50条》《支持旅游产业发展加快旅游大省建设税收优惠政策和服务措施30条》，推动国家税务总局下发《国家税务总局关于切实加强高收入者个人所得税征管的通知》。汇算清缴督促企业自行调整、申报入库企业所得税1.3亿元。年所得12万元以上个税申报33548人，较上年增加3329人，增长11%，完成总局计划目标的104.7%。落实《关于安置残疾人就业单位城镇土地使用税等政策的通知》要求，由省政府批复下发《江西省财政厅、江西省地方税务局关于明确车船税法有关问题的明确规定的通知》，发布执行《耕地占用税征收管理办法(试行)》《契税征收管理办法(试行)》《耕地占用税和契税减免税管理办法(试行)》。拟定《全省地税系统征管工作标准化工作意见》，被国家税务总局确定为三个全国标准体系建设基地之一。

【推行税源分类管理】 各市县(区)地税局建立各类税源专业化组织106个。探索大企业税源管理新思路，协调组织入库沪昆高铁客运专线及昌九电气化改造工程税款3.6亿元。制定《关于加强大企业税收服务与管理工作的意见》，建立“属地征收、集中管理、一级稽查、优化服务、信息管税”的大企业税收管理模式，在九江市地税局开展大企业税收管理试点探索。

【强化涉税服务】 以优质涉税服务为先导，成立筹建办，落实工作场地，举办座席人员培训班，为开通12366纳税服务热线奠定基础。升级改造办税服务厅视频监控系统，出台《全省地税系统办税服务厅星级服务标兵评选指导意见》，评选表彰5个“重点窗口单位办税服务厅建设示范单位”。创新纳税服务方式，抽取118个县(市、区)10.31万户纳税人样本，开展第三方满意度调查。围绕第20个税收宣传月“税收·发展·民生”主题，举办“同心谋发展，合力促和谐”税企恳谈会、在线访谈、“纳税服务体验日”“税法送万家”“地税杯”大学生税收辩论赛等活动。抓好日常宣传，开通内部微博系统，制作“2011年度纳税咨询热点汇编电子书”，编印“咨询热点问题汇编”“纳税人权利与义务公告解读”“纳税日志”，发放《〈纳税人权利与义务公告〉解读》50000册、《纳税日志》2000册，各市、县、区地税部门设置税法宣传栏521块，开通税务博客、微博201个。

【开展税收专项检查】 以刚性稽查为手段，在明确指令性检查项目与指导性检查项目基础上，各级地税机关从指导性检查项目或本地区其他重点行业中选择1~2个行业，开展税收专项检查。对庐山旅游发展有限公司、中国东方航空股份有限公司江西分公司、江西东方航空配餐有限公司、江西福泰投资公司、江西矿山隧道建设总公司(樟树市)中林煤矿等重大、典型案件进行专案检查，年内组织自查、检查纳税人3555户，查补入库收入7.29亿元，其中稽查部门检查1902户，查补收入2.70亿元(查补税款2.40亿元，加收滞纳金893万元，罚款2094万元)，入库2.69亿元；组织企业自查1653户，企业自查补缴4.61亿元，入库4.59亿元。重点加大对发票违法犯罪活动的打击力度，单独查获案件807起，联合查案98起，涉及非法发票67490份，查补税款689.5万元，加收滞纳金32.8万元，罚款478.9万元。将九江、新余、鹰潭、抚州列为交通运输发票专项整治重点督办地区，将崇仁等8个县市列为重点督办县市，检查交通运输企业302户，查补税款479.5万元。

【推进征管信息化建设】 制定《“十二五”时期实现信息管税新跨越工作意见》，开发完成“两业”管理信息系统，两业和两税比对系统业务数据纳入统一数据分析平台管理。开展移动信息应用平台建设试点及推广和征管应用软件优化工作，对参数定税管理软件、纳税评估管理软件、征管资料电子化管理软件及网上办税系统功能进行评审。推广应用税控收款机，开发并推广发票预警系统。做好国家税务总局汇算清缴系统升级安装、运行及汇总统计表修订后的汇总系统运行工作，积极推动企业所得税后续管理信息平台建设，手工台账纳入电子化管理。补充编写金税三期第一阶段江西地税项目实施方案，完成国家税务总局安全防护体系(三期)在江西地税省级节点的部署，配合做好征管数据国家税务总局集中自然人数据库建设，做好推广使用国家税务总局可控FTP系统(加密)的准备工作。

(李 埗)

经济管理与监督

本栏编辑　邓玉兰

综合管理与宏观调控

【概　况】　2011年，全省上下坚持以科学发展为主题，以加快转变经济发展方式为主线，以鄱阳湖生态经济区建设为龙头，开拓进取，扎实工作，全面或超额完成省第十一届人大四次会议确定的预期目标，实现"十二五"的良好开局。全省生产总值11583.8亿元，增长12.5%；财政总收入1645亿元，增长34.2%；全社会固定资产投资11020亿元，增长25.6%；社会消费品零售总额3457.7亿元，增长17.9%；外贸出口218.8亿美元，增长63.1%；利用外商直接投资60.6亿美元，增长18.8%；城镇居民人均可支配收入17495元，增长13%；农民人均纯收入6892元，增长19.1%；城镇新增就业52.7万人，年末城镇登记失业率2.98%；人口自然增长率7.5‰。特别是生产总值和全社会固定资产投资双双突破万亿元，成功跨入全国万亿元俱乐部行列，标志着经济社会发展迈上一个新台阶。

【争取国家支持】　密切跟踪国家宏观政策的调整变化，主动对接，争取国家支持。在资金、项目和政策3个方面实现重大突破。2011年共争取中央预算内投资137亿元，比上年增加6亿元。争取国家批复江西省6家企业发行债券72亿元，增加17亿元。申报2012年项目2100个，申请中央投资300亿元，项目个数和中央投资均超过上年水平。岳阳至吉安铁路运煤通道获国家批复。省级领导班子办公用房整体搬迁项目获准开始前期工作。已争取到新余市、大余县、定南县、上犹县、上高县、鄱阳县列入国家资源型城市可持续发展、国家节能减排综合示范、国家绿色能源县等国家重大改革试点。成功获批设立江西立达新材料产业创业投资基金，实现政府参股新兴产业创投基金零的突破。

【推进鄱阳湖生态经济区建设】　重点抓好列入《鄱阳湖生态经济区规划实施方案》的405个重大项目的跟踪、协调、调度，300多个项目启动建设，其中21个提前完成建设任务，累计完成投资近5000亿元。鄱阳湖水利枢纽工程、峡江水利枢纽工程顺利推进。环鄱阳湖天然气管网基本建成。《鄱阳湖区综合治理规划》获国家批复。全省85个县(市)污水处理厂及截污主干管网全部建成，41个工业园区污水处理设施启动建设。截至年底，有45个国家部委和央企与江西省签署共同推进鄱阳湖生态经济区建设战略合作协议，并争取到国家每年5亿元的鄱阳湖生态经济区建设专项补助资金。同时，"一大四小"造林绿化、农村垃圾无害化处理、"五河一湖"生态环境综合治理、长江暨鄱阳湖流域水资源保护等生态工程顺利实施，主要河流监测断面水质达标率80.6%。启动"五河"及东江源头生态补偿试点，组建鄱阳湖产业投资基金和新材料创业投资基金。

【推进重大项目建设】　实施重大项目带动战略，以大投资带动大发展。2011年，实施省重点工程216项，完成投资突破1200亿元，达到1218.8亿元，增长20.8%，创历史新高。建成永修至武宁、隘岭至瑞金、南昌至奉新等6条高速公路，新增通车里程554千米，总里程3642千米。全省在建铁路里程1200千米，通车营运里程达到2735千米。景德镇500千伏洪源变电、贵溪电厂三期等一批电力项目建成投运，新增电力装机138.6万千瓦，统调电力装机达到1418万千瓦。机场、水利、重大公益设施等项目建设全面推进。

【推进产业结构调整升级】　培育战略性新兴产业，出台全省十大战略性新兴产业延伸产业链发展规划，编制全省工业重点产业、现代服务业、自主创新基础能力建设等一系列"十二五"专项发展规划，基本形成战略性新兴产业发展规划体系。强化重大项目调度会制度，解决联创光电LED背光源产业化等60个重大产业项目实施问题。整合2.2亿元财政性资金，重点扶持43个省高新产业重大项目。全力以赴抓节能减排，出台《江西省进一步落实高耗能行业差别电价政策实施方案》，制定推进战略性新兴产业发展考核节能减排1+10配套政策体系，实施扶持风能核能及节能产业延伸产业链发展等一系列推进产业发展的具体措施。推进实施40个合同能源管理项目，启动实施"千万吨标煤工业节能工程"和"百千万企业节能行动"。全年万元GDP能耗下降3.1%，化学需氧量、二氧化硫排放量、氨氮排放量分别下降1.18%、1.72%、1.13%；有效控制了氮氧化物排放，11个设区城市空气环境质量全部达到国家二级标准，全省生态环境质量在巩固提高中保持全国前列。

【深化重点领域改革和扩大开放】 加强改革的总体指导和综合协调。出台《江西省2011年深化经济体制改革工作的意见》，强化对改革的综合指导。非工口7个系统国有企业改革全面完成，同时，继续协同推进林权制度改革试点等。医药卫生体制改革扎实推进，3年医改任务全面完成。国家基本药物制度试点工作进一步巩固，在全省1790个基层实现国家基本药物制度全覆盖。实施白内障、唇腭裂患者及儿童白血病、先天性心脏病免费救治，全面启动尿毒症患者免费血透救治。继续加大招商引资力度，举办第七届泛珠会、2011江西（香港）招商周、第九届赣台经贸合作研讨会等一系列重大招商活动，实际利用外资达到60.6亿美元，增长18.8%。开放平台进一步完善，在全国率先启动省级开发区扩区、调区工作。

【切实保障和改善民生】 围绕保障和改善民生，实施一大批农村基础设施、医疗卫生、教育、就业、养老、以工代赈等项目，解决众多涉及群众切身利益的问题。初步建立覆盖城乡所有居民的基本养老保险制度，城乡低保、农村五保等保障标准进一步提高，在全国率先实现城镇医保政策标准全省统一。全年新开工建设保障性安居工程32.6万套，发放廉租住房租赁补贴16万户，完成农村危房改造8万户。新一轮贫困村整村推进扶贫正式启动，完成深山区、库区、地质灾害频发区贫困群众移民搬迁5.08万人，解决220万农村居民和30万农村学校师生的饮水安全问题。教育投入力度加大，公共文化服务体系进一步完善，农村文化建设深入开展，文化信息资源共享工程实现全面覆盖。

（蔡昌辉）

鄱阳湖生态经济区建设

【概 况】 2011年，全省上下坚持以鄱阳湖生态经济区建设为龙头，围绕“特色是生态，核心是发展，关键是转变发展方式，目标是走出一条科学发展、绿色崛起之路”的本质内涵，推动鄱阳湖生态经济区建设取得阶段性显著成效。全年实现地区生产总值6805.48亿元，占全省的58.8%，增长12.8%，多项主要经济指标增幅均超过全省平均水平，成为引领江西科学发展、绿色崛起的“龙头”。

【重大生态工程实施】 《鄱阳湖生态经济区规划实施方案》405个重大项目加快推进。截至年底，累计完成投资5010亿元，约占计划总投资的32%。其中，造林绿化“一大四小”工程共投入98.6亿元，新增造林面积25.93公顷；85个县（市）污水处理厂及截污主干管网全部建成，新建配套污水处理管网1240千米。102个工业园区污水处理设施项目有序推进。在3万个自然村实施农村清洁工程，建成乡镇垃圾填埋场2350个。“五河一湖”水污染治理工程、长江暨鄱阳湖流域水资源保护工程顺利实施。节能减排工作扎实推进。省政府制定全省“十二五”节能减排综合性工作方案。启动实施“千万吨标煤工业节能工程”“百千万企业节能行动”和老工业企业污染治理工程，拆除112家企业落后设备，完成13台12.5万千瓦机组关闭工作，全面清理“五河”源头及其干流、鄱阳湖滨湖和东江源头污染企业。2011年，全省化学需氧量、二氧化硫和氨氮排放削减率分别达到1.18%、1.72%和1.13%，二氧化碳排放强度下降3%。生态环境质量保持全国领先水平。全省森林覆盖率达到63.1%。建成自然保护区201个，其中国家级自然保护区9个，总面积1141.4千公顷。主要河流监测断面水质达标率达81.8%，提高1.3个百分点，其中鄱阳湖水质达标率达64.7%，提高11.8个百分点。全省饮用水源地水质达标率全面实现100%。11个设区市城区空气质量全部达到国家二级标准。

【环境友好型产业快速发展】 以生态农业、新型工业、现代服务业为主要支撑的环境友好型产业体系加快构建。“生态鄱阳湖，绿色农产品”品牌形象初步树立。绿色、有机和无公害农产品数量达2166个，创建国家级生态农业示范园3个、省级农业科技园区54个、鄱阳湖生态农业示范基地12个。“猪－沼－果”生态农业发展模式广泛推行，发展生态畜禽规模化养殖户15万户，建立1360个生态养殖小区。战略性新兴产业超常规发展。2011年，全省十大战略性新兴产业完成工业增加值1568.32亿元，增长21.6%，对全省工业增长的贡献率达到45.2%，鄱阳湖生态经济区战略性新兴产业增加值占全省的比重达67%，形成以新能源、新材料、光电、航空制造、生物医药等为主的战略性新兴产业发展格局。金融商贸、生态旅游等现代服务业快速发展。景德镇陶瓷创意文化产业基地基本建成，江西龙津湖总部经济服务业基地、南昌“中国服务外包示范城市”等商贸物流集散中心加快建设。恒大高新在深交所中小板挂牌上市，汉港房地产、金源纺织、庆丰包装在海外成功上市，全省企业实现直接融资237.49亿元。《鄱阳湖生态旅游区规划》上升为国家旅游发展战略，建成15个4A级以上旅游景区，以鄱阳湖为中心的大旅游网络基本形成，全年旅游接待1.6亿人次，旅游总收入1105.93亿元。

【加快建设重大基础设施】 一批事关全局、影响长远的重大基础设施项目取得进展，与鄱阳湖生态经济区建设相适应的能源、交通、水利、通信等基础设施支撑体系加快形成。环湖高速公路网、铁路网、天然气管网等三个环湖网基本形成。智能电网示范工程项目启动，特高压电网工程前期工作积极推进；鄱阳湖水利枢纽工程立项工作有序推进，国家已批复《鄱阳湖区综合治理规划》及其环境影响评价报告，《鄱阳湖水利枢纽项目建议书》通过行业审查。实施“智慧鄱阳湖”等重点工程，环鄱阳湖信息化建设取得成果。

【开展体制机制和重大举措创新】 切实用好用活国家赋予的“先行先试权”，开展体制机制和重大举措创新。生态补偿试点有序实施。投入1.35亿元对“五河”和东江源地区进行生态补偿试点，生态公益林补偿标准从每亩10.5元提高到每亩15.5元，矿山环境治理和生态恢复补偿累计恢复面积7877公顷，鄱阳湖湿地初步纳入国家生态补偿试点范围。重点领域改革稳步推进。6个城市列入低碳城市、资源枯竭型城市转型、节能减排综合示范等国家重大改革试点，在全国率先开展省级低碳发展试点县项目。推进统一全省城市污水处理费征收标准、实施差别电价、脱硫机组上网电量加价、餐饮业用气与工业用气同价等4项价格机制改革。江西省列入全国国有林场改革试点省份，林权交易走在全国前列，全年开展林权交易712宗，成交金额7.1亿元。生态环保法制体系不断完善。《鄱阳湖生态经济区环境保护条例》《江西省湿地保护条例》将于2012年5月1日起实施。

【举办一系列重大招商活动】 鄱阳湖生态经济区的品牌效应和政策优势充分发挥，成为江西省争取国家政策支持、聚集发展要素的"金字招牌"。组织举办第二届世界低碳与生态经济大会暨技术博览会、鄱阳湖生态经济区建设国际研讨会等一系列重大招商活动，成功推介一大批鄱阳湖生态经济区重大生态经济工程和产业项目。年内，生态经济区实际利用外商直接投资35.76亿美元，增长12.9%；利用省外5000万元以上项目实际进资1338.1亿元，增长34.9%。2011年江西（香港）招商周期间，鄱阳湖生态经济区签约项目投资总额60.3亿美元，占签约总数的70%。。

【开展鄱阳湖生态经济区规划实施两周年宣传】 中央电视台《新闻联播》播出专题片《鄱阳湖生态经济区交出绿色成绩单》，《人民日报》头版刊登长篇通讯《崛起，向着富裕和谐秀美——写在鄱阳湖生态经济区规划实施两周年之际》。新华网、人民网等网络媒体开设了专题网页，进一步扩大了鄱阳湖生态经济区的品牌度和影响力。

【开展生态示范创建活动】 开展以生态城市、绿色乡村、生态文化为载体的生态文明社会创建活动，生态与经济协调发展、人与自然和谐共处的生态文明理念深入人心。鄱阳湖生态城市群加快培育，创建国家森林城市1个、国家园林城市7个，并在全国率先启动省级生态园林城市创建工作，11个设区市和28个县（市）被评为省级园林城市；2011年设区市建成区绿地覆盖率达47.5%。开展市县乡村四级生态示范创建活动，创建国家级生态镇40个、生态村9个，省级生态乡（镇）121个，生态村106个。推进生态工业园区建设，20个工业园区成为首批省级生态工业园区。广泛开展绿色学校、绿色社区、绿色饭店、绿色企业等各种形式的基层创建活动。

（彭小平　张向东）

重点工程建设

【概　况】 2011年，省重点工程建设紧紧抓住加快建设鄱阳湖生态经济区的重要机遇，坚定不移实施重大项目带动战略，继续扩大投入，取得"十二五"良好开局。全年在交通、能源、水利、工业和社会公益事业等领域分两批、共安排省重点工程216项，其中：计划建成投产项目48项，续建项目62项，计划新开工项目92项，预备项目14项。总投资6285亿元，年计划投资1208亿元。全年完成投资1218.78亿元，为年度计划的101.6%，同比增长20.8%，超额完成年度目标任务。省重点工程建设取得重大阶段性成果：年内新增高速公路通车里程554千米，全省高速公路通车里程达到3642千米。全省铁路在建里程1200千米，通车运营里程达2735千米。新增电力装机容量138.6万千瓦。全省电力统调装机达到1418万千瓦；开工建设保障性住房32.6万套，超额完成国家下达的目标任务。

【"十一五"重点工程建设总结表彰大会召开】 6月28日，省政府召开江西省"十一五"重点工程建设总结表彰大会，省委书记苏荣出席会议，省长鹿心社讲话。会议总结"十一五"省重点工程建设成就和经验，表彰"十一五"省重点工程建设中表现突出的148家先进单位。对"十二五"省重点工程建设提出明确目标和具体要求。

【创新重点工程管理模式】 年内，省重点工程办公室探索建立分类管理项目的管理模式，即按照项目类别，划分为重点管理和委托管理两大类进行管理。将政府投资项目、省直部门申报项目作为重点管理的项目，从项目前期跟踪、落实建设条件、外部环境协调等进行全过程管理和服务。将各地市申报项目作为委托管理的项目，委托设区市发改委（重点办）进行管理，落实管理责任，并安排重点项目专项调度经费。

【协调解决项目建设中遇到的困难和问题】 主动做好服务工作，深入项目现场，加强与项目主管部门、地方各级党委政府和有关职能部门的沟通联系，协调项目建设在征地拆迁、通讯电力杆线迁改、交叉跨越、施工临时用电、施工治安环境等方面遇到的困难和问题，努力营造良好的建设环境，推动项目顺利实施。年内共召开各类协调推进会议60余次，印发有关纪要和文件近30份。重点协调解决杭长客专、合福铁路涉及城市规划区农房拆迁，鹰潭至瑞金高速公路A6合同段工程款兑付，南昌至奉新高速公路安义境内毛家分离立交设置，瑞金至寻乌高速公路瑞金境内施工环境，九江新长江大桥上跨昌九城际铁路，井冈山厦坪至睦村高速公路井冈山特长隧道施工供电、神源电站搬迁，向塘至三江220千伏向莆铁路牵引配套双回线路架设方案、路径，500千伏咸梦Ⅱ回线路398号塔环境安全等问题，及时为项目单位排忧解难，确保项目的顺利推进。

【加强招标投标监督管理】 会同项目主管部门，按照法律法规要求，严格履行监管职能，坚持"公开、公平、公正"原则，强化业务指导、程序监督、环节监管、投诉处理、廉洁自律，维护招标投标市场秩序，确保项目招标工作规范有序。为进一步提高依法行政水平，规范省重点工程勘察设计、监理、施工、货物采购等招标投标行为，省重点工程办在广泛征求省直有关部门意见的基础上，起草《江西省重点建设项目招标投标管理办法（送审稿）》上报省政府法制办。

【高度重视安全生产工作】 2011年，省重点工程办公室就加强重点工程安全生产工作印发7个文件，贯彻落实国家和省关于安全生产工作一系列重要部署和要求。各重点工程项目单位树立科学发展、安全发展的理念，坚持“安全第一、预防为主、综合治理”的方针，落实安全生产责任制，开展“安全生产年”“安全生产月”各项活动，推进“打非”专项行动，狠抓安全生产隐患排查治理，有效防范和遏制了重特大事故的发生，保持安全生产总体平稳的良好态势，确保汛期施工安全，确保重大节日和重大活动期间施工安全，为项目建设营造了良好的安全氛围。

【加强信息调度】 通过省重点工程月报表、深入项目现场、网络信息平台等多种方式，全面加强重点工程信息调度，做到全面调度和专项调度、日常调度和重点调度相结合，及时、准确、全面反映全省重点工程建设进展，为领导决策提供详实数据和资料，为加强重点工程管理提供科学依据。

【多个交通基础设施项目完工】 2011年，共有南昌至德兴、永修至武宁、隘岭至瑞金、上饶至武夷山、瑞金至寻乌、南昌至奉新等6条高速公路先后建成通车。全省“三纵四横”高速公路主骨架已基本建成，鄱阳湖生态经济区环线公路全部高速化，省会到各设区市主干线公路全部高速化，出省主通道全部高速化，形成省内4小时经济圈和省际8小时经济圈。12月28日，瑞金至寻乌、南昌至奉新高速公路正式竣工通车，全省通高速公路的县(市、区)达89个。全省铁路建设迅速推进、全面铺开，新余洋坊站扩能改造工程和京九电气化改造南段开通运行。沪昆客专江西莲荷河特大桥主体完工，向莆铁路江西段、衡茶吉铁路江西段、赣龙铁路扩能改造工程江西段、赣韶铁路江西段、合福客专江西段加紧建设。5月22日，南昌昌北国际机场扩建工程竣工通航，全省对外开放进入新的历史阶段。

【推进能源基础设施项目建设】 2011年，江西修河下坊水电站、景德镇电厂“上大压小”扩建工程2号机组、贵溪电厂1台60万千瓦机组、老爷庙风电场相继建成投产，有效弥补了江西省电力供应缺口。洪屏抽水蓄能电站导流洞工程于12月27日全线贯通，为电站实现如期蓄水、发电目标奠定了基础。九江电厂“上大压小”1台60万千瓦机组烟囱结构封顶、锅炉大板梁验收、主厂房封顶三大节点已经全部完工。江西华电九江分布式能源站项目10月11日开工建设。途经九江、南昌等17个市县，总长度570多千米的西气东输二线管道工程江西段管道干线建成通气，有效缓解江西省天然气供应短缺局面。神华江西国华九江煤炭储备(中转)发电一体化工程、中国石化九江分公司油品质量升级改造工程、江西省天然气管网二期工程等能源项目稳步推进。

【推进工业和高科技项目建设】 2011年，建成江铜10万吨高性能高精度铜板带项目(一期2万吨)和江铜城门山二期扩建工程。江铜铜产量首次突破100万吨，达到105万吨，销售收入首破千亿元大关，达到1345亿元，成为中国铜行业和全省首家千亿级企业。3月10日，新余钢铁公司自主研发建设的世界上第一台420毫米特厚直弧型板坯连铸机建成投产。中冶南方(新余)冷轧新材料技术公司冷轧无取向硅钢工程、江西星火有机硅厂20万吨/年有机硅单体工程及12万吨/年有机硅下游系列产品项目等项目相继建成投产。江西移动红角洲生产基地、江西移动TD－SCDMA网络工程、鹰潭铜产业循环经济基地、江钨集团公司年产4万吨金属镍钴新材料项目、江西赣西煤炭储备基地等项目加快推进。南昌航空工业城建设项目一期工程、江西中烟工业有限责任公司赣州卷烟厂易地技术改造项目、江铃汽车股份有限公司小蓝基地整车生产项目等开工建设。

【加强社会公益性项目建设管理】 2011年，江西省将城市棚户区改造工程作为保障性住房建设的重要组成部分，全年保障房开工建设32.6万套，开工率102%，主体完工13.4万套，完工率42%，提前完成国家下达的目标任务。为确保10月16日全国“七城会”的顺利举行，艾溪湖大桥、省奥林匹克体育中心、南昌国际体育中心、“七城会”瑶湖水上运动中心等重点项目加紧建设并如期投入使用，为“七城会”的圆满举行提供强有力的交通和场馆保障。中国井冈山干部学院添建项目、全国青少年井冈山革命传统教育基地、江西老干部庐山疗养基地等项目基本建成。峡江水利枢纽工程初步设计报告获得水利部正式批复，并全面开工建设。南昌城市轨道交通1号线，截至年底有双港站、蛟桥站、长江路站等11个站点开工，绿化、电力管线、煤气管线、弱电管线、供水管线等迁改工作稳步推进。江西省防震减灾应急指挥中心及台网加密与扩建项目、南昌华南城项目一期工程、鄱阳湖生态经济区规划展示馆项目、省委党校培训综合大楼、江西省交通监控指挥中心、浯溪口水利枢纽工程等在加快建设。鄱阳湖水利枢纽建设项目、江西省省级党政机关搬迁置换项目一期工程前期工作稳步推进。

(省重点工程办)

国有资产管理

【概　况】 2011年既是省属国有经济“十二五”规划开局之年，也是省出资监管企业转方式、调结构、优布局的关键之年。到年底，全省出资监管企业拥有资产总额5269.2亿元、净资产2274.5亿元，同比分别增长22.3%和18.5%；累计实现营业收入3034亿元，增长38.7%；实现利润总额185.2亿元，增长31.4%；累计完成增加值449亿元，增长16.3%。其中省国资委出资监管企业拥有资产总额2131.6亿元、净资产904亿元，分别增长20.5%和19.15%，分别为“十二五”规划年度目标的112%和121.7%；累计实现营业收入2454.6亿元，增长43.1%，为“十二五”规划年度目标的141.2%；实现利润总额106.3亿元，增长26.4%，为“十二五”规划年度目标的123.6%；累计完成增加值339.2亿元，增长18.9%，为“十二五”规划年度目标的111.6%。主要生产经营指标均提前一个月超额完成年度计划。江铜集团、省煤炭集团营业收入、利税总额、工业增加值3项主要经济指标提前1年全面完成3年强攻目标任务。省建工集团营业收入首次突破100亿元，达到111亿元；江铜集团实现销售收入1345亿元，利税120亿元，创历史新高。

开展创先争优活动。全省国资系统开展服务企业、服务基层、服务职工群众的“三服务”活动,省、市两级国资委(办)近千名干部和全省5900多家国有及国有控股企业的党组织、14万多名在岗党员参加活动。6200余名企业领导人参加“进万名员工家门,送政策、送愿景、送温暖”的“一进三送”活动,为基层办实事1370余件,化解信访积案134件,走访慰问困难党员职工家庭1.12万户。

国有企业良好形象进一步树立。省国资委和江西电视台联合举办《领“秀”江西》专题访谈节目,引起广大国企职工和社会各界的共鸣,增强了国企的凝聚力。全省国有企业为七城会、第二届世界低碳大会、八一衡源足球俱乐部捐助资金5000多万元。在建设希望小学、扶贫开发、新农村建设等公益活动中默默奉献,较好地履行了社会责任,树立了良好形象。

【推进国有企业改革】 一是非工口7个系统国有企业改革基本完成。列入本次改革范围的1782户企业,已有1771户企业完成改制,占企业总户数的99.3%,已安置在职职工34.6万人,占在职职工总数的95.1%。二是集团公司层面股权多元化改革加速推进。省建工集团公司、省招标咨询集团公司股权多元化改革基本完成;江中制药集团与中江集团分立工作已经完成;江西钢铁集团的组建方案已经制定并报省政府。三是企业内部改革不断深入。全省国有企业实施制度和管理创新,向管理要效益,挖潜增效,尤其是加快建立企业全面风险管控体系。四是改制企业遗留的历史问题逐步得到解决。会同省教育厅、省财政厅、省人保厅等部门共同制定并印发《江西省关于妥善解决国有企业职教幼教退休教师待遇问题的实施细则》。会同省财政厅、省人保厅、省国土资源厅、省民政厅开展对江西省厂办大集体改革情况的调研工作,为尽快制定贯彻实施意见奠定了基础。

【加快国有经济结构调整步伐】 实施省属国有经济“十二五”发展规划,“一个龙头、两翼发展”的规模初步形成。有色金属、钢铁、煤电等传统资源能源优势企业得到巩固提升。推动金属新材料、非金属新材料、现代中药、生物医药、新能源等一批战略性新兴产业的快速发展。高端服务业已经起步,并呈现多元发展。组建的省职业教育集团,已成为省属企业乃至全省产业发展培训高质量技术人才的平台。省投资集团成立的鄱阳湖发展基金积极开展业务,江铜集团成立旨在促使产融结合更加紧密的投资公司,水利融资平台建设完成前期调研。通过股票上市、资产重组、发行债券等形式,企业融资结构逐步改善,银行贷款融资比例大幅下降,债券融资规模逐年增加。年内省属控股上市公司利用资本市场融资32亿元。

【进一步深化与央企合作】 承办江西省战略性新兴产业发展合作推介会、中央驻赣单位与省属企业集团合作发展洽谈会。在第二届世界低碳与生态经济大会期间,承办江西省与央企合作洽谈会及项目签约仪式,签订项目12个,项目总投资额达1433.8亿元。引进中国黄金集团公司、中国铁建股份公司等有实力、有产品、有资金、有技术、有市场的战略合作者,成为江西省工业进位赶超的强大助推力。

【转变方式加强国资监管工作】 建立健全国有资本经营预算制度,省政府相继出台《关于试行国有资本经营预算的意见》《省属企业国有资本预算收益收缴暂行办法》及相关配套制度。以委派财务总监、法务总监、监事为核心,进一步规范企业法人治理结构。监事会监督由过去侧重事后监督转变为事前、事中、事后相结合,向立体化、全过程监督发展,提高了监督的时效性和针对性。加快企业分配制度和激励约束机制改革。实行分类考核,建立健全“种类方式丰富、短中长相配套、严考核、强激励、硬约束”的企业薪酬激励机制。

【国资监管向市、县及农村基层延伸】 截至年底,上饶市、县两级行政事业单位经营性资产基本实现全口径划转、全覆盖管理。宜春市国资委积极探索国有资产产权集中统一管理。对全市224个市直行政事业单位土地、房屋建筑等国有资产资源情况进行清理,实现统一监管。在强化市直行政事业单位资产监督管理的同时,及时将国资监管的触角向农村基层延伸,直至村组。

(蔡正孙)

安全生产监管

【概　况】 2011年,全省上下以贯彻落实省政府《关于进一步加强企业安全生产工作的实施意见》为核心,以强化企业安全生产主体责任为重点,以继续深化“安全生产年”活动为主线,严格安全监管,深化专项整治,狠抓隐患治理。全年全省发生生产安全事故8132起,死亡1797人,少887起、少91人,分别下降10.91%和4.82%,其中死亡人数首次降到1800人以下。发生重大事故1起,死亡17人,同比少3起、少27人。全省安全事故死亡人数为国务院安委会下达考核目标的92.44%,11个设区市均在控制指标范围内。全力保持深圳大运会、南昌七城会等重要时段安全平稳,全省安全生产继续保持总体稳定、持续好转的发展态势,总体上实现“十二五”时期安全生产工作的良好开局。

深化源头治理。全面深化煤矿、非煤矿山、烟花爆竹、危险化学品、道路客运、消防、工程建设等重点行业领域安全生产专项整治,全面彻底推进隐患排查治理。年内,全省工矿、交通运输行业领域共排查企业5.13万家,一般隐患12.5万项、已整改11.7万项、整改率达93.6%;重大隐患127项、整改119项、整改率达93.7%。扎实开展重点行业职业危害专项治理,突出抓好作业场所职业危害申报工作,新增网上申报企业4700多家,增加189%。

深化宣教培训。围绕“安全责任,重在落实”主题,组织第十个安全生产月活动,省安监局获“2011年全国先进组织单位”称号。针对政府换届实际,省委组织部、省安监局联合举办全省安全生产专题研究班,有力提高全省县级政府分管安全生产负责人的安全管理能力。加大培训力度,全年各类培训机构累计培训115万人次;推进非煤矿山企业安全管理人员学历化职业教育,全省首批239名学员毕业。在全省范围内组织开展职业健康法律法规、科技、文化“三下乡”活动,有力普及职业健康知识,提高职业危害防护意识。

建设高素质监管监察队伍。贯彻省长鹿心社关于“努力打造一支政治过硬、业务精通、作风优良、纪律严明的安监队伍”的指示精神,大力弘扬敬畏生命、科学监管、风清气正、力学笃行的安监机关精神,统筹推进“发展提升年”等系列主题教育实践活动。省安监局获“发展提升年活动先进单位”称号。江西省安全生产“六项创建”活动获全国首批安全生产工作创新三等奖。加强应急救援队伍体系建设,整合成立江西省煤矿应急救援中心,组织实施泛珠三角区域内地(江西、湖南)煤矿重大安全事故跨省联合应急救援桌面演练,成功处置玉山县“10·8”塌方事故,4名被困矿工全部获救。加强党风廉政建设,有序推进廉政风险防范管理。

【深化责任落实】 省政府办公厅专门下文,对《江西省人民政府关于进一步加强企业安全生产工作的实施意见》涉及的相关重点工作予以细化分解,各职能部门对照分工履行职责,共同推进部门监管责任的落实。省政府继续把安全生产纳入对市、县两级政府考核评价体系,严格实行各级领导班子成员“一岗双责”制、述职约谈制和责任追究制,推进属地管理责任的落实。省安委办先后6次组织督查检查,向事故多发、问题突出的地区和企业发出26份安全隐患整改督办函。按照“四不放过”和“科学严谨、依法依规、实事求是、注重实效”的原则,对2011年发生的事故进行严肃的调查处理和责任追究,对各地较大事故实行省安委会挂牌督办。

【开展各类安全执法行动】 全省开展各类安全执法行动1.54万起,查处无证或证照不全从事生产经营建设的2818起,关闭取缔后又擅自建设、生产、经营的48起,违反“三同时”规定的84起,重大隐患隐瞒不报或不按规定期限予以整治的21起、不按规定进行安全培训或无证上岗的1539起,拒不执行安全监管监察指令、抗拒安全执法的47起。开展为期3个月的打击非法违法生产经营建设行为专项行动,针对非法违法生产经营建设行为,加大打击力度。组织开展以“六查”(查管理机构制度、查监护档案资料、查职业危害申报、查职业危害防护设施、查职业危害警示告知、查个人防护用品)为主要内容的职业健康专项执法检查,共检查企业2400多家,下达整改指令书1400余份,维护了职工健康权益。

【推进长效机制建设】 7月1日,省人大常委会在全国率先出台《江西省特种设备安全监察条例》,进一步规范全省特种设备安全管理。3月1日,省政府颁布实施《江西省非煤矿矿山安全生产许可证实施办法》(修订案),进一步规范办证相关事项。省“十二五”规划纲要将亿元生产总值、生产安全事故死亡率作为社会民生类的约束性指标,纳入经济社会发展主要指标,要求年均下降8.5%。11月3日,省政府办公厅印发《江西省安全生产“十二五”规划》,明确“十二五”时期安全生产工作的奋斗目标、主要任务、重点工程和保障措施。围绕履行职业卫生监管职能,全省职业卫生监管部门职责分工调整稳步推进。完善共同协调机制,建立江西省安委会成员单位联络员会议制度。加快化工园区安全规划编制进度,加快化工园区规划建设。

【提升安全保障能力】 省非矿山安全与重大危险源监控实验室、职业危害检测与鉴定实验室通过国家安全监管总局第一批省级中心实验室认定并挂牌运行。组建江西省安监局安全生产专家组,设立7个专业组,聘请204名专家。为期两年、总投资8000多万元的安全监管装备配备方案基本实施到位。争取国家支持尾矿库治理资金补助1.38亿元,加大病库、险库的治理力度。省公共财政安排安全生产专项及技术改造资金2000万元,补助21个项目,较好地引导地方和企业增加安全投入。启动安全生产监管信息化工程与应急平台(设区市节点)项目建设。全省新建、改建、扩建的符合危险工艺的48家生产企业自动联锁装置安装率达到100%,原有涉及危险工艺改造的72家企业改造完成率达到100%。

【开展安全生产标准化创建活动】 全面启动和深入开展工矿商贸和交通运输企业安全生产标准化创建活动,分行业(领域)制定实施方案和达标规划,开展专项培训与宣讲,制定《地质勘查单位安全标准化规范导则》《地质勘查单位安全标准化规范钻探工程实施指南》《地质勘查单位安全标准化规范坑探工程实施指南》等地方安全标准,编写《江西省工贸行业安全生产标准化企业基本条款》《江西省工贸行业安全生产标准化通用条款》《江西省工贸行业安全生产标准化企业专用设备条款》等实施细则,全面实施非煤矿山“万名班组长安全培训”工程,培训班组长4400余名。全省163家企业通过二级标准化考评,较好地提高了企业安全生产基础管理水平。

(陈　博)

煤矿安全监察

【概　况】 2011年,江西煤矿安全监察系统继续深化“安全生产年”各项活动,全省煤矿安全形势稳定好转,实现煤矿安全生产“十二五”良好开局。

煤矿安全生产形势创历史新水平。全省原煤产量2810万吨,发生事故23起、死亡36人,百万吨死亡率1.28,历史上首次降到2以下,死亡人数低于控制考核指标47.8个百分点。煤矿事故起数同比减少7起,死亡人数减少22人,百万吨死亡率减少0.83,分别下降23.3%、37.9%和39.3%。同“十一五”起始的2006年相比,事故起数减少54起,死亡人数减少96人,百万吨死亡率减少3.55。在煤炭产量保持稳定增长的情况下,煤矿安全生产创历史最好水平,获得国家安全监管总局2011年安全生产控制指标绩效考核表彰奖励。

隐患排查治理取得新成果。通过深入开展以瓦斯、水害、火灾等为重点的隐患排查治理,这三类事故起数及死亡人数均实现大幅下降。年内瓦斯、水害、火灾事故都只发生1起,死亡人数分别为2人、2人、1人,合计占全年煤矿事故总死亡人数的13.9%,三大灾害的隐患排查治理工作取得明显成效。

瓦斯治理工作实现新突破。经过各方面的努力,江西省瓦斯突出现象得到有效控制,全省煤矿瓦斯突出次数由2006年的6起、减少到2011年的1起,瓦斯事故少2起、少死亡14人,分别下降66.67%和87.5%。瓦斯抽采量逐年增长,全年抽采量达1.2亿立方米,首次突破亿立方米,超计划8.7%,提高41.2%,利用量5231.8万立方米,提高19%。

工作效能有新提高。全系统共监察矿井1895矿次,查处事故隐患7379条,制作各类文书5448份,暂扣安全生产许可证64矿次,责令停产整顿矿井83处。行政许可事项按照江西省要求减少时间三分之一,将煤矿安全生产许可证审查、现场验收与技改扩能矿井的安全设施审查、验收合并进行,减少了环节,提高了行政效能。

应急救援队伍建设有新进展。完成应急预案修订工作,组建16支专职矿山救护队、26支兼职矿山救护队。事故救援成绩显著,年内,全省开展煤矿事故救援35起,救出遇险遇难人员50名。特别是5月16日铅山县广发煤矿垮塌事故,被困井下133个小时的3名矿工全部获救,铅山县政府专程呈送"安监卫士施救先锋"牌匾,以示感谢。

机关工作和队伍建设取得新成绩。被评为"十一五"期间全省安全生产专项整治先进单位,获"省直机关第八届文明单位""发展提升年活动单项工作先进单位"称号,"五五"普法工作被评为省直单位先进集体。

【开展专题调研】 结合江西煤矿特点,先后开展加强社会管理创新煤矿安全、煤矿应急管理、煤矿安全监管、队伍建设、国有煤矿安全生产、预核准矿井监管监察、煤矿猝死事故和隐瞒事故调查处理等专题调研,进一步明确以防治瓦斯、防治水、防治火3个方面以及技改整合、管理滑坡等矿井和事故多发地区为执法重点,提高了监察的针对性。

【开展监督检查形成执法合力】 继续健全完善监督检查机制。江西煤矿安监局对全省6个产煤设区市煤矿安全监管部门进行监督检查,各监察分局分别对辖区内的35个产煤县(市、区)煤矿安全监管部门进行51次监督检查,督促地方煤矿安全监管部门落实主体责任,煤矿安全工作合力进一步形成。

开展执法监督工作,提升执法效能。将监察执法工作同提升工作效能紧密结合,分析辖区内煤矿安全生产状况,探讨煤矿安全监察的热点、难点问题,及时了解煤矿安全生产面临的新形势、出现的新问题,加强对煤矿决策层、管理层、技术层的监察和执法力度。

【完善监察方式方法】 提升监察业务能力。继续完善推广高位监察、示范监察、集中监察、联合执法等监察方式,创新完善诫勉谈话、打击不诚信行为、执行矿长(法人代表)约谈等多项行之有效的工作方法,提升监察效能。江西煤矿安监局对省煤炭集团公司开展高位监察,与决策层一起分析探讨制约和影响省属国有煤矿企业安全生产的因素和主要问题,解决煤矿企业职能范围内无法解决的问题,提高了监察执法效能。赣东北分局坚持开展执法分析和事故案例分析,健全完善安全警示机制,实施事故多发矿井与分局和市级煤矿安全监管部门分别签订"安全生产承诺书"。赣西南分局全面推进"积极指导、严格要求"的整体工作思路,实行监察员驻矿监察制度,切实把握煤矿存在的重大危险源建档、管理情况。赣中分局着力推进监察执法"计划落实、查找问题、处理处罚、通报反馈、督促整改、验收把关"六到位,完善执行查处重大事故隐患避免安全事故、高标准制作执法文书的奖励措施。

【依法依规开展事故调查处理工作】 全年共立案23起,行政处分5人,移送追究刑事责任9人。事故举报做到件件有落实,对群众举报和上级转批的13起事故举报均按规定进行处理,并对隐瞒事故的查处情况进行跟踪和督促。对较大事故调查开展督导,促进了事故按程序要求,快速、顺利调查完毕,保证了较大事故及时上报结案。出台《江西省煤矿职工井下因病死亡报告和调查处理暂行规定》规范煤矿事故猝死的调查,得到国务院安委会第16督查组充分肯定。

【进一步督促煤矿企业落实主体责任】 继续深入贯彻《关于进一步加强企业安全生产工作的通知》精神,突出对有关新措施的宣贯,以培训促进煤矿从业人员掌握新措施、新要求、新规定。出台具体措施,以监察执法推动煤矿企业完善落实安全生产各项规章制度,促进企业主体责任的进一步落实。

【健全完善隐患排查治理责任体系】 结合煤矿安全生产实际,落实隐患排查治理和报告制度,落实重大隐患治理逐级挂牌督办,督促采取地方为主、部门牵头、专家检查的办法,推进隐患排查治理工作立足于查大系统、治大隐患、防大事故,提升煤矿防灾抗灾能力。

【深化以瓦斯、水、火为重点的专项整治】 一是认真履行瓦办职责,积极指导、协调、督查全省煤矿瓦斯整治工作,贯彻瓦斯防治、瓦斯抽采各项要求。省属国有煤矿建立瓦斯远程监控系统,并与省煤炭集团公司联网,地方国有煤矿均建成远程瓦斯安全监控系统,乡镇煤矿均安装矿井瓦斯监控系统,瓦斯监控能力进一步提高。煤矿"一通三防"和煤与瓦斯突出矿井区域及局部两个"四位一体"防突措施得到较好落实,高突矿井的瓦斯超限次数大幅减少。瓦斯抽采利用创新高。二是以水患严重的区域和矿井为重点对象,突出雨季汛期安全防范措施,针对广丰与上饶两县交界地段有两处煤矿相互贯通半年之久一直未得到有效处理的情况,专门致函上饶市政府协调妥善解决。三是强化矿井内因和外因火灾防范,督促自燃发火矿井建立和完善防灭火系统,严禁井下使用无安标的空气压缩机,进一步加强煤矿防灭火工作。

【严格安全准入】 启动第二轮煤矿安全生产许可证延期换证工作,相继出台指导意见、工作方案等文件,全年共对125处煤矿进行延期换证。对许可证已经到期的煤矿，分局及时下达执法文书，暂扣安全生产许可证，责令停止生产。加大对相比颁证标准差距较大煤矿的监察督促力度，必要时责令停止生产进行达标整改。

【打击煤矿生产非法违法行为】 加大改扩建矿井的监察力度，重点查处一批假改扩建真生产、边改扩建边生产、借检修之名行生产之实、明停暗采、日停夜采和被兼并煤矿擅自组织生产等非法违法行为。深入打击“三超”生产和超层越界行为，及时查处部分煤矿的超能力、超强度、超定员组织生产和超层越界行为，通过对矿务局、公司、矿等主要领导和管理层进行高位约谈、诫勉谈话等多种形式，一定程度上遏制了煤矿生产任务和利润指标层层下达、层层加码等现象。针对小煤矿超层越界行为，在加强执法、严肃查处的同时，积极和国土部门沟通协调，共同打击煤矿超层越界行为。

【推进安全质量标准化建设】 按照《国务院安委会关于深入开展企业安全生产标准化建设的指导意见》要求，积极转变工作方式，坚持“四个结合”：一是安全质量标准化矿井建设与煤矿安全监察相结合，进一步加大执法和处罚力度，促进煤矿由被动适应向主动参加转变。二是安全质量标准化矿井建设与煤矿安全生产许可证延期换证相结合，对已通过示范矿井验收、安全质量标准化建设基础较好的煤矿实行政策倾斜。三是安全质量标准化矿井建设与采煤方法改革、取消木支护、煤矿井下安全避险“六大系统”建设相结合，做到统筹安排，同步推进。四是安全质量标准化矿井建设与煤矿安全文化建设相结合，通过广播、报刊、宣传牌板、警示栏等多种形式，宣传安全知识，创建安全文化氛围，增强煤矿职工做好安全工作的自觉性和主动性，实现“要我安全”向“我要安全”转变。截至年底，全省正常生产矿井达标率93%。

【推进“六大系统”建设】 全省煤矿的安全监测监控、压风自救、供水施救和通信联络四大系统大部分按要求建设到位，35对省属国有重点煤矿和93对其他矿井完成了井下人员管理系统的建设，与江西省煤炭集团公司一起选定建新、宜萍、沿沟和花鼓山煤矿山南井作为“六大系统”试点示范建设矿井，推动井下紧急避险系统建设，其余突出矿井都编制了紧急避险系统设计方案。

【狠抓职业危害防治】 组织宣传贯彻《煤矿作业场所职业危害防治规定》，提高防治意识。以执法促落实，省局及各分局加强对作业场所职业危害防治措施、设施、职业危害申报、职业健康监护、职业卫生培训、防护用品使用等情况的监督检查，促进煤矿企业落实职业危害防治工作主体责任。

【强化安全支撑保障体系建设】 狠抓安全宣传和培训工作。以网站专栏、安全生产咨询日、安全生产月主题片、做客省政府网站在线访谈等方式方法，充分利用《江西煤矿安全》平台，不断加大宣传力度，并于12月召开首次煤矿安全宣传座谈会，科学发展、安全发展理念进一步深入人心。坚持“以监察促培训，以培训保安全”，全年共培训煤矿主要负责人1000余人、安全生产管理人员4000余人、特种作业人员1.10万人次，专(兼)职救护队员培训262人次，应急管理培训93人次。

加强中介机构管理。严格资质管理，完成3家检测机构的资质换证认定工作，对江西煤矿矿用产品检验中心进行增项认定，提高了安全检测机构的服务水平和能力。

【狠抓事故应急救援工作】 指导协调全省煤矿救护队建设，抓好应急预案、救护队质量标准化、兼职救护队建设等工作。充分发挥技术优势，指导、协调和参与煤矿事故应急救援工作。开展事故应急演练，在煤矿现场和省政府应急办成功组织现场应急救护演练和江西、湖南煤矿重大安全事故跨省联合应急救援桌面演练，受到国家总局好评。

(周　华)

价格管理

【概　况】 2011年，各级物价部门着力保障物价总体稳定，积极疏导价格矛盾。狠抓重要商品价格的监测预警，及时处置市场异动，运用价格基金较好地平息了食盐、蔬菜等价格异常波动，出台《江西省管道煤气定价成本监审办法(试行)》和《江西省天然气城市销售价格作价办法》，完善油气价格形成机制，保障了市场供应。及时启动社会救助和保障标准与物价上涨挂钩联动机制，促进了社会和谐稳定。重点抓好涉及民生的价费管理。从严控制出台价格上调政策，启动实施民生价费降价机制，先后降低2000多个药品最高零售价和绿色食品盐、天然气销售价格，切实减轻企业和居民的负担。强化价格监督检查。先后对医药卫生、公路、房地产、教育、粮油、农资等价格开展专项检查，依法查处一批重大价格违法案件，维护了市场价格秩序。全省居民消费价格总水平同比上涨5.2%。

【加强价格调控】 受货币条件宽松、国际输入性通胀、成本上升加速、部分商品供应偏紧等因素影响，江西省价格总水平呈现涨价面较广、涨价幅度较高、涨价持续时间较长、热点转换较快的特点。上半年，居民消费价格指数环比连续出现上涨，5月份居民消费价格指数涨幅突破5%、6月份突破6%。面对严峻的价格形势，全省各级价格主管部门按照各级党委、政府的统一部署，全力以赴，恪尽职守，创造性开展工作，价格调控取得显著成效。全省居民消费价格总指数涨幅自7月份达到峰值后逐月回落，12月份居民消费价格涨幅回落3.9%，保持了物价总水平基本稳定。

【建立物价情况月度通报会制度】 创新价格形势分析方法，提高前瞻性和针对性。面对复杂多变的经济格局，为了准确分析物价形势，建立物价情况月度通报会制度，交流情况、总结经验、集体分析研判物价走势，提出措施建议，同时，印发会议纪要，明确工作目标，细化工作任务，落实责任人员，按时间节点要求督促落实各项工作。建立物价信息周报制度，每周汇总编辑重要物价信息，专报省委、省政府领导参阅。

【扶持农业生产】 2011年,江西省早、中晚籼稻谷最低收购价格再次提高,每50千克由上年的93元、97元,分别提高至102元、107元,涨幅分别为9.7%、10.3%;烤烟收购价格比上年平均提高13%;油菜籽实施临时收储价格,挂牌收购价为每千克4.6元,提高9.5%,调动了农民生产积极性。

【扶持"菜篮子"工程建设】 全省各城市政府将"菜篮子"工程列入民生工程,制定规划,稳定城郊蔬菜种植面积,运用价调基金支持蔬菜生产基地建设,搞活蔬菜流通。在城市社区设立平价菜店、集贸市场试点设立零收费的农民自产自销蔬菜摊位区,稳定蔬菜价格。

【增强价格监测预警能力】 重点加强粮油、猪肉副食品、液化气、房地产等重要商品价格的应急监测预警工作。9月,以192号省长令发布《江西省价格监测管理规定》,并从12月1日起施行,从制度上强化全省价格监测预警工作。全省共处理上报价格监测数据50万余笔,上报数据100万余条。3月,面对食盐市场价格异常波动的突发事件,全省各级价格主管部门积极行动、迅速处置,仅用48小时,成功处置食盐市场价格异常波动,食盐市场供应基本恢复正常,食盐价格回落到原价,市场秩序趋于平稳。12月,加强全省电煤价格应急调控,成功对省内电煤实施临时价格干预措施,防止电煤价格大幅上涨。

【加强通胀预期管理】 在省内各大主流媒体第一时间报道江西省建立社会救助和保障标准与物价上涨挂钩联动机制的情况,受到社会广泛关注。重点加强对药品价格、小水电价格、数字电视收费等重大价格政策出台后的统一宣传解释,加强分析和正确引导网络舆情和各类价格报道,缓解社会通胀预期。

【推进电价改革】 自1月1日起,提高火电企业上网电价每千瓦小时0.38分,自6月1日起,江西电网售电价格每千瓦小时平均提高2分,提高火电企业上网电价每千瓦小时2.24分,自12月1日起,江西电网统调燃煤发电企业上网电价(含税)每千瓦小时提高3.7分,燃煤发电企业标杆上网电价同步上调至0.4852元,可再生能源电价附加标准提高至每千瓦小时0.8分,全省销售电价平均提高3.56分/千瓦小时,居民以外其他各类用电每千瓦小时平均提高3.84分,缓解了燃煤发电厂亏损的局面,保障了全省电力运行。完善小水电的定价机制。落实差别电价政策,严格控制"两高"企业、产能过剩行业盲目发展,促进节能减排。

【完善油气价格形成机制】 以保障市场供应为前提,进一步完善成品油价格形成机制和配套措施。三次有升有降调整成品油价格。建立反映市场供求和资源稀缺程度的天然气价格机制,6月27日,省政府出台《江西省管道煤气定价成本监审办法(试行)》和《江西省天然气城市销售价格作价办法》。

【理顺交通运输价格】 4月,专题研究部署并督促各设区市政府建立和启动出租车燃料附加联动机制,及时缓解价格矛盾,有效疏导油价上涨对出租车行业的影响,稳定出租车行业。加强全省道路运输客运价格管理,调整客运票价计价公式,规范公路客运价格行为。调整上新线等部分地方铁路货运收费标准,疏导了长期以来积累的价格矛盾。

【清理收费项目】 在全省各级公路全部开通鲜活农产品运输"绿色通道"。扩大免费运输品种范围,细化"整车合法装载"的认定标准,共减免车辆170多万辆,减免金额4.83亿元。降低南昌、九江、赣州、景德镇等城市燃气价格,下调民用和工商业管道天然气销售价格,平均降幅约20%。开展收费公路清理工作,其中,南昌昌北机场收费站7座以下小客车每车实现双向收费30元降为10元,率先在全国降低高速公路收费标准。向社会公布《江西省经营服务性收费管理目录》,清理取消涉企收费59项,降低收费标准9项,减负金额约1亿元。完善政府制定药品价格定价机制。降低氨咖磺敏等2000多个药品最高零售价格,累计减轻患者负担约3亿元。专项治理医药购销和医疗服务中的突出问题。采取制定药品价格专家评审管理办法、实行岗位廉能风险管理,整理并挂网公开已定价的药品价格,接收社会各方监督,完善药品定价申请受理程序等多项措施,取得了显著成效。出台全省保障性住房公共配电设施标准收费政策,有力促进了保障性住房建设。

【建立社会救助和保障标准与物价上涨挂钩联动机制】 4月22日,江西省出台《江西省社会救助和保障标准与物价上涨挂钩联动机制》。至年底,各设区市已基本建立并陆续启动联动机制,联动机制价格临时补贴范围覆盖全省95万城市低保户,150万农村低保户。

【运用价格调节基金调控物价】 2011年,全省各地均加强价格调节基金征收管理,全省市、县政府大约征收价格调节基金3.3亿元(其中设区市本级1.9亿元,县级1.4亿元)。全省各级价格部门运用价格调节基金大约1.92亿元,扶持蔬菜、流通,补贴城乡困难群众,充分彰显了价格调节基金的调节功能,发挥稳定物价中的作用。

【严格控制出台政府定价项目】 除国家统一调整价格收费项目外,凡是价格调整权限在省内的,未出台价格上调政策,支持和鼓励出台降价政策,降幅能扩大的尽量降到最大。即使国家要求出台的政府定调价项目,也根据轻重缓急,充分考虑社会承受能力,能够延期的尽量延期实施,将价格调整对市场和群众生活的影响降到最低限度。

【加强市场价格监管】 全省各级价格部门共对1361家在售楼盘商品房销售明码标价进行地毯式检查,处罚133家楼盘,处罚金额303.13万元,有力规范了商品房销售秩序,促进了市场诚信经营。开展粮油、肉蛋菜、柴油、化肥、农药等重要商品及服务价格市场巡查,尤其是全国第七届城市运动会和重大节假日期间的市场价格监管工作,防止重大民生价格大起大落。在全省范围内开展整顿规范电价秩序,为全省转变经济发展方式、调整产业结构、促进节能减排起了重要的推动作用。依法查处江西云星房地产开发有限公司等5起价格欺诈、串通案件,有力地震慑了市场不法经营者。全年全省共查处价格违法案件3133件,退还消费者1357.76万元,没收违法所得2974.26万元,罚款593.68万元,严厉打击了各类价格违法行为,维护了正常市场价格秩序。

【开展价格收费专项检查】 开展全省涉农、涉企、教育收费、民爆器材销售价格、银行收费等重点检查。开展医药卫生服务价格大检查,对全省三甲以上医院进行收费检查,确保医药卫生服务收费规范有序。开展全省高速公路和国、省道收费专项检查,确保合法运输车辆优先、快速通过。

【强化"12358"价格举报】 各地认真受理价格举报,及时查处各类价格案件,全年共受理举报诉求6843件,办结6709件,办结率98.042%,维护了广大群众合法权益。各级价格主管部门还通过召开座谈会、街头咨询、展示成果等方式纪念"12358"价格举报电话开通10周年,广泛开展价格法规政策宣传活动。

【推进价格公共服务工作】 全面贯彻落实《江西省开展价格公共服务工作三年规划》,在巩固上年价格公共服务工作成果的同时,开展价格公共服务进学校、进商场。实施价格公共服务工作效能评估检查工作。建立以价格举报、价格诚信建设、价格服务进万家为基础的价格服务长效机制。积极推进价格诚信建设。

【全面推进价格鉴证、认定工作】 完成甲级1家、乙级3家、丙级5家价格评估机构资质认定和84名价格评估人员执业资格认定工作。全省共受理刑事、民事、行政、涉纪、复核等价格鉴定案件5.19万件,完成全省价格认定项目5386件,为政府决策和司法办案提供了依据。出台《江西省涉税价格认定管理办法》。政府定价药品受理和专家评审工作平稳推进。

【推进成本调查和监审工作】 加强对全省调查县的优化管理,完善农产品成本调查工作流程和调研流程,完成早晚籼稻、生猪等成本调查。完成5个工业园区工业污水处理厂污水处理成本项目的成本监审工作,完成省天然气二期(萍、宜、新、樟段)管输费、省级电网输配电价等8项成本监审工作。完成血康胶囊等13种药品品种的成本调查工作。

【开展"晒价格""惠民生"信息服务】 推进价格信息公开,在政府门户网站共晒药品价格12万多个,供社会各界查询和监督,先后聘用涉农价格信息员2.02万名,设立农村价格服务站4790所,向农民发送各类价格短信38万余条,辐射全省15386个自然村。

(谢治邦)

劳动管理

【开展工资集体协商要约行动】 1月4日,省人力资源和社会保障厅、省总工会、省企业联合会(企业家协会)联合下发《关于开展工资集体协商要约行动的通知》,4~6月,在全省范围内集中开展工资集体协商要约行动。各级人力资源和社会保障行政部门及时发布2011年的人力资源市场工资指导价位,开展行业人工成本信息的收集和发布工作,并扩大覆盖面,提高数据质量,为企业开展集体协商提供信息和政策指导。各级地方工会组织指导企业工会组织主动承担要约责任,以书面形式提前通知企业行政方,积极开展平等协商。各级企业联合会(企业家协会)加强对企业法人代表、经营管理人员的教育和引导,帮助他们提高对工资集体协商工作的认识,将工资集体协商作为企业劳动用工管理以及构建和谐劳动关系的基本制度,增强协商意识,主动提出协商要约。各地三方通过联合培训协商代表和工资集体协商指导员,调查确定工作重点,上门开展指导服务,依法协商处理争议等办法,加强对企业工资集体协商的指导和服务,共同推进本地企业工资集体协商工作。

【开展清理整顿人力资源市场秩序专项行动】 2月21日至3月31日,省人力资源和社会保障厅、省公安厅、省工商行政管理局在全省范围内联合开展清理整顿人力资源市场秩序行动。此次专项行动清理整顿对象为人力资源市场的职业中介机构、从事职业中介活动的组织和个人、各类招工用人单位。专项行动严厉打击职业中介领域的违法犯罪活动。对以职业中介为名,坑骗求职者财物、拐卖妇女或未成年人等违法犯罪活动的组织、单位或个人予以严厉打击。同时,依法取缔"黑中介"。对未经许可和登记,擅自从事职业中介活动的组织或个人,由人力资源社会保障部门、工商行政管理部门依法查处和取缔。规范用人单位的招工行为,对提供虚假招聘信息、发布虚假招聘广告、违反规定将"乙肝五项"作为体检项目、以担保或者其他名义向劳动者收取财物、以招用人员为名牟取不正当利益或进行其他违法活动的用人单位,依法责令改正,予以行政处罚;构成犯罪的,依法追究刑事责任。

【开展"春暖行动"】 3月,省人力资源和社会保障厅下发通知开展农民工签订劳动合同"春暖行动",维护农民工权益。通知要求各地认真制定专项行动计划和具体行动方案,分解落实"春暖行动"的目标任务,认真组织实施。要建立长效机制,使"春暖行动"制度化,同时把建筑、采矿、制造、住宿和餐饮、居民服务、园林绿化、道路和水利修建等行业作为"春暖行动"的重点范围,推广简易劳动合同示范文本,并派出"春暖行动"服务队,深入企业和施工现场重点指导和督促检查,切实解决企业不主动与农民工签订劳动合同、农民工不知道如何签订劳动合同、劳动合同内容不规范和劳动合同短期化等突出问题,确保城镇规模以上企业农民工劳动合同签订率达到90%以上。自2008年起,江西省就定期开展农民工劳动合同签订"春暖行动",到年底,全省农民工劳动合同签订率达到90%,呈逐年上升趋势。

【建立省协调劳动关系联席会议制度】 4月,经省政府同意,江西省建立省协调劳动关系联席会议制度,由副省长熊盛文担任联席会主席。各设区市相继建立协调劳动关系联席会议制度，并根据需要将三方机制向街道、乡镇和行业延伸，进一步完善省、市、县三级三方机制组织体系。为不断完善江西省协调劳动关系三方协调机制，6月，江西省协调劳动关系三方会议成员单位进行调整，增加省工商联为省三方会议成员单位，形成“三方四家”的做法，即：省人力资源和社会保障厅、省总工会、省企业联合会（企业家协会）、省工商联，扩大了三方的对话范围。自2006年全省开展和谐劳动关系创建活动以来，江西省劳动争议调解仲裁工作得到进一步加强。至年底，全省已建立省级、设区市级、县（市、区）级劳动关系三方协调机制，建立劳动争议调解组织1082个，配备专兼职调解员6450人，并探索大中型国有企业劳动争议调解中心试点工作，试点企业劳动争议调解满意率达98%，为构建和谐企业、和谐工业园区提供了有利条件。

【召开全省模范劳动关系和谐企业与工业园区表彰会】 6月3日，全省模范劳动关系和谐企业与工业园区表彰会在南昌召开。省人大常委会副主任、省总工会主席姚亚平，副省长熊盛文等出席会议并为获奖企业与工业园区颁奖。会议总结和谐劳动关系创建活动开展5年来取得的成绩，分析当前协调劳动关系工作面临的形势，传达全国劳动关系工作座谈会议精神和2011年国家协调劳动关系三方工作要点，研究部署当前及今后一段时期重点工作：一是继续推进小企业劳动合同制度专项行动计划；二是继续实施集体合同“彩虹计划”；三是继续开展农民工签订劳动合同“春暖行动”活动；四是深化劳动关系和谐企业与工业园区创建活动；五是完善企业工资收入分配制度建设；六是健全劳动关系三方协调机制建设；七是推进劳动用工备案制度建设。截至年底，全省各类用人单位劳动合同签订率达到95.5%，比2005年末提高20个百分点以上。

【发布企业工资指导线】 9月14日，省人力资源和社会保障厅发布2011年企业工资指导线，企业年度货币平均工资增长上线为19%，增长基准线为14%，增长下线为4%。全省各类企业应根据本企业经济效益情况，按照企业工资指导线的要求，与工会或职工代表进行工资集体协商，签订工资集体协议，确定年度工资增长比例，合理安排工资增长。上述工资指导线适用于企业在岗职工工资分配。经济效益好、工资利税率和劳动生产率高、工资支付能力较强的企业，工资增长可以在基准线和上线区间运行；经济效益一般，平均工资水平与当地社会平均工资水平差距不大的企业，工资增长可在基准线上下运行；经济效益差、人工成本水平偏高的企业，工资增长可以在下线和基准线区间运行。因生产经营持续亏损，增加职工工资确有困难的企业，应通过征求工会意见或交由职工（代表）大会讨论等民主程序，向职工说明情况。对国有企业工资水平达到所在设区市上年度在岗职工平均工资3倍及以上的，人力资源和社会保障行政部门和国有资产监管部门要适度调控其工资水平，原则上应按下线控制其工资增长。对实行经营者年薪制的国有企业，一线职工工资增长低于企业平均工资增长的，负责人薪酬不得增加。非国有企业在生产发展、经济效益提高的同时，应相应合理提高企业职工、特别是一线职工和农民工的工资收入水平，工资增长应向关键岗位、艰苦岗位、一线岗位倾斜，切实维护职工的劳动报酬权益。

【建立农民工工资保障金制度】 截至9月，全省11个设区市都已在建筑领域建立农民工工资保障金制度。江西省探索从源头解决拖欠农民工工资问题的长效机制，2005年制定《江西省建设领域农民工工资支付管理暂行办法》。按照规定，每项建设工程项目的农民工工资保障金按以下标准缴纳：中标价在1000万元以下的，建设单位和建筑企业分别按中标价的1.5%缴纳；中标价在1000万元以上的，建设单位和建筑企业分别按中标价的1%缴纳。建筑企业及分包工程后各分包企业，有拖欠或克扣农民工工资的，有关部门将责令其限期支付；逾期仍不支付的，从建筑企业所缴纳的工资保障金中先予划支。建筑企业因建设单位拖欠工程款而无法支付农民工工资的，从建设单位所缴纳的工资保障金中先予划支。如无拖欠农民工工资现象，工程竣工后，将退付保障金。这一制度实施6年来，各地累计收缴保障金7.07亿元，动用保障金支付拖欠工资2812万元，有效遏制了建筑领域工资拖欠现象的发生。2011年起，江西省还将尝试拓宽农民工工资保障金制度实施的领域，逐步扩展至铁路、交通、水利等领域。

【开展遵守劳动用工和社会保险法法律法规情况专项检查】 9月，省人力资源和社会保障厅对7234户用人单位遵守劳动用工和社会保险法法律法规情况进行专项检查。查处未依法参加社会保险案件343件，未依法缴纳社会保险费案件1138件，督促缴纳社会保险费2010.97万元。此次专项检查以劳务派遣企业、招用农民工及流动人口用工较多的建筑、制造、采矿、餐饮和其他中小型劳动密集型企业以及个体经济组织为重点。检查各类用人单位7234户，涉及劳动者68.95万人，查处违反最低工资规定及拖欠工资案件350件，未依法参加社会保险案件343件，未依法缴纳社会保险费案件1138件，违反工时、休息休假规定案件155件，责令补签劳动合同8.3万余人，责令支付工资及补偿692.1万元，督促缴纳社会保险费2010.97万元。

【召开构建和谐劳动关系工作电视电话会议】 9月29日，全省构建和谐劳动关系工作电视电话会议在昌召开，省委副书记张裔炯出席会议并讲话，省人大常委会副主任、省总工会主席姚亚平传达了全国会议精神，副省长熊盛文主持会议。省人力资源和社会保障厅、省总工会、省工商联、省企联负责人及省协调劳动关系联席会议成员、省协调劳动关系三方会议成员在主会场参加会议，各市、县（区）党委政府负责人和各级人力资源和社会保障部门、总工会、工商联、企联负责人以及各级协调劳动关系联席会议成员、各级协调劳动关系三方会议成员在各分会场参加会议。张裔炯充分肯定全省构建和谐劳动关系工作取得的明显成效，并指出，各地各部门要把思想和行动统一到中央和省委、省政府的部署要求上来，正确分析和判断形势，深刻认识构建和谐劳动关系的重大经济意义、政治意义和社会意义，把构建和谐劳动关系作为一项紧迫而重要的政治任务抓实抓好。构建和谐劳动关系要坚持以人为本，坚持促进企业发展和维护职工权益相统一。从不同类型企业的实际出发，以深入开展和谐劳动关系创建活动为载体，通过重点突破带动整体推进。构建和谐劳动关系是检验领导干部能力的一个重要方面。要把构建和谐劳动关系纳入经济社会发展的总体规划，纳入加强和创新社会管理的重要内容，纳入党政领导班子和领导干部政绩综合考评体系，不断提高各级党委、政府和各级领导干部做好构建和谐劳动关系工作的自觉性和坚定性。

【提高最低工资标准】 12月22日，省政府决定自2012年1月1日起调整江西省最低工资标准及其适用区域，平均增长达21.51%。一类区域调整为870元/月、非全日制用工8.7元/小时；二类区域调整为800元/月、非全日制用工8.0元/小时；三类区域调整为730元/月、非全日制用工7.3元/小时；四类区域调整为670元/月、非全日制用工6.7元/小时；五类区域调整为610元/月、非全日制用工6.1元/小时。调整后的标准不包含劳动者个人依法应当缴纳的社会保险费和住房公积金。此外，适用区域中新增桑海和上饶两个经济技术开发区，根据县域经济发展状况，将峡江县和分宜县分别提高了一个区域类别。

【开展农民工工资支付情况专项检查活动】 11月25日至2012年1月15日，省人保厅联合省住建厅等部门在全省范围内组织开展农民工工资支付情况专项检查活动。此次专项检查主要检查用人单位按照规定支付农民工工资情况、遵守最低工资规定的情况以及依法支付加班工资的情况；企业经营者拖欠工资后逃匿的情况；用人单位与农民工签订劳动合同情况等。对检查中发现的非法用工、限制人身自由、强迫劳动等严重违法行为，依法及时查处。此次专项检查活动全省出动执法检查人员1592人，发放宣传资料36.25万份，开展法律咨询服务713次，检查用人单位1.2万户，涉及劳动者72.07万人，执法部门依法责令用人单位支付6.92万名农民工工资及赔偿金9180.6万元。

（李玉亭）

工商行政管理

【概　况】 2011年，江西省工商行政管理机关围绕服务鄱阳湖生态经济区建设大局，以发展提升抓服务、履职到位保民生、创先争优强队伍为主线，积极探索监管服务的新思路、新举措，优质高效服务经济社会发展。按照中央和省委创先争优活动部署，围绕“三个过硬”要求，以“党风正、政风清、行风优”为标准，以全省“发展提升年”活动为平台，在全系统深入开展争创活动，促进党建工作和人民满意机关建设。加强队伍建设，完成全系统领导干部轮训任务，省工商局举办各类培训班14期、培训1500余人次。全系统2074名学员参加总局网络培训。新考录公务员190人，公开招聘26名专业技术人员充实到所属事业单位，改善了人员结构。进一步加强反腐倡廉建设工作，构建以“八大体系”为主要内容的惩防体系基本框架，全面深化和落实廉政文化、基层执法人员述职述廉、领导干部监督“五项制度”、风险岗位廉能管理等工作，加大监督检查、明查暗访和纠正群众反映强烈问题的力度，确保干部队伍不出问题。在总结南昌在线基层分局（公务员）和机关绩效管理试点经验的基础上，创建全省工商系统绩效评估新体系，提升了队伍行政管理效能。2011年，省工商局、南昌市工商局、上饶市工商局同时获得“全国文明单位”称号。省工商局被评为全省“发展提升年”活动先进单位，并在执法类单位中名列第一，被评为全省社会治安综合治理工作先进单位、全省依法行政工作先进单位。

广泛收集服务对象的需求、听取意见，自觉把服务经济和社会发展作为重要职责。进一步落实首办责任、限时办结、服务承诺等制度，完成综合业务系统与全省统一的电子监察系统数据对接，全面开通市场主体登记信息发布、企业信息公开查询、企业登记网上办理和12315短信服务“四个平台”。推行网上受理、网上年检、登记下移、提前介入、信息指导等举措，网上年检率近90%。为重大项目、重点企业提供跟踪服务1320余户次，帮助办实事、解难题510余件（个）。定期向本级政府报送各类市场主体发展分析报告近800份，企业信息公开查询系统点击率达到63.88万人次。全省有397户个体户转型升级为企业。省工商局联合省农信社搭建金融服务平台，帮助小微企业解决融资难题。省、设区市个体私营企业协会律师事务团为会员提供法律服务1300余户次。

服务鄱阳湖生态经济区建设，落实国家工商总局的专项支持政策措施，及时出台22项新举措。省工商局办结向总局申请不冠行政区划企业名称9件，办结集团登记197件，设立、变更登记而成立的外资集团项目4户。

服务三农工作，开展“红盾护农”，建立农资商品示范店2498个，查处非法经营农资案件1203件，为农民挽回经济损失168.91万元。培育发展农村经纪人，全省共有农村经纪人1.41万户，从事农村经纪活动人员6.3万人，经纪业务总量68.6亿元。推进“合同帮农”活动，举办农村经济组织合同法律知识培训班120余期，指导农民签订农业订单合同6万余份，合同金额近32亿元。检查涉农合同1.69万份，调解涉农合同纠纷137起，涉及合同金额408.6万元。继续保障国家“家电下乡”惠民政策落到实处。

实施商标战略，全年全省商标申请量达到1.96万件，注册量达到1.36万件，新增驰名商标11件，全省有效注册商标首次超过6万件，全省驰名商标拥有量达到41件，增强了市场主体的发展竞争力。

认定“守合同重信用”3A企业265家。累计制定发布各类合同示范文本145种。加强合同格式条款备案工作，受理合同格式条款备案1350份。强化拍卖合同监管，受理拍卖备案906份，现场监拍432次。

应对平息食盐市场抢购风潮，开展流通环节打击违法添加非食用物质和滥用食品添加剂专项整治、猪肉市场“瘦肉精”专项整治、非法添加邻苯二甲酸酯类物质的食品和食品添加剂市场等清查和查处，维护了市场秩序。

【加强流通环节食品安全监管】 开展农村食品市场、乳制品市场、"七城会"、节日市场等专项整治执法行动,共出动执法人员24.6万人次,检查食品经营户6.8万户次,查处假冒伪劣食品案件1334件,案值605万元,移送公安机关处理食品违法案件6件。查处农产品违法案件252件。开展食品快速检测3.42万批次。创建食品安全示范店3939个。

【维护广告市场秩序】 开展医疗、药品等广告和扰乱公共秩序、影响社会稳定的严重违法广告专项整治行动,检查媒体单位、经营户、网站1.4万余户次,查处违法案件328起,公告违法广告171件。把预警教育、约见谈话、行政指导、行政告诫融入监管之中,促进广告主、经营者、发布者完善制度、加强自律。同时,又加以行政处罚、信用约束、责令停业整改、市场退出等方式,加大对违法广告的处罚力度。省工商局联合省委宣传部、省纠风办等两次对发布虚假违法广告严重的媒体和广告主代表140余人集中进行告诫,取得良好社会效果。

【打击传销】 按照"五个一"(一张联系卡、一个信息台、一封公开信、一份责任书、一张监管网)要求,认真开展创建"无传销社区(村)"活动,建立群众、社区(村)、部门之间打击传销互动机制和信息机制。组织开展"迎城运、禁传销"专项联合执法行动。全省共捣毁传销窝点662个,办结案件20起,清查遣散传销人员5213人,解救被骗人员499人,移送司法机关处理传销头目、骨干分子6人。

【查处不正当竞争案件】 年内,查处不正当竞争案件926起、商业贿赂案件129起。经国家工商总局授权,省工商局直接查处全省首例、全国第二例反垄断案件,得到国家工商总局肯定。开展打击侵犯知识产权和制售假冒伪劣商品专项行动,通过创新工作机制,加大执法力度,查处制售假案件948件,捣毁窝点44个,移送公安机关案件7起。"双打"工作受到省政府表彰。

【加强网络商品交易市场监管工作】 网络商品交易监管做到"五个落实",建立全省网络交易经营主体5686户的经济户口。通过抓南昌市工商局、吉州区工商局试点示范,以点带面,推进网络监管工作。全省共受理消费者网络投诉3800起,处理95%;查办网络案件260件,在网上曝光涉嫌欺骗的网站18家。

【"12315"品牌得到广大消费者认同】 推进"12315"进商场、进超市、进市场、进企业、进景区活动,把消费维权"关口"前移。"3·15"期间,省工商局、省消费者协会以"原景再现""模拟现场"的形式制作10集"消保案例"、7集"3·15忠告"节目在江西电视台连播17天。省消协选择与群众消费密切的20多家企业签订"投诉和解对接工作协议",增加了促进企业诚信经营、提高投诉解决效率的途径。推进"12315""四个平台"建设,扩大"一会两站"覆盖面,延伸维权触角,全省设立1.40万个消费维权站(点),共受理消费者咨询、申诉、举报9.55万件,查处侵害消费者合法权益案件3920起,为消费者挽回经济损失2528万元,基本实现百姓投诉不出村、市民维权在家门,使城乡消费者享受到工商部门的同等公共维权服务。完善"12315"工作制度,落实维权责任,确保消费纠纷件件有着落,事事有回音,"12315"品牌得到广大消费者认同。

【加强法制建设】 加强法制教育,省工商局组织开展的"法制讲坛进基层"活动,被基层干部誉为"及时雨",受到国务院法制办、国家工商总局和省政府法制办的充分肯定。规范执法行为,制定和完善《行政许可案卷质量评估标准》《行政处罚程序规则》《行政处罚自由裁量权规范》《进驻行政服务中心机构管理办法》《执法办案提示手册》等。健全行政处罚案件管理系统,依托"案管系统"推进"阳光办案"。运用工商数据质量检测评价系统和电子监管系统,促进行政执法工作制度化、规范化、科学化。全省95%以上市、县政府办事大厅中的工商窗口被评为先进窗口。创新执法机制,深化基层网格化监管模式改革,推进行政指导工作,全年共进行行政指导23531件。在全省率先建立行政调解矛盾纠纷化解机制,办理行政调解2955件。全面开展说理式处罚,改善执法环境,提高执法社会效果。加强执法监督,对内从严监督,定期开展明查暗访,加大"跟踪监督"力度。对外开门纳谏,重视民声通道投诉等信息反映的问题,有效地预防了不作为或乱作为等违法现象的发生。全省共核审行政处罚案件2.13万件,办结行政复议案件17件,办理行政应诉19件。行政处罚自由裁量权规范工作,被省法制办推荐为行政执法的样板。

【加强基层建设】 年内,出台《关于进一步加强基层建设的意见》,规范队伍履职标准化建设,完善各级领导干部联系基层制度,健全上下畅通的意见建议反映机制,形成"人往基层派、权往基层放、钱往基层花、优往基层评"的良性工作格局。大力构建基层外部工作和顺环境,赣州市在全系统开展"工商开放日"活动,邀请人大代表、政协委员视察指导基层工作,使社会各界进一步了解、理解和支持工商。

【推进工商信息化建设】 优化基础信息网络,加强网站和网上工商信息系统等信息化基础工程建设,完成全省综合业务系统大集中和一体化改造,启动三级远程教育培训系统和容灾备份系统工程建设。大力推进数据质量建设,研发了工商数据质量检查评估系统,集中力量开展数据纠错,各类登记监管执法数据完整率均达到98%以上,数据质量明显提高。依托信息技术,推进政务公开,建立绩效评估系统,有效地提升了监管执法效能。

(帅扬生)

质量技术监督

【概　况】 2011年,江西省质监部门坚持"维护经济秩序,服务经济发展"质监工作第一要义,以实施质量兴省战略为总抓手,围绕鄱阳湖生态经济区建设,抓质量、保安全、促发展、强质监,各项工作取得较好成效,实现"十二五"时期良好开局。

夯实质量发展基础。全面推进质

量状况分析工作，发布质量状况白皮书，为产业发展发挥了重要作用。先后制定修订服务业地方标准、企业标准900余项，新增质量管理体系等各类认证证书1005张，抓好民生计量、法制计量和能源计量等工作。江西省产品质量总体水平稳步上升，制造业质量竞争力指数为82.04，居全国第十六位，排名比上年度前移2位。省级产品质量监督抽查合格率为86.5%，比上年提高3.4个百分点。

实施标准化战略。编制完成《江西省标准化“十二五”发展规划》。推动李渡烟花集团有限公司加入烟花国际标准推进工作组，筹建成立全国螺杆膨胀机标准化技术委员会和全国特香型白酒标准化技术分委员会，正式成立智能建筑及电气节能、稀土、有色金属等14个省级标委会。启动省级高新技术产业标准化示范区建设，赣州开发区成为全省首个“江西省高新技术产业标准化示范区”。发布服务业地方标准5项，启动首批省级服务业标准化试点工作，先后创建国家级、省级服务业标准化试点项目10个，启动建设第七批国家农业标准化示范区和第五批省级农业标准化示范区项目42个。

加大计量工作力度。开展集贸市场计量、商品包装计量、加油机计量、动态汽车衡计量等6个专项监督检查，共查处计量违法案件113起。开展计量惠民服务活动和“诚信计量，建设和谐城乡”活动，发放计量宣传资料2万余份，向社区群众免费发放省质监局统一定制的100克标准砝码上万个，提供免费检测校准服务近万台件，组织379家单位作出诚信计量自我承诺，树立74家集贸市场为诚实守信市场。

完善认证体系建设。强化3C认证监管与认证机构监督管理，全省获管理体系认证证书4771张，其中质量管理体系认证证书3626张，环境管理体系认证证书707张，职业健康安全管理体系认证证书432张。有431家3C产品生产企业获得1946张3C认证证书。全省认证证书总数达到8312张。

推动科技兴检工作。加快建设检验检测公共技术服务平台，推动江西省质监检测基地筹建工作，先后开工建设新余光伏、鹰潭铜产品和共青羽绒3个国检中心，钨与稀土国家级质检中心被国家发改委命名为钨与稀土采冶及深加工技术国家地方联合工程研究中心（江西）。不断提升科研能力，研发“江西省标准信息平台管理系统”，新建25项社会公用计量标准，“锅炉运行能效指标远程监测系统”获得国家实用新型专利。

加强质量安全监管。严格实施准入制度，全年发放食品和工业产品企业生产许可证1653张，吊销注销290张。开展食品、农资、建材等20余次专项打假行动，查办违法案件1万余起。开展乳制品、白酒、烟花爆竹等产品质量监督检查2342批次，切实做好不合格企业后处理工作。做好12365举报申诉处理工作，快速有效查处举报案件267起。全年杜绝了系统性、行业性、区域性质量安全事故发生。

服务节能减排。紧紧围绕鄱阳湖生态经济区建设落实节能减排有关要求，发布节能减排地方标准7项，督促500户重点耗能企业合理配备、依法管理和正确使用能源计量器具，推进电力、建材等重点行业能源计量对标达标活动，对100余家重点用能单位开展能源计量专项监督检查。有序推进特种设备节能监管，完成418台在用工业锅炉能效测试，节约标准煤约300万吨。推进江西省节能产品认定工作，6个产品通过评审认定，至年底总数达到16个。

开展“为民服务创先争优”活动。推进质监文化建设，提高党员干部的责任意识，增强队伍的凝聚力和战斗力。结合质监工作实际，创造性地开展“为民服务创先争优”活动，省质监局先后被评为全省“发展提升年”活动先进单位、全省社会治安目标管理先进单位、全省安全生产先进单位和省直机关第八届文明单位。

开展“发展提升年”活动。按照省委、省政府的统一部署开展“发展提升年”活动，围绕5项重点工作提升办事效能和服务水平。推进网上审批工作，从6月1日起省质监局受理的行政许可和审批业务100%进入网上审批系统。年内，为重大产业项目上门服务1766次，减免收费2141.96万元。

【全面实施质量兴省战略】 1月17日，省政府召开全省质量兴省动员大会，在省、市、县三级全面实施质量兴省战略，省政府和国家质检总局主要领导作重要讲话。省政府成立由36个厅局组成的质量兴省领导小组，在省质监局下设办公室，并明确7个领导小组成员单位分别牵头相关方面的质量工作，进一步完善工作机制。各级地方政府高度重视推进工作，全省11个设区市均已开展质量兴市工作，90%的县（市、区）开展了质量兴县工作。

【省政府与国家质检总局签署合作备忘录】 1月17日，省长吴新雄，国家质检总局局长支树平，分别代表江西省政府、国家质检总局签署《关于进一步发挥质检工作服务保障作用，推进鄱阳湖生态经济区建设合作备忘录》。副省长朱虹，省政府秘书长谭晓林出席签字仪式。根据合作备忘录，国家质检总局将充分发挥职能优势，采取实施质量兴省战略等8条措施，推进鄱阳湖生态经济区建设。省政府将进一步加强质检工作，提高质量保障能力，开展质量提升活动。

【重启江西名牌产品认定工作】 1月，省政府办公厅出台《江西名牌产品认定和保护办法》，重新开展江西名牌产品认定工作。通过对191家企业提交的207个申报产品进行符合性、完整性、专业性审查，最终审定通过103个名牌产品名单。10月9日，省政府召开授牌大会，副省长朱虹为2011年江西名牌产品生产企业授牌并讲话。

【筹办第七届泛珠会江西名优产品展】 根据省委、省政府的安排，省质监局承担第七届“泛珠大会”江西名优产品展示和商务合作洽谈活动的牵头任务。通过加强协调，精心筹备，展示江西名优产品，得到全国人大常委会副委员长陈至立、全国政协副主席李兆焯等领导和嘉宾的充分肯定和高度评价。展示期间，工业类参展企业经贸洽谈、签约654.8亿元。

【泛珠三角区域内地9省区和重庆市共同签署合作协议】 9月21日，第七届泛珠三角区域合作与发展论坛暨经贸洽谈会在江西南昌举行。泛珠三角区域内地9省区和重庆市在开幕式上共同签署《严厉打击食品生产加工环节非法添加和滥用食品添加剂违法行为合作协议》。根据协议，泛珠内地各方以及重庆市的食品生产监管部门，将联手加大对区域内食品添加剂的使用管理，建立务实、高效的食品生产加工环节合作决策机制。

【开展知名品牌创建示范区活动】根据国家质检总局要求，省质监局与江西省检验检疫局等部门联合组建工作机构，下发活动方案，开展"全国知名品牌创建示范区"建设试点工作。南康市家具产业聚集区、庐山风景名胜区分别成为全国首批12个知名品牌创建示范区之一。

【落实食品生产质量安全责任】 严格市场准入，重新审核10家乳制品生产企业，有9家通过审查，1家被注销。全面核查食用油生产加工企业260家，开展"塑化剂""瘦肉精""地沟油"等11项专项整治及专项监督检查，全年共出动检查人员2.95万人次，检查生产企业1.34万家次，发现问题4017个，查办违法案件2058起，其中大案要案4起，移送公安2起。不断加强风险监测工作，抽检1838批次，合格率为99.51%，食品生产质量安全政府领导责任、部门监管责任和企业主体责任得到进一步落实。

【加大特种设备安全监察力度】 推动省人大常委会通过并实施《江西省特种设备安全监察条例》。坚持"抓基层、打基础、规范管理"工作主线，制定《特种设备安全使用管理要求及评价》和《进一步规范全省特种设备安全监察和检验检测管理工作的指导意见》，扎实推进使用管理标准化创建和监察检验机构内部管理规范化建设。深化安全生产年活动，开展专项整治和"打非"行动，全年出动检查人员1.56万人次，拆除销毁隐患设备162台。年内，全省特种设备安全保持了平稳态势，未发生特种设备较大以上事故。

【开展"双打"专项行动】 按照国家质检总局和省政府的统一部署，省质监局开展打击侵犯知识产权和制售假冒伪劣商品专项行动，全省共出动执法人员1.13万人次，检查企业2362家，立案查处案件901起，移送司法机关案件3起，捣毁窝点20个，查获违法产品标值总额达1715.5万元。省质监局监督处和省质监稽查总队罗来辉、赣州市质监局奚毅受国家质检总局表彰，省质监局被江西省"双打"领导小组办公室评为先进单位，省质监局监督处杨文峰被评为先进个人。

（曾裕明　曾　亮）

国土资源管理

【概　况】 2011年，全省国土资源管理部门围绕服务鄱阳湖生态经济区建设这个龙头，坚持保发展、保红线"双保"方针，全面落实服务发展、管好资源、带好队伍的总体要求，积极创新思路，破解难题，努力构建"党委领导、政府负责、部门协同、公众参与、上下联动"的国土资源管理新格局，全力服务江西省经济社会发展，国土资源管理各项工作取得显著成效。

国土资源专项规划工作上新层面。首次将国土资源专项规划工作列入省级国民经济和社会发展规划体系。省国土资源厅编制耕地保护和建设用地保障、紧缺和优势矿产资源、地质灾害防治等3个国土资源专项规划，并纳入全省国民经济和社会发展"十二五"规划体系。

耕地保护责任目标考核出新佳绩。在国家组织开展的2006～2010年省级政府耕地保护责任目标履行情况考核中，江西省取得全国前三位的历史最好成绩，获得国家新增建设用地奖励指标333.33公顷。继续实施"造地增粮富民工程"和农村土地整治示范工程，当年新增耕地1.17万公顷，创历史新高。工程实施5年来共新增耕地4.53万公顷，保证了全省耕地占补平衡。

争取国家下达江西省新增建设用地指标实现新突破。年内国土资源部下达江西省新增建设用地计划指标1.42万公顷，比2010年增加1066.67公顷，列全国第十二位。争取国土资源部下达江西省城乡建设用地挂钩周转指标2333.33公顷，列全国第一批试点省第一位。争取江西省4条地方加密高速公路使用国家计划指标2726.67公顷。争取国家灾后重建专项计划指标1886.67公顷。争取江西省的国家重大项目使用国家计划指标1420公顷。全年共批准建设用地面积同比增长16.4%。供应土地总量面积同比增长40.3%。安排省重大项目295个，使用新增建设用地计划指标6093.33公顷，增长28%，有效保障了全省经济社会发展用地需求。

争取国家项目资金创新高。把握"省部合作""赣南扶贫"等有利契机，争取国土资源部在项目资金方面倾斜支持，全年下达江西省各类国土资源资金26亿元，增长21.8%，为历年之最。其中国家安排江西省农村土地整治示范工程建设资金14.67亿元。争取国家矿产资源节约与综合利用示范基地3个，列全国第一位，国家5年累计投入13亿元。2011年度成功申报中央财政特大型地质灾害治理、资源枯竭城市矿山环境治理和地质遗迹保护等地质环境项目64个，争取中央财政补助资金3.08亿元，成功申报中央地勘基金项目12个，项目资金1亿元。成功申报国家境外矿产资源风险专项勘查项目14个，争取国家专项资金1.4亿元。

找矿管矿取得新成效。开展地质找矿战略行动课题调研，形成供省领导决策的专题建议。全年投入找矿资金近7亿元，其中省地勘基金投入资金2.2亿元。在铜、铁、金、银、钨、稀土、煤等方面新增一批资源储量，发现一批新的矿产地。落实温家宝总理的重要批示精神，继续加大对赣南稀土等矿产开采秩序的清理整顿力度。持续开展以稀土、钨、铜、铁和煤矿为重点的资源整合工作，参与整合的矿业权由172个减少到47个，全省稀土矿山由89个减少到46个，整合工作通过国家验收。

地质灾害防治有新抓手。在搞好工程治理的同时，全面推进地质灾害避灾搬迁工作。年内省财政筹资1.4亿元，搬迁4万人。98%避灾搬迁落实到户，57%已经动工建房。实施地质灾害工程治理项目63个，投入资金1.25亿元。年内全省共发生大小地质灾害659处，成功避让19起，避免人员伤亡176人，实现地灾发生、因灾死亡、财产损失数量三下降。

土地矿产卫片执法监察获得新进展。坚持国土资源执法监察关口前移,完善早发现、早报告、早制止、早查处"四个早"工作机制,组织11个督导组3次到地方调研,指导帮助市县政府消除违法用地状态。提请省政府集体约谈17个县区政府负责人,公开曝光12起国土资源违法违规案件,全省违法占用耕地比例从整改前的11.9%下降为2.12%,全省土地违法比例均降到问责比例线以下。

全省土地使用权和矿业权统一交易有新平台。全省土地使用权和矿业权统一网上交易平台于12月开始试运行。从2012年1月份起,江西省土地使用权和矿业权出让,将全部进入省公共资源统一网上交易平台实行网上交易,江西省在深化国土资源管理制度改革中迈出重要一步,走在全国前列。

服务民生取得新成绩。从3月1日起,严格执行新调整后的征地统一年产值标准和区片综合地价,被征地农民征地补偿标准较2009年提高50%。保障性住房用地坚持应保尽保,供应量增长102.6%。强化信访责任制和首办负责制,注重化解积案,全省国土资源信访总量下降23.4%,信访总量在全国国土资源系统排位和占全省信访总量比例实现双下降。

国土资源队伍建设取得新进步。以"创先争优""发展提升年""项目落实年"等活动为载体,全面推进法制化、科学化、精细化管理,进一步夯实队伍建设和管理工作的基础。年内,培训乡镇国土资源所长1117名,队伍整体素质得到提高。开展"两整治一改革"专项行动和"整纪纠风"等活动,建立国土资源工作四大考评体系,实行统一集中考评,机关效能明显提升。党风廉政建设进一步加强,实现"行风评议名次升上去,案件数量逐步降下来"的目标。

2011年,省国土资源厅被省委、省政府评为全省"发展提升年"活动先进单位,省直文明先进单位,全省服务开放型经济先进单位,全省社会治安综合治理目标管理先进单位、平安单位。

2011年,江西省土地总面积1669.36万公顷,其中:农用地1450.29万公顷、建设用地118.28万公顷、未利用地100.79万公顷。

至年底,全省工业企业与矿产资源密切相关的产业有13个。建成煤炭、黑色金属、有色金属、建材、化工、盐业六大矿业体系。全省有江铜、新钢、萍钢、九江石化、洪钢等5个矿业加工企业年销售收入超百亿元。全年全省采掘量3.11亿吨,矿业总产值337.26亿元,利润总额41.77亿元,分别增长19.5%、15.4%和15.8%。

至年底,全省矿山总数为5886个,其中:能源矿产549个(含地热10个),黑色金属矿产122个,有色金属矿产196个,贵金属矿产62个,稀土及稀有稀土及分散元素矿产94个,非金属及其他矿产4830个,水气矿产33个。按矿山规模分类:大型矿山26个,中型148个,小型3269个,小矿2443个。2011年,全省省级发证采矿权转让9宗。截至年底,全省发现各种有用矿产187种(以亚矿种计),矿产地5000余处。查明有资源储量的矿产有九大类,133种。

全年全省地质勘查共投入资金11.88亿元,增加36.08%。其中:中央财政1.49亿元,占总量的12.57%,增加25.40%;地方财政3.38亿元,占总量的28.40%,增加15.08%;社会资金7.01亿元,占总量的59.03%,增加52.19%。

全省共有地质勘查资质单位65家,其中:中央直属地勘单位2家,属地化管理地勘单位48家,科研院所(校)2家,矿业公司5家,其他单位8家。共有各类地质勘查资质264个,按等级分:甲级资质85个,乙级资质117个,丙级62个。按类别分:区域地质调查15个,液体矿产勘查18个,固体矿产勘查56个,气体矿产勘查2个,水文地质工程地质环境地质调查37个,地球物理勘查24个,地球化学勘查8个,遥感地质勘查3个,地质钻探43个,地质坑探23个,岩矿鉴定11个,岩矿测试15个,岩土试验7个,选冶试验2个。

全年矿产勘查共投入资金9.79亿元,其中:中央财政0.28亿元,占总量2.89%;地方财政2.51亿万元,占总量25.65%;社会资金7亿元,占总量71.46%。全省共实施矿产勘查项目627项,完成钻探工作量90万米,增加42.32%,坑探工作量4万米,下降27.10%,槽探工作量34.33万立方米。2011年,全省共办理探矿权新立28宗、延续714宗、变更210宗、保留6宗、转让53宗、注销128宗。截至年底,全省有效探矿权总数为1812宗。

·资　料·

2011年度主要矿产资源储量增减变化情况

序号	矿产名称	资源储量单位	较2010年增长(±%)
1	煤炭	矿石 亿吨	-5.12
2	铁矿	矿石 亿吨	12.85
3	铜矿	铜 万吨	-2.87
4	铅矿	铅 万吨	-9.13
5	锌矿	锌 万吨	-5.13
6	钨矿	WO_3万吨	-3.54
7	锡矿	锡 万吨	-4.51
8	金矿	金 吨	-4.63
9	银矿	银 吨	-3.81
10	钽矿	Ta2O5 万吨	-1.69
11	盐矿	NaCl 亿吨	-0.02
12	水泥用灰岩	矿石 亿吨	-1.16
13	高岭土	矿石 万吨	5.45

·资　料·

2011年主要矿种开发利用情况

矿种	矿山企业数 合计	大型	中型	小型	小矿	从业人员(个)	年产矿量 万吨	工业总产值(万元)
煤炭	547	0	14	333	200	86265	2323.52	899123
地热	10	2	3	5	0	973	210	7932
铁矿	112	0	17	60	35	8991	1559	2216
铜矿	45	5	4	29	7	16826	5003.86	49952
铅锌矿	44	0	2	32	10	1821	47.15	18524
钨矿	88	0	12	64	12	21985	827.76	39885
锡矿	8	0	2	5	1	1222	73.59	29366
钼矿	6	0	1	5	0	488	22.14	3963
金矿	53	1	2	36	14	3769	191.94	57883
银矿	10	1	1	6	2	1589	52.07	37895
稀土	89	0	5	61	23	2148	*8962.73	69562
盐矿	6	0	4	2	0	3465	996	78514

备注:稀土产量指稀土氧化物(REO)产量。单位为吨

2011年主要矿产品产量增减变化情况

矿产名称	单位(矿石量)	2010年	2011年	增减变化
煤	万吨	2761.32	2323.52	↓
铁	万吨	969.65	1559	↑
铜	万吨	4551.25	5003.86	↑
铅锌	万吨	37.2	47.15	↑
钨	万吨	1122.12	827.76	↓
锡	万吨	69.42	73.59	↑
金	万吨	234.75	191.94	↓
银	万吨	53.31	52.07	↓
稀土	万吨	526.31	609.84	↑
硅灰石	万吨	14.7	16.4	↑

【编制国土资源规划】 编制《江西省耕地保护与建设用地保障"十二五"规划》《江西省市县级土地利用总体规划实施动态评价调研报告》《江西省资源枯竭型城市土地综合承载力调研报告》《江西省开发区土地利用效率调研报告》。完成京九铁路江西段,峰福线江西段,南昌西客站枢纽涉及的土地复垦项目的规划文本、图件编制工作。开展江西省永久基本农田划定工作。完成2010年城镇土地利用现状调查数据汇总工作,2010年度全省土地变更调查与遥感监测汇总、江西省2010年度单位GDP和固定资产投资规模增长的新增建设用地消耗考核工作。

【启动耕地质量等级监测试点工作】 2011年,江西省耕地质量等级监测试点工作正式启动,试点县为吉安县。按照江西省试点工作方案、技术方案,年底完成主要资料收集、数据转换、样点布设、采样、调查、土体观测等各项工作。

【新闻媒体聚焦江西"造地增粮富民工程"暨农村土地整治】 4月中旬,在国土资源部推荐下,中央电视台焦点访谈栏目组对江西省"造地增粮富民工程"暨农村土地整治的经验做法及取得的成效进行采访,并以"土地整理带来了什么"为题作专题宣传报道。省委宣传部、省国土资源厅共同组织江西省"造地增粮富民工程"暨农村土地整治万里行宣传活动,中央和地方10家新闻媒体在为时一周的采访中,共播发各类新闻稿件112篇次。制作《留住我们的根——江西省城乡建设用地增减挂钩工作纪实》宣传片。编写和制作《大地母亲》宣传片。拍摄反映基层国土干部工作生活的故事片《图斑》。

全省完成验收土地开发复垦补充耕地项目840个,新增耕地1.17万公顷。截至年底,造地增粮富民工程第一轮(2007~2011年)完成建设规模16.73万公顷,新增耕地4.53万公顷。年内,全省农村土地整治示范建设共立项批复105个项目,建设规模7.01万公顷,新增耕地4586.67公顷,其中整治基本农田面积5.40万公顷,

项目总投资21.2亿元。

【修订《江西省建设用地控制指标》】《江西省建设用地控制指标》(2011年版),报省政府同意后,于10月16日印发各地实施。修订后的《江西省建设用地控制指标》(2011年版)行业种类更加齐全、分类体系更加合理,定额指标更加科学集约,内容表述更加规范准确。

【调整建设用地审批程序】　简化土地复垦审查手续,调整建设用地审批程序。开通重点项目建设用地报批快速审查通道。全年办理农用地转用、土地征收1302件,总面积2.69万公顷,其中新增建设用地面积2.39万公顷。全年报国土资源部备案率100%和办结率100%。

坚持"政务公开""阳光操作",公开农用地转用、土地征收审查报批办理程序、报批过程、报批结果和征地补偿标准。省政府、省国土资源厅及市、县(区)国土资源局网站公布《全省征地统一年产值标准和区片综合地价》文件,并在《江西日报》上全文刊登。进一步健全窗口办文、一次性告知、限时办结、网上远程报批和厅内网联审等制度。严格履行征地批前告知、调查、确认和听证及批后"两公告一登记"程序,有效保障被征地农民知情权、参与权、申诉权和监督权。

【保障型安居工程用地应保尽保】合理编制计划,按月调度保障性安居工程用地供应,确保用地落到实处。探索适合省情的土地供应和管理政策,开展全省保障性安居工程用地落实督导检查工作,全省共落实保障型安居工程用地1208.13公顷。

【推进批而未供和闲置土地有效利用】　为提高土地利用率,通过建立批而未供台账,实行供地率与年度计划指标分配相挂钩制度和闲置土地"销号式"管理。2003～2009年核查出闲置土地处置率达到98.61%,2003～2011年供地率达到76.06%。

【开展节约集约用地、依法用地模范县(市、区)创建活动】　2011年组织推进全省节约集约用地、依法用地模范县(市、区)创建活动,10个县(市、区)获省政府表彰。德兴市、崇义县、上高县被授予"全国首届国土资源节约集约模范县(市)"称号,分别获得33.33公顷新增建设用地指标奖励。

【全面启动农村集体土地确权登记发证工作】　6月23日,省政府召开全省推进农村集体土地确权登记发证和永久基本农田划定工作电视电话会议,对农村集体土地确权登记发证工作进行动员和部署。4月13日,省政府办公厅下发《江西省人民政府办公厅关于开展农村集体土地确权登记发证工作的通知》,全面启动农村集体土地确权登记发证工作。

【查处土地违法违规行为】　年内,全省共立案查处土地违法违规案件956起,涉及土地面积2664公顷(耕地738.79公顷),罚没款1.37亿元。其中省本级直接立案查处案件47起,涉及土地面积1893公顷(耕地520.73公顷),罚没款1亿元。

【加强地质灾害防治】　组织派出22个督查组,分赴全省各地开展地质灾害防治工作,重点督查隐患排查工作。全省各地共排查地质灾害隐患点2.57万处,设立群测群防点1.97万个,制作发放防灾避险明白卡8.02万份。发布全省地质灾害气象预报11次,市、县地质灾害气象预报6589次,组织群众临时避让829人次。其中19处地质灾害危险点在人员转移后,房屋被滑坡、泥石流摧毁,176人成功避灾,防灾工作取得显著成效。

省政府组织开展全省地质灾害避灾移民搬迁工作,2011～2012年,计划搬迁受地质灾害威胁群众10万人。省国土资源厅会同省扶贫和移民办对列入避灾搬迁的4227处地质灾害隐患点组织开展专业核查,并对集中安置新址进行评价。

编制《江西省地质灾害防治"十二五"规划》,于2011年12月通过省发改委组织的专家评审。上饶、赣州等8个设区市先后完成辖区地质灾害防治规划的编制工作。

省国土资源厅全年共派出地质灾害应急专家156人次,调查处置突发地灾险情灾情37起(其中省地质灾害应急中心派出专家18人次,直接参与调查处置7起)。各市、县国土资源部门共派出应急人员4233人次,调查处置地灾险情灾情3433起。

全省开展不同形式、规模的地质灾害应急演练139次,近3万人次参练,省地灾应急指挥平台进行了固定站、移动站、单兵演练,以及与上饶市、广丰县平台和监测现场的远程指挥演练,实现多级平台与现场、多点间的远程直接会商和指挥。

武宁县北屏地质灾害移民新村

省国土资源厅供稿

【地质勘查基金投入55个项目】 2011年,江西省地勘基金共部署55个项目,投入资金2.2亿元,累计完成钻探工作量7.92万米,槽探2.41万立方米。"红盆地"下找煤取得突破。在中生代红色盆地部署10个煤炭勘查项目,查明可供建设中型矿井的煤炭生产基地1处,可供进一步详查基地3处,可供进一步普查基地4处,获得一批煤炭资源量。铁矿勘查取得新进展。省地勘基金在探明安福县灯盏窝铁矿和大陂铁矿2个中型铁矿的基础上,又部署了吉安县金溪铁矿勘查,已竣工15个钻孔,其中13个钻孔见厚大铁矿层,见矿累计视厚度14.05~214.31米,矿体延伸较稳定,深部找铜捷报频传。九瑞地区武山铜矿外围共施工7个钻孔,其中4个钻孔见到铜、金工业矿体。新发现仙姑台斑岩型铜、金、钼矿体,共伴生矿种多,延伸稳定,具备寻找大型斑岩铜矿的前景。钦杭成矿带浮梁县朱溪铜矿已竣工的4个钻孔全部见矿,其中ZK4208孔见钨矿体厚达226米,并伴有铜、锌等多种矿化的厚大矿体,显示了朱溪地区巨大的钨多金属找矿潜力。地热勘查成果明显。查明开发利用地热水资源地2处,可供进一步勘查的地热2处。争取中央地勘基金,争取到国内项目15个,占全国75个项目的20%,项目经费1.35亿元,占总经费28.8%。并筛选7个项目,与中央地勘基金管理中心合作,成为中央与省级基金协调联动的范例。

【查处矿产违法违规行为】 全年全省共立案查处矿产违法违规案件165起(含无证开采103起,越界开采41起,无证勘查4起,越界勘查3起,不按规定缴纳矿产资源补偿费4起,其他10起),罚没款818.81万元。其中省本级立案查处案件16起,罚没款508.48万元。全省各级共对213人追究党纪、政纪处分,移送刑事案件3件。

【加强矿产开发利用管理】 开展稀土等矿产专项开发秩序整治工作。参与南方5省(区)15市稀土矿产开发监管区域联合行动,构建区域联合监管网络体系,签署稀土开采、运销、加工产业联盟框架协议。

全面通过国家矿产资源开发整合验收。4月,国务院矿产资源开发整合抽查验收组对江西省矿产资源开发整合工作进行验收,江西省矿产资源开发整合工作通过验收。

服务整合工作成效显著。对取得预划定矿区范围批复的整合矿区,采取季报的方式督办和跟踪整合主体工作进展,主动做好服务。武宁县大湖塘南区钨矿和武宁县大湖塘北区钨矿为江西省第一批重点整合矿区之一,通过1年多的勘查工作,找矿取得重大突破,发现特大型钨矿。规范地热、盐岩资源的开发利用。在全省开展地热、盐岩矿山企业按计划开采等专项检查工作。加大推进采矿权有偿取得制度力度。全年收取省级发证采矿权价款9.01亿元。开展矿山尾砂资源综合利用研究。

【成立江西省地质灾害应急中心】 按省编办《关于成立省地质灾害应急中心的批复》,成立江西省地质灾害应急中心,为省国土资源厅正处级全额拨款事业单位,负责全省重大地质灾害应急技术处置和应急平台管理工作,承担地质灾害调查评价、监测预警、防治工程监管等职责。

4月22日,省地质灾害应急指挥平台正式启用,实现实时接报突发地质灾害信息、现场图像以及地质灾害预警预报信息,并可以进行远程会商和应急指挥。各市、县依托"金土工程",先后展开本级指挥平台建设。宜春市、靖安县、丰城市、广丰县等市、县地质灾害应急中心先后获批组建。

【开展2011年度矿产资源执法监察检查工作】 共抽查矿业权180个(其中采矿权158个,探矿权22个),检查的采矿权占省级及以上发证采矿权总数的13.6%,重点抽查保护性开采的特定矿种、江西省优势矿种以及重点矿区。通过检查,发现并制止了一批矿产资源违法违规行为。省国土资源厅组织开展大规模矿产资源执法检查、首次矿产卫片全覆盖检查以及矿业权核查,全省矿业秩序明显好转,采矿权人依法办矿的法律意识明显提高,违法违规行为发现率大幅下降。

【开展2011年度国土资源执法监察目标考核】 全省国土资源执法监察目标考核前三名,分别奖励33.33公顷、26.67公顷、20公顷新增建设用地计划指标和30万元、20万元、10万元执法监察工作专用经费。全省162人获得国土资源执法监察先进工作者荣誉称号。创新国土资源执法监察手段。推进赣州市矿山、矿区视频监控网建设试点工作,探索建立"天上看、地上查、网上管、群众报、视频探"的多维立体监管格局。

【推进全省国土资源"一张图"建设】 将全省土地利用现状数据库(含影像)、省级矿产资源规划数据库、省级地质勘查规划数据库、省级土地利用规划数据库、全省农用地分等数据库等基础数据库进行整合入库,全部数

4月22日,省地质灾害应急指挥平台正式启用　　省国土资源厅供稿

据近500G,形成全省国土资源“一张图”雏形。

【进一步规范全省国土资源交易市场】 完善市场配置作用,有效保障国土资源出让过程中交易主体严格遵守“公开、公平、公正”原则,为竞买人提供一个更加良好的市场环境,加强对交易环节的有效监督,促进廉政建设,提高国土资源管理和服务水平,组织建设全省土地使用权和矿业权网上交易系统。

【完成各项信息化建设的验收和论证工作】 组织专家对省国土资源厅办公自动化系统、网络设备、建设用地预审系统、地质灾害预警预报、应急指挥系统以及江西省国土资源系统网站群项目、地质灾害应急指挥平台等项目进行验收,并对数据中心容灾备份及业务管理系统建设方案进行论证。

【国土资源档案馆新馆建成】 4月,国土资源档案馆新馆建成,新馆位于江西省地质灾害防治指挥中心大楼的3~6楼。总面积约4000平方米,其中办公用房1000平方米,库房面积3000平方米。

档案馆做到办公室、借阅室、库房三分开。库房装有恒温系统,智能电动箱式密集架、光盘柜、防磁柜等。具有防高温、防潮、防光、防火、防盗、防尘、防蛀、防虫、防霉、防有害气体等保护功能。

(许建平　肖彦明　游振波)

食品药品监管

【概　况】 2011年,江西省食品药品监管部门围绕“建设鄱阳湖食品药品安全示范区”目标,践行科学监管理念,切实履行餐饮服务食品、保健食品、化妆品、药品和医疗器械监管职责,不断提升监管的科学化、规范化和现代化水平,各项工作取得新的显著成绩。药品评价性抽验合格率为99.24%,同比提高0.78个百分点;基本药物抽验总合格率为97.63%,提高2.5个百分点,并高于全国平均水平0.63个百分点;餐饮服务食品安全监督抽检合格率为87.45%,提高5.86个百分点,全省食品药品安全保持稳中向好的形势。

加强餐饮服务食品监管。探索餐饮服务食品安全监管机制,制定《江西省小餐饮整规标准》。组织开展学校食堂、旅游景区和小餐饮等重点场所餐饮安全治理,严厉打击非法添加和滥用食品添加剂违法违规行为,参与“地沟油”“塑化剂”“瘦肉精”及酒类等综合治理,出动监管人员8.27万人次,检查餐饮服务单位7.48万户次,行政处罚立案123件。实施餐饮服务食品安全十百千示范工程建设,遴选创建省级示范县10个、示范街10条、示范单位48家。

加强保健食品、化妆品监管。江西省保健食品品种注册较往年大幅增加,注册品种数量居全国第三位。在全国率先完成保健食品化妆品中邻苯二甲酸酯的安全风险监测工作。强力整顿规范保健食品市场秩序,出动执法人员9400余人次,检查生产企业140余家、经营企业2000余家,收回保健食品GMP证书4张、广告批准文号7个,取缔制假地下窝点19个,移送相关部门处理虚假广告2051件,查毁假冒产品4107件、造假设备49台,刑事拘留5人,罚没金额120余万元。

加强药品注册监管。全省受理药品注册申请1102件,开展药品注册现场核查105次,批准21个首批产品上市销售。加强医疗机构制剂监管,规范医疗机构制剂包装标签说明书。制定《江西省药物研究日常监督管理办法》,开展药物临床试验机构检查28次,指导2家医疗、科研机构分别通过国家级GCP基地、GLP实验室核查,实现江西省新药临床研究新突破。

加强药品生产监管。实施新修订药品GMP,南昌立健药业有限公司粉针剂生产取得中国首批新修订GMP证书。组织出动药品执法人员1367人次,检查183家药品生产企业共552次,监督检查覆盖率达100%,责令整改企业72家、停产整顿企业5家,收回药品GMP证书4张。开展血液制品、注射剂等高风险类药品生产企业专项检查,完善麻醉药品和第一类精神药品供应保障体系,未发生重大药源性药品安全事故和特殊药品流弊事件。

加强药品流通监管。从严控制新开办药品批发企业,审批新开办药品批发、连锁企业46家,注销药品批发企业和零售药店343家,非法人企业减少144家、精简率达90%。完成86家药品批发企业、1929家单体药店GSP认证,撤销2家批发企业、22家药店GSP证书。实行分级管理,审批一级药店20家、二级药店934家、三级药店198家。开展诚信建设,评定药品批发企业3A级21家、2A级32家、1A级75家、B级102家。开展含麻黄碱类复方制剂药品经营企业专项检查,90家企业被责令整改。审查颁发药品广告批文783个,提请工商部门查处违法广告2763条,对严重违法广告药品暂停销售74次。

全年完成医疗器械审批事项346件,其中核发医疗器械生产企业许可证48件。实施《医疗器械生产质量管理规范》,52家企业通过检查认证。开展高风险医疗器械、义齿生产和医疗器械经营企业专项检查,打击违法生产经营和虚假宣传等坑害消费者的行为,查办案件746起,注销经营企业许可证52件,取缔无证义齿生产单位2家。

实施国家基本药物制度。完成18个国家基本药物标准提高和复核工作。开展全覆盖监督检查,完成76家生产企业522个产品的生产工艺和处方核查,检查配送企业226家、药店7148家、医疗机构6398家,对发现的问题进行监督整改。实行电子监管目标管理“一票否决制”和“两码合一”运行机制,生产、配送企业赋码入网率、核注核销率、数据上传率均达到100%。

2011年,江西省药品不良反应病例报告数1.74万份,其中新的和严重的药品不良反应病例报告1582份、占9.10%,全省每百万人口平均病例报告数395份、增长12.9%,网上注册报告单位906家。医疗器械不良事件病例报告2081份,增长31.6%,网上注册报告单位696家。药物滥用监测报告4080份,增长16.2%

【开展食品药品安全示范区建设】 江西省将开展食品药品安全示范区建设列入政府民生工程,下达省级补助资金3000万元。4月14日,省政府办公厅下发《转发省食品药品监管局关于创建全国食品药品安全示范区暨开展食品药品安全责任体系评价试点工作实施方案的通知》。省食品药品监管局先后与萍乡、新余、南昌、赣州4个设区市政府签订共建食品药品安全示范区合作协议，组织全省20个县（市、区）开展食品药品安全示范区建设试点。11月3日，省政府在南昌召开创建全国食品药品安全示范区工作会议，副省长谢茹出席会议并讲话。会议总结推广食品药品安全示范区建设试点工作经验，强调突出监管机构、基层网络"两健全"，构建城乡一体化监管体系。突出安全标准、检验能力、信息化建设"三加强"，提升科学监管水平。突出监管措施、鼓励政策、企业诚信"三落实"，促进产业健康发展。突出法规制度、考核评价、社会参与"三完善"，健全监管体制机制，努力打造具有典型示范效应的科学监管示范区、产业发展先导区、安全消费放心区。

【江西省确定为全国药品安全责任体系评价试点省】 省食品药品监管局报请省政府同意、国家食品药品监管局批准，将江西省确定为全国药品安全责任体系评价试点省，省食品药品监管局认真开展评价试点工作，进一步建立健全"地方政府负总责、监管部门各负其责、企业是第一责任人"的食品药品安全责任体系。

【开展食品药品安全赣鄱行活动】 按照省人大常委会的部署要求，以"关注健康餐桌"为主题，3～10月，开展为期8个月的"食品药品安全赣鄱行"活动。重点围绕食品药品监管体制建设、配套法规制定、企业责任落实、风险监测、源头治理等5个方面，开展执法检查，促进《中华人民共和国食品安全法》和《中华人民共和国药品管理法》实施，为食品药品监管工作营造良好的法制和舆论环境。

【推进食品药品监管机构改革】 省食品药品监管局继职能交接和管理体制下划后，按"三定"方案调整内设机构，撤销食品安全协调处和监察处，增设餐饮服务食品监管处、保健食品与化妆品监管处。稳妥推进市县食品药品监管机构改革，完成6个设区市局、44个县（市、区）局餐饮服务食品、保健食品、化妆品监管职能，监管队伍和工作交接。

【开展药品安全专项整治工作】 集中开展打击侵犯知识产权和制售假冒伪劣商品专项行动。完成为期两年的药品安全专项整治，严厉打击生产销售假药行为，查处违法案件1.06万件，涉案总值4820万元，捣毁制假窝点7个，抓捕犯罪嫌疑人137人，查处非药品冒充药品案252起，收回药品GMP证书10件、GSP证书9件。赣州市成功查办的"7·01"特大销售假药案，为公安部全国督办的第七起假药案，也是江西省最大一起假药案。

【成立江西省药品不良反应监测中心】 5月5日，江西省药品不良反应监测中心挂牌成立。该中心履行江西省药品不良反应、医疗器械不良事件和药物滥用监测职能，为正处级全额拨款事业单位，核定编制15个。

【泛珠三角区域食品药品监管合作第七届联席会议在南昌召开】 12月8日，泛珠三角九省区食品药品监管合作第七届联席会议在南昌召开。围绕"深化合作，拓展内涵，促进发展"的主题，福建、湖南、广东、广西、海南、四川、贵州、云南、江西和香港等省区食品药品监管部门以及食品医药企业280多名代表参加。着重探讨在加强和创新社会管理的新形势下，深化区域食品药品监管合作，促进区域食品医药产业发展的新思路。江西省副省长熊盛文发表致辞讲话，国家食品药品监管局副局长吴浈作主旨演讲。会议举办了"顺应医改大局，促进药业发展"的产业界论坛，南方医药经济研究所所长林建宁作"2012年中国医药经济预测"报告。9省区签署《人才培训交流合作协议》等6项食品药品区域监管合作协议。

【服务医药产业发展】 年内，省食品药品监管局制定《关于服务全省生物医药产业千亿工程的若干措施》，支持企业自主创新，支持实施品牌战略，支持现代医药物流建设和加强技术检验检测能力建设，支持扩大中药材种植规模，服务农业现代化示范区，推动生物医药企业兼并重组，促进大专院校、研究机构与企业的产学研结合。全年全省生物医药产值销售621亿元，增长35.38%，实现税收总额69.13亿元，增长40.77%。全年全省医疗器械工业总产值突破40亿元，增长14.3%，医疗器械生产企业年产值亿元以上的有10家，千万元以上企业有20家。落实江西省政府实施的青峰药业抗病毒新药项目，恩替卡韦及其制剂投产一年，实现产值8700万元，利税2900万元。

（杨书炎　谢吉广）

统计管理

【概　况】 2011年全省统计部门围绕"转方式、调结构"，推进鄱阳湖生态经济区建设，致力于"三个提高"，建设"四大工程"，深化统计改革，提高统计能力建设，提升统计服务水平，较好地完成了各项工作任务。

统计调查成果丰硕。高质量地完成国家制度规定各行业各领域的常规统计调查，承担和探索满足党政领导和社会各界新需要的各类调查。正式实施鄱阳湖生态经济区统计调查制度，开展鄱阳湖经济区绿色GDP核算先行先试工作，编辑出版《2010年鄱阳湖生态经济区统计年鉴》。首次在全省开展以县为总体的早稻播种情况抽样调查。实施2010年全省文化产业全面调查。建立并实施保障性安居工程统计制度。精心做好非公有制企业（单位）人才资源状况抽样调查和2010～2011年到江西工作的外国专家抽样调查工作。

统计队伍建设成效显著。党风廉政建设切实加强，实行廉政承诺，制定并实施党风廉政建设责任制报告制度和领导干部个人有关事项报告制度。推进政务公开，强化统计行风建设，倡导艰苦奋斗、厉行节约优良作风，营造了良好的统计生态环境。始终坚持人才兴统，不断加大干部教育培训力度，2011年，组织全省统计部门干部、省直有关部门统计人员、省统计局机关工作人员开展统计能力建设、核算、企业一套表以及其他统计业务知识培训。参加“创先争优”和“发展提升年”活动，让主题教育活动融入并促进统计业务工作。组织“永远跟党走”庆祝建党90周年红歌赛等丰富多彩的文化活动。省统计局获“全省发展提升年活动先进单位”和“省直机关文明单位”称号。

【推进企业一套表统计改革】 2011年，国家统计局在全国规模以上工业、资质内建筑业、限额以上批发和零售业、限额以上住宿和餐饮业、房地产开发经营业实施企业一套表。江西省成立省政府常务副省长任组长，相关部门组成的领导小组。省政府办公厅下发工作文件，明确相关部门的工作职责。以省政府名义召开全省企业一套表统计改革工作会议，提出“进度不拖后腿、报表不开天窗、数据不掺水分”的总体要求，形成政府主导、部门配合、统计系统承担具体任务的一套表改革工作机制。为了有效推进企业一套表改革的全面推行，解决统计信息化建设与一套表工作要求的矛盾，经省政府和有关部门同意江西省统计信息化建设已纳入全省信息化“十二五”规划，各级统计部门已做好名录库的增减变动和管理维护工作，业务培训和报表布置已近尾声，并向调查企业进行广泛宣传，发放《统计法律告知书》，开展统计人员进万家企业督导企业一套表工作，各项工作准备就绪。

【完善统计监测考评体系】 在抓好统计监测、失业就业形势快速监测、妇女儿童监测等项目的同时，重点加强节能降耗统计监测、市县政府考评体系和社情民意调查工作。促成建立节能降耗领导小组成员单位联席制度，形成各司其职、各负其责、通力合作、共同推进的局面。进一步完善市县政府考评体系，在国家“十二五”规划纲要综合评价考核体系座谈会上专题介绍江西省的考评办法，引起了国家发改委的重视。首创“民调评警”，被新华社《瞭望》周刊深入报导，在中央综治办和国家统计局联合召开的全国群众安全感调查工作会议上作主旨发言，进一步扩大了社情民意调查的影响力。

【加强决策咨询服务】 充分发挥参谋助手作用，着力加强决策咨询服务。在鄱阳湖生态经济区建设、节能减排、扩大内需、项目建设、新型城镇化、民生工程、“两会”、党代会报告起草等工作中，提供相关数据资料，提出合理化意见建议。年内省统计局撰写近200篇分析报告，相继有8位省领导作出批示18篇次，省委书记苏荣先后作了5次批示。《破解“四大瓶颈”促进“又好又快”——对当前制约江西经济发展的4个瓶颈问题分析研究》，苏荣批示“这篇报告比较准确地分析当前经济形势、客观研判未来走势，对各级领导干部准确把握当前经济形势、研究制定对策具有重要参考价值，可增发各市、县(市、区)党政主要领导，省直有关部门领导，供研究经济工作时参考”。各设区市统计局密切跟踪监测经济走势，及时把握热点难点，撰写了许多高质量的统计分析精品，得到当地党政领导高度评价。改版《江西经济发展情况分析手册》，编印《数说江西“十一五”》《新突破新辉煌——“十一五”江西经济社会发展成就回眸》两本资料书，分别从数据、文字上反映“十一五”时期江西省经济社会发展取得的成就。

【夯实统计基层基础工作】 年内，省政府办公厅下发《关于进一步加强统计工作的通知》，省统计局与省工信委、省中小企业局联合制定省级重点工业园区划分标准，将园区统计基层基础建设列入评选标准。上饶市政府下发企业统计基础工作规范和考核办法，将乡镇统计“六有六化”标准向企业延伸，赣州和景德镇市政府也要求健全统计机构、充实基层统计力量。加强基层统计信息化建设，将统计信息内网延伸到正县级以上开发区，逐步解决县区网络拥堵问题。逐级开展统计人员培训会议，全面提高了统计业务素质和计算机操作水平。

【强化统计法制工作】 通过与统计业务、继续教育、干部培训、媒体相结合，广泛宣传统计法，拓宽普法思路与形式，着力强化法治意识，使其不断走向公众，不断深入人心，统计队伍执法能力和水平不断得到提升。开展专业数据质量抽查、“三上”企业专项检查、涉外案件联合检查等工作，加强执法检查。全年全省执法检查单位数3575个，立案案件数292个，结案数252个，警告83起，经济处罚69起，罚款金额18.9万元，通报批评138个，强制执行1个。在检查中，坚持处罚与教育相结合，做到违法必究，执法必严。通过执法检查，加深社会各界对统计的认识，进一步树立统计工作权威，规范统计工作秩序。

【加强统计新闻宣传工作】 成立统计新闻宣传工作领导小组及其办公室。提出加强新时期统计新闻宣传工作的21条意见。完善季度新闻发布会议制度、月度新闻通稿制度和不定期新闻通报制度。结合统计开放日活动，与调查总队联合召开新闻媒体与基层调查人员座谈会，让媒体走进统计、了解统计、感受统计。开展经济形势解读活动，省统计局领导在省直机关形势任务报告会上和省人大常委会经济形势分析会上作专题报告及讲座，在解读经济形势的同时宣传了统计工作。

【开展统计科普征文活动】 2011年，开展全省统计科普征文活动，征集科普文章超过40篇，在全国统计科普征文活动中取得好成绩，江西省有3篇论文入选并编入《无处不在的统计》科普丛书中。

(胡国平)

审计监督

【概　况】 2011年，江西省审计机关围绕全省经济社会发展大局，主动服务鄱阳湖生态经济区建设等中心工作，突出审计重点，依法履行审计监督职责，提高审计工作质量和效率，较好地完成各项任务。年内，共完成审计和审计调查单位11251个，查出违规金额60.6亿元，其中已上交财政金额10.3亿元，已归还原渠道资金14.2亿元，已调账处理金额15.5亿元，审计后挽回经济损失6.5亿元。向纪检监察、司法机关和有关部门移送案件线索80件。审计工作在严肃财经法纪、推进依法行政、维护群众利益、促进廉政建设等方面发挥积极作用，有力地保障了经济社会健康运行。江西省审计厅还先后获得审计署“审计机关2006～2010年法制宣传教育工作成绩突出集体”，全省“五五”普法教育工作先进集体，全省“发展提升年”活动先进单位，省直机关第八届文明单位等荣誉。

全省审计部门结合自身特点，以深入开展“发展提升年”活动为契机，全面加强自身建设，极大提升了服务能力和水平，为有效履行审计监督职责、更好地服务发展提供有力保证。省审计厅注重创新审计工作管理，先后就经济责任审计、审计项目质量、审计业务管理、队伍专业化建设等工作，出台一系列制度、办法和指导性意见，加强全省审计资源统筹，强化审计现场质量监控，加大计算机审计力度，有力提升审计业务水平。加快审计立法步伐，在调查研究的基础上，及时起草《江西省审计监督条例》，并向省政府报送审议稿，省人大已将其列入立法计划项目。注重能力建设，开展多种形式培训，强化审计队伍党风廉政和反腐倡廉建设，切实提高审计队伍的执行力。加强基础建设，高标准完成省“金审二期”工程和国产化审计管理系统应用示范项目建设，实现审计信息化建设跨越发展，有力推动全省审计工作向科学化、现代化方向转型。

贴近大局，有效保障中央和省宏观经济政策的贯彻落实。全省各级审计机关把保障中央和省委、省政府各项政策措施的落实作为第一责任。通过对对口支援小金县灾后恢复重建、援疆项目和省重点投资项目的跟踪审计，促进了中央和省保持经济平稳较快发展相关政策措施落实到位。加大财政支出、转移支付的审计和审计调查力度，推动积极财政政策的贯彻落实。加大对资源环保的审计力度，促进鄱阳湖生态经济区发展规划实施，推动“生态立省、绿色发展”战略的深入。开展保障性住房、义务教育经费、中等职业学校国家助学金、农田水利设施资金、养老保险基金、民政救灾资金等重点民生项目和民生资金的审计和审计调查，促进省委、省政府一系列惠民措施落实。省审计厅组织实施的江西省10个县2009年度城市居民最低生活保障资金审计项目被审计署评为2010年度地方表彰审计项目。对省属39所中等职业学校国家助学金专项审计调查中，查出32所学校采取以虚假信息注册技校生学籍等方式骗取和套取国家助学金2018.26万元，并上缴财政。

【**防范和化解隐患风险**】 开展全省地方政府性债务、普通高中债务审计，加强对金融机构和国有企业的审计力度，及时揭示经济运行中存在的薄弱环节和潜在风险，并提出加强风险管理、完善相关制度的建议，有效化解全省经济社会发展中的一些突出矛盾和潜在风险，维护了全省经济安全。特别是举全省之力完成地方政府性债务审计任务，得到审计署和省委、省政府的充分肯定和高度评价。组织编写的《债务审计操作指南》和《“见账、见人、见物”审计要点》以及《债务审计报表市县手工汇总流程》，审计署作为经验交流材料下发全国审计机关学习借鉴。全省有10个单位和6名个人受到审计署表彰。

【**推进依法行政建设**】 加大对政府性资金的审计监督力度，为促进政府公共资源配置水平的提高、财政改革的不断深化提供了有力的支持。各级审计机关“两个报告”都得到当地政府的肯定和人大好评。省本级的审计工作报告摘要首次在《江西日报》上公开，进一步推动法制政府、责任政府和效能政府建设。坚持把领导干部任期经济责任审计作为推进依法行政的重要抓手，年内，共审计各级领导干部2758名，查出违规金额17.8亿元，管理不规范金额114.5亿元。省审计厅组织开展对5名设区市市长、5名厅局长和3名审计局长的经济责任审计。针对个别领导干部法治观念淡薄、责任意识不强、决策和管理不够规范等问题，审计机关提出了相应的建议，为加强干部管理监督和考察任用提供了重要参考，促进了领导干部守法守纪，守规尽责。

【**发挥审计服务发展、促进发展的作用**】 全年共向各级党委、政府提交审计专题、综合性报告和信息简报5798篇，提出审计建议15008条，促成被审计单位制定整改措施614项。很多审计报告资料成为决策的直接依据，成为被审计单位研究解决问题的重要参考。省委、省人大、省政府和审计机关始终把跟踪整改作为一项重要工作来抓，采取多种措施，认真督促有关部门和单位整改纠正审计发现的问题，建立规范管理的长效机制，较好地形成上下联动、齐心聚力、狠抓落实的良好局面。省审计厅上报的《部分市、县（区）城镇污水处理专项资金和政策执行情况审计的专题报告》，引起省政府的高度重视，省长鹿心社作出批示，提出明确的整改要求。省政府根据审计建议，及时出台《江西省城镇污水处理厂运行管理考核办法（暂行）》。全省审计整改工作进度和效果明显好于往年。

（周　波）

口岸管理

【**概　况**】 2011年，全省口岸累计完成进出口货运量200.63万吨、国际集装箱14.27万重标箱，同比分别增长4.53%、10.56%。南昌航空口岸出入境人员6.57万人次，增长14.8%。出入境飞机614架次，增长4.6%。主要特点体现在：一是水运发挥运输主力军作用。九江港进出口货运量再次突破100万吨，增长6.09%。水运全年完成进出口货运165.99万吨、国际集装箱11.72万重标箱，分别增长6.37%、13.05%，水运货运量占全省口岸总运量的82.73%。二是航空客货运量快速增长。赣台直航由每周2班增至7班，呈现客运量高、乘坐率高、票价大幅下降的良好态势。全省全年完成旅客吞吐量660.67万人次，增长17.2%。南昌航空口岸累计完成出入境货物1536吨，增长21.9%。三是铁海联运稳步发展。开通上饶至宁波五定班列，全省铁海联运线路增至12条，江西省货运出海通道全面打通。全年铁海联运发送集装箱超过2万重标箱，增长1倍。

【**出台口岸建设和管理工作指导意见**】 6月，报经省政府同意，由省商务厅、省发改委、省交通运输厅、南昌海关、江西出入境检验检疫局、南昌铁路局等6部门联合出台《关于加强口岸作业区建设和管理工作的指导意见》。这是江西省首个关于口岸作业区规范化管理的指导性意见。指导意见从口岸作业区的申报、审批、项目核准、验收、管理、关闭等方面对江西省口岸作业区建设和管理进行了规范和明确,对于全省开展口岸作业区建设具有很强的指导性和可操作性。

【电子口岸建设进入应用项目开发阶段】 2011年,江西省电子口岸在完成实体平台建设的基础上,全面进入应用项目开发阶段。江西电子口岸"关港联网"系统通过专家组评审,并正式投入使用。电子口岸系统稳定,企业反映良好,港口管理成本同比下降25%,作业效率提高近50%。外贸企业实现7×24小时网上申报,突破时空限制。海关做到了减员增效,达到多方共赢的效果。截至9月,共有注册企业50家,系统已向南昌港发送16.63万票作业计划单,每周平均为1663多票,收到港口回执单近25.59万票,与南昌海关数据交换近11.50万次。作为江西电子口岸九江大通关系统的另一个组成部分,"检港联网"系统开发基本完成,进入测试阶段。"检港联网"系统主要解决九江口岸各查验单位业务系统之间的纵强横弱的现象。通过出入境船舶、集装箱、快件的检验检疫报检、查验、放行和非法检货物快速核放的信息共享,实现口岸出入境货物方便、快捷、全监管的目标。入境货物电子检验检疫系统(简称入境电子闸口)使进口集装箱在港平均堆期减少1.75天以上,其中检验检疫查验的集装箱在港时间缩短2.5天以上。

【加强口岸作业区建设】 全省已建成9个口岸作业区,但现有的口岸作业区建设,大多因陋就简,难以满足海关、检验检疫等部门的监管要求,基本面临被关闭的尴尬境地。省商务厅多次召开海关、出入境检验检疫专题会议,制定专门的支持政策,推进口岸作业区升级改造。截至年底,南昌港水运口岸作业区,赣州、新余铁路口岸作业区,鹰潭、龙南公路口岸作业区等5个口岸作业区已顺利通过海关、检验检疫等部门的验收,占全省口岸作业区的55.56%。对在建的高安铁路口岸作业区、上栗特殊商品口岸作业区严格按照指导意见的要求进行规划、设计、施工、验收。高安铁路口岸作业区正式进入主体施工,上栗特殊商品口岸作业区完成预验收。万载口岸作业区完成前期论证,进入申报审批阶段。科学规划建设新的口岸作业区。"十二五"期间,江西省在规划区域内建设铁路口岸作业区11个,公路口岸作业区5个,水运口岸作业区3个,综合口岸作业区1个,形成南昌、赣北、赣东、赣西、赣中、赣南6个口岸作业区群,实现全方位、多层次、立体式的"集中管理,多点运输"的口岸物流网络大格局。

【拓展散货拼箱业务】 为中小进出口企业搭建便捷通关平台。深化与上海口岸合作,拓展散货拼箱业务,继2010年开通南昌—深圳的散货拼箱业务后,7月正式开通南昌—上海的散货拼箱业务,实现散货的本地报关、口岸分拨,为中小企业解决小批量报关难、成本高的问题。8月,上海高质行国际货运代理有限公司在九江设立分公司,利用其在洋山港的保税仓库开展拼箱业务。南昌—上海的散货拼箱业务较南昌—深圳散货拼箱具有截关时间短(最多两天),船期多,客户易接受等优点,获得企业的肯定和好评。

【深化口岸区域合作】 加强与上海口岸的合作,不断提高通关效率,经过多次协调,海关、检验检疫部门完善报关、报检流程,改进通关、通检服务,进一步提高了工作效率。通过对代理企业的培训,代理报关报检机构业务更加娴熟,报关单据差错率逐步减少,通关过程相对更加顺畅,有效提高了通关速度。通过省市口岸部门、南昌海关、江西出入境检验检疫局、省环保厅等共同努力,与海关总署、质检总局、环保部沟通对接开通第七类固体废料宁波至鹰潭海铁联运通道和"五定班列"事宜取得进展,鹰潭铁路南站海关监管点正在抓紧建设。

【开通上饶—宁波"五定班列"】 2011年,上饶—宁波"五定班列"经铁道部批准,于7月1日正式开行,车次为81116/5次。班列初定每周三列,逢周二、周四、周日18:01从上饶站发运,次日10:44到达宁波北仑港,途经沪昆、萧甬铁路,全程533千米,运行时间16小时43分钟。班列由宁波港铁路股份有限公司经营。上饶—宁波"五定班列"开通后,每个大柜的出口货物可较之前节省成本约2400元。

【发挥南昌保税物流中心平台作用】 南昌保税物流中心支持一批重点进出口企业开展保税物流,全年完成保税物流金额达2.48亿美元,在国家同批次批准建设的17家保税物流中心中,位次靠前,并成功引进企业开展消费类商品保税物流,促进保税物流结构升级。

【拓宽口岸通道】 赣台航线大幅加密,由每周2班增至7班,并引进中华航空。加密后,赣台航线出现"两高一降"好形势,即旅客运量高、乘坐率高、票价大幅下降,赣台线发展良性竞争机制形成。加密和开通多条国内航线,特别是优化西南、西北、东北航线,增开重点旅游城市航线。南昌机场新开石家庄、兰州、呼和浩特等6条航线。加密南昌至西安、哈尔滨、济南等5条航线,通航城市增至37个,每周航班量1004架次,促进了投资便利、经贸往来和文化交流。组织召开航空企业服务重大活动对接会,加密重点地区航班,提升了航空运输对重大活动的保障。畅通水运通道,进出口班轮大幅增开。2010年每周2班至上海外高桥,结束了九江港无始发进出口支线班轮历史,2011年加密至每周4班,彻底解决进出口货物在九江压港问题,畅通了江西省进出口货物水运通道。开辟直达韩国仁川港的首条国际直达始发货运班轮,九江港成为内陆省份首个开辟江海直航的港口,极大方便了江西省与韩国、日本之间的货源运输。新余钢铁股份4000吨板材经九江港直接出口到韩国仁川港,货物运输时间由原来的10~15天缩短为7天,降低了出口企业的综合物流成本。试运行九江港至上海洋山港始发进出口江海直航,减少欧美进出口货物接驳时间,大幅提高欧美货物运输效率。

(付　蓉　邹志清　赵　慧)

海　关

【概　况】 2011年，南昌海关以支持鄱阳湖生态经济区建设为龙头，不断改进海关监管和服务，促进江西经济结构调整和经济发展方式转变，较好地完成了各项工作任务。年内，南昌海关税收入库80.72亿元，同比增长31.99%。监管进出口总值129.2亿美元，增加31.75%，监管进出口货运总量1425万吨，增加2.03%。立案查处行政违法案件120起，案值7414万元，涉税542万元。与上年相比，案件数量、案值分别增长了53.85%、40.17%。缉私补税341.34万元，罚没入库758.15万元。行政案件查处数量创历年查处案件数量之最。

2011年，海关总署署长于广洲、江西省委书记苏荣、省长鹿心社分别专门听取南昌海关工作汇报，并予以充分肯定。副省长洪礼和多次听取南昌海关工作汇报，高度评价海关工作。

落实署省合作备忘录，助推江西经济平稳较快发展。以署省合作备忘录为抓手，进一步优化海关监管和服务，支持江西开放型经济发展。紧贴江西经济发展形势需求，制定出台《南昌海关支持老区扩大开放服务江西科学发展实施方案》，为进出口企业减负增效。密切口岸执法单位的联系配合，加强关地、关企之间的协作配合，与省高级人民法院、省机场集团就加强行政执法协作和优化昌北国际机场进出境旅客通关环境、打造昌北机场国际货运中心等内容签署合作备忘录。搭建海关与进出口企业交流和沟通的平台，推动江西报关协会如期成立，维护企业的合法权益。综合运用国家免税、保税、通关等优惠政策和海关服务措施，主动跟进服务精深铜加工、太阳能光伏、大飞机制造、钨及稀土精加工等特色、优势产业发展。支持和服务鹰潭铜拆解园建设运营，争取增加宁波海铁联运口岸。主动服务第七届泛珠三角区域合作与发展论坛暨经贸洽谈会、赣台经贸合作研讨会、国际瓷博会、城运会等重大招商引资和体育赛事活动，提供海关政策咨询和通关指导。健全和完善鄱阳湖生态经济区统计分析模块和重点敏感商品专项分析机制，定期向省领导和有关部门发出预警信息和积极建议，全年共有42篇统计分析报告和政研文章获省领导批示。全省外贸进出口总值315.6亿美元，增长46.1%，高出全国平均增速23.6个百分点。其中出口218.8亿美元，增长63.1%，高出全国平均增速42.8个百分点，进口96.7亿美元，增长18.1%。

加强政风行风建设，扎实开展“发展提升年”活动。贯彻落实省委、省政府关于开展“发展提升年”活动各项决策部署，优化作业流程，提高审批效率，加强对话沟通，实现服务“零障碍”和通关“加速度”。打造“12360”热线服务品牌，归口受理、统一回复社会各界提出的服务需求，构建便捷高效的政务公开和办事服务平台。重新设置隶属海关岗位全面推行“一窗式办理”“一站式服务”，方便企业办理业务。推行落实政风行风建设特邀监督员制度，建立外聘特邀监督员联络制度，主动接收监督，采纳监督员的意见建议，改进政风行风建设。2011年南昌海关被省委、省政府评为“发展提升年”活动先进单位和“党旗引领致富路、携手共建新农村”定点包扶工作先进单位，九江、吉安、新余海关被中央文明委评为“第三批全国文明单位”，驻高新区办事处被评为全省“工人先锋号”，赣州海关被评为全省“加强职业道德、提升服务效能”主题实践活动先进单位。

【建立综合监管模式】 开展税收调研，主动研究税收形势，科学测算税源，密切跟踪税收走向，落实税收征管责任，有效提高征管能力和征管质量。围绕构筑“舱单、运输工具、监管场所”三位一体监管格局，推进监管场所达标建设，对已建监管场所探索卡口联网工作，推动7个海关监管场所通过达标验收，全省监管场所达标面积超过90%，监管场所验收达标率80%。贯彻风险式管理思想，完善风险管理运行机制，增强风险管理实效。集中开展涉税专项稽查核查，后续管理水平进一步提高。抓好加工贸易“过程管理”，重点做好加工贸易手册延期、深加工结转、剩余料件结转和核销工作，加强边角料、放弃货物的审批和管理。加大加工贸易中期核查和下厂核销等海关监管力度，防止产生逾期未核销手册。进一步促进和便利加工贸易企业内销征税，规范保税货物内销审批。加大对重点敏感商品走私和行业性走私的打击力度，组织开展打击武器弹药走私、木炭出口走私、减免税擅自抵押贷款等专项行动，搭建反走私综合治理平台，推动全省11个设区市设立打私办。

【推进江西口岸大通关建设】 继续推广“属地申报、口岸验放”“赣粤港（澳）”快速转关、海铁联运和深圳梅林口岸陆路属地申报通关模式，进一步健全完善与23个签约口岸联系配合机制，打造“陆、海、空、铁”立体通关体系。主动服务上饶—宁波“五定班列”运行，强化与口岸海关的区域通关联系配合机制。加强与地方党政和口岸联检部门联系沟通，主动帮助解决企业在通关环节遇到的问题和困难。支持昌北机场国际航班开通和加密，介入昌北机场航空货运枢纽中心建设，全面推广出口分类通关改革，开展进口分类通关改革试点，通关效率进一步提高。年内，全省货物应转尽转率达72%，进出口24小时通关率分别为95%和98%，均创历史最好水平。进出口平均海关作业时间分别为3.14小时和0.08小时，继续优于全国平均水平。全年累计监管进出境飞机611架次，增长5.2%，进出境人员6.52万人次，增长13.6%。

【促进特殊监管区域建设】 促成井冈山出口加工区获批。主动服务南昌、九江、赣州出口加工区建设运作，引导符合国家产业政策的高端装备制造业、现代服务业向海关特殊监管区域集中，鼓励高科技、高附加值项目入区。支持南昌保税物流中心做大做强。实施“港区联动”通关模式，简化港口与各类特殊监管区域之间的转关作业流程，方便区内企业办理通关业务。全年，全省加工贸易进出口总值63.91亿美元，增长30.59%，占全省进出口总值的20.3%；全省出口加工区进出口总值15.3亿美元，增长2.73倍；南昌保税物流中心进出口货物5792.2万美元，是上年进出口总值的10倍。

（朱翌华）

出入境检验检疫

【概　况】 2011年，江西检验检疫局共检验检疫出入境货物15.6万批87.4亿美元，同比批次、货值分别增长8.3%和37.8%。查验出入境人员6.57万人次，增长15.5%。健康体检1.09万人次，增长2.2%。艾滋病监测1.08万人次，增长1.8%。预防接种8272人次，增长16.4%。社会体检3543人次，增长27.5%。集装箱检疫6.15万标箱，增长38.1%。飞机检疫610架次，增长14.2%。火车检疫56节，快件检疫1.28万件。把关效能进一步提升。出入境检验检疫不合格1523批1.05亿美元，分别增长22.7%、77%。出境木质包装检疫不合格102批，入境木质包装检疫不合格58批。入境截获有害生物133批224种次，增加27批77种次。机场口岸截获违规携带禁进物101人次105批次，增加50人次29批次。体检检出病例1688人次，检出率为15.4%。完成检测样品1.93万个10.86万项次，检出阳性样品3193个，分别增长69.1%、78.7%和65.4%。

推进精神文明建设。2011年，江西检验检疫局机关、赣州局、宜春局获得“第三届全国文明单位”称号。景德镇局获得“全国质量监督检验检疫工作先进单位”称号，九江局、赣州局、宜春局、龙南办等获得“全市服务开放型经济工作先进单位”称号，上饶局、吉安局、高新办等获得“创业服务年活动先进单位”称号，机关党委荣获党建工作“特别优秀奖”，并先后被国家质检总局和江西省直机关工委评为创先争优活动“先进基层党组织”，保健中心旅行咨询岗被江西省直机关工委、江西省妇联授予“巾帼文明岗”称号，综合技术中心被江西省直机关工委授予“工人先锋号”称号。

不断完善机构设置和基础设施建设。江西检验检疫局萍乡办事处挂牌成立。江西检验检疫局鹰潭办事处综合办公大楼开工建设。

【开展打击食品违法添加和滥用食品添加剂专项行动】 年内，按照“看重、抓实、打狠”的要求，落实4个重点环节、11项具体任务，共组织500多人次对全省163家出口食品、农产品、饲料生产企业进行排查，对全省210家果蔬、茶叶、水产品种（养）殖基地进行清查，对80多家企业提出300多项次的整改内容，对10家不符合管理要求的企业予以吊销或注销处理。

【开展打击制售假冒伪劣产品专项行动】 结合进出口商品监督抽查和日常监管，对进出口服装、汽车配件、手机和大宗出口产品等重点产品展开全面排查。先后出动执法人员560人次，检查企业270多家，检查出口商品1.42万批次，货值达5.27亿美元，查出不合格113批次，货值约26万美元，查处案件1起。

【保障出口食品质量安全】 有效落实出口食品安全风险监控工作，建立企业“食品安全员”制度和企业食品安全风险信息报告制度，根据风险监控结果，科学确定监管重点，约束规范企业生产行为，增强企业质量安全自控能力，避免质量安全事故的发生。全面实施出口食品注册备案管理制度，建立食品、农产品质量保证体系和追溯体系。

【保障供港活猪和水产品卫生质量安全】 针对江西供港生猪、水产品出口迅速发展现状，采取建立重大风险评估机制，实施量化风险管理，严格生产投入品使用监管，提高实验室检测能力等措施，保障供港活猪和水产品卫生质量安全。全省供港活猪年出口达到29.4万头，成为全国第二大供港活猪出口省份。龙南建立新鲜活鱼供港中转基地，江西新鲜活鱼首次实现直供香港。

【应对质量安全突发事件】 应对台湾塑化剂事件。从加强进口食品检验监管和流向追踪，紧急排查出口食品生产企业，做好食品安全风险分析监测3个方面入手，杜绝企业非法添加和滥用食品添加剂的行为，消除食品安全隐患。应对日本核辐射泄漏事件，按照国家质检总局要求做好日本进口货物和入境人员核辐射检验监测和信息上报工作，保障江西口岸安全。

【推进认证认可工作】 围绕鄱阳湖生态经济建设和江西特色产业发展，在南昌、九江、上饶、抚州、赣州的水产品、柑橘、茶叶和供港蔬菜、生猪等优质食品农产品主产区，推动出口食品农产品质量安全示范区建设。婺源茶叶、南丰柑橘、信丰脐橙、定南供港活猪等质量安全示范区已经建成或正在全面建设，经济发展与质量安全双重效益已初见成效。开展有机产品认证示范创建工作，帮扶万载县申报“全国有机产品示范县”，成功跻身全国首批11个“有机产品认证示范区”创建县（市）。加大对外注册推荐工作力度，帮扶瑞金市红都水产食品有限公司等8家企业获得印尼注册，2家低酸罐头企业获得美国注册，1家肠衣企业获欧盟注册，环鄱阳湖7家输韩水产企业首次通过韩国官方现场检查，实现江西水产品出口市场的多元化和高端化。

【加强技术保障能力建设】 围绕地方优势产业发展，进一步完善全省检验检疫技术检测体系，重点推动江西进出口机械电子产品安全检测、新能源产品检测、有机食品检测及江西口岸国家级病原微生物检测等重点实验室建设，实现有效覆盖。紧扣鄱阳湖生态经济区建设战略需要，开展科研制标工作，年内向国家质检总局申报科技项目24项，获国家认监委批复标准的制修订计划项目9项，江西检验检疫局完成的公益项目《烟花爆竹药剂中禁用物质快速检测方法研究及其推广》入选中国·海峡项目成果展。

【促进名优企业提升竞争力】 开展创建“全国知名品牌创建示范区”工作，完成小蓝工业园等3家单位申报“全国知名品牌创建示范区”。向国家质检总局推荐江铃公司为“全国质量工作先进单位”，推荐江铜公司总经理和泰豪科技公司总经理为“全国质量工作先进个人”，江西重点企业的知名度和竞争力得到进一步提升。帮扶江铃出口轻型载货车通过国家质检总局审批获得出口免验资格，实现江西省出口免验零的突破。

（段利平）

城 乡 建 设

本栏编辑 苗建林

综 述

2011年,全省住房城乡建设系统以推进城镇化建设为主线,以保障性安居工程为重点,全力推进全省住房城乡建设事业更好更快发展,为全省科学发展、进位赶超、绿色崛起和建设富裕和谐秀美江西作出积极贡献。

城镇化水平继续保持快速增长。2011年,全省城镇化平均增速为1.64%,新余、吉安、上饶、抚州突破2个百分点,设区市中心城区新增城镇人口30万。市县城区城市建设投入突破4000亿元,创历史新高,全省新增城镇建成区面积80平方千米,新增城镇人口80万,城镇总人口首次突破2000万,城镇化率达45.7%,增长1.64个百分点,高于全国平均增幅水平。

加大保障性安居工程推进力度。2011年,省政府将保障性安居工程建设纳入市县政府目标管理考核评价体系,连续5年省、设区市、县(市)政府逐级签订目标责任书。坚持每周调度、每月通报,两次通过省内主要媒体公布各地开工情况,对进展较慢的市县进行约谈。省住建厅出台《关于加快推进廉租住房、公共租赁住房、经济适用住房"三房合一"的指导意见》。切块下达设区市保障性住房用地5088.53万平方米,中央补助59亿元,省财政安排14.5亿元,从土地出让收益预算安排26亿元,住房公积金增值净收益安排1.5亿元,地方债券中安排30亿元用于保障性安居工程建设。下达住房保障工作奖励资金。全省保障性安居工程开工32.6万套,开工率102%,主体完工17.8万套,完工率56%;实际发放廉租住房租赁补贴16万户,城市和国有工矿棚户区改造项目安置房基本建成50%以上,提前和超额完成国家下达的年度目标任务。农村危房改造首次扩大到全省所有98个县(市、区),改造危房8万余户,开工率100%,竣工率91.2%。

加强保障性住房工程质量监管。施行工程质量分户验收、设立工程质量责任永久性标示牌、推行工程质量安全远程视频监控等"三个百分之百"的质量安全管理,以及"三级审核、三榜公示","公开摇号、公开销售(配租)、电视直播、全程公证"。

完善城乡规划体系。住建部专家组审议并原则通过《江西省城镇体系规划》纲要。各地基本完成全省新一轮城市总体规划修编,11个设区市中心城区近期建设规划通过审查备案。积极推动控制性详细规划编制,设区市近期建设用地控规覆盖率达90%以上,县城达65%以上。编制完成1237个乡镇总体规划,1.5万个行政村村庄建设规划,覆盖率分别达94%和87.5%。

加强城乡绿化和环境建设。城市绿地率、绿化覆盖率、人均公园绿地面积等指标大幅增长,均列中部地区第1位。其中设市城市建成区绿化覆盖率46.62%,绿地率43.2%,均在全国排第1位。加快推进县市排水管网建设,编制完成《江西省县(市)排水管网建设规划》,开展对市、县污水处理厂运行和排水管网建设的督查帮扶。推进垃圾处理设施建设,编制完成《江西省城镇生活垃圾无害化处理设施建设"十二五"规划》,建立城市生活垃圾处理联席会议制度。启动乡镇污水处理设施建设,25个镇进入"十二五"中央财政重点支持项目库,完善乡镇垃圾填埋、焚烧、中转、清运设施设备。南昌、宜春、上栗、余干列为可再生能源建筑应用示范城市(县),获补助资金1.96亿元,列全国第二;6个项目列为太阳能光电建筑应用一体化示范工程,获补助资金8030万元,列全国第五。8个项目获江西人居环境范例奖,4个镇、17个村入选国家历史文化名镇名村,8个镇、村入选全国特色景观旅游名镇(村),17个镇、村入选省级历史文化名镇名村。宜春、新余、赣州、景德镇成为首批省级生态园林城市,南昌、新余、赣州通过国家园林城市复查,全省9个设区市、3个县城评为国家级园林城市(县城)。100个城镇生活污水处理厂99个基本正常运行,总体运行负荷达79.6%,有50个城镇生活污水处理厂通过环保验收。

扎实推进示范镇建设。全省28个示范镇总体规划、控制性详细规划全部完成编制。以规划为先导,以基础设施建设为重点,各示范镇新开工及续建基础设施和公共服务设施项目300多个,进一步拓展镇区发展框架,增强城镇承载能力和辐射能力。28个示范镇新开工产业招商项目120多个,实现生产值和财政收入同比增长50%左右,促进产业、人口集聚。

全力扶持建筑业加快发展。2011年,全省建筑业年产值总量首次突破2000亿元,实现三年翻一番,成为江西省第二大产业;全社会建筑业增加值接近千亿元,占GDP比重高于全国平均水平。全省一级以上企业203家,建筑业总产值78%由亿元企业创造,产业集聚度大幅提高。全省建筑业企业在省外完成建筑业总产值540亿元，增长17%；对外承包工程营业额突破15亿美元，增长26%。

提升建筑市场监管水平。建立健全质量监督标准体系，推进建筑市场监管信息化。评定全省优质建设工程杜鹃花奖39项，省优良工程奖150项，省安全文明样板工地120个。景德镇900号科研设计中心大楼等3项工程获鲁班奖，2011年是江西获此奖项最多的一年。深入开展"安全生产年"活动，加强对施工安全监管，全省建筑安全生产形势整体稳定，并呈现向好发展态势。建筑生产安全事故起数和死亡人数同比有所下降。2011年，全省上报建筑安全生产事故7起，其中较大安全事故2起。加强工程造价监管，在全省推行工程量清单和招标控制价、招标文件计价条款、施工合同计价条款和工程竣工结算备案"四项审查"，实行工程造价信息全省统一审批、统一发布，规范工程造价咨询市场。加强房地产市场宏观调控，出台落实国务院办公厅关于进一步做好房地产市场调控工作的具体贯彻意见，南昌市出台住房限购政策；制定出台《江西省商品房屋租赁管理实施办法》，规范房屋租赁管理工作。全省各级政府和房地产行政主管部门。

加快建立个人住房信息系统。全省80个市、县建成和使用新建商品房网上备案子系统，并与省房地产市场信息监测系统互联互通。全面加强商品房销售管理，完善房地产开发销售信息公示制度。严肃查处违法违规行为并曝光，依法注销422家房地产开发企业资质。建立全省房地产市场情况分析联席会议制度和月报制度。全省房地产市场总体平稳。全省住房公积金当年归集额首次超过百亿元，达到113亿元，同比增长30%，累计归集总额达530亿元，为31.8万个家庭发放住房公积金贷款406亿元，提供廉租住房建设补充资金8.5亿元。

（省住建厅编辑室）

城市规划与建设

【概　况】 2011年，全省11个设区市均成立城市规划委员会，由市委书记或市长担任主任，研究解决城市规划发展和建设的重大问题。各地普遍实行城市规划专家技术审查制度，对事关城市规划、建设和发展的重大问题，注意广泛听取专家和社会各界意见，科学决策、民主决策意识进一步加强。南昌、德兴等11个市（县、市、区）设立一级规划局，宜春、南康等9个市（县、市、区）设立一级规划建设局，九江、瑞昌等2个市（县、市、区）设立二级规划局，吉安设立规划管理处、宜春市设立规划管理办，寻乌等15个县设立规划建设局，全省城乡规划管理人员超过千人。全省现有南昌、景德镇、赣州市3个国家历史文化名城，吉安、井冈山、瑞金、九江市4个省级历史文化名城。

2011年，全省11个设区市中，南昌市设立城市管理委员会，宜春、吉安、上饶、鹰潭4个市设立城市管理局，赣州、九江、新余、抚州、萍乡5个市设立城市管理行政执法局，其中赣州、新余、抚州、萍乡市增设城市管理局。80个县（市、区），有53个设有城市管理局，其余县（市、区）在建设局下设城建监察（城管监察）大队，部分经济开发区设城市管理局。

全力以赴做好全省推进城镇化工作。组织考核，推优评先，省政府授予上饶、新余2个设区市，南昌县等6个县（市、区）为2010年度推进新型城镇化和城市建设先进单位。加大宣传力度，展现各地城镇化发展风采。7月和12月分别组织开展两次推进城镇化和城市建设工作现场督查，采取分片交叉督查形式，取得良好成效。9月和11月组织召开城镇化思路对策研究座谈会，就进一步推进全省城镇化和城市建设工作，加强城镇化思路对策进行研究。

完成全省城市总体规划修编工作。全省城市总体规划修编任务列入省长《政府工作报告》。积极做好城市总体规划的论证和审查工作。完成铜鼓等7个县城总体规划纲要论证以及丰城等5个城市总体规划成果评审工作。全力做好城市总体规划审查报批工作。完成对九江、德兴、丰城、乐平、高安上报省政府审批的5个城市总体规划以及南昌市历史文化名城保护规划的审查。省政府批复新余、景德镇、九江、南康、樟树、德兴等6个城市总体规划。全省新一轮城市总体规划修编工作基本完成。11个设区市已全部完成新一轮城市总体规划修编和报批工作；10个县市和70个县城市总体规划编制工作基本完成。

强化城乡规划管理制度建设。制定出台《江西省建设用地规划条件管理办法（试行）》《江西省城乡规划备案办法》《江西省城乡规划公开公示办法（试行）》《江西省建设工程竣工规划核实管理规定（试行）》等四个规范性文件。维护城乡规划的权威性和严肃性，提高规划主管部门依法行政水平，增强规划的公开性、透明性和公众参与性，切实完善城乡规划制度建设。

【开展容积率专项治理活动】 2011年，省住建厅组成联合调查组，对房地产开发中违规变更规划、调整容积率问题开展专项治理，加大对城乡规划违规违法项目查处力度。进一步开展容积率专项治理违规案件复查工作。调查组多次深入有关县（市、区），对投诉举报项目进行现场调查核实。加大对各地违规项目查处行为监督力度，要求各设区市将违规项目存在问题和处理情况上报省专项治理工作领导小组办公室。

【开展优秀近现代建筑评定和保护】 2011年，省住建厅会同省文化厅在全省组织开展评定和保护优秀近现代建筑工作。3月，省政府办公厅转发《省住房和城乡建设厅、省文化厅开展江西省优秀近现代建筑普查和评定工作的通知》，全省各地申报优秀近现代建筑520处。

【提高城市控制性详细规划编制率】 2011年，全省设区市经批准控制性详细规划备案登记工作全部完成，全省城市控制性详细规划编制率有新的提高。设区市近期规划建设用地控制性详细规划覆盖率达到90%以上，其中赣州、宜春、萍乡、新余等市实现全覆盖，县城覆盖率超过65%。加强近期建设规划审查备案工作。认真组织各市县编制《"十二五"城市近期建设规划》，组织完成全省11个设区市中心城区近期建设规划的评审工作和备案审查工作，有效保证"十二五"推进城镇化和经济社会发展目标及各项重大建设项目及时落实。

【开展重大建设项目规划选址工作】 2011年,省住建厅配合重大产业项目招商引资,完成皖赣铁路(江西段)电气化改造工程、南昌昌北机场跑道延长工程、梦山—安源500千伏输变电工程、溪洛渡—浙西±800千伏直流工程(江西段)、武汉—南昌1000千伏交流输电线路工程(江西段)、南昌1000千伏交流变电站、江西新昌发电厂二期2×1000千伏发电机组扩建工程、南昌—樟树高速公路改扩建工程、溪花山界(赣闽界)—里木高速公路、九江城西港九鼎物流多用途码头工程、国电黄金埠电厂二期2×1000千伏扩建工程、新建瑞昌—九江铁路工程、新建衡茶吉铁路(江西段)工程、抚州客运综合枢纽站工程、宜春市八角亭—杨桥三级公路改造工程、宜春汽车客运总站、昌九高速公路(通远试验段)改扩建工程、梦山500千伏变电站扩建工程、德安白果经林泉—九江县马回岭公路改造工程、星子县神灵湖东货运码头工程、德兴至上饶高速公路工程、江西煤炭储备调运中心建设工程、江西成品油管道二期工程等23个重大项目的选址和专家咨询论证工作,核发国家和省政府确定的重大建设项目选址意见书21份。

【推进全省排水管网规划编制工作】 2011年,省住建厅会同省发改委、省财政厅、省环保厅下发《江西省县(市)排水管网建设规划(2010-2020年)》,明确各县(市、区)近期、中期和远期排水管网建设的具体任务量及投资计划。进一步加大指导各地组织开展排水专项规划编制工作的力度,全省80个县(市)编制排水专项规划,全省城市排水管网建设的科学性和前瞻性得到全面提高。

【九江市等市县荣获国家园林城市(国家园林县城)称号】 2011年,省住建厅组织专家对2011年申报江西省园林城市(县城)的35个市(县)进行帮扶指导、指标测评,对检查中发现的问题,书面下达帮扶检查反馈意见。11月,省住建厅会同省环保厅、省林业厅对符合条件的6个县(市)进行现场考核验收。国家住房和城乡建设部授予九江市、上饶市、修水县国家园林城市(国家园林县城)称号。

【组织人居环境范例奖评选活动】 2011年,省住建厅组织专家对南昌、新余、吉安、九江、宜春、赣州、抚州等7个设区市9个申报江西人居环境范例奖的项目进行考核。天香园景区保护与开发、安福县文化公园、新余市太阳能节能应用等3个项目获得江西人居环境范例奖。

【开展城管执法队伍发展提升年活动】 2011年,全省城管执法队伍开展发展提升年活动。5月,制定出台《关于印发〈江西省城管执法队伍开展"提升四个意识、铸造和谐城管"活动实施方案〉的通知》;7月,印发《关于开展全省城管执法队伍"提升四个意识、铸造和谐城管"活动成效考核暨硬件(装备)达标建设检查的通知》;10月下旬,组织人员分成3个小组对全省11个设区市及部分县(市)城管执法队伍活动开展和硬件(装备)达标建设情况进行检查,编制活动经验总结材料,及时总结推广活动中好经验、好典型,印发活动开展情况通报。积极做好城管执法队伍培训工作。9月,在南昌举办全省城管系统加强和创新社会管理、做好新形势下城管执法工作专题研讨班。9~11月对全省11个设区市的城市管理工作进行暗访,下发暗访情况通报,并把发现的400余个问题制作成光碟下发到各设区市政府,要求限期整改。通过开展发展提升年活动,对促进各地城市管理长效机制起到积极推动作用。

(伍锡论 何师诞)

村镇规划与建设

【概 况】 2011年,全省乡镇域总面积15.89万平方千米,建成区面积14.75亿公顷,村庄用地面积4.84亿公顷。建制镇676个,乡605个,农场35个(不含城关镇和纳入城市统计范围的乡镇),行政村1.68万个,自然村1.63万个。全省村镇总人口3740万人,其中小城镇镇区人口744.95万人,村庄人口2995.13万人。全省村镇建设总投资302亿元,农民建房17.13万户,村镇住宅竣工建筑面积2756万平方米,人均住宅建筑面积37.64平方米。村镇公用设施逐步完善,有618个建制镇、484个集镇、29个农场建有集中供水设施,日供水195.7万吨,覆盖用水人口462.5万人,普及率达62%。建制镇绿化覆盖率达9.46%,集镇绿化覆盖率达9.79%。乡镇镇区共有公共厕所4041座,环卫车辆1981辆。

村镇规划水平全面提升。省住建厅坚持通过高水平规划引领村镇建设科学发展,指导当地贯彻执行住建部《镇(乡)域规划导则(试行)》,引导各地加强城乡统筹和适应新要求,高起点开展乡镇总体规划、控制性详细规划、重点地段修建性详细规划、村庄建设规划等规划编制,加大对专项规划编制的指导力度,举办《村庄整治技术规范》《江西省城乡规划条例》《村镇统计》等培训班,共培训基层村镇规划设计人员600多人次,提高各级村镇规划设计人员的政策业务水平。全省乡镇总体规划和行政村建设规划覆盖率分别达95.5%和85.3%。

示范镇建设成效显现。组织28个示范镇全面完成总体规划、控制性详细规划和三年建设项目计划编制工作,做到高起点规划、高标准建设。省财政安排2800万元示范镇基础设施建设补助资金,省国土资源厅切块下达示范镇新增建设用地计划指标373.33万平方米。4月,省政府召开全省示范镇建设工作会议,把产业发展作为推进示范镇建设重中之重。2011年,28个示范镇共完成国内生产总值289.82亿元,实现财政收入29.65亿元,实现固定资产投资192.98亿元,同比分别增长53.1%、55%和20.43%,镇区人口达62.4万人,示范镇建设的示范效应逐步显现。

历史文化和特色景观保护工作成效突出。2011年,省住建厅、省文化厅组织第四批省级历史文化名镇名村申报审核,整理形成专家评审意见报省政府批准。5月,住建部、国家文物局对江西省国家历史文化名城、名镇、名村保护工作进行检查。7月,住建部、国家旅游局批准九江市庐山区海会镇、吉安市青原区文陂乡渼陂村为第二批全国特色景观旅游名镇名村。截至年底,全省有全国特色景观旅游名镇名村8个,国家级历史文化名镇名村21个,省级历史文化名镇名村67个,处于全国领先水平。

【全面推进农村危房改造】 2011年,国家安排江西省农村危房改造试点扩大至全省范围实施,下达8万余户农村危房改造任务,其中中央财政安排补助资金4.8亿元,省财政配套补助资金2.86亿元,县(市、区)财政配套1.14亿元,合计安排补助资金8.8亿元。省委、省政府高度重视农村危房改造工作,专门召开专题会议部署。省住建厅编制《江西省农村危房改造重建技术手册》《江西省农村危房改造优秀设计图集》和《政策问答》等资料,免费发放到全省各乡镇。8万余户农村危房改造任务全部完成,8.8亿元补助资金全部拨到农户手中,累计完成建房投资达30亿元。全省农村危房改造工作顺利通过住房城乡建设部检查验收。

【加大乡镇环境保护投入】 2010~2011年,全省乡镇(不含城关镇)垃圾处理设施建设共投入7.84亿元,其中投资建设100万元以上垃圾填埋场22个,投资建设20万元以上垃圾焚烧炉217个,投资10万元以上垃圾中转站296个。省财政安排5000万元乡镇垃圾处理设施建设补助资金,下拨至各乡镇。中央财政设立专项资金,对重点流域重点镇"十二五"期间污水处理设施配套管网建设予以支持。深入开展集镇"五整治、三建设"活动。2011年全省有5个乡镇获评江西省人居环境范例奖。截至年底,全省有30个乡镇获评江西人居环境范例奖。

(蔡正杰)

建筑业与房地产业

【概　况】 全省有建筑施工企业3429家。按资质序列分:施工总承包1870家(特级1家,一级135家,二级632家,三级1102家)占54%;专业承包企业1290家(一级74家、二级245家,三级934家,无等级37家),占38%;劳务分包企业269家,占8%。2011年,全省全社会建筑业增加值为980.35亿元,占GDP比重为8.5%。全省建筑业年度总产值为2077.56亿元,首次突破2000亿元,成为全省仅次于有色金属冶炼业的第二大产业,同比增长22.9%。全省建筑业就业人口总数近200万人,占全社会就业人数的7.55%,2011年,全省建筑业完成地方税收142.96亿元,占地方税收23.65%,全省建筑业企业在省外完成建筑业总产值达521.72亿元,约占全部总产值1/4。全省对外承包工程实现营业额15.85亿美元,增长51.92%。

房地产市场调控取得初步成效。省住建厅认真贯彻落实国家房地产市场宏观调控政策,积极推进城市棚户区(危旧住宅区)改造工作,加强房地产市场监管,强化对房地产市场引导和监测,全省房地产业呈现出持续、稳定、健康发展态势。房地产开发投资同比仍保持增长,环比递减。2011年,全省房地产开发完成投资852.69亿元,增长20.6%。全省房地产开发投资增速呈现逐步放缓态势。商品房开发保持稳定增长,竣工面积下降。全省商品房新开工面积3308.49万平方米,增长41.1%;施工面积8210.88万平方米,增长13.6%;竣工面积1777.42万平方米,增长-2.2%。商品房销售萎缩,住宅明显下降。全省商品房销售面积2335.36万平方米,增长-5.44%。全省房地产业地方税收136.02亿元,增长34.6%。全省商品房综合销售价格4083元/平方米,同比增长29.87%;商品住宅综合销售价格3789元/平方米,增长28.06%。全省商品房综合销售价格环比出现回落,宏观调控效果显现,房地产价格过快上涨趋势得到控制。

鼓励建筑企业做大做强。以创"鲁班奖"工程活动为引领,鼓励江西省建筑业企业创精品工程。2010年~2011年全省有5项工程荣获鲁班奖。年初,省住建厅提出扶持全省建筑业50强发展的思路,在业内引起强烈反响。3月11日,组织召开全省建筑业50强暨"走出去"战略发展座谈会,鼓励企业在改革中求发展,做大做强。组成三个建筑业企业负责人代表团,分赴江苏、浙江、上海等建筑业强省(市)学习企业发展经验,为全省龙头建筑业发展提供强大的动力和广阔的发展空间。

建筑科技有新进步。省住建厅组织省内一、二级企业召开"建筑业10项新技术(2010)"宣贯会,并注重新技术在工程中的实践应用。开展省级建筑业新技术应用示范工程申报工作,在全省建筑业企业中引起了科技创新的热潮。分四批进行省级工法评审,批准23项工法为省级建设工法。组织国家级工法申报工作,新型柱锤强夯(置换)法地基处理施工工法等3项工法被审定为国家一级工法,长螺旋钻孔压灌混凝土桩施工工法等10项工法被审定为国家二级工法。

做好清欠工作,维护农民工权益。2011年,省住建厅受理拖欠工程款和农民工工资案件30件,接待民工311余人,解决拖欠工程款356万元,农民工工资235万元。

【评选全省首届"十佳建筑"】 6月3日,省政府在全省开展的江西省第一届十佳建筑评选揭晓。井冈山革命博物馆新馆、抚州文化园汤显祖大剧院、江西艺术中心大剧院、吉安文化艺术中心、萍乡市安源影视城、赣州市博物馆·城展馆、中国井冈山干部学院、九江市中医医院(南院)一期工程、江西省高技术产业发展中心二期孵化大楼和三清映月雕塑,获选江西省第一届"十佳建筑"。

【开展全省建设工程质量安全及建筑市场监督执法检查】 8月上旬,省建厅组织5个检查组分赴全省11个设区市,抽查保障性住房为主的工程项目47个,下发整改通知书27份,执法建议书7份。强化全省工程建设各方主体责任意识,提高全省建设工程的安全和质量管理水平。

【开展工程建设领域突出问题专项整治】 2011年,省住建厅开展严厉打击建筑领域,特别是招投标活动中的违法违规行为专项整治。完善招投标法规制度,加大监管力度,推进电子化招投标,全省建设工程招投标率进一步提高。加强工程造价监管,在全省推行工程量清单和招标控制价、招标文件计价条款、施工合同计价条款和工程竣工结算备案“四项审查”，实行工程造价信息全省统一审批、统一发布，规范工程造价咨询市场。

【落实新建住房价格控制目标】 2011年，省住建厅积极督促、指导各地，合理确定2011年新建住房价格控制目标。全省22个城市在规定时间内，向社会公布2011年新建住房价格控制目标。各地积极落实国家房地产调控政策，采取严格措施，坚决遏制房价过快上涨，确保实现年度房价控制目标。

【加快建立个人住房信息系统】 2011年，全省80个市、县建成和使用新建商品房网上备案子系统，与省房地产市场信息监测系统实现互联互通。省政府朱虹副省长对房地产市场信息化工作作重要批示。省住建厅召开全省房地产市场信息工作会议，表彰33个房地产信息化达标先进单位，部署下一阶段房地产市场信息化工作。

【推进城市棚户区改造工作】 2011年，省住建厅加强对各地进展情况的调度、督导。建立了城市棚户区改造进展情况月报制度。召开部分设区市城市棚改办主任座谈会，对城市棚改进展较慢的地市进行集体约谈。根据省住建厅《关于对全省2011年保障性住房建设开工情况进行督查的通知》精神，6月，对南昌市、抚州市保障性住房建设和城市棚户区改造2010项目进展情况和2011年项目开工情况进行督查，形成了督查报告。9月，对新余市、宜春市、萍乡市三市城市棚户区改造和保障性住房开工情况进行督查。截至年底，城市和国有工矿棚户区改造项目安置房基本建成50%以上。

【宣传贯彻《国有土地上房屋征收与补偿条例》】 2011年，出台省住建厅起草、省政府办公厅印发的《江西省人民政府办公厅关于贯彻落实国有土地上房屋征收与补偿条例的通知》。并举办《国有土地上房屋征收与补偿条例》宣传贯彻培训班，全省各设区市、县(市、区)房管部门领导、拆迁管理部门负责人及拆迁企业负责人共300余人参加培训。开展房屋拆迁专题调研。

（任红丽　胡　娟）

勘察设计与建设科技

【概　况】 2011年，全省工程勘察设计单位380家，其中甲级企业77家；从业人员2.69万人，其中技术人员19.27万人(高级职称人员4921人，中级职称人员7948人，初级职称人员5736人)；注册执业人员3508人，其中注册建筑师668人(一级233人，二级435人)，注册结构工程师573人(一级386人，二级187人)，注册土木工程师(岩土)131人，其他注册工程师2136人。2011年，全省勘察设计企业完成勘察设计合同额43.30亿元，其中，工程勘察合同额7.75亿元，同比增长4.19%；完成工程设计合同额26.17亿元，增长14.84%；完成工程技术管理服务合同额9.38亿元，增长38.9%。

规范勘察设计市场，提高勘察设计水平。省住建厅组织专家，对各设区市进行房屋建筑工程勘察设计质量及外省进赣勘察设计单位的市场检查，进一步规范勘察设计市场，提高工程建设管理和服务水平；进一步提高勘察设计质量，积极做好施工图设计文件审查备案工作，全年完成70个单位工程的施工图设计文件审查备案工作，严把施工图设计审查质量关，对不符合规范要求的设计文件及时提出整改意见，并督促其整改后予以备案，提高为企业服务意识。

开展设计质量评优工作，激励勘察设计行业健康发展。鼓励勘察设计企业树立精品意识，开展并完成第十四次全省勘察设计“四优”评选活动。各勘察设计企业积极参与设计评优，有209个项目获奖，其中优秀工程勘察34项(一等奖5项，二等奖12项，三等奖13项，表扬奖4项)；优秀工程设计167项(一等奖23项，二等奖58项，三等奖68项，表扬奖18项)；优秀工程建设标准设计3项(二等奖1项，三等奖2项)；优秀工程勘察设计计算机软件5项(一等奖2项，二等奖2项，三等奖1项)。

建设科技取得较好成绩。为满足建筑市场需要，依据《推广应用新技术管理实施细则(试行)》，积极组织技术成熟、可靠的建筑节能新产品、新技术在全省推广应用，收到明显节能效果，推广19项节能新技术、新产品，内容涵盖防水材料、墙体材料、节能环保材料等多方面。《建设科技》杂志发行4期，为广大建设企业搭建一个交流平台，取得良好社会效应。

积极参与资源节约型、环境友好型社会建设。11月11～15日，省住建厅参与由省政府联合国家相关部委主办的第二届世界低碳与生态经济大会暨技术博览会，按照江西省建筑节能发展最需要的技术力量，选择太阳能光电、太阳能光热、水源热泵、地源热泵能、岩棉保温材料等国内知名企业前来参展，搭建全省建筑节能事业的发展舞台，推动全省绿色建筑与建筑节能相关产业发展。

【南昌九江两市荣获全国无障碍建设先进城市称号】 12月，南昌市、九江市荣获“十一五”全国无障碍建设先进城市称号。2011年，南昌市、九江市列入“创建全国无障碍建设城市”计划，通过国家住建部、民政部、残联、老龄委4家单位组成的“创建全国无障碍建设城市”检查验收，获此殊荣。

【推进太阳能光电建筑应用】 2011年，全省组织申报国家太阳能光电建筑一体化示范项目15项，获批6项，总装机容量达7.5兆瓦。组织国家可再生能源建筑应用示范城市(县)的申报，南昌市和宜春市获批为示范城市，余干县和上栗县获批为示范县，江西财经大学获批为节约型示范校园，并获得国家相应财政补助，为全省可再生能源建筑应用奠定经济基础，使省建筑节能技术实现多层次、全方位发展。为加快绿色建筑发展，建立相关管理机构和专家委员会，并下发文件在全省开展一、二星级绿色建筑评价标识工作。

（丁庆云　余海浪）

水　利

本栏编辑　苗建林

综　述

2011年,党中央、国务院出台《关于加快水利改革发展的决定》。江西省高度重视,出台《关于加快我省水利改革发展的实施意见》,提出"力争通过5到10年努力,基本建成五大水利保障体系",从根本上扭转水利建设明显滞后的局面"的目标。2011年,全省水利投入总量150亿元,是"十一五"期间年均水利建设完成投资的2.65倍。落实省级配套资金22.29亿元,比"十一五"期间年均落实省级配套资金翻一番。省政府下发《关于落实省级水利配套资金协调会议纪要的通知》,明确"十二五"期间省级每年投入40亿元。

水利工程建设步伐加快。《鄱阳湖区综合治理规划》通过水利部批复,规划环评通过审查。《鄱阳湖水利枢纽项目建议书》上报国家发改委、水利部,进入实质性审查阶段。峡江水利枢纽工程初步设计通过水利部批复,工程累计完成投资近16亿元。伦潭水利枢纽累计完成投资3.95亿元,山口岩水利枢纽工程累计完成投资5.15亿元。浯溪口水利枢纽可研报告获国家批复,顺利奠基。完成五河及鄱阳湖区47座重点圩堤应急防渗处理工程建设。鄱阳湖二期防洪工程第五个和第六个单项建设、设区市城市防洪工程和重点县城防洪工程有序推进。全省农田水利基本建设累计投资171.7亿元,集中用于病险水库除险加固、中小河流治理、小农水重点县建设、灌区和泵站更新改造、农村集中供水工程建设。加强水土保持生态建设,扎实推进水电新农村电气化县建设,有18个县(市)列入水利部"十二五"水电新农村电气化规划;小水电代燃料项目建设稳步推进,新增装机容量8.96万千瓦,年发电量62.87亿千瓦小时。

加大水土保持力度。2011年,《水土保持法(修订)》开始实施。全省共治理竣工小流域56条,完成水土流失治理面积1.2万公顷,其中建设基本农田4375公顷,营造水土保持林2.64万公顷,种植经济果木林1.39万公顷,种草1902公顷,封禁治理10.89万公顷。修筑小型水利水保工程3479座(处)。审批开发建设项目水土保持方案1189个,完成466个开发建设项目水土保持设施专项验收,开展水土保持执法检查2994次,查处水土保持违法案件132起,省级督办查处水土保持案件17起,全省完成30个全国第一批水土保持监督管理能力验收。省政府批复实施《江西省(鄱阳湖)水资源保护工程实施纲要(2011~2015年)》,基本划定全省用水总量、用水效率、水功能区纳污控制"三条红线",明确各项用水指标任务并细化到设区市。取水许可、水资源论证、水资源有偿使用、水权四项制度进一步强化,节水型社会建设推进顺利,水资源监控管理系统建设取得进展,正式成立江西省水资源管理中心。

水利改革与管理有效加强。萍乡、南昌、景德镇、新余等4个设区市完成水务体制改革,机构和人员基本到位。在全国率先出台小型水库除险加固工程、中小型灌区和中小河流治理项目建设质量与安全监督管理办法。初步完成90多个县的乡镇水务站恢复和组建工作,全面完成全省1598个乡镇防办能力建设,加强引进基层人才,大力推广农民用水户协会建设。省政府从2011年起,将水利改革发展纳入对市县政府考核评价体系。

水利科技取得重大进展。鄱阳湖模型试验研究基地、鄱阳湖水文水生态监测研究基地、江西水土保持科研创新基地等"三大基地"建设取得重大进展,被列入省重点工程,实行省部共建。"水利部鄱阳湖水资源水生态环境研究中心"获得水利部批复成立,"三大基地"纳入中心,实行统一管理。"三峡工程运用后对鄱阳湖及江西'五河'的影响研究"通过水利部验收,"鄱阳湖流域节水减污生态农业灌溉研究"等4个科技项目获科技部等国家相关部委批复立项。与澳大利亚合作开展"鄱阳湖非点源营养元素截留与循环利用研究",与美国合作科研项目"鄱阳湖流域农业面源污染生态修复技术研究"正式签约。

(蔡艳萍)

水利工程建设与管理

【概　况】2011年,省水利厅狠抓水利工程建设管理。及时出台病险水库、病险水闸和中小河流治理等项目初设审批指导意见,如期完成年度前期工作目标任务。及时下发《江西省小(2)型病险水库应急除险实施方案》《江西省小(2)型病险水库除险加固工程资金和项目管理办法》。创新建管模式,项目安排引入公开评选新机制,项目实施中实行奖补结合、绩效管理，不断建立健全各项规章制度，充分发挥分片联系、视频调度、约谈、通报等制度作用，有力保证中小河流治理项目顺利实施。

强化工程管理。基本完成编制《江西省水利工程管理员实用手册》。加强大中型水库、水闸和堤防等水利工程管理，按照《江西省水利工程管理考核办法》对全省346个水库、堤防和水闸等管理单位工程管理工作进行全面考核。新干县赣江河道堤防管理局评为省一级管理单位，袁州区飞剑潭水库管理局等28个管理单位评为工程管理优胜单位，萍乡市坪村水库管理局等7个管理单位评为工程管理进步单位。南昌市南隔堤管理处顺利通过水利部复检，被评为部一级管理单位。进一步规范河道及堤防管理工作，《江西省河道（湖泊）岸线利用与管理规划报告》通过专家评审，完成22个涉河项目审批。

加强行业管理。进一步规范水利工程招投标管理，出台加强水利工程监理和勘察设计招标投标工作、规范水利工程招标代理机构招标代理行为等制度。规范水利工程市场监管，将承担水利工程建设施工企业建造师在网上进行公示，对违规人员分别采取致函、约谈、依法给予暂停投标资格等处罚措施，有效遏制小型水利工程围标、串标、转包等违规行为。

工程建设领域专项治理工作进一步规范。按照《江西省水利工程建设领域项目信息公开工作实施方案》，2011年，省水利厅在省政府信息公开专栏公布209条水利项目信息，水利厅网站建立“工程建设领域项目信息公开专栏”，对厅直管20个项目全部信息及非厅管27个项目基本信息进行网上发布。

（黎凤赓）

【实施水土保持工程建设】 2011年，赣江上游国家水土保持重点建设工程在兴国、于都等16个县实施，对80条小流域水土保持综合治理，完成水土流失治理面积2.35万公顷。国家农业综合开发水土保持项目在修水县、星子县等16个项目县实施，对88条小流域综合治理，完成水土流失治理面积1482公顷。坡耕地水土流失综合治理试点工程在高安市和进贤县实施，中央投资2000万元，完成坡改梯1480公顷。崩岗重点治理工程在于都县、赣县等15县（市）实施，治理崩岗433个，治理水土流失面积186.2公顷。小流域综合治理工程在袁州区、铜鼓县等17个县（市、区）实施，治理水土流失面积4567.5公顷。生态清洁小流域工程在渝水区和章贡区实施，治理水土流失面积646.3公顷。生态修复工程在井冈山市和庐山区实施，治理水土流失面积6000公顷。

（钟伟伟）

【完成病险水库除险加固工程前期工作】 2011年，全省列入中央规划的26座大中型病险水库前期工作全部完成。13座水库下达投资计划，4座水库开工，其余水库正在招投标。全省666座列入中央规划小（1）型水库全部开工建设，196座通过竣工验收，其余计划在2012年汛前完成主体工程，2012年完成竣工验收或投入使用验收。全省列入规划小（2）型病险水库6605座，1360座完成初步设计审批，开工建设1064座。

（黎凤赓）

【三项枢纽工程进展顺利】 2011年，峡江水利枢纽工程完成投资15.93亿元。工程大坝主体工程左岸船闸上游引航道开挖工程完成分部验收；右岸厂房泄水闸工程、厂房常年围堰完工；左岸船闸工程二期围堰7月开工。萍乡市山口岩水利枢纽工程累计完成投资4.7亿元。大坝完成212米高程以下碾压混凝土施工及相应高程固结灌浆和帷幕灌浆，浇筑坝高63.5米，完成碾压混凝土约22万立方米。基本完成电站主、副厂房混凝土工程，机电设备正在安装。引水隧洞及取水塔工程土建基本完工。伦潭水利枢纽工程大坝主体工程基本完成，护坝混凝土工程和EL177廊道混凝土工程已全部完成，引水隧洞开挖工程基本完成，支洞开挖及支护工程全部完成。发电主厂房土建工程全部完成，装饰工程正进行中。移民工作基本完成。累计完成投资3.9亿元。

（刘 波 黎凤赓）

【全面完成重点圩堤应急防渗处理工程】 2011年，全省全面完成五河及鄱阳湖区重点圩堤应急防渗处理工程建设任务。项目涵盖南昌、九江、上饶等8个设区市，22个县（市、区）的47座重点圩堤。累计完成深搅防渗墙65万平方米，高喷防渗墙6.35万延米，射水造墙21.5万平方米，填塘压浸1268万立方米，防渗处理堤线堤段900段，堤线长500千米。

【加快鄱阳湖区二期防洪工程建设】 2011年，鄱阳湖区二期防洪工程第五个、第六个单项工程进展顺利。第五个单项封闭圈建设为该单项后续项目，2010年，由江西省自筹资金启动，安排施工标段9个。2011年完成土方回填422万立方米，混凝土护坡10

江西省历史上规模最大的水利枢纽工程——峡江水利枢纽工程施工现场全景　　省水利厅供稿

万立方米，混凝土浇筑4.2万立方米，完成合同工程投资2.29亿元。

（袁晓峰）

【基本完成中小河流治理工程】 2011年，41个试点项目（吉水县同江河南堤尚贤水西段农田防护工程已取消）完成投资8.61亿元，占批复投资的90%；基本完工项目有38个，完工率93%；完成验收项目有13个。72个2011～2012年实施项目中有45个项目开工，完成投资1.95亿元。

（熊冲玮）

【加快农田水利建设】 2011年，全省农田水利基本建设累计投资171.7亿元，农民投入1.85亿个劳动日，出动机械1245万个台班，完成土石方2.5亿立方米，修复水毁工程1.5万余处，新增防渗渠道2.64万千米，新修固堤防1305千米，疏浚河道1200千米，加固水库1534座。新增和改善灌溉面积8万公顷，恢复灌溉面积30万公顷，新增和改善除涝面积5万公顷，新增旱涝保收面积6万公顷。

【推进农村饮水安全】 2011年，全省着力推进农村饮水安全规模化发展，建成436处农村饮水安全集中供水工程，其中千吨万人及以上规模工程170处，解决220.24万农村居民和30万农村学校师生饮水安全问题。

（陈 强）

防汛抗旱

【概 况】 2011年，江西省降雨异常偏少，上半年发生历史罕见的春夏连旱，六月初旱涝急转，部分地区遭受严重洪涝灾害。汛情旱情主要有3个特点：降雨异常偏少，江河水位偏低；春夏连旱，历史罕见；旱涝急转，局部地区洪灾严重。全省平均降雨量1271毫米，比多年均值少22%，排有记录以来倒数第五位，特别是1～5月，全省平均降雨量422毫米，比常年少48%，为历史同期最少。4、5月份，赣、抚、修等水系有17条河流21处河段出现历史最低水位，鄱阳湖水位有45天低于历年同期最低值。受降雨偏少影响，4月赣南地区开始出现旱情，赣江下游因水位低，农业灌溉受到影响。5月旱情蔓延，尤其是鄱阳湖地区，大片湖滩地湖池干涸，成了“大草原”，生态受到严重影响，渔业遭受重创。6月初旱涝急转，全省先后出现4次强降雨过程。乐安河发生超历史大洪水，虎山站洪峰水位超警戒5.18米，比有记录以来最高水位还高0.45米。乐平市续湖联圩、牌楼圩、西湖联圩洪水漫顶，进水受淹，德兴、修水等地发生严重山洪地质灾害。

6月2日，国务院总理温家宝视察鄱阳湖区指导抗旱救灾，在武汉召开长江中下游5省抗旱工作座谈会。6月11日，中共中央政治局常委、中央政法委书记周永康致电了解江西汛情灾情。水利部部长陈雷多次致电江西指导防汛工作；国家防总紧急调运物资支援江西抗灾。省委书记苏荣指示要“最大限度地避免和减少人员伤亡，最大限度地避免和减少国家和人民群众财产损失”。在全省上下共同努力下，成功应对历史罕见的春夏连旱和旱涝急转。2011年，全省转移群众46.3万人，解救被洪水围困群众15.08万人，避免1.34万人伤亡，减灾效益39.07亿元。全省无一座城市进水受淹，水库、圩堤无一垮坝。

【成功应对“旱涝急转”】 2011年汛初，江西省遭遇历史罕见的春夏连旱，进入6月份，旱涝急转，连续遭遇4次强降雨袭击，部分地区发生严重洪涝灾害。在抗击春夏连旱中，及时启动抗旱Ⅳ级应急响应，通过打井、应急提水、送水等措施，及时解决农村33万人临时饮水困难问题；通过开挖水渠、疏浚渠道、购置移动水泵、二次提水等措施，发动广大群众积极抗旱救灾，最大限度地减轻农业损失。在抗击旱涝急转、局部超历史大洪水时，及时启动防汛Ⅲ级应急响应，紧急调拨资金、物资、设备，科学调度水库，奋力抗洪抢险救灾，紧急转移群众46.3万人，把灾害损失及人员伤亡减小到最低限度。德兴、乐平市在遭遇有记录以来最大洪水时，未垮一库、未倒一坝、未死一人，省委书记苏荣称赞为“抗洪抢险史上了不起的创举”。

（郑文龙）

水资源管理

【概 况】 2011年，全省年平均降水量1303.6毫米，属枯水年份。地表水资源量1018.94亿立方米，地下水资源量315.24亿立方米（其中与地表水资源量不重复计算量18.94亿立方米），水资源总量1037.88亿立方米。总供水量与总用水量持平，为272.17亿立方米。人均用水量为606立方米，万元GDP（当年价）用水量235立方米，万元工业增加值用水量108立方米，农田灌溉亩均用水量629立方米，农业灌溉水有效利用系数0.49，林果灌溉亩均用水量193立方米，鱼塘补水亩均用水量391立方米。城镇居民人均生活用水量每日159升，城镇人均公共用水量每日61升，农村居民人均生活用水量每日94升。

全省主要河流评价河长5928千米，河流水质全年Ⅰ类水占0.7%，Ⅱ类水占65.1%，Ⅲ类水占22.2%，劣于Ⅲ类水占12%。鄱阳湖全年水质优于Ⅲ类水面积占评价面积9%，劣于Ⅲ类水面积占评价面积91%。全省评价柘林水库、万安水库和江口水库，全年水质均优于或符合Ⅲ类水。省界水体14个断面，有13个断面，全年均优于或符合Ⅲ类水，寻乌水斗晏断面，全年均劣于Ⅲ类水。11个设区市27个主要供水水源地水质均合格。2011年，全省废污水排放量37.68亿吨，其中城镇居民生活废水排放量8.92亿吨，占总排放量23.6%；第二产业废水排放量26.36亿吨，占总排放量70%；第三产业废水排放量2.41亿吨，占总排放量6.4%。

水资源管理进一步加强。2011年，全省审查建设项目水资源论证报告书（表）159个；颁发（换发）取水许可证647份，许可取水量112.1亿立方米/年；办理取水许可权转让12个，转让水量1.62亿立方米/年；开展水资源专项执法检查活动，全年查处水资源违法案件22起；完成对年用水量超过1000立方米高耗水服务行业的调查摸底登记工作。成立省水资源管理中心和萍乡市水资源管理中心。

水资源保护工作取得进展。完成

全省分设区市水域纳污总量核定工作;完成《江西省21世纪前10年地表水资源质量变化情况调查评价报告》,开展全省446个省级水功能区水质状况监测评价,达标率为88.1%。水环境监测能力建设一期工程全面完成,累计投资4000多万元,完成1个省中心和8个分中心水质分析化验室的建设和改造,以及蛇山水文水资源自动监测站的建设。启动全省重要饮用水源地达标建设。基本完成《江西省城市饮用水源地安全保障规划实施方案》编制工作。完成《东江源水生态修复与保护规划》《鄱阳湖生态经济区水资源保护规划》编制和上报工作。

【基本划定水资源管理“三条红线”】 2011年,全省主要江河水量分配和细化工作全面完成,划定全省用水总量、用水效率和水功能区纳污总量控制红线。《江西省(鄱阳湖)水资源保护工程实施纲要(2011~2015年)》经省政府批准实施。《纲要》明确,到2015年,全省用水总量控制在300亿立方米以内;全省一级水(环境)功能区达标率85%以上,二级水(环境)功能区达标率80%以上,其中饮用水源区达标率100%,总达标率83%以上,鄱阳湖湖区水(环境)功能区达标率90%,水质常年稳定在Ⅲ类以上;万元工业增加值用水量较上年降低30%,控制在120立方米以内,农业灌溉水利用系数达到0.5以上。

【节水型社会建设取得新成效】 全省在全国率先完成工业、城市生活及农业灌溉用水定额的制定和修编工作,并于10月1日正式实施。编制完成《全省“十二五”节水型社会建设规划》,报省政府待批。萍乡市节水型社会建设试点工作全面完成。南昌市节水型社会建设规划已经省政府批复,节水型社会建设工作全面展开。景德镇市节水型社会建设试点工作通过水利部组织中期评估。第一批省级节水型社会建设试点湘东区通过省里组织的验收。第二批省级节水型社会建设试点的8个县(区)正在有序开展工作。节水型高校创建活动由南昌市扩展到九江、宜春、抚州等地高校。南昌、景德镇、赣州节水办完成建制划转水利(水务)部门,新余、九江等地积极争取划转和设立节水工作机构。

(何　力)

水政监察

【概　况】 2011年,全省完成《江西省河道采砂管理办法》修订,开展新《水保法》实施办法、《江西省农田水利条例》《江西省水能资源开发利用管理办法》《江西省取水许可和水资源费征收使用管理办法》《江西省防洪保安资金筹集使用管理办法(修订)》和《江西省河道工程修建维护管理费征收使用办法》的相关调研工作,《江西省水文条例》《江西省用水总量控制管理办法》开始起草。完成行政强制法和非许可审批项目清理工作。

推进水利依法行政。构建网上审批和电子监察系统,制定重大产业项目行政审批绿色通道制度。制定印发《江西省水利系统法制宣传教育第六个五年规划》,联合省人大农委、省政协人口资源环境委、南昌市水务局举办“世界水日”“中国水周”大型现场宣传活动。按照《江西省2010~2015年水政监察基础设施建设规划》,完成7个支队,15个大队执法装备配置工作,省水政总队南昌执法基地建设项目可行性论证工作启动。联合省政府法制办、省农业厅对共库违法拦汊筑坝进行调查,督促指导乐平市、修水县等地拆除违法拦汊筑坝,开展水资源专项执法检查和河湖管理执法检查活动。加大涉砂信访督办力度,受理督办涉砂信访23件,办理反馈20件。

【加强河道采砂管理】 2011年,全省制订《江西省河道采砂管理督查、通报、考核、问责制度》,修订可采区现场监管办法和砂石资源费征收使用管理办法。恢复成立“江西省河道采砂管理领导小组”。扩大联合流动执法点的执法范围,将河道采砂管理列为水利改革发展考核。按照水利部和交通运输部要求,扎实开展长江涉砂船舶治理年活动。减少采砂船舶、压缩沿江砂场、打击偷采行为,全年查处偷采船舶79条,罚款110余万元;开展过剩采砂船舶转产淘汰工作。

(郭　明)

地方电力

【概　况】 2011年,江西水能理论蕴藏量684.56万千瓦,100千瓦以上技术可开发量633万千瓦,开发水电装机400.7万千瓦,占可开发水能资源63.3%。全省地方电力完成投资3.7亿元,新增装机容量8.96万千瓦(净增装机容量5.21万千瓦),年底装机容量275.39万千瓦,年发电量62.87亿千瓦小时,地方电力系统(水电站)拥有固定资产146亿元。

【全省建成24个水电农村电气化县】 2011年,水利部印发《关于批准平山等432个县为“十一五”水电农村电气化县的通知》,江西省井冈山市、瑞金市、崇义县、奉新县、铅山县、铜鼓县、芦溪县、浮梁县、婺源县、大余县、安福县、安远县、上犹县、遂川县、永丰县、资溪县、武宁县、吉安县、莲花县、黎川县、寻乌县、全南县、万载县、万安县等24个县(市)被正式批准为全国“十一五”水电农村电气化县。

【水电新农村电气化规划进展顺利】 2011年,根据水利部《关于印发“十二五”全国水电新农村电气化规划的通知》,江西省铜鼓、安福、崇义等18个县(市)列入全国“十二五”水电新农村电气化规划县。通过5年建设将新增水电装机24.5万千瓦。18个县编制完成了电气化县建设《实施方案》,并经省水利厅和省发改委审查和批复。

【成立江西省小水电行业协会】 11月10日,江西省小水电行业协会在南昌正式挂牌成立。

(李佐云)

自 然 观 测

本栏编辑　苗建林

气　象

【概　况】 2011年,省气象局全面贯彻中国气象局和省委、省政府决策部署,围绕提升"四个能力",大力发展现代气象业务体系,气象灾害监测预警、公共服务、现代化建设、社会管理等均取得显著成效。省政府办公厅出台《江西气象事业"十二五"发展规划》,制定未来五年江西气象事业发展规划;省政府出台指导意见,江西气象为农服务"两个体系"建设列入政府绩效考核和公共财政支持范畴;中国气象局与江西省政府签署省部合作协议,共同提升江西气象防灾减灾能力;省政府对气象探测环境改善规划立项,一大批基层气象台站基础设施建设、探测环境将得到大幅改善;气候可行性论证列入非行政许可审批事项;全年汛期趋势预报准确,重大灾害性天气过程全部准确预报,气象服务政府满意度和公众满意度显著提升。气象公共服务、社会管理能力进一步提升。

气象公共服务效益显著。2011年,江西天气气候呈现两大特点:降水总体偏少,汛期降水前少后多。与年初预测汛期雨量全省偏少并有降水集中期的预报结论吻合,省气象局对全年18次区域性重大天气过程全部准确预报。强化部门联动机制,发挥气象部门作用,制定气象灾害防御部门联动和社会响应指南机制,汛期向联动部门预警3次,两次率先省防总启动和解除应急响应,省领导及有关部门根据气象信息紧急部署防汛抗旱6次,启动应急响应2次。预警信息发布传播更加高效,完善预警信息广播电视插播制度和手机短信"绿色通道"全网发布机制,广播电视插播预警信息1500余次,发布手机预警短信1.2亿人次。人工影响作业效益明显,首次启动赣粤闽跨省跨空域飞机人工增雨作业,全年实施飞机作业开展地面抗旱、防雹、森林防灭火,产生直接经济效益17.7亿元。重大活动气象服务保障有力,圆满完成"七城会"圣火采集和传递、体育比赛、开闭幕式等活动气象保障服务;开展中考、高考、红博会气象服务。气象服务得到各方赞誉,社会公众满意度达85.2%,较上年大幅提升。省领导批示14次,省政府办公厅、省防总、省国土厅、武警等单位和红博会、七城会组委会致函感谢。并在全国公共气象服务考评中名列第三。

社会管理能力显著提高。政府规章《江西省雷电灾害防御办法》通过省政府常务会议审定,气候可行性论证被列为非许可行政审批事项。注重争取省人大、省政协就气象行政执法、探测环境保护、高速公路气象灾害监测预警、"两个体系"建设、防雷减灾等专题调研,推动解决一批事关发展大局的重大问题。推进气象行政执法体制改革试点。

2011年,省气象局在全国气象部门综合考评中名列第四,获得特别优秀单位;气象服务得到省委、省政府通报表彰,获得发展提升年活动先进单位和第三届全国文明单位称号。

【"十二五"规划支持政策和项目落实】 2011年,省政府办公厅印发《江西省气象事业发展"十二五"规划》,将气象规划、政策、气象防灾减灾综合保障工程和鄱阳湖流域气象灾害应急示范工程,纳入全省"十二五"发展规划纲要。为落实规划,省政府出台一系列相关政策,5年内安排资金1.4亿和气象台站用地;对气象台站探测环境进行改善。各地政府承诺落实气象台站用地及配套经费200万元以上,减免建设规费,新址探测环境永久保护,各台站原有办公楼、职工宿舍保留不动等优惠政策;一批重大项目得到落实。"江西省高速公路气象监测预警系统"项目建议书获得省发改委立项,项目总投资8900万元;乡村气象服务专项纳入省级公共财政支持范围。

【省政府与中国气象局签署省部合作协议】 10月13日,省政府与中国气象局在南昌签署《中国气象局·江西省人民政府共同推进江西气象防灾减灾能力建设合作协议》。江西省委副书记、代省长鹿心社,中国气象局党组书记、局长郑国光分别代表江西省人民政府,中国气象局在协议上签字。江西省副省长姚木根和中国气象局党组副书记、副局长许小峰等领导出席签字仪式,省政府秘书长谭晓林主持仪式。省部合作协议将在气象防灾减灾综合保障工程、鄱阳湖生态经济区气象灾害应急示范工程、完善气象灾害防御体制机制、加强气象科技创新能力、依法强化气象社会管理等五个方面,共同推进江西气象现代化建设。

【建设气象"两个体系"为农服务】 2011年,省气象局建设农村气象灾害防御体系、农业气象灾害防御服务体系。建成采用电视、广播、网络、短信、报纸、电话、电子显示屏、微博、墙报等方式的气象预警信息发布系统，提高农村气象信息发布覆盖面。健全应急减灾组织体系，组建气象灾害涉灾部门联络员队伍，建成674个乡（村）气象信息服务站（点），建立1.97万人组成的气象信息员队伍，完善农村气象灾害防御机制。

【实施飞机跨省作业人工影响天气】 2011年，首次启动赣粤闽跨省跨空域飞机人工增雨作业。全年实施飞机作业22个架次，开展地面抗旱、防雹、森林防灭火作业1563次，产生直接经济效益17.7亿元。

【科技创新出成果】 2011年，省气象局实施科技创新体系建设执行计划和天气、气候、观测、应用气象等四个重点领域科研计划，完成省气科所发展试点示范实施方案。年内批准立项14项，组织重点科研21项；在省科技厅登记成果5项，中国气象局备案5项。获省科技进步二等奖1项、三等奖2项，省农科教奖二等奖1项、三等奖4项。10多项科研成果在业务中应用。“七城会”手机气象服务业务系统—“风云”通过苹果公司注册审核。

【江西省2011年十大天气气候事件】 (1)1～5月，降水异常偏少，出现近60年来最严重干旱。赣江、抚河、修河部分干支流出现历史最低水位，鄱阳湖水域面积异常偏小，鄱阳湖鱼卵繁殖期明显缩短，渔业严重受创。(2)6月，江西北部出现罕见旱涝急转。部分地区出现特大暴雨、洪涝、山洪、山体滑坡灾害，修河、饶河出现超警戒水位，乐安河出现超历史记录特大洪水。(3)1月，雨雪天气频繁，气温创近35年以来新低，全省农业因灾直接经济损失达20.32亿元。(4)9月下旬，寒露风范围广，灾害等级高，全省寒露风等级为中度，对晚稻产量造成不利影响。(5)7月上旬，持续高温，不利早稻灌浆乳熟，全省先后有58县市达轻度以上高温逼熟天气灾害指标，16县市为重度，对粮食产量造成影响。(6)7～8月，三轮晴热温，导致全省电力负荷大幅攀升，电网第9次刷新当年用电记录，再创历史新高。(7)5月下旬，遭遇“小满寒”灾害，日平均气温为历年最低，造成进入幼穗分化期的早稻分蘖速度减缓。影响粮食产量。(8)秋季，受冷空气和热带系统外围环境共同影响，出现两次区域性暴雨过程，降雨量为历史同期罕见，局部地区遭灾。(9)秋冬季，中南部频繁遭遇雾霾天气，对交通、人体健康产生不利影响。(10)11月下旬，频繁遭遇强冷空气侵袭，全省气温迅速下降，秋冬季节快速转换，感冒、心血管等患者迅速增多。

（邓晓明）

水 文

【概 况】 2011年，江西省气候异常，全省平均降雨量1271毫米，比多年均值偏少21%，属较旱年份。其中，1～5月降雨比常年少5成，为历史同期最少；4月、5月平均流量均为有记录以来最小值；赣江、抚河枯水程度仅次于1963年同期；鄱阳湖出现异常低枯水位，全年仅有43天水位高于同期多年均值。汛期(4～9月)，全省平均降雨量920毫米，较多年均值(1086毫米)偏少15%，全省出现16次明显降雨过程，8次强降雨过程，单站累计最大降雨量为婺源县鄣山站2231毫米，最小降雨量为吉安县青原站609毫米。6月份，赣北旱涝急转，乐安河出现超记录大洪水。

赣江上游贡水、濂水、桃江及下游支流锦江，抚河临水上游、信江及支流白塔河，饶河、修河、潦河共15条河22个站发生超警洪水，其中乐安河发生超历史大洪水。乐安河中游香屯站6月15日22时16分洪峰水位43.56米，超警5.56米，超历史记录0.45米，实测洪峰流量7470秒立米，超历史最大流量440秒立米，水位、流量均列有记录以来第一位。下游虎山站6月16日10时30分洪峰水位31.18米，超警5.18米，超历史记录0.45米，相应洪峰8080秒立米，列有流量数据记录以来第二位，经频率分析该次洪水约为30年一遇。

2011年，全省水文系统4～9月接收、处理、转发雨水情信息1220万份，编写报送呈阅件、雨水情信息等汇报材料66期，水情通报183期，发送短信5000多条。

【建设全省中小河流水文监测系统】 12月16日，全省中小河流水文监测系统建设开工典礼在靖安县举行。根据《全国中小河流水文监测系统规划》，国务院批准江西省222条中小河流水文监测系统建设，总投资6亿元，分3年建设。其中中央投资3.0亿元，地方配套3.0亿元。

【建成蛇山水量水质自动监测站】 6月1日，鄱阳湖水文生态监测实验研究基地蛇山水量水质自动监测站建成，并正式投入运行。作为鄱阳湖水文生态监测实验研究基地重要组成部分，自动监测站实现水量、水质、水生态信息自动采集与分析，监测信息可通过网络发送至鄱阳湖水文局和省水文局。

【编制完成《鄱阳湖基础地理测量湖流与水质实验技术报告》】 2011年，全面完成鄱阳湖湖区水文测量工作及《鄱阳湖基础地理测量湖流与水质实验技术报告》的编制。三、四等水准测量1166千米、1:10000湖区数字地形测量1023平方千米、1:5000吴城国家级自然保护区数学地形测量270平方千米，完成不同水文条件下水位～面积、水位～容积关系分析计算工作，提交分析计算和成果报告，并通过验收。

【编制完成《全省水文水资源监测预报能力建设规划》】 2011年，《全省水文水资源监测预报能力建设规划(2011－2020年)》编制完成。规划确定江西未来十年水文能力建设发展路线，构筑全省“一个平台、四大体系、九个中心”现代化水文建设战略格局。

【《DF活体浮游植物及生态环境在线监测系统在鄱阳湖的运用》项目开始监测】 2011年，水利部“948”科技项目《DF活体浮游植物及生态环境在线监测系统在鄱阳湖的运用》项目在鄱阳湖蛇山安装调试完成，并进行在线监测。开创鄱阳湖水量、水质、水生态在线监测第一站，为全面开展鄱阳湖水量水质同步监测、水生态监测提供技术借鉴、积累经验,为永保鄱阳湖“一湖清水”提供技术支撑。

（陈福春）

地震工作

【概　况】 2011年,全省地震系统牢固树立全面预防观,深入贯彻《防震减灾法》和《江西省防震减灾条例》,全省防震减灾工作取得新进展。省地震局积极服务鄱阳湖生态经济区建设,推进地震安全民居工程,城市防震减灾工程和防震保安建设工程的3项目纳入《省国民经济和社会发展第十二个五年规划纲要》。联合省发改委印发《江西省“十二五”防震减灾规划》。省发改委对江西省“十二五”防震减灾重点建设项目—“江西省防震保安服务工程”项目建议书进行论证。专家组一致同意通过项目建议书。

强化市县地震工作机构队伍建设。全省8个设区市获批独立设置正处级地震工作机构,32个县(市、区)获批独立设置正科级地震工作机构。省地震局制定《贯彻落实〈中国地震局关于加强市县防震减灾工作的指导意见〉实施方案》,落实省财政专项支持经费,有力指导推进“六个一”“九个一”工程实施。

扎实推进“3+1”体系建设。出台《贯彻落实中国地震局加强监测预报工作意见的实施方案》,深化监测预报目标考核。完成建党90周年和第七届全国城市运动会震情保障服务。加强速报和台网运维保障,全年测震、前兆、强震动台网和信息网络运行率保持97.5%以上。依法实施40余项行政许可,5个设区市和31个县出台《建设工程抗震设防要求管理办法》,全省0.05g及以上地区89%的县市机构进驻行政服务中心联审联批。全省建成地震安全示范社区12个,科普示范学校123所,国家级科普教育基地3个,省级科普教育基地7个,地震安全民居示范点680个,惠及农户3.3万户。修订实施《救援队伍建设三年规划》,落实装备保障经费,开展分级分类培训400人次。成立武警江西总队应急救援队;与省政府连通应急平台;与广电局建立地震信息发布绿色通道。指导推进各地建成174个应急避难场所,开展地震演练50多次,20多个市县成立地震救援队,6个设区市建成地震应急指挥中心。

【高效有序应对瑞昌——阳新地震】 9月10日23时20分,瑞昌市与湖北省阳新县交界处发生4.6级地震。省委书记苏荣,省委副书记、代省长鹿心社和中国地震局局长陈建民等领导高度重视,先后作出重要指示。地震发生后,省地震局积极协助九江市政府和瑞昌市政府,迅速行动、高效应对。省政府启动省应急预案三级响应的建议,省地震局启动应急预案二级响应。震后主动引导社会舆论,通过各级各类新闻媒体发布震情信息,指定专人对网络舆情进行跟踪处置,发布手机短信400多万条稳定民心。震后50分钟,派出现场工作队赶赴地震现场,开展震情监视和震情影响调查。震后2小时,提出较为准确的震情趋势判断意见,及时对外公开发布,有效维护社会稳定。11日上午,副省长谢茹代表省委、省政府,深入瑞昌震区,指导应急处置工作,看望慰问群众和地震现场队人员,对此次地震应急处置工作给予高度肯定。

【省人大常委会全票通过《江西省防震减灾条例》】 3月30日,省第十一届人大常委会第二十三次会议全票通过《江西省人民代表大会常务委员会关于修改〈江西省防震减灾条例〉的决定》。《条例》进一步明确各级政府和部门的法定职责,完善抗震设防要求监管、次生灾害防范等法律制度,实现与《防震减灾法》全面衔接。这是自2007年第一次修订后再次修订。

【防震减灾应急指挥中心扩建工程通过验收】 11月9日,省防震减灾应急指挥中心主体工程通过验收。省地震局从组织协调、资金落实、工程监管等方面全力推进省防震减灾应急指挥中心暨台网加密与扩建工程建设。工程于2010年11月10日开工,主体建设的同时,形成技术系统深化设计方案。

【2011年江西地震活动情况】 2011年,江西省境内共发生ML1.0级以上地震148次,其中ML1.0~1.9级地震121次,ML2.0~2.9级地震24次,ML3.0-3.9级地震2次,ML 4.0级以上地震1次,(9月10日瑞昌—阳新ML4.9级地震)。地震活动呈现的特点:水平较上年度增强,截至12月31日,记录到ML1.0~1.9级余震38次,ML2.0~2.9级余震9次,ML3.0~3.9级余震1次;主要集中在中西部地区,北强南弱的格局不变;赣南小震频次较上年有所增加,强度仍较弱。截至年底,ML3级以上地震平静75个月,ML2级以上地震也相对缺乏,表现为显著平静。

（刘圣炳）

测　绘

【概　况】 2011年,全省测绘系统紧紧围绕“构建数字江西、监测地理国情、发展壮大产业、提高保障水平”总体战略,突出重点,狠抓落实,各方面工作取得显著成效。

服务鄱阳湖生态经济区建设取得新成绩。认真落实省政府与国家测绘地理信息局签署的《鄱阳湖生态经济区建设测绘保障服务合作协议书》,进一步推进“加强省级地理信息公共服务能力建设实施方案”实施。完成鄱阳湖基础地理测量工作,并通过技术验收,为进一步摸清鄱阳湖“家底”提供准确详尽的测绘成果资料,受到省领导及有关部门充分肯定和高度赞扬,省委书记苏荣批示“省委对测绘工作是满意的”。专供省委常委阅读的《今日信息汇要》7次登载测绘工作信息。

数字城市建设走在全国前列。全省11个设区市有8个开展数字城市建设,其中宜春、萍乡、新余、吉安4个设区市纳入国家局数字城市建设试点,景德镇、鹰潭、上饶、赣州4个设区市成为推广城市。数字南昌获南昌市政府批准,正组织申报材料,拟申请为试点城市,抚州、九江两市正在积极申报中,新增井冈山市为全省首个开展数字城市建设的县级市。宜春市数字城市试点被授予“数字城市建设示范市”，萍乡、新余两市通过国家验收。江西省数字城市建设走在全国前列，成为宣传江西的一个重要窗口和载体。

地理国情监测积极起步。开展鄱阳湖生态经济区核心区地理国情监测，利用无人机对旱灾严重的新建县南矶乡和地质灾害严重的修水县黄龙乡进行监测，为抗灾救灾提供及时准确的地理信息数据，受到国土部副部长、国家测绘地理信息局局长徐德明及省有关领导的充分肯定和高度赞扬，徐德明称赞，这是一次应急保障任务，也是一次实战演练，更是监测地理国情的最好事例。

测绘行政管理明显加强。开展全省地理信息市场专项整治“回头看”活动，全年查处2起出售“问题地图”玩具、地球仪等违法违规事件，对余干等地多处濒临破坏的测量标志进行及时维护。加强军地融合，与南京军区司令部作战部签订《关于加强测绘成果共享与合作协议书》，在3月召开的全国军地测绘融合工作经验交流会上，省局作为全国军地融合工作突出的3个地方局之一，作典型发言。省局与鹰潭市政府联合举办“8.29”测绘法宣传日江西省主场活动，并召开座谈会。

测绘保障服务能力不断提升。成功编制色地图、第七届泛珠三角区域合作与发展论坛暨经贸洽谈会精品地图，指导南昌市测绘地理信息部门编制了第七届城市运动会地图。红色地图标明江西160多个红色旅游景点，集中反映出安源、南昌、瑞金、井冈山“四大红色摇篮”，有助于进一步挖掘江西红色旅游资源，促进旅游经济发展。泛珠地图、七城会地图采用现代高科技制图手段，内容涵盖公交、旅游、行车、宾馆服务等多类信息，并提供全面查询功能，方便快捷，在全国率先组建省测绘应急保障服务中心，重点加强充实省基础地理信息中心，成立省测绘成果档案馆，组建省国土资源测绘工程总院，全局逐步形成“一业为主、多种经营”的新局面，2011年，实现货币经济总量1.23亿元，比上年增加1600万元。荣获“全国测绘系统依法行政先进单位”“全国测绘系统五五普法先进单位”“江西省五五普法先进集体”“江西省第十二届文明单位”，连续4届获得省直文明单位、连续3年评为全省社会治安综合治理目标管理先进单位。在全国测绘地理信息系统综合考评中，江西省测绘地理信息局荣获“全国省级测绘地理信息行政主管部门贯彻落实科学发展观年度测绘地理信息工作考评优秀单位”，位列第七名。

【省测绘局更名为省测绘地理信息局】 经省政府批准，江西省测绘局正式更名为江西省测绘地理信息局，增加“监督管理全省地理信息获取和应用，组织协调地理信息安全监管工作；组织开展测绘与地理信息公共服务和应急保障服务，负责全省地理国情监测工作；指导全省地理信息产业发展和地理信息应用服务”等三项职能，凸显地理信息在国民经济和社会发展中的重要作用，是测绘地理信息管理体制顺应时代要求的重大调整和强化监管职责的重要举措，标志着江西省测绘地理信息事业迈入一个新纪元。

【开通运行“天地图·江西”】 “天地图·江西”以丰富的内容、强大的功能、优美的画面问世，是全国第二个实现与“天地图”国家主节点互联互通的省级节点。从根本上改变全省传统地理信息服务方式，实现由单一提供地图、数据服务转变为在线提供地理信息服务。省第二代1∶10000数字地形图完成并进行成果发布。该成果可提供最新2000国家大地坐标系数据资料，实现科学信息化手段建库与管理，为一大批关系社会发展和百姓民生的大项目提供及时可靠的基础地理信息数据。

【荣获全国“文明单位”称号】 2011年，江西省测绘地理信息局机关荣获全国文明单位称号。成为全国首家省级测绘地理信息行政主管部门获得称号单位。

【省测绘地理信息产业创新基地奠基】 12月8日，省测绘地理信息产业创新基地奠基。该项目是江西省《加强省级地理信息公共服务能力建设实施方案》中规划建设的七个重大项目之一，被省政府列为省重点建设项目，用地规模约2万平方米，建筑面积3.82万平方米，主楼高21层，项目建成后将大大增强江西省测绘地理信息事业的发展实力。

（胡婷然）

地质勘查

【概　况】 2011年，全省从事地质勘查的国有单位主要有省地质矿产勘查开发局（简称省地矿局）、省核工业地质局、省煤田地质局、江西有色地质勘查局（简称省有色地勘局）等单位，现有职工4.18万人，其中在职职工2.25人，各类专业技术人员有8846人，总资产125.85亿元，总负债83.47亿元，资产负债率66.32%。2011年，开展矿产勘查项目477个，投入金额总计11.42亿元，投入主要实物工作量：钻探84.48万米，坑探3.75万米，槽探22.66万立方米。

矿产勘查取得重要成果。新增一批矿产资源储量，新发现矿产地9处，探明中型以上可供开发矿产地7处。探获各类矿产资源（储）量：三氧化钨106万吨；铜56.47万吨；钼28.19万吨；银763.24吨；锡2.5万吨；铅锌26万吨；金20.9吨；滑石矿1290.70万吨；萤石23.89万吨；稀土氧化物18万吨；铁矿石8371.64万吨；硫铁矿1817.08万吨；氧化锂2.37万吨；五氧化二钒26.69万吨；地热水可开采量6530立方米/日。萍乡天子山、吉安金溪、新余巴丘园、分宜铁坑等铁矿详查，提交铁矿石资源量8371.64万吨，可提交铁矿石资源量1.45亿吨；安远县园岭寨钼矿详查，提交钼资源量21.64万吨，成为大型独立钼矿床；奉新县九仙汤和寻乌县南桥地热勘查，分别打出水温60℃、日自流量1800立方米，水温52℃～65℃、日自流量1380立方米的优质地热资源；龙南县大塘头铅锌金属矿普查，控制钨钼矿体4个，估计资源量超过6000吨。省煤田地质局申报“湘东区大江边”等4个煤炭整装勘查项目，延续“萍乡白源北”“丰城姜坪”“上饶新田”等7个省级地勘基金项目。省有色地勘局承担德兴市金山——铜厂矿山密集区深部金铜铅锌多金属矿战略性勘查、大余县下垄钨矿左拔矿区接替资源勘查

2个全国老矿山勘查找矿项目，新增德兴市门前山金矿区普查、金溪县仙源庄钨钼矿区普查2个矿地。大源岭瓷石矿详查项目，探获瓷石资源储量(332+333)6亿吨，为超大型规模；德兴市水石坞矿区金矿普查地质报告通过评审备案金资源储量1171.07千克，平均品位6.60g/t;《江西省德兴市罗家墩金矿（扩深）资源储量核实报告》《江西省浮梁县赖家矿区金矿普查地质报告》通过评审备案，提交金资源储量(122b+332+333)4139千克。省核工业地质局评价铀333+334以上资源量XXXX吨；勘查兴国县见龙铜矿，探获控制铜等金属量3.6万吨。

“走出去”工作取得新进展。新组建世界地质矿产经济研究所，在纳米比亚新取得7.67平方千米大理石（汉白玉）优质高档石材采矿证，并进入实质开采和规模化生产。100%收购秘鲁联合贝亚铜矿（50万吨），96%绝对控股伊朗下拉夫阿巴德金矿（50吨）。新增澳大利亚EL28511铀矿探矿权，马达加斯加阿那拉芒嘎地区拉拉塔金-镍-铜矿预查、马达加斯加马南革萨加地区铬铁矿、铂族元素预查2个项目，通过国外矿产资源风险勘查专项资金项目专家组评审。省煤田地质局申报“埃塞俄比亚提格雷省默克莱矿区金、铜、多金属矿预查”等6个国外矿产资源风险勘查项目。海外业务从上年7个国家发展到9个国家，经营规模从上年的5亿美元发展到7亿美元，海外市场开拓能力和竞争实力大幅度提高。省有色地勘局承接博茨瓦纳、赞比亚矿权区化探异常显示出良好找矿前景，喀麦隆钴镍矿储量验证项目，为后续业务承接打下良好基础，格棱兰铜铅锌矿勘查项目圈出铜（铅锌）矿化层，津巴布韦铬铁矿项目组预测工作区铬铁矿资源量达大型规模。

省地矿局组建“鄱阳湖生态环境研究所”，开展鄱阳湖生态经济区地质环境调查和基础地质图集编制等研发工作，制定《鄱阳湖生态经济区农业地质调查成果运用推广方案》，完成《江西省紧缺和优势矿产资源保障“十二五”规划》《江西省重点地质灾害易发区地质灾害监测预警示范》《全省地质灾害分析决策系统》《“十二五”江西省矿山地质环境治理恢复工程实施方案》等基础性科研工作。在会昌盐矿塌陷和萍乡公路地质灾害应急处置、汛期地质灾害预防等工作中的出色表现，有效提升省地矿局地质工作的社会影响力。省核工业地质局发挥地质技术优势，主动服务地方经济社会发展取得较好社会效益和经济利益。省煤田地质局处理“沪昆高速江西芦溪9.2重大地质灾害”勘查，措施有力，工作迅速。承接萍乡、新余、吉安的地质灾害隐患核查及移民搬迁新址评价任务和其他地质灾害治理项目。省有色地勘局实施福建永安箭丰尾山体滑坡治理工程为国内最大规模地质灾害治理工程，多项施工技术和施工工法达国内领先水平，高质量完成景德镇市、上饶市地质灾害隐患点调查任务，巩固赣南钨矿山地质服务市场，拓展测绘等业务领域。

科技创新取得丰硕成果。省地矿局创立的与花岗岩有关的“多位一体”和“异常带+五层楼+地下室”钨矿成矿模式，具有国际领先水平；省地矿局属地调院参与完成的“青藏高原地质理论创新与找矿重大突破”集成成果获国家科技进步特等奖。省核工业地质局获专利授权7项，其中发明专利3项，实用新型专利4项。《氨基磺酸镍制备新工艺》项目荣获省科技进步三等奖。省煤田地质局实施《以箱形截面替代肋形主拱圈截面加固双曲拱桥的方法》获国家知识产权局发明专利，《双曲拱桥加固与改造成套技术研究》获江西省科学技术进步二等奖。省有色地勘局组织实施“立井提升系统配套装置研制”等一系列项目，成为科技拉动产业发展的典范。

【探明特大型钨矿床】 2011年，省地矿局在武宁县大湖塘钨矿区发现并探明资源（储）量106万吨的特大型钨矿床，有望成为世界最大钨矿。该矿区还伴生一个中型铜矿、一个中型银矿，估算经济价值1500亿元以上。这是建国后江西矿产资源最大的发现之一，将彻底改变江西钨资源分布格局。

【鄱阳湖生态环境研究所正式挂牌】

4月20日，鄱阳湖生态环境研究所正式挂牌。研究所紧跟省政府鄱阳湖生态经济区建设的中心工作，发挥地矿专业优势，服务鄱阳湖生态经济区建设。编制《鄱阳湖生态经济区环境地质图集》，开展鄱阳湖生态经济区地热与浅层地温能分布特征与形成规律、勘查开发潜力、勘查开发与保护工作现状等研究工作，编制《江西省地热与浅层地温能勘查开发战略研究报告》《鄱阳湖生态经济区地热与浅层地温能勘查开发战略研究报告》；为保护经济区生态环境，实现开发与保护相结合，促进社会经济生态系统的可持续发展，履行水土资源环境保护职能，提供理论支持和有价值的参考。

【筑巢引智搭建院士工作站平台】

2011年，赣南和赣北分别组建了赣南地调队和912队两个院士工作站，搭建了全省地质勘探科技创新、人才集聚、地质找矿科学研究的新平台。依托院士工作站，开展了“南岭于都-赣县矿集区盘古山示范区3000米科技验证深孔“项目，对提高科技创新水平，培养科技人才、推动南岭地区乃至全省、全国深部找矿具有十分重要的意义。“江西省赣南离子型稀土矿勘查技术方法研究”进行了“浅井”与“取样钻”等勘探技术方法的效果与可靠性研究，离子型稀土的勘查评价方法研究，为稀土矿勘查规范的相关内容补充修改提供基础研究成果。开展以“层状富矿体”为主要对象的研究工作，创新性地提出了“层-体”耦合成矿模式，为冷水坑矿田及外围乃至中国东部地区寻找层状矿床提供了理论依据。在国内首次发现，冷水坑特大型陆相火山岩中层状富矿床。开展高难度、强探索性的深部隐伏矿找矿预测，在冷水坑矿田北部小源预测区实现了深部找矿的重大突破。

（省地矿局编辑室）

环境保护

本栏编辑　苗建林

综　述

2011年,全省环保部门、林业部门积极服务经济社会发展,忠诚守护江西青山绿水,大力推进主要污染物总量减排,不断加大环境执法力度,全省环保基础能力进一步提升。全面推进造林绿化"一大四小"工程提升创建工作,切实加强森林生态环境建设和森林、野生动植物资源的保护,为实现江西绿色崛起,建设"秀美江西"作出新贡献。2011年,全省地表水水质总体良好,Ⅰ~Ⅲ类水质断面(点位)比例80.6%,其中河流水质断面达标率81.8%,湖库水质点位达标率为72.0%。与上年相比,地表水水质达标率增加1.8个百分点,其中河流增加1.3个百分点,湖库增加4.0个百分点;环境空气质量良好,11个设区市均达国家二级标准;酸雨污染有所减轻,酸雨频率下降8.0个百分点;区域环境噪声略有升高,城市道路交通噪声略有降低。全省环境空气质量状况稳定良好,11个设区城市环境空气质量均达国家二级标准。

*造林绿化"一大四小"工程建设卓有成效。*省委、省政府把造林绿化"一大四小"工程建设作为实现"秀美江西"品牌工程,对全省造林绿化工作给予高度赞扬和充分肯定。省林业厅先后印发造林绿化考核办法、造林绿化"一大四小"考核评先方案等文件,明确造林绿化任务,规范建设标准和评先评优机制。各地建立高位推进领导机制,制定严格督查问责制度,大力创新造林经营体制,形成"政府、企业、种养大户、村干部、返乡农民工"5大主体合力造林绿化。全省实行每周一调度,省林业厅每月向省政府书面报告,造林期间开展工程督导6批次、组织召开全省造林绿化"一大四小"工程建设年度总结表彰会、工程建设督导汇报会等20次,举办杨树栽植技术培训班、工程年度核查培训班等。组织2个明查暗访组对高速公路和部分国、省道通道绿化造林管护情况进行检查并及时通报、限期处理。9月,组织全省造林绿化技术人员对全省"一大四小"工程建设进行全面核查验收。造林绿化实现由工程造林向社会造林、山上造林向山下造林、营造针叶纯林向营造针阔混交林、由政府单一渠道投资向社会多元投资的"四个重大转变"。全省投入"一大四小"工程建设资金98.6亿元,其中社会资金51.4亿元,占年度总投资52%。新增造林面积25.93万公顷,造林成活率90%以上,森林覆盖率达63.1%。高速公路、国省道通道绿化提升里程5500千米。全省投入造林绿化资金189.1亿元,其中社会资金占57.5%,造林绿化面积87.53万公顷,通道绿化里程突破1万千米。

全国绿化委员会授予宜春市、崇义县和江西环境工程职业学院"国土绿化突出贡献单位"称号,授予峡江县委书记宋铜等3人"国土绿化突出贡献人物"称号,授予南昌高新技术产业开发区管委会等8个单位"全国绿化先进单位"称号,授予萍乡市小坑林场场长黎耀辉等5人"全国绿化劳动模范"称号,授予宜春市林业局局长陈贻昌等3人"全国绿化先进工作者"称号。遂川县衙前镇、新江乡荣获"中国绿色名镇"称号。

*森林资源保护继续推进。*1月1日,《江西省森林公园条例》正式实施并列为省政府2011年立法工作计划项目,进入立法阶段。完成第八次全国森林资源清查江西省清查和第二次全国湿地资源调查江西重点区域调查工作。林地保护利用规划编制工作正在深入进行。全省新增森林保险面积308.11万公顷,森林投保面积878.68万公顷,占全省有林地面积80.12%,江西森林保险参保率、参保面积、综合险面积均居全国第一。省财政厅、省林业厅对生态公益林补偿资金管理办法进行修订,提高生态公益林补偿标准。全省调处山林权属争议277起,调处山林权属总面积0.44万公顷;全省没有出现因山林权属纠纷引发的群体性乱砍滥伐森林事件;全年审批占用征收林地项目1246个,面积6967公顷,征收森林植被恢复费4.42亿元,对23个县(市)和6个重点工程项目开展林地执法,查处违法占用林地591宗,涉及林地面积995公顷;林业三防体系建设继续加强,国家投入江西森林防火资金1.23亿元,同比增长61.45%,向国家林业局申报的全省森林防火信息系统6个项目通过立项审批,省政府实施森林防火目标考核制度,对下达给各设区市的《森林防火责任书》严格考核兑现奖罚;将森林防火工作纳入社会治安综合治理工作,实行"一票否决"。开展野外火源集中整治行动、森林防火"平安春季"行动和森林防火宣传月活动;加强专业森林消防队建设,全省森林火灾防控能力进一步提高,省政府森林防火总指挥部办公室获得全国森林防火年度考评第1名。2010~2011年度森林防火责任目标考核,新余市、鹰

潭市荣获一等奖。森林病虫害防治工作坚持政府主导与预防为主原则，加强重点部位与重点疫情除治，实行专业防治和社会化防治相结合、经常性防治和专项整治行动相结合，取得新成效。全省森林公安机关各项工作在全国保持领先水平。先后组织开展6次严打专项整治行动，倾力打造标准化派出所，在全国率先研发设计基层综合警务信息应用平台，修改完善“32条铁规铁纪”，加强执法监督。省森林公安局获得全国省级森林公安机关综合考评第一名。

自然保护区、森林公园和湿地公园建设取得新进展。省政府出台《江西省人民政府关于自然保护区建设和管理工作的意见》《江西省省级自然保护区专项资金以奖代补使用办法》《关于全省自然保护区建设和管理工作情况的调查报告》。国务院批复九岭山自然保护区晋升为国家级自然保护区，面积1.15万公顷。省政府批准宁都县凌云山等5处县（市）保护区晋升为省级自然保护区，面积3.06万公顷。会昌等3县（市）启动县级自然保护区申报省级自然保护区工作。新划建萍乡芦溪棋盘石等7个县级自然保护区，新增面积9727.89公顷。庐山、赣江源申报国家级自然保护区通过环境保护部组织评审并报国务院审批。全省建有林业自然保护区201个。江西被确认为国家森林公园总体规划编制试点省。向国家林业局提出国家森林公园林相改造项目26个备选名单。新建鹰潭市梅园城市森林公园（市级），面积14.4公顷。向国家林业局申报《全国湿地保护工程实施规划》江西省建设项目54个，预算15亿元。鄱阳湖国家级自然保护区纳入全国湿地补偿试点。南昌市政府无偿划拨青山湖鹤岛土地使用权给江西湿地宣传教育中心。国家林业局批准新组建武宁庐山西海等4处国家级湿地公园总面积3.93万公顷。省林业厅批准新组建南昌澄碧湖等15处省级湿地公园，总面积7585.66公顷，其中湿地面积6154.53公顷。永修修河国家湿地公园荣获由美景中国等媒体主办评选的“中国最具潜力的十大湿地公园”称号，鄱阳湖国家级保护区获由人民日报社《中国经济周刊》等单位联合湿地国际—中国办事处共同主办评选的最高奖——“中国最美湿地奖”。

野生动植物保护继续加强。省政府召开鄱阳湖区越冬候鸟与湿地保护工作会议，部署鄱阳湖候鸟保护专项行动，并将专项行动纳入社会治安综合治理考核范围，实行社会治安综合治理“一票否决”。沿鄱阳湖3市12县分别成立鄱阳湖区越冬候鸟和湿地保护领导小组，各地各部门各司其职；省领导多次深入鄱阳湖区现场检查、督导专项整治行动。省林业厅先后召开候鸟保护工作部署会、调度会和工作会议，组织候鸟保护工作督导组、暗访组、督查组到沿湖各县推动工作，首次调用直升飞机到鄱阳湖巡查“天网”，清除销毁“天网”1000余具，并组织对沿湖12个县候鸟保护工作进行考核，拨出100万元奖励先进集体和先进个人。省野生动植物保护管理局联合大专院校、科研院所分别开展“环鄱阳湖水鸟调查”等项目调查研究。中国科学院动物研究所等4单位联合开展桃红岭国家级自然保护区梅花鹿种群数量调查，野生梅花鹿密度为每平方千米2.92只，区内共有梅花鹿365只。组织开展“江西省保护野生动物宣传月活动”和“江西省第30届爱鸟周”宣传活动，组织“爱鸟护鸟，从我做起”万人签名。在全国首次开展人工驯养繁殖野生雁鸭标识试点工作，第一批佩戴野生动物专用标识的野生雁鸭10万余只。全国雁鸭类养殖专业委员会计划在江西建立2个中国鸿雁养殖种源基地、1个中国豆雁养殖种源基地和2个中国雁鸭类养殖生态示范基地。新建上饶市、黎川等6个县级野生动植保护站。崇义县林业局、省林业厅林政资源保护管理处、省野生动植物保护管理局和庄庆等4人分获全国保护森林野生动植物资源先进集体和先进个人。李鸣华等3人获“全国2011年度斯巴鲁生态保护奖”。

生态文化建设全面推进。省林业厅设立林业生态文化工程建设管理中心为生态文化负责部门，打造生态文化展厅，省领导和北京、江苏、广西、云南等省市领导逾百人次前往参观指导，成为江西林业生态文化建设窗口。配合“2011国际森林年”活动，开展“江西在行动·百县林业局长生态文化行”活动、“生态文化走进广播”活动等，收到良好宣传教育效果。省林业厅等10多个部门协作，开展江西“第四届中国环境与健康宣传周”活动，展示林业科普资料、图片，免费发放《天地根、人居安》林业生态文化教育片，促进社会生态环境保护意识的增强。江西含珠实业公司获评“全国生态文化示范企业”称号，高安市新街镇景贤村等5个村获评“2011年度全国生态文化村”称号，江西环境工程职业学院获评“2011年度全国生态文明教育基地”称号。

（省林业厅　省环保厅）

生态环境建设

【概　况】 2011年，全省完成营造林面积25.93万公顷，造林成活率达90%以上。其中完成退耕还林工程造林2.34万公顷，长江流域防护林三期工程造林2.69万公顷，珠江流域防护林三期工程0.33万公顷，油茶项目造林2.56万公顷，农发项目造林0.22万公顷。完成森林抚育补贴试点项目面积3.33万公顷。治理沙化土地1万公顷。国家造林项目面积17.61万公顷、中央项目资金4.27亿元，同比分别增长19.25%和31.79%。

全民植树活动持续深入。2月9日，省委书记苏荣、省长吴新雄、省委副书记张裔炯、省政协主席傅克诚等省领导，省直各单位主要负责人到省奥林匹克体育中心，与2000多名省市机关干部、部队官兵和当地群众一起开展新春万人植树团拜活动，栽植樟树、桂花等树苗1.2万株。同日，全省111个市、县（区）党政主要领导和干部群众在当地开展新春植树活动，参加人数36.19万人次，植树291.93万株。4月22日，由团中央、全国绿化委员会、国家林业局共同主办的“保护母亲河—2011年青少年植树行动”全国统一行动日启动仪式在红色故都瑞金市举行。瑞金市青少年参加启动仪式，并冒雨植树5200余株。全省各地采取各种不同形式，推进群众性义务植树造林绿化活动。南昌市召开“全市县、乡、村三级绿化书记表彰大会”，会议表彰绿化先进县（区），乡镇、村领导。会后,与会各级领导参加义务植树活动。会昌县等县(市、区)开展建“绿色银行”、为纯女户建立绿色养老基地等活动。

通道绿化提升改造成效显著。2月,全省通道绿化现场会在新余市召开。全省造林绿化“一大四小”工程建设突出通道绿化,着力提高精品档次和品位,严把规划设计关、苗木采购关和造林公司招标选择关,集中财力、人力、物力,精心打造。新余市委、市政府出台加强造林绿化“一大四小”和森林城市建设文件,督导组对工程建设开展专项督查,市委领导主持召开通道绿化提升改造设计审定会,到施工现场进行检查督导;聘请甲级造林绿化资质单位编制绿化提升设计方案;全年高标准完成通道绿化提升改造里程140.8千米,栽植苗木1269万株,成功打造沪昆高速等一批通道绿化精品。吉安召开全市造林绿化会议,落实“一大四小”工程建设资金20.8亿元;全年完成高速公路通道绿化提升里程484.8千米,国道绿化提升里程504.1千米,省道绿化提升里程866.5千米。峡江县投资260万元聘请4家甲级园林设计资质单位分别对“一大四小”总体规划、“森林城市创建”等进行规划设计,全线增植苗木33万余株,高标准打造赣粤高速峡江段等一批精品景观绿化工程,通道绿化总里程85.48千米。吉安县以公路及连接线、节点线为绿化重点,投资1800万元打造绿化生态廊道,在国道两侧栽植樟树3000余株,山茶、紫薇等灌木4.5万余株,植湿地松等全冠大苗1.8万株。抚州市、萍乡市和莲花、南城、万年、泰和等县都对道路、城市景观道绿化。

森林创建活动显见成效。省政府办公厅印发《江西省开展创建省级森林城市活动的意见》《江西省森林城市评价指标》,省绿化委员会出台《江西省“森林十创”评选活动实施办法》。各地迅速行动,动员和组织城乡干部、群众广泛开展植树造林活动,“让森林走进城市,让城市拥抱森林”,全省城乡绿化水平显著提升。南昌市新增200个森林村庄、26个森林城镇、8个森林工业园区,新栽苗木268.3万株;宜春市建设城区森林公园、湿地公园30座、森林园区20个、森林城镇76个、森林村庄672个、森林社区59个。上饶市投入资金18亿元,全力打造精品工程。全市6000多个新农村建设点,每村栽植樟树等绿化大苗和果木林2万多株。全市新增森林公园15处,湿地公园5处。井冈山市,投入资金2亿元,完成造林绿化59.33公顷;茨坪等景区按照国家园林绿化标准,打造“优美景区”和“最宜人居的城市”,引种观花观草植物,加大对城市公园绿地实现三季花常在、四季景不同。江西环境工程职业学院坚持“森林校园彰显特色”“校园即树木园”,投入资金1000多万元,引进红豆杉、银杏等珍贵树种,建成5个植物群落,植被覆盖率达70%,赢得“森林校园、花园学府”美誉,被授予“全国生态文明教育基地”称号。全省城镇园林绿化建设稳步推进。设区市城市建成区绿化覆盖率46.62%,绿化率43.2%,均列全国第一;人均公园绿化面积13.04平方米,居全国第七。抚州市中心城区新增绿化面积50.7万平方米,绿化覆盖率49.74%,绿地率44.48%,人均公园绿地面积18.12平方米,人均绿地面积44.19平方米,城市道路绿化率100%;市区干道绿化提升率92%,街道绿化普及率100%。

【江西森林生态系统效益超GDP】 3月13日,《江西省森林生态效益评估》研究课题论证会在北京举行。课题于2009年9月启动,以江西省“十一五”森林资源二类调查成果为基础,对江西省森林资源经济价值、生态服务价值和社会价值进行全面评估研究。中国科学院院士蒋有绪、中国工程院院士张齐生、中国林业科学院院长张守攻等院士、专家组成论证组,对研究报告进行充分认证,认为报告基础资料翔实,评估范围全面,评价方法科学,评估结果可靠,可以向社会公布。《江西省森林生态效益评估》报告显示,2009年,江西省森林生态系统综合效益1.29万亿元,其中年效益8823.84亿元,约为当年全省GDP的1.16倍。

【首届“关注森林奖”评选揭晓】 11月25日,江西省首届“关注森林奖”评选总结表彰会议在南昌召开。新余市委书记李安泽等3人获“关注森林特别贡献奖”;新余市林业局等7个单位获“关注森林组织奖”,30件作品获“关注森林宣传奖”,其中“关注森林创新奖”4件、“关注森林新闻奖”18件、“关注森林文化奖”8件。评选由省政协人资环委、省绿化委、省林业厅、省广电局、省记协等5部门于2009年11月联合组织。

【成立江西省绿化基金会】 10月15日,省绿化基金会成立大会在宜春市举行。这是江西第一家以关注绿色生态、推进全民造林绿化为宗旨的地方性公募基金会。省绿化基金会充分发挥绿色生态宣传平台、绿色爱心联络平台和绿色公益实践平台的作用,唤起人们增强生态环境的危机意识,参与造林增汇、保持固碳的责任意识,提高捐资公益事业的文明意识,积极服务江西林业生态建设。绿化基金会选举了理事会,聘请省委常委、省人大常委会副主任陈达恒任名誉理事长。会上江西丰林投资开发有限公司等16家省内企业向基金会捐款1150万元,倾力支持基金会开展社会公益项目。

(省林业厅)

生态环境保护

【概　况】 2011年,生态环境保护工作认真贯彻《江西省人民政府关于加强“五河一湖”及东江源头环境保护的若干意见》精神,大力推进鄱阳湖生态经济区建设。3月,省环保厅组织专家对定南县部分区域划入东江源头保护区进行现场考察论证。6月,省政府印发通知,将定南县岿美山镇、鹅公镇增列为东江源头保护区,调整后的保护区面积范围增至816.07平方千米,占东江源流域面积23.30%。省环保厅组织编制了《江西省自然保护区建设总体规划(2011～2030年)》。争取到省财政更大奖励资金支持力度,2011年,省财政安排1.35亿元资金用于奖励“五河”及东江源头生态环境保护工作。省环保厅会同省财政厅按照《江西省“五河”及东江源头保护区生态环境保护奖励资金管理办法》要求,对资金进行分配,并全部拨付给源头保护区所在的13个县

（市）。坚决贯彻国务院办公厅印发的《关于做好自然保护区管理有关工作的通知》精神，省级自然保护区建设和管理工作领导小组各成员单位紧密配合，通力协作，自然保护区工作取得明显成效。4月，省环保厅联合省林业厅召开全省自然保护区工作协调会，分析制约江西省自然保护区进一步发展的关键因素，提出自然保护区建设和管理的新思路。8月，副省长、省自然保护区建设和管理工作领导小组组长孙刚在南昌主持召开领导小组第二次会议，会议研究通过江西贯彻《关于做好自然保护区管理有关工作的通知》精神的相关具体措施，增加领导小组成员单位，并以省政府办公厅名义印发《江西省省级自然保护区建设和管理工作领导小组第二次会议纪要》。9月20日，省政府办公厅印发《关于加强自然保护区建设和管理工作的意见》，明确当前和今后一个时期自然保护区发展总体要求、主要任务、工作重点和政策措施。10月，省环保厅组织环保、农业、林业等方面专家组成两个评估小组，对省内2010年以前批建的13处自然保护区进行评估，评估包括机构人员、资源保护、边界范围等10项指标，形成的《2011年全省省级自然保护区管理工作评估报告》获得省政府高度肯定。2011年，省环保厅在流域生态补偿机制上作出积极探索，协助环境保护部在定南县开展东江流域生态补偿培训，完善《东江源重点生态功能区生态补偿方案》。省环保厅积极配合省人大环资委开展袁河流域生态补偿试点工作，编制《袁河流域水资源生态补偿试点方案》，初步提出袁河流域生态补偿形式和要求，指导和帮助源头各保护区所在县（市、区）制定了源头区环境保护措施（规划），为探索建立江西省流域生态补偿机制奠定了基础。

加强农村生态环境保护工作。2011年，争取中央“以奖出治”和“以奖代补”专项资金2800万元，同比增加79.50%，争取到省级农村环保专项资金2000万元。省环保厅、省财政厅组织专家对《2011年度农村环境综合整治项目实施方案》的各个项目作出论证评审。为深化“以奖促治”政策，省环保厅对上年度农村环境综合整治“以奖促治”项目建设情况监督指导。组织技术力量编制《江西省规模化畜禽养殖业污染防治技术指南（试行）》《江西省乡镇集中式生活污水处理技术指南（试行）》《江西省农村分散式生活污水处理技术指南》，用于全面指导农村环境保护工作。加强对万载县茭湖乡国家有机食品生产基地建设的指导，基地建设先进典型经验在中国环境报主要版面刊载。全省坚持保护与打击并重，森林生态系统保护取得新成效。9月，《江西省生态公益林补偿资金管理办法（修订）》出台，生态公益林补偿标准再次提高。2011年开始，开展公益林三级检查验收工作。

森林防火工作全面加强。设立三项基金，强力推进森林防火基础设施建设。省财政每年安排5000万元专项资金，设立森林防火村级转移支付资金；每年安排2000万元专项资金，设立森林防火基础设施建设资金；每年安排5000万元资金，设立森林火灾保险补贴资金。省政府分解细化森林防火工作任务，与各设区市政府签订《森林防火责任书》，实行目标考核，严格兑现奖惩。经考核，11个设区市全部完成2010～2011年度森林防火责任目标。对野外用火多、森林火灾多和出现伤亡的8个县（市、区）进行综合评估，对南康等2个县（市）实施重点管理，对信丰等5县给予黄牌警告，并调减7个县（市）财政转移支付资金。全省森林防火专业队标准化建设基本完成，有102支专业队达标，占93%；半专业扑火队有22个县（市、区）通过达标验收，组建标准化半专业扑火队383支，配备村级森林防火护林员5.08万人。租用4架飞机航空护林，飞行作业151小时，扑救森林火灾15次，增加降雨量13.4亿吨。全省没有发生重特大森林火灾。

森林有害生物防治取得新成效。省林业厅出台《江西省松材线虫病防治（预防）目标责任考核实施办法》，全省建立松材线虫病分片督导工作机制，省、市、县三级森防单位联合组成5个督导组，成立2个巡查组检查督导组的工作。2月，吉安等地越冬代马尾松毛虫呈周期性大暴发，波及78个县（市、区），各地集中机具开展对第一代虫情除治，有效控制虫情；第二代马尾松毛虫发生面积2.21万公顷，比第一代下降60%。省林业厅首次组织开展庐山区域飞机喷洒噻虫啉防治松褐天牛工作，实施飞机作业280架次，防治面积3333.33公顷，有效降低庐山区域松褐天牛种群密度。省林业有害生物防控指挥部印发《关于开展加拿大一枝黄花秋季除治的紧急通知》，组织对通道两旁疫情进行集中整治，出动技术力量1500人次，挖除加拿大一枝黄花31.28公顷，有效控制其蔓延态势。召开《全省通道绿化病虫害防治会议》把病虫害防治重心放在通道绿化上，2011年，全省通道绿化未出现大的病虫灾害。

整治破坏森林和野生动物资源违法犯罪活动。省政府首次直接部署从1月1日至3月20日开展保护鄱阳湖越冬候鸟专项统一行动。省政府办公厅印发《关于鄱阳湖候鸟保护专项行动工作的通知》，沿鄱阳湖的九江、南昌、上饶等3个设区市、12个县（市、区）政府迅速行动成立鄱阳湖越冬候鸟联合保护委员会，各县（市、区）成立鄱阳湖越冬候鸟保护工作领导小组。鄱阳湖保护区管理局与沿湖12个县（市、区）联合签署《鄱阳湖区越冬候鸟和湿地联合保护公约》，将专项行动列入当地社会治安综合治理目标管理考核重要内容，实行“一票否决”。行动中，省、市、县领导实地视察专项行动，亲临酒店、农贸市场摸底调查，各级林业部门出动执法人员4850人次，车辆780台（次），深入湖区巡护里程10余万千米；捣毁、拆除“天网”4290张，约62.7千米；排查候鸟主要活动区域368处；清查整治农贸市场270处、餐馆酒楼720余家；查处各类野生动物案件249起，处理违法犯罪人员298人，有效遏制住破坏候鸟资源高发势头。全省森林公安机关保持对破坏森林和野生动物资源违法犯罪活动主动进攻态势，组织开展“春季攻势”等林业严打整治专项行动。全省查处各类森林案件1.4万起，其中刑事案件0.2万起，处理违法犯罪人员1.66万人（次），收缴违法木材3.9万立方米，收缴陆生野生动物0.3万只（头），为国家挽回直接经济损失超亿元。全省木材检查站查验运输木材车辆16万辆次，检查木材流量400多万立方米；查处违法运输木材案件1万余起，涉及违法运输木材

5万多立方米，为国家挽回直接经济损失2200多万元。

【"亮剑行动"圆满成功】 8月1日至9月30日，省林业厅组织开展以严厉打击破坏林地、古树名木和野生动物资源违法犯罪行为，集中治理木材加工企业非法收购木材顽症为主要内容的"亮剑行动"。全省出动人员2.76万人(次)，其中森林公安民警2万人(次)，出动车辆8378台(次)，清查征占用林地场点442个、清查木材交易市场、收购站145个、清查木材交易场所710处，治理混乱林区108个。查处各类森林案件1756起，查处非法侵占林地案件352起，处理各类非法占用林地面积320.6公顷，处理违法犯罪人员2125人，抓获在逃人员111人，摧毁犯罪团伙11个、成员56人，收缴木材3259.24立方米，为国家挽回直接经济损失621.5万元，圆满实现行动的既定目标。省森林公安局和吉安市森林公安局受到国家林业局森林公安局、公安部第十六局的全国通令嘉奖。

【首次出动世界最大直升机灭火取得成功】 3月27日，新建县溪霞镇发生森林火灾，山高路峭火势猛，人工灭火难以进行。江西租用世界载重量最大的M－26大型直升机执行灭火任务。机组接到命令，仅用1小时就完成飞机各项安检、制订灭火方案、向相关部门申请起飞计划、飞抵火灾现场等步骤，并实施灭火作业。直升机用吊桶在水库中取水，每次10～15吨，飞到火场上空，每次洒水形成宽50米、长300米的洒水带。哪里火势最猛、道路最崎岖，直升机就飞到哪里。经过近3个小时作业，山火全部浇灭，取得直升机灭火的成功。

（省林业厅　省环保厅）

·资　料·

江西省湿地公园

序号	湿地公园名称	级别	总面积(公顷)	湿地面积(公顷)	批建时间
1	孔目江国家湿地公园	国家级	1503.9	729	2007年11月15日
2	东鄱阳湖国家湿地公园	国家级	36285	35116	2008年11月19日
3	修河国家湿地公园	国家级	11041	9671	2008年11月19日
4	东江源国家湿地公园	国家级	2675.7	547	2008年11月19日
5	丰城药湖国家湿地公园	国家级	2560	2150.4	2009年12月23日
6	南丰傩湖国家湿地公园	国家级	1727	372.5	2009年12月23日
7	武宁庐山西海国家湿地公园	国家级	24713.9	18862.3	2011年3月25日
8	修水修河源国家湿地公园	国家级	4342.4	3577.2	2011年3月25日
9	赣县大湖江国家湿地公园	国家级	6655	5353.7	2011年3月25日
10	兴国潋江国家湿地公园	国家级	3577	2362.45	2011年3月25日
11	浮梁三贤湖省级湿地公园	省级	41.36	23.19	2010年9月28日
12	芦溪山口岩省级湿地公园	省级	695.17	435.47	2010年9月28日
13	莲花莲江省级湿地公园	省级	87.9	83.95	2010年9月28日
14	余江白塔河省级湿地公园	省级	621	516.3	2010年9月28日
15	全南桃江省级湿地公园	省级	388.32	349.36	2010年9月28日
16	瑞金绵江省级湿地公园	省级	1802.89	993.75	2010年9月28日
17	宁都梅江省级湿地公园	省级	998	871.7	2010年9月28日
18	于都长征源省级湿地公园	省级	1150.66	858.84	2010年9月28日
19	高安瑞州省级湿地公园	省级	56	55	2010年9月28日
20	丰城玉龙河省级湿地公园	省级	235.7	228.7	2010年9月28日
21	宜丰新昌湖省级湿地公园	省级	35.6	25.6	2010年9月28日
22	奉新华林省级湿地公园	省级	138	87	2010年9月28日
23	上饶槠溪省级湿地公园	省级	393	25	2010年9月28日
24	万年珠溪省级湿地公园	省级	146.8	102.8	2010年9月28日
25	德兴泊水河省级湿地公园	省级	353	255.1	2010年9月28日

续表

序号	湿地公园名称	级别	总面积(公顷)	湿地面积(公顷)	批建时间
26	婺源饶河源省级湿地公园	省级	346.6	320.6	2010年9月28日
27	吉安庐陵湖省级湿地公园	省级	216.7	119	2010年9月28日
28	遂川遂川江省级湿地公园	省级	665.93	519.73	2010年9月28日
29	万安云洲省级湿地公园	省级	42.67	16.09	2010年9月28日
30	南丰潭湖省级湿地公园	省级	871.1	561	2010年9月28日
31	金溪白马湖省级湿地公园	省级	629.56	375.85	2010年9月28日
32	宜黄百鹭洲省级湿地公园	省级	126.46	123.01	2010年9月28日
33	乐安龙潭省级湿地公园	省级	135.55	119.24	2010年9月28日
34	南昌澄碧湖省级湿地公园	省级	90.39	54.33	2011年11月29日
35	进贤磨盘洲省级湿地公园	省级	49.5	41.05	2011年11月29日
36	萍乡南岗口省级湿地公园	省级	102	63.9	2011年11月29日
37	鹰潭白露河省级湿地公园	省级	34.58	25.36	2011年11月29日
38	上犹仙人湖省级湿地公园	省级	700.37	651.85	2011年11月29日
39	广丰丰溪省级湿地公园	省级	106.7	93.3	2011年11月29日
40	横峰岑港河省级湿地公园	省级	128.5	102.7	2011年11月29日
41	铅山宋家源省级湿地公园	省级	150.7	72.1	2011年11月29日
42	余干琵琶湖省级湿地公园	省级	603.8	366.8	2011年11月29日
43	吉水吉水湖省级湿地公园	省级	1897.11	1558.03	2011年11月29日
44	抚州廖坊省级湿地公园	省级	2639.84	2184.57	2011年11月29日
45	崇仁宝水省级湿地公园	省级	103.3	50.5	2011年11月29日
46	南丰琴湖省级湿地公园	省级	195.52	170.1	2011年11月29日
47	南城盱江省级湿地公园	省级	632.6	603.3	2011年11月29日
48	黎川黎滩河省级湿地公园	省级	150.75	116.64	2011年11月29日

江西省森林公园

序号	公园名称	建园时间	批复面积(公顷)	现经营管理单位
一	国家级			
1	三爪仑国家示范森林公园	1993.03	12133.33	靖安县旅游局
2	庐山山南国家森林公园	1993.05	3346.67	星子县东牯山林场
3	梅岭国家森林公园	1993.05	11173.1	梅岭国家森林公园管理办公室(湾里区林业局)
4	三百山国家森林公园	1993.05	3330	安远县林业局
5	马祖山国家森林公园	1993.05	666.67	庐山区林业局
6	鄱阳湖口国家森林公园	1993.05	1280	湖口县三里林场
7	灵岩洞国家森林公园	1993.05	3000	婺源县灵岩洞国家森林公园管理局
8	明月山国家森林公园	1994.12	7842	宜春市明月山温泉风景名胜区管理局
9	翠微峰国家森林公园	1999.01	7866.67	宁都县翠微峰管理委员会

续表

序号	公园名称	建园时间	批复面积(公顷)	现经营管理单位
10	天柱峰国家森林公园	2000.02	20757	铜鼓县国有城郊林场
11	泰和国家森林公园	2000.12	3000	泰和白鹭湖国家森林公园管理处
12	鹅湖山国家森林公园	2000.12	7950	铅山县鹅湖山国家森林公园
13	龟峰国家森林公园	2000.12	7400	上饶市龟峰国家森林公园管理委员会
14	上清国家森林公园	2000.12	11800	龙虎山风景旅游区上清林场
15	梅关国家森林公园	2001.11	5300	大余县林业局
16	永丰国家森林公园	2001.11	7600	永丰国家森林公园管理局
17	阁皂山国家森林公园	2001.11	6860	樟树市林业局
18	三叠泉国家森林公园	2001.11	1650.97	庐山区海会镇三叠泉风景区管理处
19	武功山国家森林公园	2002.12	24190	安福县武功山国家森林公园管理局
20	铜钹山国家森林公园	2002.12	19500	上饶市铜钹山国家森林公园管理委员会
21	阳岭国家森林公园	2003.12	6889.8	阳岭国家森林公园管理处
22	天花井国家森林公园	2003.12	685	九江市林科所
23	五指峰国家森林公园	2003.12	24533	上犹县五指峰林场
24	柘林湖国家森林公园	2004.12	16450	江西省永修县林业局
25	陡水湖国家森林公园	2004.12	22666.67	赣州市陡水湖国家森林公园管理处(犹江林场)
26	万安国家森林公园	2004.12	16333	万安国家森林公园管理办公室
27	三湾国家森林公园	2004.12	15513.3	永新县三湾国家森林公园管理办公室
28	安源国家森林公园	2004.12	7866	江西省安源国家森林公园管理委员会
29	九连山国家森林公园	2005.12	20063	龙南县九连山林场
30	岩泉国家森林公园	2005.12	4885.39	黎川县岩泉国家森林公园管理办公室
31	云碧峰国家森林公园	2005.12	872.5	云碧峰国家森林公园管理委员会
32	景德镇国家森林公园	2005.12	3796.3	景德镇市枫树山林场
33	瑶里国家森林公园	2005.12	4471	江西省瑶里国家森林公园管理局
34	清凉山国家森林公园	2006.12	3397.82	资溪县株溪采育林场
35	峰山国家级森林公园	2006.12	20735.2	赣州市峰山森林公园管理处
36	九岭山国家级森林公园	2006.12	1266.16	武宁县林业局
37	岑山国家级森林公园	2008.01	955	横峰县林业局(2007年申报)
38	五府山国家级森林公园	2008.01	1715	上饶县五府山林场(2007年申报)
39	军峰山国家级森林公园	2008.01	1217.15	南丰县林业局(2007年申报)
40	碧湖潭国家森林公园	2008.12	6838.7	萍乡市湘东区林业局
41	怀玉山国家森林公园	2008.12	3354	玉山县林业局
42	毓秀山国家森林公园	2009.08	2009.99	新余市孔目江生态经济区管委会

续表

序号	公园名称	建园时间	批复面积(公顷)	现经营管理单位
43	圣水堂国家森林公园	2009.12	4060.1	国营安义县峤岭林场
44	鄱阳莲花山国家森林公园	2012.01	6510	鄱阳县莲花山林场
小计	44		363730.49	
二	省级			
1	龙泉山省级森林公园	1991.01	353.33	安远县林业局
2	青山省级森林公园	1993.02	3400	瑞昌市青山林场
3	上高县省级森林公园	1993.02	160	上高县九峰林场
4	宜丰县省级森林公园	1993.02	2805.07	宜丰县林业局
5	狮山省级森林公园	1993.02	203.33	奉新县林业局
6	青原山省级森林公园	1993.02	450	吉安市林科所
7	玉笥山省级森林公园	1993.02	900	峡江县玉笥山林场
8	洪源省级森林公园	1993.02	400	乐平市洪源镇人民政府
9	贵溪省级森林公园	1993.02	120	贵溪市林业局
10	水鸡岽省级森林公园	1993.02	7666.67	赣县林业局
11	武当山省级森林公园	1993.02	533.2	龙南县小武当山风景区管理处
12	罗汉岩省级森林公园	1993.02	500	瑞金市林业局
13	会昌山省级森林公园	1993.02	333.32	会昌县会昌山省级森林公园管理处(会昌山林场)
14	西华山省级森林公园	1993.02	175.33	石城县林业局
15	三清省级森林公园	1993.05	666.67	德兴市林业局
16	象山省级森林公园	1993.05	1674	新建县象山集体林场
17	广昌县省级森林公园	1993.05	2852	广昌县盱江林场
18	百丈峰省级森林公园	1993.05	2133.33	渝水区百丈峰林场
19	均福山省级森林公园	1993.06	1488	兴国县均福山采育林场
20	浮梁省级森林公园	1993.06	53.33	浮梁县银鸽林场
21	梦山省级森林公园	1993.01	2666.67	新建县红岭林场
22	南山省级森林公园	1994.01	536.67	南康市林业局
23	麻姑山省级森林公园	1994.09	4926.67	南城县洪门岭林场
24	玉壶山省级森林公园	1994.09	393.33	莲花县林业局
25	吉安省级森林公园	1994.09	100	吉安县林业局
26	龙宫洞省级森林公园	1995.04	669.27	彭泽县龙宫洞旅游发展有限公司
27	罗田岩省级森林公园	1996.02	900	于都县罗田岩森林公园管理处
28	黄畲山省级森林公园	1996.01	600	寻乌县林业局
29	金盘山省级森林公园	1996.12	2000	信丰县金盘山林场
30	马岗岭省级森林公园	1997.08	26.67	余江县林业工业公司
31	大东山省级森林公园	1997.11	4000	吉水县芦溪岭林场
32	玉华山省级森林公园	2000.11	666.7	泰和县澄江镇人民政府

续表

序号	公园名称	建园时间	批复面积(公顷)	现经营管理单位
33	遂川省级森林公园	2000.06	970	遂川县林业局
34	莲花洞省级森林公园	2001.02	1610	庐山区莲花洞森林公园有限公司
35	郭璞峰省级森林公园	2001.04	733	昌江区林业局
36	义门陈省级森林公园	2005.12	1281.4	德安县林业局
37	远泉省级森林公园	2005.12	1050	远泉集团公司
38	三尖源省级森林公园	2006.09	12000	都昌县林业局
39	九龙庙省级森林公园	2006.09	4950	万载县九龙垦殖场
40	东江源椏髻钵山省级森林公园	2006.09	2980	寻乌县富寨林场
41	六石岩省级森林公园	2006.09	993.74	广丰县嵩峰乡人民政府
42	白云山省级森林公园	2006.09	2187.6	吉安市青原区白云山林场
43	太宝峰省级森林公园	2006.11	2038	新余市仙女湖风景名胜区东坑林场
44	香炉峰省级森林公园	2006.11	670	进贤县前岭林场
45	屏山省级森林公园	2006.11	4528.6	于都县林业局
46	兴农沙漠生态省级森林公园	2006.12	232	南昌县林业局
47	白鸡峰省级森林公园	2006.12	666.6	余江县高公寨林场
48	大南省级森林公园	2007.06 2010.08	637.07	广丰县大南镇人民政府(原773.3公顷)
49	通天寨省级森林公园	2007.06	2112	石城县林业局
50	大萕下省级森林公园	2007.06	675	分宜县大萕下林场
51	仙人寨省级森林公园	2007.08 2009.09	1041.22	铅山县林业局
52	三尖峰省级森林公园	2007.08	630.8	萍乡市南坑林场(芦溪县)
53	寒山省级森林公园	2007.12	1168	莲花县林业局
54	理田源省级森林公园	2007.12	166.7	婺源县思口镇人民政府
55	翠云峰省级森林公园	2008.06	173.1	金溪县翠云峰森林公园管理委员会
56	小金山省级森林公园	2008.08	438.8	萍乡市安源区高坑镇人民政府
57	马形山省级森林公园	2008.08	800	宜丰县潭山镇店上村民委员会
58	睦州山省级森林公园	2008.01	1542	上饶市信州区林业局
59	芦泉湖省级森林公园	2008.11	946	高安市新街镇景贤村民委员会
60	仙隐洞省级森林公园	2009.12	920	宜丰县芳溪镇人民政府
61	龙口源省级森林公园	2010.07	303	瑞昌市林业局
62	东湖南山省级森林公园	2010.07	322.5	都昌县林业局
63	双峰尖省级森林公园	2010.07	579	彭泽县林业局
64	台山省级森林公园	2010.07	223	湖口县林业局
65	万寿寺省级森林公园	2010.07	473.27	浮梁县万寿山垦殖场
66	四亩里省级森林公园	2010.07	75	浮梁县林业局
67	风龙省级森林公园	2010.07	531.23	安源区青山镇人民政府

续表

序号	公园名称	建园时间	批复面积(公顷)	现经营管理单位
68	鸡冠山省级森林公园	2010.07	1120.8	上栗县鸡冠营林林场
69	李畋省级森林公园	2010.07	368.8	上栗县林业局
70	湖仙山省级森林公园	2010.07	182	莲花县林业局
71	园岭省级森林公园	2010.07	2853.77	兴国县园岭森林公园管理局
72	李腊石省级森林公园	2010.07	112.9	石城县林业局
73	梅子山省级森林公园	2010.07	180.51	全南县林业局
74	大山脑省级森林公园	2010.07	337.9	南康市林业局
75	天工开物省级森林公园	2010.07	67	奉新县林业局
76	龙津湖省级森林公园	2010.07	173.3	丰城市总部经济基地办公室
77	东方禅文化省级森林公园	2010.07	68	宜丰县林业局
78	龙泉湖省级森林公园	2010.07	219	万年县林业局
79	李梅岭省级森林公园	2010.07	657	余干县李梅林场
80	黄金山省级森林公园	2010.07	107.85	信州区林业局
81	骆驼山省级森林公园	2010.07	381.28	铅山县林业局
82	珍珠山省级森林公园	2010.07	316.67	婺源县珍珠山林场
83	兴安省级森林公园	2010.07	87.47	横峰县林业局
84	广丰三山省级森林公园	2010.07	116	广丰县林业局(含水尾山、竹行山和屏风山三景区)
85	清水湾省级森林公园	2010.07	154.67	上饶县罗桥街道办事处
86	冰江省级森林公园	2010.07	71.53	玉山县林业局
87	聚远楼省级森林公园	2010.07	524.6	德兴市林业局
88	东湖省级森林公园	2010.07	247.3	新干县林业局
89	君华省级森林公园	2010.07	222.95	吉州区林业局
90	西龙山省级森林公园	2010.07	539.3	吉安县林业局
91	白凤省级森林公园	2010.07	168.33	泰和县林业局
92	龙江省级森林公园	2010.07	81.6	井冈山市林业局
93	汝水省级森林公园	2010.07	70.67	抚州市林业局
94	乐安省级森林公园	2010.07	67.87	乐安县林业局
95	卓望山省级森林公园	2010.07	732.4	宜黄县林业局
96	泰伯省级森林公园	2010.07	66.73	资溪县林业局
97	龙华山省级森林公园	2010.12	153.33	广丰县桐畈镇人民政府
98	上十岭省级森林公园	2010.12	1710	彭泽县上十岭垦殖场
99	仙峰岩省级森林公园	2010.12	415.12	萍乡市安源区城郊管理委员会
小计	99		107578.84	
三、	市县级			
1	南昌市大公岭森林公园	2007	24000	进贤县林业局
2	吉安县娑罗山森林公园	1993	3000	吉安县森林公园管理处

续表

序号	公园名称	建园时间	批复面积(公顷)	现经营管理单位
3	安福县蒙冈岭森林公园	1988	53.33	安福县蒙冈岭森林公园管理办公室
4	分宜县石门寨森林公园	2005	100	分宜县林业局
5	樟树药都城市森林公园	2010.09	25.7	樟树市林业局
6	上高翠霞城市森林公园	2010.09	133.23	上高县林业局
7	万载县西屏山城市森林公园	2010.09	49.7	万载县林业局
8	铜鼓县铜鼓城市森林公园	2010.09	34.67	铜鼓县市政路灯园林管理所
9	袁州区袁山城市森林公园	2010.09	90.8	宜春市园林局
10	弋阳县城南城市森林公园	2010.09	122.6	弋阳县林业局
11	青原区文山正气城市森林公园	2010.09	32	青原区林业局
12	会昌县塔丰城市森林公园	2010.09	12.02	会昌县林业局
13	鹰潭市梅园城市森森公园	2011.09	14.4	鹰潭市园林管理处
小计	13		27668.45	

污染防治

【概　况】 2011年,全省化学需氧量排放总量同比下降1.18%(其中工业源加生活源排放量下降2.44%),氨氮排放总量下降1.13%(其中工业源加生活源排放量下降1.02%),二氧化硫排放总量下降1.72%,均超额完成省政府年初确定下降1%以上的目标。氮氧化物排放总量同比上升5.17%,幅度低于全国5.73%平均水平。

开展污染综合防治。省环保厅编制《江西省重金属污染综合防治“十二五”规划》,提出全省重金属污染综合防治工作目标以及重点重金属污染物排放控制要求,明确各级政府为《规划》实施主体,要求各地将确定的目标、任务和项目纳入当地经济社会发展规划,要求将重金属污染综合防治任务分解落实到重点地区和企业,并制定年度实施方案,全省基本建成重金属污染综合防治体系。省政府印发《江西省机动车排气污染防治实施方案》,推行黄绿标制度,省环保厅印发《关于加强机动车污染防治促进减排工作的通知》,发挥机动车污染防治与“十二五”氮氧化物减排工作相互促进作用,全省淘汰老旧机动车3万辆。省环保厅委托的社会化机动车排气检测机构达23家。联合省质量技术监督局发布机动车尾气排放地方限值标准。强化涉危险废物企业监管,开展对持证经营单位经营状况的年度检查,组织多次涉危险废物单位危险废物规范化管理检查考核工作,公布第二批危险废物重点监管单位名单。全省各级环保部门加强危险废物异地转移监管。对危险废物经营许可、危险废物跨省转移许可开始实施网上登记审批,不断规范和精简审批程序。9月,组织2012年度进口废五金电器、废电线电缆和废电机定点加工利用单位核定工作,17家单位获得环保部定点资格。省住建厅、省发改委、省财政厅、省环保厅联合印发《江西省县(市)排水管网建设规划(2010年~2020年)》,指导全省80个县(市)编制完成排水专项规划。全省新建污水配套管网约1740千米,完成建设投资约30.6亿元。省发改委印发《江西省工业园区污水处理设施建设三年规划》,首批统一开工的10个工业园区污水处理示范工程加快建设,第二批30个工业园区污水处理设施建设全面启动。大力实施畜禽养殖污染减排工程,重点对250家规模化养殖场实施标准化改造。

【开展“四绿”环保专项行动】 2011年,全省开展“四绿”环保专项行动,即保护鄱阳湖“一湖清水”的“绿水”专项整治、重金属污染防治“绿地”专项整治、大气污染防治“绿风”专项整治和农村污染防治“绿野”专项整治。对“五河”源头、东江源头及其干流沿线、鄱阳湖滨湖1千米范围内污染企业全面清理,设立13个水质交界考核监测断面,对293个全省城镇集中式地表饮用水源地,组织开展环境安全检查与评估、涉污企业全面排查、加强监管。淘汰、关停涉污企业。对涉污企业分别实施行政处罚、停产整治、限期治理、限期整改。

(省环保厅)

节能减排

【概　况】 2011年,全省贯彻落实党中央、国务院关于节能减排的工作部署,以节能减排推进科学发展。加大工作力度,落实政策措施,取得明显成效。全省万元GDP能耗为0.652吨标准煤,同比下降3.08%,超额完成3%的年度节能计划目标,完成“十二五”单位生产总值能耗降低16%目标进度的17.97%，全面完成国家2011年淘汰落后产能任务，全省地表水总体水质良好，全省环境空气质量状况稳定良好，环境空气质量均达国家二级标准，城市区域环境噪声全部达2类标准，氮氧化物排放总量上升幅度低于全国5.73%的平均水平。国务院公共机构节能考评组对江西省“十一五”公共机构节能考评，江西省得分列全国第5位。

目标责任分解落实到位。省发改委下发《“十二五”期间各设区市单位生产总值能源消耗降低指标计划》等文件，将节能减排目标任务分解到设区市、省直相关部门和重点企业。对全省11个设区市“十一五”节能减排目标责任完成情况进行考评，实施问责制和表彰奖励制度，加强重点用能单位节能管理，制定高耗能产品能耗限额地方标准，对完成节能目标任务的地区，省政府发文通报表扬。对未完成节能目标任务的地区，采取约谈主要负责人，要求提出整改计划。2011年，有471户单位纳入重点用能单位管理。组织开展万家企业低碳行动。

节能管理能力明显增强。工业领域，建立健全落后产能退出机制，2011年，省级财政安排专项资金1000万元，并争取到中央财政奖励资金2.26亿元，用于关停落后产能、职工安置等工作，保障落后产能稳定有序退出。超额完成国家下达的2011年淘汰落后产能任务。在建筑节能、交通运输、商业和民用和公共机构领域，全面推进节能工作。

科学规划测算减排目标责任。江西省高度重视“十二五”主要污染物减排，成立专门课题组，安排专项经费，编制“十二五”主要污染物总量控制规划和年度减排计划。完成2010年度污染源普查动态更新调查，确定“十二五”减排基数。根据环保部通报江西省“十二五”主要污染物总量削减目标，编制主要污染物总量减排计划，分解落实，明确主要减排项目，并签订“十二五”主要污染物总量削减目标责任书，将减排目标作为否决性指标列入省政府对县市政府的考核。

强化政策措施和资金投入引导减排。坚持“等量替代”“增产减污”，严格控制新增量。开展绿色GDP核算及排污权交易政策研究，并在鄱阳湖生态经济区先行先试。推进燃煤发电机组脱硫脱硝经济政策，对火电企业脱硝设施按照氮氧化物实际减排量进行补助，以补贴脱硝机组部分成本。继续开展燃煤发电机组脱硫设施运行情况核查，对2010年度脱硫机组，不正常运行时段上网电量扣减脱硫加价1500多万元。推动落实“以奖代补”政策，对全省城镇污水处理达标奖励。2011年，省财政安排减排专项资金1.18亿元，同比增长30%。

【采取积极措施完成节能目标】 2011年初，全省单位生产总值能耗不降反升，节能形势十分严峻，国家发改委连续两个季度将江西省列入节能形势红色一级预警地区。省委、省政府对此高度重视，出台项目限批、差别电价、分解能耗降低指标；实施问责制和表彰奖励制度；实施重点节能工程、建立健全落后产能退出机制等一系列硬措施，在国家未正式下达2011年度能源消费总量控制目标情况下，主动将单位GDP能耗控制目标作为能源消费总量控制目标，强化重点用能单位节能管理，深入推进工业节能。2011年，全省规模以上工业增加值能耗下降6.9%，超额完成全年下降4%的计划。

【落实一批污染减排项目】 2010年，省政府印发《加快推进全省县(市)排水管网建设实施方案》，省住建厅、省发改委、省财政厅、省环保厅联合印发《江西省县(市)排水管网建设规划(2010～2020年)》，指导全省80个县(市)编制完成排水专项规划。全省新建污水配套管网约1740千米，完成建设投资约30.6亿元。省发改委印发《江西省工业园区污水处理设施建设三年规划》，工业园区污水处理示范工程正在加快建设、启动。大力实施畜禽养殖污染减排工程，重点对250家规模化养殖场实施标准化改造。

【六大高耗能行业比重有所下降】 2011年，面对严峻的节能形势，省政府出台《关于进一步加大工作力度确保完成全年节能减排任务的通知》《关于印发江西省“十二五”节能减排综合性工作方案的通知》等系列文件，全面部署落实节能减排工作。采取项目限批和差别电价等一系列政策措施，有效地遏制高耗能、低产出项目增长。全年，江西省六大高耗能行业产值(现价)占规模以上工业总产值的比重为49.7%，同比下降0.4个百分点。

【开展全民节能行动】 2011年，省政府制定实施《江西省2011年节能节电全民行动活动方案》，方案包括11个主题活动、18项重大工程、“1+10”配套政策体系，涉及28个省直部门，涵盖全省60%的用能单位和个人。各地、各部门积极开展形式多样的宣传活动，省政府机管局开展“节能低碳新生活，公共机构做表率”主题活动，省交通运输厅组织开展万名驾驶员节能竞赛活动，编发汽车“绿色驾驶”手册2000余本，节能驾驶培训累计达17万人。对医院、大专院校、保育院等办公区域节能灯和楼道声控灯进行改造，投入节能灯改造资金142万元。对“江西省公共机构能源资源消耗网络填报系统”进行维护升级，省内外主要媒体以及移动、联通、电信的短信平台广泛宣传报道节能减排政策措施。

(省发改委　省环保厅)

教　育

本栏编辑　苗建林

综　述

2011年，省委、省政府高规格召开全省教育工作会议，对未来十年江西省教育改革发展进行总体谋划和部署。全年以贯彻落实全省教育工作会精神和规划纲要为重点，认真做好规划纲要配套政策制定等基础性工作，先后下发30多个配套性政策文件，保障教育经费投入，支撑教育优先发展，全省教育投入大幅增长，财政教育支出超过470多亿元，同比增加150亿元。以推进重大工程项目和改革试点为抓手，承担国家10个重大工程中的25个子项目和7项国家教育体制改革试点项目，启动规划纲要8个重大工程项目和10大方面，62个子项、111个省级教育体制改革试点，教育项目全面建设，教育改革有序推进，教育事业实现又好又快发展。

全省教育“十二五”规划编制完成。按照全省教育工作会和教育规划纲要精神的要求，着手编制教育“十二五”规划，成立教育咨询委员会，建立“行政领导、科研支撑、社会参与”的工作机制，确定12个重大调研专题。《规划》立足省情教情，体现国家教育“十二五”规划和中长期教育规划纲要的目标要求，把握鄱阳湖生态经济区和十大战略性新兴产业的教育需求，回应人民群众对教育的期盼和关切，确立“十二五”时期江西省教育事业发展目标、重大政策、工程项目，为江西省中长期教育规划纲要的贯彻实施奠定扎实基础。

城镇新区教育园区建设顺利推进。按照省政府“一年试点，两年推广，三年见成效”的总体部署，全省推进40个县（市、区）城镇教育园区和赣州职教园区建设。自2010年，争取省财政试点经费5000万元、建设用地575.13万平方米，带动各市县完成投资41.2亿元，开工建设学校172所，建设面积326.6万平方米，其中71所学校已交付使用。教育园区建设，有效缓解进城农村学生“入学难”和现有城镇“大班额”问题，顺应了新型城镇化建设需要，对优化教育资源配置、促进义务教育均衡发展起到积极推动作用。

教育民生工程各项任务全面完成。2011年，全省继续组织实施教育民生工程，筹措资金59.6亿元，为全省义务教育阶段学生免除学杂费并免费提供教科书，为44.3万家庭经济困难的寄宿学生补助生活费，资助普通高中家庭经济困难学生15.4万名；资助考入大学的家庭经济困难学生2.48万名；资助全省中职学校家庭经济困难学生22.46万名，为12万名中职学校农村家庭经济困难学生、城镇低保家庭学生和涉农专业学生免除学费，资助家庭经济困难的高校学生17.6万名，“奖助贷免相结合，大中小学全覆盖”资助体系进一步完善，教育公平进一步体现。

加快发展学前教育。2011年，省政府制定出台《关于加快发展学前教育的实施意见》，确定发展原则、目标和任务，提出多形式扩大学前教育资源、多途径加强幼儿教师队伍建设、多渠道加大学前教育投入等7个方面、24条政策举措。按照《意见》要求，省教育厅与省直相关部门积极沟通协调，制定学前教育3年行动计划。规划3年内建设幼儿园1200所，做到100%的县（市、区）城区至少有一所符合省级示范园标准的公办幼儿园，60%的乡镇至少有一所符合省定标准

1月6日，全省教育工作会议召开。

省教育厅供稿

的中心幼儿园。

义务教育均衡发展机制不断完善。2011年，与教育部签订《关于推进县域义务教育均衡发展备忘录》，全面推进备忘录各个项目、政策的组织实施。根据省政府《关于推进义务教育均衡发展的意见》，制定出台义务教育学校办学标准，启动新的五年一轮县级政府教育督导评估，推进均衡发展示范县创建，组织实施第四期21所高校对口支援贫困县“结对帮扶工程”，加大对农村地区、边远山区、革命老区教育转移支付的力度。省人大常委会通过《江西省义务教育条例》，对全省义务教育改革发展体制机制作全面修订，为进一步促进义务教育均衡发展提供有力法制保障。通过政策带动、上下联动、项目拉动、督导驱动、法制保障，全省义务教育均衡发展机制不断完善。

职业教育校企对接不断深化。2011年，全省职业教育围绕坚持“三个立足”、健全“四个机制”、推进“九个对接”的发展思路，着力深化校企对接机制，推进教育链和产业链的深度融合。先后制订出台“十二五”职业教育基础能力建设计划，明确7个方面的重点任务，会同省委组织部启动职业院校与全省94个工业园区（企业）领导对接交流挂职工作，组建有24家企事业单位参加的现代职业教育集团，推动全省职业学校与近万家企业建立校企合作，中职学校职业技能大赛连续八年成功举办，形成“普通教育有高考，职业教育有大赛”的良好局面，职业教育吸引力不断增强。

高等教育内涵建设成效明显。2011年，全省建成国家级示范（骨干）高职5所，省级示范性高职12所；以国家、省示范高职为龙头的优质高职院校群正在形成。江西赣江职院、江西服装职院两所民办院校成功升本，全省普通本科院校增加至24所。江西科技师范学院成功更名为江西科技师范大学。东华理工大学、江西理工大学2所高校获得服务国家特殊需求博士人才培养试点项目单位，南昌工程学院、宜春学院、井冈山大学3所高校成为硕士专业学位研究生培养试点单位，硕士培养单位由12所增加到16所，博士授权一级学科达18个，硕士授权一级学科达174个，全省高校办学层次结构不断优化。启动实施“十二五”高等教育质量建设计划。组织实施“高等教育教学质量与教学改革工程”、科技平台“311”工程，重点建设240门省级精品课程、80个省级人才培养模式实验区和30个高水平重点学科、70个一级重点学科、10个高水平实验室、10个高水平工程中心；扎实推进4个高校科技成果转化与应用项目、30个与江西省经济社会发展密切的科技创新项目、25个卓越工程师专业。全省高校内涵建设不断加强，涌现出一批高层次人才、高科技平台、高质量成果，年度省自然科学奖的100%、技术发明奖的60%、科技进步一等奖的60%为高校获得；高校哲学社会科学获得84项国家社科基金项目，立项数和资助经费连续七年实现持续增长。全省高等教育贡献率显著提高。全年评选表彰233名省级特级教师、104名“师德先进个人”、20名“师德标兵”、80名优秀特岗教师，进一步营造尊师重教良好氛围。全省教育系统涌现出被誉为“教师之楷模，人生之榜样”的南昌大学教授石秋杰以及王茂华、蒋国珍、胡生贵等一批教师英模人物。

9月29日，江西教育发展大厦启用。

省教育厅供稿

高校毕业生就业保持良好态势。2011年江西省高校毕业生比上年增加6000余人。教育厅始终坚持把高校毕业生就业作为重大民生工程和引导高校优化学科专业结构的重要标尺，认真落实就业“一把手”工程，按照充分就业、体面就业、公平就业、安全就业“四位一体”工作思路，不断完善工作机制，努力为毕业生就业搭建平台、提供服务。组织13场分层次、分专业大类的全省性现场招聘会，举办中小型校园招聘会约6000余场次；开发启用毕业生就业信息管理和监测系统，首次引入第三方核查机制，委托省统计局对毕业生就业状况进行全面核查。全省高校毕业生初次就业率达85.84%，比上年高出0.05个百分点，比全国平均高出8.04个百分点。江西理工大学、江西师大、九江职院3所院校入选年度全国高校毕业生就业工作50强。

【不断创新教师培养培训】 2011年，高等学校启动第二批15个“井冈学者”特聘教授岗位计划，确定重点支持20个科技领军人才及其创新团队，支持3500名中青年教师进行素质提升或国内外访学。组织中等职业学校1300名教师参加国家级、省级培训，1413名专业教师到企业定期实习锻炼，617名工程技术人员到学校任兼职教师。中小学校教师培养机制进一步完善，连续4年实施“教师定向培养计划”，培养教师9000余名，并在2011年延伸到培养农村幼儿园师资；中小学教师招聘继续实行省级统筹，全年招聘教师6400余人；中小学教师培训机制进一步创新，全年组织国家和省级培训教师7.3万余人次。

【江西教育发展大厦竣工启用】 9月，江西教育发展大厦正式启用。大厦集行政管理、招生考试、期刊出版、图书发行、教育科研、教材研发、技术装备、学术交流、教育信息化等多项教育政务服务功能于一体，实行窗口式、一站式等服务方式，成为面向基层学校、广大师生的服务平台，全省教育改革发展的政务中枢，全省教育工作者的共同家园。大厦的建成，提升了办事效能，树立了教育部门良好的形象。

（省教育厅）

基础教育

【概 况】 2011年，全省基础教育事业保持持续健康发展的良好态势。全省小学适龄儿童入学率达99.8%，初中阶段适龄人口入学率达98.33%，与上年相比基本保持稳定；高中阶段毛入学率达77.5%，比上年提升1.5%；幼儿园在园幼儿达145.50万人，比上年提升17.8%；特殊教育在校生为2.26万人，比上年提升5%。

中小学德育工作成效显著。发挥课堂主渠道作用，将社会主义核心价值体系融入课堂教学全过程。抚州市教育局“校家同创育英才”等4个案例荣获全国中小学德育工作优秀案例。评选初中三好学生515名，初中优秀学生干部126名；高中三好学生875名，高中优秀学生干部212名；省级优秀学生27名。评选表彰100名“全省中小学优秀班主任”。开展“实践与创新”素质教育月和“暑假读一本好书”活动。取消全省初中数学联赛等5项义务教育阶段学科类竞赛，增设青少年校外活动竞赛项目，努力减轻学生过重课业负担。组织全省校外活动中心评估，10个活动中心获省级优秀，6个被评为全国县级示范性校外活动场所。赣州市被确定为2011年度示范性综合实践基地项目。

加快城乡中小学义务教育均衡发展步伐。省政府与教育部签署《国家教育部与江西省人民政府义务教育均衡发展备忘录》，共同推进江西省义务教育均衡发展。省政府办公厅印发了《江西省实现县域义务教育均衡发展规划（2011－2020年）》，省教育厅会同有关部门联合制定《江西省普通小学、初级中学、高级中学基本办学条件标准（试行）》《江西省义务教育学校标准化建设项目规划》。浔阳区、芦溪县和铜鼓县被评为2011年度省义务教育均衡发展示范县。继续对口支援井冈山市、吉安县教育事业发展。启动实施全国农村中小学薄弱学校改造计划，国家下达资金4.7亿元，改造计划项目学校3582所；全年国家下达5.25亿元，省级配套5.25亿元，确定项目学校3158所。全面完成农村中小学现代远程教育工程扫尾阶段建设，实现农远工程全省小学全覆盖、民族乡镇中小学全覆盖、共青城市中小学全覆盖。

积极推进特殊教育事业发展。省教育厅等部门制定《关于进一步加快特殊教育事业发展实施意见》，提高义务教育阶段残疾寄宿生生活补助标准，特教学校生均公用经费标准提高到普通中小学校生均公用经费标准6倍。争取国家“中西部地区特殊教育学校建设工程”项目13个，实现58个30万以上人口县每县有一所特殊教育学校的目标。省政府从民生工程资金安排6500万元支持特教学校改善条件，建立随班就读保障体系。

办好内地民族班。2011年，教育厅全面完成国家下达的内地西藏初中班、高中班和新疆克州高中班招生任务。进贤一中内地西藏高中班首届招生80名，莲塘一中新疆班在校学生300人，南昌十七中西藏初中班学生368人。

基础教育有关工程进展顺利 。2011年，省政府切块安排40个县教育园区建设用地375.13公顷，选择40个园区全面推进教育园区新一轮建设。全省中小学校舍安全工程顺利开展，省财政新增工程资金2亿元，同时争取中央资金4.23亿元。省政府召开工程领导小组会议、工程现场会，部署工作任务。全年累计完成投资50亿元，校舍加固改造开工学校5310所，开工面积952万平方米，竣工面积695万平方米。农村初中工程540所项目学校全部完工，建设生活类校舍面积109万平方米，购置学生用床7.2万张。实施好教育赠款工程，争取神华集团3000万元赠款，用于5所项目学校建设，完成工程80%，争取台湾台塑集团赠款1485万元，建设32所明德小学，争取香港邵逸夫先生赠款1450万元，用于11所项目学校建设，改善项目学校办学条件。启动新一轮五年周期中小学教师远程培训，35万中小学教师参加培训。争取“中西部农村骨干教师国培计划”资金1800万元，培训农村义务教育骨干教师5.77万人，占同口径农村教师总数的19.8%，培训农村幼儿园园长和教师2900人，占同口径农村幼儿教师总数的32.2%。培训中小学（幼儿园）教师、班主任、校长1.57万人。

【中小学校安全进一步加强】 2011年，省教育厅加强中小学安全教育，开展中小学生安全教育日主题教育活动和“防震减灾宣传教育活动周”宣传教育工作，增强广大中小学生的安全防范意识和自救互救能力。重点抓好暑假期间游泳安全工作，省领导亲自向全省教育局长，中小学校长和广大家长致信，提出加强暑期中小学生安全的明确要求。省教育厅及时发出手机短信，提醒广大学生、家长及全社会加强暑期中小学生安全教育和监管，防止发生溺水等安全事故。着重加强校车安全管理，及时下发相关文件，并开展督查，促进全省校车安全管理水平的提高。

【推进改善学前教育】 2011年，省教育厅联合有关部门出台《学前教育三年行动计划》。省政府安排5000万元，用于121所农村乡镇示范幼儿园改扩建，698所农村普惠性民办幼儿园配置保教设备。争取财政部、教育部2011年项目资金4.4亿元，确定利用农村闲置校舍改建幼儿园项目623个，农村小学增设附属幼儿园项目1673个，有力地扩充了农村学前教育资源。新增10所省示范幼儿园，对31所省示范幼儿园进行复评。

【开展省级教育综合督导评估】 2011年，省政府办公厅、省教育厅等部门对南昌县等20个县（市、区）政府教育工作进行省级综合督导评估和“回头看”督查。吉安县、新余市渝水区、靖安县、南昌县被评为2011年度全省教育工作先进县（市、区）。

（省教育厅）

高等教育

【概 况】 2011年，全省有普通高等

学校、独立学院和成人高等学校96所,其中普通高等学校86所、成人高等学校10所。各类高等教育在校人数102.14万人。高等教育毛入学率27.5%,同比提高2个百分点。普通高等教育本专科招生25.04万人;在校生82.86万人,增加1.22万人。专任教师5万人。全省高校研究生招生8353人,增加370人,增长4.6%;在校研究生2.38万人,增加2511人,增长11.8%。高校现有博士学位授权一级学科19个,博士学位授权二级学科5个;硕士学位授权一级学科200个,硕士学位授权二级学科88个。拥有高水平学科30个,"十二五"重点一级学科70个、重点二级学科35个。

建立高校专业动态调整机制。定期发布《江西省高校专业设置状况白皮书》,合理引导全省高校专业设置。建立学科专业的动态调整机制,适时优化专业结构。2011年,全省高校新增62个本科专业,105个高职高专专业。

组织实施"江西高等教育教学质量与教学改革工程"。全年遴选确定240门省级精品课程、80个省级人才培养模式实验区,省财政安排2000万元专项经费予以重点建设。强化创新创业教育。建立省、校两级创业教育研究与指导中心,举办第三届全省高校创业教育研讨会。2011年,江西高校获"全国大学生工程训练综合能力竞赛"一等奖2个,"全国大学生广告艺术竞赛"一等奖3个,"全国大学生数学建模竞赛"一等奖8个,九江职业技术学院在"全国职业院校技能竞赛"中荣获一等奖,江西师范大学科技园被教育部、科技部认定为高校学生科技创业实习基地。

深入推进示范性高职院校建设。2011年,全省有5所国家示范(骨干)高职院校、12所省级示范性高职院校,基本形成一批优质高职院校群体,带动全省高等职业院校办出特色,提高水平。完成第七批江西省高校中青年学科带头人和骨干教师遴选工作;评选表彰第七届江西省高等学校教学名师奖50人,其中1人获国家级教学名师奖;启动实施"江西省高等教师队伍发展计划";投入2000万元,通过岗位培训计划、访问学者计划对3500名教师进行重点培养。

【黄路生当选中国科学院院士】 2011年,江西农业大学教授黄路生当选中国科学院院士。实现江西本土中科院院士、高等学校院士以及50岁以下年轻院士的三大突破。

【积极探索省、部、行业共建模式】 2011年,省教育厅积极做好"探索省、部、行业共建行业模式构建产学研结合的人才培养模式"和"探索'五年制'乡镇及社区医务人员定向培养模式"等国家教育体制改革试点项目,探索更多、更新的大学生培养模式。有9所院校与相关部、委建立稳定的共建机制。南昌大学等3所高校与海军部队联合培养国防生,探索海军、驻军部队和地方院校"三位一体"的联合育人新路。

【高等职业教育专业技能实训中心建设启动】 2011年,省教育厅为进一步加强全省职业教育实训基地建设,推进全省高等职业教育人才培养模式改革,提高高等职业教育人才培养质量,在全省高职高专院校中重点建设100个江西省高等职业教育专业技能实训中心。遴选确定20个专业技能实训中心予以重点建设,省财政安排5000万元建设经费。

【继续开展单独招生改革试点】 2011年,省教育厅及有关部门牵头、组织九江职业技术学院等5所国家示范性高职院校、国家骨干高职院校开展单独招生改革试点。试点院校遵循公平、公正、公开、自我约束、社会监督原则,积极引导高中毕业生向优质高等职业院校合理分流,提高高等职业教育生源质量和办学水平,为区域经济和社会发展服务。

(省教育厅)

职业教育与成人教育

【概　况】 2011年,江西省各类中职学校录取30.41万人,其中三年制普通中专、成人中专录取8.22万人;五年制高职录取1.91万人;职业高中录取14.37万人;各类技工学校录取5.9万人,完成教育部下达30万中职学校招生任务,保持高中阶段职业教育与普通高中大体相当的目标。

规范中职学校办学行为。下发《关于全面清查中等职业学校办学资质规范学校办学行为的通知》,全面检查办学资质和办学条件。对办学条件简陋,办学行为不规范的中职学校分别作出限期整改、停止招生的处理,会同省学生资助管理中心、驻厅监察室等部门对中职学校资助金发放情况进行专项检查,纠正部分学校违规违纪行为。

深化职业教育办学模式改革。省教育厅启动职业教育办学模式改革试点,100多个单位申报试点项目。启动"江西职业教育园区(新余)"建设,努力建成职业教育产、学、研一体的综合园区,成为全省新兴产业人才培养和培训基地、国家新能源科技项目研发基地、职业教育人才培养模式改革示范基地。在省职教园区建设带动下,萍乡市等地也分别启动职业教育园区建设项目。整合江西现代职业技术学院等12所职业院校、2家工业园区、24家企事业单位,成立江西现代职业教育集团。集团以专业建设为纽带,实现跨层次、跨行业、跨区域合作,达到资源共享、优势互补。实行职业院校与工业园区(企业)领导双向对接交流挂职制度,省委教育工委会同省委组织部下发文件,在全省范围内开展职业院校与工业园区(企业)领导对接交流挂职工作。

强化基础能力建设。争取中央财政资金3310万元,建设实训基地20个;省财政安排资金3500万元,建设省级实训基地项目17个;以省级实训基地为基础,安排2000万元集中建设10个高水平的省级技能竞赛中心;争取中央财政资金1.3亿元,建设13所中等职业学校;省财政安排资金3600万元,用于省属独立设置的中等专业学校校建项目;省财政安排3000万元,实行"以奖代补"的方式对各地职业学校基本建设进行扶持。争取2011年职业院校教师素质提高计划中央补助资金1293万元,培训教师320人,选派12名教师到德国等国家进修培训;省财政安排资金300万元,实施"双师"型教师培训,培训教师960多人;设立600个"特聘兼职教师"岗位,聘用有实践经验的行业专家、企业工程技术人员和社会能工巧匠等担任兼职教师；省财政安排专项资金2325万元，重点支持建设77个中等职业学校精品专业。

【出台《江西省中等职业教育基础能力建设计划》】 2011年，根据《江西省中长期教育改革发展规划纲要》精神，按照教育部《中等职业教育改革创新行动计划（2010～2012年）》要求，省教育厅研究制定《江西省中等职业教育基础能力建设计划（2011～2015）》《计划》决定在"十二五"期间实施中等职业学校实训基地和技能竞赛、高等职业教育专业技能实训中心建设项目、省级优质特色示范中等职业学校建设项目、农村薄弱职业学校和职业教育园区建设项目、职业教育信息化提升项目、中等职业学校教师素质提高计划和中等职业学校特聘兼职教师资助计划、实施职业教育校企一体化合作办学推进计划等七大项目计划，大力加强职业教育基础能力建设，为提高职业学校整体办学水平打下坚实基础。

【推进职业教育"现代学徒制"试点工作】 2011年，省教育厅成立专门领导机构，制定职业教育"现代学徒制"试点实施方案。省委、省政府对开展学徒制试点工作给予高度重视和关心，多次听取省教育工委、省教育厅和新余市委、市政府的汇报，提出明确的指导意见。10月12日，教育部在新余市召开现代学徒制实践经验交流研讨会，推进中国特色"现代学徒制"的探索实践，研讨现代学徒制的内涵和特征，交流实践经验，引导试点方向。试点工作顺利推进，取得初步成效。

【组织开展中职教育发展专题调研】 2011年，省政府组织，省政府办公厅、省政府发展研究中心、省决策咨询委、省教育厅、省人保厅、省财政厅、省中小企业局、省建材集团公司等部门相关负责人以及部分高校相关专家组成6个调研组，分赴全省各地调研中职教育。调研采取座谈交流、问卷调查、案例分析等方式，以摸清中职教育发展基本情况，总结基层发展经验，了解中职教育改革发展困难和问题，听取地方政府、中职学校和各行各业对发展职业教育的建议。省政府将在调研的基础上，出台推动职业教育改革发展的一系列政策性意见。

（省教育厅）

师范教育

【概　况】 2011年，省教育厅组织开展全省第二次中小学"师德标兵""师德先进个人"评选工作，通过网络投票与专家评审相结合的方式，评出"师德先进个人"104名，"师德标兵"20名；评选表彰80名优秀特岗教师；启动师德师风示范校创评活动，3年内创建一批省级师德师风示范学校。组织召开"教师节座谈会"。加大教师队伍扩充力度。2011年，全省统一招聘中小学教师6400余人；国家"特岗计划"为21个国贫县招聘特岗教师3063人；首批382名免费师范生顺利就业；定向培养农村中小学教师工作扩大到幼儿园，招收农村中小学教师2400余人，农村幼儿园教师1400余人。加强名师队伍建设。通过第六次评选全省产生特级教师233名；组织开展全省第二批中小学学科带头人及骨干教师选拔，选出学科带头人培养对象532名、骨干教师培养对象949名。

【建立中小学教师管理信息库】 2011年，省教育厅组织全省中小学教师信息采集工作，建立38万人各级各类、普通中小学及幼儿园教育教学人员实名管理信息库，实现教师信息管理真实、准确，实现教师编号、查询、统计管理。

【采取多种形式培训教师】 2011年，省教育厅启动新一轮五年周期中小学（幼儿园）教师全员远程培训，实行分层分类分岗培训办法，培训中小学教师35万人；实施"中西部农村骨干教师国家级培训计划"和"幼儿教师国家级培训计划"，通过安排顶岗实习和置换培训、短期集中培训、转岗教师培训等多种形式，培训农村义务教育骨干教师5.77万人，培训农村幼儿园骨干教师和园长5600余人；省级培训中小学（幼儿园）教师、班主任、校（园）长1.57万人。

（省教育厅）

民办教育

【概　况】 2011年，在生源总体减少的情况下，民办教育办学总规模仍比上年增长10.19%。全省各级各类民办学校和教育机构有9392所，在校生179.90万人，分别占全省总数36.25%和69.31%。其中独立学院13所，民办普通高校14所，占全省高校总数32.56%。在校统招生19.98万人，占全省高校统招在校生24.11%。民办高等教育机构23所，连同民办普通高校在内的非统招在校生3.59万人；民办中等职业学校177所，占全省总数38.06%。在校生14.56万人，占全省总数24.79%；民办十二年一贯制学校30所、高中30所、完中47所、初中49所，九年一贯制学校103所、小学48所，占全省中小学总数2.17%。在校高中生10.29万人，占全省总数13.14%。在校初中生14.24万人，占全省总数7.08%。在校小学生9.94万人，占全省总数2.29%；民办幼儿园8857个，占全省总数93.91%。在园幼儿107.30万人，占全省总数73.74%。全省民办学校教职工12.23万人，占全省总数20.81%，其中专任教师7.80万人，占全省总数15.42%。

加大扶持民办教育。以教育部"民办高校设置年"为契机，以"建院升本"为抓手，促进民办高校全面加强内涵建设。全省民办本科高校增至4所。为提高民办高校新生报到率，推动民办教育改革，增添民办高校发展活力，省政府在新增财政教育投入中，安排1500万元设立江西省民办教育发展专项资金。省财政厅、省教育厅出台《江西省民办教育发展专项资金管理办法（试行）》，规定专项资金的资助范围、申报和审批具体事项，并向全省民办学校下达专项资金申报通知。采取计划安排倾斜、增加出省比例、扩大超录比例、实行一次性降分"四轮驱动"办法，使全省民办高校基本完成国家招生计划。

教育行政部门进一步加强对民办

教育的管理。省教工委、省教育厅制定印发《江西省民办普通高等学校巡视工作暂行规定》等五个规范性文件,推动民办高校管理进一步规范化、制度化。省教育厅组织巡视江西蓝天学院、江西服装学院和江西渝州科技职业学院,对学校领导班子进行民主考核试点。赣州、鹰潭、上饶、南昌等设区市教育局改进年检办法,重点对辖区民办学校法人治理结构、资产管理、规范招生进行检查,在政府网站公布检查结果,依法处置不合格学校,提高民办教育的社会信誉。

【民办高校督导专员换届】 7月,省教育厅举行民办高校督导专员换届典礼,首届督导专员和第二届督导专员平稳交接。第二届督导专员进入13所民办高校兼任学校党委书记,通过"双向进入、交叉任职",民办高校董(理)事会、行政、党委班子整体得到优化。省教工委按照《江西省民办高校党建工作评估指导指标体系》规定,对首届督导专员(党委书记)工作的10所民办高校开展党建评估。

(省教育厅)

交流与合作

【概 况】 2011年,全省教育系统因公出国访问、学术交流、进修、培训439人次;赴港澳台访问、学术交流、进修、培训297人次;聘请外教资格院校109所,外教610人;中外合作办学机构(项目)73个;受理国外学历认证518人;国家公派留学37人、国家留学地方合作项目留学39人、单位公派留学64人;来华留学生在校生3100人;港澳台学生69人;孔子学院5个,孔子课堂2个,汉语国际推广中小学基地3个。

扎实推进国际合作与交流。2011年,认真贯彻落实省委、省政府要求,对全省高校出访计划进行审核调整,审批中严格按照出访计划执行。对学术性强、一线教师的国际交流提供快捷服务,提供方便。保证了出访有计划、有目的进行。全省派出138批,439人次赴美国、澳大利亚、新西兰、法国、加拿大、英国、澳大利亚等30多个国家访问和学术交流;派出55批,297人次赴港澳台地区访问和学术交流。同时,组织中学生赴新加坡、澳大利亚、美国参加夏令营活动,组织教师学生赴英国、美国、新加坡及欧洲国家进行短期交流活动。各高校积极开展教育国际交流活动,南昌大学承办发展中国家官员中国文化与经济研修班,发展中国家大学校长研修班;江西财经大学承办发展中国家官员财经管理与经济发展国际研修班;江西外语外贸职业学院承办发展中国家农村能源与环境卫生官员研修班。

中外合作办学稳步发展。对全省中外合作办学机构(项目)开展年检审核工作,对年检中发现的问题进行清理整顿,严格中外合作办学秩序,保证中外合作办学健康发展。全年新增中外合作项目17个。全省中外合作办学机构和项目73个,其中硕士项目9个,本科项目3个,高等职业教育项目53个,高中教育机构1个,高中教育项目4个,非学历教育3个。在校生3000多人。

积极推动外聘教师公派留学。2011年,受理87人申请国家公费出国留学,录取37人;国家留学基金委与省教育厅签订"合作资助出国留学人员项目"协议书。这是江西省在国家公派出国留学地方合作项目上零的突破,合作双方以1:1的比例负担留学人员费用,合作项目为期两年,每年将选派30人出国留学。受理15所高校102位教师的申请,其中理科73人,文科29人。经专家评审,向基金委推荐郭洪民等44人为评审人选,经国家留学基金委审核,录取39人。各高校积极开展单位公派留学活动,全省高校单位公派留学64人。新加坡奖学金项目选拔经过推荐、笔试和面试,13人获得新加坡高二奖学金项目,18人获得新加坡初三奖学金项目。全省聘请外教资格院校109所,其中43所高校、25所中学和外语培训机构聘请长短期外教610人。经学校推荐,省教育厅审核,皮埃尔等7名外籍教师获2011年江西省庐山奖。

【汉语国际推广成绩喜人】 2011年,省教育厅扶持南昌大学普瓦提埃孔子学院,江西师范大学马达加斯加孔子学院,九江学院柬埔寨王家学院孔子学院;国家汉办批准南昌大学与印度尼西亚哈山努丁大学筹建印度尼西亚哈山努丁大学孔子学院,赣南师范学院与塞拉利昂共和国塞拉利昂大学合作举办塞拉利昂大学孔子学院,各项工作已启动。全省有孔子学院5个,孔子课堂2个,汉语国际推广中小学基地3个。江西省首次选派18名汉语教师志愿者赴泰国进行教学服务工作,志愿者在泰国开展一年的支教活动,进行基础汉语教育,服务对象是泰国中小学生。

【全省第一所国际学校落户南昌】 4月20日,全省第一所国际学校——南昌国际学校正式成立。经教育部批准,南昌国际学校由南昌市教育局与中新苏州工业园区国际教育服务公司携手创办,为全省首家以英语为教学语言、专门为外籍和港澳台人员子女提供教育服务的全日制涉外学校。南昌市有常驻外籍人士1.51万名,学校的成立,解决了外籍人士子女入学的后顾之忧,将为不断吸引高层次外国专家学者、投资者来南昌工作,进一步改善南昌招商引资环境,促进南昌开放经济又好又快发展起到积极推动作用。

(省教育厅)

科学技术

本栏编辑　苗建林

综　述

2011年,全省科技工作紧紧围绕鄱阳湖生态经济区建设,大力推进科技创新"六个一"工程,取得一系列的重大突破和进展,实现"十二五"起步之年"开门红"。全省在全国区域创新能力排名由第22位前移至第18位;十大战略性新兴产业主营业务收入突破8000亿元,高新技术产业产值突破4000亿元,同比分别增长28%和30%以上;全省6项重大成果通过2011年度国家科学技术奖评审。

重大项目促进增长点和创新源培育。全省组织实施100万元以上各类重大科技项目171项,财政资金投入10.29亿元。171项重点项目中,国家级重大项目95项,省政府重大高新技术成果产业化项目43项,省重大科技专项6项,省级重大科技创新项目12项,科技条件平台建设等项目15项。通过项目实施,提升了主导产业创新能力,加快了创新团队建设,进一步凸显经济增长点和科技创新源的重要作用。

重大示范工程促进成果转化和产业技术升级。省科技厅继续组织实施制造业信息化、科技富民强县、山江湖综合开发治理、科技入园、节能减排、新农村建设科技示范、创新型企业(试点)、粮食丰产等八大科技示范工程。其中科技入园工程,实现120家生产力促进中心前移入驻园区,服务园区企业1.75万个,联系科研机构1374个,联系专家1.28万名,争取和引进项目531项,为企业增加销售收入178亿元;出台《江西省创新型企业管理办法》,新增国家级创新型企业2家,省级创新型试点企业71家,全省国家级和省级创新型试点企业分别达到12家和203家;全省建立核心试验区666.67公顷、示范区6.67万公顷,辐射带动66.67万公顷;新农村建设科技示范工程,完成覆盖8个市26个县总计300个示范点的建设任务,构建多通道的农村科技信息服务技术平台。

科技园区建设促进高科技产业聚集和经济增长极培育。全省新增国家级农业科技园1个、国家首批试点产业集群1个、国家级高新技术产业化基地3个。新增省级农业科技园16个、鄱阳湖生态农业示范基地6个、省级可持续发展实验区13个、转变发展方式示范县(市、区)11个、省级民营科技园11个、省级科普基地9个。2011年,全省形成覆盖全省主要产业和行业领域,较为完善的科技成果产业化示范体系,促进了全省高科技产业的聚集和经济增长极的培育。

创新平台和人才队伍建设促进创新能力提升。水稻国家工程实验室、单糖化学合成工程技术研究中心获国家部委批准组建。稀土、脐橙等国家工程技术研究中心正在积极申报。新组建省级重点实验室和工程技术研究中心27个;省级重点实验室66个,省级工程技术研究中心97个;大型科学仪器协作共用平台新增入网单位12家、入网仪器267台。江西省被列为"组建全国地方实验动物行业联盟单位";新增青年科学家培养对象32名,总数达118名;新增省主要学科学术和技术带头人培养对象15名,总数达163名;新增优势创新团队25个,总数达99个。

促进国内外科技资源集聚和有效利用。全省组织参加北京国际科技博览会、泛珠科技合作博览会、深圳高交会、东盟博览会等区域性科技合作活动,协助主办第二届世界低碳与生态经济大会以及在北京、香港成功举办战略性新兴产业推介会。推介各类科技合作项目357项,实现签约项目56项,签约金额104亿元。加大与武汉大学合作力度,初步建立省校全面合作、科技合作关系,进一步拓展省院省校科技合作,与中国科学院有效合作区域扩大到11个设区市,与美国、加拿大、俄罗斯、英国、法国、瑞典、瑞士、意大利、日本等科技发达国家科研机构的科技交流合作继续深入。

促进知识产权核心竞争力的提升。围绕提高知识产权创造、运用、保护和管理水平,保护创新源动力,完成首届江西省10个专利奖项目评审;启动鄱阳湖生态经济区建设专利推进工程,资助专利的申请和实施,全年资助专利申请416件,并积极配合国家知识产权局开展PCT资助工作。积极推进企事业单位及园区知识产权工作。初步形成国家、省、市"三级联动"知识产权试点示范工作体系,全省有国家示范企业2家,国家级试点单位4批19家,省级试点单位11家,省属国有企业试点单位7家。

促进良好的创新环境氛围。2011年,省级财政预算安排科技支出6.1亿元,比上年预算数增长11%。整合财政资金4亿元设立战略性新兴产业发展专项基金,扶持新兴产业发展,新增2000万元支持科技重大专项。政府税收创新优惠政策、采购政策、建设用地等得到落实,省政府每年单列

133.33 万平方米建设用地指标，支持十大战略性新兴产业配套基地建设。加强科技成果鉴定、登记、奖励工作，完成2011年度国家、省级科技进步奖推荐和评审。全年完成技术市场成交额34.39亿元，增长49.23%。科技与金融结合日趋紧密，各类金融机构科技贷款金额约1800亿元。新批准10家科技金融入园单位，组建10家科技金融服务中心。省科技担保公司为19家科技中小企业提供1.49亿元的贷款担保。

（王志勇）

基础研究

【概　况】 2011年，省自然科学基金资助项目411项，经费800万元；全省29个单位获国家自然科学基金资助492项，经费2.24亿元，比上年分别增长44.3%和147.9%，其中重点项目1项，经费240万元；联合基金项目1项，经费140万元；与国际（地区）合作交流项目2项，经费6.4万元；面上项目44项，经费2731万元；青年基金项目89项，经费2081万元；地区基金项目355项，经费1.72亿万元；获国家973计划前期研究专项课题3项，经费195万元。

2011年，省自然科学基金管理受理结题项目210项，其中数学与信息学科52项，物理学17项，化学化工与环境学科32项，农学与生物学科27项，医药卫生学科47项，材料与工程学科35项。经各学科组专家评议，优秀62项，良好145项，中等3项。项目中获省级自然科学奖二等奖3项、三等奖2项，省级科技进步奖二等奖3项、三等奖4项。申请和批准发明专利63项，其中申请41项，批准22项。发表论文论著1797篇，其中三大索引SCI、EI、ISTP收录论文742篇（SCI:329篇，EI:274篇，ISTP:54篇），国外学术刊物发表论文341篇，国内核心期刊发表论文783篇，在国际学术会议上发表论文156篇，国内学术会议发表论文124篇，其他学术刊物发表论文302篇，主编和参编学术专著分别为91册。有82项目获得各类后续项目支持，其中48个项目获得国家自然科学基金后续支持、7个项目获国家科技计划支持、27个项目获省部级科技计划支持。

【天体系统中非线性结构形成及其演化的基础理论研究取得重要成果】 2011年，南昌大学教授刘三秋研究团队，对天体系统中非线性结构形成及其演化的关键科学问题进行系统研究。基于动力学理论研究小尺度湍动自生磁场，克服流体理论的不足，特别将自生磁场理论应用到激光等离子体中，获得与实验相吻合的开创性成果，为天体中小尺度磁结构等重要天文现象提供可信的基础、激光核聚变中一些重要物理现象的解释提供理论依据。研究成果在SCI源刊发表论文115篇，其中含《Phys. Rev. D》等国际天文物理学一区刊物论文23篇。被国际天文物理一区权威期刊论文他引累计96次。研究成果受到学术界高度评价并获2011年度江西省自然科学一等奖。

【金属有机多功能分子材料的设计合成取得重要进展】 2011年，江西理工大学教授温和瑞、陈景林对金属有机多功能分子材料设计合成与性质进行深入系统研究，开创应用叠氮离子和金属氰基配合物为桥联基团制备手性分子基磁性材料的新方法，首次获得叠氮离子或金属氰基配合物桥联的兼有磁电、磁光性质的一系列手性分子基多功能材料，实现光电磁多功能分子材料的设计和有序可控合成；首次应用有机膦配体合成得到一系列三核钌簇分子导线模型化合物，发现有机膦配体在三核钌簇分子导线中具有较好电子传输性质，三核钌簇对二亚胺配体氮邻位C－H键具有催化活化作用。研究成果在《Inorganic Chemistry》等国际重要学术期刊上发表SCI论文33篇，被国际知名期刊和化学丛书高度评价和引用386次。研究成果获2011年度江西省自然科学二等奖。

【外周神经节P2X3受体介导的伤害性信号传递及其调节获重要成果】 2011年，南昌大学教授梁尚栋研究团队，对“外周神经节P2X3受体介导的伤害性信号传递及其调节”进行系列研究。国内外首次发现中药有效成分川芎嗪、阿魏酸钠可抑制DRG感觉神经元P2X3受体介导的痛觉传递，对神经病理痛、烫伤痛具有抑制作用，国内外首次观察到颈部交感及结状神经细胞P2X3和P2X2/3受体参与心肌缺血引发交感兴奋反射的传递，可能成为冠心病防治新靶点。研究成果发表论文36篇，13篇论文被国际SCI检索系统收录，SCI他引论文累计影响因子为:191.512。其他论文大部分发表在国家自然科学核心期刊上。研究成果获2011年度江西省自然科学二等奖。

（沈　卫）

科技发展计划

【概　况】 2011年，全省安排各类省级科技计划项目（课题）共2608项，其中1756个项目（课题）安排科技专项经费2.77亿元，支持强度为15.77万元/项。基础计划495项，经费966万元；十大战略性新兴产业科技创新计划797项，经费1.86亿元；科技条件平台建设计划59项、经费1660万元；科技合作计划76项，经费510万元；科技创新体系计划36项，经费1625万元；科技入园行动计划131项，经费815万元；科技富民强县配套7项，经费150万元；农业科技成果转化资金36项，经费144.12万元；科技“三援”9项，经费105万元；专利申请与实施专项1项，经费900万元。重点新产品计划642项；科技计划指导性项目210项。全年共争取国家有关部委科技计划800项，经费11.18亿元。

【全力争取国家有关部委科技计划】 2011年，全省争取国家有关部委科技计划800项，经费11.18亿元。其中：科技部283项，经费7.63亿元；国家自然基金委492项，经费2.24亿元；财政部2项，经费5491万元；国家发改委1项，经费800万元；农业部7项，经费5985万元；国家林业局7项，经费674万元；国家知识产权局8项，经费128.23万元。

**【推进十大战略性新兴产业科技创新

计划】 2011年，全省安排十大战略性新兴产业科技创新计划797项，经费1.86亿元。着力提升科技创新“六个一”工程确立的光伏、半导体照明、航空制造、新能源汽车及动力电池、风能核能及节能和电子信息、金属新材料、非金属新材料、生物和新医药、绿色食品、文化及创意十大战略性新兴产业的科技创新能力。高新技术产业化重大专项16项，经费6000万元；重大科技专项6个17项，经费5000万元。

（章秀峰）

科技创新“六个一”工程

【概　况】 2011年，全年十大战略性新兴产业完成工业增加值1.57万亿元，占全省工业比重40.1%，同比增长21.6%，高出全省工业平均增速2.5个百分点，拉动全省工业增长8.6个百分点，贡献率达45.2%；主营业务收入达8538.2亿元，增长41.1%，实现利润452.54亿元，占全省工业利润总额比重为40.6%，增长21.4%，净增79.72亿元。全省在战略性新兴产业领域内新遴选省级创新型试点企业71家。有创新型试点企业203家，其中国家级创新型企业7家，国家级创新型试点企业5家，省级创新型试点企业192家。新认定83家高新技术企业，全省高新技术企业数量上升为256家，增长39.8%，形成一批在国内居于领先地位的新产品、新技术和新工艺，其中部分达到国际先进水平。

全省整合省财政性资金2亿元，扩大扶持战略性新兴产业领域，全年实施投资亿元以上工业重大项目1487项。承担各类科研项目916项，项目总经费6.1亿元。新组建14个省级重点实验室和13个省级工程技术研究中心，全省省级重点实验室增至66个，省级工程技术研究中心97个。2011年，在LED等战略性新兴产业领域，立项建设江西师范大学先进功能材料实验室等10个高水平创新平台。

园区承载能力发生新变化。全省新增国家级高新技术产业化特色基地2家，总数上升为20家。20个特色基地实现工业总产值5601亿元，高新技术产业增加值356亿元，主导产业产值3484亿元，固定资产投入854亿元，利税557亿元。全年主营业务收入突破万亿大关，达1.3万亿元。

组织工作制度体系日益健全。省科技创新“六个一”工程领导小组第三次会议，原则通过《江西省战略性新兴产业投资引导资金管理暂行办法》（草稿）等5个文件，对深入实施科技创新“六个一”工程进行研究部署。召开两次省战略性新兴产业重大项目调度会，1次全省国家级研发平台和高新技术产业特色基地调度会，协调解决战略性新兴产业、研发平台和特色基地发展中人才、土地和用电指标等具体问题。

【大力扶持优势科技创新团队】 2011年，省科技厅分两批新安排1010万元对49个科技创新团队进行支持。全省组建99个创新团队，基本完成规划目标任务。全年取得专利248项，获国家奖励16项，获省级奖励83项，承担各类科技创新项目1641项，开发新产品192项，形成技术或产品标准75件，转化科技成果132项。实现产值20亿元，利税11亿元；培养人才1373人。

【加大新兴产业投融资力度】 2011年，省政府批准设立省新兴产业投资基金，基金规模1.5亿元，省投资集团与江钨集团、江西铁投集团等组建江西新产业投资公司，省建材集团公司投资2000万元成立江西新型建材投资公司，加大融资力度。全省金融机构“六个一”工程贷款余额1357.34亿元。举办“百园千企”政银企对接会，809家中小企业获授信意向151.3亿元，银行授信112亿元。省财政新增安排重大科技专项资金2000万元，并将重大科技专项列入公共财政政策。省财政新增安排8000万元、整合3.5亿元资金，设立战略性新兴产业投资引导资金，安排1455万元资金支持实施学科带头人、青年科学家培养计划、科技创新团队的建设；安排首批专项经费3984万元，支持“赣鄱英才555工程”实施。安排1亿元资金，支持高校建设高水平学科、实验室和工程研究中心等高水平创新平台。

（颜　翔）

合作与交流

【概　况】 2011年，全省向科技部推荐30多项国际科技合作项目建议，获得批准立项17项，将获得项目资金资助6288万元，立项数和资助额度都是上5倍，项目涉及航空制造、新材料、生物医药、现代农业、节能环保等领域。落实2011年度中新猕猴桃项目、中美一吨级民用直升机、中日膜技术合作等项目资金1200万元。向全国科技外事工作会议推荐10个成效显著的项目，中美合作铀矿资源勘查三维电阻率采集系统与成像新技术、中法合作纳米涂层修饰改性陶瓷微滤膜及其应用等项目。

拓宽国际科技合作与交流的领域和空间。省科技厅开展科技招商引资，注重关键技术引进消化吸收再创新以及领军人才引进和培养，支持江西省研发机构与美国等科技发达国家科研机构开展科技交流合作。科技代表团访问英国，与英国莱斯特大学签署科技合作备忘录。国内科技合作方面成效显著，积极组织参与第十四届科博会和第十二届西博会。积极参与筹备第二届世界低碳与生态大会，并承办生态产业发展推进会，这是江西省第一次与联合国机构共同举办国际性会议，向世界充分展示江西生态产业发展态势。建设9个对外合作平台，通过建立合作平台，进一步完善科技合作信息平台，建立健全信息数据库，提供合作项目、技术、市场、人才、政策咨询、领域研究等信息或服务。全省加强10个科技部国际科技合作基地和省国际科技合作基地建设，发挥国际科技合作基地示范辐射作用。加快国内外优秀技术、成果转移转化，加快优秀人才引进与交流，为推动江西省高新技术产业发展、传统产业升级改造发挥重要的促进作用。

【省院省校合作交流日益密切】 2011年，省委副书记、省长吴新雄，副省长朱虹率队与中国科学院院长白春礼、副院长施尔畏等就促进省院合作事宜进行座谈。双方同意要将省院合作向务实发展。中科院利用其科技优势，参与鄱阳湖生态经济区建设，从技术、人才、项目等方面支持江西省新兴产业和特色产业发展，共建科技服务和成果转移转化平台。合作涉及江西省支柱产业和高新技术产业等各个领域。省科技厅将武汉大学纳入到省校合作范围，省科技厅率团赴武汉大学进行考察交流和访问，就加强双方科技合作进行座谈交流。双方同意建立联络、协商机制，签署省校科技合作框架协议。

【推进南昌国家医药国际创新园规划和建设】 2011年，南昌国家医药国际创新园建设取得积极进展，南昌高新区集中3.7平方千米用于医药创新园建设，拨出300万元专项经费完成南昌国家医药国际创新园规划。6月，高新区代表江西省赴深圳参加“第五届中国生物医药大会”，重点推介南昌国家医药国际创新园，成功吸引中国振乾坤投资集团、天津和美生物技术有限公司、3L医用制品集团落户创新园，签约额42.5亿元。已有国药控股股份有限公司投资2亿元的医药仓储物流园项目、江西仁和集团投资4.5亿元的总部项目、江西友铭生物医药有限公司投资15亿元的生物疫苗项目等11个项目签约落户创新园，这些项目总投资69.1亿元，达产后可实现年产值197.2亿元。

（刘文娟）

高校科研及成果转化

【概　况】 2011年，全省高校全面推进江西省高校创新平台“311工程”，科技创新能力稳步提高。在科学研究、高层次人才培养与引进、平台建设、产学研用结合、科技成果转化方面取得新突破。高校从事科技活动人员1.9万余人，其中科学家与工程师1.83万人，占96.6%。高校获得科技经费12.96亿元，同比，增加2.35亿元，增长22.2%。承担各级各类科技课题8005项，投入经费11.31亿元，项目数增加823项，增长11.5%。出版科技专著39部，发表学术论文1.64万篇；申请专利1335项，其中发明专利533项；获专利授权529项；获省部级以上科学技术奖励58项，其中国家科技进步二等奖3项，国家技术发明二等奖2项，省部级一等奖9项、二等奖22项、三等奖22项。全省高校有22项国家级项目通过验收，其中国家科技支撑计划5项、国家自然科学基金重点项目2项、“973”计划2项、“863”计划7项、军工项目6项。鉴定成果148项，其中达到国际水平14项、国内首创11项、国内先进69项。

【实现江西省国家工程实验室“零”的突破】 2011年，科技部批准组建依托南昌大学的“国家硅基半导体照明工程技术研究中心”、依托江西师范大学的“国家单糖化学合成工程技术研究中心”、依托江西省农科院、江西农业大学等单位建设的水稻国家工程实验室（南昌）。实现江西省国家工程实验室“零”的突破。

【高校创新平台“311”工程顺利推进】
2011年，全省高校创新平台“311”工程顺利推进，遴选确定“动物生物技术”等10个高水平实验室和高水平工程中心，为全年高水平创新平台立项建设项目，省财政投入1亿元进行重点建设。新增10个江西省重点实验室、3个江西省工程技术研究中心和2个江西省高等学校重点实验室。依托“机械制造与光机电一体化”等6个“江西省产学研合作示范培育基地”，承担企、事业委托科技项目2263项，经费4.21亿元。启动实施“江西省高等学校科技落地计划”，围绕十大战略性新兴产业遴选30个项目，投入经费4000万元。

【承担千项国家级科研项目】 2011年，全省高校承担国家级项目1004项，其中国家自然科学基金项目920项、“973”计划21项、“863”计划27项、国家科技支撑计划33项、科技部重大专项3项，投入经费4.02亿元，项目数和经费均比上年有大幅度增长。南昌大学国家硅基LED工程技术研究中心，申报“大尺寸Si衬底GaN基LED外延生长、芯片制备及封装技术”项目，获得国家高技术研究发展计划（863计划）5565万元资助经费，这是全国在材料领域资助额度最大的项目。

【高校科技成果转化成效喜人】
2011年，全省高校签订技术转让合同130项，合同金额6262.8万元，实际收入5238.6万元。江西农业大学“仔猪断奶前腹泻抗病基因育种技术的创建及应用”项目，经多年系统地在全国20个生猪主产省（市）35家国家级重点种猪场的84个核心育种群中开展抗病新品系选育，新增纯收益4.39亿元，减少药物使用，为消费者提供更安全的肉品，社会效益显著，有力推动健康高效养猪生产可持续发展，该项目获2011年度国家技术发明奖二等奖，实现国家奖励制度改革以来江西省国家技术发明奖“零”的突破。

（省教育厅）

高新技术产业

【概　况】 2011年，江西省高新技术产业呈现快速增长、优势集聚、结构优化、活力增强的发展态势，产值和收入双双突破4000亿元，增加值直逼1000亿元，对国民经济贡献率显著提升。高新技术产业日益成为战略性新兴产业培育发展的重要基础和新型工业化的强大支撑。产业增加值994.27亿元，占GDP比重8.6%；占规模以上工业增加值比25.4%。电子信息三大优势领域实现增加值占全省比重均超过10%。得益于有色、稀土行业强势回暖快速发展，新材料领域取得大幅增长，实现增加值147.8亿元，占全省比重为14.9%。区域间协调发展态势良好，南昌市实现增加值达209.9亿元；新余市实现增加值达118.6亿元，设区市增加值全部实现同比增长。

2011年，省科技厅发展优势领域，加快结构调整。紧扣江西特色，扬长避短，积极培育新的经济增长点和竞争优势。搭建园区平台，壮大产业集群、培育集群载体。把高新技术产业园区建设作为产业集群发展壮大平台，按照“科学规划、基础先行、差异发展”原则，给予园区更多因地制宜和管理创新权利，发挥园区集聚效应和辐射效应。大力发展鄱阳湖生态经济区，实现绿色升级。以鄱阳湖生态经济区建设为契机，通过围绕电子信息、新材料、新能源等优势行业板块做好区内配套项目挖掘、引进，在投资强度和土地出让方面适当倾斜，加快优势资源、优势资产整合，引导资源、资产向战略投资者和骨干企业集中，促进知识、技术、人才和各类生产要素向区内聚集，激励配套，延伸产业链。健全技术研究和开发体系、先进技术引进和消化、吸收、创新相结合，开发具有自主知识产权的核心技术；促进技术和智力引进；建立以人为本，适应高科技产业发展的人才培养机制，努力发挥高校、科研院所等资源优势，建立人才培养基地，为高新技术产业的快速发展储备后备力量；规范人才市场运作机制，提高人力资源配置效率，满足高新技术产业发展对多方面、多层次的人才需求；着力营造能留住人才、吸引人才、激发人才创造的优良环境，加快高新技术和智力的引进步伐，引导人才创造力和潜力得到充分发挥。

【高新技术产业总产值和主营业务收入首次双破4000亿】 2011年，全省高新技术产业规模不断扩大，产业内规模以上工业企业达1287户，占规模以上工业企业户数的20.6%，实现总产值和主营业务收入分别达到4256.5亿元、4256.7亿元，首次双双突破4000亿元，同比增幅均达到36%，产业结构不断优化对工业乃至经济发展产生的作用越来越明显。

【高新技术产业保持强劲发展势头】 2011年，鄱阳湖生态经济区高新技术产业内618家规模以上工业企业完成总产值2423.1亿元，增加值569.1亿元，主营业务收入2399.4亿元，分别占全省56.9%、57.2%和56.4%；实现利润总额121.5亿元，出口交货值314.1亿元。高新园区作为高新技术产业发展主战场，保持强劲发展势头。南昌、新余和景德镇三大国家级高新技术产业开发区，工业企业完成主营业务收入分别达到804.1亿元、584.2亿元和200.4亿元，分别增长20.7%、33.0%和20.72%。增加值分别达到241.2亿元、157.8亿元和47.9亿元，分别增长13.2%、21.2%和8.8%。

（余　彦）

专　利

【概　况】 2011年，专利申请量达9674件，职务专利申请再次超过非职务专利申请；《江西省知识产权战略纲要》制定工作基本完成，江西省首届专利奖评选工作全部完成，10项获奖专利项目共实现利税百亿元以上。开展《江西省专利促进条例》执法调查，知识产权保护与执法专项行动取得显著成果；江西省专利代理人培训工作取得重大进展，队伍进一步壮大，国家知识产权局专利局南昌代办处工作服务质量排在全国前列。

制定《江西省知识产权战略》。战略纲要紧紧围绕鄱阳湖生态经济区、科技创新“六个一”工程和创新型江西建设，突出知识产权的组织、建设、服务功能、人才队伍建设。省知识产权局制定并实施《鄱阳湖生态经济区建设专利推进工程方案》。方案由专利创造“681”工程等六大子工程组成。江西省与国家知识产权局就江西省知识产权发展进行交流，并确定合作事项。国家知识产权局将在建设试点示范城市、开展十大战略性新兴产业知识产权战略研究、设立人才培训基地、建设知识产权维权中心等方面给予江西省帮助和支持。2011年，全省受理专利侵权纠纷12件，查处假冒专利案件76件。

【深入宣传专利法律法规】 11月，省人大教科文卫委会同省知识产权局赴新余、宜春、萍乡等设区市开展《江西省专利促进条例》施行情况专题调研，推进《江西省专利促进条例》深入贯彻实施。省普法办将专利法律法规作为全省“六五”普法重点宣传普及的内容，列入领导干部普法考试的指定范围，列入全省“百万网民学法律”知识竞赛重要专题。

【执法专项行动取得实效】 2011年，省知识产权局开展专项行动，专项行动期间全省出动专利行政执法人员1047人次，检查场所204处，检查商品件数2.12万件，接受其他部门移送案件3起，与其他部门协作执法3次，召开重点单位及外商企业座谈会5场次。

【全国专利代理人考试考点在景德镇设立】 2011年，国家知识产权局在景德镇设立全国专利代理人考试考点，这是继2007年以来国家第二次在江西设立考点。有138人在江西省考点报名，其中江西籍考生128人，报名人数比上年增长151%。全省有2人一次性通过全国专利代理人考试，14人通过享受中西部地区倾斜政策取得江西省内执业资格证，初步缓解江西省专利代理人队伍结构老化，队伍弱小的状况。

【江西专利申请量和授权量快速增长】 2011年，全省申请专利9674件，增长53.4%，增长幅度居于全国前列。其中：发明专利申请2796件，增长42.1%；实用新型专利申请4699件，增长59.5%；外观设计专利申请2179件。此外，职务发明专利申请5566件，增长66.3%，增长幅度较为明显。国家知识产权局专利局南昌代办处受理专利申请8324件；出具专利实施许可合同备案证明88件；出具减缓证明1708件；出具专利登记簿副本90份；受理电子申请注册用户184个，实现差错率和非正常专利申请为零，接待各种形式的咨询服务5000多人次。

（吴小草）

技术市场

【概　况】 全省技术市场深入贯彻落实“国家技术转移促进行动”，积极开展技术转移促进工作，技术交易规模和水平不断提高，大批科研成果通过技术市场交易进入经济建设主战场，有效发挥了科学技术对经济社会发展的促进作用。2011年，全省技术市场登记各类技术合同2262项，成交金额34.32亿元，同比增长48.91%；其中技术交易额27.36亿元，增长37.83%；单项技术合同成交金额增长较快，平均成交额151.72万元，全国排名第19位。这些技术合同通过技术市场享受到国家支持自主创新的税收优惠政策,充分调动企业自主创新的积极性,促进技术市场繁荣和发展。技术合同主要特点,技术开发合同依旧为技术交易的主要形式;先进制造技术领域排在技术领域首位企业创新主体地位稳固,输出、吸纳技术交易活跃;以促进工业的发展和农、林、渔业发展两类合同为主;流向江西省的技术合同占多;技术交易呈总量增长。2011 年,全省受理专利侵权纠纷 12 件,查处假冒专利案件 76 件。

【加速促进科技成果转化】 2011 年,全省积极推动科技部、教育部、中科院共同组织实施的"国家技术转移促进行动"。赣州市企业技术创新促进中心被国家科技部确定为"第三批国家技术转移示范机构"。全省有南昌大学科技园发展有限公司等 4 家国家级技术转移示范机构,对促进产学研合作、加速科技成果转化和支持企业技术创新发挥积极的作用。全年促进技术转移项目 254 项,促进技术转移项目成交金额 9315 万元;组织技术交易活动 29 次,组织技术转移培训 16 次,服务企业 3500 家,解决企业需求 170 项。

【表彰一批服务机构和个人】 2011 年,江西企业技术创新服务公司、国家日用及建筑陶瓷工程技术研究中心、赣州市企业技术创新促进中心有限公司 3 家单位荣获"第五届中国技术市场协会金桥奖"先进集体奖;赣州市企业技术创新促进中心有限公司喻金平等 3 人荣获"第五届中国技术市场协会金桥奖"先进个人奖。

(王　萍)

科学技术普及

【概　况】 2011 年,江西省科协坚持为科学发展服务,为提高全民科学素质服务,充分发挥科协组织和广大科技工作者的作用,搭建公共科普服务平台,实施《全民科学素质纲要》,推进全民科学素质行动。履行全民科学素质工作领导小组办公室职责,"科普能力工程"列入《江西省"十二五"国民经济和社会发展规划》,出台《江西省贯彻落实全民科学素质行动计划纲要"十二五"实施方案(征求意见稿)》《江西省"十二五"科普事业发展规划(征求意见稿)》。实施"科普惠农",推进科普惠农长效机制,实施中国科协、财政部"科普惠农兴村计划",省科协、省财政"科普惠农行动计划"。科普惠农服务站和"科普活动站、科普宣传栏、科普员"的建设得到加强,开展全省"精品农技协"、优秀科普示范基地评比。建立健全科普示范体系,深入开展"党建映社区、科普进楼宇"示范社区创建活动。规范示范社区创建点科普设施建设管理,完善和拓展现有设施科普教育功能。扎实推进省农村科普致富"十百千"示范工程建设。组织科普品牌活动,开展"江西省全民健康科技行动——社区行"、省科技活动周、"全国科普日"及省青少年科技活动等活动,承办"全国政协教科文卫体委员会科技下乡活动"。继续加强科普基础设施和科普资源建设。

【全国政协教科文卫体委员会科技下乡活动在瑞金举办】 10 月 11 ~ 14 日,"2011 全国政协教科文卫体委员会科技下乡活动"在瑞金市举办。全国政协常委、教科文卫体委员会委员齐让出席启动仪式并讲话。全国政协委员、教科文卫体委员会委员解思忠,九、十届全国政协委员、中国工程院院士韦钰,江西省政协副主席、民进省委会主委汤建人出席启动仪式。来自全国政协教科文卫体委员会、中国科协科普部、省政协教文卫体委员会、省科协、赣州市政协、瑞金市委市政府的领导等 800 余人参加启动仪式。其间,全国政协教科文卫体委员会、中国科协为瑞金市叶坪新华希望小学捐建"青少年科学工作室""青少年科普图书室",向叶坪村捐赠科普器材、图书资料。韦钰为瑞金市科级以上干部作"用科学研究支持创新人才培养"的科普报告;科普专家作科普报告。

【实施科普惠农计划】 2011 年,全省有 22 个农村专业技术协会,14 个农村科普示范基地和 13 位农村科普带头人获中国科协、财政部"科普惠农兴村计划"奖补表彰,奖补资金达 785 万元。有 10 个农村专业技术协会和 10 个农村科普示范基地先进单位获省科协、省财政江西省"科普惠农行动计划"奖补表彰,奖补资金达 320 万元。以建立科普惠农长效机制为着力点,加大科普惠农服务站和"科普活动站、科普宣传栏、科普员"建设力度,在国家和省市获"科普惠农"奖补单位建立 231 个科普惠农服务站,对周边群众开展服务,形成农村科普公共服务网络。加强科普惠农服务站的指导和管理,全年资助有关科普惠农服务站县级科协经费 65 万元。

【举办"全民健康科技行动——社区行"活动】 5 月 19 日,由省科协、赣州市政府主办的江西省"全民健康科技行动——社区行"活动启动仪式在赣州市举行。省政协副主席、省科协主席李华栋出席讲话并宣布活动启动。赣州市领导致辞,赣州市有关负责人出席仪式。仪式上,主办方向科普志愿者赠送一批科普资料挂图。活动期间,全省组织万余名科技工作者、科普志愿者和千支"科普大使"小分队,深入千个城镇社区,围绕"健康生活、防灾减灾、节能环保"等科普主题,开展宣传节约能源资源、普及食品安全知识等科普活动。

【开展 2011 年全国科普日活动】 9 月 19 日,以"水情、水利、水资源"为主题的 2011 年江西省"全国科普日"活动启动仪式在九江市举行。省政协副主席、省科协主席李华栋出席活动并讲话。九江市、浔阳区领导出席并致辞。省科协、九江市科协及浔阳区相关部门负责人参加活动。仪式上为"华硕科普图书室"授了牌。新余市、赣州市、上饶市、鹰潭市、南昌市 分别开展形式多样的科普活动。

【推动科普示范社区建设】 2011 年,全省新建 15 个"江西省科普示范社区",实施"科普大使"、科普志愿者队伍与科普示范社区对接工程,开展"科教进社区"活动,30 个县(市、区)被中国科协命名为 2011 ~ 2015 年度全国科普示范县(市、区)。联合省委组织部验收、命名 15 个省级"党员科普致富示范村",确立 13 个 2011 年省级党员科普致富示范创建村。命名鄱阳湖湿地科普园等 16 个单位为 2010

年江西省科普教育基地。

【青少年科技活动成果丰硕】 4月24日，主题为“创新、体验、成长”的第二十六届江西省青少年科技创新大赛终评展示活动开幕。省政协副主席、省科协主席李华栋，省科协、省发改委等有关领导出席开幕式及终评展示活动。各主办、承办、协办单位有关领导参加开幕式。来自全省各地200余名青少年选手和科技老师进行科技创新作品的竞赛、展示和交流。全省有近千所中小学15万余名学生以及科技辅导员参加，收集参评项目290件参加终评。评委会最终确定青少年科技创新成果一等奖20项、二等奖45项、三等奖52项；青少年科技实践活动一等奖4项、二等奖8项、三等奖12项；少年儿童科学幻想画一等奖22项、二等奖51项、三等奖72项。在全国青少年科技创新大赛上，江西选送的作品获青少年科技创新成果竞赛全国一等奖1项、二等奖4项、三等奖4项。

【组织全省青少年科学调查体验活动】 6月26日，2011年江西省“珍爱生命之水”青少年科学调查体验活动启动仪式举行。省科协、南昌市科协、南昌市教育局等领导和200余名师生出席活动。仪式上，主办方向学生代表赠送活动手册和“珍爱生命之水”宣传资料，学生代表向全省青少年宣读“保护水资源”倡议书，学生们表演主题为保护地球生态环境节目，现场动手做节约用水小实验，观摩珍爱水资源展览。10月25日，省青少年科技活动中心、南昌市教育局，把活动从城市延伸到农村，组织进贤县三里中学30人的鄱阳湖水资源调查队，在鄱阳湖周边地区进行实地调查体验活动，对鄱阳湖水域进行水样采集，采集后按照活动手册要求进行水质化验、比较、整理数据，写出水质分析报告。

【第十七届全国青少年信息学（计算机）奥林匹克联赛（江西赛区）举行】 11月12～13日，第十七届全国青少年信息学（计算机）奥林匹克联赛（江西赛区）复赛活动在九江市举行。省科协、九江市科协等有关领导莅临比赛现场观摩。全省近200所学校的6476名计算机选手参加初赛。经初赛选拔参加复赛。分别角逐全国信息学联赛江西赛区初级组、普及组、提高组的一、二、三等奖。

（杜春发）

科技成果与奖励

【概　况】 2011年，科技成果评价、科技成果登记统计、科技保密等工作迈上新台阶，科技成果登记数创历史最好成绩，实现进位赶超，成为全省科技工作的亮点。深化科技成果评价制度改革，对获得相关知识产权证书或行业准入证明等，视同评价的科技成果和基础理论研究成果一般不作科技成果鉴定（验收），实现省级科技成果鉴定数量明显减少的目标。全年经省科技厅组织的科技成果鉴定（验收）项目173项，省科技厅主持鉴定项目153项。全年登记708项，比上年增加120项，增长20.41%，创历史新高。全省登记科技成果仍以地方财政支持的各类计划项目为主。国家科技计划项目成果中企业所占比例最高，全省登记的科技成果以应用技术类成果为主，数量为654项，增长21.56%，占全年登记成果总数92.37%，

重点推广科技成果计划的编制和组织实施。省科技厅全年分三批计划下达，新上省级科技成果重点推广计划项目71项，资助科技经费230万元，重点支持先进、成熟、适用，通过中试并在一定范围内应用，具有较大应用价值、推广应用前景好、能形成较大规模经济效益或社会效益的科技成果推广。突出对科技成果转移转化中介服务机构的支持，突出政府财政科技资金对社会公益类推广项目的支持，兼顾各地各部门和各行业平衡，力争通过计划的实施，促进科技成果尽快产业化、商品化，产生显著的社会效益和经济效益。2011年，省奖励办下达给全省88个推荐单位推荐指标共466项。各设区市、省直有关部门等40个单位推荐省自然科学奖、技术发明奖、科技进步奖、国际科学技术合作奖候选项目（人选）307项（名），比上年度增加26项，国际科学技术合作奖候选人为江西赛维LDK太阳能高科技有限公司副总裁、首席技术官万跃鹏，与省教育厅联合推荐新当选中科院院士、江西农业大学黄路生为省科学技术特别贡献奖候选人。经形式审查，推荐申报受理271项（名）。受理项目情况在省科技厅网站公示，组织网上学科（专业）组网络初评。初评结果在江西日报和省科技厅网站公示，同时开展为二等奖以上部分项目现场考察，异议期后，分别召开省自然科学奖评审委员会、技术发明与科技进步奖评审委员会全体会议进行复评。经省政府批准决定，授奖。

【省政府颁发自然科学奖】 5月17日，省政府决定，授予江西农业大学教授黄路生2011年度江西省科学技术特别贡献奖，授予2011年度江西省自然科学奖17项，省技术发明奖7项，省科技进步奖78项；授予江西赛维LDK太阳能高科技有限公司万跃鹏2011年度江西省国际科学技术合作奖。项目涉及农业等11个国民经济行业。

【水稻籼型长穗颈不育系K17eA项目推广应用】 2011年，赣州市农业科学研究所承担《水稻籼型长穗颈不育系K17eA及其系列组合的推广与应用》项目，其推广的K17eA系列e型杂交水稻组合，采用e型杂交水稻育种技术育成，在种子生产过程中不用或少用“920”，不仅降低成本，提高了种子质量，而且减轻对稻米和环境的污染，保护了生态环境，实现农民增产增收的目的，有利于杂交水稻的可持续发展。并将在赣南、吉安、赣北平原及长江中下游双季稻区进行推广应用。

（曹银芬　李年华）

·资 料·

2011年度江西省获国家科学技术奖项目

序号	奖励类别及等级	项目名称	主要完成单位	主要完成人	单位推荐
1	国家技术发明奖二等奖	仔猪断奶前腹泻抗病基因育种技术的创建及应用		黄路生、任军、晏学明、艾华水、肖石军、丁能水	江西省
2	国家科技进步奖二等奖	车辆轮轨诱发的环境振动与噪声控制关键技术及产业化	华东交通大学,中铁上海设计院集团有限公司,北京市轨道交通建设管理有限公司,青岛科而泰环境控制技术有限公司,北京城建设计研究总院有限责任公司,隔而固(青岛)振动控制有限公司	雷晓燕、尹学军、徐增堂、刘林芽、丁树奎、任静、冯青松、罗锟、王建立、王晨	江西省
3	国家科技进步奖二等奖	高品质船板高效化制造关键技术研发与集成创新	新余钢铁集团有限公司、江西理工大学、钢铁研究总院、湖南视拓科技发展有限公司、上海优控科技有限公司、北京科技大学	王洪、赖朝彬、仇圣桃、刘小林、夏文勇、张均生、周国林、龚红根、吕瑞国、何雪平	江西省
4	国家科技进步奖特等奖	青藏高原地质理论创新与找矿重大突破	中国地质调查局、西藏自治区地质矿产勘查开发局、中国地质调查局成都地质调查中心、中国地质科学院矿产资源研究所、中国地质调查局西安地质调查中心、中国地质科学院地质研究所、西藏自治区地质调查院、河南省地质调查院、中国地质大学(北京)、青海省地质调查院、中国冶金地质总局第二地质勘查院、陕西省地质调查院、**江西省地质调查研究院(排第13位,共30个)**	张洪涛、潘桂棠、侯增谦、唐菊兴、丁俊、王建平、郑有业、李荣社、王保生、陈仁义、翟刚毅、王立全、**谢国刚(排第13位,共50名)**	国土资源部
5	国家科技进步奖二等奖	水稻丰产精确定量栽培技术及其应用	扬州大学、南京农业大学、江苏省农业科学院、江苏省作物栽培技术指导站、安徽省农业技术推广总站、**江西省农业技术推广总站**、云南省农业科学院粮食作物研究所	张洪程、丁艳锋、凌启鸿、仲维功、邓建平、戴其根、王绍华、张瑞宏、杨惠成、**周培建**	江苏省
6	国家科技进步奖二等奖	大批量混流生产工艺过程优化平台及其在汽车等行业的应用	华中科技大学、安徽江淮汽车股份有限公司、奇瑞汽车股份有限公司、中国重型汽车集团有限公司、**江铃控股有限公司**、一汽海马汽车有限公司、湖北三江航天万山特种车辆有限公司	邵新宇、张国军、安进、黄刚、朱海平、冯武堂、李世杭、刘盛强、饶运清、**聂卫东**	工业和信息化部

注:省外推荐的项目中,字体加黑的单位和人员为江西的。

2011年江西省科学技术特别贡献奖

序号	项目编号	获奖人	推荐单位
1	T-11-R1	黄路生	省科技厅、省教育厅

·资 料·

2011年江西省自然科学奖

序号	项目编号	项目名称	主要完成人	主要完成人所在单位	推荐单位	等级
1.	Z-11-1-01	天体系统的非线性结构	刘三秋,伍 歆,邓新发	南昌大学	省教育厅	1
2.	Z-11-1-02	复杂人工生命建模与大系统广义模型化理论和方法	杨国为,涂序彦,丁 锋,王 枞	南昌航空大学,北京科技大学,北京邮电大学	省教育厅	1
3.	Z-11-2-01	表界面的微结构与局域材料行为:超疏水性与电子功函数研究	李 文	南昌航空大学	省教育厅	2
4.	Z-11-2-02	金属有机多功能分子材料的设计合成	温和瑞,陈景林	江西理工大学	省教育厅	2
5.	Z-11-2-03	外周神经节P2X3受体介导的伤害性信号传递及其调节	梁尚栋,高 云,李桂林,徐昌水	南昌大学	省教育厅	2
6.	Z-11-2-04	高性能小型化微波电路研究	刘海文,官雪辉,程知群	华东交通大学	省教育厅	2
7.	Z-11-3-01	功能导向微纳米材料的控制合成与性能	李永绣,陈伟凡,李颖毅	南昌大学	省教育厅	3
8.	Z-11-3-02	ZnO单晶薄膜的MOCVD生长及特性研究	江风益,王 立,蒲 勇,戴江南	南昌大学,华中科技大学	省教育厅	3
9.	Z-11-3-03	基于小波支持向量机分类预测的蛋白质结构、功能和进化关系研究及医学应用	邱建丁,梁汝萍,罗三华,黄建华	南昌大学	省教育厅	3
10.	Z-11-3-04	羧酸衍生物的合成、自组装结构与性能	罗序中,柳辉金	赣南师范学院	省教育厅	3
11.	Z-11-3-05	10-23脱氧核酶研究技术平台的建立及其在抗结核分枝杆菌感染中的研究	李俊明,何永林,鞠北华,罗忠勤	南昌大学第一附属医院,重庆医科大学	省卫生厅	3
12.	Z-11-3-06	稀土对正常和白血病细胞生长和皮肤创口愈合的影响	戴育成,李 剑,余 莉,钟晓春	南昌大学第二附属医院,南昌大学	省卫生厅	3
13.	Z-11-3-07	低分子量有机酸在可变电荷土壤中的主要化学行为	王兴祥,徐仁扣,张桃林,周 静	中国科学院红壤生态实验站	鹰潭市	3
14.	Z-11-3-08	绿色萜类农药的合成、筛选、活性规律及构效关系研究	王宗德,陈金珠,姜志宽,宋 杰	江西农业大学,南京军区军事医学研究所,中国林业科学研究院林产化学工业研究所	省教育厅	3
15.	Z-11-3-09	酸沉降对亚热带森林生态系统的影响机理研究	樊后保,洪 伟,刘文飞	南昌工程学院,福建农林大学	省教育厅	3
16.	Z-11-3-10	图的控制理论研究	徐保根,康丽英	华东交通大学,上海大学	省教育厅	3
17.	Z-11-3-11	半导体量子点激光器的制备技术和物理基础	徐章程,张雅婷	南昌航空大学,南开大学	省教育厅	3

2011年江西省技术发明奖

序号	项目编号	项目名称	主要完成人	主要完成人所在单位	推荐单位	等级
1.	F-11-1-01	硅衬底GaN基发光二极管	江风益,方文卿,王 立,熊传兵,莫春兰	南昌大学	省教育厅	1
2.	F-11-2-01	中药泡腾片产业化关键技术及设备	杨世林,罗晓健,饶小勇,何 雁,张国松	江西本草天工科技有限责任公司,江西中医学院	南昌高新区管委会	2
3.	F-11-2-02	锂云母矿提锂及制备系列锂盐新工艺	李良彬,胡耐根,黄学武,袁中强,刘 明	江西省赣锋锂业股份有限公司	新余市	2
4.	F-11-3-01	皮革用水性聚氨酯面料树脂	陈义旺,李 璠,曹永沂,邓慕建,周魏华	南昌大学,广东大盈化工有限公司	省教育厅	3

续表

序号	项目编号	项目名称	主要完成人	主要完成人所在单位	推荐单位	等级
5.	F-11-3-02	一种刻痕钢丝稳定化处理工艺	游胜意,倪晓峰,周生根,郑　鹏,彭　宏	奥盛(九江)钢线钢缆有限公司	九江市	3
6.	F-11-3-03	多元稀土增强新型结构陶瓷与彩色结构陶瓷材料的研究及应用	龚　斌,杨惠明,刘革命,蔡志双,钟晓林	赣州虔东稀土集团股份有限公司	赣州市	3
7.	F-11-3-04	以箱形截面替代肋形主拱圈截面加固双曲拱桥的方法	谌润水,吴利平,谌乐强,张红芹,谌洁君	江西中煤建设集团有限公司	省煤田地质局	3

2011年江西省科技进步奖

序号	项目编号	项目名称	主要完成人	主要完成人所在单位	推荐单位	等级
1.	J-11-1-01	超级杂交晚稻淦鑫688等新组合的选育与应用	贺浩华,傅军如,朱昌兰,贺晓鹏,彭小松,严长发,余秋英,欧阳林娟,陈小荣,田发春,邓聚成	江西农业大学,江西现代种业有限责任公司	省教育厅	1
2.	J-11-1-02	无铜离子高电流密度银电解工艺的开发与产业化	姜桂平,廖春发,胡建辉,吴　军,欧阳辉,聂华平,王　日,黄绍勇,熊　超,黄　强,夏兴旺	江西铜业股份有限公司,江西理工大学	省国有资产监督管理委员会	1
3.	J-11-1-03	集散式热处理网络测控与管理系统	江泽涛,吴　伟,胡　硕,黎　明,黄　华,邬冠华,李克伟,甘晟科,舒远仲,朱玲红,何家飞	南昌航空大学	省教育厅	1
4.	J-11-1-04	重症急性胰腺炎内科综合治疗方法的研究与应用	吕农华,陈幼祥,刘　丕,曾　皓,朱　勇,祝　荫,夏　亮,周小江,李国华,朱　萱,王崇文	南昌大学第一附属医院	省卫生厅	1
5.	J-11-2-01	江西水稻优异种质资源发掘、创制研究与应用	余丽琴,肖叶青,韩龙植,陈大洲,黎毛毛,王记林,熊玉珍,陈　武	江西省农业科学院水稻研究所,中国农业科学院作物科学研究所,江西省邓家埠水稻原种场农科所	省农业科学院	2
6.	J-11-2-02	江西省耕地保育与持续高效现代农业技术研究与示范	何园球,张　斌,王兴祥,贺浩华,李忠佩,李祖章,王绍华,秦江涛	中国科学院红壤生态实验站,江西农业大学,江西省农业科学院,南京农业大学,南昌师范高等专科学校	鹰潭市	2
7.	J-11-2-03	蜜蜂高效养殖及其产品研究与应用	曾志将,颜伟玉,谢国秀,吴小波,黄　康,张　娟,程网山,张青标	江西农业大学,南京九蜂堂蜂产品有限公司,靖安县中蜂种王养殖繁育场	省教育厅	2
8.	J-11-2-04	鄱阳湖区生态气象监测评估研究及应用	黄淑娥,王怀清,吴福英,辜晓青,樊建勇,吴世勇,王明文,祝必琴	江西省气象科学研究所,江西师范大学	省气象局	2
9.	J-11-2-05	TGDG280单项拉伸塑料土工格栅	郭　熙,何迪春,严柏林,万雪辉,邓　俊,魏青云,曹东静,张建平	南昌天高新材料股份有限公司	南昌市	2
10.	J-11-2-06	焦炉炭化室压力与粗煤气传输系统综合控制	蔡景章,周敏建,张世峰,陈文星,宁芳青,盛旺喜,王连根,谢　争	景德镇焦化工业集团有限责任公司,安徽工业大学	景德镇市	2
11.	J-11-2-07	高等级中厚板热处理关键装备及工艺技术开发	王昭东,袁　国,龙家林,龚红根,张　宏,王　鹏,王黎筠,温方金	东北大学,新余钢铁股份有限公司	新余市	2

续表

序号	项目编号	项目名称	主要完成人	主要完成人所在单位	推荐单位	等级
12.	J-11-2-08	太阳能单(多)晶硅片的开发研究	徐志群,周慧敏,苏　剑,付明全,李高鹏,肖云治,徐勇兵	晶科能源有限公司	上饶市	2
13.	J-11-2-09	微米级硅粉有效利用新技术及其产业化应用	张　涛,钟德京,付家云,李松林,胡动力,邹拾根,李　方,张玲玲	江西赛维LDk太阳能高科技有限公司	新余市	2
14.	J-11-2-10	先进铝、镁合金制备成形技术及其应用	闫　洪,陈华军,胡　志,钟子明,潘　伟,郑志强,陈国香,胡　勇	南昌大学,江西江铃有色金属压铸有限公司	省教育厅	2
15.	J-11-2-11	果蔬多源信息融合超大型分选设备的技术研究与应用	李功燕,朱　二,朱　壹,刘　舟,李贵森,何光亮,胡叶兵,胡淼宏	江西信丰绿萌农业发展有限公司,中国科学院微电子研究所	赣州市	2
16.	J-11-2-12	3GF-YPW-01型宽频宽压逆变电源	刘建平,黄天诚,陈永清,汪淑英,吴文海,张　伟,赖朝东	泰豪科技股份有限公司	南昌市	2
17.	J-11-2-13	江西省高速公路沥青路面修筑关键技术和系统集成	雷茂锦,任东红,陈忠达,饶奇志,王德山,廖晓锋,聂洪琳,何　涛	江西省交通科学研究院,江西省交通厅乐温高速公路建设项目办公室,长安大学,东南大学	省交通运输厅	2
18.	J-11-2-14	不同供体形式同种异体肝脏移植的系列研究及临床应用	时　军,徐志丹,罗文峰,李新长,王永刚,丁利民,黄小梅,罗来邦	江西省人民医院	省卫生厅	2
19.	J-11-2-15	湖沼型疫区血吸虫病综合防治模式研究及示范应用	陈红根,熊继杰,曾小军,洪献林,林丹丹,郭家钢,万保平,胡卓辉	江西省寄生虫病防治研究所,进贤县血吸虫病防治站,中国疾病预防控制中心寄生虫病预防控制所	省卫生厅	2
20.	J-11-2-16	中药复方释药系统优化关键技术	杨　明,冯　怡,郑　琴,廖正根,唐　斌,岳鹏飞,谢兴亮,陈丽华	江西中医学院,上海中医药大学,成都中医药大学	省教育厅	2
21.	J-11-2-17	微波技术在中药制药工艺中的应用	廖正根,李　晟,杨　明,李　昱,梁新丽,蒋且英,段永钢,张　萍	江西中医学院,天水华圆制药设备科技有限责任公司	省教育厅	2
22.	J-11-2-18	国家标准《钨精矿化学分析方法》(磷量、钼量、铁量、铜量的测定)	潘建忠,钟道国,刘柏禄,杨　峰,黎　英,陈　涛,邝　静,赖　剑	赣州有色冶金研究所	赣州市	2
23.	J-11-2-19	伴生硫铁矿资源整体清洁利用关键技术与产业化	罗仙平,刘方云,胡晨涛,项拥军,曹　霞,刘水发,何桂春,葛清海	江西铜业股份有限公司,中国瑞林工程技术有限公司,江西理工大学,铜陵金蟾矿业有限责任公司,江西朝盛矿业有限公司	省国有资产监督管理委员会	2
24.	J-11-2-20	充填采矿灾变预测与防治关键技术及应用研究	赵　奎,李建国,王明江,王晓军,周建华,林国洪,彭小刚,赵永和	江西铜业股份有限公司,江西理工大学,中国瑞林工程技术有限公司	省国有资产监督管理委员会	2
25.	J-11-2-21	十红滩砂岩铀矿地下水淡化少试剂地浸采铀研究	孙占学,李学礼,刘金辉,高　柏,周义朋,胡宝群,史维浚,陈功新	东华理工大学	省教育厅	2
26.	J-11-3-01	亩产千斤子棉生产技术集成研究与应用	田绍仁,柯兴盛,杨　磊,夏绍南,张兴华,操宇琳	江西省棉花研究所	省农业厅	3
27.	J-11-3-02	转基因抗虫棉病虫害综合防治技术研究与示范	张兴华,田绍仁,周关印,李　捷,乔艳艳,陈前武	江西省棉花研究所,安徽中棉种业长江有限责任公司,江西省永修县植保植检站,江西省彭泽县植保植检站	省农业厅	3

续表

序号	项目编号	项目名称	主要完成人	主要完成人所在单位	推荐单位	等级
28.	J-11-3-03	南方红壤丘陵区绿色农业发展模式研究与示范	杨兰根,彭春瑞,张爱民,陈学军,郑立平,陈先茂	江西省农业科学院,江西省绿色食品(有机产品)协会	省农业科学院	3
29.	J-11-3-04	绿色植保技术研究和集成推广应用	徐海莲,肖筱成,熊健生,曾敬富,梁章登,张茂文	吉安市植保植检局,吉安市吉州区植保植检站,吉安市青原区植保植检站,峡江县植保植检站	吉安市	3
30.	J-11-3-05	金针菇航天诱变育种研究	张　诚,陈光宇,陈柳萌,罗绍春,沈爱喜,陈庆隆	江西省农业科学院农业应用微生物研究所,中国南方航天育种技术研究中心	省农业科学院	3
31.	J-11-3-06	甜菊新品种"菊隆5号"高产栽培技术推广应用	孙景文,马光明,阳晃江,翁行忠,赵翠琢,谭　燕	赣州菊隆高科技实业有限公司	赣州市	3
32.	J-11-3-07	生化遗传标记在灰鹅育种中的应用研究	谢金防,谢明贵,康昭风,刘林秀,韦启鹏,陈受金	江西省农业科学院畜牧兽医研究所,江西省兴国灰鹅原种场	省农业科学院	3
33.	J-11-3-08	江西省水生动物防疫体系建设与监控技术研究	欧阳敏,徐节华,刘文珍,田飞焱,冯东岳,谢世红	江西省水产技术推广站,全国水产技术推广总站,峡江县水产局	省农业厅	3
34.	J-11-3-09	翘嘴红鲌规模化育苗关键技术研究开发	俞泽溪,涂彭文,王启林,熊春贤,万会平,许亮清	江西省水产科学研究所,南昌市水产科学研究所,德安县水产技术推广站	省农业厅	3
35.	J-11-3-10	石砌岸排水孔藤本植物栽培技术与应用	欧阳贵明,邓绍神,刘文萍,贺小刚,谭　娟,谭莉萍	萍乡市河岸堤防管理处,萍乡市林业科学研究所,萍乡市千叶园林有限公司,萍乡市供水公司	萍乡市	3
36.	J-11-3-11	珍稀濒危新物种——华木莲繁育与保护	俞志雄,施建敏,裘利洪,林新春,张津平,张志勇	江西农业大学,宜春市林业科学研究所	省教育厅	3
37.	J-11-3-12	利用天然落地松脂和残渣废液回收红松香	古远亮,古越群,王宗德,刘　键	吉安市青原区东固林产化工厂,江西农业大学	吉安市	3
38.	J-11-3-13	江西强对流天气预报预警技术研究	许爱华,詹丰兴,何财福,郭　艳,刘献耀,支树林	江西省气象台	省气象局	3
39.	J-11-3-14	江西特色资源的开发研究——黄栀子深度产品开发	李雄辉,季清荣,江瑞贞,胡居吾,熊　伟,程　斌	江西省科学院应用化学研究所,江西天顺生态农业有限公司,江西省科院天工科技有限公司	省科学院	3
40.	J-11-3-15	寡肽类鲜味剂关键生产技术集成及产业化	曾哲灵,万冬满,段学辉,徐春发,罗春燕,戴　聪	江西省祥橱实业有限公司,南昌大学	南昌市	3
41.	J-11-3-16	半干法工艺一步制备羧基型SL-988两性淀粉	冯　鹰,乐建国,杨小东,江跃期	江西顺昌隆实业有限公司	抚州市	3
42.	J-11-3-17	高性能硬质合金新材料生产关键技术及产业化	朱世瑞,肖　民,李重仁,李重义,刘如堂,梁勇川	赣县世瑞新材料有限公司	赣州市	3
43.	J-11-3-18	太阳能多晶硅铸锭用石英陶瓷坩埚研制与开发	吴翠珍,王德方,孙　峰,董廷霞,任丽敏,张海滨	江西中材太阳能新材料有限公司	新余市	3

续表

序号	项目编号	项目名称	主要完成人	主要完成人所在单位	推荐单位	等级
44.	J-11-3-19	耐氟化氢高温腐蚀的高铝蜂窝陶瓷的研制与应用	文　军,陈　涛,焦直高,陈　虎,汪和平,易志勇	萍乡市美景环保陶瓷有限公司,景德镇陶瓷学院	萍乡市	3
45.	J-11-3-20	泡沫陶瓷节能保温装饰新材料的研制与应用	吴汉阳,吴桂周,吴根洋,马玉琦,刘世亮,徐永勇	萍乡市博鑫精细陶瓷有限公司	萍乡市	3
46.	J-11-3-21	ZWY-180/78L型煤矿用挖掘装载机的研究与应用	李　晔,李　凯,赵火英,胡筱茂,谢　晖,唐福新	江西蓝翔重工有限公司	萍乡市	3
47.	J-11-3-22	车用可变几何(截面)涡轮增压器喷嘴环组件的研制与应用	杨启清,黄　若,黎俊韬,林燕华,张　虹,谢　晖	萍乡市德博科技发展有限公司	萍乡市	3
48.	J-11-3-23	风力发电设备用液压钳盘式制动器	聂春华,洪晓军,陈胜根,李志超,邹耀平,丁　凯	江西华伍制动器股份有限公司	宜春市	3
49.	J-11-3-24	K14B-A发动机	童政荣,石辉森,谢晓林,王虹宇,余国和,彭奕平	江西昌河汽车有限责任公司	景德镇市	3
50.	J-11-3-25	基于分布式智能的无人值守数字化变电站研究及应用	李　政,上官帖,辛建波,孙　旻,苏永春,郑蜀江	江西省电力科学研究院	省电力公司	3
51.	J-11-3-26	可刻录蓝光光盘(BDR)母盘研究与开发	陈智深,黄剑飞,吴伟銮,杨庆煊,丛　森,徐　伟	江西华文光电股份有限公司	吉安市	3
52.	J-11-3-27	航空航天用聚酰亚胺、聚四氟乙烯双层薄膜绕包绝缘电线电缆	肖志军,彭开华,王顺虎,林艳琦,曾文有,麻银谦	江西联创电缆科技有限公司	吉安市	3
53.	J-11-3-28	HLD-AP1000型系列自动操舵仪	彭　涛,梅朝阳,黄文斌,宋向国,陈　健,王　力	中国船舶重工集团公司第七O七研究所九江分部	九江市	3
54.	J-11-3-29	铜冶炼过程管控实时数据融合及智能优化	黄明金,刘国平,张卫华,常　春,斯建华,马英奕	江西铜业股份有限公司,南昌大学,太极计算机股份有限公司,江西力沃德科技有限公司	省国有资产监督管理委员会	3
55.	J-11-3-30	基于数据融合的模拟月球车运行环境重建技术	储　珺,张桂梅,曾接贤,王　璐,缪君,章志文	南昌航空大学	省教育厅	3
56.	J-11-3-31	Cyber_MSAC多级安全访问控制系统	余　敏,郭　杭,邹成武,章志明,周　勇,石海鹏	江西赛柏科技有限公司,江西师范大学	南昌高新区管委会	3
57.	J-11-3-32	无线基站共建共享管理系统	刘国栋,陈洪萍,刘　斌,肖立新,姜红仁,肖　霖	江西科技师范学院,江西财经大学,南昌大学	省教育厅	3
58.	J-11-3-33	桥梁结构全过程状态监测及安全评估关键技术	谭生光,林天发,杨全新,田仲初,郑万泔,刘长明	江西赣粤高速公路有限公司,江西省高速公路投资集团有限责任公司,长沙理工大学,南京安正软件工程有限责任公司	省交通运输厅	3
59.	J-11-3-34	隧道围岩稳定性评价及预警体系研究	俞文生,刘学增,程继顺,彭爱红,丁文其,聂洪琳	江西省交通运输厅武宁至吉安高速公路建设项目办公室,同济大学,江西交通咨询公司	省交通运输厅	3
60.	J-11-3-35	赣州市赣江公路大桥悬索桥锚碇基础关键技术	雷湘湘,赖允瑾,李永盛,李文胜,周生华,薛连旭	赣州赣康高速公路有限责任公司,同济大学	省交通运输厅	3
61.	J-11-3-36	热休克蛋白的心血管作用及临床检测应用	李　萍,程晓曙,刘季春,陈　琦,蔡利励,杨人强	南昌大学第二附属医院	省卫生厅	3

续表

序号	项目编号	项目名称	主要完成人	主要完成人所在单位	推荐单位	等级
62.	J-11-3-37	多发性硬化的临床及分子遗传学特点研究与应用	张昆南,吴晓牧,王朝东,王卫真,高幼奇,屈新辉	江西省人民医院	省卫生厅	3
63.	J-11-3-38	慢性肾脏病患者免疫干预及慢性肾衰者微炎症状态的诊断与治疗研究	涂卫平,徐高四,房向东,秦晓华,徐承云,邹宏昌	南昌大学第二附属医院	省卫生厅	3
64.	J-11-3-39	睡眠呼吸紊乱对脑梗死致病机理、转归及预后的临床研究	邓丽影,刘　昊,丁勇民,王春芝,徐丽君,张　明	南昌大学第二附属医院	省卫生厅	3
65.	J-11-3-40	小儿尿路结石的腔内微创治疗	邹晓峰,袁源湖,肖日海,王晓宁,吴玉婷,徐　辉	赣南医学院第一附属医院	省卫生厅	3
66.	J-11-3-41	运动康复与骨折治疗一体化的临床研究与应用	戴　闽,范红先,姚浩群,聂　涛,冯　珍,帅　浪	南昌大学第一附属医院	省卫生厅	3
67.	J-11-3-42	围产高危儿纵向监测及其早期干预研究	徐　萍,王长华,孙　光,聂忠华,李晓萍,谭　玮	江西省妇幼保健院	省卫生厅	3
68.	J-11-3-43	TME相关男性盆自主神经保护的解剖基础和临床应用	秦章禄,张　策,胡自苗,郭朝阳,王文华,肖本萍	萍乡市人民医院,南方医科大学南方医院	萍乡市	3
69.	J-11-3-44	脑-CT定位贴在微创基底节区血肿清除术的临床应用研究	涂　勇,冯开明,温小华,刘维钦,李　锋,廖佳奇	赣州市立医院	赣州市	3
70.	J-11-3-45	高纯度乌索酸的提取工艺研究	李开泉,邹盛勤,叶文峰,肖道安,刘苏铭,熊曼萍	宜春学院	省教育厅	3
71.	J-11-3-46	广东紫珠药材及其制剂抗宫炎片标准化技术	周国平,钟瑞建,胡寿荣,匡佩琳,吉腾飞,谢二磊	江西省食品药品检验所,江西天施康中药股份有限公司	省食品药品监督管理局	3
72.	J-11-3-47	动态高压微射流-酶解破壁技术制备绿藻活性因子提取物的研究	赖达雄,胡马兵,肖　娟,刘　叶,兰德亮	江西品生源生物工程有限责任公司	赣州市	3
73.	J-11-3-48	蚓激酶肠溶微丸的研究	刘旭海,李立新,陈小荣,董　岿,张俐伟,乐渝宁	江中药业股份有限公司	南昌高新区管委会	3
74.	J-11-3-49	江西中药饮片炮制规范化研究	刘晓庄,刘　理,田克仁,刘小俊,钟瑞建,范崔生	江西省食品药品检验所	省食品药品监督管理局	3
75.	J-11-3-50	江西省不同地域条件土地开发整理工程模式及应用	赵建宁,陈美球,严金泉,曾　珩,阮月远,袁国山	江西省土地开发整理中心,江西农业大学,苏州大学	省国土资源厅	3
76.	J-11-3-51	规模化养猪场水污染防治与资源利用关键技术研究与应用	周文斌,熊继海,万金保,吴永明,王顺发,朱衷榜	江西省科学院能源研究所,南昌大学,江西御景生态农业有限公司,江西润阳环保科技有限公司	省科学院	3
77.	J-11-3-52	基于网格-涡流反应的强化絮凝高效澄清技术及应用	胡锋平,童祯恭,方永忠,黄　玮,卢普平,戴红玲	华东交通大学,景德镇市自来水公司,上海富大同诺环境科技有限公司,南昌铁路光明工程工贸有限责任公司	省教育厅	3
78.	J-11-3-53	鄱阳湖流域生态系统监测与评估关键技术研发及应用	鄢帮有,于秀波,方　豫,何洪林,乐兴华,周杨明	江西省山江湖开发治理委员会办公室,中国科学院地理科学与资源研究所	南昌市	3

2011年江西省国际科学技术合作奖

序号	项目编号	获奖人	推荐单位
1	CHJX-GS-11-R1	万跃鹏(美国籍)	新余市

社会科学

本栏编辑　苗建林

综　述

2011年，全省社科界紧紧围绕省委、省政府重大部署，以深入开展"创先争优"和"发展提升年"活动，形成合力，狠抓落实，各项工作呈现崭新局面。

*坚持理论武装工作取得新进展。*省社联承办2011年中国科学社会主义学会年会暨"庆祝中国共产党成立90周年与中国特色社会主义"理论研讨会，"9+2"泛珠社科专家论坛。与省委宣传部等单位联合举办中国共产党建党90周年理论研讨会、第五届陈云与当代中国学术研讨会、中央革命根据地创建、中华苏维埃共和国成立80周年暨第四次全国苏区精神研讨会等会议、论坛。省社联、省社科院部分专家学者参加省委组织开展的两次形势政策宣讲。围绕建党90周年开展丰富多彩的论文征集活动。

*为科学发展提供有效服务。*省社科界围绕中心，服务大局，多途径、多渠道开展应用对策研究取得丰硕成果，《稀土问题及江西稀土产业科学发展的政策取向》等研究成果获省领导肯定；《江西社会科学》继续保持强劲势头，转载率和引用率稳步提升，再次进入CSSCI和全国中文核心期刊，并且位次前移。《企业经济》《农业考古》再次进入全国中文核心期刊；《农业考古》国外订户达24个国家，其中有不少国际知名图书馆。《鄱阳湖学刊》开辟"生态思想史"等特色专栏，借助国内国际知名专家理论成果推介鄱阳湖生态思想文化，受到学界肯定与关注。许多成果受到省领导高度评价。

*社科规划与社科优秀成果评奖取得新突破。*全省获国家社科基金年度立项92项，获重点项目4项，超过前10年总和，首次跨越90项大关，比上年净增30项，获资助经费1420万，比上年的700万元增加720万元，增长102.8%；列全国第8位；立项数等8项指标均创历史新高。积极开展社科优秀成果评奖活动。省社联进一步完善成果评奖的评价机制与评审制度，组织实施全省第14次社科优秀成果评奖活动。全省申报成果超过800项，通过匿名初评、学科组复评，评出获奖项目319项，资助经费97.2万元；重点高校获奖情况较好，江西财大44项，南昌大学46项、江西师大39项；涌现出一批社科领军人物和学术带头人，推出一批体现江西特色、在全国产生较大影响、能够经得起时间、历史和实践检验的精品佳作，全省哲学社会科学整体研究实力得到一次很好检阅，受到社会各界广泛好评。

*社科界建设迈上新台阶。*全省21所公办本科高校全部成立社联机构，民办高校——蓝天学院组建社联，全省县（市、区）社联由61个增加到73个；健全管理机制，制定《关于设区市、企业社联目标管理暂行办法》；积极开展对外学术交流活动，全年组织6批14人次赴8个国家和地区大学或科研机构进行学术访问；7次接待5个国家和地区学者14人来访。特别是与俄罗斯区域经济社会发展研究所签署双方展开科研合作协议，确立学术互访机制。利用自身平台不断推动学会创新发展。全年批准并指导省老年大学协会、省新四军历史研究会等10余个学会召开会员代表大会进行换届选举，批准成立省科学社会主义与国际共产主义运动学会省人民政协理论研究会等5个学会；组织召开省属学会秘书长工作会议；推出品牌学会建设工程，为省属学会建设和发展树标杆、立典型，制定《江西省品牌学会评估指标体系》，省老年体育科学学会、省老年书画学会等7个学会荣获"江西省社联品牌学会"称号。

*社科普及宣传学术丰富多彩。*2011年，省社联创新载体、打造品牌，"社科大讲堂"影响力不断扩大，全年举办讲座23场。采取省市联动，组织实施全省第二届社科普及宣传周活动，全省11个设区市社联、各高校及100余家省（市）属学会开展社科普及活动近200场，推动社会科学走向大众、走进百姓、走向生活。全省社科界始终坚持正确的办刊方向，《内部论坛》及时为各级党委与政府科学决策提供服务，被评为"江西省'十佳'连续性内部资料"；《老区建设》，赢得全国扶贫办、省扶贫办及各级扶贫和移民干部广泛好评；《当代财经》《学报》《求实》等一批期刊发挥着独特作用，为全省社科工作者提供很好的学术交流和成果展示平台。

（刘志飞　陈刚俊）

学术活动

【2011年全省社会科学规划工作会议召开】　1月7日，全省社会科学规划工作会议在南昌市召开。省委宣传部、省社联、各高等院校、省直科研机构、省直有关单位分管领导和科研管理部门及各设区市社科规划办负责人

90余人参加会议。会议对2011年国家社会科学基金项目申报进行动员部署，对2010年社科规划工作进行总结，对2011年社科规划工作作出安排，通报全省在研国家社科基金项目和省社科规划项目年度检查情况，并对2009～2010年度全省社会科学规划项目组织管理先进单位和国家社科基金立项单位进行表彰和奖励。

【全省社科界学习贯彻胡锦涛"七一"重要讲话精神座谈会召开】 7月7日，全省社科界"学习贯彻胡锦涛总书记'七一'重要讲话精神座谈会"在南昌召开。会议由省委宣传部、省社联主办，省委宣传部部长刘上洋出席会议并作主题报告。全省社科界专家学者共100余人参加会议。会上，8位知名专家分别以《防范"四大危险"，关键要始终保持党同人民群众的血肉联系》《中国共产党与中国的现代化道路》等为题发言，从不同角度畅谈学习胡锦涛总书记"七一"重要讲话精神的心得和体会。

【承办2011年中国科学社会主义学会年会】 7月27～28日，"2011年中国科学社会主义学会年会暨中国共产党成立90周年与中国特色社会主义理论研讨会"在南昌市举行。省委书记苏荣会见、座谈并宴请与会领导及专家代表。省委常委、省委宣传部部长刘上洋出席开幕式并致辞。中共中央文献研究室主任、中国科学社会主义学会会长冷溶等四位领导及靳辉明、严书翰等全国知名专家代表共300余人参加会议。会议充分展示江西社科界良好形象，进一步扩大了江西省社联工作的影响力和服务大局的能力。

【举办"9+2"泛珠社科专家论坛】 8月26日，"2011年泛珠三角区域合作与发展社科专家论坛"在南昌举行。泛珠区域九省（区）和澳门特别行政区的社科界领导、专家学者50余人出席论坛。论坛发言围绕"加快转变发展方式，深化合作，绿色发展"主题，针对泛珠三角区域各省区在科学发展中面对的热点、难点问题，从不同侧面作了交流并进行充分讨论。泛珠三角区域合作与发展社科专家论坛，由福建、江西、湖南、广东、广西、四川、贵州、云南、海南9省区社联以及香港、澳门特别行政区相关社科机构联合举办，每年举行一次。论坛以推动泛珠区域合作、服务经济社会发展、促进学术繁荣为目的，是泛珠区域学术交流和科研协作的一个重要平台。

【联合主办国防教育论坛】 9月17日，是全国第十一个"全民国防教育日"。由省社科院、省国防教育办公室联合主办，省军盾国防教育中心、省国防文化教育学会承办的江西省国防文化教育论坛在南昌召开。省委宣传部领导出席并讲话，省社科院领导主持论坛开幕式，省国防教育办公室领导致开幕词。论坛围绕江西省新形势下国防文化教育的重大意义、国防教育法制理论研究等议题进行了深入研讨。省政协，民建省委会、民进省委会，省国防教育学会、省国防教育机构、高等院校、企事业单位、社会团体代表及相关领域的专家学者共80多人参加论坛。

（陈刚俊）

【社科普及宣传活动影响广泛】 2011年，省社联共举办"社科大讲堂"23讲，现场听众超2万人，中央党校教授周天勇、严书翰，凤凰卫视资深评论员何亮亮，山东大学教授包心鉴等国内知名学者纷纷走进"社科大讲堂"，与老百姓面对面交流。举办2场"1+1"科学沙龙活动，邀请有关专家、学者和实际工作部门负责人解疑释惑，并通过大江网直播，现场点击率分别达36.03万、20.58万人次。组织开展江西省社科普及宣传基地创建活动，评出省图书馆、三湾改编纪念馆等15家为首批江西省社科普及宣传基地。组织江西省首届优秀社科普及读物和社科普及工作专家的评选和表彰活动，表彰一批优秀社科普及读物和社科普及专家，毛秉华等4人被评为"全国优秀社会科学普及专家"，《社会主义核心价值观100例》被评为全国优秀社会科学普及读物。采取省市联动，成功组织实施全省第二届社科普及宣传周活动，全省11个设区市社联、各高校及100余家省（市）属学会开展社科普及活动近200场，社会反响热烈。

（刘志飞）

高校社科研究

【概　况】 2011年，江西高校社会科学研究人员1.19万人，发展经费9753万元；全省高校承担人文社会科学研究课题数7089项，出版人文社会科学著作455部，发表论文7518篇，在国际学术刊物上发表146篇，提交有关部门42篇；获省级以上奖励273项：举办国际学术会议36次，参加会议808人次，提交论文594篇；举办国内学术会议279次，参加会议2831人次，提交论文2073篇；派出人员出国讲学77人次，国外人员受聘来校讲学89人次，派出人员国内讲学538人次（含港澳台地区），国内人员受聘来校讲学728人次（含港澳台地区）；出国进行社科考察78人次，国内进行社科考察495人次（含港澳台地区），接受国外人员来校考察232人次，接受国内人员来校考察518人次（含港澳台地区）；派人出国进修学习138人次，派人国内进修学习1066人次，接受国外人员来校进修学习91人次，接受国内人员来校进修学习781人次；与国际合作研究课题8项，与国内合作研究课题70项。

2011年，全省高校获国家社科基金项目39个，获教育部人文社科基金项目63个。开展2012年江西省高校人文社会科学研究项目的评审立项工作，立项582项，资助经费300万元。江西省高校人文社会科学重点研究基地通过课题招标评审，下达2011年度立项课题86项，资助经费70.9万元。开展评选第十二届江西高校人文社会科学研究优秀成果奖，经专家组匿名评审、面向社会公示和省教育厅审核通过，有165项成果获奖，其中一等奖26项，二等奖60项，三等奖79项。举办了4期江西省哲学社会科学教学科研骨干研修班，每期为期一个月，339名教师参加研修。2011年，江西省教育厅社政处被第二次全国R&D资源清查领导小组办公室评为第二次全国R&D资源清查先进单位，彭祖雄等被评为第二次全国R&D资源清查先进个人。

【全省高校获84个国家社科基金项

目】 2011年,省高校申报国家社会科学基金项目有84个项目获准立项,其中4项重点项目;获项目资助经费1300万元,获立项数和资助经费数分别是2010年的137.7%和188.7%。省高校立项数占全省立项总数91.3%,获项目资助经费占全省资助经费91.5%。

【全省高校获103个教育部人文社科项目】 2011年,省高校获教育部人文社会科学研究项目立项103个,其中教育部人文社会科学研究规划基金项目29项,青年基金项目68项,专项任务项目5项。马克思主义中国化、时代化、大众化1项,高校思想政治工作4项,省部共建人文社会科学重点研究基地项目1项,共获资助经费800万元。

【印发《江西高校人文社会科学重点研究基地发展规划》】 2011年,为贯彻《国家中长期教育改革和发展规划纲要(2010~2020年)》精神,深入实施高等学校哲学社会科学繁荣计划和《江西省中长期教育改革和发展规划纲要(2010~2020)年》。印发《江西高校人文社会科学重点研究基地发展规划(2011~2015年)》。规划纲要根据全省高校人文社会科学重点研究基地发展实际,继续深化科研体制改革,构建特色鲜明、优势突出、结构合理、协调发展的重点研究基地体系。实施高水平高校人文社科重点研究基地建设"123"计划;重点培育10个左右的高水平创新基地,经过一段时间的建设,整体水平力争在全国同类学科和研究中处于先进和领先水平,部分基地冲击和进入教育部队文社科学重点研究基地;积极建设20个左右在全国有一定影响的省级高水平特色基地;继续建设好30个左右的省高校人文社科重点研究基地。按照成熟一个建设一个的原则,通过现有基地建设的提高和吸收新增基地工作,在"十二五"期间逐步实现"123"计划。主要任务:凝炼学科方向;强化内涵建设;增强研究实力;加强人才培养;建设创新团队;推行科学的评价导向;注重社会服务。并加强明确管理责职;加大资助力度;实施分类管理;实行以评促建等保障措施。

【江西省高校哲学社会科学工作会议在九江召开】 12月28日,江西省高校哲学社会科学工作会议在九江市召开,会议主要内容是学习贯彻中国共产党十七届六中全会精神,传达学习教育部哲学社会科学工作会议精神,部署全省高校哲学社会科学繁荣发展工作。 (省教育厅)

科研成果与奖励

【概　况】 2011年,省社联发挥"联"的优势,大力整合资源,多途径、多渠道开展应用对策研究,取得丰硕成果。省社科院、省委党校以及省直有关研究机构,南昌大学等高校一批咨询报告或研究成果被省部级以上机关或企事业单位肯定采纳,受到省领导肯定性批示31篇(次),产生了良好的经济效益和社会效益。

【首届优秀社科普及读物和优秀社科普及专家评审揭晓】 7月22日,全省首届优秀社科普及读物和优秀社科普及专家推选评审会在南昌召开。评审会经过专家审阅、小组评议、大会集中讨论,最后评委会投票表决等程序,推荐出《社会主义核心价值观100例》《图说中国农耕文明》《题解井冈山》《军旗从这里升起》《为了一湖清水:建设鄱阳湖生态经济区》《井冈山的红色传说》《拿得起是生存,放得下是生活——老子如是说》《走进萍乡》丛书《新余历代名人》《健康与长寿》等10本(套)为优秀社科普及读物,评出毛秉华等10名专家为优秀社科普及专家。

【完成2011年江西经济社会发展重大招标课题】 6月7日,2011年,江西经济社会发展重大招标课题揭标。5个中标课题组分别是:省统计局王建农主持的《江西做大经济总量与转变经济发展方式研究》;省发展和改革研究中心周国兰主持的《江西战略性新兴产业发展研究》;江西师范大学梅国平主持的《江西新型城市化与房地产健康发展研究》;江西财经大学廖进球主持的《鄱阳湖生态经济区现代生态产业体系研究》;南昌航空大学王国炎主持的《江西当前面临的突出社会矛盾与创新社会管理研究》。五项重大课题就是从参加竞标的28个课题组中遴选产生,每项中标课题资助经费7万元。5项中标课题成果全部通过鉴定,一项成果为优秀,其他四项为良好。这些研究成果紧密联系全省经济社会发展实际,突出前瞻性、战略性和实践性,具有较强创新性、对策性和可操作性,对进一步实现江西跨越发展具有重要作用。

【全省第十四次社会科学优秀成果奖评选揭晓】 5月,全省第十四次社会科学优秀成果奖评选活动启动。经组织申报、资格审查,省社联组织专家对申报成果进行匿名初评,组织专家召开学科组复评会议,经评委审读,民主评议,充分酝酿,评选出获奖项目及等级,省社联召开主席办公会审定评选结果,报省委宣传部批准,并在网上公示。有319项社科研究成果获奖,其中一等奖23项,二等奖116项,三等奖180项。

【全省社会科学研究"十二五"(2011年)规划项目评审立项揭晓】 8月,省社科规划项目启动。经广泛动员、各单位认真组织申报以及省社科规划办对申报项目进行资格审查,受理70个单位申报的项目2011项,创历史新高,比上一届申报数增加111项,增长5.8%。省社科规划办组织专家初评,初评采用匿名评审,分为24个学科组,选取40%左右提交复评学科组评审,并报省委宣传部审定。省社会科学规划办公室下达459项课题立项,其中重点项目20项,一般一类项目103项,一般二类项目198项、一般自筹(含奖励项目)138项,加上专项课题经费,共资助经费275.9万元。

(刘志飞)

【《江西社会科学》入选全省首批"名刊建设工程"期刊】 2011年,经过评选,省社科院主管主办的《江西社会科学》入选为江西省首批"名刊建设工程"期刊。《江西社会科学》创刊以来,始终坚持正确的舆论导向、坚持高标准的办刊方针,荣获了"中国期刊方阵期刊""中国中文核心期刊""CSSCI来源期刊""中国人文社科核心期刊""华东地区三届优秀期""江西省优秀期刊"等荣誉称号。 (陈刚俊)

文化艺术

本栏编辑　苗建林

综　述

2011年，江西省文化系统以文化大省建设和鄱阳湖生态经济区文化建设为重点，实施重大文化项目和文化民生工程，推进公共文化服务、文化市场和文化产业体系建设，开展文物保护工作，推进文化体制机制改革创新，加强对文化产品创作生产的引导，各项工作圆满完成，"十二五"规划开局良好。

组织重大文化活动。各级文化单位和广大文化工作者组织、参与各种庆祝中国共产党成立90周年文化活动，成为全省参与面最广、影响力最大、持续时间最长的群众性文化活动。省艺术职业学院60名学生参加文化部举办的庆祝中国共产党成立90周年文艺晚会《我们的旗帜》排练演出活动，获文化部通报表扬。在第七届泛珠三角区域合作与发展论坛暨经贸洽谈会文艺晚会上，新版《赣风》充分展示了江西新形象和具有江西特色的文化魅力。

大力推进文艺创作繁荣工程。新一轮省文艺创作繁荣工程项目全面启动，通过初评和复评，从各设区市和省直各院团申报的42个剧目中评出24个入围剧目，其中12个剧目为扶持剧目。采茶戏《八子参军》等5部戏剧入围；杂技《灯上芭蕾——季候鸟》夺得第35届蒙特卡洛国际杂技比赛"银小丑"大奖，同时获得两个特别奖"国际马戏团奖"和"让·路易马赫冉奖"；舞蹈《青花叠翠》荣获第九届全国舞蹈比赛群舞组表演二等奖。

文物普查进展顺利。第三次全国文物普查工作进展顺利，全省有不可移动文物3.28万处，其中新发现2.84万处。较"三普"前的5000处增长六倍多，是全国增长数量最多的省份之一。江西省不可移动文物总量在全国排名由20多位移至前十位，奠定了文物大省地位。成功申报景德镇古窑瓷厂、景德镇佳洋陶瓷有限公司和铅山县手工造纸作坊等3处国家级非遗生产基地，成为国家级非遗生产基地最多的省份。

完善公共文化服务体系。2011年，全省222个公共图书馆、文化馆和1629个乡镇综合文化站全部实行免费开放。全省各级财政安排约1.4亿元免费开放保障资金，实现公共文化设施场地、基本服务项目、辅助服务项目全部免费。第三次全国文化馆评估定级工作获得文化部检查组高度评价。成功申报并启动赣州市国家级公共文化服务体系建设示范区和南昌市"社区文化在线"、宜春市"一乡一品"国家级公共文化服务体系建设示范项目。完成文化共享最后一批35个县支中心、5508个村级点设备配置，实现全省省、市（区）、县、乡、村五级服务网点全覆盖。在"中国民间文化艺术之乡"评选活动中，江西14个市县区榜上有名。

文化产业大发展。2011年，全省文化系统内投资规模上千万以上、已开工或规划在建文化产业项目115个，其中超亿元61个，文化产业招商引资295.67亿元。全省文化出口9.4亿美元，同比增长71.3%，高出同期全国文化产品出口平均增速49.3个百分点，居全国第五位，中部第2位。文化产业增加值的排名居全国16位，高于江西省GDP在全国排名3个位次。

加强文化市场监管。省文明办、省文化厅、省公安厅、省工商行政管理局、省通信管理局制定并印发《江西省推进网吧连锁工作的实施意见（试行）》，使连锁网吧发展有了政策性依据。颁布《江西省网吧行业自律公约》，讨论通过《江西省文化娱乐行业协会章程》。全年，文化市场执法频率和检查次数比上年同期大幅增加，出动执法人员31.5万人次，检查各类文化经营场所34.1万家次。

加快文化体制改革。起草《关于加快国有文艺院团体制改革的意见》《江西省国有文艺院团体制改革的方案》和《关于加强国有文艺院团转企改制有关配套扶持政策的通知》三个文件。积极与编制、财政、人事等部门就有关人员安置、政策扶持等政策进行反复沟通，争取各有关部门支持和配合。开展全省国有文艺院团体制改革情况摸底调查，掌握第一手资料。

（郑志山　胡小庆）

文　学

【概　况】 2011年，紧扣庆祝中国共产党建党90周年、纪念辛亥革命100周年，苏维埃政权建立80周年主旋律开展文学活动，取得队伍建设和文学创作双丰收。

开展多种文学创作活动发展文学队伍。清明节期间，在吉安市青原区举办"我们的节日·缅怀文化先贤"——2011年江西作家、诗人清明祭扫文天祥墓园活动，各设区市作协组织当地作家、诗人祭扫辛弃疾等文化名人墓园；举办2011“江西文艺·名家讲坛”，著名诗词家蔡世平做《我与当代旧体词》讲座，中国现代文学馆常务副馆长、著名文学评论家吴义勤做《当代小说的创作与评价》讲座；中国作协创研部和人民文学出版社在北京联合举办刘上洋散文集《高路入云端》研讨会；举办2011江西上饶县五府山仲夏笔会；举办全国革命历史题材文艺创作研讨会；在赣州市召开卜谷革命历史题材文学创作研讨会；联合举办的“长江颂”全国诗歌作品大赛。2011年，有9位会员加入中国作协、百余名作者加入省作协，其中不少是非常有潜力的新人；青年作家樊建军参加鲁迅文学院第十五届中青年作家高级研讨班的学习；作家阿袁参加中国作家协会与美国爱荷华大学国际写作计划开展的文学交流活动。

文学创作大丰收。刘华创作长篇小说《红罪》，陈世旭出版《登徒子》，熊正良的《美手》，郭国甫的《百年南亭》，罗荣、赖泉的《日照翠微》等相继出版。2011年第八届茅盾文学奖评选中，江西省有5部长篇小说入围参评，分别是刘华的《车头爹车厢娘》、温燕霞的《红翻天》、孙海浪的《八大山人》、李伯勇的《旷野黄花》、祝春亭的《大清商埠》，是江西省冲击茅盾文学奖作品整齐、质量较高的一次。丁伯刚的《艾朋回家》等作品，展现中短篇小说的艺术魅力和较高水准。陈世旭的短篇《立冬·立春》、阿袁的中篇《鱼肠剑》获得《小说月报》第十四届“百花奖”。百花文艺出版社推出“新百花散文书系”《陈世旭散文选集》，该书系是当下知名散文作家的一次整体展示。江子长篇系列散文《井冈山往事》，部分作品分别被《人民文学》等重点报刊推出。纪念辛亥革命100周年之际，宋清海传记《石瑛传》，是一部厚重的纪实文学作品。蒋泽先和刘华共同创作长篇报告文学《中国大援建》，全景式地反映全党全国全军对四川地震灾区的援建工作，刘华、蒋泽先等联合采访创作长篇报告文学《千年一遇——2010鹰潭军民抗击特大洪涝灾害全纪录》出版发行。卜谷的长篇纪实文学《红军留下的女人们》出版后反响热烈，谢帆云的组诗《“人民条件最好的地方”》、汪峰的组诗《从泥土中滴出的鲜红》，以洋溢的激情和灵动的哲思，为建党90周年献上优美的诗篇。组织专家编辑出版的李耕散文诗集《篝火的告别》列入江西省文艺创作与繁荣工程项目。

【《新世纪江西文化十年》丛书出版发行】 12月28日，《新世纪江西文化十年》丛书正式出版发行。丛书由《扬帆逐浪——发展报告》等十册组成，400多万字、近3000幅图片，全方位展示“十一五”期间江西文化建设各个领域中所取得的丰硕成果。为回顾与梳理江西文化发展脉络留存了珍贵的历史资料，扩大了江西文化的影响力。

（郑志山　胡小庆）

【举办“方大特钢杯”2011谷雨诗会】 4月，在方大特钢科技股份有限公司举办2011年“方大特钢杯”谷雨诗会。全省30余位诗人和企业诗歌爱好者参加，畅谈江西诗歌现状、创作经验。与会诗人还走进企业生产一线，领略当代钢铁工人的时代风采，感受现代企业制度下党魂铸钢魂的企业文化魅力。其间，举办2011年“方大特钢杯”全国诗歌大赛。收到诗作1300余篇，评选出35篇获奖作品。并举办谷雨诗会颁奖朗诵晚会。

【鲁迅文学院江西中青年作家培训班开班】 5月18日，在北京举行鲁迅文学院江西中青年作家培训班开班仪式。31位富有实力和潜力的中青年作家通过推荐，经鲁迅文学院审批录取。中国作协党组副书记、鲁迅文学院院长张健出席并讲话，江西省文联主席刘华宣读江西省委常委、宣传部部长刘上洋贺信，江西省文联领导在仪式上讲话。鲁迅文学院为此次江西培训班精心设置课程，课程涉及政治理论与国情时政、大文化、文学专业以及研讨、观摩学习、社会实践。通过培训学习，为学员搭建一个与中国最高端的评论家、学者以及大刊主编对话、交流的平台，使学员的理论素养和创作能力得到提升，文学观念、文学视野和文学技巧得到提高。此次培训班是鲁迅文学院首次在学院本部举办，以省市名义组织的作家班。

（石兰芳）

艺　术

【概　况】 2011年，全省创新艺术创作和评审机制，制定艺术发展规划，突出江西特色，努力形成各门类艺术品种百花争艳、整体推进的生动局面。繁荣工程收到申报项目40多个，评审出11个扶持项目。其中为纪念中央革命根据地创建暨中华苏维埃共和国临时中央政府成立80周年投排的赣南采茶歌舞剧《八子参军》，入选2010~2011年度国家舞台精品工程资助剧目。

【“相约春天”公益大展演精彩纷呈】 2月，举办“相约春天”公益大展演。展演内容丰富，有省博物馆举办的《千年雷锋塔》大型文物公益展览、大型赣剧传统剧《清风亭》、南昌采茶戏《南瓜记》、京剧传统剧《红娘》、大型杂技魔术晚会专场、大型杖头木偶剧《虎孩》以及江西科技师范学院演出的歌舞晚会专场等。参加展演的单位众多，充分体现文化惠民的广泛参与性。展演活动还组织省直艺术院团深入军营、社区、企业、院校等基层单位，为广大民众演出，让老百姓在家门口享受文化惠民的艺术盛宴。展演活动已经成为江西文化惠民的品牌，赢得社会的肯定和赞扬。

【采茶歌舞剧《八子参军》入选精品工程】 ，作为2011年江西省文艺创作繁荣工程重点剧目，《八子参军》经申报，入选2010~2011年度国家舞台精品工程资助剧目。该剧生动还原土地革命时期，瑞金沙洲坝农民杨荣显响应“扩红”号召，送八个儿子参加红军英勇作战而壮烈牺牲的感人故事。客家风情的布景、恢宏的战争场面、深情的演绎，给观众以极强的视听震撼与心灵震撼。该剧由国家一级导演张曼君担任总导演，公演50多场，得到专家和观众一致认可。

【“金歌银曲唱鄱湖”歌手大赛举行】 11月29日至12月19日，“鄱阳湖国家湿地公园·金歌银曲唱鄱湖”2011全省歌手大奖赛举行。作为江西省“金歌银曲唱鄱湖”系列文化活动之一的歌手大赛，是江西全面推动“金歌银曲唱鄱湖”优秀音乐作品传唱活动的重大举措。大奖赛不拘泥于单纯的比赛形式，整个活动大师云集、活动精彩纷呈，为近年江西赛事所罕见。活动包括开幕式音乐会、声乐大师班及专家讲座、歌手大赛、闭幕式暨获奖选手颁奖音乐会等五项活动。活动掀起了全民唱鄱湖的热潮。

【掀起红色文化活动热潮】 2011 年，全省各级文化单位和文化工作者组织参与庆祝中国共产党成立 90 周年和纪念辛亥革命 100 周年文化活动。活动有群众红歌大赛、红歌演唱会、红色美术、书法、摄影创作和展览，红色经典读书、红色书箱、党建知识大赛，红色影视作品展播等，成为全省参与面最广、影响力最大、持续时间最长的群众性文化活动。

【新版歌舞《赣风》为泛珠大会添彩】 9 月 20 日，江西省歌舞剧院重新创作编排的大型风情歌舞《赣风》作为第七届泛珠三角区域合作与发展论坛暨经贸洽谈会开幕式文艺晚会，在前湖迎宾馆剧场首演。为更好地展示江西的绿色文化，主创人员对《赣风》进行大幅度修改。修改后的《赣风》节目内容更聚焦、特色更鲜明、表演更精彩。全国政协副主席李兆焯、澳门特别行政区行政长官崔世安、香港特别行政区政制及内地事务局局长林瑞麟，福建、湖南、广东、海南、四川、贵州、云南等省和广西壮族自治区主要领导，以及国家有关部委负责人观看演出。省领导苏荣、鹿心社等陪同观看。

【杂技《灯上芭蕾—季候鸟》获“银小丑”大奖】 2 月，在第 35 届蒙特卡洛国际杂技比赛上，江西省杂技团与成都军区战旗杂技团合作的创新节目《灯上芭蕾——季候鸟》夺得“银小丑”大奖，节目同时获得“国际马戏团奖”和“让·路易马赫冉奖”两个特别奖。

【舞蹈《青花》获全国舞蹈大赛银奖】 8 月，在银川市第九届全国舞蹈大赛中，江西省歌舞剧院创作演出的舞蹈《青花》，从全国 50 多个专业文艺院团 600 多个舞蹈节目中脱颖而出，摘得群舞组表演银奖，取得江西舞蹈艺术在全国赛事最好的成绩，填补了江西在该奖项上的空白，提升了江西艺术创作的整体水平。

（匡　凯）

社会文化

【概　况】 2011 年，社会文化重提升市县两级图书馆、文化馆设施建设，为建设江西文化大省提供较好设施基础。实施文化馆（站）、公共图书馆免费开放，加强以农村为重点的城乡基层公共文化服务，加快城乡文化均等化和城乡文化一体化进程。加强和改善公共文化服务能力建设。全省多项群众文化活动申报“江西省民间文化艺术之乡”和“中国民间文化艺术之乡”，提升了社会影响和特色品牌。围绕庆祝建党 90 周年、纪念辛亥革命 100 周年，开展一系列大型文化活动。

公共文化服务能力建设成果显著。全省评出文化馆一级馆 25 个、二级馆 38 个、三级馆 41 个，全省大部分文化馆的设施设备条件、展览培训服务、品牌文化活动等方面成果显著，实现文化馆服务能力建设大跨越，获得文化部第三次全国文化馆评估定级检查组高度评价。省群众艺术馆等各级文化馆积极组织或参与多项大型文化活动，社会影响逐渐增强。景德镇群众艺术馆持续不间断近 30 年的群众歌咏月大型活动，赣州市群众艺术馆艺术展览和培训、信丰县红歌汇、南昌东湖区文化馆的百花大舞台等一批市县乡基层群众文化活动热烈非凡，社会影响进一步增强，大大提升广大群众的欢乐和幸福指数。启动建设赣州市国家级公共文化服务体系示范区和南昌市“社区文化在线”、宜春市“一乡一品”国家级公共文化服务体系建设示范项目。

【全省免费开放“两馆”】 2011 年，江西所有 222 个公共图书馆、文化馆和 1629 个乡镇综合文化站实行免费开放，实现公共空间设施场地全部免费开放，所提供的基本服务项目、辅助服务项目全部免费，进一步保障人民群众的基本文化权益，让人民群众共享文化改革发展成果，受到社会各界广泛欢迎。

【加大市县两级两馆设施建设】 2011 年，地方投资较大的宜春市文化艺术中心、吉安市文化艺术中心、吉安市青原区图书馆和文化馆、波阳县文化馆等 19 个市县社会文化设施新馆建成开放，地方投资较大的南昌市群众艺术馆、南昌市西湖区文化艺术中心等 18 个社会文化设施新馆开工建设。启动 34 县级图书馆、文化馆维修改造，中央财政投入 1000 多万元用于江西省市县图书馆、文化馆维修改造。全省大部分县级图书馆、文化馆面貌焕然一新。

【基层公共文化服务向农村倾斜】 2011 年，全省农村文化建设专项资金每年以 1.2 个亿支持全省农村开展文化“三项活动”，解决农村农民“看戏难、看电影难、开展文化活动难”。活动覆盖全省乡镇，影响扩大，质量提升。活动组织开展送文化下乡，利用春节、庆祝建党 90 周年等节庆，举办文艺活动，送戏送电影下乡，各级各类剧团下乡演出 1.4 万余场，送电影 28 万多场，观众达 5 千万人次，开展农村农民赛歌会、健身、游艺比赛等各类文化活动 1 万多场次，参与群众近 2000 万人次。活动中形成许多特色品牌，彭泽县每年一届的“彭蠡情农民艺术节”，会昌县的“农歌会”，泰和县的“魅力泰和艺术节”，铜鼓、武宁、修水三县的“修河之波”艺术节等。省市级专业艺术团体演出和高清数字电影放映更广泛深入农村基层，逐步实现农民“有戏看”至“看好戏”的转变。中央财政投入 700 多万元的社区文化中心购置设备费，使全省正式运转的社区文化中心达到 400 多个，明显改善社区的文化活动条件。

【全省 53 个乡分获国家级省级“民间艺术文化之乡”称号】 2011 年，兴国县“山歌之乡”等 14 个乡获 2011～2013 年度“中国民间文化艺术之乡”称号；青山湖区“灯彩之乡”等 39 个乡获“江西省民间艺术文化之乡”称号。

（涂安宁）

非物质文化遗产

【概 况】2011年，全省非遗保护重实效，讲利用，抢救性 保存保护取得新进展，一些非物质文化遗产的濒危状况有较大改善。兴建一批非物质文化遗产展示馆和保护基地，加强非物质文化遗产基础设施建设。大力宣传《非物质文化遗产法》，推动非遗进校园，促进优秀传统文化传承体系建设。积极开展展示展演和资料出版，促进了非物质文化遗产和江西优秀传统文化的宣传和传播。

抢救性保存保护取得新进展。2011年，编制“十二五”时期江西省国家级非物质文化遗产项目保护规划，进一步明确落实“保护为主、抢救第一、合理利用、传承发展”保护方针的重点措施和项目。赣剧、高安采茶戏、鄱阳脱胎漆器髹饰技艺等11项非物质文化遗产名录被列入第三批国家级非物质文化遗产名录，评审公布第二批全省非遗代表性传承人193人，加强非物质文化遗产名录体系建设和传承人保护。全省国家级非遗保护名录达46项，省级代表性传承人达314人。通过抢救记录保存，改善了弋阳腔、西河戏、傩戏、吉州窑等江西特色非遗的濒危状况，一批景德镇传统瓷艺匠人列为省、市级代表性传承人。

兴建非遗展示馆和保护基地。全省以传统美术、传统技艺和传统表演类项目为依托，国有和民营投入并举，赣县、瑞昌市、湖口县、丰城市等兴建非物质文化遗产展示馆或保护基地，景德镇古窑民俗博览区、景德镇佳洋陶瓷公司、景德镇红店街等以民营投入为主兴建展示生产基地，使全省非物质文化遗产展示馆或保护基地达78个。编制完成并启动实施《婺源·徽州文化生态保护区总体规划》，推动全省非物质文化遗产整体保护，促进非物质文化遗产保护传承与旅游的结合。

【非遗生产性保护抓项目有成效】2011年，全省把传统工艺和传统美术作为非物质文化遗产生产性保护的重点，大力鼓励扶持群众基础好、有市场前景的项目。成功申报景德镇古窑瓷厂、景德镇佳洋陶瓷有限公司和铅山县手工造纸作坊等3处国家级非遗生产基地，成为国家级非遗生产基地最多的省份。瑞昌剪纸、星子金星砚、进贤毛笔等一批项目也积极开展生产性保护，市场发展前景良好。

【开展宣传《非物质文化遗产法》】2011年，举办第六个文化遗产日全省各地《非物质文化遗产法》宣传系列活动。兴国县将“兴国山歌”列入小学音乐课堂，吉安县将“东园龙”列入小学体育课堂，乐安县将“傩舞”编成小学课间操，九江地区所属各县（市、区）非遗保护单位与九江学院共建优秀非遗项目传承基地，婺源县的三雕和瑞昌市的剪纸成为小学乡土教育内容。

【展示展演江西非物质文化遗产】2011年，组织参加成都国际非遗节、北京非遗技艺展演会、浙江非物质文化遗产博览会、深圳文博会非遗节等文化部举办的全国大型非物质文化遗产展示展演活动，赢得金奖5项、银奖9项，展示江西非物质文化遗产，为江西赢得荣誉。在南昌市举办首次全省非遗手工技艺进商场大型公益展示；瑞昌市庆祝中国共产党成立90周年“双百”人物民间剪纸作品大展经中央电视台新闻联播播出，受到全国主流媒体一致好评；完成《薪火相传——江西非物质文化遗产》大型图书和赣州、宜春、上饶、吉安等四市《非物质文化遗产精华》丛书编辑出版工作；联合江西电视台实施的非物质文化遗产大型系列纪实片《赣风》，由李渡车仂灯、二塘长工山歌、万年贡米、乐安滚傩神等共10集，春节正式播放，受到省内外一致好评。

（刘昌兵）

地方志工作

【概 况】2011年，全省各级方志机构坚持依法修志，努力创新工作方法，在推进地方各项建设及地方文化发展等方面都取得一定成绩。各级方志机构加强效能建设，自身建设得到不断完善。省方志办被评为省直机关第八届文明单位和全省社会管理综合治理先进单位。

完成第二轮省志启动筹备工作。2011年，《江西省志（1991～2010）》启动筹备工作是省方志办的一项重点工作。省方志办在以往准备的基础上，向尚未回复意见的18家参编、承编单位和省地方志编纂委员会委员征求对二轮省志的编纂意见。经反复论证，二轮省志编纂工作实施方案更加完善。省方志办进一步完善《〈江西省志〉资料长编篇目及分工表》等文件，完成《江西省志编纂手册》编写。

加强指导，推进市县续志工作。全省各级方志机构始终把打造精品志书作为一项重点工程来抓，积极推进续志工作。2011年，省方志办重点指导《井冈山市志》续志编纂工作，特别邀请《汶川特大地震·抗震救灾志》专家组成员参加初审，使该志顺利完成初审和复审；南昌市对《南昌税志》和《南昌军事志》编纂工作进行指导；《吉安地区志》出版发行，并举行首发式，吉安市加强对永新等5县（市、区）志书编纂的督促指导；《赣州市志》分纂工作进展顺利，完成全书80%；《抚州地区志》经过复审后，将下限延长至2011年，改名为《抚州市志》，并启动编修工作；《新余市志》总纂稿任务基本完成；景德镇市召开全市续志编修业务培训班，积极推进《景德镇市志》编修工作；九江市对《九江市公安志》等8部行业志和《共青城市志》等县（区）志编纂工作进行指导。《九江市志》126个承编单位完成初稿；鹰潭市修改完善《鹰潭市县（市、区）史志工作目标考评细则》，并对《贵溪市志》编纂进行指导。全省出版《德兴市志》等10部二轮志书。截至年底，全省第二轮市县志出版完成近70%，位居全国前列。省方志办加大审查验收制度贯彻执行力度，各地加强审查验收制度化管理，依法对志书进行审查。全省各级方志机构扩大社会修志工作指导面，出版一批专业志和乡镇志。

注重质量，扎实推进年鉴编辑工作。2011年，省方志办加大对年鉴编辑工作的督促和指导力度，积极推进年鉴编辑各项工作开展，年鉴工作取得新进展，11月，《江西年鉴》（2011

卷)顺利出版。全省11个设区市地方综合年鉴编辑出版工作全部启动,全省各级方志机构采取各种有效方式推进县级年鉴编辑工作。南昌市加大对县区综合年鉴编辑指导力度;九江市召开年鉴编辑工作培训会,推进全市年鉴编辑工作进度;新余市各县(市、区)实现一年一鉴;赣州市有南康等10个县(市、区)实现一年一鉴;余江县召开年鉴编辑工作暨业务动员大会;抚州市县级年鉴编辑出版有新进展。

努力完善,方志馆建设有良好开端。2011年,全省积极探索,努力创新,稳步推进方志馆建设。江西省方志馆隆重开馆;上饶市方志馆举行揭牌开馆仪式,这是江西省首家对外开放的市级方志馆;吉安市在市图书馆内建设地情资料库;宜春市委、市政府专门召开会议协调宜春市方志馆工作;九江市、宜春市、新余市方志馆正积极筹建;德安县在新建的博物馆内辟出县方志馆用房。

顺应形势,方志信息化建设取得阶段性成果。2011年,全省各级方志机构继续推进地方志数字化、网络化建设,取得一定成效。省方志馆建立电子阅览室,正式对外开放,读者可在电子阅览室查到近万种难以看到的旧志和有关地情方面的资料。新余市史志网正式开通;上饶市方志办建成上饶市地方志网;宜春市史志办依托宜春政府网,将《宜春年鉴》、宜春人文历史等部分地情资料上传网上,以实现方志资源共享。全省开通方志工作网站的有南昌、九江、鹰潭、抚州、新余、金溪等市县。

贴紧现实,努力开拓方志资源利用新渠道。全省各级方志机构充分利用方志资源为经济社会的发展服务。南昌市编辑《庄严承诺在南昌——2010年实施"民生工程"专辑》《南昌大事记》(2010年)等资料;九江市编辑《九江老照片》(第二辑);为抢救宜春脱胎漆器制作工艺这一重要非物质文化遗产,宜春市组织专家对脱胎漆器的制作工艺与名家名品及艺术特征进行专题研究,研究成果被《宜春日报》介绍刊登;新余市撰写《〈天工开物〉新余科技史上的一朵奇葩》,并入选《天工文化研究论文集》;吉安市充分利用志书优势,积极为报社、电视台提供资料,为各方来电、来函寻根问祖人士提供查询和查找资料服务;景德镇市为国内外学者、景德镇陶瓷学院学生和市民提供地情资料咨询、查询、查证100多人次;鹰潭市利用所掌握的地情资料对鹰潭公园景观和宣传片《活力鹰潭》内容的设计提出修改意见和建议,并配合"数字鹰潭"建设开发地方志应用软件。

2011年,一批旧志整理出版,吉安市整理点校光绪元年《吉安府志》;宜春市编纂出版《宜春诗存》;上饶市对《广信府志》进行整理;崇义县重印了清咸丰《崇义县志》;莲花县对《莲花厅志》进行整理校注重刊;九江县编印《德化县志》(同治版);武宁县点校出版《武宁县明清旧志汇编》。旧志的整理为方志资源"古为今用"发挥重要作用。

【江西省方志馆开馆】 6月27日,江西省方志馆开馆。副省长朱虹出席仪式并宣布开馆,中国地方志指导小组副秘书长兼办公室主任田嘉致辞。省政府、中指组有关领导,在昌的部分省地方志编委会委员,部分省市方志办领导以及全省方志工作者200余人出席仪式并参观展馆。省方志馆设省志馆、域外馆、著作馆、家谱馆和11个设区市馆。馆内设置"江西是个好地方"和"江西方志"两个展厅,形象生动地展示江西地情地貌,突出江西地域特色。省志馆藏有省内外各种志书3万余本,资料2万余种,近10万册,是全省种类最全、数量最多、专业化程度最高的地情资料库。

【承编《历史名贤》】 6月,省方志办根据省政府部署和安排,启动"江西风景独好"旅游文化丛书之《历史名贤》卷编纂工作。接到编纂任务后,省方志办成立《历史名贤》编纂机构,抽调7名业务骨干组成编辑部,确定《历史名贤》编纂方案,按照"着眼在人、着墨在事、着力在点"的要求进行编写,收入江西籍和客籍历史人物92人,约25万字。在编纂过程中,为使资料更为准确、真实,编辑部还分组赴全省各地进行资料搜集和调研。经全体编纂人员的共同努力,初稿全部完成。

【全省多部年鉴获奖】 2011年,全省年鉴编辑工作成绩喜人,在第五届全国年鉴编校质量评比中,全省有4部年鉴获奖:《江西广播电影电视年鉴》(2010卷)获特等奖,《江西年鉴》(2010卷)、《鹰潭年鉴》(2010卷)获二等奖,《江西交通年鉴》(2010卷)获三等奖。

【完成《灾后重建志》江西承编章节编纂工作】 按照省政府要求,省方志办自2009年开始《汶川特大地震志·灾后重建志》江西承编章节编纂工作以来,赴小金县调研和搜集资料20余天,收集约4000余万字资料。2010年10月底,完成约80万字资料长篇和初稿。2011年,省方志办编纂人员克服重重困难,主动联系援建施工单位收集补充资料,形成近10万字的《汶川特大地震志·灾后重建志》江西承编章节报送稿。

(杨沂柳)

档案工作

【概　况】 2011年,省档案局首次对省政府8个驻外办事处档案工作进行执法检查和业务指导;南昌等市档案局联合市人大等单位开展重点建设项目档案管理、新农村建设、土地承包和林改等档案工作的执法检查;省档案局对南昌昌北国际机场扩建工程等31个省重点建设项目的档案工作进行专项检查,并对10个存在问题较多的省重点项目建设单位下发限期整改通知书;新余市、抚州市档案局对重大建设项目档案进行登记备案、现场指导;省国税局等单位将档案工作规范化管理纳入单位、系统年度工作考核内容;农村乡镇档案工作稳步推进,确定南昌等5个县(区)为创建示范县活动试点单位,南城县顺利通过全国创建活动领导小组验收,成为全国首批、全省首个全国新农村建设档案工作示范县;省档案局加强企业档案工作,加强和改进国有企业档案工作,景德镇市市破产改制企业和"十大瓷厂"的档案制定了接收方案。鹰潭市与龙虎山景区等单位沟通协商,帮助企业建章立制,南昌等6个市档案局建立档案工作规范化管理联系点、示范点，推动企业档案工作规范管理；全省各级档案部门与社保部门积极配合，加强指导，采取多种形式，推进全省社保档案管理达标工作。

全省各级国家综合档案馆馆藏档案523万卷，309万件；资料136万册。其中，建国前档案36.5万卷，3450件。全省各级国家综合档案馆馆藏录音、录像、影片档案3552盘；照片档案18万张；底图1.5万张；电子档案磁带243盘、磁盘122张、光盘4759张；缩微平片2168张，开窗卡1张，卷片8.3万幅。截至年底，有115个省直单位完成文件材料归档范围和文书档案保管期限表的修订和审批。各市县档案部门加强对市县级机关文件材料归档范围和文书档案保管期限表修订工作指导，新余等市全面完成市直机关文件材料归档范围和文书档案保管期限表修订审批工作。省档案馆妥善处置撤并改制单位档案，指导并接收省物资集团公司等5家省属改制集团档案共7447卷、9989件。九江等5个市档案馆指导并接收、代管一批破产企业和国有改制企业档案资料。省档案馆参与全省50多次重大活动拍摄工作，形成照片电子档案1700张、录像电子档案7000分钟，进一步推进重大活动声像电子档案库建设。接收对口支援四川省灾后重建、抗洪救灾、江西省少数民族运动会、鄱阳湖生态经济区建设等档案资料5000余件。南昌市档案馆接收“七城会”档案，景德镇市档案馆接收城区建设和瓷博会档案。全省各县级档案馆接收一批户籍、婚姻、收养、林权和知青等涉及民生的档案。

2011年，全省各级国家综合档案馆开放档案139.7万卷，27.7万件；开放目录案卷级91.99万条，文件级525.58万条。全省各级国家综合档案馆接待利用档案及资料21.8万人次，提供利用档案及资料39.3万卷(册)次，9.7万件次。利用现行文件1.8万人次，2.5万件次。全省各级国家综合档案馆举办档案展览32个，基本陈列展19个，接待参观档案展览4.7万人次。全省各级国家综合档案馆编研档案资料公开出版16种，672万字；编研内部参考资料58种，3.07亿字。“江西风景独好”旅游文化丛书之“红色摇篮篇”的撰稿任务完成。抚州市档案局编辑出版《兰台见证历史——档案再现抚州九十年》，南昌市档案局编纂出版《南昌纪胜》，萍乡市档案局汇编《国家、省、市换届选举政策法规文件汇编》，九江市档案局编辑出版《九江大事记》《历史上的今天——庐山台历》，新余市档案局编写《2004——2011市外媒体看新余》和《2011年媒体聚集新余》，吉安市档案局汇编《“五一”劳动模范名册》，鹰潭市档案局编写《中共鹰潭市历次代表大会实录》等。

全省数字档案馆建设取得新进展。省档案局研发的“电子档案接收管理系统”荣获2011年度国家档案局优秀科技成果二等奖，这是江西省档案部门近20年来获得的最高科研奖项。省档案局在抚州市开展省档案馆政务网馆藏档案资料查阅平台试点试用。南昌市“数字档案馆”建设项目纳入市政府《“数字南昌”推进方案》，项目总投资320万元。赣州、新余、鹰潭等市把“加快建设数字档案馆，实现档案信息资源共享”纳入当地“十二五”规划纲要。全省各级国家档案馆共录入案卷级、文件级目录770多万条、全文扫描900多万画幅。新余、鹰潭等市档案局对网站进行全新设计和布局。抚州市档案局通过政府门户网站和档案信息网站公开档案信息12万余条。南城、新干等县档案局网站开设“三农”专栏，深受广大群众的欢迎。赣州市档案局通过与市电信公司共同开发综合档案馆管理系统，实现市、县两级馆藏档案目录数据在线联网查阅。省档案局制发《江西省文书类电子档案著录与数据格式规范》等3个文件，规范统一全省文书、声像类电子档案著录与目录数据格式。

省档案局被授予“中国档案宣传工作优秀省级单位”“中国档案优秀通联组”称号；《江西档案》在全省300多种连续性内部资料参评中，荣获“江西省十佳连续性内部资料”称号。

【集中开展对明清和革命历史档案抢救和保护工作】 2011年，省档案馆组织专门力量，集中时间、集中地点，对全省明清和革命历史档案进行统一整理、抢救和数字化扫描。整理、抢救全省40个市、县(区)档案馆送交的明清和革命历史档案2290卷，修裱破损档案1.7万多页，建立全省明清和革命历史档案目录数据库。

【《永保一湖清水——鄱阳湖档案图片展》隆重展出】 6月17～23日，省档案局和省委宣传部联合举办的《永保一湖清水——鄱阳湖档案图片展》在省展览中心隆重展出。这次展览是江西省庆祝建党90周年系列活动和全省“科学发展、进位赶超、绿色崛起”12项主题教育活动之一。展览分为“母亲湖”“历史记忆”和“国家战略”三大部分，展出图片230多张，生动再现在中国共产党领导下，全省人民兴修水利、改善生产条件、防治血吸

6月17日，《永保一湖清水——鄱阳湖档案图片展》开幕。

省档案局供稿

虫病、保护一湖清水、造福湖区百姓，使鄱阳湖流域成为中国向世界展示“生态范本”的历史画卷。省领导对展览给予充分肯定和高度评价。其间，有2万多名干部群众参观展览。

【首次组团赴境外征集档案资料】 按照省委、省政府加强档案资源建设、打造核心馆藏的要求，9月27至10月6日，省档案局组成专门工作组，赴美国国家档案馆和斯坦福大学胡佛研究所调查了解有关江西近现代历史发展进程档案资料分布情况，并征集复制了部分资料。省委常委、省委秘书长赵智勇和副省长朱虹对省档案局馆走出国门征集复制档案资料的做法给予高度评价。

【出版发行《辛亥风雷激荡江西——赣军打响“二次革命”第一枪》】 10月，为纪念辛亥革命100周年，由江西省档案局编纂的《辛亥风雷激荡江西——赣军打响“二次革命”第一枪》正式出版发行。全书分上、下两册，116万字，系统再现辛亥革命在江西的风云变幻，揭开赣军打响“二次革命”第一枪的历史真相，还原江西在辛亥革命中的地位和作用。

（邓东燕）

图书馆

【概　况】 全省公共图书馆通过实施免费开放、县级图书馆维修改造、文化共享工程等重大文化惠民工程，呈现出蓬勃发展的良好态势，初步构建覆盖全省的公共图书馆服务体系。

全面启动图书馆免费开放。安排免费开放的专项资金，其中市级图书馆不低于50万，县级图书馆不低于20万。社会各界包括媒体反响强烈，成为推进全省公共文化服务体系建设的重大成果。靖安县、万安县等试点图书馆努力打造特色服务品牌。

办馆条件显著改善。宜春市图书馆等一批市、县级图书馆新馆相继落成开放。安排16个县图书馆维修项目，有48个县图书馆实施维修改造和设备购置工程。庐山区、章贡区、青原区等，设立公共图书馆。除2个县区外，全省基本实现县县有图书馆。全省公共图书馆总藏量达1500多万册。江西省图书馆第二期工程立项建设列入江西省“十二五”规划的重点文化工程。

服务能力明显增强。全省公共图书馆总流通630多万人次，文献外借册数达560多万册次。全省实施常年性“读好书”活动，各馆结合实际，通过借阅、讲座、展览等传统服务和建立总分馆制及图书流通站、服务立法决策、送书下乡等多种新形式的活动，较好地发挥了公共文化服务作用，为当地经济社会发展作出积极贡献。

【深入推进文化共享工程】 2011年，全省完成最后一批35个县、5508个村文化共享工程支中心和基层服务点设立，实现全省五级网点全覆盖，不仅与江西政务外网、省农村党员干部现代远程教育合作共建文化共享服务，省分中心还创造性地与“江西电信信息田园”合作构建服务网络，启动第一批601个文化共享工程基层服务点扩容为公共电子阅览室工作；为街道、社区文化中心文化共享工程基层服务点投入设备资金900多万元，实现全省文化共享工程向城市社区进一步扩展。

【提升公共图书馆现代化水平】 2011年，全省公共图书馆计算机台数、电子阅览室终端数大幅增加，现代化水平不断提升。全省公共图书馆有计算机4800多台，电子阅览室终端数3100多个。继省图书馆开通运行数字图书馆之后，全省还启动县级数字图书馆推广计划，实现全省县级数字图书馆全覆盖。

（刘昌兵）

博物馆

【概　况】 2011年，省博物馆、纪念馆定位“博物馆质量建设提升年”，全省博物馆公共文化服务功能进一步增强，博物馆建设方兴未艾。4个设区市级博物馆和10余个县博物馆新馆主体工程相继完工，10余个县级博物馆积极筹建新馆；文博陈列展览层出不穷，全年推出550个陈列展览，免费接待国内外观众近2000万人次；博物馆宣传活动精彩纷呈，不少博物馆走进社区、校园与军营办活动，走出省外办展览，借展文物搞交流，走出国(境)门寻合作，截至年底，全省在省级文化行政管理部门登记的博物馆有123家，其中文化（文物）系统管理106家，行业博物馆7家，民办博物馆10家。新增20家博物馆列入中央免费开放博物馆名单。

【举办全省博物馆文化产品设计与策划培训班】 4月11～14日，省文化厅、文物局主办，新余市文化新闻出版局、博物馆承办的全省博物馆文化产品设计与策划培训班，在新余市举办培训班。旨在培养文化创意创新人才和经营管理人才。特邀专家及实践者讲授关于博物馆文化产品设计、文博创意产业发展的路径及产品孵化、文化产品研发与经营的实践与探索等知识，130余人参加学习。

【庆祝“5·18国际博物馆日”】 5月，全省文博系统开展丰富多彩的“5·18国际博物馆日”庆祝宣传活动。省文物局举办《蓦然回首——全省博物馆系统“博物馆与记忆”摄影作品展》，和南昌市文物部门联合在南昌新四军军部旧址陈列馆主会场举行庆祝活动。

【举行全省博物馆质量建设年颁奖演出】 6月11日，省文化厅、文物局举行“庆祝中国共产党成立90周年暨全省博物馆质量建设年颁奖演出”，副省长孙刚出席并向获奖者颁奖。节目由省文化厅直属单位和地方文博单位编排演出，内容丰富，主要有传统经典曲目、红色题材节目、反映新时代曲艺歌舞等。演出会上颁发全省博物馆质量建设年活动先进等五大奖项。

【评选“十大陈展提升创新奖”】 10月，由省文化厅、省文物局主办，上饶市文化局、婺源博物馆承办“全省博物馆（2008～2010年度）十大陈展提升创新奖”评选活动。活动旨在提高全省博物馆展示宣传和社会服务水平，更好地实现免费开放公共文化服务功能。召开专家评审会，听取参评项目单位代表现场介绍，经材料审核、专家评审和网上公示，评选出10个优秀展览。

【组织学术成果评选暨展示会】 11月，省文化厅、文物局主办，省博物馆承办全省博物馆学术成果（2008～2010年度）评选暨展示会。展示会旨在促进文博科研水平的提高，鼓励文博工作者加强学术研究。收到各地上报论文、论著91篇（本），其中论文78篇，论著13本。经专家评审委员会专家评审与网上公示，评出一等奖2个、二等奖6个、三等奖8个。

【举办博物馆文化产品展示博览会】 12月19～24日，省文化厅、省文物局主办，南昌市文化新闻出版局、南昌八一起义纪念馆承办的全省博物馆文化产品展示博览会在南昌市开幕。副省长孙刚出席开幕式。来自全省文博系统80家博物馆自主或联合研发的319件文化产品参展，集中展示全省博物馆文化产品开发的最新成果。经评比，评选出文化产品设计创意奖179个，经营效益奖3个。

（王琴红）

文物保护与考古发掘

【概　况】 2011年，全省文物保护与考古发掘工作打基础，抓重点，注创新，求实效，扎实推进完成全省第三次全国文物普查各项工作，加强文物保护与考古工作，不断提升全省文物保护水平，有效保护全省文物。

【第三次全国文物普查奠定江西文物大省地位】 12月，全省文物工作者圆满完成江西省第三次全国文物普查的各项任务，取得重大成果。普查历时5年，登记不可移动文物70余万处。投入文物普查经费3000余万元，1300多名一线普查队员对全省1534个乡（镇、街道）、1.74万个行政村（居委会）和15.6万个自然村，以及众多企业、部队和学校进行文物普查。全省不可移动文物数量由4000多处增加到3.28万处，其中新发现不可移动文物2.84万处，复查不可移动文物4398处，登记不可移动文物417处。经过普查，全省不可移动文物数量较“三普”工作开展之前4000多处增长6倍多，是全国增长数量最多省份之一。江西不可移动文物总量在全国的排名由20多位移至11位，奠定文物大省地位。

【江西四处文物点入围全国文物普查百大新发现】 2011年，“第三次全国文物普查百大新发现”评选结果在北京揭晓。经过31个省、自治区、直辖市普查领导机构的认真遴选、推荐，报送参评项目305项，评出100项“第三次全国文物普查新发现”。江西省高安华林造纸作坊遗址、靖安县水口李洲坳墓葬、景德镇7501瓷生产基地和南昌洪都机械厂八角亭车间旧址4处文物点榜上有名。

【表彰“三普”先进集体和先进个人】 3月31日，在2011年全省文物工作会议上，省文化厅、省“三普”领导小组办公室对在全省第三次全国文物普查中作出突出贡献的一批先进集体和先进个人进行隆重表彰。南昌市文物普查办等6个单位获“三普”组织奖，南昌县文物普查队等30个单位被评为“三普”先进集体，抚州市文博所王淑娇等100人被评为“三普”先进个人。

【老爷庙水域水下文物磁法探测取得初步成果】 2011年，为探明都昌县与星子县之间鄱阳湖老爷庙水域的珍贵水下文化遗产，国家水下文化遗产保护中心与省文物考古研究所合作开展鄱阳湖老爷庙水域水下文物专项探测，探测工作分两个阶段进行：第一阶段在7月，重点对老爷庙上、下游各3千米、约15平方千米水域进行大范围的普查，通过历时一个月的探测，发现9个磁异常区；第二阶段在10月，重点对7月普查发现的9个磁异常区进行详查，通过详查，确认上述9个磁异常区的真实性及详细分布，其中5个磁异常点很可能存在古代沉船，达到探测预期目标和效果。

（刘长桂）

文化交流

【概　况】 2011年，全省对外文化交流工作坚持“走出去”与“引进来”相结合，充分发挥全省陶瓷文化展览、杂技演出等对外文化交流的品牌效应，认真分析国际文化市场，加强商业化运作，有效推动江西文化产品进入国际市场，在服务国家和全省对外开放大局，提升文化产品影响力和竞争力，增强江西对外影响力方面发挥积极作用。2011年，全省对外及对港澳台文化交流项目46项，1064人次，其中派出项目13项，242人次；引进项目33项，822人次。

【承办文化部对港澳文化工作研讨会】 3月17日，文化部2011年对港澳文化工作研讨会在南昌市召开。文化部副部长赵少华、副省长朱虹等出席会议并讲话。会议指出，“十二五”期间，要全方位、多层次、宽领域深化对港澳文化的交流与合作，重点抓好对港澳文化阵地建设，实施“薪火相传”计划和“中华文化精品港澳行”计划。来自国务院港澳办、香港中联办、澳门中联办，江西、北京、内蒙古、吉林等16个省区市的文化厅（局），中国文联、中国作协、国家文物局、中国对外文化集团公司、中外文化交流中心、中国文化传媒集团的代表参加会议。

【《御窑遗彩》在澳门展出】 2010年12月15日至2011年3月6日，应澳门特别行政区民政总署邀请，景德镇官窑博物馆在澳门民政总署画廊举办《御窑遗彩——景德镇出土明宣德官窑瓷器珍品展》。此次展览展品81件（套），接待观众超1万人次。展览展示宣德官窑特有的艺术风格和源远流长的中国陶瓷发展史，观众们对百余小块瓷片所修复成器物和景德镇考古工作者的辛勤劳动感到震惊，有力地促进景德镇与澳门两地的文化交流。

【省博物馆学会赴台湾文化考察】 2010年12月27日至2011年1月3日，省博物馆学会一行12人，赴台湾进行文化交流，重点考察台北、花莲、台东、高雄、嘉义、桃园、莺歌等地博物馆文化。此次考察,通过多方努力,许多交流项目都有结果和意向,省博物馆与台北历史博物馆结为姐妹馆。

【“走出去”推介江西文化品牌】 全省积极实施江西文化走出去战略,11月12日至2012年1月3日,省杂技团“集体抖杠”节目组赴瑞士苏黎世,与瑞士康纳利马戏团进行合作演出。节目组以高质量的节目征服国外观众。

【“引进来”国外健康高雅文化】 2011年,江西省积极引进健康高雅的国外优秀文化项目,活跃全省文化市场。6月26日~7月29日,省博物馆、墨西哥驻广州总领事馆和墨西哥国家人文学与历史研究所在省博物馆联合举办《墨西哥哈维·伊诺霍沙摄影作品展》。展览由墨西哥驻广州总领事馆提供哈维·伊诺霍沙的摄影作品40幅,主题是关于玛雅世界的遗址、建筑及雕像等。10月23~26日,第四届中国·南昌国际军乐节在南昌成功举办。军乐节的主题为“绿色城运、响亮南昌”,有21支中外军乐团、艺术团,涉及10个国家,参演人数达3000人,接近前三届的参演人数总和。开幕式结束后举行军乐游行,沿途30余万市民观看了表演。本届军乐节还承担第七届全国城市运动会闭幕式晚会演出,军乐晚会作为七城会闭幕式晚会。

【江西省海外文化交流协会成立】 8月16日,江西省海外文化交流协会成立大会在南昌召开。会议选举产生会长、副会长、常务理事等协会相关负责人。协会将适应形势发展,全面统筹省直各部门、省市县的文化优势资源,充分调动政府、民间、企业和个人的积极性,形成全省对外文化工作合力。

(邓泽洲)

文化市场

【概　况】 2011年,全省各级文化市场以创建平安文化市场为基础,发展文化市场为重点,各项工作顺利推进,为“十二五”期间文化市场工作打下坚实基础。

开展文化市场专项整治行动。围绕建党90周年,推进平安文化市场建设。全省开展为期4个月的文化市场专项保障行动、文化市场知识产权保护专项行动,开展整治利用互联网和手机传播淫秽色情及低俗信息等集中整治行动、节庆期间文化市场专项整治行动、“七城会”期间专项执法行动,开展对省内网络游戏企业贯彻《网络游戏管理暂行办法》和实施网络游戏未成年人家长工程执行情况检查等行动。全省开展各类专项整治行动300余次,出动执法人员50余万人次,检查经营单位30余万家次,责令改正7348家次;受理举报2199件,立案调查1358件,办结案件1328件,移送案件60件;警告2628家次,责令停业整顿972家次,吊销许可证5家。

【推进网吧管理体制机制创新】 2011年,围绕调整市场结构,推动文化市场发展方式转变,省文化厅联合省文明办、省公安厅、省工商局、省通信管理局制定印发《江西省推进网吧连锁工作的实施意见(试行)》,进一步推进网吧管理体制创新和机制创新。全力推动全省网吧连锁经营,通过发展规模化连锁网吧企业,积极调整网吧市场结构,转变网吧市场发展方式。设立10家省级网吧连锁企业,批准同意一家全国网吧连锁企业在江西落地,有7家网吧连锁企业在全省开展连锁业务,审查通过并获得全省网吧连锁统一编号的直营店和加盟店103家。全省单体网吧数由上年的5105家下降为4175家。

【激活演出市场】 2011年,全省引进国(境)内外大中型优秀艺术团组200余批(次),比上年160场增加20%。中国歌剧舞剧院交响乐团《新年交响音乐会》、中央芭蕾舞团红色经典《红色娘子军》、国家话剧院《红玫瑰与白玫瑰》、中国木偶剧团《绿野仙踪》、国家京剧院《盛世中华名家名段2011京剧演唱会》、东方民乐团《美丽东方—世界风情音乐会》等国家著名艺术院团以及朝鲜平壤艺术团大型歌舞《盛开的金达莱》等国外著名艺术院团的优秀剧目相继来赣演出;蔡琴《不了情——至尊金曲演唱会》、海派清口周立波《经典回眸》全国巡演南昌站、张学友《1/2世纪演唱会宜春站、南昌站》、周杰伦《“中国风”亚洲巡回演唱会》、萨顶顶2011巡演《圣诞之夜演唱会》等个人演唱会。数量众多的高品质演出,极大地提升演出市场人气,活跃演出市场,丰富群众业余文化生活。

【探索新兴文化市场建设】 2011年,召开19家经营网络游戏、网络音乐的网络文化企业参加的座谈会。对企业经营状况进行摸底和调研,为研究和制定促进江西网络游戏产品发展规划和办法提供第一手资料。举办“2011首届江西休闲文化产业博览会”,通过“文化搭台、经贸唱戏”,开展文化产品和文化服务贸易活动。展会现场成交金额达500万元,合同订购金额6000万元。

【加强行业协会建设】 2011年,成立江西省网吧行业协会和江西省文化娱乐行业协会,将江西省演出家协会更名为江西省演出行业协会,并进行协会改选。江西省网吧行业协会倡议发起《江西省网吧行业自律公约》。

【查处重大涉黄案件】 2011年,省文化市场稽查总队与省公安厅治安总队组成联合行动小组,严厉查处广丰县海天宾馆淫秽色情演出案、高安市天山冰城娱乐城非法演出案、南昌市青山湖区罗家镇淫秽色情表演案、崇仁县影剧院非法放映黄色电影案,刑事拘留相关负责人1人,批准逮捕1人,网上追逃1人,治安拘留16人,并查封相关演出、放映场所,扣押演出设备,对负有责任人分别作出检查、行政警告、行政记过、调离、免职等处理。

(周文纪)

新闻出版　广播电影电视

本栏编辑　朱　岳

报纸期刊

【概　况】　2011年，全省有报纸74种。报纸年总印张数为301.21万千印张，年度总印数7.44亿份。41种面向社会公开发行的报纸中，按刊期分，日报25种，其他报纸16种；按类别分，机关类报纸15种，晚报及生活服务类报纸20种，行业专业类报纸6种。全省有期刊164种。期刊年总印张数为23.88万千印张，年度总印数7326万册。报刊变更名称的有：《第一健身俱乐部》更名为《幸福家庭》，《新余高专学报》更名为《新余学院学报》，《江西公安专科学校学报》更名为《江西警察学院学报》，《城乡致富》更名为《农业灾害研究》，《江西棉花》更名为《棉花科学》，《江西植保》更名为《生物灾害科学》。

把握正确出版导向，确保报刊内容积极健康。开展报刊评议工作，引导报刊遵守报刊出版管理规定，提高报刊出版质量，围绕中心，服务大局。报刊呈现积极健康的发展态势，为庆祝建党90周年和改革发展稳定营造了良好舆论环境。

加强学术期刊出版管理，规范科技学术期刊出版秩序。为解决科技学术期刊忽视学术内容质量、靠收取版面费牟利，以及违反办刊宗旨乱收版面费等问题，采取有效措施规范科技学术期刊出版秩序。召开全省科技学术期刊质量管理专题会议，部署进一步加强学术期刊管理工作，要求全省科技学术期刊出版单位开展全面自查自纠工作，杜绝违反办刊宗旨乱登论文的行为，杜绝不顾质量乱收版面费的行为。以报刊年检工作和科技学术期刊质量综合评估工作为抓手，推动科技学术期刊不断提高内容质量。

加强报刊队伍建设，提高队伍整体素质。首次与新闻出版总署培训中心合作，举办全省报社社长（总编）岗位培训班，全省90余名报社负责人参加培训。举办一期新闻采编人员资格培训班，全省有关报刊社和部分中央报刊社驻赣记者站共266人参加培训。组织全省新闻从业人员近1000人开展新闻记者法规教育学习活动，通过观看《新闻记者警示教育片》，集中学习《新闻记者证管理办法》《报刊记者站管理办法》《中国新闻工作者职业道德准则》等法规、规章和文件，进一步提高新闻记者遵纪守法意识。

开展非时政类报刊体制改革，推动改革任务落实。认真贯彻中央关于非时政类报刊体制改革工作的意见要求，围绕制定全省非时政类报刊出版单位体制改革的实施方案和指导意见，深入进行调研，全面掌握报刊出版单位特别是非时政类报刊出版单位的基本情况。结合全省实际，在与有关部门和单位充分沟通的基础上，拟定《江西省非时政类报刊出版单位体制改革实施方案》和《拟列入首批转企改制的非时政类报刊出版单位名单》上报，推进全省非时政类报刊出版单位体制改革工作。

继续抓好期刊品牌建设，推进期刊四大工程建设工作。将名刊建设工程、百万期刊建设工程、重点期刊群建设工程和期刊数字化建设工程作为加快全省期刊发展的品牌工程、龙头工程和精品工程来抓，召开13家入选全省首批“名刊建设工程”和“百万期刊建设工程”的期刊出版单位负责人座谈汇报会，积极推进期刊四大工程建设取得实效。《农村百事通》杂志社荣获中国政府出版奖先进单位奖，《当代财经》等一批名刊取得新成绩，成为全国知名学术期刊。

【开展“全民阅读报刊行”活动】　2011年，省新闻出版局组织全省报刊开展“全民阅读报刊行”活动，确定以党报党刊、晚报及都市报为重点，各行业、专业类报刊积极配合，共同推进全民阅读活动的宣传报道。组织报刊社开设专栏、专题、专版，通过读书征文、专题讲座、爱心助读等多种形式的宣传活动，营造全社会热爱阅读的良好氛围。全年刊发“全民阅读报刊行”稿件3082篇，其中优秀出版物推荐及读书体会1817篇，全民阅读活动新闻报道1265篇；共组织开展各类宣传活动30余次，推动全民阅读活动向深度发展。

【开展报刊记者站专项治理“百日行动”】　按新闻出版总署的部署，4～7月，省新闻出版局在全省开展为期3个月的报刊记者站专项治理“百日行动”，采取有力措施，加大监管力度，严肃查处违规案件和违纪违规新闻采编行为。成立专项治理工作领导小组，组织召开全省报刊记者站管理工作会议，对开展专项治理工作进行动员部署，对记者站严格内部管理，加强队伍建设，深入开展自查自纠，规范工作秩序和采编活动等工作提出明确要求。结合记者站年度核验工作，进一步规范记者站管理，对所有记者站一律重新登记并换发新许可证。对非法设立记者站和以负面报道为由敲诈勒索等违规违纪行为予以严肃查处，共查处4起非法或违规采编活动，对2家非法设立的记者站予以取缔，纠正1家报社擅自聘用无资质人员从事采编活动的违规问题，对1家记者站涉嫌违规出版的行为予以制止，进一步规范了全省新闻采编秩序。

【四大报刊出版产业基地获国家财政资助】　2011年，新增江西日报传媒集团"全媒体产业基地"和农村百事通出版产业基地两个报刊出版产业基地入库。截至年底，全省已有四大报刊出版产业基地入库，成为报刊出版产业的龙头企业。2011年，农村百事通出版产业基地获得国家财政资助2000万元，江西日报传媒集团"全媒体产业基地"获得1500万元，江西教育期刊出版基地获得800万元。加上2010年疯狂英语出版产业基地获得国家资助400万元，全省四大报刊出版产业基地全部获国家财政资助，总额达4700万元。

（刘　宁　阙米秋）

图　书

【概　况】　2011年，出版图书、音像电子出版物6637种，较上年增长14.05%。其中新出图书、音像电子出版物3016种，较上年增加10.7%；重印3621种，重印率54.60%。围绕建党90周年和辛亥革命100周年，组织各出版社共策划相关重点选题28个，其中江西人民出版社的《中国共产党怎样解决民族问题》《苏区干部好作风》《赣鄱壮举——辛亥革命在江西》入选新闻出版总署"庆祝建党90周年、纪念辛亥革命100周年"重点选题目录。江西高校出版社的《动物园大揭秘》《糖球儿的虫虫王国历险》和二十一世纪出版社的《少年红色经典·革命先驱系列》3种图书入选2011年向全国青少年推荐百种优秀图书。江西人民出版社、百花洲文艺出版社的《千古一梦——中国人第一次离开地球》，江西人民出版社《中国人权建设60年》，二十一世纪出版社《腰门》《我的儿子皮卡》（1～6册），江西美术出版社《齐白石工笔虫草鉴定青少年素质读本》和江西高校出版社《生命的故事》6种图书入选第三届"三个一百"原创图书出版工程。江西美术出版社《宋版邵尧夫先生诗集、重刊邵尧夫击壤集》，获得国家古籍整理出版专项经费资助。江西科技出版社成功申报2012年度国家出版基金项目《生态经济建设大辞典》。二十一世纪出版社的《偷星九月天》、江西美术出版社与清华泰豪合作出版的《阿香游中国》获得中国文化艺术政府奖首届动漫奖。江西教育出版社策划出版的"农家书屋九九文库"入选"2010～2011年农家书屋重点图书推荐目录"。二十一世纪出版社有12种作品入选"中国小学生基础阅读书目"，是江西省唯一有图书入选的出版社，也是全国入选图书品种最多的出版社。

【图书编校质量稳步提升】　以"出版物质量管理年"为契机，推动图书编校质量稳步提升。全省各出版社开展出版物编校质量评比活动。全年组织开展1次编校人员专业水平测试、2次实地调研、4次编辑培训、5次专家讲座，提出一揽子提高出版物编校质量的有效办法。组织2011年春、秋两季教辅专项质量检查，两季共检查省内7家图书出版社教辅图书115种，字数1135万字。组织一次一般图书编校质量检查，共检查图书59种729.4万字。找准江西省教辅出版存在的差距，提出具体措施，切实保障了广大中小学生的权益。结合出版物编校质量评比活动，编印5期《活动简报》和1期《江西出版物审读》，将每一次检查的结果及检查不合格的责任编辑名单通报给有关领导和各出版单位。

【全民阅读活动推荐优秀赣版图书】　4月22日，省新闻出版局联合省出版工作者协会、中文天地出版传媒股份有限公司在南昌启动"我最喜爱的赣版出版物"评选活动。活动的主题为"庆祝建党90周年，促进社会文明和谐"，整个活动持续到9月上旬。同时，全省各地市也推出了形式各异、内容丰富的读书活动。活动期间，经各家出版社推荐，专家精心遴选出100种优秀赣版出版物作为读书活动主题书，向广大读者推荐，内容涵盖社科、人文、文学、财经、少儿、科技等各个领域。全省各级新华书店在活动期间专门设立了读书专柜。

【开展教辅出版专项治理】　9～10月，开展中小学教辅材料出版专项治理行动。按照总署《关于进一步加强中小学教辅材料出版发行管理的通知》要求，及时召开会议，统一思想，研究制定贯彻措施和进一步加强教辅出版管理的实施方案。转发《新闻出版总署关于进一步加强中小学教辅材料出版发行管理的通知》。组织全省8家出版单位分管编辑业务工作的副社长和总编室主任召开专题会议，学习中央领导对加强中小学教辅材料出版发行管理的有关批示，传达新闻出版总署和省局有关加强教辅出版管理的通知精神，通报外省两家出版单位因违规出版被新闻出版总署处以重罚的情况，并对江西省下一步加强中小学教辅材料出版管理提出明确要求。专项治理采取出版社自查与省局检查相结合的方式进行，各出版社按照要求，对本社2010年以来教辅出版情况进行自查自纠，并将自查情况报局出版管理处。从各单位自查的情况来看，在出版环节尚未发现"买卖书号""一号多用"等明显违规问题，但在教辅图书的编校质量方面存在问题。出版管理处有重点地深入几个教辅出版规模相对较大的单位进行实地督查，及时发现问题，提出解决办法，帮助出版社尽快解决自身存在的问题。

【一批作品获第二届中国出版政府奖】　在第二届中国出版政府奖评选中，江西省一批出版物、出版单位、出版人物上榜。红星电子音像出版社《陶窑》获音像制品奖；江西人民出版社《中国人权建设60年》、二十一世纪出版社《弯弯》获图书奖提名奖；二十一世纪音像电子出版社《行知中国——三十集多媒体互动汉语中级教程》获音像制品、电子出版物奖提名奖；二十一世纪出版社张秋林获优秀出版人物奖。

（欧阳志荣　阙米秋）

科技与数字出版

【概　况】　截至2011年，全省有9

家互联网出版单位，数字出版总产值达41.55亿元。其中网络广告10.33亿元，网络游戏收入12.84亿元，手机出版（包括手机音乐、手机游戏、手机动漫游戏、手机阅读）收入15.82亿元，数字期刊收入3010万元，电子书收入7020万元，数字报（网络版）收入1.55亿元。在出版方面，截至2011年10月已出版电子书9473种，电子期刊20余种，数字报1.5万期，手机图书2000余种，手机报11种。

省新闻出版局把大力发展数字出版产业作为全省新闻出版行业调整产业结构、转变发展方式、引领未来发展、增强整体竞争力的战略选择，积极打造江西"出版资源数据库""新媒体数字出版""网络游戏动漫游戏""数码印刷工程"和"数字农家书屋"五大数字出版重大核心工程项目，扶持一批专、精、特、新的中小数字出版企业，走出有江西特色的数字出版发展道路。

【大江网研发"大江掌媒"客户端产品】 江西大江网依靠强大技术平台，由信息发布型向在线互动型升级改版，向电子服务平台领域渗透，是全省最大的无线增值业务供应商。2011年，在新媒体研发方面开发了"大江掌媒"等客户端产品，即将上线的"大江即时通""手机大江网"等基于移动互联网的客户端产品占领移动互联网新闻舆论阵地，方便用户随时随地获取即时信息。大江网提供了江西手机报、江西手机杂志等新媒体形式，全省手机用户累计达到60余万户。

【奇达公司数字出版发展良好】 奇达公司（运营中心）数字出版发展态势良好，通过中国移动阅读基地销售电子书获利180万元，产值超过400万元。2011年，奇达公司（运营中心）与中国电信、中国联通签署合作协议，计划上线600本手机图书；与国内两大网络商城——当当网、京东商城建立电子图书项目合作关系，向当当网提供500本图书，向京东商城提供1000本图书（含期刊），均在2012年1月上线销售。奇达公司（运营中心）还与海外电子图书代理公司取得联系，就合作事宜与其沟通，推动中文传媒数字出版"走出去"。截至12月，图书电子文档保存品种9949种，在数字图书馆渠道与方正Apabi、书生公司合作制作成的电子书在售3332种，在移动互联网渠道通过中国移动在售电子书689种。

（胡　涛　阙米秋）

版　权

【概　况】 2011年，全省各级版权行政部门深入贯彻落实《国家知识产权战略纲要》和《江西省版权工作"十二五"规划》，紧紧围绕"宣传、维权、服务、发展"的工作思路，以版权保护为手段，服务全省经济社会发展。在强化版权社会监管、扩大版权社会宣传、扶持版权产业发展、推动"走出去"战略、完善版权公共服务、加强版权队伍建设等方面扎实开展工作。

提高版权保护社会认知度。在"4·26世界知识产权日"宣传周活动期间，组织开展一系列版权保护主题宣传活动。省版权局与省政府新闻办公室联合在南昌举行"扫黄打非"暨版权保护新闻发布会，在红谷滩世纪广场举行打击侵权盗版集中销毁活动启动仪式。省版权局联合省教育厅，开展版权知识"进校园、进课堂、进头脑"三进活动，举办"版权宣传进高校"以及"江西省大学生版权保护宣传作品大奖赛"，重点加强在校大学生版权保护宣传教育，营造保护版权的良好社会风气。鹰潭市版权局组织了"保护知识产权，拒绝侵权盗版"图片展览、千人签名活动和电台直播宣传活动，设立社区咨询服务点；新余市版权局结合"新余图书交易博览会"开展宣传活动；吉安市版权局利用中国电信和中国移动媒体资源向全市广大手机用户发送"拒绝盗版，做诚信公民"的短信80多万条，呼唤全体市民加入正版生活，进一步提高版权知识的知晓率；上饶市版权局走上街头在市中心广场散发"绿书签"、版权宣传资料以及开展"拒绝盗版、做诚信公民"万人签名和相关企业维权走访等一系列宣传活动。2011年新华社、《中国新闻出版报》及《江西日报》、江西电视台、大江网等中央、省级主要新闻媒体、网站报道江西省版权保护专项行动及有关工作达26次。

严厉打击侵权盗版行为。积极部署开展"打击侵犯知识产权和制售假冒伪劣商品专项行动"。组织全省各级版权行政部门协同当地"扫黄打非"办公室、公安、工商、城管等部门，集中开展对图书、软件、音像制品市场的专项检查。重点整治辖区印刷复制企业，查堵侵权盗版制品源头。省版权局以查办大案要案为突破口，加大案件线索追查督办力度，严厉打击严重侵权盗版违法犯罪行为。据统计，全省各级版权部门共出动执法人员1.55万人次，检查出版物经营单位1.7万家次，取缔无证照游动摊点167个，查缴、销毁各类非法出版物12.4万件；共查办案件44起，其中重大案件3起，依法移送司法机关1起。省版权局版权管理处及1名个人分获"全国查处侵权盗版案件有功集体二等奖"和"有功个人二等奖"。

推进政府机关软件正版化。开展省、市、县级政府机关软件正版化专项检查和整改工作。省使用正版软件工作领导小组办公室牵头组织，开展省级政府部门自查、核查、督查工作，密切协调财政等有关部门，抓住关键环节，扎实推进工作。截至2月底，42个省直部门已全部完成软件使用情况自查清理工作。省级政府部门正版软件采购所需经费总额406.3万元，经省政府批准全部纳入2012年省级财政预算，由财政统一支付。在全省11个设区市中，新余市版权局积极推进市级政府机关软件正版化工作，由市财政落实专项经费89.9万元，统一招标采购办公软件、操作系统2598套，并组织上门安装，在全省率先完成市级政府机关软件正版化整改工作。

大力实施"走出去"战略。2011年，全省积极推进版权对外交流合作，引进版权142种，输出版权127种，比上年均有较大增长。《金瓶梅人物榜》《富春山居图》《阿香游中国》等一批图书版权输出到欧美等国家（地区），《腰门》《好好睡系列》获第十届输出版优秀图书奖。组织省内出版社参加北京国际图书博览会，在美国、澳大利亚举办"江西出版文化周""澳大利亚江西图书展销会"活动，参加法兰克福书展、伦敦书展等国际书展，全面扩大江西版权对外交流与合作。11

月，举办全省首次新闻出版暨版权“走出去”工作会议，邀请国内有关专家举办讲座，对中国版权走出去的形势和任务进行全面分析，对版权贸易实务进行专题研讨，对江西省“十二五”版权“走出去”工作进行全面部署。省版权局与省政府有关厅局联合下发《关于贯彻落实〈商务部等十部门关于进一步推进国家文化出口重点企业和项目目录相关工作的指导意见〉的实施意见》，依托政策扶持，结合实际工作，努力推动江西更多的版权产品走向国际市场。

【全省版权产业快速发展】　全年全省作品登记3255件，同比增长60%。为加快和促进版权产业的发展，省版权局在深入调查研究的基础上，研究制定《江西省版权战略》和《江西省版权工作“十二五”规划》，对江西版权工作及版权相关产业发展提出纲领性的指导和目标。省版权局与景德镇市局积极推进景德镇陶瓷产业版权保护试点，推动全省地方特色版权产业经济发展。省版权局制定印发了《江西省版权保护示范单位、园区（基地）管理办法（试行）》，以创建版权保护示范单位、园区（基地）为抓手，积极探索版权保护更好贴近经济发展，更有效服务经济发展的路子。在2011年第四届“中国版权产业奖”评选中，获“2011年中国版权产业新锐人物奖”“2011年中国版权产业新锐企业奖”“2011年中国版权年会优秀组织奖”3项奖项。

（万　静　阙米秋）

印　刷

【概　况】　2011年底，全省有印刷企业1733家，其中出版物印刷企业119家，外资企业26家，包装装潢印刷品企业471家，其他印刷品印刷企业1101家，专项印刷企业16家。全行业固定从业人员5.42万人。

2011年，全省印刷工业总产值约165.44亿元，同比增长49.2%。其中：出版物印刷24.77亿元，占15%；包装装潢印刷89.98亿元，占54.4%；其他印刷品印刷49.63亿元，占30%；排版、装订等专项印刷1.05亿元，占0.6%。资产总额174.4亿元，同比增长80%。工业增加值41亿元，工业总产出128亿元，对外加工24亿元。全省印刷业销售收入总额150.48亿元，营业税金及附加6.49亿元，利润总额21.52亿元。

【产业集中度提高】　省新闻出版局高度重视印刷产业园区（基地）建设，把全省产业园区建设作为拉动新闻出版业可持续发展的平台和抓手，多次召开专门会议，调度各设区市印刷产业园区（基地）建设，重点强调支持南昌、宜春、赣州、九江等地建设印刷工业园。赣州、宜春上高印刷工业园已整体划拨土地，并吸引了一大批印刷企业入驻，九江共青城项目正在积极筹建。2011年，全省印刷工业总产值超5千万元的企业有47家，较上年增加19家；超亿元印刷企业有22家；超7亿元印刷企业有3家。产业集中度有所提高。

（李　琥　阙米秋）

发　行

【概　况】　全省出版物发行业继续保持稳定增长态势。年底，全省书报刊、音像电子出版物发行网点4154个，发行从业人员1.67万人。其中：图书发行网点1740个；报刊发行网点1221个；音像电子制品发行网点1193个。全省出版物批发单位171家，新增批发企业2家，自行退出批发企业6家。其中，书刊批发（二级）市场一个，经营户86家，从业人员619人；场外出版物批发企业85家，从业人员5164人；国有新华书店网点103家，从业人员4500人。2011年全省实现销售收入96.9亿元。省新闻出版局结合江西实际，组织实施全省出版物发行单位年检登记工作。全省发行企业1740家，全部参加年度核验工作，通过核验1703家，缓期登记19家，注销登记资格18家。

省新闻出版局组织新华书店、民营企业等出版物发行企业从业人员学习政策法规，提高发行企业经营者素质。7月，举办1期全省出版物中级发行员从业资格培训班，参加人员近300人。11月，举办高级发行员培训班，参加人员50多人。组织首期非公有制文化企业策划与编辑培训班，培训对象为非公有制文化企业中从事出版策划、编辑、营销等有关人员，共有40余人参加培训。此类培训在全省属首创，是对民营企业的一次服务创新。

【参加2011年北京图书订货会】　组团参加2011年1月北京图书订货会。江西省此次参加订货会的有7家图书出版社、1家电子音像出版社，共有订货展台20个。参加本次订货会专业出版社的代表近80人。本届图书订货会江西省共推出本版图书3224余种，其中新版图书近612种，电子音像出版物300余种，总订货码洋7242万元，比上届增加600万元。与往届相比，本届图书订货会呈现出转企后出版社参展规模加大、民营参展踊跃、信息交流功能增强、数字出版高速发展初露端倪等特点。

【参加第二十一届全国图书交易博览会】　5月，省新闻出版局组织由各参展单位、新华书店等出版、发行单位共150余名代表组成的江西代表团参加在哈尔滨举办的全国第二十一届图书交易博览会。全省参展出版单位有29家，其中图书出版社7家，电子音像出版社5家、期刊社17家；参展出版物共2430余种，其中新出版的优秀图书810余种，电子音像出版物180种，期刊20余种。全省参展摊位20个，其中图书展位16个，期刊展位3个，音像电子展位1个。据统计，展会期间江西省出版物订货总码洋约7043万元。

【举办第八届民营书业发展论坛】　4月15～16日，由中国新闻出版研究院、江西省新闻出版局联合举办，江西金太阳教育集团承办的第八届中国民营书业发展论坛在南昌举行，来自全国各省新闻出版局、出版社、民营书业企业、非公有出版工作室等方面的代表300余人参加论坛。本届论坛以“新形势、新机遇、新选择、新发展”为主题，学习全国新闻出版工作会议精神，分析民营书业面临的形势，研究民营书业可持续发展，总结民营书业成败得失，探讨民营书业与新闻出版业共同实现新崛起的措施。

【举行2011年江西民营书业年会】 12月26～27日，2011年江西省民营书业年会在南昌举行。全省340余家民营出版物批发及零售企业负责人到会，其中260多家零售书店第一次参加此类会议。年会以学习、贯彻党的十七届六中全会精神为指针，组织民营出版物批发企业与零售书店开展交流和互动，帮助民营出版物零售书店分析当前出版物市场发展趋势，探讨寻求新形势下的发展对策，并通过表彰，总结推广"诚信书店"的经验，研讨和规划未来全省民营书业发展，激励民营书业企业承担更多的社会责任，创新发展思路，拓宽经营空间。

【举办江西省第五届发行论坛】 为更好地交流探讨新形势下的发行工作，进一步创新发行工作思路，8月29日，江西省第五届发行论坛在江西人民出版社举行。来自全省图书电子音像出版社的出版发行人员和民营书业企业等单位代表60余人参加论坛。此届论坛针对在数字出版等新技术新媒体迅猛发展形势下发行行业遇到的新问题新情况，进行深入探讨，寻求应对的思路和对策，对提高发行工作成效，起到促进作用。

（刘 斌 阙来秋）

出版物市场监管

【概 况】 2011年，按照全国统一部署，先后组织开展打击侵犯知识产权和制售假冒伪劣商品、打击盗版工具书、查堵违禁出版物、清理整治红色旅游景区及周边出版物市场、打击互联网和手机媒体传播淫秽色情信息、整治非法报刊等专项行动，旅游景区"扫黄打非"示范区建设等各项工作都取得显著成效。据统计，全省出动执法人员5.11万人次，检查出版物经营单位5.05万家次，取缔无证照游动摊点1094个，查缴各类非法出版物41.1万件，其中违禁出版物9902件、淫秽色情出版物1.01万件、盗版音像制品16.6万件、盗版软件及电子出版物7359件、非法宗教宣传品835件、盗版教材教辅读物10.7万件、非法书报刊1.25万件；查处"扫黄打非"案件60起，受到刑事处罚9人。

省委、省政府把"扫黄打非"作为关系党和国家工作大局的重大政治任务，摆在重要位置。2011年，省委书记苏荣，省委常委、省委宣传部部长刘上洋，副省长孙刚分别对全省"扫黄打非"工作作出重要批示10余条。全省第二十四次"扫黄打非"工作电视电话会议上，副省长、省"扫黄打非"工作领导小组第一副组长孙刚作重要讲话，会上对2010年"扫黄打非"工作中涌现出的22个先进集体、40位先进个人进行表彰。

联防协作封堵查缴违禁出版物，适应新形势工作需要。江西省毗邻广东、福建等沿海省份，是违禁非法出版物进入内陆的主要渠道，作为全国"扫黄打非·南岭"工程的成员单位，江西省认真贯彻落实全国"扫黄打非"办关于联防协作工程的各项部署，各级"扫黄打非"工作机构在"扫黄打非·南岭"工程的组织框架下，发挥综合、协调、指导、督办四大职能，构筑起封堵违禁非法出版物的工作运行机制。2011年，"扫黄打非"成员单位南昌海关先后封堵查缴携带入境的违禁出版物40个品种60余册(碟)。

扫除网络淫秽色情等文化垃圾，净化社会文化环境。省"扫黄打非"办专题部署打击淫秽色情出版物和有害信息专项行动，在进一步巩固2010年开展的打击互联网和手机媒体传播淫秽色情信息专项行动成果的基础上，针对新情况、新问题、新发现，以扫除淫秽色情等文化垃圾特别是打击淫秽色情光盘为工作重点，以中心城市为重点区域，组织开展重大专项行动，抓源头、打基础、切断利益链条，动员各方面力量参与，严厉查办大案要案，在解决重点难点、健全工作机制上取得重要突破，网络文化环境明显改观。全年删除、屏蔽有害网络信息1000余条，关闭非法网站20余家。

有效遏制各类侵权盗版行为，切实保护知识产权。"4·26"世界知识产权保护周期间，省"扫黄打非"办联合省新闻出版局、省版权局、省人民政府新闻办公室召开全省"扫黄打非"暨版权保护新闻发布会。并在次日举行的销毁活动中，集中销毁侵权盗版及非法出版物42.7万件，其中盗版及非法音像制品16.8万件，盗版软件及非法电子出版物4.2万件，盗版及非法书报刊21.7万件。在打击侵犯知识产权和制售假冒伪劣商品专项行动及打击盗版工具书专项行动期间，全省查办了"鄱阳县全友百货公司发行侵权盗版教辅案""弋阳黄金书屋发行盗版教辅案""北京牧野春晖科技有限公司发行非法教材教辅案"等案件。

【建设旅游景区"扫黄打非"示范区】 年初，省"扫黄打非"办组织召开全省旅游景区"扫黄打非"工作示范区建设座谈会，明确旅游景区"扫黄打非"工作的总体目标是：充分运用科技手段，规范重点旅游景区和重点旅游城市的出版物市场秩序，繁荣旅游景区文化市场，促进全省旅游业健康发展。努力做到"三无""四有"。"三无"是：重点景区无经销非法出版物的地摊、无经销侵权盗版制品的游商、无经营淫秽色情和违禁出版物等违法违规行为。"四有"是：重点景区有机构、有队伍、有经费、有手段。在原有30个成员单位的基础上，增加省旅游局为省"扫黄打非"工作领导小组成员单位，进一步整合力量，理顺关系。8月16日，召开全省旅游景区"扫黄打非"示范区建设工作会议，省委常委、省委宣传部部长、省"扫黄打非"工作领导小组组长刘上洋强调，各地各部门要通过建立部门协同机制、文化综合执法机制和管理创新机制，建立健全纵向贯通、横向融合、互联互通、资源共享的"扫黄打非"工作机制。努力实现旅游景区"扫黄打非"示范区建设取得重大突破。

【加大挂牌督办重点案件查办力度】 围绕重点工作任务，积极会同有关部门，严格落实对重点行业、重点部位和互联网的监管措施，广辟线索来源，深挖幕后团伙，加大对全国挂牌督办重点案件的查办力度，始终保持对涉黄涉非违法犯罪活动的高压态势。一是查办南昌"9·01"涉台人员侵犯著作权。年初，这起案件被列为全国"扫黄打非"办等五部门挂牌督办的重点案件，省领导高度重视，省“扫黄打非”办积极协调，司法机关抽调精干警力加快对案件的取证和移送起诉工作，依法进行判决。案件于1月18日经南昌市中级人民法院作出一审判决：被告人林某以侵犯著作权罪，判处有期徒刑3年，缓刑3年，并处罚金6万元。二是查办上饶“6·24”侵犯著作权案。犯罪嫌疑人自2008年底开始，从成都市购进盗版软件在网上进行销售，销售区域涉及四川、河北等多个省份，仅2011年以来销售盗版软件400余套。为彻查此案，深挖源头，省“扫黄打非”办积极协调、督办。7月9日，在省公安厅的具体协调指导，以及四川警方的大力支持配合下，专案组在成都将犯罪嫌疑人的上线成功抓获，并已押回上饶追究刑事责任。

（杨　旭　阙米秋）

广播电影电视

【概　况】　2011年，江西省有省、市两级广播电台8座，电视台8座，设区市广播电视台4座，县级广播电视台81座。全年办有公共广播节目108套，播出时间35.18万小时，制作广播节目18.65万小时；办有公共电视节目120套，播出时间63.26万小时，制作电视节目8.63万小时。广播综合人口覆盖率97.06%，电视综合人口覆盖率98.18%。全省电视发射台和转播台297座，发射功率418.17千瓦。有线广播电视传输网络干线总长8.22万千米，有线广播电视用户489.7万户。全省广播电视从业人员2.03万人。全省广播电视总收入34.29亿元，其中事业收入18.18亿元，企业单位收入16.11亿元。全省广播电视实际创收29.62亿元，其中广告收入14.04亿元，收视费收入7.45亿元，付费数字电视收入0.94亿元，其他网络收入2.69亿元，其他创收4.5亿元。省本级经营收入22.7亿元。

把握导向，完成各项宣传报道任务。全省各级广电媒体精心组织庆祝中国共产党成立90周年宣传，开辟专栏，拍摄专题，开展特色活动，推出红色经典影视剧、广播剧等，多角度、全方位反映中国共产党90年的丰功伟绩、光辉历程。抓好十七届五中、六中全会、江西省第十三次党代会、江西省委十二届十四次全会、全国全省“两会”等会议宣传，做到主题鲜明，解读深入。全面做好“科学发展、进位赶超、绿色崛起”主题教育活动、发展提升年活动、创先争优活动宣传。经济社会发展成就宣传亮点突出。着眼于“十二五”开局之年各级广电媒体重点报道加快农业现代化、新型工业化和城镇化，推进重点项目、民生工程建设等重点工作的新举措、新亮点；突出宣传鄱阳湖生态经济区上升为国家战略以来取得的新进展、新成效；集中推出一批加快发展、加大转变经济发展方式的新典型。全面反映全省主要经济指标增速高于全国平均水平的良好态势，营造出聚精会神搞建设、一心一意谋发展的良好环境。针对2011年全省出现的旱涝急转情况，广电媒体准确把握、积极宣传，较好地发挥了舆论的正面引导作用。省委书记苏荣对江西电视台的抗洪救灾报道作出批示，充分肯定报道体现了主流媒体价值。及时做好突发事件的宣传，有效引导舆论，维护社会稳定。对外宣传江西力度增强。2011年，江西新闻上中央人民广播电台主要新闻节目337条，其中录音头条15条，列全国前10位。江西新闻上中央电视台《新闻联播》228条，其中，头条10条，上提要62条，列全国前5位。为中国国际台《中国之窗》节目供稿优稿率达100%，列全国第2位。江西卫视覆盖人口达7.54亿，比2010年同期增长3000万，在全国35城市网收视排名第八位。

打造品牌，精品生产取得新突破。全省各级广电媒体精心培育一批有影响的频率频道、节目栏目和社会活动。江西电视台推出《金牌调解》节目，在全国首创让人民调解工作直接走上荧屏的社会管理新模式，成功调解矛盾纠纷200多起，得到多位省、部领导肯定。江西电视台公共频道用爱心打造“红五套”品牌，开展一系列有影响的社会活动，省委宣传部主要领导作出批示予以肯定，省直20多家媒体集中报道。其他广电媒体推出的《新闻110》《九点一刻》《今日播报》《特别关注》等节目进一步创新内容和形式，节目影响力稳步提升。“中国红歌会”连续第六年举办，吸引10多万红歌爱好者直接参与，收视影响不断扩大。各级广电部门推出的高考爱心车队、爱行2011、便民服务进社区、“为城运加油 为城运助跑”万人长跑等活动，社会反响热烈。一批优秀新闻作品在全国和全省获奖，受到一致好评。影视剧、电视动画片的创作生产取得新突破。拍摄完成电视剧6部；完成电视动画片5部208集2730分钟，产量跃居全国第十六位，其中，电视动画片《笛卡特警队》实现江西自主生产原创电视动画片零的突破；拍摄完成电影10部，出品或参与拍摄的5部故事片入选广电总局推荐优秀影片目录。

抓落实，安全播出工作保障有力。全省广电系统认真贯彻落实总局62号令及相关实施细则，进一步落实工作责任，完善技术手段，开展技术比武，强化监督检查，有效提高安全播出保障能力，确保元旦、春节、全国全省“两会”、建党90周年、“十一”、七城会、江西省第十三次党代会等重要保障期的安全播出，圆满完成广播电视安全播出保障任务。

完善服务体系，民生工程扎实推进。积极推进“村村通”工程。完成“十一五”“村村通”工程检查验收工作，进一步巩固“村村通”成果；各地结合实际进行广播“村村响”建设，其中宜春市70%的行政村实现广播“村村响”。大力实施电影放映工程。全省农村公益放映电影27万多场次，超额完成全年公益放映任务；全省城市影院总数达60家，银幕总数达205块，平均每月有3家影院开业，赣州、吉安市城区实现数字影院零的突破。全面推进有线电视数字化整体转换工作，全省75个市县（区）整转用户201万户，完成整转任务134%。

加大改革力度，发展活力不断增强。继续深化体制机制改革。江西电视剧制作有限公司改制步伐进一步加快，独立运作电视剧实现盈利。改制后的江西电影制片厂有限责任公司作为第一出品方完成6部数字电影的出品创作并获得利润，其中1部影片被广电总局推荐为优秀影片。网络整合工作力度加大，并购整合了一批企业网、集团网和农网。全省广播影视经营收入达31.26亿元,同比增长18.88%,其中省本级22.7亿元,同比增长20%。全省广电网络经营创收达11.08亿元,同比增长28.1%;全省城市影院票房达1.64亿元,同比增长51.2%。举办中国中部汽车文化节、城市形象大使评选、烂漫第一季等活动,进一步拓宽经营创收渠道。

强化行政管理,行业秩序得到规范。全省广电系统以发展提升年为契机,加大管理力度,提升管理质量和水平。继续强化收听收看工作,净化声频荧屏,省局收听收看工作连续4次受到广电总局表彰;加强对播出机构、节目制作经营机构和广告播出的管理,江西卫视连续5年广告零违法,受到国家有关部门表扬;强化对网络新媒体、卫星地面接收设施、电影放映活动等的监管,进一步规范广电行业秩序。

加强作风建设,队伍建设呈现新面貌。积极开展"三项学习教育""走转改"活动,深入推进创先争优、学习型党组织建设、发展提升年等活动,扎实开展反腐倡廉工作,进一步强化队伍职业道德和作风建设。制定人才发展工作意见,加大人才培训培养力度,涌现出一批先进集体和个人,有力促进广播影视事业加快发展。

【"金牌调解"和江西五套入选2011年江西省宣传思想文化工作十大有影响活动】 3月21日,江西卫视在黄金时段推出新栏目"金牌调解"。"金牌调解"是一档以调解为主线,以创造人与人之间的关系和谐为目标的电视栏目。每期节目邀请一对(或多个)有矛盾的当事人进入演播室,主持人和人民调解员现场为当事人排忧解难。栏目开播以来,收视率一直保持较高走势,与2010年同时段相比,收视千人数、收视率、市场份额均增长30%以上。省委常委、省委宣传部部长刘上洋对江西电视台公共频道作出肯定性批示。5月,省委宣传部组织省直各媒体进行集中报道。同月11日,《江西日报》在头版头条位置刊登长篇通讯《责任与爱心——记"中国电视传媒十大创新品牌"江西五套》。省电台和省电视台分别在主要新闻栏目中头条播出《用"爱心"铸就的"红"五套》和《"红五套"的品牌塑造之路》。《信息日报》《江南都市报》《新法制报》《江西晨报》《经济晚报》《江西广播电视报》等在头版作通栏醒目导读,在显要位置报道江西五套用爱传递新闻温度的事迹。大江网、今视网、中国江西网、江西文明网等网络媒体在网站首页的醒目位置刊发标题导读,形成较强的舆论聚焦。江西卫视新栏目"金牌调解"受到观众好评,江西五套综合业绩位居全国公共频道第一名,共同入选2011年江西省宣传思想文化工作十大有影响的活动。

【启动《党员大讲堂——党旗下的报告》主题活动】 4月24日,由省委组织部、省电视台主办的《党员大讲堂——党旗下的报告》大型主题活动在南昌正式启动。中共中央党史研究室副主任,著名党史研究专家章百家首开演讲,为400多名党员干部作了一场生动的党史报告。《党旗下的报告》大型主题活动是省电视台庆祝中国共产党成立90周年、打造电视文化品牌的重要活动。活动共设6场高端报告会,内容涵盖党史、经济、军事、科技、外交、文化6大领域。省电视台把6场报告会精编成6期电视节目,在江西卫视黄金时段连续播出。

【举行"爱在党旗下 红动中国心"系列活动】 "爱在党旗下 红动中国心"大型系列活动由省委宣传部、省文明办、省国资委、省广电局主办,省电台、省残联、省邮政公司和省残疾人福利基金会承办。活动分"传颂红色祝福"百万千群书写红色祝福卡活动、"爱在党旗下"同走红色道路活动和"红动中国心"善行天下人物评选活动等三大内容。活动自5月6日启动以来,红色祝福卡的发行已超过100万枚,60名善行天下人物候选人的感人事迹每天都在媒体刊播。6月3日,"爱在党旗下 红动中国心"大型系列活动组委会在南昌举行"同走红色道路"活动授旗出发仪式。9名残疾人代表和9名爱心志愿者代表成为"同走红色道路"的队员,他们从南昌出发,途径上海、遵义、延安、西柏坡、北京这5个中国共产党历史上的重要节点地,积极传承"红色精神"。省委宣传部常务副部长陈东有代表活动组委会讲话,省广电局党委书记、局长黄晔明主持出发仪式。活动主办单位和承办单位领导、同走红色道路队员、社会各界群众、学生和媒体记者共300多人参加授旗出发仪式。

【江西电视台数字电视节目制作中心落户南昌青山湖区】 11月13日,省电视台与南昌市青山湖区举行江西电视台数字电视节目制作中心项目签字仪式。省委宣传部部长刘上洋出席仪式并讲话。南昌市市长陈俊卿,省广电局局长黄晔明,南昌市委常委、青山湖区委书记李小豹,省广电局副局长、省电视台台长杨玲玲出席。江西电视台数字节目制作中心项目被列入省重点项目,占地16.67公顷,计划投资12亿元。

【举行2011年"中国红歌会"】 5月,2011年"中国红歌会"全面启动。此次红歌会有四方面创新:一是首次开设手机报名通道,参赛选手可以通过登录手机凤凰网报名。此外,节目组延续使用网络赛区的同时,增设微博报名环节。二是唱区设置无盲区,进一步扩大红歌覆盖面。红歌会除开设十几个唱区外,还设立若干赛点。海外唱区设澳大利亚、新西兰和英国3个赛点。红歌会深入到各省、市、县挖掘选手,尽可能消除海选盲区。三是增设草根评审团,在原有专家评审的基础上,在全国范围内以网络、电话报名的方式广泛征集红歌草根评审团。四是首度走出演播厅,走进体育馆,营造出媲美大型演唱会的现场气氛。8月28日,江西卫视2011年中国红歌会冠军赛在南昌上演,省委常委、省委宣传部部长刘上洋观看比赛并为冠军颁奖。

(胡小玲)

医疗卫生

本栏编辑　朱岳

综　述

2011年，全省有各级各类医疗卫生机构（不包括村卫生室）7121个，各类医疗卫生机构床位总数为13.65万张，每千人口床位数3.04张。全省卫生人员总数24.47万人，其中卫生技术人员16.61万人，每千人口执业（助理）医师1.4人，注册护士1.44人。

*新型农村合作医疗制度进一步完善。*全省参合农民3238.76万人，参合率达97.81%。新农合人均筹资标准达240元，政策范围内住院费用报销比例达70%。在全省普遍开展新农合门诊统筹，在51个县（市、区）开展新农合支付方式改革。完善新农合“直补”政策，全省参合农民一次性报账率达95.36%。

*国家基本药物制度实现基层全覆盖。*全省乡镇卫生院和政府举办的社区卫生服务机构全面实施基本药物制度，基层门急诊人次和住院人次比上年度分别增长11.71%、9.65%，门急诊次均费用和住院次均费用分别下降22.38%、25.31%。将全省行政村卫生室纳入国家基本药物制度实施范围。实行基本药物集中采购，2011年度招标采购价比国家发改委零售指导价下降60.99%。启动省级基本药物目录增补工作，增补226种药品。

*基层医疗卫生服务体系进一步健全。*开展基层医疗卫生机构综合改革，完成乡镇卫生院岗位设置和全员竞聘上岗，实行基层医疗卫生机构绩效工资制度。探索转变社区卫生服务模式，赣州章贡区实行以“全科医师团队式服务”为特点的家庭医生服务试点。全省为乡镇卫生院免费定向招录培养医学生858名、招聘执业医师90名。在全省81个乡镇卫生院启动公有周转房试点工作。

基本公共卫生服务均等化加快推进。“光明·微笑”工程长效推进，累计完成白内障患者免费手术18.1万例、唇腭裂患者免费手术8119例。儿童两病免费救治工作在全省全面推开，共收治白血病患儿363例、先天性心脏病患儿4061例，被评为“2011年度全国十大最具影响力的医改新举措”之一。在全国率先开展全省尿毒症免费血透救治工作。人均基本公共卫生服务经费由15元提高到25元，基本公共卫生服务范围由9项扩大至11项。

*公立医院改革试点进一步提速。*4所公立医院取消药品加成改革试点稳步实施，累计让利患者4300万元。萍乡市公立医院改革试点、12所县级医院综合改革试点稳妥推进。在公立医院全面推行十大医疗服务便民惠民措施，群众看病就医体验得到改善。开展基层远程会诊系统建设，3所省级医院和27所县级医院实现远程对接。优质护理服务示范工程、临床路径管理广泛开展。

*卫生服务能力建设工程成效明显。*启动实施新一轮卫生服务能力建设工程，全年下达专项资金8.97亿元，支持215个卫生项目。公共卫生服务基础不断夯实。加强疾控、血防和妇幼保健等公共卫生机构人员培训。加快推进市级卫生应急指挥平台建设，加强卫生应急队伍建设管理。启动县级妇幼保健机构能力建设项目，推动“母婴安全乡卫生院”创建。农村卫生服务能力不断增强。14个县被评为第四轮“全省农村卫生工作先进县”，为全省1.69万个行政村卫生室装备电脑和打印机，建设全省农村居民健康档案信息管理系统。社区卫生服务水平不断提升。开展社区卫生服务机构星级评定活动，以社区卫生夜校为载体，加强社区卫生管理和适宜技术培训。城市医疗服务能力不断提高。推进省属医疗机构新区建设。启动县医院能力建设项目，重点加强93所县医院血液透析、重症监护等科室建设。全省4个专科人选国家临床重点建设专科。卫生监督执法体系不断完善。实施县级卫生监督房屋建设项目，97所县级卫生监督机构纳入投资建设计划。

*公共卫生取得明显成效。*手足口病、霍乱等突发急性传染病得到有效防控，南昌等地完成“七城会”“泛珠会”等重大活动医疗卫生保障任务。艾滋病、结核病、疟疾、慢病防治工作有效开展，扩大国家免疫规划疫苗接种，以乡为单位接种率达90%以上。实施以传染源控制为主的综合防治策略，鄱阳湖南岸片血防示范区建设进展顺利。开展爱国卫生运动，农村改厕和饮用水水质卫生监测项目全面完成。

医疗服务质量持续改善。“三好一满意”“医疗质量万里行”、抗菌药物临床应用专项整治、民营医院“规范化服务”等活动深入开展，医疗服务质量和水平进一步提高。医患纠纷调处机制进一步完善，成立南昌地区医患纠纷调处中心，全国医患纠纷调处工作经验交流会在景德镇市召开。

*中医中药事业发展步伐加快。*全力推动中医医院管理年活动，中医预

防保健服务能力大幅提升。开展农村和社区中医先进单位创建活动,5个农村中医工作先进县通过国家验收。推进国家重点中医专科建设项目,17个"十一五"重点专科(专病)建设项目完成。

卫生人才和科技教育成效显著。加强高层次卫生人才培养和引进,选拔112名全省卫生系统学术和技术带头人培养对象。以全科医学教育培训和住院医师规范化培训为重点,全年培训卫生人员10万余人。加强医学领先学科建设和卫生科技创新,新增江西省医学领先学科3个,17个项目获得省政府科技奖励。

卫生监督执法和食品药品监管力度加大。全面开展食品安全整治和综合治理,牵头组织打击非法添加剂和滥用食品添加剂、清查"瘦肉精"和"地沟油"等专项行动,有力规范食品生产经营秩序。监督检查食品生产经营单位23.9万家,查处案件3680件。职业卫生、放射卫生、学校卫生、饮用水卫生和传染病防治监督进一步加强。实施餐饮服务食品安全"十百千"示范工程,开展药品安全专项整治,查处药品案件1.06万件,整治违法广告5693条。强化基本药物质量监管,生产基本药物抽验合格率和基本药物生产经营企业入网上传率均达100%。抚州市、吉安市独立设置了药品不良反应监测机构。

卫生政风行风建设得到加强。开展"全省卫生系统发展提升年"活动,推进卫生行风建设,省卫生厅被省委、省政府授予"全省发展提升年活动先进单位"称号。加强反腐倡廉警示教育,增强党员干部职工廉洁自律意识。紧抓"教育、自纠、规范、查处"四个关键环节,开展医药购销和医疗服务突出问题专项治理工作,38个医疗卫生单位被省政府纠风办授予"全省卫生系统行风建设先进单位"。

其他各项工作有序开展。规划财务工作取得新成效,组织编制全省"十二五"卫生事业发展规划、区域卫生规划,制定《江西省省直医疗机构建设发展若干意见》。医改监测、卫生统计和信息化建设项目实施,有效发挥卫生信息支撑和保障作用。卫生新闻宣传工作进一步加强,在江西电视台开播每周一期的《健康江西》栏目。组织开展2011年全省"我最喜爱的健康卫士"宣传活动。

(朱烈滨　马晓平)

医政工作

【概　况】　重大民生工程取得新突破。实施"光明·微笑"工程,累计完成18.1万例白内障、8119例唇腭裂免费手术,在卫生部、中国残联2011年"百万贫困白内障患者复明工程"项目工作会议上,江西就实施"光明·微笑"工程作大会发言。儿童"两病"免费救治深入开展,救治范围覆盖全省各地,累计免费收治白血病患儿363例、先天性心脏病患儿4061例,多次在国务院办公厅和卫生部召开的全国会议上作经验介绍,被评为"2011年度全国十大最具影响力的医改新举措"之一。启动尿毒症免费血透救治,12月15日起在全省全面实施,以省为单位对尿毒症患者实施免费血透救治属全国首创。

医疗服务质量持续改进。与开展"医疗质量万里行"、抗菌药物临床应用专项整治等活动相结合,开展"三好一满意"活动,医疗服务、医疗质量与医德医风各项指标均有不同程度的改善,药占比由活动前的49.8%降低到活动后的46%,抗菌药物使用金额占药品总收入的比例由活动前的31%降低到活动后的25.4%。加强临床重点专科建设和管理,新增国家临床重点建设专科4个,全省有6个临床专科建设挤进"国家队"。结合省政府重大民生工程的实施,推行小儿白血病、小儿先心病及血液透析临床路径管理。全省117家试点医院,确定的22个试点专业136个病种进入路径的患者数为1.77万名,完成路径的患者数为1.53万名。全省开展优质护理服务的医院231所,病房1012个,联系医院57家,分别增加59.3%、102%、119%。制定实施《江西省优质护理服务示范医院评价标准》,对全省医院优质护理服务工作进行阶段性评价,评选出9个先进单位、36个先进病房和76名先进个人。全省获得卫生部优质护理服务优秀病房5个、优秀个人10名。制订下发《2011~2015年全省采供血机构设置规划》,进一步优化采供血资源配置,加强采供血机构网络建设,对全省12所血站、10所浆站的质量体系运行情况进行全面督导检查,全省无偿献血33.01万人次,献血114.72吨。

医疗服务要素监管进一步加强。编制《江西省医疗机构设置规划(2010~2015年)》,设置审批12家医疗机构。规范医疗机构校验工作,强化日常监管。开展全省医疗机构行政许可督查。重点加强对血液透析、心血管疾病介入治疗、妇科内镜诊疗等技术的临床应用管理。开展临床基因扩增检验实验室准入管理。规范医护人员准入管理,完成2.73万人的医师考试资格审核,注册审批执业医师1.95万名、护士1.59万名,注销注册484人,完善医师执业注册数据库。新组建病案管理、急诊医学、康复、重症医学、健康管理(体检)、药事管理和传染性疾病质量控制中心。

医疗救治保障工作成效显著。完成"第七届泛珠会"、第二届世界低碳与生态经济大会暨技术博览会、第七届城市运动会和第四届中国绿色食品博览会等重大活动的医疗保障任务。省卫生厅、南昌市卫生局被省委、省政府评为"七城会"和"第七届泛珠会"先进单位。进一步完善手足口病诊疗技术规范及转会诊制度,建立健全手足口病分级医疗及对口支援工作机制,累计接诊手足口病例3.1万例,成功救治重症患者542例。开展全省1000余例的艾滋病病毒载量、CD4监测及600名服药病人的耐药监测工作,对基层260名医务人员进行艾滋病抗病毒治疗相关知识培训。完成全省11个设区市5.9万名男兵和600名女兵的征兵体检任务。

【药品集中招标采购取得新进展】 2011年,全省实施"双信封"招标制度,增加国家专利、国家奖项等药品的评分权重,注重对企业规模、市场信誉及药品质量抽验等指标的综合评审,保证药品质量。合理编制招标目录,严格执行"一品二规格三剂型"制度,规范临床用药行为。在确保质量的前提下,最大限度降低采购成本。探索药品"带量采购、量价挂钩"新路子,根据医疗机构需求规范集中采购目录，逐步明确药品采购数量，划分3个质量层次实行单一货源承诺，采取综合评价法确定每个品规的中标企业，对单一来源品种采取单独议价。药品中标价格比国家发改委零售指导价平均下降60.99%，比上年中标价平均下降37.83%，比国家发改委公布的全国基层平均采购价平均下降20.40%。自推行以省为单位的药品集中招标采购以来，全省医疗机构网上药品集中采购总金额为207.13亿元，让利群众89.92亿元；全年网上药品集中采购总金额为85.03亿元，让利群众36.93亿元。

（张 鹰）

农村与妇幼卫生

【概 况】 全省有乡（镇）卫生院1621所，其中中心卫生院491所、一般卫生院1130所，床位3.53万张，卫生技术人员3.79万人，其中执业（助理）医师1.47万人、注册护士1.1万人。有村卫生室（所）3.2万所，乡村医生5.15万人。全省有各级妇幼保健机构114所，其中三级妇幼保健院8所、二级妇幼保健机构68所。全省住院分娩率达99.5%，孕产妇死亡率13.93/10万，婴儿死亡率和5岁以下儿童死亡率分别为10.1‰和16.9‰。

推进新农合制度建设。全省有农业人口的96个县（市、区）全部开展新农合工作，参合农民3238.76万人，参合率97.81%。全省新农合基金总额93.72亿元，累计补助参合农民2477.68万人次，补助资金68.66亿万元，实际住院补偿比54.38%，全省新农合政策范围内住院费用报销比例70.02%，统筹基金使用率91.55%，获得万元以上补偿的参合农民达5万余人。全省参合农民一次性报账率达95.36%，基本实现“在哪住院、在哪报销，当天住院、当天报销”。继白内障、唇腭裂、儿童先天性心脏病和白血病之后，将贫困尿毒症患者免费血透项目纳入补偿范围，新农合保障水平不断提升。全省共有51个统筹地区开展支付方式改革工作，提高了参合农民的受益面和受益水平。

实施第二轮卫生服务能力建设工程。全省乡镇卫生院开展口腔技术服务的211所，737所建有HIS系统，415所达到“农民满意乡镇卫生院”标准，845名卫生院院长由县级卫生行政部门公开竞聘，乡镇卫生院住院病历合格率达到93%，农村医疗卫生机构服务能力得到有效改善。按照政府统筹，多方筹资、整体规划，分步实施、产权公有，周转使用、标准适度，经济实用的原则，省财政安排2000万元补助资金，在全省81个乡镇卫生院建设公有周转房2000套，初步解决边远山区卫生院无房户的卫技人员住房问题。在县级财政年人均300~500元补助的基础上，省级财政对乡村医生公共卫生服务补助标准提高到每人每年补助1800元，全省已有5.45万名乡村医生获得补助，省级财政补助资金9802.26万元。中央财政安排专项资金7596万元，为全省1.69万个行政村卫生室配置电脑和打印机。全省农村居民健康档案累计建档1892.11万份，建档率为53.9%，其中电子健康档案1776.49万份，电子建档率50.6%。全省村卫生室输液管理率达72.06%，村卫生室的处方合格率为91.46%，实行乡村卫生服务一体化管理的行政村达3972个。

城市社区卫生服务体系进一步健全。健全社区卫生服务网络。全省社区卫生服务机构有583个（中心158个，站425个），公立社区卫生服务机构318个（中心137个，站181个），占54.5%。推进基本公共卫生服务逐步均等化。累计建立规范化居民健康档案605.4万份，建档率达67%。为居民提供511.7万人次价值9633.9万元的基本公共卫生服务。推进社区卫生服务综合改革。落实社区卫生机构和人员编制核定工作，推进人事制度改革，公开选拔中心主任54名、副主任49名，签订职工聘用合同4520人。政府举办的社区卫生服务机构全面实施国家基本药物制度，实行药品零差率销售。医疗服务呈现“两降两升”良好态势，其中门诊均次费用同比下降22.38%，住院均次费用下降25.31%；门急诊人次同比上升11.71%，住院人次同比上升9.65%。在赣州市章贡区探索全科医生服务模式改革试点工作，推行全科医生签约居民服务。加强社区卫生机构能力建设。为124个社区卫生服务中心、92个站配置彩色B超、电子阴道镜、台式电脑、酶标仪等5种设备1054台件。开展社区卫生人员培训，培训全科医师1066名、社区护士760名、全科医师骨干119名。开展争创活动，创建5个全国示范社区卫生服务中心，94个三星级社区卫生服务中心，106个三星级社区卫生服务站。

【妇幼安康工程成效显著】 2011年，省卫生厅以实施妇幼安康工程为总抓手，妇幼卫生工作做到“四个落实”。落实妇幼深化医改任务。全省补助农村孕产妇46.5万名，免费发放叶酸48.9万人，免费宫颈癌检查30.6万人。落实妇幼保健关键措施。组织开展降消项目专家驻县蹲点，举办全省助产技术、新生儿窒息复苏技术、婚前保健、孕妇学校等适宜技术培训，落实孕产妇死亡评审工作、推进危重孕产妇评审和新生儿死亡评审试点，降低孕产妇和新生儿死亡风险、母婴安全状况持续改善。落实出生缺陷防治措施。开展免费婚检试点、孕期妇女保健、产前遗传筛查、新生儿疾病筛查。试点县免费婚检率达83.7%，疾病检出率为19.3%，全省婚检率由2009年的5.12%上升到37%。落实妇幼卫生保障措施。开展县级产科急救中心、母婴安全乡卫生院、儿童保健门诊等规范化建设活动及妇幼保健机构评审，巩固了妇幼保健网络。利用中央妇幼卫生服务能力建设专项补助经费，为全省县级妇幼保健机构配置必要的医疗设备和房屋维修改造。2011年，省卫生厅被国务院妇儿工委授予“全国实施妇女儿童发展纲要先进集体”称号。通过绩效考核，10个县（市、区）被评为“全省妇幼安康工程先进县”。

（汪 海 奚 忠 刘玉珍）

疾病预防控制

【概 况】 2011年，全省共报告法定传染病发病17.94万例，死亡330人，报告发病率为402.63/10万，死亡率为0.74/10万。全省无甲类传染病发病、死亡报告。乙类传染病除传染性非典型肺炎、脊髓灰质炎、人感染高致病性禽流感、炭疽、白喉无发病、死亡病例报告外，其他共报告发病9.25万例，死亡299人。甲乙类传染病报告发病率为207.60/10万，死亡率为0.67/10万。报告发病数居前5位的病种依次为病毒性肝炎、肺结核、细菌性和阿米巴性痢疾、梅毒、淋病，占甲乙类传染病报告发病总数的98.22%，报告死亡数居前5位的病种依次为艾滋病、肺结核、狂犬病、病毒性肝炎和流行性出血热，占甲乙类传染病报告死亡总数的97.66%。丙类传染病中，除斑疹伤寒、黑热病、丝虫病无发病、死亡病例报告外，其他共报告发病8.69万例，死亡31人，报告发病率为195.03/10万，死亡率为0.07/10万。报告发病数居前5位的病种依次为手足口病、其他感染性腹泻病、流行性腮腺炎、流行性感冒和急性出血性结膜炎，占报告发病总数的98.68%。报告死亡数中，手足口病病例29人，其他感染性腹泻病2人。

与2010年相比，2011年甲乙类传染病中的自然疫源及虫媒传染病、血源及性传播传染病报告发病率分别上升26.88%、6.08%；肠道传染病、呼吸道传染病的报告发病率分别下降12.30%、6.53%。肠道传染病中，戊型肝炎、未分型肝炎发病率上升，甲型肝炎、细菌性和阿米巴性痢疾、伤寒和副伤寒发病率下降；呼吸道传染病中，猩红热、百日咳、流行性脑脊髓膜炎发病率上升，麻疹、甲型H1N1流感、肺结核发病率下降；自然疫源及虫媒传染病中，布鲁氏菌病、疟疾、流行性出血热、血吸虫病、钩端螺旋体病发病率上升，登革热发病率持平，流行性乙型脑炎、狂犬病发病率下降；血源及性传播传染病中，艾滋病、丙型肝炎、梅毒和乙型肝炎发病率上升，淋病发病率下降。

扩大国家免疫规划工作全面推进。建立省级财政为主的免疫规划经费保障机制。2011年，省、市、县三级财政共投入8953万元免疫规划工作专项经费。建立江西省冷链温度自动记录系统和儿童免疫规划信息管理平台。管理平台建设居全国前列，系统试运行稳定，自动温度记录系统属国内首创。全省100个县（市、区）的1815个接种单位中有1778个接种单位共上传儿童个案525万条，上传率达98%。全力做好脊灰疫情防控工作，完成南昌市、九江市、宜春市85.77万名儿童第一轮脊灰疫苗强化免疫活动。组织派遣4批11人次专家赴新疆支援当地脊灰防控工作。全省11种常规疫苗报告接种率达到95%以上。2011年，新增疫苗中流脑发病率从2007年的0.07/10万降至0.03/10万，乙脑从2007年的0.31/10万降至0.05/10万，甲肝从2007年的7/10万降至1.43/10万。

手足口病防控工作。2011年，江西手足口病流行特点是：疫情高峰出现迟、高峰时间长、非流行季节发病率高、以农村散居儿童为主。省卫生厅多次召开手足口病防治工作会议进行部署，并下发《关于进一步加强手足病等春季传染病防治工作的通知》等一系列文件，采取强有力措施加强手足口病疫情防控和患儿诊治工作。同时，加大宣传和培训力度，完成1.11万名乡级医务人员和定点医疗机构儿科医务人员手足口病防治知识培训，组织专家在《江西卫视新闻联播》《健康江西》《江西省政府在线访谈》等栏目宣传手足口病知识，发出健康短信10万条。及时调整防控工作策略，组织召开手足口病重症病例和死亡病例分析会，研究分析手足口病临床特点和病程规律，及时总结救治经验。

急性重点传染病防控工作。做灾害防控，加强受灾地区疫情的动态监测，对临川灾区派出专家防疫队3批次40多人，对灾区环境、饮用水源等进行全面预防性消毒灭菌，并对灾区群众进行27.05万针次钩体疫苗接种。全面加强霍乱防治。全省共检测外环境水样1.72万份，海水产品4.21万份，对检出51株霍乱弧菌的海水产品来源进行追踪，从源头上控制疫情。江西省已连续3年没有报告霍乱病人。进一步加强出血热防控。省卫生厅和南昌铁路局联合发文，共同监督和指导好铁路建设施工单位做好疾病预防控制工作，现场督导和指导出血热防控措施落实30余次，累计下发宣传单1.22万余份，为3290名铁路建筑工人接种出血热疫苗。在上高县、高安市的高发乡镇免费接种流行性出血热疫苗，累计完成接种29.85万人，接种率达91%，超过国家规定的70%的接种要求。进一步加强传染病疫情公示和信息报告工作。每月定期向社会公布全省法定传染病疫情数据。2011年，全省法定传染病网络报告率为99.39%、未及时率为0.03‰，传染病报告质量继续保持全国先进水平；全省甲乙类传染病报告发病率为207.06/10万，同比下降1.57%。

慢性非传染性疾病防治工作。扩大全民健康生活方式行动覆盖范围，共启动活动县（区、市）55个，创建示范社区/单位/食堂/餐厅60余个，在南昌县、乐平市和萍乡市湘东区开展“农民工健康关爱”活动。在南昌市东湖区、西湖区开展国家级慢性病综合防控示范区创建与申报工作；在武宁县开展食管癌/贲门癌早诊早治项目；继续开展肿瘤随访登记项目，扩大登记网点，提高登记质量；在赣州市章贡区、龙南县，宜春市上高县，南昌市东湖区和九江市武宁县完成慢病监测项目工作。组织实施联合国儿基会儿童伤害干预项目，开展江西省伤害致残儿童追踪调查工作，继续开展崇仁县儿童伤害干预试点项目；完成全省儿童8万颗牙的窝沟封闭任务。同时继续实施中国烟草控制流行病学、监测和干预能力建设项目，成功倡导江西省“无烟两会”和召开全面无烟环境立法高层研讨会。南昌市东湖区通过国家级慢病综合防控示范区标准验收工作。

血吸虫病综合防治。开展鄱阳湖南岸片血吸虫病综合防治示范区建设，在湖沼型重疫区进贤县三里乡、三阳集乡，南昌县泾口乡，余干县瑞洪镇共4个乡（镇）的69个行政村，开展鄱阳湖南岸片血吸虫病综合防治示范区建设，覆盖14万人口，1.17万公顷草洲。截至12月底，4个乡（镇）成立封洲禁牧管理办公室；处理耕牛8915头，任务完成率103.59%；简易机耕道完成率102.8%；禁牧围栏完成率40.3%；农机合作社建成5个；安全饮水完成率113.5%；血防林完成率100%；设立警示牌280个，完成10个血防监测点基线调查，查治病、查灭螺完成率100%。丰城市和上饶市信州区达到中国血吸虫病传播阻断标准，彭泽县和瑞昌市达到中国血吸虫病传播控制标准。截至2011年，全省39个血吸虫病流行县（市、区），累计达到血吸虫病传播阻断标准的县(市、区)22个,传播控制标准的县(市、区)8个,疫情控制标准的县(市)9个。有病人7.71万人,查病148.38万人次,治疗37.19万人,治疗晚期血吸虫病人6096例,查螺6.57亿平方米,药物灭螺1.02亿平方米。

【重大疾病防控成效显著】 落实国家"四免一关怀"政策,围绕艾滋病防治知识知晓率、感染者发现率、管理率、病人治疗率和干预措施覆盖率,全面落实艾滋病防治措施。2011年,全省检测咨询点累计完成HIV检测5.94万人次数,完成国家下达任务量的136.8%。全省新报告艾滋病病毒感染者和病人813例,完成年初任务的114.51%;全省14个美沙酮维持门诊累计为2953人海洛因成瘾者提供治疗,病人年保持率为77.8%;全省新增抗病毒治疗560人,完成计划新增治疗人数的160.9%。组织实施结核病控制项目。全省全年新发涂阳肺结核病人1.82万人,病人发现率为77.40%;结核病治愈率95%,达到国家要求的结核病治愈率85%的目标。完成农村妇女乳腺癌筛查3年目标,全面落实基本公共卫生服务项目中预防接种工作。

(万长湖　李崇葵)

中医工作

【概　况】 2011年,全省中医院门诊量达1000多万人次,出院病人数53万人次,病床使用率达95%以上。

中医药参与深化医改继续推进。充分发挥中医药在重大民生工程中的作用。全省中医医院积极参与卫生民生工程,特别是尿毒症免费血透救治工程,第一批定点的中医医院近30家。加强各级中医医院服务能力建设。争取中央财政补助全省82所项目县中医医院资金1.64亿元,各项目县卫生局和中医院高度重视,按照"采用分离"原则,落实完成项目任务。另外,九江、萍乡、赣州等重点中医院建设项目和玉山、湖口等标准化中医院建设项目先后竣工搬迁,中医医院的就医环境明显改善,服务能力明显提升。实施中医类别全科医师岗位培训。在全省实施100名中医类别全科医师转岗培训,为提升城市社区中医药服务提供人才保证。在全省试点中医医院推广中医临床路径和诊疗方案,在九江市中医院开展电子病历试点工作。落实新农合中医药报销提高10%的倾斜政策。组织南昌市西湖区、景德镇市珠山区、九江市浔阳区开展基本公共卫生服务中医药服务项目试点工作,探索基本公共卫生服务中医药服务项目的有效途径和模式。

中医医院发展水平继续提升。全省中医医院继续开展"以病人为中心,以发挥中医药特色优势为主题"的中医医院管理年活动,各级中医医院做了大量工作,受到国家检查组的充分肯定,检查评估总成绩排名位居全国第八。继续开展第二周期中医医院等级评审。组织专家完成对景德镇市、赣州市中医院创建三级甲等中医医院的评审。全年指导各设区市卫生局完成23所二级甲等中医医院评审。全省共完成79所中医医院等级评审。开展特色中医医院、重点专科(专病)和专科临床基地检查验收工作。全省共有37所特色中医医院、7个重点中医专科(专病)临床基地和150个重点中医专科(专病)达到建设标准。组织开展国家重点专科(中医专业)建设项目申报工作。推荐上报江西中医学院附属医院针灸科、妇科、外科和九江市中医院肾病科全部列入国家临床重点专科建设项目。其中针灸科和肾病科已获国家800万元的补助资金。做好国家中医药管理局"十一五"重点专科(专病)建设项目评审验收工作。全省17个国家局"十一五"重点专科(专病)建设项目2010年通过国家中医药管理局专家组的终期评审验收。

农村、社区和综合医院中医药工作继续加强。开展农村中医先进单位创建活动。武宁县、会昌县、兴国县、靖安县4县通过全国农村中医药工作先进单位验收。萍乡市湘东区通过省级农村中医工作先进县创建。继续开展省级中医药特色社区卫生服务示范区创建。南昌市青山湖区、景德镇市昌江区通过省级社区中医药工作先进单位的验收。青山湖区还顺利通过国家社区中医药工作先进单位的验收。继续做好中医药适宜技术推广。举办基层常见病多发病中医药适宜技术推广师资培训班,免费培训90个县(市、区)师资120余人。向基层推广中医药适宜技术,各地共培训基层医务人员2万余人,免费分发《基层中医药适宜技术手册》丛书两种4万余册。开展全国综合医院中医药工作示范单位创建活动。南昌市第三医院等3家单位通过国家中医药管理局评审。

中医药人才培养力度继续加大。实施江西省全国第二批优秀中医临床人才研修项目。指导督促研修人员较好地完成3年学习计划,组织研修人员参加6期全国培训班,为研修人员筹集、落实研修经费30万元。继续开展全国名老中医传承工作室建设工作。遴选5名老中医药专家,设立传承工作室,配备专门人员和设备,落实建设经费250万元。完成第四批全国名老中医药专家学术经验继承人结业考核工作。组织相关人员参加2期全国培训班,举办一期赣闽师承工作研讨班,12月进行结业考核和师承专业学位论文答辩等工作,30名学术继承人全部通过结业考核,其中19人考核为优秀。17人通过论文答辩,其中授予博士学位7人,硕士学位10人。联合省人社厅组织开展第三批江西省名中医评选,全省推荐上报名中医候选人213名。做好国家级中医药继续教育项目。共有8个国家级中医药继续教育项目获批准,获批数量为近年来最多。

中医药科研水平继续提高。开展中医药科技资源现状调查。组织12所中医医疗机构、2所高等院校以及1所中医药研究机构开展中医药科技资源现状调查,及时上报各种调查数据及资料。完成2011年省卫生厅中医药科研课题的申报评审工作。全年累计申报课题361项,经专家评审,共确定课题174个。完成科研课题结题121项,鉴定4项。加强国家局级中医药重点研究室和三级实验室督导考核工作。加强2个国家中医药管理局中医药重点研究室、1个传染病重点研究室和8个三级实验室的建设督导工作,帮助重点研究室和三级实验室争取重大中医药科研课题和高层次人才培养,研究室和实验室累计获得科研项目20多个,经费1000多万元,并有6人获得全省专业技术二级岗位。协助完成国家有关重大中医药科研项目中期评估和课题验收工作。协助完成"热敏灸临床规律及其机理研究"等国家"973"项目的中期评估，组织完成中医外治法等8个国家"十一五"科技支撑计划和局级中医药科研课题的预验收和验收工作。

【基本实现公立县级中医院中药房全覆盖】 2011年，省卫生厅严格按照国家印发的《医院中药房基本标准》等文件，抓好全省中药房建设。重点抓好县级以上中药房建设，尤其针对基层中医院中药管理方面存在的薄弱环节，专门制定全省《县级中医医院中药房建设项目实施方案》，完成72个县级中医院中药房的项目建设，下拨建设资金3600万元，基本实现公立县级中医院中药房建设全覆盖。各建设单位都更新和完善了中药储存、调剂、煎煮、临方炮制设备，健全相关管理制度，全省中医医院中药房建设整体面貌焕然一新。

【中药制剂能力建设成效明显】 2011年，省卫生厅重点对11个地市级以上中医医院制剂室加大建设力度，制定全省《中医医院中药制剂能力建设项目实施方案》，确定省中医院等6所单位制剂室为省级中药制剂基地，支持各制剂室申请通过GPP认证，省中医院、萍乡市中医院、南昌市洪都中医院、赣州市中医院等制剂室在省内取得良好的示范和带头作用，形成硬膏剂、软膏剂、胶囊剂、颗粒剂、片剂、丸剂、合剂、散剂、糖浆剂、口服剂、溶液剂(含外用)等全面的自制制剂生产能力，省中医院年生产中药制剂、协定处方等超过100种，南昌市洪都中医院、赣州市中医院年制剂产值超过200万元，萍乡市中医院制剂室建设全省领先，年产值达400多万元，受到同行和媒体的广泛关注。

（郑林华）

爱国卫生

【概　况】 2011年，全省爱国卫生工作以实施医改任务为重点，截至年底，农村无害化厕所普及率达54.76%，当年农村新增无害化厕所36.97万户；在40个县(市)开展农村饮用水水质监测，在28个县(市)开展农村环境卫生监测；创建国家卫生城市3个，国家卫生县城4个，国家卫生镇1个，省级卫生城市12个，省级卫生县城30个，省级卫生镇84个，省级卫生村127个。

农村改厕项目全面展开。2011年中央下达江西农村改厕20万座，中央补助标准提高到每座500元，省级财政落实配套资金3000万元，全年任务于11月底提前一个月完成，完成率100%。其中支持"鄱阳湖南岸片血吸虫病综合防治示范区"农村改厕1.51万座，安排在新农村建设点农村改厕任务13.86万座。明确农村改厕主要物资由各项目县(市、区)进行政府采购，降低成本、缩短项目实施时间；修订了《江西省农村改厕管理办法》《江西省农村改厕技术规范》。

农村饮用水水质监测工作有序推进。在11个设区市、40个县(市)实施农村饮用水水质卫生监测项目。对2450个农村集中式供水点9800份水样和202个农村分散式监测点404份水样开展检测工作，任务完成率100%。监测结果表明，在所查供水点水样18项必测指标中，综合评价总合格率均较上一年度明显提高。

卫生城镇创建稳步推进。指导武宁县建立并强化长效管理机制，通过全国爱卫办的复审，被重新命名为"国家卫生县城"。推荐萍乡市申报"国家卫生城市"。采取暗访与明察相结合的方式，对命名已满3年的九江市省级卫生城市进行复审，省爱卫会重新确认九江市为"江西省卫生城市"。受理峡江县、永修县和德兴市三地申报创建省级卫生城镇。通过开展卫生创建工作，各卫生城镇整体卫生水平明显提升，城镇居民享受到更多实惠，各级爱卫机构建设得到巩固加强。

健康促进与教育工作氛围浓厚。5月16日，江西省健康教育协会第二届会员代表大会在南昌召开，选举产生新一届协会领导人员，确立"十二五"期间健康教育与促进的工作方向。发挥省健康教育所的专业优势，广泛传播卫生防病和健康教育知识，全省健康教育知识宣传覆盖率达90%以上。开展卫生系统控烟工作，受到全国无烟医疗卫生系统创建督导评估组的高度肯定。

城乡环境卫生整洁行动实现年度目标。全省爱卫部门以鄱阳湖生态经济区建设国家战略为龙头，加强与有关部门的协调联动，持续、深入、有序开展整洁行动。各地继续加大资金支持力度，购置环卫设施，实施城乡基础设施建设项目，组织开展市容环境卫生集中整治、"卫生先进单位"评比、卫生创建、农村清洁工程等活动，城乡环境卫生面貌得到明显改善。全国城乡环境卫生整洁行动督查组充分肯定了江西省城乡环境卫生整洁行动工作。

【灾后卫生防病工作保障有力】 6月，景德镇市、瑞昌市、婺源县、武宁县、修水县等地区出现强降雨，引发严重洪涝灾害。灾区各级爱卫机构按照省、市既定措施，结合本地灾情实际，开展爱国卫生运动，组织发动广大群众搞好室内外环境卫生，清运房前屋后的垃圾杂物和淤泥，清除污水坑塘，打捞河道漂浮物，修复水毁卫生基础设施。组建数十支卫生专业队伍深入开展义诊咨询活动，加强灾区除四害工作，同时利用电视、报纸、宣传栏及宣传单等多种形式和途径开展健康教育，提高群众的自我防护能力，实现大灾之后无大疫。

【开展农村环境卫生监测项目】 8月，省卫生厅在11个设区市、28个项目县(市)、560个行政村开展农村环境卫生监测项目工作，并对2800户农户进行专项调查。依托省疾控中心技术力量，通过查阅资料、访谈、现场观察、实验室检测等方法，对全省项目村的基本情况、垃圾、污水、厕所与粪便无害化状况、病媒生物、土壤卫生进行调查和监测，得出16项农村环境卫生监测主要结论，提出9个影响农村环境卫生的主要问题，基本掌握全省农村环境卫生健康危害因素水平及动态变化，并形成报告，为客观评价农村环境卫生状况提供了依据。

（刘　军）

体 育

本栏编辑 李荣根

综 述

办好第七届城市运动会。中华人民共和国第七届城市运动会，于10月16～25日在江西省南昌市举行。走过78年辉煌历程的共和国体育，又回到她的故乡，这也是新中国成立以来，江西举办的规格最高、规模最大的全国综合性体育盛会。这届运动会申办主题是"共和国体育回故乡"，主题口号是"红色英雄城，绿色七城会"。中共中央政治局委员、国务委员刘延东出席开幕式并宣布"七城会"开幕，省委书记苏荣，国家体育总局局长刘鹏，代省长鹿心社等出席开幕式。共有来自全国31个省、自治区、直辖市，新疆生产建设兵团和香港、澳门特别行政区的57个代表团、运动员达7000余名报名参加。江西省体育系统为举办"七城会"，付出了艰辛的努力。在场馆建设方面，承担比赛任务的单位，按照省政府确定的建设改造费用谁的场馆谁承担的原则，坚持"绿色、低碳"理念，与全民健身、体育教育、文化娱乐等方面工作结合，加强领导，筹措资金，抓建设，促改造并如期达标。在竞赛组织方面，统筹布局比赛，配合国家体育总局，狠抓赛风赛纪和反兴奋剂工作，维护比赛的公平正义，使得整届运动会圆满成功，获得了各方来宾赞誉。

构建全民健身公共服务体系。2月25日，国务院颁布实施《全民健身计划》。7月20日，省政府颁布实施《江西省全民健身实施计划(2011～2015年)》，并印发《江西省实施全民健身计划领导小组成员单位职责分工》和《江西省全民健身实施计划(2011～2015年)实施情况评估标准(试行)》。各级政府也履行政府公共服务职能，全民健身"三纳入"工作取得较大进展。全民健身工程扎实推进。2011年，总投入2871万元，完成国家体育总局"雪炭工程"援建项目3个、全省第十五批全民健身路径工程建设160个、全省建设农民体育健身工程532个(其中省统筹建设430个、地方自建102个)、乡镇农民体育健身工程建设42个。加大力度培训社会体育指导员。172人经评审授予一级社会体育指导员，在6所高校体育学院(系)建立江西省一级社会体育指导员培训基地。对2010年第三次全国国民体质监测工作(江西部分)的数据进行汇总统计，形成《2010年江西省国民体质监测报告》，并向社会公布。围绕喜迎"七城会""全民健身日"，协助社会团体和省直部门开展系列群众体育活动。2011年，江西省体育局等14个单位被国家体育总局授予全国全民健身活动优秀组织奖，南昌县教体局等25个单位被授予"全国全民健身活动先进单位"称号。全省17个单位获省级全民健身活动优秀组织奖，45个单位获得省级全民健身活动先进单位称号。

青少年体育后备人才培养。先后制订《2011～2014年江西省青少年体育训练暨"315"竞技体育后备人才培养实施方案(试行)》《江西省第十四届运动会竞赛规程总则(青少年部)(草)》《2011～2014年江西省青少年体育竞赛管理规定(试行)》《2011～2014年江西省青少年体育训练评估考核办法(试行)》《2011～2014年江西省省级青少年体育训练竞赛经费使用管理办法(试行)》。创建国家级青少年体育俱乐部、申报水上项目国家级竞技体育训练基地。举办多项全省青少年比赛。加大管理队伍、裁判员、教练员的培训。2011年，多名运动员、教练员获国家总局授予的荣誉奖章，多个单位和个人获国家体育总局的表彰。

体育彩票销售再上新台阶。全省体育产业深化改革创新，"转方式、调结构、提质量"，推动江西省体育产业健康、可持续发展。全年累计完成体育彩票销量29.23亿元，全国销量排名列第11位，连续3年获国家体育总局颁发的"全国体育彩票工作贡献奖"。

完成大赛所需体育场馆的建设与改造，继续实施"民生工程"。为保证全国第七届城市运动会的召开，重点进行大赛所需的场馆建设与改造。至2011年，新建和改造"七城会"所需场馆共计32个。继续加大"民生工程"建设。2011年，省政府"民生工程"投入3200万元，重点资助16个县区建设体育场地设施。

体育文化、体育法制、体育宣传、体育科技、体育教育等各项基础性工作全面推进。参加国家级全国体育文化博览会和国际体育文化与经济论坛，以宣传栏、体育网站和LED电子屏幕等为宣传阵地，结合体育宣传、体育教育、体育科技、体育文史等项工作着手开展体育文化建设工作。体育科技以培训全省体育科技骨干、运动训练监控、科学健身指导为主线，开展科技服务工作。体育教育以教师队伍建设为龙头，了解国家中长期教育改革和发展规划，探究中外不同教育理念和教学方法、手段。

(陈 萍)

群众体育

【贯彻实施《全民健身计划》】 2011年,全省体育系统围绕贯彻实施2月25日国务院正式颁布实施的《全民健身计划》,组织学习和宣传工作。3月,省体育局在全省群众体育工作会议上,组织各设区市、县(市、区)体育局长对《全民健身计划》进行全面系统的学习,统一思想,提高认识,大力宣传,营造氛围。7月20日,省政府颁布实施《江西省全民健身实施计划(2011～2015年)》。该实施计划是在总结"十一五"经验的基础上,从指导思想、目标任务、保障措施、组织实施四个方面,对江西省2011～2015年的全民健身工作进行系统规划部署,是江西省"十二五"期间开展全民健身工作的重要依据。在此基础上,又制定印发《江西省实施全民健身计划领导小组成员单位职责分工》和《江西省全民健身实施计划(2011～2015年)实施情况评估标准(试行)》,进一步使全省全民健身工作有法可依、有章可循。推动各级政府制定当地全民健身实施计划,履行公共服务职能。至年底,全省已有7个设区市、28个县(区)正式公布本地《全民健身实施计划》。全民健身"三纳入"工作进一步落到实处。全省各设区市90%的县(区)将全民健身纳入到政府工作报告和当地经济社会"十二五"发展纲要之中,9个设区市、65个县(区)将全民健身工作经费列入财政预算。

2011年,围绕营造"全民健身迎城运"的氛围,先后组织万人长跑迎城运活动、"七城会"火炬传递活动、"全民健身日"纪念活动、闹元宵全省龙狮大联动活动、百县篮球赛等大型全民健身活动。开展"全民健身志愿服务"活动。举办"2011年江西省全民健身大拜年活动""全民健身日科学健身志愿服务神州行暨全国百城健身气功交流展示系列活动""省国际志愿者日"和"关爱空巢老人、关爱残疾人、关爱农民工的'三关爱'全民健身志愿服务活动"等大型活动。全省11个设区市均结合重要时间节点和当地的实际,开展"喜迎七城会""全民健身与城运同行"主题活动,举办风筝比赛、篮球俱乐部锦标赛、广场健身舞(操)比赛、体育舞蹈比赛、千人徒步走、体育与旅游相结合的武功山国际帐篷节、综合性的运动会和开展"全民健身志愿者下基层"等活动。有的县利用"全民健身日"印发宣传手册,群发手机短信,倡导市民积极参加健身。组织以家庭为单位的欢乐家园运动会、村官运动会、干部职工运动会和棋类比赛等。全省各行业系统、各人群协会、各单项协会、各体育社团组织百姓身边的运动会,举办群众喜爱的门球、健美操、乒乓球、网球、太极拳、健身气功等项目的活动。通过这些活动的示范带动,调动广大百姓参加体育运动的兴趣,使全民健身成为人民群众生活中重要的部分。2011年全省县级以上举办各类全民健身活动4018次,参与群众517万人次。全省有14个单位被评为全国全民健身活动优秀组织奖,25个单位被评为"全国全民健身活动先进单位";同时评选出全省全民健身活动优秀组织奖17个,先进单位45个。

(陈 萍 何 媛)

【推进全省全民健身工程建设】 2011年,全省统一安排建设行政村农民体育健身工程532个、乡镇农民体育健身工程44个、全民健身路径160条、"雪炭工程"3个,总投入3471万元,其中国家体育总局扶持1604万元,省体育彩票公益金配套1260.5万元,地方配套606.5万元。省政府"民生工程",投入3200万元资助16个县区建设体育场地设施。全省各地自建村级农民体育健身工程387个、乡镇体育健身工程14个,全民健身路径工程722个。

【加大社会体育指导员培训力度】 2011年,省体育局授予江西师范大学体育学院、宜春学院体育学院、萍乡高等专科学校体育系、赣南师范学院体育学院、东华理工大学体育学院、鹰潭职业技术学院6所高校体育学院(系)为江西省第一批一级社会体育指导员培训基地。根据社会体育指导员新培训大纲要求,完善培训计划和课程安排,聘请体育管理人员和全国群众喜欢的社会体育指导员、全省优秀社会体育指导员进行理论授课和技能指导,增加时事体育方面的理论讲授。2011年,举办国家级社会体育指导员培训班1期、一级社会体育指导员培训班2期,共培训学员225人。全年全省共新审批社会体育指导员3201人,其中国家级46人,一级182人,二级785人,三级2188人。

【开展国民体质监测工作】 2011年,全省新增国民体质测试站点23个,共测试34137人,举办全民健身科普知识讲座237次,编印全民健身科普知识书籍33294册。省国民体质监测中心对2010年第三次全国国民体质监测数据(江西部分)进行汇总、校验、统计、评分、电话回访,全年共校验数据24687个,获得有效数据17539个,完成《2010年江西省国民体质监测报告》的撰写,并于12月29日召开江西省国民体质监测公报新闻发布会,向社会公布"十一五"末江西省国民体质综合指数和国民体质评定等级变化等情况,为研究江西省国民体质状况、开展全省国民体质现状及变化趋势的研究、制定江西省全民健身实施计划提供科学依据。在2010年全国国民体质监测总结表彰会上,省体育局获优秀组织奖,省体育局群众体育处等5个单位获先进单位,10人获先进个人。11月,江西省国民体质监测中心被国家体育总局确定为"国家级体质测定与运动健身指导站"试点单位。

(何 媛)

竞技体育

【概 况】 2011年,江西审批一级裁判员530人,审批一级运动员111人,国家体育总局授予江西省运动健将23人,国家级裁判员1人。推荐2个单位申报总局水上运动管理中心皮划艇基地。江西省张冬莲、吴静钰、钟齐鑫等3名运动员被国家体育总局授予体育运动荣誉奖章运动员,薛斌、张开岩、张琴等3名教练员被国家体育总局授予体育运动荣誉奖章教练员。南昌市二体校、吉安市体校获得"全国业余训练先进单位"称号,3人获得"全国业余训练先进个人"称号,10人获得“优秀教练员”称号，1人获得“优秀文化课教师”称号。

【做好第七届全国城市运动会场馆建设和竞赛组织等工作】 10月16～25日，第七届全国城市运动会在南昌市举行。第七届全国城市运动会展示“共和国体育回故乡”的主题，实现了“出形象、上水平、聚人心”的目标。场馆建设改造全面达标。“七城会”赛事安排在10个设区市、4个县市、7所高校的32个场馆举行。按照省政府确定的建设改造费用谁的场馆谁承担的原则，省体育局，各设区市、县，各高校积极筹措资金，组织工作班子，抓紧建设改造并如期达标。工艺标准、建设质量和现场运行全部达到赛事要求。以省奥体中心、瑶湖水上中心、南昌国体中心、湾里射击中心为代表的一批具有时代特色的建筑精品为各项赛事搭建了良好的舞台。在建设改造过程中，坚持“绿色、低碳”理念，广泛采用低碳环保新技术。新建的场馆做到与全民健身、体育教育、文化娱乐等方面结合，既推动了体育设施的建设，改善了人民群众的体育健身条件，又为赛后场馆利用奠定了良好的基础，成为城运会的最大受益者。竞赛组织科学顺畅。承担了“七城会”21个大项、279个小项的竞赛组织工作。赛会期间，7065名运动员参赛。各竞委会组织严密、运行有序，工作人员尽心尽职，场馆设备运行安全，信息发布及时准确，高效有序地完成了1157项次比赛。配合国家体育总局，狠抓赛风赛纪和反兴奋剂工作，维护比赛的公平正义。本届运动会共有3人3次超3项世界青年纪录，4人6次超6项亚洲青年纪录，1队1次创1项全国纪录，8人1队11次创11项全国青年纪录。服务接待热情细致。接待国家体育总局及各省市区体育局观摩人员300多人，围绕来宾工作和生活需求，强化专业和细节培训，制定接待方案，落实责任，对口接待，基本做到了零失误，零差错，零投诉，获得了各方来宾的赞誉。

【保障后备人才培养工作高效规范】 2011年，制订《江西省第十四届运动会竞赛规程总则（青少年部）》，从运动员资格、项目设置、组别划分、赛风赛纪等方面作出了具体规定。制订印发《2011～2014年江西省青少年体育训练暨“315”竞技体育后备人才培养实施方案（试行）》，明确新周期全省青少年体育训练工作的指导思想、目标任务，并结合全省青少年业余训练实际提出了较为具体的措施办法，是新周期全省体育后备人才培养工作的总纲。制订《2011～2014年江西省青少年体育竞赛管理规定（试行）》，年度全省青少年锦标赛是促进青少年业余训练的重要常规赛事，该规定从运动员注册、参赛资格、比赛报名、奖励、收费、申办比赛等方面予以了明确，对赛区及比赛承办单位（执行单位）提出了具体要求，尤其是加重了对违反赛风赛纪的处罚力度，以确保比赛公平公正，营造良好的竞赛环境和选人育人环境。制订《2011～2014年江西省青少年体育训练评估考核办法（试行）》，针对训竞管理工作和青少年业余训练实际，围绕怎样多出快出优秀体育后备人才作出具体规定，侧重于训练规模、经费使用情况、人才质量和效益，针对性和可操作性强，体现了“发展是硬道理”的本质（突出了训练规模和人才效益）。制订《2011～2014年江西省省级青少年体育训练竞赛经费使用管理办法（试行）》，强调“突出重点、强化优势、效益优先”原则，加大奖励扶持力度，以充分调动青少年业余训练一线人员的积极性。对经费使用情况的监督检查作了明确规定，以确保经费使用的最大效益。

【举办承办多项比赛】 2011年先后举办田径、游泳、射击、举重、摔跤、跆拳道、拳击、赛艇、皮划艇、体操、跳水、乒乓球、羽毛球、网球、武术套路、武术散打共16项全省青少年锦标赛。全省注册运动员共3960人，达优秀628人。举办田径、举重、篮球、乒乓球、羽毛球、棋类6个项目体育传统项目学校比赛，参赛学生数近1000人，参赛学校100多所。举办全省第五届县（市、区）田径运动会。组队（300多人次）参加10项次全国青少年儿童比赛，获得第一名33人、第二名53人、第三名56人、第四至八名84人。承办全国比赛20多项次。

【体校和体育俱乐部建设成效显著】 2011年，新增宜春八小、萍乡市武功山管委会麻田学校、永新县禾川中学3所国家级体育传统项目学校，全省国家级体育传统项目学校达到12所。新增17所国家级青少年体育俱乐部，国家级青少年体育俱乐部总数达到121个。完成国家体育总局布置的12所国家级体育传统项目学校、153所省级体育传统项目学校、200余所市级体育传统项目学校电子信息收集工作，向国家体育总局推荐优秀青少年体育俱乐部案例4个。组织选派了7所学校和青少年体育俱乐部分别参加全国首届阳光体育节活动和全国青少年体育俱乐部、阳光体育传统项目学校体育节比赛。

（伍小玲）

体育产业

【七城会无形资产开发成效显著】 第七届全国城市运动会是全省首次举办的全国综合性体育盛会，具有丰富的无形资产。“七城会”执委会本着“政府主导、市场运作、企业参与”和双赢原则，采取多项措施，与72家企业签订赞助合约，赞助额度达2亿元，其中VIK（等价物资）达0.8亿元，现金1.2亿元，取得门票收入超1000万元，实现了江西承办全国性运动会无形资产开发最好效益。组建资源开发机构。“七城会”执委会成立伊始，就选调懂经济、会资源整合运作的人员成立了资源开发部。借鉴大型体育赛事的招商经验，成立南昌城运体育发展有限公司，搭建“七城会”融资平台。制定一系列严密、科学的公章使用、签约、财务、人事管理制度，确保资源开发依法依规运营。出台“七城会”资源开发管理办法。包括《中华人民共和国第七届城市运动会资源开发管理办法》《中华人民共和国第七届城市运动会赞助招商指南》《中华人民共和国第七届城市运动会代理招商指南》《中华人民共和国第七届城市运动会特许经营指南》《中华人民共和国第七届城市运动会社会捐赠指南》。聘请资深律师为常年法律顾问，出台各类赞助商合同范本，包括“委托代理合同”“特许经营合同”。保证招商前期签约及后期维权工作的顺利进行。举办活动增强“七城会”的知名度,激发企业参与的积极性。通过在全国范围内进行会徽、吉祥物的征集活动,策划在南昌市区主要地段竖立“七城会”倒计时牌,并进行500天、400天、300天倒计时活动,营造南昌市迎接“七城会”的热烈氛围,在全国展现英雄城南昌的精神风貌,提升了“七城会”的知名度,获江铃集团、江西电信、匹克体育等72家企业的赞助。落实赞助企业回报,维护赞助商合法权益。针对不同赞助商行业与品牌特点,量身打造回报方案,合理配置与调剂赞助回报资源。在开、闭幕式和比赛期间选择《中国体育报》《南昌日报》《江南都市报》《人民日报》《江西日报》《中国商报》、江西电视台体育联播频道等,刊登刊发鸣谢“七城会”赞助商。在各比赛场馆设置企业品牌展示区6个,在市区8000个路灯上设置企业Logo,在各单项比赛中为赞助一定额度以上的企业冠名,为赞助商争取最大的增值回报。同时成立“七城会”赞助商联谊会,搭建“七城会”赞助商沟通交流平台。尽可能让每个赞助商均享受尊贵待遇,注重每个赞助商最关注的社会影响、品牌形象、公共关系、产品传播、销售渠道、贵宾待遇等。

【体育彩票销量创历史新高】 2011年,全省体育彩票行业以贯彻落实《彩票管理条例》为主线,狠抓机制创新,优化产品结构,拓宽宣传渠道,全面打造体育彩票新形象,促进了销量快速增长。全年累计销售29.23亿元,同比增加6.84亿元,增长30.55%。筹集公益金7.66亿元,本省市场份额占55.8%,连续第七年保持优势。销量全国排名第11位,获2011年度全国体育彩票“销售贡献奖”“市场贡献奖”“销售增长奖”。狠抓机制创新,激活员工内在动力。全年推行内部公开竞聘上岗,实施分中心主任竞争上岗制和全员年薪制。聘请专业咨询公司,重新设计薪酬管理制度,使薪酬与销售业绩、岗位责任挂钩。在省中心、分中心和专管员中推行工作日志管理及外勤管家管理模式,加强了对员工工作行为的监督,提高工作效率。丰富营销方式,优化产品结构。全年各种玩法产品形成了结构合理的销售比例。乐透型合计销售15.43亿元,占总量的52.79%,增长23.05%。竞猜型合计销售12.46亿元,占总量的42.63%,增长59.36%。即开型合计销售1.34亿元,占总量的4.58%。同时末位淘汰、提升单机销量,开展区域加奖派送、“超级幸运星”活动,开展“虚拟选号投注”“有奖征文”、推号选号活动,开展“足彩十年、竞彩绽放”系列营销活动,培育优秀销售代表,推行专管员兼任即开销售代表的扁平化管理等营销管理方式,夯实销售工作基础,提升各种玩法产品的销量。拓宽宣传渠道,提升体彩形象。全年加强与电视、广播、报纸类的省级主流媒体合作。与南昌公交广告公司探索宣传新形式,利用其拥有的集成性媒体资源,系统化、集中性地开展户外宣传,有效扩大了受众目标群体的直接接触面,提高了宣传到达率。“七城会”期间,在赛事承办场馆和体育电子器材上进行公益宣传,特别是一些场馆在赛后还竖立永久性公益宣传牌。全年在各类媒体上刊发宣传稿件800余篇。《江西日报》整版报道全省体育彩票销售工作及公益活动情况,社会反响热烈。在网点建设上,坚持标准化经营,着力打造“竞彩”销售网点。采取“老点升级改造”和“新点严格准入”相结合的办法,提升体彩形象。全年共改造和建设星级网点404个,并实现了县市区的全覆盖,其中:五星级网点27个,占总数的6.68%;四星级网点136个,占33.66%;三星级网点241个,占59.66%。2011年,全省共有127个网点被评为全国优秀销售网点。

【四大体育新设施投入使用】 为承办好第七届全国城市运动会,南昌主赛区随续开工建设了四大体育设施。6月,四大新建的体育设施全部完工投入使用。

江西省奥林匹克体育中心:位于南昌市高新技术产业开发区昌东高校园区内,东依瑶湖,西至天祥大道,北接紫阳大道,南临中子湖。能举办全国性运动会、国际单项比赛,也能举行大型文化、展览、集会、商务等活动,还能为广大群众开展全民健身活动提供广阔空间,充分体现省会城市的性质和功能。首期投入使用的有,体育场:位于南昌市高新开发区紫阳大道,建成时间2011年6月,占地面积:56058平方米,建筑面积86554平方米,可容纳观众49757人。能满足举办全国和国际单项比赛标准,并设有贵宾专用包厢、记者专用席、新闻中心、兴奋剂检测站及其他附属设施。体育场附设一个400米跑道的运动场;游泳跳水馆:位于南昌市高新开发区紫阳大道,建成时间2011年6月,占地面积10608平方米,建筑面积16609平方米,可容纳观众2034人。能满足国家级跳水、游泳等项目的比赛要求。

江西瑶湖国际水上运动中心:位于南昌市高新开发区瑶湖大桥西南侧,是国内最具国际化的水上训练竞赛场地之一。建成时间2011年8月,占地面积1045397平方米,建筑面积35100平方米,主看台可容纳观众800人,整个赛场可容纳观众8000人。可承办国际国内最高水平的赛艇、皮划艇等水上单项比赛,承接国家队和各省队的训练,是国家水上运动训练基地及江西省水上项目运动员的生活、训练基地。同时利用场地优势可设置轮滑、自行车、攀岩等多种体育项目,满足群众健身和娱乐休闲的需求。

南昌国际体育中心:位于南昌市红谷滩新区红角洲片区,总占地面积69.67公顷,总建筑面积19.3万平方米。投入使用的有体育场:建成时间2011年6月,占地面积67200平方米,建筑面积95000平方米,可容纳观众60000人。体育馆建成时间2011年6月,占地面积17500平方米,建筑面积38300平方米,可容纳观众12000人。网球馆建成时间2011年6月,占地面积9600平方米,建筑面积10000平方米,可容纳观众2000人。

南昌湾里射击中心:位于南昌市湾里云湾公路西侧。射击馆:把一枝枪管的一部分设计为决赛馆的形象,把子弹运动的轨迹设计为资格赛馆,并引进最新的隔音、吸声、消声等材料,体现了科技和绿色体育的精神。建成时间2011年5月,占地面积156284平方米,建筑面积26140平方米,可容纳观众442人。射箭场:建成时间2011年5月,占地面积7700平方米,可容纳观众300人。

(王　伟)

居民生活

本栏编辑　李荣根

居民收入与消费

【农民生活水平持续改善】　2011年,随着全省农村收入的大幅增长,江西省农村居民消费水平进一步提高,消费结构继续优化,生活质量明显改善。2011年全省农村居民人均生活消费支出4660.09元,同比增长19.13%,扣除物价因素实际增长13%。农村居民的物质消费由传统的满足吃、穿等最基本的消费向交通、通讯等现代消费转变。

生活消费水平进一步提高。①食品消费质量提高。2011年全省农村居民人均食品消费支出为2106.44元,增长16.21%,扣除物价因素增长10.1%。恩格尔系数为47.23%,比上年高0.9个百分点。在食品消费中,用于主食消费支出人均429.4元,增长19%;蔬菜消费支出人均248元,增长1%;肉、禽、蛋、奶和水产品支出人均558.1元,增长37.4%;烟、酒消费支出人均225.9元,增长43.3%。从具体消费的数量上看,粮食、蔬菜消费量下降,而肉禽蛋奶和水产品等动物性食物消费量同比增加。2011年全省农村居民人均消费粮食203.9千克,下降4.5%;蔬菜及菜制品115.5千克,下降12.9%;奶和奶制品3.8千克,增长20.7%;蛋类4.6千克,增长39.1%;肉禽及其制品19.8千克,增长5.1%;水产品5.8千克,增长10.2%。②衣着消费支出保持较高增长。2011年全省农村居民用于衣着的消费支出人均233.6元,扣除物价因素比上年增长13.8%。衣着消费成衣化的倾向较为明显,全年人均用于购买服装的消费支出232.9元,增长15%。③居住支出增幅位居消费八大类之首。新农村建设带动农村住房改造,以及农村居民自身对改善住房条件的需求,拉动了居住支出的大幅增长。2011年全省农村居民用于居住的支出人均888.9元,增长13.6%,其中人均购买建筑、装修生活用房材料以及支付建筑、维修生活用房雇工工资三项合计共674.3元,增长20.8%。到2011年末,全省农村人均居住面积为46.8平方米,其中96.6%都是钢筋混泥土和砖木结构的住房,有32.1%的家庭使用水冲式厕所,35.1%的家庭用上了自来水,有20.6%的家庭厨房使用液化气,比重均比上年有较大幅度的提高。④家庭高档耐用品拥有量不断增多。由于居住条件的改善以及继续实施家电下乡、以旧换新等消费政策,农村居民购买家庭机电设备支出增幅达到35.2%。2011年全省农村居民全年人均购买家庭机电设备支出277.5元,增加72.2元。平均每百户农村居民家庭购买洗衣机2.7台,增长21%;购买电冰箱7.8台,增长20%;购买空调2.9部,增长29%;购买热水器3台,增长17%。2011年末,平均每百户家庭拥有洗衣机、电冰箱和彩色电视机分别为22台、72台和117台,分别增长56%、49%和9%;平均每百户拥有移动电话189部。农村居民耐用品普及率的迅速提高,给家庭带来了浓厚的现代化生活气息。此外,农村居民消费需求还日益呈现多样化和层次化,2011年吸尘器、抽油烟机、微波炉等新兴家电在农村居民家庭中的拥有量稳步上升。年末家用电脑的每百户拥有量达到11台,其中接入互联网的家用电脑比例高达63.5%。⑤家用汽车开始加快进入农村居民家庭。随着农村居民生活越来越富裕,对出行的舒适有了更多的追求,汽车越来越多地进入农家,并且档次也逐渐提升。2011年,农村居民平均每百户家庭拥有生活用汽车3.1辆,增长1.4倍。随着汽车拥有量的增加,农村居民的相关消费也不断增长,2011年农村居民用于交通工具的燃料费支出人均86.7元,增长1倍多。

消费领域不断拓宽,生活服务的社会化程度不断提高。在城市消费的示范作用下,农民生活方式城镇化趋势明显,消费领域不断拓宽。把更多的钱用于文化教育、娱乐、休闲、旅游、医疗保健等各种消费。2011年全省农村居民服务性支出为人均1153.84元,已占全部生活消费支出的1/4。其中,交通和通讯服务支出人均173.4元,增长3.2%。农村居民活动范围不断扩大,2011年人均交通消费服务支出73元,增长了8%。农村居民在精神文化生活逐渐丰富、充实的同时,也越来越注重对自我身体的保健。医疗保健服务费支出人均229.77元,增长54.13%。

农村居民消费中存在的问题。①食品价格上涨,收入较低的农户生活压力加大。农户群体中,20%的低收入农户(所有农户以纯收入高低排序,按户数平均五等份分组,下同)人均纯收入只有2723元,只占全省平均水平的40%,消费能力较低。但由于消费价格上涨影响,低收入农户衣、食、医疗等刚性消费仍然达到1913元,因此导致了低收入农户的其他消费少,2011年全省低收入农户购买建筑材料支出只有全省平均水平的一半,购买家庭用设备和用品费用支出只有全省平均水平的51%,购买交通通讯用品及服务的费用只占41%,低收入农户不仅压缩了正常生活消费开支,更拉远了与中高档消费品的距离,2011年底,每百户低收入农户所拥有的彩电、冰箱、空调数量远远低于全省平均水平。一边是增收能力弱,收入水平低,一边是物价上涨,生活成本高,低收入农户承受的生活压力更大,而与此同时,农村的低收入户中,领取了最低生活保障的户数不到20%。②农村消费市场符合农民偏好的消费产品较少,消费市场出现断档。主要表现在:一是质优价廉,适合农村生活消费的产品较少。二是适应农业生产需要的产品较少。三是能刺激农民进一步消费的代表性产品没有出现。

【农民人均增收超千元】 2011年,江西省农民人均纯收入为6891.6元,增加1103.1元,增长19.1%,增幅提高5个百分点,扣除价格因素后,实际增长13.2%,历史上首次年增收超千元,增加额相当于江西省1992年全年农民人均纯收入的水平。

农民收入增长的主要特点:①收入水平居中部六省前列。2011年江西农民收入水平、增幅双双居中部六省第二位;增幅比全国平均水平高出1.2个百分点。②城乡收入差距继续缩小。2011年全省农民收入增幅高于城镇居民6.1个百分点。连续两年农民纯收入增幅超过城镇居民可支配收入增幅,城乡收入比由上年的2.67:1降为2.54:1,低于全国的3.13:1。③农民内部差距有所缩小。衡量农民内部收入差距的基尼系数由上年的0.31下降为0.3,低于全国的0.39;收入最高的20%家庭人均纯收入14899元,收入最低的20%家庭人均纯收入2723元,两者收入之比为5.47:1,比上年的5.55:1有所缩小。④工资性收入是增收的主要动力。全年农民人均工资性收入2934.5元,增加539.9元,增长22.6%,对农民增收贡献率达48.9%,是农民增收的主要支撑。其中,农民在本乡地域内从业得到的收入人均1095.7元,增加367.5元,增长50.5%;外出从业得到的收入人均1642.8元,增加187.6元,增长12.9%。⑤家庭经营收入是增收的重要基础。全年农民人均家庭经营纯收入3421.4元,增加502元,增长17.2%,对增收的贡献率为45.5%。农民人均从第一产业得到收入为2752.9元,增加411.5元,增长17.6%,增幅比上年高9.5个百分点。其中,人均农业收入2184.7元,增长14.4%;人均林业收入138元,增长10.4%;人均牧业收入382.5元,增长48.4%;人均渔业收入47.8元,下降1.6%。农民人均家庭经营非农产业收入为668.5元,同比增加90.5元,增长15.7%。其中,第二产业收入244.6元,增加3.7元,增长1.5%;第三产业人均收入423.9元,增加86.8元,增长25.7%。⑥财产、转移性收入是增收的重要保障。全年农民人均财产性收入111.5元,增加11.3元,增长11.3%;人均转移性收入424.2元,增加50.1元,增长13.4%。

农民收入增长的主要原因。①就业形势持续向好,农民工资水平不断提高。江西省工业及园区经济稳定快速发展,促进了工业化、城镇化,带动了新农村建设发展,为农民就业转移创造更多岗位,农民工资性收入增长加快,成为农民收入的重要增长点。2011年全省外出务工农民人数达780.2万人,比2010年增长8.62%。年末在外务工农民人数为733.7万人,比2010年增长6.03%。农村外出从业劳动力人均月收入水平为1821.65元,增长15.76%。在人数继续增加和工资持续上涨的推动下,农民务工收入水涨船高,大幅增长。与此同时,农民在本地区务工的趋势继续得到加强,为农民增收注入了新的动力。2011年,全省农村外出从业劳动力在省内就业有211.3万人,占外出从业劳动力人数的27.08%,提高6.48个百分点。外出从业劳动力省内就业月工资人均1675.96元,增加226.02元,增长15.59%。省内务工农民由于环境熟,离家近,在收入形成上,相对省外务工农民,不仅能赚到务工收入,还能以较强的优势创业和兼营农业,形成综合创收。因此,随着在省内务工人数的增多,农民工资性收入加快增长的可能性也逐步加大。②主要农产品产量连年增加,产品价格持续攀升。2011年,江西省农业综合生产能力继续提高,主要农产品全面丰收,粮食总产量达205.28亿千克,增产9.81亿千克,增长5.0%;水果突破350万吨,生猪出栏突破3000万头,水产品总产达222.8万吨,均创历史新高。同时农产品价格持续上涨,2011年全省农产品价格指数为114(上年=100,下同),其中稻谷价格指数为115,生猪为130,蔬菜为107。稻谷产量和水果产量增加因素促进农民人均增收170元,贡献率达16%;粮、猪和蔬菜价格上涨因素促进全省农民人均增收240元,对农民农业增收的贡献率达22%。这些大宗农产品产量和价格因素对农民纯收入整体增收的贡献率达38%。农产品价涨量增,推动农民农业收入一路高位挺进。③支农惠农政策力度大、含金量高,促收作用日益显现。2011年,江西省进一步加大民生工程的建设力度,让广大农民共享发展成果,省政府承诺的民生工程66件实事已经全面完成。继续落实粮食最低收购保护价政策,加大农业补贴力度,财政惠农补贴资金"一卡通"发放金额达134亿元;社会保障制度进一步完善,覆盖城乡所有居民的基本养老保险制度初步建成,农村低保保障标准提高到130元,新型农村合作医疗制度补助标准提高到200元;建立社会救助和保障标准与物价上涨挂钩联动机制,缓解物价上涨对低收入农户造成的生活影响;筹集15.4亿元实施家电下乡和以旧换新政策,使更多家电进入农家。全年农民人均得到离退休金、养老金75.4元,同比增加29.6元,增长64.5%;农民人均得到各项补贴收入261.8元,增加73.5元,增长39%,占转移性收入的62%,对农民纯收入增收的贡献率达6.7个百分点。

(刘顺伯　刘　巍)

【城镇居民生活质量进一步提高】 城镇居民人均可支配收入保持两位数增长。2011年,全省城镇居民人均总收入为18657元,增加2099元,增长12.67%,扣除价格因素影响,实际增长7.21%;其中城镇居民人均可支配收入为17495元,增加2014元,增长13.01%(增速较2010年加快2.6个百分点),扣除价格因素影响,实际增长7.53%,收入增长好于预期。

城镇居民增收特点:①工资性收入平稳增长。2011 年,江西省城镇居民人均工资性收入为 11654.36 元,占总收入的比重为 62.47%,增加 1040.53 元,增长 9.8%,工资性收入增长对总收入增长的贡献率为 49.58%。②转移性收入明显增长。2011 年,江西省城镇居民人均转移性收入为 4808.59 元,增加 475.39 元,增长 10.97%,对总收入增长的贡献率为 22.65%。③经营净收入快速增长。2011 年,江西省城镇居民人均经营净收入为 1721.84 元,增加 455.63 元,增长 35.98%。对总收入增长的贡献率为 21.71%。④财产性收入大幅增长。2011 年,江西省城镇居民人均财产性收入为 471.73 元,增长 36.82%。其中出租房屋收入为 184.99 元,增长 12.52%;利息收入为 92.14 元,增长 30.1%。由于 2011 年银行继续提高存款利率,房屋租赁市场的持续升温,以及居民投资渠道的多样化,财产性收入不断增加。对总收入增长的贡献率为 6.05%。⑤最低收入群体收入增速跑赢全省平均水平。2011 年,随着省委、省政府民生工程投入力度的不断加大,一系列惠及民生政策效应的凸显,城镇居民收入水平进一步提高,最低收入群体收入增幅跑赢全省平均水平。据对省内 1230 户城镇居民家庭收支状况抽样调查,2011 年,占总调查户数 10% 的最低收入户人均可支配收入为 6882 元,增长 13.48%,比全省平均水平快 0.47 个百分点。

城镇居民收入增长原因。①宏观经济的平稳快速增长为城镇居民收入增长提供了基础性的保障。2011 年江西省主要经济指标好于年初预计,经济发展总体呈现稳步向好的态势。②稳定的就业形势有效推动城镇居民收入稳定增长。2011 年江西省继续实施积极的就业政策,就业面不断扩大,加上各种创业优惠政策的落实到位,自主创业的居民增多,直接推动城镇居民经营净收入增长。③银行存款利率的不断提高以及房屋租赁市场的持续景气,助推城镇居民财产性收入的增长。④随着城镇居民的收入不断增加,投资渠道也日趋多样化,从其他投资渠道获得的收益极大地丰富了城镇居民的收入构成,推动财产性收入增长。⑤9 月 1 日起,新修订的个税法实施,个税起征点从 2000 元提高到 3500 元,新个税政策的落实到位进一步降低了中低收入者税收负担,提高了城镇居民收入。⑥养老金和离退休金发放标准继续提升,直接推动了养老金和离退休金增长。⑦政府着力改善低收入群体生活状况,持续加大对民生工程的投入。⑧事业单位绩效工资改革顺利落实,带动工资性收入稳步增长。

城镇居民消费特点。①各大项消费均呈增长态势。2011 年,江西省城镇居民人均消费性支出为 11747 元,增加 1128 元,增长 10.63%;扣除价格因素影响,实际增长 5.26%。从构成消费性支出的八大项看,消费呈现全面增长态势,增速由高到低排序分别是:人均医疗保健支出为 641.23 元,增长 22.32%;教育文化娱乐支出为 1429.3 元,增长 21.14%;其他商品和服务支出为 389.06 元,增长 12.56%;衣着支出为 1272.88 元,增长 11.77%;食品支出为 4675.16 元,增长 11.44%;家庭设备用品及服务支出为 914.88 元,增长 7.05%;交通和通信支出为 1310.21 元,增长 3.14%;居住支出为 1114.49 元,增长 0.42%。②居民消费质量不断提高。2011 年,江西省城镇居民人均服务性消费支出为 2650.68 元,增加 282.07 元,增长 11.91%,增速比消费性支出快 1.28 个百分点。方便、快捷、运动、休闲等服务消费项目逐步成为新的消费热点。③买车成为城镇居民追求高品质生活的标志。2011 年,城镇居民每百户家庭拥有家用汽车数量已达 8.88 辆,增长 67.23%。④金银珠宝类商品消费旺盛。2011 年,江西省城镇居民人均用于金银珠宝饰品支出为 61.06 元,增长了 1.42 倍。⑤文化消费大幅提速。2011 年,江西省城镇居民人均教育文化娱乐服务支出为 1429.3 元,增长 21.14%,其中人均文化娱乐服务消费为 500.74 元,增长 17.16%,从文化娱乐服务消费内部看,人均团体旅游支出为 203.86 元,增长 32.49%;人均健身活动支出为 10.98 元,增长 29.48%。⑥城镇居民家庭信息化进程突飞猛进。2011 年,江西省城镇居民每百户家庭拥有计算机达 73.87 台,增长 23.3%;每百户拥有接入互联网的计算机 66.65 台,增长 27.46%;城镇居民人均上网费支出 93.6 元,增长 3.88%。⑦网上购物炙手可热。网购逐渐成为年轻一代新的消费方式。2011 年,江西省城镇居民人均通过互联网购买商品或服务支出为 55.06 元,增长了 73.64%。

(陈志诚)

住　宅

【概　况】 2011 年,江西省贯彻落实房地产市场调控政策,加大普通商品住房供应,满足居民合理住房需求。全省房地产开发完成投资中,住宅房地产开发投资为 656.91 亿元,同比增长 20.6%。全省商品住宅新开工面积 2684.43 万平方米,同比增长 37.21%;商品住宅施工面积 6781.84 万平方米,同比增长 11.83%。

全面落实税费政策。对保障性安居工程建设一律免收各项行政事业性收费和政府性基金。按照国家 2011 年保障性安居工程 10 月底全部开工建设,年底前主体基本完工达总任务 1/3 的要求。截至 10 月底,全省保障性安居工程项目已开工 32.6 万套,开工率 102%。截至 12 月底,主体完工 12.3 万套,完工率 38%。按照省保障性安居工程年底前基本建成 50% 的要求,含 2010 年结转建成任务,年底基本建成 17.8 万套,完工率 56%,实际发放廉租住房租赁补贴 16 万户。

2011 年,全省住房公积金管理再上新台阶。住房公积金缴存额大幅增长。截至年底,全省住房公积金累计缴存总额为 533.01 亿元,缴存余额为 372.46 亿元。当年全省新增缴存住房公积金 116.59 亿元,同比增长 31.19%,比上年净增 27.72 亿元。全省实际缴存职工人数 189.18 万人,比上年末净增 13.17 万人。全省住房公积金覆盖率为 67.66%,同比增加 3.38 个百分点。

个人住房贷款平稳推进。2011 年,全省住房公积金发放个人住房贷款 58.21 亿元,比上年净增 1.37 亿元,增幅 2.35%。截至年底,全省累计为 31.89 万个家庭发放个人住房公积金贷款 359.13 亿元,贷款余额

197.17亿元。全省个人住房贷款逾期率为0.32‰,低于国家1.5‰的控制指标。

公积金提取业务稳步提高。继南昌、省直、铁路、九江之后,新余、宜春、上饶等公积金中心开展按年提取还贷业务。2011年,职工因购建住房等提取住房公积金38.06亿元,比上年净增2.85亿元,增幅7.78%,提取使用额占同期缴存额的32.65%。截至2011年末,全省职工累计提取使用住房公积金160.55亿元,占缴存总额的30.12%。

【完成国家下达保障性安居工程建设任务】 2011年是江西省开展保障性安居工程建设总量最大、任务最重的一年。国家下达全省实物建设目标任务32万套。省政府将保障性安居工程建设纳入市县政府目标管理考核评价体系和约谈问责机制。3月22日,省政府召开全省保障性安居工程工作会议,与各设区市政府签订"2011年保障性安居工程目标责任书",将目标任务分解下达到各设区市,这是江西省连续5年省、设区市、县(市)政府逐级签订目标责任书。省政府印发《2011年保障性安居工程工作方案》。全省全年落实保障性安居工程用地1208.15公顷。在保障性安居工程选址上,尽可能选择交通便利、生活配套设施完善的地段。城市棚户区改造尽量就地就近建设安置用房。2011年,全省建设32万套保障性安居工程,计划投资308.6亿元。其中,第一时间将中央补助资金59亿元,省财政安排配套资金14.5亿元分解下达市、县;同时,安排土地出让收益26亿元、住房公积金增值收益1.5亿元,用于保障性住房建设;从发行的70亿元地方政府债券资金中,优先安排30亿元,用于保障性安居工程建设;省融资平台融资130亿元支持市、县廉租住房建设和城市棚户区改造,缺额部分由市、县财政兜底解决。

(任红丽　廖琳琳　李　锋)

消费者权益与保护

【概　况】 2011年,全省工商行政管理部门、消费者协会加大消费维权工作力度,强化流通领域商品质量监管,查处侵害消费者权益案件,切实维护消费者合法权益,提振消费信心,促进经济社会和谐稳定发展。全省工商行政管理部门、消费者协会共受理登记消费者咨询、申(投)诉、举报95519件,办结率99.5%,查处侵害消费者合法权益案件3920起,为消费者挽回经济损失2528万元。县级以上消费者协会收到表扬信、锦旗11件。

消费教育和消费引导。省工商局、省消协通过多种形式和途径,面向城乡居民开展消费教育引导。3·15期间,以"原景再现""模拟现场"的形式制作了10集"消保案例"、7集"3·15忠告"节目在江西电视台连播了17天,全年共开展消费引导教育大型宣传、咨询活动337次,开展授课、培训活动235次,共印发各类宣传材料401910份,发布消费提示和警示598条。

消费维权网络体系建设。"一会两站"建设。全省工商行政管理部门和消协组织进一步加大"一会两站"规范化建设的推进力度,巩固农村村镇和城市社区"一会两站"全覆盖的成果,方便消费者就近投诉、就近解决消费纠纷,全省共建立基层消费维权站13993个。12315"五进"工作。全省工商行政管理部门开展12315进商场、进超市、进市场、进企业、进景区工作,有效搭建经营者与消费者的自行和解平台。2011年,在符合条件的经营场所,共建立了经营者消费维权服务站1402个,经营者自行解决消费投诉3600多件。拓宽信息化投诉渠道。江西省工商行政管理局网站进行了改版升级,更新民声通道,有效畅通互联网消费者投诉咨询通道;各设区市工商局与消费量较大的104户经营者通过互联网建立快速通道,转办消费者申诉429条;及时更新12315短信平台新字段识别库信息,提升处理效率,全年共处理12315短信3892条。

流通领域商品质量监管。打击侵犯知识产权和制售假冒伪劣商品,净化市场交易环境。全省工商行政管理部门累计出动执法人员39967人次,检查经营户119624户,捣毁售假窝点42个,查处销售假冒伪劣商品案件696件,案值471.7万元。开展"家电下乡"市场专项整治。严厉打击"家电下乡"中出现的市场违法行为,切实维护农村农民消费者的合法利益和农村市场秩序。全省工商行政管理部门累计出动执法人员4.35万人次,检查经营主体3.11万户次,取缔无照经营13户,查处"家电下乡"违法案件13起,案值4万元;受理消费者咨询申诉举报4947件,为消费者挽回经济损失14.9万元。开展纸巾纸产品专项整治。全省工商行政管理部门通过纸巾纸市场经营户的户数和分布情况摸底,层层分解好工作任务,落实监管责任,确保专项整治取得实效。累计出动执法人员1.06万人次,检查各类经营主体3.07万户次,取缔无照经营4户,查处违法案件4起,受理消费者相关咨询举报78件。开展汽车轮胎市场专项整治。全省工商行政管理部门通过检查经营户的主体资格、加强汽配市场的日常巡查,加大不合格商品退市力度,依法查处销售假冒伪劣和不合格轮胎的违法行为,切实维护市场秩序。累计出动执法人员8486人次,检查各类经营主体6066户次,查处违法案件1起,受理消费者相关咨询5件。开展电动自行车市场专项整治。全省工商行政管理部门依法加强电动自行车销售企业的日常监管,督促销售企业建立并切实执行进货检查验收制度,验明电动自行车合格证明和其他标识,核查整车质量、外形尺寸等参数,同时充分发挥12315消费者申诉举报网络的作用,及时受理消费者相关申诉举报,切实维护了消费者的合法权益。开展建材与室内装修产品市场专项整治工作。以建筑用钢材、水泥及水泥制品、板材、铝型材等为重点产品,加大商品的票据、标识及商品质量监督检查力度;及时受理和处理有关建材方面的申诉举报,提高整治效率。全省工商行政管理部门累计出动执法人员1.51万人次,检查家居建材经营户2.31万户次。

【开展3·15国际消费者权益日活动】 3月15日,省委宣传部、省工商局、省消协和南昌市委宣传部、市工商局、市消协等部门围绕"消费与民生"年主题共同主办"2011年江西(南昌)3·15国际消费者权益日宣传咨询服务活动"。活动现场,工商、消协、质监、卫生等部门开展法律法规宣传活动,发放宣传资料,为消费者解疑答惑,提供咨询服务,受理消费投诉;同时推出维权成果大型展板,向消费者介绍消费知识和消费信息。3·15期间,共受理消费者咨询1741件、申(投)诉665件、举报70件,合计2476件,其中接到国家工商总局转办申诉4件。

【开展“老年人消费者权益保护监督调查活动”】 6月以来,全省消协组织对江西省老年人消费者权益保护状况开展调查活动。活动以江西省60岁及以上老年人为调查对象,采取问卷调查、到营业场所进行消费体察、在媒体开办专栏、接受消费者咨询和投诉、召开座谈会等多种方式进行。11月29日,省消协在南昌召开“2011年老年消费者权益保护现状调查”新闻发布会,向社会公布江西省老年人消费者权益保护工作的现状,呼吁社会各界积极开发老年消费市场,完善老年消费保障体系,加大老年消费品市场监管力度,严惩虚假宣传、制售假冒伪劣产品的违法行为;倡导诚信经营;建立绿色维权渠道,开展老年消费者宣传引导,共同营造和谐的消费环境。

(王　涛)

婚　姻

【概　况】 2011年,全省各地依照《婚姻登记条例》《婚姻登记工作暂行规范》等法律规定和程序,严把年龄关、材料关、取证关、审查关、登记关,共办理国内结婚登记44.5万对,办理离婚登记5.8万对,补发婚姻证件7.6万对,办理涉外婚姻登记1112对。

开展婚姻登记机关标准化建设。按照国家民政部要求,下发婚姻登记机关标准化建设的文件,明确评定标准、程序、步骤和要求;指导各级婚姻登记机关开展婚姻登记机关等级评定申报,解决场所、编制和人员等主要问题;改善办公条件,提高服务水平,争取向民政部报送一批有质量的登记机关。

做好登记高峰时期服务保障工作。先后下发《关于做好春节期间婚姻登记工作的紧急通知》《关于切实做好2011年国庆节期间婚姻登记工作的通知》,进一步规范春节、国庆等节假日婚姻登记服务,确保高锋时期服务质量不滑坡,得到婚姻当事人的普遍好评。

在全国率先实现与民政部的婚姻登记信息联网。省民政厅使用近百万元,对老版婚姻登记信息管理系统进行更新改造,从7月1号开始正式采用民政部开发的应用软件,对系统硬件设备进行高端配置,能基本满足3000名婚姻登记员同时在线需要,并可实现与民政部婚姻登记信息联网,确保婚姻登记系统高效安全运行,维护婚姻当事人的合法权益。江西省成为全国第四个与民政部实现信息对接的省份。

开展婚姻登记人员培训。6月初,举办两期新版婚姻登记系统师资培训,邀请民政部社会事务司司长张明亮、婚姻和收养管理处处长倪春霞到培训班上讲课。设区市民政局社会事务科科长、县级婚姻登记处主任和骨干婚姻登记员共220人参加此次培训。组织全省优秀婚姻登记处主任和部分分管局长参加民政部举办的全国婚姻登记机关等级评定工作培训班,为江西省申报创建国家级标准化登记机关打下基础。

【省涉外收养和涉外婚姻登记中心挂牌成立】 1月4日,省编办发出《关于省民政厅部分事业单位机构编制调整的批复》,批准成立省涉外收养和婚姻登记中心,为全额拨款单位。省涉外收养和婚姻登记中心于4月16日正式挂牌成立,使江西涉外收养婚姻登记工作走在全国前列。

(刘学平)

家　庭

【概　况】 全省各级妇联组织坚持以服务鄱阳湖生态经济区建设为龙头,实施“和谐家庭创建行动”,推动广大家庭及家庭成员成为科学发展、进位赶超、绿色崛起的重要力量。

开展农村留守妇女儿童关爱行动。4月19日,下发《江西省妇联开展农村留守妇女儿童关爱行动实施意见》,要求各地认真贯彻落实。赣州、新余、九江、上饶、鹰潭等地涌现出“农村留守妇女四联互助组”“妇女议事会”“农村村落社区互助会”等新型农村基层妇女组织,使广大家庭生活困难有人助、生产困难有人帮、经济困难有人扶、安全困难有保障。

开展“城乡母亲健康行·低碳生活乐农家”活动。省妇联、省直机关工委5月6日在南昌市湾里区开展“城乡母亲健康行·低碳生活乐农家”活动。6支由12个省直单位和南昌市女领导干部组成的“母亲代表队”开展徒步登山、厨艺比赛等活动,鼓励妇女和家庭健康出行、低碳生活,达到节约能源、减少碳排放、健康身心的目的。启动“江西省2011年节能节电全民行动”——“低碳你我他,节能靠大家”活动。发挥基层妇联、社区和村(居)委会、志愿者队伍等的作用,深入社区和家庭,开展形式多样的倡导宣传活动,普及家庭节能减排知识与技能,倡导科学、文明、健康的家庭生活方式。200名社区妇女代表参加了5月9日在省展览馆举行的江西省2011年节能节电全民行动活动启动仪式。

开展家庭文化艺术节活动。组织全省家庭参与全国妇联、文化部联合举办的第五届全国家庭文化艺术节活动,通过举办以家庭成员歌舞、小品等表演为主体的文艺汇演,家庭才艺比赛(包含低碳生活的小制作、书法、绘画、摄影、剪纸、园艺、收藏等),设计低碳环保内容的各类家庭文化展演或展览,家庭文化现场会,家庭服装、服饰表演,家庭文化建设研讨会,节能减排和低碳生活文艺活动以及其他具有地方特色和家庭特色的文化活动,丰富群众的业余文化生活。

加强和推进妇女健身活动。发挥全国妇联命名的30个健身示范站点的辐射带动作用,规范新站点的设立,对已有站点进行科学指导,对站点负责人进行培训。11月,组队参加第五届全国妇女健身活动展示网络大赛,获优秀组织奖和9个项目的优秀奖。

(何　颖　周莉萍)

【推进“平安家庭”创建活动】 创新

"平安家庭"管理模式。围绕省委、省政府"访民情、解民忧、保民安"的总体要求,以关注妇女民生、维护家庭平安为重点,丰富平安家庭创建内涵,提升创建平安家庭水平。7月,江西省提供的平安家庭创新管理模式得到全国妇联的好评,被选入《妇联组织参与社会管理及其创新案例选编》。12月初,全省"平安家庭"创建活动现场推进会在南昌召开,省妇联主席潘玉兰、省综治办主任张传发到会并讲话,省直及各地创建活动成员单位负责人参加了会议。南昌市妇联、湖口县委政法委、吉安市青原区新圩镇街道居委会、弋阳县妇联分别作了典型发言,介绍"平安家庭"创建工作经验。会议期间,与会人员参观考察了南昌市青少年教育关爱基地和东湖区彭家桥街办光明社区、青山湖区湖坊镇进顺村的平安家庭创建工作。12月,全省"平安家庭"创建活动考核评比工作在各设区市开展。

(周莉萍)

计划生育

【概　况】　2011年,江西省人口计生工作围绕控制人口数量、改善人口结构、提高出生人口素质这一主要任务,主攻"一升三降"(提高出生政策符合率,降低人口出生率、出生人口性别比、出生缺陷发生率),继续保持了良好的上升势头。省委书记苏荣于10月13日作出批示:"全省人口计划生育工作干得很不错,省委满意。"

计划生育政策严格落实。全省落实计划生育避孕节育措施67.48万例。全省查处党员干部违法生育1110人,其中给予党纪处分572人,政纪处分607人,开除公职333人,查处副科级以上干部18人,副县级干部1人;全省查处富人超生623人,累计征收社会抚养费8170万元,其中征收社会抚养费50万元以上的25人,单例征收最高额101万元。

出生人口性别比偏高问题得到有效治理。全面推行出生实名登记制度,全省出生实名登记率达到80%以上。全省共查处"两非"(非医学需要的胎儿性别鉴定和非医学需要的人工终止妊娠行为)案件2064例,其中公立医院147例,吊销执业证书342份,开除或解聘医务人员187人,经济处罚1072万元,刑拘或判刑120人。

计划生育利益导向机制逐步完善。鼓励各地将社会抚养费的10%~15%用于奖励计划生育家庭,计划生育奖励优惠政策惠及156.3万人(户)。全省有4.5万人享受农村部分计划生育家庭奖励扶助,7200人享受计划生育特别扶助,1.2万人享受计划生育补充养老保险,74.9万人享受计划生育爱心保险,66.3万人享受新农合补助。2.25万人享受农村计划生育中考加10分政策,3996人因加分升入高中或重点高中。1.24万名农村就读高中的女孩享受"阳光助学"每人每年1000元的扶助。新增8万户"计划生育绿色养老"家庭,累计达到16万户,占全省农村二女户66%。

免费孕前优生健康检查项目实施。省政府将免费孕前优生健康检查项目试点列入到2011年的"民生工程"。全省5个国家试点县、26个省级试点县,全部免费开展19个项目的优生健康检测,出生缺陷风险检出率13.8%,对这部分高风险人群全部进行了一对一的个性化优生指导。

流动人口计划生育服务管理切实加强。落实泛长三角、泛珠三角区域流动人口合作协议,在全国各地设立了534个流动人口计划生育协会。加强流动人口信息化建设和应用,全省全员流动人口入库率达到90%以上,国家平台流动人口子系统乡级运用率、信息反馈率等指标均高于全国平均水平。

计划生育优质服务深入开展。全省创建生育文明示范乡306个、示范村4200个,示范户31.60万户。开展计划生育药具"十进"活动。全省免费使用避孕药具首次突破100万人,达到117万人,计划生育药具"十进"单位2.16万家。开展"四级创建"活动,全面实施"阳光计生行动",改进工作作风,提高整体工作水平。

【省委、省政府召开全省人口计生工作会议】　会议于3月22日在江西南昌召开,省委书记苏荣出席会议,省长吴新雄给各设区市政府领导颁发2011年度人口和计划生育工作任务书,省人大常委会副主任陈安众出席会议,省政协副主席胡幼桃出席会议并讲话。会议通报了2010年度全省人口和计划生育工作目标考核获奖单位名单。部分设区市和33个县(市、区)的主要领导,部分省委部门省直单位、在昌大中型企业、高等院校分管领导参加了会议。

【共同举办鄱阳湖生态经济区人口科学发展高峰论坛】　8月25日,由省委宣传部、省人大科教文卫委、省人口计生委共同主办的鄱阳湖生态经济区

8月25日,由省委宣传部、省人大科教文卫委、省人口计生委共同主办的鄱阳湖生态经济区人口科学发展高峰论坛在南昌举行。

省人口计生委供稿

人口科学发展高峰论坛在南昌举行。本次高峰论坛的主题是“鄱阳湖生态经济区建设和人口科学发展”。各设区市及环鄱阳湖38个县（市、区）人大领导和人口计生委主任，部分省人口专家等共计160人参加了本次论坛。省委常委、省人大常委会副主任陈达恒，副省长姚木根出席论坛并讲话。

【召开泛珠流动人口服务管理磋商会】 会议于9月22日在南昌召开。国家人口计生委副主任王培安、江西省副省长姚木根出席会议并讲话。在泛珠区域协作框架协议的指引下，江西省与泛珠三角各方在“婚育证明”查验与协办、技术服务、社会抚养费征收、打击“两非”等方面保持着良好的协作关系。

【举办全省县（市、区）党政分管领导人口计生管理研讨班】 10月16～19日，省委组织部、省人口计生委联合举办全省县（市、区）人口计生工作党政分管领导业务知识培训班。省人口计生委主任李舰海出席开班式并讲话。各县（市、区）人口计生工作分管领导107人参加研讨班。北京大学乔晓春教授就人口计划生育综合改革工作进行授课。

（胡丽莎）

妇女儿童

【概　况】 妇女就业创业取得进展。各级政府通过努力消除就业中的性别歧视，拓宽妇女就业领域和就业渠道，实施小额担保贷款项目等措施，扶持妇女创业、就业，增加妇女就业机会。小额担保贷款项目开展以来，全省累计发放小额贷款168亿，扶持创业和带动就业突破100万人次，其中女性人数超过半数。城镇女性登记失业人员占全部登记人员的比重由2000年的54.08%降至2010年的37.17%，下降了16.91个百分点。

妇女参与决策和管理的水平稳步提升。各地党委和政府将女干部参与国家社会事务决策及管理纳入决策领域，对女干部实行倾斜政策，为女干部健康成长搭建平台，保障妇女平等享有民主参与和民主管理的权利。全省市、县级政府领导班子女干部配备率分别达到90.91%、79.80%，省、市、县三级政府工作部门领导班子中女干部配备率分别达到41.46%、46.37%和44.87%。

妇女儿童受教育程度明显提高。各级教育部门从加大教育投入、改善办学条件、加强队伍建设、提升教育质量等入手，通过不断优化教育资源配置，教育结构更趋合理、教育质量明显提升、教育公平迈出坚实步伐。全省共有小学12772所，在校生426万人，小学适龄儿童入学率达99.9%。初中2107所（含九年一贯制学校），在校生200万人，初中阶段适龄人口入学率达98.87%。全省普通高中在校生73.96万人，整个高中阶段毛入学率为76.00%，比2000年高出36.97个百分点。

妇女儿童健康状况持续改善。全省卫生系统通过深化医药卫生改革，实施“降消”、基本公共卫生服务、妇幼重大公共卫生服务等一批惠及妇女儿童健康的项目，改善农村特别是贫困地区妇幼卫生服务条件，重点解决了一批乡（镇）卫生院产儿科必需设备和住院分娩条件，提高了公共卫生保障妇幼健康的能力，妇女儿童健康状况得到明显改善，全省妇幼主要健康指标呈现“一升三降”良好态势，即住院分娩率持续上升，孕产妇死亡率、新生儿死亡率、5岁以下儿童死亡率分别下降。

妇女儿童权益保护更加全面。开展“三八维权周”等专项活动，通过各种渠道，采取多种形式，开展法律知识的宣传和培训。加强基层法律援助工作体系建设，在全省省、市、县三级司法行政机构100%建立法律援助中心，乡镇（街道）100%设立法律援助工作站，村（居）委会100%设立法律援助联系点（联络员）。全省有1400余个基层派出所设立妇女维权投诉站，占全省派出所总数的90%；有89个县级以上的法院设立了妇女维权合议庭，逐步形成了较为完善的妇女儿童权益保障体系。妇女儿童发展环境不断优化。着力改善妇女儿童生存的自然环境，增强妇女儿童参与环境保护的意识。

【召开省妇儿工委全体会议】 9月16日，省妇女儿童工作委员会全体成员会议在南昌召开。会议总结《江西省妇女发展纲要（2001～2010年）》和《江西省儿童发展纲要（2001～2010年）》实施10年来的总体情况，审议《江西省妇女发展纲要（2011～2020年）》和《江西省儿童发展纲要（2011～2020年）》，部署下一阶段妇女儿童工作。副省长、省妇儿工委主任谢茹出席会议并讲话。省妇联主席、省妇儿工委副主任李亚平，省发改委副主任、省妇儿工委副主任熊毅，分别就“两纲”终期评估和新“两纲”的编制起草情况向大会作了通报和说明。会议由省政府副秘书长、省妇儿工委副主任晏驹腾主持。会议对新“两纲”进行审议，并就新“两纲”的个别指标设定和策略保障提出了具体意见。省妇儿工委全体委员、省直成员单位联络员和新“两纲”编制小组成员参加会议。

【召开妇女儿童发展纲要新闻发布会】 12月26日，省政府新闻办公室召开《江西省妇女发展纲要（2011～2020年）》和《江西省儿童发展纲要（2011～2020年）》新闻发布会。《人民日报》《光明日报》、新华社江西分社、《香港文汇报》《香港大公报》《江西日报》等省内外30多家媒体参加了新闻发布会。省妇儿工委副主任、省妇联主席潘玉兰作为主发布人出席会议并通报“两纲”的基本情况，介绍“两纲”的编制背景和编制过程。省妇儿工委委员、省教育厅副厅长程样国，省妇儿工委委员、省卫生厅副厅长万筱明，省妇儿工委办公室主任、省妇联副主席黄海燕出席会议并就社会广泛关注的校车安全、学前教育、打击拐卖妇女儿童犯罪、母婴安全等问题回答了记者提问。会议由省政府新闻办公室主任欧阳苏勤主持。

（龙小琴）

【召开关爱农村留守儿童工作推进会】 5月31日省妇联、省文明办、省综治办、省教育厅、省关工委联合召开庆“六一”关爱农村留守儿童工作推进会。省委常委、省委宣传部部长刘上洋出席会议并讲话。省人大常委会副主任陈安众、副省长朱虹、省政协副主席郑小燕、省关工委主任周懋平等出席会议。省妇联主席李亚平主持会议。会议表彰了一批关爱农村留守儿童工作先进集体和个人。省直机关、各设区市文明办、教育局、妇联负责人以及留守儿童、老师代表200余人参加了会议。

（邱　立）

青　年

【概　况】　2011年，江西14～35周岁青年为1992.59万人，其中14～28周岁为1158.88万人，29～35周岁为833.71万人。从事农、林、渔、牧业人数为1075.88万人，其中国营农林牧渔74.08万人，乡镇406.65万人，行政村595.14万人；采掘业29.1万人；制造业64.80万人；电力、煤气及水的生产和供应业26.87万人；建筑业10.65万人；地质勘探业、水利管理业4.54万人；交通运输、仓储及邮电通讯业27.30万人；批发和零售贸易、餐饮业91.09万人；金融、保险业10.82万人；房地产业25.60万人；社会服务业45.74万人；教育文化艺术和广播影视业430.64万人，其中，大专院校学生68.38万人，中专学生67.51万人，职业高中学生39.64万人，普通高中学生59.46万人，初中学生195.65万人；卫生、体育和社会福利事业38.78万人；科学研究和综合技术服务业3.26万人；国家机关、政党机关和社会团体66.32万人；其他41.20万人。

从事经济行业14～35周岁青年为557.60万人。国有经济中298.49万人，其中国有企业144.17万人，国有事业单位145.53万人，国家机关、政党机关和社会团体18.39万人；集体经济中31.32万人，其中集体企业15.47万人，集体所有制事业单位15.85万人；私营经济中130.81万人，其中私营独资企业13.56万人，私营合资企业53.30万人，私营有限责任公司63.94万人；外商经济3.47万人，其中中外合资、合作经营企业0.59万人，外资企业2.87万人；港澳台经济1.12万人，其中与大陆合资、合作企业0.59万人，港、澳、台独资企业0.53万人；个体经济75.36万人；乡镇企业17.03万人。

乡镇街道14～35周岁在辖区内从业的青年为300.99万人，就业人员149.45万人，其中机关、国有、集体企事业单位正式职工85.34万人，外来务工人员64.11万人；下岗人员34.14万人；待业人员26.34万人；流动人员中，流入数为20.12万人，流出数32.11万人。

（黄　煜）

【成立"江西十大杰出青年"联谊会】　1月4日，"江西十大杰出青年"联谊会成立庆典在南昌举行。团省委书记、省青联名誉主席王少玄出席并讲话，团中央青年志愿者工作部副部长、省青联主席郭美荐主持庆典。庆典仪式审议通过了《"江西十大杰出青年"联谊会章程》，并选举第十一届"中国十大杰出青年"、第六届"江西十大杰出青年"、全国人大代表、江西蓝天学院院长于果为会长。自1991年以来，"江西十大杰出青年"评选活动连续开展15届，选出一大批在改革开放和社会主义现代化建设中业绩突出的青年模范人物。

【启动"沃·爱 江西青年志愿者行动"战略合作】　1月16日，"沃·爱江西青年志愿者行动"战略合作签约仪式在南昌举行，团省委书记王少玄、中国联通江西省分公司总经理王竑弢，团省委副书记曾萍、中国联通江西省分公司副总经理程火明出席签约仪式，中国联通江西省分公司副总经理孙兵主持签约仪式。团省委、中国联通江西省分公司有关部门负责人、青年志愿者代表近200参加了签约仪式。自2011年起，中国联通江西分公司将连续3年，每年出资100万元支持江西省青年志愿服务事业发展。同时，合作双方还将开展一系列志愿者活动，包括关爱农民工子女志愿服务行动、青年志愿者环保行动、城运会志愿服务行动、信息化青年志愿者服务行动以及其他的青年志愿服务活动。"沃·爱江西青年志愿者行动"将通过3年的努力，将江西青年志愿服务事业打造成江西省乃至全国有影响、有亮点的青年志愿者工作品牌。

【开展第十三届江西"乡村青年科技文化节"活动】　1月26日，江西省第十三届"乡村青年科技文化节"启动仪式在九江市庐山区新港镇举行。团省委副书记梅亦出席仪式并讲话。"乡村青年科技文化节"是团省委的品牌工作之一，连续坚持了13年。本届江西"乡村青年科技文化节"以"新形势 新青年 新作为"为主题，植入了科技的元素，以推广科技、倡树新风、传播文明为主线。启动仪式上，为农村创业青年发放了小额贷款、聘用了一批农村青年科技特派员。在全省各个活动现场，团员青年和志愿者法律咨询、科技指导、岗位对接、农技咨询、送春联、义务医诊等服务活动。通过面对面送政策、手把手送服务、心连心送温暖等形式，真正把党的十七届五中全会精神和科技、文化、卫生服务送到了老百姓手中，取得良好社会影响。

【江西省青年商会首次组团赴台湾考察】　3月6～14日，江西省青年商会首次组团赴台湾考察。考察团本着"虚心学习，真诚交流"的宗旨，拜会台湾省行政院农委会粮农署、桃园县政府农业发展处等机构，参观台北市国际花博会、桃园县茶艺研究学会、彰化县花卉生产合作社等产业园区，并访问嘉义大学农学院，与台湾各界人士进行了深入友好的交流。

【召开江西省预防青少年违法犯罪工作会议】　4月18～19日，江西省预防青少年违法犯罪工作会议在新余市举行。省人大常委会副主任、省委政法委副书记、省综治委副主任、省综治委预防青少年违法犯罪工作领导小组组长陈安众出席会议并讲话，新余市委书记李安泽到会致辞，省综治办主任、省综治委预防青少年违法犯罪工作领导小组副组长张传发出席会议，团省委书记、省综治委预防青少年违法犯罪工作领导小组副组长王少玄作工作报告。团省委副书记、省综治委预防青少年违法犯罪工作领导小组办公室主任梅亦主持会议，省综治委预防青少年违法犯罪工作领导小组各成员单位成员出席会议，省综治委预防青少年违法犯罪工作领导小组办公室全体成员，各设区市综治办主任、预防办主任共90余人参加了会议。会上，传达了2011年中央综治委预防青少年违法犯罪工作领导小组全体会议精神，省教育厅、省法院、省检察院、省公安厅、省民政厅、省司法厅等6个成员单位就本部门工作作了发言，九江市综治委预防办、新余市综治委预防办、永丰县综治委预防办、乐平市人民法院、南昌市东湖区上营坊社区等基层单位代表作了典型经验交流。与会代表还实地考察了新余一中"心灵家园"、渝水区人民检察院(优秀青少年维权岗)和未成年人零犯罪社区渝水区城北街道电工厂社区等预防青少年违法犯罪工作阵地。

【启动江西青年文明号"为民服务创先争优"主题实践活动】 8月12日，江西青年文明号"为民服务创先争优"主题实践活动在南昌八一广场启动。省委常委、组织部部长、省委创先争优活动领导小组副组长莫建成出席启动仪式，团省委书记王少玄出席仪式并讲话，省创先争优办副主任王敦范，以及公安、卫生、国税、交通、电力、电信、移动、联通、金融、消防等创建青年文明号成员单位的有关领导、青年文明号集体以及团员青年代表千余人参加了启动仪式，团省委副书记曾萍主持启动仪式。青年文明号工作开展近20年来，全省40多个行业、10万多个青年集体参加到创建活动中来，涌现了全国、省、市级青年文明号3000多个。江西青年文明号"为民服务创先争优"主题实践活动由省创建青年文明号组委会主办，旨在动员和组织全省各级青年文明号集体，立足本职岗位，发挥自身优势，增强服务能力，弘扬职业文明，创造一流业绩，为江西省精神文明建设和经济社会发展贡献青春和力量。活动以"三亮三比三争"为主要内容，即：亮身份、亮职责、亮承诺；比技能、比作风、比业绩；争当优质服务标兵、争创优质服务品牌、争创群众满意窗口。

【举办"我的青春故事"网络访谈】 为展示江西青年的良好精神风貌，9月16日，由团省委和大江网共同主办的"我的青春故事"网络访谈节目通过大江网直播，团省委副书记曾萍出席活动并讲话。团省委相关部室、大江网负责人，以及青年网民代表共计50余人参加了现场活动，30余万网民通过网络观看了访谈。直播邀请了"赢在江西2011"江西青年创业大赛冠军戴前，江西师大研究生支教团志愿者张云，中航工业洪都机械厂数控铣工熊瑛，扎根农村的大学生村官、江西省丰城市张巷镇王家村党支部书记助理孙蔚等嘉宾，围绕"劳动·创造·奋斗"主题，与现场网友进行了互动交流，带大家品味了一个个充满激情而又令人感动的青春故事。与此同时，在线网友纷纷跟帖留言，主持人对网友留言进行了现场反馈。

(杨龙兴)

老 年 人

【概　况】 2011年，全省100个县(市、区)成立和调整老龄委，老龄委主任均由党委或政府一名领导副职担任，普遍制定了"成员单位老龄工作职责"和"老龄工作委员会工作制度"。全省85%乡镇、街道设立老龄工作机构，多数村(居)委会成立老年人协会，基本形成了上下贯通的老龄工作体制和覆盖全社会的老龄工作网络。全省有60岁以上老年人532.78万人，占总人口的11.87%，比上年末提高0.43个百分点，人口老龄化进程进一步加快。

推进居家养老服务体系建设。2011年，全省加大财政投入，整合社会资源，共建成居家养老服务中心(站)280多个，其中打造居家养老服务省级示范点51个(城市社区29个、农村社区22个)。利用服务平台，各地为高龄、失能、空巢、贫困老年人提供配餐送餐、居室保洁、医疗陪护等各项服务。景德镇市、抚州市、萍乡市、上饶市、新余市、九江市下发《加快养老服务事业发展的实施意见》，推动了养老服务事业的发展。

落实和扩大老年优待政策。7月8日，省老龄委、省财政厅、省交通运输厅联合发出《落实70周岁以上老年人免费乘坐公交车实施意见》，进一步明确了老年人乘车证卡的办理、年检和公交线路、财政补贴等问题。宜春市、萍乡市、吉安市建立80周岁以上高龄老人津贴制度。全年共发放江西省老年人优待证9万本。

【《江西省老龄事业发展"十二五"规划》出台】 11月23日，省政府印发《江西省老龄事业发展"十二五"规划》，提出：到2015年，全省基本实现城乡养老保险制度、城市社区养老服务、高龄老人生活补贴、老龄工作队伍"四个全覆盖"和全社会尊老爱老敬老的氛围、企业退休人员养老金水平、老龄产业在整个经济中的比重、老龄工作的经费投入"四个较大提高"。

【开展农村老年人协会规范化建设试点】 2011年，按照"设施完善、制度健全、班子得力、经费落实、作用明显"五条标准，全省开展农村老年人协会规范化建设试点工作。省财政安排扶助资金200万元，省老龄办采取统一采购，统一配送的方式，为133个农村老年人协会，配送了彩电、DVD机和音响、乒乓球桌、腰鼓和锣鼓以及办公桌椅、书柜、麻将桌等活动器材。

【召开江西省"十大敬老模范社区"和"十大敬老模范村"表彰暨"江西老年节"庆祝大会】 10月16日，省老龄委在南昌市八一广场召开江西省"十大敬老模范社区"和"十大敬老模范村"表彰暨"江西老年节"庆祝大会，副省长、省老龄委主任熊盛文出席大会并讲话。省人大内司委、省老龄委成员单位有关领导出席了大会。南昌市青云谱区徐坊街道新丰社区等10个社区被评为"江西省十大敬老模范社区"，南昌高新区昌东镇芦源村等10个村被评为"江西省十大敬老模范村"，有关领导向他们颁发了荣誉证书和慰问金。

【开展"敬老月"活动】 10月1日至11月1日，全省开展"敬老月"活动，共走访慰问老年人15.6万人次，发放慰问金(慰问品)近千万元。南昌市举办老年体育健身、游艺、游园、知识讲座等活动；赣州市、萍乡市、新余市组织老年文艺晚会；吉安市、宜春市、上饶市开展敬老献爱心活动；九江市举办重阳节金秋红色游活动；抚州市开展向百岁老人、救助特困老人慰问活动；鹰潭市开展老年太极拳、门球、象棋比赛活动；景德镇市老年大学瓷乐团报送的瓷乐合奏《欢乐的瓷都》，代表江西省进京参加由中国老年艺术团组织的《红叶风采》大型文艺晚会汇演，受到观众的好评。

【开展应对人口老龄化战略研究】 2011年，根据省老龄委第八次全体会议部署，省老龄办启动江西省应对人口老龄化战略研究工作。通过网上发布公告，面向省内有关部门、高等院校、科研单位公开招标，确定了省社科院、江西农业大学、江西财经大学、南昌大学等10个课题研究单位，并取得阶段性研究成果。

【召开第十七次华东六省京津沪渝四市老龄工作暨老年学学会联席会议】 9月14～16日，第十七次华东六省京津沪渝四市老龄工作暨老年学学会联席会议在南昌市召开。来自江西、山东、安徽、江苏、浙江、福建六省和北京、天津、上海、重庆四市老龄办和老年学学会负责人参加了会议。会议主要任务是交流居家养老服务和农村老龄工作经验，研究探讨了新时期如何做好居家养老服务和农村老龄工作。全国老龄办副主任阎青春应邀出席会议并讲话。

（曾广水 傅保国）

殡葬

【概 况】 2011年，全省殡葬管理工作推进殡葬公共服务体系建设，在实施惠民殡葬政策，提升殡葬服务单位服务能力和水平方面取得了新成效。截至年底，全省共建有火化殡仪馆85个、经营性公墓98个、农村公益性墓地和骨灰堂4000余处。

实施惠民殡葬政策。2011年，南昌、吉安、萍乡市和婺源、玉山、资溪县推行全民遗体免费火化制度，全省建立全民遗体免费火化的县(市、区)达48个。省级福利彩票公益金列支300万元，资助建设110处农村公益性骨灰安放设施。争取国家福利彩票公益金195万元，资助南昌等5个设区市殡仪馆进行殡葬设施设备环保节能改造，支持瑞金等8个县(市)建设23处农村公益性骨灰安放设施。

开展殡葬职工和管理人员业务培训。5月8日至6月3日，举办4期殡葬职工职业技能培训班，全省187家殡葬服务单位219名一线殡葬职工参加培训并通过了考试。7月17～20日，举办全省首期殡葬高级管理人员培训班，97位殡葬服务单位主要负责人参加培训，民政部社会事务司和省民政厅的领导主讲。9月24日，26名殡葬职工在南昌市殡仪馆参加全国民政行业殡葬特有工种职业技能鉴定统考，22人通过理论考试和实操考核，并取得职业资格证书。截至年底，全省有97名殡葬职工获得全国职业资格证书。

【开展2010年度公墓年检】 3月14～18日，省民政厅组织10个检查组，对全省97家经营性公墓2010年度规范管理、墓区建设、经营管理、文明服务、自身建设等五个方面情况进行了年度检查。经综合评价，有39家公墓达到优秀标准，37家良好，14家基本合格，年检合格率为92.8%，7家存在问题较多的公墓被责令限期整改。

【清明节祭扫安全文明有序】 2011年清明节期间，全省殡葬服务单位共接待祭扫群众162万人次，车辆10万辆次，未发生祭扫引发的安全事故。南昌市民政局、九江市民政局、南昌市殡葬管理处、九江市殡葬管理处、赣州市黄龙陵园、吉安市殡葬管理所和罗铁军、罗长生、徐建军、程泉、熊有华、宋早根等单位、个人分别被民政部评为清明节工作突出单位、群众祭扫观察点和观察员。

【开展"行风建设月"活动】 3月15日至4月15日，全省殡葬系统围绕"讲诚信、促服务、创示范"主题，开展内容丰富、形式多样的"行风建设月"活动，以清理殡葬价格作为突破口，严格执行政府定价、政府指导价，降低市场调节价，建设"阳光殡葬"，并向社会公布服务监督投诉热线电话，自觉主动接受社会监督，逐项逐条整改存在的问题，取得较好成效。

【举办首届民政行业殡葬职业技能竞赛】 10月24～26日，省民政厅、人力资源和社会保障厅联合举办首届民政行业殡葬职业技能竞赛。11个设区市分别派出3名殡仪服务员和3名遗体整容师参加比赛。夏党萍、曹幼、宋微微和王登勇、刘欣、何细苟等6人分别获得殡仪服务、遗体整容职业一等奖，被授予"江西省技术能手"称号；温爱琴等14人分别获得殡仪服务、遗体整容职业二等奖，被授予"江西省民政行业技术能手"称号；九江、南昌、新余、萍乡、吉安和上饶市代表队分获团体总分前6名。

（罗铁军）

10月24日，江西省"南方环保杯"首届殡葬行业职业技能竞赛在南昌举行。

省民政厅供稿

民　　政

本栏编辑　李荣根

社会福利和慈善事业

【概　况】　截至2011年底，全省共有各类社会福利机构1964个，其中公办社会福利院103个、乡镇敬老院1321个、光荣院212个、居家养老服务中心（社区日间照料中心）196个、民办养老机构132个；工作人员13463人；养老床位18.82万张；在院服务对象14.86万人，其中城镇“三无”对象8253人，农村五保对象12万人，优抚对象6750人，社会自费老人11583人。开展慈善情暖万家、慈善阳光班、慈善赠药、慈善助学等慈善救助活动，共募集款物及争取项目资金1.35亿元，惠及弱势群体和困难群众13万余人。

推进社会养老服务体系建设。继吉安市、宜春市和景德镇市之后，抚州市、上饶市、九江市、萍乡市、新余市、赣州市先后以市政府名义制定出台加快养老服务事业发展的政策文件。起草编制《江西省社会养老服务体系建设规划（2011～2015年）》，统筹安排“十二五”时期社会养老服务体系建设项目。国家发改委、民政部继续将江西省纳入全国社会养老服务体系建设试点省份，安排试点项目21个、中央预算内投资3000万元，省财政厅、省发改委各配套500万元，省民政厅配套1000万元。

加强社会福利机构建设。谋划江西省老年福利服务中心建设项目，截至2011年底，共筹措7000万元。向民政部、财政部申请老年社会福利机构建设、儿童福利机构建设“蓝天计划”、农村五保供养服务设施建设“霞光计划”、社区为老服务建设、殡葬设施改造、县区流浪未成年人救助保护中心建设等12类151个项目，申请补助资金3532.2万元。通过以奖代补形式补助地方“三院”（福利院、敬老院、光荣院）建设资金7900万元，资助项目243个，扩大社会福利机构总量，提升服务水平。

实施社会福利项目。实施“残疾孤儿手术康复明天计划”，帮助122名社会福利机构中具有手术适应症的残疾孤儿得到康复，回归家庭。实施“重生行动——贫困儿童免费实施唇腭裂儿童手术康复计划”，为191个贫困家庭罹患唇腭裂的子女免费实施手术治疗和康复指导。推荐4名孤儿进入北京社会管理学院大专班学习社会工作专业，孤儿在校期间免除学杂费，并每月补助基本生活费300元。与中国社会福利教育基金会合作，在景德镇第一中等专业学校开展适龄孤儿或贫困家庭儿童职业技能培训项目，招收45名学员学习陶瓷工艺，每人每年资助7000元，第三学年带薪上岗实习。

实施慈善项目。实施“慈善情暖万家”活动，走访慰问困难群众家庭14000余户，发放救助资金和慰问物资600多万元。实施慈善助学活动。全省慈善阳光班总数达52个，投入资金1560万元，救助贫困高中学生2600余人。开展“金圣学子助学基金”“银联励志助学”活动，资助145名贫困大学生。实施“瑞典希望之星”培训项目，为160名贫困地区农村小学教师开展免费培训。实施救灾防灾慈善救助工作，争取世界宣明会救灾资金160万元，向乐平市、都昌县受灾群众民发放大米350吨、化肥112吨。实施慈善助医、赠药项目，共争取药物价值和医疗资金1.02亿元，救助困难重病患者1447人。

规范和完善慈善工作。5月26日，省民政厅制定发出《关于进一步规范完善城乡居民困难家庭儿童大病慈善救助工作的通知》，9月21日，发出《关于进一步做好慈善捐助款物管理和慈善捐助信息披露工作的通知》，对儿童慈善救助、慈善捐助款物管理和慈善捐助信息披露工作进行了规范和完善。

【孤儿保障制度建立】　3月16日，省政府办公厅发出《关于加强孤儿保障工作的实施意见》，从基本生活、医疗康复、教育、住房和成年后就业等方面对孤儿保障工作作了制度性的安排，是江西孤儿保障史上的里程碑。制定落实孤儿最低养育标准：城乡福利机构抚养孤儿每人每月1000元；城市散居孤儿每人每月570元，农村散居孤儿每人每月400元，散居残疾孤儿再增加100元。3月28日，省民政厅、省财政厅联合发出《关于发放孤儿基本生活费的通知》，明确孤儿基本生活费的发放对象，贫困家庭的认定办法，基本生活费的申请审批程序以及资金监管措施。2010年、2011年中央分别补助江西省孤儿基本生活保障资金11584万元和14893万元，全部拨付各地。

（朱小刚　熊志亮）

优抚双拥安置

【概　况】　2011年，全省共接收复员退伍军人18258人，岗位性安置2719人，办理自谋职业5771人，退役士兵自谋职业率达 68%。全省城镇退役义务兵自谋职业一次性补助平均标准达到了 1.8 万元，省直单位两年义务兵补助标准达 2.3 万元，累计发放自谋职业补助资金 1.02 亿元。全省 13 个军供站保障过往部队 923 批次，伙食供应近 39 万份，保障人员 15 万余人次。超额完成年度军休干部接收安置任务，军休干部的两个待遇得到落实。

军休人员安置工作。2011 年，民政部下达江西省接收安置军休人员任务 52 人，大部分是 2009、2010 年审定的人员。到年底共接收安置军休干部 69 人，超额完成 133%。做好军休干部房改工作。先后进行两次集中培训，深入全省各军休所进行面对面的政策指导。5 月初，上报第一批 265 户 278 人的房改数据。年底，中央将 3237 万元房改经费下拨江西省。

军供站现代化建设。11 月初，在上饶市召开全省军供站长会议，对军供工作进行总结，研讨军供现代化建设和正规化管理。南昌西军供分站建设和上饶、萍乡、南昌向西军供站重大项目取得进展。其中，南昌西军供分站建设项目列为南昌市政府重点工程项目，已规划出 0.95 公顷的项目用地；南昌向西军供站建设项目完成土地证的办理、项目立项、环境评估、可行性研究报告、规划设计和相关部门审批工作。

城镇退役士兵和伤病残士兵接收安置工作。截至年底，共解决安置遗留人员 1170 人，解决率近 50%；接收安置伤病残退役军人 85 人，伤病残退役军人安置率达 92%，在全国占位进入前 10 名。同时，将解决城镇退役士兵安置遗留问题与开展定向技能培训结合起来，利用中央及省属大型国企的内部培训机构这一平台，开办定向推荐到中石化加油站从事经营管理的骨干特招班，招收安置遗留退役士兵近 60 名，既为中石化培养了业务骨干力量，又为解决江西省安置历史遗留问题进行了有益的探索。

落实新颁布的《烈士褒扬条例》。7 月 26 日，国务院颁布《烈士褒扬条例》。根据新颁布的《烈士褒扬条例》的规定要求，江西及时调整烈士审批程序，年度内共受理审批烈士 6 人次。

评残工作。截至 11 月底，共受理申报评残材料 733 份，其中已评残 222 人、调整残疾等级 52 人，残疾军人迁入 220 人，收缴假残疾军人证件材料 11 份，迁出残疾军人 3 人，补证 35 人。

1 月 11 日，省委、省政府、省军区在南昌召开全省双拥模范城(县)命名表彰大会。

省民政厅供稿

【《江西省英雄模范褒奖办法》出台】 1 月 25 日，省政府颁发《江西省英雄模范褒奖办法》，自 3 月 1 日起施行。该办法对适用范围、对象确认、优待实施等几个方面作了具体规定，明确烈士家属在享受抚恤优待的同时，增发一次性烈士褒扬金，其标准为烈士牺牲时上一年度全省在岗职工年平均工资的 20 倍。

【烈士纪念设施维修改造】 2011 年，根据民政部有关要求，对各设区市上报的全国重点烈士纪念设施保护单位和优抚事业单位维修改造项目进行筛选。从上报的 5 个全国重点烈士纪念设施保护单位和 12 个光荣院维修改造项目中，选出 10 个单位进行建设项目资助，并对项目申报资料进行反复审核把关，维修改造工作进展顺利，取得良好的社会效果。

【落实各项优抚政策】 10 月 27 日，民政部、财政部出台给部分农村籍退役士兵发放老年生活补助政策。江西省组织和部署全省对 60 岁以上及 59 岁两部分农村籍退役士兵人员进行了调查和身份认定工作。已认定可享受农村籍退役士兵老年生活补助政策的人员共 94664 人，其中 60 周岁以上人员 80964 人；59 周岁人员 13700 人。

【江西人民慰问团赴南京军区慰问】 1 月 18 日，省委书记苏荣、省长吴新雄率江西人民慰问团，专程赶赴南京军区走访慰问。省委书记苏荣发表讲话，感谢南京军区对江西的厚爱，感谢人民子弟兵为江西各项建设作出的突出贡献。

【全国双拥办对江西省双拥创建工作检查考核】 6 月 21～24 日，全国双拥办副主任、总政治部群工办副主任李辉率全国双拥工作检查考核组一行 6 人到江西省检查考核双拥创建工作。6 月 22 日上午，召开江西省双拥工作汇报会。全国双拥检查组还对南昌市、吉安市、井冈山市的双拥创建工作进行重点检查。李辉代表检查考核组对江西省的双拥创建工作从各级领导高度重视、双拥创建氛围浓厚、考评标准执行有力、优抚安置政策落实到位、驻赣部队参加和支援地方经济社会建设成绩显著等五个方面给予了充分肯定。

【《江西省退役士兵职业教育和技能

培训暂行办法》出台】 3月16日，省政府、省军区出台《江西省退役士兵职业教育和技能培训暂行办法》。江西是全国贯彻落实国务院、中央军委《关于加强退役士兵职业教育和技能培训工作的通知》最早出台实施办法的省份。《江西省退役士兵职业教育和技能培训暂行办法》共11章33条，退役士兵教育培训以自愿参加、自选专业、免费培训为原则，核心内容是教育培训方式、工作机制、培训对象界定、教学管理和就业服务、经费保障、工作考核等6个方面。7月20日，省财政厅、省民政厅发出《江西省退役士兵职业教育和技能培训资金使用管理办法》，规范了退役士兵职业教育和技能培训资金的使用管理，明确了退役士兵教育培训资金由各级财政负担，省、设区市财政、民政部门根据参加教育培训的退役士兵实际人数及教育培训项目、时间、补助标准等因素确定补助资金分配方案，按分阶段、分比例的方式拨付。10月26日，省民政厅、省教育厅、省财政厅、省人力资源和社会保障厅发出《关于印发江西省退役士兵职业教育和技能培训工作考核办法的通知》，建立健全退役士兵职业教育和技能培训的目标考核体系和承训机构的检查制度。截至年底，全省32所承训机构共组织培训退役士兵技能培训40余班次，培训退役士兵3000余名，下拨教育培训专项资金3683万元

（张国安　董光红　陈　俊）

救灾救济

【概　况】 2011年，全省先后遭遇低温冰冻、干旱、洪涝、风雹、山体滑坡和泥石流等自然灾害袭击，总体灾情虽较常年略偏轻，但历史罕见的春夏连旱、旱涝急转等重特大自然灾害对赣北、赣东北和赣中部分地区造成较为严重影响，局部地区大灾频发、多灾连发、灾情严重。全年各类自然灾害共造成1295.1万人次受灾，因灾死亡31人，紧急转移安置44.86万人，倒塌居民住房6374户18404间，直接经济损失136亿元。面对严重灾情，省民政厅和市、县民政部门按照省委、省政府“两个最大限度”和“五个确保”的总体要求，科学高效地完成各项减灾救灾工作。省委书记苏荣在《救灾信息专报》上作出批示：民政厅的工作很主动。代省长鹿心社批示：好。要切实做好受灾群众安置救助工作。国家减灾办专门发来感谢信，对江西省救灾工作予以通报表扬并致以衷心的感谢。

组织救灾工作。全年争取国家减灾委、民政部对江西省启动救灾四级应急响应2次。省减灾委、省民政厅启动省级应急响应6次，针对旱灾首次启动三级应急响应，下拨中央和省级救灾资金4.12亿元。市、县民政部门启动应急响应32次，列支救灾资金2.3亿元。各级民政部门及时向灾区调拨棉被7.2万床、毛毯4.6万床、毛巾被3.1万床、棉大衣3.7万件、羽绒衣3.5万件等救灾物资，保障了灾后8小时内受灾群众得到基本生活救助。针对春夏连旱对鄱阳湖旱区渔民造成的损失，安排专项资金3848余万元，实施鄱阳湖旱区受灾渔民专项救助，标志着江西省灾后救助从相对粗放的“大众化”管理向精细式的“小众化”管理转变。及时推进灾后民房恢复重建工作，狠抓重建质量、狠抓工作进度。春节前全省近7000户受灾群众全部搬入安全舒适的新居。突出抓好冬春救助工作。提前调查摸底，精心制订方案，及时下拨冬春救助资金2.94亿元，实施分类救助、保障重点，确保受灾群众得到全面及时救助。

开展防灾减灾工作。推进综合防灾减灾规划建设，12月31日，省政府印发实施《江西省综合防灾减灾规划（2011～2015年）》。6月，初步拟订《江西省防灾减灾人才发展中长期规划（2010～2020年）》。重大项目建设速度加快，省救灾减灾指挥中心大楼列为省重点建设工程，进入项目正式实施阶段。承接民政部“重大自然灾害应急监测与示范工程”等4个重大科技示范项目。各地减灾管理工作机制进一步完善，新余市以及上犹、东乡等一批县（市、区）新成立减灾中心。社区防灾减灾工作深入推进，8月22日，省减灾委发出《关于加强城乡社区综合减灾工作的指导意见》。5月9～15日，牵头组织国家“防灾减灾日”宣传教育活动，会同南昌市减灾委、民政局在东湖区组织举办大型防灾减灾应急演练。全省创建84个全国和省级综合减灾示范社区，完成对全省1500余名乡镇（街道）的灾害信息员的培训、考试和鉴定工作。

【《江西省自然灾害生活救助资金管理暂行办法》和《江西省自然灾害灾情信息报送工作评估标准》出台】 4月7日，省民政厅会同省财政厅在全国率先出台《江西省自然灾害生活救助资金管理暂行办法》，首次明确重

6月16～19日，国家减灾委、民政部针对江西省洪涝灾害启动国家四级救灾应急响应，并派出工作组深入乐平、德兴、昌江等地查看灾情。

省民政厅供稿

特大自然灾害所需救灾资金中的地方负担部分,按省、县8:2分担。首次建立救灾资金6个科目的细化机制,标志着江西省形成以灾后应急救助、因灾死亡人员抚慰、过渡性生活救助、倒损民房恢复重建补助、旱灾临时生活救助和冬春临时救助等灾后救助政策为主体的、覆盖全面、保障有力的灾害救助体系。10月24日,制订《江西省自然灾害灾情信息报送工作评估标准》,首次运用统计学方法建立江西省灾情信息报送工作评估标准,建立完善灾情统计通报制度。会同农业部门将农垦国有农场受灾人员及因灾倒房纳入自然灾害救助范围。推进全省25个县461个乡镇网络"系统"报灾和救灾应急志愿服务体系建设试点工作。

【开展农村危房改造工作】 8月26日,省民政厅发出《农村"两红"(在乡退伍红军老战士和红军失散人员)人员及其遗属危房改造实施方案》,会同省财政厅按照户均1.1万元的补助标准下达专项资金,建立定期上报和通报制度,完成全省6968户农村"两红"人员及其遗属危房改造工作。各级民政部门开展农村危房改造补助对象调查摸底工作。省政府民生工程要求的"新建(重建)农村困难群众住房4008套、维修2064套"的任务全面完成。修水县、武宁县221户矽肺病患者危房改造两年的工作任务,一年基本完成。

(邱　伟)

城乡社会救助

【概　况】 截至2011年底,全省共筹集社会救助资金56.3亿元,其中争取中央资金49.2亿元。2011年全省城市低保保障人数为93万人,平均保障标准为每人每月300元,月人均补助为200元。全省农村低保保障人数为150万人,平均保障标准为每人每月130元,月人均补助为90元。农村五保集中供养标准每人每年2400元,分散供养标准每人每年1560元。城乡医疗救助全年累计救助85.06万人次,住院救助金额城市达到3969元,农村达到3567元。临时救助共救助4.5万人次,发放救助资金4000多万元,人均救助900元。精简退职老弱残职工生活补助城乡分别为每人每月245元和205元。

城乡低保规范管理进一步加强。2月14日,省民政厅发出《关于进一步加强城乡低保规范化管理和长效机制建设工作的通知》,完善低保申报、公示、听证、备案登记、动态管理、责任追究等制度,确保低保操作更加规范、程序更加透明,结果更加公正。推行城市低保三级联审工作,由县、街办、居委会三级从事低保工作的人员共同对申请对象进行审核,对申请对象是否符合低保条件提出审批意见。完善低保资金监管机制,对各设区市城乡低保资金预算执行情况按月进行通报,对各市、县预算执行进度和支出均衡性等情况进行绩效考核。在全省开展城乡低保专项治理"回头看"活动,对低保对象进行清理整顿,确保低保对象确定更加公开、公平、公正。在南昌、鹰潭等地开展城镇居民家庭经济状况核对试点工作,取得初步成效。

农村敬老院建设管理工作取得新突破。开展新一轮的敬老院建设工作,从省级福利彩票公益金中安排4813万元,扶持193所农村敬老院进行新(改、扩)建工作。争取中央"霞光计划"资金553万元,帮助全省79所敬老院完善基础设施。先后两次对全省农村敬老院进行安全管理和日常管理大检查,对规模小、条件较差、存在安全隐患、管理服务水平较低的敬老院进行整治。农村敬老院的地位得到提高。先后联合有关部门发出《关于农村五保供养服务机构和人员编制的意见》《关于加强农村敬老院机构建设的实施意见》和《关于做好贯彻落实赣编办发〔2011〕36号文件和赣民发〔2011〕20号文件有关工作的通知》等文件,将全省由政府举办的农村五保供养服务机构登记为事业单位。全省共新增3200多名事业编制,每个农村五保供养服务机构解决院长和会计2名事业编制。民政部部长李立国就江西省落实敬老院编制工作作出批示:推进解决农村敬老院法人登记和纳入财政保障管理经费问题已取得一些成效,还须加快扩大和普及。江西省这方面做得很好,应该推广。请办公厅、救助司将地方制定的有关政策和举措,用参阅文件或信息载体及时摘发。

城乡医疗救助工作取得新的成效。加大儿童重特大疾病救助力度,全省已有5万余名困难家庭大病儿童获得救助,人均次住院救助额度达到6900多元。7月,国务院医改领导小组简报头条刊登《江西扎实做好儿童大病医疗救助工作》报道。探索单病种付费的救助模式,不断扩大重特大疾病救助病种范围。联合财政、卫生、人保等部门出台《江西省儿童白血病、先天性心脏病免费救治方案》和《江西省尿毒症免费血透救治工作方案》,对儿童白血病、先天性心脏病和尿毒症患者血透治疗实施免费救治。对九江市修水、武宁两县的矽肺病患者实施免费救治。12月23日,省民政厅厅长徐毅在全国民政工作会上介绍江西省开展重特大疾病救助工作经验。推动医疗救助即时结算网络平台搭建工作,已有吉安、抚州、南昌、九江等地15个县(市、区)开通网络结算平台。

【《江西省社会救助和保障标准与物价上涨挂钩联动机制的实施意见》出台】 4月22日,省发改委、省民政厅等五部门联合发出《江西省社会救助和保障标准与物价上涨挂钩联动机制的实施意见》,当基本生活费用价格指数涨幅连续3个月达到或超过3%时,各设区市人民政府启动联动机制,给城乡困难群众发放物价补贴。

(谢快生)

行政区划和地名管理

【概　况】 2011年,全省共办理行政区划调整事项11件,涉及南昌市、宜春市、吉安市、上饶市、赣州市、抚州市等6个设区市。其中,撤乡设镇8件,设立街道办事处3件。截至2011年底,全省共有设区市11个,县(市、区)100个,其中市辖区19个、县70个、县级市11个;乡级行政建制单位1539个,其中街道办事处143个、建制镇794个、乡602个(含民族乡8个)。

【全省行政区划变更情况】 南昌市：新建县撤销石埠乡、联圩乡，设立石埠镇、联圩镇，其行政区域范围和政府驻地保持不变。

吉安市：吉安县撤销梅塘乡，设立梅塘镇，其行政区域范围和政府驻地保持不变。井冈山市撤销黄竹坳街道办事处，将其所辖区域成建制划归茨坪街道办事处管辖；设立红星街道办事处，辖映山红路、湘州路、会师路、瑞金路、龙江路、站前路6个居委会，驻黄洋界大道。青原区撤销文陂乡，设立文陂镇，其行政区域范围和政府驻地保持不变。

上饶市：玉山县撤销冰溪镇，设立冰溪街道办事处，将横街镇洋岩、王村畈2个村划归冰溪街道办事处管辖。办事处驻三清山大道287号，辖12个居委会和10个村委会；撤销文成镇，设立文成街道办事处，将横街镇仓溪、六村2个村划归文成街道办事处管辖。办事处驻十里山街118号，辖9个居委会和6个村委会。

宜春市：宜丰县撤销黄岗乡，设立黄岗镇，其行政区域范围和政府驻地保持不变。

赣州市：赣县撤销储潭乡，设立储潭镇，其行政区域范围和政府驻地保持不变。

抚州市：宜黄县撤销桃陂乡，设立桃陂镇，其行政区域范围和政府驻地保持不变。金溪县撤销对桥乡，设立对桥镇，其行政区域范围和政府驻地保持不变。

【推进地名公共服务工程】 围绕地名规范、地名规划、地名标志、数字地名4个专项任务，推进地名公共服务工程建设。全省70个县、1396个乡镇全部设置了地名标志，22个设市城市、70个县全部完成地名规划编制工作，所有县（市、区）都建立了本级地名数据库，地名管理和服务能力明显提高，得到了民政部的肯定。11月16日，民政部召开全国地名公共服务工程总结暨地名公共服务体系示范建设会议，江西省民政厅作经验介绍，南昌市、九江市、德兴市、万载县被命名为“全国地名公共服务示范市（县）”。

【《江西省地名管理办法》出台】 针对江西地名法规建设薄弱的实际，省民政厅组织开展地名立法调研，起草《江西省地名管理办法》，纳入省政府2011年立法计划。4月7日，厅长办公会议讨论通过《江西省地名管理办法（送审稿）》。6～10月，配合省法制办到抚州、吉安等地进行了实地调研，会同省法制办对《江西省地名管理办法（送审稿）》进行多次修改，形成《江西省地名管理办法（草案）》上报省政府。12月7日，省政府常务会议审议通过《江西省地名管理办法》，并以省长令的形式颁布实施。

【探索国有农垦企业行政区划设置管理新模式】 根据省委书记苏荣的指示，制定“农场变乡镇”工作方案，会同有关部门赴九江、上饶等5个设区市、11个县市、23个垦殖场进行实地调研，走访省财政厅、省编办等部门，对农垦企业行政区划设置的方式、标准等进行反复研究，形成专题调研报告和指导性意见。

（熊崧麟）

基层政权和社区建设

【概　况】 2011年，省人大常委会先后正式通过《江西省村民委员会选举办法》《江西省实施〈中华人民共和国村民委员会组织法〉办法》。江西省成为全国31个省份中最早出台两个法规的省份，尤其是《江西省村民委员会选举办法》的出台，使江西省村委会选举工作有了单行的地方法规，填补了江西省的空白。省委办公厅、省政府办公厅先后出台《关于进一步加强城市社区居民委员会建设工作的意见》《关于认真做好全省村党组织和第八届村（居）民委员会选举工作的通知》，为江西省以后10年乃至更长时间加强城市社区居委会建设提出了明确目标和具体措施，对做好村党组织和第八届村（居）民委员会换届选举工作提出了全面要求。全省村（居）民委员会从10月份开始陆续开展换届选举工作，截至年底，有70%以上完成了正式投票选举工作。2009年确定的446个村务公开民主管理“难点村”得到有效治理，全部转化为合格村，转化率达100%，通过中央“难点村”治理检查验收组的检查验收。向全国村务公开协调小组申报万载县、铜鼓县、吉安市青原区和萍乡市安源区为“全国村务公开民主管理示范县（区）”。省财政安排补贴农村“两老”资金3000万元，平均每个村补贴1774.6元。起草《江西省城乡社区建设发展“十二五”规划》《江西省城乡社区服务体系建设规划（2011～2015年）》，计划于2012年出台实施。按照中央的部署和民政部的要求，指导各地开展街道社区党组织创先争优活动。

城市社区建设取得新突破。5月22日，省委办公厅、省政府办公厅出台《关于进一步加强城市社区居民委员会建设工作的意见》，提出了强化居民自治、关心社区干部成长、提高社区居委会保障能力、实行社区工作准入等新政策和新举措，实现了政策的突破；首次将社区示范点项目建设纳入省级福利彩票公益金补助范围，争取省级福利彩票公益金200万元，资助打造社区示范点项目24个，较好地发挥了社区示范点的示范作用，实现了项目的突破；争取省财政安排补贴社区居委会干部工作待遇3000万元，居委会干部人均年补贴标准由2010年的1383元提升为1951元，增长了41.07%，实现了资金的突破。

农村社区建设取得新进展。6月中旬，全省农村社区建设现场经验交流会在南昌召开。会议总结推广了青山湖区、都昌县等地农村社区建设的成功经验，明确了农村社区建设的发展方向、工作目标、工作思路。指导万载、大余、上饶县等地开展“全国农村社区建设实验全覆盖示范单位”创建活动，并上报民政部命名表彰。全面开展精品农村社区创建工作，依托各类强农惠农政策，做好资源整合文章，不断丰富创建内容，提高创建层次，命名151个农村社区为“全省精品农村社区”。

【村民自治法规政策和社区居委会建设文件出台】 出台两个村民自治省级法规。5月27日，省人大常委会正式通过《江西省村民委员会选举办法》。9月29日，省人大常委会正式通过《江西省实施〈村民委员会组织法〉办法》。出台两个省级重要政策文件。5月22日,省委办公厅、省政府办公厅正式出台《关于进一步加强城市社区居民委员会建设工作的意见》。9月19日,省委、省政府办公厅发出《关于认真做好全省村党组织和第八届村(居)民委员会选举工作的通知》。各地也立足实际,加大出台政策的力度,吉安、新余等市相继出台了加强城市社区居委会建设的意见,南昌、景德镇等设区市下发了村(居)委会选举的指导性文件,全省基层政权和社区建设法规政策体系得到进一步健全和完善。

【全省第八届村(居)委会换届选举工作全面启动】 9月28日,省委、省政府召开全省村(社区)"两委"换届选举工作会议,对全省第八届村(居)委会选举进行全面部署。会后,市、县、乡分别成立领导机构和工作机构,层层召开工作会议进行部署,逐级制定详细的选举工作实施方案,全面推开选举工作。选举工作启动后,省、市、县、乡加强对选举工作的指导,省民政厅先后联合团省委、省委组织部、省妇联等部门下发文件,具体指导确保妇女当选和加强农村基层团组织工作,建立村(居)委会换届选举工作定期调度制度,每十天调度一次,编发选举工作简报,动态反映选举工作进展情况,推广各地好的做法和经验,及时反馈各地在选举工作中出现的问题,做好信访答复工作,确保了选举工作顺利进行。截至年底,全省约有72%的村、65%的社区居委会全面完成了选举工作,其余村(居)委会预计在2012年2月底全面完成选举工作。

【完成村务公开民主管理"难点村"治理】 2011年是"难点村"3年治理工作的收官之年。省民政厅下发《关于继续做好全省村务公开民主管理"难点村"治理工作的通知》,制定出台"难点村"治理检查验收标准和先进单位、先进个人评选表彰方案,指导全省加大治理力度并进行评先表彰。各地通过挂点单位帮扶、工作组蹲点治理等措施实施分类治理攻坚克难,将全省446个"难点村"全面转化为合格村,并于11月份通过中央"难点村"治理工作检查验收组的检查验收。

(虞烈东　吴新传)

社会组织管理

【概　况】 截至2011年底,全省各级民政部门共登记各类社会组织11245个,其中,社会团体6388个,民办非企业单位4827个,基金会30个。

登记管理改革稳步推进。12月7日,省政府第58次常务会议审议通过《江西省行业协会管理办法》,进一步完善行业协会培育发展和监督管理的政策法规。将全省性社会组织审批工作纳入"省级机关行政审批绩效电子监察系统"和"省级行政审批工作平台",使审批工作更加规范、高效和透明。在省本级审慎推进非公募基金会和慈善类社会组织无业务主管单位登记改革,有效缓解了慈善类公益社会组织登记难的问题。

培育发展力度不断加大。省民政厅发出《关于加强社区社会组织建设的指导意见》,明确社会组织、社区和社会工作"三社联动"的目标、任务和要求。召开社区社会组织建设现场推进会,交流试点单位先进经验。加快推进社会组织孵化基地建设,全省建立社会组织孵化中心20余个。争取中国社会组织发展促进会"和谐发展与能力建设"项目,举办多期社会组织能力建设培训班,培训社会组织秘书长、专职工作人员216人。

执法监督更加严格规范。开展社会团体"小金库"专项治理工作,全省累计查出社会团体"小金库"78个,涉及金额1501万元。加大年检工作力度,采取分类指导、上门服务、集中办理、专项审计等方式,提高年检针对性。2010年度全省性社会组织参检率达91%,合格率达82%。依法查处社会组织违法违规行为,仅省本级查处社会组织违法行为36起,作出行政处罚69起,其中,依法撤销社会组织登记33个。开展专项执法活动,联合省卫生厅、省人力资源和社会保障厅开展民营医疗机构"规范化服务"主题活动,督促其规范收费行为、提供优质服务。

信息宣传工作切实加强。以《中国社会报》《中国社团研究》《江西社会组织》、中国社会组织网和江西社会组织网为主要宣传平台,全省累计发表各类宣传稿件300多篇,重点宣传全省100多个社会组织服务社会的先进事迹和有关政策法规,为全省社会组织发展营造了良好的社会环境。

【开展创先争优活动】 9月,省委组织部正式批复成立省社会组织党工委,成员由省民政厅、省教育厅、省卫生厅、省社联等15家省直单位组成。社会组织党组织和党员覆盖进一步扩大,新增党组织23个、党员148名。全省社会组织累计建立党组织455个,拥有党员11289人。主题实践活动深入开展,通过"四服务四促进"和"三比三看"活动,全省社会组织累计为群众办实事、解决难事4万余件。

(罗良意　易　军)

社会工作

【概　况】 2011年,全省共有7390人报名参加全国社会工作者职业水平考试,1193人通过,其中助理社会工作师898人,社会工作师293人。万载县农村社会工作人才队伍建设模式获得第六届地方政府创新奖,青云谱区被命名为"全国第二批社会工作人才队伍建设试点示范地区",青云谱区社会工作及其人才队伍建设经验在成都举办的全国地方党政领导干部社会工作人才队伍建设专题研究班上作典型发言。井冈山大学社会工作硕士点成功申报,成为全省第二个拥有社会工作硕士点的高校。

举办全省地方领导干部社会工作人才队伍建设专题研究班。10月,省委组织部和省民政厅联合举办全省地方领导干部社会工作人才队伍建设专题研究班。来自全省的80位社会工作人才队伍建设试点县(市、区)领导及民政局分管领导参加了此次培训。民政部社会工作司领导、北京大学、复旦大学教授及民政厅有关处室领导进行专题讲授,对青云谱区社会工作进行实地参观,万载县、吉安市吉州区介绍本县区开展社会工作及其人才队伍建设情况。这次培训是江西省地方党政领导换届后首次进行系统的社会工作专题培训,对提高地方党政领导对社会工作的理解，对社会工作及其人才队伍建设起到了推动作用。

举办全省社会工作者继续教育培训班。12月6～16日，省民政厅社会工作处、省社工协会和省民政厅培训中心联合举办两期社会工作者(助理社会工作师、社会工作师)继续教育培训班，全省共有141名社会工作者参加培训，培训结合新颁布的中央18部委《关于加强专业社会工作人才队伍建设的意见》，对中国社会工作人才队伍建设形势与发展，社区工作、个案工作、小组工作的方法与技巧进行学习，还在社会工作师培训班上增设社会工作督导的内容，形式有理论要点梳理、技巧介绍、案例分析、课堂互动、小组讨论、分享交流，受到培训学员的普遍欢迎。

【举办"社工与你同行"社会工作宣传周活动】 4月，举办全省社会工作宣传周活动，印发《关于在全省开展"社工与你同行"社会工作宣传周活动的通知》。副省长熊盛文出席社会工作宣传周活动启动仪式，并向东湖区、青云谱区、西湖区、万载县领导授旗。来自全省500多名代表参加了启动仪式。此次全省社会工作宣传周活动在全省范围内开展一周，全省各地围绕"社工与你同行"这一主题，结合自身实际开展丰富多彩的大型宣传活动。庐山区、渝水区、万载县、袁州区、樟树市，青原区、安福县、婺源县等地响应号召，开展社工进社区、社工进学校、社工大型宣传晚会等活动，使更多的群众了解和支持社会工作。营造民政系统和社会各界理解、支持、参与、推动社会工作及其人才队伍建设的良好环境。

(何　珊)

4月18日，"社工与你同行"社会工作宣传周活动在南昌启动，副省长熊盛文出席启动仪式。

省民政厅供稿

救助管理

【概　况】 2011年，全省共救助流浪乞讨人员13.87万人次，其中救助流浪未成年人1.46万人次，老年人2.69万人次，救治危重、精神病人1.03万人次，残疾人1.85万人次。

县级救助管理机构建设得到加强。新干、都昌、黎川等3县未成年人保护中心列入民政部扶持建设项目，每个未成年人保护中心获扶持50万元。南昌、修水、于都、上栗、樟树等5个县级未成年人保护中心列入省级福彩公益金资助项目，每个未成年人保护中心获资助40万元。全省设区市级救助管理站除1个因城市规划没有竣工，其余10个都已建成新站并投入使用。县级救助管理站已建成5个，8个正在建设之中。

中央首次拨付江西省救助管理补助资金。中央首次拨付江西省流浪乞讨人员救助管理补助资金1970万元，用于流浪乞讨人员生活救助、医疗救治、教育矫治、返乡救助和临时安置，较大程度上缓解了各地救助管理经费不足的问题。截至年底，国家和省级流浪救助补助资金总额达到2170万元。

国家为江西省购置流浪未成年人流动救助车。2011年，国家民政部和国家发展改革委员会为江西省11个设区市和鄱阳县、丰城市、乐平市、余干县流浪未成年人救助保护中心购置流动救助车各1辆，流浪乞讨人员救助工作条件得到改善。

【建立全省流浪乞讨人员救助管理工作联席会议制度】 按照国务院和省政府召开关于加强和改进流浪未成年人救助保护工作电视电话会议要求，9月30日，省政府办公厅发出《关于成立江西省流浪未成年人救助管理工作联席会议的通知》，成立以分管副省长熊盛文和省民政厅厅长徐毅、省政府办公厅副主任陈石俊为召集人，省政府办公厅、省发改委、省教育厅、省公安厅、省民政厅等18个省直单位或部门的分管领导为成员的联席会议。联席会议办公室设在省民政厅，饶剑明兼任办公室主任。

【首次以省政府名义对救助管理工作进行督查】 根据省政府统一部署，12月中旬，省救助管理工作联席会议组成9个督查工作组采取听取汇报、查阅资料、实地检查、街面巡视、询问对象等形式，对各地救助管理工作进行一次全面督查，先后深入11个设区市本级、18个县(市)、18个街道救助点和部分社区进行现场查看，并与近50名受助对象进行面对面的交流。省民政厅向副省长熊盛文呈报《关于对全省流浪乞讨人员救助管理工作督查情况的汇报》。省长鹿心社、副省长熊盛文对此作出指示并予以表扬。11月23日，江西省流浪乞讨人员救助管理工作联席会议办公室发出《关于对全省流浪乞讨人员救助管理工作督查情况的通报》。民政部领导充分肯定江西省的做法，以民政部《信息参考》全文转发此通报。

(高　宏)

市 县 区

本栏编辑 李目宏 詹跃华

南昌市

【概 况】 位于江西省中部偏北，辖4县5区。土地总面积7402.36平方千米。其中，粮食种植面积37.90万公顷，同比增长1.7%；造林5993公顷，下降18.8%；森林覆盖率21.96%。园林绿地面积8440公顷，绿化覆盖面积8936公顷，公共绿地1981公顷，城市绿化率42.96%。年末人口总数504.95万人，人口自然增长率7.37‰。

2011年，实现生产总值2688.87亿元，按可比价格计算，增长13.0%。完成财政总收入411.19亿元，增长27.6%。其中，地方财政一般预算收入187.03亿元，增长27.7%。完成增值税14.03亿元，增长27.6%；营业税67.36亿元，增长24.2%；企业所得税17.45亿元，增长39.4%。地方财政一般预算支出299.37亿元，增长28.9%。居民消费价格（CPI）上涨5.0%。其中，消费品价格上涨5.7%；服务价格上涨2.8%。商品零售价格上涨5.2%，工业生产出厂价格上涨4.9%，工业生产购进价格上涨11.02%。完成农林牧渔及服务业现价总产值229.70亿元，增长4.6%。其中，农业产值85.52亿元，增长5.7%；林业产值2.58亿元，增长5.4%；牧业产值91.03亿元，增长3.7%；渔业产值46.23亿元，增长4.1%；服务业产值4.34亿元，增长5.1%。主要农产品有粮食、棉花、油料、生猪出栏、禽蛋、水产品。完成规模以上工业增加值761.23亿元，增长18.0%。规模以上工业中，分经济类型看，国有企业增加值增长12.9%；集体企业增加值增长48.1%；股份制企业增加值增长19.7%；外商及港澳台商投资企业增加值增长17.1%；股份合作企业增加值增长29.9%；私营企业增加值增长18.6%。500万元以上项目共完成投资2002.66亿元，增长26.1%，其中，工业投资846.37亿元，增长34.4%；房地产开发投资279.66亿元，增长21.5%。投资施工项目4829个，其中，新开工项目3829个。实现进出口总额78.84亿美元，增长48.6%。其中，出口总额56.57亿美元，增长53.9%；进口总额22.27亿美元，增长36.6%。实际利用外资22.87亿美元，增长13.3%。其中，第二产业7.96亿美元，第三产业13.94亿美元，所占份额分别为34.8%和61.0%。批准外商投资企业185家。其中，中外合资企业占10.8%，外商独资企业占87.6%。实际利用内资604.09亿元，增长18.6%。新增具有世界500强投资背景的企业4家，总数达45家。实际引进省外单项投资5000万元以上项目资金342.68亿元，增长31.2%。主要工业品有卷烟、布、服装、机制纸和纸板、汽车等。空气质量优良天数346天；空气质量优良率94.7%。城市生活污水集中处理率93%以上；集中式饮用水源水质达标率100%；区域环境噪声均值控制在53.5分贝以下；交通干线噪声均值控制在67.4分贝以下；工业固废综合利用率达到93.62%以上。城镇居民人均可支配收入2.07万元，增长13.5%。城镇居民人均消费性支出1.52万元，增长9.6%。农民人均纯收入8484元，增长17.9%。农民人均生活消费支出4893元，增长22.6%。城镇新增就业人员8.12万人；安置“4050”等困难群体0.88万人；新增转移农村劳动力4.1万人。发放小额担保贷款4.32亿元，直接扶持个人创业2.78万人次。城镇职工参加基本医疗保险人数79.47万人，增加6.22万人，增长8.5%；参加失业保险人数56.68万人，与上年持平；城镇参加基本养老保险人数115.97万人，其中参保职工86.44万人，参保离退休人员29.53万人；企业养老金社会化发放率100%。共有22.45万人享受最低生活保障，其中农村12.03万人。建设廉租住房6758套、经济适用住房1427套，改造城市棚户区2.12万套，完成农村危房改造2010户。

【举办第七届全国城市运动会】 10月16～25日，第七届全国城市运动会（以下简称“七城会”）在南昌国际体育中心举行。中共中央政治局委员、国务委员刘延东出席开幕式并宣布“七城会”开幕，省委书记苏荣出席，国家体育总局局长刘鹏致辞，省委副书记、代省长鹿心社致欢迎辞；省委常委、南昌市委书记王文涛主持开幕式。“七城会”共设置25个大项及28个分项。除4个项目在外省（市）举行外，其余24个项目在江西省举办。赛会期间，全国57个城市体育代表团7065名运动员参加比赛，928名代表团团部负责人，2068名教练员、裁判员，300余家媒体机构1600余名记者参会。在全部57个代表团中，有46个代表团获得金牌，其中南昌市代表团获得18枚金牌，创造了在全国综合运动会的最佳成绩。54个代表团获得奖牌。在比赛中，共有3人3次超3项世界青年纪录，4人6次超6项亚洲青年纪录，1队1次创1项全国纪录，8人1队11次创11项全国青年纪录。"七城会"是南昌市举办的规模最大一次体育盛会,成功举办呈现如下特点:场馆建设改造全面达标。"七城会"赛事安排在10个设区市、4个县市、7所高校的32个场馆举行。各有关单位按照省政府确定的建设改造费用谁的场馆谁承担原则,组织工作班子,积极筹措资金,抓紧建设改造并如期完工,32个场馆的工艺标准、建设质量和现场运行全部达到赛事要求。竞赛组织科学顺畅。各项目竞赛委员会对21个大项、279个小项比赛,组织严密,运行有序,场馆设备运行安全,信息发布及时准确,高效有序地完成1157项次比赛。同时,根据赛场情况,做好文明观众组织工作,营造了热烈有序的赛场氛围。安全保障扎实有力。安保部门加强对重点部位、主要街道、入城口的巡防,严格落实系列安保措施,确保赛会安全;食品部门严格监督22家食品定点生产企业供应各类食品119种、37万千克,确保赛会期间不发生食源性、药源性事件;卫生部门为1100余人次提供及时有效的医疗服务。服务接待热情细致。利用南昌师专新校园建设运动员村,为运动员提供"一站式"服务,共接待来宾1.5万人次。同时,7000名赛会志愿者活跃在赛会各个岗位,10万名城市文明志愿者,开展平安城运、文明交通、文明排队劝导、清洁城市、礼仪宣传、社区志愿服务等六大志愿服务行动。"七城会"的成功举办,得到党中央、国务院和省委、省政府及参赛人员和社会各界的充分肯定。

【中国节能环保集团低碳产业园项目落户南昌市】 11月21日,中国节能环保集团公司与南昌高新技术产业开发区签订战略合作协议,双方合作在南昌高新区规划建设低碳产业园和区域总部基地项目,投资总额100亿元。中国节能环保集团公司是国内唯一一家以节能减排和环境保护为主业的大型央企,是全国节能环保领域内最大的科技型、服务型企业集团。市长陈俊卿、中国节能环保集团公司董事长王小康出席签约仪式并讲话。

【南昌市商贸流通"三大体系"试点初见成效】 2011年上半年,南昌市商业贸易委员会成功争取到全国肉类蔬菜流通追溯体系建设、再生资源回收利用体系建设和农产品现代流通综合试点"三大体系"。分别获得国家财政3500万元、4400万元和3000万元以奖代补资金支持。7月,肉类蔬菜流通追溯体系建设试点工作正式启动。9月20~21日,商务部选择在南昌市召开试点工作座谈会,介绍南昌市推进试点工作经验。按照商务部、财政部通过的试点方案,南昌市建设再生资源标准化社区回收站点607个,其中回收点530个、回收站77个。试点工作全面完成后,南昌市将构建由再生资源社区回收站点、分拣中心、集散基地三个层级组成的再生资源回收利用体系,形成布局合理、结构优化、功能完善、服务优质的再生资源回收体系,再生资源主要品种回收率要达到80%以上,基本消灭二次污染。根据安排,南昌市农产品现代流通综合试点共包括4大类17个项目,其中农产品批发市场建设和改造项目3个,"农超对接"项目1个,城乡农贸市场升级改造项目11个(城市8个、农村3个),脐橙等创新型项目2个,计划总投资7.18亿元。9月底,17个项目中开工15个。至年底,完成16家集贸市场升级改造,建设3个"万村千乡"配送中心和300家农家店。

【中国鄱湖云计算中心在南昌市启动运营】 5月26日,全球第一个开源技术的公有云中国鄱湖云计算中心在南昌高新区国家软件产业基地正式启动运营,标志着南昌云计算产业迈上一个崭新台阶。中国鄱湖云计算中心是南昌高新区依靠园区自身拥有的国家级金庐软件园传统信息技术优势,与全球500强美国甲骨文公司、美国戴尔公司、深圳华为公司合作共同建设的全球第一个运用先进的开源技术建设的公有云计算中心。"十二五"规划期间,中国鄱湖云计算中心预计总投入2亿元,建设涉及广泛、功能齐全的数字高新云平台、企业综合服务信息化云平台等40余个子云平台,并最终形成环鄱阳湖经济区云计算产业核心集聚区,为江西省乃至中部地区内企业提供信息化公共服务平台。

【开展"啄木鸟行动"】 5月中旬,南昌市按照创建全国文明城和举办第七届全国城市运动会的要求,利用100余天时间,集中精力整治市容环境。同时,开展"啄木鸟行动",倡导以问题为导向的工作方法,对完成任务的查质量、正在实施的查进度、没有到位的查原因、影响落实的查责任。"啄木鸟行动"开始后,报纸、电台、电视、网络等媒体争当"啄木鸟",对影响市容市貌的行为纷纷给予曝光。一个个有关城市市容的问题通过电话、短信等方式集中到市城市管理有关部门。市委主要领导表态:"对于市民反映的每一个问题,都必须到现场核查,能整改的马上整改。一旦发现部门之间互相推诿的,现场核实后一律在媒体上进行曝光。"市直各相关部门、各区(街道)立即组织起来,对市民反映的每一个问题,进行整改并向社会进行回复。西湖区组建1500余人的23支"啄木鸟"行动队,实施"百日攻坚、千人上阵、千万元投入"工程,对市容环境进行整治。"啄木鸟行动"开展后,处理各类城市管理问题1.98万件。

(市史志办年鉴处)

主要领导人 市委书记:余欣荣(任至4月)、王文涛(4月任)。市人大常委会主任:雷武江(任至9月)、蔡社宝(9月任)。市长:陈俊卿(1月任)。市政协主席:王样生(任至9月)、卢晓健(9月任)。

·东湖区·

【简　况】 位于南昌市东北部,辖9个街道办事处,区域面积18.73平方千米。2011年末,全区人口总户数13.21万户,户籍总人口46.40万人,其中非农业人口45.61万人。人口自然增长率4.78‰。辖区绿地面积466.96公顷,园林绿化覆盖面积467.09公顷,绿化覆盖率29.36%,人均公共绿地面积7.09平方米。全年完成地区生产总值339.17亿元,同比增长11.2%。其中:第一产业完成增加值84万元,增长15%;第二产业完成增加值19.68亿元,下降1.9%;第三产业完成增加值319.48亿元,增长12.1%。人均生产总值7.28万元,增长10.99%。非公有制经济实现增加值162.8亿元,增长12.6%,占GDP比重48%。2011年,东湖区财政总收入首次突破30亿元,达到34.2亿元,增长29.34%,地方一般预算收入7.43亿元,增长16.15%;地方财政一般预算支出11.37亿元,增长26.2%。实现规模以上工业总产值2.86亿元,增长1.46%;规模以上工业增加值0.8亿元,增长10.1%,占GDP比重0.24%。规模以上工业完成利税总额0.02亿元;规模以上工业实现主营业务收入0.29亿元。全年实现固定资产投资77.49亿元,增长26%。社会消费品零售总额252.66亿元,增长17.1%。内资企业(含中央、省市属公司)实现进出口总额3.24亿美元,增长36.1%。全区利用合同外资1.84亿美元,增长588.86%;实际利用外资1.06亿美元,现汇比例32.7%。实际利用内资17.4亿元,增长21.5%。区属在岗职工年平均工资为2.50万元,增长8%。城镇居民人均可支配收入2.07万元,增长13.5%。

投入1650万元完成青桥学校教学楼建设,投入5600万元启动滨江学校改扩建项目,投入315万元对11所存在安全隐患学校进行维修改造。计划免疫单苗接种率和儿童"五苗"接种率均达95%以上。在全省率先成为国家慢性非传染性疾病综合防控示范区,百花洲街道社区卫生服务中心被评为"全国示范社区卫生服务中心"和"中国社区卫生协会培训基地",滕王阁街道社区卫生服务中心被评为第二批"全国院务公开示范点"。全年新增就业1.04万人,城镇就业率94.5%,"4050"人员再就业2163人,零就业家庭安置率100%。实现各类社会保险征缴11.7万人次,征缴基金1.02亿元;累计发放城乡低保金2205万元,发放物价等各类补贴174.6万元。临时救助1346人次,发放救助金386.3万元;新增廉租住房补贴196户,享受低收入家庭住房补贴1308户。免费提供公共卫生服务金额561万元,国家基本药物比例达96.7%。推进"封闭式小区计生试点工作",探索财富广场等商务楼宇外来流动人口计生管理服务新模式,投入50万元在各街道、管理处打造生殖健康服务室,实施各类计生免费检测2.4万人次。积极探索城市长效管理模式,在豫章街道试点推行临街门前管理责任制;发挥数字城管平台作用,南昌市"啄木鸟"行动下派问题和"数字城管"问题整改率分别达到100%、99.5%。加强"12343公共服务信息平台"建设,在32个老城区住宅小区成立业主委员会或居民自治小组,率先在全省建立楼栋门院理事会。

办理省、市、区人大代表建议103件、政协提案202件,办结率100%,满意率分别为99.1%、100%。围绕重大重点项目及政府重大决策开展各类督查130余次,在全省率先出台《东湖区行政败诉案件责任追究办法》,被评为"全国法制宣传教育先进区""全省依法行政先进区"。组建公共资源交易中心,实施"政务网乡乡通"工程,主动公开各类政务信息1.2万条。充实综治工作干部队伍,抓好司法所规范化建设,在豫章街办、大院街办试点,逐步建立"网格化大巡防"治安防控工作体系。办理法律援助案件140件,安置帮教145人,接收社区矫正对象252人,解除矫正82人。强化信访督查、矛盾排查、领导包案、信访接待日等信访制度的落实,接待群众近万人次,解决问题8900余个。加强应急体系建设,举办"5·12"防灾减灾及火灾应急演练,墩子塘街道马家池社区获"全国综合减灾示范社区"称号。

【打造首栋亿元商务楼宇——招银大厦】 2011年,东湖区继续本着巩固产业规模、提升业态水平和向蓝天要空间原则,依照巩固一批特色商带、打造一批专业商圈、培植一批税收"亿元楼"和"集中、集约、集群、集聚"发展方针,做好"盘活、巩固、转型、拓展"文章。自2010年开始,便着手将位于胜利路步行街与叠山路交界处的招银大厦打造成为首栋亿元商务楼宇,努力实现"活百栋高楼、纳千家企业、创亿元税收"之目标。这栋32层高、建筑面积7万多平方米、占地面积仅1.04公顷的专业写字楼,入驻企业包括招商银行、中国太平人寿保险有限公司江西分公司、博士眼镜中国总部等知名企业,以金融、保险、信托投资等机构居多。由于大厦地理位置优越、知名度高,加上专业化管理、优质的服务和东湖区良好的发展环境,使每年出租率均在95%以上,上交税收连年攀升。2011年,入驻招银大厦企业91家,仅招商银行纳税总额就超亿元,显示了"向空间要效益、朝地下找商机""一幢写字楼税收赛过一个县""经济发达商务楼就是一部垂直印钞机"的活力。

【创建全省首个综合性的艺术品交易平台——791艺术街区】 "791"名字来源于南昌市长途电话区号"0791",意在让人联想到江西南昌。791艺术街区涵盖陶瓷、字画、雕刻、收藏和民间工艺等领域,融艺术研究、创作、竞赛和艺术品展示、销售、拍卖、制作体验、信息发布为一体,形成一个立体的、城市中央的、现代文化艺术的创意街区,入驻街区的艺术机构必须得到省内外大师级艺术家组成的791艺术街区艺术委员会裁定许可。该街区位于南昌市三经路113号,面积5.8万多平方米,呈十字形分布,投资2.5亿元,有一个1000多平方米公共展示馆,独立艺术空间200多个。至2011年底,已有江西省陶瓷研究所、江西省美术家协会、江西省工艺美术研究所、南昌大学书画研究院等56家艺术机构签约入驻。6月25日,2011中国工艺美术"百花奖"(江西赛区)汇报展在791艺术街区成功举行。12月3日,世界旅游文化小姐大赛在此举行。这个由江西文化人自发打造的艺术街区,已成功打造出一个江西文化行业的标杆。

【散文集《影月东太湖》面世】 《影月东太湖》是东湖区委、区政府继《漫游南昌》《滕王阁遗梦》后,于2011年推出的一部文化精品。该书由江西省青年作家、南昌市作家协会副主席邓涛创作,7月由江西人民出版社出版。书中记述了澹台子羽、王勃、曾巩、王阳明、娄素珍、汤显祖、方志敏等历史人物在东湖区留下的文化足迹,描绘了东湖、滕王阁、杏花楼、百花洲等东湖辖区内的文化景观,还配发了大量珍贵图片、史料,融文学性、鉴赏性于一体。全书宣传南昌,宣传东湖区,向全国人民展示独具特色的东湖文化。

(陈耀武)

主要领导人 区委书记:邹传坚(任至5月)、戴晓明(6月任)。区人大常委会主任:闵建波。区长:郭　毅(任至6月)、贺瑞虎(6月任)。区政协主席:刘维祯(任至7月)、王　玮(女)(7月任)。

·西湖区·

【简　况】 西湖区位于南昌市中心城区,区域面积34.8平方千米,辖1镇10个街道办事处。全区总人口51.01万,人口自然增长率4.30‰。2011年,全区财政总收入45.05亿元,增长33.8%;一般预算收入8.27亿元,增长23.1%。实际利用外资1.17亿美元,增长9.8%。实际利用内资21.44亿元,增长17.7%。外贸出口4.66亿美元,增长51.3%;完成地区生产总值359.84亿元,增长12.6%。规模以上工业增加值5.07亿元,增长11.7%。全社会固定资产投资167.4亿元,增长26%。

2011年,全年投入民生工程资金4.47亿元,新增1.1亿元,69项民生工程全面完成。农民人均纯收入1.07万元,增长12.3%。在岗职工人均年收入3.03万元,增长12.4%。全年安置新增从业人员1.17万人,其中"4050"人员1823人。全区城镇居民基本医疗参保10.1万人,城镇职工基本医疗参保0.9万人,新型农村合作医疗参合率99.84%。征缴职工养老保险基金1.3亿元,全区8500名退休养老人员人均养老金994元/月,足额发放1.04万名离退休人员养老金1.5亿元,筹集失地农民养老保险基金3.5亿元,发放养老金2000万元。通过助医、助困、助老等方式,提供困难群众救助711万元。围绕推进安居工程,1324套2010年度廉租房全部封顶,2076套2011年度廉租房破土动工,20处火场、235栋直管危房得到有效整治。全力推进消防安全"防火墙'五千五万'工程",开展"清剿火患、保家护民"消防攻坚战,实施低洼危旧房消防安全试点改造。创造性开展"相约周四、民情夜访"等活动,推进危险化学品、建筑施工、食品卫生等专项整治,社会总体保持稳定。

推进"老城改造、新城开发",朝阳片区累计完成房屋征收123万平方米,已出让用地133.33公顷,道路、学校、医院等一批基础设施正在加快建设。老城区棚户区、城中村改造提速,利字街棚户区改造完成房屋征收1095户,征收面积13万平方米;占地14.7公顷的桃花三村"城中村"改造项目正在实施。投入近2亿元,实施新一轮"百路大会战"和路网改造工程,站前西路、二七南路等34条道路改造总长度突破15千米,总面积超过20万平方米。投入8000多万元,对"九纵九横"18条主次道路实施街景打造,对56栋沿街建筑物立面实施景观亮化,对辖区主要道路沿线37栋建筑物实施LED景观亮化。推动社区环境综合整治、城市容貌提升、交通设施整治工作。综合整治里洲、广厦等20个社区,完成安石路等4处停车场建设,为老城区新增200个停车泊位。1577家店招、8150个树池、9大广场、101处围墙等"十大整治"全面推进。持续开展"啄木鸟在行动",整改问题554件。按照《建设项目环境保护管理条例》规定,严格执行"环境影响评价"制度、建设项目环评执行率100%,建设项目"三同时"执行率100%,公共机构节能降耗工作达到上级下达指标要求,完成当年减排任务。

2011年,西湖区不断完善和谐联创工作机制,和谐平安联创"三级网络"建设经验在全省推广,未发生因处理信件不力而引发越级上访事件。认真办理150件人大代表建议和政协提案,及时受理区长手机、区长信箱、"12345"政府热线反映的群众诉求416条。推进政务公开。全区信息公开数名列全省县(市、区)前列,西湖政务网跨入全国县(市、区)政府网站百强行列。推进网上审批、建立电子监察系统,区行政效能投诉中心和政务公开电子网络平台建设进一步完善,全年受理效能投诉办结率100%。

【举办中国·南昌第十届绳金塔庙会】 庙会于9月25日开幕,本届庙会在过去9届庙会成功举办基础上,注入新的文化内涵,增添新的文化元素。庙会历时15天,突出"构建和谐盛世,共享幸福城区"主题,举办华光溢满彩——中国·南昌第十届绳金塔庙会艺术灯展;歌舞大盛会——全国民族大联欢特色歌舞会;歌舞颂西湖——中国·南昌第十届绳金塔庙会文艺演出。庐山真面目——园内猜谜活动。民以食为天——全省特色小吃选拔赛。魔幻大世界——魔术师现场表演秀等18项主题文化活动,共吸引市民和游客200余万人次。庙会期间,来自全国各地280位客商云集绳金塔,交易额3800余万元;与来自海内外客商签订招商项目14个,合同引资总额35.6亿元,其中境内资金34.8亿元,境外资金约1150万美元,创下历届庙会签约项目和金额总数新高,实现了"文化搭台、经贸唱戏"的目标。

【区人口计生委获"全国人口和计划生育系统先进集体"称号】 8月,西湖区人口计生委被国家人力资源和社会保障部、国家人口和计划生育委员会联合授予"全国人口和计划生育系统先进集体"称号。西湖区围绕"一升三降"总目标全面加强和创新人口计生工作,铆足"一股劲"、树立"一杆旗"、织牢"一张网"、走活"一盘棋",全区人口计生工作呈现出一派生机。2011年区人口计生财政实际投入904万元,人均18.08元。近三年共为3.27万余名育龄群众提供各类免费生殖健康检查,投入利导经费214万元,覆盖人数5万余名;已建成以户为单位,涵盖公民身份信息和计划生育信息的大型人口信息资源数据库,输入人口个案信息48.6万条,实现对全员人口信息实时动态监控,全员人口信息覆盖率等三项指标达98%以上。设立区流动人口工作办公室和街道(镇)流动人口服务管理站,先后与省内外50个地区签订《流动人口计划生育区域协作协议》,开展联合执法和综合服务活动。创造性地开展"灵动三点半"工程,解决流动人口农民工对孩子教育管理上的后顾之忧。

【"社区文化在线"入选"创建国家公共文化服务体系示范区(项目)"】 2011年,经国家公共文化服务体系建设专家委员会评审,国家公共文化服务体系示范区(项目)创建工作领导小组批准,西湖区"社区文化在线"被文化部、财政部确定为第一批"创建国家公共文化服务体系示范区(项目)"。近年来,在构建公共文化服务体系建设中,西湖区文化馆坚持开展以文化活动阵地在线与文化数字网络在线为主要内容的社区“文化在线”公共文化服务，形成双线多元化服务机制，实现服务全义务、全覆盖、全方位。下一步将重点完善文化馆、街道文化站、社区文化室三级网络活动场所的文化活动功能数字资源配置，在全区统一制作发放“社区文化在线公益卡”“社区文化在线服务卡”，实现文化艺术资源服务“一站式”供给，并在朝阳新文化馆建立全国首家新媒体数字文化体验中心。

【南昌力高皇冠假日酒店开业】 7月19日，南昌力高皇冠假日酒店隆重开业。省、市及西湖区领导，新闻媒体等100余名嘉宾出席典礼。南昌市市长陈俊卿发表致辞，代表南昌市委、市政府向力高集团、南昌力高皇冠假日酒店表示热烈祝贺，副省长洪礼和宣布酒店正式开业。该酒店为南昌市唯一一家由世界著名洲际集团管理的皇冠假日品牌酒店，建筑外观采用高科技全玻璃外墙设计，宛若晶莹剔透的水晶，成为南昌市的新颖地标。

（王　中）

主要领导人 区委书记：周智安。区人大常委会主任：马　力。区长：梅茂发。区政协主席：涂和平。

·青云谱区·

【简　况】 位于南昌市区南部，区域面积43.17平方千米，耕地面积139公顷。辖5街道办事处，全区常住人口约31.89万人，户籍人口约26.46万人，其中非农业人口24.45万人，人口自然增长率3.96‰。全区绿化覆盖率43.7%，人均绿地面积15平方米，被评为江西省生态县区。2011年，全年地区生产总值完成206.17亿元，同比增长13.1%。财政总收入突破20亿元大关，完成21.66亿元，增长29.3%，连续三次获得省政府县级财政收入三年翻番奖，在全省100个县(市)区中排名第12位，前移4位，财政实力跻身全省前列。一般预算收入5.37亿元，增长34.0%；全区500万元以上固定资产投资105.95亿元，增长30%，规模以上工业增加值78.24亿元，增长13.5%。工业实现增值税10.7亿元，增长2.8%。工业用电3.21亿千瓦小时，增长7.33%，实际利用外资8543万美元，增长50.1%。实际利用内资16.89亿元，增长15.9%。外贸出口4.34亿美元，增长29.6%。社会消费品零售总额完成65.5亿元，增长27%。

2011年，区财政共安排4.4亿元资金用于落实民生工程，约占全区一般预算支出58%，“十大民生工程”86件实事全部完成。全区新增就业人数7870人，零就业家庭安置率始终保持在100%。免费职业培训2981人，转移农村劳动力1181人，创业小额贷款发放2790万元。“一站式”人力资源和社会保障服务中心已建成投入使用。启动未参保城镇小集体企业职工参加基本养老保险工作，工伤保险参保人数4830人，失业保险参保人数5279人，共发放养老保险金4353万元，居民医保支出966万元。完成城乡低保和五保供养的提标提补工作，累计发放低保金2318.39万元，发放城乡困难群众医疗救助金387万元，医疗救助资金使用率90%以上，发放临时救助资金27.38万元，发放各类优抚优待金500余万元，被评为“全省双拥模范城区”。

全面启动2011年1128套廉租房建设，城南廉租房318户已交房使用，入住率90%。城南廉租房(二期、三期)、象湖农民公寓四期、朱桥农民公寓已建成竣工。农村孕妇住院分娩、农村孕产妇免费增补叶酸以及一卡通服务任务均超额完成，新农合参合率99.15%。投入700余万元对区属学校校舍进行维修改造，全区社区(村)放电影267场、为农村送戏4场，自办农村文化活动8场；实现农家书屋全覆盖目标，举办“青云直上”群众文艺汇演等文化活动136场。新中国第一架飞机生产车间旧址、陈云旧居分别入选全国和全省文物“百大新发现”。

【举行青云谱区(上海)现代服务业招商推介会】 11月27日，青云谱区在上海普陀区举行“青云谱区(上海)现代服务业招商项目推介会”，南昌市委常委、市委秘书长凌学仁，普陀区委常委、副区长裴崎，南昌市副市长肖玉文等领导出席并讲话。推介会围绕楼宇总部类、文化产业类、综合商圈类等5大类项目向与会近百位客商进行重点推介，江苏悦达南方控股有限公司副总经理裴仁平作为客商代表发言。本次推介会上，共签约项目12个，合同金额157.6亿元，涉及商贸物流、服务外包、文化产业等领域。

【南昌悦达·家乐福国际购物广场开业】 10月13日，全省首个家乐福购物广场——南昌悦达·家乐福国际购物广场在青云谱区开业。该广场占地1.50万平方米，总投资3亿元，规划建筑主体3层、局部5层，面积3.3万平方米，其中家乐福超市2万平方米，业态定位为家乐福超市、金融机构、通讯行业、各特色主力店以及时尚、潮流商户组成的大型商业购物中心，集购物、银行、通讯服务、休闲、餐饮于一体，是青云谱区“十二五”发展规划中的商业核心。该广场于2010年7月1日开工建设，2011年9月28日家乐福超市开始试营业。

【举办第三届全国陈云纪念地协作发展年会】 12月5日，第三届全国陈云纪念地协作发展年会在青云谱区陈云旧居广场举行。市委副书记、市长陈俊卿出席并致辞，市委常委、常务副市长张鸿星主持，陈云子女、陈云故居暨青浦革命历史纪念馆馆长等应邀出席。此次年会围绕“如何创新陈云纪念地的宣传教育工作”这一主题进行交流研讨。陈云故居暨青浦革命历史纪念馆(年会发起地首届举办地)、吉林省四保临江纪念馆(第二届举办地)等多家单位在大会作交流发言。几年来，青云谱区为打造红色品牌文化，先后投入资金600万元对陈云旧居进行多次大规模回复修缮，旧居保持原来的陈设，陈列了陈云及工作人员用过的家具等物品，共27种126件。通过旧居广场、铜像、场景复原、专题展览、影视播放，再现陈云在青云谱期间生活、学习、工作场景。展示了陈云在长达70余年的革命生涯中为中国革命、建设、改革各个历史时期建立的功勋。

【洪都机械厂八角亭车间旧址入选全国文物“百大新发现”】 12月6日，洪都机械厂八角亭车间旧址(新中国第一架飞机在该车间诞生)，经过初评、终评，成功入选“第三次全国文物普查百大新发现”,是全市唯一入选文物点。洪都机械厂八角亭车间旧址又称“八角亭”,是1935年由意大利工程师设计的“中央南昌飞机制造厂”,新中国成立后收归国有。1954年4月,在该旧址内制造出中国自行生产的第一架飞机,同年7月3日,第一架国产飞机“雅克18”初级教练机试飞成功。文物专家认为,洪都机械厂八角亭车间旧址是新中国第一架飞机生产车间旧址,它不仅具有一般意义上的工业文化遗产价值,还具有重要的革命历史文物价值。它的车间建筑、机器设备及周边空间是中国代表性的航空工业史迹,具有重要的世界工业文明遗产价值。

(青云谱区委党史办)

主要领导人 区委书记:熊桂金(任至5月)、周　亮(5月任)。区人大常委会主任:万桂英(任至7月)、李小逢(7月任)。区长:黄之猛。区政协主席:曾建华。

·湾里区·

【简　况】 位于南昌市西北部,辖4镇2街道办事处,总面积238平方千米,其中城区面积23.5平方千米。耕地面积3336公顷,森林面积1.71万公顷,森林覆盖率73.67%,城区绿化率45%。年末,全区户籍人口8.28万人,其中非农业人口3.33万人,人口自然增长率6.93‰。全年完成地区生产总值31.62亿元,同比增长11.4%。其中,第一产业增加值2.29亿元,增长2.0%;第二产业增加值14.40亿元,增长19.6%;第三产业增加值14.94亿元,增长6.4%。财政总收入4.28亿元,增长16.3%;税收占财政收入比重89%;地方财政一般预算收入完成2.56亿元,增长21.7%;地方财政一般预算支出6.01亿元,增长40.4%。工业总产值6.35亿元,增长16.0%。规模以上工业增加值1.81亿元,增长15.5%。外贸出口1375万美元,占GDP总量2.75%。完成固定资产投资15.61亿元,增长36.5%。实际利用外资2331万美元,增长3.0%;实际利用内资12.45亿元,增长9.9%,其中市外省外资金7.92亿元,增长8.3%。工业产品主要有米粉、针织服装、卫生香、矿山设备和阀门等,产量分别是1.31万吨、342万件、915万盒、1.39万吨和878吨。农业产品主要有粮食(包括水稻、红薯等)、蔬菜、花卉苗木、生猪和家禽等,产量分别是1.38万吨、5602吨、6342万元、8.2万头和12.7万只。万元GDP能耗0.197吨标准煤,城市污水处理率62.5%。在岗职工年平均工资2.6万元,增加3298元,增长14.5%。农民人均纯收入6456元,增加766元,增长13.5%。城乡居民储蓄余额6.51亿元,增加1.73亿元,增长36.2%。全年新增城镇就业人数3000人。全区年末社会从业人员3.8万人。其中,第一产业从业人员1.2万人,第二产业1.3万人,第三产业1.3万人。全区年均在岗职工4777人,城镇登记失业率4.5%。年末基本养老保险参保人数1.89万人,基本医疗保险1.74万人,公伤保险1.38万人,生育保险6375人,失业保险7161人。城市低保补助、农村低保补助标准均比上年提高50元,年末城市低保户785户,1660人,发放低保金498.489万元;农村低保户907户,人口1843人,发放低保金332.378万元。实施基本药物制度以来,人均门诊费用下降54.7%,人均住院费用下降30.2%。提高新农合筹资水平,筹资标准240元/人。3月对2010年1月1日起至2011年3月31日的所有住院参合农民进行二次补偿,补偿人数2707人次,补偿金额123.44万元。“新农合”参合率97%。在省、市定点医院为64名白内障患者施行复明手术。完成新增居民健康档案建档3811份,完成维护居民健康档案建档4.1万份,提供一卡通服务4.41万人次,完成一卡通服务金额78.64万元。儿童国家免疫规划疫苗免费接种率100%。城镇居民基本医疗保险覆盖面100%。建成磨盘山南路停车场,停车泊位80余个。投资600余万元对城区5条道路实施改造,共摊铺沥青砼路面2.55万平方米,浇注砼路面2218平方米,铺设人行道板3930平方米。全年共投资60余万元开展“路灯进社区,政策惠民生”活动。基础建设城区34个项目完成10个,累计完成投资7.48亿元,占总数29.4%,包括红湾公路拓宽改造、天宁西路、洪崖文化公园一期、环保监测执法大楼、城区道路改造(磨南路、绿苑路和工具路)、江南小区一期、湾里公安分局业务用房等。景区26个项目完成13个,累计完成投资近7.2亿元,占总数50%。农村清洁工程全覆盖,15个新农村建设点项目和梅岭检察室一期和团山至铁壁公路等。组织“七一·文化活动周”活动、“我们的节日”主题文化活动、“庆祝建党90周年”歌唱比赛等大型文化活动和送戏、送电影下乡、进社区等活动,全年共向农村送电影520余场,送戏下乡演出16场,指导乡镇自办文化活动9场,安排罗亭上坂村关公灯民俗表演等文化活动。投入50余万元完成500户无害化卫生厕所建设。投入义务教育保障经费449.75万元,改造完成中小学D类危房任务,共消除D类危房1.29万平方米,其中拆除9500平方米。启动城区污水处理厂及收集管网项目申报工作。共接待游客145万人次,增长41%;实现旅游综合收入3.89亿元,增长46.8%。办结区人大代表建议104件、区政协委员提案155件,办结率100%,满意率95%以上。妥善化解各类信访突出问题,信访总量和集访批次明显下降。实施地质隐患勘查工程,安全生产监督管理和生产安全、消防安全、道路交通安全、食品药品安全工作全面加强,全区没有发生重特大安全生产事故。

【举行重大重点项目集中竣工、开工、签约仪式】 仪式于12月26日在招贤中路旧城改造现场进行。全区在职副县级以上领导,区委各部门,区直各单位,各镇、街办,驻区各单位,客商代表、施工单位和群众代表共600余人参加。签约仪式由区委副书记、区长王建平主持,市委常委、副市长刘建洋讲话。本次全区集中竣工、开工、签约103个重大重点项目,涵盖旧城改造、园区工业、景区旅游、社会事业等各个方面,投资总额147亿元。其中,竣工项目41个,投资总额10亿元;开工项目49个,投资总额55亿元;签约项目13个,投资总额82亿元,其中超亿元项目8个。

【招贤中大道旧城改造工程完成房屋征收工作】 9～12月,湾里区实施招贤中大道旧城改造工程。9月29日，召开有500余人参加的房屋征收动员大会。招贤中大道旧城改造工程位于城区中部，招贤中路东、西两侧，北起招磨一路、西至磨盘山北路、西至磨盘山南路、东至竹山路，涉及到区林业园林局、湾里工商局、南昌防水材料厂、东方机床厂等单位以及招贤镇竹山村、东源村的农房，长约1000米，宽约700米，总面积61.53公顷，搬迁住户2000余户，房屋征收面积约45万平方米。项目包括改造安置工程、行政中心及市民广场等。至12月上旬，房屋征收工作顺利完成。

【承办“七城会”三个比赛项目】 湾里射击场是第七届全国城市运动会射击比赛主场馆，是国内一流、世界领先的专用射击场馆，位于江西省南昌市湾里区云湾公路西侧，占地面积30公顷，总投资1.1亿元。湾里射击场共承办射击、射箭、武术套路等3个比赛项目，是南昌第二大赛区。10月17～21日，第七届全国城市运动会射击比赛在湾里射击场举行。来自全国55个代表队，近2000名运动员、教练员、裁判员和官员参加，比赛共决出金、银、铜牌35块。其中：射击项目21块、射箭项目6块、武术套路项目8块。射击、射箭比赛期间，共有47家新闻媒体到现场采访报道。

（袁猷武）

主要领导人 区委书记：戴晓明（任至6月）、周　林（6月始任）。区人大常委会主任：李传强。区长：王建平。区政协主席：喻　玫。

·青山湖区·

【简　况】 地处南昌市城东，辖5镇3街道办事处。区域面积160平方千米，其中城区面积70平方千米，森林覆盖率10.71%。耕地面积2914公顷，其中水田面积2226公顷。全区常住人口59.34万人，人口自然增长率6.06‰；2011年，实现地区生产总值361.71亿元，同比增长11.3%。其中，第一产业增加值1.93亿元，下降0.5%；第二产业增加值271.48亿元，增长9.3%；第三产业增加值88.3亿元，增长18.7%。财政总收入30.41亿元，增长40.1%，税收占财政总收入29%；一般预算收入9.53亿元，增长22.3%；地方财政支出10.92亿元，增长21.3%。全年完成工业增加值237.15亿元，增长10.0%。其中，规模以上工业增加值95.19亿元，增长3.51%。实现进出口总额8.77亿美元，增长41.9%。500万元以上项目共完成投资额328.53亿元。其中，城镇固定资产投资281.47亿元。实际利用外资3.34亿美元，增长12%。重点污染源废水排放量446.24万吨，其中化学需氧量排放1063.91吨，氨氮排放50.45吨。城镇在岗职工平均工资2.84万元，增长13.7%。农民人均纯收入9900元，增长13.7%。城镇新增就业7096人，安置“4050”困难群体再就业553人，新增农村劳动力转移1033人。城镇职工基本养老保险参保人数7612人，缴费职工7042人，征缴养老保险费6313万元，当期收缴率99.59%，完成年度征缴任务168.57%。失地农民参加养老保险人数3217人，共征缴基金6209万元。参加城镇职工基本医疗保险人数1.28万人。城镇职工参加工伤保险人数1.17万人；农民工参加工伤保险人数1442人，征缴工伤保险费77万元，支付工伤保险待遇18万元，支付率100%。失业保险参保人数7979人，征缴失业保险费351.6万元（含区属企业改制补缴164.8万），为256人发放失业救济金82.1万元。启动南钢、辛家庵等6所学校新改扩建工程，改善新世纪、湖坊等22所学校办学条件。全区6所医院、7个社区卫生服务中心、103个村社卫生站所全部完成达标建设，筹集资金792万元免费开展6类人群体检，公办基层医疗机构推行国家基本药物制度，新农合参合率连续3年居全市第一。区星级老年公寓一期完成装修，改善塘山北、家园等30个社区办公条件。实施南京东路生鲜超市、品众集贸市场等5个市场升级改造项目。完成前湖、赵坊等5个村自来水进村入户工程和扬子洲、罗家镇新农村电气化改造工程。在全区218个自然村开展农村清洁工程，新建新农村点35个，打造市级新农村示范点6个，改造农村道路66千米。推进河道采砂综合整治，启动扬子洲圩堤第六个单项除险加固工程。

【项目建设助推财政收入突破30亿元】 2011年，全区抓好项目跟踪调度服务，新批外资项目17个，内资项目72个，其中500万美元以上外资项目17个，5000万元以上内资项目22个。金铃总部经济大楼、长泰大厦等43个项目开工建设；碧朗鞋业、立生国际大酒店等28个项目投产开业，项目开工率86.6%，竣工率87.5%。至年底，财政总收入首次超过30亿元，成为全省第五个财政总收入跨过30亿元大关的县（市、区）。

【开展招商引资“百日竞赛”活动】 10～12月，全区开展开放型经济招商引资及项目推进“百日竞赛”活动。通过在2011年最后100天时间里，开展全区开放型经济招商引资及项目推进“百日竞赛”活动，搜集一批重大项目线索信息，引进一批重大项目签约落户，推动一批重大项目注册进资，推进一批重大项目开工建设，促进一批重大项目竣工投产。“百日竞赛”活动期间，全区完成总部经济线索27条，其中世界500强、国内200强及其他重大重点项目线索5条，均完成活动任务；新批超千万美元项目6个，超任务数1个；实际利用外资1.13亿美元，占活动任务120.94%，占全年计划34.07%；现汇进资6580万美元，占活动任务105.30%，占全年计划76.78%；实际利用内资14.74亿元，占活动任务101.45%，占全年计划22.14%。

【湖坊镇财政收入首次突破10亿元】 2011年，湖坊镇实现生产总值112.4亿元，完成规模工业增加值16.1亿元，完成社会固定资产投资64.9亿元，社会消费品零售总额完成44亿元，财政收入突破10亿元大关，达到11.6亿元，成为全省第一个超10亿元乡（镇）。全镇经济综合实力连续28年列全省乡（镇）第一，挺进全国百强。

【应急救援大队成立】 2011年12月9日，青山湖区首支综合应急救援大队在昌东消防站正式挂牌成立。该大队坐落于解放东路东泰大道昌东工业园内,大队现有干部15人,战士25人,共计40人,担负全区防火安全工作。该大队依托区公安消防大队组建,包括公安、消防、交警、交通、卫生等10余个单位专业救援队伍,主要担任以抢救人员生命为主的危险化学品泄漏、道路交通事故、地震及其次生灾害、建筑坍塌、重大安全生产事故、爆炸和群众遇险事件的救援工作,并协助有关专业队伍做好旱涝灾害、气象灾害、地质灾害、森林火灾等自然灾害,以及矿山、水上事故、重大环境污染等突发事件抢险救援工作。

【"双百双千"活动初见成效】 5~12月,全区开展以百点结对、千人帮扶、派驻工作站等形式的"百个单位联百村、千名干部进千户"活动。活动按照"整合资源、以城带乡、共同富裕、共享幸福"工作思路,组织区直单位、经济发达村、重点企业、驻区单位以及各级党员干部结对帮扶经济薄弱村、困难户、病患家庭、贫困学生,变群众上访为干部下访、走访,加深对群众的感情,拓展干部培养新途径,为建设幸福青山湖打下组织基础和群众基础。派出由区级领导总负责,区直单位和经济发达村为骨干的73个驻村工作站,帮助薄弱村建设城郊型新农村。各村引进工业项目27个,做大做强农业项目16个,基本实现村村有产业、户户有主业。积极开展群众文娱活动,提升农民精神风貌。驻熊万村工作站多方筹集资金100余万元,实施改水改厕改路改环境工程,种植1000多株桂花树,打造850米南堤桂花林,在后万自然村绿化面积8公顷,建设休闲广场600余平方米,修建环村道路350米。文广局立足村民需求,组织送电影下乡110余场,送戏下村37场。通过规范村务管理,加强队伍建设,开展星级创评等活动,重点推进基层党建规范化、制度化建设,提高基层党组织建设水平。全区打造四星级以上村党组织40个,其中五星级8个,占全市40%。开办农村实用技术培训班16期,培训党员、干部、村民3080人次。

(叶　婷)

主要领导人 区委书记:李小豹(1月任)。区人大常委会主任:熊庆华(7月任)。区长:李松殿(7月任)。区政协主席:王继军(7月任)。

·南昌县·

【简　况】 位于江西省中部。辖9镇7乡。全县土地总面积1683平方千米。2011年,全县总人口100.87万人,其中乡村人口81.63万人、城镇人口19.24万人。人口自然增长率9.04‰。2011年,南昌县财政总收入45.5亿元,地方一般预算收入25.9亿元,分别增长27.6%和33.5%,两项指标连续两年稳居全省100个县(市、区)第一。实际利用外资3.5亿美元,现汇进资8993万美元,两项指标以及农业总产值、市级以上龙头企业数量等十余项指标位列全省第一,县域经济综合实力继续领跑全省。外贸出口6.5亿美元,实际利用内资86亿元,均列南昌市第一。固定资产投资完成341.1亿元,增长26%,总量占全市1/6;地区生产总值、规模以上工业增加值分别完成384.3亿元、110.3亿元,分别增长15.3%、20.2%,总量均占全市1/7。全面完成市委、市政府下达的19项指标任务。全社会消费品零售总额完成71.1亿元,城镇在岗职工年平均工资2.7万元,农民人均年纯收入8621元,分别增长18.6%、16.5%和11.2%。县域经济基本竞争力跻身全国百强县第82位,前移4位,连续4年进位赶超。

【着力推进农村沼气建设】 实施农村户用沼气项目。项目建设规模为600户,项目总投资180万元,其中:中央投资72万元(1200元/户),地方配套:14.4万元,农户自筹93.6万元。实施农村沼气服务网点项目,2011年全县建设农村服务网点6个,项目总投资44.4万元(每个服务点7.4万元),其中中央投资21万元,地方配套9万元,业主自筹14.4万元。当年,中央投资全部到位。农村沼气服务网点设备由市农业局科教处统一采购,每个沼气服务网点均配备一套出料设备、一套检测设备、一套维修工具及一辆沼气服务车,按照项目要求,及时发放到各服务网点。实施大型沼气项目,南昌县2011年大型沼气项目共6处,项目总投资1876.5万元,其中中央投资673万元。

【做好"七城会"蔬菜特供】 2011年,南昌"七城会"特供蔬菜基地6个,总供应量23.03万千克,其中南昌县有3个,总供应量9.87万千克,占全市总供应量42.9%,日平均供应1118千克,通过采取"六到位"措施,蔬菜特供工作取得成功。成立以县农业局局长任组长的特供蔬菜基地质量安全监管领导小组,在县政府下达专项监管经费基础上,县农业局又追加5万元专项工作经费。县农业局专门抽调质监、栽培、植保、土肥等方面农技专家对特供蔬菜基地进行挂点指导,同时为进一步加大监管力度,县局成立特供基地监管工作组,每个基地派驻2名监管技术人员。特供蔬菜经过基地、县农产品质量安全监测站、市农产品质量安全检测中心检测环节,质量合格才准许入村。实行全程监控,从购种、育苗、田管等生产过程,到采摘、包装、储存、运输、交接等各环节无缝对接。层层签订责任状措施,明确将特供蔬菜质量安全层层分解,落实到人,确保各环节全履盖。

【食品产业异军突起】 2011年,南昌县食品饮料产业发展迅猛,持续保持高速增长态势。1~9月,全县规模以上食品饮料企业累计实现主营业务收入66.71亿元,增长49.3%,增幅居全县六大支柱产业第二位。其中,南昌市草珊瑚科技产业有限公司累计实现主营业务收入3.91亿元,增长228.2%;中粮可口可乐饮料(江西)有限公司累计实现主营业务收入4.28亿元,增长114.6%。

【开展就业援助活动】 2011年,南昌县将就业援助工作作为一项重点工作来抓,探索促进就业的新途径和新方法。通过县电视台、社区宣传栏、印发就业政策宣传册等多种形式,深入开展就业再就业政策宣传活动,共印发用工信息、就业政策等宣传资料3万余份。建立和完善县、乡、村三级劳动保障平台和劳动力资源台帐,并进行动态更新,为开展就业工作打下坚实基础。多途径拓宽就业渠道。先后举办"春风行动""民营企业招聘周"和

"高校毕业生就业服务月"等招聘活动,举办大型专场招聘会2场,在各乡镇累计举办专场招聘会34场,参加应聘人数6200余人,达成用工意向1000余人。不定期开展送岗下乡活动,全年共送岗下乡21次,提供用工岗位3000余个,参加求职应聘人员5600余人,达成用工意向600余人。

【创新干部选拔任用方式】 2011年,南昌县在乡镇党政正职预备人选的选拔工作上实行阳光操作,采取公推优选的方式,变"缺位竞争"为"全员竞争",变"伯乐相马"为"赛场选马",利用"2+2+1"初始提名法全程量化、差额推荐出预备人选,进一步拓宽选人用人视野。在经过公开报名和资格审查后,16名报考乡镇党委书记预备人选岗位和83名报考乡镇长预备人选岗位的科级干部进行竞职演说和面试答辩,并接受由有关领导、专家和干部群众代表共85人组成的评委组的评判,这种让干部接受群众评价和取舍的做法,增强了群众对干部工作的认同感。

【"上挂、下派"干部教育培训活动启动实施】 2011年,南昌县启动实施"上挂省、市直机关跟班、下派村社区锻炼、平移发达地区锻炼"大规模干部教育培训活动,选派310名科级干部、副科级后备干部和优秀年轻干部学习锻炼。选派16名科级领导干部到省、市直单位跟班学习,了解最新发展动态,学习上级部门规范的运作程序,掌握与全县相关的工作信息,争取上级部门更多的政策、资金扶持。平移18位科级领导干部到湖南长沙县、安徽肥西县挂职锻炼,学习当地破解难题、加速发展的先进经验和做法。选派142名干部下到全县的乡镇村和社区学习锻炼,解决干部不愿下、不能下的问题,采取严格问责、督查推动干部在下派中积极宣传省、市党代会精神,积极参与经济建设、信访稳定等中心工作,不作秀,也绝不流于形式,不仅密切了党群干群关系,取得良好社会效益,更进一步提升全县党员干部的综合素质。

(喻德琪)

主要领导人 县委书记:肖玉文(任至7月)、郭　毅(7月任)。县人大常委会主任:胡小明。县长 :陈匡辉。县政协主席:邓炳根。

·新建县·

【简　况】 位于江西省中部偏北,区域面积2338平方千米,耕地5.27万公顷。辖19个乡(镇)。总人口70.49万人,其中非农业人口16.1万人。全县人口自然增长率8.83‰。2011年,全县实现生产总值211.7亿元,增长13%。财政总收入15.88亿元,增长36.6%。地方财政一般预算收入12亿元,增长30.2%。500万元以上固定资产投资160亿元,增长28%。规模以上工业增加值67.9亿元,增长16%。社会消费品零售总额45.8亿元,增长17%。实际利用外资1.75亿美元,增长12.4%。实际利用内资43亿元,增长17.3%。进出口总额7900万美元,增长23.8%。农民人均年纯收入7785元,增长13%。

2011年,全县共投入11.25亿元,实施86项为民办实事工程。全县城镇新增就业7398人,零就业家庭安置率100%,新增转移农村劳动力9917人。小额担保贷款发放5659万元。启动城镇居民养老保险试点,城镇低保标准由260元提高到310元,农村低保标准由120元提高到170元。全年共发放城乡低保金8417万元、医疗救助金2452万元、社会散居孤儿基本生活费305万元、救灾资金711.72万元。"光明·微笑工程"实行常态化管理,新农合工作实现规范化运行,对残疾人的救助和康复推行人性化服务,荣获全省"残疾人工作先进单位"称号。全县保障性住房建设工程取得成效,投入924万元抓好685户农村危旧房改造和113户农村困难群众住房建设,共发放258.3万元廉租住房补贴,受惠群众1230户。710套廉租住房建设、15.34万平方米棚户区改造全面启动,7849户垦区危旧房改造工作有序推进。新建校舍4万平方米,县一中、县二小新教学楼投入使用。新建乡镇综合文化站8个、农家书屋68个、送戏下乡238场、送电影下乡4655场。国家基本公共卫生服务均等化项目依次展开,居民健康档案建档率在全省率先超过50%,药品配送实现100%进乡、村。文物普查、发掘与保护工作深入开展,大塘坪古墓发掘取得重大进展,汉代紫金城遗址、朱权墓和小平小道入围第七批全国重点文物保护单位候选名录。全县开发项目新增耕地638公顷。2011年国庆期间,县旅游监管部门加强值班安排,加大对旅游市场监管,及时处理游客投诉,全县各旅游景区游人如织,旅游活动井然有序,实现安全事故零发生目标,共接待游客22.7万人次,旅游总收入5254.8万元。

2011年,全县推进"街面探头监控、巷道人员巡逻、路口设卡盘查、要点岗亭值守"立体网格化治安防控新体系建设,刑案上升势头得到有效遏制,"两抢一盗"案件呈现下降趋势,特别是集中摧毁了一批带有黑社会性质犯罪团伙,人民群众安全感得到增强,全年未发生重特大群体性事件和暴力事件。开展安全生产、森林防火、消防安全"三大整治"行动,抓好交通安全、食品药品安全、河道采砂安全等工作,全年未发生重大安全生产事故、重大交通事故和重大火灾事故。

【春季禁渔工作开局良好】 截至3月底,全县沿湖8个乡镇(场)已全部召开禁渔动员会,共刷写永久性标语20条,悬挂禁渔宣传条幅23条,散发禁渔宣传资料248份。先后组织人员12人次,出动渔政执法宣传车4次,散发禁渔宣传通告214份,张贴禁渔通告80余份。在清江清湖行动中,全县共清理滞留湖区网具126部,所有渔船已全部靠港上岸。

【471套廉租住房交付使用】 4月15日,全县471户符合条件的廉租户领到廉租住房钥匙。此471套廉租房全部为50平方米以下二室一厅户型,满足群众实际需求,受到低收入群众普遍欢迎。有关部门还将继续做好1866户廉租住房家庭补贴发放工作,并计划建设710套左右的廉租住房,让更多住房困难家庭享受到经济社会发展的成果。

【江西柯布克汽车技术股份有限公司投产】 5月9日,江西柯布克汽车技术股份有限公司投产庆典仪式在长埮工业园区举行,该项目占地12.6公顷,总投资2亿元,项目设计4条高端汽车板簧生产线,3条空气悬架生产线,年可生产高端板簧4万吨,空气悬架1.50万套,机械制造2000吨,总年生产能力7万吨。项目完全建成投产后,可实现年产值6.213亿元,利税5200万元,安排就业600人,将成为全国最大的汽车悬架生产性集团公司,也将是国内唯一能够同时生产汽车空气悬架和高端板簧的企业。

【南昌市首个省级老年介护工作站落户新建县】 5月16日,省红十字老年介护站揭牌仪式在新建县中华情老年公寓举行。来自县红十字会系统及老年公寓的老年介护学员和工作人员等100余人参加活动。省红十字老年介护站旨在应对日益增长的老龄化问题,发挥红十字会作为协助政府开展人道主义救助工作的助手作用,为老年人提供生活照料、精神慰藉、卫生保健等公益服务,也是推广先进老年介护技术、传播老年介护理念的又一举措。

【首家小额贷款股份有限公司开张】 5月15日,南昌市新建县恒邦小额贷款股份有限公司举行剪彩仪式,标志县首家小额贷款股份有限公司正式对外营业。该公司注册资本1亿元,不吸收公众存款,用自有资金及银行贷款按规定利率标准发放小额贷款,单户最高贷款500万元,贷款期限最长1年,最短不低于5天。

【第三次全国文物普查取得阶段性成果】 6月,全县第三次全国文物普查实地调查阶段工作全面完成,并通过国家文物局"三普办"数据和整体验收。经普查,全县现有不可移动文物335处(含复查文物28处),其中"邓小平劳动旧址""朱权墓(含乐安王墓)"、汉紫金城遗址(含铁河古墓群)入选全国重点保护单位候选名录,县文物普查队还被省文化厅授予"江西省第三次全国文物普查先进集体"称号。

【农业综合开发项目通过市级验收】 6月30日至7月1日,市验收组对新建县2009年度高标准农田建设示范工程及2010年产业化经营项目进行验收。验收组通过查资料、资金账目及实地查看项目的实施,一致认为新建县2009年度高标准农田建设示范工程及2010年产业化经营项目实施较好,符合验收要求。

【第23届"国际科学与和平周"活动在新建县举行】 11月11日,九三学社江西省委、南昌市委、新建县支社联合组织在新建县溪霞镇开展第23届"国际科学与和平周"活动。本次活动为群众提供义诊咨询、健康保健、科普教育、科学种植咨询等服务,并免费发放5000多元药品和950余袋蔬菜种子,深受群众欢迎。

(李　志　雷木林)

主要领导人 县委书记:胡　敏。县人大常委会主任:胡邦金(任至6月)、徐才保(6月任)。县长:周亮(任至6月)、黄耀华(6月任)。县政协主席:曾志毅。

·安义县·

【简　况】 位于江西省北部,辖7镇3乡,森林覆盖率43.3%,总人口28.56万人,其中非农业人口7.32万人,人口自然增长率8.57‰。2011年全县实现生产总值(GDP)66.19亿元,按可比价格计算,增长15.2%。其中:第一产业实现增加值7.87亿元,增长4.1%;第二产业实现增加值36.21亿元,增长17.1%;第三产业实现增加值22.11亿元,增长16.8%。全年实现财政总收入5.23亿元,增收1.37亿元,增长35.6%;全年一般预算支出11.4亿元,增长36.67%。全年实际利用内资22.56亿元,增长20.7%。实际利用外资5851万美元,增长12.5%。全年共实现进出口总额1.14亿美元,增长34.4%。其中出口8401万美元,增长21.5%。全年工业实现主营业务收入105.9亿元,实现工业增加值32.08亿元,增长20.8%。全县工业化率48.5%,上升4个百分点。全年完成500万元以上固定资产投资44.17亿元,增长34.5%。其中完成工业投资29亿元,增长34.9%。全年规模以上工业实现主营业务收入84.21亿元,增长72%,实现增加值13.75亿元,增长32.4%;实现利税总额6.08亿元,增长217.5%。全年实现农林牧渔业总产值13.51亿元,增长9.23%,其中农、林、牧、渔业和农林牧渔服务业分别实现总产值6.01亿元、4110万元、4.36亿元、2.39亿元和3436万元,分别增长15.67%、1.48%、5.07%、2.88%和14.92%。全县粮食播种面积2.87万公顷,粮食总产量16.6万吨,分别增长6.3%、6.6%。其中,谷物播种面积2.78万公顷,总产量16.3万吨,分别增长6.5%、6.7%;油料作物播种面积和总产量分别增长7.8%和16.8%。2011年新建成蓄水工程5座,新增库容112万立方米。旅游产业快速推进,理顺古村开发公司管理体制,推进江西清晨田园度假村、古村群配套服务区、鼎湖家园、南昌莱园等乡村旅游点建设。清晨田园度假村开始营业,有7个旅游点被命名为全省乡村旅游示范点。全年共接待游客120万人次,旅游综合收入3.2亿元。年末,人民币各项存款余额70.7亿元,增加12.7亿元,增长21.89%。削减化学需氧量(COD)排放量409.09吨,削减氨氮排放量32.53吨,削减二氧化硫(SO2)排放量78.17吨,削减氮氧化物排放量6.14吨。工业废水治理设施处理能力1.85万吨/日,工业用水重复利用率70.5%,工业废水排放达标率71.9%;工业废气治理设施处理能力12.575万立方米/时;工业固体废物综合利用率96.84%。全县有省级生态乡镇2个,省级生态村7个,市级生态村36个。投入1.2亿元,实施12类105件民生实事。2011年全县新增城镇就业2951人,城镇就业率94.5%;新增转移农村劳动力6001人,其中省内转移5001人。发放再就业小额贷款2347万元,支持个人创业贷款1367万元,中小企业融资担保980万元。养老保险参保缴费人数1.14万人,征缴总额4018万元,全县参加工伤保险职工1.21万人,其中农民工7013人。城镇基本医疗保险参保缴费人数3.83万人,其中城镇职工基本医疗保险参保缴费人数1.39万人。2011年全县在岗职工年平均工资2.20万元,增长10.03%。全县农民人均年纯收入7518元,增长19.5%。全县共救助最低保障人数1.54万人,其中城镇低保6489人,农村低保8872人,分别发放低保金1589.91万元、1044万元。

【纪念刘寅诞辰100周年座谈会召开】 1月20日,县委、县政府在北京江西大厦,召开纪念刘寅诞辰100周年座谈会。刘寅是安义县东阳镇人,是中国人民解放军通讯事业创始人和国家电子工业奠基人之一。国家工信部总经济师周子学、总参通讯部副部长刘成云少将,总参部主任有令泉少将,原党和国家领导人刘少奇、胡耀邦、陈毅、粟裕等领导子女,老红军代表李丽,原江西省委书记万绍芬,以及刘寅生前亲朋好友等各界人士300余人参加座谈会。会上刘寅家属亲友作刘寅生平介绍,并对刘寅一生作了中肯的评价。

【开展看变化、看思路、看作风"三看"活动】 2月11日,由市委、市人大、市政府、市政协领导班子成员,市法院、检察院两长,市纪委副书记,县(区)、开发区、新区党政主要领导和市委各部门、市直各单位党政主要领导组成的大检阅团,在省委常委、市委书记余欣荣,市长陈俊卿带领下,来到安义县,开展看变化、看思路、看作风"三看"活动。2011年,安义县抢抓鄱阳湖生态经济区建设机遇,抢抓南昌进入低碳、高铁、地铁、山江湖"四个时代"机遇,重点以"一镇一城"为目标(赣西北特色工业重镇、南昌生态宜居卫星城),决战"两区"(工业园区、城区),实施"四大"工程(项目带动、产业聚集、民生保障、党建创新),打造"五个安义"(实力安义、魅力安义、生态安义、幸福安义、效率安义),加速安义科学发展、进位赶超、绿色崛起,推进安义新一轮的大开放、大建设、大发展。

【电影《图斑》在安义县开机】 3月19日,中国第一部国土题材电影《图斑》在安义县开机。省国土资源厅、省广播电影电视局、江西人民广播电台和南昌市、安义县有关领导出席开机仪式。

【工业园区污水处理厂签约仪式举行】 3月19日,安义工业园区与江西鄱阳湖低碳环保股份有限公司合作建设工业污水处理厂签约仪式在安义县电视台会议中心举行。项目位于安义县南安公路耦弯段南侧,占地约2.4公顷,一期总投资6000万元,其中厂区投资3000万元,配套管网20千米,管网投资3000万元。一期建设规模1万吨/日,规划远期规模2万吨/日。工程建设内容包括收水范围内的污水管线工程,配套工程主要包括厂内辅助建筑物和厂区给水、排水、通风、道路等公共工程。

【昌工控股产业基地项目签约仪式举行】 6月1日上午,安义县人民政府与南昌工业控股集团有限公司建设工业产业基地项目框架协议签约仪式在县文峰园一楼会议室举行。市政协副主席侯捷、县委书记黄俊、县长邹绍辉、南昌工业控股集团有限公司董事长葛彬林参加签约仪式。产业基地项目总投资30亿元人民币,总占地面积133.33公顷。打造一个集生产、研发、制造、运输、配套服务为一体的标准化工业产业基地,主要承载政府产业引导、企业退城进郊、技术改造、创业孵化等项目,同时吸引低碳、环保新型工业项目和高新科技企业向基地集中,着力打造成为承接产业转移和新型工业化基地。

(袁晓军)

主要领导人 县委书记:黄　俊(任至6月)、朱　东(6月任)。县人大常委会主任:杜　勇。县长:邹绍辉(任至6月)、程建兵(7月任)。县政协主席:张　芸。

·进贤县·

【简　况】 位于江西省中部,辖9镇12乡。全县总面积1955平方千米,城区面积23平方千米。耕地面积5.69万公顷,有林面积4.68万公顷,森林覆盖率22.36%,城区绿化率25.4%。总人口82.97万人,其中非农业人口18.16万人,人口自然增长率8.31‰。2011年,实现生产总值207.2亿元,同比增长14%。其中,第一产业增加值38.08亿元,增长6.2%;第二产业增加值118.06亿元,增长14.4%;第三产业增加值51.08亿元,增长19%。财政总收入10.78亿元,增长40.17%;地方财政支出20.56亿元,增长18.9%。工业总产值395.85亿元,增长30.5%。规模以上工业增加值42.53亿元,占GDP比重20.53%。外贸出口占GDP比重1.8%。固定资产投资62.61亿元,增长39.0%。实际利用外资9100万美元,增长11.3%,实际利用内资38.69亿元,增长21.9%。主要工业产品产值产量:医疗器械业产值47.65亿元,增长46.42%。文化用品10.37亿元,增长47.91%。烟花鞭炮14.07亿元,增长82.23%。钢架网构27.51亿元,增长53.6%。食品加工26.85亿元,增长52.91%。农业总产值63.75亿元,增长29.2% 。粮食总产量50.47万吨,主要农产品产量:稻谷48.64万吨、芝麻0.41万吨、花生2.90万吨、水产品总量11.3万吨、特种水产品产量3.45万吨。万元GDP能耗标准煤1吨,二氧化硫排放总量407吨,城市污水处理率80%。在岗职工平均年工资2.13万元,增长10.9%。农民年人均收入7818元,增加838元。城乡居民年末储蓄余额135.9亿元,增长20.86%。

新增城镇就业4355人,新增转移农村剩余劳动力7550人。城乡居民社会养老保险全面启动,参保3.29万人,被征地农民参加养老保险847人,农村五保老人集中供养率80%。新型农村合作医疗参合58万人,城镇基本医疗保险参保4.7万人,医疗求助困难群众5342人次。城镇低保标准提高至310元/月,农村低保提高至170元/月,保障城乡低保对象2.44万户,4.42万人。帮助困难群众修建住房119栋,建设廉租住房290套,发放各类住房补贴195.05万元。民生工程投入3.41亿元,办实事70件,已完成60件,需跨年度实施10件。城乡建设,县城按照"一江两岸、一城四区"布局,总体规划通过专家第二轮评审,累计投入资金1.52亿元,推进城镇化建设项目32个,竣工14个,在建18个。拆除违章建筑1.03万平方米,清理闲置用地294.5公顷。重点乡镇品位提升,李渡、张公、三里等3个乡镇被评为省级生态城镇。突出庆祝中国共产党成立90周年主题,举办第11届青岚艺术节,开展大型文化活动17场;推进乡镇综合文化站建设,非物质文化遗产精品《长工山歌》在上海成功展演，“扫黄打非”工作评为省市先进。县医院住院大楼投入使用，改建乡镇卫生院一个，新建村级卫生所17个，基本药物制度改革提前实现。全年药物灭螺6000万平方米，救助晚期血吸虫病人180例。新改建校舍14.24万平方米，消除校舍危房4万平方米，维修改造校舍6万平方米，县一中高中部、民和六小、五垦学校交付使用。在全省少年摔跤比赛中，取得5金2银7铜佳绩，夺取县区组团体桂冠。构建“一站式”综治维稳信访工作，信访办结率100%，群众满意率98%以上。强化治安防控，开展“打黑除恶”“命案侦破”“两抢一盗”等专项斗争和“清网行动”“打四黑除四恶”“黄赌毒”等专项行动，实现发案率下降，治安秩序根本好转，百姓满意度提高。因“清网行动”成绩显著，县公安局被省公安厅荣记集体二等功一次。生产、交通、消防、产品质量和食品卫生等环节，继续实现长效安全，社会总体和谐稳定。2011年依法行政，强化法制，蝉联“全省普法先进县”。推进政务公开，累计公开各类政务信息1.49万条。全年办理人大代表建议168件、政协委员提案294件，办结率100%。

【第十一届青岚艺术节开幕】 6月26日至7月1日，进贤县举行第十一届青岚艺术节，庆祝中国共产党成立90周年。本届青岚艺术节以“永远跟党走”为主题，展示90年辉煌成果，丰富和发展广大市民精神文化生活。青岚艺术节自1991年创办已有20年的历史，涌现出《泼蛇灯》《上梁歌》等一批优秀民间文艺节目，为进贤文化繁荣、社会和谐作出了贡献。

【大闸蟹在上海第五届“丰收杯”河蟹大赛上夺“蟹后”桂冠】 11月6日，在上海举行的第五届“丰收杯”全国河蟹大赛上，产自进贤县军山湖的清水大闸蟹勇夺“蟹后”桂冠。进贤县军山湖享有“中国河蟹之乡”称号，2011年河蟹总产量超过180万千克，夺冠蟹后重390.3克，军山湖出产的清水大闸蟹以青背白肚、金爪黄毛、个体硕大、品种纯正、味道鲜美、营养丰富而闻名，是大闸蟹中的上品。

【《长工山歌》参加非物质文化遗产展演】 2011年，由中国上海国际艺术中心主办，上海国际艺术节公共关系有限公司承办的全国非物质文化遗产大展演在上海举行，进贤县民俗节目《长工山歌》以其浓郁的乡土气息，独特的艺术表现形式，获观众热烈欢迎。流传于二塘的《长工山歌》迄今已有2000多年历史。

【第三届中国新农村电视艺术节在李家村举行】 11月30日，第三届中国新农村电视艺术节暨第五届农村小康电视节目工程颁奖典礼在前坊镇西湖李家村举行。典礼由中国电视艺术家协会、中央电视台七套、中共进贤县委、进贤县政府主办。颁奖典礼会上，表演丰富多彩的文艺节目，表彰2010～2011年全国各地农村电视节目，颁发了十佳致富带头人、好村官及作品奖。颁奖典礼盛况在央视七套《乡村大世界》中播出，展示全新的“中国幸福村”—西湖李家。

（武中立）

主要领导人 县委书记：勒世标（任至6月）、王　敏（6月任）。县人大主任：熊汗峨（任至7月）、万晓鸣（7月任）。县长：王　敏（任至6月）、万凯（7月任）。县政协主席：王安仂（任至7月）、钱和平（7月任）。

九江市

【概　况】 位于江西省北部、辖2区、2市、9县、181个乡（镇），13个街道办事处。总面积1.88万平方千米。城区规划面积118平方千米，建成区面积48.4平方千米。耕地面积24.49万公顷，有林面积53.22万公顷。林木绿化率54.92%，城区绿化覆盖率57.1%。总人口502.43万人，其中市区人口64.27万人，非农业人口137.14万人，人口自然增长率12.64‰。2011年，全市实现生产总值1256.41亿元，同比增长13.2%。其中，第一产业增加值107.69亿元，增长4.2%；第二产业增加值735.94亿元，增长15.5%；第三产业增加值412.78亿元，增长11.7%。三次产业结构比重为8.6∶58.5∶32.9，其中二产占比大幅提高，提高2.3个百分点。全市财政总收入161.80亿元，增长42.2%；财政总收入占GDP比重提高1.6个百分点，达12.9%，其中地方一般预算收入101亿元，增长42.2%；县级财政收入135.1亿元，占全市83.5%；县市区财政收入均过5亿、6个过10亿，九江经济技术开发区突破15亿。全市社会消费品零售总额329.7亿元，增长18.1%。全市金融机构本外币各项存款余额1255亿元，增长15.4%；贷款余额804亿元，增长24.1%，增幅全省第一。完成进出口总额37.9亿美元，增长109%，其中出口总额26.3亿美元，增幅全省第一，总量首次位居全省第二；引进省外5000万元以上项目150个，实际进资307.1亿元，实际利用外资7.7亿美元，开放型经济工作综合考评全省第一。民营企业户数2.3万户，非公有制经济在全市经济中占2/3。主要工业产品产量：原煤74.94万吨，增长7.0%；化学纤维23.41万吨，增长89.4%；水泥1118.07万吨，增长46.1万吨；玻璃纤维纱26.50万吨，增长79.2%；民用钢质船舶21.79万吨，增长26.4%。农业总产值182.75亿元，增长4.2%，粮食总产量155.56万吨，增长1.4%。主要农作物总产量：稻谷134.55万吨，增长1.2%；小麦1.47万吨，增长12.2%；棉花10.45万吨，增长8.7%；油菜籽18.04万吨，增长5.9%。城镇居民人均可支配收入1.79万元，增长13.6%；农村居民人均纯收入6778元，增长21.3%。

“三年决战工业2000亿”目标两年完成。全市规模以上工业主营业务收入2189.1亿元，增长50.8%，总量两年翻一番，工业化率提高2.8个百分点；规模以上工业增加值481亿元，增长18.3%，净增额首次突破100亿元；利税总额200.9亿元，增长33.3%。十大产业实现主营业务收入1968.1亿元，增长54%，占全市比重89.9%。骨干企业加速壮大。主营业务收入过亿元企业496户，净增176户；过10亿元企业25户，净增8户；九江石化、九江钢厂突破200亿元。全市园区主营业务收入1728.7亿元，过百亿园区7个，净增3个，九江经济技术开发区实现371亿元。

"三年决战城建投入200亿"提前一年完成。中心城区实施城建重点项目135个,完工61个,全年完成投资近200亿元,两年投入近300亿元,全市城镇化率提高1.86个百分点。各县(市、区)实施项目872个,总投资350多亿元。3个省级示范镇、11个市级示范镇建设进展顺利。八里湖新区功能加快完善。实施城建项目60个,完成政府性投资30亿元,带动社会投资100亿元。老城区功能不断完善,人居环境不断优化,"六城同创"稳步推进,六次蝉联全省双拥模范城,成功创建全国无障碍建设先进城市,顺利通过国家园林城市评审和省级卫生城市复审。

坚持重大项目带动战略。全市实施亿元以上重大项目376个,其中10亿元以上22个。500万元以上的固定资产投资1006.5亿元,增长39.4%,总量全省第二,增幅全省第一。一批重大产业项目快速推进。投资80亿元的星火有机硅一体化、80亿元的旭阳雷迪三期、50亿元的江铜铅锌冶炼、50亿元的攀森多元金属镍粒、30亿元的龙达粘胶纤维、30亿元的中粮植物油、30亿元的赛翡蓝宝石、25亿元的九钢技改等项目投产,投资100亿元的九江石化油品质量升级、100亿元的理文造纸、100亿元的恒生大化纤、50亿元的天然气储备及利用工程、45亿元的九电四期、26亿元的亚泥五六期等项目开工建设。一批重点基础设施项目快速推进。

深入实施鄱阳湖生态经济区战略。全年"一大四小"工程造林绿化3.17万公顷,治理水土流失1.6万公顷。林权制度配套改革深入推进,全市林权交易面积1.64万公顷。新增省级生态镇12个、生态村15个。积极开展环保专项行动,重点耗能企业和公共机关节能有效加强。大气环境优良率达99.4%,主要河流断面水质达标率100%,全面完成省政府下达的节能减排任务。新能源、非金属新材料、电子信息、节能电器、绿色食品五大新兴产业实现主营业务收入730亿元,占全市比重超过1/3。旅游经济主要指标继续保持全省前列,全年接待游客2868.8万人次,旅游总收入205.7亿元。

扎实推进民生工程。全市整合资金35.2亿元用于保障和改善民生,省政府下达的民生工程任务全面完成,市政府确定的民生实事基本完成。投资24.7亿元建设保障性住房3万套;投资25.8亿元改造棚户区256.4万平方米,近2万户居民居住条件得到改善;发放租赁补贴1610万元,惠及7404户。新增城镇就业5.8万人,新增转移农村劳动力近7万人,发放小额贷款6.3亿元,城镇就业率98%,"零就业"家庭实现动态清零。城乡低保补助标准逐步提高,"五保"集中供养率85%,医疗救助37.1万人次,城镇基本养老保险参保47.3万人,被征地农民养老保险有效推进;城镇居民基本医疗保险参保82.4万人,在校大学生全部纳入保险范围;新型农村社会养老保险试点覆盖面71.3%,新型农村合作医疗参合率98.5%。开展白内障复明免费手术1.9万例、唇腭裂修补手术899例;城乡困难群众免费体检、尿毒症患者免费血透和儿童白血病、先天性心脏病免费治疗等医疗救助工作扎实推进。新建改造城区农贸市场5个,扩建城郊蔬菜基地400公顷。加强价格监管,居民消费价格指数105.1%,低于全国全省平均水平。民声直通车受理群众诉求1.19万件,直通房产、医疗、教育等专题活动社会效果良好。落实信访责任制和信访接待日制度,信访办结率、停访息诉率、群众满意率不断提高。加强治安防控体系建设,依法打击各类违法犯罪活动,社会治安持续稳定,公众安全感测评全省第一。争取省部级科技项目79项,获省科技进步奖3项,专利授权450件,获批国家高新技术特色产业基地1个,新增国家高新技术企业8个。新建改造农村中小学校舍35万平方米,新招农村教师1600人。建成乡镇综合文化站68个、农家书屋550家,申报省级文化产业示范基地6个。第六次人口普查顺利完成,被评为"全国人口和计划生育综合改革示范市"和"全国全民健身先进单位"。

扎实推进"三农"工作。2011年,全年落实惠农补贴2.8亿元,农机购置补贴4264万元。建立省级以上无公害、标准化产业基地57个,全市农村土地流转面积5.33万公顷,新增农民专业合作社360家。基层农技推广体系建设继续走在全国前列,新增全国示范县2个。大力推进基础设施建设。争取上级水利资金13亿元,投资18亿元,完成病险水库除险加固、中小河流治理、农村安全饮水、小农水重点县等一批水利工程项目。完成各类水利工程3463座(处),新增、恢复、改善灌溉面积1.67万公顷,改造中低产田5466.67公顷。改渡建桥33座,改造农村公路913千米,新建乡镇客运站42个。稳步推进新农村建设。财政投入8500多万元,启动395个贫困村整村推进,完成扶贫移民搬迁、避灾移民搬迁。整合资金3.2亿元,建设新农村建设点1139个,开展农村清洁工程试点3268个,新农村建设连续4年保持全省领先。

【被评为"全国文化体制改革先进单位"】 2011年,全面推进经营性文化事业单位转企改制,九江日报社成立九江九新网络传媒有限公司、浔阳晚报报业发展有限公司和九江晨报传媒发展有限公司,形成"三报二刊一网"传媒格局;市电影公司和电影院全面转企改制;市广电网络公司并入全省有线广播电视网;市新华书店更名为"江西新华发行集团有限公司九江市分公司",完成转企改制。九江市被评为"全国文化体制改革先进单位"。

【2011年海峡媒体峰会在庐山举行】 5月24日,2011年海峡媒体峰会在庐山举行,来自海峡两岸100余位媒体负责人、知名主持人、主笔及记者齐聚一堂,围绕"协作、创新、发展"主题,深入探讨两岸媒体在新闻、经营等方面如何交流、合作。省委书记苏荣向大会发贺信。省委常委、宣传部长刘上洋出席峰会并作主旨演讲。国务院台湾事务办公室新闻局局长杨毅出席峰会并讲话。省政协副主席、九江市委书记钟利贵及九江市领导看望与会代表。这次峰会是继福州、台中峰会后,两岸传媒界举办的第三次峰会。此次峰会由省委宣传部、江西日报社、旺旺中时媒体集团和庐山风景名胜区管理局主办。台湾中国时报、中天电视台等15家台湾主流媒体,福建等大陆10个省市媒体和江西省主要媒体负责人参加峰会。

【首届海峡两岸江州义门陈文化交流活动在德安举行】 12月8日，首届海峡两岸江州义门陈文化交流活动在德安县车桥镇义门陈文史馆开幕。省台办、市政府、市台办、中华义门陈联谊会、台湾世界陈氏宗亲总会理事长陈盛根，中国国民党智库、永续发展组召集人陈世圯，德安县领导等出席开幕式，海峡两岸部分陈氏宗亲，海峡两岸从事义门陈文化研究的专家学者，社会各界企业家和热心人士代表共500余人参加开幕式。

【105国道环庐山段路面主体工程全面完工】 11月29日，105国道（环庐山段）路面主体工程全线完工，提前1个月完成建设任务。项目起点九园路口，终点星子县隘口镇，主线长26.7千米，挂线2.1千米，项目总里程28.8千米，总投资约2.7亿元。路面结构为水泥混凝土路面，设计行车时速60千米。项目于1月1日开工。

【九江·中国米市开业】 12月18日，九江粮食现代物流中心/九江·中国米市隆重开业。米市位于九江市庐山区城东沿江工业园内，集粮油交易、仓储、加工、质检、信息、配送及其他综合服务功能为一体，一期投资3000万元，占地4.7万平方米，建筑面积2万平方米，新建仓容4万吨，经营商铺5000平方米，集商户60余家，九江市放心粮油配送中心与之配套。

【国税收入首次登上百亿元台阶】 2011年，九江市国税系统税收收入102.3亿元（不含海关代征6.6亿元），完成省国税局年计划103.4%，同比增收11.2亿元，增长12.3%，国税收入首次登上百亿元台阶。

【开发加密九江—上海支线集装箱运输“直达快航”】 2011年，九江市根据全省开放型经济工作要求，为解决九江港集装箱货舱位紧张局面，满足江西外贸出口快速增长需要，1月、5月分别争取重庆民生航运公司、武汉长伟船务公司，正式开启九江港——上海港直航航班，基本消除集装箱压港。对打造九江到上海48小时快速物流通道，做大做强九江物流业的发展，优化九江投资环境，支持江西外贸出口起到促进作用。

【《庐山历代诗词全集》首发式在北京举行】 1月9日，《庐山历代诗词全集》首发式在北京人民大会堂举行。全国人大常委会原副委员长顾秀莲，江西省委原书记万绍芬，省委常委、宣传部长刘上洋出席首发式。《庐山历代诗词全集》收录1949年以前各个年代的3561位文人墨客以庐山为背景创作的诗词1.63万首，600多万字，分12册精装出版，是中国名山中第一部大型诗词全集。

（黄开福　刘浔豫　杨　磊）

主要领导人 市委书记：钟利贵。市人大常委会主任：张远秀（任至9月）、华金国（9月任）。市长：曾庆红（任至9月）、殷美根（9月任）。市政协主席：程来安（任至9月）、魏宏彬（9月任）。

·庐山区·

【简　况】 位于江西省北部，辖7镇1乡2街道，面积548平方千米，耕地0.34万公顷，总人口21.97万，其中非农业人口10.6万，人口自然增长率6.03‰。2011年，实现生产总值174亿元，同比增长14%。财政总收入突破10亿元大关，达11.1亿元，增长53.3%。规模以上工业主营业务收入180.7亿元，剔除市划企业增幅下降因素，增长100%。固定资产投资129亿元，增长44.6%。社会消费品零售总额13.4亿元，增长17.6%。城镇居民人均可支配收入1.61万元，增长15%。农民人均纯收入9425元，增长22.8%。

城乡面貌日新月异。全年政府投入14.9亿元，征收土地426.66万平方米，拆迁房屋100万平方米，新建、续建、启动重点城市建设项目74个，有39个项目开工建设，9个项目竣工验收。主城区极地盛世名都、新湖庐山国际等16个约280万平方米大型高品质商住楼盘，五里等5个约76万平方米保障性住房项目，德化小区等16个约70万平方米安置房建设项目都得到快速推进。威家镇整体改造与提升项目列入全市重点城建项目，姑塘滨湖新城建设全面铺开，赛阳集镇整体开发加快推进，海会镇庐山东门主体工程完工，新港镇荣获“江西首届十大最具竞争力重点镇”称号，中心集镇建设取得突破性进展。“六城同创”深入开展，城乡清洁工程基本实现全覆盖，“两声三乱”整治成效明显，“两违”整治扎实推进，全年拆除“两违”建设8万余平方米，市容市貌进一步改观。旅游配套设施日趋完善。环山生态休闲旅游产业加快发展，规模休闲农庄发展到14个，核心城区外“农家乐”100余家。全年接待国内外游客288万人次，实现综合收入19.6亿元，分别增长38.2%、38.3%。

农村经济稳步发展。全年投入7500万元，新修（改造）乡村公路28.8千米、农村候车亭10个，完成各类水利工程238处（座），新增恢复和改善灌溉面积293.33公顷。投入2460万元，完成新港等4个乡镇20个行政村新农村电气化建设任务，通过市政府A级标准验收。整合资金1480万元，高标准完成48个新农村建设点建设任务，打造曹家大湾等一批精品示范村庄。农业产业化进程加快推进，全年引进亿元以上农业项目5个，规模以上农业企业发展到21家，年销售收入过10亿元农业加工企业4家，农民专业合作社60家。金桥苗木、年丰百果两个千亩示范基地建设初具规模。发放农作物良种补贴、粮食直补和农资综合补贴资金3782万元，惠及农户2.6万户。林业生态工程有序推进，完成造林绿化面积733.33公顷。新增投入273万元，除治松材线虫疫木6万余株。

人民生活大为改善。全年区财政用于民生事业支出9030万元，全面超额完成省市下达的各项民生工程任务。新增城镇就业1.12万人，转移农村劳动力5355人，就业困难群体政策扶持力度进一步加大，连续5年就业登记率保持在96.5%以上。劳动关系不断改善。城镇居民养老保险被列为全国第一批试点县区，率先在全省将城乡居民养老保险基础养老金标准提高至65元/人·月。被征地农民养老保障水平，同比增长25%。社会养老保险制度实现全覆盖。城镇居民医疗保险实现市级统筹。城乡低保月人均补差水平分别提高至210元和103

元,农村五保集中、分散供养水平分别达到2880元/人·年、2400元/人·年,均超省级标准。

社会事业全面进步。新增高新技术企业1家,获得国家科技型中小企业技术创新基金项目2个。双峰小学庐山区校区开工建设。乡镇综合文化站、农家书屋等公共文化设施不断完善,区体育中心建成投入使用。“五五”普法通过验收,“六五”普法工作全面开展。社会治安防控体系建设不断加强,公众安全感指数全省排名第19位,在市辖区中排名位居第一。自觉接受人大、政协监督,办理人大建议、议案68件、政协委员提案132件、区长信箱和市政府民声直通车诉求182件,办结率和基本满意率均为100%。

【九江玻纤高新技术产业化基地晋升国家级】 2月,国家科技部公布22家国家高新技术产业化基地,九江玻纤高新技术产业化基地晋升国家级高新技术产业化基地,实现九江市国家级高新技术产业化基地“零”的突破。庐山区是全省玻纤产业主产区,全区从事玻纤加工并具有一定加工规模的企业40多家,总资产110亿元。其中长江玻璃纤维有限公司、三星玻纤公司等7家企业已通过国际质量论证。

【南山广场公园建成】 2011年,南山广场公园建成。公园总投资5亿元,面积5.33公顷,广场呈十字型布局,东西景观轴530米,南北景观轴460米。已竣工投入使用的综合服务中心,含四馆(图书馆、文化馆、规划展示馆、档案馆)、二院(影院、剧院)、二中心(办证服务中心、会议中心),集会议服务、规划展示、便民服务等多项功能为一体。南山公园的建成,改变九江城南片区没有大型公园的历史。

(杨小岛)

主要领导人 区委书记:陈和民(任至5月)、汪泽宇(5月任)。区人大常委会主任:刘征骅(任至8月)、陈飞林(8月任)。区长:钟好立。区政协主席:陈飞林(任至8月)、刘　建(8月任)。

·浔阳区·

【简　况】 位于江西省北部,为九江市中心城区,面积26平方千米,总人口30.2万人。辖5个街道办事处。2011年,实现生产总值290.14亿元,固定资产投资40.79亿元,社会消费品零售总额120.8亿元,财政总收入13.45亿元,实际利用区外资金21.66亿元,实际利用外资5087万美元,外贸出口2.15亿美元,城镇居民人均可支配收入和农民人均纯收入分别增长13.6%和12%。

第三产业实力增强。2011年,实现三产税收8.5亿元,增长22.9%,占财政总收入的63.5%。楼宇经济强势攀升,辖区内兴龙国际商务中心主体完工,中瀚商务楼宇正在建设,辖区共有商务楼宇26栋18万平方米,入驻总部企业284家,全年实现楼宇经济税收1亿元,增长62.3%。全年接待游客374.4万人次,实现旅游收入32.2亿元。民营经济全年实现税收8.25亿元,占财政总收入61.3%。2011年,浔阳工业园有23个项目入园,其中竣工投产项目11个,开工项目9个,新签入园项目3个,总投资约52亿元。

旧城改造实现突破。2011年,浔阳楼片区征迁工作完成签约1112户,占总任务84%,拆除面积9万多平方米,10.02万平方米土地挂牌出让。启动花果园片区、琵琶亭片区和长虹东大道浔阳段改造,德化安置小区一期和花果园安置小区正在建设,全年改造棚户区33.5万平方米,完成30条背街小巷改造。推进村民复建址建设,姬公庵村、大塘村和曹家山村二期复建址全面竣工。

群众生活得到改善。2011年,新增城镇就业5281人,发放小额担保贷款3276万元。城乡低保2864户5448人,保障标准由每人每月300元提至330元;城镇基本养老保险参保9958人,基金征缴4711万元;城镇基本医疗保险参保10.42万人,基金征缴4367万元。加强公共卫生服务,发放公共卫生服务卡285.4万元。城乡医疗救助2011人次,发放救助资金404万元。投资450万元打造湓浦社区日间照料中心投入使用。

社会事业取得进步。2011年,顺利完成村(居)委会换届选举工作。湓浦街道在全省率先成功进行全部社区直选,为社区主任、副主任(委员)、退养人员每月分别增加生活补贴100元、80元和50元,为符合条件的社区居委会成员办理“两保”。荣获“全国科技进步先进区”和“全国科普示范区”称号。荣获“全省义务教育均衡发展示范区”称号。公开招聘专业技术人员29名、小学教师50名、幼儿教师10名。完成全国第六次人口普查数据处理、综合开发等工作,荣获“江西省第六次全国人口普查先进集体”称号。区人武部被评为“全省先进武装部”。区台办连续6年荣获“全省对台工作先进单位”称号。

【实施“文化兴区”战略】 2011年,浔阳区提出“文化兴区”战略,大力推进“八个一”文化工程。举办4期“浔阳讲坛”。编撰出版《浔阳美文》《百年大中路》系列历史文化丛书。浔阳区图书馆、少年儿童图书馆、全国文化共享工程浔阳区支中心正式对外开放,拥有数字资源用机近40台、电子触摸屏1台以及丰富的数字资源,成为全市唯一的专业少年儿童数字共享工程区级建设点;区体育健身中心正式投入使用,举办首届全区干部职工运动会;建成街道文化活动中心6个,市级群众文化广场4个,社区文化大院28个,总面积9万多平方米;建成室内综合文化活动室6个。全区建立各类特色文化团体189个,总人数近万人。

【大中路步行街升级改造完成】 2011年,浔阳区完成大中路步行街升级改造项目,大中路(西段),全长800余米,涉及改造房屋107栋,对古建筑进行保护修缮,根据不同建筑的建设时期和风格,尽量恢复至原来的风貌,茶市米市雕塑群、“九江小吃”雕塑群再现九江历史风貌。恒星世纪商业大道投入运营,成立浔欣文化投资有限公司。“浔阳八景传说”“清真梁义隆桂花茶饼制作技艺”成功申报省级“非遗”名录。

【查处违法违规农村建房】 2011年,浔阳区制定《浔阳区大九江规划区内农村违法违规建房分类处理办法》《浔阳区中心城区农民购房快速报批实施办法》《浔阳区农村违法违规建房责任追究办法》对规划区内农村建房进行普查，查处违法违规建房，普查农房2387户，测量面积84.14万平方米。对3户违法违规建房户进行立案，对3名党员和公职人员违规建房进行立案查处，拆除违法违规建房119处，近3万平方米。

（扶松华）

主要领导人 区委书记：朱汉浩（任至5月）、戴晓慧（5月任）。区人大常委会主任：刘爱琴（任至5月）、张显旺（8月任）。区长：李广欣（任至5月）、左 延（8月任）。区政协主席：张燕萍（任至5月）、文建华（8月任）。

·九江县·

【简 况】 位于江西省北部，辖7镇4乡，总面积873.33平方千米。2011年，实现生产总值60.32亿元，同比增长13.9%；财政收入7.18亿元，增长43%；固定资产投资53.4亿元，增长49.50%；规模以上工业企业完成增加值22.71亿元，增长23.52%；社会消费品零售总额14.75亿元，增长16.2%；农民人均纯收入7436元，增长21.3%；粮食总产6.88万吨，增长0.5%。主要经济指标全部摆脱后三，部分指标进入全市第一方阵。财政收入总量居全省第56位，前移10位；增幅居全省第9位，前移57位，实现三年翻番。被评为“全省工业崛起先进县”“全省利用外资先进县”。存、贷款余额分别为57亿元和34亿元，分别增长14%和42%。

园区建设快速推进。2011年，全县投资4亿元，移填土石方1420万立方米，平整工业用地800万平方米，实施一项集防洪、治虫、造地于一体的赤湖水利血防填埋工程，为全省工业园区破解用地难题提供成功经验。赤湖联圩中段8.2千米进行除险加固，赤湖工业园“三河七路”实施绿化、亮化。新区“两纵两横”路网、福银高速平行线等道路基本建成，实现与市八里湖新区路网的全面对接；“一城、两镇、三区”的“大沙河”框架全面拉开。

民生工程得到巩固。全县78个新农村建设点的“三清七改五普及”全面完成。258个村点的农村清洁工程得到实施。2011年，发放各项涉农补贴1325.37万元；销售“家电以旧换新”8万余台（件），补贴2500余万元。新增城镇就业2483人、“4050”人员就业226人、转移农村劳动力5392人；城镇基本养老保险参保4.1万人、医疗保险参保5.22万人，农民工工伤保险参保7576人。发放城乡低保补助2600万元、城乡医疗救助金1400万元，救助资金使用率达100%，获“全省社会救助工作先进县”。顺利实现市级与县级医院的医疗救助与城镇居民（职工）基本医疗保险和新农合医疗保险同步结算。全面启动失地农民养老保险工作，参保农民2932人。创建五星级敬老院2个、四星级3个。建成廉租房100套，完成地质灾害避灾移民搬迁和农村危房改造357户。累计发放“两免一补”及其贫困家庭学生补助3300余万元。完成“光明·微笑工程”手术117例，为17.78万人建立健康档案。

【被命名为“2011～2015年度全国科普示范县”称号】 6月，九江县被中国科协命名为“2011～2015年度全国科普示范县”，示范期为5年。九江县将科普工作和全民科学素质工作纳入各乡镇和县直各部门年度考核范围，实行责任目标管理，将科普专项资金纳入县财政年度预算，并随财政收入增长而逐年增加，全县科普工作机制不断完善，科技服务能力不断提升，为县域经济社会发展提供强有力支撑。

【江新洲棉花专业合作社被授予省级农村专业合作社】 1月，九江市工商局负责人代表省工商局，向江新洲棉花专业合作社，授予省级农村专业合作社牌匾。省工商局认定全省26家农民专业社为省级样板社，江新洲棉花专业合作社是县内唯一一家获评省级的农村专业合作社。合作社位于新洲垦殖场境内，有耕地面积4000余公顷，机构健全，各项规章制度完善，从生产种植管理到销售，都有一套规范运作模式，民主决策、照章办事。合作社的规模已由设立时的70名社员发展到128名社员，出资总额384万元，种植面积250余公顷，带动农户6200多户。

【举行九江大千世界项目签约仪式】 1月28日，九江县政府与江西民生集团在九江宾馆举行大千世界项目签约仪式。总投资50亿元的九江大千世界项目是全市最大的城郊旅游产业项目，由“今日世界、儿童世界、未来世界、水上世界、探险世界、地方文化特色世界”六大部分组成。项目选址在九江长江二桥桥头赛城湖南岸青峰、杨花两村地段，占地面积约260多公顷。项目建设定位为国家4A级景区、全省一流文化娱乐休闲胜地。项目建成后，可填补市区没有大型人文景观的空白，弥补没有大型儿童游乐设施的缺陷，带动市区旅游产业转型升级、推动八里湖新区城市功能的完善，实现城区水上旅游与庐山风景旅游互动发展，促进大九江旅游格局形成。

【沙河街镇老年体育事业蓬勃发展】 3月，沙河街镇老年人体育协会被全省老年人体育协会授予“十一五”全省老年体育工作先进单位，主席胡应华被评为“十一五”全省老年体育工作先进个人。沙河街镇常住人口5.6万人，其中60岁以上老年人5790人，常年参加老体协活动4630余人，占老年人总数80%以上。全镇建有9个农民活动中心、6个标准篮球场，新安装体育健身器材28套；镇老体协有多支腰鼓队、锣鼓队、登山队和门球队。平时锻炼健身，重大节日，各支队伍开展不同形式的文体活动，以带动更多的老年人参与体育健身活动。

【《富贵眉寿》水墨画在中央电视台书画频道展播】 6月，九江县书画家李钢创作的一幅水墨画作品《富贵眉寿》，被国家文化部等部门主办的国家级权威性国际大型书画展览选中，并在中央电视台书画频道展播。此次活动，有海内外书画作品20余万件参展，精选参展作品500件，推荐参加中央电视台书画频道节目录制的作者50人。《富贵眉寿》以双桃、双梅、单牡丹为主，体现富贵长寿。

（张树华）

主要领导人 县委书记:徐耀纯。县人大常委会主任:罗会林。县长:戴晓慧(任至5月)、陶 晔(6月任)。县政协主席:吴杨柳(任至7月)、李照培(8月任)。

·武宁县·

【简 况】 位于江西省北部,辖8镇、11乡,总面积3506.6平方千米。城区面积7.8平方千米,城区绿化率49.59%。总人口38.46万人,其中城镇常住人口15.23万人,人口自然增长率7.9‰。全县耕地面积1.84万公顷,林地面积25.87万公顷,森林覆盖率67.9%。2011年,实现国内生产总值62.8亿元,同比增长13.1%,其中:第一产业增加值10.94亿元,同比增长0.3%;第二产业增加值32.48亿元,增长12.8%;第三产业增加值19.39亿元,增长22.3%。三次产业结构比17.4:51.7:30.9。财政总收入7.53亿元,增长38.5%;税收占财政总收入88.2%;地方财政收入5.25亿元,增长47.7%;地方财政支出13.2亿元,增长31.3%。规模以上工业主营业务收入119.11亿元,增长61.5%;规模以上工业增加值29.47亿元,增长11.3%,占年生产总值46.9%;外贸出口1.02亿美元,增长126.67%。全社会固定资产投资60.27亿元,增长42.1%;引进项目94个,实际进资19.5亿元,同比增长48.7%;实际利用外商投资5534万美元,增长27.2%。农业总产值18.18亿元,增长6%。粮食总产量15.71万吨,棉花0.23万吨,油料1.41万吨。城市污水处理率100%。社会消费品零售总额21.82亿元,增长20.8%;农民人均纯收入6930元,增长21.5%;城乡居民储蓄存款43.67亿元,增长21.27%。

项目建设蓄势发展。招商引资上项目,全年引进项目94个,实际进资29亿元,增长38.1%;引进外资5534万美元,增长27.2%;实现外贸出口1.02亿美元,增长126.7%;荣获全省利用省外资金先进县称号。全力实施"项目建设大会战",从县直单位抽调干部到项目一线包挂,94个项目竣工24个,在建48个。协助完成大湖塘一期探矿工作,初步探明钨资源储量106万吨,为发展矿业奠定重要资源基础。工业园区投入建设资金1.36亿元,新增入园企业40家,投产企业37家,投产企业总数达160家,园区工业总产值达112亿元,增长74.5%;上缴税收1.28亿元,增长25.5%。被省政府评为全省先进工业园区。各乡镇加大集镇建设投入,启动实施和建成便民服务中心、文化活动中心等一大批项目,集镇基础设施明显改善。鲁溪镇成为全市唯一的全国文明镇。

乡村面貌有新变化。积极建设生态工程,造林绿化"一大四小"工程完成4233.3公顷,提升通道绿化75.6千米,创建"森林十创"点39个。荣获全省第三轮森林资源保护先进县。新增农村沼气用户1020户。全面完成293个村点的农村清洁工程,宋溪垃圾无害化处理中心投入运行。扎实开展庐山西海网箱清理、增殖放流、打击非法捕捞,湖区渔业资源得到有效保护,荣获全省平安渔业示范县和增殖放流先进县。加快发展乡村经济,乡镇财政总收入达3.28亿元,有15个乡镇财政收入突破1000万元。全面完成99个村点的新农村建设任务。组建县旅游产业开发有限公司,完成县乡旅游发展总体规划和窑墩岛开发概念性规划编制,庐山西海花源谷景区一期基本完工,杨洲桃源谷度假村建成营业,新光山庄被评为全国休闲农业与乡村旅游五星级园区,平尧生态农庄被评为4A级乡村旅游点。全年旅游综合收入1.26亿元,同比增长25.5%。

以改善民生为根本,民生保障有新提升。新增城镇就业6100人,"4050"人员就业1126人,"零就业"家庭实现动态清零就业。小额担保贷款发放3223万元,扶持720人创业。城镇职工和居民医疗保险参保人数达7.06万人,支付医疗保险金1485万元。城镇基本养老保险覆盖1.43万人,企业退休人员养老金调标到位。发放城乡低保金3837万元,2.56万名城乡困难群众享受最低生活保障。发放城乡医疗救助金887万元,救助1万人。启动新农保试点工作,参保人数14.5万人。发放基础养老金969万元,3.54万老年人受益。新建廉租房、公租房、安置房、棚户区改造房30万平方米,发放廉租房租赁补贴98万元。帮助927户农村困难群众新建和改造住房,帮助173户倒房户重建家园。地质灾害避灾搬迁移民2356人。全面落实教育"两免一补三资助"政策,受益学生4.20万人。11所农村中小学校舍安全工程加快推进。成功申报国家级科技计划项目5项、省级2项、市级6项,顺利通过全国科技进步县考核。新建乡镇综合文化站2个,新增农家书屋42家。县文化馆被评为"国家一级文化馆"。电影《山鼓声声》在全国上映。深化医药卫生体制改革,国家基本药物制度实现乡镇卫生院全覆盖。巩固农村新型合作医疗,参合农民29.15万人,报销医药费6040万元。成功创建全国农村中医药工作先进单位。积极开展平安创建工作,"平安乡镇"实现全覆盖。扎实推进社会治安防控体系建设,"天网"工程进一步完善,公众安全感测评位居全省前列。

【国家林业局批准试点实施江西庐山西海国家湿地公园建设】 3月25日,国家林业局在江西庐山西海湿地开展国家湿地公园试点工作。庐山西海国家湿地公园总面积2.47万公顷,包括武宁县境内的修河干流、庐山西海和周边滩地及部分林地,地跨清江等10乡镇,是武宁县乃至江西重要的生态绿地和生态旅游资源,也是国内罕见的大型邻城蓄水区类湿地。湿地景观具有"特、秀、奇、幽、野、珍"的特点。园内水体能见度达8米,负离子含量为15万个/立方厘米,达国家一级水质和一级空气质量标准,是国家一级保护水禽中华秋沙鸭的栖息地和水族动物具"活化石""大熊猫"之誉的桃花水母的繁衍地。

【省中小企业协会绿色照明产业委员会在武宁成立】 4月8日,省中小企业协会绿色照明产业委员会成立暨第一届委员代表大会在武宁县召开。省中小企业局,省、市中小企业协会和有关县领导出席会议。会议审议通过《江西省中小企业协会绿色照明产业委员会工作条例》,省中小企业局、省中小企业协会和县领导为省中小企业协会绿色照明产业委员会授牌。

【伊山自然保护区晋升为省级自然保护区】 9月14日,省政府批准,伊山自然保护区晋升为省级自然保护区。保护区位于宋溪镇伊山,总面积1.13万公顷,是赣西北幕阜山脉重要的天然绿色屏障。保护区属中亚热带暖润性季风气候,年平均气温在15℃~17℃。保护区内动物资源丰富,有国家级和省级重点保护的野生动物100多种,鸟类16目52科197种,爬行类3目8科33种,两栖类2目5科18种。国家一级重点保护动物有云豹、白颈长尾雉、中华秋沙鸭;国家二级重点保护动物有穿山甲、豺、鸳鸯、白鹇、鸮等30多种;省级重点保护动物有70种。保护区内植物资源丰富。区内森林覆盖率达97%,有维管束植物202科762属1638种。国家一级保护植物有南方红豆杉、水杉和银杏3种;国家二级保护植物有香榧、鹅掌楸、凹叶厚朴等17种;省级重点保护植物有97种。

(郑元刚 陈修宁 郑双虎)

主要领导人 县委书记:董金寿(任至5月)、沈 阳(5月任)。县人大常委会主任:杨叶青。县长:沈 阳(任至5月)、饶思汉(8月任)。县政协主席:刘品一(任至7月)、余育民(8月任)。

·修水县·

【简 况】 位于江西省西北部,辖19镇17乡,总面积4504平方千米。耕地面积3.78万公顷,山林面积34.7万公顷,森林覆盖率为74.47%。总人口83.2万,其中非农业人口10.33万人,人口自然增长率为9‰。2011年,完成地区生产总值76.8亿元,同比增长13.9%。其中:第一产业增加值12.49亿元,增长6.9%;第二产业增加值37.14亿元,增长19.3%;第三产业增加值27.19亿元,增长11.0%。三次产业结构比为16.3:48.3:35.4。完成财政总收入10.6亿元,增长41.5%,其中一般地方预算收入6.5亿元,增长26%。财税结构逐步调优,财政总收入占GDP的比重为13.8%,税收占财政总收入的比重为91%。规模以上工业总产值100.8亿元,增长87.0%;规模以上工业完成增加值29亿元,同比增长20%;实现主营业务收入100亿元,增长88.8%;实现利税总额21.6亿元,增长81.0%。完成社会固定资产投资61.2亿元,增长42.8%。农业总产值17.47亿元,增长6.0%,粮食总产量21.84万吨,主要农产品中稻谷1.90万吨,小麦2875吨,玉米7461吨,花生3663吨,蔬菜8.30万吨,茶叶3520吨。完成社会消费品零售总额25.2亿元,增长18.8%。全县金融机构存款余额84.9亿元,增长19.6%。农民人均纯收入达3615元,增收569元。

争先进位成果丰硕。2011年,修水县先后荣获全国重点产茶县、全国茶叶科技示范基地县、全国科技进步先进县、全国科普示范县、中国书法之乡、全省外贸出口先进县、全省农田水利建设先进县、全省标准化茶园创建先进县、全省生态建设先进县、全省“一大四小”工程建设先进县、全省种子管理先进县、全省木材流动监督工作先进县、全省信访维稳工作先进县等一系列荣誉称号;成功创建国家园林城市。全市工业和开放型经济巡回看变化活动暨三季度工业生产调度会在修水县召开,开放型经济工作列全市第三,获得2011年度全省工业崛起贡献奖。

工业经济提质增效。全县紧紧围绕“五年决战工业500亿”目标,主攻产业,决战工业。全年投入园区建设资金5.93亿元,新增园区面积866.65万平方米,建成主路网12条11.3千米,铺设排污管网7.6千米,完成场地平整226.66万平方米,一园四区有投产企业69家,实现工业主营业务收入94亿元,上交税收3亿元。紧扣招商引资“生命线”,围绕矿业、返乡创业、农业特色产业三大板块,全力打造“有色冶金、非金属材料、食品医药、服装鞋帽、工艺饰品、机械电子”6大主导产业,全年引进3000万元以上工业项目55个,其中亿元以上项目29个,实际进资22.74亿元,同比增长32.44%;引进外资4785万美元,增长255%。狠抓重大项目带动,全年签约、开工、投产重大产业项目72个。产业集聚成效初显。围绕有色冶金、非金属材料等矿业产业,先后引进亿元以上矿业项目11个,特别是引进修水县投资规模最大的工业项目——投资20亿元的九江金鹭硬质合金项目,项目落户修水(九江)工业园区;引进亿元以上农业产业化项目9个,六大主导产业产值占工业主营业务收入的90%以上。

城镇建设亮点纷呈。全年投入50多亿元,实施500万元以上重点城建项目109个。完成良塘新区征地666.66万平方米、拆迁房屋60万平方米、建成主次路网28千米。累计投入20亿元,实施公建项目35个,重点打造全省面积最大的县级城市公园——大洋洲公园,国内数字化水平最高、按三级乙等标准建设的县级医院——修水县人民医院南院,全省规模最大、功能最齐全、设备最完善的国家一级县级客运汽车站——修水汽车总站,全省唯一全面应用多媒体教学的县级中学——修水第二中学,源水水质最好的自来水厂——修水第三水厂,规模最大(53.33万平方米)的市场群—建材家居、汽车贸易、农副产品小商品等五大专业市场;快速推进市民服务中心、“四馆”等18个公益性项目,新区建设“三年成规模”目标提前实现。宁红东大道立面改造、宁红西大道景观改造、修河城区段的景观改造和美化亮化等一批项目全面完工,极大地改善了城区面貌;芦塘河治理、东城区污水管网改造、宁红大市场排涝整治等一批项目的建设竣工,有效地解决困扰多年的城市内涝。

三农工作扎实推进。农业产业稳步发展。全县粮食种植面积5.22万公顷,产量26.52万吨,粮食产量实现“八连增”。桑、茶、林、畜等农业特色产业竞相绽放,新扩低改桑园200公顷、茶园533.33公顷,完成造林5600公顷,建设畜禽养殖基地20个。修复491处重点水毁工程,启动10座小㈠型水库和26座小㈡型水库的除险加固,投资2153万元的渎水河大桥集镇防洪工程全面完工,投资3800万元的白岭河河道治理快速推进。投资3.5亿元,全长40.5千米的修铜公路改造完成路基土石方工程并通车,新建农村公路124.4千米,完成危桥改造2座,乡镇和行政村通油(水泥)路率100%。完成113个新农村建设点规划设计,开展151个省定新农村建设点和30个市县共建点整治,8个集镇、562个自然村开展农村清洁工程试点,基本实现农村垃圾无害化处理全覆盖。

各项事业协调发展。民生工程普惠群众。就业渠道不断拓宽,新增农村劳动力转移3.89万人、城镇就业9310人;加大创业扶持力度,发放小额担保贷款5564万元。社会保障体系加快完善,全面启动城镇居民养老保险试点,新型农村合作医疗、城镇居民医疗保险、城乡低保、新型农村养老保险基本实现应保尽保。新建廉租房3.55万平方米、公租房6.8万平方米,完成棚户区改造536户、农村危房改造1220户,1121户灾后倒房重建基本完成。完成路口等三个“千吨万人”饮水工程,解决4.5万农村人口饮水安全问题。完成深山移民搬迁和地质灾害移民搬迁5643人。开展先天性心脏病和白血病患儿的免费救助,施行白内障免费手术215例。为非义务教育阶段困难学生发放助学金807万元。加强矛盾排查调处,开展党政领导开门大接访和领导包案调处。组建“散原中学”和新县二中,优化县城教育网点布局。科技事业不断进步,申报省级民营科技企业3个,被评为全国科技进步先进县和全国科普示范县。文化活动丰富多彩,举办《诗书双绝黄庭坚》个性化邮票首发式,荣获“中国书法之乡”荣誉称号。旅游产业不断升温,百茶园景区、秋收起义修水景区、南崖—清水岩景区被评为国家3A级景区,双井村被评为3A级乡村旅游示范点。

【开展“千名干部进乡村排忧解难促发展”活动】 10月,全县组织各乡镇、县直各单位1080名党员干部,组成360个工作组,进驻全县360个行政村,开展“千名干部进乡村、排忧解难促发展”活动。按照搞好一次政策宣讲、开展一次走访调研、化解一批矛盾纠纷、帮办一批惠民实事、组织一次村务财务公开“五个一”的要求,各工作组迅速深入所驻村(居),做到“规定动作不走样、自选动作有特色”,广泛开展各项活动。各工作组在活动中为民办实事1500余件,落实帮扶资金229.5万元。化解群众矛盾纠纷3540多起,化解率达98%,有力促进农村社会的和谐与稳定。

【国家林业局批准试点实施修河源国家湿地公园建设】 7月,国家林业局正式批准修水县试点实施修河源国家湿地公园建设。修河源国家湿地是江西五大水系之一修河源头的水源涵养区,从东津水库到修水与武宁交界处修河干流、滩涂地、支流沼泽、蓄水区、库塘、稻田、溪流、泉眼、人工渠系及周边部分林地。规划面积4342.4公顷。项目分6年实施,预计投入资金7230万元。重点建设湿地保护与保育,湿地科研、监测与宣教,湿地公园管理与建设,湿地生态观光旅游,中华秋沙鸭及其越冬栖息地保护,基础建设,湿地环境保护与安全,社区共建共管8项工程。

【再获“全国重点产茶县”称号】 10月14日,在中国茶叶流通协会举办的第七届年会上,修水县被评为“全国重点产茶县”称号。这是继2010年获此荣誉后再获殊荣。全县茶叶种植面积达7466.67公顷,产量4500吨。修水茶产业发展得到国家、省、市及相关部门高度认可,先后被授予“中国名茶之乡”“全国特色产茶县”“全国重点产茶县”“全国茶叶科技基地示范县”和“江西省茶叶生产十强县”等称号,“宁红”和“双井绿”两大公共品牌也分别进入全国百强公共品牌的第35位和第39位。

(李四军)

主要领导人 县委书记:黄　斌。县人大常委会主任:唐晓荣(任至7月)、胡荣军(8月任)。县长:王丰鹏(任至5月)、孙朝辉(5月任)。县政协主席:黄　梅。

·永修县·

【简　况】 位于江西省北部,辖11个镇、4个乡、2个垦殖场、2个企业集团,总面积1947.08平方千米,其中县城面积10.05平方千米。耕地面积3.08万公顷,林地总面积7.66万公顷。总人口38.61万人,其中非农业人口11.42万人,人口自然增长率7.9‰。2011年,实现地区生产总值75.42亿元,同比增长12.8%。其中:第一产业增加值10.97亿元,增长4.3%;第二产业增加值48.66亿元,增长15.3%;第三产业增加值15.79亿元,增长11.8%。规模以上工业总产值187.78亿元,增长44.8%;主要工业产品有:有机硅粗单体16.96万吨、规模以上企业机制纸24.82万吨。农业总产值19.55亿元,增长9.1%。主要农产品有:粮食23.51万吨,棉花0.8万吨,油料作物1.78万吨,水产品4.46万吨。财政总收入9.08亿元,增长35.1%,其中地方财政收入6.236亿元,增长41.7%;支出17.6262亿元,增长39.7%。农村居民人均纯收入7400元,增加754元。城乡居民年末储蓄余额44.54亿元,增长18.8%。

突出工业抓招商。全县组建10支工业招商小分队走出去招商引资,出台对引进工业项目给予奖励办法,营造重工业、抓招商、培财源的浓厚氛围。依托龙头抓招商,培植五大产业。以星火有机硅为龙头,促进国内外有机硅产业在星火工业园聚集,着力打造“世界硅都”;以金凤凰建材为龙头,加快推进纳米微晶等5个技改扩能项目,培植新型建材产业;以智能表计为龙头,加快推进智能电表、水表项目,培植新型电子产业;以泽晖纸业为龙头,加快推进彩印薄膜等11个项目,培植新型造纸产业;以中科合臣为龙头,加快推进中科超低K材料、新型仿生农药项目,培植新型生物制药产业。投入3亿元,加快云山经济开发区40平方千米范围内基础设施建设,加速推进园区供电网络扩容改造、标准厂房建设。加快推进艾城、军山两大集镇和园区物流港、新市民公寓建设,优化园区配套服务设施。

建设山水园林城市。全县按照“一河两岸,一城三区”的城市发展格局,改造老城区,完善湖西区,开发湖东区,一座“湖在城中、城在河边、山水相映、宜居宜业”的江南山水园林城市日益突显。编制城市建设总体规划7项重要规划,为建设高品位城市打下坚实基础。强化规划管理,严格项目选址、用地、审批,建立责任追究制度,确保城市规划执行到位。

新农村建设成绩斐然。全县围绕“三个基地一个中心”,努力打造生态、文明、富裕新农村。以农业项目建设为重点,强力推进“十百千”工程,抓好农产品加工园区建设。全县101

个新农村建设点建设，投入资金9277.05万元，完成改水3726户、改厕3276户，改路108千米，改房1.64万平方米；栽种树苗11.6万棵；加快重点水利工程建设。实施城乡供水工程，结合城建重点工程，进行县城供水管网铺设和改造，规划建设饮水安全工程。全县水利建设完成土石方245万立方米，完成联圩除险加固工程24千米，应急防渗处理4座圩堤渗漏险段，投资1200万元完成4万吨/日水厂扩改工程，投资1300万元，完成89项村级小型水利建设项目，解决6.7万农民饮水安全问题。

【科学减排促企业绿色发展】 2011年，在推进项目建设进程中，把保护"青山绿水"放到发展的战略高度。云山经济开发区制定园区污染物减排方案，严格执行环保是项目"第一审批权"，坚决拒绝高能耗、高排放、高污染企业入园。全县组织15家重点企业负责人到外省学习考察先进企业减排经验，邀请广东、上海等外省市多名环保专家学者，现场解答企业减排难题，开展企业环保骨干业务培训。严格企业减排奖惩机制，设立减排专项奖励资金，及时关闭污染严重、治理无望企业。全年拒绝投资亿元的农药生产、电镀等重污染企业6家，关停14家资源消耗大、污染严重企业，减少二氧化硫排放1200余吨和化学需氧量(COD)近600吨。

【借力义乌推进项目建设】 2011年，主动承接沿海发达地区产业转移，与浙江省义乌市建立友好县市，县主要领导多次到义乌市考察，联系建立友好县市合作事宜，全方位地学习借鉴义乌经济社会发展好的经验和做法，全力承接义乌工业产业转移，采取"两地共建、税收分成"的飞地模式，建立永修义乌工业园，进一步做大县域经济总量。1月~10月，全县新签约、新开工、续建、新投产、重点在谈工业项目累计达167个，签约资金达68.87亿元，实际进资36.49亿元，实际利用外资4872万美元。

【打造生态"菜篮子"】 2011年，强力推进"菜篮子"基地建设，成立以县长为组长的县蔬菜基地建设小组，细化分解目标任务，优化整合资源，加快蔬菜基地土地流转，解决蔬菜种植大户土地承包难题，为菜农争取钢架蔬菜大棚资金补贴，加大水渠、灌溉机井、机耕道等配套设施建设。邀请蔬菜专家对农民开展大棚蔬菜生产技术培训，提供蔬菜种植全程技术指导服务，在蔬菜基地配备蔬菜专业人员、植保人员，基地内实行统一管理、分户生产，科学合理施肥用药，强化蔬菜质量监管，提高蔬菜种植效益。创建蔬菜流通"绿色通道"，扶持农民成立蔬菜流通公司，建立蔬菜基地交易批发市场，加强农超对接，畅通蔬菜销售渠道，实现"菜园子"与"菜篮子"对接，有效解决菜农卖菜难题。

【打造优质特种水产品供应基地】 2011年，全力推进特种水产品生产，走标准化带动产业发展、提升效益。整合水利、交通、电力等部门涉农资金，用于水产基础设施配套建设，依托县白莲湖鱼种场鳜鱼苗种繁育和江西永成特种水产有限公司鳜鱼池塘网箱养殖优势，打造以鳜鱼池塘网箱养殖为主的万亩连片特种水产养殖基地；依托鄱阳湖甲鱼良种场甲鱼繁育养殖优势，打造甲鱼仿生态养殖基地333.33公顷。扶持龙头企业和重点培植规模大、科技含量高、效益突出、示范带动能力强的特种水产养殖企业、渔民专业合作社；培植永修县华勇网箱水产养殖专业合作社，使江西永成特种水产有限公司鳜鱼苗种繁育基地成为其鳜鱼网箱养殖的供种基地。积极唱响水产品牌，提升"秀域""云居"两个水产品牌为中心品牌。

（陈汉铭）

主要领导人 县委书记：韩胜球（任至6月）、邹绍辉（6月任）。县人大常委会主任：彭伦棠（任至8月）、张礼铨（8月任）。县长：严盛平。县政协主席：杨增梁（任至8月）、欧阳洁（8月任）。

·德安县·

【简　况】 位于江西省北部，辖4镇9乡2场。总面积863平方千米，其中城区面积11平方千米。耕地面积0.9万公顷，有林面积3.43万公顷，森林覆盖率40.82%，城区绿化率42.57%。总人口16.77万人，其中农业人口11.22万人，人口自然增长率9.03‰。2011年，生产总值49.5亿元，同比增长13.5%。其中：第一产业增加值0.3亿元，增长6.9%；第二产业值5.5亿元，增长15.9%；第三产业值0.8亿元，增长7.8%。财政总收入6.7亿元，增长45.9%，人均4017元，税收收入占财政总收入比重达到79%；地方财政收入4.6亿元，增长57.1%；地方财政支出9.26亿元，增长36.6%。工业总产值133.29亿元，增长67%。规模以上工业增加值30.1亿元，占GDP比重70.2%。外贸出口占GDP比重0.16%。固定资产投资达47.34亿元，增长44.1%。实际利用外商投资5184万美元，增长15.2%；省外投资30.43亿元，增长31.6%。主要工业产品及产量为轮胎63.1万条、纱9.55万吨、水泥67.8万吨、服装1687.8万件。农业总产值7.45亿元，增长14.5%。粮食总产量4.6万吨。主要农产品及产量为油料总产量6134吨、棉花总产量7909吨、生猪出栏7.41万头、家禽出笼2.38亿只、水果产量6942吨。万元GDP能耗0.9吨标煤，城市污水处理率93%。农村居民人均纯收入7553元，增长25.2%。城乡居民年末储蓄余额28.72亿元，增长20%。

工业经济不断壮大。2011年，引进内资30.43亿元，增长31.6%；实际利用外资5184万美元，增长15.2%；出口创汇1.25亿美元，增长126.2%。3000万元以上项目开工21个，其中：亿元项目10个；3000万元以上项目竣工18个，亿元项目6个。累计完成园区基础设施建设投入3.8亿元。工业污水处理厂全面启动。丰林建材工业小区创业大道完工。园区新增入园企业11家；完成主营业务收入136.2亿元，增长56.8%；实现税收5.3亿元，增长124.1%。顺利通过省级生态工业园验收。

加快城镇建设步伐。2011年，渊明大桥竣工通车，改写进出县城必须过涵洞的历史，实现中心城区和城西园区的组团对接。共安大桥、跨博阳河大桥等项目快速推进，构成城区立体交通网络体系，搭建城市发展新架构。县新博物馆、县职教中心等49个项目全面竣工，县新行政服务中心、一河两岸景观工程等63个项目扎实推进，打造城市建设新亮点。全面启动“五城同创”，划行归市环境卫生等城市管理工作再上新台阶。2011年，顺利通过全省园林县城验收。10个远郊乡镇加大文明生态创建力度，进一步完善设施、改善面貌、打造特色。聂桥镇被评为市级示范镇，吴山乡、爱民乡、车桥镇通过市级文明生态集镇验收

农村面貌焕然一新。传统农业稳中有升，隆平超级稻推广面积2万公顷。特色产业加快发展，蛋鸡、生猪、葡萄、早熟梨、蚕桑、油茶等特色产业实现规模扩张、效益提升、市场拓展。“企业+合作社+基地+农户”经营模式进一步完善。新引进农业产业化项目12个，新增农民专业合作社26个、绿色无公害产品品牌6个、无公害农产品基地和产品5个，畲香园辣椒酱、万家岭鸡蛋获省著名商标。高标准完成42个新农村建设示范点村庄整治和85个非新农村点清洁工程任务。新增农村公路里程80千米。“一大四小”造林绿化、农村安全饮水、病险水库除险加固、小农水重点县、农业综合开发等工程有效推进。

人民生活日益改善。落实就业扶持政策，发放小额贷款4418万元，动态消除“零就业”家庭。继续实施“光明·微笑”工程，实施手术51例；启动“儿童两病”和尿毒症困难患者免费透析救助工程，免费救助34例；建立医疗救助同步结算网络平台，发放医疗救助资金276万元。发放救灾资金140万元。“三房两改”成效显著，新建廉租住房1000套、公租房100套，完成棚户区改造156户、农村危房改造480户。扶贫开发、整村推进等项目有效实施，完成彭山村张十八小组整体搬迁。发放惠农补贴7421万元。万村千乡市场工程行政村覆盖率95%以上。家电和汽车下乡兑现财政补贴867万元。

社会事业协调推进。成功创建全国2011～2015年科普示范县。完成新县一小、幼儿园主体工程，新县二中建设扎实推进。文化活动精彩纷呈，评剧小戏《欢乐农家》在全国获奖。非物质文化遗产保护取得成效，吴山樟树“布帐傩”列入国家级非物质文化遗产保护名录。老年人活动中心和青少年校外活动中心工程基本完工。城乡居民基本养老保险参保1.3万人。加大人才引进力度，通过“绿色通道”和公开招聘引进专业技术人才66人。

社会和谐稳定。自觉接受人大代表和政协委员的监督，依法办理人大代表建议102件、政协委员提案128件。深入开展安全生产“三项活动”和“三项建设”，着力推进安全标准化建设，严格安全准入制度，全年未发生较大安全事故。信访维稳工作扎实有效，群众集体访、越级访、重复访现象明显减少。建立单警视频系统，社会面防控得到提升。开展“清网”行动，抓获历年逃犯27名，清网率90%，县公安局被省公安厅荣记集体二等功。综合治理成效显著，全县未发生群众性事件，人民群众安全感提升。

【省水土保持生态科技项目在德安开工】 3月24日，江西水土保持生态科技园二期项目开工奠基仪式在德安县园艺场举行。水利部副部长刘宁，江西省人大副主任胡振鹏，省水利厅、九江市、德安县等省、市、县领导参加奠基仪式。二期项目是集科研展示、科技交流、科普培训、科学实验为一体的综合性水土保持科研会展中心，项目总投资1亿元，占地66.67公顷。

（郭任初）

主要领导人 县委书记：叶心林。县人大常委会主任：王金华。县长：叶心林（任至6月）、骆效农（8月任）。县政协主席：张学英（任至6月）、高茂木（8月任）。

·星子县·

【简　况】 位于赣北，辖7镇3乡1场1湿地管理处，总面积894平方千米，县城区面积7.9平方千米。耕地面积1.1万公顷，森林覆盖率为34%。总人口26万人。2011年，实现国内生产总值43.67亿元，同比增长13.4%。其中：第一产业增加值5.2亿元，增长1.9%；第二产业增加值20.76亿元，增长25.5%；第三产业增加值17.5亿元，增长6.5%。工业增加值18.5亿元，增长26.7%。主要工业产品有万吨船舶、汽车配件、花岗石制品、青石制品等。农村经济总收入15.47亿元，增长15.9%。主要农产品有稻谷、棉花、油料、肉类、家禽、水产品。财政总收入5.02亿元，增长20.2%。地方财政收入3.57亿元，增长33%；支出9.62亿元，增长22%。农民人均纯收入6484元，增长1166元。城乡居民年末储蓄25.2亿元，增长23.3%。

决战工业实现开门红。2011年，投入3.1亿元，完成工业园区中心大道延伸硬化、自来水管网延伸和温泉高新项目区纵路硬化等工程，被列为省级生态园区示范点。引进3000万元以上工业项目26个，其中亿元以上项目10个。工业园标准厂房入驻企业12家，伍洲线缆、中盛陶瓷等23个项目投产，入园企业总数84家。投入2.2亿元，实施华业精工镀铜开发、嘉陶无机超微精细加工等9个技改项目。体育用品、船舶制造、清洁能源、汽车配件四大产业占全县工业主营业务收入总额69.3%。思麦博公司产值达16亿元。银星公司生产出全省第一条3700立方米液化气船。大岭风电一期年发电量4400万千瓦小时。新增规模以上企业4家，达43家。实现规模以上工业增加值18.3亿元，增长22.1%；主营业务收入71.9亿元，增长82.3%，增幅列全市第三；利税8亿元，增长107.6%，全面完成“五年决战工业200亿”首年各项目标任务。

【财政收入突破5亿元大关】 2011年，县财政总收入突破5亿元大关，达到5.02亿元，占目标任务100.4%，同比增收0.84亿元，增长20.2%。其中地方财政收入3.57亿元，增长33%。税收收入占财政总收入比重89.9%。全县纳税超千万企业4家，新增2家，增幅100%。乡镇经济健康快速增长，带动乡镇财政收入大幅增长，乡镇财政总量均迅速增加。全县11个乡镇财政收入均超千万元，其中超1000万元乡镇5个，超2000万元乡镇2个，超3000万元乡镇1个；同比增长达150%以上1个，达50%以上6个，达30%以上2个。

【大力推动生态旅游】 2011年，荣获全省生态旅游先进县。为策应鄱阳湖

生态经济区建设，全县大力发展生态旅游。投资16亿元的星期8小镇、投资10亿港元的银河谷项目相继启动；投资5亿元的鄱阳湖生态旅游中心客运港、投资1亿元的鄱阳湖生态旅游区星子示范基地项目相继建设，省、市领导高位推进世外桃源项目，温泉旅游度假区完成整体规划修编，按国家4A级景区标准进行建设，被省政府评为省级旅游度假区示范点。2011年，全县接待国内外游客773.9万人，同比增长45.4%；旅游直接收入3.83亿元，旅游总收入24.89亿元。其中接待境外游客12.7万人次，外汇收入1319.53万美元，分别增长42.6%和40.1%。

【获全省最受网民欢迎的县域民生工程称号】 3月17日，2010年度"全省最受网民欢迎的县域民生工程"评选揭晓，星子县获"全省最受网民欢迎的县域民生工程"。获评的民生工程项目为"资助贫困大学生项目"。为帮助贫困家庭子女完成上大学的梦想，星子县大力实施教育民生工程，县财政每年投入50万元，用于资助100名以优异成绩考入大学的家庭贫困学生，帮助他们完成学业。此次评选活动由江西文明网主办，历经公示、投票、评定3个阶段，广大网民积极参与。

【健全维稳应急处置机制】 11月9日，中央维稳办在福建省召开的"健全应急处置机制工作"交流研讨会上，星子县作介绍经验发言，星子经验是围绕预案抓"四化"，即"责任落实具体化、业务培训优质化、模拟演练实战化、配套措施科学化"。受到中央维稳办的充分肯定。10月，星子县以"处置自焚和堵路事件"为模拟对象，在鄱阳湖大道组织开展突发事件应急处置演练。省维稳处、九江市维稳办观看演练现场。省维稳处领导高度评价此次演练"反应快捷、程序合法、方法得当、联动有序、形象逼真"。

（陈　峰　胡华勇）

主要领导人　县委书记：潘熙宁（任至5月）、刘　超（5月任）。县人大常委会主任：陶勇清（任至8月）、欧阳勤喜（8月任）。县长：刘　超（任至5月）、汪红蕾（5月代、8月任）。县政协主席：欧阳勤喜（任至8月）、雷高兴（8月任）。

·都昌县·

【简　况】 位于江西省北部，辖24个乡镇，总人口81.65万人，其中农业人口69.20万人、非农业人口12.45万人，人口自然增长率9.1‰。从业人员36.18万人，同比增长1.4%。2011年，实现生产总值54亿元，第一产业增加值13.99亿元，增长5.2%；第二产业增加值24.85亿元，增长23.2%；第三产业增加值15.23亿元，增长6.1%。三次产业比由28.7∶43.3∶28调整为25.9∶46∶28.1。增长13.3%。财政总收入6.3亿元，增长35.6%，净增1.65亿元，其中地方财政收入4.36亿元，增长30.4%；税收占财政收入比重达到87.3%，提高4.3个百分点，首次高出全市平均水平0.5个百分点。完成固定资产投资36.5亿元，增长41.6%，其中工业固定资产投资23亿元、城建固定资产投资12亿元。完成社会消费品零售总额25.4亿元，增长18.7%。农民人均纯收入3872元，增长11.2%；在岗职工平均工资2.05万元，增长35.3%。金融机构存款余额80.9亿元，增长21.5%。

项目建设取得新突破。全年引进各类项目190个，其中3000万元以上工业项目68个，增加21个，亿元以上项目10个；引进外资5800万美元，增长65.7%。向上争取项目147个，资金2.65亿元，争资总量继续保持全市前列。新开工3000万元以上工业项目26个，全省最大风电项目老爷庙风电一期并网发电，菊三七、富德仕等亿元项目竣工投产，钨钼矿、新世纪材料等一批亿元项目加速推进。

工业发展迈上新台阶。规模以上工业企业49家，新增6家，主营业务收入2000万元；实现工业主营业务收入70亿元、利税5.2亿元，分别增长120.5%、145%，增幅均居全市第一；完成工业增加值16.09亿元，增长28.4%。完成外贸出口9850万美元，增长38.9%。投入园区建设资金3亿元。全县轻纺、电器、农副产品加工、新能源三大主导产业实现主营业务收入43亿元，服装纺织产业规模以上企业18家，呈集群发展之势。

城市建设迈出新步伐。全县开工和续建项目57个、总投资超20亿元、竣工项目36个。实施20个城市配套功能项目和3条主干道路的亮化工程，硬化小街小巷5.6万平方米，新增公共绿地43万平方米，投资200万元添置环卫装备。

三农工作再创新成效。投入资金2600余万元，建设新农村点189个，完成改路231千米，改水、改厕各6728户，受益农民3万余人。大力开展"秀美乡村"创建，打造福禄汪村等一批亮点新村。投入水利资金2.3亿元，修复水毁工程1160处，除险加固病险水库60座，周溪、大沙"千吨万人"农村饮水工程和徐埠港流域整治有序推进，"全国小农水重点县"项目改造中、小型灌区29个，荣获全省农田水利建设先进县和全市水利改革发展先进县。农业综合开发改造中低产田666.67公顷，连续5年荣获全省先进，并荣获全市先进。农业机械化促进工作和水稻机械化技术推广荣获全省先进。粮食生产实现8连增，荣获全省粮食生产先进县。全国绿色原料标准化生产基地、省级现代农业示范区、市级"十百千"工程建设有序推进，荣获全市农业产业化工作先进县。新扩城郊蔬菜基地80公顷，荣获全市菜蓝子工程建设先进县。珍珠养殖面积稳定3000公顷，有国家级水产健康养殖基地5个、面积4000公顷，荣获全省渔业十强县。现代渔业项目绩效考评连续3年位居全省前列。"一大四小"工程完成营造林2853.33公顷，连续3年荣获全省春季森林防火平安县。渡改桥工作荣获全省先进，全市最长渡改桥工程——苏山马鞍大桥建成通车。新建大沙、芗溪2座35千伏输变电站。县财政安排民生工程配套资金4900万元，净增1300万元，8大类、89项民生工程指标全面达标。新增转移农村劳动力1.46万人，新增城镇就业5422人，零就业家庭就业安置率100%。城镇职工养老保险、医疗保险参保人数分别3.38万人、3.75万人。为城乡困难群众免费体检、血透、儿童白血病、先心病免费治疗医疗救助，救助4.66万人次、救助金额1995万元。城市和农村低保月人均标准分别提至300元、130元。成功争取省级扶贫开发重点县政策，139个贫困村整村推进全面启动，完成扶贫移民搬迁1206人，扶贫开发工作连续4年荣获全省先进。开工建设廉租房634套、公租房738套，改造棚户区5.44万平方米。完成农村危房改造1157户、因灾倒房重建36户。

社会事业协调发展。2011年，举办3省12县体育协作区第34届运动会，民族舞《鄱湖秋色》荣获全国中老年文艺汇演银奖，县文化馆被评为国家三级馆，县电视台举办首届“鄱湖红歌会”，外宣工作居全省县级电视台第1名。“两非”案件查处荣获全市先进。“万村千乡市场工程”和“新网工程”有序推进，全县农家店428家。荣获全省价格公共服务先进县。第六次人口普查工作荣获全省先进。残疾人工作连续五年荣获全省先进。

【乡镇经济迅猛发展】 2011年，春桥、鸣山、大港、徐埠、万户等5个乡镇经济实现一年翻番增长，其中春桥增幅高达259%；实现乡乡过500万元。12个乡镇过千万元，周溪、蔡岭、中馆、都昌、三汊港等5个乡镇突破1500万元。新增规模以上农业龙头企业2家，农民专业合作社36家。新增无公害农产品2个，绿色有机食品1个，著名商标2个。

【专项整治成效明显】 2011年，全面打响“两违”建房整治攻坚战。拆除县城规划区“两违”建房17幢；拆除农村“两违”建房219幢、面积1.8万平方米。整治苏山石材行业突出问题，拆除违章石材加工小作坊36家，逐步完善石材企业用地、环评、安评等手续。

（都昌县志办）

主要领导人 县委书记：杨　健（任至5月）、周毛春（5月任）。县人大常委会主任：江民忠（任至8月）、詹幸春（8月任）。县长：周毛春（任至6月）、陈云滚（8月任）。县政协主席：冯绍武（任至8月）、石和平（8月任）。

·湖口县·

【简　况】 位于江西省北部，辖5镇7乡2场，总面积669平方千米。其中城区面积11.3平方千米。耕地面积1.7万公顷，有林面积1.48万公顷，森林覆盖率29.6%，城区绿化率45.33%。全县总人口29.52万人，其中非农业人口6.97万人，人口自然增长率7.38‰。2011年，生产总值85.25亿元，同比增长13.6%。其中：第一产业增加值8.06亿元，增长9.4%；第二产业增加值66.56亿元，增长12.8%；第三产业增加值10.63亿元，增长22.6%。人均GDP2.90万元，增加6916元，增长12.5%。全年财政总收入14.09亿元，增长40.2%，税收占财政总收入的比重达到92.7%；地方财政收入7.45亿元，增长44.1%；地方财政支出14.36亿元，增长31.7%。全年工业增加值60.48亿元，占GDP比重70.95%，外贸出口2.29万美元，占GDP比重17.2%。全县农业生产总值13.74亿元，增长8%。主要农产品及产量：粮食产量10.67万吨，增长0.8%；油料产量2.56万吨，增长7.3%；棉花产量0.97万吨，增长17.5%；蔬菜产量5.34万吨，增长1.5%；水果产量0.56万吨，增长10.1%。全年固定资产投资122.70亿元，增长39.1%；实际利用外资4618万美元，增长15.50%。万元GDP能耗2.56吨标准煤，二氧化硫（碳）排放总量（万吨）削减率12.75%，城市污水处理率52%。

工业强县战略深入实施。2011年，新开工工业项目26个，建成投产23个，完成工业固定资产投资105.34亿元，增长45.1%，占全县固定资产投资总量85.8%；新增规模以上企业7家，总数37家；完成规模以上工业增加值44.1亿元，增长17.3%；工业主营收入265.01亿元，增长34.9%；工业经济效益综合指数258.6%，提高9.7个百分点。投资25亿元的九江钢厂150万吨技改顺利完成，年产能550万吨；投资50亿元的江铜铅锌冶炼一期和投资50亿元攀森镍粒合金一期建成投产；投资50亿元天然气储备及利用工程、投资20.5亿元华耐家居国际生活广场开工，中冶环保等一批重大项目正在加紧建设。投资50亿元杭氧工业气体项目成功落户。全年投入2.2亿元，实施基础设施及配套建设项目27个。建成综合污水处理厂并投入营运；轻工业物流园区内规划五路建成使用，给排水、天然气等配套跟进；建成江铜、中石油油库码头3座，泊位总数42个，港口货物吞吐量首破1000万吨。

城市建设势头强劲。全年新开工城建重点项目31个，续建项目26个，完成投资33.6亿元，石钟山东大道等一批路网工程相继建成；火车站广场等一批重点城建工程建成使用；建成28万平方米海山保障性住房小区，10万平方米金砂湾中央商务区等加快建设。新一轮《湖口县城市总体规划（2010—2030年）》修编获市政府批准，编制完成城市综合交通体系规划，“再造一座新城”的框架全面拉开。

“三农”工作扎实推进。2011年，落实各类强农补贴资金2576万元。改造维修农村公路109千米；投入1.8亿元全面完成13座小型水库除险加固，改扩建三个“千吨万人”安全饮水工程，改善灌溉面积5466.67公顷；高低压电网改造110千米，地质灾害移民搬迁137户545人，完成393.33公顷中低产田改造和34个扶贫开发项目；实施造林绿化“一大四小”工程1613.33公顷。全县58个新农村建设点累计投入各类资金3015.7万元，完成改路123千米。

社会事业全面推进。2011年，单位在岗职工年平均工资3.01万元，增加7679元。农村居民年人均纯收入7265元，增长1430元；从业人员15.74万人，增加0.68万人，下岗失业人员再就业2308人，城镇登记失业率为0.5%。参加基本养老保险4.03万人，增加690人；参加基本医疗保险2.46万人；参加失业保险1.85万人；5483名城镇居民和9541名农村居民得到政府最低生活保障；6.71万名城镇居民和22.02万农村居民分别参加合作医疗保险；全年新开工建设廉租住房1500套、公租房200套；小学、初中适龄人口入学率均100%；广播人口综合覆盖率达97.3%，电视人口综合覆盖率达98.3%；全年办理县人大代表建议和政协委员提案127件，办复率100%，行政审批时间平均缩短30%。

【加快特色绿色农业产业化】 2011年，全县围绕城市蔬菜、特种水产、花卉苗木和水果、中药材、油茶等六大主导特色产业,构建特色农业发展新格局。新增特种水产面积200公顷,商品蔬菜面积13.33公顷,花卉苗木66.67公顷,早熟梨产量突破50吨,中药材、油茶面积均超过666.67公顷。引进农业项目8个,实际进资6.1亿元。农产品加工园区"三通一平"基础设施建设高效推进,有3家企业入园。全县注册农民专业合作社36家,成功申报8个无公害产品、1个绿色食品、1个江西名牌农产品和2个江西著名商标。

【启动"三城同创"活动】 2011年,全县启动省级卫生城、园林县城、文明县城"三城同创"活动。开展城市管理"八项整治",坚决推进燃放烟花爆竹整治和殡葬改革,得到群众普遍支持和认可;市政建设新增道路清扫车、洒水车,建成公交站亭30个、垃圾中转站2座;客运长途、短途及农村班线全部转入新汽车站运营;公交车、出租车营运管理进一步规范,公交线路进一步优化;完成数字电视整体转换,管道天然气正式运营;扎实推进"两违"整治,注重源头控制,拆违面积1.5万平方米,违法违规建房得到有效制止,城市宜居环境不断改善,城市形象进一步提升。

(王显道　沈文初)

主要领导人 县委书记:汪泽宇(任至5月)、卢光辉(6月任)。县人大常委会主任:陈金初(任至8月)、杨剑(8月任)。县长:卢光辉(任至5月)、李小平(6月任)。县政协主席:杨　剑(任至8月)、杨小林(8月任)。

·彭泽县·

【简　况】 位于江西省最北端,下辖10镇3乡1区。总面积1542平方千米,耕地面积2.35万公顷,森林覆盖率51.1%。总人口38.1万人,人口自然增长率7.95‰。2011年,实现国内生产总值45.77亿元,同比增长12.8%。其中:第一产业9.9亿元,增长12.5%;第二产业26.3亿元,增长28.9%;第三产业9.5亿元,增长13.3%。三产结构为21.7:57.5:20.8,二产比重提高2.8个百分点。工业增加值占GDP比重49.3%,提高2.9个百分点。完成工业增加值15亿元,增长22.8%;实现工业主营业务收入82.2亿元,增长42%;固定资产投资56.08亿元,增长30.1%;实际引进内资30.94亿元,实际利用外资4367万美元;社会消费品零售总额15.65亿元,增长18.1%。主要工业产品有彩纱、水泥熟料、食用植物油、非金属矿和化工产品等。主要农产品有棉花皮棉2.65万吨、粮食11.5万吨、油菜籽4.1万吨、水产品4.43万吨。财政收入6.45亿元,增长40%,被评为全省财政收入三年翻番先进县;财政支出9.7亿元,增长9.7%。农村居民人均收入6274元,增长24.9%。城乡居民年末储蓄存款余额56.55亿元,增长15.9%。

深入推进住房保障工作。2011年,378套廉租房建成交付使用,发放廉租住房补贴387.3万元,惠及城市低收入住房困难家庭1380户,新建300套廉租房、200套公租房,芙蓉农场1000户、上十岭300户国有垦区危旧房改造工程,建成狄公湖东区西区和原水泥二厂约6万平方米安置房。狄公湖北区6.7万平方米安置房在建设中。开工建设江河和渊明路14.30万平方米安置房,实施龙城镇观音山、浩山乡小山村、定山镇鲤鱼山小组418人地质灾害避灾移民搬迁工程,基本完成4.30万平方米城市棚户区改造和600户农村危旧房改造。

重点建设扎实推进。全县启动山南新城区建设,全年投资500多万元完成山南新区近30平方千米数字化地形图;完成龙兴路东延等道路施工图设计,完成双峰大道绿化设计、新老城区坐标控制网重新布控和转换工作。启动行政中心、市政广场和广场东西两路建设工程以及龙兴东路、县医院整体搬迁工程建设。全面完成狄公湖下湖改造工作,渊明小学、第二自来水厂等工程在施工。

科学规划工业园区。2011年,分别编制《彭泽县矶山生态化工区环境影响评价》《彭泽县矶山生态化工区安全发展规划》和《彭泽县彭湖湾工业区生态发展规划》。明确矶山生态化工区环境容量和环境建设保护重点,为统筹协调园区项目建设与环境保护提供指导,为构建生态园区奠定基础。改善园区环境负荷,降低企业废物处理成本和部分原料成本,提高企业经济效益,达到资源、环境和经济的协调发展。

产业集聚促工业发展。2011年,园区初步形成纺织服装、生态化工、船舶制造、矿产建材四大支柱产业。以年产纱锭9万锭江西华孚纺织有限公司、力得、永加为基础的纺织服装产业园,形成轧花、纺纱、织布、印染、制衣等较为完备的产业链条,棉纺加工能力25万锭,服装生产能力500万件套;矶山化工园区新引进投资8.5亿元的东亚制药、投资5.5亿元的善水科技、投资5亿元的广信化工等7个亿元项目,形成以生物农药、医药中间体、精细化工等产业为核心,集存储、生产、加工、运输为一体生态化工集中控制区;定山工业园区形成以投资6亿元的九江逸达造船有限公司、投资5亿元的九江亚航锻铸有限公司、投资3亿元的江西鑫鸿矿业有限公司、投资2.5亿元的国能生物发电项目、投资1亿元的江西科为薄膜新型材料有限公司等企业为代表的制造业产业集聚地。

【取得招商引资新突破】 2011年,彭泽县全心全力抓招商,凝心聚力攻项目。通过夯实基础、"走出去、请进来"、创新招商活动、完善项目推进制度等招商方式,签约引进亿元以上项目18个,总投资近75.8亿元。其中,江西南方水泥有限公司投资20亿元,兴建日产1.2万吨新型干法水泥熟料生产线及配套20MW纯低温余热发电和年产90万立方米商品混凝土搅拌站项目。

【优化新农合统筹补偿方案】 2011年,彭泽县探索新型农村合作医疗有效运行机制,以大病统筹为主,门诊补偿与住院补偿有效衔接,优化统筹补偿方案,提高补偿比例,实行"六统一"(统一起付线、统一封顶线、统一补偿比、统一补偿办法、统一门诊大慢性病、统一新农合基本用药目录)。补偿52.22万人次,补助资金6244.08万元。其中,5000元以上1335人,1万元以上374人,3万元以上18人,5万元3人,参合农民总受益面为147.42%,统筹基金使用率为92.74%。

【降雨量异常造成严重春旱】 2011年入春以来,长江水位彭泽段一直偏低,5月31日长江水位彭泽段仅9.65米,低于2010年同期6.82米。1月~5月,全县总降雨量为227.9毫米,不及多年均值的3成,致使彭泽县各类蓄水工程蓄水严重不足,境内两湖水位较低,芙蓉河、跃进河等大部分内湖河道几乎断流,绝大多数固定机站无法抽水抗旱。且长江水持续偏低,无法引长江水入内湖,导致全县17个乡(场、区)镇农作物受到较为严重的干旱。油菜、小麦等农作物受灾面积达1.33万公顷,直接经济损失4100万元。

【土地流转规范有序】 2011年,依照市政府《关于做好农村土地承包经营权流转工作的实施意见》,出台《彭泽县农村土地承包经营权流转工作实施方案》,全面建立县、乡、村、组四级农村土地承包经营权流转机构和信息网络,规范有序地推进土地流转。全县2万公顷耕地,流转总量达3333.33公顷,占16.8%;涉及农户1.6万户,占农户总数26.7%。其中百亩以上集中连片流转406.67公顷,流入36户大户。

(高 异)

主要领导人 县委书记:王 利(任至6月)、孙金森(6月任)。县人大常委会主任:方志明(任至7月)、孙金森(8月任)。县长:周 林(任至5月)、宁小球、(5月任)。县政协主席:陈世超(任至7月)、方柏生(8月任)。

·瑞昌市·

【简 况】 位于江西省北部,辖2街道8乡8镇3场,总面积1423.11平方千米,耕地面积1.69万公顷,森林覆盖率56%。总人口45.08万人,其中非农人口11.87万人,人口自然增长率8.45‰。2011年,完成生产总值85亿元,同比增长13%。其中:一产9.96亿元,增长7.6%;二产6.04亿元,增长13.8%;三产1.47亿元,增长13.1%。三次产业结构由上年的14:66.5:19.5调整为11.7:71.0:17.3。农业总产值15.79亿元,增长14.4%。规模以上工业主营业务收入209亿元,增长48.8%。固定资产投资总额92亿元,增长39%。财政总收入12.66亿元,增长35.2%,总量排名全市第二。税收11.16亿元,增长47.1%。城镇居民可支配收入1.28万元,增长9.6%;农民人均纯收入7162元,增长24.1%。城乡居民年末储蓄存款余额77.2亿元,增长16.8%。

发展目标彰显特色。2011年,围绕“决战工业600亿”目标,以市区工业园和码头工业城为平台,推进沿江大开发,工业经济发展强劲。主营业务收入过亿元企业59家,净增23家;税收过百万元企业27家,净增4家,过千万元6家;工业增加值47.7亿元,增长18.9%,工业利税26亿元,增长25.6%;实际利用外资6640万美元,增长10.7%,现汇比100%,排名全省第二、全市第一;外贸出口总额1.56亿美元,增长201.5%,首次突破一亿美元,连续两年荣获全省开放型经济综合先进。

骨干企业强势扩张。亚东水泥、武山铜矿税收首次突破亿元。亚东水泥熟料、水泥产能分别达681万吨、569万吨,销售收入29.9亿元,税收1.16亿元,增长92%;武山铜矿铜金属产量1.2万吨,标硫34万吨,产值10亿元,税收1.13亿元,增长45%;江联造船出口船舶8艘,销售收入14.3亿元,创汇2.1亿美元,税收6477万元,增长64%;凤竹纺织卡摩纺技改完成,产能10万锭,税收1324万元;苏瑞矿业、汇尔油泵税收分别为1293万元、1064万元。

重大项目高效推进。理文造纸等4个项目争取省重点项目用地指标177.5万平方米,并列入全省重大项目调度。理文造纸一期各单体工程地勘全面完成,理文化工有机氯、烧碱、氟化氢等分项目如期开工;凌珂针织、高秀园艺、华瑞三期全面建成投产,宏益冶炼整体搬迁基本结束。新引进工业项目15个,合同资金120亿元。投资12亿元的喜得龙体育用品、8亿元的泰瑞金属等一批重大项目签约,投资18亿元红木家具专业市场落户工业园。园区码头工业城核心规划区面积由5平方千米扩至12平方千米。总投资9300万元的滨江大道、污水处理厂,投资2亿元的亚东大道、工业大道开工;投资3455万元的110千伏变电站基本建成;投资2亿元的总面积20万平方米的安置区全面建成。

城市建设亮点纷呈。全年投入资金20亿元,新建续建项目37个。投资3.9亿元的瑞码大道建成通车;投资7000万元完成城区10条主干道沥青路面、五里桥和赤乌路转盘改造升级全面完成;投资4000万元的安定湖公园二期竣工;投资8亿元的联盛国际商贸中心基本建成;投资1.7亿元的信华国际酒店建成营业;投资1.25亿元的客运西站建成投入运营;投资240万元的瀼溪河景观规划、广场南侧25.33万平方米用地规划、安定湖西侧806万平方米地块规划启动;投资3亿元的码头镇整体规划、整体改造、整体提升全面启动。

“三农”工作有效推进。全年粮食总产量8.43万吨,油料总产量1.85万吨,棉花总产量4661吨,生猪出栏31万头,肉类总产达2.53万吨,水产品总产量3.07万吨。荣获全省油料生产先进县市;瑞昌山药在第九届中国国际农产品交易会上喜获一等奖;横港镇范长青被评为全国种粮大户;新建高丰、赛湖两个300公顷蔬菜基地,产量8000余吨,荣获九江市蔬菜生产第1名;新增无公害农产品9个、有机食品1个、江西名牌农产品1个,农产品质量安全监督工作获全省先进。投资4000万元,全面完成112个新农村建设点“三清七改”,新农村建设荣获全省先进;荣获全省农村信息化建设先进县市;推进造林绿化“一大四小”工程,新增造林2733.33公顷,连续3年荣获全省森林防火平安县市。投资8700万元,实施水利建设项目1075个;投资5600万元的瑞南公路改造竣工通车,投资1500万元完成范镇至九源、大德至大坳乐园段19.2千米道升级改造;投资1688万元完成3座渡改桥和2座危桥改造,完成5座乡镇客运站和20个农村候车亭建设;投入集镇扶持资金400万元,带动投入6500万元,中心集镇面貌焕然一新。

民生保障日臻完善。全年投入5.9亿元,各项民生任务全面完成。新增城镇就业5964人,下岗人员再就业2275人,发放创业贷款5524.5万元;参加全省新型农村和城镇居民社会养老保险人数11万,参保率51%,发放基础养老金2343万元;城乡低保人数由2.5万增至2.8万,城市低保标准由260元增至300元,农村低保由130元增至150元;发放城乡医疗救助金1130万元,农村公共卫生服务均等化惠及32万人,村级基本药物制度式点和乡村卫生管理一体化工作受到卫生部表彰;投资7610万元新建廉租住房218套、公共租赁住房200套和棚户区改造安置房384套,发放廉租住房租赁补贴136万元;争取资金1097万元,完成831户农村困难户住房改造;投入资金523万元,资助3161名贫困家庭学生入学;安排117万元为679名90岁以上老年人发放长寿补贴。

【瑞昌市与德国沃尔泽伦市缔结友好城市】 11月30日,应德意志联邦共和国沃尔泽伦市邀请,瑞昌市领导率团赴德国沃尔泽伦市进行友好访问。双方就共同关心的医疗卫生、合作工厂、劳务合作等工作进行广泛探讨和深入交流。在沃尔泽伦市政府议事厅签署协议,瑞昌与沃尔泽伦正式缔结为国际友好城市。

【苏维埃革命纪念馆开工建设】 6月28日,瑞昌县苏维埃革命纪念馆在洪一乡奠基开工。纪念馆占地面积2666.64平方米,建筑面积1500平方米,建筑风格为园林仿古建筑,总投资600万元。洪一乡是瑞昌人民革命斗争发源地,是中共瑞昌县委会、瑞昌县苏维埃政府所在地。纪念馆建成后,将成为瑞昌人民缅怀革命先烈,接受爱国主义教育的重要基地。

【电影《今天我出警》在南昌公映】 7月25日,以瑞昌市公安局肇陈派出所洪一警务室民警周俊军先进事迹为原型创作的主旋律教育片《今天我出警》,在南昌举行首映式。这部电影成功塑造一名扎根基层、心系群众、无私奉献的公安民警的可爱形象。省委副书记张裔炯,省政协副主席、九江市委书记钟利贵等领导及瑞昌市领导出席观看。周俊军是全国"五·一"劳动模范奖章、中国青年"五·四"奖章、全国公安机关爱民模范、全国公安机关二级英模获得者。他探索并创建的警务信息平台,被称为"周俊军工作法",引起全国广泛关注、学习和借鉴。

【"双百"人物剪纸作品获银奖】 2011年,为庆祝中国共产党成立90周年,瑞昌市发挥剪纸艺术优势,组织张友清等20多位民间剪纸艺人,以新中国100位英雄模范人物和100位感动中国人物为原型,创作出70米剪纸长卷《全国"双百"英模人物》。在中国文联、中国民间文艺家协会主办的第二届中国剪纸艺术节上,瑞昌选送"双百"人物剪纸长卷参展荣获银奖。

(瑞昌市志办)

主要领导人 市委书记:熊起栋(任至6月)、古小平(6月任)。市人大常委会主任:陈世翔(任至9月)、徐修武(9月任)。市长:古小平(任至6月)、罗文江(6月代、9月任)。市政协主席:郎小军(任至8月)、刘明珍(8月任)。

·共青城市·

【简 况】 位于江西省北部,下辖5个乡镇和1个街道,总人口12万人,土地总面积307.6平方千米。2011年,实现生产总值43.7亿元,增长15.2%,其中:第一产业1.72亿元,增长91.1%;第二产业35.97亿元,增加41.0%;第三产业6.05亿元,增长89.1%。增速九江市第一。财政总收入达到5.45亿元,同比增长55.5%,人均7672元,增幅、人均值均列全省第二。固定资产投资65.2亿元,增长49.3%,其中工业固定资产投资总额59.6亿元,增长65%。城镇在岗职工人均可支配收入2.6万元,增长23.9%;农民人均纯收入7700元,增长28%。

积极推进项目建设。2011年,新引进项目41个,合同资金196.24亿元,其中亿元以上项目35个,10亿元以上项目5个。招商引资始终把创造绿色GDP作为价值取向和目标追求,着力构建资源节约型、环境友好型产业体系。已聚集电子电器企业30多家,其中:手机及相关配套企业20多家,新能源企业6家,纺织服装企业270多家,文化旅游企业20多家。工业园区有入驻企业102个,项目投资累计达56亿元,新增投资约21亿元。园区内企业实现主营业务收入69.6亿元,同比增长770%,占园区主营业务收入53.3%,实现税收1.5亿元,同比增长400%。

城乡建设显成效。2011年,建设发展文化旅游产业的标志性建筑——格兰云天国际大酒店;南湖大桥的建成将直接推动南部组团奥特莱斯现代服务产业区、中芬共青数字生态城、中航文化产业园、现代农业示范园等项目建设。全年新建公园绿地面积4.54万平方米,建成区绿地率为43.17%,增加市级园林小区6个,城市生活垃圾无害化处理率100%。投资800多万元新建二级垃圾中转站及配套设施,日处理垃圾240吨。推进集中式污水处理设施建设,污染减排领域从工业源拓展至农业源,通过工程减排和结构减排,削减COD465吨,氨氮46.24吨,二氧化硫35.74吨,氮氧化物4吨,全面完成主要污染物减排任务。

推进新农村建设。全市新农村建设点共完成新修村组公路36.52千米,硬化村组公路29.8千米,房屋美化531栋,格式化粪池改造1068户,铺设水管1.54万米,改水、改路、改厕、改房均完成100%。实现有线电视、电话、庭院经济全覆盖,太阳能普及率72%,绿化面积12.6万平方米;落实农户"门前三包"责任制,成立乡镇环卫所3个,配备垃圾转运机动车14辆,收垃圾定点回收点86个,垃圾分类屋180个,完成农村清洁工程垃圾压缩中转站建设。

民生和社会事业全面进步。2011年,民生质量明显提升。全年投入民生领域资金2.78亿元,增长100.8%,人均达到3861元。新型农村合作医疗、城乡低保、基本养老保险、城镇职工医疗保险实现全覆盖,完成各类保障性住房2000余套。实施"光明·微笑"工程,为70多位白内障患者实行康复手术。投资7000万元的共青中学新校区投入使用,明德小学等3所新校舍全面建设,初中校舍改造建设顺利推进。青少年阳光成长中心已投入使用,国际儿童村正在加快建设。乡镇综合文化站、农家书屋实现全覆盖。体育事业全面加强,举办“七城会”柔道比赛,荣获“全省最佳赛区”称号。7月~9月,分别召开中国共产党共青城市第一次代表大会,选举产生中共共青城市第一届委员会;中共共青城市纪律检查委员会举行第一次全体会议;共青城市第一届人民代表大会第一次会议,选举产生共青城市第一届人民代表大会常务委员会;政协共青城市第一届全体会议,选举产生政协共青城市第一届委员会。

【共青城市设置党政机构】 12月,根据省机构编制委员会办公室“赣编办函〔2011〕97号”文件精神,经过九江市委和九江市人民政府《关于中共共青城市党政机构设置等有关问题的批复》,共青城市委办公室和市政府办公室发布“三定方案”规定了各部门和单位的主要职责、内设机构和人员编制。共青城市委设置工作部门6个,设置市人大常委会和市政协市委机关;设置市人民法院、市检察院;市政府设置工作部门11个及其他部门、单位。

【支持共青城发展领导小组召开第七次全体会议】 7月11日,支持共青城发展领导小组第七次会议在共青城市召开。会议主要内容是深入学习贯彻省委、省政府和团中央关于支持共青城发展重大决策,总结近3年来工作,分析面临形势,进一步增强合力,继续加快推进共青城超常规发展。省委副书记、支持共青城发展领导小组组长张裔炯,团中央书记处书记、领导小组副组长贺军科出席会议并讲话,副省长、领导小组副组长洪礼和主持会议。

【鄱阳湖生态经济区规划展示馆等项目开工】 7月11日,鄱阳湖生态经济区规划展示馆暨共青城市22个重大项目举行开工仪式。项目主要涉及新能源新材料、电子电器、生物科技、动漫产业、旅游休闲等领域。所有项目建成投产后,将对共青城集聚产业、提升规模、壮大经济实力产生重大作用,并为共青城超常规发展奠定坚实基础、注入新的活力。

【共青中心城营销中心开业】 12月12日,共青中心城营销中心盛大开业,世界500强零售巨头沃尔玛超市强势入驻中心,对提升市民生活品质、城市竞争力,加速共青城现代商业发展发挥着重大作用。中心投资5亿元,是全市首家集购物、休闲、娱乐、SOHO、餐饮、高端住宅为一体的超大型城市商业服务综合体。

【一批高科技项目落户园区】 2011年,一批高科技项目落户园区。不锈钢产品及LED照明产品生产项目,总投资6亿元,主要生产专业不锈钢卷材和管材、不锈钢家庭用品、LED路灯和厂矿灯以及照明产品等。项目达产达标后,年产量10万吨,产值18亿元,年税收4000万元。挪宝电器项目,总投资5000万美元,项目拥有自主知识产权,是江西省第一家大型地源热泵空调生产企业,项目二期位于工业园区内,占地6.67万平方米,2条商用机生产线、4条家用机生产线于年底建成投产,可年产5000台(套)地源热泵中央空调机组和2万台家用空调,实现年主营业务收入20亿元。高科技生物发酵料厂项目,总投资3亿元,项目拟建设标准厂房、上市公司办公大楼、研发中心大楼、培训中心大楼、农业产业高科技专家楼及附属配套设施,计划总建筑面积约10万平方米。高科技数字产品产业园项目,总投资6亿元,总建筑面积约20万平方米,其中3000~5000平方米标准厂房用于启动5条机顶盒和1条高档液晶电视生产线,10月投产,实现产值2亿元。

(汪官金)

主要领导人 市委书记:李晓刚。市人大常委会主任:黄尽声(9月任)。市长:卢宝云(9月任)。市政协主席:汪洪义(9月任)。

景德镇市

【概　况】 景德镇市位于江西省东北部,西北与安徽东至县交界,南面与万年县、西面与鄱阳县接壤,东北与安徽祁门县、东南和婺源县毗连。下辖乐平市、浮梁县、珠山区和昌江区,全市土地面积5256平方千米,市区面积422平方千米,市区建成面积82.5平方千米。全市人口164.59万人,其中非农业人口63.98万人。人口自然增长率11.96‰,同比下降6.94‰。全市国民经济生产总值564.7亿元,同比增长12.1%;农业总产值67.16亿元,同比增长4%,日用瓷为17.17亿件,同比增长21.3%;商品房竣工建筑面积183.82万平方米,增长130%;外贸出口总值12.39亿美元,旅游创汇8054.5万美元;财政总收入68.89亿元,增长29.60%;地方财政收入51.09亿元,增长31.80%。职工年均工资28283元,增长21.65%;农民年均收入7676元,增长17.70%。

【举行首届中国景德镇檵花节开幕式暨开园仪式】 3月25日上午9时许,首届中国景德镇檵花节开幕式暨中国檵树博览园开园仪式在景德镇得雨龙山生态园隆重举行。参加开幕式有:解放军原副总参谋长、中国将军书画院名誉院长吴铨叙上将和夫人,省委常委、省人大常委会副主任陈达恒,省军区政治委员陶正明少将,市领导:许爱民、刘昌林、王力农、查炳炎、梁高潮、黄河、冯林华、马玉玲、徐庆华。中央、省、市新闻媒体记者及全市干部职工方阵、专业、业余表演团体共2000余人。德宇集团董事长刘浩元指出:白花檵木是金缕梅科檵木属的原始品种,常青灌木,分布于赣湘亚热带地区,属江西省区域性特色资源,在景德镇分布尤为广泛。经过10多年的潜心研究和无数次科学实验,发现从白花檵木中提取的链式黄酮具有修复细胞组织的特殊功能,这一发现对于攻克当前医学难题具有十分重要的作用。在开园仪式后,各位嘉宾游客参观、游览得雨生态园。

【荣获“中国陶瓷文化历史名城”称号】 8月16日,在北京由中国轻工业联合会、中国陶瓷工业协会主办的“中国陶瓷文化历史名城”颁证仪式上,景德镇市被授予“中国陶瓷文化历史名城”称号。“新平冶陶,始于汉世”,景德镇已有1700多年的制瓷历史,生生不息的窑火造就了景德镇的辉煌。全市现有国家级文化产业示范基地2家,省级文化产业示范基地1家,陶瓷文化创意产业大小实体近2900家。景德镇手工制瓷工艺2006年列入首批中国非物质文化遗产名录,2011年7月又成功入围联合国非物质文化遗产名录。

【景德镇(乐平)籍人士詹启敏当选中国工程院院士】 12月8日,中国工程院在北京公布2011年院士增选结果,通过提名、遴选、两轮评审和最终选举,从485名有效候选人中产生54名新院士,詹启敏当选中国工程院院士。自此,景德镇市乐平有了自己的第一位院士。

詹启敏,1959年1月出生于江西省乐平市,1975年毕业于乐平中学,1982年毕业于苏州医学院,1987年毕业于中国协和医科大学研究生院,1989年赴美国工作,先后在美国加州大学旧金山医学院,德克萨斯州立大学西南医学中心,美国国立卫生研究院国立癌症研究所进修深造。1998年应聘到美国匹兹堡大学医学院肿瘤研究所工作,2003年获得终身教职副教授(Tenured Associate Professor)。2002年被卫生部聘任为分子肿瘤学国家重点实验室主任,开始了回国服务和事业发展的历程。2003年,他被评为教育部长江学者,是国家杰出青年基金获得者,2005年入选新世纪百千万人才工程国家级人选,2005年担任教育部创新团队首席专家,2008年担任国家基金委创新群体首席专家。他站在科技前沿,在组织和协调制定国家863计划生物医药领域发展规划,国家973重大基础研究项目等方面作出了突出贡献,培养了一支在国内肿瘤领域处于领先地位,食管癌研究方面达到国际先进水平的研究团队,并在医学教育中为国家培养了一批优秀人才。

【"瓷都达人"——冯迪生亮相中央电视台《星光大道》节目】 7月22日晚中央电视台综艺频道7时30分播出的《星光大道》节目中,瓷都景德镇苏赣陶瓷厂厂长冯迪生带着极具陶瓷特色的才艺表演闪亮登场。61岁的冯迪生用当下时髦语来形容就叫"达人",在他身上蕴含着当代瓷都人的乐观、勇敢、坚韧和执着的精神。

在5月15日晚,节目正式开始录播,冯迪生站在《星光大道》舞台上,他用极具陶瓷特色的瓷笛和瓷巴乌演奏《映山红》,还和瓷乐团一起表演江西民歌《江西是个好地方》,在才艺表演的节目现场受到好评,在与中央电视台《星光大道》节目著名主持人毕福剑进行节目互动时,毕福剑手捧由瓷都工艺美术大师刘远长制作的毕福剑陶瓷塑像时打趣地说:我的雅号不叫"毕姥爷",改名为"毕罗汉"了!

【2011中国·景德镇国际陶瓷博览会举行】 10月18～22日,第八届"2011中国·景德镇国际陶瓷博览会"在中国陶瓷博物馆广场隆重开幕。出席开幕式的有:全国人大常委会副委员长韩启德,商务部副部长傅自应,中国轻工业联合会名誉会长杨志海,中国轻工业联合会副会长兼秘书长王世成和省市有关领导。外宾有来自日本濑户市、加贺市、友田町;韩国利川市;荷兰代尔夫特市;比利时拉卢维耶尔市;意大利法恩扎市;法国利摩日市、欧巴涅市;尼日利亚马库尔迪市;葡萄牙阿威罗,以及意大利陶瓷城市协会、法国陶瓷城市协会、比利时皇家马利蒙特博物馆、菲律宾和新加坡驻厦门总领事馆等。国内参展企业有主要产瓷区知名品牌企业和十大名窑代表性企业。境外有来自意大利、法国、西班牙、葡萄牙、荷兰、日本、韩国、朝鲜、尼日利亚,以及香港、台湾地区10个产瓷国(地区)的17家知名陶瓷企业。参展企业达620多家。境内外客商达4000多人。此次展会累计内贸成交总额8.01亿元,同比增长14.12%;外贸成交总额1.32亿美元,同比增长13.71%;现场交易达2854.7万元,同比增长25.58%。

这次瓷博会本着"扩大影响,提升贸易,加大推介"的原则,有针对性地安排发展论坛、投资推介、旅游宣传等多项活动,其中有:2011中国景德镇高技术陶瓷国际论坛暨第十届全国工程陶瓷学术年会召开,世界陶瓷城市市长峰会的11国家代表参加;第六届世界缅华同侨联谊大会召开。

(李治平)

主要领导人 市委书记:邓宝生。市人大常委会主任:王力农。市长:刘昌林。市政协主席:梁高潮。

·昌江区·

【简　况】 位于江西景德镇市西南部,南邻乐平市,北交浮梁县,西接鄱阳县,辖区环绕景德镇市市区,全区东西长约30千米,南北宽20千米,区域面积432平方千米,其中耕地面积3733.33公顷,森林面积1.47万公顷。辖2乡、2镇、2街道,总人口16.89万人,其中农业人口8.3万人,人口自然增长率控制在6.94‰。2011年,全区完成生产总值24.2亿元,同比增长14.2%;财政总收入7.02亿元,同比增长39.8%;地方一般预算收入5.69亿元,同比增长36.7%;规模以上工业增加值11亿元,同比增长39%;粮食总产3.28万吨,同比增长2.5%;社会消费品零售总额28亿元,同比增长18.6%;城镇居民年人均可支配收入达17095元,同比增长14%;农民人均年纯收入达7934元,同比增长15.4%。

【景德镇知音家居文化创意产业项目开工】 1月8日上午,景德镇市知音家居文化创意实业有限公司开工奠基仪式在昌江区鲇鱼山举行。市委副书记、代市长刘昌林等市领导参加开工仪式。该项目位于206国道鱼丽工业带,项目用地面积为17.33公顷,总投资6亿元,其中第一期投资4.6亿元。项目投产达标后年产值可达6亿元,实现税收3000万元,投产后将安排就业1000余人。

【区人民检察院获全国"文明接待室"称号】 3月,昌江区人民检察院控告申诉部门在第四届全国先进基层检察院暨全国检察机关文明接待室表彰大会上受到表彰,被最高人民检察院授予"文明接待室"的称号。同时,该院控告申诉部门还被省人民检察院授予全省检察机关"文明接待室"称号。

【赣北九县(市、区)关工委第五届联谊会在昌江区召开】 4月26日,赣北9县(市、区)关工委第五届联谊会在昌江区召开,来自德兴、婺源、鄱阳、弋阳、万年、乐平、浮梁、昌江、珠山区9个县(市、区)的关工委负责人参加联谊会。与会人员就如何开展青少年感恩教育问题进行交流探讨。景德镇市关工委主任王元芝出席联谊会,区委副书记王颖到会致辞。会后,与会人员还观摩昌江一中、鱼山中心小学感恩主题教育。

【区应急救援队挂牌成立】 6月22日,昌江区应急救援队正式在昌江区消防大队挂牌成立,该区6个相关单位负责人及武警官兵、事业单位代表100余人参加揭牌仪式。

【鱼丽工业带供水项目正式开工】 12月26日,昌江区鱼丽工业带供水项目正式开工。该项目总投资500万元。项目的开工,为昌江区的企业提供有效的基础保障,园区平台建设进入一个新的台阶。

(洪东亮)

主要领导人 区委书记:曹雄泰(任至7月)、廖云东(7月任)。区人大常委会主任:陈秋明(任至7月)、彭冬仔(7月任)。区长:林　群(任至7月)、方霞云(7月任)。区政协主席:程少华。

·珠山区·

【简　况】 位于江西省东北部,是全省唯一的纯城区,下辖9个街道办事处。全区面积27平方千米,人口28万人。2011年,全区实现社会总产值71.12亿元,同比增长24.37%;财政总收入5.01亿元,同比增长35%,其中,一般预算收入3.57亿元,同比增长35.99%;规模以上工业产值15.38亿元,同比增长12.77%;固定资产投资40.71亿元,同比增长23.59%;引进内资25.56亿元,同比增长25%;引进外资769万美元,完成现汇600万美元,同比增长11.39%;外贸出口完成6877万美元同比增长55.8%。主要工业产品有陶瓷、电子、陶瓷原料等。主要旅游景点有龙珠阁、景德镇陶瓷馆、陶瓷历史博览区、祥集弄民居等。地方特产有陶瓷、冷粉等。

【景华棚户区改造项目启动】 为了解决群众住房问题,改善居民生活环境,珠山区景华电子厂生活区棚户区改造项目于3月15日正式启动拆迁,9月31日全面完成动迁。该项目占地面积7.8公顷,涉及拆迁户数871户,拆迁面积约4.2万多平方米,是珠山区第一个棚户区改造项目。

【诗词学会服务于文化建设】 4月21日,景德镇市珠山区诗词学会正式成立。学会秉承"普及、精品、联谊、服务"的八字方针,把珠山区热心诗词事业,有较好的诗学修养的人才汇聚于此,更好地服务于珠山区的诗词文化建设。学会成立后,已开展诗词"五进活动",即进社区、机关、学校、军营、企业。时值中国共产党建党90周年,学会还与其他单位联合举办诗书画展;开展诗教工作,举办诗词讲座、研讨会;年内力争出一本诗词书画集,同时鼓励支持会员个人出诗词集。

【"居家养老"工程推进养老体系社会化】 2011年,为适应人口老龄化的需要,满足老年人居家养老的要求,积极探索建立新型的社会居家养老体系,珠山区结合自身实际,以社区为依托,机构为补充,充分整合利用资源,采取"社区+志愿者"的形式,在全区80个社区中选择16个社区作为"居家养老"试点社区,为老年人提供生活照料、医疗康复、精神慰藉等服务,并在景陶社区打造"全国居家养老服务中心",以老年人生活需求为重点,以"三无"老人、高龄、空巢、特困和生活难以自理的老人为重点服务对象,通过无偿、低偿、有偿、义工和社会力量认购等5种方式为老年人提供服务。配合该区"一键通"为老服务呼叫系统建立高龄、空巢老人信息库,承担档案管理、需求调查、服务指导等职能。通过居家养老服务中心的建立,以点带面,全面推进社会化养老体系建设。

【成立首家"我帮你青春工作室"】 11月11日上午,珠山区"我帮你青春工作室"在梨树园小区举行揭牌仪式。工作室以服务青少年成长发展的基本需要为导向,整合社会资源为青少年提供无偿的专业心理疏导、法律咨询、政策咨询、扶贫帮困、交友联谊、就业创业指导和青少年维权等公益性服务,致力于解决青少年在成长中、生活中,择业就业中所面临的困难和问题。"我帮你青春工作室"的成立从以往的物质关爱层面进一步转移到关爱青少年心理和精神方面的需求。

(万禄敏　洪丹平)

主要领导人 区委书记:夏　军。区人大常委会主任:李天亮。区长:林卫春。区政协主席:施向阳。

·浮梁县·

【简　况】 位于江西省东北部,辖9镇9乡和1个陶瓷工业园区,土地总面积2851千米,占景德镇市土地总面积的54.55%。全县总人口30.36万人,其中乡村人口24.8万人。2011年全县实现生产总值64.6亿元,增长12.2%。财政总收入7.36亿元,增长36.6%,实现了"三年翻番"的目标。地方一般预算收入5.68亿元,增长39.3%。固定资产投资35亿元,增长10.2%。社会消费品零售总额11.8亿元,增长17%。城镇居民可支配收入1.52万元,增长14%。农民人均纯收入7406元,增长13.6%。人口自然增长率控制在7‰。单位生产总值能耗下降3%。规模以上工业增加值29.2亿元,增长38%,占生产总值的比重提高到45.2%;主营业务收入125.3亿元,增长61.8%;过亿元企业30家,其中过5亿元企业5家;利税总额10.2亿元,增长24%。工业经济效益综合指数246.2%,提高16个百分点。工业用电量1.88亿千瓦小时,增长26.7%。工业用气量1237万立方米,增长59.6%。民营企业896户、个体工商户5843家,非公有制经济实现工业增加值35.9亿元,增长19%;上缴税金5.9亿元,增长46.6%。全年内资实际进资56亿元,增长79.4%。外资实际进资1062万美元。外贸出口总额1.39亿美元,增长50%。引进亿元以上工业项目及综合类项目15个。粮食总产16.23万吨,实现"八连增"。落实最严格的耕地保护制度,被评为"全省节约集约用地模范县"。整合财政资金2030万元扶持茶产业发展,完成茶园开发279.8公顷,茶叶产量4153吨,产值2.2亿元。肉类总产量1.3万吨,水产品产量3670吨。农机总动力达

57.8万千瓦。造林绿化“一大四小”工程新增造林面积2086.67公顷。28家省市级农业龙头企业销售收入达8.9亿元,增长18.8%。农民专业合作社新增73家,总量达到204家。61个新农村建设试点深入推进,投入1029万元。全年接待游客330万人次,增长34%;实现旅游总收入15.2亿元,增长35%。

【太阳能电池等项目在洪源工业基地奠基开工】 2月26日,江西中德尚品光伏科技有限公司太阳能电池等项目奠基典礼在浮梁县洪源工业基地隆重举行。景德镇市委书记许爱民致贺信,市人大副主任、浮梁县委书记吴龙强宣布项目开工,县长陶永昌代表县委、县政府致辞,江西中德尚品光伏科技有限公司董事长沈利国介绍开工项目情况。项目总投资约10亿元,用5年时间完成各个项目的建设工程并投入正常生产经营。项目建成投产后,年销售收入可超过45亿元,年创税收2亿元以上。

【浮瑶仙芝入选中国茶叶企业产品品牌价值榜】 3月18日,首届中国茶叶企业品牌建设高峰论坛在成都蒲江召开,由浙江大学CARD农业品牌研究中心、中国茶叶杂志和中国农业科学院茶研究所中国茶叶网组成的“中国茶叶企业产品品牌价值评估课题组”,首次发布“2011中国茶叶企业产品品牌价值榜”。江西省浮瑶仙芝茶叶公司的浮瑶仙芝品牌,成功入选中国茶叶企业产品品牌价值榜百强。

【城镇居民喜领社会养老保险金】 7月,浮梁县被国务院新型农村和城镇居民社会养老保险试点工作领导小组正式批准列入2011年城镇居民社会养老保险试点县。9月23日上午,浮梁县城镇居民社会养老保险金首发仪式在老浮梁镇政府举行。县委副书记、县长孙艳峰出席首发仪式并宣布发放工作全面启动,市农商行董事长张卫东,市人保局副局长张贵龄,县委常委、常务副县长花长龙,副县长洪贵胜出席首发仪式。2011年城镇居民社会养老保险参保人员5003人,其中缴费人数2124人,收取保费54.12万元,领取待遇人员2879人。

【景北大桥暨景北大道竣工通车】 9月28日,景北大桥暨景北大道峻工通车典礼在景北大桥北侧端头举行。景德镇市委书记邓保生宣布竣工通车,市长刘昌林在通车典礼上讲话,市委常委、副市长黄康明主持通车典礼。浮梁县委书记林群在通车典礼上致辞,县长孙艳峰介绍了出席通车典礼的市委、市人大、市政府、市政协领导和到场嘉宾。出席典礼的市、县领导及嘉宾共同为通车剪彩。

景北大桥工程是景德镇市跨越昌江河直通浮梁县城的大桥,工程南起景市广场北路端头,横跨昌江,北接浮梁县城新昌南路,路桥总长2.78千米,其中道路长2.53千米,路幅宽50米,桥长345米,桥面宽28米。工程总投资1.2亿元。景北大桥暨景北大道建设工程竣工通车将大大缓解景德镇城区交通压力,拉大城市建设框架,促进经济社会协调发展。

【浯溪口水利枢纽工程暨全市重大项目集中开工仪式在洛溪村举行】 11月12日,景德镇浯溪口水利枢纽工程暨全市重大项目集中开工仪式在浮梁县蛟潭镇洛溪村举行。省委书记苏荣出席仪式并宣布项目集中开工。水利部党组副书记、副部长矫勇,省委常委、常务副省长凌成兴,省委常委、省委秘书长赵智勇,省政协副主席、省委副秘书长肖光明出席仪式。副省长姚木根主持仪式。市委书记邓保生致辞,市长刘昌林介绍项目情况。还有水利部、省有关部门、市、县有关领导和当地干部群众2000余人参加开工典礼。

浯溪口水利枢纽工程位于浮梁县蛟潭镇境内,坝址在鄱阳湖水系饶河支流昌江中游,距景德镇市区40千米。坝址长538.4米,其中坝高45.6米,总库容量4.66亿立方米,其中防洪库容2.96亿立方米;电站总装机3万千瓦,年平均发电8081万千瓦小时,是一座以防洪为主,兼具供水、发电等综合效益的大(二)型水利枢纽工程。工程总投资约25.87亿元,建设工期41个月。

此次全市集中开工的重大项目45个,投资总额达153亿元,投资规模大,科技含量高,涉及重大基础设施、高新技术陶瓷、文化创意、生物和新医药、光伏、清洁汽车及动力电池、LED半导体,现代农业和有机食品、金属材料及非金属材料等产业项目。

【浮梁两件商标喜晋“江西省著名商标”】 11月,浮梁县“法蓝瓷”(陶瓷)、“望龙”(陶瓷)两件商标喜晋“江西省著名商标”。至此,浮梁县共有18件商品被江西省著名商标评审委员会认定为“江西省著名商标”。

(金寿进)

主要领导人 县委书记:吴龙强(任至6月)、林　群(7月任)。县人大常委会主任:江　萍。县长:陶永昌(任至6月)、孙艳峰(9月任)。县政协主席:冯干勤(任至8月)、吴建旺(9月任)。

·乐平市·

【简　况】 地处江西省东北部,辖16个乡镇,2个街道办事处,1个农业科技示范区。市域总面积1973平方千米,为“五山一水两分田,两分道路和庄园”的格局。全市总人口90万,其中市区人口20万。2011年,全年完成生产总值176.3亿元,同比增长16%;第一产业增加值完成26.87亿元,同比增长3.9%;第二产业增加值完成102.39亿元,同比增长17.5%,其中工业增加值完成89.83亿元,同比增长18.4%;第三产业增加值完成47.04亿元,同比增长20.3%。财政总收入达到20.39亿元,同比增长38.6%,实现两年翻番。全年完成全社会固定资产投资184.1亿元,同比增长49%,连续3年获全省先进。城乡居民收入增幅创历史新高,全年城镇居民可支配收入达1.45万元,农民人均纯收入达7708元,同比分别增长14.5%和21.5%。全年粮食播种面积达6.19万公顷,总产量突破40万吨大关,实现“八连增”。

【举行春季就业招聘大会】 2月5～7日,以“携手同心、促进就业”为主题的2011年春季就业招聘大会在市西街广场举行。200多家企业参与招聘,提供各类岗位3万余个。各乡镇(街道)组织返乡务工人员和农村剩余劳动力5万余人前往应聘,共有

6000余人现场与企业签订了劳动就业合同。

【首家村镇银行开业】 4月29日，乐平市融兴村镇银行在水岸兰庭举行开业庆典。乐平市融兴村镇银行是乐平市首家村镇银行，也是哈尔滨银行发起成立的第12家村镇银行。

【遭受“6.16”超历史特大洪涝灾害】 6月14～15日，乐安河上游及乐平境内普降大到暴雨，平均降雨量达210毫米以上。16日清晨，乐安河坐高洪峰水位达31.14米，比1967年最高洪峰水位高出0.41米。全市受灾人口达53万人，倒塌房屋378间，农作物受灾面积3.3万公顷，直接经济损失超过20亿元。

【江西省青少年田径竞标赛在乐平开幕】 8月25日，2011年江西省“彩云杯”青少年田径竞标赛在乐平市田径场开幕。全省11个设区市代表团近600名运动员、裁判员参加这次比赛。

【首家小额贷款公司成立】 9月28日上午，乐平市第一家获得省政府批准的小额贷款公司——乐平市景信小额贷款有限责任公司正式开业。

（彭建光 江 华）

主要领导人 市委书记：张良华（任至6月）、吴龙强（6月任）。市人大常委会主任：吴长寿。市长：廖云东（任至6月）、俞小平（6月任）。市政协主席：占冬生（任至7月）、万玉华（7月任）。

萍乡市

【概 况】 位于江西西部，辖2区3县，总面积3827平方千米，其中建成区面积56平方千米，总人口186.75万人，其中非农业人口58.99万人，人口自然增长率为7.24‰。2011年实现生产总值658.15亿元，同比增长14.30%。其中，第一产业增加值48.97亿元，增长4.30%；第二产业增加值433.44亿元，增长16.40%；第三产业增加值175.74亿元，增长12.50%。工业增加值399.23亿，增长16.60%。主要工业产品有原煤946.64万吨，成品钢材512.57万吨，水泥592.64万吨，电风扇71.53万台。农业总产值76.96亿元，增长4.3%。主要农产品有粮食56.14万吨，水产品总产量3.41万吨，肉类总产量13.92万吨。地方财政收入58.49亿元，增长42.30%。城镇居民人均可支配收入18646元，增长13.80%。农村居民人均纯收入8598元，增长19.10%。城乡居民年末储蓄余额273.50亿元，增长15.50%。社会消费零售总额183.21亿元，增长17.60%。

加速推进新型城镇化，生态环境明显改善。2011年，全市新增城镇化项目92个，概算总投资145.6亿元。新城区组团取得突破性进展。基本完成2.2平方千米核心区基础设施建设，完成工程建设投资2亿多元。田中湖组团完成控制性详细规划编制，征地拆迁完成58%，土方开挖工程快速推进。安源组团分区规划和城市设计通过专家评审，中环大道征地工作全面完成，完成3.96千米路基工程和主道路面1.3千米垫层铺设，完成工程投资3.96亿元。全市城市绿地率45.29%、绿化覆盖率47.15%、人均公园绿地面积12.58平方米，森林覆盖率63.51%。城区空气质量稳定在国家二级标准，空气质量优良天数率达到98%，出境水质保持三类水质标准。广寒寨乡等7个乡镇被命名为省级生态乡镇，莲花四桂村等8个村被命名为省级生态村。

推进“三农”工作，农业经济稳步发展。全市农业增加值48.97亿元，增长4.3%。全市粮食单产连续8年居全省第一。农业产业化进程加快。推进农业产业结构调整，以杂交水稻繁制种、绿色生猪养殖、曼地亚红豆杉种植为支柱的农业产业化格局基本形成。全市水稻南繁制种面积6826.67公顷，占全国水稻南繁制种面积的85%以上。全市市级以上农业产业化龙头企业134家，居全省前列，32家省级以上农业产业化龙头企业全年实现销售收入48.9亿元。水利基础设施建设加速推进。全面贯彻落实中央1号文件精神，整合资金，集中支持高标准农田建设。6座小（一）型水库主体工程基本完成，165座小（二）型水库除险应急工程全面完成，9座小（一）型和38座小（二）型水库除险加固工程全面开工。小型农田水利建设工程完成投资9148.5万元，新增和恢复有效灌溉面积2266.67公顷，改善灌溉面积7333.33公顷。湘东区被新列为国家小农水重点县。全面完成总投资6960万元的峡山口、升坊镇、彭高镇3个防洪工程的建设任务。农村饮水安全工程完成总投资2913.2万元，保障了6.1万农民和农村学校师生的饮水安全。新农村建设亮点纷呈。全市410个新农村建设点扎实推进，全部完成村庄规划，完成改路648.1千米，改水1.13万户，改厕1.10万户，改房26.1万平方米，使用清洁能源2782户。有线电视及电话基本普及，涌现麻山汶泉村、高坑丰园村等一批新农村建设新亮点，农村清洁工程有序推进。完成123个贫困村的整村推进项目建设任务，全部完成深山区农民移民搬迁。

保障和改善民生，人民群众幸福指数不断提升。出台《萍乡市保障和改善民生实施纲要（2011～2015年）》，全市96项民生工程全部完成。城镇居民就业率达95.8%。全市廉租住房、新建公共租赁住房、新建经济适用住房项目全部按省政府时间节点开工建设，并超过要求进度，分别占任务数的103%、100%和149%，城市棚户区改造完成2568户，占任务数的104%。全年农村危房改造任务全部完成。地质灾害防治有效开展，实施避灾移民搬迁2062人。社会保障体系不断健全。覆盖城乡困难群众的社会救助体系进一步健全，保障水平继续居全省前列。城乡低保月保障标准分别提高到330元和150元。农村五保集中供养标准增加到2400元/年，分散供养标准增加到2160元/年。城镇“三无”人员供养标准增加到400元/月。城乡20世纪60年代精简退职老弱残职工人均月救济标准分别增加到265元和225元。推进居家养老服务，启动实施高龄老年人生活津贴制度，老龄工作再获全省先进。以“五险”统一征缴为抓手，推进城乡居民社会保险事业健康发展。全市城镇基本养老保险参保缴费22.06万人，新型农村社会养老保险参保完成

25.72万人,被征地农民参加养老保险1.9万人,均超额完成年目标任务。城镇基本医疗保险参保缴费79.16万人,完成年目标任务的108.3%。城乡居民收入倍增计划稳步实施。城乡就业水平不断提高,农民收入增幅持续高于城镇居民增幅。中等收入群体比重有所提高,低收入群体保障水平明显提高。全面落实贷、免、扶、补各项政策,城乡居民收入稳步增长,为实现5年倍增计划奠定了良好基础。打造食品药品安全城成效显著。在全国首创"八六四一"餐桌安全监管模式,建立食品药品安全工作长效机制。

社会事业全面进步。2011年,全市共组织完成科技成果鉴定(验收)40项,完成省级重点新产品鉴定13项,专利申请受理452项,获批国家、省级科技计划项目155项,其中,首次获批2个国家科技支撑计划。制定《萍乡市中长期教育改革和发展规划纲要(2010~2020年)》。教育事业统筹协调发展,学前教育公共服务体系不断完善,义务教育阶段适龄人口入学率100%,职业教育就业率98%,普通高中教育质量逐步提高。城区学校网点布局进一步优化。市群艺馆、市图书馆实现向社会免费开放。芦溪县文化馆被评为国家一级馆,市群艺馆、其他县区文化馆均被评为国家二级馆。原创红色动漫《安源小子》已经播出,动漫电影《星梦园》完成制作。农村电影放映工程稳步推进,广播电视"村村通"工作获全国先进。卫生事业成效显著,儿童白血病、先天性心脏病免费救治工作和卫生服务能力建设工程获全省先进。医药卫生体制改革进一步深化,公立医院改革试点加速推进,老百姓"看病难、看病贵"得到进一步缓解。基本药物制度基层全覆盖,新型农村合作医疗制度不断完善,基本公共卫生服务逐步向均等化目标推进。"光明·微笑"工程、尿毒症困难患者免费血透救治工作全面实施。贯彻落实《全民健身条例》,全民健身活动工作获全国先进。

【转变经济发展方式】 萍乡市抓住"十二五"规划和"三项政策"的各种机遇,共争取国家专项资金近8亿元。推进经济、文化、生态和社会转型,发展方式快速转变,结构调整明显优化,资源效益明显提升,创新能力明显增强。在经济转型中进一步做大做强工业经济,连续8年市本级和所有县(区)获全省工业崛起奖。2011年全市规模以上工业企业完成主营业务收入1190.97亿元,增长41.7%,实现利税总额178.57亿元,增长33.3%,工业综合经济效益指数409.9%,增加29.56个百分点。民营企业在经济转型中快速发展,民营企业发展到8000余家,其中规模以上企业536家,完成增加值238.27亿元。第三产业增加值由148.87亿元提高到175.74亿元,增加26.87亿元,第三产业的总量和带动力大大提高。全市煤炭(煤化工)、冶金、机械、建材、医药食品五大支柱行业完成增加值224.77亿元,占规模以上工业增加值的86.2%,增长20.7%,对规模以上工业贡献率达85%。传统优势产业在转型中得到快速提升。新材料、新能源、生物医药、先进装备制造、现代服务业等五大战略性新兴产业增加值占工业增加值比重大大提高。全市203户规模以上高新技术企业完成增加值95.81亿元,增长29.6%,占全市规模以上工业增加值的36.8%。改革开放成效显著。完成83户市属国有企业(含工业企业和非工业企业)改制,全面实现职工社会化管理,国有资产重组、营运效果显著,企业活力增强。开放型经济实现历史性突破,全市引进省外5000万元以上项目126个,实际进资189.79亿元,增长34%。外贸出口7.15亿美元,增长59.51%。实际利用外资1.8亿美元,增长17%。

【湘东区被评为"中国民间文化艺术之乡(湘东傩面具)"】 2011年,萍乡市湘东区被文化部评为"中国民间文化艺术之乡(湘东傩面具)",这是湘东傩面具继2006年5月被列为第一批国家级非物质文化遗产名录后,又一次获得的国家级殊荣,也是作为傩面具参评项目的全国唯一一个获批的县区。湘东区傩文化历史悠久,距今有1000多年,境内傩舞、傩庙、傩面具"三宝"齐全。从2005年开始,湘东区通过建立完善傩文化生态园、傩面具艺术陈列馆以及开展傩面具雕刻技艺挖掘、培训与理论研究等各种软、硬件设施,形成融传承、保护、研究为一体的傩文化传承体系。已有傩舞表演队8个,傩庙52座,各类傩面具2.10万只,傩面具骨干雕刻艺人18名,雕刻从业人员200多名,其中省级传承人3名,市级传承人2名。

(罗晓安)

主要领导人 市委书记:刘和平。市人大常委会主任:黎德廉。市长:陈卫民。市政协主席:贺维林(任至9月)、晏德文(9月任)。

·安源区·

【简　况】 位于江西省西部,是萍乡市主城区。总面积199平方千米,辖4镇6个街道办事处1个管理委员会(乡级)。2011年末全区总人口(常住)38.16万人,其中非农业人口28.61万人,年人口自然增长率为2.3‰。

2011年,完成生产总值187.6亿元,同比增长14.9%。其中,第一产业增加值3.5亿元,增长3.7%;第二产业增加值109.61亿元,增长16.3%;第三产业增加值74.49亿元,增长13.6%。财政总收入25.1亿元,增长40.5%,总量列全省县区第七位,实现三年连续进位、两年翻番。一般预算收入18.6亿元,增长51.1%,总量列全省县区第三位,前进2位。财政总收入占地方生产总值比重13.4%,税收占财政总收入比重89.6%。工业总产值151.5亿元,增长46.4%。全区规模以上工业企业107家,规模以上工业增加值45.91亿元,占GDP比重24.5%。农业总产值5.42亿元,增长2.9%。粮食总产量2.19万吨。完成全社会固定资产投资168.39亿元,增长40.4%。全年削减二氧化硫449.5吨,氮氧化物排放量削减26.3吨,万元GDP能耗下降2%。城镇居民人均可支配收入达18646元,增长13.8%;农民人均纯收入9942元,增长20.9%。2011年获得"全国科技进步先进县区""全国村务公开民主管理示范县区""全国人口计划生育优质服务先进县区""全国农村公路建设质量先进单位""全国农村五保供养工作先进单位""全国残疾人康复工作先进单位""全省固定资产投资增长先进县区""全省新农村建设先进县区”“全省双拥模范区”“全省计划生育综合先进县区”等省级以上奖项181项，涵盖了经济社会发展的各个领域。

协调推进新型工业化、新型城镇化、城乡一体化，转型示范区建设实现新突破。工业转型成效显著。按照“狠抓亿元项目、培育百亿产业、实现千亿目标”的产业发展战略，以江西安源经济转型产业基地、江西省金属新材料产业基地、特种玻璃产业基地为载体，以“四个对接”为主攻方向，全年引进项目167个，合同金额231.5亿元，其中亿元以上项目42个。申请企业专利230项，自主研发新产品65项，其中处于国际先进水平的19项，获得国家发明专利奖9项，省科技进步二等奖2项、三等奖6项。全区科技型企业达48家，占规模企业的32.4%，初步形成光伏新能源、LED电子、金属新材料、光伏玻璃、现代物流五大新兴产业。

城市转型加速推进。按照“改造老城区、提升新城区、建设城南区”的城市发展思路，以“四城同创”为抓手，以新型城镇化项目为重点，全年开工或续建新型城镇化项目70个，共完成投资28.8亿元。落实市委、市政府“四城同创”的战略部署，扎实推进老城区基础设施改造，老城区环境得到全面优化。以建设赣湘交界一流城区为目标，累计投入近8000万元完成新区管网改造和主干道沥青铺设等工程，投资650万元精心打造安源规划展示馆。投资730万元完成安源组团控详规和城西片区控详规编制工作，中环大道累计完成投资3.1亿元，中环南路实现泥沙路通车。全年引进三产项目101个，73个建成营业。发展旅游业。重点打造一批旅游产品。全年接待游客217.1万人次，增长21.6%，旅游综合收入17.3亿元，增长22.3%。

农业转型稳步发展。按照“做精新型农业、建设新型农村、培育新型农民”要求，以新农村建设为抓手，以现代农业为重点，启动新一轮村庄规划或村庄整治规划的编制工作，区镇(街、管委会)村三级综合投入新农村建设资金7000余万元，打造67个新农村示范点、220个农村清洁工程点。院士农业不断发展壮大，五陂现代农业示范区建设全面铺开，安源省级生态农业科技园有7家企业和3家合作社入驻，成为全市重要的生态农业和畜禽良种繁育基地。发展农民专业合作社76家，安源春蕾公司获批国家级龙头企业，省级龙头企业达到6家，实现销售收入10.4亿元，增长16.9%，带动3.4万农户户均增收1万元。

【创新开展“强本固基、先锋活力、惠民和谐”三大工程建设】 强本固基抓党建。“强本固基”工程共确定子项目13项，其中制度保障类子项目4项，模式推广类子项目6项，党建活动类子项目1项，品牌展示类子项目2项。建立各级党组织抓党建工作的责任制，实施“农廉惠民”工程，加强农村“三资管理”。建立党内关怀机制，开展“机关部门帮基层，党员干部扶穷亲”活动。分类推进党组织管理，创新社区、农村、机关部门、非公企业、学校、基层党委党建等新模式。完善党组织保障体系。挖掘典型，树立“五十佳”品牌，打造“三大工程”荣誉室等展示平台。

先锋活力带队伍。“先锋活力”工程共批复实施子项目10个，其中先锋活动类子项目6个，考评考核类子项目4个。按照省、市委的工作部署和要求，完成区、镇、村三级换届工作。组织学习考察团赴长沙、株洲等地学习发展新型产业经验。开展“走基层、转作风、抓项目、促发展”活动，“三进三同”活动。引导党员干部深入基层、帮扶群众。组织开展“十大魅力安源人物”先锋创绩评选表彰活动，在全区营造“尊重劳动、尊重诚信、尊重人才、尊重创新”的良好氛围。确立机关部门干部考核细则、党建工程三百分制考核细则。

惠民和谐保平安。“惠民和谐”工程中，批复实施子项目23个，其中惠民工程9个、和谐工程14个。全区综合投入民生工程资金近亿元，其中区财政配套投入2565万元，全面或超额完成省市下达的96项民生指标，100件为民办实事全部落实到位。抓好安全生产，实现“零事故、零死亡”。加强社会治安综合治理，严厉打击各类违法犯罪行为，保障了公共安全。建立群众工作部，以群众工作统揽信访工作，继续保持无进京非访、无赴省非访和无赴省集体上访的良好势头，全区社会和谐稳定。

【安源规划展示馆试开馆】 安源规划展示馆于7月下旬开始启动建设，12月试开馆。建筑面积600平方米，总投资650万元。该馆围绕新型工业化、新型城镇化、农业产业化三大主题，通过采取沙盘规划模型、多媒体技术、墙面图文展版等多种形式，集中展示安源区近年发展成就和未来发展规划。该馆建成与开放，成为宣传安源的一个重要窗口，既可以展示安源城镇化水平和建设成就，又可以提高政府城市规划工作的透明度。

【安源合唱团获2011维也纳国际中老年合唱艺术节金奖】 10月11日，为期3天的2011维也纳国际中老年合唱艺术节在奥地利维也纳金色大厅落下帷幕，安源合唱团作为江西省唯一一支参加合唱的队伍，获得艺术节金奖。合唱艺术节上，安源合唱团演唱地方特色浓郁的萍乡民歌《望郎》和改编的现代京剧《家住安源》。

【江西凯天动漫有限责任公司成为全国百强动漫企业】 经过近2年的发展，落户于安源新区的江西省唯一具有动漫制作能力的文化创意企业——江西凯天动漫有限责任公司2011年再次升级，成为全国百强动漫企业，其制作基地被上海广电集团认定为上海广电影视剧中心动漫制作基地。

(姚灿启　刘荔华)

主要领导人　区委书记：袁　川(任至6月)、程结林(6月任)。区人大常委会主任：许光荣(任至8月)、肖锋(8月任)。区长：程结林(任至6月)、吴顺恩(8月任)。区政协主席：曾书康(任至8月)、邱晓玲(8月任)。

·湘东区·

【简　况】 位于江西省西部，萍乡市区西南部，总面积858.76平方千米，辖8镇2乡1街道办事处，其中城区面积13.1平方千米，常用耕地面积1.08万公顷，森林覆盖率63.4%，城区绿化率48%。2011年末，全区总人口40.73万人,其中非农人口10.78万人,人口自然增长率10.1‰。完成生产总值137.8亿元,同比增长14.9%。其中,第一产业实现增加值13.8亿元,增长2.9%;第二产业实现增加值96.8亿元,增长18%;第三产业实现增加值27.2亿元,增长11.3%。人均生产总值33989元,增长13.8%。全年财政总收入12.1亿元,增长41.7%,人均财政收入2985元,税收占财政总收入比重达88.9%。其中地方财政收入7.48亿元,增长44.4%。地方财政支出15.18亿元,增长34.8%。规模以上工业增加值68.6亿元,增长21%,占GDP比重49.8%。主要工业产品中,区属规模以上工业企业原煤产量94.4万吨、水泥176.8万吨、焦炭80.11万吨、洗煤28.59万吨、工业陶瓷181.96万吨。全社会固定资产投资119.3亿元,增长38.7%。其中城镇固定资产投资112.6亿元,增长34.6%。工业投资108.1亿元,增长31.9%。农业总产值20.9亿元,增长2.3%,粮食总产量11.1万吨。主要农产品有稻谷产量9.91万吨、豆类产量2441吨、薯类产量(折粮)7532吨、油料作物产量6686吨、蔬菜瓜类产量17.06万吨。万元GDP能耗2.627吨标准煤,下降4.6%。城镇居民人均可支配收入19195元,增加2320元。农民人均纯收入8956元,增加1578元。城乡居民年末储蓄余额38.07亿元,比年初增长20.3%。

2011年,全区完成工业总产值400亿元,增长20.2%。各项工业经济指标在全市名列前茅,工业综合经济效益指数达到452%,增长34个百分点。全年完成基础设施建设投入近1亿元,其中投资1800万元新建的瓷都西大道实现泥沙路通车,"三纵四横"路网架构基本形成。铁路专用线征地拆迁及地方管线搬迁工作基本完成。项目建设再创新高。申报各类政策性项目300多个,到位资金6.58亿元。节能减排工作强势推进,全年争取节能技术改造资金6700万元,被评为全省节能减排先进县区,全市节能减排考评中名列第一。总投资3亿元的辽宁方大集团白竺天子山30万吨铁精粉扩建项目于7月份开工建设。项目建设规模和质量都有明显突破,4个项目列入省重点项目。3个项目列入省重大项目调度会调度项目。2个项目列入省工信委重大项目绿色通道。对外开放实现新突破。全年利用省外资金34.5亿元,增长31.7%。实际利用外资2913.4万美元,增长2.8%,其中现汇进资1351.5万美元,增长9.6%。完成外贸出口8395万美元,增长55.8%。

社会保持和谐稳定。一是民生工程落实到位。共投入民生工程配套资金近8000万元,全区8大项84小项指标任务全面完成或超额完成。二是各项事业协调进步。加快推动科技进步和创新,被评为全省依靠科技转变经济发展方式示范县区,陶瓷产业基地被评为省工业陶瓷高新技术产业化基地和战略性新兴产业基地。教育教学质量保持领先,素质教育扎实深入,在2011年度全省县级政府教育工作督导评估中获优秀等次,受到省政府的通报表扬。文化事业健康发展,被文化部命名为"中国民间文化艺术之乡"。人口与计生各项指标任务全面完成,继续保持全省领先位置。医疗卫生基本建设项目竣工投入使用,乡镇医疗机构基本药物制度全面实行,使群众得实惠近900万元。三是社会保持安全稳定。年内,全区没有发生一起较大安全生产事故,没有出现一起进京非正常访、较大规模群体性事件和重大刑事案件。全区公众安全感进一步提升,在全省专项测评中位列全市第一,在全省县区排名第三十八位,比2010年度大幅前移。

【通过"企业+基地+农户"方式带动农民增收】 全区农业总产值完成20.9亿元,农业产业化经营产值完成17.6亿元。投入农业基础设施建设资金2747万元。打造"一乡一品"百里特色通道。建设万亩油茶、万亩桉树、万亩速生丰产林和千亩花卉苗圃基地。因地制宜开发景区,麻山幸福村国家AAA景区、碧湖潭国家森林公园、楚西国际商务俱乐部、广寒寨国际木屋度假区和青山湖水上乐园等休闲景区正在抓紧建设。麻山幸福葡萄基地、排上萍涛生态有限公司、东桥长塘果园休闲基地等20个规模农业休闲基地建成。三个大区建设成效显著。本地制种面积达2333.33公顷,海南制种达6666.67公顷,与中种集团达成战略合作协议。生猪出栏53万余头,生猪存栏23.9万头。6666.67公顷油菜连年丰收,被确定为全省油料生产重点县区。产业化龙头企业辐射力增强。通过"企业+基地+农户"方式带动农民增收,百里特色农业带沿线乡镇农业产业化经营产值占全区的63%,沿线农民人均纯收入增加近2000元。

【新型城镇化步伐加快】 城乡路网工程全面攻坚。萍麻公路、麻凤公路改造竣工通车。投资上亿元的东环路基本成型,其中320国道至电厂段2.4千米水泥路已全面完工,其余1.74千米完成泥沙路通车。筹划多年的河洲大道实现泥沙路通车,城区路网逐步贯通、断头路逐步消灭。投资1.08亿元的省道S232陈家塘至南岗口路段改建工程开工建设。老城区改造全面启动。引进客商投资3.5亿元对湘东镇后街老城区约6.67公顷地块进行综合开发,征地拆迁工作正有序开展。计划投资2.1亿元建设中央下放煤矿棚户区改造项目。总投资4000万元的城区污水收集管网铺设工程已完成过半任务。投资8000万元的赣西明珠、投资5000万元的滨江国际开工建设;投资4640万元的昌盛家园二期香榭帝景、投资1亿元的宏通·萍水春天正在抓紧施工。商贸、物流等服务业加快发展,投资1.2亿元的峡山口商业步行街主体建筑工程竣工。

(李　剑　欧阳强)

主要领导人 区委书记:曹光亮。区人大常委会主任:文发萍。区长:严荣华(任至6月)、杨劲松(6月任)。区政协主席:汤其安。

·莲花县·

【简　况】 位于江西省西部,国土面积1072平方千米,耕地面积1.49万公顷,山地面积7.47万公顷,森林面积5.23万公顷,森林覆盖率达68%。全县辖8乡5个镇1个垦殖场,总人口26万人。全县实现生产总值34.9亿元,同比增长11.6%。财政总收入完成4.65亿元,增长41.7%,其中一般预算收入完成3.03亿元,增长45.5%。完成固定资产投资30.6亿元,增长36.3%。社会消费品零售总额8.4亿元,增长18.1%。城镇居民人均可支配收入13146元,增长11%;农民人均纯收入3685元,增长19.7%。先后获得"全国文明县城""全国扶贫开发工作先进集体""全国地质灾害防治群防群测'十有'县""全省外贸出口先进县""全省县级财政收入三年翻番奖""全省计划生育优质服务先进县""全省煤矿安全监管先进县""省水土保持监督管理能力建设先进县""省政府工业崛起年度贡献奖"等荣誉。

大力推进新农村建设。重点做好发展现代农业、兴修农田水利、加强生态建设、推进城乡统筹、维护农村稳定"五篇文章"。以开展"农田水利建设年"活动为契机,全面完成全国第一批小农水重点县建设工程、标准化粮田建设项目和4座小(一)型水库除险加固等农业基础设施建设。实施并完成2个"造地增粮富民"土地开发项目,新增耕地200多公顷。运用现代科技改造农业、现代手段装备农业、现代经营形式发展农业。推进新农村建设,整合资金,打造亮点,示范推动,以点带面,实施改水、改厕、改路、改栏等村居环境整治工程,打造神泉竹湖、南岭四桂等各具特色的产业村、生态村、旅游文化村。

加快推进新型城镇化进程。按照"以一江、两山、三环三纵为框架"的思路,完善城市建设规划编制工作,对《莲花县近期建设用地控制性详细规划》《工业园区控制性详细规划》及燃气、生态、停车场等专项规划进行编制。确定2011~2012年新型城镇化建设项目43个,总投资33.24亿元,并全部实行县级领导挂点,明确时间任务、明确责任单位,推进新型城镇化进程。推进县文体中心、一环路、迎宾广场、花塘官厅(列宁学校)、天如公园、莲花广场、安成大道等城市重点项目建设。推进县城夜景亮化工程,给城市建设增添新亮点。城区绿化进程加快,新增绿化面积2万平方米,栽植各类彩色植物8万余株。加强教育、文化、卫生、体育等公共服务设施建设,增强公共服务功能,扎实开展全国文明县城创建工作,在省公共文明指数测评中列全省第二。

各项社会事业全面进步。制订中长期教育改革和发展规划纲要,出台教育贡献奖励政策,设立莲花中学奖学助学基金,教育事业连创佳绩,高考全市综合排名实现"六连冠",23.33公顷的新城教育园正在规划建设中。卫生事业不断加强,医疗卫生水平不断提高,县乡村三级医疗卫生服务体系不断完善,县人民医院急门诊大楼项目主体工程建设完工。文化事业蓬勃发展,莲花一枝枪纪念馆、将军农民甘祖昌先进事迹、花塘官厅(列宁学校)胡耀邦革命生涯第一站等三大陈列布展工程基本完成并免费对外开放。有线数字电视已完成城区升级改造,莲花一枝枪纪念馆升级为全国爱国主义教育基地,乡镇文化站建设基本完成,文化资源信息共享工程实现县乡村三级覆盖,三板桥乡获"全国楹联文化之乡"称号。高度重视信访工作,实行部门领导联合接访,开展"三进三同""民情夜访"活动,有效化解各类矛盾纠纷。"平安莲花""法治莲花"创建工作有力推进,加强和创新社会管理,开展信访积案化解活动,一批热点和难点问题得到有效解决,全县治安形势明显好转,公众安全感在全省排名前移36位。进一步加强安全生产监管力度,坚决打击非法生产,安全生产保持稳定态势。

围绕促进就业创业、社会保险、城乡救助、医疗保障等方面工作,完善制度,加大投入,不断扩大社会保障和救助覆盖面,城乡社会保障体系进一步完善,提高城乡困难群众的综合保障水平。全年城镇新增就业3112人,安置"4050"人员就业473人,新增转移农村劳动力5738人,劳动力转移培训3198人,分别完成年度目标任务的148%、216%、206%、114%。发放小额贷款5932万元,完成年度目标任务的237%。城镇职工基本养老保险参保29304人,完成年度目标任务的100%。征缴社会养老保险基金4802万元。新农合、新农保工作扎实推进,全县新农合参合率达98.18%,新农保参保人数12.11万人,发放新农保养老金2085万元。城乡低保标准分别由260元、110元提高到300元和130元,城镇居民医疗补助标准由人均120元提高到200元。

进一步优化政务环境。出台《莲花县人民政府工作规则》《每日政务》工作报告和政府常务会会议纪要网上公布等制度,完善县政府班子集体学法制度,建立规范性文件备案审查制度。严格执行政府信息公开制度,全年公开政府信息8000余条。执行县人大常委会的决议、决定,自觉接受县人大及其常委会的监督和县政协的民主监督,办理人大代表建议162条、政协提案205件,办复率100%。推行服务企业的绿色通道,全面落实招商引资优惠政策,开展行政审批"两集中、两到位"改革工作,将全县26个部门135项行政审批事项全部进驻县行政服务中心,实行"一门式"办证、"一站式"服务。投诉中心办结投诉56件,办结率100%。办结县长信箱群众来信来访538件,办结率100%。

【项目建设实现重大突破】 坚持以转变经济发展方式为主线,突出"主攻工业,决战园区"的发展思路,以打造省级生态园区和特色产业园区为抓手,以提升园区承载力和吸引力为重点,制定实施"支柱产业发展规划",重点围绕特种冶金材料、电子机械、矿产建材、农产品加工、制鞋等五大支柱产业,切实为企业解决难题,推动企业做大做强,实现工业经济提速增效。全县实现规模以上工业主营业务收入60.6亿元,增长38.5%;规模以上工业增加值14.8亿元,增长17.2%;规模以上工业企业实现利税总额3.2亿元,增长29.3%。工业经济综合效益指数399.2%,提高18.7个百分点。五大支柱产业实现主营业务收入50.3亿元,增长38.4%,占全县规模以上工业企业主营业务收入的83%。坚持把项目建设作为经济社会发展的总抓手和转型发展的重要载体,跑项争资有新收获。年内共争取落实廉租房、以工代赈等项目140个,到位资金3.7亿元,增长9%。争取到莲花县列入罗霄山脉连片开发特困县行列,享受国家政策倾斜和省"四个一"组合式扶贫。产业招商有新成效。共引进项目156个,其中省认定5000万元以上项目14个,亿元以上项目4个,共引进内资8.86亿元,利用外资2912万美元,出口创汇1.10亿美元。项目建设有新进展。衡茶吉铁路莲花段正在紧张施工，吉莲高速莲花段全线开通，吉莲公路莲花段改造完成征地拆迁并开工建设。鸿安五金、侨锋电路板、联发氨纶纱等项目竣工投产，150万吨旋窑水泥、金桥科技等项目正在施工。

【打造莲产业】 投资4.23亿元建设占地千亩以上农业产业化基地32个，尤其注重打造莲产业，推广莲子种植，布局1万亩连片莲子种植基地。荷花博览园正在规划建设中。从种莲、赏莲、颂莲、品莲、制莲各角度，围绕莲花做文章，把莲产业做成农业特色产业，做成生态、旅游、文化、经济产业。

（龙正柏）

主要领导人 县委书记：聂晓葵（任至6月）、夏 兴（6月任）。县人大常委会主任：陈丙娇（任至8月）、严漫泉（8月任）。县长：孙金森（任至8月）、刘 乡（8月任）。县政协主席：严漫泉（任至8月）、刘绍华（8月任）。

·上栗县·

【简 况】 位于江西西部，辖6镇3乡1个垦殖场。全县总面积721.11平方千米，其中城区面积10平方千米，耕地面积1.17万公顷，有林面积4.33万公顷，森林覆盖率58.63%，城区绿化率36.5%。全县人口48.69万，其中非农业人口6.4万，人口自然增长率7.42‰。全年实现农业总产值20.4亿元，增长5%，粮食总产15.17万吨，增长0.7%。2011年实现生产总值125.62亿元，增长14.3%。其中，第一产业增加值12.36亿元，增长4.4%；第二产业增加值86.37亿元，增长16.8%；第三产业增加值26.89亿元，增长11.4%。财政总收入12.77亿元，增长41.7%。全社会固定资产投资109.3亿元，增长38.3%。城镇居民人均可支配收入18983元，增长14%；农民人均纯收入8391元，增长23.8%。实现外贸进出口1.21亿美元，增长81%。实际引进省外5000万元以上工业项目资金33亿元，增长32%。实际利用外资2783.6万美元，增长13.5%。进入全国中部百强县，县域经济实力位居全省第十二位，被评为“全省十强工业县”，获得“全省工业崛起贡献奖”。

加大耕地保护力度，深入实施造地增粮富民工程，完成土地整理100公顷，粮食总产15.17万吨，增长0.7%。生猪饲养量达44万头，增长5.9%。农业产业化进程加快，新扩建萍乡红鲫基地、金泰农业科技园、毛家湾文化村、宏明食品厂4家农业产业化龙头企业，龙头企业总数达52家，农民专业合作社达225家。打造福田边塘生态高效、休闲农业实验区。完成造林绿化“一大四小”工程建设2020公顷，超额完成省下达任务。发展速生丰产林、油茶、毛竹等林业特色产业，完成高产高效油茶林基地建设786.67公顷、毛竹低改221.33公顷。

主攻建材、高科技新材料、先进机械装备制造三大产业，加快发展新的产业集群。形成以中材和印山台为龙头的水泥生产基地。

围绕中央和省、市“十二五”规划以及重大基础设施建设、传统产业调整振兴、战略性新兴产业、民生工程等重大部署，加大争资跑项力度，共向上争取项目资金3.81亿元。坚持“四个对接”和“东融西接”，打好招商引资和项目建设“双百日”攻坚战，通过产业招商、以商招商、定向招商等方式，全年共引进项目128个，其中亿元项目50个，签约资金达110亿元。新开工3000万元以上项目113个，完成投资57.23亿元，增长6.5%；新开工亿元以上项目55个，完成投资31.58亿元，增长32.65%。同时，充分发挥县嘉和投资公司投融资平台作用，全年实现项目融资2.1亿元、土地经营收入3.32亿元、资产整合3亿元，为全县项目建设提供有力支撑。

社会事业和谐进步。新增城镇就业人数4180人，城镇登记失业率控制在4%以内。农村劳动力转移就业1.19万人。工伤保险基本实现高危行业全覆盖，全县参加工伤保险企业553家，参保总人数3.17万人，征缴工伤基金912万元。养老保险扩面征缴范围进一步扩大，基金结余总计2.15亿元。发放小额担保贷款894笔计5300万元。社会救助对象达4万余人，被评为“全省社会救助工作先进县”。累计新建廉租住房748套，棚户区改造6.36万平方米。送戏下乡70场，放映电影2580余场，建设乡镇综合文化站4个、农家书屋54个。加大教育投入，启动县中心幼儿园建设，加强中小学校、幼儿园校车等安全管理，被评为“全国校外教育工作先进单位”。落实各项安全生产管理制度，全面推进“4135”企业本质安全工程和“2134”安全监管工程。在烟花爆竹企业推行“一条龙”流水线作业、“哑铃式”管理及爆竹机械一体化生产，开展百分制考核，提升管理水平和安全系数，安全生产态势平稳。煤矿、非煤矿山管理得到进一步加强。深入推进“十百千万”平安创建工程，严厉打击“两抢一盗”等多发性、易发性刑事犯罪活动，公众安全感进一步提升，继续保持“全省平安县”称号。

【“三区”建设成效显著】 县主城区建设有新成效。坚持规划先行，聘请具有国内一流规划资质的规划设计院编制县城控制性详细规划，并强化规划的刚性约束，开展违章建筑集中整治活动。加快新型城镇化项目建设步伐，全年共实施新型城镇化建设项目29个，完成投资11.62亿元，高标准建设县城景观大道，完成栗江路和府前路改造、栗水河防洪景观工程等项目。开展创建文明县城活动，狠抓城市精细化管理，县城面貌焕然一新。经济开发区建设有新突破。依托赤山、彭高、福田、东源等乡镇及动漫产业基地、江西·国家新材料产业基地的产业优势，组建经济开发区，负责县南区域的开发建设，其中江西·国家新型材料产业基地通过评审成为江西省装备制造产业基地，总规划6.5平方千米。动漫产业基地规划面积6平方千米，基础设施基本完成，共入园企业29家，总签约资金30亿元。有鑫通机械、志和汽配等19家企业建成投产，富兴科技、康裕医药等10家企业在建设试产之中。2011年基地企业实现产值3亿元，缴税1500余万元。旅游景区建设有新进展。启动旅游发展概念性规划、杨岐普通寺景区控制性详细规划等相关规划的编制工作。杨岐山风景名胜区综合开发项目列入2011～2012年省重点建设项目，孽龙洞景区成功创建国家3A级旅游景区。

【做大做强做安烟花爆竹产业】 完善烟花爆竹产业配套，提升上下游产业链条，做大做强做安烟花爆竹产业，年产值达141亿元，增长13.5%。开展烟花爆竹企业安全隐患排查和烟花企业“四合一”工艺整治活动，提升改造一批集机械化、标准化、品牌化、规模化为一体的烟花爆竹示范企业。加快科研平台建设，支持和引导企业进行技术革新，鞭炮制造一体机等9项烟花爆竹行业科研成果和产品申请国家专利，6项获得国家专利。

（叶贤炳）

主要领导人 县委书记：刘建萍（任至6月）、严荣华（6月任）。县人大常委会主任：杨光明。县长：欧阳清新（任至6月）、彭文华（6月任）。县政协主席：柳晓元（任至6月）、兰先湖（6月任）。

·芦溪县·

【简　况】 位于萍乡市东部，是萍乡市主要饮用水水源地，江西重要的水源源头保护区，境内有国家4A级风景名胜区——武功山。全县总面积960平方千米，耕地面积1.13万公顷，森林覆盖率67.4%。人口30万人，其中非农业人口4.66万人。2011年，实现生产总值91.04亿元，同比增长12.6%。全社会固定资产投入80.04亿元，增长38%。财政总收入8.83亿元，增长41.7%，一般预算收入5.88亿元，增长45.4%。社会消费品零售总额16.37亿元，增长17.2%。农民人均纯收入8721元，增长21%。

社会大局和谐稳定。民生工程完成投资1.94亿元，新增城镇就业4000余人，转移农村劳动力4795人。被列为全省城镇居民社会养老保险试点县，实现城乡居民养老保险全覆盖。新建保障性住房456套，完成农村危房改造550户，发放住房租赁补贴156万元。银河、源南、长丰地质灾害移民安置点基本建成。全年发放城乡低保金3664万元。药品零差额销售为患者减少医疗费用1343万元，为43.6万人次参合农民报销医疗费4528万元。获国家专利授权31项，再次获“全国科技进步先进县”称号。丰泉教育园区启动建设，新建、改建中小学校校舍3.09万平方米。县文化馆被文化部命名为“一级文化馆”，成功举办首届春节文艺汇演和灯彩艺术节。医疗卫生体制改革扎实推进，获“全省新农合先进县”“中医工作先进县”“妇幼卫生工作和妇幼安康工程先进县”。

产业结构日益优化。强攻工业，完成规模以上企业总产值170.25亿元，增长41.3%；实现增加值39.34亿元，增长19.6%。电瓷产业改造提升步伐加快，与湖南大学、西安电瓷研究所等科研院校建立合作关系，获批中国产学研合作创新示范基地试点单位。华为电瓷入选国家电网采购招标名录，两项电瓷产品通过荷兰电工材料协会试验检测，达到欧洲市场准入标准，成为国内第二家通过检测的企业。新兴产业蓬勃发展，赛德新能源二期投入生产，江发发动机与澳大利亚金驭公司合作研发双燃料发动机进入攻坚阶段。农业现代化扎实推进，实现农业产业化总产值12.91亿元，增长8%。新增农业产业化基地15个，龙头企业8家，农民专业合作社34个。银河杜仲公司被评为第五批农业产业化国家重点龙头企业，“格林美特”牌猪肉获第七届江西名优农产品展示展销会金奖、江西省名牌农产品。三产规模化扎实推进，实现增加值18.79亿元，增长11.1%。全县旅游接待人数40.15万人次（含武功山），综合收入1.98亿元，增长23%。完成芦万武旅游公路东阳至上源段和聂新公路沥青路面铺设。新泉温泉资源勘探取得重大进展，明月湖景区通过国家3A级景区初审，成功举办第四届武功山国际帐篷节和首届乡村旅游节。房地产、商贸、物流、金融等行业持续健康发展，引进商贸、物流企业4家，房地产行业完成税收4635万元，增长26.5%。

项目建设扎实推进。新引进产业项目153个，其中亿元以上项目28个。对接央企和上市公司取得丰硕成果，洽谈跟进央企项目15个，与中材、中再生、中纺、深宝安等央企建立合作关系，与大唐集团、国药集团等央企达成投资意向，新引进中材高新特高压电瓷产业基地、瑞泰科技、华溪再生资源、江西宝安新材料等项目。成功对接浙江金利华，并与大连电瓷达成合作意向。坚持早谋项目、多上项目、快推项目，华能安源电厂“上大压小”项目取得水资源论证、水土保持、用地预审、环评许可、电网接入系统、铁路接入线等6个支撑性批复文件，瑞泰科技完成厂房建设和设备安装，中材高新特高压电瓷产业基地完成土地平整，华溪再生资源完成三通一平，大为玻璃完成厂房建设和窑炉设备安装，中科光伏新上两条超级电容生产线，与港华燃气完成天然气管网铺设和源南门户站建设，广宣鞋业二期建成投产，方圆实业、艾斯沃防火门、一互电气、鑫辉科技等项目扎实推进。

城乡统筹卓有成效。完成县城重要地段控制性详细规划和城西新区概念性总体规划编制，启动新型城镇化建设项目47项，累计完成投资38.98亿元。完成日江路江机至信用联社段改造，启动金鹰南路建设，卢德铭大道、袁河东大道、周敦颐大道等城区道路完成规划设计。上埠、宣风、新泉等小城镇建设全面推进。快利公路改造、芦南公路大中修工程全部完成，启动老319国道“三改二”工程，全县水泥（油）路通车总里程达1800千米，实现交通路网全覆盖。宣风大桥建成通车，王源大桥建设扎实推进。66个新农村点建设完成投资2600余万元，打造东阳、山下、下源等一批新农村示范点，270个自然村的清洁工程建设成效显著。抓好农田水利基本建设，新修标准化渠道228千米，完成东风、仁里等12座病险水库除险加固。

【园区五大基地基本形成】 决战园区发展战略得到有效落实，制订加快园区发展实施意见，启动园区概念性规划编制，开发面积拓展至7.1平方千米，井字形框架基本形成。电瓷、新材料、特高压电瓷、先进装备制造、华能特色产业五大基地基本形成，新增入园企业15家。宣风生物产业园累计完成投资1亿元，建成园区服务中心，科技孵化中心、特种稻米研究中心启动建设，主干道完成水稳层铺设，水、电、路、通讯等基础设施得到完善。

【银河镇“9·2”地质灾害移民安置点建成】 9月2日凌晨3时许，芦溪县银河镇紫溪村蛇形冲因地质破碎带引发地质灾害，造成地面沉陷、民房开裂、水源断流、道路下沉开裂。灾害发生后，省委书记苏荣作出批示，要求认真做好移民安置点的前期勘探工作，力争安置房建设早日开工。省委常委、常务副省长凌成兴和省政协副主席胡幼桃分别对抗灾救灾作出批示并多次到灾害现场视察抗灾进展和灾民安置情况。年底，该地质灾害点的群众生产生活恢复正常，塌陷点已经回填，移民安置点全部按期建成并投入使用。

（温　杰）

主要领导人　县委书记：吴运波（任至6月）、欧阳清新（6月任）。县人大常委会主任：江　跃。县长：何义萍（任至6月）、姚　虎（6月任）。县政协主席：张绵远（任至6月）、夏坤勇（6月任）。

新余市

【概　况】　位于江西省中部偏西，辖4区1县，总面积3178平方千米，其中市区面积1786平方千米。年末实有耕地面积5.52万公顷。森林覆盖率57.8%。年末全市总人口（常住）114.7万人，其中城镇人口为74.93万人，人口自然增长率7.30‰。2011年全市实现生产总值779.21亿元，同比增长13.3%。其中，第一产业增加值44.06亿元，增长4.2%；第二产业增加值522.01亿元，增长16.5%；第三产业增加值213.14亿元，增长8.5%。全年工业增加值470.74亿元，增长17.7%。主要工业产品有钢876.31万吨、钢材885.83万吨、多晶硅2.15万吨、单晶硅3068吨、电解镍2.37万吨等。农业总产值73.79亿元，增长4.2%。主要农产品有粮食产量66.66万吨、肉类总产量7.73万吨、水果产量4.18万吨、水产品产量4.47万吨、油料产量1.65万吨。全市财政总收入111.27亿元，增长38%，其中税收收入94.02亿元，增长38.3%。地方财政收入69.43亿元，增长38.9%；财政支出102.77亿元，增长31.7%。全市城镇居民人均可支配收入19719元，比上年增加2361元。农民人均纯收入8813元，比上年增加1336元。全市金融机构人民币贷款余额为413.3亿元，比上年增长17.3%，比年初增加61.69亿元。存款余额为522.21亿元，增长21.3%，比年初增加91.71亿元；其中居民储蓄存款余额267亿元，比年初增加25.57亿元。

增强发展后劲，提升经济实力。共争取国家项目106个，创历史最好水平。全年在建施工项目670个，其中新开工项目480个。新开工亿元以上项目100个，累计完成投资213.8亿元。截至年底，100个重点项目97个在建，累计完成投资229.5亿元。白梅水利枢纽工程正式列入全国“十二五”大型水库建设规划。非公经济贡献凸显。非公经济增加值占生产总值的比重提高到64.3%，上缴税收占财政总收入的63%，获全省“发展非公有制经济先进设区市”称号。全年固定资产投资626.4亿元，增长28.2%。社会消费品零售总额132.8亿元，增长18.2%。出口总额20.7亿美元，增长3%。

推进新型工业化，实施农业产业化。规模以上工业增加值354.4亿元，增长19.2%；主营业务收入1580.3亿元，增长32.2%。抓好工业项目建设。赛维1.5万吨硅料、江锂年产5000吨电解镍项目达产达标，新钢1550毫米冷轧项目竣工投产，江西华电3000台螺杆膨胀动力机生产线投产，力德风电500台兆瓦级永磁风力发电机、瑞晶四期20条电池片项目推进。加快三大产业发展。三大产业主营业务收入1238亿元，占规模以上工业的78.4%。钢铁产业实现主营业务收入742.1亿元，增长25.3%；新能源产业实现主营业务收入421.67亿元，增长29.6%；新材料产业实现主营业务收入91.4亿元，增长115.4%。加快三大园区建设。三大工业园区实现主营业务收入906.12亿元，增长45.6%，占全市工业的57.3%。其中高新区主营业务收入583.6亿元，增长30.1%。加快培育优强企业。全市主营业务收入过亿元企业达150家，其中过5亿元企业42家；新钢、赛维进入全国制造业500强。实施农业产业化“1010工程”，基本形成“一乡一业、一村一品”的格局。省级以上农业产业化龙头企业27家，全年完成销售收入59.7亿元，增长15%，实现利润3.9亿元，带动农民增收4.4亿元。“恩达家纺”实现新余市中国驰名商标零的突破。投入1.86亿元用于329个新农村建设点建设，重点打造8个精品示范村，昌坊等6个村获全省“百家优美村庄”称号。推进“农田水利基本建设年”活动，完成农田基本建设工程10项，完成农村土地综合整治9733.33公顷，31座小（二）型水库除险加固全面完成。

加快科技创新，提高创新能力。科技进步对经济增长贡献率达52%，被评为“全国十大最具成长力创新型城市”。推进“543211”科技创新工程。与中国工程院、华南理工大学、天津大学等签订产学研战略合作协议。全市建有1个国家级高新区、2个国家级高新技术产业特色基地、3个国家级研发平台、5个省级研发平台、9个省重大高新技术产业化项目、7个省创新型试点企业和优势科技创新团队。新钢公司“高品质船板高效化制造关键技术研发与集成创新”课题获国家科技进步二等奖。组织开展院士专家咨询服务活动，市政府院士顾问增至13名。新钢、江西赛维、力德风电3个中国工程院院士工作站建立。赛维博士后工作站正式授牌。8人被评为“赣鄱英才555工程”首批人选，入选人数列各设区市首位。赛维成为全省首个国家引进国外智力示范单位。“人才引领产业、产业集聚人才”的做法被中组部向全国推广。

繁荣现代服务业，优化产业结构。旅游业稳步增长。仙女湖佛教文化博览园、抱石文化创意园、分宜“中国洞村”、渝水区百丈峰景区、毓秀山国家森林公园景区、江西自然科学博物馆、袁河生态旅游等项目建设推进，城市规划展示馆、工业展览馆建成。全市旅游总收入33.2亿元，增长31.3%。金融业加快发展。新组建小额贷款公司2家，新引进证券公司、保险公司各1家。社会融资总额突破1000亿元，其中，间接融资761.6亿元，增长22.7%；直接融资242.5亿元，增长38.7%。发展商贸流通业。实施商贸流通业“1020”工程，中国光伏大市场投入运营。

发展社会事业，提高人民幸福指数。全面或超额完成省政府下达的

93项民生指标、市政府确定的100项民生工程和10件实事。全年新增城镇就业3.08万人，城镇就业率达96.5%，零就业家庭就业率达100%。新增转移农村劳动力2.12万人。“招工、就业、培训”三位一体工作模式在全省推广。国家基本药物制度100%覆盖乡镇卫生院和政府创办的社区卫生服务机构，新农合参保率98.05%，提高1.63%。城乡低保标准每人每月分别提高到320元和130元，城镇职工月人均基本养老金标准高出全省平均水平80元。在全省率先建立社会救助和保障标准与物价上涨挂钩联动机制，率先为低收入群体发放临时物价补贴。为全市1.62万80周岁以上老人发放高龄补贴3000万元。落实大中型水库移民后期扶持政策，发放移民直补资金1959万元。基本完成2020套廉租住房建设，开工建设经济适用住房265套，发放廉租住房租赁补贴4803户。7个棚户区改造项目全面开工，完成改造面积35.49万平方米。繁荣文化事业。获得“全国文化体制改革工作先进地区”称号。举办庆祝建党90周年大型纪念活动、如梦如歌红色经典歌曲大型演唱会、中国(新余)傅抱石文化艺术节、天工文化节等多项文化活动，广播剧《老镜子》获全国广播剧专家奖金奖和中国广播影视大奖提名奖，少儿舞蹈《荷塘乐》首次走出国门，应邀赴维也纳演出。改善人居环境。被评为全省首批“生态园林城市”。启动全国生态文明城市创建活动，城市绿化覆盖率提高到52.67%，人均公园绿地面积提高到17.39平方米，编制《新余市生态市及生态文明示范区建设规划》。太阳能建筑应用进入全国先进行列。全面完成节能减排任务，主要污染物减排工作受到省政府通报表扬。罗坊镇和昌坊村获“全国文明村镇”称号，市地税局、市国土资源局、市中行、市房管局、新余海关、市人行获“全国文明单位”称号。全市新农合参保人数72.35万人，参保率达98.05%；完成免费白内障复明手术437例、唇腭裂手术7例，完成儿童白血病免费救治13例、先天性心脏病免费救治181例。人口计划生育工作继续保持全省领先，被列为“全国流动人口计划生育基本公共服务均等化”和“创建幸福家庭”两个国家级试点。成功承办第七届全国城市运动会乒乓球比赛、U20排球赛两项赛事。连续6届获“全国双拥模范城”称号。

深化改革，扩大开放。率先在全省完成国企改革任务，得到省委、省政府的肯定。6月22日，全省七个系统国有企业改革工作现场推进会在新余召开。全面启动文化体制改革，新余日报社、市电台、市电视台、市歌舞剧院改革完成。组建102支专业招商队伍，在香港、深圳、杭州等地举办招商推介会。全年实际利用外资5.94亿美元，增长11.8%。央企对接进一步深化，与北京石景山区签订战略框架协议，与中国保利集团的合作迈出实质性步伐，中国建材集团300万吨矿渣微粉项目等央企投资项目落户新余。出口总额居全省第五位。共组织24家外贸企业参加国内展9次，27家企业参加境外展21次。推动24家外贸企业加入电子商务平台。新增外贸出口备案登记企业76家，其中新增出口实绩企业34家。

加强政府建设。“先锋创绩”经验在全省推广，盛德社区获“全国先进基层党组织”称号。深入推进干部人事制度改革，加大竞争性选拔干部力度，公开选拔50名正县级后备干部和100名副县级后备干部，并从中选拔8名“70后”“80后”正、副县级领导干部，充实到县区和经济工作一线。再次入选“中国十佳诚信政府”排行榜。被评为“2011年中国最佳投资城市”。

【入选全国首批节能减排财政政策综合示范城市】 9月，新余与北京、杭州、重庆等8个城市一起，入选全国首批节能减排财政政策综合示范城市。中央财政除支持节能减排和可再生能源发展的各项政策优先向示范城市倾斜外，将根据项目投资、地方投入和节能减排效果等因素对示范城市给予综合奖励。示范城市可以通过整合财政政策，加大资金投入，力争在低碳产业、绿色交通、建筑节能、发展现代服务业、环境质量改善、可再生能源利用等六方面取得节能减排的新突破，促进经济结构调整和经济发展方式转变。10月27日，《新余市节能减排财政政策实施方案》编制工作汇报会在北京召开，获财政部高度评价。新余市注册的新能源企业约70家，全行业从业人员达到3万余人，实现销售收入176亿元。全市新能源产业对工业经济的贡献率达25%左右。太阳能光热示范项目有75个，应用建筑面积约394万平方米，总投资预计1.6亿元。

【成立三个中国工程院院士工作站】

3月28日，新余钢铁集团有限公司院士工作站正式揭牌成立。新钢公司是继江铜之后江西省第二家挂牌的院士工作站企业。新钢院士工作站的正式成立，实现新余市院士工作站零的突破。此次首批签约进驻院士工作站3位院士是中国工程院副院长干勇和中国工程院院士王一德、王国栋，将与新钢公司合作，帮助企业解决技术难题、培育创新人才、促进研发成果转化和产业化，为新钢公司巩固江西钢铁产业的领头羊地位，实现新钢公司“十二五”规划目标提供有力的技术支撑。7月，获省科协批复同意，江西赛维LDK太阳能高科技有限公司院士工作站、力德风力发电(江西)有限责任公司院士工作站成立。至此，新余市在钢铁、新能源、新材料三大产业分别建有院士工作站。全省共建有企业院士工作站4个，其中3个落户新余。

【开展统筹城乡经济社会发展一体化试点】 编制完成经济发展战略规划，城市总体规划获得省政府批准。编制袁河生态新城控制性详规及概念规划，26个乡镇总体规划修编率达100%。以袁河生态新城、孔目江新城、毓秀山国际生态城、高铁新区、省职业教育园区为框架的“三城两区”建设取得显著成效。建成区面积达67平方千米，扩大3平方千米。城镇化率达63.58%，增加1.99个百分点。坚持用“改造老城区、建设生态新区、提升高新区”的理念加快中心城区建设。棚户区改造面积完成年度目标任务的168%，127个城建交通项目基本完成进度要求。启动全国生态文明城市创建活动，城市绿化覆盖率提高到52.67%，人均公园绿地面积提高到17.39平方米，被评为全省生态园林城市。

(邹澄洪)

主要领导人 市委书记:李安泽。市人大常委会主任:周建华。市长:魏旋君(任至12月)、刘 捷(12月代)。市政协主席:黄国钧。

·渝水区·

【简 况】 位于江西省中部偏西,新余市东部,辖6镇5乡5街道办事处。2011年,全区面积1120平方千米。辖区总人口66.61万人,人口自然增长率6.65‰。2011年,实现生产总值138亿元,按可比价格计算比2009年增长14%,其中第一产业21.7亿元、第二产业87.22亿元、第三产业29.08亿元,分别增长20.5%、49.6%、24.3%。全年实现规模工业销售收入250.8亿元,增长49.2%,规模工业增加值57.3亿元,增长27.8%。2010年全区播种面积5.27万公顷,主要粮食作物总产33.8万吨,新余蜜橘种植面积0.67万公顷,高产油茶种植面积0.17万公顷,生猪出栏50.3万头,肉类总产量5.3万吨,水产品总产量1.6万吨。全区实现外贸进出口总额1.6亿美元,其中出口1.5亿美元,增长47.3%。全年财政总收入24.3亿元,增长34%,其中地方财政收入15.6亿元,增长34.9%。城镇居民人均可支配收入19418元,增长14.9%。农民人均纯收入8901元,增长17.3%。2011年,渝水区获"全国休闲农业与乡村旅游示范县""2011年度全省固定资产投资增长先进县(市、区)""2011年度全省粮食先进县"等称号。

基础设施建设。全社会固定资产投资完成104.3亿元,增长31.7%。2011年全区104个重点项目完成投资36.4亿元,其中在建建设项目82个,新竣工投产项目22个,43个项目完成年度投资计划。全区实际引进内资92.5亿元,增长31%。全区实际利用外资8200万美元,增长42.8%。仙来新城核心区基础设施基本完成,10个棚改重点项目完成拆迁面积35万平方米,建成安置房31万平方米,投资1800万元推进城市社区办公楼标准化建设,59个集镇建设项目完成投资3.1亿元,136个新农村建设累计投入建设资金5860.3万元。

生态文明区建设。开展"生态文明建设年"活动,启动"全国生态文明区"创建。袁河水质达到国家地表水Ⅲ类标准,下村工业基地污水处理厂一期工程建成投入运行,渝水污水处理厂一期主体工程已经完工。全区造林、绿化面积3600公顷,全区森林覆盖率提高到45.8%。

社会事业全面推进。完成改造校舍新建改面积7288平方米,渝水六小征地拆迁工作全面完成。教育工作在省政府教育督导评估中位列全省第二名。科技创新能力和水平得到提高。开展"文化渝水建设年"活动。79个农家书屋达到省级建设标准,全年电影下乡1900场,送戏40余场。罗坊镇被评为"全国服务农民基层文化建设先进集体",并获"全国文明村镇"称号。公共卫生服务能力不断增强。全年免费为社区居民建立规范化电子健康档案57万份,家庭电子健康档案15万份,免费完成白内障患者手术130例、白血病7例、先天性心脏病96例。区人口计生局获"全国人口和计划生育系统先进集体"称号。率先在全省为贫困残疾人发生活补贴、资助三四级残疾人参加城乡居民养老保险。

【创建特色学校】 2011年,渝水区把特色学校创建活动当做素质教育的一项重要内容来抓。教育主管部门加强学校发展性特色项目的引领和指导,强化学校特色发展的有效性和针对性,鼓励学校沿着"项目特色——特色项目——学校特色——特色学校"这种由低到高的发展线路去实践探索,形成了"一校一特色、一校一品牌"的办学格局。2011年,全区共投入149万元,高标准建成物理实验室和化学实验室各18个,生物实验室13个,配有成套的实验仪器。共投入1000多万元,购置音乐、体育、美术器材,按要求配置到学校。共投入2351万元,装备信息技术教学。各中小学拥有计算机室78个、语音室53个、多媒体教室1058个,装备计算机3000余台。启动"班班通"工程,全区每位全职在岗教师每人配有1台笔记本电脑,多媒体投影设备安装到每个教室。全区涌现了一大批诗词校园、书画校园、民歌校园、绿色校园和文明校园,体育教育、艺术教育、科技教育异彩纷呈,学生绘画、书法、文艺作品在省市乃至全国比赛中屡获殊荣。渝水区获"2011年度江西省教育工作先进县(区)"称号。这是渝水区在2010年获"全国均衡教育先进县(区)"称号后推动教育高位均衡所取得的成果。

【加强教师队伍建设】 渝水区在教师队伍建设上,坚持"人尽其才"的原则。推行校长公开选拔制度,把素质高、业务精、善管理的优秀人才选拔到校长队伍中。2011年公开选拔两位区直属学校校长,10位优秀中层干部聘任为学校副校长。有计划地对校长进行业务培训,提高管理水平。近两年,共选派57名校长到北师大参加校长高级研修班学习,选派11名副校长到江苏挂职锻炼,选派8名校领导赴苏州跟班学习,组织40多名校长上山东、下广州、去福建考察学习。打破各级各类界限对校长队伍进行定期交流,带动弱势学校的发展。在教师队伍建设上,抓好师德师风整顿和建设,实施教师培训工程。先后有3000多人次参加了新课程培训、教科研培训、新上岗培训、骨干教师培训、多媒体教学培训等多种形式的学习培训,培训率达90%以上。实施农村支教制度、区域内的定期交流制度。推行教师全员聘任制,并面向社会招聘375名新教师充实到农村教师队伍中。

【建设文化强区】 健全公共文化服务体系。采取"政府主导,多元投入"的方式,加快建设区文化馆及图书馆,逐步完善区、镇、村三级公共文化设施网络。2011年投入1.2亿余元资金,在全区16个乡镇(街道办事处)兴建了群众文化休闲广场、农家书屋、村组(社区)文化活动室等基础设施。同时,依托企业、机关、学校等文化阵地和设施资源,推进文化资源整合共享。全区已拥有城乡文化广场101处、文化活动室165个、农家书屋146个。打造特色文化品牌。全区有固定的音乐、舞蹈、戏曲、美术、书法、摄影、文学等团体18个,健身团体20个,秧歌队16个,形成了众多的"一街一品""一社一品""一村一品""一企一品""一校一品"等特色民间文化组织。2010年,罗坊镇综合文化站被授予"全国服务农民服务基层文化建设先进集体"称号。少儿舞蹈节目《同桌的你》获"金色童年"一等奖。

【贫困学生资助实现全覆盖】 2011年,全区已资助贫困学生1210名,其中贫困大学生307名,确保了全区基础教育阶段没有一名学生因贫困而失学。渝水区每年还从区财政列专款50万元,在国家的助学政策之外,对全区贫困学生进行全覆盖资助。同时,2011年开始又将贫困学生上大学也纳入资助范围,对考上大学的贫困学生进行全覆盖资助,费用由政府买单,资助对象包括孤儿、贫困残疾学生、低保户家庭子女、父母残疾或丧失劳动能力的家庭子女、贫困单亲家庭子女、遭遇重大灾难家庭子女等6类人员。全区通过各种方式资助贫困学生3701名,资助经费达310余万元。

【农技推广网络实现"无缝对接"】 为解决农业科技转化为生产力问题,渝水区把农技推广作为助农增收的有效"引擎",构建特色高效的农技推广体系,实现了区、乡、村、户四级农技推广网络全覆盖。2011年,区投资1.5亿余元,设立乡(镇)农技推广站16个,科技进村服务站201个。形成了以区级农技推广总站为龙头,乡(镇)农技推广站为桥梁,科技示范基地为纽带,科技进村服务站为基础的农技推广网络。在乡(镇)农技站,信息查询、技术咨询、图书阅览等一应俱全,农民足不出站,就可查询现代农业生产所需的全部内容。居住偏远的农民可以通过网络视频或电话进行咨询。开通了农技"110"信息服务咨询热线,建立集农业部门门户网站、村级信息服务站、热线呼叫为一体的信息服务体系,并在全区挑选12名农牧系统的专家和管理人员组成农技"110"热线专家组,在每个工作日的上午9点到下午6点轮流值班,提供在线咨询。

【姚圩镇土地流转效益显现】 姚圩镇作为农业镇和全省劳务输出大镇,全镇有3万余人,其中农业劳动力1.5万余人,常年在外务工创业人员达1.33万人。全镇耕地面积2210.67公顷,山地面积1993.33公顷。镇已流转耕地1002公顷,山地流转面积737.07公顷。土地流转产生的效益逐步显现,农业机械化率高达80%,涌现出一大批种植能手、种粮大户,出现了万亩新余蜜橘、五千亩莲藕、千亩有机稻等一批特色农业产业。

【蒋国珍获全国道德模范提名奖】 2011年,由中央宣传部、中央文明办、解放军总政治部、中华全国总工会、共青团中央、全国妇联六部门联合开展的第三届全国道德模范评选揭晓,渝水区罗坊镇六元小学离休教师蒋国珍获全国道德模范提名奖。30多年来,蒋国珍一直倾其所有、默默无私地资助学生,资金逾20万元,超过其工资的总额。入党14年来,蒋国珍时时处处严格要求自己,他先后获得"全国老干部先进个人""全国优秀共产党员"等多种荣誉称号,入选"中国好人榜"。

(张小仁)

主要领导人 区委书记:邹永清。区人大常委会主任:朱晚雅(任至8月)、周梅生(8月任)。区长:徐文泊。区政协主席:陶文彦(任至8月)、周平根(8月任)。

·分宜县·

【简　况】 位于赣西中部,辖6镇4乡。行政区域面积为1391.76平方千米,森林覆盖率为60.3%。年末实有耕地面积1.67万公顷。总人口33.06万人,非农村人口8.26万人,人口自然增长率为6.54‰。是"中国夏布之乡"。2011年全县生产总值为130.22亿元,按可比价格计算增长13%。其中,第一产业增加值14.02亿元,增长4.6%;第二产业增加值84.05亿元元,增长16%;第三产业增加值32.15亿元,增长8.6%。全年工业增加值74.39亿元,增长17.8%。规模以上工业企业产品有原煤130.23万吨、水泥173.94万吨、发电量24.24亿千瓦小时,驱动桥9814台、钨精矿726吨。主要农产品有粮食13.55万吨、苎麻3315吨、水产品产量1.32万吨、水果4895吨。城镇居民人均可支配收入17523元,增长13.6%。农民人均纯收入8629元,增长19.1%。城乡居民年末储蓄余额45.69亿元,比年初增加6.37亿元。

财政收入增长。2011年,全县财政总收入完成24.7亿元,增长35.7%,列全省第八位。全县11个乡、镇、园区财政收入超过3亿元的达4个。地方财政一般预算收入完成15.81亿元,增长35.5%。完成税收20.5亿元,增长36.2%。财政总收入占生产总值的比重为19%,提高1个百分点。税收占财政总收入的比重为83.1%。地方财政一般预算支出22.4亿元,增长25.7%。其中,教育支出增长55.6%,交通运输支出增长97.05%,住房保障支出增长16.3%。

城乡社会保障体系完善。围绕县委、县政府确立的"坚定不移保障和改善民生,让城乡居民共享改革发展成果,不断提高人民群众幸福指数"目标,坚持"广覆盖、保基本、多层次、可持续"的方针,加快建立覆盖城乡的社会保障体系。新建县人民医院门诊大楼和住院大楼、县中医院医技大楼、县妇幼保健大楼,完成乡镇卫生院扩建工程,完成153所村卫生室标准化建设。试行失地农民养老保险,率先在全省推行农村低保和新型农村合作医疗制度。发放低保救助金8961万元、农村五保供养金1048万元、城乡困难群众大病医疗救助金2028万元、新型农村合作医疗补助8998万元,支付养老金3.5亿元。全面启动城乡80岁以上老人高龄补贴制度。农村"五保"对象集中供养率达80%。投资1.1亿元建设经济适应房816套、廉租住房1429套和安置房240套,棚户区改造346户,给1656户发放廉租住房租赁补贴436万元。

教育事业优先发展。新建的分宜六中,在全省率先实施"初中进城"工程。改造了农村中心学校。获"全省义务教育均衡发展示范县"称号。

城乡基础建设投入加大。新建县级体育中心、文化中心、广电中心、市民广场、城区公园、休闲场所等一大批民生工程。实施"创业富民、就业惠民"工程,搭建覆盖城乡的公共就业服务体育和公共就业信息平台。2011年,全县城镇新增就业人员5410人,完成全年计划任务的128.8%;农村富余劳动力实现转移就业5355人,完成全年目标任务153%;下岗失业人员实现再就业1614人,完成全年目标任务102.1%,其中就业困难人员955

人，完成全年目标任务272.9%；安置零就业家庭8户8人，安置率为100%。

【打造宜居园林县城】 分宜县坚持“生态立县，绿色发展”的发展战略，在城市建设规划中，突出生态园林特色，注重园林建设景观功能和生态功能。通过规划建绿、依湖造绿、见缝插绿、拆墙透绿等多种途径，有机地将林荫道路、街心花园、生态公园、绿色广场、休闲游园、园林庭院小区融为一体，并构建起布局合理、功能明确、规模适中、特色鲜明的城市公园体系。2011年底，城区已拥有钤山公园、东湖公园、松湖公园、府前公园、青山公园及二处街心花园、汽车站小公园等多处大中小公园，庄岗岭公园、万年湖公园正在建设中，城区人均绿地面积达12.81平方米。实施道路绿化和道路增补乔木工程。先后建成天工大道、江锂大道、外环路、站前北路、洪阳北路、丹桂路等一批景观大道和林荫路，营造“一街一树、一路一景”的景观格局。推进老城区改造和城东新区建设。重点开展路网延伸、引水进城、园林改造、美化亮化、集贸市场、污水垃圾处理、住房保障、社会事业等工程建设。完成澳鑫大酒店、永康时代城、钤景星城、东湖花城、矿建安置区等棚户区改造项目，兴建市民广场、体育中心、文化中心、广电中心等一批标志性建筑。2011年底，获“江西省省级园林县城”称号。

【史志工作成绩斐然】 2011年，召开新中国成立以来首次全县党史工作会议，增加党史专项经费8万元，并列为每年的政府财政预算。与县委办联合发行《中国共产党历史》第一卷、《中国共产党历史》第二卷、《中国共产党党史知识读本》《中国共产党历史简明读本》，发放《新余革命史简明读物》，编写并发放分宜县苏区斗争普及资料《血染的丰碑》5000册。召开党史知识宣讲报告会30场。编纂出版《分宜年鉴》(2011卷)、《分宜县人民代表大会实录》(第二卷)，全面启动7部分宜县古代县志的整理汇编工作。编纂出版《分宜县交通志》《分宜县城乡建设志》《分宜县财政志》《分宜县水利志》《分宜县粮食志》《分宜县房产志》《分宜县农业志》《分宜县审计志》。2011年，分别被省委党史研究室、省地方志办公室评为先进集体。

（林禾耿 许丽军）

主要领导人 县委书记：姚灵目。县人大常委会主任：张学武。县长：姚灵目(任至6月)、刘 琼(6月任)。县政协主席：孙用万(任至6月)、朱运书(6月任)。

鹰潭市

【概 况】 位于江西省东北部，辖1市1县1区20镇13乡9个街道办事处。总面积3560平方千米，其中市区建成区面积63平方千米，中心城区建成区面积30.5平方千米。耕地面积6.73万公顷，林地面积20.19万公顷，森林覆盖率57.38%，城区绿地面积1031.28公顷。总人口113.4万人，其中市区21.58万人，人口自然增长率7.46‰，城市化率49.44%。2011年，生产总值426.7亿元，按可比价格计算，同比增长12.3%，人均生产总值3.76万元。其中：第一产业增加值38.14亿元，增长4.3%；第二产业增加值276.17亿元，增长13.1%；第三产业增加值112.39亿元，增长11.6%。财政总收入71.1亿元，增长28.9%，其中地方财政收入38.8亿元，增长31.6%。贵溪市财政收入突破30亿元，余江县、鹰潭高新技术产业园区财政收入突破10亿元，县级财政收入占全市财政收入85.6%，8个乡镇财政收入过亿元。财政收入占生产总值的比重达16.66%，税收占财政收入的比重达90.2%。工业总产值1558.59亿元。工业主要产品产量，精炼铜94.04万吨，增长4.3%；钢材2.23万吨，增长942.8%；黄金2.54吨，增长15.6%；火力发电量3.2亿千瓦小时，减少8.1%；化肥14.17万吨，减少2.6%。农牧渔业总产值60.76亿元，粮食65.47万吨，增长2.3%，其中：稻谷63.46万吨，增长2.0%；油料2.23万吨，增长17.2%；蔬菜19.35万吨，增长4.4%；肉类12.22万吨，增长2.8%；水产品4.58万吨，增长4.7%。全社会固定资产投资336亿元，增长30%。社会消费品零售总额103.3亿元，增长17.5%。城镇居民人均可支配收入1.75万元，增长12.2%。农民人均纯收入7623元，增长22%。居民储蓄存款余额192.16亿元，增长12.3%。鹰潭高新技术产业园区被评为“全省先进工业园区”和“省级生态工业园区”。铜合金新材料、节能照明、汽摩配、硫磷化工等4个产业基地被列入省级产业基地。

产业发展提速增效。以铜产业为主导的第二产业增势强劲，主营业务收入1818亿元，增长48.7%。全市工业园区实现主营业务收入686.7亿元，增长40.2%。贵溪、余江再生资源回收利用基地被列入国家区域性再生资源回收利用基地。旅游物流快速发展，全年接待国内外游客880.3万人次，增长31.1%；实现旅游总收入60亿元，增长33.5%；物流产业实现营业收入71亿元，增长29%；上缴税收3.1亿元，增长28.4%。

城乡建设加速推进。全市在建项目482个，总投资498亿元，完成投资277亿元。强化项目用地保障，报批土地733.33万平方米，重大项目用地指标同比增加40%。信江新区建设步伐加快，信江大桥、龙虎山大桥竣工通车，信江路网工程快速推进，“三纵三横”路网基本成型，“一江两岸”鹰南收费站、林荫东路综合升级改造等项目有序推进。中心城区新增绿化面积100万平方米。投入9600万元，高标准建成292个新农村示范点。投入3亿元，完成中潢圩堤防渗应急处理、12座小(一)型病险水库除险加固、余江小农水重点县建设等一批重点水利项目；新建、改造农村公路351千米。深入实施造林绿化“一大四小”工程，完成造林面积5446.67公顷。

招商引资态势喜人。招商区域向境外、大企业转变。台湾连展科技、香港人和集团、香港四洲集团、日本同和、亚洲香精香料行业龙头华宝国际、国内鞋业龙头金帝集团等一批大企业落户鹰潭；招商产品由低端向高端延伸。水晶光电、大华集团高精密铜板铜棒、同人电子蓝宝石衬底材料等高新技术项目有序推进。全市引进省外5000万元以上项目实际进资143.6

亿元,增长30.5%。实际利用外资1.45亿美元,增长21.4%,增幅列全省第一。外贸进出口43.8亿美元,总量列全省第二;其中,外贸出口6.1亿美元,增长68.2%。鹰潭市荣获2011年度全省开放型经济发展综合奖。

改善民生成效显著。投入13.6亿元,全面和超额完成省政府下达的各项民生指标。全市新增城镇就业2.55万人,新增转移农村劳动力2万人,城镇就业率达96.5%,发放小额担保贷款2.4亿元。实现城镇职工、居民基本医疗保险和新农合全覆盖,新农保参保人数49.8万人,参保率达77.9%。安排3300万元资金,为30万城镇医保参保人员免费健康体检。发放城乡低保资金9205万元,城乡低保人均月补差水平分别达220.19元和94.48元。为386名白内障患者、唇腭裂患者、白血病、先天性心脏病患儿实行免费救治,为145名困难尿毒症患者实施免费血透救治。全市新开工建设保障性安居工程1.17万套,发放租赁补贴4700户。解决农村7.6万人饮水安全问题。投入3.4亿元,基本完成贵溪冶炼厂周边三个村庄整体搬迁工程,搬迁村民558户、1651人。

社会事业协调发展。扎实推进科技创新"六个一"工程,鹰潭市连续六届被评为"全国科技进步先进市"。创建国家高新技术产业园区工作取得阶段性成效。教育事业整体推进,新建、改建校舍5万平方米,拆除中小学D级危房11.2万平方米,鹰潭一中新校区建设进展顺利。承办江西省首届畲族文化艺术节。群众文化生活丰富多彩,建成150个农家书屋、17个乡镇综合文化站、11个社区文化中心(室)和124个广播电视"村村通"工程。医药卫生体制改革扎实推进,全市乡镇卫生院和社区卫生服务中心实现国家基本药物制度全覆盖,市人民医院和市中医院新门诊大楼建成使用。非工口七个系统国企改革全面完成,安置职工1.2万人。

【江西省首届畲族文化艺术节在贵溪举行】 4月26~27日,由省民族宗教事务局、省文化厅、鹰潭市政府主办,贵溪市政府承办的江西省首届畲族文化艺术节在贵溪市举行。本届畲族文化艺术节以"共同团结奋斗,共同繁荣发展"为宗旨,致力于挖掘和展示少数民族优秀文化遗产,按照"突出民族性、坚持群众性、倡导多样性、体现时代性、兼顾专业性"的总体要求组织编排节目。主要活动包括迎宾礼、开幕式、摄影书法展及民俗展、畲族山歌赛、畲家宴、闭幕式、民族大联欢七项内容。

【海峡两岸道教文化论坛在龙虎山举行】 11月6日,第五届海峡两岸(鹰潭·龙虎山)道教文化论坛启动仪式在龙虎山游客服务中心道学堂举行。本届道教文化论坛以"同源、传承、和谐、发展"为主题,由省台湾事务办公室、省民族宗教事务局、鹰潭市政府主办。两岸知名人士、高道大德、专家学者200余人欢聚一堂,畅谈海峡两岸道教的历史渊源与发展进程,共话中华传统文化的博大与精深,共谋海峡两岸的合作与发展。海峡两岸学者、知名人士及道教专家围绕"道文化的研究与应用""道文化与现代社会""道文化与养生""道文化与企业经营和经济发展"等方面内容,进行学术交流。

【战略性新兴产业异军突起】 2011年,出台战略性新兴产业发展规划,依托本地现有产业基础,全力推进水工、节能照明、生物医药等产业基地建设。投资1.5亿元的三川水工产业园开工建设,家电巨头美的集团投资5亿元在鹰潭建设节能照明基地,弘能管材、三川-埃尔斯特工业水表、博纳硅电子等一批大项目先后落户鹰潭,全市新落户投资过5000万元的大项目中,战略性新兴产业项目占四成以上。全市初步形成包括水表、泵阀、管材、水暖卫浴等产品在内的水工产业集群;节能灯管年产量突破两亿支,成为全国重要的节能照明产业基地。

【滨江公园二期工程竣工】 8月,鹰潭市滨江公园二期工程竣工。工程是鹰潭市为融入鄱阳湖生态经济区,打造绿色生态宜居城市而实施的一项重大民生工程、民心工程,对提升城市品质、居民生活舒适度,具有十分重要的意义。工程西连鹰潭公园,东接沿江景观一期,面积约23万平方米,投资9500万元。沿岸线全长约2.7千米。公园分滨水活动区、游览区、绿地休闲区和湿地生态区四个主题区域,集文化、生态、休闲等现代风格于一体。建成后的滨江公园,与鹰潭公园、东湖公园、梅园公园相连,形成"一江两岸、一带三园"十里景观,成为一道靓丽的城市风景线。

(王新勤)

主要领导人 市委书记:杨宪萍(任至8月)、陈兴超(8月任)。市人大常委会主任:邵奇生(任至9月)、杜德春(9月任)。市长:钟志生。市政协主席:潘赞海。

·月湖区·

【简　况】 位于江西省东北部、信江中游,辖1镇5街道,总面积107.4平方千米。耕地面积1253公顷,有林面积2200公顷,森林覆盖率21.6%。总人口17.67万人,其中:非农业人员14.14万人,人口自然增长率5.85‰。2011年,实现生产总值62亿元,同比增长16.5%。其中:第一产业增加值1.8亿元,增长1.9%;第二产业增加值12亿元,增长16%;第三产业增加值48.2亿元,增长18.1%;工业增加值8.2亿元,增长13%。财政总收入5.76亿元,增长15.1%,地方财政收入完成4.11亿元,增长12.2%;地方财政支出4.93亿元。全年实际利用省外资金11.6亿元,招商引资签订合同项目16个,合同利用内资34亿元,实际进资13亿元,新办外资项目3个,实际利用外资1000万美元,外资出口1300万美元,引进楼宇经济企业21家,新增物流企业16家,新增货运吨位8000吨,实现货运收入20.1亿元。农业总产值2.46亿元。粮食总产量1.39万吨。生猪出栏3.85万头,瓜果375吨,水产品产量2500吨。农村居民人均纯收入8407元;增加19.3%;城乡居民年末储蓄余额82.78亿元,增长10%。城镇新增就业员6500人;新农保参保3.85万人,发放养老金500万元;免费救治白血病患者4人,先天性心脏病患者26人,尿毒症患者16人;5.58万人参加新型农村合作医疗,参合率达97.2%。

【小街巷改造卓有成效】 2011年,全区集中资金和精力,启动杏南片区、高桥社区、赵家弄社区小街小巷的综合改造工程。改造的主要任务是铺设沥青路面,改进下水道、人行道、清掏和改造粪池,修建小广场,铺设电缆、安装高杆灯等工程。集中两个月时间完成改造17条路基的沥青铺设,开挖土方1万平方米,埋设下水管8513.5米,铺砌路沿石2701米,铺设吸水砖6893.6平方米,修建各种窨井1262座,化粪池清掏760个、下埋路灯电线7500米,安装路灯230盏,新种树木100余株,移植50株,铺种草皮180平方米,改造社区、广场各1个,粉刷墙面440.35平方米。

【有序推进童家示范镇建设】 2011年,童家省级示范镇建设列入全市重点工程,在示范镇规划编制、土地运作、招商引资、基础设施建设等方面提供优惠政策。累计投入资金1.4亿元,完成童家示范镇总体规划编制。征地192.06万平方米,报批58.87万平方米,挂牌成交土地13.21万平方米。三条主干道、自来水主管网及安置区建设进展顺利,教育园区正式开工,220千伏高压线迁移完成设计,安置小区基础工程和安置小区公寓房开工建设,童家镇政府办公楼、月湖区行政服务中心准备动工。与全国500强上海绿地集团签订战略合作框架协议,奠定加速推进童家示范镇建设的资金和技术基础。

【获全国科技进步先进县(市、区)称号】 2011年,月湖区被国家科技部评为2009~2010年度全国科技进步先进县(市、区)。全区高度重视科技工作,把科技和人才工作纳入重要议事日程,制定落实科技进步政策措施,建立健全科技进步目标责任制,加强科技部门建设,加大科技投入,促进科技成果的推广应用和高新技术产业化进程。建立多元化科技投入机制,设立科技发展基金和科技风险投资基金,其间用科技三项经费支持科技计划项目26项,支持民营科技企业17家,开发高新技术产品3个,推广科技成果7项。推进科技创新服务,积极推动"产、学、研"相结合,区属企业与大专院校、科研所签订技术开发、科技服务合同22个,年技术市场成交合同金额1.41亿元。开展全区性、群众性科普活动,建立健全区、街道办、社区居委会三级科普组织网络。加大信息化力度,投入600多万元,建立覆盖全区所有社区的综合管理信息系统;成立月湖区政府信息中心,升级政府网站,推行网上政务公开;组建鹰潭农事通月湖服务中心,建成夏埠、童家两家基层网站,建成新茂牧业、月湖水产、小英葡萄三个农业专业网站,充分发挥科技信息网络的科技信息交流、传递的平台作用。

【鹰潭市中医院医疗综合楼竣工】 2011年,鹰潭市中医院医疗综合楼竣工。医疗综合楼工程占地1333.32平方米,总建筑面积9214平方米,地下一层,地上10层。工程总投资1600万元,其中中央预算内投资1100万元。综合楼的建成,缓解了群众看病难。

(雷荷莲)

主要领导人 区委书记:乐文红。区人大常委会主任:卢力新。区长:乐文红(任至6月)、刘军生(6月任)。区政协主席:桂细荣(任至8月)、欧阳宝(8月任)。

·余江县·

【简　况】 位于江西省东北部,辖5乡6镇,总面积932.8平方千米,其中城区面积7平方千米。耕地面积2.36万公顷,有林面积3.9万公顷。总人口37.93万人,其中非农业人口8.24万人。2011年,实现生产总值60.1亿元,同比增长13.6%。其中:第一产业增加值19.7亿元,增长8.8%;第二产业30亿元,增长23.5%;第三产业10.4亿元,增长1.1%。财政总收入10.67亿元,增长18.5%,税收占财政收入的比重达91%;地方财政收入5.6亿元,增长19%;地方财政支出14.46亿元,增长10.8%。工业总产值136亿元,增长54.5%;规模以上工业增加值19.75亿元,增长42.9%。外贸出口10037万美元,增长107.2%。固定资产投资45.6亿元,增长30.2%。主要工业产品铜材17.3万吨,服装224万件,钢材8436吨,电光源1.40亿只,眼镜成镜3573万副。农业总产值32.7亿元,增长8.4%,粮食总产量24.7万吨。主要农产品稻谷24.1万吨,油菜籽4091吨,黄红麻48吨,花生9729吨,甘蔗18963吨。万元GDP能耗1.11吨标煤,城市污水处理率70%。城镇居民人均可支配收入9600元,增长12%;农民人均纯收入7132元,增长27.5%。

农业基础得到夯实。投资1.47亿元,组织实施18座小型病险水库除险加固工程;投资2000万元,新建高标准粮田713.33公顷;投资600万元,实施潢溪、洪湖新增千亿斤粮工程;投资1500万元,对因灾损毁耕地进行复垦整理,恢复面积340公顷;投资2940万元,整理基本农田1266.67公顷,新增造地110.66公顷;投放1892万元,建设81个新农村建设点;投入1100万元,对鹰南大道、鹰西大道沿线居民点进行标准化改造;完成造林绿化1766.67公顷。

改革进程不断加快。全年引进投资5000万元以上项目17个,实际进资33.04亿元,增长37.7%;利用外资3646万美元,增长30%;金泰新能源、江西同和等一大批重大项目成功落户,成为推动产业集聚发展的生力军;总部经济、楼宇经济、物流经济发展势头迅猛,全县引进总部经济企业85家,物流企业90家,累计实现税收9300万元,增长61.3%;外贸出口形势喜人,新增外贸出口企业10家,外贸出口创汇7260万美元,增长50%;高新技术、轻工产品出口创汇分别增长13.4%、29.2%。争资引项成效显著,全年争取国家、省级项目130个,争取上级资金2.6亿元。

民生保障取得新突破。全面完成非工口七大系统国有企业改革,刘家站垦殖场改制工作基本完成;全年新增城镇就业人员6880人,新增转移农村劳动力7790人,零就业家庭就业安置率100%,发放小额担保贷款3224万元;全县参加城镇企业基本养老保险2.89万人,全年发放养老金1.13亿元;新型城乡居民社会养老保险参保人数13.27万人,为3.4万名60周岁以上老年人发放养老金122万元;新农合参合率97%,城镇居民参保人数8.55万人;免费为白内障、唇腭裂患者和白血病、先天性心脏病患儿、启动尿毒症患者免费血液透析治疗，为2万例35～59岁农村妇女进行免费宫颈癌检查；759户城乡低收入家庭获廉租住房，828户低收入住房困难家庭获房屋租赁补贴，改造101户1万平方米棚户区住房；新建4个乡镇客运站，塔洲大桥全面通车，潢溪大桥、张公桥大桥主体完工。锦江等3个乡镇被评为省级生态乡镇，高公寨等3个村被评为省级生态村。

社会事业得到新发展。实施市级以上各类科技项目18项，获专利授权55项，列全省第七位；顺利通过省政府教育督导评估，投资1285万元，改造中小学危房1.28万平方米；高规格承办全国青年女子篮球、"七城会"女子篮球等国家级赛事；新建锦江、马荃、黄庄等5个乡镇综合文化站和60家农家书屋；农村基本公共卫生服务均等化项目扎实推进，居民电子健康档案建档率超过50%，乡镇卫生院全部实施基本药物目录制度，药品实行零利润销售，投资2458万元的县人民医院综合大楼竣工并投入使用，农村卫生院改扩建基本结束。

自觉接受人大的法律监督和政协的民主监督，办理人大代表建议44件、政协委员会提案103件。深化行政审批制度改革，房地产税费一体化征收顺利推行，行政审批"两集中、两到位"运转良好，网上审批和电子监察系统有序运行。县公共资源交易中心交易112项，成交金额8.4亿元。

【小城镇发展势头强劲】 2011年，全县启动《县城总体规划（2010～2030）》修编，完成中童等6个乡镇的集镇规划。随着县城东拓步伐加快，小城镇发展势头强劲，锦江等一批中心城镇地位进一步加强，潢溪、马荃镇政府大楼全面竣工，黄庄乡被评为第三批全国文明村镇。全县11个乡镇财政收入全部超过千万元，其中画桥等7个乡镇财政收入超过2000万元，洪湖、等5个乡镇财政收入超过5000万元，中童等3个乡镇财政收入超过亿元。

【农村饮水安全获全省"十大最受网民欢迎的县域民生工程"】 2011年，全县狠抓农村饮水安全工程建设项目，投入4140万元，实施邓埠、锦江、中童等7处农村饮水安全集中供水工程，工程进展顺利。12月，该工程被评为2011年度"全省十大最受网民欢迎的县域民生工程"。

（宁新明）

主要领导人 县委书记：刘　诚。县人大常委会主任：宋平先（任至6月）、杨小明（8月任）。县长：程芦山（任至6月）、孙　鑫（8月任）。县政协主席：谭建新。

·贵溪市·

【简　况】 位于江西省东北部，辖18个乡镇、3个街道办事处、7个林垦园艺场，总面积2480平方千米，其中市区面积22.3平方千米。耕地面积3.35万公顷，森林面积14万公顷，森林覆盖率62.6%。全市总人口61.15万人，其中城区人口10.20万人，人口自然增长率7.06‰。2011年，实现生产总值250.57亿元，增长10.5%。其中：第一产业增加值15.5亿元，增长0.2%；第二产业增加值18.75亿元，增长9.7%；第三产业增加值47.56亿元，增长18.1%。规模以上工业总产值1111.37亿元，增长29.6%，其中铜产业完成主营业务收入1440亿元，增长32.6%。主要工业产品有精炼铜、农药、化肥、节能灯光源、水泥等。农业连续8年实现增收，完成果业面积8000公顷，蔬菜种植面积7533.33公顷，水产苗种繁育5亿尾。农林牧渔业总产值23.61亿元，增长3.2%。主要农产品有稻谷33.95万吨、蔬菜11.28万吨、水果2.58万吨、油料0.64万吨，禽蛋0.74万吨，水产品2.3万吨。财政总收入30.1亿元，增长13.5%，财政总收入位列全省前4位。地方财政收入15.94亿元，增长26.4%，地方财政收入占财政总收入的比重上升，达52.96%。全社会固定资产投资完成201.5亿元，增长30%；社会消费品零售总额36.01亿元，增长17.5%。城镇在岗职工年平均工资2.76万元，增长11.6%。城镇居民人均可支配收入1.75万元，增长12.2%；农民人均纯收入7714.5元，增长16.9%。城乡居民储蓄存款70.59亿元。

【获"中国最具海外影响力"城市称号】 1月19日，《大公报》主办的"中国最具海外影响力"市（县区）、镇（乡村）评选活动在香港举行颁奖典礼。贵溪以"世界铜都、千年道源、节能灯谷"荣获此项殊荣。

【世行副行长一行到贵溪考察贷款项目】 3月17日，世界银行常务副行长斯莉·穆尔雅妮·英德拉瓦蒂女士一行到贵溪市，实地考察世行贷款项目建设情况。斯莉·穆尔雅妮·英德拉瓦蒂一行来到雷溪乡，考察江西综合农业现代化项目贵溪基地西溪渠灌区改造项目，向当地菜农了解蔬菜合作社的生产经营、带领农户脱贫致富情况和灌区农民用水协会运行情况。贵溪市世行贷款项目包括农田水利灌溉、农田生产和市场体系建设三个部分，从2005年1月开始实施，至2010年6月总体目标基本完成，项目完成总投资3359万元，由世行贷款2224万元，国内配套资金1135万。

【胡生贵入围中国好人榜】 8月22日，罗河镇72岁退休教师胡生贵，不顾自身腿脚不便，跳入河中救人，在拼尽全力救出落水少年后，因体力不支沉入水中，英勇牺牲。鹰潭市及贵溪市委、市政府分别下发《向胡生贵同志学习的决定》。胡贵生被评为鹰潭市"见义勇为先进个人"，入选10月份"中国好人榜"。

【电影《大天地》在贵溪开拍】 3月28日，中国首部反映畲族文化的电影《大天地》在贵溪开机拍摄。影片《大天地》以当代新农村建设为背景，通过贵溪市樟坪畲族乡复转军人雷伍建、大学生村官林涵和山村百姓一起，在招商引资、开发文化旅游、建设新山村的事业中发生的妙趣横生、生动感人的生活情感故事，反映新农村欣欣向荣的景象，展现江西秀美山川和畲族文化。影片由著名电影表演艺术家田华担任艺术顾问，著名电影表演艺术家陶玉玲出演畲族老奶奶。

【中央媒体聚焦贵溪经济发展】 5月11日，《工人日报》《农民日报》《科技日报》《金融时报》《中国青年报》等8家中央新闻媒体组成采访团到贵溪市，就经济和社会发展情况进行采访。采访团一行深入贵溪市工业园区，实地察看了江西美的贵雅照明公司和江西凯安铜业有限公司，对贵溪市企业运行情况进行全面深入的了解，并先后作报道。

【贵溪九银村镇银行开业】 12月28日，贵溪九银村镇银行开业。九银村镇银行由中国银监会江西省监管局批准，九江银行作为主发起行，联合鹰潭、贵溪当地企业，共同出资成立的独立法人银行机构，是鹰潭市首家村镇银行。为鹰潭市及周边市（县、区）“三农”和中小企业服务，以推动鹰潭市及贵溪市经济社会建设、扶持中小企业发展、服务新农村建设为宗旨，建立完善的风险控制体系，依托股东优势和人才优势，为客户提供一体化融资服务。

【电超市在贵溪开通营业】 2月11日，数字鹰潭建设三大示范性工程之一，利安社区电超市正式开通营业。电超市开通营业，居民可以方便、快捷地办理话费缴纳，订购飞机票、火车票、汽车票，缴纳水电费等业务，陆续实现彩票销售、预约挂号就诊、旅游门票预订、农资配送等多项电子商务服务，并即时打印正规发票。2011年，全市新建农村利安社区电超市212家，改造信息化农家店95家。

【“龙兴铺”跻身“中华老字号”】 2011年，贵溪龙兴铺灯芯糕有限责任公司被国家商务部认定为“中华老字号”企业，成为鹰潭市第一家“中华老字号”企业。“龙兴铺”灯芯糕明朝末年就已问世，几百年来经数代人的继承挖掘，已成为家喻户晓的具有深厚文化底蕴和浓郁地方特色的糕点品牌。

（裘爱兰）

主要领导人 市委书记：王家林（任至1月）、杨解生（1月任）。市人大常委会主任：李赛白（代任至9月）、杨解生（9月任）。市长：杨解生（任至9月）、程芦山（9月任）。市政协主席：简四涛（任至8月）、祝晓勤（8月任）。

赣州市

【概　况】 位于江西省南部，赣江上游，辖1区2市15县145乡138镇7街道办事处，总面积3.94万平方千米，城市建成区面积336.5平方千米。耕地面积43.76万公顷，有林面积274.52万公顷，森林覆盖率76.2%，中心城区建成区绿化覆盖率45.08%，人均公园绿地面积12.18平方米。总人口918.26万人，其中非农业人口188.67万人。人口自然增长率7.52‰，下降0.26个千分点。2011年，实现生产总值1335.98亿元，同比增长12.5%。其中：第一产业232.70亿元，增长4.0%；第二产业631.16亿元，增长16.1%；第三产业472.13亿元，增长12.4%。三次产业结构调整至17.4∶47.2∶35.4。财政总收入180.32亿元，增长40.5%；地方财政收入110.05亿元，增长39.3%；人均财政总收入2145元；全市财政一般预算支出311.68亿元，增长30.0%。全部工业增加值548.43亿元，增长18.0%。规模以上工业企业完成增加值430.35亿元，增长18.7%。货物进出口总额29.23亿美元，增长79.3%。其中货物出口2.52亿美元，增长92.5%；货物进口40.04亿美元，增长25.2%。全社会固定资产投资1000亿元，增长28.0%。其中500万元以上项目固定资产投资819.55亿元，增长28.1%；城镇投资796.65亿元，增长31.4%。实际利用外商投资9.29亿美元，增长11.1%。实际使用内资306.96亿元，增长30.5%。主要工业产品有原煤52.68万吨，塑料制品6.67万吨，发电量47.22亿千瓦小时，水泥1067.04万吨，10种有色金属1.62万吨。农林牧渔总产值375.09亿元，增长4.0%。主要农产品有粮食278.54万吨，油料9.97万吨，水果176.14万吨，肉类总产量61.41万吨，水产品25.33万吨。农村居民人均纯收入4682元，增长12.0%。城市（章贡区）居民人均可支配收入1.61万元，增长13.06%。城镇单位在岗职工平均工资2.66万元，增长12.67%。城乡居民年末储蓄余额1100.38亿元，增长21.2%。

【赣南苏区振兴发展宣传有声有色】 为庆祝中国共产党成立90周年和纪念中央革命根据地创建暨中华苏维埃共和国成立80周年，6月26日，由省委宣传部、省委组织部、中国国家博物馆、赣州市委联合举办的《发扬革命传统争取更大光荣——中央苏区革命传统主题展览》，在北京中国国家博物馆隆重开展。展览通过大量珍贵历史图片、历史文物和图表、雕塑、油画、场景复制等多种表现形式，生动反映1929年1月至1934年10月，以毛泽东为代表的中国共产党人在以江西瑞金为中心的赣南、闽西，开辟中央革命根据地，成立中华苏维埃共和国临时中央政府，开展艰苦卓绝革命斗争的波澜壮阔的光辉历史。展览期间，中央领导，近百位将军、部长，老红军后代，当年挖红井的部队，全国劳模，少数民族代表，60多个中央和国家机关的干部，首都及全国各地观众都前往参观。6月29日至7月3日，主题展览在南昌同时举行。11月4日，纪念中央革命根据地创建暨中华苏维埃共和国成立80周年座谈会在北京召开。会上，中共中央政治局常委、国家副主席、中央军委副主席习近平发表重要讲话，明确指出：“我们要始终大力弘扬苏区精神。”并概括了苏区精神的基本内涵。中共中央政治局委员、中央书记处书记、中组部部长李源潮主持座谈会；中共中央政治局委员、中央书记处书记、中宣部部长刘云山，中共中央政治局委员、中央军委副主席徐才厚，全国人大常委会副委员长李建国，国务委员、中央军委委员、国防部部长梁光烈，全国政协副主席陈奎元，中央军委委员李继耐出席座谈会。中直机关、军队、有关部门和人民团体负责人，江西、福建、广东省委有关领导以及老红军、老人代表、部分专家学者、江西省有关部门负责同志300人出席座谈会。江西省委书记苏荣在座谈会上发言。11月7日，纪念中央革命根据地创建暨中华苏维埃共和国成立80周年大会在瑞金市沙洲坝中华苏维埃共和国临时中央政府大礼堂举行。12月14日，中共赣州市委、赣州市人民政府、赣州军分区在宁都县召开宁都起义80周年纪念大会。

随着中央革命根据地创建暨中华苏维埃共和国成立80周年系列纪念活动的开展，中央、省主流媒体聚焦赣州，全市各界掀起追忆苏区时期红色岁月，传颂苏区干部感人事迹，弘扬苏区精神，促进苏区振兴发展的热潮。市委、市政府组织开展赣南苏区经济社会发展情况调查研究，代拟加快赣南苏区振兴发展政策意见（初稿），积极与国家发改委等30多个中央、国家部委汇报对接，并向中央争取到“两红”人员优抚补助和土坯房改造等资金13.17亿元列入财政基数。

【“三送服务”卓有成效】 2011年，赣州市从市、县、乡三级选派2.37万名干部，组建19个工作团、4646个工作组，深入全市18个县（市、区）、赣州开发区、290个乡镇（街道）、3751个村（社区）和895家规模以上非公有制企业开展“送政策、送温暖、送服务”工作。为群众办好事实事23.77万件，送帮扶慰问资金2.07亿元，争取项目扶助资金7.75亿元，收集群众诉求、意见24.06万条，协调处理矛盾纠纷4.85万件，受理信访案件6881件，解决信访件6255件，取得“干部受教育、群众得实惠、社会更和谐”的成效，受到全市广大基层干部和人民群众的普遍赞誉。中共中央政治局委员、中央书记处书记、中央组织部部长李源潮评价赣州“三送”工作是密切联系群众，关心群众生活，注意工作方法的创造性实践。并作出重要批示：“江西赣州组织两万名干部下基层‘送政策、送温暖、送服务’很好，使干部受教育、群众得实惠、社会更和谐，应在创先争优中推广。”省委书记苏荣指出：“赣州开展的‘送政策、送温暖、送服务’活动，是苏区干部好作风的继承和发扬，是新形势下加强和创新社会管理、做好群众工作的有力抓手，是加强各级领导班子和干部队伍建设，巩固党的执政基础的有效载体，要长期坚持。”《人民日报》多次在头版报道赣州“三送”工作，中央电视台、《经济日报》《光明日报》、新华网、人民网等刊播相关稿件近300篇（条）。

【第三届中国赣州国际脐橙节在赣州市举办】 11月29日至12月4日，由国家农业部、省政府主办，赣州市政府、省农业厅、中国农产品市场协会联合承办的第三届中国赣州国际脐橙节在赣州市举办。脐橙节首次邀请与赣南脐橙产业相关的11个国家驻华使节组成的使节团参加。其间，举办中央苏区振兴论坛、中国柑橘产业发展高峰论坛；国务院侨办在江西理工大学举行授予“华文教育基地”活动；新加坡大使、新加坡中国商会会长一行分别与赣州开发区、章贡区委区政府、赣南师范学院进行交流洽谈；葡萄牙大使一行对孚能科技公司、鸿翔电动车公司进行考察，与市新能源建设领导小组进行交流洽谈；乌拉圭大使、巴西代表与中橙果业公司、市果业局进行交流洽谈；文莱大使一行与江西理工大学交流洽谈在文莱办“孔子学院”；韩国驻武汉总领事一行到赣州开发区进行考察交流洽谈；其他国家外宾赴信丰参观万亩脐橙园及脐橙加工企业，赴龙南考察客家围屋。通过节会活动，签订脐橙销售合同412份，销售脐橙66.62万吨，签约金额21.5亿元。

【成功跻身第三批全国文明城市提名资格城市行列】 12月，赣州市被正式命名为第三批全国文明城市提名资格城市，成为江西省唯一获此殊荣的城市。赣州市5月正式提交创建全国文明城市的申请，7月，赣州接受全国文明城市公共文明指数测评组的暗访、调查和综合考核，以83.67分的总分名列全省第一，与萍乡、南昌、景德镇一起被推荐为江西省4个全国文明城市候选城市。

（赣州市方志办）

主要领导人 市委书记：史文清。市人大常委会主任：王昭悠（任至2月）、骆炳峰（2月任）。市长：王　平（任至8月）、冷新生（8月代，9月任）。市政协主席：赖联明（任至9月）、曾新方（9月任）。

·章贡区·

【简　况】 位于江西省南部，辖5个镇4个街道办事处，57个行政村，48个街道社区居民委员会和12个镇辖居民委员会。总面积375.52平方千米。总人口46.27万人，人口出生率9.05‰，人口自然增长率4.48‰。2011年，生产总值174.27亿元，同比增长13.1%。固定资产投资78.88亿元，增长39.6%。社会消费品零售总额105.9亿元，增长18%。实现财政总收入13.84亿元，增长34.2%；地方财政收入7.58亿元，增长28.2%。城镇居民人均可支配收入1.61万元，增长13.1%。农民人均纯收入6448元，增长16.9%。获全国科普示范区、地质灾害群测群防十有县、江西省固定资产投资增长先进区、江西省开放型经济发展综合先进区。

推进重点项目建设和招商引资。全年实施重点项目47个，总投资328.5亿元，完成投资54.87亿元。推行“一线工作法”和倒逼机制，兑现扶持及奖励资金3994.8万元，项目开工、投产成效明显。省战略性新兴产业重大项目，赣州10个项目中章贡区占5个，总投资28.27亿元。组织开展各类招商活动57次，参加省、市经贸洽谈会10余次。引进投资亿元以上项目10个，累计投资31.63亿元。全年实进内资23.16亿元、外资6341万美元，分别增长43%、10.6%；实现外贸进出口总额6.15亿美元，出口总额列全省第四。

加快新型工业化建设。扎实推进“产业发展提升年”活动，工业主导地位不断强化。全区66家规模以上工业企业实现主营业务收入187.36亿元、工业增加值40.47亿元、利税34.53亿元，分别增长67.8%、15.4%和210%。四大支柱产业实现工业总产值142.98亿元，主营业务收入138.64亿元、利税30.73亿元，分别占全区规模以上工业企业的74%、74%和90%。汽车零部件产业被列为全省重点扶持发展产业集群，3家上市企业入驻，新增规模企业12户。年主营业务收入过亿元企业37户，其中虔东集团主营业务收入突破50亿元；纳税超千万元企业19户，同比增加3户，其中青峰药业税收突破亿元，为全区首个年纳税过亿元企业；十大重点工业企业实现利税29.77亿元，占规模企业利税总额的86%。

强力推进城市建设。全区围绕创业、宜居、平安、生态、幸福赣州建设目标，强力推进“城市建设攻坚年”活动。综合改造棚户区(危旧房)和城中村1.9万户,征收415.7万平方米的房屋。开工建设返迁安置房1万余套,完成2486套返迁安置房的分配工作。完成文清路商业街提升改造主体工程。奥林匹克广场主体工程顺利投入使用。全年完成征地423.9万平方米,有效保障重点项目建设用地需求,促进赣南大道等工程如期竣工通车和章江新区路网等基础设施建设顺利推进。50个居民小区物业管理试点工作顺利启动。组建交通秩序协管队,招聘260名交通协管员,实现交通秩序整治常态化。大力实施"全民卫生日"活动,开展城市卫生环境集中整治20次,城市环境明显改善。开展制违拆违集中整治行动20次,拆除违章建设1901处,38.2万平方米,违法违规建设得到有效遏制。投入资金近3000万元,完成135条"百街小巷"年度整治任务。

推进社会事业全面发展。全区安排财政资金7071万元,扎实推进教育园区建设,章贡中学等5所新校区投入使用;水南腊长小学、高楼小学完成主体工程建设,新改扩建幼儿园4所。投入"两免一补"资金3152万元,惠及学生7.8万人次。

医药卫生体制各项改革深入推进,基层医疗机构药品零差率销售实现全覆盖。三级医疗卫生服务与疾病防控网络更加健全,创评三星级社区卫生服务机构28家、全国示范社区卫生服务中心1家。基层医疗与公共卫生机构的资源得到有效整合。率先在全省实施家庭医生式服务工作试点。

【落实各项民生实事】 2011年,五大类民生支出达11亿元,实现两年翻番,占财政总支出63.5%,增长70.5%,增幅分别超出财政总收入、财政总支出36.3、21.5个百分点。投入资金114万元,为1600余名城乡居民提供免费技能培训,新增城镇就业1.15万人,城镇就业率96%,零就业家庭安置率100%。新增大学生见习基地12个。发放小额担保贷款5400万元,发放灵活就业人员社保补助、公益性岗位补贴749万元。新增养老保险扩面7345人,基金征缴人数达7.2万人,养老基金收入2.5亿元,城镇居民基本医疗保险参保20.1万人,城镇职工基本医疗保险参保3.68万人。医保调标新增居民待遇支出890万元。新增参保人数2259人。全区"新农合"参合人数11.8万人,参合率97.63%。发放城乡低保对象保障金4542.1万元。发放城乡困难群众大病医疗救助金1026万元。发放廉租住房租赁补贴513.7万元。发放80岁以上高龄老人补贴690万元。资助贫困生就学资金221.7万元。开展干部下基层"送政策、送温暖、送服务"活动和困难群众走访慰问调查活动,筹集资金1103.5万元,解决群众实际困难5091件。

【第三产业充满活力】 2011年,全区立足服务城市、服务社区、服务市民目标,突出发展文化休闲旅游业,加快改造提升传统商贸服务业,大力培育新兴服务业。第三产业对经济增长的贡献率65.4%。郁孤台历史文化街区保护与开发顺利推进,配合通天岩创5A级旅游景区工作稳步展开,城郊型休闲旅游发展专项规划稳步实施,举办章贡区第三届文化休闲旅游节。全年接待游客366.9万人次,实现旅游综合收入9.64亿元。引进天虹商场等大型商贸企业入驻,中航城城市综合体全面竣工。"家电下乡"销售总额突破亿元,家电"以旧换新"销售总额突破2亿元,位居赣州市第一。

(谢凯建)

主要领导人 区委书记:曾少华。区人大常委会主任:谢春明。区长:廖长荣(任至6月)、刘建英(6月任)。区政协主席:刘　健(任至6月)、曾伟林(6月任)。

·赣　县·

【简　况】 位于江西省南部,总面积2993.09平方千米,耕地2.15万公顷,有林面积20.95万公顷。森林覆盖率75.21%。辖10镇9乡,总人口62.16万人,其中农业人口52.01万人。2011年,完成生产总值92.01亿元,同比增长12.8%。其中:第一产业增加值16.14亿元;增长8.5%;第二产业增加值53亿元,增长14.3%;第三产业增加值22.87亿元,增长12.8%。实现财政总收入9.2亿元,净增2.2亿元,增长31.1%,其中地方财政收入5.57亿元,增长18%。实现社会消费品零售总额20.1亿元,增长17.3%,三次产业比调整为:17.1:58.1:24.8。二产比重提高2.9个百分点,工业总产值186.05亿元,增长35.6%,农业总产值24.59亿元,增长12.55%。工业实现税收4.62亿元,增长56.6%,占财政总收入的50.2%,提高6个百分点;三产实现税收2.47亿元,增长28.5%。财政总收入占生产总值10%,提高0.6个百分点;税收占财政总收入85.5%,提高5.2个百分点。

全年完成全社会固定资产投资72.7亿元,增长30%。100个重点项目快速推进,丰达管桩等一批项目竣工或即将投入使用。引进5000万元以上项目29个,其中亿元以上项目19个。向上争取各类项目资金11.63亿元,增长28.3%。新增贷款12.8亿元,比年初增长27.2%。完成园区基础设施投入7.1亿元,净增2亿元,增长39.2%,新增园区面积1.6平方千米,达7.6平方千米。赣县经济开发区被省政府授予"2011年度全省先进工业园区"。30个新型工业化重点项目全部开工在建。新增工业企业15家,总数176家。新增规模以上企业7家,总数53家。完成规模以上工业增加值34.5亿元,增长20%;完成规模以上工业主营业务收入185.3亿元,增长34.9%,其中钨、稀土、铜、铝、食品加工五大产业集群实现主营业务收入118亿元,增长39%。城镇居民人均可支配收入1.27万元,增长3.4个百分点;农民人均纯收入3541元,增长15.2%;全县金融机构各项存款余额98.99亿元,增长30.5%;其中个人储蓄存款余额65.32亿元,增长23.0%。

全年投入城市建设资金30.5亿元,增长31.3%。投入1100万元,高标准编制各类规划110项。加大征地拆迁安置力度,拆迁房屋925栋、15.4万平方米,全面启动36个安置区建设。新增县城建成区面积1.7平方千米。投入市政公用基础设施建设资金13.3亿元,新增城区道路12条、新增绿地27.58万平方米,人均公园绿地面积9.1平方米。全年依法查处县城规划区违法违章建设1069起,面积

12.1万平方米,违法违章建设得到遏制。

全年完成造林绿化"一大四小"面积4180公顷,赣县稀土废弃矿山地质环境恢复治理项目进展良好,经济开发区污水处理厂开工建设,湖江夏浒旅游景区、三溪寨九坳景区等旅游重点项目加速推进。全年旅游接待105万人次,增长35.3%,实现旅游综合收入2.96亿元,增长68.9%。

举办各类招商推介会6次。产业配套招商成效明显,总投资10亿元的派高模具产业园、5亿元的建华管桩、1亿元的三一重工等一批大项目、好项目成功落户。开放型经济逆势上扬,全年实际引进内资23.2亿元,增长32%;实际利用外资6260万美元,增长12%;完成外贸出口2亿美元,增长65.3%。世瑞集团主营业务收入超20亿元,红金稀土、金鹰稀土、华能瑞金电厂3家企业主营业务收入分别超10亿元。

全县完成民生类支出10.19亿元,增长38.3%,占县财政支出的58%,提高5.8个百分点。十大民生工程重点项目顺利实施,100件实事全面完成。集体林权配套改革不断深化,国有林场改革启动实施。非工口七个系统国有企业改革扎实推进。开工各类保障性住房4881套,改造农村危旧房1129户。新改扩建农村公路105.9千米;全县所有渡改桥建设项目全部完成。建成、在建一批公共服务项目。完成一批农村电网改造升级、输变电工程建设。

成功申报全省农村公办学前教育推进工程建设试点县;组织市以上科技成果鉴定7项,获市以上科技奖3项,其中省科技进步二等奖1项,授权专利15项。全民健身活动广泛开展,竞技体育再创佳绩,在市第三届运动会上荣获金牌19枚。县文化馆被评为国家一级馆,新建乡镇综合文化站11个,全国首部本土原创红色动漫《脐橙寻宝记》进入后期制作。乡镇中心卫生院实施国家基本药物制度,乡镇中心卫生院基本药物品种配备率95%,"光明·微笑"工程管理常态化,全年完成免费白内障手术222例。开展就业、创业培训,发放创业贷款扶持资金3900万元,新增城镇就业4200人;新型农村合作医疗参合率95.75%;城乡居民社会养老保险试点工作启动实施;新增"五大保险"参保人数6600人,其中失地农民参保2069人;城乡低保标准分别提高到300元和130元;发放城乡大病医疗救助1072万元;为6971名80岁以上高龄老人发放长寿补贴651万元。

【中国(赣州)客家生态文化旅游节暨樱花节开幕】 3月30日,2011中国(赣州)客家生态文化旅游节启动暨赣县樱花节开幕仪式在赣县举行。赣县把客家生态文化旅游节暨樱花节办成一张宣传赣县、宣传赣州的旅游名片,打响"世界客家摇篮·休闲养生福地"的城市品牌。开幕式后,举行大型游园活动及客家戏剧歌舞、客家民俗表演等活动。"两节"期间,安排奇石展、文昌阁竣工典礼等活动。"两节"期间接待旅客105万余人,旅游收入2.96亿元。

【文昌阁竣工落成】 4月5日,赣县文昌阁竣工。文昌阁立于赣江源头、贡江北岸、赣南客家名人公园西段,与赣州城区八境台、郁孤台遥相呼应。占地1032平方米,建筑面积2696.62平方米,总投资1600多万元。于2009年10月动工。是赣县继建成赣南客家名人(樱花锦绣)公园后,精心打造的又一处胜景,是赣县城市建设的标志性建筑之一。文昌阁采用仿古建筑材料,运用传统建筑工艺、结合现代建筑技术建设,外3层内5层,外观为仿宋木框架结构,颇具宋阁韵味,唐楼遗风。文昌阁的建成开放,将成为赣县、赣州市民和国内外游客休闲观光、登高望眺、吟诗高歌的重要场所。

【统筹城乡发展试验区建设启动】 2011年,在全市率先启动统筹城乡发展储潭试验区建设,完成试验区全域规划,出台试验区建设实施方案及社会保障等十大配套政策,储潭撤乡设镇。启动试验区一期螺溪洲综合体征地拆迁等前期工作。"一区三园"建设步伐加快,清溪现代农业科技示范园初具规模,落户项目26个,开发面积2026.67万平方米。

(朱祥福)

主要领导人 县委书记:李明生(任至5月)、温庆锋(6月任)。县人大常委会主任:钟栋材(任至6月)、刘吉龙(6月任)。县长:温庆锋(任至5月)、张景霖(6月任)。县政协主席:黄　辉。

·信丰县·

【简　况】 位于江西省南部,辖13镇3乡和1个工业园区管理委员会,总面积2878平方千米,耕地面积3.10万公顷,森林覆盖率69.4%。总人口73.65万人,其中非农业人口10.95万人。2011年,全县生产总值100.67亿元,同比增长11.7%。其中:第一产业增加值20.76亿元,增长11.8%;第二产业增加值44.33亿元,增长13.9%;第三产业增加值35.59亿元,增长13.2%,三次产业结构优化为20.6:44:35.4。财政总收入8.11亿元,增长32.8%,其中地方财政收入5.546亿元,增长30.7%。全社会固定资产投资突破70亿元,达76.5亿元,增长30%。社会消费品零售总额31.34亿元,增长17.1%。农民人均纯收入5800元,增长16.98%,城镇居民可支配收入1.53万元,增长14%。财政收入占GDP比重提高0.8个百分点,税收占财政收入比重提高1.8个百分点。

工业经济平稳较快增长,实现规模以上工业增加值25.6亿元,增长20.08%;主营业务收入105.6亿元,增长52.42%;利税8.9亿元,增长80.72%。电子通讯、矿产品加工、新型建材、食品制药四大支柱产业规模以上企业实现主营业务收入68.32亿元、利税8.12亿元,分别增长57.8%和104.7%,占规模以上工业总量64.7%和90.8%。新增规模以上企业8家,总数55家,新增主营业务收入超亿元企业15家,总数35家,其中高飞数码突破13亿元,包钢新利达7700万元。现代农业呈现出规模化、集约化、产业化发展的良好势头,实现农业总产值33.9亿元,增长4.9%。新增注册农民专业合作社39家,总数215家,组织带动农户达8万余户。生猪出栏75万头,被国家列为生猪调出大县和生猪良种补贴县。红瓜子年销量达1.5万吨,占全国销量的50%,成为全国最大的集散地,被评为全省农业产业化发展先进县。大塘埠镇长岗村被评为“全国一村一品示范村”。旅游总收入2.19亿元,增长14.05%,引进投资105亿元光明山生态文化旅游度假项目。现代物流业快速发展,货物周转量10.46亿吨/千米,增长8.9%。全县金融机构各项贷款余额48亿元,各项存款余额96亿元,分别增长22.76%和23.35%。“万村千乡市场工程”扎实推进,家电下乡业绩显著,销售额突破2亿元,是2010年的2倍,位居全市前列。

社会事业全面进步。民生工程投入9.5亿元,增长35.5%,民生工程10个方面100件实事全面完成。新增城镇就业4560人,新增转移农村劳动力8073人,发放小额担保贷款4537万元、扶持创业923人,城镇就业率达96.8%。社会保障水平进一步提高,扎实推进城乡居民社会养老保险试点,实现城乡困难群众医疗救助、基本医疗保险和养老保险全覆盖。为80周岁以上老人发放高龄补贴。308套廉租房、2800套公共租赁房、821户棚户区改造全面开工,推进农村危旧房改造,被评为全市保障性住房工程建设先进县。现代宜学示范区建设步伐加快,教育园区建设加速推进,资助家庭经济困难学生2793人,落实义务教育“两免一补”政策资金6719.19万元。人民医院新住院大楼竣工,乡镇卫生院达标工程顺利推进,村卫生室建设得到加强,国家基本药物制度全面实施,为35万群众建立了健康档案,免费治疗白血病和先天性心脏病患儿70人。成功举办首届“橙乡红歌汇”,县文化馆被评为国家一级馆,古陂蓆狮、犁狮列入国家级非物质文化遗产保护名录。广播电视“村村通”工程扎实推进,新增数字电视用户9000户。体育事业发展有新成效,荣获市运动会团体总分第五名,被评为全国全民健身活动先进单位。科技创新取得新进步,荣获省、市科技进步奖各1项,新增高新技术企业1家、省级民营科技企业2家、省创新型试点企业1家。

【加快特色农产品产业化】 2011年,全县以脐橙等优质农产品精深加工集散区的远山农业科技、恒顺实业、龙津实业等农业项目相继开工建设,年销售收入500万元以上的农业龙头企业达71家;新增规模种养基地32个。建成全市贮藏能力最大的4万吨现代化冷藏库,脐橙产业总产值突破10亿元。

【举办首届“橙乡红歌汇”合唱节】 10月11~13日,首届信丰县“二附院”杯“橙乡红歌汇”合唱节在县文化艺术中心举行。有74支代表队共5000余人参赛,分为机关一、二组、乡镇组、学生组。合唱节弘扬爱国主义的民族精神和改革创新的时代精神,唱响共产党好、社会主义好、伟大祖国好的时代主旋律,激发干部群众热爱家乡的美好感情,丰富群众的文化生活。

(罗才胜)

主要领导人 县委书记:郑世飘(任至6月)、廖长荣(6月任)。县人大常委会主任:王传亮(任至6月)、邹长东(6月任)。县长:黄金龙(任至6月)、邱建军(6月任)。县政协主席:张克喜。

·大余县·

【简 况】 位于江西省西南部,辖11个乡镇,总面积1367.63平方千米,耕地面积9977.47公顷,有林面积10.78万公顷,森林覆盖率74.4%。总人口30.70万人,其中非农村人口8.94万人。人口自然增长率5.99‰。少数民族有畲族、壮族、蒙古族、苗族等10个,以畲族人口居多,有4个畲族民族村。2011年,全县实施“新型工业化、新型城镇化、农业农村现代化、发展生态化”发展战略,综合实力进一步增强。全年实现地区生产总值65.4亿元,同比增长10.8%。其中:第一产业9.61亿元,增长4.3%;第二产业34.32亿元,增长11.4%;第三产业21.48亿元,增长12.8%。三次产业结构为14.7:52.5:32.8。实现财政总收入6.34亿元,增长16.3%,其中税收占财政总收入的比重为81.3%,提高7.5个百分点;地方财政收入3.77亿元,财政支出10.67亿元,增长13.2%。全县规模以上工业增加值17.69亿元,占全县GDP比重27.04%。外贸出口总值798.7美元,占全县GDP比重0.96%。全社会固定资产投资62.62亿元,增长24.9%,其中民间投资增长26%,对投资增长的贡献率达92%。规模以上工业实现总产值56.66亿元,增长7.04%。其中地方工业总产值49.69亿元,增长80.13%;园区企业35.32亿元,增长85.22%;钨产业集群39.75亿元,增长89.69%;新材料产业集群1.34亿元,增长97.63%;新能源产业集群0.33亿元,增长61.71%;旅游工业产业集群2.54亿元,增长115.06%。全年实现工业增加值17.69亿元,增长19.5%。主要工业品产量:钨精矿2.27万吨,服装41.38万件,水泥12.83万吨。农业重点培植花卉苗木、果业、鸭业、生猪、油茶、蔬菜等优势产业。全县发展花卉苗木总面积1333.33公顷、高产油茶266.67公顷、蔬菜5653.33公顷、肉鸭出笼464.8万只、生猪出栏23.6万头;产值100万元以上农业龙头企业48家、农民专业合作社68家。

深入实施“旅游活县”战略。丫山风景名胜区成功通过国家4A级景区验收,入选“江西十大新旅游景区”,南方红军三年游击战争纪念馆项目列入全国红色旅游经典景区二期名录。全年接待国内外游客80.1万人次,旅游总收入5.32亿元,创汇610万美元。

城乡面貌进一步改观。组织实施大余县第四轮城市总体规划修编工作,规划面积8平方千米。加大老城区改造力度,完成解放桥拓宽等工程,推进高速公路连接线等项目建设,整治城区大街小巷,建设廉租房100套、公租房1200套,改造棚户区553户,面积2.83万平方米。在3个乡镇推进统筹城乡发展示范区建设,实施42个新农村建设点改水、改厕,改水、改厕率分别为99.1%和97.3%,新建饮水工程2处,解决6334人安全饮水。

发展优势进一步凸显。通过组建招商小分队开展“招商引资大决战”,全年实际利用外资6050万美元,实际引进内资14.05亿元。新华工业小区开发面积233.33万平方米,新城工业小区征地128.73万平方米,工业园区有入园企业89家,投产75家,逐步形成钨及有色金属、新材料、新能源、新医药、精细化工等产业布局。创新土地房屋征收机制，全年征收土地192.26万平方米，利用土地运作、银行融资等形式筹集资金3.56亿元，向上争取项目资金6.18亿元，同比净增2亿元。

社会事业进一步巩固发展。全年投资1072万元实施中小学校安工程，建筑面积1.07万平方米；11个乡镇卫生院全面实施国家基本药物制度；市县级广播电视"进村入户"覆盖率为91%；对采选矿区及尾矿库的重金属废水污染实施防治工程，重点监管章江流域各企业的排污环境，确保出境断面水质的达标；完成"一大四小"造林绿化面积3380公顷，森林覆盖率为76.2%；完成小流域水土流失综合治理面积1446.67公顷，被国家环境保护部命名为第七批"国家级生态示范区"；落实下岗人员再就业1336人，发放再就业小额贷款4206.5万元，城镇失业率4.5%以内；城镇职工基本医疗保险、城镇居民基本医疗保险、新型农村合作医疗保险参保人数分别为3.21万、7.78万、20.36万。全年民生工程支出5.69亿元，占财政总支出的53.3%。在岗职工年人均工资2.57万元，增长11.4%；城镇居民人均可支配收入1.22万元，增长10.1%；农民年人均纯收入5381元，增长11.9%；人均储蓄存款1.23万元，增长18.2%。

【丫山景区成功获批为国家4A级旅游景区】 12月，经全国旅游景区质量等级评定委员会评定，丫山风景区被批准为国家4A级旅游景区。景区位于黄龙镇大龙村国家森林公园，面积205.5公顷、旅游服务区面积136.3公顷。景区以生态、田园、人文景观为特色，森林资源以天然次生林、针阔叶混交林为主，森林覆盖率在90%以上；有野生植物资源660余种，其中属国家级、省级重点保护树种数十种，以竹柏居多；有野生动物资源116种，国家一、二级重点保护动物及黄麂、灰胸竹鸡等省级重点保护动物。丫山景区入选江西省十大新旅游景区，全年接待游客75万余人次，其中境外游客3.6万余人次。

【完成《县城市总体规划》修编】 2月，对《大余县城市总体规划（2005～2020）》进行修编。规划确定的县城城市规划区范围包括县城主城区、新华工业小区、黄龙新区以及周边控制用地规划面积约46平方千米。近期规划期限为2011年至2015年；远期规划期限为2015年至2030年。规划预测至2030年，县域总人口42万人，城镇化水平达到70%，城镇人口29万人。12月，县城市规划委员会召开全体会议，原则通过《大余县城市总体规划（2011～2030）》和《大余县域城镇体系规划（2011～2030）》等初步规划方案，报省政府批准后实施。

【启动实施城乡居民社会养老保险】 7月，全县启动实施城乡居民养老保险工作，城乡居民社会养老保险依据"保基本、广覆盖、有弹性、可持续"的基本原则，按属地管理。11月14日，县政府在新城镇举行全县城乡居民社会养老保险养老金首发仪式。向2.5万名参保人发放养老金810.194万元。全年，参保缴费人数为8.2万人，占53.1%，收取保费1168.89万元。

（大余县志办）

主要领导人 县委书记：李伟平（任至6月）、陈　亮（6月任）。县常人大委会主任：曹丽英（任至6月）、李细妹（6月任）。县长：孔德然（任至6月）、谭学忠（6月任）。县政协主席：吴昌星。

·上犹县·

【简　况】 位于江西省西南部。辖5镇9乡，总面积1543.87平方千米，其中：耕地面积9146公顷，森林面积11.33人万公顷，森林覆盖76%。总人口31.11万人，其中农业人口26.69万人，非农人口4.42万人。2011年，实现生产总值34.96亿元，同比增长12.5%；财政总收入3.80亿元，增长37.6%，其中地方财政收入2.45亿元，增长27.1%；规模以上工业实现增加值11.53亿元，增长18.6%；固定资产投资总额22.09亿元，增长35.5%；社会消费品零售总额10.23亿元，增长17.5%；农民人均年纯收入3946元，增长14.9%。各金融机构存款余额45.28亿元，增长23.4%；贷款余额24.55亿元，增长33.9%，增速排名全市第一。产业结构进一步优化，三次产业结构调整为21.3∶43∶35.7，二产增加值占GDP比重提高6个百分点。

全年开发储备项目185个，争取上级各类补助资金8.04亿元，同比增长24.8%。实施重点工程项目25个，征收项目建设用地285.33万平方米、房屋1.4万平方米，完成投资9.2亿元，增长124.4%。上犹模具产业基地被列为省级产业基地和省重点产业"十二五"规划建设项目；全年投入2.26亿元用于园区基础设施建设，路网、管网、电力及通讯设施实现开工企业全覆盖。完成新市民公寓建设，新增园区道路硬化面积5.03万平方米，建成标准厂房7.05万平方米。全面启动工业园南区、污水处理厂和金山大道工程，实现园区面积扩大105.73万平方米。全年签约入园项目10个，总投资达22.47亿元，其中总投资5000万元以上项目8个，超亿元项目5个。全年实际利用外资4142万美元，增长9.7%。元亨复合材料被列为省战略性新兴产业项目；工业园南区建设被列入市重点调度项目；赣西大道被列入市政府"四路三桥二互通"建设项目。县城至梅水一级公路全线通车，赣崇高速上犹段、迎宾大道、县城至油石二级公路改造等一批重大基础设施类项目进展顺利。

2011年，全面完成第三轮城市总体规划修编，启动县城城市设计和南河湖、黄埠镇统筹城乡发展规划编制。实施"森林进城"工程，投入1076万元重点实施"一江两岸"等区域绿化、亮化和美化工程，新增城区绿地面积4万多平方米，绿地率39%。持续开展"治脏、治乱、治堵"专项治理，拆除违法违章建筑82处，面积1.2万余平方米。全年完成市政工程投资1.28亿元，增长82.9%。投资15亿元的旅游文化城项目正式启动，文体中心等一批重点工程完成招标设计。县城建成区面积达9.82平方千米，城镇化率达41.6%，同比提高2.7个百分点。

2011年，扩大圩镇面积1.25平方千米，引导7860人落户圩镇。发放各类惠农补贴9659万元。完成深山区、库区和地质灾害避灾移民1582

人。投入3225.8万元发展水利事业，建设各类基本农田水利工程176个，总投资1800万元的营前石溪河治理工程基本完成。申报省可持续发展试验区。开展仙人湖省级湿地公园创建工作。被国家能源局、财政部、农业部正式授牌命名为首批国家绿色能源示范县。深入开展“爱我上犹江、保护母亲河”活动。完成陡水、油石生态乡镇规划编制。对全县采矿、选矿企业进行整顿，关闭非法选矿企业3家。被评为全省春季防火平安先进县。完成“一大四小”造林绿化4.27万公顷，启动造林绿化“景区添彩”工程；被评为全省第三轮森林资源保护工作先进县。城市生活污水处理设施项目顺利通过省级验收。

2011年，新增个私业户2907户，同比增长40.4%，注册资本达到22.93亿元，增长10.8%。实现外贸出口2.63亿美元，增长207%；被评为全省外贸出口先进县。陡水湖风景名胜区总体规划获省政府批准。入选“中国最具影响力的文化旅游百强县”。全年旅游人次突破38万，增长34.2%；旅游总收入2.31亿元，增长34.1%。成立旅游投资有限公司；做强城市建设投资有限公司，实现融资4.27亿元。引进赣州银座村镇银行入驻上犹；成立农信联社平富分社，实现乡镇金融网点全覆盖；成立上犹金丰小额贷款有限公司，累计发放贷款1.4亿元。

全年实现民生工程支出5.46亿元，同比增支1.49亿元，增长37.6%；教育支出2.03亿元，占财政预算支出的19.7%和生产总值的5.8%，分别比省要求高出3.7和1.8个百分点。成功列入全省第二批教育园区建设试点县；上犹二中新校区竣工并投入使用，营前中学高中部撤并至上犹中学、上犹中学初中部整体平移至上犹二中顺利完成；在全省率先实施孤儿、单亲贫困家庭学生免费在县城就读活动，开展边远山区村小和教学点学生“爱心午餐”试点工作。20集电视纪录片《上犹江》正式开播；建成乡镇综合文化站9个、农家书屋45个；成立县非物质文化遗产保护中心；县图书馆新馆免费开放，县文化馆被评为国家一级文化馆。全民健身活动蓬勃开展，成功举办首届全民健身运动会。开工建设保障性住房2400套。1.55万人享受城乡低保，发放低保金2142.5万元；实施城乡居民社会养老保险试点工作，征缴保费945.8万元，参保人数10.21万人，参保率达82.3%；新型农村合作医疗参合率达98.16%，提高4.12个百分点；城镇职工基本养老保险等五项社会保险累计扩面5.56万人。购买城乡基层公共服务公益性岗位399个；发放小额担保贴息贷款3409万元。县人口计生委获评全国计划生育先进集体。县公安局被省公安厅授予集体二等功。

【提前一年完成“三年强攻工业”目标】 2011年，上犹县首次成为全市工业经济“五个十百亿工程”达标县，提前一年完成“三年强攻工业”目标任务。全县规模以上工业实现主营业务收入60.41亿元、利税4.39亿元，同比分别增长112.6%、40.8%。

【农业综合开发见成效】 2011年，上犹县实现农业总产值11.54亿元，增长5.8%。“两茶一苗”主导产业蓬勃发展，新增茶园666.67公顷、油茶2000公顷、桂花苗木1333.33公顷。被评为“2011年度中国茶叶产业发展示范县”。成功注册“上犹绿茶”地理标志证明商标。被列为全省花卉苗木产业重点县；犹江绿月等3家农民专业合作社获省级示范社称号。投入3461.8万元统筹城乡发展，成功打造东山高桥等一批各具特色的统筹城乡发展精品示范点。

（谢东才）

主要领导人 县委书记：陈　亮（任至6月）、何舜平（6月任）。县人大常委会主任：吴增京。县长：何舜平（任至6月）、邹常军（6月任）。县政协主席：陈卫国。

·崇义县·

【简　况】 位于江西省西南部，辖16个乡镇，总面积2206.27平方千米，其中耕地面积7714.53公顷，森林面积17.3万公顷，森林覆盖率85.7%。总人口20.95万人，农业人口17.21万人，非农人口3.73万人。2011年，生产总值46.98亿元，同比增长12.0%。其中：第一产业增加值6.93亿元，增长4.8%；第二产业增加值28.84亿元，增长14.7%；第三产业增加值11.21亿元，增长10.4%。财政总收入5.68亿元，增长35.9%，其中地方财政收入3.1亿元，增长10.5%。工业总产值74.45亿元，增长72.6%；农业总产值3.05亿元，增长10.9%。城镇居民人均可支配收入1.16万元，增长10.6%；农民人均纯收入4639元，增长11.6%。

经济实力稳步提升。全年实现规模以上工业增加值21.8亿元，增长15.7%；主营业务收入69.4亿元，税金及附加2.6亿元，分别增长66.4%和64.1%。章源碳化硅陶瓷复合材料被列为省级重点调度的46个战略性新兴产业项目之一；耀升工贸被确定为2011年江西省创新型试点企业，其硬质合金深加工列入省重点调度项目。深精度硅粉加工项目顺利开工，非金属矿产业发展初显端倪。规划建设8个特色工业园区，赣州（崇义）硬质合金工具及硬面材料省级战略性新兴产业基地顺利获批。

农业发展水平不断提升。全年实现农业总产值10.8亿元，增长8.9%。投入1000万元扶持发展农业优势产业，成功争取新一轮中央财政支持现代农业（柑橘）发展项目，培植君子谷、万长山等5个现代农业示范园。高山茶研讨会圆满举行，新增茶园330公顷，“馨阳岭”茶叶被认定为江西省著名商标。新增农民专业合作社12家。全面落实各项强农惠农政策，累计发放惠农补贴7806万元。

现代服务业稳步发展。全年实现三产增加值11.2亿元，增长10.4%。成功搭建政银企合作平台，累计为18家中小企业授信7亿元。建设银行、银座村镇银行、锦源小额贷款公司相继进驻崇义。金融机构存款余额42.7亿元，贷款余额33.1亿元，分别增长21.5%和21.1%。发放家电下乡补贴502万元。实现社会消费品零售总额9.6亿元，增长18.5%。全年接待游客72.5万人次，实现旅游综合收入1.95亿元，分别增长53.8%和102.3%。

社会事业和谐发展。全年民生支出4.3亿元，增长46.5%，占财政总支出47.1%。100项民生指标任务基本完成。新增城镇就业3100人,城镇就业率96.1%。发放再就业小额贷款3814万元,继续保持全市前列。启动城乡居民社会养老保险试点工作,为4694名人员办理养老保险。大力实施科技创新,列入国家、省、市科技计划项目13项。基本完成农垦、林业等非工口七个系统国有企业改革,林权配套改革进一步深化。乡镇卫生院基本药物实现零差价销售,新农合参合率达到96%,顺利实施中国与澳大利亚农村卫生项目。

统筹城乡建设步伐加快。2011年,完成规模以上固定资产投资16.5亿元,增长64.7%,增幅列全市第一。40个重大项目和重点工程完成投资24.31亿元,是上年投资总额3.6倍。城北大道等项目全面完工,赣崇高速县城互通连接线拓宽等项目扎实推进。完成城市建设投资4.3亿元,城区面积扩大到5.8平方千米,城镇化率提高到45%。投入4000万元推进小城镇建设,完成71个村庄整治,打造铅厂等4个新农村综合示范区。投入1.34亿元推进农田水利基础设施建设,新建和改造变电站4座,改造输配电线路94千米,完成造林绿化3300公顷。出境断面水质达标率100%,环境空气质量优良率100%,完成节能减排任务。

【开放型经济发展活力日益增强】 2011年,民营经济加快发展,其增加值占全县生产总值的72.8%,实缴税金占全县税收的82.3%。对外开放步伐加快,主动对接广东沿海发达地区,与深圳福田区缔结为友好县区,成功举办绿色产业项目推介会,初步探索出一条特区与老区携手共进、红色与绿色交相辉映的绿色崛起之路。全年实际引进内资9.02亿元,增长30.4%;实际利用外资1045万美元,增长8.9%;外贸出口8457万美元,增长71.5%。

【高起点规划打造乡村特色旅游】 2011年,崇义县充分利用丰富的生态旅游资源,大力发展崇义特色乡村旅游产业。聘请国内一流旅游策划公司,完成全县乡村旅游规划,把崇义打造成为"中国最佳乡村田园"。横水等乡镇依托区位优势,发展城郊型、参与体验型农家乐休闲农业;麟潭乡镇依托现代农业科技示范园区,发展科技、教育、参与型休闲农业;上堡等乡镇依托赣南脐橙、油茶、竹子、茶叶、花卉等特色农业发展观光型、体验型休闲农业。整合农村文化、农业景观、农业生产及农村传统民俗等资源,重点打造上堡梯田、铅厂茶园、麟潭水乡等一批集现代农业园、农业休闲观光园和农民美好家园于一体的综合旅游示范区。

【竹洞山歌荣获江西省首届畲族文化艺术节一等奖】 4月28日,崇义县委宣传部和民宗局联合选送、代表赣州市应邀参赛的崇义县竹洞畲族山歌方言对唱——《要想连妹先对歌》在江西省首届畲族文化艺术节中,从参赛的14部作品中脱颖而出,喜获山歌大赛一等奖。竹洞畲族山歌是聂都乡竹洞畲族村的民间歌谣,是人们用来歌唱劳动生活、抒发情思和鼓舞斗志而传唱的歌谣。歌曲创作风格独特,以原生态男女方言对唱为主要表演形式,加以树叶吹奏作为伴奏,曲风、曲调、曲牌都独具一格,被列入江西省第三批省级非物质文化遗产名录。《要想连妹先对歌》以浓郁的畲族风情、韵味十足的方言曲调和充满生活气息的生动表演,配以艳丽独特的服饰,赢得观众和评委的高度评价。

【承办2011全国女子篮球乙级联赛】 6月12~20日,2011全国女子篮球乙级联赛在崇义县体育馆举行。共有上海、福建、山东、湖北、广西、重庆、河北、四川八支省市代表队参加。本次篮球比赛采用单循环赛制,获得本次比赛前两名的参赛队伍将晋级全国甲级球队,参加2011~2012赛季全国女子篮球甲级联赛。经过9天32场比赛,上海、山东两个代表队成功晋级全国甲级球队。

【举办"魅力竹乡行"宣传文化活动】 7月,崇义县启动为期半年的"魅力竹乡行"系列宣传文化活动。活动以全新形式在全县16个乡镇轮流举行,请民间艺人和群众将最具特色的非物质文化遗产和发生在身边的感人故事搬上乡村和重点旅游景区的舞台,通过海选确定节目,确定后则由当地群众自编自导自演。活动吸引广大人民群众积极参与,有800多名农民群众参与其中,演出形式、内容丰富多样,拥有"三节龙"民间灯彩、古朴悠扬的树叶音乐、代表农耕文明的舞春牛、迂回荡肠的山歌小调、原始奇特的牛葬习俗、道教舞蹈等平时听得多、见得少的乡土特色文化表演。

(崇义县志办)

主要领导人 县委书记:黄志标。县人大常委会主任:吴家勇(任至6月)、郭　兰(6月任)。县长:邱建军(任至6月)、徐　兵(6月任)。县政协主席:江文仁(任至6月)、陈金发(6月任)。

·安　远·

【简　况】 位于江西省南部,辖10乡8镇、151个行政村。总面积2375平方千米,耕地面积10.94万公顷,森林面积20.05万公顷,森林覆盖率84.25%。总人口37.83万人。农业人口31万人,非农人口6.83万人。2011年,全县实现生产总值35.2亿元,增长11%。第一产业1.30亿元;第二产业1.80亿元;第三产业2.57亿元。财政总收入3.3亿元,同比增长37.6%;地方财政收入2.03亿元,增长32.3%;财政支出11.8亿元,增长26.6%。在岗职工年平均工资2.4万元,增长15.2%。城镇居民人均可支配收入8796元、农民人均纯收入3698元,分别增长10.2%、17.1%。社会消费品零售总额11.5亿元,增长16.5%。

工业经济增速强劲。全县充分依托稀土、电气石、中药材等优势资源,加大固定资产投资力度,加快重点工业项目建设,进一步优化工业产业结构,壮大工业经济总量。全年规模以上工业实现总产值20.12亿元、主营业务收入18.34亿元,分别增长79.4%和65.1%;实现增加值4.75亿元、税收1.6亿元,分别增长21.6%和117%。以稀土深加工为龙头,以电子产品、生物制药、农产品加工为支撑的工业产业集群加速形成。完成园区基础设施建设投入4000余万元,新建标准厂房2.5万平方米。社会消费品零售总额达11.5亿元,增长

16.5%。全县金融机构各项存款余额45.2亿元、各项贷款余额22亿元,分别增长22.7%、31.5%。

项目支撑更加有力。2011年,完成500万元以上固定资产投资6.96亿元,增长35.1%。寻全高速安远段启动征地拆迁。完成黄坑至上濂等3条42.3千米公路。帮扶明达公司通过环保部第一批稀土企业核查和新上年产3000吨高性能氧化锆超细粉体材料项目。科迪等一批重点产业项目扎实推进。城市应急(备用)水源等重点项目加快建设。争取各类用地指标53.80万平方米,缓解项目建设用地压力。农网升级改造工程顺利推进,版石110千伏变电站正式投入运营。全年合同签约内资6200万元,外资1000万美元,实际利用外资1875万美元,荣获全市开放型经济工作综合奖。

城乡面貌持续改善。全县围绕建设"四宜"城市,启动新一轮城市总体规划修编。按照"以城带乡、城乡互动"的理念,积极促进城乡二元结构向城乡一体化转变。坚持规划先行,集中人力、物力、财力开展"四城同创"和"治脏、治乱、治堵"综合整治,完成城乡建设投资4.96亿元;贯通九龙大道和新溪路,完成体育馆建设和濂江路改造,稳妥推进沿河两岸拆迁改造,城区更加整洁,道路更加畅通;加大省级示范镇建设力度,投入资金3500万元,建设新村点80个,完成新村点主干道硬化62千米。推进"森林十创"活动,完成"一大四小"造林绿化2600公顷,道路绿化131平方千米、城区绿化13.33万平方米。开展稀土和环保专项整治活动,治理水土流失面积1540公顷,出境断面水质均达到或优于国家地表水三类标准。实施全国小型农田水利重点县项目,农机推广更加普及,被评为全国平安农机示范县。加固中央规划内小型水库8座。加强耕地和基本农田保护,开展农村集体土地确权登记试点。

社会事业协调发展。安远县完成濂江中学和特教学校主体工程,推进校安工程。体育事业取得新突破,荣获全市第三届运动会团体总分第六名。实施城乡居民社会养老保险工作,统筹解决1600多名包括代课教师在内的"三类"人员社保,建立失地农民养老保障机制。城镇职工、居民医保覆盖面进一步扩大,在全市率先实现事业单位全员参加工伤保险。提高公职人员的津补贴和村干部工资待遇,解决村民小组长固定误工补贴。新建廉租房、公租房和改造国有林场危旧房1040套,完成包括"两红"人员及其遗属1258户危旧房改造。搬迁安置深山区、地质灾害区群众2336人,建立集中安置点16个。完成农村饮水安全工程3座,解决1.1万人饮水安全。优抚安置政策落实到位,评为全市民政工作先进县。发放小额担保贷款4030万元。实施林业小额贷款贴息补助710万元,完成率居全省第一。完善农村三级卫生服务网络,全面实施国家基本药物制度,开展儿童"两病"免费救治。严格控制人口增长,启动免费孕前优生健康检查项目。文化信息资源共享工程全面竣工,博物馆、图书馆、文化馆实现免费开放。启动县乡有线电视网络整合、电视数字化工程。开展道路交通安全等专项整治,推进"清剿火患"工作,安全生产和消防工作均被评为全市先进。实施天网工程二期项目,开展"清网行动"等专项行动,社会治安综合治理不断加强。

【创建特色农业产业基地】 2011年,全县发挥农业优势和潜力,打造全省著名现代农业基地、全国一流脐橙产业基地,努力实现农业增效、农民增收目标。加强果业安全监管,创建赣南首个、全省第二个水果类质量安全示范区,全年脐橙总产量达28.2万吨。依托主攻城市并争取央视等主流媒体,积极开展果品营销活动。生猪养殖快速发展,全年出栏生猪30万头,增长17.8%。食用菌业品种增多,数量加大,年产食用菌8000万袋,增长33%。农业转型发展加快,全年新增蔬菜基地面积74.67公顷,新开发油茶37.33公顷,新造工业原料林225.67公顷,争取800公顷烟叶种植指标,在北片乡镇引导发展烟叶产业。

【打造生态旅游示范县】 2011年,全县进一步挖掘整合东江源三百山、九龙山、脐橙文化、采茶戏文化、红色文化等旅游资源,把潜在的资源打造成旅游的新景点,全力打造"东江之源、生态之都、脐橙之乡、温泉乐园、客家风情、休闲农庄"六大特点的全国一流的生态旅游示范县。编制全县旅游发展规划,加快乡村旅游发展步伐,启动三百山景区专项保护规划编制,完善三百山等主要旅游景点基础配套设施。中央、省、市主要媒体对旅游景区进行重点推介,三百山旅游品牌效应日益增强。全年接待游客20.8万人次,实现旅游综合收入5961万元,游客人次、旅游综合收入分别增长25.4%和26.6%。

(陈建平)

主要领导人 县委书记:黄建平(任至6月)、邝光华(6月任)。县人大常委会主任:黄建平(任至6月)、邝光华(6月任)。县长:周 建。县政协主席:叶风光(任至6月)、袁志勇(6月任)。

·龙南县·

【简 况】 位于江西省最南端。辖5乡8镇2林场2管委会。总面积1641平方千米,其中城区面积16平方千米。耕地面积9511公顷,有林面积12.45万公顷,森林覆盖率81.1%。总人口31.77万人,其中城镇人口15.1万人,人口自然增长率6.04‰。2011年,实现国民生产总值75.16亿元,同比增长14%。其中:第一产业8.89亿元,增长1.2%;第二产业40.82亿元,增长14.6%;第三产业25.45亿元,增长19.3%。完成财政总收入9.1亿元、增长37.9%,人均3020元;地方财政收入5.13亿元,增长24%;地方财政支出13.12亿元,增长38.4%。工业总产值159.29亿元,增长38.26%。规模以上工业增加值36.17亿元,增长23.32%;出口创汇3.78亿美元,增长54.35%。实现全社会固定资产投资65.01亿元,增长20.34%。实际利用外商投资7183万美元,增长10.49%;引进省内外资金21.17亿元,增长31.7%。生产原煤33.95万吨,同比减少1.65%;水泥76.86万吨,减少4.75%;稀土金属氧化物2676.96吨,减少39.52%。农业总产值14.64亿元,增长9.26%。粮食总产量6.79万吨,同比减少1.67%;柑橘类水果总产4.54万吨,增长15%；肉类总产量2..40万吨，增长5.48%；家禽出笼371万只，增长3.06%。实现社会消费品零售总额19.44亿元，增长18.06%。城镇居民人均可支配收入1.16万元，增加1107元，增长10.51%；农民人均纯收入5185元，增加559元，增长12.08%。城乡居民年末储蓄余额43.27亿元，增长27.7%。全县拥有各级各类学校95所，在校学生4.21万人。卫生机构24个。

攻项目培产业促发展。2011年，成功举办江西龙南（东莞）招商引资推介会，各类产业协会和客商纷至考察。相继引进金冠电子产业抱团项目、永立磁业、建筑陶瓷产业基地等一批亿元以上项目。全年引进外资项目10个，实际利用外资7183万美元，增长10.49%；引进5000万元以上内资项目8个，实际进资21.17亿元，增长31.7%。外贸进出口总值4.5亿美元，增长40.39%。汇森家具年出口1.23亿美元，成为全县出口率先破亿美元出口企业。五矿东林二期等一批核心项目加快推进，打造4个百亿元稀土等项目产业。规模以上工业实现增加值、主营业务收入、利税分别达36.17亿元、158亿元、18.95亿元，同比分别增长23.32%、55.93%、168%。开发区建成区面积达9310平方米，新增3100平方米。赣州南500千伏输变电工程竣工投运；精丰纽扣等一批项目竣工投产；全年49个重大项目完成投资36.37亿元，占全社会固定资产投资总额的55.95%。高标准编制《龙南县风景旅游开发规划》《小武当省级风景名胜区总体规划》获省政府审批通过，出版发行建国后第二部《龙南县志》，启动客家围屋申报世界文化遗产工作，成功举办第四届中国·龙南客家围屋文化旅游节，客家围屋被评为第二批中国传统建筑文化旅游目的地，县文化馆被评为全国一级文化馆。全年接待游客116.28万人次，实现综合收入8.62亿元，分别增长28.5%和36.5%。

重统筹建设秀美农村。2011年，龙南县农业产业化发展态势良好，脐橙面积达5900多公顷，无公害蔬菜面积达2360多公顷，生猪饲养量达31.6万头，中华鲟养殖场增至40家，花卉苗木基地总面积107公顷。安排专项资金免费为农民开展职业技能培训，引导1万多人在县内引外联企业就业，引导30多家县内企业在乡村设立120多家微型企业，推动近万名农村留守劳动力在家门口就业，劳务收入成为农民增收的主要渠道。里仁鸳鸯厅等农村新型社区48个省扶点和8个自建点全面成型。全力推进地质灾害移民搬迁，临塘湖洋排、武当石浮塘成为避灾移民新的美好家园。36个总投资3亿元的农村基础设施项目进展顺利，改造农村公路、危房改造；实施7个农村饮水集中供水工程，解决4.7万人安全饮水问题；全国小农水重点县项目完成渠道整治306.68千米，改造灌溉面积2786.67公顷，代表全国第二批重点县在第三批启动仪式上作典型发言，蝉联全省水利建设最高奖“鄱湖杯”殊荣。启动实施统筹城乡发展综合示范区建设。推进以杨村等中心镇建设为重点的小城镇建设，引导农村人口向城市、重点镇、中心村转移。突出从教育、卫生入手，努力做到进城农民与城市居民“同城同待遇”。新都学校建成开学，解决2400多名进城务工人员子女就学问题；深化新型农村合作医疗，全年新农合补偿21.08万人次，补偿金额5026.99万元。

保民生促完成惠民实事。2011年，100件惠民实事基本完成；进一步提高城乡低保对象、“三无”人员（由民政部门收养的无生活来源、无劳动能力、无法定抚养义务人的公民）和精减退职老职工等困难群体的各项保障标准；为2416名中心城区低收入群体发放临时物价补贴；全面推进城乡居民养老保险全覆盖，新农保参保农民15.2万人，城镇居民参保1859人；大力推进住房保障体系建设，建筑面积约10万平方米、3800套的“宜居花园”廉租住房全面启动；169户低收入家庭入住廉租住房，1144户困难家庭享受住房租赁补贴；建立民工工资监控保障机制，切实保障农民工合法权益。科学推动教育事业发展，继续加大教育投入，筹措3419万元实施校安工程，拆除D类危房6753平方米。城镇新区教育园区加快推进，龙翔学校、特殊教育学校主体工程竣工，龙洲小学、公办幼儿园建设全面启动。全面实施国家基本药物制度，扎实推进农村基本公共卫生服务均等化。人口与计划生育工作持续、稳步、和谐发展，荣获“全国计划生育优质服务县”称号。

【加快创建高品质宜居城市】 2011年，龙南将《龙南县城市总体规划》修编年限延调为2030年。精心把关评审行政中心等城市重要节点和标志性建筑设计方案、注重完善城市公共功能布局。一大批文化、行政、医疗、景观项目开建，文化艺术中心主体工程封顶，行政中心开工建设，迎宾大道一期工程和金水大道改造工程顺利推进。全年新增城区面积0.9平方千米，建成区面积达16平方千米，城镇化率升至49.5%。投资超亿元东湖新区植物园建设初具规模，龙翔国际滨江、广场西路绿化全面完成。城区绿地面积583公顷，人均公园面积11.7平方米，城市绿地率36.5%、绿化覆盖率40.6%。深入推进“三城同创”，扎实开展“治脏、治乱、治堵”活动。大力完善城管设施，投入近300万元强化重要区域环境卫生整治，营造安全有序、整洁优美的城市环境。加大城市规划执法力度，有效遏制违法违规建设蔓延势头。全年投入城市园林绿化资金5000万元，是城市绿化投入最多、增幅最快的一年。

（徐柏胜　赖日金）

主要领导人　县委书记：曾　凡（任至6月）、谢宝河（6月任）。县人大常委会主任：曾　凡（任至6月）、钟　敏（6月任）。县长：刘　勇（任至6月）、张　逸（6月任）。县政协主席：钟朋荣（任至6月）、曾明健（6月任）。

·定南县·

【简　况】 位于江西省南部，辖7个镇，总面积1321.12平方千米。其中县城建成区面积9.54平方千米。耕地面积0.7万公顷，林地面积11.05万公顷，森林覆盖率为80.9%，城区绿化率41.51%。总人口21.13万人，其中非农业人口4.29万人，人口自然增长率7.32‰。2011年，实现国内生产总值38.36亿元，同比增长12.3%。其中：第一产业5.78亿元，增长

3.9%;第二产业17.70亿元,增长14.2%;第三产业14.88亿元,增长13.8%。财政总收入5.8亿元,增长38.1%,年人均2766元,税收收入占财政总收入88%;地方财政收入3.17亿元,增长28.8%;地方财政支出9.52亿元,增长18.7%。工业总产值62.24亿元,增长90.1%。规模以上工业增加值12.73亿元,增长17.2%。出口总额2781万美元。全社会固定资产投资总额23.72万元,增长23.9%;新增固定资产23.56万元;在建房屋面积155.78万平方米,增长10.4%;竣工房屋面积70.48万平方米,增长70.7%;实际利用外资金额4449万美元、省外资金3.61亿元,实际利用内资金额19.03亿元。主要工业产品有混合氧化稀土3798吨、钨精矿1001吨、仲钨酸铵3370吨、松香改性树脂2880吨、钢铁9.99万吨。农业总产值13.42亿元,增长9.7%。粮食总产量5.67万吨,主要农产品有稻谷5.21万吨、生猪出栏数74.18万头、水果1.22吨、肉类6.41万吨、家禽93.7万只。万元GDP能耗0.63吨标煤,下降2.77%;二氧化碳排放总量(万吨)削减率2.28%;城市污水处理率92.23%。城镇居民人均可支配收入1.25万元,同比增加1051元。农村人均纯收入4086元,增加376元。城镇居民年末储蓄余额33.78亿元,增长38.37%。

2011年,全县开展“发展提升年”“治庸、治懒、治散”和“送政策、送温暖、送服务”活动;建成启用行政服务中心、“三送”服务中心、村级便民服务站;推行网上办公和网络问政;财政支出不断向民生倾斜,全年投入资金5.43亿元,占财政总支出57.04%。定南四小等8件实事如期完成,七星公墓等两件实事有序推进;新增城镇就业1987人,新增转移农村劳动力2560人,城镇登记失业率控制在3.4%以内;“五保合一”、扩面征缴工作稳步推进,城镇小集体企业职工参保工作基本完成,城镇居民社会养老保险参保率达60%,新农合参合率达95.2%;白内障、唇腭裂、白血病患者免费救治工作全面落实;“5·7”洪灾灾后重建工作基本完成,地质灾害避灾移民搬迁171户846人。试行县城散居人群网格化、自治式管理,设立维稳处突基金,组建防暴巡逻大队、应急救援大队,“天网”工程建设全市排名第三,“清网行动”网上逃犯下降率全市排名第二,一批信访维稳问题得到妥善化解。定南县选手勇夺全国第七届城运会女子55公斤级摔跤金牌;图书馆改造及城区有线电视数字化整体转换全面完成;农村药品“两网”建设成效显著。2011年,定南县被列为国家绿色能源示范县、小农水重点县、农村电气化县、生猪调出大县、农业标准化生猪生产示范区,荣获国家民族传统推广优秀奖、全省新农村建设先进县、全省社会救助工作先进县、全省工业崛起年度贡献奖等称号。

【“双百”会战成效显著】 7月15日,定南县召开“百个重点项目百日奋战”工作动员大会,对“双百”会战项目建设工作进行全面部署。各园区、片区、示范区建设指挥部,各项目建设责任单位推动项目建设工作提速、提质、提效,实现“百个项目齐推进,百天时间见成效”。62个在建项目中,35个项目达到或超过进度要求,竣工、投产项目19个。全年推进125个重点工程项目建设,完成投资19.78亿元,英唐电子等30个在建项目竣工投产,赣悦光伏玻璃等32个项目开工建设,询展生物等44个产业项目签约落户。

【率先建立“三送”活动结对联户全覆盖】 2011年,全县从县、镇选派679名干部组成152个工作组,深入到119个行政村、6个城市社区和27个规模以上非公企业开展“三送”活动。定南县大胆创新基层社会管理模式,率先在全市建立“三送”活动结对联户全覆盖制度。活动做到“五个一”,即:一张“三送”工作结对联户覆盖网络示意图,一条政策宣传长廊,一个便民服务站,一张产业发展规划图,一套完整的结对联户台帐。截至年底,帮助群众、企业解决实际困难2854件,为群众办好事实事6208件,新修公路34.1千米,新建、维修水渠6.02千米,新建桥梁31座,送帮扶慰问资金81.73万元,争取扶助资金235.33万元。

【重点整治违法违章建筑】 2011年,定南县重点整治违法违章建筑。整治期间,县委、县政府印发《关于进一步加强城乡规划建设管理的通知》,明确各有关职能部门职责分工;采用执法巡查分片区责任包干制,针对不同程度违法违章建设行为指导督促相关职能部门联合查处。采取违建户限期自拆奖补拆除工资,公职人员、村干部带头自拆等拆除方式鼓励自拆,并设立举报奖励制度。达到“新违规建筑零增长,老违规建筑负增长”整治目标。

【首届梅花节开幕】 2月9日,定南县首届梅花节在岭北镇梅香村开幕。梅花节以“赏千株梅花,品农家小吃,展乡村风采”为主题,历时1个月。其间推出赏梅游园、品梅踏春、品茶交友、书画联谊和品尝客家小吃等10多项活动,游客观赏到红梅、腊梅等8个品种数千余株的珍贵梅花。2010年以来,梅园先后引进多个品种4000余株梅花,梅园建设“八卦梅花广场”“梅香梅岭”“梅香石文化”“梅香特色菜馆”“梅园”及“梅开五福茶馆”“梅香梅苑”等特色景点。举办梅花节,对提升定南县新农村建设品位、吸引省内外游客、扩大定南知名度等方面发挥积极作用,有力促进全县文化生态旅游产业发展。

(李月香)

主要领导人 县委书记:钟炳明(任至5月)、陈阳霞(6月任)。县人大常委会主任:钟炳明(任至5月)、曾小良(6月任)。县长:黄志明(任至5月)、蓝应尚(6月任)。县政协主席:利胜才(任至5月)、魏明耕(6月任)。

·全南县·

【简　况】 位于江西省最南端。辖6个镇、3个乡,总面积1534.6平方千米,耕地面积0.75万公顷,林地面积1.27万公顷,森林覆盖率82.51%。城区建成区面积8.12平方千米,增长2.5%;总人口21万人,城区人口6.62万人。2011年,全年实现生产总值33.01亿元,同比增长11.9%。其中:第一产业6.43亿元,第二产业16.07亿元,第三产业10.5亿元,分别增长

4.5%、16.9%、10.2%。三项产业结构调整为19.5:48.7:31.8。实现财政收入4.3亿元,增长29.6%;其中地方财政收入2.4亿元,增长21.1%。完成500万元以上固定资产投资14.3亿元,增长27.3%。实现社会消费品零售总额9.6亿元,增长17.1%。实际利用内资18.1亿元,利用外资4555万美元,完成外贸出口总额6340万美元,分别增长25.8%、10.1%、6.1%。金融机构存贷款余额35.1亿元、15.9亿元,分别增长31.8%、22.3%。城镇居民人均可支配收入8177元,农民人均纯收入3666元,分别增长10%、10.3%。全县开工建设乡、村公路50.1千米。全县规模以上工业实现增加值13.6亿元,主营业务收入56.3亿元,利税7.5亿元。工业增加值占GDP45.5%。新增规模以上工业企业2家,总数32家,提前一年实现三年强攻工业发展目标。

现代农业蓬勃发展。全县建成商品蔬菜面积2066.67公顷,桂花、厚朴芳香产业基地1333.33公顷,建立高山蔬菜标准化示范基地40个。一批小农水重点县工程项目、农田节水灌溉工程、中央财政支持柑橘项目、龙源坝防洪堤工程、病险水库除险加固工程进展顺利,改造灌溉渠道122千米,农村基础设施不断完善,农业保障水平进一步提高。2011年,被评为全省节约集约用地模范县、全省森林资源保护先进县。

项目建设有新突破。全年实施重点项目38项,其中亿元以上项目5个,完成投资6.53亿元,增长28%。老体育场标志性建筑等19项重点项目顺利开工,完成音乐喷泉等一批市政工程。完成金龙大道滨江小区至含水桥1.3千米路段拓宽、城区小街小巷道路改造及路灯安装等工程,启动工业大道和市民公园建设,拆迁安置房第四期工程完成主体结构施工。位于江畔湾广场的新城区集贸市场建筑面积4000平方米,投资1000万元,5月投入使用。投资1800万元的“顺客隆”大型超市开业。

民生保障社会事业全面进步。全年财政用于文化教育、社会保障、医疗卫生、保障性住房等民生支出4.3亿元,占财政总支出的52.6%,全面完成或超额完成市政府91项民生工程指标任务。投资375万元对县第三小学进行改扩建;成功争取中央预算资金295万元对社迳初级中学进行校园改造。农民参加新农合人数为12.66万人,新农合基金补偿12.32万人次,补偿金额2587.95万元,全县统筹基金支出占可用基金88.87%。农民补偿受益面97.32%,增加13.55%。城市低保标准提至300元,农村低保标准提至130元。在全省率先出台低收入家庭认定制度,得到省、市民政部门充分肯定。全年城市低保对象1146户2405人,发放低保金601万元;农村低保对象2256户5085人,累计发放低保金559万元。全年城市医疗救助422人次,救助金137万元;农村医疗救助967人次,救助金223万元。在全市率先实施对80~100岁以上老人生活补助政策,3172位老人按不同年龄段分别领取每月50元至500元的长寿补贴。全南县实施“10个100%救助体系”,被评为2011年度“全省最受网民欢迎的县域民生工程”之一。竣工1.43万平方米240套保障性住房,总投资1080万元,实施住房保障家庭1133户。

【生态工业园建设成效显著】 1月,全南县工业园被省政府命名省级生态工业园区。园区工业大道开工,总投资1149.24万元。220千伏五光变电站占地2.77万平方米,总投资1.2亿元,进入设备安装阶段。新批5000万元以上内资项目7个,1000万美元以上外资项目5个,入园企业增至120多家,形成有色金属深加工、机械电子、新材料、现代轻纺四大优势产业集群。2011年,园区实现主营业务收入51.08亿元,增长88.48%;工业增加值12.27亿元,增长102.14%;上缴税金1.92亿元,增长36.1%。

【“一江两岸”又添城市新景】 11月31日,音乐喷泉向市民亮相,工程总投资306万元,主喷头喷高50米,是集喷泉、灯光、音乐、激光字幕于一体的水景表演体系。《弟子规》主题公园位于桃江二中桥至含水桥东岸,总长1320米,占地2.15万平方米,总投资1200万元。公园有石刻《弟子规》全文,以20组史韵石雕表达“弟子规”内容,以琴台、棋盘、书画廊为景观节点,以5座“亲水台”为滨水景观,以水杉、四季桂、香樟、银杏等名贵树种为绿化带,配以亭、阁,形成四季皆景、姹紫嫣红的文化景观长廊。投资289.76万元在“一江两岸”滨江公园安装19座雕塑,作品中有《弟子规》作者李毓秀人物原型,有体现全南淳朴民风民俗的“车马灯”“花棍舞”“蓝巾帕”“磨豆腐”,有表现儿向母敬药的“孝道”,有反映现代生活的“花样年华”“滑板少年”“快乐童年”“幸福一家”“唱红夕阳”,有寓意全南9个乡镇齐头并进的“鱼跃龙门”,有描绘全南人民奋发图强的“心手相连”“实力全南”“乘风破浪”“奔向未来”。雕塑营造出全南历史文化长廊的景观效果。

(月永通)

主要领导人 县委书记:李恭进(任至6月)、薛　强(6月任)。县人大常委会主任:李恭进(任至6月)、薛　强(6月任)。县长:赵多仙(任至6月)、胡晓平(6月任)。县政协主席:邓诗海(任至6月)、黄立忠(6月任)。

·宁都县·

【简　况】 位于江西省东南部,辖12镇、12乡,总面积4053.16平方千米,县城面积15.5平方千米。耕地面积4.48万公顷。总人口78.72万人,其中非农业人口13.82万人,人口自然增长率5.61‰。2011年,全县生产总值89.9亿元,同比增长10.4%。其中第一产业增加值20.93亿元,增长5.2%;第二产业增加值36.52亿元,增长10.6%;第三产业增加值32.41亿元,增长13.5%。三次产业结构比为23.3:40.6:30.1。全县规模以上工业增加值11.2亿元,利税1.5亿元,分别增长19%和39.6%。全社会固定资产投资47.8亿元,增长30%;社会消费品零售总额27.5亿元,增长16.9%。财政总收入6.01亿元,增长27.2%;地方财政收入4.78亿元,增长31%。城镇居民人均支配收入1.11万元,增长11%;农民人均纯收入3630元,增长9.9%。金融机构存款额111.8亿元,比年初增长18.9%;

贷款余额46.5亿元,增长19%。

加大基础设施建设力度。2011年,全面开展清理整治违法违章建筑攻坚战,依法组织拆除违法违章建筑10万余平方米,迅速遏制违法违章建筑行为。开工建设26个重大项目,完成总投资近4亿元。迎宾大道、永宁大桥、宁都至乐安公路竣工通车,县中医院易址新建工程竣工,县人民医院易址新建项目完成主体工程,登峰大道路段拓宽改造,永宁大道、三环南路建设步伐加快。成功争取温坊110千伏变电站、临宁线县城段西移、319国道县城段改造等重大基础设施建设项目。实施老城区主要街道人行道翻新改造和小街小巷亮化工程。翠微峰景区被评为国家4A级旅游景区,县城建成区扩大到15.5平方千米,人口18.4万,全县城镇化率45.5%。

加强农村基础设施建设。全县粮食播种面积7万公顷,其中水稻种植6.5万公顷,粮食总产量40.3万吨;黄鸡出笼3000万只,鲜菇生产3.4万吨,脐橙产量11万吨,茶油产量1000吨,生猪出栏20.5万头。新增农民专业合作社12家,总数105家,春江茶叶合作社被评为"中国茶叶十大专业合作社"。农业机械综合作业水平达48%,连续3年被评为全省农业机械化促进工作先进县。147个省扶新农村建设点村庄整治工作基本完成,实施29座病险水库除险加固工程,开工建设一大批小型农田水利、土地整治、现代农业标准农田等农业基础设施项目,累计完成投资2亿多元。完成290千米农村公路改造和65座危旧桥改造,农村改渡建桥工程全部建成通车,荣获江西省2011年度农村改渡建桥工程先进县。

规范政府自身建设。加强网上审批和电子监察系统建设,行政审批服务项目实行网上审批,实现与省、市联网对接。大力推进政务公开,在政府门户网站公开政府信息1.31万条;办理人大代表议案2件、建议意见144件、政协提案157件,办结率为100%。财政安排专项资金1000万元,新建或改建60个村组活动场所,提高村干部工资待遇。开展严打整治和"清网"专项行动,成功破获全市最大的一起贩毒案,抓获网上逃犯数量占全市的10.9%,居全市第一,社会治安形势明显好转,县公安局获集体二等功。

【民生工程基本完成】 2011年,县财政安排9.6亿元,推进民生工程。200多万元补发各乡镇拖欠教师长达10年时间的奖励性工资;所有乡镇卫生院实行国家基本药物制度和药品零差率,实施城乡居民免费健康体检,城镇居民医保和新农合参保率均95%以上;城镇就业率达94.8%,城乡居民社会养老保险参保率达61.5%,有6.77万名城乡居民享受每月55元的基础养老金待遇;基本解决农电工等"三类人员"参加社会养老保险问题,全面落实城乡低保、农村五保、80岁以上高龄老人长寿补贴提标;完成第三期541套廉租住房建设并公开摇号分配到户,实施1589户农村危旧房改造、339户农村"两红"人员住房及其遗属危房改造工程,完成134个贫困村整村推进扶贫开发规划和2218人扶贫移民搬迁;解决1.5万名农村居民和2900多名农村师生安全饮水问题。

【推进工业产业和平台建设】 2011年,宁都县充分发挥矿产品、农产品、劳动力等资源优势,突出围绕矿产品深加工、电子信息、食品加工、轻纺服装四大主导产业,文化创意、门业、物流三大特色产业,加大招商引资力度,全年引进外资项目8个,5000万元以上内资项目10个,实际引进外资3651万美元,引进内资16.2亿元,实现外贸出口2261万美元。温州商会、顺德商会、门业企业、文化创意企业商抱团前来洽谈,朝盛矿业年产24万吨硫酸生产线一期项目、华厦农业2万吨脐橙气调库项目竣工投产,艾炜特电子年产100万台互联网电视机、海澜之家服装生产基地等重大项目启动建设,鸿业(服装)出口加工园、绿缘环保袋项目落户园区。

(刘红彦)

主要领导人 县委书记:王扬金(任至6月)、王四华(6月任)。县人大常委会主任:李志勇。县长:杨晓春(任至6月)、刘　勇(6月任)。县政协主席:刘光文(任至7月)、赖文政(7月任)。

·于　都·

【简　况】 位于江西省南部,辖9镇,总面积2893平方千米,其中城区面积22.9平方千米。耕地面积2.9万公顷,林地面积21.09万公顷,森林覆盖率71.7%,城区绿化率39.5%。总人口103.56万人,位居赣州市第一,其中非农业人口18.51万人,人口自然增长率7.04‰。2011年,国内生产总值107.42亿元,同比增长11.6%。其中:第一产业增加值18.39亿元,增长4.3%;第二产业增加值55.28亿元,增长12.9%;第三产业增加值33.75亿元,增长15.9%。财政总收入8.11亿元,增幅27.7%,人均947元;税收占财政总收入30.25%;地方财政收入5.66亿元,增长24.4%;地方财政支出22.1亿元,增长25.5%。工业总产值137.85亿元,增长15%;规模以上工业增加值36.06亿元,占GDP33.56个百分点;外贸出口占GDP3.1个百分点。固定资产投资72.9亿元;实际利用外资6455万美元。铜精矿1165吨,钨精矿5949吨,乳制品1.07万吨,纸制品1454吨,光缆1647千米。农业总产值28.61亿元,增长12.1%;粮食总产量25.3万吨。稻谷24.14万吨,花生106万吨,油菜籽5289吨,芝麻140吨,甘蔗1030吨。万元GDP能耗下降4.07%,二氧化硫排放总量0.35万吨,削减率2%,城市污水处理率76%。城镇居民人均可支配收入1.35万元,增长12.3%;农村居民人均纯收入3931元,增长10.03%。城乡居民年末储蓄余额87亿元,增长21.2%。城镇就业率96.3%,"4050"人员和零就业家庭安置率100%;社会基本养老保险参保人数4.5万人。

强势攻坚推进项目建设。全年开发项目112个,其中亿元以上重大项目37个。争取上级无偿资金17.6亿元,增加3.1亿元,创历史新高;争取建设用地指标300.53万平方米,同比增加74.13万平方米。全年实施重点项目87个,完成年度投资38.9亿元,是上年两倍。总投资达12亿元的贡江流域水电梯级开发项目快速推进,跃洲、峡山水电站厂房主体工程基本完工;总投资10亿元的环城快速干线项目积极推进，南外环线前期工作正式启动；总投资6.7亿元的南方万年青水泥技改项目稳步推进。

夯实基础统筹城乡发展。2011年，175个新农村建设点建设任务全面完成，银坑山下社区、黄麟上关社区被评为全省精品农村社区。新改建高低压线路189千米，银坑110千伏变电站投入使用。农村“改渡建桥”工作被评为全省先进。新陂、葛坳、银坑万亩高标准粮田建设顺利启动，寨背、洪杉等3座病险水库除险加固工程全面完工；恢复和改善灌溉面积3193.33公顷。粮食生产实现八连增，总产量25.34万吨。新增柑橘种植533.33公顷、油茶种植800公顷，新增岭背金溪等规模蔬菜基地6个。新增农业龙头企业9家，总数35家。完成水土流失治理2706.67公顷，完成造林绿化“一大四小”工程建设3893.33公顷，森林覆盖率升至71.68%，万元生产总值能耗下降4.07%。全面完成节能减排与环境保护任务。

以人为本增进人民福祉。全县民生支出17.5亿元，占财政总支出79.2%，支出规模连续5年居全市首位，荣获全市民生工程建设“五连冠”。城镇就业率96.3%。社会基本养老保险参保人数4.5万人。城乡居民社会养老保险参保人数34.64万人，发放养老金1.13亿元，8.8万城乡老人喜领养老金，列为全国10个新农保典型试点县。“三无人员”养老医疗保险问题妥善解决。城镇基本医疗保险参保人数15.2万人。新型农村合作医疗政策补偿比例达79.2%，居全省前列。完成保障性住房5687套、农村危房改造1120户，启动“两红”人员土坯房改造869户，连续五年被评为全市住房保障工作先进县。有效解决4.62万群众饮水安全问题。完成移民扶贫搬迁2200人，被评为全省扶贫工作先进县。连续七年评为全省社会救助工作先进县。

社会事业全面发展。新招聘教师520人，完成校安工程7.6万平方米；新开工建设乡镇综合文化站14个；被文化部命名为“中国民间文化艺术之乡”，被评为全市群众体育和竞技体育工作先进县。县中医院住院大楼二期主体工程、县第二人民医院住院大楼改扩建工程全面完工；申报国家专利42个，被评为全国科技进步先进县。第六次人口普查工作被评为全省先进。“六五”普法全面启动。获得国家级表彰8项、省级表彰53项。

【多极互动主攻新兴工业】 2011年，全县规模以上工业、工业园区主营业务收入分别为140.4亿元、127.5亿元，增长40%、33.8%；规模以上工业利税总额13.3亿元，增长51%，增幅创新高；矿业、机械电子业、轻纺食品业分别实现主营业务收入44.5亿元、47.8亿元和44.9亿元。八〇一钨业等15个项目顺利落户，力邦服饰等16个项目全面开工，鑫永森镍氢动力电池等36个项目加速推进，奥科特照明等25户企业竣工投产。工业用电量3亿千瓦小时。新增规模以上工业企业7家，新增纳税超千万元企业1家，超百万元企业7家。

【建管并举打造卫星城市】 2011年，于都城市远景发展规划、贡江新区控制性详细规划基本完成。新区交警指挥中心投入使用，长征中学主体工程基本完成，渡江南大道东段一期、5万吨水厂土建工程基本完工，贡江新区防洪堤、星级宾馆建设进展顺利，四馆一中心、滨江湿地景观公园、体育中心建设全面启动，贡江南岸初步展现现代都市轮廓。应急救援指挥中心、户用管道天然气、工业园区农贸市场建设全面启动。渡江三期道路工程全线贯通，于山大道、古田中路等城市主干道绿化亮化全面升级，起元巷、东门一段等8条小街小巷改造全面完成。

（管宝禄）

主要领导人 县委书记：胡健勇（任至8月）、蓝捷（8月任）。县人大常委会主任：方萃涛（任至6月）、高明旭（6月任）。县长：唐庆敏。县政协主席：伍春林（任至6月）、曾庆银（6月任）。

·兴国县·

【简　况】 位于江西省中南部，辖25个乡镇，302个行政村，总面积3214.46平方千米，总人口79.1万人，人口自然增长率8.9‰。2011年，全县完成生产总值89.7亿元，同比增长10.7%；财政总收入7.61亿元，增长28.5%；地方财政收入4.18亿元，增长32%；累计争取上级各类资金14.53亿元；完成全社会固定资产投资59.98亿元，增长20.1%；城镇居民人均可支配收入1.1万元，增长10%；农民人均纯收入3961元，增长11.5%。金融机构存贷款余额分别85.4亿元和45亿元，实现社会消费品零售总额23.6亿元，增长17%。

工业经济加速转型。全年引进投资5000万元以上项目13个、亿元以上项目7个。规模以上工业企业实现工业增加值22.42亿元，增长16.68%；主营业务收入98.2亿元，增长42.35%；利税11.94亿元，增长2.41%。工业对经济增长贡献率69.6%。

农业经济平稳发展。全年脐橙产量5.2万吨，“将军红”脐橙被评为省名牌农产品；新植高效优质油茶533.33公顷、花卉苗木173.33公顷；新增省市级农业龙头企业5家，总数18家，位列全市第一；新增农民专业合作社20个，总数127个；被评为全省粮食生产先进县。

城乡建设进一步加快。2011年，编制《兴国县近期建设规划（2011～2015）》，城市控规覆盖率达100%；完成《兴国县镇村布局规划》和乡镇圩镇总规修编，实施21个城市重点工程项目，城市建成区面积达21.32平方千米，城市人口21.14万人，城镇化率提高2.2个百分点，达41.2%。全面开展城市“治脏、治乱、治堵”和违章建筑拆除行动，拆除违章建筑271户、4.2万平方米。

农村基础设施逐步完善。2011年，完成新农村建设点250个、受益人口3.96万人；启动10个中央彩票公益金实施整村推进扶贫项目试点村工作；组织实施富溪等24座小（二）型病险水库除险加固，完成11座塘坝、堰闸加固工程，启动实施枫边等10个乡镇的小农水重点县建设项目，改造灌渠220千米；硬化农村公路180.8千米；完成农村饮水安全工程10处，解决4.54万人饮水安全问题。完成“一大四小”造林绿化3386.67公顷，综合治理水土流失面积1766公顷。

社会事业全面进步。2011年，投

入3240.6万元,新建改建校舍2.43万平方米;免除义务教育阶段学生教科书费1292万元,发放各类教育补助金1570万元。医药卫生体制改革稳步推进,国家基本药物制度有序实施,新农合参合率95.98%,被评为全国基层中医药工作先进单位、全省妇幼卫生工作与妇幼安康工程先进县。新出台农村已扎二女户奖励扶助政策,为3972人每人每月发放100元生活补助,代表省、市顺利通过国家计划生育依法行政工作检查。第六次全国人口普查工作获全省先进。新建乡镇综合文化站15个、农家书屋45个。"国家科技富民强县计划"等3个国家级科技项目顺利通过验收,兴国灰鹅无公害养殖和加工示范项目实施团队被评为国家"十一五"星火计划先进团队。深入开展全民健身活动,市三运会中获团体总分第三名。

交通基础设施建设加快。全年完成投资4.5亿元。重点实施319国道兴国城区段改造工程、滨江东向北延伸绿化亮化工程、毛园至开发区公路工程、农村公路改造工程、农村公路危桥改造工程和农村客运网络建设工程。319国道兴国城区段改造工程全线路基基本完成,滨江1号线至程水塔路段(含兴国大桥)全面完工;滨江东向北延伸绿化亮化工程稳步推进;毛园至开发区公路工程建成通车,正在实施排水工程及道路标线;全年改造农村公路259.6千米,完成危桥改造38座。

政务建设不断加强。2011年,深入推进干部作风"治庸、治懒、治散",扎实开展"发展提升年"活动,干部作风明显转变,政务服务全面提质,政府工作效能进一步提升。自觉接受县人大常委会、人民政协和社会各界的监督,办理人大代表建议373件、政协委员提案183件,办理力度和质量得到代表委员和群众的一致好评。建立健全《政府工作运行规则》,制订完善项目、资金、土地等重点领域监管制度。政府信息公开工作扎实有效。

【强力推进民生工程】 2011年,全县将新增财力2/3投向民生领域,重点实施五大类100件民生实事。成功开行"兴国—东莞东"农民工爱心专列;发放小额贴息扶持贷款6815万元,全市排名第一;失地农民参保人数5402人,全市名列前茅;"金保工程"全市首批上线运行;启动实施新型农村和城镇居民社会养老保险试点工作,城乡居民参保人数达19.1万人;城镇居民医疗保险参保人数16万人,全市排名第二;企业退休人员人平每月上调工资160元,城乡最低生活保障线分别提至每人每月300元和130元;残疾人事业扎实开展,被评为全国残疾人文宣工作先进县;杰村等8个乡镇敬老院改造基本完工;完成1150户农村危房改造;完成扶贫搬迁2000人;投入2484万元改造农村"两红"人员及遗属危房1041户,改造户数全市第二;实施1240套廉租住房建设,被评为全市保障性安居工程建设先进单位。

【大力发展旅游产业】 2011年,兴国县利用资源发展旅游项目,官田中央兵工厂纪念园和烈士陵园改造项目全面竣工,举办官田中央兵工厂军工教育基地竣工典礼,新开岭至官田中央兵工厂旧址公路改建工程进入扫尾阶段;三僚景区被评为国家4A级旅游景区并荣获省优秀新旅游景区称号,品禄园酒店被批准为国家四星级旅游饭店。全年接待游客81.9万人次,实现旅游综合收入5.25亿元,同比分别增长36.5%和41.9%。

(兴国县志办)

主要领导人 县委书记:吴建春(任至6月)、李恭进(6月任)。县人大常委会主任:吴能亿(任至6月)、李恭进(6月任)。县长:邱英祥(任至6月)、赖晓军(6月任)。县政协主席:董世倬。

·会昌县·

【简　况】 位于江西省东南部,辖6镇13乡。总面积2709.91平方千米,其中城区面积9.3平方千米,耕地面积2.18万公顷,林地面积20.5万公顷,森林覆盖率79.47%。全县总户数14.38万户,总人口50.73万人,其中农业人口42.66万人,非农业人口8.07万人。人口自然增长率6.7‰。2011年,实现国内生产总值52亿元,同比增长12.7%。其中:第一产业增加值12.4亿元,增长3.9%;第二产业增加值22.19亿元,增长17.1%;第三产业增加值17.41亿元,增长14.5%。财政总收入6.2亿元,增长23.7%,人均财政收入1354元,税收占财政总收入77.6%。地方财政收入4.33亿元,增长28.4%。财政总支出16.3亿元,增长14.8%。工业总产值65.32亿元,增长59.2%。规模以上工业增加值13.31亿元,增长19.9%。外贸出口1989万美元,实际利用外资3311万美元。固定资产投资22.5亿元,增长28.2%。主要工业产品有锡精矿5246.8吨、原盐2.06万吨、水泥79.01万吨、萤石精粉37.41万吨、米粉8.08万吨。农林牧副渔业总产值19.44亿元,增长10.2%。主要农产品稻谷16.05万吨、豆类1307吨、烤烟9.45万担、果瓜9.50万吨。城乡居民人均可支配收入1.29万元,增加1646元。农村居民人均纯收入3795元,增加664.56元。城乡居民年末储蓄存款余额54.11亿元,增长14.1%。

工业对经济增长的贡献率提高。全县规模以上工业实现总产值65.32亿元、增加值13.31亿元,分别增长59.2%和19.9%;实现主营业务收入64.03亿元、利税8.88亿元,分别增长61.2%和49.4%。其中矿产、食品、建材三大支柱产业实现工业总产值、主营业务收入、利税总额分别增长48.9%、52.6%和59%。工业对经济增长的贡献率63.6%,同比提高1.2个百分点。红狮日产4500吨水泥项目、华达昌年产2万吨米粉项目竣工投产。台商创业基地基础设施建设开工,九二工业基地获批全省首个氟盐化工产业基地。

农业对经济增长的基础作用得到巩固。全年实现农业总产值19.44亿元,增长10.2%。实现粮食总产16.38万吨,其中优质稻15.93万吨。脐橙产量9.02万吨,增长9.8%,新开发果园面积1506.67公顷。种植烤烟1904.13公顷,收购烟叶9.45万担,成为全省第四、全市第二烤烟种植大县。生猪出栏41.9万头,存栏17.6万头。油茶种植553.33公顷,改造低产田666.67公顷,建成33.33公顷以上油茶基地12个。新农村建设整村连片推进,实施新农村建设点85个,完成改水3608户、改厕3494户，实施1040个村点垃圾规范化处理，新增农民合作经济组织56个。

项目建设强势推进。全县实施重大项目带动战略，开工建设重大项目33个，启动前期工作项目21个，开发储备项目163个，完成重大项目投资12.9亿元，增长32.3%；瑞寻高速公路竣工通车，赣龙铁路扩能改造有序推进，会杉线公路升级改造、站塘至洞头公路改造开工建设，建成110千米；实施"千吨万人"供水工程2座、"百吨千人"供水工程4座，完成小(二)型以上水库除险加固9座，"以奖代补"建设小型农田水利150座(处)；白鹅水电站竣工发电，西江110千伏变电站竣工运行。新增通讯基站49个、光纤里程483千米，宽带覆盖率80%。

实施县城第四轮总体规划修编，开展省级园林城市创建活动。新增城区面积1.2平方千米，城镇化率45%，同比提高2.5个百分点。启动投资10亿多元的月亮湾新区、投资6亿多元的县城"三江六岸"路堤景观工程、投资3亿元的环城南路改造工程等重大项目。2万吨净水厂扩建工程、第三小学、生活垃圾填埋场等一批项目基本完工。强势推进"两违"整治，拆除"两违"建筑106栋3.86万平方米。

民生工程普惠百姓。全年民生工程投入8.8亿元，增长40%，占财政支出的59.5%。2011年100件民生实事得到较好落实。完成就业培训6330人，新增城镇就业4830人，转移农村劳动力9800人，城镇就业率96.9%。全县新增"三类人员"854人、失地农民4903人参加养老保险，对5300名高龄老人发放长寿补贴618万元，4432名企业退休人员退休金人均上调158元。困难农林水企业单位、农垦企业、城镇大集体企业职工纳入职工医疗保险，提高城镇居民基本医疗补助、新农合补助标准。扩大城乡低保救助范围，并提高保障标准。全年城镇职工参保人数达2.4万人，发放冬春灾民生活补助661万元，实施城乡医疗救助3270人次544万元，会昌县被评为全省社会救助先进县。大步田廉租房800套顺利摇号分配，新开工建设廉租住房824套、公共租赁住房400套。完成城市棚户区改造3.6万平方米，实施农村危房改造900户。完成整村推进扶贫开发项目134个，深山区、库区、地质灾害频发区移民搬迁2193人。周田地质灾区新学校、新社区建设工程进展顺利。

招商引资取得新成效。转变招商方式，积极开展各类招商活动，成功举办"2011'江西会昌(厦门)招商推介会"。实际利用外资3311万美元，增长4.2%；实际利用内资13亿元，增长60%；外贸出口1989万美元，增长53.5%；引进5000万元以上项目10个，其中亿元项目2个。全民创业更加活跃，新增民营企业90家、个体工商户2300户。

社会事业全面发展。制定《会昌县教育发展五年工作规划(2011～2015)》，实行县领导和县直单位挂点联系学校制度，会昌县被列为全省教育体制改革试点县、统筹城乡教育发展试点县、第二批教育园区建设试点县、全国学生营养改善计划试点县；县文化馆被文化部评为一级馆，《好一朵山茶花》《果乡情》在全国第二届小戏小品曲艺大赛上分获一等奖和二等奖，成功举办会昌县第二届农歌会；科技创新"六个一"工程全面完成，被科技部评为全国科技进步考核通过县；启动生态县创建活动，完成植树造林3400公顷，治理水土流失面积1700公顷，单位GDP能耗、污染物排放总量分别下降4.5%和1.5%；启动"六五"普法工作，大排查、大接访、大调解"成效显著，信访量下降32%。

【汉仙岩景区被评为国家4A级旅游景区】 12月，汉仙岩景区被国家旅游局评为国家4A级旅游景区。景区为江南典型的丹霞地貌景观，由汉仙岩、汉仙湖等景区组成。汉仙岩景区也是国家水利风景区，集八仙文化、盘古文化、客家文化和红色文化于一体，是江西省优秀新旅游景区。

【会昌县室内游泳馆竣工使用】 1月25日，会昌县游泳馆竣工。场馆占地面积2681.30平方米，建筑面积915平方米，总投资350万元。。主楼采用框架结构，看台罩篷采用钢架结构，游泳场南侧设6排看台、520个座位。泳池面积1050平方米，为国际标准比赛泳池。

（曾礼国）

主要领导人　县委书记：廖成铭(任至6月)、傅春荣(6月任)。县人大常委会主任：廖成铭(任至6月)、傅春荣(6月任)。县长：邝光华(任至6月)、周逸洪(6月任)。县政协主席：刘庆生(任至6月)、刘为民(6月任)。

·寻乌县·

【简　况】 位于江西省南部，辖7镇8乡，总面积2311.38平方千米，其中城区面积8.6平方千米。耕地面积1.19万公顷，有林面积14.43万公顷、森林覆盖率79.5%，城区绿化率33%。总人口31.71万人，其中农业人口26.49万人，人口自然增长率3.62‰。2011年，生产总值36.04亿元，同比增长10.9%。其中：第一产业增加值10.39亿元，增长4.0%；第二产业增加值11.92亿元，增长14.8%；第三产业增加值13.73亿元，增长13.3%。财政总收入3.3亿元，增长27%，人均1042元，增加211元。税收2.85亿元，税收占财政总收入的86.34%；地方财政收入2.12亿元，增长25.5%。财政总支出10.53亿元，增长9.58%。规模以上工业总产值18.93亿元。规模以上工业增加值4.42亿元，占GDP比重12.26%，外贸出口(400万美元)占GDP比重0.7%。全社会固定资产投资29亿元，增长26.09%；其中城镇以上固定资产投资13.23亿元，房地产开发投资6.10亿元。全年实际引进外资278万美元，增长209.58%。主要工业产品有：水泥48.67万吨、发电量1.21万千瓦小时；农业总产值26.81亿元，增长5.3%。粮食总产量10.44万吨。主要农产品有：柑橘19.71万吨、脐橙33.68万吨、生猪出栏23.24万头、禽蛋1920吨、肉类2.47万吨。万元GDP能耗降低率9.9%，二氧化硫排放总量514吨，二氧化硫排放总量削减率2.3%，城市污水处理率100%。农村居民人均纯收入3767元，增加581元。城乡居民年末储蓄余额24.95亿元，增长23.91%。

城建项目取得新成效。全县确定

56个重点项目，总投资近40亿元。长宁220千伏输变电工程、新区中学及体育中心、“一河两岸”亮化景观等一批重点项目工程进入收尾阶段，其中7个项目已基本完工并投入使用。全年争取资金8.3亿元，增长12%。城区面积由9平方千米增至10平方千米，县城人口由6.12万人增至7.35万人，城镇化率由40%提至42%。投入城建资金7.56亿元，启动青水山下沿河路改造和城区排、供水管网建设。

招商引资拉动工业总量。全县投入2000多万元，收回时代创意工业园区的经营自主权，重新定位为稀土新材料产业基地。全年引进内资项目38个，新增规模以上工业企业7家，合同金额24.9亿元。其中5000万元以上项目7个；引进外资项目1个，合同金额600万美元；实际利用外资278万美元，外贸出口400万美元。重点引进风力发电、弘昇稀土永磁材料等一批亿元以上项目。全年实现规模以上工业增加值4.4亿元、增长18.5%，主营业务收入18.4亿元、增长94.5%，利税总额3.3亿元、增长71.2%。

新农村建设扎实推进。全年投入资金2800万元，重点打造54个建设点。扎实推进造林绿化“一大四小”、中小河流域治理、国家水土保持治理等项目实施，严格执行全县封山育林、取消外销商品材采伐指标政策，全年新增造林面积3600公顷。

社会事业取得新进步。2011年，完成民生工程103项，占目标任务99%。城市低保、农村低保覆盖人数分别为2990人和1.17万人。新农保参保率81.9%；新开工建设廉租房600套、公租房400套，改造农村危房772户。农村劳动力转移培训2536人，发放小额担保贷款3042万元，发放“一卡通”惠农资金1.16亿元。全面完成110千伏寻安Ⅱ线和石排输变电、上坪和剑溪35千伏输变电工程；完成罗山水库除险加固和50座小水利工程建设任务，解决2336户农村居民和6825名农村学生的安全饮水问题。争取校安工程项目资金7006万元，新建校舍5.4万平方米，加固校舍1.5万平方米；投入1000多万元，添置部分农村学校的教学设备，农村办学条件明显改善。新区医院建设进展顺利，晨光等6所卫生院改扩建工程基本竣工，全面实施国家基本药物制度，为参合农民补偿医疗费4884万元。完成6个乡（镇）综合文化站和40个“农家书屋”的建设。在全省第五届县（市、区）田径运动会上，荣获团体总分全省第九名。

保持社会和谐稳定。全县深入开展矛盾纠纷大排查大调处活动，实行县领导接访、包案制度，着力解决一批信访遗留问题，被评为2011年全省信访工作“三无”先进县。对违法犯罪行为始终保持严打高压态势，集中开展打击“两抢一盗”“黄赌毒”“清网行动”等专项行动，投入200万元，专门成立应急救援大队，公众安全感得到较大提升。

【推进果品营销新模式】 2011年，在全国大中城市设立专销区19个、直销点41个，开辟县内果品加工企业与国内大型超市进行“农超对接”和“电子商务”营销新模式，果品销售渠道不断拓宽。积极参加第四届中国绿色食品博览会、第三届中国（赣州）国际脐橙节，成功举办上海果品推介会，寻乌蜜桔荣获江西省著名商标。果品销量大幅增长。同时，提升加工仓储能力，杨氏果业2万吨冷库开工建设，开工率80.1%。全县果品加工企业达53家，加工能力623吨/小时。

【县境内首条高速公路建成通车】 12月28日，济广高速公路瑞金至寻乌段正式通车。瑞金至寻乌段是国家“7918高速公路网规划”中的重要组成部分，是江西三纵四横高速公路主骨架第一纵在江西东南部最后一段，与鹰潭至瑞金高速公路连通形成江西东部又一条纵贯南北大通道。段长123.96千米，寻乌县境内长47.7千米。2009年9月开工建设，总投资60.48亿元。起点瑞金市武阳乡，经瑞金市、会昌县，终点为寻乌县南桥镇牛埃石（赣粤省界）。瑞寻高速公路通车，促进了寻乌社会经济发展，圆了寻乌人“千里南昌一日还”的梦。

（钟玉华）

主要领导人 县委书记：马玉福（任至5月）、赵多仙（5月任）。县人大常委会主任：马玉福（任至5月）、赵多仙（6月任）。县长：潭学忠（任至5月）、杨永飞（6月任）。县政协主席：刘为民（任至5月）、刘琼招（6月任）。

·石城县·

【简 况】 位于江西省东南部，辖5乡5镇，总面积1581.53万平方千米，耕地面积1.32万公顷，有林面积12.28万公顷，森林覆盖率75.0%。县城建成区面积6.7平方千米。总人口31.68万人，其中非农业人口5.3万人，全县城镇化率37%，人口自然增长率6.53‰。2011年，全县生产总值27.3亿元，同比增长11.2%。其中：第一产业增加值9.5亿元，增长6.9%；第二产业增加值8亿元，增长12.6%；第三产业增加值9.88亿元，增长14.5%。工业实现增加值5.92亿元，增长17.1%。农业总产值6.47亿元，增长3.9%。实现税收1.2亿元，占地方税收比重66.8%。财政总收入3亿元，增长42.9%，其中地方财政收入2.28亿元，增长49.1%；全社会固定资产投资18.56亿元，增长17.5%；实际利用外资1464万美元，增长9.8%；实现外贸出口402万美元，增长219.8%。社会消费品零售总额7亿元，增长16.9%；城镇居民人均可支配收入8760元，农民人均纯收入3132元，分别增长10.5%和12%。

实施强攻工业战略。全年引进投资超亿元工业项目5个，新增规模以上工业企业5家，达17家。新增年纳税超百万元企业4家，达5家。完成工业固定资产投资3.6亿元，增长222%。规模以上工业增加值1.59亿元，增长26.3%；主营业务收入7.3亿元，增长54%；利税0.56亿元，增长106.7%。轻纺电子产业税收突破千万元。全年入园企业12家，园区工业增加值1.24亿元，增长142%。

民生保障得到加强。全年投入民生资金2.9亿元，其中县级财政投入9500万元，占财政总支出的10.4%。下岗失业人员和“4050”人员实现再就业1032人，城镇就业率96.2%；发放小额担保贷款2657万元，扶持创业526人次，带动就业1947人次；城镇职工养老保险、“三类人员”养老医疗保险参保率分别为100%和80%;“金保工程”养老保险信息与省市实现联网,发放各类社会救灾救助资金5560余万元,救助农村五保、孤儿养育、“三无人员”1588人,救助灾民8927人。新开工建设廉租房392套、公租房400套。实施棚户区改造850户、农村危房改造577户;完成深山区、避灾移民317户、1622人;解决农村人口饮水安全问题4600余人。城镇居民医疗保险参保率92.5%,新农合参保率95%,建立居民健康档案14.8万份,开展了白血病、先天性心脏病儿童免费救治试点工作,“光明·微笑”工程实现常态化。推动县领导接访常态化,包案调处重点信访问题107个,化解矛盾纠纷1225起,群众来信来访、集体访分别下降3.4%、22.6%。

【石城县被列入全国扶贫开发重点县】 7月,经国务院批准,从“十二五”起,石城县列为入江西省罗霄山区集中连片特困地区扶贫开发重点县,为石城县新十年扶贫攻坚、加快发展赢得良好契机。

【赣江源省级自然保护区晋升国家级自然保护区】 12月,在2011年国家级自然保护区评审会上,赣江源省级自然保护区顺利通过审查,晋升为国家级自然保护区。

【小松创业园获批“江西省绿色食品(白莲)产业基地”】 5月,石城县小松创业园被列为“江西省绿色食品(白莲)产业基地”,成为赣州市唯一、全省5个省级绿色食品产业基地之一。

【旅游产业取得新突破】 2011年,接待游客70万人次,增长94.6%,实现旅游收入2.08亿元,增长51%。通天寨景区评为江西省优秀新旅游景区,成功创建首个国家4A级景区,九寨温泉度假庄园被列为全省8个省级温泉旅游度假区。完成南坑游客服务中心、大畲游客服务中心等配套硬件设施建设,荷花研究院、通天寨生态乐园、赣江源景区建设快速推进。推出“赣闽边城金三角二日游”精品线路,参加“红耀中华·客盈天下江西风景独好(广州)旅游推介会、(北京)旅游推介会”、红博会、旅博会、海峡两岸第六届台北旅展、七城会等各种宣传推介会,邀请中央电视台《快乐汉语》等栏目组拍摄旅游专题片。组织“相约最美莲乡,万名车友畅游石城”大型自驾游活动,全年接待来自赣州、南昌、三明、龙岩、漳州的自驾游车队60余批次,2000多台车。

【琴江输变电站正式启用】 6月,110千伏琴江输变电站正式启用,结束石城县单电源供电格局。110千伏琴江输变电站位于琴江镇古樟村,2010年9月动工建设,工程总投资6800余万元,设计主变容量为4万千伏安、110千伏出线和35千伏出线各2回。

(温永发)

主要领导人 县委书记:缪兰英(任至6月)、苏传辉(6月任)。县人大常委会主任:黄泰连(任至6月)、苏传辉(6月任)。县长:欧阳巧文(任至6月)、鲍峰庭(6月任)。县政协主席:黄光庆(任至6月)、黄运群(6月任)。

·瑞金市·

【简　况】 位于江西省东南部,辖10乡7镇,总面积约2448平方千米,其中城区面积20.94平方千米。耕地面积2.16万公顷,林地面积17.2万公顷,森林覆盖率74.5%。总人口67.46万人,其中非农人口13.33万人。2011年,实现国内生产总值76.85亿元,同比增长12.6%。其中:第一产业增加值11.92亿元,增长4.6%;第二产业增加值28.02亿元,增长16.9%;第三产业增加值36.86亿元,增长12.4%。工业总产值50亿万元,增长46.7%。主要工业产品有:中成药269吨、烤鳗2103吨、水泥242.5万吨、萤石精粉3.2吨、假发制品245.5万条。农业总产值21.84亿元,主要农产品有:粮食作物18.56万吨,油料作物1199吨,烤烟3367吨,蔬菜13.10万吨,生猪出栏38.37万头。财政收入8.1亿元,增长39.5%;财政支出18.12亿元,增长30.5%。城镇居民人均可支配收入1.3万元,增加1684元;农村居民人均纯收入4567元,增加499元。城乡居民储蓄存款66.25亿元,增长25.6%。社会消费品零售总额25.28亿元。

片区建设助推城市功能完善。全市着力实施“9+6”片区(会展中心等九大城市片区和叶坪等六大旅游景区)建设。围绕塑造“红色故都·七彩瑞金”城市品牌,全面完善城市规划。启动第五轮城市总体规划修编,组织编制多个专项规划和“9+6”片区概念性规划,完成9大片区项目和9个安置区规划设计。扎实推进国家5A级旅游景区创建工作,景区景点设施进一步完善。全年接待游客251.8万人次,实现旅游收入8.4亿元。启动实施重点项目24个,其中,苏维埃大道、福利中心项目基本成型,叶坪、沙洲坝、纪念园景区快速推进。

实施生态建设十五年规划。完成“一大四小”造林绿化3466.7公顷,新增封山育林面积1.38万公顷,森林覆盖率74.5%。开展“水利建设年”工程建设,完成小型水库应急除险工程和小农水项目建设100多个,投资6000万元治理中小河流,建设水保工程67座;治理水土流失5333.3公顷,建设高标准农田666.7公顷。完成县道改造14千米,新建村组水泥公路84.9千米。完成35千伏变电站5座,新建改造农村电网160千米。新增加工橙393公顷,种植烟叶1533公顷,建成全省最大的旱地种烟示范基地,商品蔬菜、油菜种植面积8774公顷,蔬菜产量13.1万吨,油菜籽产量4211吨,成为赣州市首个省级农产品的出口基地县(市),生猪生产列入省级农业标准化示范项目。

【“四集四变”促城乡一体化】 2011年,全市按照“四集四变”(人口集中、产业集聚、土地集约、服务集成;资产变资本、农民变市民、农村变社区、就业变创业)的理念。梯级推进“三线连珠”“四星拱月”(苏维埃大道等3条通道型示范走廊;壬田镇等4个中心集镇示范集镇)的城乡统筹发展模式。启动泽覃城乡统筹发展示范区建设,打造苏维埃大道、红军大道,城乡统筹发展示范走廊,采用“集中代建制”等模式推进黄柏乡上墩迎宾新村、叶坪乡叶坪新村等5个农民安置区建设,象湖镇瑞明村新屋子、沙洲坝镇大布村竹山下等一批示范区基本成型,沙洲坝、谢坊、壬田圩临街建筑立面改造和109个村庄整治全面完成。深入实施扶贫开发,完成移民搬迁307户,1900人。

【中华苏维埃共和国成立80周年纪念活动举行】 10月17日至11月7日,为纪念中央革命根据地创建暨中华苏维埃共和国成立80周年,瑞金市举行系列纪念活动。纪念中央革命根据地创建暨中华苏维埃共和国成立80周年大会举行、第六届全国毛泽东纪念馆(地)联谊会、新华社建社80周年邮票首发仪式、举行第七次红都瑞金爱国主义教育基地联席会、第四次全国苏区精神研讨会和中央电视台“心连心”艺术团慰问演出。参加活动人员有各级党、政国家机关、军队和人民团体代表,老红军、老同志、专家学者代表及各级媒体记者共2000余人。活动期间,新华社、人民日报、中央电视台、中央广播电台、《经济日报》《光明日报》、人民网、新浪网、《香港大公报》《江西日报》等中央、省、市40多家主流媒体,160余名记者到瑞金采访,在赣州市级以上媒体刊播稿件1000余篇(条),形成中央、省、市主媒联动,传统媒体与新兴媒体全覆盖的良好氛围,进一步扩大瑞金市的影响力。

【工业园形成产业集聚效应】 2011年,全市高起点、高标准谋划精细化工、光电、线缆线束、食品新型建材、服装箱包玩具等6大特色产业园布局,投入基础设施建设资金1.5亿元,完成征地161.5万平方米,平整土地55.2万平方米,开工建设创业大道等道路,完善供水、供电等基础功能设施,建成标准厂房、提升园区路网、绿化、亮化功能配套水平。组团参加2011江西赣州(香港)招商周、2011赣台经贸合作研讨会、第十五届中国国际投资贸易洽谈会,精心组织瑞金“红色经典博城”项目投资考察恳谈会,举办2011光电、电线电缆产业招商推介暨签约会和产业发展论坛。浙江横店集团得邦照明等一大批光电、线缆线束企业和精细化工项目落户瑞金,新兴产业签约项目23个,其中,投资亿元以上项目3个,投资5000万元以上项目19个。全年实际引进内资20亿元,增长33.2%;实际利用外资4996万美元,增长6.1%;实现出口创汇1.33亿元,增长75.1%。被评为省、赣州市利用省外资资金和外贸出口先进县(市)。

(杨　溢　王仲平)

主要领导人 市委书记:陈晓春(任至6月)、钟炳明(6月任)。市人大常委会主任:阳纯普。市长:傅春荣(任至6月)、赖晓岚(6月任)。市政协主席:彭　强。

·南康市·

【简　况】 位于江西省南部,辖6镇12乡2个街道办事处,总面积1844.96平方千米,耕地面积2.59万公顷,有林面积10.92万公顷,森林覆盖率62.7%。总人口81.75万人,非农业人口14.16万人,自然增长率8.47‰。2011年,全市实现生产总值106亿元,增长11.8%。其中:一产增加值15.2亿元,增长3.9%;二产增加值57亿元,增长17%;三产增加值33.8亿元,增长8.3%。三次产业比重调整为14.3:53.8:31.9,二产比重首次突破50%。财政总收入11亿元,增长34.6%;地方财政收入8亿元,增长32.7%。全社会固定资产投资达90亿元,增长26%。社会消费品零售总额25.4亿元,增长17.3%。农民人均纯收入5069元,增长11%;城镇居民人均可支配收入1.4万元,增长12.5%。贷款余额82亿元,存款余额145.8亿元。社会消费品零售总额25.4亿元,增长17.3%。

项目建设扎实推进。全市突出实施总投资300亿元的100个重点项目。完成500万元以上固定资产投资60.1亿元,增长23.7%;500万元以上施工项目91个,新开工56个。文化艺术中心等项目建成投入使用;循环经济产业园等重点企业项目成功投产;积极配合实施西气东输二线等重大基础设施项目。全年争取国家、省级投资项目超200个,争取资金5亿元,争取用地指标313.33万平方米;南康家具物流园区等7个项目获省发改委备案;南山锡业年处理2万吨锡阳极泥等7个项目列入省政府重大项目调度。

优势产业加速发展。全市家具、矿产、电子、服装等四大主导产业实现总产值166.4亿元,增长59.9%;完成增加值36.7亿元,增长32.6%。其中家具、矿产两大优势产业主营业务收入分别突破80亿元和60亿元,增速87.9%和46.5%。全市规模企业66家,新增6家。规模工业实现增加值46.1亿元,增长19.2%。3000万元以上新开工工业项目17个,全年竣工投产28个。家具市场新增25万平方米,总面积75万平方米。工业园区实现总产值145.3亿元,增长54%。全市新批外资项目7个,增资项目3个,赣州时代食品等投资过亿元招商项目落户南康。引进节能照明企业67家,意向投资25亿元。全年签约外资7790万美元,增长30.1%;实际利用外资8083万美元,增长13.1%。实现出口总额6060万美元,增长68.2%,钜盛鞋业、超越电子两家企业出口创汇双双突破千万美元。

农业经济稳步发展。全年粮食总产量23.6万吨,连续6年增产。生猪、甜柚等农业主导产业发展迅速,生猪产业实现主营业务收入12.7亿元,增长21.8%,连续4年获得中央财政奖励生猪调出大县资金;甜柚开发面积6000公顷,产量3.8万吨。各类农民专业合作社100余家,三清源大米专业合作社、红心果业专业合作社获省首批农民专业合作示范社,南康市荣获“全省农村经济结构调整先进县(市)”。农业基础设施建设力度加大,龙岭等3座农村垃圾处理厂建成投入使用,全年治理崩岗25座,完成水土流失治理1733.33公顷,修建水陂、电灌站各12座。新农村建设进一步加强,新建农村公路135千米,农村自来水普及率62.3%,无害化卫生厕所普及率61.6%,垃圾无害化处理率80%,16个乡镇综合文化站投入使用。

城镇建设日新月异。全市城镇化率48.2%,同比提高2.5个百分点;城区面积28.4平方千米,新增2.8平方千米;“一大四小”城区绿化工程再创佳绩,人均公共绿地面积12平方米,全市森林覆盖率60.8%;城市污水处理率89.6%,生活垃圾无害化处理率81%。启动统筹城乡发展三江试验区总体规划和控规编制,城市控制性详规覆盖率92%；体育公园、芙蓉北大道、排污管网、污水处理等重大公共服务设施和市政基础设施建设有序推进。

民生工程顺利实施。全市民生支出14.8亿元，实现一年翻番。城镇新增就业人数1.8万人，职业创业培训人数5849人；新增基本养老保险参保人数4224人，城镇居民医疗保险参保人数达5.9万人，失地农民参保率100%；全年发放低保金4941万元；新农合人数64.4万人，参合率95%；全年建成保障性住房2000套，在建3652套；大规模改善办学条件，全市教育总投入12.5亿元。投资5.2亿元实施45个校建项目，第四小学一期工程顺利竣工，教师居住工程、中小学校安工程大力推进；乡镇中心卫生院全面实施基本药物制度，市人民医院、妇保院搬迁进展顺利，医疗资源配置更加均衡。

【中国中部首届暨南康第六届家具博览会举行】 7月9日，中国中部首届暨南康第六届家具博览会开幕式在南康市家具广场举行。开幕式上，举行“中国中部家具产业基地”共建方代表现场签约，中国家具协会理事长与市领导为“中国中部家具产业基地”揭牌。家博会主题为“转型升级，绿色低碳”，展期三天，设2个主展馆和6个展区，展览面积50万平方米，参展企业超过3000家，其中市外参展企业500多家，客流量超过6万人次，成交商品及金额均创历史新高。

【“大澳”认定为中国驰名商标】 5月，“大澳”商标成功认定为中国驰名商标，结束南康市家具产业无中国驰名商标的历史，是赣州市首家中国驰名商标。7月，南康市工商局与大澳公司组织筹办，以南康市政府名义举行“大澳”驰名商标授牌仪式。2011年，大澳品牌全线进军乡镇市场，系列产品占全国乡镇涂料市场销售量的百分之三以上，占全国涂料市场销售量的百分之二以上。销售额2.3亿元，销售增长率13%。

（张玉玲）

主要领导人 市委书记：张裕生（任至3月）、谢德强（6月任）。市人大常委会主任：陈冬生（任至6月）、韩水生（6月任）。市长：苏传辉（任至6月）、柯岩松（6月任）。市政协主席：刘昌鹏（任至6月）、彭秀生（6月任）。

宜春市

【概　况】宜春市位于江西省西北部，辖3市6县1区，总面积1.87万平方千米，中心城区建成面积50平方千米，耕地面积35.75万公顷，林地面积91.3万公顷，森林覆盖率56.97%。全市总人口545.28万人。2011年实现国内生产总值1077.98亿元，同比增长12.8%。其中第一产业增加值185亿元，增长4.2%；第二产业增加值637.8亿元，增长16.4%；第三产业增加值255.19亿元，增长11%。财政总收入149.14亿元，增长38.2%；地方财政收入92.3亿元，增长39.3%。全年累计完成工业增加值576.34亿元，增长17.9%，占生产总值53.46%，对宜春经济增长贡献率70.81%。其中规模以上工业增加值386.5亿元，增长21.7%。全年外贸出口总额10.04亿美元，增长80%。全年500万元以上固定资产投资779.46亿元，增长30%。全年实际利用外资4.31亿美元，增长19.2%。农业生产保持稳定发展，粮食总产量393.59万吨、油料作物总产20.8万吨、生猪出栏568.7万头、肉类总产量55.6万吨、水产养殖面积4.87万公顷，水产品产量30.5万吨。全市有机基地面积1.2万公顷、富硒基地面积1.48万公顷，有机富硒产业总产值53.7亿元。全市通过无公害、绿色、有机认证农产品分别达105个、85个、72个，分别增加23个、10个和1个，获得农产品地理标志2个。

2011年城镇居民人均可支配收入1.64万元，增长14.6%。全市农民人均纯收入6981.23元，增长20.4%。城乡居民储蓄存款余额748.64亿元，增长16.0%。全市全年民生支出151亿元，占财政总支出70.2%。共投入9107万元用于购买公益性岗位和支付社保补贴，帮扶“4050”人员等困难群体6561人次实现就业。城镇新增就业7.7万人，城镇就业率97.2%。新增转移农村劳动力11.8万人，工业园定向培训劳动力6.3万人。基本养老保险基金征缴总额14.5亿元，城镇基本医疗保险基金征缴总额5.9亿，完成目标任务122%，城乡居民养老保险覆盖率80%。共对3.3万多普通高中家庭和中等职业教育家庭经济困难学生进行资助，使3011名贫困高考生走进大学校门，帮扶慰问困难职工2.27万人。

全市共建成乡镇综合文化站158个、农家书屋750家。全市广播人口覆盖率98.03%，100瓦以上电视发射台和转播台10座，电视人口覆盖率98.05%，各类电影放映法人单位18个，有线电视用户58.17万户。全市有各类医院40所，街道、农村卫生院183所。医疗卫生机构床位1.66万张，其中医院病床8570张。医疗机构卫生技术人员1.89万人。专科疾病机构11所，人员334人，妇幼保健机构11所，人员756人，疾病预防控制机构11所，人员466人，卫生监督机构11所，人员226人。

全年能源消费总量886.9万吨标准煤，增长9.3%，其中规模以上工业企业综合能源消费量636.8万吨标准煤，增长9.7%，低于增加值增速12个百分点。全年规模以上工业电力消费量64.7亿千瓦小时，增长18.7%，煤炭消费量1256.6万吨，增长8.7%，二次能源加工转换平均效率51.2%，单位GDP能耗下降3.12%。

全市拥有环境监测站11个，环境监测人员130人。全年二氧化硫排放量下降10%，化学需氧量排放量下降1.2%。宜春中心城区和10个县市区环境空气质量均达到国家二级标准，饮用水源得到保护，主要河流断面优质水率100%。在加快经济发展同时，注重生态环境保护，森林覆盖率56.97%。城市污水处理厂全面投入使用，城市生活垃圾无害化处理率100%。获“江西省生态园林城市”称号，并蝉联“中国休闲城市”和“最佳休闲养生城市”称号，靖安九岭山自然保护区晋升为国家级自然保护区。

【江西省战略性新兴产业百项重大项目开工仪式在宜春举行】 10月24日，江西省战略性新兴产业百项重大项目集中举行开工仪式。开工仪式主会场设在宜春市,其他设区市设分会场。省委书记苏荣在宜春主会场宣布开工,省委副书记、代省长鹿心社讲话,省委常委、常务副省长凌成兴主持仪式,副省长洪礼和介绍全省战略性新兴产业发展情况和全省本次开工的重大项目情况。宜春市委书记谢亦森,市委副书记、市长蒋斌等在宜春主会场出席开工仪式。本次集中开工项目共计116项,总投资790.1亿元。其中,总投资50亿元以上项目2项,10亿元以上项目27项。这批项目分别落户在11个设区市。当天,宜春市有19个重大项目举行开工仪式,其中锂电新能源产业项目14个,投资70亿元以上项目1个,10亿元以上项目8个。

【宜春推进新兴产业发展】 宜春市围绕新兴产业领军企业、产业链核心企业,加大招大引强、招才引智力度。2011年全市已形成锂电新能源、生物医药、机械电子、有机(富硒)食品、新材料等一大批新兴产业基地,福斯特新能源、鸿兴能源、仁和药业、济民可信、华伍制动、江特电机等一大批龙头骨干企业不断发展壮大,在本土上市企业江特电机率先研发生产出宜春第一个锂电产品富锂锰基正极材料后,福斯特新能源、鸿兴能源相继生产出锂离子电池,青山能源、宜春天锂等公司紧随其后研发生产出纯电动锂离子电池大巴车和微型汽车。在推进锂电新能源产业发展过程中,国内首个省级锂电产品质量监督检验中心获批复。全市共签约锂电新能源产业项目125个,其中10亿元以上项目23个,实际进资47.3亿元,进资、动工或投产企业75家。

【第十一届CCTV全国模特电视大赛在宜春举办】 7月3日晚,第十一届CCTV模特大赛全国总决赛在宜春的袁山公园上演。大赛最终决出冠亚季军和三个单项奖。本次冠军争夺赛特别邀请来自国内外著名服装设计师、知名品牌设计师、国内知名化妆师等11位专业人士担任大赛评委,并邀请5位资深时尚媒体人组成时尚媒体团对选手表现进行点评。香港明星张卫健、中国名模于娜、著名音乐人李泉等前来助阵大赛。全国模特大赛总决赛还吸引了4家模特经纪公司于现场竞聘大赛冠亚季军,并当场与之签约。

【举办第五届月亮文化节暨经贸活动周】 9月8～16日,第五届月亮文化节暨经贸活动周在宜春举办。月亮文化节分文化活动,民俗活动,经贸活动三个板块进行。文化活动内容十分丰富:百丈寺和仰山禅寺两大祖庭开光,宜丰东方禅文化园开园,全市职工排舞大赛和张学友演唱会等;民俗活动板块即中秋拜月、火龙追月、放荷花灯问月、放孔明灯梦月。除在中心城区设主会场外,还在社区、村组、景区设有4个分会场,让广大老百姓都参与其中,旨在让民俗文化在民间生根开花,保持永久生命力;经贸活动主要设计6项活动:宜春禅宗巡旅,宜春赣商联合会成立及招商推介,富硒经济高峰论坛,旅游商品展销,以月相邀——游览明月山,月亮文化相关产品发行和出售等。

【第六届中国竹文化节在宜春举办】 旨在弘扬竹文化、发展竹经济的专题节庆活动——第六届中国竹文化节于10月14～16日在宜春举办。来自全国各省(市、自治区)近200名企业界人士参加在本届竹文化节期间举办的重点产业和重大项目经贸洽谈会,共签约项目25个,签约总金额57.8亿元,而且所签约竹产业项目都是投资亿元以上大项目。本届文化节竹业博览展销会新品多,科技含量最高。展出的竹产品有竹山珍、竹炭汽车用品、竹纤维服装、竹工艺品、竹生活用品、竹地板、全竹家具和别墅全宅模型等,从初加工产品到深加工产品,再到高科技新型产品,共有上万个品种。评出100个金奖产品,其中有很多高科技含量产品首次亮相。本届文化节宣传氛围浓厚,节会影响广泛。国内外67家媒体134名记者云集宜春,从不同角度对本届竹文化节和宜春经济社会发展情况进行全方位、立体式宣传报道,形成强大宣传声势。本届竹文化节有中外宾客2000多人参加,其中有几十个国家的外交使节。

【推进"菜篮子"工程】 2011年初,宜春市率先在全省出台《"菜篮子"工程市长负责制工作方案》,并相继制定《中心城区"菜篮子"工程补贴办法》《保障蔬菜供应的应急预案》等一系列文件,解决农民"卖菜难"、居民"买菜贵"等突出问题。全市蔬菜播种面积7.67万公顷,增加约3333公顷,宜春中心城区蔬菜自给率达到45%。全市规定凡是连片6.67公顷以上的蔬菜基地,均由县(市、区)政府整合上级涉农项目资金,用于基地排水、灌水系统,以及路网、电网等基础设施建设。一季度,全市财政用于蔬菜基地建设方面的扶持资金金额已经突破3亿元。同时,全市着力培育和发展蔬菜专业合作社。其中,中心城区已经组建蔬菜专业合作社12个,涉农1800多户、种植面积333.33公顷、产量1万吨、产值3000万元。

【宜春新火车站综合交通枢纽工程开工】 12月26日,宜春新火车站综合交通枢纽及其配套工程在袁州区下浦街道开工。工程总投资11.9亿元,综合规划用地约24.67公顷。枢纽工程总建筑面积约15万平方米,分地上、地下两部分。地上部分以高铁主站房和站前广场为核心,沿沪昆铁路北侧展开,西侧布置配套用房,东侧布置换乘枢纽中心、长途客运站和公交枢纽站,建筑面积6.9万平方米;地下部分建筑面积8.1万平方米,共有配套停车地下室、站前广场地下室和长途客运站地下室3个分区。项目将集高铁站、普铁站、长途汽车站、公交车站、出租车站等5站为一体,建成后可实现无缝对接,全室内、零距离换乘,设计日平均旅客发送量1万人次。

(宜春市史志办编辑室)

主要领导人 市委书记:谢亦森。市人大常委会主任:杨晓宁(任至9月)、任桃英(9月任)。市长:龚建华(任至8月)、蒋斌(8月任)。市政协主席:周亚夫(任至9月)、李树才(9月任)。

·袁州区·

【简　况】 位于宜春市西南部,辖16镇6乡9街道办事处。总面积2532.36平方千米,其中建成区面积55平方千米,耕地面积3.7万公顷,森林覆盖率62.7%。总人口107.68

万人,其中城区人口30.52万人,非农业人口26.76万人,人口自然增长率7.74‰。2011年实现生产总值139.30亿元,同比增长15.6%。其中,第一产业增加值23.36亿元,增长3.7%;第二产业增加值55.45亿元,增长19.4%;第三产业增加值60.48亿元,增长17.0%。工业总产值116.13亿元,增长18.6%。主要工业产品:交流电动机232.03万千瓦、中成药1.17万吨、水泥28.31万吨、锂离子电池1.02亿只、锂云母精矿5.25万吨。农业总产值15.4亿元,增长6.6%。粮食总产量41.16万吨,主要农产品:谷物38.89万吨、油料1.44万吨、油脂7270吨、肉类总产量10.91万吨、水产品3.46万吨。财政总收入13.43亿元,增长54.3%;地方财政收入7.19亿元,增长46.8%;地方财政支出24.16亿元,增长21.2%。城镇居民人均可支配收入1.64万元,增加2098元。农村居民人均纯收入6828元,增加1318元。城乡居民年末储蓄余额145.16亿元,增长13.7%。

2011年,全区用于教育、卫生、社会保障等民生领域支出17.6亿元,占财政总支出73%,增支4.5亿元,80项民生工程指标均已完成或超额完成。3118户棚户区改造、危旧房改造等保障性住房建设全面开工,已建成2163户。投资1600余万元,用于中小学校基础设施建设。建成宜春市第二人民医院住院大楼,完成11个社区卫生服务中心和14个社区卫生服务站达标建设。筹集新农合资金1.6亿元,参合率96.1%。袁州区被评为“全国版画之乡”,区文化馆被评为“全国一级文化馆”,平民英雄谭良才入选2011年“第三届全国道德模范”“十大井冈之子”。

2011年,新增政府投资3亿余元,完成区行政中心大楼、行政广场、袁州公园、宜春路等13个续建项目扫尾、验收工作。初步完成秀江滨河绿地景观设计工作。投资11.9亿元的新火车站综合交通枢纽、2.6亿元的袁州大厦、4.5亿元的三号安置区二期工程以及一批路网工程开工建设。启动江南置业等8个项目建设,带动社会投资8.1亿元,嘉晨东郡等5个项目建设规划成功获批。全面完成全区20个乡镇总体规划编制工作,城镇新增建成区面积8平方千米,全区城镇化率46.45%,提高2.3个百分点。

完成33家国有集体企业改革,安置职工1.54万人。创新社会管理新机制,加大社会综合治理力度,在彬江、西村、慈化、寨下等地开展社会治安集中整治。开展“春季攻坚”“网上追逃”等行动,社会治安形势明显好转。扎实开展“化积案、解民忧、促和谐”集中行动月、“三同四民五促进”等多项活动,有效解决一批时间跨度长、处理难度大的信访难题,全区信访形势进一步好转。上半年全区公众安全感测评,满意率96.01%、治安状况好转率92.88%。

江西省袁州医药工业园大力发展医药、特种机电、锂电新能源等新兴产业,截至2011年底,有签约入园项目169个,签约资金157.1亿元,其中投产项目66个,在建项目70个。2011年,园区新增丽思顿实业、名爵服饰、粤新通信、井竹实业、本源科技、天龙五金、新丝路实业、鑫合建材、腾辉电气、江特锂电等投(试)产项目16个,新增瑞福锂业、科伦医疗器械、天益纺织、世宇金属、中联石材、新龙生物、大海龟生命科学、创意装饰材料、荣兴药业、金思康药业、宏安致汽车等开工项目40个。2011年,园区企业累计完成工业总产值63.12亿元,增长25%,实现主营业务收入68.24亿元,增长29.9%,实现利润3.24亿元,增长17.9%,上交税金5.33亿元,增长22.1%。

【推进开放型经济】 围绕做大做强主导产业,开展千人攻坚(决战百日、引进百项、突破百亿)招商引资活动,举全区之力推进开放型经济转型升级。2011年,全区新引进项目116个,合同资金139.58亿元,其中亿元以上项目42个,10亿元以上项目4个,实际引进区外资金32.2亿元,实际利用外资3214万美元。外贸出口4941万美元,分别增长35.5%、16.2%和54.7%。特别是引进投资20亿元的江西佑美药业、10亿元的山东明瑞锂电等一批重大项目,初显吸纳产业集聚“洼地效应”。推进项目建设,拉动固定资产投资持续增长。完成全社会固定资产投资额135.59亿元,增长30.4%。新开工固定资产投资500万元以上项目69个,竣工项目157个,完成固定资产投资86.5亿元,其中列入市重点调度的19个项目累计完成投资12.6亿元。

【继续推进“工业强区”战略】 以大平台、大产业、大项目、大企业为抓手,进一步提升工业园区承载力。新增投入1.6亿元用于医药工业园区基础设施建设,平整土地66.67公顷,完成银岭路、劳动力培训中心、彬江水厂一期等项目建设。园区新增开工项目40个,其中瑞福锂业、锦华纺织等22个工业项目集中开工,丽思顿实业、名爵服饰等16个工业项目建成投产。工业园区实现主营业务收入68.24亿元、上交税金5.33亿元,分别增长29.9%和22.1%。主导产业地位日益突出。27家区属规模以上工业企业实现工业增加值15.44亿元,增长12.3%,其中医药、机械、建材、化工四大支柱行业完成增加值13.63亿元,占区属规模以上工业增加值88.32%;四大支柱行业完成主营业务收入57.79亿元,占总量88.29%;实现利税8.19亿元,增长13.6%。

【推进重点产业项目】 2011年,袁州区重点产业项目加速推进,其中济民可信金水宝系列产品生产线项目,总投资2.1亿元,年度投资计划1.2亿元,全年完成投资1.2亿元,占年度投资计划100%。江西特种机电研发设计服务平台建设、江西丽思顿实业有限公司实面体材料生产线、宜春市名爵服饰有限公司服饰服装加工生产线等16个项目已建成投产。瑞福锂业、平安锂电等一批锂电行业重点骨干企业开工建设。

【全面启动“农业稳区”工程】 全区主攻农业平台建设,整合涉农资金3000万元用于现代农业示范区核心园区基础设施建设,入园企业20家,已投产18家。全区市级以上农业龙头企业发展到30家,其中省级5家、国家级1家。农业产业发展步伐加快,粮食总产41.16万吨,生猪出栏115.65万头,新增高产油茶林2666.67公顷,蔬菜基地266.67公顷,中心城区蔬菜自给率50%。全区167个新农村点改水、改厕、改路率

100%,农村清洁工程得到进一步推进。开展封山育林,完成造林面积4466.67公顷、苗林一体化基地建设666.67公顷、金银花试点栽种333.33公顷。发放农机购置补贴600万元,获全国“平安农机示范县(市、区)”称号。全面启动45座小型病险水库除险加固、小农水重点项目等农田水利基础设施建设,完成高产标准粮田改造和低产田改造各666.67公顷。投资3000多万元,新修建水泥公路206.7千米、桥梁2座、候车亭60个,新(改)建农村客运总站4个。

【医药工业园22个工业项目集中开工】 12月26日,袁州医药工业园22个工业项目举行集中开工仪式。此次集中开工的22个项目,累计合同投资额40.75亿元,占地面积164.8公顷。其中锂电、新能源产业项目4个,生物医药产业项目4个,机电产业项目7个,其他类产业项目7个。投资10亿元的重大项目1个,投资1~10亿元的项目14个,投资4000万元至1亿元的项目7个。22个项目中,落户医药产业基地的17个,落户特种机电产业基地的5个。

(谢文锋 窦忠平)

主要领导人 区委书记:龚细水(任至5月)、郑声宝(5月任)。区人大常委会主任:温玉铭。区长:金三元(任至6月)、龚法生(7月任)。区政协主席:陈平生(任至7月)、兰书华(7月任)。

·奉新县·

【简 况】 位于江西省西北部,辖10镇3乡3场1个办事处1个管委会,总面积1642.81平方千米,其中城区面积12.5平方千米。耕地面积2.63万公顷、有林面积10.21万公顷、森林覆盖率63.7%、城区绿化率44.3%。全县总人口32.12万人,其中非农业人口8.39万人,人口自然增长率6.64‰。

2011年,实现生产总值74.67亿元,同比增长15.4%。其中,第一产业增加值12.16亿元,增长9.9%;第二产业增加值48.29亿元,增长16.5%;第三产业增加值14.22亿元,增长17.1%。财政总收入9.08亿元,增长40.9%,税收占财政总收入90.5%。地方财政收入6.07亿元,增长38.9%。地方财政支出13.44亿元,增长21.1%。完成工业总产值213.67亿元,增长22.8%;规模以上工业增加值41.80亿元,增长22.0%。主要工业产品有:棉纱21.15万吨、石墨及碳素制品2.69万吨、人造板1.35万立方米、合成橡胶1.17万吨、玻璃纤维纱5452吨。外贸进出口总额7763万美元,增长28.4%。全社会固定资产投资63.42亿元,增长28%;实际利用境外资金5300万美元,省外投资28.99亿元。完成农业增加值13.2亿元,增长9.9%。主要农产品有粮食总产量32.46万吨、生猪出栏18.9万头、水产品总产量1.53万吨。全年万元GDP能耗降低率5.35%,化学需氧量和二氧化硫减排任务全面完成。已实施城市污水处理工作。城镇居民人均可支配收入1.58万元,增加3229元。农民人均纯收入7926元,增加1682元。城乡居民年末储蓄余额43.31亿元,增长21.08%。社会消费品零售总额21.50亿元,增长19.1%。全年用于劳动就业、医疗卫生、社会保障等涉及民生方面资金7.78亿元,占财政总支出57.9%。

全面完成市政府下达的84项民生指标任务,其中40项超额完成。城镇新增就业6860人,净增3620人。。发放小额贷款6788万元,扶持和带动5000余人创业和就业。城镇基本养老保险参保人数2.72万人,养老基金征缴1.15亿元,全县9621名企业离退休人员连续8年养老金调整增加到位。全县参保29.83万人,其中城镇职工、居民和新型农村合作医疗保险参保人数分别为3.78万人、5.05万人和21.04万人,覆盖面不断扩大。发放教育补助资金1052.8万元,受惠学生10.6万人次。在宜春市率先完成551户农村危房改造。已完成1930套保障性住房建设,发放廉租住房补贴2100户。全年发放城市和农村低保金2697万元,有1.7万名城乡困难群众享受到最低生活保障。发放五保供养金494万元,五保户集中供养率80%。

启动和实施城市道路、学校、公园、住宅小区等建设项目80个。县城建成面积12.5平方千米,新建城区面积2.8平方千米,城镇化率48.22%。昌奉高速公路正式建成通车,天工大道等城市道路建设逐步推进,天然气站建设、地面水厂扩建、地下排水管网改造等工程快速实施,城市承载能力明显增强。开展“农田水利建设年”活动,干洲香干右堤防洪工程即将完工,推进小型农田水利工程重点县项目建设,大禾垅、十里乡等6座小(一)型水库除险加固工程全面完工。完成55个新农村建设点任务,农村清洁工程面上推开至187个村点及集镇,改造乡村水泥路82.9千米。

启动应星教育园区二期建设,县第五小学投入使用,县委党校新区正抓紧建设。县中医院新门诊大楼建设全面完成、住院部即将投入使用。成功实现县内大型活动卫星电视直播,城区有线电视数字化整体转换工作基本完成。开展“化积案、解民忧、促和谐”集中行动月活动和“三同四民”活动。继续开展“安全生产年”活动,杜绝较大以上安全生产事故和群死群伤事故。开展打击食品非法添加和滥用食品添加剂联合执法检查,有效净化市场。开展高危医疗器械和药品安全专项整治行动,确保人民群众药械使用安全。强化社会治安综合治理,加快推进“天网工程”,严厉打击刑事犯罪,切实保障人民群众生命财产安全,全年未发生重大恶性刑事案件。

【中组部在奉新开展乡镇党委换届试点工作】 4月13日,中共中央组织部派出指导组赴奉新全面了解和掌握乡镇党委换届试点过程中的措施做法和取得的活动成效。奉新是全国3个乡镇党委换届试点县之一,在扩大党内民主、拓宽选人用人视野、提升选人用人公信度等方面作了全新探索。乡镇党政正职配备做到“四公开三推荐两票决”,把党政正职推选条件向全社会公布,将初始提名权交给全县中层以上干部,把最终决策权分给每位县委常委,杜绝“一把手”说了算。通过选人用人制度改革,开创性地从优秀村干部、大学生村官和乡镇事业编制身份干部中选拔一批人才充实进乡镇党委班子。

【《奉新县志》付梓成书】 8月15日,《奉新县志(1986~2004)》由方志出版社出版。该书是奉新有史以来编修的第14部《奉新县志》,也是奉新县第一部独特新颖的断限志。全书34卷、187万字,配有最新县行政区域图、县城区图和彩图200余幅,大16开本设计。志书篇目结构合理、文字简练准确、图表设计新颖、印刷装帧精美,具有浓郁地方特色和鲜明时代特征,是了解奉新、认识奉新的县情大全和窗口指南,同时具有较高使用、研究和收藏价值。

【举办中国(江西)奉新百丈清规文化节】 8月27~31日,中国(江西)奉新百丈清规文化节开幕。百丈禅寺是中国佛教禅宗"天下清规"发祥地,是中国禅宗祖庭之一。2004年10月30日,百丈禅寺开始重建。2009年9月30日,主体工程竣工。2011年8月31日,举行开光庆典法会。中国(江西)奉新百丈清规文化节的举办,旨在借百丈禅寺开光契机,传承弘扬禅宗文化、挖掘提升百丈清规精神内涵、推进禅宗文化交流。百丈清规文化节上,还举办了佛教文化论坛、书法摄影作品展览、工商联谊会及焰火晚会等活动。

【昌奉高速建成通车】 12月28日,省委副书记、代省长鹿心社在瑞寻高速公路江西和广东两省省界主线收费广场出席瑞寻、昌(南昌)奉(奉新)高速公路竣工通车仪式,并宣布昌奉高速公路竣工通车。昌奉高速是江西省高速公路规划网中18条地方加密高速公路重要组成部分,全长37.1千米(其中奉新境内2.66千米),总投资17.67亿元,全线采用双向四车道高速公路标准建设。设计时速100千米。路线起点新建县望城镇与南昌西外环高速相接,西向铜鼓延伸,是南昌至铜鼓高速东段。途经新建、安义、奉新,终点为干洲镇黄溪村。昌奉高速公路竣工通车后,奉新将融入南昌"半小时经济圈"。

(熊正秋)

主要领导人 县委书记:辛小敏。县人大常委会主任:李维国(任至7月)、严美根(7月任)。县长:张家良。县政协主席:卢英。

·万载县·

【简 况】 地处赣西北边陲,辖9镇7乡镇街道办事处。总面积1719.63平方千米,城区面积8平方千米,2011年末,有耕地面积2.48万公顷。总人口52.64万人,其中非农业人口9.65万人。2011年,全县实现生产总值71.7亿元,按可比价格计算,同比增长12%。其中第一产业增加值11.68亿元,增长3.1%;第二产业增加值42.69亿元,增长5.8%;第三产业增加值17.31亿元,增长9.9%。全年完成财政收入10.09亿元,增长54.6%,其中地方财政收入5.97亿元,增长50.8%。工业总产值完成153.6亿元,增长23.9%。规模以上工业增加值完成27.3亿元,增长20.9%。固定资产投资64亿元,增长35%。外贸出口1.45亿美元,增长53.5%。社会消费品零售总额19.5亿元,增长17.5%。金融机构各项存款余额65.2亿元,增长25.1%,各项贷款余额28.16亿元,增长16.8%。2011年粮食总产量25.7万吨,畜牧业产值10.24亿元,渔业产值1.9亿元。农民人均纯收入5673元,增长15.1%。升级改造乡村公路120千米,完成造林绿化2020公顷。全年新增有机认证面积487.2公顷,全县有机认证面积1.83万公顷,实现税收4998万元,出口创汇3386万美元,一年之内连续获得"国家有机认证示范创建县"和"全国现代农业示范区"两项国家级荣誉。

2011年,全年签约项目270个,其中投资超5亿元项目3个,亿元以上项目36个,5000万元以上项目25个;有40个项目开工建设,其中亿元以上项目13个。双龙化工、鸿鑫礼花等一批项目先后竣工。花炮产业稳步提升,"万载花炮"集体商标通过国家工商总局审批,鑫达花炮、天禧商贸物流中心等一批花炮项目开工建设,花炮产业完成税收2.1亿元。照明灯饰产业平稳起步,正式签约企业突破100家,签约资金19.3亿元,33家企业开工建设,灯饰成品、配件和物流市场建设正式启动。第五期工业园区土方平整、路网工程等基础设施建设进展顺利,至2011年底,园区实际开发面积5平方千米。工业总产值7.03亿元,增长51.1%。工业销售产值6.99亿元,增长50.2%。其中出口货值9506万元,增长42.3%。主营收入7.10亿元,增长48.9%。利润总额5226万元,增长52%。税收总额2268万元,增长24.7%。年末从业人员2.56万人,增长11.5%。全县主营业务收入2000万元以上企业71个,其中烟花鞭炮企业28个,食品加工9个,橡胶化工7个,机械电子7个,新型材料9个。

2011年,全县新增城镇就业5268人,城镇就业率96.68%,城镇登记失业率控制在3.32%以内。38.4万人参加新型农村合作医疗,乡镇村覆盖率100%,总补偿资金7468万元。21万人参加新型农村养老保险,4.3万人参加基本养老保险,发放养老金1.9亿元,医疗救助困难群众2410人次。率先在全市完成高龄老人长寿补贴发放工作,城镇低保标准提高至每人每月320元,农村低保标准提高至每人每月130元,保障城乡低保对象2.44万人。完成农村危房改造1060户,开工建设保障性住房2490套,发放廉租住房补贴244万元。国家基本药物制度得到有效落实,建立城乡居民健康档案23.7万份,患者人均次门诊费用下降26%,完成202例白内障手术和80多名儿童"两病"免费救治工作。

【组团参加2011年科隆国际食品博览会】 10月,万载县组织3家企业参加2011年德国科隆国际食品博览会,将糖渍姜、冷冻水果、脱水蔬菜、南酸枣糕等30余种特色食品推向国际市场,实现成交额480万美元,达成意向性合同895万美元。这是万载县首次有机食品企业组团赴欧洲参展。两年一届的德国科隆国际食品博览会是世界第一大国际食品展,云集全世界100余个国家和地区的8000多家企业前来参展,85%以上为国际展商。

【《万载县志(1986~2005)》出版发行】 由万载县政府主持编纂,县史志工作办公室承编的《万载县志》(1986~2005),历时5年,于2011年4月由江西人民出版社出版。全书共

30卷、159章,160余万字,110幅彩图。该志分大事记、概述、人口、政治、经济、文化与传媒、附录等部分,采取分散与集中相结合方式,全面记述万载县1986～2005年改革开放成就,特别是在框架设计、条目编写上,运用不同表现方法,全方位突出花炮、民俗文化、土特产品的地方特色。

【获"全国第三批小型农田水利重点县"称号】 3月,经过专家评审申报材料、县长现场陈述角逐,万载县获"全国第三批小型农田水利重点县"称号。据悉,此项目从今年开始连续实施三年,每年将获得省级以上补助专项资金1800万元,主要完成13.33公顷以上灌区高效节水改造等工程项目建设,基本形成较为完善的灌排工程体系,实现"旱能灌,涝能排",达到农业生产条件明显改善,农业综合生产能力明显提高,抗御自然灾害能力明显增强的目标。

【两景点成中国井冈山干部学院教学点】 3月,中国井冈山干部学院将万载湘鄂赣革命纪念馆和仙源湘鄂赣革命根据地确定为该院现场教学点。仙源湘鄂赣革命根据地是第二次国内革命战争时期湘鄂赣革命根据地旧址之一,1932年4月至1934年1月,中共湘鄂赣省委、省苏维埃政府及其省级机关在仙源(当时称小源)驻扎近两年之久,仙源也曾一度成为湘鄂赣革命根据地政治、经济、军事、文化中心,素有"东方小莫斯科"之称。仙源保存完好的湘鄂赣革命根据地旧址有30多处。

【被评为全国首批"有机产品认证示范创建县"】 12月,在2011年全国食品农产品认证监管工作会上,万载县被国家认监委评选为首批"国家有机产品认证示范创建县(市)"。近年来,万载县利用自身生态优势,立足县情,提出"生态立县、有机富民"发展战略,编制《有机农业产业化发展总体规划》,成立由县长任组长的有机产业发展领导小组,组建有机农业监管大队,组织成立村级有机农业合作社,健全有机农业生产服务体系,对万载县发展有机农业,创建"国家有机认证产品示范创建县"起到非常好的促进作用。截至2011年底,万载县有机农业生产区涉及11个乡镇,有机农业生产面积1.78万公顷,建成有机农产品加工龙头企业12家,带动下游企业100多家,通过国际认证的有机产品38个品种,100多个产品进入国际国内市场。

(黄德娥 徐小明)

主要领导人 县委书记:胡新明。县人大常委会主任:何晓雄。县长:陈虹。县政协主席:肖德明。

·上高县·

【简 况】 位于宜春市中部,辖8镇6乡1街道办事处,总面积1350平方千米,其中城区面积17.55平方千米。年末耕地面积2.49万公顷,有林面积3.19万公顷,森林覆盖率45.5%。年末总人口约35.99万人,其中城区9.7万人,人口自然增长率7.22‰。全年实现生产总值85.8亿元,同比增长12.8%。其中第一产业增加值14.7亿元,增长7.8%;第二产业增加值46.9亿元,增长15.1%;第三产业增加值24.2亿元,增长11.1%。工业总产值200.7亿元,增长37.8%。主要工业产品有鞋革、建材、食品等。农业总产值37.3亿元,增长20.9%。主要农产品有水稻、蔬菜、油菜等。全年地方财政收入10.82亿元,增长34.2%,支出14.8亿元,增长14.8%。城镇居民人均可支配收入1.41万元,增加1418元。农村居民人均纯收入8209元,增加1727元。全县城乡居民年末储蓄余额58.04亿元,增长17.2%。

全年共引进投资项目128个,引进省外工业资金28.6亿元。新批外资项目11个,引进投资亿元(千万美元)以上项目19个,投资3000万元以上入园项目40个,年内实现主营业务收入200亿元,增长41.5%。全年新发展鞋业、食品、新型建材及配套项目11家,累计达到91家。三大产业实现主营业务收入130亿元,占全县工业总量65%。实际利用外资6036万美元,外贸出口2.9亿美元,居全市第一。

争取高标准农田建设工程、农村危旧房改造试点工程、农村饮水安全工程等项目220个,到位资金突破5亿元。完成高标准造林1986.67公顷、粮食产量首次突破3亿千克大关、全县生猪出栏85.3万头。全县243座小(二)型以上水库退出承包经营,完成7座重点小(一)型水库除险加固和199座小(二)型水库溢洪道达标改造,21座小(一)型水库和19座小(二)型水库除险加固工程全面开工。6处农村安全饮水工程全面完成,1.38万农村人口饮水安全问题得到解决。

全年累计投入2.2亿元,完成锦阳东路、金光大道建设,完善管网建设主体工程,开工建设市政广场和景观湖;友谊广场、镜山口桥和青阳大桥全面竣工;镜山公园和"一江两岸"防洪景观工程等民生休闲项目顺利推进;友谊路、黄家桥路、沈家巷等市民关注的道路改造基本完成;东丰路、沿江西路、连江路、环镜山公园道路建设顺利推进;城市垃圾处理场、县城河南片区污水管网等城市配套工程稳步实施。上棠线、官泗线油路改建工程基本完成。完成泗溪110千伏变电站建设及钟家渡3万吨自来水厂扩建,铺设排水排污管道140千米,硬化路面3.8万平方米。城市环境新增保洁面积57万平方米,延伸路灯3千米,城区绿化覆盖率32.9%。泗溪、徐家渡等重点集镇建设强力推进,64个新农村建设点全面完成建设任务,9个乡镇建成农村垃圾处理中心,165个非新农村建设点实行垃圾无害化处理。

全县民生工程资金总投入10.5亿元,增长14.2%。城镇新增就业人口6447人,新增转移农村劳动力6202人。社会养老保险实现全覆盖,面向80岁以上寿星发放高龄津贴370万元,农村五保集中供养标准每人每年2400元。发放贫困学生补助金335万元、中职学生补助金232万元。全面实施国家基本药物制度,为群众减轻医药负担524万元。新建保障性住房353套,发放廉租住房租赁补助1068户,652户农村危房改造全面完工。

【县财政收入突破十亿元大关】 2011年,上高县财政收入突破10亿元,达10.82亿元,增长34.2%,成为继丰城市、樟树市、高安市和袁州区之后,全市第五个年财政收入超10亿元县(市、区)。2011年,上高县围绕“挺进第一方阵,建设中等城市”目标要求,促进经济发展,做好财税工作,培植壮大支柱财源,围绕新城区、青阳大桥、镜山大桥等重大项目建设,及时拨付资金,促进项目顺利、快速推进,深入挖掘财源。搭建发展平台,全年筹措近亿元资金用于加快工业园区基础设施建设,使园区成为全县财政收入稳定增长源。全面提升征管力度,健全税源调查分析、财税分析和非税收入征管监督机制,提高依法治税水平。落实征管责任,重点税源和零星税源做到“抓大不放小”,确保应收尽收。

【举办纪念上高会战胜利70周年暨公祭抗战忠烈典礼】 4月2日,由民革江西省委与中共宜春市委联合主办,民革宜春市委和中共上高县委承办的纪念“上高会战”胜利70周年暨公祭抗战忠烈典礼在“上高会战”抗战阵亡将士陵园举行,来自海峡两岸各界人士和当年浴血战场的老兵代表们集聚于此,隆重祭奠70年前“上高会战”中英勇献身的忠烈。公祭活动由全国政协常委、江西省政协副主席、民革江西省委主委陈清华主祭,宜春市市长龚建华主持。出席公祭典礼活动的有全国政协常委、民革中央副主席郑建邦,宜春市四套班子主要领导,台湾知名人士、民意代表帅化民及夫人,参加上高会战老战士代表,参战将领张灵甫遗孀王玉玲女士及其亲属,自发参加公祭活动群众等2000余人。

【白云峰峡谷漂流开始营业】 白云峰峡谷漂流位于上高县南港镇南部白云峰,海拔1004米,被誉为“上高屋脊”。登临白云峰能“一山看五县”,新余渝水区、分宜、高安、宜丰、上高尽收眼底。漂流项目总投资1500万元,于6月开始营业。峡谷漂流全长3千米,水流落差150余米,漂流滑道30多个,被誉为“江南立体第一漂”。

【获“中国民间文化艺术之乡”称号】 “中国民间文化艺术之乡”是文化部为推动民间文化艺术事业繁荣发展、丰富活跃基层群众文化生活而设立的一个文化品牌项目。上高县自1984年成立第一个农民摄影协会以来,农民摄影组织像雨后春笋般出现在全县每一个地方,全县16个乡镇场都有农民摄影组织,有农民摄影作者1276人。上高农民曾3次赴北京举办上高农民摄影展览,部分农民摄影作品还远赴美国、日本展出,中央电视台曾三次专题报道上高农民摄影事业发展盛况,在国内外产生较大影响。11月,上高县被文化部授予“中国民间文化艺术之乡”称号。

【大力开展节约集约用地工作】 上高县创立利学规划“管地”、开发整理“增地”、旧村改造“挖地”、拓展空间“生地”、增减挂钩“腾地”、闲置土地“收地”、严格监管“控地”模式,先后在野市乡、田心镇等地实施土地开发,新开发有效耕地面积400公顷;在徐家渡镇、镇渡乡等地实施土地整理,整理土地面积3333.33公顷,新增耕地面积约227公顷;整治旧村565个,拆除旧房5.2万栋,节约用地380公顷。鼓励建高层楼房、建地下车库,节约建设用地;开展城乡建设用地“增减挂钩”试点,多占多补集约用地;开展项目闲置地整治,清理闲置土地20宗,依法收回国有土地使用权面积63.93公顷。

(晏紫春 谷茂龙)

主要领导人 县委书记:黄德刚(任至5月)、刘 平(5月任)。县人大常委会主任:黄任生(任至6月)、江建辉(6月任)。县长:刘 平(任至5月)、漆海云(5月任)。县政协主席:毛炳生(任至6月)、况国高(6月任)。

·宜丰县·

【简 况】 位于宜春市中部,辖7镇5乡。总面积1935平方千米,其中城区面积8.5平方千米。年末耕地总面积2.72万公顷,有林地面积13.55万公顷,森林覆盖率71.9%,城区绿化率35.05%。2011年末全县总人口28.85万人,其中农业人口19.96万人,人口自然增长率11‰。2011年实现生产总值64.85亿元,同比增长12.7%。其中,第一产业增加值12.7亿元,增长3.5%;第二产业增加值36.59亿元,增长17.3%;第三产业增加值15.56亿元,增长11.8%。全社会500万元以上固定资产投资38.28亿元,增长29%。规模以上工业实现增加值20.07亿元,增长23.82%。主要工业品产品产量:原煤38.2万吨、人造板10.4万立方米、水泥71.45万吨、铝材1.35万吨、硅酸盐水泥熟料43.98万吨。农业总产值23.2亿元,增长3.6%。主要农产品产量:粮食25.56万吨、水产品1.65万吨、肉类2.55万吨、生猪出栏27.85万头、禽蛋产量5640吨。财政总收入6.74亿元,增长34.2%,其中地方财政收入3.95亿元,增长29.7%;总支出12.5亿元,增长20.9%。万元GDP能耗下降2.05%,城市污水处理率75%。在岗职工年人均工资2.53万元,增长15%。农村居民人均纯收入6982元,增加1080元。城乡居民年末储蓄余额45.18亿元,增长18.1%。城镇新增就业7951人,发放养老保险1.56亿元、低保资金2213.5万元、医保资金3958万元,参加新农合、居民医保分别达19.20万人、3.71万人。

推进工业园区建设。2011年共有入园企业213家,其中建成投产企业163家,规模企业50家,在建企业25家,已签约项目23个,园区实现主营业务收入62.3亿元,增长62%;完成固定资产投资17.8亿元,增长16%;实现工业增加值20.55亿元,增长61.2%;完成税收1.45亿元,增长26.2%;安排劳动力就业2.1万人,增长30%;全年新征土地538.47公顷,拆迁猪栏1.2万平方米,拆迁大小鱼塘80多座,迁坟2600宗;平整工业用地266公顷,完成土石方583.5万立方米,土方平整工程合同金额6146万元;共计实现道路管网工程合同金额4803万元,其中硬化主干道10.22万平方米,硬化人行道3850平方米,铺设排水管道6.9千米,新修道路7.6千米。投资2500万元新建全长3.7千米环保电池产业园主干道路基础工程已完成;投资2.02亿元的宜丰220千伏变电站项目建成投运,服务精工陶瓷等重大项目的35千伏英村变电站已投入使用。新增绿化面积3万平方米,安装路灯110座。争取上级无偿扶助生态园区资金300万元,当年到位150万元。

开展企业闲置土地清理工作,通

过转让、租赁等形式，收回信星鞋业、元好工艺、佰倴食品、鸿鑫雕塑等企业闲置土地54.67公顷，盘活闲置厂房4.2万平方米。督促企业排除安全生产隐患50多起，投入安全生产资金800多万元。投入资金500多万元，帮助村组农户安装自来水360户，硬化村组道路8千米，完善农田水利灌溉设施8处。

【竹文化园建成开放】 宜丰竹文化园是宜丰县为迎接在宜春召开的第六届中国竹文化节而实施的重点项目工程。1月开工建设，10月上旬布展对外开放。从征地拆迁、土地平整、园区广场、道路建设到主体建筑建成，前后不到一年时间，尤其是竹文化馆建设，从主体建筑到布馆创下百天完工纪录。项目总投资4500万元，占地10.67公顷，建有竹种展示区、引种区、竹文化馆等，栽种竹类品种有24属219种19万多株。主要由竹种园和竹文化馆以及竹种引种区三部分种成。竹文化馆建筑面积3450平方米，主要展示宜丰县悠久竹文化、丰富竹产品以及精湛竹工艺等。竹文化园位于武吉高速（宜丰）迎宾大道出入口处、东方禅文化园旁，既是竹文化展示窗口，也是宜丰生态旅游主要景点之一。2011年10月中旬第六届中国竹文化节期间，30多个国际竹藤组织成员国代表和驻华使节、全国19个产竹省（区、市）及30个中国竹子之乡代表到园参观，给予高度评价。

【东方禅文化园开园】 5月28日，位于城东新区的东方禅文化园正式开园。省政协主席傅克诚，副省长熊盛文，省委统战部副部长、省民宗局局长谢秀琦，宜春市委副书记任桃英，台湾佛光山开山宗长、国际佛光会世界总会总会长星云大师等参加开园仪式。宜丰东方禅文化园规划面积66.67公顷，由主入口区、禅历史博物馆、禅意园、禅文化研究中心、花岗岩雕500罗汉像及释迦牟尼铜像等组成，同济大学著名建筑学家路秉杰担纲建筑设计，著名雕塑家陈修林设计制作500罗汉雕像，著名国学大师南怀谨给予关怀与支持。

【刘木华和邓智军先后荣登“中国好人榜”】 2011年，中宣部、中央文明办等部门在全国继续开展“我推荐、我评议身边好人”活动。宜丰县下岗职工刘木华、村民邓智军先后入选2011年“中国好人榜”。刘木华原是县化工染料厂下岗职工，丈夫患重病后她不离不弃，悉心照料，与丈夫患难与共，创造了丈夫生命奇迹。她身上集中地体现了中华民族传统美德，反映了现代社会文明进步精神风貌，为人们树起了行为的道德标杆，当选6月孝老爱亲类“中国好人”。邓智军生前是宜丰县芳溪镇禾埠村村民，7月27日傍晚，因勇救5岁落水儿童献出年仅18岁的生命。邓智军的感人事迹，在全社会引起强烈反响，并以得票数第二排名，入选8月见义勇为“中国好人榜”。

【《宜丰县志（1986～2005）》出版】 10月，《宜丰县志（1986～2005）》由方志出版社出版。该书是一部记述宜丰县1986～2005年自然、政治、经济、文化、社会历史与现状的资料性文献。全书共分22卷119章507节及附录，共120万字。方志出版社对该书给予高度评价：“本书基本理论观点正确、内容丰富，不但能起到促进社会、政治、经济、思想、文化、科学诸方面发展作用，而且能体现作为图书宣传思想、传播文化、传授知识的重要工具三方面功能。”

【中央电视台“走基层”栏目组到宜丰采访】 9月10～16日，中央电视台“走基层”栏目组一行4人，在著名主持人敬一丹带领下深入宜丰县进行采访。栏目组先后采访潭山镇龙岗村、洑溪村、潭山敬老院留守儿童、孤寡老人生产生活和庆中秋佳节普通农家人的点点滴滴，讲述农村留守儿童和孤寡老人平凡小事，并分4组节目，在中央电视台《新闻联播》《焦点访谈》《东方时空》《晚间新闻》节目中播出。

【渊明湖被列为国家级水利风景区】 11月1日，国家水利部批准全国52个水利景区为第十一批国家水利风景区，宜丰县渊明湖为江西省3个国家级水利风景区之一，也是全国3万多个大中型水库中的佼佼者。渊明湖以陶渊明故里所在地宜丰县澄塘镇丰产水库而冠名，属长江流域鄱阳湖水系锦江河支流棠浦河彭源水系。水库于1958年10月动工兴建，1963年7月竣工，水面112公顷，是一座以灌溉为主，兼顾防洪、发电、养鱼等综合利用的中型水库。近年来，国家和省水利部门以及地方财政投入近3千万元，对水库主坝、副坝、溢洪道、办公楼、服务设施、周边环境进行加固和整体改造。自3月启动申报渊明湖国家水利风景区工作以来，在历时半年多时间里，宜丰县严格按照有关要求，搜集整理有关图片文字、拍摄影像等资料，通过专家实地考察和评审，全面达到规范要求。

（纪　睿）

主要领导人 县委书记：赖国根（任至5月）、邓　伟（5月任）。县人大常委会主任：张美荣。县长：邓　伟（任至6月）、张智萍（7月任）。县政协主席：熊仁井（任至2月）、刘生才（2月任至6月）、李和平（6月任）。

·靖安县·

【简　况】 位于江西省西北部，辖5镇6乡，总面积1377.49平方千米，其中城区面积7.89平方千米。耕地面积0.92万公顷、林地面积11.76万公顷、森林覆盖率84.1%、城区绿化率39.9%。全县总人口14.77万人，其中非农业人口4.19万人，人口自然增长率6.94‰。全年实现生产总值26.01亿元，同比增长11.8%。其中，第一产业增加值4.73亿元，增长3.6%；第二产业增加值13.5亿元，增长17.4%；第三产业增加值7.78亿元，增长8.1%。财政总收入4.09亿元，增长46.1%，其中税收3.18亿元，占财政收入78.1%；地方财政收入2.87亿元，增长52.8%，获“全省县级财政收入三年翻番奖”。地方财政支出7.67亿元，增长25.5%。城乡居民年末储蓄余额22.9亿元，增长17.2%。社会消费品零售总额4.82亿元，增长17.7%。

硬质合金工具和绿色照明两大省级产业基地建成，有色金属加工、硬质合金工具、绿色照明、机械铸造、木竹精深加工成为工业支柱产业。全年引进项目41个，签约资金189亿元。固定资产投资17.15亿元,增长31.6%。实际引进县外资金16.48亿元,增长28.2%。利用外资1470万美元,增长54.7%。全年实现工业总产值38.49亿元,增长13%。规模以上工业增加值7.53亿元,增长20.07%;占GDP比重29%。外贸出口5184万美元,增长69.3%,获"全市外贸出口先进单位称号"。全县工业用电1.14亿千瓦小时,增长16%。全县规模以上工业完成流转税及附加1.08亿元,下降25%。完成利税总额2.2亿元,增长17.86%。主要工业产品:年产人造板1.28万立方米、电灯泡3.94亿只、铜加工材1.18万吨、发电1.74亿千瓦小时。

绿色有机农业不断壮大,建成绿色有机农业示范基地30个,绿色水稻、绿色椪柑核心区面积6666.67公顷,有机白茶面积1200公顷,皇菊、泉水蟹、三文鱼等特色农业基地,养殖娃娃鱼3.5万尾。靖安白茶获全国第九届"中茶杯"金奖,被评为"江西省十大名茶""江西省名牌农产品",于12月7日通过国家质监总局组织的"地理标志产品保护"专家第一轮评审。靖安椪柑深加工项目被列入国家科技富民强县专项计划。全年实现农业总产值9.26亿元,增长10.5%。粮食总产量8.95万吨。农村居民人均纯收入6592元,增长1091元。主要农产品产量:水稻8.37万吨、柑橘5.04万吨、茶叶162吨、油菜籽0.48万吨、蔬菜2.93万吨。

森林资源保护工作被评为"全省第三轮森林资源保护工作先进县",防火工作被省森林防火指挥部授予"春季森林防火平安县"称号。造林绿化"一大四小"新增造林面积1481.47公顷。地质灾害群测群防被国土资源部授予"十有县"。3月,水口乡、雷公尖乡、璪都镇获"省级生态乡镇",三爪仑乡红星村、璪都镇港背村和宝峰镇华坊村被命名为"省级生态村"称号。4月,九岭山自然保护区晋升为国家级自然保护区。9月,潦河大鲵自然保护区被批准为省级保护区。

引进三清山集团对景区旅游资源进行整合开发,组建三爪仑旅游开发股份有限公司,成功收购观音岩、白水洞等精品旅游资源。全县在建和已落户重大旅游项目投资总额170亿元。三爪仑景区入选《江西省风景名胜区规划》,宝峰镇毗炉村被评为全国森林旅游示范点,北河园被评为全国休闲农业与乡村旅游四星级企业(园区),中源乡、双溪镇泥涡村和高湖镇古楠村被评为江西省乡村旅游示范点。

城乡建设力度加大,城北新区控制性详规开始编制并开展土地征收工作。10月,投资8000万元开工建设4.3千米环城南路。年底,老城区改造工程完成人行道改造3万平方米,埋设各类地下管线15千米,铺设天然气主管网2500米;建成城南防洪堤、沿河南路沿河休闲景观长廊建设完工。11月,总投资2826.69万元的县城(北岸)防洪工程和投资1880万元的罗湾乡防洪工程开工建设。建成新农村点53个,城乡建设用地增减挂和土地开发工作获评"全省节约集约用地模范县"。新修农村公路67千米,"渡改桥"工作荣获全省先进。城乡规划建设局获"全省住房城乡建设工作先进单位"和"全市城市建设工作先进单位"称号。

民生保障类支出1.7亿元,增长29.8%,城市污水处理率82.5%。在全省率先启动新型农村社会养老保险试点,全民医疗、养老保障覆盖率100%。新型农村合作医疗参合率94.64%,被评为"2011年度全省最受网友欢迎的县域民生工程",农村中医药工作评为全国先进单位。投入174.34万元为全县80岁以上高龄老人发放长寿津贴。新增转移农村劳动力4372人,发放小额贷款3427万元。全县新增就业人员2050人,城镇登记失业率4.1%。

【《靖安县志(1988~2007)》出版发行】 由靖安县志编纂委员会编纂、江西高校出版社出版的《靖安县志(1988~2007)》于8月发行。该志书属新中国成立后第二轮修志。全书共设37卷,169章,619节,140余万字,图片600余幅,全书彩印,全面记述靖安20年来政治、经济、社会的发展变迁。修志工作和志书质量得到省、市方志部门肯定。

【南昌至靖安高速公路建成通车】 12月28日,南昌至靖安高速公路及其连接线(三爪仑大道)同步建成通车,该高速公路是昌铜高速的一段,该段长36.7千米,连接线建设于2010年9月3日启动,全长8.57千米(含干大线),总投资1.2亿元。高速公路建成将更好地发挥靖安生态、资源、区位优势,快速融入"南昌半小时经济圈"和"鄱阳湖生态经济圈",促进经济社会迈上高速发展快车道。

【江西·靖安生态经济示范基地项目开工】 12月20日,投资50亿元的江西·靖安生态示范基地项目于宝峰镇周郎村大横组开工建设,该项目由江西省铁路投资集团和深圳恒发投资发展公司投资,规划面积1100公顷。拟分四期开发,其中一期投资20亿元人民币,占地75.33公顷,主要建设内容有:跨越千年的天堂养生城、中国一流的中华护理学院、国际一流的大型赛马场、中国中部最大的室内滑雪场、农业生态园和特色植物种植园。

【江西杰浩硬质合金工具项目建成投产】 12月20日,江西杰浩公司硬质合金工具项目竣工投产,副省长洪礼和参加竣工投产仪式。公司成立于2010年12月8日,占地近16万平方米,总投资5亿元,是一家集研发与生产加工各类硬质合金精密切削刀具于一体的高科技企业,是2011年江西省战略性新兴产业重大项目之一。产品广泛应用于航天航空、造船、汽车、化工、IT等领域,有广阔发展前景。

【教育园区项目开工】 2011年10月,在新规划的城北新区,占地面积52公顷,总投资2.3亿元的"教育园区"项目开工建设。该园区包括幼儿园、小学、初中、青少年活动中心等建设内容,年底完成投资474.53万元。

(蔡会如　赖丰芳)

主要领导人 县委书记:冷光辉(任至5月)、张龙飞(5月任)。县人大常委会主任:章后贵(任至7月)、黄凌强(7月任)。县长:张龙飞(任至7月)、田　辉(7月任)。县政协主席:张勇建(任至7月)、彭　峰(7月任)

·铜鼓县·

【简　况】 位于江西省西北部，辖6镇3乡，总面积1548平方千米。其中，城区面积10.36平方千米，耕地面积5620公顷，森林面积13.1万公顷，森林覆盖率87.4%，城区绿化率35.6%。总人口13.79万人，其中非农业人口3.8万人，人口自然增长率7.56‰；完成全社会固定资产投资12.5亿元，增长40%。2011年实现生产总值23.18亿元，增长12.5%。其中，第一产业增加值4.43亿元，增长3.2%；第二产业增加值10.31亿元，增长16.2%；第三产业增加值8.43亿元，增长11.7%。工业总产值19.63亿元，增长34.9%。主要工业产品有医药、化工、水晶、竹木建材等。农林牧鱼总产值8.26亿元，增长3.43%。其中，农业总产值1.99亿元，增长1.2%。林业总产值4.1亿元，增长4.95%。主要农产品有粮食总产量4.28万吨、茶叶305吨、生猪出栏6.32万头、山羊出栏4.25万只、家禽出笼64.01万只。社会零销商品销售总额5.74亿元，增长18.4%。财政总收入4.1亿元，增长57%，其中地方财政收入2.86亿元，增长65.8%。城镇在岗职工年平均工资2.45万元，增长20.9%。城镇居民人均可支配收入1.04万元，增长8%。农民人均纯收入4686.2元，增长13.75%。金融机构储蓄存款余额24.12亿元，增长17.6%。金融机构贷款余额8.38亿元，增长19.5%。

全县引进内资项目48个，实际进资6.5亿元，其中超亿元项目9个。利用外资920万美元，出口创汇800万美元。全年共争取各类资金5.99亿元，增长19.2%。共争取各类农村公路建设项目57.1千米，对3个县通乡升级改造项目、6个农村公路改造项目进行工程质量检查验收，完成县城至江头道路改造，修万线由省道升级为国道。推进城乡电网改造，投入2500余万元新建和改造35千伏变电站4座、35千伏线路76.9千米、配电台区159台，县城电网实现“环网”供电，获“‘十一五’水电农村电气化县”称号，被列为全国“十二五”水电新农村电气化建设县。全国农村饮水安全工程整体推进示范县通过省级验收，完成第一次全国水利普查工作，启动大段水库除险加固和丰田城防工程建设，完成温泉城防工程和3座小(二)型水库除险加固工程建设，小型农田水利重点县和国家农业综合开发县项目平稳推进，改造农田灌溉面积2520公顷。

对《铜鼓县城市总体规划(2010～2030)》进行重新修编，中心城区面积增加到18.65平方千米。开展城区近期建设用地控制性规划编制，控规编制覆盖率98%。完成定江桥、定江河“一河两岸”及主题公园、西湖公园、西湖广场、铜鼓广场、汽车东站、生猪定点屠宰场和皇庭假日大酒店主体工程等项目建设。启动城南西路改造和文化艺术中心、迎宾大道、行政中心等项目建设。西湖新城区开发稳步推进，清理违章建筑626户，征收土地34.13公顷。建立县城中心城区村民建房管理长效机制，全县31个新农村建设点“六改”完成率100%，各村都发展了一个主导产业项目和10户以上“五小园”庭院经济示范户。各村点创办文化活动室，建设休闲活动场所和宣传长廊。完成680户农村危房改造。完成造林绿化1840公顷。开展红豆杉森林资源调查，全县红豆杉数量80.4万株，建立南方首个红豆杉种质资源基因库。新、扩、改项目环评率100%，全面完成减排任务。启动8个县级土地开发项目建设，新增耕地20公顷。

铜鼓县是全省地质灾害重点防范县，地质灾害易发区占全县国土面积69.8%。2011年完成地质灾害避灾移民搬迁623户2560人，建成深山区、地质灾害区移民安置点35个。县城移民新村达到“五通三化”标准，乡村两级移民安置点实现门前道路硬化、自来水入户、环境绿化、建有卫生厕所、人畜分开，群众生产生活条件得到彻底改善。在移民搬迁过程中，结合“一大四小”绿化工程、退耕还林工程等生态工程实施，推行移出区造林绿化和封山育林，全县移出区新增造林绿化面积353公顷。通过扶持龙头企业、特色种养基地，形成“公司+基地+农户”产业发展模式，为移民户搭建出致富之路。已累计扶持江桥公司、华辉公司、百泰公司等多家农业产业化龙头企业，扶持创办各种基地20多个，解决当地移民就业近2600余人，带动发展移民5000余人，农民人均纯收入增长在500元左右。

用于民生工程方面资金3.4亿元，其中县财政配套资金2500余万元，完成82项民生工程指标。发放个人创业贷款3756.8万元，直接扶持686名下岗失业人员、返乡农民工创业，“零就业家庭”就业安置率100%。城市低保标准提高到每人每月300元，农村低保标准提高到每人每月130元，共有3413人享受城市低保、7247人享受农村低保，有1750名80岁以上老人享受高龄老人长寿津贴，共发放长寿津贴109万元。参加城镇居民医疗保险人数3.78万人，参合农民9.31万人，参合率97.03%。参加城镇基本养老保险8970人，参加新型农村社会养老保险6.16万人。2010年启动的400套廉租住房已竣工并通过省政府考核验收，408套廉租住房已完成主体工程量80%。拨付义务教育公用经费808.37万元，免除义务教育阶段在校学生学杂费和教科书费140.54万元，发放资助各类家庭经济困难学生2124人(次)计资金220.29万元。开展“送戏、送电影、送图书、送展览”等文化下乡活动，被评为“江西民间文化艺术之乡”，县文化馆被评估定级为国家三级馆，温泉镇金星村平顶垴遗址被评为“江西省十大考古发现”。在乡镇卫生院全面实施国家基本药物制度，所有药物实行零差率销售，“光明·微笑”工程为65例白内障患者和9例先天性心脏病患儿进行免费治疗，启动尿毒症患者免费血透救治工作。开展“县乡村三级书记大接访”和“三同四民”千名干部下基层活动，加大信访积案化解力度，充分发挥“县长热线”作用，一些社会热点、难点问题基本得到妥善处理，社会保持和谐稳定。安全生产保持平稳态势，水上交通连续11年无死亡事故，“清剿火患”战役筑牢消防安全“防火墙”，“防火减灾”科普宣教活动促进应急保障能力提高，“清网”行动使网上逃犯总数下降91.94%。

【举办第二届湘赣边贸文化节】 10月29日，第二届湘赣边贸文化节在铜鼓县排埠镇举行。本次文化节由铜鼓县排埠镇承办,铜鼓县永宁镇,湖南浏阳张坊镇、小河乡,万载县赤兴乡、仙源乡、白水乡、高村镇共同协办。开幕式上,县委宣传部部长李智勇致词,副县长时水莲宣布文化节开幕,来自6个乡镇负责人还宣读了文化节共同宣言。随后,来自3个县市的文艺工作者表演了一场精彩的"走进福地排埠"文艺节目。万载《花灯表演》充满浓郁地域特色,铜鼓《铲山鼓》把山区人民生产生活进行艺术性反映,浏阳4位老演员则为大家展示了原汁原味的客家山歌。湘赣边贸文化节的成功举办,为湘赣边界区域建设打造了一条边贸文化纽带。

(王现国　刘书琴)

主要领导人　县委书记:胡国瑞。县人大常委会主任:吴园成(任至7月)、林上旺(7月任)。县长:漆海云(任至6月)、鲁旭东(6月任)。县政协主席:陈添菊(任至7月)、李　鸣(7月任)。

·丰城市·

【简　况】　地处江西省中部,辖20镇7乡5街道办事处。国土总面积2845平方千米,耕地面积8.29万公顷。总人口138.3万人,其中农业人口100.87万人,非农业人口37.43万人,人口自然增长率7.51‰。2011年,全市实现生产总值287.91亿元,同比增长14.6%。其中第一产业增加值49.03亿元,增长3.7%;第二产业增加值154.40亿元,增长17.2%;第三产业增加值84.47亿元,增长16.4%。工业总产值516.38亿元,增长35.7%。主要工业产品有原煤752.34万吨、洗煤114.8万吨、钨精矿1329.27吨、水泥142.78万吨、火力发电量136.22亿千瓦小时。农业总产值72.86亿元,增长3.1%。主要农产品有粮食总产量100.38万吨、油料作物总产量4.33万吨、蔬菜瓜果总产量45.27万吨、生猪饲养量135.11万头、禽蛋总产量2.64万吨。财政总收入33.98亿元,增收6.42亿元,增长23.3%,其中地方财政收入22.13亿元,增长23.9%。全年财政一般预算支出41.43亿元,增长23.6%。城镇居民人均可支配收入1.91万元,增加3956元。农村居民人均纯收入7863元,增加1338元,增长20.5%。年末城乡居民人均储蓄存款余额1.17万元,增长15.6%。

2011年,丰城市将新增财力76%用于民生工程建设。投资15亿元,实施包括社保、医保、社会救助、保障性住房、公路、学校、医院等方面建设。开工建设10个乡镇(街道)公办中心幼儿园,开工建设6个农村公路综合服务站,实行农村公路"建管养运"一体化。在全省率先启动被征地农民养老保险全覆盖。城镇职工和居民参加医保人数分别为16.14万人和16.76万人,分别增长1.6%和2%;农民参加医保人数稳定在95%左右。城市低保人数2.80万人,发放救助金6175.1万元。农村低保人数3.79万人,发放救助金4098万元。城镇"三无"人员集中供养生活费标准由原来310元/月提高至350元/月。社会散居孤儿生活费按省标准发放到位,共发放资金117.88万元。移民累计拨付项目资金1113.43万元,移民直补资金1607.09万元。全市养老保险参保人数8.60万人,缴费人数7.06万人,增加7901人。开工建设保障性住房1674套,新建和改造农村危旧房1061户。开工建设总投资6.5亿元的丰矿棚户区改造工程。投资2800万元扩建丰城三小和投资3200万元的丰城四小建设改造工程竣工并投入使用。江西洪州职业学院总投资7亿元,规划占地80公顷,其开工建设实现本市高职院校零的突破。

2011年,丰城县域经济基本竞争力蝉联全国百强,名列第97位,中部地区第九位,首次跻身中部地区十强。获全国科技进步先进县市、全国粮食生产先进单位、全国法治县创建活动先进单位、全国农村劳动力转移就业工作示范县市、全国地质灾害群测群防"十有"县市、中国再生铝基地、中国总部经济发展先行区域战略联盟发起单位、全国第一批农业产业化示范基地、全国农业标准化精品示范地、中国围棋之乡等10项称号。

2011年,全年新入园项目40个,其中亿元以上项目15个,主要集中在能源建材、机械电子和生物食品等产业。工业园区实现工业总产值320亿元,增长51.3%;实现工业增加值90亿元,增长52.5%;实现税金11.76亿元,增长10%。资源循环利用产业基地打造再生资源支柱产业,延伸产业链条。年处理2万吨的格林美电子废弃物回收与循环利用项目、年产1.6万吨的金环铜业项目等17个项目相继投产。基地实现销售收入13亿元、税收9200万元。全市完成工业总产值516.38亿元,增长35.7%。规模以上工业增加值102.6亿元,增长25.6%。全社会固定资产投资210亿元,增长25%(其中500万元以上项目投资193.8亿元,增长29.3%)。外贸出口1.08亿美元,增长98.8%。实际引进市外5000万元以上工业项目资金35.5亿元,增长6%;实际利用外资6028万美元,增长10.3%。

2011年年初,市委、市政府制定一系列发展粮食生产意见,市财政安排农田水利基本建设资金和粮食生产扶持资金,促进全市粮食生产。全市粮食作物播种面积15.94万公顷,增加1626.67万公顷。粮食作物平均每亩单产430.3千克,总产10.285亿千克,增加0.97亿千克,成为江西省第二个粮食总产突破10亿千克县市,受到国务院表彰。富硒产业产值10.47亿元,增长20.3%,辐射带动农民增收2.2亿元。泉硒牌富硒产品集体商标获得国家工商总局受理,可使用TM商标。投资5.7亿元,实施50个水利项目建设,重点修复水毁工程,病险水库、圩堤除险加固,渠系清淤,农田路网改造等基础设施建设。全面启动丰抚线、丰乐线和丰高线大中修,完成新梅一级公路中修,完成农村公路建设383.8千米。完成210个新农村试点村建设,共改水、改厕9021户,修建进村公路173千米,硬化巷道128千米,修建排水沟130千米,普及沼气池2100个。

【集中签定五个城市经济项目】　9月13日,市政府在洪州大酒店举行仪式,分别与香港五洲国际集团、江西赣龙农资物流公司、赣州银行、九江银行、丰城洪州集团等5家企业签定投资项目。香港五洲国际集团投资兴建城市综合体项目,总投资10亿元人民币,位于浙赣铁路丰城火车站与昌赣城际铁路丰城站之间,总占地面积约16公顷,规划建设大型商业中心、家居购物中心、公寓、休闲娱乐中心、室内外双步行街、商务酒店、商务办公楼;江西赣龙农资物流公司投资兴建赣龙农资农贸城,总投资12亿元人民币,占地37.33公顷,位于剑南街道内,项目以全国名优级特农副产品交易功能为核心;赣州银行综合竞争力在中部六省城商行排名第一,获"中国城市商行最具竞争力十大品牌"称号;九江银行项目,其各项财务指标均在全国城市商业银行中位居一流水平;由洪州集团有限公司投资的洪源小额贷款项目,前3年力争注册资金增至2亿元,新增放贷总额争取达到5亿元。

【城西防洪大堤开工建设】 5月18日,市城西防洪大堤建设工程奠基仪式在曲江镇下陈村前举行,省人大常委会副主任朱秉发下达开工令,宜春市委书记谢亦森,省、市有关部门领导出席仪式。工程位于赣江西岸百岁围堤内,起点为工业园区胜利泵站,终点止于曲江镇龙头山,堤线长10.92千米,堤内面积14.37千平方米,设计洪水标准为20年一遇,设计洪水流量1.99万立方米/秒,设计堤高程31.30~31.90米,堤顶宽6米,工程总投资6.3亿元,当年完成工程投资2200万元。

【江西首个县级股权投资基金在丰成立】 9月29日,中科剑邑股权投资基金揭牌仪式在洪州大酒店举行,标志着江西首个县级股权投资基金在丰城市正式成立。中科剑邑基金为丰城市中科剑邑股权投资有限合伙企业,是由深圳中科招商创业投资管理有限公司(简称中科招商)发起的有限合伙制股权投资基金。中科招商于2000年12月正式注册,由中科院、招商集团等著名机构联合发起设立,是中国首家经政府批准设立的大型人民币股权投资基金专业管理机构,也是国内唯一全资质股权投资基金专业管理机构,中科基金在丰城市发起的中科剑邑投资基金总规模人民币10亿元,首期募集资金3亿元,资金拟重点投资丰城及江西本土具有上市前景的优质企业。投资产业方向为国家重点鼓励发展的六大产业、农业和农产品加工业及矿产有色金属行业。

(丰 志)

主要领导人 市委书记:冷新生(任至7月)、杨玉平(7月任)。市人大常委会主任:蒋国根(任至7月)、熊红亮(7月任)。市长:涂水泉(任至7月)、金三元(7月任)。市政协主席:熊生根(任至7月)、熊建清(7月任)。

·樟树市·

【简 况】 位于江西省中部,总面积1290.99平方千米,其中市区面积23.6平方千米。耕地面积6.05万公顷,有林面积2.56万公顷,森林覆盖率30.44%。全市辖4乡10镇5街道办事处,总人口59.16万人,其中城区人口21.66万人,非农业人口15.83万人,人口自然增长率7.90‰。2011年实现生产总值188.56亿元,同比增长14.6%。其中,第一产业增加值24.71亿元,增长3.1%;第二产业增加值109.09亿元,增长19.9%;第三产业增加值54.76亿元,增长10.7%;三次产业结构为13.1:57.9:29.0。规模以上工业总产值264.64亿元,增长53.3%。主要工业产品有:白酒4.94万千升、原盐161.06万吨、中成药7604吨、电动葫芦1918台、单双梁起重机1599台、香料1520吨、水泥25.72万吨。农林牧渔业总产值43.54亿元,增长10%。主要农产品有粮食52.7万吨、油料5.19万吨、中药材3661吨。财政收入23.2亿元,增长35.7%,支出22.6亿元,增长23.8%。城镇在岗职工年平均工资2.62万元,增长9.83%。农民年均纯收入7842.05元,增加18.65%。年末金融机构各项存款金额161.91亿元,增长24.8%;各项贷款余额75.79亿元,增长40.7%。

全年投入水利建设资金2.28亿元,全面推进防洪堤坝和病险水库除险加固、小农水重点县及农村安全饮水等重点水利工程建设。农机总动力103.5万千瓦,水稻生产综合机械水平达68.2%。农业产业化新增国家级农业龙头企业1家,市级龙头企业6家。拥有各类产业化组织279个,农业产业化龙头企业60家,5家农业龙头企业列入"双十双百双千"工程,引进高品质茶叶示范园项目,为全国最大黄金芽连片种植基地。新增无公害蔬菜基地面积66.67公顷、花卉苗木基地666.67公顷。造林绿化"一大四小"工程完成造林3527公顷,改造低产油茶400公顷。"造地增粮富民工程"新增耕地127.5公顷;改造中低产田2333公顷,建设高标准农田833公顷,改善和新增灌溉面积3180公顷。

【第42届全国药材药品交易会举行】 10月16~18日,樟树第42届全国药材药品交易会在樟树市举行。参会人员有国家有关部门领导及专家,大型医药及医疗科研单位,全国16家中药材专业市场代表,港澳台、日本、韩国以及东南亚、欧美等境外医药客商代表,全国中药材种养合作组织,全国各大型保健品企业,云南白药、山东东阿、广东三九等国内知名企业高层代表等。全国医药厂商9100家,参会代表8.6万人。参展企业510家,参展药品有中成药、中药饮片、中药材、民族医药,以及处方药、西药、药物保健品、生物保健品、基因药物、生化药物试剂等,参展品种1.2万个,成交额26.8亿元。在2011江西(樟树)第42届全国药交会招商引资推介会暨项目签约仪式上,签约经济技术合作项目28个,项目涉及医药、化工、农业等产业,投资额44.72亿元。

樟树中医药文化源远流长,挖掘千年药都文化底蕴,展示樟树悠久医药文化是此届樟交会一大亮点。来自全国各地药界人士通过祭祖方式了解樟树中药文明,感悟中药文化悠久历史;8位名中医专家走进市中医院国医堂开展义诊服务。大会期间举办的中医药养生保健专题讲座、中国中药材合作社发展高峰论坛、医药品牌高峰论坛等,无论从内容还是规格上,都充分表现樟树传统医药文化中增添了现代高科技内容。

【中国首创盐泉养生度假旅游区开工】 6月19日,中国首创盐泉养生度假旅游区举行开基大典。省委常委、常务副省长凌成兴下达开工令。项目总投资31.65亿元,按照"高端、健康、低碳、休闲"总体定位,以盐泉为核心支柱,融合樟树药、酒、道等养生资源,着力打造集保健、疗养、观光、休闲、度假于一堂的国际顶级养生旅游基地；打造全国最大盐漂流浴场、中国唯一养生主题盐泉旅游度假区，填补国内复合型养生旅游度假项目市场空白。项目建设规划设计由美国HZS设计公司和易道设计公司担纲，具有国际水准。

【盐化工产业“绿色”发展成效凸显】 在县域经济三年大竞赛中，樟树市把培育壮大盐化工产业作为支撑县域经济快速发展新的增长点，在招商引资过程中，设定盐化工项目“绿色入园标准”，引进符合国家政策和产业发展规划，科技含量高、质量效益好、产业关联性强、生态环保型项目。在项目引进、建设、投产过程中提供全过程、全方位政策咨询，材料准备和手续代办等服务。在完善产业链方面，采取“延伸链条引项目、填补空白找客商”办法，引进一批龙头型项目和产业链上的关联项目，以产业链不断延伸催生新的招商源，最大程度发挥关联项目之间的“磁性作用”，提升企业内部、企业与企业之间的产品关联度，搭建起相互作用、互为补充的产业链。至2011年底，已签约盐化工产业项目27个，其中投产项目17个，在建项目7个。盐化工企业已步入增产不增污、增效不增耗的绿色发展轨道，整个产业呈现出“联得紧、吃得少、产得多、排得少”的绿色发展趋势。

【被定为“中国金属家具产业基地”】 保险设备制造业是樟树市机械产业一个传统行业，已有39年发展历史，经过重组、兼并，再重组、再兼并，到2011年，全市有保险设备企业15家，其中销售收入超亿元企业9家；行业拥有总资产10亿元，从业人员5900余人；拥有中国名牌1个，中国驰名商标1个，江西省名牌产品3个，江西省著名商标7个；13家企业通过ISO9001:2008(2002、2004)质量管理体系认证，12家企业通过ISO14001:2004环境体系认证；3家获全国诚信守信企业，9家获江西省诚信企业，6家被批准为中国档案协会定点生产企业；拥有专利产品94个。2011年规模以上保险设备制造企业完成销售收入25.48亿元，实现工业增加值5.897亿元，利税3.496亿元。行业主要产品有密集架、书架、保险柜、文件柜、金库门、活动库房、课桌(椅)等10大系列200多个品种，产品覆盖全国30多个省、市、自治区，并销往东南亚国家和港澳地区。主要产品密集架、书架销售收入分别占全国市场份额15%和1/3。12月，樟树市被中国家具协会批准为“中国金属家具产业基地”。

【实施“造地增粮富民”工程】 樟树市以土地开发复垦和土地整理为抓手，按照“先做加法，再做减法，先造地、后用地”发展思路，先后投入资金5000多万元，着力实施土地开发造地、土地复垦造地和土地整理造地，在不影响行洪和生态环境前提下，对坡度小于25度的荒坡荒山进行开发，实行宜耕则耕，宜果则果，提高土地利用率和产出率。同时以农田整理为手段，对田、水、路、林、村等进行综合整治，加快中低产田改造，使改造后耕地成为“地平整、土肥沃、旱能灌、涝能排、机能进、产能增”的高产田，不仅有效改善了土地利用结构，提高农业综合生产效益，而且有效缓解城镇发展用地与耕地保护矛盾，实现耕地占补平衡。至2011年底，全市共实施土地开发、整理和复垦项目10个，整治改造农田2200公顷，新增耕地面积380公顷。

（樟树市史志办公室）

主要领导人 市委书记：黄玉剑。市人大常委会主任：杨桂林。市长：刘安安。市政协主席：傅理学。

·高安市·

【简　况】 位于江西省中部偏西北，辖18镇2乡2街道办事处，总面积2439.33平方千米，其中城区面积20.63平方千米。耕地面积6.89万公顷。森林覆盖率40%。全市年末总人口83.56万人，其中非农业人口20.06万人，人口自然增长率7.06‰。2011年，全市完成生产总值136.38亿元，同比增长13.7%。其中，第一产业增加值26.50亿元，增长3%；第二产业增加值70.95亿元，增长20%；第三产业增加值38.93亿元，增长11%。财政总收入15.54亿元，增长39.23%，其中地方财政收入9.92亿元，增长41.72%。全市规模以上工业增加值58.9亿元，增长28.5%。2011年，全社会固定资产投资101.4亿元，增长31.5%。全年争取资金6.14亿元，引进亿元以上项目19个，实际进资32.13亿元。实际利用外资5661万美元，实现外贸出口7300万美元。全市粮食播种面积10.65万公顷，增加400公顷，粮食总产量70.22万吨，被国务院评为“全国粮食生产先进县市”；棉花播种面积7200公顷，总产量1.1万吨；油料播种面积3.67万公顷，总产量6.75万吨；蔬菜种植面积2.17万公顷，总产量65万吨。全市生猪出栏200万头，肉牛出栏13.2万头。全市新增陶瓷生产线25条、产能1.63亿平方米，完成税收1.63亿元，增长32.53%。五福、伟鹏、瑞阳等8个陶瓷商标获省著名商标称号。汽运产业逆势增长，全年新增大型货运汽车5200辆，运力6万吨，完成税收2亿元。2011年，全市加快建设低碳工业、建筑、能源和交通体系，建立低碳绿色发展模式。推进陶瓷窑炉节能改造、陶瓷企业天然气推广应用、工业窑炉尾气回收利用、陶瓷废旧资源利用、农村沼气推广使用等。全市社会消费品总额40.32亿元，增长20.2%。城乡居民储蓄存款余额109.83亿元，增长15.67%。农民人均纯收入7650元，增长18.5%。全市城镇职业培训人数1万人，农村劳动力转移培训人数1.32万人，城镇登记失业率控制在4%以下。城乡各类保险覆盖面全面提升，累计发放农村低保资金1934.3万元，发放“五保”生活费388.6万元，发放医疗救助金910.6万元。启动80岁以上高龄津贴发放工作，率先实施城乡居民社会养老保险，共登记参保人员38.51万人，参保率80.8%。完成保障性住房建设任务1172套、11.04万平方米。科技创新成果突出，完成省级科技成果鉴定5项。普通高考再传捷报，考入北大、清华、香港中文大学人数7人。农村电影放映工程获全国先进。开展发展提升年、“三学三比”“十要十戒”等主题教育活动，规范市政府工作规则，实行政府领导班子施政公开承诺，坚持重大事项集体决策、重要工作社会公布等制度。

【粮食生产首次获国务院表彰】

2011年，高安市克服自然灾害频发等不利因素影响，多措并举抓粮食生产，用活用足惠农政策，加大补贴力度，及时、足额发放补贴款，调动农户种粮积极性，粮食种植面积稳中有增。层层签订粮食生产责任状，分解目标任务，落实奖惩措施。搞好粮食高产创建项目建设，做好各项新品种、新技术试验示范，以点带面，辐射带动农户使用新品种、新技术。对农户进行各项技术培训，全年共举办各类培训班50多次，培训农户上万人，印发各类技术资料10万份。全市粮食总产70.22万吨。自2004年以来，粮食生产实现“八连增”。2011年首次获国务院表彰的“全国粮食生产先进县市”称号。

【华林寨—上游湖风景名胜区申报为国家AAA级风景区】 华林寨—上游湖风景区位于高安市西北部。风景区总面积178平方千米，包括华林山、上游湖、伍桥3个景区，主要以奇石洞天、翠湖幽林和人文历史为特点，主要景点有华林寨、上游湖、丫口石、熊石斋墓、华林胡氏古村浮邱岭、华林漂流、超果寺、八百洞天、桂岩书院遗址、瑞相禅院、蔡溪湖、蔡溪胡氏宗祠等。12月，景区成功申报为国家AAA级风景区。

【博物馆新馆基本建成】 博物馆新馆于3月正式开工建设，年底基本完成主体建筑。新馆位于瑞阳新区文化中心瑞阳大道北侧，用地总面积2.09公顷（含道路用地），实际用地面积1.65公顷。总投资5000万元左右，总建筑面积约5000平方米。新馆建设把“元青花”元素融入建筑中。建成后的博物馆新馆，增挂“元青花博物馆”馆牌，为高安市对外宣传、接待、旅游观光的重要文化窗口和名片，成为国内外唯一一座以元青花藏品为主题的重点博物馆。2011年，博物馆有馆藏文物1万余件，其中一级文物62件，二级文物183件，三级文物2031件。以1980年发现的高安元代窖藏文物最为珍贵，出土瓷器239件，含国内元代景德镇窑、浙江龙泉窑、河南钧窑、陕西磁州窑4个窑口器物。其中元代窖藏青花、釉里红瓷器属罕见珍品，器物完整、器型硕大、品种较全、造型优美、工艺精湛。

【高安采茶戏被列入国家级非物质文化遗产名录】 高安采茶戏起源于早期高安民间灯歌灯彩、傩歌傩舞以及道教歌舞，由明清时期瑞河两岸的瑞河戏、锣鼓戏、丝弦戏等剧种演绎而成，并吸纳传入高安境内的高腔戏、皮黄戏、木偶戏和花鼓戏等剧种有益成分，经过高安民间艺人提炼，逐步形成“语言通俗生动、行腔淳婉清越、气韵刚柔交错、表演质朴优雅”艺术特色，保存了地方小剧种从民歌体向板腔体衍进时期的艺术形态，为研究中国戏剧发展保存珍贵艺术史料，成为江西几大地方剧种之一。高安采茶戏剧团曾经上庐山（献演传统小戏《四九看妹》）、赴上海（演出现代戏《小保管上任》）为党的八届八中全会和华东地区会议献演，受到毛泽东、刘少奇、周恩来等党和国家领导人赞赏，3次代表省戏进京表演，获创作、表演等多个奖项和首届“中国民族文化博览会”稀有剧种特别演出奖。《打猪草》《补背褡》《罗帕宝》《孙成打酒》等30多个剧目获得省级和国家级奖项，60多个剧目摄制成光盘投放市场。2011年6月，高安采茶戏被列入国家级非物质文化遗产保护项目名录。

【赤岸村获“全国文明村镇”称号】 石脑镇赤岸村辖4个自然村，人口1150人。1999年始，赤岸村推行新村建设，重新规划，重新设计，把全村分为居住区、休闲区、家畜饲养区3个功能区。累计投资1000余万元，分两批建设80余栋别墅，并实现通水、通路、通电、通电话、通有线电视。投入资金10余万元，硬化道路2500平方米，绿化面积6600平方米。投资20万元，建成面积1500平方米村民休闲广场，丰富群众文化生活。卫生保洁工作实行分区负责，动态管理。全村实现硬化、美化、绿化、净化。安装高音喇叭20只，入户小广播182只，新建村文化活动中心、图书阅览室、党小组活动室、文化娱乐室等，村风民风文明健康。2011年底，赤岸村在全国精神文明工作表彰大会上获“全国文明村镇”称号。

（熊晓原　孙晓东　刘飞英）

主要领导人 市委书记：皮德艳。市人大常委会主任：黄禾秀（任至5月）、黄雪刚（5月任）。市长：杨玉平（任至5月）、聂智胜（5月任）。市政协主席：范湧华（任至5月）、熊冬根（5月任）。

上饶市

【概　况】 位于江西省东北部，地处闽、浙、赣、皖四省九地市要冲。辖1区10县1市（代管），总面积2.28万平方千米，市中心城区面积63.1平方千米，城区绿化率48.4%。总人口750.19万人，人口自然增长率7.50‰。全市实现国内生产总值1110.6亿元，同比增长13.1%。其中：第一产业增加值176.5亿元，增长4.2%；第二产业增加值599.0亿元，增长16.7%；第三产业增加值335.1亿元，增长12%。全年地方财政总收入151.54亿元，增长33%，其中一般预算收入95.58亿元，增长31.7%。全市税收收入占财政总收入比重84.2%。农业总产值280.67亿元，比上年增长4.2%。主要农产品有粮食产量322.74万吨、油料产量18.59万吨、茶叶产量1.12万吨、蔬菜产量128.65万吨、水果产量17.20万吨。全市规模以上工业增加值316.23亿元，年均增长21.2%。主要工业产品有原煤59.21万吨、10种有色金属13.85万吨、水泥1257.75万吨、铜材（铜加工材）18.96万吨、照相机1.02万台。农村居民人均纯收入6133.75元，同比增长15.36%。城镇居民人均可支配收入1.77万元，同比增长13.92%。年末城乡居民储蓄余额1165.6亿元，同比增加188.4亿元，增长19.28%。全市城镇职工养老保险参保人数41.26万人；城镇居民、城镇职工基本医疗参保缴费人数138.1万人，覆盖率95%。年末全市从业人员405.31万人，同比增加9.62万人。全年城镇新增就业人数11.3万人，“零就业”家庭就业安置率100%。全年完成农村危房改造任务1.15万户。全市各类保障性安居工程建设开工任务3.95万套（户），竣工2.02万套（户），实际货币补贴9425套（户），完工率74.92%，位居全省第二。全市国家级森林公园增至9家，占全省1/

5强。环境治理和监测力度加大,化学需氧量削减5841.5吨,二氧化硫削减4923吨,氨氮削减549.5吨,氮氧化物削减6040吨,均完成年度减排任务。

【三清山风景区获"国家5A级旅游景区"称号】 9月6日,在北京举行国家5A级旅游景区颁牌仪式,三清山风景区在全国众多知名旅游景区中脱颖而出,被授予"国家5A级旅游景区"称号,填补了上饶市5A级旅游景区的空白。12月18日,上饶市举行三清山成功创建国家5A级旅游景区表彰大会,副省长朱虹出席会议,并与市委书记董仚生为三清山国家5A级旅游景区揭牌。

【上饶至宁波"五定班列"正式开通】 6月30日下午,在上饶铁路货场举行上饶至宁波"五定班列"开通典礼。副省长洪礼和宣布上饶至宁波"五定班列"正式开通,上饶市委书记蔡晓明出席典礼,上饶市市长董仚生致辞,宁波市政府、省商务厅、南昌铁路局、宁波港股份有限公司等单位负责人出席典礼并讲话。省直相关单位、市直相关单位等共260多人参加典礼。上饶至宁波"五定班列"车次定为8116次,隔日开行,上饶发车时间为18:01,到达宁波港时间为次日10:44,全程用时16小时43分。

【上饶至武夷山高速公路建成通车】 11月16日零时,上饶至武夷山高速公路建成通车。上武高速是沈阳至海口国家高速公路福建宁德至上饶联络线的江西境内路段。路线起于铅山县武夷山镇分水关,经武夷山自然保护区和铅山县紫溪乡、石塘镇、永平镇、稼轩乡、鹅湖镇以及上饶经济开发区董团乡等,终于上饶经济开发区董团乡,与沪昆高速相连接。公路全长52.97千米,项目概算总投资30.41亿元。全线桥梁29座,总长6.39千米;隧道5座,总长6.58千米,桥隧占总里程25%。上武高速公路建成通车,缩短了江西与沿海地区的距离。

【新型城镇化和城市建设再获全省第一名】 2011年,全市城市建成区面积达232.1平方千米,同比增加20平方千米;城镇人口达295万人,同比增加18万人。市中心城区建成区面积63.1平方千米,同比增加7.3平方千米;人口达58.7万人,同比增加6万人。全市城镇化率达41.74%,同比增加2.01个百分点。在全省2011年度新型城镇化和城市建设现场考核中,再次荣获第一名。

【友好城市缔结取得新进展】 2011年,全市缔结准友城3对,新增友好交往国家3对。上饶市与澳大利亚阿拉腊特市、美国核桃市和智利罗普拉多市签署友好城市意向书;德兴市与加拿大多伦多商业促进会签署友好合作备忘录,与美国加利福尼亚州基诺市签订发展友好城市备忘录,与日本富士山河口湖町签署建立友好城市关系意向书。

(刘剑峰)

主要领导人 市委书记:蔡晓明(任至8月)、董仚生(8月任)。市人大常委会主任:肖天连(任至8月)、尧希平(8月任)。市长:董仚生(任至8月)、潘东军(9月任)。市政协主席:熊良华(任至9月)、程建平(9月任)。

·信州区·

【简　况】 位于江西省东北部,为上饶市委、市政府驻地。辖3镇1乡5街道办,总面积339平方千米,其中建成区面积42.28平方千米。耕地面积5219公顷。绿化覆盖面积2075公顷。总人口40.39万人,其中非农业人口21.25万人,人口自然增长率7.22‰。2011年实现地区生产总值(现价)134亿元,同比增长12.70%。其中:第一产业生产总值6亿元,同比增长4.5%;第二产业生产总值57亿元,同比增长10.50%;第三产业生产总值71亿元,同比增长15.10%。全部工业增加值45亿元,占GDP比重34%,同比增长9.80%。主要工业产品有光学仪器8.48万台;照相机1.02万台;服装成衣743万件。农业总产值(现价)8.66亿元,同比增长7.85%。其中,生产粮食4.6万吨。全年实际利用外资4858万美元,同比增长47.17%;完成进出口2.06亿美元,同比增长38.74%。地方财政总收入10.18亿元,同比增长30.32%。其中,一般预算收入7.25亿元,同比增长23.02%;一般预算支出12.56亿元,增长26.87%。城镇以上固定资产投资114亿元,增长25.3%。社会消费品零售总额68亿元,增长18.1%。城镇居民人均可支配收入1.77万元,同比增长13.20%;农村居民人均纯收入8174元,同比增长17.3%。城乡居民年末储蓄余额135.5亿元,比年初增长11.7%。全年新增就业人员6605人,城镇就业率达97.1%,零就业家庭就业安置率达100%。全区纳入城市低保对象4824户8643人,纳入农村低保对象4279户7474人,发放城市低保金2131.99万元,农村低保金863.15万元,确保城乡困难群众基本生活。

【承诺七件实事全面完成】 2011年,在区四届人大一次会议上承诺的七件实事,至年底全面完成:6座渡改桥竣工投入使用;八角塘中心集贸市场改造完成,并获全省首家由商务部颁发的"中国绿色市场"称号;完成里弄小巷改造10条;区第十小学如期建成开学;全力推进保障性安居工程建设,建成棚户区改造安置房20.6万平方米,总量居全市第一;完成53个新农村建设点和122个农村清洁工程建设,解决3.7万人农村人口饮水安全问题,完成农村危房改造220户;80项民生工程全部完成。

【举办第五届中国·饶城社区文化艺术节】 10月24～28日,信州区举办第五届中国·饶城社区文化艺术节。艺术节以"社区幸福'邻'距离"为主题,分开幕式暨文艺晚会、上饶影城改扩建工程剪彩首映式暨社区电影晚会、"金色童年"全区舞蹈培训班专场文艺演出、我与名家同台演、上饶市首家民间博物馆——林和顺博物馆开馆、"十佳文明家庭"评选、"我们的爱情"——金婚风雨情、社区文艺展演周、社区文化艺术节闭幕式暨颁奖文艺晚会等12项活动,从文艺演出、器乐演奏、评选活动、趣味运动等各个不同角度展示社区文化成果,凸显信州百姓幸福"邻"距离。

【举办2011年上饶·信州“农超对接”活动】 10月16日,举办2011年上饶·信州“农超对接”活动。上饶市永春农业开发有限公司等10家农产品种植企业、信州区龙燕农业开发有限公司等10家农产品养殖企业、上饶市清晶米业有限公司等10家农产品加工企业和步步高等10家超市共计40余家参加这次农超对接活动,近百种农副产品参展,现场销售额达208万元,26家农产品生产加工企业、超市签订农产品购销协议,协议金额达4200万元。

【丰溪大桥建成通车】 6月26日,上饶市区内首座城市景观桥丰溪大桥建成通车。丰溪大桥南起于三江片区江南大道与规划二路交叉口,上跨三江大道、丰溪河、丰溪路,交于水南片区的水南路,是规划中的城市主干道;大桥线路总长约1.39千米,主桥长421米,宽28米,双向六车道;大桥主塔高87米,成67度倾斜,钢管拱跨度85米,属复杂性结构桥梁;设计行车速度每小时40千米,总投资1.07亿元。丰溪大桥于2009年9月18日开工建设,是国内首座斜塔斜拉两拱式组合桥。

(俞叶珍)

主要领导人 区委书记:张之良(任至5月)、郑晓春(5月任)。区人大常委会主任:付德峰。区长:郑晓春(任至5月)、蒋丽华(5月任)。区政协主席:曾祥水(任至7月)、徐中平(7月任)。

·上饶县·

【简　况】 位于江西省东北部,辖11镇10乡3街道办,总面积2240平方千米,其中城区面积11.8平方千米,耕地面积2.36万公顷,有林面积9.83万公顷,森林覆盖率73.7%。总人口79.43万人,其中非农业人口10.23万人。人口自然增长率7.59‰。2011年生产总值109.3亿元,增长14.7%。其中:第一产业增加值9.82亿元,增长1.9%;第二产业增加值81.23亿元,增长19.5%;第三产业增加值18.25亿元,增长4.2%。工业总产值340亿元,增长50.98%。规模以上工业企业62家,主要工业产品有原煤10.2万吨、铜3.07万吨、水泥50.2万吨、发电量1.44亿千瓦时、白银4.89吨、通迅及电子网络电缆15.53万对千米。农业总产值18.49亿元,增长14.25%;国家、省、市农业龙头企业40家,主要农产品有稻谷1.35万吨、茶叶368吨、园林水果3105吨、生猪14.75万头。招商引资引进5000万元以上工业项目16个,其中亿元以上项目15个;实际进资16.48亿元;实际利用外资4700万美元,增长10.3%;实现外贸出口1.14亿美元,增长22%。财政总收入11.1亿元,增长27.4%,成为上饶市第三个过10亿元的县(市、区)。一般预算收入6.65亿元,增长22.8%;一般预算支出18.15亿元,增长22.2%。所有镇(乡、街道)财政收入均在千万元以上,其中茶亭、枫岭头、旭日3个镇(乡、街道)过亿元。全社会固定资产投资总额100亿元,增长38%。社会消费品零售总额33.12亿元,增长18.4%。农村居民人均纯收入4828元,增加548元。金融机构年末储蓄余额95.2亿元,增长22.1%;贷款余额74.3亿元,增长23.7%。城镇化率39%,网络覆盖率99%。义务教育普及率100%。进一步加大环境整治力度,化学需氧量、二氧化硫、氨氮、氮氧化物排放量分别削减699吨、1623吨、25吨、26吨,城市污水处理率83%。上饶县获“全国双拥模范城市”“全国科技进步先进县”“全国文明县城”称号,信江社区被评为全省唯一的“全国文明社区”。

【城南新区建设拉开序幕】 城南新区东连信州区三江片区,南靠上饶市外环路,西接茶亭工业园,北依信江河与旭日片区隔江相望,总规划面积20平方千米。11月20日,新区重点项目城南大道和海纳钢材市场集中开工,标志着上饶县城南新区建设正式拉开帷幕。城南大道全长7.69千米,宽36米,总投资1.4亿元;海纳钢材市场项目总投资3亿元,两期工程完成后可入驻各类钢材批发、零售、加工、配送为一体的市场商户300~400家,市场内企业年销售钢材达100万吨,销售金额50亿元。

【启动灵山景区“4321”工程】 2011年,启动“4321”(四个规划、三大建设、二项工作、一篇文章)工程。四个规划:灵山总体规划、灵山控制性详细规划、灵山生态景观走廊规划、左溪服务区修建性详细规划及左溪游客中心建筑设计;三大建设:灵山大道建设、灵山景区基础设施(一期)项目建设、左溪索道建设;二项工作:强化灵山旅游资源保护管理和引进一支优秀旅游管理人才工作;一篇文章:做活一篇灵山旅游宣传文章。灵山景区总体规划通过专家评审,左溪至尖石旅游公路、左溪35千伏变电站等配套设施项目建成,灵山景区被评为“江西省十大优秀新旅游景区”。

(张益民)

主要领导人 县委书记:张祯祥。县人大常委会主任:徐继生。县长:熊孙魁。县政协主席:祝家炎(任至9月)、肖万松(9月任)。

·广丰县·

【简　况】 位于江西省东北部,赣浙闽三省结合处。辖16镇4乡3街道办,总面积1377.79平方千米,其中耕地面积1.74万公顷,林地面积6.72万公顷,森林覆盖率61%,城区绿地率47.79%。总人口91.21万人,其中城区人口36.01万人,人口自然增长率7.6‰。2011年实现生产总值176.6亿元,同比增长16.9%;实现财政总收入23.2亿元,同比增长25.4%,其中一般预算收入12.4亿元,同比增长34%;财政总收入占GDP比重13.13%;税收收入完成19.28亿元,同比增长20.16%,占财政总收入比重83.1%。实现工业增加值70.47亿元,增长14.3%。全县规模以上工业企业89家,其中工业产值亿元以上企业43家,规模以上工业企业完成工业总产值270亿元,同比增长35.2%。工业园区完成主营业务收入281.6亿元,增长24.4%。全县乡镇(街道)财政收入总量突破10亿元大关,达13.4亿元,增长41.7%;新增2个过亿元乡镇(街道),总数达5个,其中永丰街道办过3亿元。全县城镇化率50.4%,高出全省、全市平均水平。全县纳税过千万企业12

家,其中广丰卷烟厂完成税收6.45亿元,明华铜业完成税收1.8亿元,工业对财政的贡献率达78.2%。黑滑石、新能源和循环经济三大百亿产业,规模总量不断扩大。大力发展马家柚,新增种植面积3000多公顷,总面积4200公顷,初步形成5条百里果业带。着力培育农业龙头企业,有省级龙头企业9家,市级龙头企业10家,"齐力春"获"江西省著名商标","镇世堂"获"江西省名牌农产品"认证。全年新批外资项目9个,实际利用外资4958万美元;完成全社会固定资产投资123.4亿元,增长20%。全年完成社会消费品零售总额32.7亿元,增长14.9%。年末金融机构存款余额91.7亿元,增长12.6%。全县城镇新增就业人员1.39万人,零就业家庭就业安置率100%。在岗职工年平均工资2.58万元,农民人均纯收入7162元,分别增长9.7%和9%。广丰县荣获"绿动·2011中国经济十大领军城市(县级)"称号。

【"1+5"特色品牌发展战略全面实施】 2011年,全面实施"1+5"(广丰人加月兔、黑滑石、马家柚、铜钹山、挖掘机)特色品牌发展战略。唱响"广丰人"品牌,激发全民创业热情,强势推进全民创业。在传承与创新中不断丰富其内涵和外延,将广丰人精神逐步发展为"一个精神"(善抓商机、勇闯市场、敢冒风险、吃苦耐劳的创业精神)、"四个品质"(勤奋好学、惜时如金、重承诺、守信用的道德品质,特别能吃苦、特别能干活的实干品质,敢想敢干、能干事、干成事、干大事的创新品质,抱团致富、互帮互助的协作品质)。同时,为创业者量身制定48项优惠措施,千方百计鼓励引导返乡农民工、下岗职工、在外创业成功人士、大中专毕业生、转业退役军人和本土能人6支创业大军自主创业。壮大特色产业,培育产业集群。依托科技创新,改造以"月兔"品牌为代表的食品、IT、纸业、服装和非矿金属加工等五大传统支柱产业;依托黑滑石省级产业基地,大力发展黑滑石精深加工业,做强做大黑滑石、新能源等战略性新兴产业;依托马家柚特色农产品,建基地、培龙头、育品牌,辐射带动天桂梨、白耳黄鸡等农业主导产业,促进农业现代化;依托国家森林公园铜钹山,科学规划、深度开发以九仙湖为中心,"九仙山""红军岩""红豆杉"等景区为重点的精品旅游线路,将铜钹山打造成集休闲、会议、养生、度假为一体的5A级风景区;依托"挖掘机之都"品牌,立足6万台挖掘机、10万人从业、100亿元年产值的优势,培育壮大集挖掘机制造、组装、销售、维修、培训"五位一体"的完整产业链。

(徐积木)

主要领导人 县委书记:倪美堂。县人大常委会主任:戴水春(任至7月)、刘月林(7月任)。县长:周遐光(任至6月)、邵小亭(6月任)。县政协主席:周重明。

·玉山县·

【简　况】 位于江西省东北部,辖11镇5乡2个水库管理局,总面积1728平方千米,其中城区面积约15平方千米,城区绿地率42.38%。耕地1.88万公顷,林地11.47万公顷,森林覆盖率64.8%。总人口59.21万人,其中非农业人口10.09万人,人口自然增长率7.13‰。实现生产总值82亿元,同比增长13.5%。其中:第一产业增加值11.8亿元,增长5.3%;第二产业增加值40.39亿元,增长11.8%;第三产业增加值29.8亿元,增长19.8%。财政总收入10.1亿元,同比增长29.98%,其中一般预算收入7.22亿元,增长37.88%。税收占财政总收入76.6%;地方财政支出16.67亿元,增长20.3%。全部工业增加值35.69亿元,增长13.5%;规模以上工业增加值32.5亿元,增长22.25%,占GDP比重39.63%;外贸出口1.21亿美元,增长10.1%;实际利用外资3295万美元,实际利用省外5000万元以上工业项目进资17.7亿元,增长30.1%。主要工业产品有水泥798万吨,其中熟料406万吨;轴承1.19亿套。农业总产值18.61亿元,增长5.52%。主要农产品有粮食20.1万吨、蔬菜4.51万吨、水产品2.69万吨、油料1.24万吨、茶叶330吨。全社会用电8.22亿千瓦小时,增长14.27%,其中工业用电6.34亿千瓦小时,增长21.38%。全县万元GDP能耗1.32吨标煤,同比下降4.04%。城镇居民人均可支配收入1.51万元,增长12%;农村居民人均纯收入6912元,增长15.02%;城乡居民储蓄63.46亿元,增长16.96%;金融机构存款余额91.28亿元,增长15.47%;金融机构贷款余额53.57亿元,增长23.48%。固定资产投资55亿元,增长35.2%。社会消费品零售总额29.57亿元,增长18.2%。全年接待游客286.1万人次,增长65%;旅游综合收入26.31亿元,增长67%。全县新增城镇就业1.3万人,新增转移农村劳动力1.59万人,发放小额贷款4949万元;覆盖城乡的基本养老保险制度初步建立,共发放养老金1.5亿元。资助高考入学家庭经济困难大学生、普通高中和职业学校家庭经济困难学生5197人,补助义务教育阶段寄宿制学生7528人。新农合参合率99.2%。公共文化服务体系初步建成,新开数字影院2家,送戏下乡219场,放映电影4033场,新建农家书室59家。新建安置房547套7.86万平方米,新增廉租住房321套1.85万平方米,改造农村和国有垦区危房904户。围绕群众反映强烈的水、电、路等热点问题,启动实施新增10项民生工程,完成8项,其中飞青线、新东线、新仙线公路改造项目,成为全省公路建设的样板。

【冠圣生葛根粉获首届"江西十大最受欢迎农产品"称号】 2月26日,首届"江西十大最受欢迎农产品"颁奖仪式在南昌举行,玉山县省级农业龙头企业冠圣生集团生产的"冠圣生葛根粉"在全省107个参评农产品中脱颖而出,由50余万市民通过网络、短信、声讯等方式参与投票,按照得票情况,经过专家评审和推荐,获首届"江西十大最受欢迎农产品"称号,成为上饶市唯一获此殊荣的农产品。

【怀玉砚首次巡展欧洲】 7月,"2011现代中国艺术名家作品国际巡回展"在荷兰海牙市卢尔德大教堂隆重开幕。玉山县工艺美术家陈文武创作的"怀玉砚""玉岩石壶"等20件砚雕作品参加巡展,以精湛的雕刻技术得到荷兰艺术界认可,一方"怀玉箕型砚"被中国驻荷兰大使馆永久收藏。这是怀玉砚史上首次走出国门展览。

【开展“百日大会战”活动】 从8月开始,围绕重点项目建设、招商引资、社会矛盾化解、计划生育等4项重点工作,开展为期近4个月的“百日大会战”活动。在实施过程中,又将城市创建、教育发展和干部作风建设3项工作纳入活动内容。县财政局拨出1.6亿元用于城市征地搬迁、居民安置、土地征用报批及重点工程建设,拨出1.29亿元用于园区基础设施建设,拨出1380万元用于公路交通项目建设,拨出1200万元用于水利项目建设。全县城区、园区和高铁新区共征用土地184.6公顷,城区、园区共搬迁房屋13.54万平方米。实施重点项目107个,活动期间竣工项目24个,年底可以完工24个,正在建设48个,尚未开工项目11个。

【怀玉乡惊现唐代棺木】 10月12日,怀玉乡蒋家山村民罗某在自建房的施工过程中,发现宅基下有一具大型棺木,及时通报县博物馆。县博物馆接报后,立即组织专业人员赶赴现场。这具棺木为一椁一棺结构,呈南北走向,长约3.8米,宽约0.9米,高约1米,较为罕见。为确保文物安全,决定现场清理。经过3个小时现场清理,出土的器物有瓷器、银器、木漆器、木尺和鸾凤菱花镜等15件文物。邀请相关专家鉴定,初步判断为唐代文物。这批文物已进行保护处理。

(詹裕田)

主要领导人 县委书记:姜松阳(任至6月)、刘 锋(6月任)。县人大常委会主任:刘礼火。县长:万冬梅(任至6月)、饶清华(7月任)。县政协主席:周歧清。

·铅山县·

【简 况】 位于江西省东北部,辖7镇10乡,总面积2177.66平方千米,其中县城建成区面积10平方千米。耕地面积1.93万公倾,有林面积14.29万公倾,森林覆盖率73.67%,城区绿化率47.53%。总人口46.03万人,其中非农业人口8.37万人,畲、蒙古等少数民族约4000人;人口自然增长率7.4‰。2011年,实现生产总值61.64亿元,同比增长13%。其中,第一产业增加值12.75亿元,增长5.1%;第二产业增加值26.57亿元,增长16.6%;第三产业增加值22.31亿元,增长13.7%。财政总收入10.31亿元,增长25.6%,人均财政总收入2239元;税收占财政总收入比重81.3%;地方财政收入5.96亿元,增长26.55%;地方财政支出14.19亿元,增长17.79%。工业增加值23.03亿元,增长17.9%。规模以上工业增加值13.27亿元,占GDP比重21.53%;外贸出口8968万美元,占GDP比重9.15%。固定资产投资69.39亿元,增长17.8%。实际利用外商投资3076万美元,省外5000万元以上工业项目实际进资20.4亿元。主要工业产品有原煤97.94万吨,发电量1.43亿千瓦小时。农业总产值20.28亿元,增长5.66%。粮食总产量15.94万吨。主要农产品有蔬菜17.51万吨,油料0.29万吨,水产品1.82万吨,生猪27.39万头。万元GDP能耗0.3吨标煤,下降2.9%。二氧化硫削减138.05吨、氨氮削减0.97吨、氮氧化物削减38.63吨、化学需氧量削减6.49吨。城市污水处理率90.23%。城镇居民人均可支配收入1.39万元,农村居民人均纯收入6023元,分别比上年增加1210元、696元,城乡居民年末储蓄余额49.67亿元,增长15.6%。

【2.16亿元投入惠民工程】 2011年,落实各项惠民政策,兑现财政配套资金2.16亿元。实现“医保三张网”覆盖40.56万人,救助城乡低保人数2.26万人,发放大病医疗资金974.5万元,救助城乡4369人次。实施白内障免费手术86例,免费救治白血病儿童4例、先天性心脏病儿童28例,为3000余名残疾人提供康复服务,9月被中国残联评为“全国残疾人康复工作先进县”。救助家庭经济困难的普通高中学生、考入大中专院校学生2274人次。建成廉租住房380套,与386户棚户区改造对象签订货币补偿安置协议。动工维修加固农村危房、国有林场危旧房、国有垦区危房改造429套,竣工286套;开工新建、重建767套,竣工591套。实施181户地质灾害移民搬迁工作,入住34户。

【获“全国最佳文化生态旅游名县”称号】 县委、县政府依据独具地方特色的自然和人文景观,提出“旅游崛起”的战略部署,高标准修编《铅山县旅游业发展总体规划》,编制《江西武夷山风景旅游度假区总体规划》和项目可行性研究报告,投资3.7亿元,开工和在建重点旅游项目13个。投资900多万元新建葛仙山景区西客房和伽兰殿。完成鹅湖书院景区安防和水电线路改造工程。进一步亮化绿化美化河口古镇,更加彰显古镇魅力。有序推进五条旅游公路改造建设。与中国民营企业家协会签订《关于推进北武夷山旅游开发的战略框架协议》,拟定投资100亿元。由省旅游局制作的9集铅山旅游宣传专题片,在江西电视指南频道连续播出。黄岗山景区被评为“江西十大新景区”。全年接待游客81.4万人次,实现旅游综合收入2.7亿元。12月17日,中国旅游品牌推广峰会授予铅山县“全国最佳文化生态旅游名县”称号。

【获“全国生态文明先进县”称号】 11月18日,在第二届“全国生态文明建设发展论坛”暨争创“全国生态文明先进县(镇)”成果发布会上,铅山县被评为“全国生态文明先进县”。铅山县完成造林绿化2946.67公顷,完成县城清湖绿地、马鞍山公园、滨江大道等主要街道等景观工程建设。启动惠济河改造和县城污水处理二期工程建设,有序推进县城生活垃圾无害化处理场建设。建设武夷山镇、石塘镇、葛仙山乡、陈坊乡4个集镇垃圾集中处理工程。开展环境保护专项整治行动,督促4家铜冶炼企业安装脱硫设施,取缔6家非法排污企业。完成4个集镇和312个村点农村清洁工程建设,新增沼气用户1600户,创建生态乡镇1个、生态村2个。

【135名干部驻矿监管煤矿安全】 11月,县委、县政府从煤矿所在乡镇和县直单位抽调135名干部,对辖区45家煤矿企业实施24小时安全监管。每个煤矿3名干部,实行轮换制,其中乡镇干部每半年轮换一次,县直单位干部每季度轮换一次。这一举措有力地

充实了全县煤矿安全监管力量，有效地杜绝了煤矿重特大事故发生。

【河丰芋头专业合作社通过验收】 10月25日，河丰芋头专业合作社通过国家级蔬菜标准园创建项目检查验收，提高铅山县蔬菜产品质量和安全水平，提升蔬菜产业竞争力。这是上饶市首个获得国家级蔬菜标准园创建项目的专业合作社。河丰芋头专业合作社创建于2007年7月，注册资金200万元，拥有社员273人，在紫溪、河口、湖坊分别建立红芽芋标准化生产基地，总面积285.13公顷，辐射面积3000多公顷，带动周边农户1万余户。

（郑冬香）

主要领导人 县委书记：汪友良（任至6月）、万冬梅（6月任）。县人大常委会主任：熊火根（任至9月）、徐建明（9月任）。县长：汪世谷（任至6月）、张华（6月代，9月任）。县政协主席：金成考。

·横峰县·

【简况】 位于江西省东北部，辖11个乡镇（街道、场、办），总面积655.24平方千米，其中县城建成区面积10.2平方千米，城区绿化覆盖率48.24%。耕地0.9万公顷，林地4.46万公顷，森林覆盖率63%。总人口21.78万人，其中非农业人口3.99万人，城镇化率42.18%，人口自然增长率7.41‰。2011年实现生产总值55.6亿元，比上年增长13.1%。其中：第一产业增加值5.3亿元，增长5.3%；第二产业增加值37.2亿元，增长14.6%；第三产业增加值13.1亿元，增长12.5%。财政总收入10.06亿元，比上年增长55.1%；地方财政支出9.68亿元，增长20%。规模以上工业总产值153.3亿元，增长33.8%。规模以上工业增加值28.5亿元，占GDP比重50.5%，增长15.1%。主要工业产品有阳极铜、黄金白银、铝材、原煤、中成药。固定资产投资34.8亿元，增长5.6%；增幅连续两年位居全省前列，全市第一，获"2010年度全省固定资产投资增长先进县"称号。社会消费品零售总额18.3亿元，增长17.6%。全年实际利用外资2959万美元，增长22.6%；外贸出口5633万美元，增长103.5%。农业总产值10.09亿元，增长11.5；粮食总产量7.6万吨。主要农产品有生猪、葛根、红枫、油茶。万元GDP能耗0.17吨标准煤，城市污水处理率88.25%。全面完成市政府下达的八大民生工程83项民生指标，成功列入第三批全国城乡居民社会养老保险试点县，居民社会养老保险实现"全覆盖"。养老保险参保职工1.69万人，养老金征缴4815万元，全年发放养老金7627万元。城镇新增就业8539人，困难群体"4050"人员安置就业845人；新增转移农村劳动力7640人，劳动力转移培训8034人；发放小额贷款7223万元。农民人均纯收入4374元，增长12.6%。金融机构存款余额38.36亿元，各项贷款余额23.77亿元，同比分别增长23.3%、21.7%。新建廉租住房188套，完成农村危房改造560户。完成移民扶贫704人，实施整村推进年度扶贫项目42个，库区移民项目37个。完成公路硬化43.3千米。新增农村户用沼气1000余户，解决8800余名群众饮水安全问题。教育投入进一步加大，校建投资达2106万元，横峰中学平稳迁入教育园区，高考、中考再创佳绩。公共卫生服务能力进一步提升，新农合参保15.8万人，参合率98.3%。

【获"2006～2010年全国法制宣传教育先进县"称号】 6月10日，横峰县被中共中央宣传部、司法部授予"2006～2010年全国法制宣传教育先进县"称号，这是继年初被评为全国首批法治创建活动先进县之后，上饶市唯一获此殊荣的县（市、区）。自2006年以来，全县各单位先后投入普法资金160余万元，举办各类法律法规培训班45期，宣传法律法规60多部，开展普法教育宣传咨询活动200余场、图版展35场，赠送法制宣传资料、书籍10.5万余份，通过手机短信平台宣传法律法规知识30余万条，电视台滚动播出法律知识1000余条，在全国各级报刊、杂志、网络发表法治信息宣传报道2200多条。

【葛源上坑源林场发现"野果之王"】 11月15日，在葛源上坑源林场发现"野果之王"——三叶木通，可以与猕猴桃媲美。三叶木通，木质藤本半落叶缠绕植物，三叶木通科植物。又名八月瓜藤、地海参。在中国南部、长江流域及西北地区均有分布，多生长在气候温和湿润的荒野山坡、灌丛及沟谷疏林中，用途广泛，果实可以食用，种子、茎、叶和根均可入药，其种子还可作为油料。

【召开"方志敏精神与执政党的建设"全国学术研讨会】 11月28～30日，在赣东北省委、省苏维埃政府成立80周年之际，"方志敏精神与执政党的建设"全国学术研讨会在横峰县召开。省方志敏研究会会长解思忠，省委党史研究室主任沈谦芳，市政协主席、省方志敏研究会副会长程建平出席研讨会并讲话。横峰县委书记程文致辞。市委常委、宣传部长汪霞，省方志敏研究会常务副会长苏多寿，省社科院副院长万建强，省社联学会处负责人陈小青，横峰县四套班子领导和方志敏亲属梅宝玉，以及北京、上海、江苏、浙江、广东、广西、湖北、湖南、甘肃、江西等地论文作者代表共80余人参加会议。

【方正灏获全国少儿游泳锦标赛三项冠军】 9月，横峰县初中学生方正灏参加全国少儿游泳锦标赛，获男子10岁组蝶泳全能、100米蝶泳和50米蝶泳三项冠军。方正灏7岁开始在县少儿体校游泳队练习游泳，因身体机能强，水感及协调性好，且爆发力强，之后进入到市体校和省体校强化训练。凭着顽强的毅力和对游泳的执著，登上全国性舞台并大展身手。

【举行九个重大工业项目集中开（竣）工庆典仪式】 12月22日，9个重大工业项目集中开（竣）工庆典仪式在县工业园区隆重举行。市委常委、市委政法委书记王新有，市政协副主席黄统征及在家县四套班子领导出席仪式并为企业开、竣工剪彩。集中开（竣）工的9个工业项目总投资10.58亿元，项目达产达标后，年产值可达41亿元。

（金鸥）

主要领导人 县委书记:吴宣策(任至6月)、程 文(6月任)。县人大常委会主任:陈德军(任至9月)、李秋文(9月任)。县长:张义科。县政协主席:姜寿福(任至9月)、徐弼金(9月任)。

·弋阳县·

【简 况】 位于江西省东北部,辖9镇5乡1个街道办事处和2个垦殖场,总面积1592.5平方千米,县城建成区面积12.8平方千米。耕地面积2.2万公顷,林地面积9.75万公顷,森林覆盖率59.4%,城区绿化率45.9%。总人口40.29万人,其中非农业人口8.97万人,人口自然增长率9.91‰。实现生产总值54.06亿元,同比增长12.2%。其中:第一产业增加值10.01亿元,增长5.2%;第二产业增加值25.46亿元,增长16%;第三产业增加值18.59亿元,增长11.5%。全县工业增加值22.1亿元,增长18.2%;规模以上工业企业增至48家,完成增加值18.18亿元,增长13.1%;利税总额8.15亿元,同比增长19.3%。主要工业产品有铜金属、铜材、水泥、罐头、中成药、机制纸等。农业总产值18.17亿元,增长15.1%。粮食总产量20.19万吨,主要农产品有水稻、蔬菜、油菜、花生、甘蔗等。全年接待国内外游客123.2万人次,同比增长22%;旅游综合收入8亿元,增长19.3%;农家乐发展到347家。财政总收入5.82亿元,同比增长23.8%;完成一般预算收入3.23亿元,增长9%。财政总支出14.49亿元,同比增长22.3%。财政总收入占GDP比重达10.7%,税收收入占财政总收入90.6%。城镇在岗职工年平均工资2.69万元,同比增长17.1%。城镇居民人均可支配收入1.43万元,同比增长10%;农民人均纯收入6184元,同比增长15.1%。城乡居民年末储蓄余额40.22亿元,增长16.3%。金融机构年末贷款余额31.98亿元,同比增长3.2%。完成城镇以上固定资产投资39.3亿元,增长20.5%。社会消费品零售总额24.6亿元,增长17.5%。实际利用外资3437万美元,同比增长25%,引进县外资金16.23亿元。外贸出口7854万美元,同比增长18%。二氧化硫消减量987.6吨,氨氮消减量63吨,COD消减量687吨。城市污水处理率45%。新增城镇就业9670人,就业率95.4%。新增转移农村劳动力1.24万人。城镇基本养老保险参保2.36万人,城镇小集体企业职工参保1875人。医疗保险参保8.46万人,新农合参合率达99.3%,补偿金额6105.45万元。城乡低保覆盖人群2.29万人,发放低保金3693.36万元。廉租住房补贴136.33万元。完成扶贫移民搬迁692人,地质灾害避灾移民搬迁45人。城乡医疗救助2.85万人,累计为77例白内障患者、4例唇腭裂患者实行免费手术。完成129个城乡公共文化村级服务点建设,建立乡镇综合文化站14个、农家书屋81家。

【方志敏纪念馆新馆建成开馆】 6月,方志敏纪念馆新馆建成并完成陈列布展。新馆建设总投资1000余万元,建筑面积2162平方米,主体为两层,局部三层,楼高14.3米。新馆陈列布展分从农民的儿子到马克思主义信仰者、杰出的农民运动领袖、"方志敏式"根据地的创建人与领导者、率领红军先遣队北上抗日、共产主义的殉道者、不朽的精神、永远的方志敏7个部分。同月28日,在方志敏纪念馆举行开馆仪式,市委书记蔡晓明、市长董仚生共同为新馆揭牌。市四套班子主要领导,市军分区、省党史办、方志敏后续部队等单位领导和弋阳县四套班子领导出席仪式,横峰县、玉山县、德兴市等兄弟县市领导,方志敏烈士陵园、红军北上抗日先遣队陈列馆、三清山管委会、上饶集中营管委会等单位领导和方志敏亲属代表参加开馆仪式。

【大鲵工厂化养殖及繁育技术项目通过鉴定】 12月6日,中科院、华中农业大学、中国水产科研院、湖南省水产科研院、江西省渔业局专家,通过听取课题组汇报、审查技术资料、质询、现场考察等形式,对江西金龟王实业有限公司和南昌大学共同承担的大鲵工厂化养殖及繁育技术项目进行省级科技成果鉴定,并获准通过。

【龟峰加入海峡旅游景区大联盟】 4月26日,在福建泰宁召开的海峡旅游景区大联盟成立大会上,作为首批422家景区之一的龟峰参加此次盛会,并共同签署《海峡旅游景区大联盟成立备忘录》,发布《海峡旅游景区大联盟成立泰宁宣言》。海峡旅游景区大联盟是由世界自然遗产、世界地质公园福建泰宁任会长单位,福建省旅游协会景区(点)专委会倡导,福建省旅游协会牵头,组织福建、广东、浙江、江西、湖南、广西6省和台湾的台北、金门、马祖、澎湖地区旅游景区(点)自愿加入组成的非营利性组织。

(杜育和)

主要领导人 县委书记:程观焰(任至6月)、张志坚(6月任)。县人大常委会主任:刘紫泾。县长:张志坚(任至6月)、谢柏清(6月代,9月任)。县政协主席:黄伟建。

·余干县·

【简 况】 位于江西省东北部,鄱阳湖东南岸,南昌、景德镇、鹰潭三角区中心。辖8镇12乡7场,总面积2331平方千米,其中县城建成区面积16平方千米。耕地面积7.16万公顷,林地面积5.27万公顷,森林覆盖率20.9%,城区绿化率43.7%。总人口104.1万人,其中非农业人口14.67万人,人口自然增长率7.5‰。县城驻玉亭镇,系国家级贫困县之一。2011年实现生产总值79.21亿元,同比增长12.8%。其中:第一产业增加值28.50亿元,增长9.7%;第二产业增加值31.48亿元,增长13.9%;第三产业增加值19.23亿元,增长15.4%。财政总收入6.52亿元,增长18.6%,税收占财政总收入82.3%;一般预算收入4.76亿元,增长24.3%;一般预算支出23.26亿元,增长29%。工业总产值118.06亿元,增长15.7%。规模以上工业增加值18.52亿元,占GDP比重23.4%。全社会固定资产投资总额62.2亿元,实际利用外商投资3476万美元。主要工业产品有电67.62亿千瓦小时、玻纤纱3785吨、蚕丝336吨、精炼铜5.89万吨、水泥96.42万吨。农业总产值41.83亿元,增长9.6%。主要农产品有粮食75.00万吨、油料2.12万吨、蔬菜14.59万吨、家禽(出栏)601.82万只、水产品10.50万吨。万元GDP能耗为0.60吨标煤。城镇居民人均可支配收入1.14万元,增长10.9%;农民人均纯收入5495元,增长15.2%;城乡居民年末储蓄余额76.72亿元,比年初增长20%。新增城镇就业9900余人,新增农村劳动力转移就业2万余人次,发放小额贷款5015万元。新建廉租住房180套,实施国有农垦企业危旧房改造800户,改造面积9万平方米,实施城市棚户区改造688户,征收房屋面积8.2万平方米。新型农村合作医疗和新型农村社会养老保险覆盖面进一步扩大,新农合参合率99%,新农保参保率93%。余干县获"全国粮食生产先进县"称号,余干辣椒炒肉被评为"游客最喜爱的十大赣菜"。

【黄金埠电厂二期扩建项目获国家能源局批准】 6月10日,国家能源局出具了《关于同意江西国电黄金埠电厂扩建项目开展前期工作的复函》,同意中国国电集团开展黄金埠电厂建设2台60或100万千瓦国产燃煤发电机组项目的前期工作。这标志着黄金埠发电厂2×100万千瓦超临界燃煤发电机组建设工程正式启动。黄金埠电厂二期扩建项目拟投资70亿元,建成投产后电厂装机总容量达320万千瓦,占江西火力发电总容量1/5,将成为全国最大的电源点之一。

【首部反映鄱阳湖生态经济区电影开拍】 12月20日,首部反映鄱阳湖生态经济区建设发展的电影《鄱湖浪》在鄱阳湖南岸余干县开拍。影片紧扣时代脉搏,以生态余干、秀美鄱湖为背景,以科学发展为主线,通过展现鄱湖儿女三代人在开辟鄱阳湖、改造鄱阳湖、建设鄱阳湖生态经济区中发生的妙趣横生、生动感人的生活故事,反映了厚重的鄱湖历史和博大精深的湖区文化。

(邓建锋 张 恺)

主要领导人 县委书记:陈建辉(任至5月)、郑光泉(5月任)。县人大常委会主任:黄辉珍。县长:郑光泉(任至4月)、胡 伟(4月代,9月任)。县政协主席:张自生(任至9月)、王晓燕(9月任)。

·鄱阳县·

【简 况】 位于江西省东北部,鄱阳湖生态经济区核心区。辖29个乡镇,总面积4214.68平方千米。耕地面积8.87万公顷,山林面积15.6万公顷。总人口158.67万人,其中非农业人口22.4万人,人口自然增长率7.94‰。2011年,实现生产总值99.12亿元,同比增长12.6%。其中:第一产业28.16亿元,增长5.3%;第二产业39.40亿元,增长19.4%;第三产业31.56亿元,增长12.5%。财政收入7.06亿元,增长33.2%;财政支出42.11亿元,增长35.3%。工业总产值69.86亿元,增长55.9%。全年引进入园工业项目51个,其中亿元以上项目16个;实际利用外资3923万美元,增长55%。园区实现主营业务收入57.1亿元,增长85.8%。农业总产值67.87亿元,增长9.41%。主要农产品有粮食101.10亿吨,棉花5203吨,油料10.23亿吨。全社会固定资产投资87亿元,增长23.9%;社会消费品零售总额35.8亿元,增长18%;金融机构年末各项存款余额137.36亿元,各项贷款余额52.01亿元,分别增长23.5%和12.8%;在岗职工年平均工资2.12万元,增长10.7%;农民人均纯收入3804元,增长21.3%。全年民生支出26.98亿元,增长32.5%,超额完成各项民生工程任务。在职城镇企业职工参加养老保险3.95万人;10.78万名城乡居民领到基础养老金。城镇职工参加医保8.99万人,城镇居民参加医保14.9万人,新农合参保116.28万人。失业保险参保1.4万人。新增城镇就业8221人,农村劳动力转移就业1.9万人。794户住房困难家庭搬入廉租房,4964户住房困难户分享到廉租房租赁补贴。完成105个贫困村整村推进项目,扶贫移民搬迁安置1138人,"雨露计划"转移培训980人。有效排查各类矛盾2938起,化解交通事故死亡纠纷、医患纠纷和山林、土地、水面权属纠纷235起。

【鄱阳湖国家湿地公园通过国家林业局验收】 2011年,成功举办'2011鄱阳湖国际湿地旅游文化节;进一步畅通营销渠道,确立北京、上海、武汉、深圳、成都五大省外样板市场,在北京、上海先后举办鄱阳湖国家湿地公园全球品牌形象发布会、守护"一湖清水"上海行动等主题推广活动。鄱阳湖湿地科学馆正在进行布馆工作,鄱阳湖国际度假村已开工建设,鄱阳湖温泉度假村、鄱阳湖体育度假中心等项目征地拆迁工作正在进行。10月,鄱阳湖国家湿地公园正式通过国家林业局验收,成为全国首批、江西唯一获得授牌的国家级湿地公园。

【获"全国粮食生产先进单位"称号】 2011年,全面实施《国务院办公厅关于开展2010年全国粮食稳定增产行动的意见》,按照稳定面积、主攻单产、调优品质、增加总产、提高效益的总体要求,以粮食高产创建和标准粮田项目建设为依托,提高粮食生产水平,全年粮食播种面积17.95万公顷,粮食总产上升到102.78万吨,较上年增产1.33万吨,平均单产382千克,实现粮食生产"八连增"。12月,获"全国粮食生产先进单位"称号,受到国务院的表彰奖励。

(薛 文)

主要领导人 县委书记:张之良。县人大常委会主任:陈子锋。县长:张新华。县政协主席:张信行。

·万年县·

【简 况】 位于江西省东北部,鄱阳湖东南岸。辖6镇6乡2个管委会(神农源管委会和工业园区管委会)。土地总面积1140.76平方千米,其中耕地面积2.16万公顷,林地面积7万公顷,森林覆盖率64.1%,城区绿化率47.9%,城镇化率42%。总人口40.56万人,其中非农业人口7.56万人,人口自然增长率7.38‰。2011年实现生产总值62亿元,增长14%。其中:第一产业增加值9.59亿元,增长5.1%;第二产业增加值35.44亿元,增长16.6%;第三产业增加值16.97亿元,增长14.1%。财政总收入7亿元,增长40%,增幅全市第二;地方财政收入4.74亿元,增长27.3%。园区主营业务收入突破100亿元,达103.4亿元,增长45.7%。规模以上工业增加值23.8亿元,占GDP比重38.4%。全年500万元以上项目完成投资46.9亿元,增长26.1%,增幅全市第一。实际利用外资4118万美元,增长47.5%。农业总产值31.24亿元,增长23.98%。主要农产品有大米40.32万吨,生猪出栏75万头,珍珠33吨。粮食总产量2495万吨。农村居民人均总收入5923元,增加956元。城乡居民年末储蓄余额41.98亿元,增长16.1%。全年财政投入教育、医疗、卫生、城乡社会事业等方面资金6.9亿元,占财政总支出47.6%,同比提高3.3个百分点。发放各类惠农资金1.39亿元。新增城镇就业7146人,新增转移农村劳动力8978人,安置"4050"困难人员就业709人。公共卫生服务能力进一步提高,免费为21.4万名城乡居民建立电子健康档案,累计为1213例白内障患者、48例唇腭裂患者、32例先天性心脏病患儿、7例白血病患儿实行免费救治。全县12个乡镇机关、县医院、中医院纳入住房公积金保障范围,新增参加公积金人数830人。万年县被列为全国第三批新型农村社会养老保险和第一批城镇居民社会养老保险试点县,社会养老保险实现城乡居民全覆盖。

【获"中国贡米之乡"称号】 3月21日,经江西省食品工业协会推荐,中国食品工业协会严格审核和讨论评议,万年县被授予"中国贡米之乡"称号。万年贡米在原有稻米文化与种植经验的基础上,不断引进新优品种,实施科学化管理,开发出系列新产品20多种,并先后荣获国家地理标志保护产品、中国驰名商标、江西名牌产品和7个"绿标";整合全县32家粮食加工企业,组建万年贡米集团,制定统一生产种植标准,提升万年贡米品质,做大做强贡米产业。万年贡米集团跻身于全省十大农业龙头企业行列,引导农民种植贡米系列优质稻2.67万公顷,精米年加工能力达51万吨,年销售收入超过13亿元,被列为省政府调度的十大农业项目。

【推行"百五四二"群众工作新模式】 2011年,万年县在群众工作方面进行探索和创新,形成"百五四二"群众工作新模式,并在全县推行。建立"百姓档案"知民情。全县各级干部进百家门、建百家档、排百家忧、帮百家富,为全县所有普通百姓建立"百姓档案",将百姓的基本情况和诉求登记造册。发挥"五老"作用解民怨。建立以"五老"(老党员、老干部、老劳模、老教师、老复员退伍军人)为主体的"群众工作信息员"和"群众评理会"制度,着力提高群众自我管理、自我教育、自我服务的水平。构建"四级网络"排民忧。建立群众工作"四级网络"(县设群众工作部、乡镇设群众工作站、村居设群众工作室、组设群众工作点),有利于第一时间听取群众呼声、第一时间掌握信访动态、第一时间化解矛盾纠纷,实现变信息梗阻为信息畅通、变被动接访为主动下访、变事后调处为事前预防。强化"两大支撑"暖民心。加快经济社会发展,强化物质支撑;加强基层组织建设,强化组织支撑。"百五四二"群众工作新模式得到省、市认可,万年县成功承办全省、全市以群众工作统揽信访工作现场推进会,多次在国家和省、市相关会议作典型发言。

(朱国爱)

主要领导人 县委书记:郑高清。县人大常委会主任:龚天和(任至9月)、侯如文(9月任)。县长:程　文(任至6月)、张爱平(6月任)。县政协主席:尤红根(任至9月)、徐明华(9月任)。

·婺源县·

【简　况】 位于江西省东北部,辖10镇6乡1街道办,总面积2947.51平方千米。全县耕地面积1.96万公顷,林地面积25.24万公顷,森林覆盖率82.64%,城市绿地率43.3%。年末总人口36.22万人,其中非农业人口5.89万人,人口自然增长率7.28‰。全县完成生产总值56.2亿元,增长12.5%。其中:第一产业8.47亿元,增长5%;第二产业22.1亿元,增长10%;第三产业25.6亿元,增长17.3%。财政总收入突破5亿元大关,达5.11亿元,增长18.8%,其中一般预算收入3.4亿元,增长19.9%。地方财政支出11.8亿元,增长22.4%。完成工业增加值18.11亿元,增长14.05%,规模以上主要工业产品有精制茶1.81万吨、人造板52.51万块、中成药835吨、内墙砖529万平方米。农林牧渔业总产值12.89亿元,增长14.46%,主要农产品有粮食10.4万吨、油料6412吨、茶叶9100吨、水果1149吨、生猪存栏9.56万头、生猪出栏14.74万头、肉类总产量1.42万吨、水产品产量7731吨。全年实际利用外资2986万美元,增长24.6%。完成全社会固定资产投资47.2亿元,增长23.8%。实现社会消费品零售总额26亿元,增长24.7%。农民人均纯收入6098元,增长15.5%。城乡居民储蓄存款余额47.29亿元,增长19%。全年投入民生领域资金7.76亿元,增长31.3%。新增城镇就业8430人,转移农村劳动力9860人,"零就业家庭"安置率100%。发放再就业小额担保贷款7717.5万元,直接扶持自主创业1265人,带动就业4409人。社会保障体系不断完善,被列为全国首批城镇居民社会养老保险试点县,覆盖城乡所有居民的基本养老保险制度基本建立。城乡低保、企业职工养老金、农村五保户和城镇"三无"特困群众保障标准进一步提高。有序推进500套廉租房、100套公租房、378户棚户区改造和全县500户农村危旧房改造工程建设,稳步实施扶贫开发整村推进项目26个。加大文化教育事业投入力度,新建中小学校舍1.54万平方米,乡镇综合文化站9个,建成农家书屋56个。开展生育秩序、社会抚养费征收、出生人口性别比三项整治活动,保持人口低生育水平,被评为全国计划生育优质服务先进单位。

【创建的旅游标准化体系通过国家旅游局验收】 自2010年6月被国家旅游局确定为全国旅游标准化试点县以来,紧扣全国旅游标准化示范县的标准和要求,坚持"政府主导、企业主体、部门配合、社会参与、齐抓共管"的工作方针,按照"规定动作不走样,自选动作有创新"的要求,扎实开展创标工作。新拟定婺源地方标准36项,《婺源县驴行线路的设置》等四个标准成为省级旅游标准,形成"以国家标准、行业标准为主体,地方标准为补充”的旅游标准化体系。2011 年底,通过国家旅游局验收。

【获批全国唯一的国家乡村旅游度假实验区】 11 月 8 日,婺源县被国家旅游局授予“国家乡村旅游度假实验区”称号,并列入省政府与国家旅游局项目合作备忘录。全年投入 7000 余万元,相继启动实施篁岭特色民俗文化村、段莘至浙源、清华至沱川公路等旅游配套设施项目。以李坑景区整治为突破口,狠抓旅游环境综合整治,理顺旅游资源开发及利益分配机制,规范旅游行业管理和市场秩序。继续加强与高端媒体合作,面向重要客源地开展旅游推介,成功举办 2011 婺源·中国乡村文化旅游节,央视七套《乡约》栏目走进婺源。全年接待游客 616.8 万人次,门票收入 1.67 亿元,旅游综合收入 28.96 亿元,分别增长 16.38%、24.76% 和 25.86%。

【获“全国十大生态产茶县”称号】 2011 年,坚持把茶产业作为县域经济发展的支柱产业,定位为富民产业、民生产业和社会主义新农村建设优先发展产业。全县建成标准生态茶园基地 1.1 万公顷,其中年产值 8000 万元以上企业 2 家,省级农业产业化龙头企业 4 家,4 家茶叶外贸企业进入省农副产品创汇 50 强。全年采制茶叶 9100 吨,比上年增长 10.3%;加工贸易量 3.1 万吨,增长 19.2%;出口创汇 2400 万美元,增长 20%;茶产业系列产值 10.2 亿元,增长 20%。婺源绿茶蝉联江西绿茶年度评比金奖,获“全国十大生态产茶县”称号。

【省级生态工业园区创建通过验收】 2011 年,县工业园区累计投入基础设施建设资金 9000 余万元,建成区面积达 4 平方千米,新增入园企业 26 家,总数达 102 家。洁华环保二期、好晟好山茶油、州际科技电子芯片等项目竣工投产,正博实业厂房、鸿大工贸、百星奇科技等项目建设进展顺利,省级旅游商品产业基地获得批复并付诸实施。华鑫实业、玖龙铜业等 6 户企业主营业务收入过亿元,3 户企业实现税收过千万元。省级生态工业园区创建通过验收,获省政府“工业崛起年度贡献奖”。

【率先实行房地产开发建设项目联审联验制度】 9 月,成立婺源县房地产开发建设项目联审和验收工作协调领导小组,县政府分管领导任组长,县房管局、发改委、规划局、建设局、城管局、国土资源局、人防办、消防大队、环保局、气象局、教育体育局、卫生局、行政服务中心、地税局、国税局、公安局、蚺城街道办、紫阳镇政府等单位为成员。由县房管局牵头制定《婺源县房地产开发建设项目联审和竣工联合验收暂行办法》,按照“统一受理、分头审批、限时完成、集中回复”的运作方式,在县行政服务中心设立窗口,明确专人负责联审和联验工作中的受理、现场查验、投诉调处及联系等事宜。10 月 1 日,联审联验制度实行。

【乡镇卫生院实施国家基本药物制度】 2011 年,制定下发《关于进一步做好国家基本药物制度实施工作的通知》等文件,明确规定各乡镇卫生院药品实行零差率销售,在医院醒目处公示基药采购价格和销售价格;配备好专用互联网电脑,安排专人具体负责药品采购工作;药品采购必须通过江西省医药采购服务平台“网上基本药物采购系统”进行网上采购中标药品;配备基本药物品种数量不得低于国家基本药物目录中药品品种数量的 95%;非目录药品使用品种数量和销售总额不得超过药品总数和总销售额的 30%。全县乡镇卫生院门(急)诊次均费用 60.89 元,较上年同期减少 9.19 元,同比下降 15.1%;住院病人每床日药品费 196.54 元,较上年同期减少 19.73 元,同比下降 10.04%。乡镇卫生院“基药”制度实现全覆盖。

(方华军)

主要领导人 县委书记:林显君(任至 5 月)、周遐光(6 月任)。县人大常委会主任:胡周顺(任至 8 月)、汪培欣(9 月任)。县长:贺瑞虎(任至 5 月)、费长辉(6 月任)。县政协主席:戴月英(任至 8 月)、汪春萍(9 月任)。

·德兴市·

【简　况】 位于江西省东北部,辖 5 镇 6 乡 3 个街道办和大茅山省级经济开发区,市域总面积 2101 平方千米,其中市中心城区建成面积 15.6 平方千米。耕地面积 1.36 万公顷,林地面积 16.34 万公顷,森林覆盖率 76.2%,城区绿化率 48.98%。年末总人口 32.71 万人,其中非农业人口 12.67 万人,人口自然增长率 8.04‰。2011 年,实现生产总值 104.35 亿元,同比增长 13.6%。其中:第一产业 8.34 亿元,增长 5.2%;第二产业 62.76 亿元,增长 12.4%;第三产业 33.25 亿元,增长 13.6%。全市规模以上工业企业(不含德兴铜矿主业,下同)累计实现工业总产值 63.97 亿元,增长 16.08%;工业增加值 14.58 亿元,增长 5.01%。主要工业产品有铜精矿 15.68 万吨,水泥 11.27 万吨,异 VC 钠 1.66 万吨,硫酸 17.36 万吨,精制食用油 3282 吨。农林牧渔服务业总产值 14.61 亿元,增长 7.87%。主要农产品有粮食 10.09 万吨,猪肉 9075 吨,油料 5936 吨,水产品 8500 吨,茶叶 419 吨。财政总收入 20.37 亿元,增长 16.22%,其中一般预算收入 13.2 亿元,增长 4.55%。财政支出 23.41 亿元,增长 25.7%,其中一般预算支出 19.15 亿元,增长 8.8%。全社会固定资产投资 77.63 亿元,增长 16.5%,其中规模以上固定资产投资 68.79 亿元(含德上高速公路 4 亿元,德昌高速公路 2.7 亿元),增长 12.34%。全市引进省外 5000 万元以上工业项目 17 个,增长 21.43%;实际引进省外资金 17.50 亿元,增长 14.4%。实际引进境外资金 1250 万美元,下降 11.1%;外贸出口 8164 万美元,增长 51.9%。社会消费品零售总额 28.92 亿元,增长 17.9%。其中,城镇零售额 22.04 亿元,增长 18.34%;乡村零售额 6.88 亿元,增长 16.5%。全市金融机构各项存款 84.26 亿元,比年初增加 17.03 亿元,增长 25.11%,其中城乡居民储蓄存款 53.82 亿元,比年初增加 6.41 亿元,增长 13.53%。各项贷款余额 40.93 亿元,比年初增加 3.72 亿元,增长 9.66%。农民人均纯收入 7274.74 元,增长 15.6%。在岗职工年平均工资 3.6 万元(不含德兴铜矿主业),增长 9.33%,其中国有单位在岗职工年平均工资 4 万元,增长 26.77%。全年化学需氧量削减 477.4

吨,氨氮削减19.5吨,二氧化硫削减1880吨,氮氧化物削减180.1吨。

【获“首届国土资源节约集约模范县(市)”称号】 2011年,全市在国土资源节约集约利用上实行创新:着重抓德兴铜矿富家坞铜钼矿区等3个省级重点整合矿区的整合工作,德兴铜矿整合后,资源保有储量翻了一番,日采选能力从10万吨提高到13万吨;鼓励大中型矿山通过技术改造等方式提升资源综合利用水平,德兴铜矿不仅实现金、银、硫、钼、铼的综合回收,而且通过堆浸、喷淋、萃取、利用酸性废水硫化法提铜,平均每年从废石、废水中回收资源价值达15亿元;建立部门协同合作“三项机制”(矿管、安监、环保等职能部门联合执法的协调联动和共同责任机制;政法委牵头,公安、检察院、法院等机关共同参与的高位推进机制;人大、政协、纪检、监察、新闻媒体和社会公众参与的全方位监督机制);抓好重要成矿区、重点矿种、现有矿山外围及深部地质找矿工作,德兴银山铜铅锌矿全国危机矿山接替资源勘查项目取得重大成果,可延长矿山服务年限50余年;坚持“既要金山、银山,更要绿水青山”理念,积极开展“绿色矿山”创建活动,全面落实矿山环境治理和生态恢复保证金制度,加大矿山地质环境保护和恢复治理。德兴市获“首届国土资源节约集约模范县(市)”称号,为全国101个模范县(市)之一。

【抗击特大洪灾取得胜利】 6月15日0~13时,境内普降大暴雨,局部特大暴雨。乐安河香屯水文站15日22:30时,洪峰水位达43.56米,超警戒线5.56米,为水文记录历史最高值。16日凌晨,据不完全统计,全市26.2万人受灾,被困村庄103个,被困农户1.2万户4.4万余人,山体滑坡182处,倒塌房屋2070间。18日22时至19日13时,境内再次遭受大暴雨袭击,洎水河银山站19日14时40分洪峰水位达56.36米。19日14时30分,全市16.9万人受灾,被困村庄106个(大部分二次围困),被困人口3.4万人,新增倒房户94户、山体滑坡283处、房屋受损167幢。汛前,市财政安排100余万元专项资金下拨到各地购置防汛物资,给每个乡镇综合社会服务大队下拨10万余元用于添置冲锋舟、橡皮艇等设备,并储备了一大批防汛物资。汛情发生后,立即启动防汛Ⅲ级、Ⅱ级应急响应,7支抗洪抢险应急分队迅速投入到受灾最严重的地区展开抢险救援,市四套班子领导亲临一线指挥,科学决策,安全转移安置群众6.68万人,实现全市未死一人、未垮一库、未倒一坝。23日,《江西日报》C3版发表《险情,化解在预案中——德兴市成功抗击超历史洪灾启示》一文,省委书记苏荣阅后作出重要指示,肯定德兴市在抗击这场洪灾时所作出的成绩,称赞是“抗洪抢险史上了不起的创举”。

【城乡居民医疗保障均等化全面实现】 5月1日始,全市实施城乡居民医疗保障均等化改革,通过整合城镇职工基本医疗保险制度、城镇居民基本医疗保险制度和新型农村合作医疗“三张网”,在城乡居民医疗保障中实现“六统一”(统一缴费标准,统一住院起付钱,统一住院补偿比例,统一门诊大病补偿种类和补偿标准,统一住院补偿封顶线,统一财政保障金)。城乡居民医疗保障均等化实施后,全市城乡居民的医疗保障水平大幅提高,新农合的参合农民成为最大受益体,市财政每年为此增加支出2600万元。

【开展“百名优秀人才”评选活动】 2011年,开展专业技术人才、农村实用人才、创新创业人才暨“德兴市百名优秀人才”评选活动,全市各领域156人参加申报评选。参评对象经过个人自愿申报和所在单位推荐,市委统战部、市委农工部、市人力资源和社会保障局分类初审,按照多于应选名额25%的比例提出本部门(本系统)拟推荐人选;在《中国铜都报》进行公开投票,依据投票结果,市委人才工作领导小组组织联合评审,并征求计生、综治、纪检、安监、环保等“一票否决”部门意见,经新闻媒体公示后,按照坚持标准、公开评选、统筹兼顾的原则,最终确定“德兴市百名优秀人才”,并给予命名表彰。“德兴市百名优秀人才”中,40人被授予“德兴市优秀专业技术人才”称号,20人被授予“德兴市优秀创新创业人才”称号,30人被授予“德兴市优秀农村实用人才”称号。

【香屯生态工业园区建设有序推进】 8月,为全力实施“工业强市”战略,经广泛调研,聘请相关专家充分论证后,决定在香屯建设16平方千米新型工业园区——香屯生态工业园区,首期打造3平方千米硫化工及精深加工产业基地和6平方千米新型产业园,并委托湖北设计院完成香屯生态工业园区13平方千米控制性详细规划。9月,成立香屯生态工业园区建设指挥部,下设投融资、规划和项目报批、征地搬迁和工程建设、维稳、综合等五个工作组。至年底,生态工业园区的投融资、项目报批、征地搬迁、基础设施建设等工作有序推进,香屯生态工业园区13平方千米控制性详细规划通过专家评审,新型产业园和硫化工及精深加工产业基地主干道及其他6条路网的规划设计正在进行;组建国有独资江西铜都投资有限公司,完成公司1亿元注册资金的注入和10亿元的土地资产挂牌工作;年产80万吨硫酸、年产30万吨钛白粉、铜都物流园、太阳能路灯及LED节能灯等4个项目报批工作基本完成;征用土地182.87公顷,搬迁安置72户;硫化工及精深加工产业基地一期主干道开工;新型产业园首期66.67公顷地块平整土石方工程进场施工,投入资金1亿元。

(德兴市编辑室)

主要领导人 市委书记:陈荣高(任至6月)、何金铭(6月任)。市人大常委会主任:吴放帮(任至8月)、张跃平(9月任)。市长:何金铭(任至6月)、谢冠森(6月任)。市政协主席:洪志仁(任至8月)、孙冬久(9月任)。

吉安市

【概　况】 位于江西中西部,辖2区10县1市,总面积2.53万平方千米。其中城区面积196.73平方千米,耕地面积33.94万公顷,有林面积147.99万公顷,森林覆盖率67.71%,城区绿地率40.64%。总人口501.56万人,其中非农业人口112.48万人,人口自然增长率7.5‰。2011年实现生产总值879.06亿元,同比增长12.8%。其中第一产业增加值169.85亿元,增长4.3%;第二产业增加值466.07亿元,增长15.3%;第三产业增加值243.15亿元,增长14.2%。财政总收入118.3亿元,增长33.5%,人均2450元,税收占财政总收入的比重为80.58%;地方财政收入76.81亿元,增长34.5%,地方财政支出196.71亿元,增长24.2%。工业总产值1560亿元,增长52.3%。规模以上工业增加值330.8亿元,外贸出口20.7亿美元。固定资产投资739.2亿元,其中利用外商投资5.02亿美元、市外投资248.37亿元。主要工业产品有:水泥715.36万吨、原煤157.64万吨、发电量109.10亿千瓦小时。农业总产值280.19亿元,可比增长4.3%。主要农产品有:粮食385.45万吨、棉花266吨、肉类51.3万吨、油料16.64万吨、水果31.33万吨。万元GDP能耗0.56吨标准煤。城镇居民人均可支配收入1.77万元,增长13.8%。农民人均纯收入6308元,增加13.3%。城乡居民年末储蓄存款682.66亿元,增长19.1%。利税总额170亿元,增长44%。战略性新兴产业主营业务收入740亿元,增长53%。新增主营业务收入过10亿元企业12家,工业园区完成主营业务收入1338亿元,增长44.6%。吉泰走廊完成工业主营业务收入880.6亿元,井开区完成226.2亿元,分别占全市总量的56.7%和14.6%。57个农产品获中国驰名商标、江西省名牌产品及著名商标。庐陵文化生态园、井冈山杜鹃山评为“江西省十大新旅游景区”。全市接待国内外游客1830万人次,增长29.4%,井冈山门票收入突破2亿元,增长97%,井冈山机场旅客吞吐量30.1万人次,增长65.4%。全市社会消费品零售总额228.5亿元,增长17.7%。年末金融机构各项贷款余额450亿元,增长20.9%。全年实际利用内资248.4亿元,增长33.6%,实际利用外资5.03亿美元,增长14.2%。引进亿元以上工业项目156个,总投资770亿元,引进重大城市建设项目、农业产业项目、现代服务业项目37个,总投资193亿元。进出口总额22.96亿美元,增长103.3%。

围绕“文化庐陵、山水吉安”的城市定位,推进城镇建设和美丽乡村建设。全市实施重点城建项目258个,完成投资125.2亿元,城镇化率提升2.03个百分点,达到39.62%。市文化艺术中心被评为“江西省首届十佳建筑”,市民广场、吉安桐坪机场等工程竣工,93个基础性、功能性、生态性的城建项目推进,完成投资41.3亿元,新增公园绿地面积115.4万平方米,新增园林绿地面积410.8万平方米,新建污水管网189.5千米,全市省级园林县城9个。6个乡镇评为国家级生态乡镇,5个村获“江西省人居环境范例奖”,井冈山昌蒲村评为“中国最有魅力乡村”,吉水县低坪村评为“全国文明村镇”。争取国家和省支持的各类项目827个、中央和省建设资金15.3亿元。列入全市调度的420个重点项目完成投资405亿元,增长26.6%。国省道改建及路面重建、农村公路建设、青东公路改造一期工程、西气东输二线工程、10个输变电工程等项目完工,峡江水利枢纽、石虎塘航电枢纽、衡茶吉铁路、吉莲高速、抚吉高速、井睦高速等重点工程快速推进,105国道中心城区改道、永和连心大桥、井开区深圳大道跨铁路大桥等项目开工建设。全年完成工业投资535.7亿元,增长38.8%,占全市投资总量的72.5%。

非工口7个系统144户国有企业改革全面完成,安置职工2.7万人。全市234所乡镇卫生院实现国家基本药物制度全覆盖。林业产权配套改革不断深化。市采茶剧团与市歌舞团合并,组建吉安市采茶歌舞剧院。事业单位人事和工资制度改革有序实施,岗位设置完成,绩效工资改革进展顺利。购买公益性岗位6065个,发放小额担保贷款5.8亿元,新增城镇就业8.7万人,转移农村劳动力17万人。参加五项社会保险人数达443万人,增长53%。城乡低保对象月人均补差额分别增长12.7%和23.4%。建成经济适用房、廉租房、公租房6823套,改造农村危房1.01万套。解决24.89万人的饮水安全问题。完成移民搬迁1.45万人。峡江水利枢纽工程110个移民安置点有84个启动建设。“一大四小”工程建设完成造林4.09万公顷。中心城区环境空气质量保持在国家二级标准以上,主要河流水质保持在国家三类标准以上,饮用水源达标率100%。

高考成绩创撤地设市以来最好水平。开发国家和省重点新产品44项,新设2个省级民营科技园,获得4项省级科技奖。建成乡镇综合文化站105个、农家书屋750家,永丰、永新、吉安3县被命名为“中国民间文化艺术之乡”。新干剪纸列入第三批国家级非物质文化遗产名录。成功举办“七城会”男子篮球(U16)赛。新型农村合作医疗参合农民358万人,参合率97.6%。“光明·微笑”工程和儿童“两病”免费救治工作实施,尿毒症患者免费透析工作全面启动。连续8年未发生等级以上食品药品安全事故,信访工作和公安“清网行动”成效显著,吉安市、井冈山市被评为“全国双拥模范城”。

【举行《吉安地区志》首发式】 1月4日,《吉安地区志》首发式暨复旦大学出版社赠书仪式在吉安宾馆举行。市委书记周萌,市委副书记、市长王萍,复旦大学出版社社长贺圣遂,市人大常委会主任胡龙生,省地方志办公室副主任周慧等领导出席仪式。本次编纂发行的《吉安地区志》是吉安市建国以来第一部新志书。该志书真实展现了从1870年至2000年8月18日吉安撤地设市止,吉安130年的政治、经济、军事、文化及社会发展史,重大事件的记述延伸至2010年10月。《吉安地区志》是再现吉安历史的资料性文献,通过弥足珍贵的历史资料再现了井冈山革命根据地和东固革命根据地为新中国建立作出的巨大贡献。真实、历史地记录吉安的兴起与清末和民国时期、土地革命时期、抗日战争时期、国民经济恢复及社会主义建设时期和开创社会主义新局面时期、深化改革开放和建设社会主义市场经济新体制时期的历史。全志分为6卷,设建置区划、地理环境、人口、城乡建设、环境保护、交通、邮电和水利水保等38篇,约1000万字。

【广州至井冈山航线开航】 12月21日,广州至井冈山航线正式开航。该航线每周一、三、五、七各1个航班。飞行时间50分钟,具体为早上7时50

分至8时40分从广州过来，9时30分至10时20分回广州。

【开展“吉安城市精神”大讨论活动】 吉安市从2011年12月到2012年6月，在全市开展“吉安城市精神”大讨论活动。成立“吉安城市精神”大讨论活动领导小组，市委常委、宣传部长李庐琦任组长，市委宣传部、讲师团、文明办、广电局、井冈山报社、市社联等单位领导为副组长和成员，制定了活动方案。这次活动分宣传发动、讨论提炼、论证确定三个阶段。

【启动“金惠工程”】 12月26日，吉安市在遂川县举行“金惠工程”启动仪式。这是全省首个农村金融教育试点。“金惠工程”以人民银行为主导，各涉农金融机构自身业务和政府培训资源为依托，借助志愿者组织和涉农金融机构培训力量，以“宣传—培训—实践”为培训模式，对农村群众开展有重点、分层次的金融知识教育，有效提高涉农金融机构从业人员的素质及广大农民和农村基层干部的金融知识水平。

（黄　俐）

主要领导人 市委书记：周　萌（任至8月）、王　萍（8月任）。市人大常委会主任：胡龙生（任至9月）、吴　敏（9月任）。市长：王　萍（任至9月）、胡世忠（9月任）。市政协主席：陈志明（任至9月）、刘宗华（9月任）。

·吉州区·

【简　况】 位于吉安市中心城区，占地面积约425平方千米，辖5乡镇、6个街道。总人口34万人，其中非农业人口21万人。2011年，实现生产总值76.5亿元，增长14.2%。固定资产投资64.6亿元，增长42.6%。社会消费品零售总额30.9亿元，增长18.2%。财政总收入7.26亿元，地方财政收入4.74亿元，分别增长38.8%和45.2%，财政总收入净增量突破2亿元，财政总收入和地方财政收入均实现三年翻番，财政总收入占生产总值比重达23.08%，税收收入占财政总收入比重达90.13%，均列全市第一位。城镇居民人均可支配收入1.77万元，增长13.8%。农民人均纯收入7873元，增长18.1%。

粮食连续8年增产，新增蔬菜种植面积120公顷，苗木、果业基地333.33余公顷。新引进6个农业招商项目，新增市级农业龙头企业3家、特色产业基地16个、农民专业合作社13家。改造农村危桥3座，新增农村油（水泥）路60千米，获全省“渡改桥”先进县（市、区）。新增耕地93.33余公顷，改造中低产田526.67公顷，建设高标准农田333.33公顷。区农业科技示范园工程建设启动。2011年开建亿元以上工业项目19个，完成工业固定资产投资29.4亿元，占全社会固定资产投资45.5%。实现辖区规模工业增加值18.9亿元、主营业务收入90.2亿元、利税总额8.7亿元、上缴税收2.1亿元，分别增长23%、80%、66.5%和10.3%，其中电子信息产业增加值7.2亿元、主营业务收入33亿元，分别占规模工业的38%和37%，同比均提高8个百分点。新增主营业务收入上亿元企业4户，新增规模企业6户。实现第三产业增加值41.6亿元。引进国内200强家电连锁企业国美电器。海联国际饭店一期已试营业。货运物流业实现税收2487万元。组织“家电下乡”等活动，共发放补贴1777万元。旅游接待241万人次，增长21.7%，实现旅游收入18.6亿元，增长4.5%。钓源景区成功创建4A级乡村旅游示范点。成功引进12个亿元以上工业项目。全年引进内资13.3亿元，增长34.2%，实际利用外资3842万美元，增长22.5%，现汇进资702万美元。外贸出口逆势向好，新增出口备案登记企业4家，出口实绩企业3家，实现外贸出口2.03亿美元，获“全省外贸出口先进县（市、区）”。

城北新区建设有序推进，庐陵文化生态园开园，85个小城镇建设项目有序推进，年内共投入建设资金1.8亿元。全面推进“人文社区、美丽乡村”创建活动，启动一批社区性的文化、体育、健身和居家养老等中心建设，建立社会组织孵化中心，培育发展了一批社会组织。投入1000余万元，完成中心城区老住宅小区和无物业管理小区改造37个。樟脑厂棚改项目5栋安置房及50套廉租房已全部封顶。25个省级新农村建设点全面完成“六改四普及”，长塘镇社上村、白塘街道石溪头村获“全省百强优美村庄”称号，兴桥镇钓源村获“江西省生态新农村”称号。城镇庐陵风格立面改造工程全面推进。设立“五乡镇一街”环卫所，工业园区及城北新区纳入中心城区环卫管理范围。吉安市生产资料市场年内完成投资3亿元，一期12条道路全部动工；吉安市农副产品物流中心完成投资6000万元，一期8栋建筑基本完工；城北汽车城投资1500万元的名车汇主体工程已完工。

全年各项民生支出6.35亿元，增长47.3%。政府出资310.5万元购买公益性岗位435个，发放再就业小额担保贷款3062万元，新增城镇就业人员2.25万人，下岗失业人员再就业3756人，新增转移农村劳动力1.04万人，城镇登记失业率控制在3.8%以内。新型农村和城镇居民社会养老保险试点工作全面启动，全年发放养老金2.24亿元，确保1.86万名离退休人员养老金按时足额发放。为2.2万名城乡低保对象发放低保金5000余万元，月补差水平分别达到210元和102.7元。向1.4万名城乡困难群众发放医疗救助金1200余万元。教师待遇优先保障，教师绩效工资在全市率先按市标准发放到位。推进扩充城区义务教育优质资源改革试点工作；新建校舍1.6万平方米，维修校舍4000余平方米，城区薄弱学校、农村中学、乡镇中心小学办学条件明显改善；向上争取4所乡镇中心幼儿园建设项目。教育“两免一补”政策全面落实，全年发放各类教育补助资金2800多万元。开展文化惠民工程，有序推进文化馆免费开放。新建禾埠乡、樟山镇综合文化站，农家书屋24家。获“全国全民健身活动先进单位”“全省体育后备人才培养优秀县（市、区）”称号，获全省第五届县级田径比赛团体二等奖。获“全省地方志工作先进集体”称号。基层医疗卫生服务体系进一步健全，所有社区卫生服务机构和94%的村卫生室完成达标建设，白塘街道社区卫生服务中心被评为“全国示范社区卫生服务中心”。

【堆花酒荣获“中华老字号”称号】 吉安自古盛产粮食,距今1000多年的北宋,谷烧酒作坊遍及庐陵古城。经过千年的传承和优化,堆花酒以“清亮透明、香气幽雅舒适、诸香协调、醇绵柔和、回味悠长”的独特工艺,以“三千进士冠华夏、一壶堆花醉江南”的酒文化饮誉省内外。2010年6月,江西堆花实业有限责任公司堆花酒酿酒工艺,被江西省评为“非物质文化遗产”。2011年6月,堆花酒又被国家商务部认定为“中华老字号”。该公司前身是吉安市酿酒厂,是吉安市的纳税大户和重点发展企业。堆花商标历届被评为省著名商标,堆花酒历届被评为省名牌产品。2009、2010、2011年,销售收入分别为1.2亿元、1.4亿元、1.6亿元;上缴税金分别达1800万元、2000万元、2500万元。2011年底,该公司启动新厂区建设工程。计划5年内建成一个具有自酿基酒5000吨、储酒3万吨、洞藏1万吨、灌装成品酒6万吨规模的生态、景观、园林式的新型工厂。

【吉州区重点项目建设创历年之最】 2011年,吉州区共安排重点项目64个,总投资170亿元,年度计划投资50亿元。为推进重点项目建设,召开全区重点项目建设动员大会,成立区重点项目建设及重点工业企业帮扶指挥部,下发《2011年重点项目建设及重点工业企业帮扶分工安排》,编印《2011年吉州区重点项目手册》,进一步完善通报、调度、督查和考核制度。在5月中旬和9月中旬先后召开全区重点项目调度会,9月下旬,组织开展“奋战百天、主攻项目、共建三城”活动,推进重点项目建设。全年市、区重点项目新开工34个,共完成投资32.1亿元,创造了“5个历年之最”(项目数量、完成投资、贡献作用、形象进度和拆迁征地均创历年之最)。

【实施庐陵建筑风格房屋立面改造】 为承传庐陵文脉,突出建筑特色,打造“人文社区、美丽乡村”,吉州区在全区乡镇(含白塘街道)按照“统一风格、统一方案、统一设计、统一实施”原则,启动实施塑造“青砖黛瓦马头墙、飞檐翘角坡屋顶”的庐陵建筑风格房屋立面改造工程。至2011年底,樟山镇完成镇区45栋民宅和农贸市场实施立面改造,长塘镇完成镇区150栋民宅、28间店铺实施立面改造,完成50栋民宅和28间店铺立门面改造,兴桥镇完成镇政府院内立面改造。

【实施“两堂两化”工程】 全区学校致力于提升校园标准,建设“两堂两化”工程。“两堂”,即在农村寄宿制学校建好食堂和澡堂;“两化”,即在城乡学校重点建设校园绿化和校园文化。吉州区教育局专门成立“两堂两化”建设领导小组,区财政全额买单,投入220余万元,为全区10所农村寄宿制学校安装太阳能中央热水系统。吉安三中、吉安四中、长塘中学、思源实验学校、长塘中心小学等学校食堂先后竣工投入使用。2011年全区学校共植树790余棵,新建花坛、花圃、增绿补绿1.36万平方米。吉州区依托“红、绿、古”资源优势,立足各校实际,形成以庐陵文化、红色文化、传统文化、廉政文化为特色的系列校园文化。该区各校的校园文化各具特色,基本形成一校一品。

(刘春生　王世发　王桃兰)

主要领导人 区委书记:李建国(任至6月)、徐　明(6月任)。区人大常委会主任:宋　毅(任至6月)、郭　捷(8月任)。区长:程以金(任至6月)、朱谋俊(8月任)。区政协主席:姚年苟(任至6月)、刘大水(8月任)。

·青原区·

【简　况】 位于江西中部,辖6镇1乡2街道办事处。总面积914.62平方千米,其中中心城区建成面积12平方千米,耕地面积1.62万公顷,林地面积4.3万公顷,森林覆盖率64.2%。总人口20.74万人,其中非农业人口3.78万人,人口自然增长率为8.05‰。2011年实现生产总值55.21亿元(含央企华能、铁路系统),同比增长12.9%。其中,第一产业增加值6.59亿元,增长4.9%;第二产业增加值33.73亿元,增长14.3%;第三产业增加值14.89亿元,增长12.88%。财政总收入4.78亿元,增长44.3%,其中地方财政收入2.84亿元,增长37.8%,被省政府授予县级财政收入三年翻番奖,税收收入2.27亿元,占财政总收入比重45.9%,地方财政支出7.67亿元,增长15.5%。城镇居民人均可支配收入1.77万元,增加13.8。农村居民人均纯收入6319元,增长17.9%。全社会固定资产投资43.96亿元,增长36.8%。实现社会消费品零售总额12.78亿元,增长19.1%。

全年城市化水平提高2个百分点,新增园林绿化面积2万平方米,城市绿化覆盖率达到45%。青东公路一期工程完工,完成城区三湾路与青原大道对接,学苑路改造工程建成通车,近5000平方米小街小巷改造工程提前完工。青少年活动中心、文化和图书“两馆”、区人民医院、滨江思源学校等项目竣工,行政中心单位业务用房陆续启动建设。正气广场、东井冈公园等大型公园增植景观树、花灌木20余万株。城市主干道、公共活动场所摆放鲜花50余万盆。庐陵文化立面改造深入推进,完成景区改造4万平方米。

推进51个新农村点建设,惠及农户2227户、9077人。天玉镇村联动点列为全省新农村建设工作会现场参观点。完成珠源、龙形等6座病险水库除险加固,实施新圩、文陂、值夏等镇3个小农水项目建设,新增有效灌溉面积1800公顷。加强农业综合开发,完成值夏永乐和东固六渡等村农田改造,新增高标准农田846.67公顷,改造中低产田160公顷。启动25个贫困村整村推进扶贫开发规划,完成东固、富田等地71户、361人避灾移民搬迁。启动富滩、值夏2镇5村近万亩土地整理工作。实施新圩黄塘等村土地开发,新增耕地102.88公顷。开展城乡建设用地“增减挂”工作,完成拆旧复垦17.13公顷。农业产业化进程加快,累计新增无公害蔬菜种植面积133.33公顷、井冈蜜柚533.33公顷、花卉苗木133.33公顷,新增市级龙头企业2家,创品牌标识2个,发展农民专业合作社10个。开展造林绿化“一大四小”工程建设,完成造林993.33公顷。

青原区是统筹城乡发展综合改革试点区。2011年,区政府以“农村城市化、农民市民化”为目标,以民生工程为抓手，加快推进城乡一体进程，筹措资金推进棚户区、危旧房和农村危房改造，建成城市棚改安置房2.5万平方米、在建7.5万平方米，实施东垦棚户区、白云山林场危旧房改造4.9万平方米，完成农村危房改造572户。新建富滩、东固、文陂等乡镇3个千吨万人集中供水工程，开工建设农村公路65.5千米，打造了天玉、文陂、富田镇3个基层农技推广综合站示范点，落实农村校建资金2860万元，改建、新建校舍3.3万平方米，资助困难学生3931人，为2.47万名学生免除学杂费和免费提供教科书。城乡低保保障标准分别提高到320元和130元，医疗救助封顶线从3万元提高至5万元，累计发放城乡低保金1741万元，被评为"江西省社会救助工作先进县（区）"，新农合补偿比例提高5个百分点，支付新农合基金3375.28万元，免费提供社区公共卫生服务资金197万元，免费救治儿童"两病"和尿毒症患者46人。新增城镇就业人员8613人，下岗失业人员再就业1069人。全力打造"中心城区休闲后花园"，举办首届庐陵文化旅游节。策应吉安市旅游发展"三山"（井冈山、武功山、青原山）战略，开展青原山景区规划设计、资源整合、阳明书院建设等前期工作。2011年被评为"江西省首届十大人文魅力县（市、区）"，渼陂古村被评为第二批"全国特色景观旅游名村"，东固平民银行、渼陂永慕堂、富田王家诚敬堂、文天祥墓申报为国家级文物保护单位，天玉镇、新圩镇被评为"省级生态镇"。

【首修《青原区志》出版发行】 12月，首修《青原区志》由方志出版社出版发行。《青原区志》是一部全面系统记述青原辖区范围内自然、政治、经济、文化、社会、人物的综合性资料性文献，上限尽可能追溯至各类事物的发端，下限为2010年底。全志前有序言、凡例、概述、专记、大事记；中有专志共36编、191章、681节，表格302张，图照178幅；后有编后记。全书共236万字。

【举办首届庐陵文化旅游节】 3月4～6日，青原区举办以"传承庐陵文化、建设特色景区"为主题的首届庐陵文化旅游节。此次庐陵文化旅游节为期3天，将民间连年举办的渼陂古村旅游文化节、陂下古村民俗文化节、东固畲乡"二月二"庙会等"三节合一"，分别在文陂乡陂下、渼陂古村，东固畲族乡三地设立会场举办陂下古村停车场与游客中心建设奠基仪式、民俗表演、陂下古村风光图片展、第九届渼陂旅游文化节开幕式、"印象渼陂"书画摄影作品展、庙会土特产展销、畲族祭奠仪式和畲族风情展等活动。此次文化旅游活动邀请江西省、市有关领导，南昌市、吉安市旅行社协会和省、市新闻媒体记者参加。

（刘庆华　王平发）

主要领导人　区委书记：徐　明（任至6月）、程以金（7月任）。区人大常委会主任：易柱安（任至8月）、郭清华（8月任）。区长：肖　兵。区政协主席：郭清华（任至8月）、肖　萌（8月任）。

·吉安县·

【简　况】 位于江西中部，全县辖19个（乡）镇，总面积2117平方米，耕地面积3.77万公顷，完成造林面积2649公顷，有林面积13.4万公顷，森林覆盖率63.2%。总人口48.15万人，其中非农业人口9.8万人，人口自然增长率为6.29‰。2011年实现生产总值91.6亿元，增长14.2%。其中，第一产业增加值19.6亿元，增长8.1%；第二产业增加值49.8亿元，增长16.5%；第三产业增加值22.2亿元，增长14.2%。工业总产值（现价）171.76亿元，增长39.1%。主要工业产品：水泥28.8万吨、啤酒7966.7万升、娃哈哈饮料5.93万吨、煤炭48.1万吨、铁精粉116.60万吨。农业总产值30.11亿元，增长13.2%。主要农产品：粮食43.93万吨、花生5901吨、水产品1.82万吨、油料2.36万吨、葡萄3万吨。全县单位地区生产总值能耗为0.55吨标准煤/万元，同比下降3.5%；化学需氧量排放总量1.18万吨，削减率6%；二氧化硫排放量3508.06吨，削减率45.6%；城市污水处理率83.15%，农村垃圾无害化处理率达80%。全县财政总收入13.92亿元，增加3.61亿元，增长35%，地方财政收入8.29亿元，增长36.7%，支出17.57亿元，增长22.9%。城镇居民人均可支配收入1.6万元，增长15.8%。农村居民人均纯收入4004元，比上年增加738.35元，增长22.6%。城镇居民年末存款余额61.97亿元，增长10.25%，社会消费品零售总额21.5亿元，增长16.9%。

2011年全年实现生产总值91.6亿元，全社会固定资产投资突破90亿元，两项跃居全市第一，分别增长14.2%和30%。获"全省固定资产投资增长先进县"和"全省开放型经济发展综合先进县"称号。全年新增规模以上工业企业4户，总数达68户，规模以上工业企业实现主营业务收入169.2亿元、利税21.5亿元、增加值40.1亿元，分别增长41.1%、39.2%、21.6%。园区实现主营业务收入143亿元、税金6亿元、增加值27.7亿元，分别增长33.6%、27.2%、31%。新增入园项目18个，新增就业1279人。获"全省工业发展先进县"和"全省先进工业园区"称号。国家现代农业示范区建设全面推进，粮食播种面积7.69万公顷，新增葡萄种植面积333.33公顷，出笼肉鸡3200万只，出栏生猪71万头，出栏肉牛12万头，获"全省新农村建设先进县"和"全省粮食生产先进县"称号。全年接待游客115.5万人次，旅游综合收入7.45亿元，增长18%。全年向上争资8.1亿元。开展"百日招商大会战"活动，全年共引进5000万元以上项目32个，其中亿元以上18个。实际利用省外资金20.42亿元，增长34.3%；实际利用外资5271万美元，现汇进资1591万美元；外贸出口2.7亿美元，增长122.3%。

2011年，县城天祥公园、曙光公园、君山大道街景改造、垃圾卫生填埋场、吉星商业中心和赣江大道、兴华路"白改黑"工程等相继竣工。文天祥纪念馆全面改造并免费开放，获"江西省博物馆（纪念馆）十大陈展提升创新奖"。"创卫攻坚百日整治活动"成效明显，拆除违法违章建筑2.23万平方米。万福镇被评为全国环境优美乡镇。新农村建设投入资金3900万元，97个新农村点共新修进村主干道172.6千米，完成改水3841户、改厕3667座，安装有线电视4000余户。60项重点工程完成投资43.6亿元。

园区新征地320余公顷，完成基础设施投入4.3亿元，新建标准厂房15万平方米，凤凰现代城完成建筑面积5万平方米，凤凰自来水厂投入使用。全年报批用地115.67公顷，土地开发202.8公顷，万福、固江1266.67公顷土地整理项目竣工。成功争取列入全国第三批小农水建设重点县，完成水利投资1.7亿元。石门、姜家等7座小(一)型水库除险加固全部完工，建设高标准农田1660公顷。新修通村水泥路120.3千米，总量居全市第一。

2011年全面完成省、市下达的民生工程任务。全县城镇净增就业8890人，新增转移农村劳动力1.58万人，城镇登记失业率4.5%，零就业家庭安置率100%。全面启动新型城乡居民养老保险试点工作，城乡居民参保率达90.6%。城镇职工参加养老保险3.1万人、参加医保3.7万人，城镇居民基本医疗保险参保8.5万人。新型农村合作医疗参合率98%，一次性报账率95.8%。完成“光明·微笑”工程免费手术2071例，免费救治先天性心脏病26例、白血病7例。城市低保月补差水平由每月181元提高到202元，农村低保月补差水平由每月75.8元提高到90.4元。救助城乡患病困难群众2038例。为80周岁以上老人发放高龄、长寿补贴222万元。归集住房公积金7319万元，发放职工个人住房公积金贷款2341万元，增长105%。改造农村危房720户，建设廉租房802套、公租房160套。完成410个整村推进扶贫项目建设和1338人移民搬迁任务。科技、教育等事业全面发展。申报国家中小企业创新基金和省高新产业重大专项6个。新建改建校舍2.4万平方米，高考二本以上上线775人，通过省政府教育工作督导评估，获总分第一。送戏下乡117场，开展群众自办文体活动144场，农村电影放映4628场。获全省第五届县市区田径运动会团体总分一等奖、全民健身优秀组织奖。全县卫生院、社区卫生服务中心药品全部实行网上集中招标采购和零差价销售，基本药物使用率达83.4%。推进省级社会管理创新综合试点县建设，“平安创建百日大会战”成果显著，破获各类刑事案件480起，抓获犯罪嫌疑人447名，公众安全感在全省、全市排位稳步提升。县司法局获“全国司法行政系统先进集体”称号。食品专项整治有效，安全生产总体平稳。全年办理人大代表建议93件，政协委员提案78件，回复率100%，满意率100%。办理县长信箱4160件，办结率100%，公开政府信息3.13万条。公共资源交易中心完成工程交易240项，增收节支1.54亿元。落实党风廉政建设责任制，全年查处违纪违法案件72件。

【文天祥纪念馆获全省博物馆十大陈展提升创新奖】 10月，吉安县文天祥纪念馆获江西省博物馆(纪念馆)十大陈展提升创新奖。该馆始建于1984年，1992年1月9日对外开放，全馆占地面积8公顷多，为江西省爱国主义教育基地、全国中小学爱国主义教育基地、全国青少年教育基地、国家AAA级旅游景区、中国井冈山干部学院现场教学点。2010年，县政府自筹资金1500余万元对该馆进行全面改造。利用声、光、电等现代科技手段，设计了大型弧幕无缝拼接投影技术、幻影成像技术、电子留言台技术、电子手翻书技术、互动桌面及投影相连技术等。改造后的文天祥纪念馆展览内容分6部分，展线长2920米，采用直线、弧线、曲线等多种形式变化。该馆扩改建工程结束后免费开放，月均接待游客4万余人次。

【获“国家级生态示范区”称号】 10月，经过系列考核、验收及公示，国家环境保护部授予吉安县“国家级生态示范区”称号。从2002年开始，该县创建国家级生态示范区，利用各种手段大力开展对外宣传，生态立县已成为全县发展的重大战略，环境保护由过去的单纯职能部门行为上升为全县发展战略和政府中心工作，积极培育生态产业，发展生态经济，推进生态产业化、产业生态化，各项经济与环境指标均达到国家级生态示范区标准。

(旷喜保)

主要领导人 县委书记:陈　敏。县人大常委会主任:罗福祥。县长:李克坚。县政协主席:张迪俊。

·吉水县·

【简　况】 位于江西省中部，辖3乡15镇，总面积2509.73平方千米，其中县城建成区面积达11.3平方千米。耕地面积4.03万公顷，有林面积16.65万公顷，森林覆盖率62.6%，城区绿化率38.9%。总人口51.96万人，其中非农人口13.25万人，人口自然增长率6.31‰。2011年实现生产总值74.1亿元，同比增长13%。其中，第一产业增加值16.37亿元，增长15.4%；第二产业增加值35.17亿元，增长24.6%；第三产业增加值22.59亿元，增长28.3%。财政总收入7.06亿元，增长35.3%，人均财政收入达1358元，税收占财政总收入比重达82%；地方财政收入4.64亿元，增长29.7%，地方财政支出15.78亿元，增长32.4%。工业总产值116亿元，增长30%，规模以上工业增加值24.7亿元，占GDP比重达33.33%，外贸出口1.64亿美元，占GDP比重达2.2%。固定资产投资59.5亿元，增长37.2%，实际利用外商投资3618万美元，省外投资14.5亿元。主要工业产品有原煤45.13万吨、水泥60.3万吨、劳保手套1.33亿双、松节油900吨。农业总产值32.08亿元，增长13.19%，粮食总产达55.36万吨。主要农产品有稻谷51.74万吨、瓜果2.03万吨、豆类7610吨。万元GDP能耗0.83，二氧化碳排放总量2260万吨，城市污水处理率100%。2011年粮食播面8.82万公顷，总产突破5.5亿千克，获“全国粮食生产先进县”称号。鸭、鹅养殖量分别达1400万只和93万只，生猪饲养量50万头，获“全省重大动物防疫工作先进县”称号。新增井冈蜜柚种植面积333.33公顷、高产油茶面积386.67公顷。发展省级龙头企业5家、市级龙头企业24家、农民专业合作社154个。

城镇居民人均可支配收入1.6万元，增长11%；农民人均纯收入7165元，增长8.5%。年末居民储蓄存款余额78亿元，增长25.4%。发放各类贫困助学金896万元。建立居民健康档案22.6万份，启动尿毒症免费血透救治工作。新建村级文化活动室15个、农家书屋92个。全县公众安全感指数显著提升，全省排位由上半年的第八十八位跃升至下半年的第四位。以户为单位签订外迁移民对接协议4619人，占外迁移民总数的90%。建立移民新村建设快速绿色通道，94个安置点有71个动工，完成移民建房255户。争取了44个省直单位到吉水县开展移民新村建设对口支援。完成防护区征地373.33公顷，陆续启动抬田工程。住歧至酃桥库区环湖主干道已完成前期工作。开展"双违"清理整治，重新组建城市规划建设监察大队，拆除"双违"建筑7000余平方米，"双违"现象得到有效遏制。开展吉泰走廊道路沿线建房整治，沿线违规建房得到有效控制。全县城镇化水平达43.9%，比上年提高2.1个百分点。健全县、乡、村三级信访网络，开展"清网行动""法制大宣传、信访大化解和治安大整治"百日行动，以及"平安村组户创建"活动。群众来访批次和集体访批次同比下降12%和9%。

对外开放大步迈进。通过开展"百日招商""重点项目集中攻坚月"等活动，在深圳成功举行电子信息和电镀产业招商推介会，引进内资14.5亿元，增长15%；实际利用外资3618万美元，增长17.2%；成功引进景旺电子、精品金属制品、金诚新材料等一批重大项目。实现外贸出口1.65亿美元，增长207%。先后荣获全省、全市"外贸出口先进县"。

【园区产业聚集效应凸显】 2011年完成园区基础设施投入9000万元，新增开发面积1.35平方千米，平整土地80公顷，新增绿化面积2万平方米，新建道路4.5千米、供水供电管网20千米，园区日用品配送中心、西江苑住宅小区等服务设施基本完成。新入园开工项目20个，全县"6+1"主导产业实现税收3.05亿元，增长51%。在园区产业的引领下，全县工业用电1.2亿千瓦小时，增长23%，被列为全省生态园区建设试点县之一，获"全国食品工业强县"称号和"全省工业崛起年度贡献奖"。

（朱颖琳）

主要领导人 县委书记：肖玉兰（任至6月）、刘兰芳（6月任）。县人大常委会主任：易教顺。县长：刘兰芳（任至6月）、袁守旺（7月代、8月任）。县政协主席：唐富水（任至7月）、罗定贵（8月任）。

·峡江县·

【简　况】 位于江西省中部，辖6镇5乡，总面积1287.43平方千米，其中城区面积3.9平方千米。耕地面积2万公顷，有林面积8.67万公顷，森林覆盖率64.7%，城区绿化率43.5%。总人口17.6万人，其中非农业人口4.26万人，人口自然增长率7.26‰。2011年生产总值36.1亿元，同比增长12.7%。其中，第一产业增加值9.3亿元，增长4.1%；第二产业增加值17.98亿元，增长16.8%；第三产业增加值8.82亿元，增长14.6%。财政总收入5.3亿元，增长37.1%、人均3005元，获全省财政收入三年翻番奖。税收占财政总收入比重为84%；地方财政收入3.4亿元，增长38.5%；地方财政支出9.06亿元，增长25.3%。工业总产值82.6亿元，增长30.1%。规模以上工业增加值15.1亿元，占GDP比重为41.8%；外贸出口7891.8万美元，占GDP比重为13.7%。固定资产投资37.1亿元，增长43.2%。实际利用外商投资1791万美元，增长6.6%；引进省外5000万元以上项目投资12亿元，增长33.3%。主要工业产品有铜制品4.9万吨、水泥27.09万吨、机制纸36.3万吨。农业总产值12.9亿元，增长13.1%。粮食总产量25.83万吨。主要农产品有稻谷23.6万吨、烤烟3829吨、油料1.28万吨、水产品1.42万吨、肉类1.88万吨。万元GDP能耗0.85吨标煤，二氧化碳排放总量削减率1.5%，城市污水处理率85%。农民人均纯收入5996元，增长460元。城乡居民年末储蓄存款余额25.56亿元，增长18.3%。

市政设施投入1.84亿元，元阳路"白改黑"、玉梁路步行街、垃圾填埋场一期以及园区截污管网等重点工程完成，玉峡大道二期工程加紧实施。巴邱镇地下污水管网等市政基础设施改造启动实施，旧城区5.01公顷土地房屋补偿征收工作基本完成。全面完成27个新农村建设任务，加大农民建房管理，桐林乡庙口村、金坪民族乡新民二组获第二批"全省百佳优美村庄"称号。水利建设投入1.2亿元，66座小（二）型水库应急处理项目、罗田镇防洪工程、农村饮水安全集中供水工程等完工，13座小（二）型水库除险加固、沙坊抬田工程、高标准农田、小农水重点县年度实施项目进展顺利。依法加强土地管理，完成造地面积105公顷。完成乡村公路改造项目25个40.4千米。

全年民生工程支出3.24亿元，占财政总支出的35.8%，同比增加1.09亿元。新增就业7245人，发放小额担保贷款4300万元，玉梁路创业示范街创建正式启动。全县参加5项社会保险人数达12万人。11个乡镇卫生院全部实行国家基本药物零差率销售，新农合参合率96%。4820户9019人纳入城乡低保，完成福民乡、罗田镇敬老院新建改造。财政教育支出1.58亿元，发放各类补助2058万元，高考二本以上上线率全市第一。16项科技项目通过市级成果鉴定。农村文化"三项活动"深入开展，县文化馆被评为国家一级馆，成功举办第三届农民艺术节和首届峡江传统米粉节。累计发放大中型水库移民后期扶持资金603.3万元，峡江水利枢纽库区移民搬迁安置工作平稳推进。318套廉租房和9套经适房摇号配租和销售，500户农村危房改造项目竣工验收，新建200套廉租房、改造310户林场棚户区工程加紧实施。发放家电、汽车摩托车下乡补贴587.9万元。坚持"开门接访"，促进信访工作重心前移下移，获"全省信访三无县"称号。

完成"一大四小"工程造林3266.67公顷，占年目标任务的145%，工程进度与质量位居全省前列。将省里核发的采伐计划削减20%，全县森林覆盖率达64.7%，湿地面积占比达3.38%。城区累计栽植大树2000余株，新增绿地面积3万平方米，城区绿化景观明显提升。获全省2011年森林防火平安县。城区空气质量保持在国家二级标准以上，饮用水源达标率100%。

在2009年成功创建市级卫生城市基础上，全力开展省级卫生城市创建。3年来，投入1.1亿元，完成玉峡大道、元阳路西段、会仙路改造，进一步拉大城市道路网架；投入1.5亿元，开展城标转盘绿化、单位庭院绿化及玉峡大道、元阳路、玉笥路、百花路、大秀路等县城主干道绿化工程，城区绿化覆盖率达43.5%，人均公共绿地面积达20平方米。大力整治城区环境卫生，投入640万元完成垃圾填埋场一期工程建设，垃圾机械化清扫率达70%，做到日产日清。县城居民环境卫生意识明显增强，城区环境卫生显著提升，居住环境全面改善，2011年底通过省级卫生城市考核验收。

【货运物流税收突破亿元】 全县新购货车586辆8673吨，净增274辆4977吨，大型货车总量达3491辆4.5万吨；货运船舶总数达45艘4.74万吨，实现水、陆运力两个"4万"。新增货运物流企业14家，总数达69家。全年货运物流税收首次突破亿元大关，达1.03亿元，占地方财政收入的30%。上缴税收200万元以上的货运物流企业18家，800万元以上企业3家。

【全面启动侨民济困房建设】 金坪民族乡新民村是全省唯一人口较少民族(京族)聚居地，有244户754人，其中少数民族236户736人。针对侨民原有住房年久失修、破烂危旧等问题，县、乡两级加大对侨民建房扶持力度，补助每户侨民建房资金1.7万元，并无偿提供建房土地，帮助157户侨民自建新房157栋，总建筑面积4.7万平方米。对36户无力自建住房的困难侨民，建设36套济困房，简单装修后安排困难侨民入住。济困房每套面积57.2平方米，并配备一间10平方米的独立杂物间，10月26日正式交付使用。

【成立全省首家县级直补农机超市】 峡江县组织5家享有国家补贴的农机经销商，联合投资30万元兴建了全省首家县级农机直补超市——峡江县直补农机超市。超市占地0.4公顷，可同时展示和经营拖拉机、耕整机、装机、起垄机、农用水泵等8大类20种补贴农机具，设立一站式服务中心，现场为购机农户提供补贴。

(刘小云 皮 佳)

主要领导人 县委书记：宋 铜。县人大常委会主任：戈保根(任至7月)、钟清滨(7月任)。县长：宋 铜(任至6月)、涂建忠(6月任)。县政协主席：吴兰香(任至7月)、王振军(7月任)。

·新干县·

【简 况】 位于江西省中部，辖6镇7乡，总面积1248平方千米，其中城区面积16平方千米，耕地面积2.79万公顷，林地面积7.21万公顷，森林覆盖率60.05%。总人口33万人，其中非农业人口7万人，人口自然增长率7.8‰，继续保持"全国计划生育优质服务先进县"和"全省计划生育工作红旗县"称号，获"全国阳光计划生育示范县"称号。2011年实现生产总值68亿元，增长14.3%。其中第一产业增加值14.7亿元，增长6.2%；第二产业增加值36.5亿元，增长16%；第三产业增加值16.7亿元，增长18.1%。工业总产值131亿元，增长35%。规模以上工业增加值23.2亿元，占GDP的34%。外贸出口总额达1.5亿美元，增长161%，获"全省外贸出口先进县"称号。全社会固定资产投资完成64.5亿元，增长37.4%。引进内资18.7亿元，增长34.3%，获"全省利用省外资金先进县"称号；实际利用外资3890万美元，增长5.5%。盐卤药化、箱包皮具、机械机电、粮油食品、灯饰照明、建筑板材等工业主导产业集群效应初显。农业总产值23亿元，增长13.2%。主要农产品：粮食总产量34万吨、油料总产量1.5万吨、生猪出栏85.2万头、水产品1.78万吨、中药材1.5万吨、柑橘18.3万吨。油茶产业前景广阔，是"全国油茶建设示范县"。获"全省财政县级财政收入三年翻番奖"。财政总收入8.39亿元，增长37.4%，人均达2600元，税收占财政总收入的比重达77.5%；地方财政收入5.56亿元，增长42.6%；财政支出14.6亿元，增长31.7%。城镇职工人均年工资2.94万元，增长25%。农民人均纯收入6990元，增长13.5%，城乡居民年末储蓄余额50.5亿元，增长11.2%。

环境保护得到加强，万元GDP能耗、二氧化碳均达到减排目标。劳动就业明显改善。全县城镇新增就业人数9755人，新增转移农村劳动力7912人。社会保障力度加大。启动城乡居民养老保险和小集体企业人员参保工作，实现城乡养老保险制度全覆盖，全县参保人数16万人，参保率85%；医疗、工伤、生育、失业保险扎实推进；新型农村合作医疗和城镇居民基本医疗制度落实到位，参合率分别达99.8%和90%。城乡低保、农村五保等保障标准进一步提高，共为1.9万名城乡低保对象发放救助金2960万元，发放城乡医疗救助金806万元。推进农村危房改造，新开工建设保障性安居工程1820套，为全市最多，国有农林场棚户区改造全面启动。教育发展稳中有进。全年教育基础设施投入3314万元，教育园区等一批城乡学校建设扎实推进；教育质量有新提升，全县高考上二本分数线人数774人，上线率28.3%，创历史新高，位居全市第三；初中毕业生升学考试总分平均分、优秀率、及格率位居全市第一，全县中学生参加学科奥林匹克竞赛有62人次获国家级奖。电视专题《关注》栏目获全省"十佳栏目"奖。新增农家书屋40个，文化信息共享工程实现"村村通"全覆盖，20多个村建立村广播室，农村文化设施网络不断完善。文物普查工作获全省先进，被命名为"民间艺术之乡——剪纸之乡"；牛头城遗址成功列入全国"十二五"规划重点保护的150处大遗址之一。有线电视行政村覆盖率达99.3%，县城有线电视数字化工程完成。社会秩序持续稳定。开展"打黑除恶""清网行动"等专项整治活动，全面启动禁毒严打斗争，社会治安防控体系进一步完善，人民群众安全感不断增强，在全省公众安全感测评中，继续保持全省前列。安全监管措施到位，安全生产形势总体平稳。非工口企业改制工作基本完成，获"吉安市非工口企业改制先进县"称号。开展县城第五轮总体规划、城东控规、老城区修建性详规、滨江大道详规等11项规划修编，并已完成7项。全年城乡建设投入达12亿元。12月20日，新干县被中央文明委命名为"全国文明县城"，与全国园林县城、省级森林城市"三城同创"活动深入推进。

【项目建设取得重大突破】 先后争取了省级粮油产业特色基地、园区绿化提升试点等政策，成功列入中央苏区县。谋划“十二五”期间重点建设项目184个，其中纳入省规划60个、市规划90个；争取上级各类资金6.6亿元，比上年净增6000万元以上。特别在竞争性项目资金的争取上有新突破，其中赣江新干段区域环境综合整治项目争取资金2530万元；赣江新干航电枢纽工程初步可研报告通过国家发改委组织的专家评审，正待批复实施；2×350兆瓦热电联产项目预可研和盐化城供热、热网规划报告通过了省能源局组织的专家评审；规划100公顷的河西现代物流园列入全市三大重点物流园建设项目之一；县城防洪工程可研报告经省发改委组织专家进行了评审；余新公路拓宽改造已列入省重点工程并即将开工建设。“产业对接攻坚年”活动成效明显。全年共开工建设各类产业项目86个，有11个项目列入省重点产业项目调度，纳入市重点调度的32个项目全部开工，有22个基本竣工，为经济发展注入了强劲动力。

（李晓剑）

主要领导人 县委书记：刘毓名。县人大常委会主任：肖祖荣（任至8月）、侯建国（8月任）。县长：刘毓名（任至8月）、徐开萍（8月任）。县政协主席：苏仕彼（任至8月）、张梅生（8月任）。

·永丰县·

【简 况】 永丰县位于江西省中部、吉安市东北面，辖13乡8镇。总面积2695平方千米，城区面积10.3平方千米。耕地面积3.08万公顷，有林地面积15万公顷，森林覆盖率71.4%，城区绿地率43%。总人口44.83万人，其中非农业人口8.17万人，人口自然增长率7.54‰。全年实现生产总值77.7亿元，同比增长13.0%。其中，第一产业增加值15.02亿元，增长6.5%；第二产业增加值39.71亿元，增长15.4%；第三产业增加值22.97亿元，增长13.5%。财政总收入7.6亿元，增长26.6%，人均1685元，财政总收入占GDP的9.8%，税收占财政总收入的75.19%；地方财政收入5.14亿元，增长32.7%，支出14.89亿元，增加18.3%。工业总产值148.26亿元，增长33.6%。规模以上工业增加值30.15亿元，占GDP的38.8%。规模以上工业企业主要产品有轻质碳酸钙总产量19.54万吨、中成药9837.77吨、水泥60.49万吨、机制纸34.73万吨。实际利用省外资金15亿元，增长33.6%；实际利用外资3052万美元，增长1.3%。外贸出口额1.41亿美元，增长109%，外贸出口占GDP比重11.32%。农业总产值30.94亿元，增长15.7%。主要农产品有粮食总产量34.51万吨、蔬菜46万吨、肉类2.99万吨、水产品1.33万吨。万元GDP能耗约0.6吨标煤，规模工业万元增加值能耗0.8吨标煤，城市污水处理率90%。

全社会固定资产投资74.25亿元，增长32%。全社会消费品零售总额17.26亿元，增长17.9%。城镇在岗职工年均收入2.65万元，增加4813元。农村居民人均纯收入7160元，增加939元。城乡居民年末储蓄余额47.94亿元，增长24.0%。新增城镇就业人数8480人，新增转移农村劳动力1.54万人。全县高考600分以上人数居全市第一，考取清华大学2名。建成乡镇综合文化站9个、农家书屋20家。乡镇卫生院实现国家基本药物制度全覆盖，为506名白内障患者免费手术，开展儿童“两病”免费筛查和初诊163例，并送72名赴省定点医院进行免费治疗。继2009年成为全国首批“新型农村社会养老保险试点县”后，2011年永丰县成功争取了全国首批全市唯一的“城镇居民社会养老保险试点县”，在全市率先实现城乡养老保险一体化。新农合参合人数33.59万人，参合率98.6%；新农保参保21.99万人，参保率94.6%，累计发放60周岁以上养老金2312.2万元；新城保参保人数377人，基金征缴6.78万元，1854人领取基础养老金。城镇集体企业职工参保工作推进，大集体企业职工172人参保，小集体企业职工1544人参保，返城知青204人参保。在全市率先出台城区建设土地征收补偿安置暂行办法和县城区预留地使用管理暂行办法，有效保障县城失地农民基本生活。“一大四小”造林绿化3666.67公顷。保障性安居工程按进度要求，推进500套廉租房、48套经适房和50套公租房建设以及150户农垦危旧房、107户国有林场危旧房改造工程。加强和创新社会管理，成功举办全国“创新基层社会管理·理论与经验”研讨会。全面落实安全生产责任制，安全事故和治安案件逐步减少，社会保持和谐稳定。

2011年先后获“全国绿色食品原料（蔬菜）基地县”“全国生态蔬菜之乡”“全国地质灾害群测群防‘十有县’”“中国民间文化艺术之乡（农民画）”“全省农业结构调整先进县”“全省粮食生产先进县”“全省水利建设‘鄱阳杯’先进县”“全省外贸出口先进县”“全省渡改桥先进县”“全省移民搬迁工作先进县”“全省节约集约用地模范县”“全省化解信访积案先进县”等称号。

【抚吉高速公路永丰连接线开工建设】 6月28日，抚吉高速公路开工建设。建设总部设在永丰，由永丰县自主建设抚吉高速公路永丰连接线工程。11月11日，县四套班子领导、县直单位主要领导和21个乡镇（场）长等500多名干部群众参加永丰县抚吉高速公路连接线工程开工庆典仪式。抚吉高速公路全长179.18千米，路基宽26米，总投资约100亿元；在永丰县境内长约42千米，总投资约20亿元，途经辖区的鹿冈乡、沿陂镇、佐龙乡、恩江镇、八江乡5个乡镇。抚吉高速公路永丰连接线长3千米，总投资约7000万元，将按路基宽50米、中央分隔带宽6米、双向六车道、三条绿化带、两条辅路的标准打造成城市一级主干道。抚吉高速公路2012年12月底建成通车后，将结束永丰无高速公路的历史，根本上改变永丰交通和区位劣势。

【工业园区主营业务收入首次过百亿】 2011年，永丰工业园区主营业务收入达112.6亿元，增长43.5%；完成工业增加值25亿元，增长30.2%；上交税收4.2亿元，增长27.3%，首次进入全市主营业务收入百亿元园区行列。其中工业园区规模工业企业实现主营业务收入90.2亿元，增长47.4%。建设园区标准厂房6万平方米。做强碳酸钙、有色金属、医药化工、绿色食品四大支柱产业,四大产业共实现主营业务收入80.5亿元,上缴税收2.5亿元,分别占规模工业的61.4%、83.8%。培育了南方水泥、祥盛金属、天晟化工、九峰纳米钙、绿海茶油等一批骨干企业。

【全县首个220千伏输变电工程开工建设】 江西永丰南方水泥竣工投产后,新增用电33兆瓦负荷,原有2条110千伏线路不能满足永丰供电需求。为此,2011年争取并启动了220千伏输变电项目工程建设,项目总投资1.5亿元。永丰220千伏变电站建成投运后,将结束永丰电力单网运行的历史,增加县内1个电网电源点,历史性地提高电网供电可靠性、电压等级和电能质量。

【完成全省第一批小农水建设重点县项目】 2009年全省启动第一批小农水建设重点县项目,至2011年该项目全面完成。永丰县在小农水重点县建设绩效考评中排名全省第二。县财政在2011年度共安排水利建设资金4023万元。进一步落实民办公助、以奖代补惠民政策,将小型农田水利工程县财政"以奖代补"标准由原来的30%提高到40%。在全省率先创新小农水项目"自建自管、先建后补"模式,对灌渠较为分散、投资小于20万元的小农水重点县项目,实行受益村农民用水户协会自建自管,对自建自管项目严格执行"农民义务质量员监督、监理员监督、项目法人监督、政府监督"和工程验收"施工单位自验、乡镇政府初验、项目法人复验、行业主管部门终验"的"四监督四验收"程序。探索出"政府主导、协会牵头、群众参与、多方筹资"的实施机制,既节约成本,又加快进度,保证了质量,已在全省推广。

(陈 荣)

主要领导人 县委书记:陈军民(任至6月)、肖志华(7月任)。县人大常委会主任:聂建国。县长:王大胜(任至6月)、朱新堂(7月任)。县政协主席:陈全根。

·泰和县·

【简 况】 位于江西省中南部,辖22个乡镇。县域总面积2660.15平方千米,其中城区面积15.99平方千米,城镇绿化率46.76%。耕地面积4.57万公顷,有林地面积16.97万公顷,森林覆盖率61.19%。全县总人口55.46万人,其中非农业人口10.13万人,人口自然增长率7.17‰。2011年完成生产总值89.8亿元,同比增长11.8%。三次产业比重调整为22.3:54.1:23.6。其中,第一产业增加值20.06亿元,增长2.5%;第二产业增加值48.58亿元,增长20.3%;第三产业增加值21.15亿元,增长9.3%。三产比重首次超过一产。完成财政总收入11.1亿元,同比净增3亿元,增长36.6%,列全市第二位、全省第二十八位;财政总收入占GDP的12.36%。税收占财政总收入的82.7%。完成地方财政收入6.8亿元,增长28.2%。实现社会消费品零售总额21.5亿元,增长19%。城镇居民人均可支配收入1.54万元,增长10.7%。农民人均纯收入6948.6元,增长13.5%。年末存款余额102.8亿元、贷款余额41.9亿元,分别增长28%和20%。完成全社会固定资产投资98.2亿元,增长25.7%。主要经济指标均列全市前三位。全县工业总产值135.8亿元,增长50.18%。液晶电子、冶金机械、新能源新材料和建材、食品、医药化工等六大主导产业产值占全县工业经济总量的81.9%,同比提高2.5个百分点。主要工业产品产值:大米8.06亿元、饲料4.72亿元、鞋业4.35亿元、水泥3.9亿元、液晶显示器1.5亿元。规模以上工业企业达63户。规模工业实现主营业务收入157.7亿元、工业增加值35.3亿元,分别增长45.5%、37.9%。工业经济效益综合指数达332%,提高5个百分点。实际利用内资20.45亿元,增长34.3%;实际利用外资5395万美元,现汇进资1466万美元。外贸出口2.26亿元,增长86.8%。全年累计完成园区基础设施投入3.58亿元。新落户工业园区项目22个,县工业园区完成主营业务收入137.1亿元、工业增加值30.4亿元,分别增长52.24%、26.05%。全县粮食播面8.6万公顷,总产51.3万吨,连续3年总产超50万吨。重点培育水产、蔬菜、果业、油茶、烟草、桑果等六大万亩基地,全县省市级龙头企业达22家。投资5251万元实施美丽乡村建设,全县101个新农村点全部达标成型,331个农村清洁工程村点环境卫生明显改观。完成"一大四小"造林绿化工程面积4547公顷,占省下达计划的147%。主要农产品产量:稻谷48.5万吨、蔬菜33.51万吨、油菜籽1.08万吨、西瓜1.57万吨。获"全国食品工业强县""全省财税收入三年翻番贡献奖""全省利用外资先进县""全省外贸出口先进县""全省依法用地模范县""全市开放型经济综合先进县"等奖项。

集中力量建设34个城区重点项目。泰和大道北延、泰和大道南延一期、滨江大道、嘉禾大道"四大路网"开工建设;白凤大道文田圆盘至嘉禾大道"白改黑"(水泥路面改为沥青路面)工程、泰和大道北延与105国道交叉口降坡等工程完工或基本完工;龙江、滨江"两大新区",县新行政中心大楼、垃圾处理场、日供5万吨自来水厂、泰和物流园、"城中村"整治等工程有序推进。集中精力促进重点基础设施项目建设。西气东输二期、衡茶吉铁路、京九铁路电气化改造泰和段等工程全面完工,赣江石虎塘航电枢纽工程下闸蓄水,吉莲高速公路泰和段等工程进展顺利。同时,累计投资1.97亿元,22个乡镇84个重点圩镇建设项目90%以上已竣工并投入使用;累计投资2.1亿元,开发房地产面积31.2万平方米。蜀口洲风景区成功创建国家3A级景区,井冈山机场旅客吞吐量突破30万人次,全县接待游客108万人次,实现旅游总收入5.9亿元。

全年用于民生领域的支出达9.76亿元,占财政总支出的63.6%以上。市政府下达的民生工程8个方面60项指标全部超额完成。建设经济适用房、廉租房660套3.5万平方米,改造农村危房5.3万平方米。搬迁深山库区移民1539人,占任务数的133%。全年新增城镇就业1.6万人,新增转移农村劳动力2.1万人。农民新型农村合作医疗制度参合率达

98.6%，补偿比例提高至75%，发放补偿金8550万元。“五险”参保人数突破15万人，新型城乡居民社会养老保险全面启动，发放基础养老金1648万元，养老保险覆盖、社会发放率均达100%。25个农村卫生院全部实行国家基本药物制度，药品零差价销售。事业单位人事和工资制度改革有序实施。实施“校安”工程项目23个，改建危房2.5万平方米，新建校舍2.6万平方米。适龄儿童入学率稳定在100%。完成18个乡镇文化站建设、基本文物普查和非物质文化保护名录整理。实施马家洲集中营保护展示工程、浙大西迁泰和旧址修缮工程。“清网行动”获公安部通电嘉奖。公众安全感全年综合测评名列全省第二位。

【初步形成全省最大液晶电子产业基地】 2011年，泰和县充分利用资源优势，制定土地、税收、融资、用工等方面一系列产业优惠政策，吸引各地客商前来投资兴业。总投资超10亿的江西合力泰微电子有限公司一、二、三期已建成投产（LED自动化生产线为全省首条），第四期即将投产，申请发明专利2项，实用新型专利10项，并建成液晶技术学校，每年可培训液晶技术人才2000多人。2010年，该企业液晶显示片生产总量居全省第一，全国第三。投资5亿元的广天视科技、投资2.5亿元的仁昌电子两家液晶电子生产企业正在建设之中。截至4月初，已有26户电子企业落户县工业园区。初步形成包括液晶显示模块、液晶显示触摸屏、软性线路板、导电玻璃膜等生产线在内的较为完整的产业链，成为继广东深圳、江苏江阴后的全国第三大液晶电子产业基地。

【建成长江以南规模最大肉牛屠宰加工生产线】 3月，江西和泰实业有限公司储藏量2万吨的食品冷藏库建成，彻底改变吉安市活牛外销的现状。该公司年屠宰加工肉牛15万头的自动化生产线成为长江以南规模最大的肉牛屠宰加工生产线。该公司是泰和县依托全国商品牛基地县的资源优势，引进湖南省三可食品有限公司投资5.6亿兴建的一家生猪肉牛深加工企业。公司拟分两期建设年加工生产生猪60万头和肉牛15万头的自动化生产线各1条、储藏量2万吨的大型冷库1座、储藏量500吨的高温库1座，以及2.2万平方米冷冻、冷鲜、熟食品加工储藏车间，并拟建设经营赣中南农副产品冷链物流中心和20个家畜家禽养殖基地。预计企业全部达产达标后，年产值将达15亿元，出口创汇将超5000万美元，带动全县2万余户农户从事肉牛生猪养殖。

（刘　捷）

主要领导人 县委书记：邓近有（任至6月）、廖晓军（6月任）。县人大常委会主任：姚赣英（任至8月）、钟用洪（8月任）。县长：廖晓军（任至7月）、李　军（7月任）。县政协主席：钟用洪（任至8月）、詹学锋（8月任）。

·遂川县·

【简　况】 位于江西省西南边陲，辖23个乡镇。总人口57.09万人，总面积3144.17平方千米，是吉安市国土面积最大、人口最多的县，也是国家新一轮扶贫开发工作重点县。2011年，全县实现生产总值65.29亿元，增长13.2%。实现财政总收入6.88亿元，增长32.8%，其中地方财政收入5.21亿元，增长34.4%。税收收入4.98亿元，增长34.85%。实现工业总产值88.7亿元，增长24.3%。规模工业增加值、主营业务收入、利税分别达20.21亿元、74.97亿元、10.03亿元，分别增长21.85%、60.08%、65.59%。三产实现增加值20.51亿元；三次产业结构调整为18.49:50:31.51。累计完成全社会固定资产投资85亿元，增长18.1%，其中500万元以上城镇固定资产投资60.46亿元，增长37%。完成园区基础设施投入2.83亿元，新增亿元以上进园项目12个。争取上级无偿资金8.53亿元，其中中央预算内和省基建投资1.06亿元。引进内资16.67亿元，增长32.2%；引进外资3349万美元，增长5.68%。外贸出口8731.9万美元，增长79.6%。全县城乡居民储蓄存款余额达到44.2亿元，增长23.1%。实现社会消费品零售总额17.15亿元，增长18.1%。农民人均纯收入超过5544元，增长10.8%。

【十大产业发展战略取得新进展】 实施林产、轻纺、医药、电子、“三宝”（金橘、板鸭、狗牯脑）、油茶、能源、矿产、物流、旅游“十大产业”发展战略，强化工作措施，形成县领导带头抓产业，各乡镇、各部门争相建基地、引客商、上项目的氛围。引进广东宜华木业投资10.8亿元的遂川宜华家具项目；广东坚基集团投资开发的大汾硅矿已开工建设，同时与江钨集团就开发大坑、碧洲钨矿进行多次洽谈并签订投资框架协议；大唐汉业风电、遂川江北支水电开发等项目前期工作进展顺利；县电子信息产业园已经开工，金洋电子、西拓电子等项目先后试投产；与井冈山笔架山旅游开发公司达成热水洲投资协议；狠抓茶叶、金橘和油茶基地建设，县财政拿出1200万元以上奖补资金，以“双百茶叶长廊”和“百里金橘长廊”为重点，新种茶叶2000公顷、低改333.33公顷，新种金橘666.67公顷、低改1000公顷，新种油茶666.67公顷、低改6666.67公顷；与福建天伦天公司签订初步投资协议；医药、物流等产业也取得新进展。

【启动新型农村养老保险】 2011年，遂川县被确定为“全国第三批城乡居民养老保险试点县”，试点阶段的目标任务是当年符合参保条件的城乡居民参保率要达到70%以上，2014年实现应保尽保，全覆盖。该县组建城乡居民养老保险局，定为副科级全额拨款单位，在全县择优选拔15名工作人员。先后悬挂标语100余条，发放公开信20余万份。各乡镇把此项工作作为加分项目，列入各村年度重点工作目标考核，开设便民窗口，抓好基层统计台账的检查验收，强化“账、册、表、证、单”管理。金融部门成立新农保代理业务领导小组，制定代理对接方案，强化培训，提高员工办理新农保代理业务工作效率。全县参保22万多人，参保率达75%以上。

【扶贫移民工作成效明显】 2011年，遂川县成功列入罗霄山区连片特困地区扶贫开发范围，成为国家新一轮扶贫开发县。完成移民搬迁515户2382人，超计划582人。投入财政扶贫资金1080万元，省、市、县直单位筹集扶贫资金490.05万元，争取扶持资金365.2万元，干部职工捐款、捐物10.2万元，在108个重点村实施整村推进项目376个，根本改善贫困村生产生活面貌。培训贫困劳动力15批次1359人，超计划267人，发放培训补助资金69.4万元。产业扶贫发展迅速，投入财政扶贫资金555万元，发展社员2800多人，吸纳社员股金140万元，其他资金15万元，共发放贷款1000多万元。全县2355名党员干部与贫困户结帮扶对子，帮扶资金119.65万元。实施水库移民项目26个，发放后期扶持项目资金113.1万元。2011年，遂川被评为“全省扶贫(移民)工作先进县”“移民搬迁扶贫工作先进县”“全市扶贫开发工作先进县”。

【“狗牯脑”茶亮相第七届中国(深圳)文博会】 5月13～16日，由国家文化部、商务部、国家广播电影电视总局、新闻出版总署、中国国际贸易促进委员会、广东省政府、深圳市政府共同主办的第七届中国(深圳)国际文化产业博览交易会，在深圳市会展中心举行。非物质文化遗产展览馆为首次独立设立，遂川“狗牯脑”茶制作技艺作为江西非遗展馆15个项目当中唯一绿茶制作技艺。展览会上，“狗牯脑”茶第七代传人梁光福和第八代传人梁华平进行现场制茶技艺演示，非遗保护中心工作人员进行现场解说、茶艺表演和产品宣传。此次参展，累计接待客人2万人，上百位客商进行现场洽谈，成功推介遂川的特色文化产业项目，提升了“狗牯脑”茶的知名度和文化品位。

【城区客运三轮车整治取得成效】 10月至年底，遂川县开展县城城区三轮车客运市场整治和规范活动。成立由县委副书记、政法委书记任组长的领导小组，领导小组下设综合办公室、宣传发动组、劝导(劝缴)组、信访维稳组、街面联合整治组、车辆拆解补偿后勤组、帮扶组和纪律保障组，并制定详细工作方案。抽调县级干部22人，40多个县直单位和乡镇科级干部、一般干部400多人参加此项工作。出动宣传车，下发《致县城客运三轮车车主的一封信》《整治和规范城区三轮车客运市场补偿、奖励办法和优抚政策》等8个宣传材料，层层召开会议，宣传发动。负责城区的11个组，每个组都是县领导担任正、副组长，任务到人。大多数群众经做工作后，主动上缴无牌无证客运三轮车，县城已经看不到无牌无证客运三轮行驶营运。

（蒋 燕）

主要领导人 县委书记：贺祥麟(任至6月)、张平亮(6月任)。县人大常委会主任：洪 刚。县长：肖志华(任至6月)、肖凌秋(6月任)。县政协主席：钟清滨(任至7月)、陈道萍(8月任)。

·万安县·

【简 况】 位于江西省中南部，辖9镇7乡。总面积2051平方千米，城区面积9.6平方千米。耕地面积2.4万公顷，有林地面积14.68万公顷，森林覆盖率68.8%，城区绿化率49.65%。总人口30.48万人，其中非农业人口5.26万人，人口自然增长率6.88‰。2011年实现生产总值40.13亿元，同比增长12.4%。其中，第一产业增加值9.34亿元，增长2.5%；第二产业增加值19.18亿元，增长15.9%；第三产业增加值11.61亿元，增长15.5%。财政总收入完成5.24亿元，增长21.9%，人均1719元；地方财政收入3.73亿元，增长27.8%，地方财政支出11.3亿元，增长23.8%。500万元以上固定资产投资完成32.33亿元，增长40%。工业总产值61.7亿元，增长41.6%。农业总产值14.91亿元，增长13.2%。每万元GDP能耗0.35吨标准煤，下降3%，二氧化硫排放量、化学需氧量、氨氮排放量和氮氧化物排放量分别下降2.5%、1.2%、1.7%和3%，赣江万安段断面水质稳定在三类以上。农村居民人均纯收入0.5万元，增长629元。城乡居民年末储蓄余额36.66亿元，增长21.7%。全县粮食播种面积达4.4万公顷，总产量26.87万吨，连续8年粮食增产。生猪、水产、水果等主要农产品产量均创历史最高水平，油料总产量1.04万吨、水产品2.1万吨、生猪出栏20.8万头、水果1.87万吨。全县富硒稻种植面积2800公顷，富硒稻核心示范区成为国家级农业标准化示范区，新造油茶400公顷。农业产业化进程加快，全县省市级农业龙头企业增加到15家，农业专业合作社增加到76家。新增江西著名商标1个、无公害农产品标志2个。实施“工业强县”战略，工业园区完成基础设施投入3.2亿元。全县34家规模以上工业企业完成增加值12.96亿元，占GDP的32.3%。实际利用外资3300万美元，增长7.14%。完成外贸出口8151万美元，增长57%。实现主营业务收入56.3亿元，增长63.6%；实现利税6.03亿元，增长24.4%。电力能源、电子信息、服装织造、食品加工等4大产业聚集明显加快，完成增加值6.4亿元，占辖区规模工业增加值的54%。主要工业产品有水力发电量8.2亿千瓦小时、工业锅炉112蒸发量/吨、水泥4.6万吨、氯酸盐2.01万吨。第三产业日益繁荣，县博物馆被评为国家AA级旅游景区，改变了万安县无A级景区的历史。赣泉啤酒公司被评为吉安市唯一一家省级工业旅游示范点，第三产业产值增长16.1%，占GDP的29.3%。

明确“突出新区建设、实施老城改造”的思路，启动新区广场休闲公园、德清大道、综合商城的规划设计。推进全县新农村村点建设，涌现出芙蓉镇龙溪村坑尾、五丰镇荷林村西港等一批面貌焕然一新的建设点，启动杨万线美丽乡村综合示范带建设，实现由分散建点向集中建带的转变。全年新增转移农村劳动力1.16万人，城镇就业率达97%，零就业家庭就业安置率达100%。启动新型农村和城镇居民社会养老保险试点工作，城镇职工养老保险、医疗保险、城镇居民医疗保险、新农合受益面进一步扩大。医药卫生体制改革深入推进，被评为“全省农村卫生工作先进县”。实施科教兴县战略，组织科技鉴定6项，获市以上科技进步奖2项。群众体育运动广泛开展，获全省第五届县(市、区)田径运动会团体总分一等奖。开工建设经济适用房40套、廉租房420套，实施棚户区改造1.2万平方米，完成农村危房改造736户，林业棚户区改造228户，农垦危房改造178户。万安县被评为“全省村务公开民主管理‘难点村’治理工作先进县”,被列入全省农村学前教育7个试点县之一,争取中央补助资金980万元。新建农村公路水泥(油)路46.1千米。实施76个重点村整村推进扶贫开发,完成1300名库区、深山区、地质灾害频发区移民搬迁安置工作。

推进“天网”工程建设,组建专职治安巡防队伍,开展“百名干部访移民,排忧解难促稳定”等活动,全县社会大局保持稳定。开展“清网”行动,县公安局被省公安厅荣记为集体二等功。万安县被评为“全省煤炭监管先进单位”“全市‘五五’普法教育工作先进县”。探索村级社会管理的有效途径,“村民说事室”的做法在全市得到推广。开展“发展提升年”“千名机关干部深入基层深入群众”“五民”主题实践、“思想大解放、作风大转变、服务大提升”等活动,推进政府工作作风转变。贯彻执行《政府信息公开条例》,及时准确向社会公开政府信息,依法保障公民的知情权、监督权和参与权。依法开展行政复议和应诉工作,妥善化解行政争议。推进行政审批“两集中两到位”改革,全面推行政府投资重点工程项目评审,强化政府采购、工程招投标、土地出让监督,着力整治工程建设领域突出问题。进一步加强财政审计、经济责任审计和固定资产投资审计,保证政府资金规范、高效、廉洁使用。

【县医保局获全国“巾帼文明岗”称号】 3月,中华全国妇女联合会、全国妇女“巾帼建功”领导小组授予万安县医保局“巾帼文明岗”称号。万安县医保局现有干部职工14人,平均年龄33岁,其中女职工占70%,局长、副局长、业务大厅主任、基金征管股股长、信息股股长均为女性,是一支充满朝气和活力,甘于奉献、勇于创新的年轻队伍。她们在接待参保人员时做到“一张笑脸相迎、一把椅子让座、一杯热茶暖心、一腔热情办事、一句祝福送别”,在服务中做到“五心”:即接待群众要热心、听取提问要细心、解答问题要耐心、提供帮助要诚心、解决问题要真心。

【举行康克清诞辰100周年纪念活动】 为纪念康克清诞辰100周年,9月7日,在县博物馆举行朱德、康克清双人铜像揭幕仪式,省政协副主席李华栋,市委副书记、组织部长刘义矿以及康克清亲属代表康昭发和县四套班子有关领导出席仪式。新塑造的朱德、康克清双人铜像高2.3米,底座高1.2米。仪式结束后,社会各界人士、有关专家学者和康克清亲属举行了座谈会,缅怀康克清光辉的一生。

【金泰源电子电路板产业园项目落户万安】 11月15日,由广东金泰源投资有限公司投资100亿元的万安金泰源电子电路板产业园项目正式签约。项目总规划面积133.33公顷,建设周期为3年,2年内完成产业园基础设施建设,3年内完成企业入园。该项目已成功列入省重点调度项目,争取省、市预留用地指标33.33公顷和18公顷,并获得省环保厅480万平方米产能环评批复,实现万安县重大项目省级备案和争取省级重大项目预留用地指标零的突破。

(敖淑红)

主要领导人 县委书记:王俊雄(任至7月)、李伟平(7月任)。县人大常委会主任:郭世辉。县长:王四华(任至7月)、刘军芳(7月任)。县政协主席:谢水香(任至7月)、邱炎生(7月任)。

·安福县·

【简　况】 位于江西中部偏西,辖7镇12乡。国土总面积2795.81平方千米,其中城区建成区面积9.47平方千米。耕地面积3.02万公顷,森林覆盖率67.2%,城区绿化覆盖率39.4%。总人口39.78万人,其中非农业人口8.77万人,人口自然增长率7.23‰。2011年,实现生产总值77.9亿元,同比增长12.8%。其中,第一产业增加值16.34亿元,增长5%;第二产业增加值43.17亿元,增长15.4%;第三产业增加值18.39亿元,增长13.4%。工业总产值133.41亿元,增长46.4%。固定资产投资完成80.86亿元,增长33%。全年引进内资16亿元,增长34.5%;利用外资4938万美元,现汇进资3426万美元,增长65%。外贸出口迈上亿元台阶,达1.33亿美元,增长175.8%,获“全省开放型经济发展综合奖”。主要工业产品产量有煤64.45万吨、供电量4.56亿千瓦小时、水泥80.89万吨、铁精矿131.78万吨、液压元件11.3万件。农业总产值24.52亿元,增长13.2%。主要农产品产量有粮食32.3万吨、蔬菜8.81万吨、肉类3.75万吨、油料总产量2.19万吨、水果7467吨。财政总收入11亿元,增长27%,其中,地方财政收入7.84亿元,增长28.4%,财政支出16.23亿元,增长20.8%。城镇居民人均可支配收入1.45万元,增加1684元。农村居民人均纯收入6752元,增加808元。城乡居民年末储蓄余额56.25亿元,增长21%。

决战“四区”,经济发展提速增效。工业园区方面,全县规模工业增加值完成29亿元,增长22%;实现主营业务收入103.7亿元,增长49%;实现利税总额22.5亿元,增长21.9%;纳税上百万元企业达48家,其中超千万元12家。园区平台不断完善,基础设施建设投入达2.3亿元,新征土地近200公顷,置换盘活企业4家,入园企业达83家。主导产业规模和贡献不断提高,机电制造产业园启动建设,入园的机电制造、电子信息企业达18家,其中14家实现投产。城区规划水平提高,成立城镇规划建设委员会、专家咨询委员会,启动“十二五”近期城市建设规划、燃气专项规划编制工作,完成36个新农村示范点村庄规划,开展县城建成区绿化遥感测定工作。城区土地收储力度加大,启动城区近133.33公顷土地的征收工作。景区方面,武功山嵘源国际温泉度假村一期工程正式对外营业,且成功入选“江西省十大优秀新旅游景区”。全年共接待国内外游客77.1万人次,增长18.8%。矿区方面,德鑫矿业年采选120万吨铁矿石生产线建成投产,大陂铁矿采矿权出让前期准备工作基本完成,矿产加工税收突破2亿元。

统筹城乡,“三农”工作稳步推进。粮食生产喜获“八连增”,总产达3.23亿千克。农业产业化进一步提升,高产油茶、有机蓝莓、珍稀红豆杉、花卉苗木、美国竹柳、井冈蜜柚等特色产业基地初具规模。全县烤烟种植面积突破1333.33公顷，产量超300万千克，其中寮塘乡种植面积突破666.67公顷，成为全省最大的烤烟种植乡镇。井冈园林花卉苗木基地扬名全省，正邦集团洲湖一期10万头生猪养殖基地开工建设。全县培植市级以上农业产业化龙头企业18家，4个农业专业合作社被评为省级示范社，“陈山红心杉”和“金色时代”2个商标被认定为全省著名商标。农业基础设施建设稳步推进，投入资金2亿多元，完成高标准粮田、小农水重点县、水库除险加固、农村饮水安全、中小河流治理等农业基础设施建设任务。“一大四小”工程深入推进，完成山上山下造林4793.33公顷，获“全省林业建设先进县”称号。推进乡镇规范化建设，加大洲湖中心示范镇和严田、寮塘、横龙、枫田、瓜畲等乡镇集镇建设力度，投入建设资金8670万元，进一步完善乡镇“八个一”工程；推进72个新农村点建设，打造了枫田车田、横龙石溪两个生态休闲综合示范点。

主攻项目，发展后劲显著增强。全年共向上争取无偿资金8.5亿元，增长12%，其中，发改和水利口均超亿元。全年共确定重点项目63个，总投资近60亿元；16个工业及招商引资项目14个已开工，开工率达87.5%；24个城市建设项目，10个续建项目有序推进，14个新建项目5个已开工；23个社会事业、旅游、商贸及农业基础设施项目开工率达75%以上。裕元鞋业、流星工业园、黄金甲门业、烨翔电子、永钜科技、宇财生物等一批投资亿元以上的重大产业项目先后建成投产。瓜畲220千伏变电站、园区自来水厂扩建和污水处理工程、赤马公路改造工程顺利推进，武吉高速连接线续建和安分线山庄段、枫火线、泸水河大道等3条主干道的改造维修工程先后竣工通车，新建通乡通村公路120千米，新增运力2212吨，增长39.1%，全县基础设施大为改善，获“全省农村‘改渡建桥’工作先进县”称号。

改革开放，体制机制活力彰显。乡镇卫生院实现国家基本药物制度全覆盖。正县级“安福武功山风景名胜区旅游管理委员会”获批成立并组建。金融活力持续增强，两家小额贷款公司获准成立，正在筹建，全县金融机构各项存款余额达77.3亿元，增长27.5%，各项贷款余额26.6亿元，增长21.4%。非公有制经济蓬勃兴起，新增个体工商户1829户、私营企业124户，分别增长20%和18.4%。在4个专业招商队的基础上，组建8个产业招商队，先后在深圳、东莞、广州、台州、南京等地举办形式多样的招商引资推介会。开放型经济主要指标均位于全市前列，全县实际引进内资16亿元，增长34.5%；新批外资项目3个，实际利用外资4938万美元，其中现汇进资3426万美元，增长65%；外贸出口迈上亿元台阶，达1.33亿美元，增长175.8%，获“全省开放型经济发展综合奖”。

民生优先，群众生活明显改善。民生工程8大方面56项指标全部完成。新增城镇就业1.27万人，新增转移农村劳动力2.15万人，发放小额创业贷款6348万元。新农合参合率达96%，“五险一金”参保率持续提高，城乡低保、医疗救助、五保供养和临时救助等标准不断提高。建成廉租房400套，改造农村危房580户，国有林场、农垦企业危旧房改造完成前期工作。落实“两免一补三资助”等教育资助资金3201万元，受益学生达3.73万人。投入扶贫资金1250万元，完成整村推进31个，转移安置贫困人口304户1348人。进一步强化社会治安综合治理，连续8年实现命案必破，“清网行动”成效显著，安全事故数量和死亡人数实现“双下降”，公众安全感明显增强，获“全省信访工作无进京重复非正常上访、无进京集体上访、无来省非正常集体上访县”称号。

协调发展，社会事业全面进步。获国家专利10项，唯冠油压新开发的光电数控伺服反馈式小流量多头泵集成系统被省科技厅认定为“优秀科技新产品”，“唯冠牌”液压系统及液压元件被评为江西名牌。新建和改建校舍1.27万平方米，高考录取率增长2个百分点。完成县人民医院综合大楼前期工作和30个村卫生室建设，开展新农合门诊统筹试点工作和农村基本公共卫生服务，实施“光明·微笑”工程、儿童白血病、先天性心脏病免费救治和尿毒症患者免费透析救治等重大公共卫生服务，共完成免费手术94例。计划生育“三零平台”管理创新获得国家、省计生委的高度肯定。开展全国第三次文物普查工作，完成9个乡镇文化站建设、71个农家书屋建设和安福孔庙改扩建工程并免费对外开放。金田乡柘溪村获“全国文明村镇”称号。完成乡镇“光纤到户”工程，推进“数字安福”建设。完成8个农民健身工程建设，获全省业余男子篮球锦标赛冠军，在全省体育传统项目学校田径赛中获团体总分第一名。泰山、钱山被评为“全国环境优美乡镇”。

（刘武文）

【寮塘乡成为江西烤烟第一乡】 寮塘乡地处安福县南部，是传统的农林业大乡。2011年，全乡种烟720公顷，产值2500万元，税收600余万元，其规模、品质、效益领先全省烤烟产业，为全省烤烟第一乡。该乡把烤烟业发展作为财源建设和农民增收的重要产业，实行“政府苦抓、干部苦帮、烟农苦干”的工作机制，采取班子成员包片、机关干部包村、对新烟户、困难烟户实行结对帮扶的形式，从生产发动到收购各个环节严格把关，为烟农流转土地、烤房建设等方面做好协调工作。将烤烟产业纳入全乡年度目标考核内容，对烤烟大村、大户及烤烟生产管理工作成绩突出的单位和个人实行重奖，在物资供应、资金支持、扶贫项目、基础设施建设等方面向烟区和烟农倾斜，对规范化种植、规模化种植、按技术要求严格田间管理和修建烤房、科学烤烟的烟农，实行奖励。严格执行烟税分成政策，烟叶特产税20%以上返还给村组用于烤烟发展。健全服务网络。县烟草公司在寮塘设立2个烟站，下派43名烟技员，对烟技员管理实行“四包一挂”，即包技术、包服务、包产量、包质量，与个人收入挂钩。改善基础设施。该乡先后争取省、市相关烟叶基础设施建设项目资金1300余万元，新建5座连体10座成群的密集型烤房700余座，小改密200余座，为烟农配置农机具300余套；修建排水沟10千米，配套烟区公路硬化5千米。推广大棚漂浮育苗，优化品种结构，为品种种植布局调整创造良好条件，并有效控制病虫害；运用测土施肥技术，提高化肥利用效率。狠抓烤烟产业规模发展，以产业量变推动产业质变。通过规划布局、政策引导和市场手段,多措并举,已建成冻边、谷口、岗口、龙佳、思塘村等9个千亩烤烟基地,全乡基本形成“村内千亩连片、组内百亩连片、户内十亩连片”的发展格局。

(刘 筱)

【建成计划生育“三零”平台】 4月,县计生部门在全省率先建立起全员信息采集“三零平台”,实现全员人口信息采集“零误差”、信息通报“零时差”、便民服务“零距离”。“三零”平台是一个以全员数据库为依托,以实名登记为基础,以实时录入为目标的综合管理信息系统。该系统具有3个特点:一是计生、公安、卫生、民政、工商等相关部门的人口信息联网,实现实时在线信息通报;二是完善纵贯县、乡、村、组四级的农村信息采集网以及城区、社区、小区、院落、楼栋五层的城区信息采集网,每个网点配备专(兼)职信息采集员,每位信息采集员配备一部电脑和3G手机,每个信息员通过3G手机实现信息随时采集、随时上报,并通过互联网络实现实时通报、自动比对、实时更新;三是以乡镇为终端,对采集的基础信息通过互联网直接与相关部门、相关单位进行查询、比对、修正、反馈,在确认无误后及时录入全员系统。“三零”平台管理创新得到国家、省、市领导充分认可。

(左 彪)

主要领导人 县委书记:刘永杰(任至6月)、陈军民(6月任)。县人大常委会主任:李宏伟(任至8月)、郑莲华(8月任)。县长:张平亮(任至6月)、李发芽(6月任)。县政协主席:郑莲华(任至8月)、高芳林(8月任)。

·永新县·

【简 况】 位于江西西部,全县辖10镇13乡。总面积2195平方千米,县城建成面积8.38平方千米。全县耕地面积2.48万公顷,有林面积12.7万公顷,绿化率67.8%。全县总人口51.5万人,其中非农业人口10万人,人口自然增长率6.83‰。全年生产总值55.63亿元。其中,第一产业12.9亿元,增长4.1%;第二产业25.89亿元,增长16.5%;第三产业16.84亿元,增长16.5%。财政总收入5.2亿元,增长35.2%,税收占生产总值的比重9.35%;地方财政总收入3.49亿元,增长35.4%;税收占财政总收入的比重达80.9%;地方财政支出14.19亿元,增长28.1%。50万元以上项目投资49.93亿元,增长35.7%。全社会固定资产投资49.9亿元,增长39%。港澳台商投资6.37亿元,增长16.2%。外商投资0.7亿元,增长190.2%。工业总产值95.6亿元,增长45.3%。工业产品有:水泥11.9万吨、白厂丝223吨、洛克沙砷3630吨、漆包线6005吨。农业总产值20.89亿元,增长4.4%。粮食总产量29.4万吨,增长4.1%。主要农产品有:谷物29.09万吨、花生2350吨、油菜籽2.01万吨、蔬菜7.98万吨、西瓜1.31万吨。城市污水处理率73.1%。城镇居民人均可支配收入1.14万元,增长6%。农村居民人均纯收入5406元,增长12.65%。城乡居民年末储蓄余额56.67亿元,增长21.7%。

园区基础设施建设投入1.2亿元,新报批工业用地59.33公顷,完成土地平整面积80公顷。罗星产业园跻身全省重大工业调度项目,茅坪220千伏变电站投入使用。铜制品、皮制品、药化、茧丝绸四大主导产业进一步发展壮大,铜制品基地集聚相关企业9家,皮制品基地集聚相关企业20家,企业集聚、产业集群、要素集约的发展格局已初步形成。全年共引进3000万元以上项目24个,其中5000万元以上项目11个,亿元以上项目9个,5亿元以上项目1个。全县规模以上工业增加值14.5亿元,增长26%;园区完成主营业务收入79亿元,增长33%。

全县城镇化率提升2个百分点,达40.33%。将军大桥、民心大桥、仰山大桥已完成规划立项和设计评审等前期工作。秀水路、禾川西大街和三湾大道二期等“白改黑”工程基本完工。城市污水处理厂投入运营,茅坪垃圾填埋场一期工程全面完工,城区4个临时停车场投入使用。衡茶吉铁路文茶联络线正待铺轨,吉莲高速公路永新段路基初步成型,高速公路连接线一期工程基本实现垫层通车、二期工程在建,319国道茅坪至小沙段改造工程进展顺利,完成通村公路改造提升56千米。

粮油、蚕桑、蔬菜三大主导产业规模不断壮大,桑园面积达1933.33公顷,蔬菜面积达6933.33公顷。新发展井冈蜜柚400公顷、白茶54.13公顷、金银花100公顷。年出栏生猪31万头、肉牛3.9万头。完成丰源、禾山、洞口等7座中小型水库除险加固工程,实施7座小(二)型水库除险加固工程,改造中低产田466.67公顷,建设高标准农田173.33公顷。完成“一大四小”造林绿化3733.33公顷,超过省下达任务45%。实施86个新农村点建设,开展8个集镇和315个自然村清洁工程建设。

非工口7个系统4户国有企业改革及后续工作全面完成,安置职工1859人。全县23所乡镇卫生院实现国家基本药物制度全覆盖。组建3个专业招商站深入广东、福建、浙江等地驻点招商。全年引进内资15.73亿元,增长32.3%;实际利用外资2666万美元,增长14.6%;新增出口创汇企业4家,外贸出口8645万美元,增长103.9%。在主攻工业招商的同时,开展现代农业、现代服务业等领域招商,全年引进农业产业项目6个,引进现代服务业项目8个。

购买公益性岗位656个,发放再就业小额贷款5193万元,新增城镇就业1.88万人,转移农村劳动力4000余人。城乡社会保障体系基本实现全覆盖,继2010年成功争取到“国家新型农村居民养老保险试点县”之后,去年又争取到“国家新型城镇居民养老保险试点县”政策。2.7万平方米保障性住房建设有序推进,完成农村危房改造620户。1月13日集中投放72套经济适用房、869套廉租房进行公开摇号,帮助941户困难群众解决住房难题。全县完成移民搬迁139户650人。城区环境空气质量保持二级标准以上,主要河流水质达到地表水三类标准,饮用水达标率100%。获“全国科技进步先进县”称号。新建、改建校舍3.5万平方米,投资4000余万元的思源学校如期交付使用。再次被文化部命名为“中国民间文化艺术之乡”。城乡居民健康档案建档率达54%,新型农村合作医疗参合率达96.8%。

【举行"贺子珍红军小学"授旗授牌仪式】 1月14日,永新县"贺子珍红军小学"授旗授牌仪式在石桥镇夏阳小学举行,该校学生及社会各界代表近千人参加活动。全国红军小学建设理事会副理事长、秘书长方强在活动仪式上讲话。县委书记黄少峰向贺子珍红军小学代授校旗,县委副书记、县长刘洪代授中共中央政治局常委、全国人大常委会委员长吴邦国题写的校牌。此次活动由中央电视台全程拍摄,并制作成纪录片在中央电视台播放。

【罗星工业园开园】 5月25日,罗星工业园开园暨首批项目联合开工仪式在茅坪产业园举行。吉安市副市长余阳春,嘉善县县长姚高员,嘉善县委常委、组织部长滕根林,嘉善县罗星街道委员会、办事处部分班子成员以及投资客商出席奠基仪式。仪式上,县委书记黄少峰代表永新县委、县政府致辞,县委副书记、县长刘洪主持奠基仪式。罗星工业园主要规划为永新(嘉善)国际家具城,一期面积133.33公顷,投资10亿元。该园区充分利用相邻铜加工及电镀提供优质配件的优势,布局入园企业30~50家,全部建成达产后可实现销售收入50亿元,年上交各类税1~2亿元。

(彭龙太)

主要领导人 县委书记:黄少峰(任至6月)、刘　洪(6月任)。县人大常委会主任:甘立平。县长:刘　洪(任至8月)、孙劲涛(8月任)。县政协主席:唐龙平。

·井冈山市·

【简　况】 位于江西省西南部,辖19乡镇场2街道办事处。总面积为1297.5平方千米,耕地面积有8145公顷,林地面积12.65万公顷,森林覆盖率86%。总人口16.21万人,其中农业户口11.91万人,人口自然增长率8.36‰。2011年完成生产总值38.09亿元,增长13.8%。其中,第一产业增加值完成3.84亿元,增长2.7%;第二产业增加值完成15.36亿元,增长10.7%;第三产业增加值完成18.88亿元,增长18.9%。工业总产值44.68亿元,增长12.9%。主要工业产品有日用陶瓷2.15亿件、水泥1.04万吨、发电量9018万千瓦小时。实现农业总产值7.6亿元,增长4.4%。主要农产品有粮食6.72万吨、油料1674吨、蔬菜3.48万吨、肉类1.07万吨、茶叶103吨。实现财政总收入5.12亿元,增长37.3%,其中地方财政收入完成3.79亿元,增长40.6%。城镇居民可支配收入1.71万元,增长11%;农民人均纯收入5400元,增长15.1%。城乡居民储蓄存款年末余额46.65亿元,增长21.39%,各项贷款余额20.81亿元,增长31.27%。

农业产业化规模扩大。全面落实强农惠农政策,安排农业产业发展资金1000万元,建设以"十大产业"为主的产业基地55个,新增基地近1333.33公顷、农民专业合作社39家。华富畜牧有限公司、新盛现代农业科技示范园年出栏生猪近10万头,侨益供港蔬菜基地每天向香港供应3~5吨新鲜蔬菜,获吉安市农业产业化工作第三名。

创新社会管理成效显著。开展"矛盾纠纷化解年""综治基层基础建设年""社会管理创新年""公正廉洁执法年"活动,安全生产、刑事和治安案件发案率逐步下降,公众安全感、治安好转率和群众对法院、检察院、公安、司法工作满意率均列全省100个县(市、区)第一名。

【举行第二届中国井冈山国际杜鹃花节】 4月15日,2011第二届中国井冈山国际杜鹃花节在井冈山举行。此次杜鹃花节为期一个月时间,以赏花为主题,以市场推介为重点,以提升旅游人气为目的,以生态旅游为主线,通过"政府主导、全民参与、媒体跟进"的形式,开展旅游、商贸、文化等活动,吸引媒体眼球,打造生态旅游产品,使杜鹃花节成为扩大井冈山生态旅游知名度、向海内外游客展示井冈新产品、撬动海内外游客客源市场的重要平台。此次活动还组织了19个国家驻华使节及夫人参加井冈山杜鹃花节,开展"外国人眼中的中国"——驻华使节井冈山主题活动,让各国使节拍摄井冈山优美风光,参与红色旅游"六个一"活动,留言,组织种植纪念树;制作《驻华使节眼中的"红色摇篮"——中国井冈山》国际摄影集,通过驻华使节向世界推介井冈山。全年共接待游客671.08万人次,实现旅游收入49.36亿元,分别增长47.94%、48.52%。

【井冈山宣传片亮相美国纽约时报广场】 纽约当地时间10月28日,由新华社江西分社拍摄完成的一个展现井冈山自然风光与人文风情的旅游宣传片亮相美国纽约时报广场,这个长30秒的视频短片,描绘了井冈山的多彩风光和浓郁的特色文化。国内外众多媒体报道,取得轰动效应。井冈山旅游国际化迈出了坚实一步。

【完成地方教材《井冈山精神》】 12月2日,《井冈山精神》地方教材发放座谈会在井冈山学校举行。全套书共14册,供三年级到九年级使用,教材紧紧围绕"井冈山精神"这个主题,编排内容依次为坚定信念篇、艰苦奋斗篇、实事求是篇、敢闯新路篇、依靠群众篇、勇于胜利篇、提升篇。教材不但穿插红色歌谣、革命诗词,而且把新井冈山市成立以来的成就,按照"做大旅游,做强工业,做优农业,做美城乡、和谐全面发展"战略编排在教材里,突出介绍中共中央总书记胡锦涛重上井冈,红色旅游高峰论坛、杜鹃花节等重大事件。整套教材既有对井冈山斗争较为翔实的回顾,又有对建设魅力、实力、富民、宜居、和谐井冈山的美好展望。

【实现中国驰名商标零的突破】 井冈山市江西大井冈科技实业有限公司暨江西井冈酒业有限责任公司的"井冈牌"商标,井冈山市映山红瓷业公司的"红杜鹃"商标被国家工商总局认定为"中国驰名商标",实现了井冈山市争创中国驰名商标零的突破。

(黄　斌)

主要领导人 市委书记:梅黎明。市人大常委会主任:傅建华。市长:龙波舟。市政协主席:李奎联(任至7月)、曾炳龙(8月任)。

抚州市

【概　况】 位于江西省东部，辖1区10县和1个经济开发区，总面积1.88万平方千米。2011年末实有耕地面积23.976万公顷，有林面积128.8万公顷，森林覆盖率为64.54%。全市常住人口393.77万人，同比增加2.12万人。其中，城镇人口152.86万人，占全市常住人口38.82%。全年人口自然增长率7.49‰。2011年实现国内生产总值742.51亿元，同比增长12.5%。其中，第一产业增加值136.89亿元，增长4.4%；第二产业增加值395.61亿元，增长13.4%；第三产业增加值210.01亿元，增长15.8%。第一、第二和第三产业增加值占生产总值比重由2010年19.0∶49.9∶31.1调整为18.4∶53.3∶28.3。人均生产总值1.89万元，同比增长11.7%。全市全部工业增加值329.33亿元，同比增长16.3%；工业占GDP比重44.4%，同比提高4个百分点。其中，规模以上工业增加值174.27亿元，同比增长19.6%，占全部工业比重52.9%。外贸出口9.477亿美元，同比增长73.9%。主要工业产品饮料酒37.31万千升，机制纸及纸板8695万千克，变压器1055.46万千伏安，农用氮、磷、钾化学肥料3867.9万千克，日用陶瓷3.41亿件。全市农林牧渔业总产值252.70亿元，同比增长15.22%。主要农业产品粮食26.8亿千克，油料6587万千克，肉类总产量3.16亿千克，水产品1.59亿千克，当年出栏肉猪273.90万头、生猪年末存栏172.56万头。万元GDP能耗0.543吨标准煤（按2010年可比价），化学需氧总量7772万千克，二氧化硫排放总量2100万千克；全市环境质量继续保持良好，抚河干流和崇仁、宜黄河支流水质总体良好，集中式饮用水源地水质达标率100%，跨市界面水质达国家三类标准，市城区空气质量全年保持在二级标准以上，市城区及11个县（区）污水处理厂均正常运行。全社会固定资产投资595.34亿元，同比增长15.1%；其中，固定资产投资553.12亿元，同比增长15.3%。在城镇投资中，第一产业完成投资32.1亿元，增长48.3%；第二产业完成投资316.8亿元，增长11.5%；第三产业完成投资204.2亿元，增长17.3%。全年实际利用外商直接投资1.76亿美元，同比增长16.3%；实际引进市外资金348.15亿元，同比2010年增长30.4%。全市财政总收入100.12亿元，同比增长35.3%；其中地方财政收入75.99亿元，同比增长37.1%。全年地方财政支出178.67亿元，同比增长28.1%。2011年全市城镇居民人均可支配收入1.66万元，同比增长15.2%；农村居民人均纯收入7050元，同比增长20.6%；年末金融机构各项贷款余额380.04亿元，比年初增加58.90亿元，同比增长16.8%；金融机构年末各项存款余额786.97亿元（其中城乡居民储蓄存款余额521.98亿元，同比增长19.64%），比年初增加130.88亿元，同比增长20.0%。年内全市用于民生方面的财政支出达106.6亿元，占财政总支出59.58%；其中，社会保障和就业支出19.81亿元，公共医疗卫生支出16.99亿元。全面完成省政府下达的民生工程66件实事。实现城镇职工养老保险制度全覆盖，城乡居民社会养老保险试点扩大到7个县，在全省率先实现城镇基本医疗保险市级统筹。

【高效现代农业助力农民增收】 2011年，抚州市以农业产业化经营和新农村建设为抓手，稳步推进“三农”工作，推动现代农业和发展地方特色产业，农民收入不断提高。推行蔬菜标准园建设、生猪标准化养殖，保障城市蔬菜供应。全市有3.33公顷以上集中连片蔬菜生产基地4.2万公顷、百亩以上基地达8000公顷，建设蔬菜标准园23个、南丰蜜橘标准园90个以及畜禽养殖标准示范场120家、水产健康养殖场16家。农业龙头企业增多，农业产业化经营快速发展。大力调整农业产业结构、产品结构和市场结构，多渠道、多形式扶持农业企业发展壮大。全市有市级以上农业产业化龙头企业302家，其中，国家级龙头企业3家、省级39家、市级260家。水稻产业实现由稻谷输出到以品牌大米输出为主转变，生猪产业在建100万头屠宰加工线，水产品加工转化率达10%，蔬菜和果品采后商品处理率25%，基本实现果品加工、冷藏、包装“一条龙”。洪门蛋业成功进入香港、台湾市场，南丰蜜橘销往全国30多个省和东南亚、欧盟、南美、中东40多个国家和地区。10月，在第九届中国国际农产品交易会上，市4家企业5个产品荣获“中国国际农产品交易会金奖产品”称号。农业服务能力增强，确保农民增产增收。落实强农惠农政策，全市4.61亿元粮食“三补”资金通过“一卡通”发放到77.1万户农民手中，粮食产量26.849亿千克。

【举行浙商投资重大产业项目推介会】 12月27日，抚州市浙商投资重大产业项目推介会在市行政中心举行，就纺织、汽车、机电、陶瓷、香料、食品等重大产业项目作招商推介。浙江省原副省长龙安定出席推介会并讲话，抚州市委书记龚建华致辞，现场共签约42个重大项目，签约总金额105.06亿元。在抚州投资客商，浙商占70%以上。

【城乡社会救助整体水平稳步提高】 2011年，抚州市将社会救助工作纳入市政府为民办实事内容，采取切实有力措施，健全制度，规范管理，提升城乡社会救助工作水平，取得明显成效。进一步做好城乡困难群众基本生活保障工作，提高城乡低保保障水平。全市城市低保保障标准由2010年平均275元/人/月提高到304元/人/月，农村低保保障标准由平均110元/人/月提高到132元/人/月。完善机制，实施分类救助，城乡医疗救助水平稳步提高。提高全市城乡医疗救助比例，城乡低保常补对象和农村五保对象实行全额救助，救助封顶线最高达8万元。开展专项医疗救助，建立城乡医疗救助、基本医疗保险和定点医疗机构相互衔接信息共享平台，实现困难群众与医院直接结算，减少救助程序和报销手续。提高农村五保供养水平，农村五保对象集中供养标准由2010年1920元/人/年提高到2400元/人/年，分散供养标准由1320元/人/年提高到1560元/人/年。稳步推进临时救助制度建设，建立完善临时救助制度，1～6月全市共救助对象

1706人次,发放临时救助金额230.9万元,人均救助1354元。

【实施城市园林绿化工程】 2011年,抚州市坚持绿化与提升建设、文化艺术、生态功能、群众生活相结合,整体推进城市绿化精品工程建设,提高市城区绿化整体水平。全年投资1.46亿元,对市中心城区、公园、广场、街道、社区等实施细部绿化,绿化提升市城区26条主次干道、3个公园、2条河流,新增绿地面积80万平方米,同比提高3.17%。市中心建成区绿化面积2526.67公顷、增长3.17%,人均绿地面积达44.5平方米、增长1.3%;绿地率44.5%、增长1.25个百分点,绿化覆盖率50.1%、增长2.01个百分点,人均公园绿地面积18.12平方米、增长1.5平方米,居全省第一。城市道路绿化达标率100%,市区干道绿化提升率达97%,街道绿化普及率100%。实现一园一特色、一街多景点、一季一变化。该市先后荣获“江西省园林城市”“全省城市绿化先进市”“全国最佳绿色生态城市”等称号,迎宾大道被评为“江西省林荫路”。

(饶国旺)

主要领导人 市委书记:甘良淼(任至8月)、龚建华(8月任)。市人大常委会主任:罗建华(任至9月)、王晓媛(9月任)。市长:张 勇(任至8月)、张和平(8月代,9月任)。市政协主席:王晓媛(任至9月)、谢发明(9月任)。

·临川区·

【简 况】 位于抚州市中北部,是抚州市委、市政府所在地,辖9乡17镇2个垦殖场和5个街道办事处,总面积2121平方千米,其中城区面积84平方千米,耕地面积4.8万公顷,有林面积9.8万公顷。中心城区人均公共绿地面积达到6.5平方米,绿地覆盖率达37.97%。总人口109.7万人,人口自然增长率7.79%,其中非农业人口35.1万人,城镇人口49.5万人,城镇化率45.1%,同比上升1.2个百分点。2011年实现国民生产总值211.8亿元、同比增长12.5%。其中第一产业增加值33.4亿元,同比增长2.8%;第二产业增加值131.3亿元,同比增长18.1%,第三产业增加值65.2亿元,同比增长6.0%;一、二、三产业比为14.5:57.1:28.4。规模以上工业企业102家,累计完成工业增加值16.97亿元,比2010年增长19.1%,完成工业总产值95.89亿元。主要工业品水泥总产量122.19万吨、金属铜7.29万吨、人造板21.17万平方米、临川贡酒1397.5千升。农业总产值62.1亿元,同比增长10.0%。主要农产品水稻5.81亿千克、西瓜2.61亿千克,药材8208吨,生猪出栏52.04万头,家禽493.88万只,水产品2.83万千克。社会固定资产投入达97.11亿元,同比增长4.6%;完成财政总收入12.18亿元,增长35.2%;其中地方财政收入8.9亿元,增长28.6%;实现社会消费品零售总额96.47亿元,增长17.2%;引进市外资金37.56亿元;出口创汇完成9688万美元,增长156.8%;实际利用外资2241万美元,增长16.7%;实现农民人均纯收入8348元,增长19.5%;城镇居民收入明显提高。主要旅游景点有抚州名人园、王安石纪念馆、汤显祖纪念馆、汝水森林公园、金山寺、天主教堂、人民公园汤显祖墓、温泉度假村、正觉寺、灵谷峰、拟辇台、梦湖等。重要矿产资源有金、银、地热和重金石。地方特产有临川贡酒、西瓜、菜梗、柑橘、柿子、甘庶、灯蕊草等。

【银圣王开拓海外市场】 继2010年10月“银圣王”洁具荣获“中国驰名商标”称号后,抚州市银圣王洁具有限公司自力开拓海外市场。2011年4月,以Plumb corp公司总监Mr. Cengiz Ozdemir为首的澳大利亚的客人前来考察、洽淡合作事宜。银圣王洁具成功参展2011年春季广交会,并成为江西省唯一的品牌卫浴参展企业。在展会上,银圣王洁具得到了业界的高度认可,国内外的订单纷至沓来。成为中国驰名品牌之前,银圣王的出口销售额占总销售额的50%左右;2011年,在总销售额连翻3番的基础上,银圣王的出口销售额占60%~70%,且越来越多实力雄厚的国外企业加入到银圣王的客户群体当中。银圣王洁具有限公司是一家拥有自主出口经营权,以外贸为主,专业生产高、中档卫生洁具的企业。该公司已先后通过ISO9001:2008国际质量体系认证、欧盟市场CE认证、美国暖通CUPC认证以及澳洲WATER-MARK认证。公司不仅建立了辐射全国的销售网络,并且成功打入了北美洲、欧洲、东南亚等30多个国家和地区的洁具市场。

【农村公路实现村村通】 临川区加速农村公路建设步伐,全面实现公路“村村通”目标。2011年底,全区402个行政村公路实现全覆盖。该区积极抢抓国家农村公路建设机遇,围绕“若要富、先修路,大路大富、小路小富、无路不富”的目标,按照农村公路3.5~4.5米宽每千米补助2万元,4.5~6米宽每千米补助2.5万元,6米宽以上每千米补助3万元的建设资金配套原则,广泛调动各地兴修公路的积极性,大力破解农村公路建设资金短缺瓶颈。同时,强化工程质量监管,对每条在建公路统一实行项目法人制度,招、投标制度,质量举报和事故报告制度。年底已完成农村公路建设180多千米,全区402个行政村实现通水泥路,里程1800多千米,通村率达100%。共投入资金3亿多元,其中社会能人志士捐款达1.4亿元。与此同时,该区还正式启动2012村至组1205千米的公路建设工作。

【加固抚河唱凯堤、中洲堤工程】 抚河唱凯堤、中洲堤全长113千米,其中:唱凯堤全长81.8千米,保护面积100.65平方千米,其中耕地面积9333.33公顷,保护人口19.9万人以及福银高速公路、316国道等重要交通要道;中洲堤全长31.2千米,保护面积24.6平方千米,其中耕地面积1580公顷,保护人口5.5万人。原堤防标准为20年一遇。2010年市政府、区政府多渠道、多途径、多形式筹集建设资金,9月2日,正式启动圩堤加固建设工程。武警水电二总队和省水利水电总公司为主体施工队伍,2011年4月基本完成219处险工险段加固任务。

【及时处理临川“5.26”爆炸案】 5月26日上午9时许,犯罪嫌疑人钱明奇,因对房屋拆迁不满,使用遥控引爆装置实施作案，在抚州市临川区市检察院停车场、临川区行政中心西楼一楼地下车库、临川区行政中心东侧药监局边路口先后实施3次汽车爆炸。当即，抚州市委、市政府和区委、区政府主要领导第一时间赶赴现场调查处理，抚州市委、市政府及时撤换了区委、区政府主要负责人。6月14日临危受命的市委常委、区委书记李智富和区长方百春到任，果断采取措施：

迅速启动应急预案。成立以李智富为组长的案件处置领导小组，坚持每天一调度，全力做好伤者救治、家属安抚、矛盾排查和引导媒体等工作；调集820名警力赶到现场，全面开展处置和侦破工作。

全力抢救受伤人员。区委、区政府以人为本，把受伤人员救治工作放在第一位，做到医疗技术到位、医疗资金到位、跟踪服务到位，尽最大努力全力抢救受伤人员。

全力做好安保工作。抽调60多名年轻干部职工全天候巡逻，加大安全隐患排查力度，特别是对烟花鞭炮、学校、医院、商场、娱乐场所等重点部位进行重点安全排查，确保社会安全稳定。

全力化解信访疑难积案。在全力以赴处理好"5·26"刑事案件的同时，积极化解信访疑难积案，把各项工作引向正常。

案发后，按照省委指示，省纪委、省监察厅成立临川区"5·26"爆炸案调查组。经查，临川"5·26"爆炸案是一起因拆迁补偿纠纷引发的恶性刑事案件，后果严重，影响恶劣。案件暴露了临川区政府对群众提出的合理要求长期推诿扯皮、不予解决，包案制度不落实，对有极端倾向的上访人员缺乏有效防范等多方面的问题，也暴露出当地有关法院、检察院对群众的合法诉求没有公正、及时处理的问题。

9月15日，为严肃党纪政纪，经省纪委常委会研究并报省委同意，决定追究抚州市临川区"5.26"爆炸案16名相关人员的责任，其中：给予党纪政纪处分10人，给予组织处理6人；给予临川区委原副书记、原区长习东森（已免职）留党察看两年、行政撤职处分；给予抚州市中级人民法院原院长何大新党内严重警告处分，抚州市人大常委会已接受何大新辞去院长职务的请求。责成抚州市委、市政府向省委、省政府作出书面检查。

【中央电视台录制临川版《牡丹亭》】

保留原汁原味腔调的临川版抚州采茶戏《牡丹亭·游园惊梦》一折，于12月14日在中央电视台戏曲频道（十一频道）空中剧院栏目组进行"春节特别节目"的现场录制，这是有史以来抚州采茶戏首次在央视录制节目。临川版抚州采茶戏《牡丹亭·游园惊梦》一折经后期制作后，2012年春节期间将在央视戏曲频道与全国观众见面，届时，全国的观众朋友都能欣赏到抚州采茶戏的精彩演出。此次到央视录制临川版《牡丹亭·游园惊梦》节目的演职员有10多人。现代临川版抚州采茶戏《牡丹亭》是抚州市2011年排演的汤翁名剧，填补了艺术作品中没有汤显祖家乡抚州采茶戏演绎的《牡丹亭》版本的空白，在第一届中国（抚州）汤显祖艺术节开幕式上进行首次公演，受到各界的广泛好评。

【龙卷风狂袭临川四乡镇】 8月19日下午，一场罕见龙卷风飙过临川区，拔起60多根电线杆，造成临川区龙溪、河埠、荣山、青泥4乡镇大面积停电，10万余人用电受影响。临川区供电公司及时成立指挥领导小组、协调领导组、物资保障组、抢修领导组、现场督导组、宣传跟踪报道组、后勤服务保障组等7个小组，调配抢修专用车辆8辆，及时配备抢修材料，组织130余名业务骨干冒高温酷暑日夜兼程进行线路抢修，以最快速度恢复供电。

（临川区编辑室）

主要领导人 区委书记：傅　清（任至6月）、李智富（6月任）。区人大常委会主任：吴　勇。区长：习东森（任至6月）、方百春（9月任）。区政协主席：江瑞庆。

·南城县·

【简　况】 位于江西省东部，抚州市中部，居盱江下游。辖9镇3乡，13个街道办事处，全县总面积1697.97平方千米，其中城区面积12.9平方千米。耕地面积2.2万公顷，有林面积9.34万公顷，森林覆盖率为62.5%，城区绿化率45.6%。总人口32.6万人，其中非农业人口15.3万人，人口自然增长率8.34‰，有蒙古、壮、回、苗、满等5个少数民族共213人。2011年实现国内生产总值65.47亿元，同比增长21.06%。其中，第一产业增加值12.16亿元，增长8.57%；第二产业增加值32.54亿元，增长29.54%；第三产业增加值20.77亿元，增长16.95%；第一、二、三产业比例为19.1∶47.1∶33.8。2011年财政总收入8.73亿元，比2010年增长35.14%。全县税收占财政总收入的43.1%。地方财政收入6.96亿元，同比增长45%；支出13.8亿元，同比增长27.42%，2011年工业总产值34.17亿元，比2010年增长27.74%。规模以上工业企业实现产值27.64亿元，增长25.07%，占GDP比重41.5%。全社会固定资产投资88.7亿元，增长22.68%；社会消费品零售总额22.46亿元，增长16.01%；实际利用外商投资1934万美元，增长17.21%；外贸出口创汇7031万美元，增长11.25%，占GDP比重22.1%。主要工业产品有水泥37.05万吨、饮料酒7.7万吨、服装3119万件（套）。农业总产值22.43亿元，增长10.55%。粮食产量27.93万吨。主要农产品有家禽643.57万羽、生猪41.18万头、肉类2.67万吨、水果5.79万吨、柑橘5.67万吨、水产品产量3.5万吨。2011年万元GDP能耗0.72吨标煤，降低率达5.57%。二氧化碳排放总量0.22万吨，消减率5.3%，城市污水处理率88.3%。城镇居民人均可支配收入2.55万元，增加3939元。农村居民人均纯收入7823元，增加1332元，同比增长20.52%。城乡居民年末储蓄余额38.74亿元，增长20.46%。旅游综合收入6.23亿元，增长15.8%。2011年基本建设投资达20.94亿元，同比增长47.88%；房地产开发投资7.13亿元，同比增长77.36%。境内主要旅游景点有醉仙湖、麻姑山、从姑山、毕姑山、祥岗山、凤岗公园、滨水公园、盱江书院、麻源三谷、太平湖、沸珠泉（天下第三泉）、潮音洞、明益王府遗址、明益王墓葬群、唐代宝方寺、南宋太平桥、活水亭桥、明代万年桥、聚星塔等，其中麻源三谷被国家水利部评为"国家第四批水利风景区"。主要矿产资源有金、铁、硫铁、花岗石、煤、稀土、紫砂陶土、铀等。地方特产有麻姑米、麻姑米粉干、麻姑茶、麻姑酒、麻姑仙枣、麻姑茶油、池蝶蚌、南城黑猪、鳜鱼、淮山系列产品等。

【90项民生工程全部完成】 2011年，南城县继续坚持按照“广覆盖、保基本、多层次、可持续”的方针，量力而行，尽力而为，从人民群众最关心、最直接、最现实的问题入手，把推进民生、改善民生进行到底，不断加大财政支出在民生工程建设方面的力度，切实解决群众关注的热点难点问题，将2/3以上财政支出用于教育、科技、医疗卫生、社会保障、农业、环境保护等民生事业发展。抚州市政府下达的8个方面90项民生工程全部完成。

南城县以开展创先争优为契机，掀起了“为民解困”热潮。先后投资2800万元对里崇线和黎城线路面进行硬化，其中里崇线路面硬化工程已竣工通车，黎城线路面硬化工程进展顺利；同时投资7900万元的钟家边大桥、鲤湖大桥、林坊大桥等8座农村渡改桥项目也已全部完成主体工程。全县中小型灌区改造31座，完成改造3679.73公顷耕地面积（其中水田3356.27公顷），受益农村人口3.68万人。针对2011年特大洪涝灾害给居民生产生活带来的影响，该县投入3600多万元对水毁公路、桥梁等设施进行修复，投入6649万元对胜利堤进行除险加固。灾后倒房重建工作进展顺利，10个灾民新村249户集中建房户中，有100余户完成房屋主体工程；359户分散建房户有60余户完成房屋主体工程，全部倒房户可以在2011年春节前搬进新居。

继续完善社会保障体系建设，制定困难群众临时救助、农村困难群众危房改造救助、城乡困难人员医疗救助等一系列社会救助体系政策，将城镇低保对象的保障标准由原来的240元统一调整为245元，通过“三榜公示”，全县有4503户、9576人享受城市低保，共发放低保金2027.07万元，月人均补差达181元；共有4837户、6906人享受农村低保，全年发放低保金880.69万元，月人均补差达75元。同时，实施城乡困难群众临时救助制度，全年发放临时救助金15.77万元，救助211个临时生活困难家庭，让困难群众的生活进一步得到改善。针对当地五保老人多的实际，该县继续加大农村五保供养和敬老院建设，共改建新建乡镇敬老院12所，新建面积达1.2万平方米，新增床位600个，集中供养率达80%，位居全市第一。

【构建城乡社会一体化救助体系】 2011年，南城县把为不同层次群众救急、解难、脱困作为推动社会和谐发展的重要工作来抓，扎实做好城乡低保、医疗救助、临时救助、五保供养等方面的工作，构建城乡社会一体化救助体系。按照上级关于开展低保清理整顿的要求，该县围绕低保对象的“进”与“出”、享受标准的“高”与“低”等低保热点问题，加大清理整顿力度，依法把紧“入口”，疏通“出口”。在坚持审批时三榜公示、三级审核的基础上，日常管理中坚持对常补对象实行半年一审核、非常补对象一季一审核制度，严格依法把好关。同时，积极发挥广大群众的监督作用，认真抓好举报内容的调查取证工作，并要求基层民政部门认真做好自查自纠。在各方努力下，全年清退不符合条件的城乡低保对象945人，依法将1210人纳入了城乡低保范畴。该县积极筹措资金，确保医疗救助所需，以缓解城乡困难群众治病的经济压力。首先，筹集资金50.31万元，帮助困难群众参加新农合或城镇居民基本医疗保险。其次，按照有关文件规定，对困难群众分门别类地发放了一定金额的医疗救助金。2011年，全县发放医疗救助金726.66万元，惠及城乡困难群众1.91万人次。此外，为城乡低保常补对象和农村五保供养对象发放了医疗门诊卡，每人每年400元。为进一步完善城乡社会救助体系，有效解决城乡困难群众的临时救助问题，该县认真落实城乡困难群众临时救助制度。城乡低保家庭或低保边缘家庭中，因患危重病或特殊疾病造成生活暂时出现较大困难，经医疗保险和医疗救助等救助措施帮困后，仍难以维持家庭基本生活的，经个人申请，按程序报经县民政局同意后，给予适当的临时救助。2011年，该县发放临时救助金15.77万元，对211个城乡困难家庭进行了临时救助。该县十分重视农村五保供养工作，把做好农村五保供养工作作为一项“民心工程”“德政工程”来抓。至年底，该县有农村五保供养对象998人，其中集中供养对象799人；集中供养对象年供养标准为1920元，分散供养对象年供养标准为1320元。此外，为了规范敬老院管理工作，该县在全县敬老院中开展星级创建活动，从基础建设、配套设施以及内务管理入手，使敬老院各项工作迈上新台阶。

【聚力推进工业转型升级】 南城县依靠人才借力、创新增力、科研助力，助推工业转型升级，调结构、转方式成果丰硕。江西麻姑米粉有限公司“吃干榨尽”封闭式生产模式，为公司降低了约5%的生产成本；利用日产4800吨水泥熟料新型干法生产线窑头及窑尾的余热，建设纯低温余热电站项目等。

人才借力。为打破产业信息不畅、人才队伍匮乏、技术力量不足等制约经济发展的瓶颈，该县紧盯国内科研院所及顶尖人才，采取以市场为导向、以项目为载体、以技术资本为纽带，依托重点新兴项目、骨干企业，采取课题招标、项目对接、成果转让、联建实验室等方式，聘请专家担任企业技术顾问和项目带头人，主持技术诊断、课题研发和技术创新。南城红都化工科技开发有限公司一口气引进了10多位专业技术人才，其中有3位是享受国务院特殊津贴的高级工程师。该公司陆续开发生产了符合国家产业政策的精细化工产品——二羟甲基丙酸、二羟甲基丁酸，产品质量达到国际先进水平，远销日本、德国、英国等国家。

创新增力。江西天凝明胶生物化工有限公司是南城县一家循环经济实体，2011年初，其与山东轻工业学院共同研发了“微球状固定化复合酶及酶解皮料制备食用明胶”项目，不仅比传统工艺降低了37.2%的化工原料消耗，还可节煤26.5%、节水32.9%，并大幅降低废水处理负荷，填补了国内明胶生产技术的空白。江西昌诺药业有限公司加大新产品的开发力度，健全产品的质量保障体系，先后开发了国家级新药“活血止痛胶囊”“蛇胆陈皮口服液”等产品，取得了良好的经济效益和社会效益。

科研助力。围绕特色产业，该县鼓励产业链上下游企业和相关科研院所，在科研项目设立、研发投入、成果转化等方面紧密合作，利益分享，助推产业升级换代。江西洪门实业集团有限公司聘请了10多位国内知名的食品专家担任企业技术顾问，并与南昌大学、江西农业大学等多家高校合作，使企业产品科技含量、自主研发能力都得到大幅提升。4月，该公司被国家农业部确定为“国家蛋品加工技术研发中心”。

为让高新项目有更大的发展空间，南城县还把工业园区四期打造成万亩生态食品科技产业园，使食品加工相关企业从分散到集合，加快形成集技术推广、加工、包装、运输为一体的产业“母巢”。此外，在产业选择上，该县注重节能环保，引进风力发电、同昌实业、再生资源加工、鑫业环保处置等新能源和节能环保项目。2011年高新技术项目投资占全县工业项目投资总额的80%以上。

【循环经济催生发展新模式】 南城县以建设“资源节约型、环境友好型社会”为目标，围绕“转方式、调结构”这一主线，大力发展循环经济，推动资源综合利用，实施清洁生产，逐步形成政府主导拉动、企业主体带动、社会参与推动的循环经济工作新格局，构筑起“企业‘小循环’—产业‘中循环’—区域‘大循环’”的三级分层循环经济发展新模式。2011年上半年，全县COD实现减排216吨，万元工业增加值综合能耗同比下降4.12%。

该县坚持把集团型企业建设作为发展循环经济的切入点，按照减量化、再利用、资源化的原则，拉长产业链，大力倡导企业内部物质能量小循环，让生产过程中一个环节的生成物变成另一个环节的原料，构建“资源—产品—再生资源—再生产品”的物质能量循环流动生产过程。抚州中亿糖业有限公司是南城县一家集“三厂一库”（葡萄糖淀粉厂、麻姑米粉厂、大米加工厂和粮食储备库）为一体的大型食品加工企业，该企业稻谷加工后的生成物都有了去处：优质大米成为制作麻姑米粉的原料，碎米则用来加工葡萄糖淀粉，谷壳替代煤成为锅炉的主要燃料，每年节约标准煤1万吨，实现了循环综合利用最大化。至年底，该县拥有市级以上循环经济示范企业6家，省级资源综合利用企业3家，20余家企业通过了省级清洁生产审核验收。

在打造企业“小循环”，全面夯实循环经济的基础上，南城县还以建设循环工业园区为载体，通过强化政策引导、推进企业技术改造、加大环保投入、落实环评制度等诸多措施，强化节能减排，实现园区内部企业资源再利用、再循环，形成产业“中循环”。该县投资6700万元建设了一座日处理废水4万吨的污水处理厂，关停10多家“三高一低”企业，并建设了生物化工产业园、食品加工工业园等多个特色循环经济园区，形成了生物医药、新型材料等5条循环经济产业带。

南城县将循环经济理念贯穿于经济社会发展的始终，全面推进工业新型化、农业现代化和城乡生态化的区域“大循环”，探索出一条绿色发展、清洁生产、低碳经济的转型跨越之路。该县累计关停、拆除和淘汰落后生产线100余条，年节约标准煤13.2万吨。同时，通过实施“绿色家园”工程，完成植树造林任务2446.25公顷，森林覆盖率达到62.5%；通过在农村实施“四改”“三清”工程，大力推广沼气、太阳能等新能源和“猪—沼—田”等循环产业模式，节约了能源，增加了经济效益。

【百万蛋鸡唱响富民曲】 南城县大力发展蛋鸡养殖，2011年出栏蛋鸡110多万羽，蛋鸡养殖成为一项富民产业。蛋鸡养殖业是南城的传统支柱产业，然而，在过去较长一段时间内，由于养殖户各自为政，单打独干，造成恶性竞争，养殖户的利益严重受损。该县大力引导广大蛋鸡养殖户利益分享、风险共担，聚力抱团闯市场，成立了10余个蛋鸡养殖专业合作社，依靠集体的智慧和力量把全县蛋鸡养殖产业进一步做强做大，引领和带动更多的农户从事蛋鸡养殖致富。至年底，全县已拥有蛋鸡养殖户上千家，其中规模以上有近百家，年出栏蛋鸡110多万羽，形成了合作社、规模场、养殖小区成片发展格局。

南城蛋鸡养殖注重打响自己的品牌。南城县国家级农业产业化龙头企业——江西洪门集团有限公司旗下“洪门牌”绿色禽蛋系列中5个产品经国家绿色食品发展中心认证，获得绿色食品产品证书，并一举打入“沃尔玛”“家乐福”等30多家国际知名连锁零售超市，成为香港、澳门、新加坡等国家和地区百姓餐桌上的美食。此外，得益于“洪门牌”品牌的辐射、带动效益，全县数百名养殖户依靠“公司+基地+农户”形式，从事蛋鸡养殖产业，年饲养蛋鸡10余万羽。

【推进新型工业化、城镇化、农业现代化】 南城县实施大项目带动战略，全力推进新型工业化、城镇化和农业现代化，以大投入大建设，促进县域经济大发展。2011年第一季度，全县固定资产投资完成8.13亿元。全县已新签5000万元以上工业项目20个；10多个重点城建项目也已开工建设，总投资近20亿元，主要经济指标大幅增长，实现了首季开门红。该县坚持实施大项目带动战略，以招商选资主攻工业“极品”，以战略性新兴产业的引进和发展，促进优势产业升级。按照“大项目—产业链—产业集群—产业基地”思路，围绕冶金机械、医药化工、农副产品加工等五大产业重点，深入推进新型工业化进程。成功举办了江西南城（福建厦门、广东揭阳）、南城北京乡友会等招商引资项目推介会，实现了引进中国建材集团、中国风电集团、锦丰集团等央企、上市公司和品牌企业来县投资的工业新突破。全县已拥有冶金机械规模企业16家、建筑建材规模企业29家、医药化工规模企业9家、食品规模加工企业75家，形成产业集群。一季度，全县五大优势产业规模以上企业完成主营业务收入16.54亿元，占全县规模以上工业企业总量的83.2%。

在推进新型城镇化进程中，以“大文化、大产业、大绿化、大水面、大空间”的发展理念，构建“一心四团”和“两河三岸”城市格局，实现城市发展从“沿路时代”向“沿江时代”的转变。2011年，南城县在完成去年33个重点城建项目的基础上，新上胜利堤防护工程、三江公园、城市规划馆等26个城建重点工程项目。这些改善经济发展环境以及公益性的城市基础设施大项目的实施，为经济社会快速发展筑起了坚实“跑道”。到年底,该县城市建成区面积已由5年前的7.8平方千米扩大到12.9平方千米,人口由3.6万增加到12.3万,城镇化率由15.8%提高至44.8%。

同时,南城县以工业理念发展现代农业,以培育壮大农业产业化龙头企业,提升农业发展水平和综合效益。全县已涌现出面积达4万公顷的标准化优质农产品生产基地16个,形成了粮油、蔬菜、食用菌等七大农产品安全区,绿色无公害农副产品生产基地年销售收入达16亿元。全县已形成以洪门实业、锦丰实业2个国家级农业产业化企业为龙头,以麻姑实业、阿颖淮山、映红集团3个省级农业产业化企业为骨干的农业龙头企业加工产业集群。全县农副食品加工企业年主营业务收入近14亿元,被授予“江西省农副食品产业加工基地”称号。

(吴云华)

主要领导人 县委书记:胡领高。县人大常委会主任:陈跃进。县长:王小林。县政协主席:过初良。

·黎川县·

【简　况】 位于抚州市东南部,辖8乡6镇、1个企业集团和1个垦殖场。总面积1728.56平方千米,其中城区面积8.91平方千米。耕地面积1.53万公顷,有林地面积11.24万公倾,森林覆盖率65.02%。总人口23.17万人,其中非农人口5.54万人,人口自然增长率7.52‰。少数民族有蒙古族、回族、藏族、维吾尔族、苗族、彝族、壮族、布依族、朝鲜族、满族、侗族、土家族、畲族。2011年实现生产总值35.7亿元,同比增长12.5%。其中第一产业7.8亿,同比增长3.2%;第二产业18.3亿元,同比增长19%;第三产业9.6亿元,同比增长8.2%。三产业比为21.77∶51.45∶26.78。规模以上工业企业累计完成工业增加值13.1亿元,同比增长19.9%;完成工业总产值(现价)51.9亿元,同比增长37.96%。其中:国有企业完成工业总产值1.01亿元,同比增长18.75%;集体企业完成工业总产值2828万元,同比增长38.27%;股份制企业完成工业总产值37.6亿元,增长39.21%。规模以上工业企业实现主营业务收入51.5亿元,同比增长38.2%;实现利润1.89亿元,同比增长39.11%;实现利税3.8亿元,增长46.44%。园区工业企业达到163家,其中规模以上企业就达44家;主营业务收入达55亿元,同比增长26.4%;税金总额1.4亿元,同比增长17%。

农林牧渔及服务业总产值14.08亿元,同比增长4.4%。粮食播种面积2.28万公顷,同比下降5.96%。粮食总产量14.3万吨,同比下降1.94%;油料总产量为2251吨,同比增长12.9%;烟叶种植面积2133.33公顷,同比同期增长39.1%;烟叶总产量4975吨,同比增长52.89%,肉类总产量为2.04万吨,同比增长11.02%,生猪存栏9.88万头,同比增长0.6%。财政总收入6.5亿元,同比增长35.2%。农民人均纯收入6793元,同比增加1075元,增长18.8%。居民储蓄余额27.1亿元,同比增加4.3亿元。主要旅游景点有“红色”闽赣省委、省苏维埃政府、省军区旧址,第五次反“围剿”团村、洵口、资福桥、硝石等战斗旧址;“古色”福山寺、禄山寺、寿昌寺、禧山寺和江西第一屋——洲湖船形古宅108间、县城十里明清古街;“绿色”岩泉国家森林公园、龙头寨水库、裘坊库区、洲湖原始次森林等。重要矿产资源有极具工业开采价值的瓷土、石英石、高岭土、钨、铜、铝等。地方特产有食用菌、日用瓷、工艺瓷、烤烟等。

【财政收入实现三年翻番】 2011年,黎川县财政收入完成6.5亿元,同比增长35.2%,实现三年翻番,荣获全省财政收入三年翻番奖,是抚州市唯一获此荣誉的县。该县主要采取以下两种措施:

充分发挥财政职能,支持经济发展。一是切实加大园区基础设施建设,加快园区道路、电力、排水等基础设施建设,切实完善信息、物流、金融、劳务、市场等配套服务体系,增强园区承载能力和吸纳能力;二是扶持优势企业,做强工业,逐年增加安排招商引资专项资金和工业发展专项引导资金,大力引导和促进工业发展,促进产业集聚发展,把资源优势、产业优势进一步转化为经济优势和税收优势;三是大力培育新兴产业,提层次、扩规模,大力培育发展新能源与新材料、机械加工、生物医药等新兴产业,打造新的主导产业,构筑新的产业集群;四是建立健全中小企业信用担保体系,积极开展中小企业信用等级评价,大力推行担保机构担保贷款,增加对中小企业的信贷投入,积极为中小企业提供信贷、结算、信息服务,引导中小企业改善经营管理,提高产品质量和技术水平。

坚持依法治税,强化税收征管。一是突出重点抓收入,不断挖掘税收潜力,把税收的着力点放在重点行业、重点税源、重点税种上,同时统筹兼顾,既抓好主体税种的征收,又抓好零星税收的征收,努力提高税收占财政收入的比重;二是强化征管和稽查措施,深入推进综合治税治费,充分利用税费一体化征收平台,强化税负分析、纳税评估,将信息变成税源,将税源变成税收,加大稽查力度,清除税收盲点,打击偷、逃、骗、抗税等各种税收违法犯罪行为,杜绝“跑冒滴漏”,切实做到税收及时足额入库;三是加强非税收入征管,强化“收支两条线”管理,严格各种行政事业性收费票据管理,对各项非税收入,努力做到依法征管、应收尽收,提高非税收入的使用效益,为财政增收夯实基础。

【实施移民搬迁扶贫工程】 2011年,黎川县对深山区、地质灾害频发区,实施有规划、有计划、有组织、分阶段稳妥有序的移民搬迁扶贫,完成移民搬迁1688人,其中地质灾害避灾移民搬迁1276人,集中安置270户960人,分散安置118户728人。全县建设集中安置点4个,厚村乡移民集中安置点被评为全省示范建设点。

黎川县积极探索,大胆创新,实行差别化搬迁移民扶贫方式:将搬迁移民分为有完全搬迁能力类、通过自筹能搬迁类、无搬迁能力类(主要指低保户、五保户)等三类,严格落实政策,充分尊重群众意愿,通过优惠农户建房用地、建设过渡安置房、对集中安置点科学选址、规划等措施,消除移民心理障碍,推进整体搬迁。在搬迁工作中始终坚持群众自愿的原则,在搬迁对象的确定上,优先安排地质灾害隐患点群众和贫困户;由农户自主选择安置类型，集中安置或分散安置；并由农户根据自身经济状况确定建房标准。在组织实施工作中充分结合农民生产生活习惯，实行统一规划，统一设计，分户建房。

在安排移民就业和发展致富产业上寻求突破，黎川县后续扶持工作取得较好实效。厚村乡在安置点建立了800平方米的厚翔伞业加工厂，招收工人近100人；厚村利用当地气候环境引导移民种植白术，户均年增收7000余元；日峰镇组织移民利用水面多的优势发展水产养殖；熊村镇帮助移民在当地协调田块种植烤烟，户均增收近2万元；德胜镇利用毛竹多的优势，协调林业局开展毛竹低产改造，同时组织农民利用笋壳制作笋壳画，增加农民收入。黎川县移民扶贫后续扶持做法得到了省市的肯定，移民扶贫工作被抚州市扶贫和移民局授予创新奖，2011年黎川县被评为全省搬迁移民扶贫工作先进县。

【粮食高产创建工作跻身全省先进行列】 粮食高产创建在黎川县已开展两年，县农业局严格按照江西省粮食高产创建活动实施方案的总体要求，切实做好粮食高产创建工作。一是及时成立黎川县粮食高产创建活动领导小组和专家技术组；二是结合本县工作实际，通过科学选择示范片，落实水稻高产创建万亩示范片和核心示范区，(2010年实施地点为日峰镇五一村和潭溪乡新庄村，2011年实施地点为荷源乡芦油村和潭溪乡新庄村)，示范区按照统一整地播种、统一肥水管理、统一技术培训、统一病虫防治、统一机械收获的“五统一”的技术路线，认真做好早、晚稻万亩示范片统一技术(包括双季抛秧、早稻直播、多用一斤种、测土配方施肥、防早衰、病虫害综合防治和统防统治等)试验示范和推广；三是推广一批以淦鑫203、株两优120、五丰优T025、淦鑫688为代表的优良品种，良种覆盖率达95%以上；四是通过举办技术培训班，利用流动宣传车、座谈会、放幻灯片和发放宣传手册等措施宣扬高产创建的重要意义和技术措施；五是与县有线电视台联合制作粮食高产创建宣传专题节目，召开早、晚稻技术现场大型观摩会，在示范区树立展示标志牌，使高产创建活动深入民心；六是在推广先进实用技术的全过程中给予农户种子、肥料、农药、防早衰等物资和统防统治机动喷雾器等物化补贴，以使高产创建工作顺利开展。由于高产创建措施得力，2011年1333.33公顷高产创建示范片双季稻平均亩产达1054.2千克，比2009年亩增产136.3千克，不仅全面完成粮食高产创建活动总目标(1000千克/亩)，扩大了粮食高产创建影响力，为全县粮食产量八连增提供了保障，同时还培训了一批乡村干部和农民，引进了一批新技术和新品种，带动全县进行科学生产和新技术应用，农民科学种田水平也普遍提高，黎川县农业局连续两年被省农业厅授予“粮食高产创建组织奖”。

【被授予“中国日用耐热陶瓷产业”区域称号】 11月2日，中国陶瓷工业协会决定授予黎川县“中国日用耐热陶瓷产业”区域称号，12月26日在黎川县举行隆重的授牌仪式。

黎川拥有国内最大耐热瓷生产企业——江西康舒陶瓷有限公司，是江西省日用耐热瓷产业基地。黎川引进耐热瓷生产已有16年历史，经过不断打造而发展起来的。上世纪1994年耐热瓷企业嘉顺瓷企业公司创办(前身为黎川高强耐热炊具厂)，1996年办起了江西康舒公司，现在已发展到5家(康舒、嘉顺、嘉信、永华、九州)，均通过IS9001:2000国际质量体系认证，其产品获江西名牌3项、江西著名商标6件，特别是“康舒牌”系列瓷煲2009年被评为中国驰名商标的同时，获得国家专利9项，国家发明专利1项。16年来，黎川耐热瓷在生产发展进程中，生产工艺有了较大进步，瓷煲除有系列产品外，过去靠注浆仅能生产少量异型产品，现由滚压成型所代替。2011年，以电热为导向的家用厨房用品，超耐热电磁炊具呈现在消费者面前。耐热瓷作为一种新材质炊具产品，独具优异的耐酸碱，耐化学腐蚀、耐磨、抗热性能高等优点，系真正绿色环保，节能产品深受客商青睐，不但覆盖国内市场，而且出口到10多国家和地区，大大地提高了黎川耐热瓷产品和产地的国内外的知名度。黎川日用耐热陶瓷从无到有，从小到大，进而实现了规模生产，并形成自已特色，基础扎实，做大、做强、做好，大发展的势头已成熟。

【多措并举开展创建“无执行积案先进法院”活动】 5月，黎川法院被评为全省“无执行积案先进法院”。在创建“无执行积案先进法院”活动中，黎川法院采取多项举措，建章立制，立足长远，最大限度地保护债权人的合法权益。一是领导重视。为加强对创建活动的组织领导，黎川法院成立了由院长为组长的开展创建“无执行积案先进法院”活动领导小组，结合黎川法院实际情况，制定黎川法院开展创建“无执行积案先进法院”活动实施方案。二是构建联动机制。执行工作需要社会各界的大力支持，需要相关部门的大力配合，需要构建一盘棋的联动机制。黎川法院积极做好执行联动工作，营造良好的外部执行环境。在执行工作中主动争取党委领导、人大监督和政府支持，主动争取社会各部门的支持。在创建活动中，黎川法院对积案专门进行清理，对未执结的案件指定专人负责。同时积极探索解决执行难的方式方法，充分发挥执行威慑机制作用，与公安、检察联手，加大打击拒不执行法院判决裁定罪的打击力度，对“老赖”产生强大的震慑力。三是建立执行救助基金制度。黎川法院在抚州市率先建立了执行救助基金制度，在创建活动中，针对执行过程中出现的被执行人确实没有履行能力而造成申请执行人生活处于困难的情况，黎川法院积极启动执行救助机制，切实解决涉执特困群众的困难，真正体现司法为民理念，彰显司法人文关怀。

【被批准为“江西省文化产业示范基地”】 11月，黎川县被省文化厅批准为第三批“江西省文化产业示范基地”，全省28个示范基地，黎川县油画城列为其中之一。黎川县油画城坐落在东县城国安风情街，精品展示厅面积达1000平方米；创作室有40多孔，每孔面积约40平方米。黎川县油画城主要从事油画生产、包装和销售。重点业务包括油画订制、人物油画、动物油画、静物油画、风景油画、名族风情油画、名家油画临摹、油画艺术创作等，题材丰富，画种齐全。黎川县油画人才资源丰富，返乡创业画师有100

多人，另有3000余人分布在深圳、厦门、泉州、莆田、义乌、上海和北京等地，多人多件作品在全国、省、市美术展上获奖，不少人成为国内油画行业知名人士。他们的作品畅销欧美、中东和国内各大城市及港澳地区，蜚声海内外。县委、县政府在加快推进文化产业园项目建设方面，依托“江西油画之乡”“江西省文化产业示范基地”“江西省民间文化艺术之乡”和“中国日用耐热陶瓷产业基地”等特色文化品牌，立足黎川城市定位、产业基础、区位特点和资源优势，加快文化产业园的规划建设和招商进度，搭建油画产业、工艺陶瓷产业、动漫产业、广告印刷包装业的发展平台，努力提升黎川特色文化产业知名度和影响力。规划2012年，启动文化产业园的规划和招商，扩大油画城的规模；2013年，建成文化产业园；2016年，力争达到油画创作室300个以上、油画精品展示厅4000平方米以上、油画生产基地5万平方米以上，并形成一批发展前景好、产业规模大、竞争力强、具有黎川特色的文化产业群和文化骨干企业，把黎川优化打造成为覆盖全省、行销全国、走向世界的油画产业基地和文化产业名地。

（朱建明　陈金根）

主要领导人　县委书记：李来木。县人大常委会主任：黄小明。县长：聂仕雄。县政协主席：徐小明。

·南丰县·

【简　况】　位于江西省东部、抚州市南部，辖7镇5乡1场，总面积1920平方千米，其中：城区建成面积13.5平方千米（城区绿化覆盖率40.8%），耕地面积1.83万公顷，有林面积13.32万公顷，森林覆盖率72.7%。总人口29.73万人，其中非农业人口6.18万人，人口自然增长率7.35‰。2011年实现国内生产总值63.45亿元，同比增长13.6%。其中，第一产业增加值21.14亿元，增长19.3%；第二产业增加值21.77亿元，增长13.8%；第三产业增加值20.54亿元，增长8.2%。第一、二、三产业比例为33.3∶34.3∶32.4。工业总产值72.8亿元，增长29.8%，规模以上总产值35.96亿元，增长16.3%，规模以上工业企业增加值10.1亿元（增长18.3%），占GDP比重15.92%、外贸出口占GDP6.64%。固定资产投资37.76亿元，增长25.1%，实际利用外商投资2272万美元，省外投资（5000万元以上）16.1亿元，市外投资27.01亿元。主要工业产品有中成药259吨、水泥7.12万吨、塑料制品5.98万吨、啤酒26.86万千升、纸箱8979吨。农业总产值38.35亿元，增长20.8%。粮食总产量22.32万吨。主要农产品有南丰蜜橘115万吨、稻谷18.47万吨、蔬菜14.07万吨、西瓜5.39万吨、生猪（出栏）11.05万头。全县财政总收入7亿元，增长35.1%，税收占财政总收入的比重70.61%；地方财政收入5.81亿元，增长36.8%；支出12.58亿元，增长17%。万元GDP能耗0.72吨标煤、二氧化硫排放总量1286吨、削减率1%，氮氧化物145.93吨、削减率0.5%，城市污水处理率91%。农民人均纯收入1.07万元，同比增加1975元。城乡居民年末储蓄余额34.31亿元，增长31%。主要旅游景区（点）有：“国家森林公园”军峰山，“国家湿地公园”仙人湖，“国家非物质文化遗产”南丰傩舞（石邮古傩文化村），“国家AA级景区”潭湖，“全国农业旅游示范点”罗俚石蜜橘生态园，“江西省十大名人纪念馆”曾巩纪念馆，爱国主义教育基地康都会议纪念馆、醒侬公园、琴城镇明清古街（地藏寺、寿昌寺等），洽湾船形古镇，白舍宋元古窑遗址，宝岩塔，仙人洞，戈镰石，官陂上乐园（橘海）及南丰橘温泉等。主要矿产资源有瓷土、石灰石、铁、银、钨、锰、稀土、钾、粘土、矿泉水、辉绿岩、石英石等。地方特产有南丰蜜橘、南丰腌菜、甲鱼、豆腐皮、泥炉等。

【被命名为2011～2015年度全国科普示范县】　近年来，南丰县在大力发展经济、改善民生的同时，把促进科技进步、普及科学技术、强化公众的科普意识作为振兴经济、科技兴县的重要举措来抓。南丰县政府成立贯彻《全民科学素质行动计划纲要》工作领导小组，各乡镇配备了以党委副书记为科协主席的科普工作队伍，广大科技工作者积极创新科普特色教育和科普示范形式，建立健全省、市、县三级科普示范体系，其中省级科普示范村3个、市级科普示范村1个、县级科普示范村30个。科普惠农工作成效显著。一方面，注重培育高素质科技辅导员队伍，提高青少年科技意识和创新能力。县政府积极联合省科协普及部在南丰成功举办全省“大手拉小手青少年科技传播行动”启动仪式，聘请科技专家走进学校，开展“健康安全教育进校园”“珍爱生命、健康生活”影视展播周、交通安全“小交警”值勤、评选“健康安全小天使”等系列活动。该县教育局、科技局和县科协联合举办“南丰县科技辅导员培训班”，激发全体参训教师及全县青少年热爱科学、开动脑筋、勇于探索、勤于创新的积极性和主动性，推动当地青少年科普特色工作快速发展。另一方面，注重发挥科普示范组织和人员的带动效益，全力打造农村科普活动载体辐射亮点南丰县在全县范围内就村级经济、村两委班子能力、科普示范基础开展调查摸底，进行分类排队，先后将洽湾镇洽湾村、市山镇耀里村、付坊乡立新村成功申报为省级“科普示范村”。同时，坚持每三年精选10个集体经济壮大、党组织战斗力强、治安状况好的和谐文明村创建县级“科普示小组村”；县财政每年每村下拨2～3万元专项经费为县级科普示范村添置必要的科普电教设备及各种农技器具、科普资料等，使之硬件设施得到切实加强，科普活动有序地开展而富有成效。全县科普氛围更趋浓厚：科普示范社区、科普示范学校、科普示范基地和科普示范村等各类科普示范组织不断涌现，亮点纷呈。至2010年底，南丰县90%的乡镇建有科普活动室（站）、科普长廊（宣传栏）等设施，配有科普宣传设备；80%以上的社区、60%的村建有专用或合同科普活动站（室）、科普画廊（宣传栏）等，科普长廊（画廊）、宣传栏内容定期更新，科普工作机制日益健全、日臻完善，为该县建设“宜居、宜业、宜游”的赣东南又一个区域中心城市奠定了扎实的科技基础，受到上级科普部门充分肯定和社会各界的一致好评。2011年5月，南丰县被中国科协正式命名为“2011～2015年度全国科普示范县”。

【开展“五民一促”活动】 2011年，为进一步加强党的基层组织建设，建立健全城乡基层党组织互帮互助机制，转变党员干部作风，密切党群干群关系，真正实现“群众身边有干部，干部心里有群众”，南丰县创新举措，在全县广泛开展“交民友、畅民意、办民事、帮民富、聚民心、促和谐”活动。7月18日，县党政机关千名党员干部奔赴12个乡镇172个村，与农民同吃、同住、同劳动、同学习、同进步，深入调查研究，宣传政策法规，进行扶贫解困，化解矛盾纠纷，发展农村经济。“活动”为期3年（至2014年7月结束），采取领导挂点、部门包村、干部包户方式，重点围绕“排查矛盾解决纠纷，做好信访维稳工作”“帮助农民创业致富，促进农村经济发展”的工作任务，积极培植“五员三人”（即政策宣传员、矛盾调解员、信访维稳员、安全督查员、矛盾调解员、信访维稳员、安全督查员、发展服务员、村情明白人、工作勤快人、群众贴心人），认真查找村级组织建设中突出问题，帮助健全一个团结有力的村级班子；查找村民自治管理中的突出问题，帮助建立一套民主高效的议事机制；查找影响农村稳定中的突出问题，帮助化解一些陈积多年的矛盾纠纷；查找农村社会发展中的突出问题，帮助办好一些见效明显的好事实事；查找农民创业致富中的突出问题，帮助找到一条发展农村经济的好路子，实现社情民意上下畅通、群众事情件件落实、致富能力明显提升、干群关系密切融洽、农村社会和谐稳定。为使“活动”开展得有声有色、卓有成效，使干部“沉得下、留下住、干得好”，南丰县狠抓人、财、物“三到位、三落实”，并制定了一套切实可行的办法，将驻村干部姓名、单位、职务、手机号码和照片公开，定期不定期组织人员深入各村进行督导。

【探索社区党建发展新路】 2011年，南丰县从加强社区党组织建设入手，探索出一条“抓好党建促管理，强化管理优服务”的社区党建、社会管理、服务群众“三位一体”的社区党建发展新路。一是深入开展“百家部门联居委，千名党员进社区”活动，安排102个县直科级单位和部门挂点帮扶7个社区，形成“结队共建、齐抓共管”的局面。结队帮扶单位和部门利用自身资金、场地、人才等优势，帮助社区解决一些实际问题，改善社区办公、党员培训等条件，助推社区党建工作水平提升。二是实行双向考核管理体制，对社区在职党员实行登记制、公示制、反馈制和征询制“四制”双向考核管理机制。凡是居住在县城的在职党员，主动到所在社区填写社区居住登记表，领取《社区在职党员双向考核手册》，明确在职党员的社区义务。同时，实行楼座党员公示制和结对帮扶制，对社区在职党员带头履行社区管理职责、帮助弱势群体情况进行考察，考核结果作为年终考核和民主评议党员的重要依据。2010～2011年全县4500余名社区在职党员积极参与社会公益事业建设1.6万余人次，帮助困难群众解决各类实际问题3.8万余个。三是积极创新基层党组织设置模式，依托社保管理平台，统筹全县党建资源，在创建企业退休职工活动中心基础上成立企业退休职工党委，将分散在全县7个社区11个党委的350余名退休职工党员归口集中管理，卓有成效地开展工作，优化社会服务内容，取得优异成绩。2011年6月，该县企业退休职工党委被省委授予“全省先进基层党组织”称号。

【被评为全国食品工业强县】 12月，经省食品工业协会推荐、中国食品工业协会评定，南丰县被评定为“2010～2011年度全国食品工业强县”；县蓝欣啤酒有限公司、华夏五千年生态酒庄有限公司同时被评为“2010～2011年度全国食品工业优秀龙头食品企业”。

南丰县自2010年被列为“江西省农副食品加工产业基地县”以来，充分发挥“中国蜜橘之乡”的品牌优势，大力发展本地特色的食品加工业，国元天然乳品（江西）有限公司、嘉禾米业有限公司、吉香林食品有限公司等一批食品加工企业纷纷落户南丰，集群效益日益呈现。至2011年底，全县拥有食品加工企业38家，其中拥有2家国家级农业产业化龙头企业，年主营业务收入超过10亿元，“汇源果汁”“华夏五千年”被评为“中国驰名商标”“蓝欣”啤酒被评为“江西著名商标”，并培育了蓝欣火啤、诺丽果汁、蜜橘汁等一批省级新产品，食品工业逐步成为拉动全县工业崛起的主导产业。

【县法院党组织跻身全国政法系统先进行列】 南丰县人民法院深入贯彻落实科学发展观和开展社会主义法治理念教育，充分发挥党总支的创造力、凝聚力、战斗力，不断强化党员干警的宗旨意识和责任意识，扎实推进社会矛盾化解、社会管理创新、公正廉洁执法三项重点工作，切实履行好宪法和法律赋予的职责，充分发挥审判职能作用，维护人民权益，为促进地方经济社会又好又快发展作出突出贡献。2011年“七一”前夕，在北京召开的全国政法系统先进基层党组织、优秀党务工作者和优秀党员干警表彰大会上，该院党组织被中央政法委授予“全国政法系统先进基层党组织”称号。这是继同年2月被最高人民法院授予“全国优秀法院”之后获得的又一国家级殊荣，成为抚州市唯一获此荣誉的基层法院。

【县社保经办大厅获评“全国优质服务窗口”】 1月，国家人力资源和社会保障部对2008～2010年度全国人力资源社会保障系统优质服务窗口候选单位进行了公示，南丰县社保局经办大厅名列其中，成为全省12个优质服务窗口之一，也是抚州市唯一一个入选窗口。县社保局始终坚持把优质服务窗口建设作为工作重点，内强素质，外树形象，积极开展创建“优质服务窗口”活动。加快硬件设施建设，全面升级信息处理能力，保证参保单位和参保个人的信息和台账得到准确、迅速地建库，及时提供查询信息服务，为社保业务的基础工作台账和信息的维护提供良好的硬件环境。同时，在每个窗口配备椅、开水、老花镜等便民物品，努力使服务管理工作向规范化、科学化、人性化方向发展。大力推行政务公开，在大厅设置查询台、业务流程表、工作人员公示表等，把社会养老保险各项数据、征缴比例、滞纳金收取、退休待遇审批、增资政策、社保政策咨询意见和建议一一进行公开。全面实行便民服务，窗口工作人员坚持“亲和、微笑、谦让”，杜绝“生硬、冷漠、推顶”，切实做到耐心细致解答，贴身贴心服务，坚持“一次讲清、两次办成，三次登门服务”，为参保者创造舒适、温馨的环境。

【全国网络媒体江西游在南丰启动】 4月11日上午，“世界橘都、福地南丰”第三届全国网络媒体江西游活动启动仪式在南丰县举行。省旅游局、抚州市委、市人大、市政协有关领导出席并为活动启动剪彩。人民网、新华网等近50家知名网络媒体的记者齐聚南丰采风，零距离感受“福地南丰”的独特魅力。活动由省旅游局和江西日报社联合主办，以“畅游风景江西，探寻红色情怀”为主题，以“世界橘都·福地南丰”为总冠名，内容丰富，形式活泼，旨在加强江西旅游与媒体单位的交流合作，加大江西旅游网络宣传力度，加快旅游产业发展步伐，进一步提升“江西风景独好”旅游品牌知名度。南丰是驰名中外的“中国蜜橘之乡”“中国民间艺术（傩舞）之乡”，历史悠久，文化璀璨，山川秀美，旅游资源十分丰富，拥有国家森林公园——军峰山、国家湿地公园——仙人湖等一大批特色鲜明的自然景观和人文景观。该县以谋划“十二五”为契机，紧紧围绕“建设宜居、宜业、宜游的赣东南又一个区域中心城市”的宏伟目标，打造区域旅游中心；并在全国首推“县域乐”旅游模式，按照“一体两翼”的景区布局，着力建设“生态观光、文化体验、休闲度假”三位一体的江西旅游新城。

【市山镇包坊村荣膺全国文明村】 12月20日，中央文明委在北京召开的全国精神文明建设工作表彰大会上授予南丰县市山镇包坊村全国文明村镇称号。包坊村距县城3千米，辖5个村小组，2个自然村，人口1250人。近十多年来，包坊村在市、县、乡三级党政组织的正确引导和帮扶带动下，充分利用当地自然资源和地理优势，大力发展蜜橘产业，逐步走上产业致富之路。2006年，该村被纳入江西省首批社会主义新农村建设试点村，随着新农村的高标准设计、高层面规划及农村清洁工程、省级生态文明镇创建等一系列工程建设扎实推进，包坊村村容村貌发生巨大变化。该村九成村民住进美观舒适的小洋楼，楼房布局合理、整齐有序；村前屋后大小路面基本硬化到位，交通便利、顺捷；水电、通信、商贸等设施样样齐备；高标文化室、休闲健身广场及妇女秧歌队、老年体育队、青年乒乓球队等文体活动场所和群众性文体组织相继建立，文体活动形式多样、内容丰富多彩，村内村外处处呈现出社会主义新农村的现代化气息和三个文明的勃勃生机。2010年，包坊村集体纯收入达50万元，村民人均纯收入突破1.5万元（列全省前茅）。近5年，包坊村先后获得市“小康示范村”、省级“一村一品示范村”“江西省十大和谐村庄”“江西省文明村镇”、全国“巾帼示范村”等10多项殊荣。

【七国驻华大使馆相中南丰蜜橘】 11月30日，为期10天的2011“江西商品大集”活动在北京金源新燕莎购物中心闭幕。南丰蜜橘以其绿色环保、质优价廉、原产地正宗等特点吸引了北京消费者，签订销售协议150吨，金额1.3亿元。在展会期间，抚州市12家参展企业共现场销售产品达132.6万元。其中南丰泰纳果业、微红果业销售南丰蜜橘59.3万元。

经省商务厅重推介，南丰蜜橘得到北京各大媒体的广泛关注。北京电视台、北京人民广播电台等一线媒体制作专题节目宣传推介南丰蜜橘，使南丰蜜橘在北京市赢得了较好的知名度和美誉度，拓展了北京市场。北京懋丰园商贸有限公司、解放军总装备部、中国航天科技集团公司等单位，法国、新西兰、比利时等7个国家驻华大使馆纷纷求购南丰蜜橘，并签订购销合同，商定框架协议，建立长期合作购销伙伴关系，并将南丰蜜橘指定为庆功或接待专用水果。

【白舍镇宋元古窑遗址成功申报为国家级文物保护对象】 白舍窑是宋元时期“江西五大名窑”（景德镇窑、吉州窑、洪州窑、赣州七里镇窑、白舍窑）之一，代表着江西制瓷业的最高水准，所烧器物式样繁多，装饰丰富，为同时期其他青白瓷窑所不见。起始于晚唐五代，兴盛于北宋中期，至元代初期趋于衰落。古时就有“先有白舍窑，后有景德镇”的记载。白舍古窑出土瓷器被省博物馆收藏与展出，北京故宫博物馆收藏的北宋白舍窑瓷碗、葵口碟、梅花盏于1980年在英国伦敦“中国出土陶瓷展览会”展出。

多年来，南丰县历届政府不断加大白舍古窑的保护力度，注意建立古窑保护预案及规划，建立控制地带，控制周边风貌环境，坚持循序渐进，使“遗址”挖掘、整理、保护有组织、有规划、有思路、有措施地进行，使白舍宋元古窑这一历史悠久、极富特色的文化资源得到妥善有效的保护。2011年，省文化考古研究所及国家文物考察组多次深入南丰实地勘察白舍宋元文物遗址，走访熟悉历史背景的老人、白舍古窑收藏爱好者，询问历史沿革，描述地理结构、自然环境、人文环境等情况。经多方考察论证，10月，“白舍窑”被正式列入“国家非物质文化遗产”；“白舍宋元古窑遗址”成功申报为第七批国家级文物保护对象。

【抚州市首家村镇银行开业】 12月28日，抚州市首家村镇银行——南丰橘都村镇银行在南丰县开业。抚州市委书记龚建华宣布开业；市委副书记、市长张和平出席，副市长李吉代表市委、市政府对橘都村镇银行开业致辞庆贺。

南丰橘都村镇银行是由南昌银行作为主发起行，邀请正帮集团有限公司、上海正瓴贸易有限公司、江西温福实业发展有限公司、南丰县蜜橘发展有限公司、浙江南天木业集团有限公司、新余市宝诚贸易有限公司、南丰县城市建设投资发展有限公司、江西南华城市建设投资有限公司8家法人企业组建的村镇银行，注册资金5000万元。

（李燕青）

主要领导人 县委书记：祝宏根。县人大常委会主任：卢金国（任至8月）、邓春水（9月任）。县长：许中伟。县政协主席：李履才。

·崇仁县·

【简　况】 位于江西省中部偏东，抚州市西部。辖8乡7镇，总面积1520.1平方千米，其中城区面积12.3平方千米。耕地面积2.12万公顷，有林面积84651.7公顷，森林覆盖率为59.3%，城区绿化率为29.8%。2011年总人口36.24万人，其中非农业人口7.11万人，有蒙古族、回族、苗族、彝族、壮族、布依族、朝鲜族、满族、土家族、黎族、仡佬族、畲族等少数民族338人，人口自然增长率7.59‰。2011年国内生产总值65.32亿元，增长12.6%。其中第一产业增加值19.07亿元，增长16.0%；第二产业增加值31.44亿元，增长10.0%；第三产业增加值14.80亿元，增长14.9%。第一、二、三产业比例29.2：48.1：22.7。规模以上工业总产值107.96亿元，增长40.3%；规模以上工业增加值19.80亿元，增长18.6%；外贸出口2.12亿美元，增长64.2%。固定资产投资59.16亿元，增长21.3%；实际利用外商投资2090万美元。主要工业产品有互感器2.99万台，变压器1055.46万千伏安，服装1116.3万件，铝材6.96万吨，电动手提式工具31.38万台（均为规模以上工业企业的产量）。农业总产值29.79亿元，增长30.1%。主要农业产品有麻鸡饲养6846.46万只，粮食27.4万吨，棉花1969吨，油料1.9万吨，蔬菜10.7万吨。全县财政收入7亿元，增长39.8%，占GDP值的比重为10.72%，其中税收占财政总收入71.2%；财政支出12.91亿元。农民人均年纯收入8537元，增加1339元。城乡居民年末储蓄余额39.14亿元，增长19.8%；万元GDP能耗0.75吨标煤；二氧化硫排放总量（吨）削减率2.54%；城市污水处理率86%。矿产资源丰富，有原煤、石灰石、花岗石、钨、瓷土、石莹沙等。主要旅游景点有虎毛山风景旅游区、华山寺、龙济寺、观音岩、相山、相山石塔、汤溪宝塔、乐史墓、老虎港。地方特产有麻鸡及其产品、蝎王酒、乌鱼块、变压器、互感器、铝合金锭、电动工具、机制纸、原煤等。

【中央电视台现场录制《乡约江西崇仁》】 11月23日上午，央央电视台七套《乡约》节目组走进崇仁六家桥乡，现场录制一期新农村建设新貌的专场特别节目《乡约江西崇仁》。这期节目由《乡约》栏目主持人肖东波主持，著名笑星奇志、孙晨及气象节目播音员宋英杰亲临现场参与录制。

崇仁县新农村建设成绩斐然，六家桥乡是崇仁县新农村建设的优秀代表。六家桥乡筹资330余万元大力推进新农村建设，实施改路改水改厕工程，新修水泥路20余条、道路总长5370米，铺油路1500多米。依山傍水打造农村新景点，在不改变原始景观和自然生态的情况下，改造三口池塘，建成六合公园、水上乐园和湿地公园，在六合公园、水上乐园旁各建有一休闲凉亭，安装24块石碑。在景点周围安装体育器械，兴建文体室、农家书屋、卫生站、垃圾中转站等基础设施，既丰富了村民生活，又提升了农村公共服务水平。对村庄进行美化亮化，栽种具有观赏性的银杏、喜树、樟树、杜英、红叶石楠球、罗汉松、黄山栾树等各种树木2000多株，还铺设草坪、安装太阳能路灯。

由于六家桥乡新农村建设独具地方特色，央视七套《乡约》节目组专程前来采访制作专场特别节目。该节目于2012年3月10日21时17分首播，3月11日13时22分重播，时长约50分钟。

【“崇仁麻鸡配套品系繁育体系建设”通过国家验收】 自2007年崇仁县被国家科技部、财政部列入“国家科技富民强县专项行动计划县”，“崇仁麻鸡配套品系繁育体系建设”获立项支持。崇仁县委、县政府将实施专项行动项目作为富民强县的关键举措，科学谋划，全力推进。县政府成立专门工作协调领导机构，出台相关配套政策，落实项目匹配资金，有力促进了试点项目的实施。项目实施以来，成效显著。一是成功建成年繁育配套品系种鸡12万套、商品鸡苗2000万羽的实施基地，核心基地荣获国家首批“肉鸡标准化示范场”称号。二是建立麻鸡养殖示范村12个，带动全县麻鸡饲养量迅猛发展，全县年饲养改良崇仁麻鸡达6000万羽，同时带动麻鸡深加工发展，麻鸡产业年产值11.6亿元。三是培训农民9968人次，编印《崇仁麻鸡配套品系饲养管理技术手册》等资料2册，共1.5万余份，成功开发“天然抗氧化提取物应用于优质麻鸡制品生产的新工艺”“优质低温冷藏白条麻鸡生产技术”2项新技术，“块大型崇仁麻鸡新品系培育及配套技术研究”等2项课题研究取得新进展。四是建立比较完善的科技服务体系，完善科技培训机构及硬件建设；建立“崇仁麻鸡产业科技服务信息中心”“崇仁麻鸡疫情监督监测预报防治中心”；设立农民科技咨询热线；选派科技特派员20人入企入户；成立麻鸡行业协会、合作社18家，吸纳社员3000余人。五是成功制定了《DB36/T548－2008地理标志产品·崇仁麻鸡》《DB36/T549－2008崇仁麻鸡生产技术规程》2个省级地方标准。六是每年为全县农民人均增收300元以上，为县财政年增收4500万元以上，吸纳农村劳力2.6万人。2011年2月23日，崇仁县科技富民强县专项行动计划“崇仁麻鸡配套品系繁育体系建设”项目通过国家科技部验收。

【县妇联被评为全国妇联系统先进集体】 崇仁县妇联2011年被全国妇联、人社部授予“全国妇联系统先进集体”称号。

县妇联采取三大举措：一是建立健全妇女组织。实施“区域覆盖”，通过村委会党支部等基层组织，对所属区域内的妇女建立妇女组织，将“妇女之家”建设纳入党建带妇建的重要内容，全县建设“妇女之家”163个，实现100%全覆盖；二是实施“条线覆盖”。县、乡、村三级妇联组织组建率达100%，对县内的非公有制企业，按部门及行业进行覆盖；三是实施“块状组建”。依托“块状经济”进行妇女组织建设，全县150个村委会和13个居委会均建立了妇女组织，配齐配强了村妇代会主任，全县女性进村“两委”率达到100%。

同时，在妇女基层组织中开展“十百千示范”创建活动，2010年，石庄乡七里亭村、巴山镇城北社区被评为首批全国妇联基层组织建设示范村（社区）；石庄乡七里亭村、许坊乡长沙坑村被评为江西省巾帼示范村。创新儿童伤害干预形式，打造儿童安全环境。从2007年实施试点以来，探索出“三联”运作模式：与乡镇联盟、与学校联合、与家庭联结，从而为全县儿童健康成长营造了安全环境，乡镇儿童非致死性伤害发生率由干预前21.6%下降到9.58%，农村儿童溺水死亡、烧烫伤残、雷击伤亡、动物咬伤事件呈明显下降趋势。联合国儿基会项目官员万欢女士指出，儿童伤害干预项目在乡村有效实施，将以江西省崇仁县作为成功模式；他们有很多创新，给全县儿童、百姓带来福音，确实值得推广。

创新小额贴息贷款方式，催生妇女“致富群体”。崇仁县妇联在全市率先启动妇女小额贴息贷款工作后，积极探索创新担保方式，由原先2名公务员担保一种方式延伸至4种反担保方式，担保风险由县联社承担70%、县小额担保中心承担30%，并扩大贷款对象，仅2010年，全县女性小额贷款520人，共贷款2463万元。同时，推出“小额贷款+创业培训”计划，对贷款妇女实行“订单式”与“快餐式”相结合免费培训，并建立起“三级培训”体系，带动妇女创业，促使小农户组成大基地，小投入形成大产业。这一做法得到上级有关部门赞赏，并在全省推广。

创新“平安家庭”创建内容，提升家庭稳定因素。在开展“平安家庭”创建活动中，创新活动内容：一是完善工作机制，形成工作合力，使“两纲”主要指标基本达标，得到省“两纲”终期督导组的肯定，同时，明确未来全县妇女儿童发展的重点。并与“五好文明家庭”“学习型家庭”“廉洁家庭”和“和谐家庭”评选活动有机结合起来；二是坚持在维护妇女权益中履行“平安家庭”职责，开展“三八维权周”“法律大讲堂”活动，建立遍布城乡社会化维权网络，与公安部门联合成立15个“妇女维权投诉部”，在乡镇派出所设立15个投诉站，开通“110”家庭暴力报警电话和12338服务热线；三是在帮扶弱势群体中体现“平安家庭”的宗旨。2010年，通过开展“春蕾计划十元捐”“爱心妈妈结对帮扶”等活动，募集资金30余万元，资助一批贫困女童上学。同时，为农村4000余户独生子女家庭购买保险，并成立“留守儿童俱乐部”，动员社会各界成功人士资助60名孤儿上学；四是在各乡镇示范点设置“平安家庭”工作宣讲站，开展崇仁交通安全进“乡村茶馆”、进“百姓家门”和妇女“远离牌桌，走近书桌”活动，组织妇女参与“平安、健康家庭”大行动。2009年评选了54户市级特色家庭，“平安家庭”创建率达100%。

【被评为省级区域出口基地】 4月2日，崇仁县被省商务厅认定为“第二批省级区域出口基地”。崇仁县积极实施大开放主战略，抢抓机遇，大力招商引资、扶持企业发展，工业园区经济呈现快速增长态势，形成了初具规模的产业集群。到2010年，形成机电制造、纺织服装、轻化工业、食品药品、有色金属加工及汽车装饰配件等六大经济集群格局，引进企业及上下游配套企业92家。一是倾力做优省级变电产业基地，打造了一批“崇仁制造”品牌产品，塑造了一批知名企业，形成了一批现代制造企业群，以江西变电、亚珀电气等为代表的27家机电制造业发展迅速，其中江西变电产品畅销50多个国家和地区。二是全力打造“纺织服装产业带”，形成了以江西省三益服装发展有限公司等为龙头的13家企业纺织服装制造群。三是做大做强“轻化工业经济圈”，形成了以天行化工等为代表的6家轻工化工企业集群。四是稳步拓展“食品药品工业群”，重点发展崇仁麻鸡、树莓等特色食品加工、绿色、休闲及保健食品，扶持天地缘等为龙头的8家食品药品企业做强做大。五是着力发展“有色金属加工产业方阵”，形成了以万鑫铜材等为代表的有色金属加工及五金制造产业稳步崛起。六是大力构建“汽车装饰配件产业链”，以鸿祥、艾迪为代表的新兴产业逐步成长。拥有一批出口龙头企业。形成一批以江西天行化工有限责任公司等为龙头的12家外贸出口企业，其中生产性企业8家，贸易流通企业4家，2010年外贸出口完成1.28亿美元，其中出口过千万美元企业有5家；另外还有一批生产型出口企业已办理或准备办理外贸出口备案经营权证。

拥有良好的外贸出口发展环境。专门成立了外贸进出口工作领导小组和工作协调小组办公室，在人力、物力、财力以及政策上提供支持；县主要领导把外贸出口工作列为“一把手”工程来抓，带头协调外贸出口企业在生产经营过程中遇到的重大问题，近几年来，先后就融资问题召开10多次银企座谈会，协助抚州东鸿进出口贸易有限公司等8家企业融资1.6亿元；设立外资技改专项资金和外贸出口扶持资金，共拨付资金1000多万元。拥有承接产业转移的“一园五区”，形成“一园五区”承接产业转移的基础平台。工业园区位于抚八线两侧，规划面积20平方千米。2011年实现主营业务收入101亿元，跨入“百亿工业园”门槛，上交税金2.2亿元。

（杨文才）

主要领导人 县委书记：谢祖鹏。县人大常委会主任：杨月兰（任至9月）、龙雪荣（9月任）。县长：彭银贵（任至6月）、程新飞（6月代，9月任）。县政协主席：魏友旗。

·乐安县·

【简　况】 位于江西省中部抚州市西南部，辖9镇、6乡、1个农林垦殖场，总面积2412.59平方千米。有耕地面积2.23万公顷，林地面积18.48万公顷。林木绿化率69.7%。总人口36.34万人，其中乡村人口27.57万人，人口自然增长率为7.82‰。有畲、回、蒙、苗等10多个少数民族，其中畲族人口最多，有4800多人。2011年实现生产总值34.55亿元，同比增长12.4%。其中，第一产业增加值7.20亿元，增长0.8%；第二产业增加值13.75亿元，增长17.4%；第三产业增加值13.59亿元，增长14%。第一、二、三产业比例为20.8∶39.8∶39.4。工业企业实现总产值11.66亿元。主要工业产品有蚕丝496吨。农业总产值13.36亿元。主要农产品有粮食25.08万吨、油料1824吨、烟叶5132吨、家禽出笼157.59万只、肉类总产量9769吨、水产品7500吨。财政收入4.27亿元，支出12.59亿元。农民人均纯收入3607元，同比增加625.19元。城乡居民年末储蓄存款42.37亿元。主要旅游景点有胡耀邦祖籍地浯塘村；全国重点文物保护单位、首批中国历史文化名村、董必武祖籍地“千古第一村”流坑村；山势巍峨、奇峰独秀、素称“江南绝顶三峰”的大华山，气势恢宏兼有庐山瀑布之秀美和黄果树瀑布之雄奇的金竹26处的瀑布群；民族英雄文天祥幼时读书的石桥古寺；著名的明代董裕墓；千年古樟树群落等。主要矿产资源有花岗岩、萤石矿、钨矿等。地方特产有竹笋、霉豆腐、茶油、蘑菇等。

（王国庆）

【油茶产业成效显著】 该县紧紧抓住国家和省市推动油茶产业发展的良好机遇，把发展油茶产业提到促进农村经济发展、增加农民收入、改善生态环境的高度和作为绿色经济、生态崛起的战略举措来谋划，按照“一个龙头企业，1.33万公顷油茶基地，万千农民参与”的思路目标精心打造。“一个龙头企业”就是成功引进澳门客商高永快的“江西省高氏油茶产业发展有限公司”，投资8.8亿元打造6666.67公顷高效油茶示范基地和年产油脂6000吨的茶油精深加工企业。“1.33万公顷油茶基地”就是在全县各乡镇新造高效油茶林1万公顷（其中高氏公司在龚坊、戴坊、山砀和公溪4个重点乡镇新造6666.67公顷，带动周边及其他乡镇群众新造3333.33公顷），原有老油茶基地改造3333.33公顷。“万千农民参与”就是带动种植基地范围内的3万农民种植发展油茶产业。

2011年，全县已完成林地流转面积4000公顷，种植高效油茶林2800公顷（其中高氏公司完成2133.33公顷，带动周边群众新造高效油茶林666.67公顷），并实施完成了国家高产油茶良种苗木基地40公顷。通过江西省高氏油茶产业发展有限公司实施油茶产业示范基地建设，将充分调动企业、社会和农民参与油茶产业发展的积极性，提高油茶产品的产量、质量和效益，增加农民收入，促进经济发展。

【严格依法用地成绩突出】 2011年，乐安县获得2011年度全省依法用地模范县称号。该县的主要做法：一是加强动态巡查，从源头上杜绝违法用地的发生。动态巡查是及时发现和早期制止违法用地的重要途径，通过频繁的巡查，推进了执法关口的前移，切实做到了对各类违法用地的早发现、早报告、早制止，大大提高对违法用地的防控水平。2011年，该县国土执法监察大队对全县15个乡镇共巡查180多次，共发现和制止农民违法占用耕地建房110余件，拆除农民占用基本农田建房12幢，联合城市管理局拆除非法占地的建筑物11件，退还土地约2100平方米。二是突出工作重点，扎实做好卫片执法检查和违法违规用地整治工作。以2010年度卫片执法检查为契机，上下联动，重拳出击，扎实做好违法违规用地的整治工作。(1)积极整改，争取各项工作主动。对国家和省、市重点工程、民生工程、公共设施等存在的违规用地问题，抓紧处理，抓紧报批，尽快完善用地手续。对不符合国家产业政策、违反土地利用总体规划，特别是占用耕地和基本农田的违规违法用地坚决依法予以拆除，并全面复耕到位。(2)敢于碰硬，坚决查处违法行为。2011年，全县查处土地违法案件9宗，申请法院强制执行1宗，按照“既处理事又处理人”的原则，全部依法查处到位。(3)狠抓典型案件查处，推动整改工作深入开展。选择具有代表性的典型案件，实行公开曝光、公开查处、公开处罚、公开处理结果，达到查处一案、警示一方，处理一人、教育一片的社会效应。三是加强联合执法，开展集中整治“三违”专项行动。为了有效制止和严厉打击违法占地、违法建设和违法交易的“三违”行为，该县开展集中整治“三违”专项行动，并召开专门会议进行部署。成立了由监察、城管、住建、国土、公安、财政、供电、林业等相关单位组成的专项工作领导小组，组建了专门的联合执法队伍，严厉打击各类“三违”行为。

【乐安竹笋获国家地理标志产品保护】 11月3日，乐安竹笋被国家质检总局批准为国家地理标志产品，并正式获得保护。乐安县毛竹资源丰富，毛竹林面积达1.87万公顷，是全国商品木竹基地县和江西省重点林业县。该县竹笋加工历史悠久，早在宋代，民间就有加工盐渍笋、水煮笋、压榨笋干的传统。该县在继承传统工艺的基础上，不断引进现代化的生产设备和先进的生产加工技术，改进传统生产工艺，研发新产品，促进了竹笋产业的迅猛发展。竹笋以其外形完整、大小一致、色泽自然、鲜嫩可口、营养丰富等独特的品质受到广大消费者的青睐，已开发出清水竹笋、真空包装竹笋、竹笋罐头等30多个系列产品，产品远销到欧美、东南亚等地，并正式获得保护。

【湖坪村被评为江西省第四批省级历史文化名村】 湖坪村坐落于乐安县湖坪乡，方圆25平方千米，村子四面群山拱抱，秀峰叠翠，灵秀飘逸，与“千古一村”流坑接壤。湖坪村历代文人、官宦甚多，文化昌盛，誉称“文献世族”。“装故事”戏，是湖坪王氏独特的民间文化，至今已有1000多年历史，是中国历史文化中的一枝奇葩。

虽历经一千多年的沧桑，几遭战火、兵匪的浩劫，全村还基本保存明清时代的格局。现有明清古建筑300多处，主要有住宅、祠堂、书院、牌坊等，房屋为砖木结构，一色青砖灰瓦，高峻的风火干墙，气派昂扬。湖坪古村布局合理，每个自然村都有排水道，与水塘相通，每个排水塘有水渠，排出村外。整个大村相互衔接，规划设计科学合理，为各朝风水家、建筑家所赞叹。湖坪村多处古建筑被列为县、省重点文物保护单位。

湖坪村是革命老区。在湖坪村众多的古建筑中，又以大湖坪整编旧址——国宝公祠最具有历史和现实意义。该公祠始建于清乾隆庚申年，占地面积2300多平方米，属五进式砖木结构。1933年5月，红军一、三、五军团在该祠进行整编，该祠及周边操场成为军团主力的驻地和练兵场，并在此成立了“东方军”。国宝公祠历经几百年沧桑，仍保存完好，已列入省文物保护单位。

【卉佳幼儿园被评为省级示范幼儿园】 卉佳幼儿园创建于2003年3月，坐落在乐安县商贸北大道，占地面积1.4万平方米，建筑面积7300多平方米，环境绿化、教学设施、建筑面积及幼儿活动面积均达到省级示范园标准。

卉佳幼儿园自创建以来，认真落实教育部颁发的《幼儿教育工作规程》和《幼儿教育指导纲要》精神，承担了省、市、县多个教学科研课题，先后被评为蒙氏数学、蒙氏阅读课程教育示范基地，抚州市职业技术学院艺术系教育教学实习基地，中国教育学会“十一五”课题项目实验园，台湾康轩文教集团项目实验园，抚州市示范幼儿园,中国儿童画教育百佳校园等先进单位。2011年12月,卉佳幼儿园顺利通过省级示范园的评估,被评为江西省省级示范幼儿园。

【加强惠农补贴资金"一卡通"发放工作】 2011年,乐安县荣获江西省财政惠农补贴资金"一卡通"发放工作先进单位。

县委、县政府一直对惠农补贴资金管理很重视,2007年7月就正式启动惠农补贴资金管理制度和支付方式,及时开通城乡联网的惠农补贴"一卡通"发放网络系统。5年来,通过"一卡通"发放粮食直补、综合直补等惠农补贴资金项目21个,发放财政惠农补贴资金1.59亿元,资金发放率达100%,惠及农户6.25万户。

【环境保护工作成绩突出】 2011年,乐安县环保局评为全省环境保护重点工作先进单位。该县认真处理环境保护和经济发展的关系,切实解决环境突出问题,圆满完成各项环境保护目标任务,为推动经济发展方式转型、构建生态文明作出积极贡献。一是以完成污染减排为目标,全力推进环境质量改善。制定"十二五"主要污染物总量减排工作方案,落实"十二五"主要减排计划项目20个;积极推行工程减排,加强城镇污水处理厂的监管,促其正常运行,两个农业工程治理项目,全部按治理要求落实到位;动真碰硬淘汰落后产能,依法关停谷岗鸿达造纸厂和乐安县水泥厂。通过以上举措,超额完成年度减排目标任务。在实行减排的同时,严把项目准入关,抵制新增落后产能,支持技术含量高、污染物排放少的新项目,控制污染排放总量。二是以征收排污费为抓手,不断加大环境执法力度。严格依法依规及时征收排污费。全年征收排污费171.5万元,完成年计划任务100.8%,同比增长42.9%;依法关停生产工艺落后、污染严重企业4家,限期改正企业16家;环境行政处罚案件8起,处罚金额52万元,占指标任务104%;同时严格执法程序,做到事实清楚、案件规范,被省法制办评为"优秀行政处罚案卷三等奖"。三是以环境信访处置为重点,努力维护公众的环境权益。面对凸显的环境信访问题,该县环保局调整充实了综治办力量,设立矛盾纠纷调解室,坚持每月一次信访包案协调会制度,坚持领导接访、带信下访制度,做到有报必接,有接必查,畅通了环境投诉渠道,有效化解了环境信访矛盾。信访投诉件31件,均已办结,办结率100%,辖区内没有发生一起因环境问题引起的群众集体上访、越级上访事件。对公溪腾飞造纸厂和鸿达造纸厂的关停,态度坚决,供电公司、镇政府全力配合,实施断水、断电措施,按时间节点实现厂关事了。9月份在鳌溪镇桥陂村"精米加工厂"内,仅用5天时间从重从快依法取缔关闭一家铅酸蓄电池组装"三无"企业。四是以生态创建为契机,稳步推进农村环境整治。坚持"示范一个,成功一个,带动一片"的工作理念,积极开展生态创建活动,乡镇均完成《生态乡镇建设规划》编制工作,2个乡镇获得"省级生态"乡镇称号,1个村授予"国家级生态村";1个乡和1个村分别申报"国家级生态乡"和"国家级生态村"的创建工作,4个乡镇已申报省级生态乡镇创建工作。为扩大环保宣传,强化公民节能减排意识,努力营造家庭参与低碳生活的良好氛围,与县妇联共同开展"迎'三八'低碳生活从我做起"及"百、千、万家庭低碳示范"活动。开展生态创建示范活动,收到"环境改善、群众受益"的良好效果。

【蚕桑产业形成"公司+基地+合作社+农户"的模式】 蚕桑是乐安县的传统优势产业。县委、县政府始终把蚕桑产业作为农业主导产业之一来抓,按照"依托一个企业,建设一个基地,培育一个产业,打造一个品牌"的工作思路,坚持以市场为导向,以效益为中心,以龙头企业为载体,突出基地建设,扩大产业规模,转变发展方式,加快产业升级,实现了"基地建设、蚕茧产量、蚕农效益、工业产值和财税收入"各项指标稳步、健康、快速发展。2011年,全县有龙头企业1家,蚕茧收烘基地、小蚕共育基地各1个,蚕桑专业合作社4个,带动农户2000余户,桑园面积达到800公顷,初步形成了"公司+基地+合作社+农户"的产业化发展格局。在发展过程中,广信茧丝有限公司充分发挥龙头带动作用,建立了小蚕共育基地和蚕茧收烘基地,组建了4个"农民蚕桑专业合作社",与蚕农签订产品收购合同,制定最低保护价,直接为广大蚕农无偿提供技术服务和产品订单收购服务,企业与蚕农利益共享、风险共担,促进了蚕桑产业的良性发展。8月,省商务厅调研组到乐安考察调研时,对乐安县蚕桑产业发展方式给予肯定,并称之为"乐安模式"。

【《乐安红色经典》出版发行】 乐安在第二次国内革命战争时期,是中央革命根据地的重要组成部分,同时也是全省31个苏区全红县之一。为弘扬苏区精神,展示乐安红色经典,2011年底乐安县地方志办编纂出版发行《乐安红色经典》,省委党史研究室主任,教授、博士沈谦芳为本书作序。全书从乐安党政组织发展壮大、苏区建设强基固本、重大事件历史存真、开国元勋转战乐安、文献墨宝褒扬乐安、高层挥毫激励乐安、革命遗址教育基地、重要战事温故警新、红色之最精华荟萃、杰出先驱立传存史、舍身忠骨英名千秋等11个方面详细讲述了乐安苏区革命斗争的厚重历史,以翔实的资料充分展示了乐安苏区革命斗争以及乐安人民为革命事业和新中国成立作出的重要贡献。

(王国庆　周竹平)

主要领导人 县委书记:李来木(任至5月)、徐建辉(6月任)。县人大常委会主任:张梅生(任至9月)、陈绍平(9月任)。县长:徐建辉(任至5月)、姚飞翔(9月任)。县政协主席:杨水生(任至9月),李以庚(9月任)。

·宜黄县·

【简　况】 位于江西省中部偏东、抚州市中南部,辖7镇、5乡、1个工业园区、2个垦殖场。总面积1944.2平方千米,其中耕地面积1.81万公顷,森林面积15.4万公顷,森林覆盖率为75.1%。总人口22.98万人,其中非农业人口4.01万人,人口自然增长率(按人口抽样调查数)7.52‰。2011年实现国内生产总值32.19亿元,同比增长13.3%。其中,第一产业增加值6.41亿元,同比增长1.8%;第二产业增加值18.74亿元,同比增长20.1%;第三产业增加值7.04亿元,同比增长7.8%。一、二、三产业比例为19.9:58.2:21.9。规模以上工业企业实现产值54.11亿元,增长44.2%。主要工业产品有棉纱0.57万吨、有色金属2.17万吨、机制纸及纸板6.36万吨、塑料制品19.57万吨、人造板8.92万立方米。农业总产值11.47亿元,同比增长12.7%。主要农产品有稻谷13.92万吨、油料2041吨、烟叶3250吨、蔬菜9.05万吨、水果3032吨。财政总收入4.87亿元,同比增长35.3%,其中地方财政收入3.96亿元,同比增长44.6%。财政支出9.74亿元,同比增长29.74%。农民人均纯收入6797元,同比增加1068.4元。城乡居民年末储蓄余额24.37亿元,增长21.56%。

【被列为"十二五"全国水电新农村电气化规划县】 宜黄县境内有宜水、黄水、曹水、梨水、蓝水等5条水系,水能蕴藏量达11.78万千瓦,可开发量为4.6万千瓦。近年来,全县投入水电建设资金1.2亿元,拥有水电站94座,总装机容量5.6万千瓦,年发电量2亿千瓦小时,电网供电可靠率以及晚上高峰时段农村用电保证率在99.5%以上。6月,宜黄县被列为"十二五"全国水电新农村电气化规划县,江西省只有18个县被列入。

【宜黄全民健身活动被评为全国先进】 宜黄县继2009年全民健身活动受国家体育总局表彰,2011年又被评为"2011年全国全民健身活动先进单位"。宜黄县坚持社会体育社会兴办、全民健身全民参与的原则,组织开展"万人健步行"、乒乓球赛、篮球赛、门球赛等一系列丰富多彩的全民健身活动,利用广播、电视、报刊等媒体广泛宣传全民健身运动,不断增强人民群众体育健身意识。把全民健身活动同经济、社会事业协调发展有机结合起来,加大对体育的投入力度,先后建成华南虎文化广场、亲水湾公园、卓望山森林公园等一批群众健身场所。在乡村,建成集娱乐、健身、休闲于一体的乡镇综合文化站8个,极大地改善体育基础条件,为广大人民群众积极参与健身活动提供广阔的空间。

【城镇居民社会养老保险试点工作取得成效】 7月,宜黄县被确定为全国第一批城镇居民养老保险试点县。试点工作正式启动实施以来,该县高度重视,成立由县委副书记、县长任组长的宜黄县城镇居民社会养老保险试点工作领导小组。该县拿出20万元作为开展城镇居民养老保险试点经费,不断推进试点工作的覆盖面。充分利用广播、电视、横幅、宣传单、宣传车等大力宣传,使这一惠民工程家喻户晓。不断增强服务意识,提高服务质量,切实做好保险费收缴与养老金发放工作,试点工作取得明显成效。至2011年底,参保人数832人,其中缴费人数为65人,缴纳资金为3.27万元,年过60岁直接领取基础养老金人员数767人,基础养老金支出25.31万元,覆盖率在全市范围内位居首位。

【《中国共产党宜黄历史》(第一卷)出版发行】 12月,宜黄编纂的《中国共产党宜黄历史》(第一卷)由中共党史出版社出版发行。该书是一部反映中国共产党领导宜黄人民进行新民主主义革命的书籍。融历史性、现实性、资料性为一体,运用辩证唯物主义和历史唯物主义的观点,真实记述宜黄人民在党的领导下不甘屈辱、不畏强暴、前仆后继、浴血奋战的历史进程,反映1921~1949年来中共党组织在宜黄建立、发展、壮大的历史。全书共4章15万字、30幅历史照片,用编年体例记事方法编纂。该书观点鲜明、史实准确、语言朴实、结构合理、内容全面,具有权威性和可读性,是一部了解宜黄革命历史、进行革命传统教育的历史读物。

【移民扶贫让百姓受惠】 2011年,宜黄县积极稳妥地对居住在深山区、库区和地质灾害区群众开展移民扶贫工作。采取政府引导和群众自愿相结合、集中安置和投亲靠友分散安置相结合等办法,积极做好移民安置工作,精心编制《宜黄县2011年移民搬迁扶贫工作实施方案》,共争取上级移民搬迁扶贫补助资金770多万元,逐步提高移民扶贫补助标准,把工作做深、做细,引导山区贫困群众从"要我搬迁"到"我要搬迁"转变。为让移民群众既能搬得出,更能稳得住,该县在移民新村建设中,坚持以移民满意为重,高标准规划、高质量建设,并协调交通、水利、供电等部门为移民新村实现通路、通水、通电,并做好配套基础设施建设,大大方便群众生产、生活。对移民户按照宜农则农、宜商则商、宜工则工的原则,有针对性地制定发展致富规划,通过专业技术培训、发展科技扶贫项目、组织劳务输出、开展小额信贷等措施,使每个搬迁户有地种、有活干、有挣钱门路。同时培育扶贫龙头企业和扶贫经济合作组织,利用其扶贫带动功能,促进农民增收和农村经济发展。2011年,全县新建移民搬迁集中安置点8个,完成移民搬迁安置1991人,其中:集中安置191户909人,分散安置1082人,整体搬迁率达100%。

【"双拥"工作成绩突出】 1月11日,在全省双拥模范城(县、区)命名表彰大会上,宜黄县被省委、省政府、省军区命名为"双拥模范县"。

宜黄县是一个有着悠久革命历史的红色老区县。近年来,该县坚持将"双拥"工作列入各单位年度综合目标考核。成立由县委书记任组长的"双拥"工作领导小组,落实专项工作经费,实行军地合署办公,各级党委、政府将"双拥"列为"一把手工程",形成"上下一条线、纵横连成片,各级有人抓,事事有人干"的"双拥"工作管理服务网络。该县每季度至少召开一次县"双拥"工作领导小组会议,专题研究布置"双拥"工作。将春节走访慰问、"八一"座谈联谊、清明悼念先烈、军警民共建等活动形成制度长期坚持。坚持以《国防教育法》《兵役法》《军人抚恤优待条例》为重点,把双拥宣传和国防教育当作夯实双拥工作思想基础的系统工程来抓,进一步增强广大干部群众的国防观念和双拥意识,形成了自上而下学习国防知识、支持国防建设、军民齐心、军地共建的良好氛围。同时将"双拥"工作纳入《乡规民约》《村(居)民自治章程》的内容,使该县"双拥"工作有章可循,按制运作,走上制度化、规范化轨道。全面落实优抚安置政策,不断提高优抚保障水平,共发放重点优抚对象住房难补助资金9.25万元。每年春节和八一期间走访慰问困难重点优抚对象300余人次,发放慰问金9万余元。切实帮助驻宜部队解决训练、战备等工作、生活中的困难和问题。

【万友蔬菜种植专业合作社实现农超对接】 8月17日,上海乐购、大润发、迪亚、济洪4家连锁超市负责人到宜黄,实地考察万友蔬菜专业种植合作社,并当场与该合作社签订180万千克毛芋和60万千克西红柿"农超对接"意向性协议书,使蔬菜的销售价格比普通地头收购高20%~30%,每亩增收近千元。

宜黄万友蔬菜种植专业合作社一直致力于为社员服务,至2011年,社员有167户,分布于宜黄县大部分乡镇的20多个村,社员蔬菜种植面积93.13公顷,辐射种植面积近200公顷,蔬菜品种齐全、丰富多样,冬笋和富硒稻米于2010年12月在华联超市上架销售。合作社寻求多方合作,与龙头企业以及相关产业联姻,形成集生产、储藏、加工、销售于一体的农业产业链,促进农民增收。

(罗来福)

主要领导人 县委书记:李智富(任至5月)、江玉兰(7月任)。县人大常委会主任:黄华强(任至9月)、万贻茂(9月任)。县长:毛宗保。县政协主席:曾建军(任至9月)、谢光明(9月任)。

·金溪县·

【简 况】 位于江西省东部,辖7镇6乡。总面积1358平方千米,耕地面积2.48万公顷,有林面积7.04万公顷,森林覆盖率56.7%。总人口30.5万人,其中非农业人口5.84万人,人口自然增长率7.52‰。全年实现国内生产总值45.6亿元,同比增长14.2%。其中:第一产业实现增加值为9.9亿元,增长10.3%;第二产业实现增加值为21.0亿元,增长18%;第三产业完成增加值14.7亿元,增长11.5%。一、二、三产业比为21.6:46.1:32.3。全县规模以上工业企业实现产值46.3亿元,增长40.7%;主要工业产品有:大米加工产值13284万元,化学纤维布1880万米,农业总产值16.9亿元,增长12.7%。主要农产品有:稻谷28.38万吨,梨2.9万吨,茶叶1922吨,肉类总产1.4万吨。地方财政收入4.42亿元,同比增长39.4%;财政总收入6.02亿元,同比增长41.6%;支出10.56亿元,同比增长23.2%。农民人均年纯收入6991元,同比增加857元。城乡居民年末储蓄余额31.72亿元,同比增长22.2%。

【荣获"全国文明县城"称号】 2011年,金溪按照"东改、西移、南延、北扩"的城市发展总体思路,高起点地组织开展《金溪县城市总体规划(2010—2030)》第三轮修编;完成了城区绿地系统规划、"十二五"基础设施专项规划以及城区给水、排水、道路、燃气、消防、环卫等专项规划的编制,组织开展了白马大道、金溪大道、职业中学至波尔山庄等城区重点区域控制性详规和工业园A区城市设计的编制。大力实施亮化、美化、绿化、净化、序化、文化工程,进一步提升城市建设和管理水平。狠抓城区"两违"专项整顿,共受理主动申报104户,拆除"两违"建筑40余栋,维护了县城建设秩序。新商贸城正式投入使用,提升了该县商贸业的整体档次。旅游、物流、金融担保等现代服务业得到较大发展,已成为拉动县域经济的重要支柱,进一步增强了城市的凝聚力、辐射力和带动力。县城建成区较上年扩大0.5平方千米,达到12.75平方千米,城镇化率达44.7%,较上年增长2个百分点。金溪县在连续荣获全省园林城市、全省第二届和第三届文明城市的基础上,积极创建第三批"全国文明城市",并争创成功。同时还荣获"中国宜居宜业典范县"的称号,成为全省唯一获此殊荣的县。

【创建全国双拥模范县】 11月,金溪县被省人民政府列入全国双拥模范县推荐名单。全县有残疾军人、"三属"、在乡老复员军人、带病回乡退伍军人、参战退役人员等重点优抚对象1000余人;该县以"同呼吸、共命运、心连心"为总目标,在创新中突破,双拥工作整体水平得到不断提高。

2011年,金溪县开展"爱中华、奔小康、强国防"万人签名活动、"情系国防"征文暨演讲比赛活动、国防教育宣传图片巡回展活动和参观军营、听军事课、体验实弹射击、参加军事日、走访慰问军民文艺联欢等形式多样的双拥活动,强化了全民双拥意识。在落实优抚安置政策上,确保重点优抚对象抚恤补助和优待金足额社会化发放,妥善安置城镇退役士兵,发放自谋职业补偿金高标准补助;医疗保障措施方面,使重点优抚对象住院医疗费用报销比例达到80%以上,落实"一站式"即时结算服务体系;坚持落实"安居先安优、解困先解优、低保先保优、救助先救优"的原则,妥善解决优抚对象住房困难。全县近千名副科级以上领导干部与千余户特困优抚对象"联姻结亲",包户扶助,登家门,解困难,送温暖。该县始终把支持部队建设放在重要的位置,为县人武部的新营房建设无偿划拨土地1.33公顷,配备建设资金610万元,并积极帮助部队解决各种实际问题。

驻县部队牢记拥政爱民的根本宗旨,把驻地当故乡,视人民为靠山,在完成战备、训练等任务的同时,积极支援地方建设,为当地政府和群众办实事、办好事,在抢险救灾中当尖兵,在文明创建中当标兵,在维护稳定中当卫兵,在扶贫帮困中当先兵;县消防大队为学生上消防知识课、国防教育课、军事训练课100多个课时,成立"119"联动青年志愿者服务站,向全社会作出"有险必救、有难必帮"的承诺。

【县文化馆成为国家一级馆】 11月11日,金溪县文化馆被国家文化部评定为国家一级馆。近年来,该县高度重视公共文化服务体系建设,加大财政资金的投入,从文化馆软硬件设施配置,到人才队伍的建设,给予大力支持。该馆精心设置服务项目,积极开展群众文化活动,进行文艺创作、排练;辅导业余文艺团队,组织各类艺术培训,举办各类艺术展览,积极开展"非遗"申报、保护工作,不断满足了人民群众日益增长的文化需求。2012年3月25日,县文化馆向社会免费开放。

【强化管理实施古建筑生态保护】

继2010年竹桥古村被评全国历史文化名村之后，2011年，金溪县把古建筑保护纳入城乡建设规划，制定下发《在新农村建设中加强文物保护工作的意见》等6份专门文件，下拨古建筑和文物古迹造册登记经费。县文物主管部门对这564处古建筑进行拍照、登记、分类、挂牌，采用全球定位系统确定其地理位置，建立永久性档案，明确保护责任人，实施挂牌保护，并制定属地管理机制，由古建筑所在乡镇负责日常维护和管理。该县规定，凡涉及古建筑文物及其构件出境，公安、工商、林业检查站可先行扣压，经文物主管部门认定后再做处理。挂牌保护的古建筑如需维护、迁移，须向县文物管理部门申请，否则不予办理用地、建房手续；坚决杜绝擅自拆除、买卖、拆旧建新等现象发生，并对群众加强文物保护宣传，通过广播、电视、报刊及举办文物古迹图片展等形式，全面介绍文物保护知识和相关资料。该县筹建"乡、村、组、户"四级保护网络，指定专人负责，层层签订责任状，确保任务到村、责任到人。浒湾、石门、琉璃等乡镇将文物保护经费纳入每年财政预算，用于对文物保护单位及保护点的抢救、修缮及日常维护。各乡镇根据自身实际，建立领导包点制、月查制、属地管理制及有关奖惩制度，完善乡规民约和村规民约，充分调动各方积极性，依法加强对文物保护单位和保护点的巡查保护，确保文物不流失、不被盗。在乡村成立古建筑保护理事会，负责为古建筑打扫卫生、检修屋漏、防火防盗防白蚁等事务，防范古建筑被私自拆毁、迁移、买卖等。

【"三大灌区"不收灌溉费】 金溪县有三大中型灌区（高坊、马街、芦河），总设计灌溉面积1.13万公顷，实际灌溉面积6400公顷，主要担负10个乡（镇、场）的农田灌溉任务，是该县农田灌溉的骨干工程和命脉工程。为切实减轻农民负担，确保各项强农、惠农政策落到实处，2011年，县政府对该"三大灌区"免征农业灌溉水费，改由县财政统一负担。为保障"三大灌区"水费取消后各灌区的正常运转，将灌区公益性部分的工程日常维修养护经费、工程除险加固、灌区清淤、工程更新改造资金全部纳入县级财政预算，由县财政统一安排，使农民种地真正实现"零负担"，12万余农民从中直接受益。水费取消后，各水管单位取消繁琐的水费收缴环节，岗位职责也从经营型向服务管理型转变，腾出更多精力和财力做好渠系的维护和管理，更好地服务灌区、服务灌区群众。

【加快农网改造升级建设】 7月11日，金溪县供电公司为加快推进城乡电网一体化建设，解决"十二五"期间农村电网"卡脖子"问题，投入农网改造资金，推进农网改造升级建设。为确保中央惠农政策落到实处，该公司早动手、早谋划，重新对全县电网状况进行了拉网式的摸底调查，认真查找电网存在的薄弱环节，并针对电网现状，结合地方"十二五"规划和电网发展要求，确立了以解决主网网架薄弱、农配网"卡脖子"问题为核心，以集中解决中低压配网安全性能差、供电能力不足、客户端电压质量低为着力点，采取集中资金、集中规划、集中施工、集中管理模式，全面推进农网升级改造。工程共计投入资金2264.6万元，新建35KV输变电工程、10KV线路19.047千米、0.4KV线路13.504千米、配变650KVA/12台；改造10KV线路24.26千米、0.4KV线路100.084千米、配变1450KVA/15台、户表工程3075户以及信息、光纤电缆工程等。

【熊文辉慈善捐赠】 熊文辉是该县浒湾人，在外创业，始终情系家乡，多次向该县进行慈善捐赠。2007～2010年先后4次累计捐资246万元，兴建浒湾中学（现金溪三中）和美化、绿化浒湾镇老街。7月8日，熊文辉向金溪县卫生系统捐赠8辆救护车（总价值160万元），改善了该县救护水平。

【王澍华捐赠画作】 12月2日，画家王澍华捐赠画作暨书画展仪式在金溪县会展中心举行。王澍华是从金溪县走出去的当代著名美术家、书法家，自学成才，擅国画、精楷书，是中国国画家协会理事、王羲之基金会会员、中国艺术投资协会名誉副会长，退休前是云南省昆明师专附中美术教师。王澍华一直关心家乡的建设发展，为推动家乡文化事业的发展发挥光和热，曾3次在家乡举行书画展。此次捐赠的有山水、花鸟、人物、风光、书法等书画作品40余幅。

【万余农民乐当樟园工人】 金溪县倾力发展香精香料产业，成立香精香料产业协会，建设333.33公顷香精香料产业园，入园企业29家。同时，该县强力推进香精香料原料林基地建设，积极探索土地流转新机制，采取土地出租、土地置换、土地转包等多种形式，实现芳樟栽种规模化、集约化。既为香精香料龙头企业规模栽种芳樟提供土地保障，又为当地农民提供樟园管理等就业岗位。此外，比较丰厚的土地租金也为一些想创业的农民提供创业启动资金。截至12月，该县已成功流转3466.67公顷土地用于芳樟规模化栽种，1万余农民在家门口当上"樟园工人"，管理樟园、熬炼樟油，一手收租金，一手领薪水。

【交警事故处理实行"三级调解"】 2011年，金溪县交警大队事故处理工作实行"交警调解、人民调解、司法调解"三级调解制度，利用多种手段、各种渠道化解矛盾。县交警大队成立"交通事故速裁法庭"，法庭由2名法官专门对交通事故纠纷案进行受理、调解、审判。1月，该大队实行事故处理人民调解员制度，聘请3位多年从事司法工作的老同志担任交通事故调解员。在事故处理工作中，先由民警调解，再由人民调解员调解，然后到法院司法调解。通过三级调解，群众（当事人）法律意识得到提高，对事故处理有了更进一步的理解。县交警大队简化手续，解决矛盾，同时使受害者的合法权益得到更有效的保护。

【消防战士涵洞解危急】 8月14日，金溪县合市镇坪上水库的一条长达400多米的涵洞内有3人被困，生死不明，情况万分危急。县消防大队接到群众报警后，迅速出动一辆抢险救援车，7名官兵火速赶赴现场，并通知当地派出所和急救中心到场进行配合。到达现场后，消防队员立刻向当地群众了解涵洞结构情况，初步得出结论是由于涵洞内供氧不足，被困人员在涵洞内因长时缺氧导致体力不足被困。消防指挥员带领两名战士佩戴空气呼吸器携带安全绳、强光手电等器械进入涵洞内部进行侦察，进入涵洞内约250米处，发现3名被困群众，其中一人因长时间缺氧处于半昏迷状态，指挥员立刻呼叫洞外人员进入涵洞进行支援，3名消防员到达被困人员处，合力将3人成功救出涵洞。在洞外经过医务人员的现场处理，经诊断3人均已脱离生命危险，20分钟后，3人生命体征恢复正常。这3人是三兄弟，由于涵洞被堵塞，进入涵洞内进行疏通，不料由于缺氧被困在涵洞内。

【筹资1.63亿资金投入水利冬修】 11月，金溪县通过争取项目资金、财政配套资金、鼓励群众自筹资金、政府以奖代补资金等方式，筹资1.63亿元投入以中小河流治理、病险水库除险加固、"小农水"重点县建设、解决农村饮水安全工程、水土流失综合治理工程为重点的水利冬修建设。全县计划开工新建、改建、扩建各类水利工程248座(处)，其中县重点工程34座(处)，乡镇重点水利工程214座(处)；完成病险水库除险加固22座，新建农村安全饮水工程11处，治理水土流失面积1346.67公顷，整治灌溉渠道340千米，计划完成土石方267.6万方，砼8.77万方，钢筋1087吨，组织群众投工投劳14万个工日，完成工程投资1.63亿元。通过这次大规模农田水利基本建设的开展，改造中低产田面积3400公顷，改善灌溉面积820公顷，新增有效灌溉面积2133.33公顷，新增旱涝保收面积900公顷，新增水库蓄水能力510万方，解决安全饮水人口1.9万人。

【快速回应网络民声】 金溪县积极创新途径倾听民声、广纳民意、集中民智，在县政府门户网站开设"政民互动"专栏，严格建立起网络民声快速回应机制，规定所有的上线单位必须在网民发帖后3个工作日内回复处理意见，对一时无法回复处理意见的，必须在3个工作日内在网上向网民作出说明，回复处理意见的最长时限不得超过5天。为确保工作落实到位，金溪县建立了每周网上通报制度，对于所有上线单位的回复情况，每周一在县政府门户网站"公告栏"公开通报，接受全社会监督。2011年，全县56家上线单位已接受网民咨询、投诉、建议、意见227件，办结率达97.96%，回复率达100%，确保群众有求必应、有诉必查。

(李山冕　曾　铭)

主要领导人　县委书记：吴信根(任至6月)、谭小平(6月任)。县人大常委会主任：肖奇。县长：谭小平(任至6月)、彭银贵(6月代，9月任)。县政协主席：喻怀祥(任至9月)、黄祖光(9月任)。

·资溪县·

【简　况】 位于江西省东部，赣闽边界，武夷山西麓，辖2乡5镇和5个国有采育林场，总面积1251平方千米，其中建城区面积3.8平方千米。耕地面积0.63万公顷，有林面积10.19万公顷，森林覆盖率87.2%。城区新增绿地38公顷，绿化覆盖率40%。全县城镇化率为51.83%。创建省级环境优美乡镇5个，市级示范镇2个。总人口11.21万人，其中非农业人口8.44万人，人口自然增长率6.75‰。2011年实现国内生产总值19.80亿元，按可比价计算(以下比增相同)，比2010年增长13.7%。其中，第一产业增加值2.85亿元，同比增长4.70%；第二产业增加值9.82亿元，同比增长16.69%；第三产业增加值7.13亿元，同比增长13.59%；第一、二、三产业比例为14.40∶49.62∶35.98。规模以上工业增加值3.05亿元，同比增长19.1%，占GDP比重15.4%。外贸出口5440万美元，占GDP比重17.69%。固定资产投资20.63亿元。实际利用外资1862万美元。规模以上工业主要产品产值：竹地板年产200万平方米，细木工艺板年产240万平方米，茴香硫醚500万千克。全县水电装机容量为4.44万千瓦，年发电量达1.6亿千瓦小时。农业总产值5.17亿元，同比增长2.60%。主要产品有：粮食年产3730万千克；生猪年出栏3.52万头，存栏2.96万头；家禽出笼10.20万只，存笼11.87万只；水产品710万千克；烟叶种植面积601.73公顷、年产124.9万千克；白茶种植面积2173.33公顷、年产2万千克；鳗鱼362.4万千克；西瓜175.5万千克，水果25万千克；毛竹年产710万根。全年财政总收入达4.40亿元，同比增长33.2%，人均3925元，税收占财政总收入79.88%；其中地方财政收入3.64亿元，同比增长36.50%；一般预算总支出7.61亿元，同比增长16.72%。万元GDP能耗719千克/标煤，二氧化碳排放总量108.524万千克，削减率11.89%，城市污水处理率81%。农村居民年均纯收入6839.26元，同比增长18.70元。城乡居民年末储蓄余额18.87亿元，人均1.68万元，同比增长7.61%。重要矿产资源有铜、铁、磁铁、铀、钨、花岗石、萤石、瓷土、稀土等。地方特产有白茶、香菇、木耳、玉兰片、竹荪、鳗鱼、蕨菜、草莓等。主要旅游景点有大觉山宗教、漂流、生态观光旅游区、马头山原始林区、尚莲清凉山庄、狮子山度假村、新月畲族村风情旅游、方家山龙潭瀑布群、北宋大思想家李觏故里和泰伯公园等，其中马头山林区为国家级自然保护区，清凉山为国家森林公园，大觉山景区为国家4A级旅游景区。

【上海至资溪旅游专列开通】 7月9日上午，420名上海游客乘坐由上海至资溪的旅游专列抵达资溪，开始为期两天的"资溪欢乐游"生态之旅，游客们先后游览了国家4A级风景名胜区——大觉山、国家级自然保护区马头山原始森林和法水温泉度假村等旅游景点。上海至资溪首趟旅游专列的开通，标志着资溪旅游景区与上海旅游市场热线对接的开始，填补了抚州市没有旅游专列进入的空白，并在上海市场形成了"资溪热"，省政府副省长朱虹致贺信。

近年来，该县按照"大生态、大景区、大旅游"的发展理念，因山亮景、借水造势，加速推进"十大景区"建设，全力塑造"人间净土·觉者天堂"旅游大品牌。随着国家级4A景区大觉山、国家自然保护区马头山、国家森林公园清凉山、全国农业旅游示范点新月畲族村等品牌脱颖而出，中国生态旅游大县、中国十佳休闲旅游名县、最具发展潜力的旅游大县和江西省旅游强县等绿色名片飞出了大山，资溪成为全国旅游新星。2011年，该县接待游客126万人次，实现旅游综合收入5.9亿元。

【“资溪白茶”获国家地理标志证明商标注册】 6月,“资溪白茶”证明商标通过国家工商总局审批。资溪县利用得天独厚的生态环境及丰富的自然资源优势,从浙江安吉县引进白茶种植技术,引导农民种植,从规模化、品牌化着手,引进香檀山、逸沁和梧怡庄园等白茶种植加工企业,全力打造白茶这张精美的生态“名片”。白茶基地通过套种绿色枇杷极大地提高白茶品质,培育出“源之源”“资溪白”和“白驹飞涧”等多个荣获国内外茶博会金奖有机品牌,“源之源”“出云峰”等亦先后荣获全省“著名商标”“著名农产品”称号,资溪荣列全省茶叶生产“十强县”之一。至2011年,全县白茶种植面积达1666.67公顷,产品俏销江苏、浙江、上海等地,并得到韩、日等国消费者青睐,被国家质检总局批准为地理标志保护产品。

【资溪拍摄首部本土电影《我们村的女当家》】 9月20日,农村题材故事片《我们村的女当家》开机仪式,在资溪县行政中心广场举行。影片是由国家二级编剧宗建军和资溪本土作家方树成合作编剧,由抚州鸿文文化传媒公司和资溪县政府联合投拍的本土首部小创作、主旋律电影。影片以全国人大代表、资溪县乌石镇新月畲村党支部书记兰念瑛为原型,综合了全县诸多村支书、村主任等“村官”先进事迹,讴歌了农村基层村干部无私奉献,倾心为民,带领群众创业致富,建设社会主义新农村的优秀品质,情节生动感人,人物形象鲜明。片中95%以上的外景取自于当地旅游景点,展现资溪秀美山川风光和生态。影片于2011年10月拍摄成功,并在第20届金鸡百花电影节上作推介和江西电视台影视频道播放。

【资溪面包行业协会党委获全国先进称号】 7月,资溪面包协会党委被中组部评为全国先进基层党组织,在首都建党90周年庆祝大会上受到中央表彰。资溪面包行业协会党委自2003年成立以来,根据面包产业发展实际,创新党建工作举措,不断强化流动党员教育管理,建立“县委常委挂点和县直单位挂支部”的“双挂机制”。在流动党员中开展目标管理、跟踪管理、双向管理、网络管理和实施党员情况报告制度。对党员档案进行电子化网络管理,在济南、哈尔滨等支部建立党员远程教育工作站,杭州、南京等支部主动融入当地党组织,实现了双向管理。协会党委先后为面包户和党员提供法律援助163次,解决权益纠纷121起,开展送资金、送技术活动20余次,筹集资金560余万元,帮助26家面包户成功创业。鼓励引导协会党员和面包户围绕生态农业、生态旅游和社会公益性项目积极回乡投资创业,建立白茶、毛竹、油茶、农家乐、小水电等返乡创业基地60余个,总投资近5亿元,先后捐资7500多万元,支持家乡交通、水利、教育等事业发展。同年,该协会还被全国双拥工作领导小组、民政部、解放军总政治部评为爱国拥军模范单位,被科技部评为“十一五”国家星火计划工作先进集体。

【《喋血资溪——王佑臣》在资溪拍摄】 为庆祝建党90周年,5月18~19日,由省委组织部牵头的党员教育电视系列片“红色故事汇”摄制组到资溪拍摄《喋血资溪——王佑臣》。该片是抚州市唯一入选“红色故事汇”的专题献礼片,以解放初期惊动中央的“资溪事件”为题材,记述了首任县委宣传部长王佑臣夫妇和战友为捍卫新生的人民政权英勇捐躯的感人故事,阐述了“夺取江山不易,守住江山更难”这一主题,讴歌了王佑臣等革命先烈舍小家为大家的高尚情操和献身精神。片中也反映了资溪县人民为永远纪念烈士,以其名字命名佑臣路的崇敬深情。7月18日,影片在江西卫视播出,县委组织部、宣传部组织广大党员干部群众收看,反响强烈。

【农村卫生工作成绩突出】 12月,资溪县被省政府评为全省农村卫生工作先进县。近年来,该县积极贯彻落实农村卫生政策,不断完善县、乡、村三级卫生基础设施和网络建设,提高公共卫生服务能力。先后投资4000余万元新建县人民医院住院大楼、疾病预防控制中心大楼、妇幼保健所业务用房;重建扩建高阜、嵩市、高田、石峡、乌石和鹤城卫生院,累计新增业务用房面积6800平方米;新建63个村卫生所。进一步完善“三制”(聘任制、保险制、责任制)、“四有”(看病有登记、开药有处方、公共卫生服务有记录,疫情有报告)、“五统一”(统一行政、业务、技术培训、财务、药品管理)为内容的乡村卫生服务一体化管理,充分发挥乡镇卫生院在“一体化”管理工作中的监督管理作用。全县7个乡镇防疫保健组织配备专用业务房、冰箱、冷藏包等设施,实现村村有防疫保健人员,计免单苗接种率达96%以上,乡镇卫生院配备电脑、传真机、网络直报设备,传染病疫情网络直报率达100%,7岁以下儿童建卡率达100%,农村孕产妇住院分娩率达93.86%,新生儿破伤风发生率、孕产妇死亡率连续10余年为零。不断推进和完善新型农村合作医疗制度,农民参合率、资金使用率、补偿比例等指标稳步提升,2011年,全县参合7.55万人,参合率达96.53%,开通医疗机构直补和异地直补,为群众就医、报账提供便利,参合农民一次性报账率达93%,年统筹基金使用率87.76%。配合新农村建设,开展“预防人畜共患病健康教育”“亿万农民健康促进行动”“卫生乡镇、卫生村创建”等一系列的爱国卫生主题活动。

【发现系列中央苏区珍贵文物】 12月8日,资溪县委党史办工作人员下乡征集中央苏区史证资料时,乌石镇草坪村92岁农妇黄五妮出示其珍藏78年之久的国家珍贵文物——土地革命时期中央苏区下属闽赣省革命委员会颁发的“红军家属优待证”。该证为布料,长10.9厘米,宽8厘米,为红色石印,人名、地名、序号等为毛笔填写,全文为:“闽赣省革命委员会优待红军家属优待证,5117号;红色战士丁加发系资溪县乌石区草坪乡,全家几人五人□饭,此证发给系该红色战士之丁步田,一九三三年十月廿八日”,上面加盖闽赣省革命委员会内务部公章。后又相继在乌石、石峡等乡镇村民中征集到中华苏维埃国家银行在资溪苏区发行流通使用的银币、纸币4枚(张),另有一份保存尚好的“中华苏维埃共和国临时政府临时借谷证(长11.5厘米、宽6.5厘米)”。

借谷证文字(绿字铅印)为:“中华苏维埃共和国临时中央政府临时借谷证,干谷十斤折米七斤四两,中央政府为筹给战时紧急军食,暂向群众借谷,特给此证为凭,借油盐者可按时价折米□,发给此证。持此证者于一九三三年早谷收成后,可向当地政府如数顶回新谷。财政人民委员邓子恢(附印章)。”此批文物的发现,为资溪在1933年土地革命时期随闽赣省成立归属中央苏区提供了可信物证史料。

(帅建忠 谢金凤)

主要领导人 县委书记:魏建新(任至5月)、徐国义(5月任)。县人大常委会主任:陈菊顺(任至8月)、李莉华(9月任)。县长:徐国义(任至5月)、彭映梅(5月任)。县政协主席:方树成(任至8月)、万 鸣(9月任)。

·东乡县·

【简 况】 位于抚州市北部,辖9镇4乡3个垦殖场1个林场,总面积约1270平方千米,其中,城市建成区面积19.8平方千米。耕地面积2.64万公顷,森林面积6.293万公顷,森林覆盖率36.4%。全县人口46.31万人,其中,非农人口11.41万人,人口自然增长率7.86‰。有畲族、回族、土家族、瑶族、白族、纳西族、羌族、水族、布依族、藏族、朝鲜族、侗族、黎族、傈僳族、满族、毛南族、蒙古族、苗族、壮族、仡佬族、彝族等21个少数民族,共609人。2011年,实现国内生产总值82.9亿元,增长13.1%。其中,第一产业增加值13.06亿元,增长8.9%;第二产业增加值51.27亿元,增长17.5%,其中:工业增加46.22亿元,增长17.8%;第三产业增加值18.58亿元,增长6.0%。工业总产值128.45亿元,增长48.4%。规模以上工业增加值27.45亿元,增长31.2%,占GDP的33.10%。农业总产值26.75亿元,增长10.1%。粮食总产量26.89万吨。社会消费品零售总额34.05亿元,同比增长18.9%。城镇以上固定资产投资75.58亿元,同比下降0.3%。财政收入13.51亿元,增长34.9%,财政支出19.43亿元,增长27.9%。万元GDP能耗0.724吨,同比下降3.43%。城镇居民人均可支配收入1.68万元,增长13.02%。农民人均纯收入8284元,增长20.5%。城乡居民年末储蓄余额49.51亿元,同比增长20.1%。主要工业产品有大米、化学肥料、瓷质砖、蚕丝及交织机织物、铜材(铜材加工)、蓄电池、化学农药等。主要矿产资源有铜、铁、铅、锌、金、煤、瓷土等。主要农产品有粮食、油料、甘蔗、生猪、水果、水产品等。地方特色农产品有山茶油、东乡花猪、华绿神蛋、甘蔗、蚕桑、葛根、木薯等。主要旅游景点有黎圩上池村王安石故里、黎圩省级历史文化名村浯溪、“龙山师水”石刻、“雄岚峰”古观、“金峰”虎岩泉、舒同博物馆,佛岭“吉和塔”和西隐禅寺,珀干弄里艾家红军烈士墓、烈士纪念塔等。

【出台四项新惠民政策】 2011年,东乡县委、县政府积极关注民生,在继续实施83项民生工程的同时,制定出台四项新惠民政策:一、取消农田灌溉水费,全面减轻农民负担;二、关爱老人。凡拥有东乡户籍的公民,70岁以上的老人,每年由民政局送贺年卡、政府出资进行一次全面体检;80岁以上的老人,每年由民政局送贺年卡,政府发放600元慰问金;90岁以上的老人,每年由县委、县政府两办送贺年卡、政府发放1200元慰问金;100岁以上的老人,每年由县委、县政府送贺年卡、政府发放6000元慰问金;三、奖励杰出新苗。重奖在东乡高考成绩排名前30位学生,理科前22位、文科前8位的学生,每人奖励1万元,被清华、北大、香港名牌大学录取的学生,每人奖励5万元,省、市高考状元分别每人奖励10万元;四、扶助困难家庭。对每个行政村(社区)10户困难群众,全县总计1520户,每户每年发放1000元困难补助金。至2011年底这四项惠民新政策全部落实到位。

【“YF518阳离子交联淀粉”通过国家科技部鉴定】 7月,东乡县江西雨帆农业发展有限公司的国家科技型中小企业技术创新基金项目“YF518阳离子交联淀粉”通过国家科技部鉴定。YF518阳离子交联淀粉是一种新型的复合变性淀粉,主要用于造纸行业作为湿部添加剂,采用干法合成工艺,起增强及助留助滤作用,生产成本较常用工艺大幅降低,属于低碳清洁产品。东乡县是全省变性淀粉生产基地,这项科技成果带动了全县变性淀粉行业规模化、清洁化、科技化发展。

【《东乡县志》(1986~2005)出版发行】 8月,《东乡县志》(1986~2005)出版发行。东乡县委、县政府于2004年组织编纂《东乡县志》续志,以便充分、全面、真实、客观地反映20年来在党中央进一步改革开放政策指引下,东乡各项事业取得的辉煌成就。《东乡县志》(1986~2005)共32篇,156章,611节,170万余字,彩色图片400余幅,地(名)图15幅,黑白插图300余幅。志书翔实记载了“七五”至“十五”期间,东乡政治、经济、文化等各方面的发展变化和各行各业、各个领域在党的领导下解放思想、励精图治、求实创新、与时俱进的奋斗历程。

【荣获“全国群众体育先进单位”称号】 2011年,东乡县被国家体育总局授予“全国群众体育先进单位”称号,跻身全国体育先进县行列。这是自1997年以来,东乡县群众体育第九次获国家级殊荣。

15年前,东乡县是无灯光球场,无田径场,无游泳池,无训练房等体育硬件设施的“四无”县,每逢节日举办大型赛事,比赛场地都要安排到离县城4千米外的中央驻县厂矿企业举行,严重制约了群众体育事业发展。为此,县政府于1996年投资1200多万元,建成了符合国家标准的县体育中心和老干部活动中心。此后,每年体育硬件设施投入都在200万元以上。2011年,全县有400米跑道田径场4个、小型运动场46个、游泳池2个、篮球场67个、门球场11个、乒乓球室100多个、轮滑场9个、保龄球馆1个。全县体育硬件设施达到了全省、全市的县级一流水平,给全民健身提供了优良场所。此外,全县社会体育活动开展得有声有色,有17个群众体育社团、235个分会,仅县城就形成舒同书法院、街心花园等35个晨练点。

县委、县政府除了在政策、经费上向体育事业倾斜外,还帮助协调体委与有关部门的关系。全县17个乡

（镇、场）、县直机关100多个单位都把群众体育工作摆上重要议事日程，并纳入全县目标管理考核。县体委、教育局、妇联、总工会等部门密切配合，开展形式多样的群众性体育竞赛，如“三八”妇女节举办妇女干部拔河赛、“六一”节举办少年儿童运动会、“七一”举办机关干部运动会。该县还充分发挥各乡（镇、场）文化站、各单位“青年之家”、老年体协、农民体协等有关组织的作用，促使群众体育活动趋于规范化、制度化。70多个群众体育网点、3个群众体育俱乐部都制定了活动制度，并拥有合格的专业技术骨干及技术辅导员，确保全民健身有人组织、指导。此外，还积极争取企业赞助，实行体育搭台、经贸唱戏。

【农民陈江华捐资建校】 东乡县圩上桥镇陈揭村地处该镇偏远地区，有着40多年历史的村小学教室破旧不堪，无法适应现代教学的需要，村民把子女送到较远的学校去就读，来往接送很不方便。在南昌经商的村民陈江华为改变村小学教学条件，让家乡的孩子就近入学，决定个人出资重建一所新小学。在镇党委、政府的大力协助下，2011年初，墩上陈家“平生小学”教学楼及附属设施的施工图纸设计完成，并及时办理了相关手续，陈江华一次性捐资38万元建设资金，并在8月18日举行了开工典礼。新学校占地面积2000多平方米，建筑面积586平方米，有教室、办公室及老师宿舍等共12间。12月底竣工，2012年2月正式启用。

【网络作家吴静玉创作颇丰】 吴静玉，笔名慕容湮儿，1989年9月出生于东乡县，东乡县供电公司员工。最近10年来，她潜心创作小说，笔耕不辍。2008年至2010年3年内，她创作了《倾世皇妃》《眸倾天下》《三生三世，桃花依旧》《嫁入豪门》等4部长篇小说，共计198万字，每部小说的点击量和收藏量均突破1000万人（次），互联网点击率高达2个亿，成为新浪网年度人气最高的写手之一。4部长篇小说已经由正规出版社出版，2008年创作的第一部长篇小说《倾世皇妃》由北京林心如工作室改编成电视连续剧，林心如首次担当制片人并主演，2011年已登陆湖南卫视；《眸倾天下》已经签约影视改编投入制作。2011年创作的长篇小说《帝业如画》已完成并签约出版。5月，她作为江西省重点培养的青年作家进入北京鲁迅文学院江西作家班培训。12月底，吴静玉作为东乡县年度引进的3个特殊人才之一，正式调入东乡县文化馆。

【纪念舒同诞辰106周年书画联展在南昌举行】 11月16日～17日，由中国书协展览中心、江西省文联主办，空军文艺创作室、江西书协、江西美协协办，东乡县委、县政府和舒同书法研究会承办的“纪念舒同诞辰106周年暨舒同舒安揭晓书画联展”在南昌举行。解放军总后勤部原政委周坤仁上将，空军原副政委黄新中将，江西省副省长孙刚、朱虹，省政协副主席陈清华，省政协原副主席王林森，江西省军区原司令员冯金茂，中国书协原副秘书长、中央国家机关分会常务副会长兼秘书长白煦及省文联、省文化厅、抚州市、东乡县有关领导和省内外书画艺术家、驻昌空军官兵、新闻媒体记者共200余人出席开幕式。周仁坤、黄新、孙刚、朱虹、陈清华、王林森、冯金茂等为展览剪彩。舒同书法研究会常务副会长兼秘书长揭晓主持开幕式，舒同家乡东乡县委书记吴信根在开幕式上致辞。舒同诞辰106周年首次在家乡省会城市举办展览，14幅真迹集中在南昌与观众见面，这是舒同继1989年在北京、山东、上海、福建等地举办展览后，第一次大规模的作品展示。

（方莉华）

主要领导人 县委书记：熊世平（任至5月）、吴信根（5月任）。县人大常委会主任：徐光华（任至9月）、陈文（9月任）。县长：胡领高（任至5月）、许萍乡（5月任）。县政协主席：辛象其（任至9月）、陈　勤（9月任）。

·广昌县·

【简　况】 位于抚州南端，介于北纬26°30′～26°59′，东经116°6′～116°34′之间。辖5镇6乡1场，总面积1612平方千米，耕地面积1.26万公顷，林地面积12.07万公顷，有林面积10.17万公倾，森林覆盖率为65.8%。总人口24.20万人，其中非农业人口6.34万人，人口自然增长率7.48‰。有畲、蒙、满、瑶、苗、回、藏、维吾尔、彝、壮、布依、朝鲜、侗、白族等14个少数民族241人。2011年实现国内生产总值25.32亿元，比2010年增长14.1%（可比价，下同）。其中，第一产业5亿元，增长2.4%；第二产业12.88亿元，增长19.8%；第三产业7.43亿元，增长12.2%。第一、二、三产业比例为19.8:50.9:29.3。全县规模以上工业实现增加值6.07亿元，增长20.4%。主要工业产品有皮革鞋靴204.1万双，纸制品1591.21吨，铜材49537.8吨，竹地板26.10万平方米，细木工板20428.8立方米，淀粉及淀粉制品2911.74吨，塑胶玩具5.28亿元，供电量1.24亿千瓦/小时。农业总产值9.71亿元，增长4.3%。主要农产品有粮食10.04吨、白莲3300吨、烟叶3097吨、泽泻532吨、生猪出栏50386头、家禽出笼120.01万羽。全县财政总收入6.66亿元，增长23.3%，其中地方财政收入4.34亿元，增长28.8%。社会消费品零售总额7.28亿元，增长16.8%。农民人均纯收入3628元，增加625元，城乡居民年末储蓄存款余额27.4亿元，同比增加4.08亿元。主要矿产资源有高岭土、稀土、硅藻土、瓷石、萤石、长石、石英及金属钨、铜等，其中硅藻土储量2700万吨，是全国四大矿点之一。瓷土蕴藏量达2亿～3亿吨，其质量可与景德镇南港、三宝莲媲美。地方特产有通芯白莲、晒烟、烤烟、泽泻、香菇、茶树菇等。主要旅游景点有百里莲花带、青龙湖、摩崖石刻、抚（河）源飞瀑、恐龙化石、千年古刹定心寺、明代古寺龙风岩、明清建筑群、宋代雁塔、义军抗清营寨、孟戏表演、毛泽东故居、《减字木兰花·广昌路上》雕塑、广昌大会战指挥部旧址、红军高虎脑战斗遗址等。

【县检察院被评为全国未成年人思想道德建设先进单位】 2011年，广昌县人民检察院被中央精神文明建设指导委员会评为全国未成年人思想道德建设先进单位，是全国检察系统中唯一获此殊荣的单位。

广昌县人民检察院2000年创建青少年维权岗，经历了“艰苦创建——打下基础——充分发挥作用——取得效果——创新发展”等几个阶段，历任检察长对维权岗工作十分重视，结合检察实际工作，把未成年人思想道德建设工作摆上重要议事日程，纳入年度青少年维权岗工作计划中，统筹安排，责任明确，落实到位。2010年5月该院在全省率先成立了“未成年人刑事检察科”，设立青少年维权辅导员，实行挂牌上岗。

该院围绕青少年维权岗整体工作思路采取了一系列有效措施，大力推进青少年思想道德建设。以手拉手活动，给留守儿童“家庭般”关爱。该院女干警与留守学生开展手拉手活动，从学习上关注、生活上关心、心理上关爱，使留守学生感到“心有人爱、身有人护、难有人帮”。延伸检察触角，加强对未成年人的司法救助。积极探索对涉案人员未成年子女、未成年被害人进行心理疏导、挽救、教育的新思路。维权站点进社区，重点帮教劣迹青年。先后在各社区设立维权服务站点，受教育青年达8000余人。维权站点进农村，拓展维权领域。在乡镇、村委会设立维权服务站点，为青少年提供法律服务。

通过不懈的努力，在宣传——预防——帮教中创出了维权特色，特别是未成年人思想道德建设工作受到未成年人广泛欢迎，也得到了上级机关和社会各界的充分肯定，成为一项全市优秀的特色品牌，逐步成为维护该县未成年人合法权益和系统普法宣传和教育的一个基地和平台。

【“清网行动”下降率达百分之百】 按照公安部的统一部署，广昌县公安局打了一场声势浩大的追逃歼灭战。截至11月30日，42名网上逃犯全部归案，成为全省第一个“清网行动”下降率达100%的行政建制县公安机关，荣立集体二等功，先后三次收到省公安厅、市公安局贺电。县公安局的做法是：一、精心谋划，严密组织，强力推进“清网行动”高效展开。“清网行动”之初，该县按照“高指标定位，高规格组织，高强度推进，高标准落实”的工作要求，成立了“清网行动”领导小组，研究制订了具体实施方案，出台了追逃奖励、追逃考核、追逃五严禁、追逃问责和检查督导等一系列超常规措施，从县公安局党委成员到各科所队长，均做到责任上肩、包案到人，严格落实“一逃一档、一逃一策、一逃多警、领导包案”的责任制，一级抓一级，层层抓落实。对专项行动实行排名、点评、通报制度，及时发现工作中存在的问题和遇到的困难，研究提出有针对性的改进措施，形成了参战民警“人人想抓逃”，全警上下“时时在抓逃”、心往一处想、劲往一处使的局面。二、宣传发动，形成合力，大力营造全民参与的浓厚氛围。在全县形成了党政主导、公安主角、多元参与、通力抓逃的局面。积极争取宣传部门和新闻媒体的支持，充分运用电视台、报刊、互联网等，大力宣传法律法规和政策。在县电视台发表电视讲话，宣传公安机关开展追逃“清网行动”的工作部署。向群众编发短信7万多条，发放《致在逃人员家属的一封信》400余份，公布举报电话，出台悬赏规定，开通网上举报，营造了浓厚的全民追逃氛围。三、讲究策略，战法助力，着力提高追逃成效。“清网行动”开展以后，县公安局对42名网上逃犯进行广泛摸排，逐一归类建立档案，针对不同情况找准切入的突破点，推出了“五大战法”开展追逃，在“清网行动”战场上发挥了巨大作用。一是真情规劝，打好“攻心战”；二是政策感召，打好“诚信战”；三是科技支撑，打好“信息战”；四是清查布控，打好“阵地战”；五是成立追逃组，打好“追捕战”。四、自我加压，奋力争先，激发民警追逃热情。县公安局在运用激励机制，对民警奖罚加压过程中，实行了追逃情况一日一通报，成绩一周一排名，进展一月一点评制度。责任单位实行“一票否决”，对不作为，失职渎职，敷衍塞责、弄虚作假的单位和个人，一律按照“零容忍”的规定追责。深入开展“清网行动”，为广昌县创造了更好的社会治安环境。2011年全县刑事发案数同比下降12.89%，群众安全感上升为全省第45位，群众满意度上升为全省第四位。

【六国驻华总领事到广昌赏莲】 7月25日，来自新加坡、美国、韩国、马来西亚、菲律宾、墨西哥等6个国家驻厦门、武汉、广州等地的总领事齐聚广昌。莲乡的壮丽美景，受到这些来自于不同国家、不同民族，拥有不同文化背景的驻华总领事们的青睐。

在省级乡村旅游示范点——广昌县驿前镇姚西村，各国驻华领事们被眼前成片的莲花深深吸引。美国驻武汉总领馆总领事苏黛娜女士看后十分感慨：“在美国没有这么大面积的莲花，来这里我第一次看到了太空莲，真的好美。”在莲田边的竹林里，总领事们对当地莲农精巧的白莲加工手艺赞叹不已，竞相向莲农请教，并亲身参与和体验采莲、剥莲、通芯等白莲传统加工制作工艺。

在广昌县莲花科技博览园，韩国驻武汉总领馆总领事严基成表示，广昌的白莲产业很发达，以后有机会一定会再来，并把莲乡广昌介绍给朋友、同胞以及国内的游客，希望能促成韩国地方政府与广昌县之间的友好交流。

【发现新中国初期乡长任命书】 7月，广昌县千善乡高洲村发现一份签发于新中国成立初期的干部任命书。经有关文史专家考证认定，此证书历经60余年风雨，保存依然完好，是一份完美的纸质档案资料，具有较高的历史研究和收藏价值。

这份任命书为油印纸质，内容为“兹暂委张光辉为长桥区高洲乡正乡长此令。”左侧盖有“广昌县人民政府”及新中国成立后广昌县首任县长“马加”的红色方印，签发时间为1950年1月（广昌县解放时间为1949年9月27日）。任命书的主人张光辉依然健在，现已87岁高龄，身体健康，并能下地种菜。在其家中，还保存有一份签发于1951年4月13日的“革命人员工作证明书”。文史专家反复研究后认为，这两份证书对于研究党的组织史、新中国成立初期地方政权史及其当年从政人员的政治与生活待遇，具有重要的参考价值。

【实现新农合服务“零投诉”】 广昌县为使广大农村群众得到更多实惠，不断优化新农合补偿方案，扩大群众受益面，提高补偿额度，提升服务质量，努力实现农民轻松就医。2011

年,该县参合农民达16.31万人,参合率达96.30%。同时,该县将农民在省、县、乡定点医疗机构的补偿比例由原来的45%、60%、75%分别提高到50%、80%、90%,将住院补偿封顶线由3万元提高至5万元。为方便参合群众及时就医,该县在11个乡镇全面开展门诊统筹补偿工作,将门诊统筹的补偿比例确定为30%,封顶线为每人每年60元,使参合农民在门诊看病时也能报销部分医药费用,防止小病不及时治疗酿成大病,逐步实现"小病不出村、常见病不出乡、大病不出县"的目标。同时,该县着力完善新农合资金监管和信息化网络管理体系,对新农合资金实行专户管理,专款专用,对县内20多家定点医疗机构实行网上直报,实时监控,定期公示,加强督查与考核力度,严把审核关,有效遏制"大处方、人情方、乱用药"等现象的发生,全县群众对新农合医疗服务满意度达100%,实现了新农合服务"零投诉"。

【泽泻种植升级为国家标准化示范区】 12月,广昌县被国家标准化管理委员会授予"泽泻农业综合生产国家农业标准化示范区"称号。农民种植泽泻(中药材)始于清道光年间,由福建建瓯传入,至今150多年,是广昌县的传统农作物之一。近年来,该县将泽泻列为主要冬种经济作物,积极出台优惠政策鼓励农民利用冬闲田栽种泽泻药材,既提高了农业生产效益,又增加了农民收入。同时,该县积极与省、市科研院所和相关企业合作,对泽泻进行提纯复壮,进一步提升产品质量,并积极实施国家级农业标准化示范区项目,全面推广"广昌泽泻"标准化种植,有力推动了产业升级步伐。2011年,该县种植泽泻规模达1133.33公顷左右,参与种植户达4000余户,年产量达300多万千克,已成为江西省最大的泽泻生产基地。此外,该县还积极引导农民按照自主、自愿的原则成立了泽泻生产专业合作社,推进泽泻产业向规模化、组织化、科技化、市场化发展,形成了泽泻种植、收购、加工、销售为一体的产业链,并采取"公司+合作社(基地)+农户"等形式,与江西汇仁集团、福建三爱药业、广东三九药业等大型企业建立了稳定的合作关系,部分产品还远销日本及东南亚地区,不仅有效解决农产品销售难的问题,也使农户平均亩产值提升200元以上。

(周彬和　钟立新)

主要领导人 县委书记:许爱军(6月任)。县人大常委会主任:童淑梅(任至9月)、符忠林(9月任);县长:许爱军(任至6月)、欧阳巧文(6月代,9月任);县政协主席:蓝忠民(任至9月)、揭秉华(9月任)。

人 物

本栏编辑 李荣根

中共江西省第十三届委员会常委

苏 荣 男，汉族，1948年10月生，吉林洮南人，1970年1月入党，1974年1月参加工作，在职研究生，经济学硕士。历任吉林省洮安县委常委、副书记，白城地委委员、扶余县委书记，白城地委副书记、行署专员、书记，四平市委书记、市人大常委会主任，吉林省委常委、秘书长、延边州委书记，省委副书记，2001年10月任青海省委书记、省人大常委会主任，2003年8月任甘肃省委书记、省人大常委会主任，2006年6月任中央党校常务副校长（正部长级），中央党建工作领导小组成员，2007年11月起任江西省委书记、省人大常委会主任。十四届、十五届中央候补委员，十六届、十七届中央委员。

鹿心社 男，汉族，1956年11月生，山东巨野人，1985年7月入党，1982年8月参加工作，大学，工学学士，工程师。历任国家土地管理局地籍管理司副司长、司长，国家土地管理局副局长，国土资源部党组成员、耕地保护司司长，1999年5月先后任国土资源部副部长，国土资源部副部长、国家测绘局局长、党组书记，国土资源部副部长、党组副书记、国家土地副总督察，2010年8月任甘肃省委副书记，2010年10月任甘肃省委副书记、省委党校校长，2011年5月任江西省委副书记，2011年6月起任省委副书记、代省长。十七届中央候补委员。

张裔炯 男，汉族，1955年10月生，上海人，1976年1月入党，1972年2月参加工作，中央党校研究生，高级政工师。历任青海团省委副书记，青海钾肥厂党委副书记、书记、第一副厂长，青海盐湖工业公司副董事长、总经理、党委书记、董事长，省经贸委副主任、主任，西宁市委书记，2000年11月任青海省委常委，2006年11月任西藏自治区党委副书记、政法委书记，2010年11月起任江西省委副书记，省委党校校长，中国井冈山干部学院第一副院长。十七届中央候补委员。

尚 勇 男，汉族，1957年1月生，山东梁山人，1981年1月入党，1973年3月参加工作，研究生，工学博士，副教授。历任中国矿业大学北京研究生部副主任，国家科委办公厅调研室副主任，国家科委办公厅副主任、政策法规与体制改革司司长，科技部政策法规与体制改革司司长，2001年4月起先后任科技日报社社长（副部长级），科技部党组成员、副部长，2008年8月起任江西省委常委、省纪委书记。十七届中央纪委委员。

舒晓琴 女，汉族，1956年9月生，江西靖安人，1977年4月入党，1977年7月参加工作，中央党校研究生，法学学士，副总警监。历任宜春团地委副书记，万载县委常委、常务副县长，高安县委副书记、县长，宜春地委委员、宜春市（县）委书记，景德镇市委副书记、市长、市委书记，2001年12月任省委常委、政法委书记，2007年12月起任省委常委、政法委书记，省公安厅厅长、党委书记，武警江西省总队第一政委、第一书记。十六届、十七届中央候补委员。

凌成兴 男，汉族，1957年10月生，江西上高人，1977年1月入党，1980年12月参加工作，中央党校研究生。历任上高县委常委、副县长，丰城市委副书记、市长，省经委副主任，省烟草专卖局（公司）局长（经理），省长助理，省经济贸易委员会主任，2001年12月任省政府副省长，省国有资产监督管理委员会主任，2006年12月起任省委常委、常务副省长。

赵智勇 男，汉族，1955年4月生，河北易县人，1973年10月入党，1970年2月参加工作，在职研究生，经济学博士，高级经济师。历任工行湖北分行副处长、处长，工行资金计划部副主任，发展规划部副总经理，管理信息部总经理，工行江西分行行长，省长助理，2002年3月任省政府副省长，2005年6月任副省长、九江市委书记，2006年12月任省委常委、副省长，2008年6月起任省委常委、秘书长、省直机关工委第一书记。

莫建成 男，汉族，1956年3月生，浙江嵊州人，1977年5月入党，1972年2月参加工作，中央党校大学。历任内蒙古自治区乌海市委组织部副处级组织员，乌海团市委书记，市政府秘书长，市委秘书长，市委常委、副市长、副书记，自治区乡镇企业局副局长，通辽市委副书记、副市长、市长、市委书记，2004年12月起先后任自治区党委常委、宣传部部长、包头市委书记，2010年4月起任江西省委常委、组织部部长、统战部部长。

陶正明 男，汉族，1953年10月生，湖北大悟人，1974年4月入党，1972年12月参加工作，中央党校大学，少将军衔。历任一军政治部组织处副处长，第一集团军政治部纪检办主任、组织处处长，一师政治部主任、副政委、政委，第十二集团军政治部主任、副政委，浙江省军区副政委，2010年7月任江西省军区政委，2011年3月起任省委常委、省军区政委。

史文清 男，蒙古族，1954年10月生，辽宁法库人，1974年11月入党，1971年3月参加工作，在职研究生，经济学博士。历任内蒙古自治区哲里木盟团委书记，自治区监察厅人事处处长、办公室主任，自治区政府调研室副主任，全国人大常委会办公厅副局级秘书，研究室副主任(正局长级)，黑龙江省哈尔滨市委副书记、常务副市长，省长助理，2008年1月起先后任江西省政府副省长，赣州市委书记，2011年4月起任省委常委、赣州市委书记。

王文涛 男，汉族，1964年5月生，江苏南通人，1994年12月入党，1985年7月参加工作，大学，工商管理硕士，副教授。历任上海航天职工大学复印机销售部副总经理、总经理、校长助理、副校长，松江区五厍镇镇长、党委书记，泖港镇党委书记，发展计划委主任，副区长兼工业园区管委会、出口加工区管委会主任，云南省昆明市委副书记、常务副市长、代市长、市长，上海市黄浦区委副书记、代区长、区长、书记，2011年4月起任江西省委常委、南昌市委书记。

周 萌 男，汉族，1957年8月生，江西丰城人，1976年8月入党，1974年9月参加工作，中央党校研究生。历任省委办公厅秘书处副处级秘书，新建县委副书记，南昌市青云谱区委副书记、区长、书记，郊区区委书记，景德镇市委副书记、市纪委书记、政法委书记，省委政法委副书记，吉安市委副书记、副市长、市长、市委书记，省委副秘书长。

蔡晓明 男，汉族，1956年11月生，

江西分宜人，1980年4月入党，1978年8月参加工作，中央党校大学。历任新余市乡镇企业管理局副局长，分宜县委常委、副县长、副书记，渝水区委副书记、区长，新余市委常委、副市长，九江市委副书记、副市长、市长，赣州市委副书记、副市长、代市长、市长，上饶市委书记，省政府副秘书长。

全国五一劳动奖章获得者

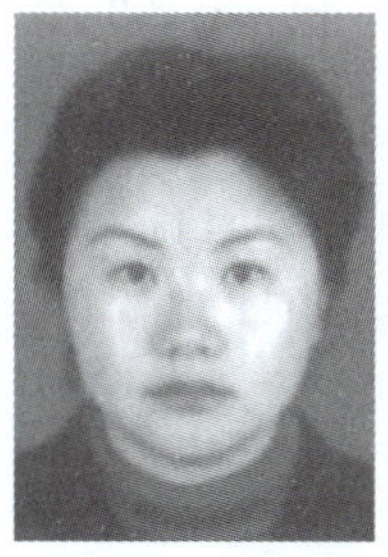

欧阳雅静 江西南昌人，1973年出生，本科学历，南昌市站前路小学副校长，小教高级，中共党员。她热爱学生，默默奉献，追求卓越，形成了独特的教学风格。她积极投身教育改革实验，在新一轮课程改革实验中，钻研业务，提高自身专业水平，领导全体教师开拓创新，不断学习新形势下的课改实验、课题实践。她多次参加全国、省、市、区教育教学年会，有20篇论文获奖，先后有12篇文章发表于各类教育杂志上，达10万字，并主持3个省级课题研究。她从事教学工作18年，虽然平淡，但她觉得充实；教学工作虽然辛苦枯燥，但她却找到了乐趣，找到了自己的精神支点——用真善美纯净无数稚幼的童心。

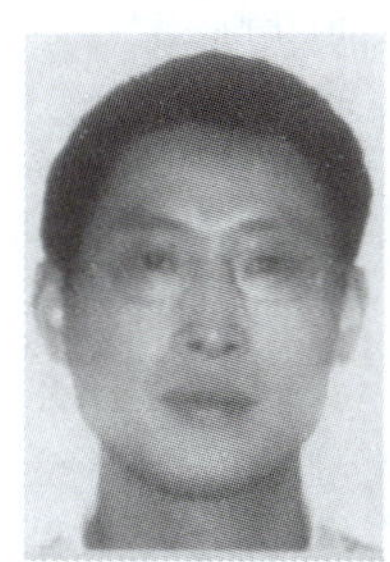

魏 斌 江西南昌人，1975年出生，硕士研究生学历，江西恒华投资有限公司物业管理部主任，中共党员。他担任公司物业管理部主任以来，开拓创新，工作兢兢业业，以其不凡的工作能力和埋头苦干

的精神和力求实效的工作作风，为公司的健康快速发展做出了突出贡献。他引进先进管理模式和科学的公共服务体系，建章立制，完善服务措施，为客户提供优质服务，推行“有问必答，有求必应，有难必解”的“三有”服务承诺制，完善了制度、纪律和人才服务体系，形成了公司与客商双赢的局面，仅2010年，物业管理部为公司创造的利润就达4000多万元。多年来，他工作和生活中始终以一颗爱心温暖着周围的同事，对同事的困难总是尽自己的能力去帮助，重事、难事自己带头去干，去解决，使物业管理部成为一个特别有战斗力的群体。

涂万斌 江西南昌人，1969年出生，本科学历，南昌市公安局刑侦支队大队长，高级工程师，中共党员。他对工作认真负责，牢记全心全意为人民服务的宗旨，严格执法，热情服务，，侦破了很多有影响的大案要案。他先后荣立个人二等功3次，个人三等功3次，2002年当选中共东湖区第九次代表大会代表，2009年被授予江西省“五一”劳动奖章。他始终坚持案件不破绝不收兵，犯罪嫌疑人不抓获不放过的工作理念，顽强拼搏，攻坚克难，破获刑事案件千余起，抓获犯罪嫌疑人近千名。2010年任大队长以来，他狠抓命案的侦破工作，命案侦破率达93%，为历年最高。命案的相继破获，有力震慑了犯罪嫌疑人，有效地维护了全市社会治安总体平稳，得到各级领导和广大群众的高度称赞。他从不计较个人得失，舍“小家”顾“大家”，扎实工作，无私奉献，树立了人民警察的良好形象。

凌崇光 江西永修县人，1969年出生，本科学历，中国国电集团公司九江发电厂检修部主任，工程师，中共党员。20年来，他怀着电力企业检修工作的热情，一直在电厂检修工作的第一线默默奉献。作为检修部主任，他大胆决策，科学定位，坚持眼睛向内挖潜力，眼睛向外找市场。2009年，通过深挖内部潜力，完成修旧利废价值500多万元。在高标准、高质量完成本厂5号机组小修和4号机组大修的基础上，对外完成了黄金埠电厂1号机组大修、泉州电厂2号机组大修、益阳电厂1号机上修和3号机中修任务，实现上缴利润400万元的目标。他大力实施节能减排技改项目，组织职工开展“金点子”及“合理化建议”征集活动，完成节能改造项目40多项，全年为企业节电711.2千瓦小时、节水7.5吨、节煤1.15万吨、节油50吨，创造了可观的经济效益。

杨　云 江西九江市人，1968年出生，本科学历，九江市浔阳区柴桑小学校长，小教特高，中共党员。25年来，她一直工作在数学教学第一线，2003年担任校长以后，仍然坚持亲自带一班数学课。她以“不学不进，不勤不精”作为自己的座右铭与誓言，时时鞭策自己提高业务水平。她深知，一个教师要在教学上取得成绩，必须苦练内功，所以在业务上表现出一股特别强的钻劲，经常利用双休日、寒暑假刻苦钻研教学理论，写出心得笔记数十万字。通过刻苦钻研、虚心求教，她的知识面更广了，专业水平更高了，课堂教学形式更活了，形成了自己独特的教学风格。她调入九江市浔阳区柴桑小学两年，学校在“教孩子六年，想孩子六十年”办学思想的引领下，全面营造“校以育人为本，师以敬业为乐，生以成长为志”的办学氛围，先后获得“江西省素质教育示范学校”等十几项省级荣誉。

欧阳琦 江西都昌人，1979年出生，在职硕士研究生学历，景德镇市鹏飞建陶有限责任公司技术中心主任，农工民主党党员。身为技术中心主任，他以技术中心为平台，为中国建筑陶瓷业的崛起赢得了应有的自豪。企业主打产品“景赐坊”“卡地克”牌建筑

陶瓷被双双授予“江西名牌”称号。“景赐坊”系列产品还获得“国家免检产品”“中国知名品牌”荣誉，是中国中部地区建筑陶瓷行业唯一获此殊荣的品牌。另有5项产品获江西省新产品奖，创造的价值达2亿多元。他领导开发的“烈火金刚仿古砖”和“青花印象系列”，解决了建筑陶瓷行业普遍存在的技术难题，使鹏飞建陶有限责任公司走在全国前列。他的奉献精神，更是令人称颂。“非典”肆虐时期，他外出考察一个多月，为试验“高挂钩陶瓷瓦”，体重在半年内下降五六千克。他全心全意依靠员工，企业设立的专项奖励基金分文不要，全部发给技术人员和有功员工。大家称他为“鹏飞的活雷锋”。

巢万平 江西万载人，1964年出生，本科学历，江西赣西电煤储运有限公司总经济师，经济师，中共党员。他2008年出任公司总经济师。3年来，他用敏锐的市场意识，结合萍乡煤炭资源状况，不断创新发展思路，把公司业务从单一的煤炭贸易发展成集煤炭开采、煤炭精选加工、煤炭经销、煤炭储备、仓储物流等较完整的煤炭产业链，公司业务大幅增长，社会贡献显著。他通过加强内部管理拓展利润增长点，加强核心竞争力等有效机制，公司得到了飞速发展，速度每年均成几何级增长。江西赣西电煤储运有限公司已成为萍乡地区乃至江西省内同行业龙头企业。近3年时间，公司解决下岗职工再就业320多人，上缴税额达1.1亿元，每年均名列萍乡市纳税额前三名，为萍乡市经济建设和社会发展作出了突出贡献。

曹晓桃 甘肃临洮县人，1982年出生，大专学历，贵溪宝山金属有限公司车间工会主席，中共党员。她先后荣获江西省残工委授予的扶残助残“爱

心人士”和鹰潭市“优秀员工”等荣誉称号。参加工作5年来，她知难而进，艰苦奋斗，无私奉献。她在工作中吃苦耐劳，积极进取，兢兢业业，乐于奉献，不断提高自身修养，热爱企业和员工。2009年7月，她出席在北京人民大会堂举行的全国自强模范暨扶残助残先进集体和个人表彰大会，并受到了党和国家领导人的接见，成为出席会议最年轻的代表。她所组织成立并兼管的残疾人协会，被国务院残工委授予“全国残疾人之家”的荣誉称号。“残疾员工的贴心人”“维权谋利的小主席”，是公司员工送给她的美好绰号。

佟兴雪 河北石家庄人，1963年出生，硕士研究生学历，江西赛维LDK太阳能高科技有限公司技术委员会主任、安全生产委员会主任、多晶硅硅片建设项目和光伏电池建设项目总负责人，教授级高工。他自进入公司以来，全身心地投入到创业之中，带领技术团队，大胆改革，主持了DSS铸锭系统的工艺技术革新和设备改造研发工作，取得了重大突破。单炉硅锭重量由最初的每炉240千克提升为520千克，并且已经研发出世界上单体铸锭重量最大的的800千克DSS铸锭炉，使江西赛维LDK太阳能高科技有限公司的铸锭技术保持领先地位。作为公司6000吨/年和15000吨/年多晶硅料项目总负责人，他带领团队，用两年的时间完成了项目的建设、调试和生产任务，实现了项目提前达产达标，为公司成为全球最大的多晶硅片生产商，在技术创新、工艺流程达到世界一流水平方面作出了突出贡献。

李自成 江西宜春人，1972年出生，中专学历，宜春市交警支队城区大队班长，中共党员。他1995年成为一名聘用合同制“编外交警”，先后在火车

站、东门桥头、双桥头站岗执勤，一站就是16年。16年来，他所管辖的路段，没有发生一起上等级的交通事故，出色地完成了500次上等级护路任务。尽管工作特别劳累，他始终如一地疏导交通，护送老人、小孩过马路，为老人提东西，为民工推车等。当有人需要帮助的时候，他总是毫不犹豫地伸出援手，始终保持一种乐于助人的优秀品质。城区交警大队的同事们说：“李自成帮助人的事，要说多少有多少，他只是不轻易说。”正是由于这样的品质，他年年受到上级的嘉奖和表扬；他所在的岗亭连续多年获得“江西省青年文明号”“青年文明示范岗”等多项荣誉，先后两次荣立集体三等奖。

余斌华 江西南昌人，1964年出生，本科学历，宜春市第三中学校长，中教高级，中共党员。他在平凡的岗位上，求真务实，锐意创新，以自己的行动努力践行“创先争优”活动宗旨。他带领三中人，用智慧和汗水、追求和奉献，实现了历史性的超越与嬗变。自从他2001年担任校长以来，宜春市第三中学先后4次被评为“江西省文明单位”。9年中，学校先后获得“国家级体育传统项目学校”“江西省现代教育技术师范学校”等80多项国家级和省市级荣誉称号。不到10年，学校从地区重点中学到省重点建设中学，再到省重点中学，办学层次连上两个台阶。他也获得了“宜春市首届十佳校长”“江西省中小学优秀校长”“全国优秀教师”等殊荣。他努力把学校办成精神文明优先、育人环境优美、教师队伍优秀、教学质量优良的优质学校。

李阳宝 江西余干县人，1977年出生，本科学历，德兴市公安局银城派出所所长，中共党员。他坚持以“维护稳定为关键，打防并举促和谐”为工

作重心，加大辖区巡逻力度，强化对高发案时段、地区和部位的巡逻，积极推进群治工作。从警10多年来，他破获治安案件560余件、刑事案件200余件，调解纠纷1000余起，抓获逃犯26人，挽回经济损失30余万元。在“金盾09”统一行动期间，按照市公安局工作部署，他带领全所民警战斗、巡逻、蹲点、布控，共抓获网上逃犯10名，破获系列盗窃电瓶车案26起，追回赃车23辆。2009年，“二八杠”赌博现象是辖区内的热点问题。为了遏制赌博风，他召开所委会，制定打击赌博专项行动方案，摧毁赌博窝点19个，收缴赌资60余万元。通过集中整治和打击，辖区内的赌博风气得到有效遏制。

席旭明 江西万年县人，1976年出生，大专学历，万年县供电有限责任公司县城供电所职工，助理工程师，中共党员。从部队转业到供电所工作以来，他任劳任怨，积极进取，爱岗奉献，想客户之所想，急客户之所急，热情为广大用电客户服务，连续多年被县公司评为先进工作者、劳动模范，被省电力公司授予“江西省电力公司优秀农村电工”“江西赣东北供电公司2008年度行风建设先进个人”称号。2010年被县总工会授予“金牌工人”的称号。在2010年全国农电员工安全知识调考中，他获得国家电网公司个人成绩第一名。他常说：“我是一名普普通通的电力工作者，所做的每一件事都是工人的职责，尽一个普通工人的责任，为群众做了一些份内的工作。为广大的用电客户送去了一片光明，是我最大的心愿。”正是有了这种信念，使他在工作中每时每刻都想着为客户服务，想客户之所想，急客户之所急。

华小明 江西临川人，1962年出生，本科学历，江西省临川第二中学教师，

中学高级，中共党员。“以‘情’为先导、‘爱’为桥梁、‘疏’为手段的方法，使后进生变好，优等生更优。”这是他15年班主任工作的经验总结，也是他的教育教学特色。他有一身过硬的教学本领，上课一开始，就能激发学生的兴趣。他不仅教学语言抑扬顿挫，而且教学内容做到了难易有序、疏密有序、张弛有序，富有内在节奏美。学生说，听他的课是一种享受；家长说，把孩子放在他的班上放心。他所任教学科高考化学平均分名列全省前茅，多次在抚州市高考质量评估中学科排名第一。有20多名学生因化学竞赛成绩优异被免试保送到北京大学、清华大学、上海交大、复旦大学等全国重点大学。从教30年来，他为临川二中教育教学质量的不断提高，实现可持续、跨越式发展，并保持全省领先优势作出了突出贡献。

谢国龙 江西东乡县人，1957年出生，本科学历，江西科伦药业有限公司技术中心主任，高级工程师，中共党员。他担任技术中心主任以来，以科学求真、伦理求善的企业宗旨为指导，以产业报国的思想为抱负，与同事们一道勤奋努力，科学管理，求真务实，为企业产品研发和技术创新做了大量工作。他先后主持和参与了16项科研课题，均获公司奖励，其中盐酸溴已新葡萄糖注射液产品获得江西省优秀新产品一等奖。技术中心在他的带领下，2010年完成各种申报11项，申请课题立项5项，完成研发课题6项。公司2010年实现销售收入2.5亿元，比2007年增长1.8亿元，增长257%，其中高新产品占有率达到69.3%，利税4518万元，增长316.7%。特别是国家重点新产品盐酸溴已新葡萄糖注射液创造了单个产品年销售7500万元，利税近1000万元的公司历史最好记录。

张安华 江西萍乡市人，1957年出生，硕士研究生学历，华能国际电力股份有限公司井冈山电厂党委书记兼工会主席，高级经济师，中共党员。2010年，在电力计划大幅减少的情况下，针对困难局面，他与生产部门的人员一起协调省调、网调关系，千方百计落实有关措施，创造性地实施全方位电量营销策略：一是创新营销机制，实施动态跟踪和横向对标，确保月度发电量计划尽力完成任务；二是积极与省调、网调加强联系，细化分解电量计划，将月度电量计划分解到日、到班，在确保完成日发电量的基础上，充分利用电网负荷空间，多带负荷，巧带负荷，取得最优的负荷曲线；三是及时完成了二期并网安评，较快完成了二期商业电价与脱硫电价审批，积极争取脱硫电价和有利的电费结算政策，为完成全年生产经营任务奠定了坚实的基础；四是千方百计做好电费回收工作，使全年电费回收率达到100%，确保了较好的经营效果。

罗为民 江西万安县人，1966年出生，本科学历，江西省吉安市第三中学书记兼校长，中学高级，中共党员。从走上讲台那一刻起，他始终牢记共产党的宗旨——全心全意为人民服务，在20多年的工作中，始终勤勤恳恳、全心全意为师生服务，赢得了大家的高度赞扬。教职工都亲切地称赞他是名符其实的“为民”校长。他迎难而上，是治校的强中手。在他任吉安八中党支部书记兼校长期间，吉安八中连续三年中考平均分、及格率和优秀率均居全区之首，并且连续两年考出“中考状元”。在他任吉安四中校长期间，2004年高考，93%考生成绩上了专科以上录取线，在区教育局对学校工作综合评估三项检查中，四中一举包揽了所有奖项。2005年，他任吉安三中校长后，短短5年时间，使三中升格为重点中学。2009年、2010年高考成绩，是三中20余年来的最好成绩。

曹岗龙 江西南康人，1959年出生，高中学历，江西大吉山钨业有限公司装矿机工，中共党员。32年来，他一直在矿山井下一线工作，爱岗敬业，吃苦耐劳，用自己的实际行动展示了一名共产党员的风采。矿山井巷的作业面潮湿、闷热，刚开始工作时，他没有被井下的艰苦环境所吓倒。为尽快掌握设备的操作要领，他虚心向师傅们请教，很快就掌握了操作程序和技术要领。“既然选择了矿山，我就要把心交给这片土地，干好本职工作。”他是这么说的，也是这么做的。2002～2010年，他共装矿42.46万吨，完成计划的210%，被职工誉为“走在时间前面的矿山建设硬汉子”。

杨辉勇 江西赣州人，1964年出生，高中学历，赣州市市容环境卫生管理处所长，高级工，中共党员。她精心绘制出“赣江所街巷、楼院平面图”，建立完善“路段考评实施细则”“路段管理人员工作职责”等6项规章制度，实现了制度化、规范化管理。她狠抓辖区内环境卫生管理工作，实行“一扫全保”的作业机制，加大清扫保洁力度，率先在全市推行电瓶三轮挂桶车保洁。她加大宣传，优化服务，实行一系列便民服务措施：义务为辖区内所有小区清扫楼道、明沟，每月一次为居民清扫柴火间屋顶，受到居民称赞。她大力开展市委部署的“治脏、治乱、治堵”和“三城同创”工作，成功在辖区实施“垃圾桶换垃圾池”试点工程；大力开展清理无主建筑垃圾、清除卫生死角、清扫人行道和清除道牙石下积尘、清洗交通护栏、清洗路面和人行道等“五清”活动，提升环卫水平。

李久年 江西南昌人，1952年出生，高小学历，江西洪都航空工业集团工装工具制造厂61车间工人，技师，中共党员。进厂40余年来，他凭着执着的敬业精神，在平凡的岗位上默默无闻地奉献。他多次被评为公司先进工作者，获“生产能手”等称号。1993～2000年，他连续8年被评为公司劳动模范，2000年被评为南昌市劳动模范、航空工业劳动模范。1997年当选为南昌市人大代表。2001被评为中航集团劳动模范。他思想素质过硬，专业素质扎实，工作作风严谨，工作兢兢业业。他敬业爱岗，敢于攻坚破难，多次攻克车间急、难、险工装的制造及抢修任务，完成工时多年都在车间内名列前茅，仅2009～2010年就达12103小时，等于完成了6年的工作量。

聂继昌 江西南昌人，1957年出生，本科学历，中铁二十四局南昌铁路工程有限公司总工程师，高级工程师，中共党员。参加工作以来，他先后在南昌铁路局勘测设计院、南昌铁路局基建处、南昌铁路工程有限公司工作，担任过设计院总工程师、南昌铁路工程公司总工程师，长期从事工程设计、施工和技术管理工作。29年来，他以孜孜不倦的追求、饱满的工作热情和忘我的工作精神，抒写着对党的事业的无限忠诚与热爱；以孺子牛般的沉稳、坚实、开拓、耕耘，在所从事的岗位上交出一份份令人满意的答卷。为此，他多次被评为先进工作者，上海铁路局、南昌铁路局“中青年学科带头人”。他参与设计和建设的京九铁路南昌火车站改建工程、南昌铁路中心医院住院部大楼、南昌铁路局体育馆、南昌铁路局科技大楼等分获各种奖项。

雍成香 安徽和县人，1974年出生，本科学历，赣粤高速公路九景管理处

彭泽收费所所长，中共党员。17年来，她在工作岗位上始终如一，严谨求实，勤奋刻苦，兢兢业业，身先士卒，以一种积极有为的精神状态和女性特有的管理方式，带出了一个团结务实、拼搏进取的领导班子，培养了吃苦、耐劳、奉献的员工队伍，营造了一种融洽和谐的工作氛围，得到广大员工的信任和拥戴。她的模范表率作用不仅体现在工作中，还延伸到生活中。身为领导的她，把清白为官、踏实做人、干净做事作为自己的人生信条，勉励警省自己，始终保持劳动人民的纯朴本色。她不仅时刻警省自己，还时刻教育家人和身边的工作人员，对金钱名利和各种诱惑，要保持一颗平常心，平淡一生才是真正的幸福。由于工作出色，她先后被交通部、江西省交通厅授予各种荣誉称号。

刘小檀 江西人，1957年出生，硕士研究生学历，江西省建筑设计研究总院高级工程师，教授级高工，中共党员。他是国家一级注册结构工程师、江西省绿色建筑评价标识专家，获省政府特殊津贴，是江西省建筑设计研究总院的科技工作重要学科带头人。他编制完成《江西省绿色建筑评价标准》《江西建筑太阳光伏系统技术规范》《绿色生态节能防水呼吸屋面》《汶川“5·12”大地震震害实录及剖析》《江西省校园场地及建筑结构安全指导意见》《江西省低碳技术研究院》《江西省民用建筑太阳能光伏系统应用技术规范》《江西省建筑设计总院能耗监测星缘博导实施方案》等。他主持完成了100多项工程技术项目，其中高层和超高层30余项，江中集团办公楼、北京江西大厦获省优一等奖；主持和参与完成了12个省级科研课题，其中“抱压式桩端自引孔静压入岩PHC管桩施工工艺”获江西省科技进步一等奖。

秦红三 湖南宁乡人，1960年出生，硕士研究生学历，江西省电力公司总经理兼党组副书记，教授级高工，中共党员。他在赣工作期间，正值江西摆脱全球金融危机影响，经济增长强势反弹，用电需求大幅提升的时期。面对繁重的工作任务，他全身心投入江西电网发展事业，与班子成员一道，带领全省7万余名电网员工，成功确保全省电网连续5年未拉闸限电，有力支撑全省经济快速发展。公司已连续4年在全省公共服务类单位行风评议活动中蝉联桂冠，连续8年获全省“工业崛起年度贡献奖”。在江西工作两年多来，他秉持“为官唯廉、从政唯勤、处事唯公、做人唯实”的原则，立足当前，兼顾长远，胸怀大局，求真务实，带领广大干部员工战胜了各种困难和挑战，推进了企业持续健康发展，得到了省委、省政府和国家电网公司党组的充分肯定，在广大干部员工心目中享有较高的威信。

刘体斌 湖北仙桃人，1963年出生，本科学历，华意压缩机股份有限公司董事长，高级会计师，中共党员。在他的带领下，公司在短短3年的时间里，从一个濒临倒闭的企业起死回生，而且迅速发展成规模国内第一、全球第二，并具有较强国际竞争力的优秀知名企业。公司2010年生产压缩机2093万台，同比增长33.99%，销售2093万台，同比增长44.56%；实现营业收入47亿元，同比增长41.81%。利税总额实现9600万元，连续9年位居国内行业第一。长虹入主后，原厂2037名在编职工全部得到妥善安置，没有一人下岗，未给政府和社会增加额外负担，稳定了人心。在公司的发展过程中，他非常重视资源的循环利用和环境的和谐发展，要求产品不但要节能、高效，还要环保。2010年，在产量大幅增长的

情况下，产品综合能耗继续下降，单位产品综合能耗比上年降低了22.6%。

邹春禹 江西新干县人，1979年出生，初中学历，江西新干欧德龙手袋有限公司行政主管。自1997年到耐克（NIKE）公司任职以来，他工作勤勤恳恳，任劳任怨，先后担任过公司仓库组长、生产科长、海关报关员、物流股长、生产科长行政总监等职务。因成绩突出，他参加了广东人代会。2009年，他响应县委、县政府返乡创业的号召，于11月回到家乡，任江西新干欧德龙手袋有限公司行政主管，参与策划、组建公司。管理制度采用最新模式，员工休假、奖惩、申诉全部采用无记名投票，让职工充分享有民主。员工可以通过直接主管口头申诉，或者直接向生产厂长口头或书面申诉，还可通过意见箱或署名不署名方式向行政主管或总经理申诉，畅通了职工诉求渠道。在箱包产业出现瓶颈的情况下，引进广东"速尔快递"落户新干，加快了箱包产品及配件的备送速度。公司员工由最初的13人扩展到300多人，发展良好。

邓九生 江西宁都县人，1963年出生，高中学历，江西常佳建筑工程有限公司质检员，技师。他刚参加工作时，到施工队上班。第一天，正好遇上工程大会战，老工长简单交代了两句，就带着他投入到施工现场。5个月没日没夜地苦干，拌砂浆，浇筑砼，其中苦、累、脏不言而喻。他思想上有些动摇了："这难道就是我以后要从事的工作吗？"老工长看出他的心思，语重心长地说道："小伙子，越是艰苦的地方，越是磨炼人啊！"正是这句话让他扎根施工现场，一干就是20多年。这20多年，不但磨炼了他坚忍不拔的意志、过硬的专业技术、谦虚谨慎的工作态度，也让他从一个普通的建筑工人成长为一名在工程项目施工中能够挑大梁、独当一面的工长。多年来，他多次获得公司的奖励，先后被评为公司的青年岗位能手、先进生产工作者、经济技术创新能手等。

涂宗勤 江西黎川人，1957年出生，本科学历，南昌市对外经济贸易合作委员会主任，经济师，中共党员。她任职期间，南昌市开放型经济发生了翻天覆地的变化，有力地促进了经济快速发展。2010年全市实际利用外资、内资、进出口值等各项指标，与2005年相比，均翻了2倍到3倍，大大超出原定目标，名列全省第一。她为南昌服务外包产业发展及构筑大通关环境倾尽全力。2010年，全市新增服务外包企业188家，同比增长43.5%，在全国21个服务外包示范城市的排名跃升至第十一名。她与商务部、海关总署等国家部委以及省厅、南昌海关等省直和中央垂直管理部门建立了良好的工作关系，有力地促进了口岸建设。南昌保税物流中心于2010年2月通过验收封关运行。2010年9月批准设立南昌出口加工区B区，12月通过海关总署等国家部委的验收封关运行。

（省总工会经济技术部）

全国三八红旗手

曾　凯 1960年2月出生，中共党员，高安市看守所所长。曾获"全国公安监管系统深挖犯罪先进个人""全省公安监管系统优秀看守所所长""江西省三八红旗手"等称号，荣立个人一等功1次、三等功1次。她担任看守所所长12年来，树立以人为本的理念，扶助在押人员迈开新生的步伐，先后收到3000余封饱含真挚之情的感人信件，被在押人员亲切地称为"曾妈妈"。她强化监所管理，总结出以规范执法为目标，抓狱政管理；以亲情教育为载体，抓思想转化；以整体防控为牵引，抓安全防范；以分类管理为突破口，抓深挖犯罪；以多元监督为切入点，抓队伍建设的"五抓"工作模式，看守所连续12年安全无事故。

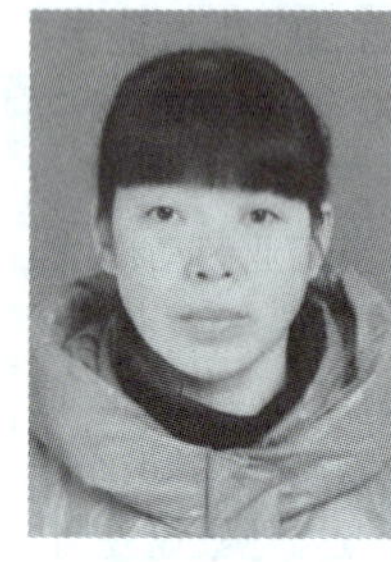

李亚丽 1966年2月出生，江西三川水表股份有限公司机械表事业部检验员。曾获"江西省三八红旗手"称号。她25年如一日奋战在"苦、累、脏"的生产一线，任劳任怨，默默奉献，挑战困难，不怕吃苦，被工友们亲切地称为"女铁人"，在平凡的岗位上做出了不平凡的业绩。

朱清玲 1948年出生，江西莲花山矿产实业有限公司董事长、总经理。曾获"全国创业之星""全国杰出创业女性""江西省女创业带头人"等称号。她1983年放弃国有企业的优厚待遇，只身闯荡上海滩。1993年回乡创业，成立江西莲花山矿产实业有限公司。公司经历了8年亏损，2002年开始盈利，萤石产品热销海内外。她把实现资源的循环、合理利用，防止生态环境的恶化当做目标，创造了萤石浮选循环技术，并帮助同行治理废渣废水污染。她捐资200多万元修建农村公路，帮扶困难群众等社会公益事业资金达数百万元。

陈根荣 1953年12月出生，民革党员，民革景德镇市委员会主任委员。曾获"全国参政议政工作先进个人""全国为经济工作服务先进个人""江西省三八红旗手"等称

号。她在国家级、省级统战刊物发表文章近30篇,受到中央统战部、民革中央的赞扬。2002~2011年,递交个人提案110余件,采用率100%,每年都有重点提案、优秀提案。筹资2000万元成立民革中央画院景德镇陶瓷文化创意基地。促成景德镇市与美国门县市正式签订“友好城市合作协议书”,促成景德镇高等专科学校与美国威斯康星大学、泰国兰是大学、英国格斯罗特大学联合办学。

陈香文 1961年12月出生,萍乡市达金花炮材料有限公司总经理。曾获“江西省杰出创业女性”称号。她从下岗女工到创业带头人,从开办不足30平方米的门店到创办占地1.33公顷的公司,坚持诚信与勤俭,踏踏实实做事,创造了良好的社会和经济效益。公司拥有固定资产1亿元,下属8家企业。她多年来捐资助学、拥军扶贫,履行一个企业家的社会责任。作为江西女企业家优秀代表参加在北京举行的2010年全球妇女高峰会议。

黄丽红 1962年10月出生,中共党员,赣州市妇联党组书记、主席。曾获“全国维护妇女儿童权益先进个人”“江西省2001~2010年实施两纲中期评估工作先进个人”等称号。任市妇联党组书记、主席6年来,推动农村妇女培训、女干部培养选拔、文明和谐家庭创评、妇女维权、妇女儿童发展中心建设等工作上升为市委市政府决策,形成政策机制,得到有序推进,妇联工作和妇女发展环境得到全面优化。赣州市妇联先后荣获全国性荣誉9项、省级荣誉13项、市级荣誉15项,被特邀在全国妇女扶贫开发工作推进会议、全国省区市妇联主席会议上作农村妇女培训和服务新农村建设典型发言。

余小英 1965年9月出生,中共党员,九江市经济开发区国税局局长。曾获“全国巾帼建功标兵”“江西省三八红旗手”“九江市劳动模范”等称号。她以“聚财为国,执法为民”的税收工作宗旨统揽全局,以“建设一流队伍、实现一流管理、提供一流服务、争创一流业绩”为工作目标,锐意进取,开拓创新,为当地经济和社会平稳较快发展作出了贡献。她领导的国税局以“对接新政、强化管理、培植税源”为抓手,国税收入始终保持高位推进的态势,税收收入从2005年的5600万元到2009年的1.95亿元,收入总量增长248%,年均增长49%。

陈 侃 1978年4月出生,抚州市汇嘉幼儿园教师。曾多次获“全国少儿美术竞赛优秀辅导教师”称号,2007年创作的《食物的旅行》获国家教育部全国幼儿教师玩教具制作竞赛三等奖、省教育厅幼儿教师玩教具制作竞赛一等奖,2010年创作的《动物模仿秀》获江西省教育厅幼儿教师玩教具制作竞赛二等奖。在幼教岗位上工作8年,“用爱诠释教育”,关注儿童心理健康,探索智障儿童教育方法,带头创设“亲子互动教育园本课程”,并利用本园网站和本园家长培训班开展留守儿童家长培训工作。

张小红 1958年4月出生,新余市渝洲绣坊董事长。曾获“江西省三八红旗手”“江西省杰出创业女性”等称号,获“江西省五一巾帼奖”,被评为江西省工艺美术大师、中国优秀民间艺人,担任江西省第十一届人大代表、中国工艺美术协会刺绣专业委员会委员、新余市夏布刺绣研究所所长。她获得包括实用新型“设有绣层的夏布工艺品”在内的22项国家专利,注册了“夏绣”“巧妹”“张小红夏绣”“渝州绣坊”四个商标,拥用自主知识产权,2010年入选为江西省非物质文化遗产。夏绣作品获包括第九届中国民间文艺山花奖、第十一届中国工艺美术大师精品博览会金奖在内的国家级、省级奖28项。其《高士图》《李太白像》《春光》《丽人行》等多幅夏绣作品被中国刺绣艺术馆珍藏。她先后培养近160名绣娘,带动相关100多人就业,逐步形成一个劳动密集型文化产业。

邓珊莲 1964年3月出生,中共党员,新干县妇联主席。曾获“江西省妇联系统先进工作者”“江西省实施两纲中期评估先进个人”“江西省妇联系统大宣传工作先进个人”等称号。她带领全体干部齐心协力为妇女儿童服务,在各项工作中创造出一流业绩。共举办各类实用技术培训班60多期,培训妇女6000多人次。全县有886名妇女参加了农函大学习,1560名妇女获得绿色证书,556名妇女被评为农民技术员。共争取到项目资金66万元,帮助1850名农村妇女发展红毛鸭、香菇生产。全县共建立6个生态养殖小区示范点、128户生态养殖示范户,树立13个新农村建设“巾帼示范村”,评定“巾帼示范户”324户。全县15个乡镇场妇联建立造林绿化“一大四小”三八基地80公顷,每个基地面积均达3.33公顷以上。为创业妇女争取小额贷款506万元,为下岗女工推荐就业岗位2500个,组织就业培训5000人。共筹集春蕾资金59.7万元,救助了1139名女童上学,募集33.8万元先后对10多位贫困妇女儿童进行医疗救助。共接待群众上访700余件,调处成功率达95%。

(何 颖)

江西省五一劳动奖章获得者

许　青　江西科技师范学院教授
戴征强　安义县中医院副主任医师
周小根　江西恒大高新技术股份有限公司高级工程师
韩瑞珠　南昌博大耳鼻喉专科医院医师
肖　艳　江西泓泰企业集团有限公司海外营销事业部经理
夏　俊　南昌慧华高科混凝土有限公司工程师
程建新　南昌县农村信用合作联社政工师
胡小荣　进贤县地方税务局副局长
刘国宁　南昌市地方税务局纪检监察室主任
党百远　江西杏林白马药业有限公司董事长
吴　芬　九江县烟草公司营销员
刘　新　江西汇尔油泵油嘴有限公司油泵车间铝件工段钻工
黄月瑛　九江金源化纤有限公司长丝部后加工车间工人
吴满英　九江民生工艺电子厂绕线组绕线工
裘名祥　武宁县润通灯业有限公司生产部部长
卢玉山　九江市第三人民医院院长
胡小安　九江市公路管理局修水公路分局局长
刘凤林　江西省电力公司柘林水电厂党委书记
覃伟中　中国石油化工股份有限公司九江分公司总经理
熊国辉　景德镇市“熊国辉陶瓷艺术工作室”工艺美术师
徐金和　景德镇市万和轩工艺美术师
方志平　景德镇市昌江区地方税务局局长
尹　霞　江西省陶瓷研究所党委书记、副所长
刘　伟　景德镇陶瓷研究所副所长、省工艺美术师
叶小峰　萍乡市气象台预报员
曾德荣　萍乡市湘东区湘东镇总工会工会主席
张启德　上栗县鸿泰矿业有限公司销售主管
朱小萍　萍乡焦化有限责任公司高级工程师
涂丁老　中国电信股份有限公司萍乡分公司电信总经理
林吉刚　江西赣锋锂业股份有限公司车间主任
欧阳秀仔　洪客隆投资发展(新余)有限公司领班
傅火庚　中冶南方(新余)冷轧新材料技术有限公司大班长
胡水平　新余市农业局粮油站站长
谢亮书　中国银行新余市分行行长
邱灵敏　新余市渝水区人大常委会副主任、区总工会主席
聂　勇　江西同城铜管股份有限公司项目经理
宋　英　贵溪华泰铜业有限公司生产车间主任
易冬春　鹰潭市人民医院副院长
汪　平　江西移动公司鹰潭分公司总经理
黄福康　鹰潭市教育局调研员兼第一中学校长
朱同芳　江西气体压缩机有限公司高级工程师
刘桂英　瑞金京里大酒店副总经理
彭发福　格特拉克(江西)传动系统有限公司赣州经济技术开发区分公司领班
段友情　江西省高速公路投资集团有限责任公司赣州管理中心赣州北管理所所长
陈吉华　江西铭鑫冶金设备有限公司技术部长
钟蓉英　全南县大庄古家营小学教师
刘海平　赣州市农业科学研究所主任
温美松　赣州市国税局车购税征收管理分局局长
谢添华　定南华鹏果业开发有限公司总经理
邹　荣　高安市供电有限责任公司所长
毛圣华　江西大有科技有限公司工程技术中心副主任
李如高　匹克(江西)实业有限公司(上高)人力资源行政部经理
杨传芬　江西恒昌棉纺织印染有限公司车间主任、工会主席
邱文礼　铜鼓县二源化工有限责任公司助理工程师
罗来星　江西省樟树中学校长
张　平　宜春市地税局科长
李良彬　奉新赣锋锂业有限公司董事长
葛绿燕　上饶索密特实业有限公司成本核算及统计员
董步思　上饶汽运集团有限公司工程师
叶文秀　东方宏宇集团有限公司金丰创业有限公司
徐风英　上饶县第一小学校长
涂志云　中国电信上饶分公司总经理、高级工程师
朱新来　江西三清山旅游集团有限公司工会主席
王京文　江西东方善生物科技有限公司经济师
罗丽群　博硕科技(江西)有限公司作业员
王顺虎　江西联创电缆科技有限公司技术中心特种电缆研究室主任
龙　文　江西井冈路桥(集团)有限公司工程师
曾庆斐　江西吉安国泰特种化工有限责任公司经济师
左小云　吉安市第三人民医院心理科主任
胡建根　江西堆花酒业有限公司工人
胡素珍　抚州市东乡县第一中学教师
周贵香　抚州市临川区金山生物科技发展中心工人
於水珍　江西明恒纺织有限公司工人
饶志红　江西江铃底盘股份有限公司班组长
唐国华　中阳建设集团有限公司班长
徐农学　中国工商银行抚州分行高级客户经理
洪　葵　南昌大学第二附属医院主任医师
林晓平　赣南师范学院历史文化与旅游学院教授
赵　莹　南昌供电公司客服中心城东营业班班长
张伦喜　省港航局上饶分局鄱阳机修所副所长
王　丹　南昌铁路局南昌电务段车间主任
周志战　江铜德兴铜矿采矿场工人
蔡永清　江西洪都航空工业集团有限责任公司机械加工厂工人
曾宪培　永新县工商银行员工
李金焰　建行婺源支行行长

潘　军　江西省邮政工会副主席

明　腾　省儿童医院副院长、主任医师

王晓兰　江西分宜珠江矿业有限公司浮选工

龚火明　丰城矿务局尚庄煤矿通风队工人

胡兴龙　省政府机关事务管理局服务处炊事员

张鲁滨　省公安厅直属机关工会主席

严小燕　中国人民银行南昌中心支行调研员

胡文化　南昌电信总经理、党委副书记

陶立新　江西建工集团第二建筑有限责任公司总经理

张贵伟　中国东方航空有限公司江西分公司总经理

李良仕　江西省煤炭集团公司总经理、党委书记

（省总工会经济技术部）

江西青年五四奖章获得者

王　立　1975年出生，中共党员，博士，教授，博士生导师，南昌大学物理系教师，江西省高等学校微纳米科学与技术重点实验室主任。他掌握石墨烯转移方面的核心技术，申请多项国家发明专利，填补了中国在该领域的空白。曾获江西省百千万人才工程、江西省高等学校科技成果奖一等奖等奖项。

刘颖睿　1974年出生，中国民主促进会会员，硕士研究生学历，副教授，景德镇陶瓷学院陶瓷美术学院教研室副主任。他的作品风格独树一帜，获得各项重要展赛奖励近30项。作品入选第九届全国美展，中国美术馆陶瓷艺术展，第五、六、七届当代中国青年陶艺家作品双年展等重要展览。2009年，他的作品被法国文化部收藏。

肖玉玲　1995年出生，共青团员，萍乡市芦溪县宣风镇中学九年级（3）班学生。2010年3月14日，14岁的她和同学相约去镇上购买学习用品，突然一辆高速行驶的大货车向她们身后冲来。她推开同学，自己却因来不及躲闪，被大货车撞倒在地，双腿被碾轧。曾获“全国舍己救人好人”“全省优秀共青团员”“江西省十大好人”等荣誉称号。

沈振敏　1978年出生，中共党员，大学文化，三级飞行员，东航江西分公司飞行部二中队副中队长。他是一名尽职尽责的优秀机长，已安全飞行9700余小时，并多次在危、难、险、急航班生产任务中表现突出。作为一名业务尖兵，高标准完成奥运、世博等航班保障任务。曾被评为东方航空公司最佳员工、优秀机长等。

张华锋　1983年出生，共青团员，本科学历，江西东盛种猪有限公司总经理。2004年大学毕业后回到家乡从事养猪行业。通过计算机对所有种猪进行自动筛选、优配，还率先在同行中建立起国内一流的兽医实验室。曾被评为全省农业机械化先进个人，获“全国技术创新能手”“抚州市十大创业先锋”“抚州市十大杰出青年”等荣誉称号。

邵银进　1980年出生，农工民主党党员，本科学历，医师，赣州市人民医院康复医学科科主任。2006年作为赣州市“特需人才”引进后，牵头筹建了当时省内唯一一家正规、系统的儿童脑瘫康复中心，积极推行医院——家庭康复模式，取得良好疗效。他是中国残疾人康复协会小儿脑瘫康复委员会委员，曾被评为赣州市十大优秀青年。

陈金义　1980年出生，中共党员，双臂残疾，江西教育学院毕业，本科学历，助教，江西蓝天学院辅导员。他6岁遭遇失去双臂的打击，以顽强的毅力克服了无数困难，获得首届“宋庆龄奖学金”。在第四届全国残运会上获铜牌。由于在上海世博会生命阳光馆展示活动中表现突出，他被授予“世博之星”称号。曾获“全国优秀自考生”等荣誉称号。

周芳山　1970年出生，中共党员，江西电大毕业，大专学历，杭州三山涂装公司董事长、江西三山茶业公司董事长、江西驻浙江团工委常务副书记。1993年，他怀揣340元到浙江打工创业。2007年先后投资3000多万元在铅山县建立了333.33公顷白茶基地，吸纳700多名农民工就业。曾被评为江西省优秀共产党员等。

周海萍　1976年出生，中共党员，中共函授党校电力分院经济管理专业毕业，本科学历，技师，南昌供电公司东湖客服中心东湖营业班班长。她长期资助32位孤寡老人和24名贫困、残障学子，仅个人捐款

捐物就达10万余元。曾被评为全国三八红旗手，获“全国女职工建功立业标兵”“全国五一巾帼标兵”“江西省用户满意服务明星”等荣誉称号。

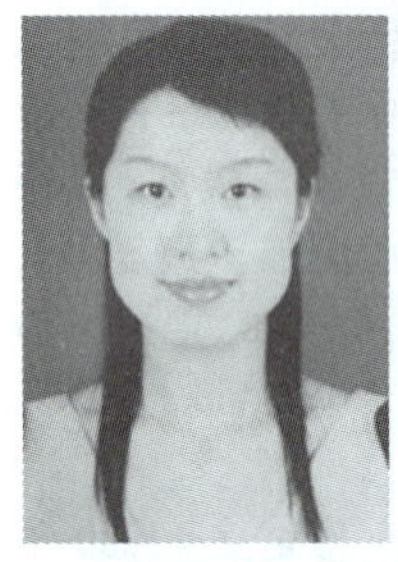

郑　璐　1983年出生，中共党员，南昌大学艺术与设计学院本科毕业，硕士研究生学历，校聘副教授，南昌大学艺术与设计学院音乐系副教授。她获2010年中国红歌会年度总冠军，作为主要演员参加省汶川地震赈灾义演，募集善款5.4亿元。曾获“江西省优秀年轻文艺人才”“江西省十大新闻人物”“江西省公益慈善优秀人物”等荣誉称号。

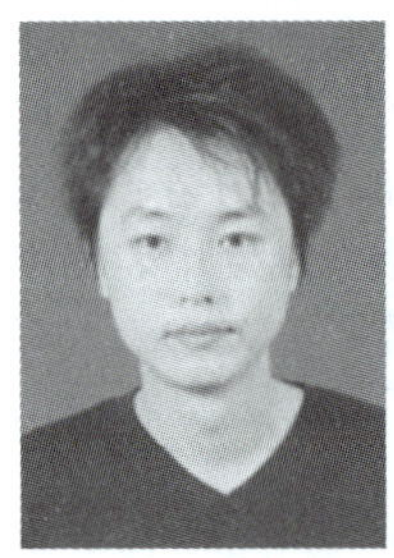

郑　炜　1975年出生，中共党员，昌河工学院毕业，大专学历，设备电器、机械维修双职业高级技师，江西昌河汽车股份有限公司冲压车间维修电工。他先后获中航工业首届职业技能大赛华南区电工组第六名、第三届全省职工职业技能大赛职工组维修电工第四名、省振兴杯机修钳工竞赛第四名。曾获“江西省首席技师”等荣誉称号。

袁根牙　1975年7月生，硕士研究生学历，江西利新橡胶有限公司董事长兼总经理。他的企业解决当地1000多人就业，每年用于公益事业的投入达20余万元。分别向国家专利局申报发明专利一项、实用新型专利二项。他被中国轮胎翻修与循环利用协会复原分会的技术委员会评选为技术委员。曾获“全国农村青年致富带头人”等荣誉称号。

姚英娟　1976年出生，中共党员，华中农业大学动物学专业毕业，博士研究生学历，副研究员，江西省农业科学院植物保护研究所研究室主任。她在转基因水稻安全性评价方面填补了江西省的空白。获得国家发明专利1项；获得省科技进步二、三等奖各1项。曾入选为省青年科学家(井冈之星)培养对象。

曹有红　1975年出生，江西省化工技校毕业，大专学历，中级职称，江西鹰潭市灿灿语训部创办人。她是一位聋儿的母亲，4年来创办了语训部，累计收训来自全国5省15个地区24名听障、智障、自闭症孩子，使他们像正常孩子一样上幼儿园、上小学。曾被评为市三八红旗手，获第二届感动江西优秀母亲提名奖，获“中国好人”等荣誉称号。

梅国雄　1975年出生，中共党员，博士研究生学历，教授，博士生导师，南昌航空大学土木建筑学院院长。他的科研成果先后获得省部级科技进步二等奖2项，中国岩石力学与工程学会青年科技奖银奖、江西省技术发明二等奖。出版专著2部，授权国家发明专利8项。曾获“江苏省优秀博士后”等荣誉称号，并入选江西省新世纪百千万人才工程人选名单。

彭小平　1973年出生，中共党员，南昌大学毕业，经济学硕士，高级经济师，省鄱阳湖生态经济区建设办公室鄱阳湖生态经济区建设管理一处处长。他牵头承办中国鄱阳湖生态经济区建设国际研讨会。获江西省参与上海世博会先进个人、服务世博奉献世博先进个人三等功等。曾被评为“江西十大IT青年”，获江西省科学技术进步二等奖。

谢世坤　1973年11月生，中共党员，博士研究生学历，教授，硕士生导师，井冈山大学工学院副院长。他先后获省自然科学奖三等奖1项、省教学成果奖二等奖2项、创新设计专利2项等。他主讲的课程被评为江西省精品课程。他曾入选江西省青年科学家培养对象计划、江西省新世纪百千万人才工程人选名单。

赖朝文　1978年出生，1997年12月入伍，中共党员，中央电大毕业，大专学历，四级警士长，南昌市公安消防支队水上大队班长、消防船二副。他成功受理“10·6”“1·12”赣江油轮特大火灾等重大灾情的处警工作。在2010年抚州唱凯堤营救战斗中，营救转移被困群众600余人。曾荣立个人二等功1次，三等功2次，获“全国优秀消防卫士”荣誉称号。

蔡　雪　1976年出生，中共党员，本科学历，萍乡市人民检察院公诉处副处长。她承办各类刑事案件270多件，无一错案。尤其是2009年，在丈夫因车祸生命垂危时，她毅然承担了一起重大职务犯罪案件出庭公诉任务。曾获最高人民检察院个人一等功1次，省检察院个人一等功1次，获“首届江西检察职业道德标兵”等荣誉称号。

熊　瑛　1976年出生，中共党员，江

西航空技术学院毕业，大专学历，高级技师，中航工业洪都机械加工厂数控铣工。经她加工的零件合格率100%。在参与L15高教机、C919大飞机、波音747－8等重点项目攻坚战中，她屡建奇功。曾被评为全省技术能手，获全省五一巾帼奖，获“全省优秀高技能人才”“中央企业杰出青年岗位能手”等荣誉称号。

（黄　煜）

十大井冈之子

谭良才　男，1966年8月出生，中共党员，宜春市袁州区慈化镇冷水村村民。2010年3月21日14时45分，慈化镇伯塘村村民李兴武家中发生大火，6名1～5岁的儿童被困，生命危在旦夕。闻讯赶来的谭良才和他的女婿王茂华挺身而出，先后3次冲进火海，救出5名被困儿童。被困孩子全部安然无恙，但王茂华和谭良才却被严重烧伤。王茂华全身烧伤面积高达98%左右，引起严重烧伤脓毒症、多脏器功能衰竭，于5月2日凌晨不幸去世，年仅27岁。谭良才烧伤面积也达85%左右，经医院多次治疗，于10月19日康复出院。英雄的事迹感动了全社会，赣湘鄂省各界纷纷伸出援助之手为英雄捐款，共捐集了300多万元善款。2011年3月21日，谭良才和王茂华烈士的亲属谭长华将110.61万元社会各界捐款余额捐赠给慈化镇光荣敬老院修建“英雄楼”，用于改善敬老院老人的生活居住环境。谭良才及其家人的义举，再次感动了中国，《人民日报》、新华社等中央、省级和其他媒体跟踪报道达700余篇。先后入选“感动中国”2010年度获奖人物、“中国好人榜”上榜好人，荣获“全国见义勇为英雄”和“江西省见义勇为标兵”等称号。

颜龙安　男，1937年9月出生，中共党员，江西省农业科学院名誉院长。1962年大学毕业后，一直从事水稻育种研究工作，是中国籼型杂交水稻的开拓者和主要发明者之一。1982～2003年，他培育的以“珍汕97”不育系配组的杂交稻累计推广种植1.2亿公顷，占全国种植杂交稻总面积的47%，增产稻谷1874亿千克。在杂交水稻繁殖制种高产技术研究方面，他先后解决六大技术难题，带领课题组选育出一系列已大面积推广的超高产水稻新品种组合。1987年发现“萍乡显性雄性核不育水稻”，属世界首创。此外，他的12项科研成果获得省部级以上奖励，其中国家发明特等奖1项，全国科学大会奖1项。他是中国工程院院士，第五届全国人大代表，第六届、第七届、第八届、第九届全国人大代表主席团成员。先后3次被评为全国劳动模范和先进工作者，5次被评为江西省劳动模范，并获“国家级有突出贡献的中青年专家”称号。

彭小峰　男，1975年5月出生，赛维LDK太阳能有限公司董事长兼首席执行官。2005年7月，彭小峰开始创办江西赛维LDK太阳能高科技有限公司。2006年，公司投产并成为亚洲最大的多晶硅片生产商。2007年6月，公司在美国纽约证券交易所成功上市，成为江西第一家在美国上市的企业，也是中国新能源领域最大的一次IPO（首次公开发行股票）。2008年8月，实现多晶硅片产能突破1000兆瓦，成为世界第一个实际产能进入吉瓦俱乐部的光伏企业，全年实现销售收入128亿元。2009年实现硅片出货量超过1000兆瓦，是世界上唯一年销售量超过1吉瓦的光伏企业。2010年更是取得了硅片产能突破3000兆瓦，集团销售收入突破200亿元的佳绩，创造了被业界人士惊叹的“LDK光速奇迹”，成为世界最大的多晶硅料及多晶硅片供应商，赛维LDK的品牌也已享誉海内外。他先后获“2007影响中国的十大创业家”“中国光伏行业十大风云人物”“中国十大创业新锐”“全国劳动模范”“江西省突出贡献人才”“江西省十大杰出青年”“江西省优秀企业家”“改革开放30年江西省十大优秀建设者”等称号。

毛秉华　男，1929年12月出生，中共党员，井冈山精神研究会顾问。自1989年离休后，毛秉华先后自费跑遍了湘赣两省边界各县农村，并到广州、北京、洛阳、徐州、三门峡等地拜访32位老红军及其亲属，收集革命文物21件，主编《井冈红旗谱》《天下第一山》《井冈诗词选》等著作。他43年如一日，义务宣讲井冈山精神，每年讲课300多场，听众累计已达160万人次，被誉为“井冈精神第一宣传员”。他不但拒收讲课费，还先后婉拒40多个单位赠送的有纪念意义或实用价值的物品60多件。他拿出5.5万元稿费作为党费上缴，先后捐出8000余元给汶川、玉树、舟曲等灾区，并为井冈山的12所中、小学筹资120多万元，筹款600多万元帮助300多位家庭贫困的孩子继续上学。2009年春节，得到胡锦涛总书记的接见。他先后获得全国五一劳动奖章、中组部“老有所为”奖牌、国防大学“优秀导师”奖牌、中国关心下一代工作委员会“先进个人”奖章等荣誉。

彭印砚　男，1966年9月出生，中共党员，江西省博物馆馆长、研究馆员。彭印砚在江西长期从事文博工作，爱岗敬业，有高度的责任感和强烈的事业心。他作为江西省优秀青年专家，有较高的理论素养、扎实的历史学、考古学基础，系统掌握了本专业基础和专业技能；

具有主持策划大型文物展览的能力，能完成较高难度的科研课题，业绩显著；具有培养专业人才和指导专业技术人员的能力；视野开阔，研究范围比较广泛，用笔名彭明瀚在国内外公开发表了论文100多篇、出版学术专著8种，主持大型文物展览10多个；自觉把个人的学术研究与本单位文博事业发展结合起来，相关成果已经转化为《千年窑火》《世界瓷都》《赣鄱吉金》等3个展览赴国内50多家博物馆和美国、法国、南非等10多个国家和地区展出，取得了很好的社会效益和可观的经济效益，发挥了文物的资源优势和博物馆的文明窗口作用，宣传江西，服务社会，多次受到国家的肯定和表彰。他先后被评为文化部优秀专家、江西省优秀中青年专家、江西省爱国主义教育基地建设先进个人，入选了新世纪江西省百千万人才工程第一、二层次人选，曾获第十二届江西省社科优秀成果奖。

曾　凯　女，1960年2月出生，中共党员，高安市看守所所长。她担任高安市看守所所长13年来，恪尽职守、兢兢业业，将全部身心扑在工作上，开创了高安看守工作新局面，被在押人员亲切地称为“曾妈妈”。她把在押人员视为迷途的“羔羊”，像老师对待学生一样，悉心教导和关爱。她以女性特有的柔情关心照顾每一位在押人员，逐步唤醒他们内心深处的良知和善念，燃起“善”的明灯，播撒“爱”的希望。该看守所关押的40余名死刑犯全都能有效舒解内心的仇恨，忏悔自己的罪行，150多名被判15年以上有期徒刑的重刑犯全部安全移交服刑，400余名未成年违法犯罪人员出所后，绝大部分遵纪守法，堂堂正正做人。她严格执法，公道办事，把“清廉”当成内心的坚守，创下了监所连续13年安全无事故、民警无违纪的佳绩，单位2次荣立集体三等功，并获“全国公安监管系统深挖犯罪先进单位”“全省公安监管场所执法环境先进单位”“全省公安监管场所先进单位”等称号。她个人先后荣立荣获个人一等功1次、三等功2次，获“全国公安监管系统深挖犯罪先进个人”“公安部二级英模”“全国三八红旗手”等称号，并入选“中国好人榜”敬业奉献好人和央视“2010年感动中国人物”侯选人。

傅宁波　男，1968年5月出生，中共党员，抚州市临川区腾桥镇腾桥村党支部书记。自1999年担任村支书以来，傅宁波一心一意为民办事，千方百计谋求发展，带领村民走上了小康之路，使村民人均收入从他上任初的2600元增加到现在的8200多元，把一个集体经济几乎为零的“空壳村”打造成为各项工作走在全镇、全区前茅和远近闻名的社会主义新农村。他自费投资创办一个百亩无籽西瓜实验基地，获得成功后，将种植技术无偿传授给村民。他先后引进了多家企业，解决300多个剩余劳动力的就业岗位，创造了良好的经济效益和社会效益。他率先建起全区第一个农村党校，兴建全区乃至全市一流的村委会办公大楼。在他的带领下，所在村先后获得全省“交通安全示范村”和抚州市“先进村党支部”“‘五个好’村（社区）党支部”“创优争先先进党支部”等省、市、区级30多项荣誉。他先后荣获“全国优秀高技能人才”“全国群众性建功立业竞赛活动先进个人”“江西省劳动模范”等荣誉。

熊　瑛　女，1976年4月出生，中共党员，中航工业洪都机械加工厂数控铣工。10余年来，熊瑛爱岗敬业、无私奉献，把全部精力倾注在航空事业的发展上，为公司全面完成各项科研生产任务作出了突出贡献。她精益求精、善于钻研，经她加工的零件合格率100%。她敢于创新、勇于实践，近两年共提出技术革新、合理化建议20余项，节约费用100余万元。她勤学苦练、技能精湛，不仅在各项技能大赛中连创佳绩，而且在参与L15高教机、C919大飞机、波音747－8等重点科研攻坚战中屡建奇功。她言传身教、无私奉献，她毫不保留地把自己的工作经验和技术传授给徒弟，以自己的人格魅力教育和引导徒弟做人做事。她吃苦耐劳，敢于承担，面对数控技术的快速发展带来的新挑战，她迎难而上，与工艺人员深入探讨加工细节，反复调试加工程序，带领班组成员团结协作加班加点，最终实现产品优质交付。她先后获“江西省技术能手”“江西省青年五四奖章”“江西省优秀高技能人才”“中央企业杰出青年岗位能手”等称号。

王少君　男，1968年12月出生，中共党员，《江南都市报》总编辑。他任《江南都市报》总编辑以来，始终坚持“脑中有导向、心中有读者、眼中有市场”的办报方针，紧紧围绕省委、省政府中心工作，牢牢把握正确舆论导向，精心打造核心竞争力，在新闻采编、报业经营、技术创新等方面都取得了令人瞩目的成绩。该报日发行量达40万份，是江西省发行量最大的报纸，先后获中国最具价值媒体100强、全国报纸类最具价值媒体30强、全国新闻工作先进集体、全国最具公信力都市报优秀奖等多项荣誉，是江西走向全国的一张文化名片，曾得到前来报社视察工作的中共中央政治局常委李长春，中共中央政治局委员、书记处书记、中宣部部长刘云山的肯定。他心系读者，竭力为群众排忧解难。中国新闻名专栏市民热线自创办以来，已接听市民热线50多万个，组织政府部门热线接听600多场，为百姓解决大小难题上万个。他热心公益事业，着力塑造“爱心媒体”良好形象，连续8年联手企业每年出资50万元组织阳光助学活动，帮助近千名贫困学子圆了大学梦，该报为此荣获中国扶贫基金会最具爱心媒体奖。他是全国省级晚报（都市报）学术委员会委员，江西省青联常委，江西省“新世纪百千万人才工程”

人选，曾荣获全国报业经营管理优秀个人。

王 敏 男，1967年8月出生，中共党员，晶能光电（江西）有限公司董事、常务副总裁，江西晶和照明有限公司董事长、总裁。他是晶能光电的主要创始人之一，晶能光电是江西省LED产业的龙业头企，其硅衬底LED技术具有完全自主的知识产权，申请和获得了国际国内发明专利150多项，打破了日、美的技术垄断，形成了最具发展潜力的氮化镓LED领域第三条技术路线，并在全球第一家批量生产。晶能光电已发展成为国内顶尖的LED企业，并得到中央领导和地方政府的高度赞扬，公司连续两年获得“中国LED技术创新奖”，列入了全球清洁技术集团和《英国卫报》共同发布的“2010年度全球清洁技术100强”名单。2011年，晶能光电入选“全球最具创新力企业”50强。晶和照明虽然成立不到一年，但在他的带领下，已发展成为江西省LED照明产业的领军企业，产品性能已达到世界一流水平。在企业经营发展过程中，他成为江西省成功引进国际著名风险投资的第一人，先后引进外资总额超过5亿人民币，申请并获得了10多项专利，主持起草了江西省LED路灯等多项地方标准，为全省半导体照明战略新型产业的快速发展，为鄱阳湖生态经济区建设做出了重大贡献。他先后获“江西省劳动模范”“江西省新形象楷模”“江西省杰出青年创业者”等称号，并被列入“赣鄱英才555工程”领军人才培养计划。

（张玉胜）

·资 料·

江西历代进士名录（五）

姓 名	籍 贯	朝 代	上榜时间	姓 名	籍 贯	朝 代	上榜时间
谢 堪	新淦	宋	天圣八年(1030)	董 仪	永丰	宋	景祐元年(1034)
曾奉先	宁都	宋	天圣八年(1030)	董 汀	永丰	宋	景祐元年(1034)
元 绛	南城	宋	天圣八年(1030)	罗 觉	龙泉	宋	景祐元年(1034)
陈 谏	南城	宋	天圣八年(1030)	何若谷	新淦	宋	景祐元年(1034)
吴 温	南昌	宋	景祐元年(1034)	朱景旸	萍乡	宋	景祐元年 (1034)
胡 况	奉新	宋	景祐元年(1034)	李 奇	萍乡	宋	景祐元年(1034)
胡真卿	奉新	宋	景祐元年(1034)	李 秉	丰城	宋	宝元元年(1038)
闵 汾	奉新	宋	景祐元年(1034)	过 昱	丰城	宋	宝元元年(1038)
黄 庠	分宁	宋	景祐元年(1034)	黄 淳	分宁	宋	宝元元年(1038)
黄 渭	分宁	宋	景祐元年(1034)	蔡仲舒	瑞州	宋	宝元元年(1038)
吴太元	瑞州	宋	景祐元年(1034)	舒 源	德兴	宋	宝元元年(1038)
李 绛	瑞州	宋	景祐元年(1034)	徐 绍	余干	宋	宝元元年(1038)
马 遵	乐平	宋	景祐元年(1034)	姚一鹗	余干	宋	宝元元年(1038)
李 覃	浮梁	宋	景祐元年(1034)	姚宜先	余干	宋	宝元元年(1038)
臧论道	浮梁	宋	景祐元年(1034)	臧永锡	浮梁	宋	宝元元年(1038)
杨易简	德安	宋	景祐元年(1034)	桂叔宪	贵溪	宋	宝元元年(1038)
徐 贽	德安	宋	景祐元年(1034)	沈 邈	弋阳	宋	宝元元年(1038)
郑 诒	德安	宋	景祐元年(1034)	许 几	贵溪	宋	宝元元年(1038)
许待问	德安	宋	景祐元年(1034)	吴 蒙	金溪	宋	宝元元年(1038)
萧 琛	湖口	宋	景祐元年(1034)	刘 参	庐陵	宋	宝元元年(1038)
吴彦先	宜黄	宋	景祐元年(1034)	阮宗道	永新	宋	宝元元年(1038)
胥正臣	宜黄	宋	景祐元年(1034)	叶 松	信丰	宋	宝元元年(1038)
乐宾国	宜黄	宋	景祐元年(1034)	李冠卿	南城	宋	宝元元年(1038)
刘 存	泰和	宋	景祐元年(1034)	过 昱	南城	宋	宝元元年(1038)
郭之美	泰和	宋	景祐元年(1034)	刘 瑕	南丰	宋	宝元元年(1038)
郭 铨	泰和	宋	景祐元年(1034)	夏 旻	新建	宋	庆历二年(1042)
毛 偕	吉水	宋	景祐元年(1034)	徐民先	分宁	宋	庆历二年(1042)
曾奉先	吉水	宋	景祐元年(1034)	莫 景	分宁	宋	庆历二年(1042)
董 洙	永丰	宋	景祐元年(1034)	黄 庶	分宁	宋	庆历二年(1042)
董师德	永丰	宋	景祐元年(1034)	南宫觐	分宁	宋	庆历二年(1042)
董师道	永丰	宋	景祐元年(1034)	何延世	丰城	宋	庆历二年(1042)

江西省人民政府关于印发江西省国民经济和社会发展第十二个五年规划纲要的通知

2011年5月3日

各市、县(区)人民政府,省政府各部门:

《江西省国民经济和社会发展第十二个五年规划纲要》已经江西省第十一届人民代表大会第四次会议通过,现印发给你们,请认真贯彻执行。

江西省国民经济和社会发展第十二个五年规划纲要

(2011年2月14日江西省第十一届人民代表大会第四次会议通过)

江西省国民经济和社会发展第十二个五年(2011－2015年)规划纲要是根据《中共江西省委关于制定全省国民经济和社会发展第十二个五年规划的建议》编制的,主要阐明省委、省政府战略意图,明确政府工作重点,引导市场主体行为,是未来五年我省经济社会发展的宏伟蓝图,是全省上下共同的行动纲领,是编制未来五年其他各级各类规划、实施重大工程项目的重要依据。

第一篇　加快转变经济发展方式　在新的起点上实现科学发展、进位赶超、绿色崛起

“十二五”时期,是我省推进鄱阳湖生态经济区建设的重要时期,是加快转变经济发展方式的攻坚时期,是全面建设小康社会的关键时期,必须紧紧抓住和用好可以大有作为的重要战略机遇期,在新的起点上实现科学发展、进位赶超、绿色崛起。

第一章　发展基础

“十一五”时期,在党中央、国务院的正确领导下,全省上下坚持以科学发展观为指导,齐心协力,沉着应对,顽强拼搏,扎实工作,成功战胜历史罕见的低温雨雪冰冻灾害、特大洪涝灾害,成功应对国际金融危机严重冲击,成功推动鄱阳湖生态经济区建设上升为国家战略,改革开放和社会主义现代化建设取得了新的巨大成就,“十一五”规划确定的主要目标和任务全面完成。

——经济总量实现新跨越。实现全省生产总值五年翻一番,财政总收入、社会消费品零售总额、金融机构存贷款余额四年翻一番,全社会固定资产投资、工业增加值三年翻一番,出口总额两年翻一番。2010年,全省生产总值达到9435亿元,年均增长13.2%;财政总收入达到1226亿元,年均增长23.5%;全社会固定资产投资达到8775亿元,年均增长30.9%;社会消费品零售总额达到2933亿元,年均增长18.9%。

——经济结构继续优化。三次产业比例调整为12.8:55.0:32.2。农业基础地位更加巩固,农村面貌发生重大变化,传统农业向现代农业加速转变,粮食总产量突破400亿斤。工业主导型的经济增长格局加速形成,工业化率提高到46.2%。服务业繁荣发展。城镇化加速推进,城乡区域协调发展,城镇化率提高到44.8%。

——社会事业全面进步。科技创新能力增强,研究与试验发展经费支出占全省生产总值比重达到1.0%,科技进步对经济增长的贡献率达到50.1%。九年义务教育全面普及,职业教育快速发展,高等教育稳步进入大众化阶段,民办教育不断壮大。公共卫生服务体系不断完善,城乡医疗卫生条件逐步改善。计划生育、文化体育、民主法制和精神文明建设切实加强,社会更加和谐稳定。

——改革开放深入推进。国有工业企业改革取得重大突破,农垦、粮食、农业、林业、交通、水利、商贸流通等七类国企改革扎实推进,医药卫生体制、投资、财税、金融、价格、林权制度、政府机构等改革步伐加快。对外开放进一步扩大,出口总额达到134.2亿美元,利用外商直接投资达到51.8亿美元,利用省外5000万元以上项目实际进资1927亿元。

——基础设施显著改善。综合交通立体化、网络化、快速化、现代化进程加快,高速公路通车里程突破3000公里,高速铁路建设实现零的突破,民航旅客吞吐量突破500万人次。能源保障能力全面提升,以核能、风能、太阳能为重点的新能源开发取得重大突破,统调电力装机容量达到1349万千瓦。农业基础设施、信息通信设施继续完善,水利安全保障进一步强化。

——城乡居民生活水平进一步提高。民生工程大力推进,社会就业更加充分,社会保障覆盖面逐步扩大,城乡基本医疗保险制度和最低生活保障制度实现全覆盖,新型农村社会养老保险试点工作顺利启动。城市保障性住房建设和棚户区改造扎实推进,农村危房改造试点工作进展顺利。城乡居民收入大幅增加,城镇居民人均可支配收入达到15481元,农民人均纯收入达到5789元。

——资源环境承载能力不断增强。生态环境质量继续位居全国前列,森林覆盖率达到63.1%,全省主要河流监测断面Ⅰ~Ⅲ类水质达到80.3%,11个设区市城市空气质量达到国家二级标准,城镇生活污水集中处理率和生活垃圾无害化处理率分别达到67.8%、51.6%。万元生产总值能耗累计下降20%,二氧化硫和化学需氧量排放量分别累计下降7%、5%。

过去的五年,是我省综合实力迅速提高的五年,是发展后劲显著增强的五年,是城乡面貌深刻变化的五年,是人民群众得到更多实惠的五年。回顾过去五年的发展历程,最根本的是深入贯彻落实科学发展观,牢牢抓住发展不足这个主要矛盾,不断激发和调动全省人民的积极性、主动性、创造性,在发展理念上,坚持以人为本、和谐发展、可持续发展,把广大人民的根本利益作为一切工作的出发点和落脚点;在发展视野上,坚持跳出江西看江西,把江西置于全国乃至全球的发展格局中去谋划;在发展举措上,坚定不移实施重大项目带动战略,坚定不移加快推进新型工业化和城镇化,坚定不移深化改革开放,坚定不移推动鄱阳湖生态经济区建设。展望未来,我省经济社会发展已经站在一个更高的历史起点上!

“十一五”规划主要指标完成情况表

指　　标	2005年	2010年规划目标	2010年	
			完成值	较“十五”完成情况
1. 全省生产总值(亿元)	4056.8	8000	9435	年均增长13.2%,净增5378.2亿元
2. 人均生产总值(美元)	1152	2000	3133	年均增长12.4%,净增1981美元
3. 财政总收入(亿元)	426	856	1226	年均增长23.5%,净增800亿元
4. 全社会固定资产投资总额(亿元)	2169	4816	8775	年均增长30.9%,净增6606亿元
5. 外商直接投资(亿美元)	24.2	39	51.8	年均增长16.4%,净增27.6亿美元
6. 出口总额(亿美元)	24.4	49	134.2	年均增长40.6%,净增109.8亿美元
7. 社会消费品零售总额(亿元)	1244.9	2277	2933	年均增长18.9%,净增1688.1亿元
8. 五年新增城镇就业(万人)		230	235	年均新增47万人
9. 居民消费价格总指数(%)	101.7	103		价格总水平基本稳定
10. 城镇居民人均可支配收入(元)	8620	13000	15481	净增6861元
11. 农民人均纯收入(元)	3266	4600	5789	净增2523元
12. 年末总人口(万人)	4311.2	4500	4467.6	净增156.4万人
13. 万元生产总值综合能耗(吨标准煤)	1.06	0.85		累计下降20%
14. 二氧化硫排放量(万吨)	61.3	57	57	累计削减7%

指　　标	2005 年	2010 年规划目标	2010 年	
			完成值	较“十五”完成情况
15. 化学需氧量(万吨)	45.7	43.4	43.4	累计削减5%
16. 工业增加值占生产总值比重(%)	35.9	40	46.2	提高10.3个百分点
17. 科技进步对经济增长的贡献率(%)	45.6	50	50.1	提高4.5个百分点
18. 研究与试验发展经费支出占全省生产总值比重	0.71	1.2	1.0	提高0.29个百分点
19. 高等教育毛入学率(%)	20.5	25	25.5	提高5个百分点
20. 高中阶段教育毛入学率(%)	60	75	76	提高16个百分点
21. 广播人口综合覆盖率(%)	93.22	99	96.5	提高3.28个百分点
22. 电视人口综合覆盖率(%)	95.38	99	97.8	提高2.42个百分点
23. 城镇登记失业率(%)	3.48	4.5	3.31	下降0.17个百分点
24. 城镇化率(%)	37.1	45	44.8	提高7.7个百分点
25. 基本养老保险参保人数(万人)	387.43	550	609	净增221.57万人
26. 新型农村合作医疗覆盖率(%)	12.5	80	100	提高87.5个百分点
27. 城镇生活污水集中处理率(%)	13.55	60	67.8	提高54.25个百分点
28. 城镇生活垃圾无害化处理率(%)	24.29	70	51.6	提高27.31个百分点
29. 森林覆盖率(%)	60.05	63	63.1	提高3.05个百分点
30. 耕地保有量(万亩)	4300	4300	4300	保持在稳定水平

第二章　发展背景

当前和今后一个时期，和平、发展、合作仍然是时代潮流，经济全球化继续深入发展，国内外产业转移步伐加快，为我省扩大开放、加快发展提供了更为有利的外部环境；科技创新孕育新突破，新一轮产业革命正在兴起，为我省发挥后发优势、实现跨越发展创造了新条件；工业化、城镇化快速推进，国内需求进一步扩大，消费结构加快升级，为我省经济持续快速发展提供了强大动力和广阔空间；鄱阳湖生态经济区建设上升为国家战略，为进一步提升我省战略地位，更多争取国家支持，促进产业和要素集聚创造了历史性机遇；更为重要的是，经过五年来的努力，一批重大基础设施和产业项目相继建成，全省上下形成了心齐气顺、干事创业、竞相发展的浓厚氛围，初步探索出了一条科学发展、绿色崛起的路子，为加快发展奠定了更为坚实的物质基础和思想基础。这一切，为“十二五”时期实现又好又快发展提供了重要支撑。同时，必须清醒认识我们面临的严峻挑战。一方面，受国际金融危机影响，全球经济增长模式正在深度调整，国内经济增长条件和动力发生深刻变化，区域间竞争更趋激烈。另一方面，我省经济欠发达地位没有根本改变，面临加快发展和加速转型的双重压力；资源环境约束不断强化、要素成本进入上升期，产业结构调整升级的内在要求更加迫切；社会结构深刻变动，社会矛盾明显增多，统筹城乡发展的任务更加繁重，社会建设和管理面临许多新课题。

总体而言，当前和今后一个时期，机遇与挑战并存，机遇大于挑战，我们仍处于可以大有作为的重要战略机遇期。全省上下务必统一思想，坚定信心，抓住机遇，开拓进取，始终坚持科学发展不动摇，坚持加快发展不松劲，坚持正确的发展思路不摇摆，加快转变发展方式，创新发展模式，破解发展难题，奋力推进科学发展、进位赶超、绿色崛起。

第三章　指导思想

“十二五”时期全省经济社会发展的指导思想是：高举中国特色社会主义伟大旗帜，以邓小平理论和“三个代表”重要思想为指导，深入贯彻落实科学发展观，适应国内外形势新变化，顺应人民群众过上更好生活新期待，以科学发展为主题，以加快转变经济发展方式为主线，以改革开放为强动力，以保障和改善民生为根本出发点和落脚点，以鄱阳湖生态经济区建设为龙头，加速推进新型工业化，加速推进城镇化，加速推进农业现代化，着力提高生态文明水平，着力提高社会文明程度，着力提高人民群众幸福指数，努力实现科学发展、进位赶超、绿色崛起的宏伟目标。

围绕上述指导思想，在实际工作中要坚持“五个有机统一”：

——坚持加快发展与加速转型有机统一。发展不足、经济总量较小仍然是我省的主要矛盾，做大经济总量、实现进位赶超是“十二五”时期的首要任务。必须坚持在发展中促转变，在转变中谋发展，在扩总量、上水平与转方式、调结构的有机统一中赢得主动、抢占先机。

——坚持经济增长与生态文明有机统一。坚持既要金山银山、更要绿水青山的发展理念，在保护生态中加快发展，在加快经济发展中建设生态文明，努力探索经济与生态协调发展的新模式，把鄱阳湖生态经济区建设成为全国经济与生态协调发展、人与自然和谐相处的示范区。

——坚持扩大内需与对外开放有机统一。准确把握经济发展的阶段性特征，坚定不移实施重大项目带动战略，着力构建扩大内需的长效机制。同时，坚定不移实施大开放主战略，大力承接产业转移，进一步提高开放型经济发展水平，促进经济增长依靠投资、消费和出口协调拉动。

——坚持做大总量与改善民生有机统一。坚持发展为了人民、发展依靠人民、发展成果由人民群众共享，在促进经济又好又快发展的同时，更加注重处理好公平与效率的关系，更加注重改善民生，更加注重社会建设，更好地让广大人民群众共享改革发展的成果。

——坚持改革攻坚与和谐稳定有机统一。"十二五"时期，既是改革攻坚期，也是矛盾凸显期。既要坚持社会主义市场经济的改革方向不动摇，加快改革攻坚步伐，构建有利于科学发展的体制机制；又要正确把握改革力度和节奏，充分考虑社会可承受程度，统筹协调各方面利益关系，以稳定促改革，以改革促和谐。

第四章　主要目标

全省经济社会发展的总体目标是：经济总量跨越万亿元台阶并向两万亿元迈进，主要经济指标在全国的位次前移，欠发达地区的地位显著改变，为全面建成小康社会打下具有决定性意义的基础。

——经济总量跨上新台阶。全省生产总值年均增长11%以上，按当年价格计算，到2015年达到18000亿元、在执行中力争20000亿元，按当年价格和汇率计算，预期人均生产总值达到6000美元；财政总收入年均增长16%以上，达到2600亿元、力争3000亿元；全社会固定资产投资年均增长20%以上，五年累计超过80000亿元；社会消费品零售总额年均增长16%，达到6200亿元；出口总额年均增长15%，达到270亿美元；外商直接投资年均增长10%，达到83.5亿美元。

——结构调整取得重大进展。非农产业比重达到90%以上，城镇化率达到52.8%，居民消费率达到38%，研究与试验发展经费支出占全省生产总值比重达到1.5%。城乡区域发展协调性增强，经济增长的科技含量进一步提高。

——改革开放取得重大突破。先行先试取得显著成效，财税金融、要素价格、垄断行业等重要领域和关键环节改革取得明显进展，政府职能加快转变，政府公信力和行政效率进一步提高。全方位、宽领域、多层次的大开放格局进一步完善，开放型经济对经济增长的贡献率显著上升。

——城乡居民收入大幅增加。努力实现居民收入增长和经济发展基本同步、劳动报酬增长和劳动生产率提高同步，力争城乡居民收入年均增长11%，城镇居民人均可支配收入超过26000元，农民人均纯收入超过10000元。低收入者收入明显增加，中等收入群体持续扩大，贫困人口显著减少，收入差距扩大趋势得到有效遏制。

——社会建设全面加强。全省总人口控制在4650万人以内。五年新增城镇就业人数235万人。城镇登记失业率控制在4.5%以内。九年义务教育巩固率达到93%，高中阶段教育毛入学率达到87%。主要劳动年龄人口平均受教育年限达到10年以上。城镇基本养老保险参保人数达到770万人左右，新型农村社会养老保险实现制度全覆盖，城乡三项医疗保险参保率达到95%；城镇保障性安居工程建设稳步推进。亿元生产总值生产安全事故死亡率下降36%。文化大省建设初见成效。民主法制不断加强，社会文明程度明显提高，社会管理制度日益完善，社会更加和谐稳定。

——资源节约和环境保护扎实推进。耕地保有量稳定在4300万亩以上。非化石能源占一次能源消费比重提高到10%。全省主要河流监测断面Ⅰ～Ⅲ类水质稳定在82%左右。单位工业增加值用水量、单位生产总值能耗分别累计下降30%、16%，单位生产总值二氧化碳排放量、主要染污物排放量控制在国家下达的目标范围内。农业灌溉用水有效利用系数达到0.5以上，城镇生活污水集中处理率、城镇生活垃圾无害化处理率分别提高到85%、80%以上。森林覆盖率稳定在63%以上，森林蓄积量达到5亿立方米。

——鄱阳湖生态经济区建设实现阶段性目标。"十二大生态经济工程"（"十二大生态经济工程"：指彭泽核电工程、万安核电工程、鄱阳湖水利枢纽工程、峡江水利枢纽工程、天然气入赣工程、特高压和智能电网工程、"一大四小"造林绿化工程、长江暨鄱阳湖源头生态保护工程、"五河一湖"水治理工程、城镇生活污水处理工程、工业园区污水处理工程、农村清洁工程。）鄱阳湖水质稳定在Ⅲ类，湿地得到有效保护，流域综合管理能力大幅提升，空气质量达到国家二级标准。区域生态产业和生态城镇体系初步建立，人均生产总值达到全国平均水平，基本公共服务主要指标达到或超过全国平均水平，提前基本实现全面建成小康社会的目标。

"十二五"时期经济社会发展主要指标

类别	指　标	2010年	2015年	年均增长(%)	属性
经济发展	全省生产总值(亿元)	9435	18000	11以上	预期性
	人均生产总值(美元)	3133	6000	10.5	预期性
	财政总收入(亿元)	1226	2600	16以上	预期性
	全社会固定资产投资(亿元)	8775	21000	20以上	预期性
	社会消费品零售总额(亿元)	2933	6200	16	预期性
	出口总额(亿美元)	134.2	270	15	预期性
	外商直接投资(亿美元)	51.8	83.5	10	预期性

<table>
<tr><th>类别</th><th colspan="2">指 标</th><th>2010 年</th><th>2015 年</th><th>年均增长(%)</th><th>属性</th></tr>
<tr><td rowspan="4">经济结构</td><td colspan="2">非农产业比重(%)</td><td>87.2</td><td>90 以上</td><td>[2.8 以上]</td><td>预期性</td></tr>
<tr><td colspan="2">居民消费率(%)</td><td>36</td><td>38</td><td>[2]</td><td>预期性</td></tr>
<tr><td colspan="2">城镇化率(%)</td><td>44.8</td><td>52.8</td><td>[8]</td><td>预期性</td></tr>
<tr><td colspan="2">研究与试验发展经费支出占全省生产总值比重(%)</td><td>1.0</td><td>1.5</td><td>[0.5]</td><td>预期性</td></tr>
<tr><td rowspan="12">社会民生</td><td colspan="2">全省总人口(万人)</td><td>4467.6</td><td>4650</td><td>0.78</td><td>约束性</td></tr>
<tr><td colspan="2">城镇居民人均可支配收入(元)</td><td>15481</td><td>26000</td><td>11</td><td>预期性</td></tr>
<tr><td colspan="2">农民人均纯收入(元)</td><td>5789</td><td>10000</td><td>11</td><td>预期性</td></tr>
<tr><td colspan="2">城镇登记失业率(%)</td><td>3.31</td><td>4.5</td><td>[1.19]</td><td>预期性</td></tr>
<tr><td colspan="2">城镇新增就业人数(万人)</td><td>[230]</td><td>[235]</td><td>—</td><td>预期性</td></tr>
<tr><td colspan="2">九年义务教育巩固率(%)</td><td>90.5</td><td>93</td><td>[2.5]</td><td>约束性</td></tr>
<tr><td colspan="2">高中阶段教育毛入学率(%)</td><td>76</td><td>87</td><td>[11]</td><td>预期性</td></tr>
<tr><td colspan="2">主要劳动年龄人口平均受教育年限(年)</td><td>8.9</td><td>10</td><td>[1.1]</td><td>预期性</td></tr>
<tr><td colspan="2">亿元生产总值生产安全事故死亡率(%)</td><td>0.20</td><td>0.13</td><td>-8.5</td><td>约束性</td></tr>
<tr><td colspan="2">城镇基本养老保险参保人数(万人)</td><td>609</td><td>770 左右</td><td>[161]</td><td>约束性</td></tr>
<tr><td colspan="2">城乡三项基本医疗保险参保率(%)</td><td>—</td><td>95</td><td>—</td><td>约束性</td></tr>
<tr><td colspan="2">城镇保障性安居工程建设(万套)</td><td>25.49</td><td colspan="2">国家下达的控制指标</td><td>约束性</td></tr>
<tr><td rowspan="15">资源环境</td><td colspan="2">耕地保有量(万亩)</td><td>4300</td><td>4300</td><td>持续稳定</td><td>约束性</td></tr>
<tr><td colspan="2">农业灌溉用水有效利用系数</td><td>0.45</td><td>0.5 以上</td><td>[0.5]</td><td>预期性</td></tr>
<tr><td colspan="2">森林覆盖率(%)</td><td>63.1</td><td>63 以上</td><td>持续稳定</td><td>约束性</td></tr>
<tr><td colspan="2">森林蓄积量(亿立方米)</td><td>4.45</td><td>5</td><td>[0.55]</td><td>约束性</td></tr>
<tr><td colspan="2">非化石能源占一次能源消费比重(%)</td><td>4.7</td><td>10</td><td>[5.3]</td><td>约束性</td></tr>
<tr><td colspan="2">全省主要河流监测断面Ⅰ~Ⅲ类水质比重(%)</td><td>80.3</td><td>82 左右</td><td>[1.7]</td><td>约束性</td></tr>
<tr><td colspan="2">单位工业增加值用水量降低(%)</td><td>—</td><td>[30]</td><td>[30]</td><td>约束性</td></tr>
<tr><td colspan="2">单位生产总值能耗累计下降(%)</td><td>[20]</td><td>[16]</td><td>[16]</td><td>约束性</td></tr>
<tr><td colspan="2">单位生产总值二氧化碳排放量累计下降(%)</td><td>——</td><td colspan="2">国家下达的控制目标</td><td>约束性</td></tr>
<tr><td rowspan="4">主要染污物排放量累计下降(%)</td><td>化学需氧量</td><td>[5]</td><td colspan="2" rowspan="4">国家下达的控制目标</td><td rowspan="4">约束性</td></tr>
<tr><td>二氧化硫</td><td>[7]</td></tr>
<tr><td>氨氮</td><td>—</td></tr>
<tr><td>氮氧化物</td><td>—</td></tr>
<tr><td colspan="2">城镇生活污水集中处理率(%)</td><td>67.8</td><td>85 以上</td><td>[17.2]</td><td>约束性</td></tr>
<tr><td colspan="2">城镇生活垃圾无害化处理率(%)</td><td>51.6</td><td>80 以上</td><td>[28.4]</td><td>约束性</td></tr>
</table>

注:全省生产总值、人均生产总值绝对数为当年价格,年均增长按不变价格计算;人均生产总值按6.8:1 的汇率折算;[ ]内为五年累计数;城乡三项医疗保险指城镇职工基本医疗保险、城镇居民基本医疗保险、新型农村合作医疗。

第二篇 加速推进农业现代化 建设社会主义新农村

坚持工业反哺农业、城市支持农村和多予少取放活的方针,夯实农业农村发展基础,加大强农惠农力度,建设农民幸福生活的美好家园。

第一章 发展现代农业

积极运用现代科技改造农业、现代手段装备农业、现代经营形式发展农业,不断提高农业综合生产能力、抗风险能力和市场竞争能力。

第一节 增强粮食安全保障能力

稳定播种面积,重点提高单产,注重品质改善,优化生产布局,强化我省粮食主产区地位,实施新增百亿斤优质稻谷生产能力工程,五年新增粮食产量50亿斤。严格保护耕地,加快推进农村土地整理复垦和综合整治工程,实施造地增粮富民工程。加强农田水利设施和田间工程建设,大规模改造中低产田,实施沃土工程、植保工程、良种工程和测土配方施肥工程,建设一批旱涝保收高标准粮田。强化粮食生产扶持政策,健全粮食最低收购价格制度,加大粮食主产区投入和利益补偿。加强粮食物流、储备和应急保障设施建设。

第二节 大力推进农业产业化经营

推进生产经营规模化、农业技术集成化、劳动过程机械化、农业服务多元化。实施农产品品牌战略,加快农业产业化示范区建设,提高农产品精深加工比例,增强龙头企业带动能力,搞活农产品流通,促进农业生产经营专业化、标准化、规模化、集约化。实施科教强农战略,增加农业科技投入,健全公益性农业技术推广体系,加快农业重点领域的科技集成创新、成果转化和推广运用。加快推进水稻生产机械化,积极引导和推动经济作物、园艺作物生产机械化,大力提高农业机械化水平。加快构建公益性服务和经营性服务相结合、专项服务和综合服务相协调的新型农业社会化服务体系,支持供销合作社、农民专业合作组织、农村经纪人、农村金融组织、龙头企业等提供多种形式的生产经营性服务。强化生产、储运、销售等环节全程监管,提高农产品质量安全水平。建设农业高科技示范园区、农业标准化示范区。

第三节 调整优化农业结构

以市场需求为导向、科技创新为手段、质量效益为目标,科学规划产业布局,构建优势突出和特色鲜明的产业带。鼓励和支持优势地区集中发展棉花、油料、茶叶、中药材等经济作物,推进蔬菜、水果、食用菌、花卉、薯类等产品集约化、设施化生产。在生态环境可承载条件下,大力推进畜牧业标准化规模养殖,建立健全生产、加工、市场营销体系,提高畜牧业综合生产能力。推进优势水产区域化布局和渔业产业化经营,巩固发展以“四大家鱼”为主的常规渔业,加快发展鳗鱼、虾蟹、鮰鱼、珍珠、龟鳖等特色渔业,建设供港淡水鱼养殖区。发挥森林资源优势,加快油茶、毛竹、森林食品与药材、生物质能源林及野生动植物繁育利用等特色产业发展。

专栏1:农业重大建设工程

新增百亿斤优质稻谷生产能力工程:重点实施标准农田建设工程、沃土工程、良种推广工程、高产创建示范工程、防灾减灾工程、农机化工程、水源和灌溉工程、鄱阳湖水利枢纽工程、农业保障服务工程等10大工程,“十二五”期间改造中低产田1600万亩、改善和新增灌溉面积1000万亩、新增耕地40万亩,全省粮食播种面积稳定在5600万亩,粮食综合生产能力达到450亿斤。

造地增粮富民工程:新开发复垦宜耕未利用土地40万亩,新增有效耕地面积30万亩;整理耕地70万亩,新增有效耕地面积2万亩。

农村土地整治示范工程:整治农村土地230万亩,其中建设基本农田180万亩,新增耕地20万亩,提高粮食产能5.5亿斤。

千万亩高产油茶基地建设工程:新造油茶林500万亩,改造低产油茶林600万亩;完善良种繁育基地,良种穗条生产能力7000万支,良种苗木生产能力1.5亿株;茶油产量20万吨,打造10个油茶产业科技园。

新增百万吨优质油料建设工程:建设高标准优质油菜基地500万亩、花生基地150万亩、芝麻基地50万亩,配套建设良种繁育、测土配方施肥、绿色植保等服务体系,建设油菜产业化经营示范区。油料综合生产能力达到210万吨,产油76万吨。

新增两百万吨优质畜禽产品开发工程:建设30个重点县“一片两线”优质生猪养殖基地、赣江优质水禽带、环鄱阳湖水禽优势区以及赣中南、赣北优质肉牛基地和赣中、赣南、赣西优质奶源基地,实施良种繁育体系工程、生态养殖及清洁生产工程和饲料饲草开发工程。

现代渔业“双百工程”:改造标准化池塘水产健康养殖基地100万亩,新增水产品100万吨,改、扩建40个年苗繁殖能力达5亿尾以上苗种繁殖场,建设75个县级水生动物防疫站、200个水产健康养殖示范场。

百万亩江西绿茶标准化基地建设工程:依托赣东北、赣西北、赣南、赣中等茶叶主产区,加快建设有机生态标准化茶园基地、良种繁育体系、茶叶采后处理加工及市场体系。百万亩高标准蔬菜基地建设工程:依托乐平、永丰、高安、临川、上栗、永修等62个蔬菜生产优势县,改造无公害标准化蔬菜基地,建设蔬菜集约化育苗场,提高采后处理及加工能力。

千万亩果业产业化工程:重点建设优质高产生态标准化果园基地、良种繁育体系、水果采后处理及加工、病虫防控体系,力争2015年全省水果面积达到900万亩以上,产量达450万吨以上。

百万亩优质棉基地工程:重点推广高产高效集成技术,完善棉田水利设施,建立棉花高产核心区,完善杂交抗虫棉制种基地建设,扩大主栽优质棉种推广比重,普及双杂双移栽二熟免耕高效耕种150万亩。

千万亩丰产竹林培育工程：建设丰产竹林基地1000万亩，其中改造低产竹林800万亩，新造笋用竹200万亩；完善毛竹主产区基础设施建设，发展竹材精深加工。

农业产业化示范区建设工程：培育10个年产值超过50亿元的农业产业化示范区，全省规模以上农产品加工型企业达到5000家，年销售收入达到5000亿元，农产品综合加工率达到70%，农产品加工产值与农业产值比例达到1.5:1。

休闲农业示范工程：重点培育20个休闲农业与乡村旅游示范强县、20个休闲农业示范园区（基地）、200个示范企业（点），加强休闲农业服务和推广体系建设。

第二章 改善农村生产生活条件

围绕推进城乡发展一体化，推动城市基础设施向农村延伸、城市公共服务向农村覆盖、城市现代文明向农村辐射，加快社会主义新农村建设。

第一节 优化乡镇村庄布局

按照因地制宜、切实可行的原则，尊重村民意愿，体现地方和农村特色，结合农村、国有林场、农场和垦区危旧房改造，科学规划乡镇村庄，合理安排乡镇建设、村落分布、产业聚集、农田保护、生态涵养等空间布局，统筹农村生产生活服务设施和公共事业建设。加快中心镇、中心村发展，整治空心村，积极稳妥引导农民适当集中居住。探索村镇联动、联村整片推进模式，实现联村整片建社区，完善社区功能。加强古村落、古民居、古树名木的保护和开发。

第二节 加强农村基础设施建设

大力推进农村水利基本建设，加快大中型灌区、排灌泵站配套改造，完善农村小微型水利设施。强化农业气象服务体系和农村气象灾害防御体系建设，增强气象对农业服务能力，加强应急抗旱水源工程建设。推进农村集中供水，实施“千吨万人”（“千吨万人”工程：指单项工程超过万人或供水规模在千吨以上的项目。）工程，确保农村饮水安全。实施新一轮农村电网升级改造工程，大力发展沼气、秸秆利用、小水电、风能、太阳能等可再生能源，在小水电丰富的山区实施小水电代燃料工程，推进水电新农村电气化县建设，形成清洁、经济的农村能源体系。完善农村公路网络，实施渡改桥工程，新建一批乡镇客运站和候车亭。

第三节 提升农村环境质量

继续推进以“六改四普及”为主的村庄整治建设，进一步实施农村清洁工程，改善农村卫生条件和人居环境。减少农业生产中化学投入品的使用量和农业废弃物的产生量，加大畜禽和水产养殖污染防治力度。开展农村垃圾无害化集中处理，因地制宜探索科学合理、经济便利的多种垃圾处理模式。开展创建森林乡镇和森林村庄活动，净化、美化、绿化村容村貌，初步构建农田林网体系，形成“村在林中、林在村中”的农村生态美景。

专栏2：农村基础设施和环境整治工程

农村饮水安全工程：因地制宜采取集中供水、城市供水管网向农村延伸等方式，全面解决1179万农村居民安全饮水问题。

农村供电工程：实施新一轮农村电网改造升级工程，加快无电地区电力建设，支持条件适宜地区发展大型沼气发电和小水电，推广光伏发电、小风力发电、微水电等小型电源。

农村沼气工程：建设户用沼气、小型沼气工程、大中型沼气工程，新增户用沼气用户47万户、小型沼气工程3360处、大中型沼气工程870处。

农村安居工程：在现有试点地区，完成农村困难家庭危房改造35万户。在国有农场和垦区改造职工危房21.5万户，在国有林场改造危旧房4.38万户。

农村清洁工程：建设人畜粪便、农作物秸秆和生活污水等有机废弃物处理利用工程，建设农用残膜、农业投入品包装物和生活垃圾等无机废弃物收集转运工程，配套开展村庄硬化绿化。

农村信息通信工程：乡乡建立信息服务站和数据库，行政村建立信息点和农产品信息栏，20户以上自然村通宽带，农村电话普及率和农业信息入户率均超过50%。

地震安全农居工程：建设全省地震安全农居技术信息服务网络，编制农居类型的地震安全技术图集，对5000名农村工匠进行专业技能培训，建设50000户地震安全农居。

第三章 促进农民收入大幅增加

完善强农惠农政策，拓宽农民增收渠道，促进农民收入持续较快增长。

第一节 拓宽农民增收渠道

健全农产品价格保护制度，发展特色高效农业、休闲农业和农村服务业，鼓励农民优化种养结构，增加农民经营性收入。扩大以工代赈规模，推动农民工与城镇就业人员同工同酬，增加农民工资性收入。完善粮食直补、良种补贴、农资综合补贴、农机具购置补贴和农业保险保费补贴等农业补贴制度，提高农村社会保障水平和扶贫标准，增加农民转移性收入。搞好农村土地确权、登记、颁证工作，完善土地承包经营权和农村宅基地流转机制，确保农民分享土地增值收益，拓宽租金、股金、红利等收入增长渠道，增加农民财产性收入。

第二节 优化农村富余劳动力创业就业环境

积极引导农村富余劳动力有序转移就业，鼓励就地就近转移就业，继续做好跨省劳务输出及跟踪服务工作。加强农民工职业技能培训，稳步扩大培训范围，落实培训补贴政策，增强农民转移就业能力。拓展农村富余劳动力进城务工经商渠道，改善务工经商环境，维护合法权益。

第三节 减少贫困人口

坚持开发式扶贫，鼓励发展特色经济，提升贫困地区自我发展能力。整合各类扶贫资金渠道，加大财政转移支付和金融支持力度。以整村推进和生存条件恶劣地区贫困人口易地搬迁扶贫为重点，实施扶贫开发攻坚工程。深入开展部门单位定点扶贫，积极引导社会各界参与扶贫。注重教育扶贫，阻断贫困代际传递。

第四章 深化农村改革

坚持和完善农村基本经营制度，现有农村土地承包关系保持稳定并长久不变。在依法自愿有偿和加强服务的基础上，积极培育土地承包经营权流转市场，引导规范土地承包经营权有序流转。完善城乡平等的要素交换关系，促进土地增值收益和农村存款主要用于农业农村。深化农村信用社改革，改善农村金融服务，发展农村小型金融组织和小额信贷，鼓励和支持农民互助保险和互助信用合作。完善集体林权制度配套改革，推进国有林场改革。深化国有水利工程管理体制改革，推进小型水利工程产权制度改革，建立和完善水权制度，充分运用市场机制优化配置水资源。

第三篇 加速推进新型工业化
构建现代产业体系

大力改造提升传统产业，超常规发展战略性新兴产业，推进服务业规模化、品牌化、网络化经营，构建特色突出、布局合理、技术先进、清洁安全、附加值高、吸纳就业能力强的现代产业体系。

第一章 促进产业集群集约发展

促进生产要素向龙头企业集聚、向主导产业集聚、向工业园区集聚，打造一批特色鲜明、优势明显、竞争力强的产业集群，形成企业集中布局、产业集聚发展、资源集约利用的发展格局。

第一节 优化产业区域布局

按照区域主体功能定位，综合能源资源、环境容量、市场空间等因素，优化重点产业生产力布局，构建分工合理、主业突出、比较优势充分发挥的产业区域布局。实施城市工业布局调整工程，推动资源型城市转型，促进城市工业布局和城镇规划相协调。以产业链条为纽带，以产业园区为载体，培育一批专业特色鲜明、品牌形象突出、服务平台完备的产业集群。南昌、九江、景德镇等赣北地区重点发展汽车、航空、光伏、优质钢材、光电、家电、化工、陶瓷、建材、电子信息、食品加工、纺织服装、生物和新医药、服务外包等产业；新余、宜春、萍乡等赣西地区重点发展冶金、光伏、锂电、医药、陶瓷、纺织服装、机械电子、竹木加工、烟花爆竹、食品加工等产业；赣州、吉安、抚州等赣中南地区重点发展稀有金属加工、电子信息、通讯终端、生物制药、食品加工、纺织服装、新能源、化工建材和机械制造等产业；上饶、鹰潭等赣东北地区重点发展铜材加工、光伏、建材、食品、中医药、绿色照明、光学、水工、精密机械等产业。

专栏3：城市工业布局调整工程

企业“退城进郊”工程：对制约城市空间发展的城中企业，有序实施“退城进郊”。重点推进洪都航空搬迁工程、中国商飞第二试飞基地工程等。

企业转型升级搬迁工程：对影响城市环境、易燃易爆等威胁城市安全的城中企业，引导产业转型、易地搬迁改造。重点推进南昌樵舍新型重化工产业基地建设、城市化工企业改造搬迁工程等。

企业整体搬迁工程：对原材料、产品运输量大、物流成本高的城中企业，通过整体搬迁，降低企业成本，提高企业竞争力，改善城市交通状况。重点推进城市钢厂整体搬迁工程等。

第二节 提升工业园区发展水平

提高工业园区容积率、投资强度和单位面积产出规模，推进园区土地集约化经营。加强政策引导，推动质量兴园，培育主导产业和特色产业，增强产业协作配套能力，降低商务成本，提升竞争力。提升工业园区服务水平，以市场为导向，以企业为主体，加快研发、市场、物流、质量检测、人才公寓等公共服务平台建设，完善园区服务体系，为企业提供上市融资、信用担保、管理咨询、产品检测、市场开拓、人才培训等服务。支持有条件的工业园区扩区升级，培育一批主营业务收入超千亿、过五百亿元的园区。

第三节 培育特色产业基地

依托地方优势资源和产业基础，以中小企业为主体，推动食品、节能照明、家具、陶瓷、服装、箱包、制鞋、眼镜、有色金属、医疗器械等特色产业集群发展，努力培育一批主营业务收入超百亿元的省级特色产业基地。强化规划引导,促进资源有效配置和集约利用。加快基础设施建设,增强特色产业转移承接能力。完善产业政策,扶持特色产业基地发展。

第二章 改造提升传统产业

加快运用高新技术和先进适用技术、现代管理技术改造提升传统产业,推进兼并重组,提高企业技术装备水平和市场竞争能力。

第一节 调整产业结构

继续实施重点产业调整和振兴规划,以有色金属、钢铁、汽车、船舶、石化、轻工、纺织、装备制造、建材等行业为重点,加快传统产业结构调整。有色金属产业以发展精深加工为重点,培育优势特色板块,提高资源保障能力,提升规模和水平。钢铁产业以技术改造、企业重组、优化布局、淘汰落后为重点,实施城市钢铁企业重组搬迁改造。汽车产业加强自主创新,培育自主品牌,加快汽车整车产品升级换代,增强零部件配套能力,开发推广新能源汽车。船舶工业充分利用长江"黄金水道"和鄱阳湖水域条件,建设船舶制造基地,发展船用配套工业,拓展船舶产品领域。石化产业注重大型化、集约化、精细化、系列化,实施油品质量提升工程,扩大石油化工规模,培育盐化产业优势,加快精细化工发展。轻工业培育一批市场认同度高的骨干企业和名优产品,做强食品工业,做大家电产业,调整造纸产业,提升陶瓷工业,壮大制鞋、工艺美术、节能照明产业。纺织工业以技术创新为突破口,提升纺织印染行业工艺水平,推动化纤行业产品升级,实施服装行业品牌战略,扩大产业用纺织品生产规模。装备制造业突出技术进步,提高机械装备水平,发展高效节能电工电器产品,开发工程机械设备。建材行业着力发展高档建筑陶瓷,提高新型干法水泥比重,加快发展玻璃纤维、结构陶瓷等高附加值产品。

第二节 促进技术进步

加强信息技术、生物技术、现代管理技术、节能降耗技术与制造业的融合,推广应用新技术、新工艺、新装备、新材料,推动企业技术进步,促进产业升级。构建一批企业技术中心、行业技术中心、工程研究中心、重点实验室、国家质检中心等研发平台,支撑产业技术进步。提升传统技术装备水平、生产工艺水平和产品质量水平,培育一批拥有自主知识产权、核心技术和市场竞争力强的知名品牌产品,推动工业增长由主要依靠增加物质资源消耗向主要依靠科技进步、管理创新转变,提高企业劳动生产率、人均创利率、资金利润率、资源能源利用率,重点企业"四率"水平明显高于全国同行业平均水平。

第三节 优化企业组织结构

实施大企业、大集团战略,通过裂变扩张、上市嫁接、合资合作、兼并重组等多种手段和途径,培育一批带动力强、关联度大的龙头企业,新增一批超百亿元企业,力争江铜集团销售收入达到2千亿元,进入世界500强,新钢集团、赛维LDK实现销售收入1000亿元,九江石化、江铃集团、江钨控股、省煤炭集团、江钨有限公司等5家以上企业达到500亿元。继续加大中小企业发展支持力度,健全信用担保体系,拓宽融资渠道,发展一批"专、优、特、精"中小型企业。增强中小企业与大型企业的产业配套、分工协作,促进大中小企业协调发展。

专栏4:重点传统产业发展导向

铜产业:依托江西铜业等骨干企业,发展铜材精深加工,围绕电子行业用铜、家用电器行业用铜、电力电气行业用铜、交通运输行业用铜、建筑行业用铜等五个方向延伸产业链。

钨产业:在控制钨精矿生产总量和钨冶炼产品能力的基础上,做精钨粉及碳化钨粉产品,发展亚微、超细硬质合金,硬质合金涂层加工工具,硬质合金硬面材料等深加工产品,建立硬质合金废料综合回收体系。

稀土产业:推进企业兼并重组,控制矿山开采、分离冶炼规模,在稀土永磁材料、稀土发光材料、稀土储氢材料、中重稀土合金、稀土新材料等五大领域,开发稀土深加工及应用产品。

钢铁产业:利用九江港口优势,结合城市钢铁企业的搬迁改造,推进企业重组,淘汰落后产能,建设九江沿江千万吨级优质钢铁基地。支持发展高强度汽车用钢、船板、高强度弹簧钢等高附加值产品。石化产业:实施九江石化油品质量升级改造工程,完善二次加工配套设施建设,力争形成千万吨原油加工能力。大力发展氯碱、有机氯等高附加值的盐深加工产品,延伸下游产业链。加快发展有机硅、白炭黑、功能性涂料等产品,大力开发水处理剂、精细无机化学品。

汽车产业:推进配套零部件的发展,进一步做大做强节能高效发动机、传动系统、悬挂系统等零部件产业,支持K系列发动机项目产业化。支持江铃轻型载货车、皮卡、陆风SUV车升级换代,加快昌河节能小排量系列车型开发生产。扩大江铃汽车(轻卡、全顺商务车、天鹿客车、陆风SUV车、风华、风尚轿车、新能源汽车)、昌河乘用车(利亚纳、北斗星)以及萍乡客车、上饶客车市场销售,力争江铃形成70万辆、昌河形成60万辆整车生产能力。

建材产业:实施20亿平方米高档建筑陶瓷工程,进一步提升高安和丰城建筑陶瓷基地生产规模和产品档次;依托省部共建景德镇国家陶瓷科技城,大力开发日用陶瓷、艺术陶瓷、建筑卫生陶瓷;支持建设日产熟料4000吨及以上的新型干法生产线,提高新型干法水泥比重,推广原燃材料预均化技术、生料均化技术、高效节能粉磨技术、高效集尘技术、低温余热发电技术等先进适用技术。

食品产业:加快品牌整合,扩大"金圣""庐山"等卷烟品牌市场份额和产品单箱利税率;提高"四特"等白酒产品市场占有率，稳定发展啤酒生产，鼓励发展保健酒和果酒；依托龙头企业发展肉制品、大米、畜禽、甜叶菊等农产品深加工及副产品综合利用，利用南丰蜜橘、赣南脐橙等农产品资源大力发展果蔬加工业。大力开展油茶精深加工，研发茶油新产品，延伸产业链，提高油茶产业附加值，扩大江西油茶的知名度；加大茶产业品牌整合力度，提升加工工艺，提高江西绿茶知名度。

船舶产业：充分发挥我省船舶工业现有中小船舶制造的基础优势，做精做强2万吨以下船舶产品，重点发展多用途散货船、1000标箱集装船、化学品船、成品油船、中高档游艇、赛艇等技术含量与附加值高的船舶产品。

第三章 超常规发展战略性新兴产业

坚持有所为、有所不为，统筹产业布局，突破核心技术，促进裂变扩张，培育引领支撑未来发展的先导性、支柱性产业。

第一节 推动重点领域跨越发展

大力发展新能源、新材料、新动力汽车、民用航空、生物医药等战略性新兴产业。延伸光伏产业链，重点发展高纯硅料、硅片、电池、组件、光伏应用系统及配套产品，推进光伏发电示范建设，打造具有突出比较优势的支柱产业。利用硅衬底等自主创新技术，促进半导体照明技术推广应用，打造国家半导体照明产业基地。重点发展稀土、高精铜材、优特钢材、硬质合金等金属新材料以及高技术陶瓷、工业陶瓷、有机硅等化工产品，形成较完整的产业链，全面推进新材料产业发展。以纯电动汽车、插电式混合动力汽车为重点，积极研发生产公交型、商务型、乘用型等新能源汽车，研发生产新型动力电池，强化协作配套，加强示范推广，推动新动力汽车产业跨越发展。依托南昌航空产业国家高技术产业基地，逐步形成由主干产业、分支产业和配套产业构成的航空产业体系，构建在全国具有重要地位的民用航空优势产业。以生物医药、生物农业、生物制造及生物能源为重点，加快建设南昌生物产业国家高技术产业基地，培育壮大生物产业集群。依托核电、高铁、地铁、直升机、环保等重大建设工程，引进先进技术和战略合作者，发展现代装备制造和相关配套产业。

第二节 实施产业创新发展工程

围绕掌握产业核心关键技术、促进产业规模化发展，充分发挥重大科技专项的引领支撑作用，依托龙头企业和产业基地，统筹技术研发、产业化、标准制定、市场应用等环节，推动新兴产业跨越发展。实施新兴产业特色基地培育工程，加快南昌LED产业城、赣州钨和稀土产业基地、宜春锂电新能源产业基地、吉安风能核能及节能技术产业基地、上饶光学精密仪器生产基地、萍乡工业陶瓷产业基地、景德镇陶瓷科技城、新余国家新能源科技城以及共青数字生态城等建设，培育一批战略性新兴产业示范基地和园区。实施创新型企业培育工程，加强资本运作，优化资源配置，完善配套政策，打造一批创新型战略性新兴产业。实施关键技术突破工程，充分利用全球创新资源和知识产权制度，组织实施战略性新兴产业重大专项，推进一批关键核心技术产业化。

第三节 加强政策支持和引导

整合现有政策资源和资金渠道，建立稳定的政府投入增长机制，设立战略性新兴产业发展专项资金，重点支持自主创新平台、关键技术研发和重大产业化项目建设，引导社会资本投向初创期、成长期创新型企业。建立多元化的投融资体系，引导金融机构加大投放力度，积极培育、引进投资基金，鼓励中小企业在中小板、创业板上市，支持大型企业在国内主板和海外上市，支持企业通过发行债务融资工具等各类金融创新产品筹措资金。分行业制定相关政策和技术标准，加大市场准入、示范应用、政府采购、财税补贴等方面支持力度。

专栏5：战略性新兴产业重大工程

光伏产业基地建设工程：重点实施万吨级高纯硅料工程、太阳能电池及组件规模化工程、薄膜电池产业化工程、太阳能发电示范工程、光伏配套工程，到2015年，高纯硅料达到4万吨、太阳能电池及组件产能达到1万兆瓦、太阳能光伏发电装机达到200兆瓦。

有机硅产业工程：依托星火有机硅产业基地，重点推进中国蓝星集团年产40万吨有机硅一体化项目、星火有机硅30万吨扩建项目，到2015年形成100万吨有机硅单体生产能力，打造世界最大的有机硅生产基地。

新动力汽车产业工程：依托江铃集团、昌河汽车、上饶客车、安源客车、芦溪中科光伏、江特锂电、赣锋锂业、孚能科技等企业，推进校企合作，加强自主创新，促进转型升级，到2015年，混合动力、纯电动汽车产销量达到3万辆、锂离子单体动力电池产能达到10亿安时。

航空产业基地建设工程：推进南昌航空产业国家高技术产业基地和景德镇直升机研发生产基地建设，加快建设南昌航空工业城和景德镇、九江直升机产业园，形成大型商用客机大部件研发与生产能力，扩大教练机、通用机、直升机、无人机及航空转包生产规模，提升航空设备、材料、零配件加工配套能力及试飞、维修、培训等保障能力，到2015年，年产各类民用直升机200架、先进教练机200架、通用飞机100架、无人机200架、大飞机大部件50架份。

生物产业工程：重点实施中药现代化工程、药物创新工程、生物医学工程、生物农业工程、微生物制造工程，到2015年，产业规模进入全国先进行列，位居中部地区前列，现代中药保持国内领先地位。

半导体照明产业工程：围绕完善半导体产业链，重点发展半导体照明材料、芯片、封装、应用、配套关联产业，实施“硅衬底发光二极管材料与器件”产业化项目、液晶显示背光源用高亮度片式半导体照明产业化、半导体照明外延芯片、半导体器件产业化和光电LED氮化镓纳米线外延片及芯片生产等重大工程项目，到2015年，形成半导体照明外延片100万平方英寸、芯片500亿粒、器件300亿只的生产能力。

电子信息工程：重点实施液晶显示屏及部件工程，手机整机及零部件工程，片式、陶瓷等新型电子元器件工程，测量、医用等光机电一体机工程，笔记本及零配件工程，光盘等光电存储设备工程，电话等通讯设备工程、应用软件工程、节能环保家电工程。

第四章　加快发展现代服务业

大力发展旅游产业，优先发展生产性服务业，拓展提升生活性服务业，加快发展新兴服务业，促进服务业拓宽领域、扩大规模、优化结构、提升层次。

第一节　大力发展旅游业

围绕“红色摇篮·绿色家园·观光度假休闲旅游胜地”总体定位，加快资源、要素整合，挖掘文化内涵，健全旅游标准体系，促进旅游体制机制创新，实施景区设施提升工程，大力提升旅游业发展层次，构建赣北鄱阳湖生态旅游区、赣中南红色经典旅游圈和赣西绿色精粹旅游圈。加快旅游商品研发产销体系建设，着力培育名牌旅游商品，促进旅游商品产业化发展。扩大旅游产业对外开放，着力培育一批具有全方位服务功能和较强竞争力的旅游集团。全面开拓旅游市场，完善旅游产业体系，提高旅游综合效益，努力把我省建设成为红色旅游强省、生态旅游和乡村旅游名省、旅游产业大省。

第二节　优先发展生产性服务业

银行业。完善以商业银行为主导、多类型银行金融机构构成的现代银行业体系，支持地方金融机构跨区经营，支持城市商业银行、农村商业银行引进战略投资者、改制重组上市。大力发展村镇银行、贷款公司、农村资金互助社等新型农村金融组织。鼓励国内外银行来赣设立机构，积极组建鄱阳湖银行，加强金融基础设施建设，建设南昌、赣州区域性金融中心。健全信用担保体系，规范发展政府投融资平台和大型财务公司，创新金融产品，改进服务方式，完善金融监管，强化审慎管理。

证券业。大力发展多层次资本市场，推进省内企业主板、中小板、创业板和境外上市融资，支持符合条件的企业发行债券融资，提高直接融资比重。支持发展“新三板”市场，引进培育证券、基金、期货经营机构。加快发展农产品期货市场，建立非上市公司股权交易市场。积极发展创业投资、风险投资和产业投资基金。

保险业。建立和完善各类保险制度，拓展城乡保险业务，建立银保互动的良性机制。支持保险公司扩大险种，积极引进专业保险公司来赣设立分支机构。

现代物流业。加快物流园区和物流基地建设，依托南昌打造全国性物流枢纽，依托其他中心城市打造区域性物流中心。积极发展综合性物流、专业性物流和特色物流，推进制造业企业物流业务外包。推动城市公共配送中心和社区物流网点建设。提高流通领域现代物流运行质量和效益，大力发展第三方物流、农村现代物流、冷链物流和绿色物流。

商务服务业。大力发展财务类、法律类、资讯类、市场交易类中介服务业，积极发展会展服务业，支持发展大型租赁服务业。抓紧推进行业标准化、规范化建设。

第三节　拓展提升生活性服务业

商贸服务业。改造提升商贸流通业，积极推广新型流通方式，加快流通领域电子商务发展。合理调整城乡商业网点结构和布局，进一步推进万村千乡市场工程，扩大连锁经营，支持便利店、中小超市等社区商业发展；继续发展壮大餐饮服务业，弘扬赣菜文化，培育和引进一批特色餐饮企业。

房地产业。立足保障基本需求、推动合理消费，加快构建以政府为主提供基本保障、以市场为主满足多层次需求的住房供应体系。优化住房供给结构，合理引导住房消费，满足多元化市场需求，完善房地产市场体系，促进房地产业健康可持续发展。

社区服务业。坚持公益性和盈利性相结合，建立健全社会福利、社会保障和经营性服务相结合的居民服务网络体系，积极发展社区卫生服务、为老服务、家政服务、就业服务和文化科普服务。

第四节　积极培育新兴服务业

服务外包产业。加快发展信息技术外包，做大做强业务流程外包，积极开展知识流程外包。大力推进南昌市服务外包示范城市建设。

节能环保服务业。围绕节能环保、资源循环利用，大力发展专业化信息咨询、技术支持及工程服务，加快完善技术产品交易链和原料产品绿色供应链服务，拓展节能服务市场。

生命健康产业。大力发展专业保健、心理咨询、美容整形、基因工程等服务生命健康的特色医疗产业。强化行业管理，制定技术规范，推进专业按摩、中药保健等行业和家庭情感、青少年、企业职工等心理健康咨询产业规范发展。

地理信息服务产业。拓展地理信息服务与应用领域，大力发展车载导航、移动定位等服务，建立结构优化、布局合理、市场有序的地理信息服务产业体系。

第五节 完善政策支持和体制环境

建立公平、规范、透明的市场准入制度,鼓励和引导社会资金投向服务业,实现投资主体多元化。打破部门分割和地区封锁,建立统一、开放、竞争、有序的服务市场体系。支持发展总部经济、楼宇经济、会展经济,探索适合新型服务业态发展的市场管理办法。实现鼓励类服务业用电、用水、用气、用热与工业同价。扩大服务业用地供给,工业企业退出的土地优先用于发展服务业,对鼓励类服务业在供地安排上给予倾斜。加大对劳动密集、技术先进、节能减排、便民利民等方面服务业的税收优惠力度。拓宽服务企业融资渠道,健全融资担保体系。扩大政府采购服务产品范围。建立健全服务业标准体系。支持景德镇开展国家服务业综合改革试点。

专栏6:现代服务业重大工程

重点景区(点)质量提升设施建设工程:加强重点旅游景区(点)基础设施和公共服务设施建设,100个重点旅游景区(点)的公共服务能力得到普遍提升。

红色旅游重点景区二期建设工程:开发建设闽浙皖赣革命根据地、东固革命根据地、98抗洪精神教育基地、南方红军三年游击战、秋收起义等红色旅游经典景区。

地方文化旅游建设工程:以赣鄱文化为中心,以各地方历史文化、民俗风情为主要内容,建设一批充分体现各地方文化的旅游基础设施和公共服务设施。

文化创意产业工程:推进景德镇陶瓷文化创意产业服务创新示范区建设,打造景德镇陶瓷艺术创意基地、南昌综合型创意产业基地及传统书画艺术基地、共青城奥特莱斯现代服务产业基地、赣州民间工艺创意基地、萍乡网络游戏与动漫基地、抚州传统工艺基地和油画艺术创意产业园、《牡丹亭》影视创意基地,使我省成为全国乃至全球文化创意产业重要的产品原创基地、企业孵化基地、人才培养基地、国内外文化创意和服务外包转移的重要承接地。

物联网建设工程:加快建设现代物流公共信息平台,构建物联网应用基础框架,开展物联网应用技术研发,争取在无线传感网络(WSN)、无线射频识别(即电子标签,RFID)和应用支撑平台(中间件)等关键技术方面达到国内先进水平,积极参与相关国家标准的制定,在智能水利、智能交通、绿色农业、生态感知、能源感知、环境保护、生态旅游、智慧医疗、公共安全等领域实施物联网应用示范工程。

物流服务大通道建设工程:以区域性中心城市为中心,实施一批物流中心、物流园项目,形成赣北(南昌、九江)、赣东北(上饶、景德镇)、赣东南(鹰潭、抚州)、赣中南(赣州、吉安)、赣西(新余、宜春、萍乡)五大物流服务大通道,构建支撑中部地区物流发展、服务全国的现代物流体系。

第四篇 加速推进城镇化统筹区域协调发展

实施城镇化和主体功能区战略,统筹城乡规划、产业布局、基础设施和公共服务,逐步形成区域经济优势互补、主体功能定位清晰、国土空间高效利用、人与自然和谐相处的区域发展格局。

第一章 推进形成主体功能区

按照经济合理布局的要求,根据不同区域资源环境承载能力,明确开发方向,完善开发政策,规范开发秩序,控制开发强度,优化国土空间开发格局,促进人口、经济与资源环境相协调。

第一节 优化国土空间开发格局

统筹谋划人口分布、经济布局、国土利用和城镇化格局,引导人口、经济向适宜开发区域集聚,保护农业和生态发展空间,构建高效、协调、可持续的国土空间开发格局。对资源承载能力较强、集聚人口和经济条件较好的城市化地区,实行重点开发。对影响全局生态安全的重点生态功能区和发展农业条件好的农产品主产区,限制大规模、高强度的工业化城镇化开发。对依法设立的各级各类自然文化资源保护区和其他需要特殊保护的区域,依法禁止开发。

第二节 实施分类管理的区域政策

按照区域主体功能定位,配套完善财政、投资、产业、土地、环境等政策。逐年加大对重点生态功能区的均衡性转移支付力度,增强基本公共服务和生态环境保护能力。实行按主体功能区安排与按领域安排相结合的政府投资政策,按主体功能区安排的投资主要用于支持重点生态功能区和农产品主产区的发展,按领域安排的投资要符合各区域的主体功能定位和发展方向。修改完善现行产业指导目录,明确不同主体功能区的鼓励、限制和禁止类产业。实行差别化的土地管理政策,科学确定各类用地规模,严格土地用途管制。对不同主体功能区实行不同的污染物排放总量控制和环境标准。

第三节 完善评价考核办法

研究制定各类主体功能区开发强度、环境容量等约束性指标并分解落实。开展市县空间规划试点。建立覆盖全省、统一协调、更新及时的国土空间动态监测管理系统。按照不同区域的主体功能定位,实行各有侧重的绩效考核。对重点开发的城市化地区,综合评价经济增长、产业结构、质量效益、节能减排、环境保护和吸纳人口等。对限制开发的农产品主产区和重点生态功能区,分别实行农业发展优先和生态保护优先的绩效评价,不考核生产总值、工业等指标。对禁止开发的自然文化资源保护区,全面评价自然文化资源原真性和完整性保护情况。

第二章 促进区域协调发展

按照统筹规划、合理布局、完善功能、以大带小的原则，优化城市布局，完善城镇体系，形成以点带轴、以轴促面的城镇集群发展格局。

第一节 培育壮大城市群

以鄱阳湖为核心，以沪昆和京九线为主轴，密切中心城市和沿线城镇之间的联系与协作，加快发展鄱阳湖生态城市群，着力培育以信江河谷城镇群、赣西城镇群为重点的沿沪昆线城镇密集带和以吉泰城镇群、赣南城镇群为重点的沿京九线城镇密集带。

鄱阳湖生态城市群。以南昌为核心，以九江、景德镇、鹰潭、新余和抚州等中心城市为重要节点，强化中心城市、特别是南昌的集聚和辐射功能，建设南昌鄱阳湖生态经济区先导区，加快昌九工业走廊发展，构建南昌一小时经济圈，形成城市功能互补、空间布局优化、产业配套协作、内部联系紧密的鄱阳湖生态城市群。

信江河谷城镇群。以上饶中心城区为核心，以信江河谷重点县城为支撑，逐步形成信江河谷城镇群。

赣西城镇群。以新余、宜春、萍乡为复合中心，以城市间重点县城为节点，构建赣西城镇群。

赣南城镇群。以赣州中心城区为核心，以瑞金、龙南为节点，加快章贡、赣县、南康一体化进程，构建赣南城镇群。

吉泰城镇群。以吉安中心城区为核心，以泰和、吉水为两翼，以吉泰走廊为轴线，构建吉泰城镇群。

建立健全跨行政区划协调机制，加快城市群的规划、市场、产业、基础设施、公共服务、社会管理一体化进程，推动金融、通信和交通同城化，促进城市群功能互补和产业协作，实现大中小城市和小城镇协调发展。

第二节 提升中心城市辐射能力

以加快产业集群和人口集聚为重点，做大做强中心城市，提高要素集聚、科技创新、文化引领和综合服务功能，加快建设南昌超大城市，积极培育九江、赣州、上饶特大城市，全面建成景德镇、萍乡、新余、鹰潭、宜春、吉安、抚州大城市。

南昌：全面建设更高水平的现代区域经济中心城市和现代文明花园英雄城市，打造鄱阳湖生态经济区核心增长极、全国性综合交通枢纽、区域性现代服务业中心城市、全国低碳经济发展示范城市。

九江：发挥通江达海的区位优势，加快南昌九江一体化进程，建设赣北区域中心城市、长江中下游及京九沿线综合交通枢纽和著名的工业、商贸、港口与旅游城市。

景德镇：建设世界瓷都、中国直升机研发生产基地、国家重要的高新技术产业基地和文化生态旅游城市，打造赣东北中心城市。

鹰潭：加快融入南昌一小时经济圈，建设绿色世界铜都、中国丹霞·道教文化旅游城市、全国区域性物流节点城市。

新余：建设国家新能源科技城，加快融入南昌一小时经济圈，打造全省循环经济示范基地、统筹城乡发展先行区，建设国家光伏产业基地、金属材料高新技术特色产业基地和动力与储能电池产业基地。

抚州：加快南昌抚州一体化进程，主动融入海西经济区，打造南昌和闽台地区后花园，建设优质农产品生产加工集散区、新型能源开发利用试验区、临川文化生态旅游观光休闲区。

上饶：全面对接长三角、海西经济区，建设光伏和锂电池新能源基地、有色金属工业基地、全国光学产业基地、新能源汽车基地，打造全国旅游强市和赣浙闽皖四省交界区域中心城市。

宜春：打造区域性综合交通枢纽，建设全省低碳产业示范基地、国家锂电新能源产业基地、中国宜居城市、全国知名养生休闲度假胜地。

萍乡：全面对接长株潭城市群，打造全国资源型城市转型的示范区、全省重要的新型工业化城市、以旅游商贸文化为重点的消费型城市、湘赣边际重要的区域中心城市。

吉安：建设全省重要的绿色农产品基地和能源基地、国家级电子信息产业基地、国际知名的旅游观光休闲基地，打造区域性综合交通枢纽、赣中区域性中心城市。

赣州：全面对接珠三角、海西经济区，打造全国重要的钨产业、稀土产业战略基地和世界最大的优质脐橙生产基地，建设省域次中心城市、赣粤闽湘四省通衢的特大型、区域性、现代化中心城市和区域性综合交通枢纽。

第三节 推动县域经济超常规发展

把发展县域经济作为统筹城乡、加快崛起的重要抓手，促进县域发挥各自优势，壮大经济实力，实现跨越发展，有条件的县市要加快向“全国百强县市”“中部二十强县市”目标迈进。强化县城的中心聚集能力，完善市政功能，促进人口集聚，逐步形成一批规模适度、设施配套、经济发展、环境优美、各具特色的新型中小城市。因地制宜地发展特色“块状经济”，提升县域产业竞争力。创新融资手段，鼓励和引导各类资金加大对县域发展的投入。大力实施示范镇建设工程，充分发挥其对全省小城镇建设的引领、带动作用。进一步扩大县、乡两级的经济管理权限，增强经济发展活力、行政协调能力和城乡统筹实力。

第四节 扶持革命老区、民族地区和贫困地区发展

加强基础设施建设，强化生态保护和修复，提高公共服务水平，切实改善生产生活条件。制定实施扶持革命老区发展的政策措施，实施中央苏区振兴战略，支持中央苏区县连片开发。贯彻落实扶持民族地区发展的政策。实施集中连片特殊困难地区开发攻坚工程，大幅度减少绝对贫困人口。对老少穷地区中央安排的公益性建设项目，逐步减少或取消市县两级配套资金。

第三章 有序推进城镇化

加快产业和人口集聚，创新城镇化管理模式和体制机制，提高城镇建设和管理水平，促进城镇健康发展。

第一节 加快人口集聚

积极稳妥推进全省户籍制度改革,坚持因地制宜、分步推进,放宽大中小城市和城镇落户条件,建立城乡统一的户口登记管理制度,加快农民工市民化进程,把有稳定劳动关系并在城镇居住一定年限的农民工及其家属逐步转为城镇居民,优先解决举家迁徙农民工以及新生代农民工的落户问题,鼓励各地根据实际探索相关政策和办法。对暂时不具备落户条件的农民工,要改善公共服务,加强权益保护。坚持以流入地全日制公办中小学为主,保障进城务工人员随迁子女平等接受义务教育。将与企业建立稳定劳动关系的农民工纳入城镇职工基本养老和医疗保险。增加对农民工技能培训和再就业服务。多渠道多形式改善农民工居住条件,鼓励将符合条件的农民工纳入城镇住房保障体系。

第二节 提高承载能力

完善城市功能和公共设施体系,提升城市品位,优化人居环境。加强城镇基础设施建设,完善城镇公共服务体系,增强城镇综合承载能力。推动产业和城市融合发展,统筹规划工业园区、商贸园区、居民社区和中小学校,增强特色产业和人口集聚能力。坚持公交优先,解决城市交通拥堵问题。优化城市空间结构,探索行政区划体制创新,有序拓展城镇框架,合理确定人口规模,把握开发节奏、时序和强度,综合治理城市病。

第三节 加强城镇管理

创新城市管理体制,坚持事、责、权、利相统一,推动城市管理重心向街道(镇)、社区下移,向新城区延伸,逐步完善统一领导、分级负责、条块结合、以块为主的城市管理体制。注重以人为本、节地节能、生态环保、安全实用、突出特色、适度超前,科学编制城市规划,强化规划约束力。推进园林城市、生态城市、森林城市创建,加强城镇历史文化保护,提升城市品位和形象。把旧城改造与新城建设结合起来,加快城市棚户区、危旧房、"城中村"和城乡结合部改造。建立和完善数字化城市管理模式,健全动态监测、及时发现、快速处置机制,提高城市信息化、精细化、长效化管理水平。加强城市交通建设和管理,增强城市防灾减灾能力。

专栏 7:城镇化重点工程

百城供水工程:新建、扩建、改造取水、净水设施和输水管网,在中心城市和人口较多的县城建设应急备用水源工程。5 年新增供水生产能力 240 万吨/日,扩建和改造供水管网 3200 公里。

城镇电(光)缆下地工程:逐步将设区城市主干道电(光)缆全部移入地下,新建道路电(光)缆设施全部入地建设,美化市容市貌,改善城市景观,提升城市品位。

城市道路通达工程:重点建设设区市中心城区出城通道、新建和改造连接功能片区主干道路、打通断头道路,道路面积 2500 万平方米以上。实施公交优先战略,设立公交专用道,增设公交车站,提高公交出行比重,改善城市通勤能力。

城市燃气工程:5 年新增设市城市和县城供气能力 180 万立方米/日,扩建和改造管网 2800 公里。

城镇排水管网工程:5 年新建改建排水管网 2100 公里,新建雨水管网 900 公里。

示范镇建设工程:重点推进进贤县李渡镇等 26 个示范镇和 8 个民族乡圩镇建设,加大政策扶持,发挥引领示范作用。

数字城市建设工程:建成统一、权威、标准的城市地理信息公共服务平台,实现地理信息与城市经济社会、自然资源和人文历史的互通互联与整合集成应用,为城市各部门提供在线地理信息服务。

南昌轨道交通工程:1 号线工程全长 28.325 公里,设地下车站 23 座;2 号线工程全长 23.3 公里,设地下车站 20 座。

城市防震减灾工程:开展对南昌、赣州、九江等大中城市地震活动断层探察和地震应急避难场所的建设。

城市人民防空工程:5 年新增地下人防工程 550 万平方米,重点抓好城市地下停车场、地下人行过街道建设,缓解大中城市交通拥堵问题。

第五篇 加强基础设施建设 提高发展保障能力

坚持统筹布局、适度超前、安全环保、集约用地,加快推进以"两核两控"("两核两控":"两核"指彭泽核电站、万安核电站;"两控"指鄱阳湖水利枢纽工程、峡江水利枢纽工程。)为重点的基础设施建设,提高网络化和现代化水平,不断增强基础设施对经济社会发展的保障能力。

第一章 建设全国重要综合交通枢纽

适应高速公路时代、高速铁路时代、高速航空时代的要求,以提高路网密度、提升线路等级为重点,推进陆、水、空各种交通方式一体化协调发展,构建安全畅通、便捷高效的综合交通运输体系。

第一节 提升公路网络功能

加快高速公路网建设,实施新增 2000 公里高速公路工程和高速公路扩容扩建工程,构建以"三纵四横"("三纵四横"主骨架公路网:"三纵"指济广、福银、大广三条高速公路的江西段;"四横"指杭瑞、沪昆、泉南、厦蓉四条高速公路的江西段。)为主骨架,五条环线、两条联络线、十八条地方加密线组成的高速公路网。实施 4000 公里国省道改造工程,国省道干线公路基本达到二级以上标准,完善提升"十纵十横"("十纵十横"干线公路网:"十纵"指婺源—广丰、浮梁—乐平—铅山、景德镇—鹰潭—瑞金—寻乌、鄱阳—抚州—瑞金、九江—南昌—吉安—赣州—龙南、虬津—南昌—抚州—资溪、武宁—高安—广昌、靖安—新余—永丰—安远、修水—宜春—永新、上栗—萍乡—永新—大余十条南北走向公路;“十横”指德兴—景德镇—九江—修水、德兴—南昌—铜鼓、玉山—上饶—鹰潭—南昌—宜春—湘东、南城—抚州—新余—湘东、黎川—乐安—吉安—莲花、广昌—永丰—吉安—井冈山、石城—兴国—井冈山、瑞金—赣州—大余、会昌—信丰、寻乌—全南十条东西走向公路。)干线公路网,建立健全公路应急保障体系。因地制宜推进城区主通道及出城通道、中心城市轨道交通、城市组团快速通道、大运量地面公交系统建设。加强旅游公路建设,规划并实施环鄱阳湖道路建设工程。在行政村实现通水泥(油)路的基础上,进一步提高农村公路通达深度和通畅水平,扩大覆盖面。到2015年,实现公路总里程突破18万公里,高速公路通车里程超过5000公里,基本实现县县通高速,形成省会到设区市4小时、到周边省会城市6至8小时的快速通道。

第二节　加快铁路网建设

完善联港出海、连接东西、贯通南北、安全便捷的铁路通道网络。重点建设客运专线、城际铁路和重要站场,加快建设干线铁路电气化改造和支专线,形成对接长三角、珠三角、海峡西岸、武汉都市圈、长株潭城市群、皖江经济带的快速通道,构建便捷、大能力出海通道,逐步完善“五纵五横”(“五纵五横”铁路网:“五纵”指京九、咸宁—宜春(新余)—井冈山(吉安)—赣州、阜阳—景德镇—鹰潭—汕头、向莆、合福五条南北走向铁路的江西段;“五横”指沪昆、武汉—九江—南京、九江—景德镇—衢州、衡阳—井冈山—南城—武夷山、韶关—赣州—龙岩五条东西走向铁路的江西段。)铁路网。到2015年,铁路营运里程超过5000公里,高速铁路超过2000公里,基本实现县县通铁路,形成省会到各设区市2小时、到周边省会城市3小时、进京5小时的快速通道。

第三节　增强航空综合功能

逐步形成以南昌国际航空港为龙头的“一干七支”(“一干七支”机场布局:“一干”指南昌昌北国际机场;“七支”指景德镇、九江、赣州、井冈山、宜春、上饶和赣东南七个支线机场。)机场布局,建成宜春明月山机场和上饶三清山机场,扩建井冈山机场和赣州机场,改造九江马回岭机场,积极推进赣东南机场的前期工作。加快机场配套保障能力建设,探索建立航空应急救援、航空旅游、工农业生产等多元服务的通用航空作业体系。依托南昌昌北国际机场,建设航空产业园。

第四节　提高港航通行能力

实施长江干流九江段、鄱阳湖、赣江、信江500公里高等级航道整治工程,提高航道技术等级,改善通航条件。建设九江、南昌港口枢纽及五河干流重要港口,完善重要港口疏港通道和其他配套设施,形成联系紧密、运行高效、通江达海的内河运输体系。到2015年,Ⅲ级以上航道达到790公里,高等级航道达标率74%,港口货物吞吐能力达到2亿吨,集装箱吞吐能力60万标箱。推进赣粤运河前期研究,加快九江港和南昌港一体化进程。

第五节　促进综合运输服务一体化

推进客运“零距离”换乘、货物“无缝化”对接,实现城际和城市公交运输方式一体化衔接,建设布局合理、内外畅通、功能完善、衔接高效的综合交通枢纽,增强枢纽对客流、货流的吸纳能力和对周边地区的辐射能力。加快大型厂矿企业、工业园区、物流园区的联络线建设。积极推广应用先进装备技术,提高交通运输信息化水平。优化运输组织,创新服务方式,加强安全管理,保障运输安全。

专栏8:交通建设重点工程

铁路:建成杭长客专、合福客专、昌吉赣客专、武九客专、向莆铁路、九景衢铁路、鹰梅铁路、衡茶吉铁路、赣韶铁路、皖赣铁路新双线、六安至景德镇铁路、九江至池州城际铁路、皖赣铁路电气化改造和赣龙铁路扩能改造等工程。开工建设赣州至深圳客专、合九客专、咸宁至宜春至井冈山铁路、宜丰至新余至吉安铁路、井冈山至赣州铁路、衡茶吉铁路东延工程等,做好岳阳至九江铁路前期规划研究工作。

公路:建成南昌至德兴、永修至武宁、南昌至奉新、上饶至武夷山、瑞金至寻乌、隘岭至瑞金、赣州至崇义、吉安至莲花、龙南至赣粤界、九江长江公路大桥、良禾口(赣皖界)至桃墅岭、奉新至铜鼓、德兴至上饶、厦坪至睦村、寻乌至全南、抚州至吉安、广昌至船顶隘、九江绕城、都昌(经星子)至昌九高速、资溪(经金溪)至抚州、南昌南外环、莲花至萍乡、吉安绕城、兴国至赣县、万载至宜春、昌樟和昌九高速扩建等工程。

水运:建成赣江石虎塘航电枢纽、赣江(南昌－湖口)Ⅱ级航道整治工程、赣江(石虎塘－神岗山)Ⅲ级航道整治工程、信江渠化航道整治工程;建设赣江永泰航电枢纽、信江八字嘴航运枢纽。九江港重点建设城西港区、湖口港区。南昌港重点建设国际集装箱码头扩能工程、龙头岗综合码头、樵舍港区、昌东港区。

民航:建成宜春明月山机场(4C级)、上饶三清山机场(4C级)支线机场,扩建井冈山机场和赣州机场,改造九江马回岭机场,推进新建赣东南机场的前期工作,研究一批通用机场。

重要枢纽:建设南昌综合交通枢纽,建成南昌、九江、赣州、吉安、宜春、新余国家级公路枢纽工程,建设南昌港口综合交通物流园,建设南昌、鹰潭、九江、赣州、景德镇和上饶等铁路枢纽工程。

第二章 增强能源支撑能力

坚持适度超前、因地制宜、以电为主、多能互补，统筹利用省内外资源，增强能源供应能力，加快能源结构调整，构建安全、稳定、经济、清洁的现代能源产业体系。

第一节 优化发展传统能源

推进常规火电"上大压小"工程，淘汰和改造低效率、高能耗、高排放的现役机组，建设一批高效环保机组，优化火电结构和布局。高效开发利用水电资源，促进小水电健康有序发展。加大省内煤炭资源勘查开采力度，鼓励省内企业到省外、境外勘察开发煤炭资源，建设储配煤基地和煤炭运输通道，有效保障煤炭供应。有计划、有重点建设热电联产和分布式能源。到2015年，全省统调电力装机容量达到2000万千瓦，电力供应能力力争达到3000万千瓦。

第二节 积极发展新能源

加快推进核电建设，基本完成彭泽帽子山核电站一期工程，配套建设洪屏抽水蓄能电站，积极开展万安核电站前期工作，力争"十二五"后期开工建设。大力发展风电，重点开发鄱阳湖区域风能资源，积极发掘九岭山、武功山等高山风电场潜力。适度发展太阳能发电，多元化利用生物质能，因地制宜发展农村能源，积极开发地热能。到2015年，核电装机容量达到250万千瓦、风电装机容量达到80万千瓦、太阳能发电装机容量达到15万千瓦。

第三节 完善能源输送网络

加快建设特高压电网，完善500千伏电网主网架，扩大220千伏电网覆盖面，推动新一轮农网改造升级。加快与川气东送、西气东输二线配套的1000公里省天然气管道建设，建成辐射设区市中心城区的城际输气管道及沿线县城供气管道，配套建设天然气储备设施、压缩天然气（CNG）加气母站。提高成品油管道运输能力，完善成品油管道运输工程及配套设施。到2015年，建成覆盖全省的以特高压及500千伏电网为主网架、各级电网协调发展的坚强智能电网，城市天然气管网覆盖率达到60%，力争实现设区市中心城区成品油管道全覆盖。

专栏9：能源建设重大工程

火电：建成景德镇电厂1×60万千瓦级机组、九江电厂四期1×60万千瓦级机组、贵溪电厂三期1×60万千瓦级机组、安源电厂2×60万千瓦级机组等一批上大压小火电项目，力争新开工常规火电600万千瓦。

核电：建设彭泽帽子山核电站一期工程2×125万千瓦机组，力争开工万安烟家山核电站一期工程2×125万千瓦机组。

水电：建成峡江水电站4×9万千瓦机组、洪屏抽水蓄能电站4×30万千瓦机组、石虎塘水电6×2万千瓦机组和井冈山水电13.8万千瓦机组等水电项目。

电网：建成上高锦江等500千伏变电站7座，扩建梦山等500千伏变电站4座；建成井冈山茨坪等220千伏变电站62座、开关站2座；扩建王舍等220千伏变电站25座。

石油管道：建设兰郑长成品油管道江西支线，樟树—抚州—鹰潭—上饶和樟树—吉安—赣州成品油管道。

分布式电站和热电联产项目：建设九江城东港区等一批分布式能源站项目，建设新干、樟树盐化工基地及南昌和上饶等一批热电联产机组。

天然气管道：建设省天然气管网一期工程支线项目和省天然气管网二期工程，建成辐射所有设区市中心城区的省内城际输气管道及沿线县城供气管道，配套建设天然气储备设施及压缩天然气（CNG）加气母站。

新能源：建成老爷庙4.95万千瓦机组以及皂湖、吉山、蒋公岭和九岭山等一批环鄱阳湖区域和高山风场，建设一批绿色能源示范县。

煤炭：开工建设新余市花鼓山矿区梅山南西井、萍乡矿区白源北井、莲花矿区小江井、丰城矿区泉港—南神岭井。建设九江、南昌、萍乡储配煤基地。

第三章 强化水利安全保障

统筹兼顾防洪与抗旱、生产与生活、开发与保护、当前与长远，把水利作为基础设施建设的优先领域，建立水利投入稳定增长机制，实行最严格的水资源管理制度，突出加强薄弱环节建设，大力发展民生水利，加快构建调控有力、配置合理的现代化水利保障体系，确保防洪安全、饮水安全、粮食安全和生态安全。

第一节 健全防洪减灾体系

抓紧建设一批流域防洪控制性水利枢纽工程，不断提高调蓄洪水能力，力争开工建设鄱阳湖水利枢纽工程，建成峡江水利枢纽工程，新建浯溪口等一批大中型水库。完成规划内病险水库、大中型病险水闸除险加固，加快小型病险水库除险加固步伐，尽快消除水库安全隐患。提高鄱阳湖和"五河"主要圩堤防洪能力，基本完成重点中小河流和江河主要支流重要河段治理，实施万亩以上堤防达标工程。加强城镇防洪排涝设施建设，提高设防中心城镇防洪能力。推进蓄滞洪区安全建设，实施五河尾间疏浚、大中型灌区续建配套、抗旱水源和节水改造工程，加快大中型排涝泵站建设和改造。加强防洪抗旱非工程措施建设，建立洪水风险管理体系，加强水文测站建设，完善防汛抗旱指挥系统和洪水预警预报系统,全面完成山洪灾害易发地区预警预报系统建设。

第二节 优化水资源配置

逐步建立用水总量控制制度和用水效率控制制度,强化水资源统一调度,保障生活、生产和生态环境用水安全。加强城乡水资源统一管理,对城乡供水、水资源综合利用、水环境治理和防洪排涝等实行统筹规划、协调实施,促进水资源优化配置。加强水源工程建设,提高水资源时空调控能力,加快推进灌区续建配套与节水改造、中心城市应急水源和缺水地区中型水库水源工程,开工建设新余白梅等骨干水源工程。建设重点区域人工影响天气作业基地,显著提高雨水、洪水等非常规水源利用,开展雨水集蓄利用工程建设。基本建成水资源合理配置和高效利用体系,到2015年,新增总供水能力约35亿立方米。

专栏10:水利建设重大工程

重大水利枢纽工程:积极推进鄱阳湖水利枢纽工程进程,工程集生态环境保护、水资源综合利用、水利血防等效益于一体,以“调枯不控洪”的方式实现对鄱阳湖枯期水位的控制,以达到湖区灌溉、供水、生态环境保护、航运、水利血防、旅游、水景观等工程建设效益。建成峡江水利枢纽工程,工程以防洪、发电为主,兼有航运、灌溉、养殖等功能,水库总库容11.87亿 m^3,防洪库容6.0亿 m^3;电站装机容量360MW;灌区控灌面积32.95万亩。建成浯溪口水利枢纽工程,工程以防洪为主,兼顾供水、发电等,防洪库容2.96亿 m^3,总库容4.27亿 m^3;电站装机容量30MW。

防洪减灾工程:实施万公里标准堤防和蓄滞洪区建设,实施鄱阳湖和“五河”重点河段防洪整治工程、五河尾闾疏浚工程以及纳入全国规划的222条中小河流治理工程,完善城镇防洪体系。

大型灌区续建配套与节水改造工程:续建廖坊灌区,改造赣抚平原灌区、潦河灌区、柘林灌区、袁惠渠灌区、南车灌区、锦北灌区、七一灌区、鄱湖灌区、丰东灌区、袁北灌区、章江灌区、饶丰灌区、白云山灌区、貊皮岭灌区、万安灌区、药湖灌区、东谷灌区、共库灌区,改善灌溉面积191.11万亩,新增节水灌溉面积311.2万亩。

病险水库、水闸除险加固工程:全面完成国家规划内666座小(1)型病险水库、省规划内6000座小(2)型病险水库应急工程,实施国家规划内141座大中型病险水闸除险加固工程,使其防洪标准和工程安全状况达到国家标准,实现水库、水闸安全运行。

气象防灾减灾综合保障工程:建设全省气象灾害监测预警与应急响应系统、省市县三级公共气象服务网络,气象信息覆盖率在95%以上,公众满意率在90%以上,气象灾害损失占GDP的比例下降到3%以下。建设气候变化综合观测网、鄱阳湖气候与生态遥感监测中心、气候变化监测评估中心。建设赣州飞机人工增雨作业基地、3个人工增雨重点作业区。对93个基层气象台站探测环境和基础设施进行改造。

第四章 健全信息通信网络

突破区域、部门、行业界限,合理布局传输通道,整合资源,加快信息通信基础网络建设,加强信息通信安全保障,大力推进电子政务、电子商务和物联网的发展,推动经济社会信息化。

第一节 加强通信基础设施建设

加快建设新一代移动通信网、下一代互联网和数字广播电视网,形成超高速、大容量、高智能国家干线传输网络。部署光纤宽带网络建设,推进宽带信息网“最后一公里”和宽带互联网建设,加快有线电视广播网络数字化整体转换和双向化改造,大力推进光纤入户。重点实施鄱阳湖生态经济区智慧工程、政务网“乡乡通”“信息通信村村通”和“信息下乡”等工程。完善邮政基础设施,实施“村邮户箱”工程,实现全省乡镇邮政服务网点全覆盖。加快推进电信网、广播电视网和互联网“三网”融合。加快应急广播体系建设。

第二节 提高经济社会信息化水平

加快建设重点领域、重点单位公共信息资源库和业务系统,有序推进金字系列信息系统建设,加快党委系统信息化建设,构建全省涉密电子政务内网平台。完善网络行政审批、信息公开、网上信访、电子监察和审计体系。积极推进电子商务基础平台及服务系统建设,建立“信用江西”企业及个人信用认证系统,加强数字认证(CA)系统应用,保障电子商务安全。完善网上一体化支付平台,畅通交易渠道。大力实施农村信息化工程,加强农村综合信息服务平台建设,促进信息通信网络向农村延伸,完善农村信息服务站(点)建设,提高农情、农资、市场信息和灾情预报服务水平。稳步推进全省物联网发展和应用,建设物联网应用示范工程。开展地理省情监测服务。

第三节 保障网络与信息安全

健全网络与信息安全法律法规,完善信息安全标准体系和认证认可体系,实施通信网络和信息系统安全等级保护、风险评估等制度。强化信息安全监控,开展安全可控关键软硬件应用试点示范和推广,加强网络与信息安全基础设施、安全应急体系和应急技术手段建设,保障信息通信基础网络和重点信息系统安全。

专栏11:信息化建设重大工程

社会保障一卡通工程:以省政务信息网为平台,以金保工程二期为基础,以"一卡通"为目标,按照"部门职能不变、上下左右兼容、政府补贴进卡、全省乡镇通用"的总体要求,推进财政、卫生、民政、社保等领域跨区域信息共享、协同办理和有效衔接,实现全省参保人员"人手一卡、一卡多用、全国通用"。

全省自然资源和地理空间基础信息库工程:以省政务信息网为依托,有效整合、充分利用我省各种自然资源和地理空间基础信息,采用一个主中心、多个分中心,分布式与集中式相结合模式建设,实现为党政领导、管理部门、企业和社会公众提供科学决策、应急指挥、经济调节、市场监管、社会管理、公共服务、资源环境监察等信息服务。

全省公共资源交易系统工程:以省政务信息网为依托,按照统一交易流程、统一交易软件、集中进场交易、共享评标专家、全程电子监察的原则,开发标准统一、功能完备、技术先进、安全高效的全省公共资源交易系统,承载各级政务部门的工程招标、政府采购、土地出让、产权交易等业务。为企业和社会提供在线申请、在线咨询、结果反馈、政策查询等高效、便捷、安全公共服务。鄱阳湖生态经济区智慧工程:以3G、宽带网为基础,以物联网、云计算等平台为依托,推广40余项智能化应用,为鄱阳湖生态经济区构建生态环保、交通运输、低碳产业、社会运行四大智能化体系,辐射带动11个设区市和共青城共12个无线化、数字化、信息化、智能化的"智慧城市群"建设。

第三代移动通信网络(3G)建设工程:推进3G网络建设,全面提升3G网络质量,加快3G的演进升级,实现3G网络覆盖至所有行政村。

光纤宽带网络建设工程:以光纤宽带为重点,加快信息网络的宽带化升级,基本实现城市光纤到楼入户,农村光纤到行政村。

通信传输骨干网建设工程:新建南昌至杭州、至合肥、至广州,赣州至厦门4个波分复用传输系统;扩容南昌至杭州、至惠州、至武汉、至福州、至长沙、至合肥、至深圳、至九江,九江至芜湖9个波分复用传输系统;新建萍乡至长沙、赣州至厦门2条光缆传输线路。

第六篇 促进经济生态融合 提升生态文明水平

牢固树立绿色、低碳发展理念,促进经济与生态相融合、人与自然相协调,加快建设资源节约型、环境友好型社会。

第一章 提升生态保障水平

以保护优先和自然修复为主,充分利用山、水、林、湿地等生态要素,有效组合各种自然资源和绿色空间,构建城乡一体化、点线面结合、和谐优美的生态环境体系。

第一节 建设生态屏障

深入推进造林绿化"一大四小"("一大四小"工程:"一大"指的是到2010年全省森林覆盖率达到63%;"四小"指的是县城和市府所在地的绿化,乡镇政府所在地的绿化,农村自然村的绿化,基础设施、工业园区和矿山裸露地的绿化。)工程,实施退耕还林、生态公益林及天然阔叶林保护、防护林体系建设、易灾地区生物措施治理等重大工程。改善林分结构,提高森林质量,明显提升森林涵养水源、保持水土、防风固沙、释氧固碳能力。强化江河源头区、水源涵养区、饮用水源区、防风固沙区、水土保持区和渔业水域等重要生态功能区的保护和建设,突出抓好易灾地区生态环境综合治理,依法保护各级自然保护区、风景名胜区、森林公园、湿地公园、自然文化遗产地、地质公园,形成点面结合、功能互补的各类生态区域。

第二节 加强生态治理

以鄱阳湖湿地为核心,以国家级、省级湿地保护区和湿地公园为重点,采取自然修复与工程治理相结合的方式,加强湿地生态系统的保护和恢复。继续实施山江湖工程,推进可持续发展实验区建设。统筹鄱阳湖流域上下游、干支流的生态建设和环境保护,开展生态补偿试点,实施长江暨鄱阳湖流域源头水资源保护工程,控制水库水体养殖污染,切实保护"一湖清水"。开展乡村河堤治理、丘陵山区地质灾害隐患点治理、以流域为单元的生态综合治理,实施生态移民搬迁工程、地质灾害避灾搬迁工程和矿山地质环境治理恢复工程。搞好森林资源管护,加强森林防火和有害生物防治。强化自然保护区监管,加大生物物种资源保护和管理力度,加强生物安全管理。

专栏12:生态文明建设重大工程

鄱阳湖流域生态环境保护工程:重点实施长江暨鄱阳湖源头水资源生态保护工程、五河源头综合治理工程、鄱阳湖流域造林绿化"一大四小"工程、湿地保护与恢复工程、水土保持生态建设工程、鄱阳湖流域水源涵养林建设与保护工程、鄱阳湖流域工业污染源和农业面源污染控制工程。

鄱阳湖湿地保护与恢复工程:重点建设湿地示范保护区、湿地保护区,建设湿地公园,恢复湿地植被50万亩以上,治理五河入湖口湿地30万亩。

鄱阳湖流域气象灾害应急示范工程:增设11部X波段移动天气雷达和4210个六要素自动站。升级气象信息网络系统,建立和完善中尺度数值预报、短时临近预报等业务系统。建设1个应急指挥中心,11个分中心。提升分行业、分灾种气象灾害应急保障能力,减缓对资源、环境、生态的压力。

山江湖工程:开展鄱阳湖第二次综合科学考察,建设鄱阳湖国家重点实验室及鄱阳湖低碳技术研究院,建设鄱阳湖流域天地一体化的环境动态监测体系及"数字鄱阳湖",着力打造15个山江湖可持续发展实验区及5个国家级可持续发展实验区,建成50个山江湖试验示范基地。

小流域综合治理工程:采取生物和工程措施相结合,综合治理500个小流域,治理崩岗9500座(处),治理坡耕地330平方公里,共治理水土流失面积1万平方公里。地质灾害防治工程:加强威胁30人以上的重要地质灾害隐患点的防治,治理742处重要地质灾害隐患点,并对其中558处重要地质灾害隐患点威胁的66200人实施移民搬迁。

矿区地质环境治理和生态恢复工程:治理5000口废弃矿井,治理54处矿山地质环境重点区域,开展萍乡、赣州等矿区生态修复及废弃资源综合利用。

生态移民工程:将居住在生存条件恶劣、受自然灾害威胁及生活极其贫困的深山区、库区、地质灾害区及自然保护区的人口实施搬迁工程,建设移民住房5万户、建筑面积500万平方米。

种质资源库建设工程:收集保存江西和长江中下游地区有代表性与典型性的种质资源,以植物为主,兼顾生物种质资源,为野生生物种质资源的保护、研究、开发及合理利用提供技术支撑和决策依据。

第二章 大力发展循环经济

按照减量化、再利用、资源化原则,以提高资源产出效率为目标,加强政策引导和协调管理,构建覆盖全社会的资源循环利用体系。

第一节 创建循环型生产方式

以冶金、化工、建材、造纸、印染、制药等行业为重点,推进清洁生产,开发应用源头减量、循环利用、再制造、零排放和产业链接技术,加强共伴生矿及尾矿综合利用。积极创建生态工业园区和循环经济工业园区,优化企业结构和布局,鼓励企业间通过资源共享、废弃物利用等途径发展循环经济,实现废物交换利用、能量梯级利用、废水循环利用和污染物集中处理。推进建筑、道路和农林等废弃物资源化利用,鼓励农业立体种植、养殖,大力推广生态养殖模式和轮作复种、间套作等耕作方式,支持林纸一体化生产。

第二节 倡导绿色消费模式

鼓励消费者购买使用节能节水产品、节能环保型汽车和节能省地型住宅,减少使用一次性用品,抵制过度包装。推进政府绿色采购,逐步提高节能节水产品和再生利用产品比重。加强宣传教育,强化垃圾分类投放意识与行为,推动形成绿色生活方式和消费模式。实施绿色标识认证制度。

第三节 健全资源回收利用体系

建立健全城市社区和乡村回收站点、分拣中心、集散市场"三位一体"的回收网络,提升再生资源回收规模化水平。加快完善再制造旧件逆向物流回收体系,推进再制造产业发展。建立健全垃圾分类回收制度,合理配置垃圾分类回收设施,完善分类回收、密闭运输、集中处理体系,推进餐厨废弃物等垃圾资源化利用和无害化处理。培育一批可再生资源专业回收、处理、利用企业,促进资源再生利用产业化。

第四节 完善政策技术支持

完善法律法规,加强规划指导、财税金融等政策支持,落实生产者责任延伸制度和再生产品标识制度,建立完善全省循环经济统计评价制度,推进生产、流通、消费各环节循环经济发展。推广循环经济典型模式,促进萍乡、景德镇等资源型城市转型和南昌、新余、九江等老工业基地振兴,推进萍乡市、永修云山经济开发区、江铜集团、华春集团等单位国家循环经济试点建设。

专栏13:循环经济重点工程

资源综合利用:实施粉煤灰、煤矸石、工业副产石膏、建筑废物、公路垃圾等大宗固体废弃物资源化利用工程,支持有色金属、黑色金属、煤炭、石灰石等矿产共伴生矿和尾矿资源综合开发利用,推动秸秆、废弃木料等农林废弃物综合利用,打造一批资源综合利用示范基地。

城市矿产示范基地:推进萍乡、鹰潭、新余、龙南、丰城等一批"城市矿产"示范基地建设,实现废旧金属、废弃电子器件、废纸、废塑料等再生资源的循环、规模和高效利用。

循环化、生态化改造:在重点园区或产业集聚区进行循环化、生态化改造,完善产业配套,延伸产业链。各级各类园区均建成省级生态园区,创建10个以上国家级生态园,分三批建成200个以上省级循环经济示范单位。

再制造产业化:依托现有工业园区、产业基地,建设若干国家和省级再制造产业集聚区,培育一批汽车零部件、电机、照明产品等再制造示范企业,实现再制造的规模化、产业化发展。

餐厨废弃物资源化:率先在南昌、九江、赣州等中心城市建设一批餐厨废弃物资源化利用设施,逐步向其他城市推广,实现餐厨废弃物资源化和无害化处理。

资源循环利用技术示范推广:推进产学研结合,建设若干重大循环经济共性、关键技术专用和成套设备生产、应用示范项目与服务平台,提升循环经济技术水平和支撑能力。

第三章 加大环境保护力度

坚持预防为主、综合治理,以解决危害群众健康和影响可持续发展的突出环境问题为重点,强化污染物减排,防范环境风险,加强环境监管,明显改善环境质量。

第一节 控制污染物排放

实施化学需氧量、氨氮、二氧化硫和氮氧化物总量控制。执行严格的饮用水源地保护制度,继续推进重点流域环境管理和水污染防治,加强对"五河一湖"和东江源头等主要江河湖泊的排污管制,防治地下水污染。大力推进火电、钢铁、有色、建材等行业二氧化硫和氮氧化物治理,强化脱硫脱硝设施稳定运行。推行燃煤电厂脱硝,开展非电行业脱硝示范,防治机动车尾气污染,加强颗粒物污染防治,有效控制城市噪声污染。建立健全区域大气污染联防联控机制,控制区域复合型大气污染和酸雨。继续实施城镇生活污水处理设施和配套管网建设,分阶段集中建设全省工业园区、有条件的特色产业基地、重点企业污水处理设施,大力开展城乡垃圾无害化处理。

第二节 加强环境风险防范

科学划定环境风险重点防控区域。加强重金属污染综合治理,以鄱阳湖流域为重点,开展重金属污染治理与修复试点示范。加大持久性有机物、危险废物、危险化学品污染防治力度。提高核安全管理能力,确保核与辐射安全。推动重大环境隐患治理。加强对重大环境风险源的动态监测与风险控制,提高环境与健康风险评估能力。

第三节 强化环境保护监管

健全环境保护法律法规及标准体系,加强环境监测、预警和应急能力建设。完善环境保护科技和经济政策,建立健全污染者付费制度。加强环境监管能力建设,严格环保准入门槛,依法开展环境影响评价。严格落实环境保护目标责任制,健全重大环境事件和污染事故责任追究制度。加强执法监督,建立环保社会约束和监督机制。

专栏 14:环境治理重点工程

污水处理设施建设工程:在县县建有城镇生活污水处理设施的基础上,完善污水收集管网,基本实现工业园区都建有达标运行的污水处理设施,城镇生活污水处理率达到85%以上,工业废水实现达标排放。

垃圾处理设施建设工程:推进城乡生活垃圾无害化处理设施建设,完善垃圾收集网络,"五河"和东江源头保护区及鄱阳湖周边乡镇垃圾全部实现无害化处理,城镇生活垃圾无害化处理率达到80%以上。

脱硫脱硝工程:新建燃煤机组全部配套建设脱硫、脱硝装置,现有单机容量30万千瓦及以上的燃煤机组实行脱硝改造,推进非电行业二氧化硫治理和脱硝示范。

重金属污染治理及土壤修复工程:加强铅、汞、镉、铬和类金属砷等重金属污染治理,对重金属排放企业进行清洁生产改造,实施稀土、钨尾矿综合治理造地工程,开展受污染土壤、场地、水体和底泥等污染治理与修复试点示范工程。

尾矿库风险治理工程:关闭取缔非法和不具备安全生产条件、严重污染环境的尾矿库,对遗留污染物造成的土壤污染进行治理与生态修复。

环境监控体系建设工程:建设鄱阳湖生态环境监控中心,在全省县城建设空气质量自动监测站,在全省主要河流的县界断面、主要饮用水源地建设水质自动监测站,完善重点污染源自动在线监控网络,在重点污染源自动在线监控网络中增加氮氧化物和氨氮在线监控设施。

第四章 加强能源资源集约利用

落实节约优先战略,全面实行资源利用总量控制、供需双向调节、差别化管理,推进全社会的节能、节水、节地、节材,大力提升资源综合利用水平。

第一节 强化节能降耗

完善节能法规,制定并严格执行能耗限额和产品能效标准,完善固定资产投资项目节能评估和审查制度。控制高耗能、高排放产业过快增长,突出抓好工业、建筑、交通、公共机构等重点领域节能,加强重点用能单位节能管理。健全节能市场化机制,加快推行合同能源管理和电力需求侧管理,实行能效标识制度、节能产品认证制度、节能产品政府强制采购和财政补贴制度。开展企业节能低碳行动,全面推进绿色建筑行动,深入开展节能降耗全民行动,创建一批示范性节能公共机构。加强节能能力建设,力争"十二五"期间节能量达到1000万吨以上标煤。加强节能目标责任考核,完善奖惩制度。

第二节 加强水资源节约

完善水资源管理制度,推进节水型社会建设,支持国家级节水型社会试点城市建设。严格用水总量控制,强化取水许可、水资源论证和水资源有偿使用管理,加强水权制度建设。加快重点行业节水技术改造,大力推广管道输水、膜下滴灌等高效节水灌溉技术,建立健全工农业用水水权转换机制。加强城市节约用水,强化用水定额管理,加快中水回用设施建设,大力推广应用节水型器具。实施地下水监测工程,严格控制地下水开采。

第三节 推进土地集约利用

合理配置土地资源,强化规划和年度计划管控,严格用途管制,加强建设用地控制指标执行力。集约节约利用土地,整理农村废弃宅基地,大力发展节地型建筑,盘活存量建设用地。鼓励深度开发利用地上地下空间，落实用地节地责任和考核。

第四节 促进矿产资源合理开发

加强重要矿产资源勘查力度，实施矿产资源保障工程，提升资源保障能力。合理利用矿产资源，促进省内资源向优势龙头企业集聚。坚持开发和保护并重，规范能源和矿产资源开采管理，严格控制特定矿种开采总量，推广先进适用的开采技术和工艺设备，提高开采回采率、选矿回收率和综合利用率。加强市场准入管理和矿业权市场建设，完善矿产资源有偿使用和矿山环境恢复治理保证金制度。加强矿产资源和地质环境保护执法监察，坚决制止乱挖滥采。支持赣州开展稀土矿产资源储备和筹建赣粤闽碳交易中心。

专栏15：资源节约重点工程

重点节能改造工程：继续实施锅炉(窑炉)改造、热电联产、余热余压利用、节约和替代石油、电机系统节能、能量系统优化、建筑节能、交通运输节能、绿色照明等节能改造项目，推动企业加大节能改造力度。

节能产品惠民工程：加大高效节能家电、汽车、船舶、照明产品等推广力度，鼓励各级财政实行再次补贴，高效节能产品市场占有率达到30%以上。

重大节能技术示范和产业化工程：支持余热余压利用、高效机电产品等重大、关键节能技术产品示范项目，推动重大节能产品产业化生产和应用，提高高效节能技术产品的国有化率。

合同能源管理推广工程：加大省级财税政策支持力度，鼓励节能服务公司采用合同能源管理方式为用能单位实施节能改造，扶持壮大节能服务产业。

节能能力建设工程：在能源计量、统计和节能监测、监察、预测预警等方面，全面加强队伍、装备、信息化等能力水平，基本形成高效、协调的节能管理体系。

矿产资源保障工程：加强紧缺和优势矿产资源勘查，五年内找到5个以上大型规模、10个以上中型规模的矿床，新增资源/储量：铜300万－500万吨，钨40万－60万吨，金100万－200吨，离子型稀土40万－60万吨，铀2万吨，铁矿石4亿－6亿吨，原煤4亿－6亿吨，锂10万吨，形成一批重要矿产资源开发后备基地，逐步建立长期稳定、经济安全的矿产资源供给体系。

第五章 积极应对气候变化

坚持减缓和适应并重，充分发挥技术进步作用，完善体制机制和政策保障体系，提高应对气候变化能力。

第一节 控制温室气体排放

综合运用节约能源、提高能效、增加森林碳汇以及调整产业结构和能源结构等多种手段，大幅降低化石能源消耗强度和二氧化碳排放强度。加大低碳技术和低碳产品的研发、示范、推广，减少工业、交通、建筑等领域温室气体排放。探索建立低碳产品标准、标识和认证制度，逐步建立碳排放市场，开展低碳城市和低碳县(市、区)试点，积极推进清洁发展机制(CDM)项目建设。

第二节 增强适应气候变化能力

完善多灾种的监测预警应急机制、多部门参与的决策协调机制、全社会广泛参与的行动机制，加强对极端天气和气候事件的监测预警，预防和减少灾害损失。推广适应性技术，提高农业、林业、水资源等重点领域适应气候变化的能力。在生产力布局、基础设施和重大项目评估和建设中，充分考虑气候变化因素。积极开展国际交流与合作，在科学研究、技术创新和能力建设等方面开展务实合作。

第七篇 实施科教兴赣和人才强省战略 增强创新竞争力

全面落实中长期科技、教育、人才规划纲要，着力增强科技创新能力，推动教育改革发展，提升人才整体素质，建设创新型江西。

第一章 提升科技创新能力

坚持自主创新、重点跨越、支撑发展、引领未来的方针，把科技进步和创新作为转变经济发展方式的重要支撑，实施科技创新“六个一”工程(“六个一”工程：指主攻10个优势高新技术产业、培育100个创新型企业、实施100项重大高新技术成果产业化项目、建设10个国家级研发平台、办好10个国家级高新技术产业特色基地、组建100个优势科技创新团队)，推进科技成果向现实生产力转化。

第一节 健全区域创新体系

加快建立以企业为主体、以市场为导向、产学研结合，涵盖科技创新、传播和应用全过程的技术创新体系。推进科研院所资源优化整合和兼并重组，推动自然科学和社会科学联盟，发挥社会科学在区域创新体系中的积极作用。强化企业技术创新主体地位，促进企业真正成为研发投入、创新活动和成果应用的主体。加大政府对科技资源的引导力度，建设一批高新技术产业特色基地，组建一批产业技术创新战略联盟，培育一批科技创新型试点企业，发展一批科技知识产权中介服务机构，打造一批科技创新团队，造就一批科技创新领军人才。建立健全军民科技资源共享、互动合作的协调机制，促进军民融合技术的发展和广泛应用。

第二节　建设科技创新平台

鼓励和支持企业以多种方式与科研院所、高等院校联合建立科技创新机构，在光伏、航空制造、LED材料与芯片、现代农业、生物、新材料、资源综合利用等领域，建设一批国家级和省级重点实验室、工程(技术)研究中心、企业技术中心和博士后科研站。加快建设自然科技资源保护与利用平台、大型科学仪器协作共用平台、实验动物生产与共享服务平台以及科技文献信息、技术标准信息和科学数据共享平台。积极搭建科技自主创新服务平台，大力发挥科技团体在科技评价、科学普及、科技奖励中的积极作用。

第三节　促进重点领域突破

围绕发展战略性新兴产业，选择一批具有较强带动作用和战略影响的重大产业开展集中技术攻关，力争在光伏、风能核能、民用航空、新动力汽车、半导体照明等领域实现突破。围绕加快传统产业改造升级，推动原始创新、集成创新和引进消化吸收再创新，掌握一批具有自主知识产权的共性和关键性技术，着力在产业链的关键环节和高、终端领域取得突破。围绕保障粮食(食物)安全、提高农产品质量，加快农业科技创新，强化技术集成，突破农业关键技术。围绕资源节约和环境保护，推动新能源、节能降耗、清洁生产、污染防治、资源综合利用和生态环境保护技术实现新突破。围绕提高群众健康水平，努力在血吸虫病、心脑血管病、癌症、乙型肝炎和老年性疾病等防治技术上取得新突破。

第四节　完善政策支持体系

完善鼓励技术创新和科技成果产业化的政策法规，推动技术创新源头与需求终端对接、科技创新链与产业链联动，引导创新资源聚集。加大政府对基础研究投入，保持财政科技经费投入稳定增长。全面落实企业研发投入加计扣除、研发设备加速折旧、所得税减免等激励政策，完善和落实自主创新产品政府采购及首购政策。完善知识产权法律法规，实行知识产权质押等鼓励创新的金融政策，大力实施标准化战略，优先采用和推广具有自主知识产权的技术标准，加强知识产权的创造、运用、保护和管理。建立健全技术产权交易市场。完善科技评价奖励制度。

专栏16：科技创新重大工程

科技创新研发平台工程：新建5个国家级、80个省级(企业)重点实验室或工程技术研究中心，进一步提高科技创新能力。

科技创新型企业培育工程：分“试点、省级、国家级”三个层次，抓好150个省级创新型试点企业(含农业龙头企业)，培育100个省级、10个以上国家级创新型企业。

科普能力建设工程：创建20个国家级、60个省级科普教育基地，推进科普视频网络服务，提高全民科学素质，增强科普服务能力。

公共检测重点工程：实施质量兴省战略，建设江西省质监检测基地，建设10个鄱阳湖生态经济区检测技术平台、14个国家级质检中心、100个质量监督检验检测所以及116个省、市、县三级食品生产监督所。

第二章　推进教育改革发展

按照优先发展、育人为本、改革创新、促进公平、提高质量的要求，推动各级各类教育全面发展，办好人民满意的教育。

第一节　优先发展教育

坚持把教育摆在优先发展的战略地位，切实保证经济社会发展规划优先安排教育发展、财政资金优先保障教育投入、公共资源优先满足教育需要。提倡教育家办学，提高教师地位，加强师德师风建设。健全以政府投入为主、多渠道筹集教育经费的体制，大幅度增加教育投入，确保2012年财政性教育经费支出占全省生产总值比例达到4%，并稳定增长。充分调动全社会关心支持教育积极性，共同担负起培育下一代的责任，为青少年健康成长创造良好环境。

第二节　提高教育质量

坚持德育为先、能力为重，全面实施素质教育，促进学生德智体美全面发展。积极发展学前教育，重点提高农村学前教育普及程度。巩固提高九年义务教育普及成果，推进城乡义务教育均衡发展。加快普及高中阶段教育，推动普通高中办学方式和育人方式多样化、个性化发展。大力发展职业教育，鼓励校企合作办学、集团化办学，推进职业教育园区建设，逐步实行中等职业教育免费制度，建设一批规范化、特色化、品牌化的示范学校。全面提高高等教育质量，提升高等学校创新能力和科研水平，加强经济社会发展急需学科和专业建设，加快培养实用型专业人才。积极发展继续教育，加快构建终身教育体系。切实办好特殊教育。到2015年，全省学前三年毛入园率达到60%，义务教育巩固率达到93%，高中阶段教育毛入学率达到87%，高等教育毛入学率达到36%。

第三节　促进教育公平

统筹教育资源，公共教育资源重点向农村、贫困地区倾斜。加快义务教育阶段学校标准化建设，基本消除薄弱学校，全力推进城镇新区教育园区建设，基本满足进城务工人员随迁子女的就读需求，解决好城镇学生的“大班额”分流问题。在县级行政区域内实行城乡中小学教师编制和工资待遇同一标准，推动教师、校长有序交流，实现义务教育均衡发展。发挥优质普通高中招生名额合理分配的导向作用，着力解决择校问题。健全各级各类学校困难学生资助体系，帮助家庭经济困难学生完成学业。

第四节 创新教育管理体制机制

创新教育管理体制，改革教学内容、教学方法、质量评价标准，积极探索公共教育资源共享机制和推进城乡教育均等化的有效途径。加快考试招生制度改革，逐步实现分类考试、综合评价、多元录取。建立健全政府主导、行业指导、企业参与的职业教育办学体制机制，推进校企合作制度化。改革高等教育管理方式，建立健全现代大学制度，积极探索省部（行业）共建模式、构建高校产学研联盟长效机制。改善民办教育发展政策环境，完善支持民办教育的具体政策，支持民办学校创新体制机制和育人模式，依法加强民办教育管理。加强农村教师队伍建设，完善农村边远地区教师特殊岗位津贴制度，推进农村教师周转宿舍建设。

专栏17：教育发展重点工程

义务教育学校标准化建设工程：全省完善10000所义务教育学校校舍安全、装备条件和体育设施，力争基本达到国家标准。

幼儿园建设工程：建设2000所幼儿园，重点支持农村地区幼儿园达标建设，进一步改善城市（县区）公办幼儿园办学条件，扩大城市（县区）公办幼儿园招生规模。

中等职业学校基础能力建设工程：建设200所培训能力强、就业率高、辐射范围大的中等职业教育示范学校。

普通高中优质资源扩充工程：支持200所普通高中改善办学条件，使全省普通高中整体办学条件得到明显改善，办学水平得到有效提升，优质资源比例上升到70%以上。

高等学校质量提升工程：进一步改善100所高等学校的办学条件，提高20余所本科院校、20余所高职院校的创新能力和办学水平，加强50个重点学科，30个重点实验室、工程研究中心建设。

城镇新区教育园区建设工程：建设100个城镇新区教育园区，解决约30万进城农村学生的就读需求和现有城镇30多万学生的“大班额”分流问题。

特殊教育学校建设工程：新建36所标准化特殊教育学校，改扩建64所特殊教育学校。

教师专业发展工程：建设100个县级教师学习与资源中心；实施2000名幼儿教师和1000名幼儿园园长培训计划；培育8000名“双师型”骨干教师；在30个高水平特色重点学科设立“井冈学者”特聘教授岗位。

素质教育推进工程：建设11个设区市青少年学生校外实践基地，完善99个县级青少年校外活动场所；支持500所大中小学校建设示范性心理咨询室；实施中小学生课外文体活动工程示范区建设计划；建设1万个农村学校劳动实践场所。

教育信息化建设工程：实施教育省域网、城域网工程；支持高校数字化校园和中等职业学校校园网建设；加快实施“班班通”工程；在全省建设500所涵盖各级各类学校在内的教育信息化骨干示范学校。

第三章 造就高素质人才队伍

坚持党管人才原则，以开发高层次创新型科技人才和经济社会发展重点领域人才为重点，加快构建区域性人才高地。

第一节 健全人才培养体系

建立健全多层次人才培养培训体系，加大现有人才的培养和再教育力度。加强党政人才队伍建设，实施党政人才素质能力提升工程，开展大规模干部教育培训，加大优秀年轻干部培养力度。加强企业经营管理人才队伍建设，加强企业家培养和开发工作，实施创新型企业家建设工程，完善定期派出去锻炼培训、请进来传帮带等培养措施。加强专业技术人才队伍建设，以高层次人才和紧缺人才为重点，组织实施赣鄱英才555工程、科技创新人才和团队建设工程、青年俊才开发工程，培养一批高水平学科带头人和战略科学家，造就一批中青年高级专家，集聚一批经济社会重点领域紧缺人才。加强高技能人才队伍建设，以提升职业素质和职业技能为核心，以技师和高级技师为重点，组织实施高技能人才振兴工程，加快高技能人才公共实训基地和培训基地建设，建设一支门类齐全、技艺精湛的高技能人才队伍。加强农村实用人才队伍建设，以农村实用人才带头人和农村生产经营型人才为重点，组织实施农村实用人才创业培训工程，努力培养一批生产型、经营型、技能带动型、技术服务型和社会服务型农村实用人才。加强社会工作人才队伍建设，以中高级社会工作人才为重点，组织实施社会工作人才队伍建设工程，建设一支社会管理和服务能力专业化、职业化的社会工作人才队伍。到2015年，全省人才资源总量达到550万人左右。

第二节 创新人才工作机制

坚持学习与实践相结合，培养和使用相结合，推进大教育、大培训，建立以经济发展需要和社会需求为导向、以提高思想道德素质和创新能力为核心的人才培养开发机制。构建以科学合理的人才评价标准、完善准确的人才评价指标、严密规范的人才评价程序、简便适用的人才评价方法为主要内容的人才评价发现机制。健全党政人才公开选拔、竞争上岗制度，完善国有企业领导人员选拔任用制度，深化事业单位人事制度改革，形成有利于各类人才脱颖而出的选人用人机制。完善人才流动配置机制，逐步打破人才流动限制，建立和完善柔性引才机制，引导人才向农村基层、经济领域和重点产业流动。建立健全人才激励保障机制，使各级各类人才的待遇和保障水平与工作业绩紧密联系，充分体现人才价值，充分激发人才活力、维护人才合法权益。

第三节 优化人才发展环境

建立健全有利于人才发展的政策体系，切实落实培养高层次人才和创新团队、鼓励引导人才向农村基层和边远地区流动、吸引海内外高层次人才来赣创新创业等方面的政策措施。着力优化服务环境，加强人才公共服务产品开发，完善全省高级人才信息库，提高人才管理和服务水平，建立健全专业化、信息化、产业化、国际化的人才市场服务体系。努力优化创新创业环境，强化技术支持、技能培训、金融扶持，提高创新创业成功率。优化人才发展社会环境，深入宣传科学人才观，大力培育创新创业文化，强化“创业光荣、创新可贵、创造无价”的舆论导向，推进人才诚信档案体系建设。

专栏 18：人才队伍建设重大工程

赣鄱英才 555 工程：引进并重点支持 500 名左右能突破关键技术、发展高新产业、带动新兴学科的海内外高层次人才来赣创新创业；选拔 500 名左右有较强技术研发和经营管理能力，敢于创业、勇于创新的高层次创业创新人才进行重点扶持培养；柔性引进 500 名左右具有国际先进水平、国内顶尖水平的高端人才为江西科学发展服务。

科技创新人才及团队建设工程：实施院士后备人才、科技经营型创新人才、主要学科学术和技术带头人、青年科学家培养计划和优势科技创新团队建设计划，到 2015 年，培育 10 名院士后备人才、15 名科技经营复合型人才、50 名学科带头人、100 名青年科学家、100 个优势科技创新团队。

创新型企业家建设工程：对 200 名左右企业高级经营管理人员进行全面培（轮）训，培养造就若干引领江西企业跻身中国企业 500 强的优秀企业家。

高技能人才振兴工程：实施紧缺技能人才培养、青年高技能人才培养、首席技师、技能大师工作室和技工院校实训基地建设计划，每年确定 10 个左右紧缺职业（工种），培养 5000 名紧缺技师、高级技师。

农村实用人才创业培训工程：对 45 岁以下优秀农村实用人才，采取集中授课、实地视察以及案例启发等形式进行培训，每年培训 2 万名；以省市县乡农业技术推广服务机构的业务骨干为主要对象，建立健全农技指导队伍体系，每年培训 1000 名创业指导员。

宣传思想文化系统优秀拔尖人才工程：到 2015 年，重点培养 100 名理论、新闻、出版、广播影视、文艺和文化经营管理、文化专门技术优秀人才，重点扶持 30 名文艺新闻界领军人物和骨干力量。

青年俊才开发工程：每年在省内高校及我省考入名校的大学生、研究生中选拔一批拔尖青年进行定向跟踪培养，依托省内外干部培训机构、高水平大学和科研机构建立青年俊才培养基地，每年分类培训 1000 名青年拔尖人才。

社会工作人才队伍建设工程：加大对社会工作人才的培养和引进，到 2015 年，全省取得社会工作资格证人员总量达到 1.2 万人，社会工作人才总量达到 6.8 万人。

第八篇 保障和改善民生 促进社会和谐稳定

坚持民生优先，坚持公平正义，坚持共建共享，着力解决影响社会和谐稳定的源头性、基础性、根本性问题，加快基本公共服务均等化进程，维护社会和谐稳定。

第一章 提高社会就业水平

坚持把促进就业放在更加突出的位置，强化政府促进社会就业的公共服务职能，以创业带就业，以就业促创业，千方百计提高社会就业水平。

第一节 实施更加积极的就业政策

大力发展劳动密集型产业、服务业和小型微型企业，注重发挥非公有制经济在扩大就业中的重要作用，多渠道开发就业岗位，千方百计扩大就业规模，形成经济增长与扩大就业相互促进的发展模式。加大对城镇就业困难人员和农民工群体就业的帮扶力度，加强对高校毕业生、退役军人的就业指导和服务，开发公益性岗位，帮助零就业家庭就业。完善税费减免、财政贴息、岗位补贴、培训补贴、社会保险补贴、技能鉴定补贴等就业扶持政策。进一步完善小额担保贷款政策措施，扩大扶持对象范围，促进各类群体以创业带动就业。

第二节 增强公共就业服务能力

建立功能完善、城乡统一的公共就业服务体系，为城乡劳动者免费提供就业信息、就业咨询、职业介绍等服务。积极开展多层次、多形式的职业技能培训，免费为下岗失业人员、农民工、新成长劳动力提供基本职业技能培训和技能鉴定，对未能继续升学的应届初高中毕业生开展劳动预备制培训。足额提取并合理使用企业职工教育培训经费，鼓励企业开展职工岗位技能培训。加强创业培训，将临近毕业的大学生、新成长劳动力及有创业愿望的城乡劳动者纳入培训范围。

第三节 构建和谐劳动关系

加强人力资源市场监管、劳动保护和劳动调解仲裁，加大劳动保障监察执法力度，完善劳动争议处理机制，做好国企改制、关闭破产等失业人员以及农民工的就业和劳动保障工作，切实维护劳动者合法权益。全面推行劳动合同制度，不断扩大集体合同覆盖面。健全协调劳动关系三方机制，充分发挥政府、工会和企业作用，努力形成企业和职工利益共享机制，建立和谐劳动关系。

第二章 构建合理的收入分配格局

按照国家统一部署，调整政府、企业、居民的收入分配关系，初次分配和再分配都要处理好效率和公平的关系，再分配更加注重公平，不断提高居民收入在国民收入分配中的比重、劳动报酬在初次分配中的比重，努力扭转收入差距扩大趋势。

第一节 完善工资正常增长和支付保障机制

完善最低工资标准调整机制，力争绝大多数地区最低工资标准达到当地城镇从业人员平均工资的40%以上。完善工资指导线、人力资源市场工资指导价位和行业人工成本信息等企业工资宏观指导体系，建立企业薪酬调查和信息发布制度。健全工资集体协商制度。完善工资支付监控和工资保证金制度。完善公务员工资制度，深化事业单位收入分配制度改革。

第二节 推进垄断行业和国有企业收入分配改革

加强对垄断行业工资总额和工资水平的双重调控，完善工资总额预算管理，缩小垄断行业工资水平和社会平均工资差距。建立健全根据经营绩效、风险和责任确定薪酬的制度，严格规范国有企业、国有控股金融机构经营管理人员特别是高层管理人员的收入。严格控制职务消费。建立国有资本经营预算制度，扩大国有资本收益上交范围，提高上交比例，统一纳入公共财政。

第三节 规范收入分配秩序

严格执法力度，建立健全收入分配统筹协调机制，推进收入分配体系合理化、规范化和有序化。保护合法收入，整顿不合理收入，调节过高收入，取缔非法收入，着力提高低收入者收入水平，创造条件增加居民财产性收入，尽快扭转收入差距扩大的趋势。

第三章 完善社会保障体系

坚持广覆盖、保基本、多层次、可持续的方针，健全和完善社会保障制度，逐步提高社会保障标准，努力实现人人享有基本生活保障。

第一节 健全社会保险制度

以基本养老、基本医疗、失业、工伤、生育保险和最低生活保障制度为重点，不断扩大社会保障覆盖面，逐步提高社会保障待遇标准，努力实现人人享有基本生活保障。按照国家统一部署，实现基础养老金全国统筹和养老保险关系跨省转移接续，制定并实施城镇居民社会养老保险制度。完善城镇职工基本养老保险省级统筹，全面实现城镇基本医疗保险市级统筹，巩固城镇职工、城镇居民基本医疗保险成果，实现新型农村社会养老保险制度全覆盖，同步推进城镇职工生育保险全覆盖，完善国有企业老工伤人员伤残待遇政策。加强城乡养老保险、医疗保险对接。逐步做实养老保险个人账户，积极推进机关、事业单位养老保险制度改革，发展企业年金和职业年金。发挥商业保险补充性作用。继续通过划拨国有资产、扩大彩票发行等渠道充实社会保障基金。

第二节 建设保障性住房

合理确定住房保障方式和保障标准，针对不同收入群体和保障对象，实施分层次住房保障。以解决低收入住房困难家庭为重点，加快廉租房和经济适用房建设，健全廉租房租赁补贴发放制度。以解决中等偏下收入住房困难家庭为重点，加快公共租赁房和限价商品房建设。加强保障性住房管理，健全准入和退出机制。

第三节 完善社会救助体系

完善城乡居民最低生活保障制度和农村五保供养制度，做到应保尽保。完善临时救助制度。建立健全城乡医疗救助制度，实现城乡医疗救助与基本医疗保险、基本医疗保险定点医疗机构的医疗费用同步结算。完善城市生活无着落流浪乞讨人员特别是流浪未成年人的救助制度。加强优抚安置服务，提高优抚对象生活、医疗、住房等综合保障水平。健全灾害突发等救灾制度，提高救灾应急处置能力。

第四节 发展社会福利事业

逐步拓展社会福利的保障范围，发展以扶老、助残、救孤、济困为重点的社会福利事业，推动社会福利由补缺型向适度普惠型转变。坚持家庭、社区和福利机构相结合，逐步健全服务对象公众化、服务主体多元化、服务内容多样化的新型福利服务体系。着力改善城市“三无”老人、孤残人员的生活。建立孤儿保障制度，制定和落实孤儿养育标准，完善孤儿、无人抚养儿童等困境儿童的福利政策，切实维护其基本权益。继续实施法律援助，鼓励社会慈善、社会捐助。

专栏19：重大民生建设工程

保障性住房建设工程：建设廉租房、公共租赁房、经济适用房及改造各类棚户区和危旧房110万套(户)，改造农村危房30万户。加大吉安、赣州等老红军后代及家属住房保障建设。

劳动就业和社会保障公共服务设施建设工程：新建和改造100个县(市、区)级就业社会保障综合服务中心、1530个乡镇(街道)人力资源社会保障综合服务中心。

社会养老服务体系建设工程：建设城镇社区居家养老(日间照料)服务中心1500个，农村居家养老(日间照料)服务中心4500个，实施100个老年养护院、老年公寓和老年综合福利院标准化建设工程，新建100所县级光荣院，新建和改造农村敬老院1500所，共新增床位10万张，公办养老机构床位数达到27万张。

社区综合服务中心(站)建设工程:建设100个街道社区服务中心和500个社区服务站,建筑面积30万平方米。

综合减灾备灾建设工程:实施救灾减灾技术装备标准化工程,建设93座标准化救灾物资储备库、112个救灾减灾指挥中心、创建3900个国家级和省级综合减灾示范社区。

防震保安建设工程:建设"两核两控"重大工程专用地震台网、省级地震烈度速报网与预测预警中心、17个测震台等。

儿童福利服务体系建设工程:继续实施"儿童福利机构建设蓝天计划",新建和改建40所县级儿童福利院。

救助管理站基础设施建设工程:实施80个救助管理站(流浪未成人保护中心)服务用房建设工程。

残疾人康复和托养设施建设工程:建设省、市、县级残疾人综合性康复机构和10个设区市、100个县级托养服务设施。

优抚安置服务设施建设工程:新建江西康宁医院(省荣军医院)、省荣军康复中心、南昌军供站,改造全省13个军供站,维修改造县级革命烈士纪念建筑物。

殡葬服务体系建设工程:全省80%殡葬设施设备达到国家环保节能标准,建设1.2万处农村公益性骨灰安放设施,使80%的乡村建有农村公益性墓地或骨灰安放设施。完成基本殡葬服务的火化殡仪馆公益改造,基本实行公益性运营,全面实现基本殡葬公共服务均等化。

扶贫攻坚工程:实施3400个贫困村的整村推进扶贫,并安排一个定点扶贫单位帮扶。继续在41个比照西部政策县实施易地搬迁扶贫工程,每年搬迁5万人。

第四章　提高医疗卫生保障水平

按照保基本、强基层、建机制的要求,深化医药卫生体制改革,把基本医疗卫生制度作为公共产品向全民提供,实现人人享有基本医疗卫生服务。

第一节　全面加强公共卫生

加强疾病预防控制、健康教育、妇幼保健、精神卫生、应急救治、采供血、卫生监督等专业公共卫生服务网络建设。积极预防重大传染病、慢性病、职业病、血吸虫病和精神疾病,提高突发公共卫生事件处置能力。扩大健康宣传,普及健康知识,提高健康水平。扩大国家基本公共卫生服务项目,逐步在全省统一建立居民健康档案。

第二节　健全医疗卫生服务体系

优化医疗卫生资源配置,新增医疗资源向城市社区和农村倾斜。建立健全农村三级医疗卫生服务体系,实现县县有标准化综合医院,乡乡有规范化卫生院,村村有合格卫生室。完善城市社区卫生服务网络,实现每个社区有规范化社区卫生服务中心。加强以全科医生为重点的基层医疗卫生队伍建设,完善鼓励全科医生长期在基层服务政策。加强区域医疗中心建设。加快构建各级医疗机构分级诊疗、双向转诊制度,鼓励城市医院和基层医疗机构建立长期稳定对口支援机制。

第三节　提高基本医疗保障水平

健全基本医疗保障体系,进一步完善城镇职工和城镇居民基本医疗保险、新型农村合作医疗制度。逐步提高城镇职工和居民医保、"新农合"筹资标准和保障水平,提高基金使用水平。建立基本医疗保险基金风险防范机制,强化支付使用监管,完善定点医疗机构和定点零售药店管理制度,防止医药费用虚高现象。加快实现医疗保险关系转移接续和医疗费用异地就医结算。

第四节　推进医疗体制改革

推动公立医院改革,鼓励社会资本兴办医疗机构,优先选择具有办医经验、社会信誉好的非公立医疗机构参与公立医院改制,初步建立现代医院管理制度。加大政府投入,调整医疗服务价格,逐步取消药品加成。加强医疗机构管理,提高医疗服务质量。建立完善以国家基本药物制度为基础的药品供应保障体系。基层医疗卫生机构全面实施国家基本药物制度,其他医疗卫生机构逐步实现全面配备、优先使用基本药物。改革药品和医疗服务价格形成机制,规范和整顿药品生产流通秩序。坚持中西医并重,发展中医医疗和预防保健服务,推进中医药继承与创新。

专栏20:重大卫生建设工程

二甲医院标准化建设工程:建设100所标准化二甲医院,实现县县建有一所二甲医院,保障群众不出县就能获得高质量的医疗服务。

职业病防治体系建设工程:建设100所职业病诊断机构,实现所有设区市拥有职业病诊断机构,县县建立功能比较完善的职业病防治技术服务和监管体系。

妇幼保健机构建设工程:建设100所妇幼保健机构,实现县县妇幼保健机构具备妇幼保健、生殖保健的条件。

卫生监督体系建设工程:建设100所卫生监督机构,县级以上卫生监督机构达到建设标准。

第五章 促进人口长期均衡发展

全面做好人口工作，控制人口总量，提高人口素质，优化人口结构，引导人口有序流动，促进人口长期均衡发展，建设人口均衡型社会。

第一节 提高计划生育服务水平

坚持计划生育基本国策，稳定低生育水平，逐步完善生育政策。完善农村计划生育家庭奖励扶助和计划生育家庭特别扶助制度。不断推进城乡育龄妇女基本生殖保健服务均等化，综合治理出生人口性别比偏高问题，努力实现出生人口性别比低于全国平均水平。大力实施优生促进工程，做好健康教育、优生咨询、高危人群指导、孕前筛查等服务工作。加强流动人口计划生育服务管理，加强全员人口信息数据库“金人工程”建设。

第二节 积极应对人口老龄化

建立健全以居家为基础、社区为依托、机构为支撑的养老服务体系。优先发展社会养老服务，拓展养老服务领域，实现养老服务从基本生活照料向医疗康复、精神慰藉、法律服务、紧急援助等方面延伸。培育壮大老龄服务事业和产业，建立养老服务补贴制度和高龄津贴制度，鼓励和支持社会资本兴办养老服务机构。加强公益性养老服务设施建设，增加老年人活动场所和便利化设施。注重开发老年人力资源。

第三节 促进妇女儿童事业全面发展

坚持男女平等基本国策和儿童优先原则，认真实施妇女儿童发展规划，切实保障妇女合法权益，做好关心下一代工作，加强未成年人保护，推动公共政策、公共产品和公共服务向妇女儿童倾斜。严厉打击各种侵害妇女儿童的违法犯罪行为，预防和制止家庭暴力，为受害妇女儿童提供紧急庇护、矛盾调适和心理疏导等服务。加强婴幼儿早期启蒙、留守儿童和独生子女社会行为教育。

第四节 支持残疾人事业发展

健全残疾人社会保障体系和服务体系，为残疾人生活和发展提供稳定的制度性保障。实施重点康复、托养工程和“阳光家园”计划，推进基层残疾人康复中心、辅助器具供应服务中心建设，保障残疾人“人人享有康复服务”。大力开展残疾人就业服务和职业培训，鼓励用人单位录用残疾人，加大农村残疾人生产扶助力度。推进公共场所、公共交通、公共机构、贫困残疾人家庭等区域无障碍设施建设。丰富残疾人文化体育生活。

专栏21：人口发展重点工程

人口计划生育服务体系建设工程：健全省、市、县、乡四级人口计划生育服务体系，新建省级生殖保健服务中心，新建或改扩建11个设区市、50个县、300个乡镇计划生育服务中心（站所）。

人口计划生育技术服务装备建设工程：重点为全省100个县级人口计划生育服务中心（站所）添置孕前优生健康检查设备，为全省500个中心乡镇计划生育服务站各配备1台流动服务车及相关设备。

人口宏观管理与决策信息系统工程：完善人口信息共享、动态监测和科学预测机制，在业务执行、信息采集、决策支持、信息服务等4个方面建设8类应用系统，建成与国家配套覆盖全省、实时更新的江西全员人口信息数据库。

留守儿童示范服务建设工程：在全省农村留守儿童比较集中的地区建设100所省级留守儿童示范服务中心，帮助留守儿童解决心理、学习、营养、安全等问题。

第六章 健全维护群众权益机制

拓宽社情民意表达渠道，加大社会矛盾调解力度，健全党和政府主导的维护群众权益机制。

第一节 拓宽社情民意表达渠道

建立健全方式多样、畅通高效的诉求表达机制。完善公共决策的社会公示制度、公共听证制度和专家咨询论证制度，扩大公众参与程度。完善信访制度，注重民意收集与信息反馈，落实领导干部接待群众来访、处理群众信访制度。充分发挥互联网通达民情社意新渠道作用，积极主动回应社会关切。

第二节 完善社会矛盾排查调处机制

加快建立行政决策风险评估机制和决策纠错机制。完善化解社会矛盾的领导协调、排查预警、疏导转化、调解处置机制。完善人民调解、行政调解、司法调解联动的工作体系，整合基层政法、综治、维稳、信访等力量，建立调处化解矛盾纠纷的综合平台，规范群众诉求表达、利益协调、权益保障渠道，有效防范和化解劳资纠纷、征地拆迁、环境污染、食品药品安全、企业重组和破产等引发的社会矛盾。完善群众工作制度，依靠基层党政组织、行业管理组织、群众自治组织，充分发挥工会、共青团、妇联、红十字会的作用，共同维护群众权益，积极化解社会矛盾。

第七章 加强公共安全体系建设

适应公共安全形势变化的新特点，推动建立主动防控与应急处置相结合、传统方法与现代手段相结合的公共安全体系。

第一节 保障食品药品安全

完善食品药品安全标准。建立食品药品质量追溯制度，形成来源可追溯、去向可查证、责任可追究的安全责任链。健全食品药品安全应急体系，强化快速通报和快速反应机制。加强食品药品安全风险评估、预警和监管执法。加强检验检测、认证检查和不良反应监测等药品安全技术支撑能力建设。加强基层快速检测能力建设。强化基本药物监管,确保基本药物质量安全。

第二节 严格安全生产管理

加强安全监管监察,严格安全目标考核与责任追究。完善安全技术标准体系,严格安全许可。实行重大隐患治理逐级挂牌督办和整改效果评价制度,深化煤矿、交通运输等领域安全专项治理。健全协调联动机制,严厉打击非法违法生产经营。防范粉尘与高毒物质等重大职业危害。规范发展安全专业技术服务机构,加强对中小企业安全技术援助和服务。加强安全宣传教育与培训。

第三节 提高应急管理能力

坚持预防与应急并重、常态与非常态结合的原则,建立健全统一指挥、结构合理、反应灵敏、保障有力、运转高效的突发事件和群体性事件应急体系,提高危机管理和抗风险管理能力。建立应急管理信息共享机制,完善应急预案体系,健全应急管理组织机构,强化基层应急管理能力。加强应急队伍建设,建立以专业队伍为基本力量,以公安、武警、军队为骨干和突击力量,以专家队伍、企事业单位专兼职队伍和志愿者队伍为辅助力量的应急队伍体系。建立健全应急物资储备体系,加强管理,优化布局和方式,统筹安排实物储备和能力储备。完善特大灾害救援机制。

第四节 健全社会治安防控体系

坚持打防结合、预防为主、专群结合、依靠群众的方针,完善社会治安防控体系,加强城乡社区警务、群防群治等基层基础建设,广泛开展平安创建活动,加强社会治安综合治理。依托视频监控“天网”工程,增强公共安全管理和治安整体防控效能。加强特殊人群安置、救助、帮教、管理和医疗工作,加大重点地区、社会治安薄弱环节整治力度。加强情报信息、防范控制和快速处置能力,增强公共安全和社会治安保障能力。严密防范、依法打击各种违法犯罪活动,完善经常性严打机制,切实保障人民生命财产安全。严密防范、依法打击境外敌对势力的渗透破坏活动,保障国家安全和社会政治稳定。加强虚拟社会管理,完善与现实防控网相衔接的虚拟社会综合防控体系。

专栏22:公共安全重点建设工程

食品药品监管体系建设工程:构建覆盖市、县、区的基本药物质量安全监管平台。县县建有规范化食品药品快速检验室,在133个街道、2600个居委会建设食品药品安全协管站。

食品药品远程监管系统工程:构建省、市、县、乡四级监管机构网络平台。完成110家基本药物生产企业、500家大中型获证食品生产企业、350家经营企业电子监管码的赋码入网等工作。在全省200家药品生产企业、24440家药品经营企业、44家药品连锁企业安装使用远程监控系统。

安全监管监察能力建设工程:省、市、县(市、区)三级安全监管监察部门业务用房等基础设施建设达标率分别达到100%、80%、70%,执法装备配备基本达到国家规定标准。

高危行业重大隐患排查治理工程:全省高危行业(尾矿库、煤矿、危险化学品、烟花爆竹等)得到有效治理。

安全生产应急救援体系建设工程:完成7支省级矿山救护队伍的技术装备配备和更新投资,在5个化工产业集中区域建立危险化学品骨干救援队伍,初步完善11个设区市安全生产应急救援指挥平台和重大危险源监测监控等安全生产应急救援信息技术保障系统。

安全生产技术支撑体系建设工程:建设省、市级安全技术支撑体系,完成34个专业中心实验室建设并配备相关仪器设备。

第八章 加强和创新社会管理

按照建设党委领导、政府负责、社会协同、公众参与的社会管理格局的要求,推进城乡社区建设,健全基层管理和服务体系,提高社会管理能力,促进社会和谐稳定。

第一节 健全社区服务体系

把社区建设作为社会管理的重要基础,建设完善一批集党建、劳动保障、社会救助、卫生和计划生育、社区治安、法律服务、文化、教育、体育和便民利民等多项功能为一体的城市社区服务中心(站、点)和农村村级社区服务中心。加快政府公共服务、居民互助服务、市场提供服务相衔接的社区服务体系建设。大力开展社区志愿服务活动,推行社区志愿者注册登记制度。实施流动人口居住证制度。

第二节 加强社会组织建设

推动更多的公共资源和领域向社会组织开放,逐步取消社会组织登记管理机关和业务主管部门双重管理制度,适度放宽经济类、公益类社团和基金会的设立,简化农村专业经济协会、社区社会组织的登记程序。加强社会组织监管,完善法律监督、政府监督、社会监督、自我监督相结合的监管体系,加强登记、备案、监督的协同管理,实行社会组织信息公开和评估制度,完善社会组织内部治理结构。建立健全常态监管机制,把新经济组织和新社会组织纳入依法有序管理。

第三节 发展民主健全法制

坚持和完善人民代表大会制度、中国共产党领导的政治协商制度和基层群众自治制度,发挥人民政协作用,支持人民政协履行政治协商、民主监督和参政议政职能。支持工会、共青团、妇联、红十字会等人民社会团体依照法律和各自章程开展工作，参与社会管理和公共服务，维护群众合法权益。切实做好民族、宗教、侨务和对台工作。加强普法教育，提高全民法律素质。全面推进依法行政、公正廉洁执法，支持人民法院、人民检察院依法独立行使审判权、检察权。加强武装警察部队建设，推进国防动员建设。完善民兵预备役制度，深入开展“双拥”活动，巩固和发展军政军民团结。

专栏23：社会安全保障系统建设工程

政法信息网络建设工程：建立完善各政法部门的信息系统和资源共享平台，实现全省范围内政法系统的信息资源共享和互联互通。在此基础上建设“天网”工程和维稳情报信息预警系统。

政法业务用房建设工程：完善省、市、县、乡各级政法系统业务用房建设，主要包括79个法院审判法庭、79个检察院专业技术和办案用房、128个公安机关业务用房、15个国安机关业务用房、113个司法机关业务用房等。

政法监管场所建设工程：按照国家监狱布局调整总体方案，继续加大对监管场所的投入，建设77个公安看守所、82个公安拘留所、11个公安强制戒毒所、14个监狱、7个劳教强制隔离戒毒所等。

政法教育设施建设工程：完善建设国家法官学院江西分院、江西司法警官职业学院、省公安厅警察训练中心、11个设区市法制学校、12个刑释解教人员帮教安置基地等。

社会安全保障配套设施：完善建设11个设区市青少年维权保护中心、1452个乡镇（街道）和谐平安联创中心等。

第九篇　建设文化大省 提升文化软实力

坚持社会主义先进文化前进方向，丰富文化生活，繁荣文化事业，发展文化产业，提升文化实力，建设文化大省，增强江西人自信心、自豪感和凝聚力。

第一章　构筑精神家园

用中国特色社会主义共同理想凝聚力量，用社会主义荣辱观引领风尚，为实现科学发展、进位赶超、绿色崛起提供强大的思想保证和精神动力。

第一节　传承和弘扬赣鄱文化

大力弘扬以井冈山精神为代表的红色文化，培育发展崇尚自然、追求和谐的绿色文化，充分挖掘历史悠久、底蕴深厚的古色文化，进一步增强赣鄱文化的竞争力、吸引力和感召力。加强对江西文化文物和非物质文化遗产保护，做好赣鄱文化资源的研究、整理和传承工作，加快建设以江西客家博物院为核心的客家文化生态保护实验区。加强与港澳台地区文化交流，发展与东南亚文化交流，促进与欧美地区文化交流，扩大赣鄱文化国际影响力。

第二节　营造干事创业浓厚氛围

不断加强走中国特色社会主义道路和实现中华民族伟大复兴的理想信念教育，大力弘扬以爱国主义为核心的民族精神和以改革创新为核心的时代精神，深入推进解放思想学习教育活动，努力增强机遇意识、忧患意识和进取意识，以思想大解放促进事业大发展。在全社会形成鼓励干事、激励创业、褒奖成功、宽容失败的浓厚氛围，激励广大干部群众爱祖国、爱江西、爱家乡，以真干事为使命、以会干事为责任、以干成事为光荣，把全部心思倾注在干事创业、造福人民上，把全部的本领施展在抓发展、促和谐上。

第三节　培育良好社会风尚

加强社会公德、职业道德、家庭美德、个人品德教育。注重人文关怀，强化心理疏导，培育奋发进取、理性平和、开放包容的社会心态。大力普及科学知识，传播科学方法，反对封建迷信，提升全民素质。深入开展文明城市、文明村镇、文明行业等精神文明创建活动，倡导文明健康的生活方式。发挥模范人物典型带动作用，引导人民知荣辱、讲正气、尽义务，形成良好的社会风尚。

第二章　大力发展文化体育事业

坚持把发展公益性文化体育事业作为保障人民基本文化权益的主要途径，完善公共文化服务体系，广泛开展群众性文化体育活动，丰富人民群众精神文化生活。

第一节　推动文化事业大发展大繁荣

贴近时代、贴近基层、贴近群众、贴近生活，挖掘江西特色文化资源，创作更多思想深刻、艺术精湛、群众喜闻乐见的文化精品。坚持公益性、基本性、均等性、便利性，完善覆盖城乡、惠及全民的公共文化服务体系。建设一批集艺术性、标志性、实用性于一体的重大公共文化设施，实现设区市均有达到国家标准的图书馆、文化馆、博物馆和艺术剧院，县县均有达到国家二级以上标准的图书馆、文化馆和地方剧团，乡乡建有综合文化站或社区文化活动中心，村村建有文化活动室或农家书屋，户户通广播电视。继续开展农村文化三下乡活动。

第二节　开展群众性文化体育活动

推进全民阅读活动，实施文化惠民工程，推动公共博物馆、纪念馆、美术馆、文化馆、图书馆、青少年宫、科技馆、群众艺术馆、基层文化活动中心免费开放。开展群众喜闻乐见的公益性文化活动，丰富和活跃群众精神生活。打造鄱阳湖论坛、鄱阳湖国际生态文化节、环鄱阳湖国际自行车赛等文化体育活动品牌，提升红歌会品牌价值，增强公共文化的吸引力和影响力。支持群众体育活动和竞赛，扶持健身俱乐部和健身站点建设，加快培养社会体育指导员，开展国民体质监测，实施县级体育健身场馆建设工程、农民体育健身工程，体育设施全面向社会开放。提高竞技运动水平，实现全民健身与竞技体育协调发展。

专栏24：文化事业重点工程

全省设区市和县级文化场馆建设工程：通过实施设区市图书馆、文化馆、博物馆和县级文化场馆建设工程，完成20个设区市图书馆、文化馆、博物馆和80个县级文化场馆的改扩建任务，完成100个县级图书馆、文化馆的维修和设备购置。

综合档案馆建设工程：80%的设区市综合档案馆达到国家一级标准。完成57个县级综合档案馆新建（含改造），建筑面积168531平方米，50%的县级综合档案馆达到国家二级标准。

全省文化和自然遗产保护工程：通过实施国家文化和自然遗产地、历史文化名城名镇名村、抢救性文物保护设施建设工程，使我省列入世界遗产名录及预备清单的自然遗产地以及国家重要大遗址、国家级历史文化名城名镇名村、全国重点文物保护单位和省级文物保护单位得到有效保护。

省级文化设施建设工程：江西艺术中心二期工程，建设文化遗产中心、文化创意大厦和演职员公寓等；省图书馆扩建工程，建设阅览楼、古籍特藏楼、多功能报告厅等。

全省农家书屋工程：建设农家书屋10498个，使农家书屋总数达到17333个，覆盖全省所有行政村。

全省基层公共文化设施建设工程：全省乡镇综合文化站全部配备设备，公共文化设施覆盖全省80%行政村和50%社区。

全省文化信息资源共享工程：增加村级文化共享工程服务点设备，完成全部基层社区文化共享工程服务点建设和500个城乡基层公共电子阅览室建设。

全省县级体育健身场馆建设工程：重点加强100个县级全民健身活动中心（田径场、健身运动场、综合健身馆）建设，全省人均体育设施面积和县级体育健身场馆的基础设施条件得到明显改观。

全省农民体育健身工程：建设1100个乡镇的灯光球场、门球场和健身场；建设6200个行政村的水泥篮球场、乒乓球台，实现80%的乡镇，50%行政村建有公共体育健身设施。

省奥林匹克体育中心二期建设工程：建成网球馆、田径训练馆、运动员公寓及相关配套附属设施。

全省20户以下已通电自然村广播电视"村村通"工程：全面完成全省24252个20户以下已通电自然村实施广播电视"村村通"工程，实现全省广播电视"户户通"。

第三章　加快发展文化产业

顺应群众期待，满足市场需求，体现江西特色，提高质量效益，繁荣文化市场，推动文化产业成为我省国民经济的支柱性产业。

第一节　优化文化产业布局

以文化产业园为依托，结合地方特色和资源优势，重点发展演艺娱乐业、广播影视、出版发行、印刷复制、动漫、版权、陶瓷文化产业。推动文化产业集群发展，促进各种资源合理配置和产业分工，建设若干跨区域文化产品物流中心，打造一批文化产业示范基地。实施重大项目带动战略，建设江西国际影视文化城、江西电视台数字电视节目制作中心和华夏艺术谷文化产业园，集中力量重点支持一批市场前景好、发展潜力大的文化产业项目，培育一批特色文化产业品牌。

第二节　培育文化产业市场

培育文化消费市场，发展新型文化业态，加大文化产品供给，提升文化消费力。深化公益性文化事业单位改革，支持经营性文化单位转企改制、兼并重组。推广政府购买、集中配送等公共文化产品提供方式，引导社会力量有序参与公共文化服务。以省出版集团公司、江西日报传媒集团为龙头，培养若干家实力雄厚、具有市场竞争力的文化企业集团。推动文化企业建立现代企业制度，提高规模化、集约化经营水平。加大版权保护力度，促进文化自主创新。建立文化产业投资基金，设立省级荣誉制度，表彰有杰出贡献的文化工作者，加快培养一批文化领军人物和创作团队。鼓励非公有资本投资文化产业。

第三节　壮大文化产业实力

大力发展文化创意、影视制作、出版发行、印刷制作、广告、文化会展、数字内容和动漫等文化产业。文化创意产业重点发展文化科技、音乐制作、艺术创作、动漫游戏等产业，拉动相关服务业和制造业发展。影视制作业重点提升影片、电视剧和电视节目的艺术水准，扩大市场占有率。出版业在继续加快发展传统纸质形态出版物的同时，重点发展数字出版产业。出版物发行业重点开展跨地区、跨行业、跨所有制经营，提高整体实力和竞争力。印刷复制业重点发展绿色印刷、按需印刷、数字印刷。动漫产业重点打造深受观众喜爱的动漫形象和品牌，延长动漫产业链，开发衍生产品，成为文化产业的重要增长点。力争文化产业增加值年均增长15%。

第十篇　深化重要领域和关键环节改革　完善社会主义市场经济体制

全面深化各项改革，搞好顶层设计和总体规划，明确优先顺序和重点任务,争取在重要领域和关键环节取得新突破,为促进经济社会又好又快发展提供持久动力。

第一章 深化行政管理体制改革

围绕建设有限政府、服务政府、责任政府、法治政府、廉洁政府,进一步转变职能,理顺政府关系,提高行政效能。

第一节 转变政府职能

深入推进政企分开、政资分开、政事分开、政府与市场中介组织分开,促进政府职能进一步转变,提高政府经济调节和市场监管水平,强化社会管理和公共服务职能。依法减少和规范行政审批,推进行政审批法制化、制度化和信息化建设,建立重大项目审批绿色通道,提高政府行政效率,加强后续监管。创新适应鄱阳湖生态经济区建设的管理体制和机制,推进扩权强县、省直管县、兴乡强镇试点改革。完善重大事项决策机制,建立健全公众参与、专家咨询、风险评估、合法性审查和集体讨论决定相结合的行政决策机制,提高科学决策、民主决策和依法决策水平。增强公共政策制定透明度和公众参与度,全面推进政务公开,加强行政问责,改进行政复议和行政诉讼,提高政府公信力。深入开展民主评议行风活动。

第二节 深化投资体制改革

围绕加快转变经济发展方式,形成投资增长内生机制,促进投资平稳较快增长。强化企业投资主体地位,改善政府投资方式,鼓励和引导民间投资健康发展,提高投资项目监督管理水平。继续开展工程建设领域突出问题专项治理。加强投资领域法制建设,适时出台规范政府投资行为的管理办法,界定政府投资范围,提高投资决策的科学化、民主化水平。推行政府投资公益性项目代建制。

第三节 推进财税体制改革

完善财权与事权相匹配的财政体制,建立规范透明的转移支付、县级基本财力保障和财政收入丰歉调节机制。健全国有资本经营预算制度,严格预算管理,构建地方政府性债务管理新机制。深入推进部门预算、专项资金整合、国库集中收付、政府采购、绩效评价等方面改革。逐步健全地方税体系,运用好中央赋予省级政府的税收管理权限,不断壮大地方税源。

第四节 完善资源性产品价格形成机制

建立和完善充分反映资源稀缺程度、促进资源节约和综合利用的资源型产品价格形成机制。继续推进水价改革,工业和服务业用水逐步实行超额累进加价制度,合理调整城市居民生活用水价格,推进农业水价综合改革。积极推进电价改革,推行大用户电力直接交易试点,规范输配电价形成机制,改革销售电价分类结构,建立分类别综合趸售电价管理制度。按照保基本、促节约的原则,大力推进居民用电、用水阶梯价格制度。建立合理的天然气价格形成机制,理顺天然气与可替代能源价格关系。

第二章 完善基本经济制度

坚持公有制为主体、多种所有制经济共同发展的基本经济制度,营造各种所有制经济依法平等使用生产要素、公平参与市场竞争、同等受到法律保护的体制环境。

第一节 推进国有企业改革和发展

加快国有经济战略性调整,推动国有资本向基础性、资源性和先导性产业集中。在全省国有工业企业改革取得重大突破的基础上,进一步深化国有企业产权制度改革,通过引进战略投资者、股权转让、兼并重组、上市融资、减持上市公司股份等方式,促进资产证券化和产权多元化,实现国有经济战略性重组,构建以转型升级的资源能源优势产业为龙头、以战略性新兴产业和高端服务业为两翼的省属国有经济新格局。全面完成农垦、粮食、农业、水利、林业、商贸、交通七大系统的国有企业改革。健全国有资产管理体制、监管方式、业绩考核和责任追究制度,进一步规范国有企业改制和国有资产转让。

第二节 大力发展非公有制经济

鼓励和支持民间资本进入公共事业、基础设施、社会事业、金融服务等行业和领域。鼓励和引导非公有制企业通过参股、控股、资产收购等多种形式,参与国有企业改制重组。全面落实促进非公有制经济发展的政策措施,改善政府监管方式,加大对非公有制经济的指导协调和支持服务力度,加强对民间投资的金融服务,切实保护非公有制企业的合法权益,促进非公有制经济快速健康发展。

第三节 建立健全现代市场体系

进一步建立健全现代市场体系,统筹发展商品市场和要素市场、批发市场和零售市场、现货市场和期货市场、城镇市场和农村市场。加快社会信用体系建设,完善行业、企业和个人征信系统,促进政府信用信息共享,培育信用服务市场,建立守信激励、失信惩戒机制。推进市场竞争主体平等化、市场竞争要素多元化、市场竞争秩序规范化、市场流通格局现代化,充分发挥市场配置资源的基础性作用。

第三章 开展先行先试改革试点

以建设鄱阳湖生态经济区为契机,用足用好用活国家赋予的先行先试权,创造更多的发展权利、更广阔的发展空间。

第一节 推进生态文明区域经济体系试点

开展绿色国民经济核算方法试点,开展环境污染、生态破坏成本以及水、湿地、森林等资源价值等方面的核算试点,探索将发展过程中的资源消耗、环境损失和生态效益纳入经济社会发展评价体系。开展排污费改环境税试点,开征污染排放税、污染产品税、生态资源税。推进生态补偿试点,探索生态合作、产业共建、财政支援、异地开发、生态资源交易等多种生态补偿方式。

第二节 建立资源环境产权交易机制

深化资源环境有偿使用制度改革,引入市场机制,建立健全矿业权和排污权有偿取得和转让制度。规范发展探矿权、采矿权交易市场,大力发展水权、林权、碳汇、排污权交易市场,促进资源环境产权有序流转和公开、公平、公正交易。

第十一篇 优化发展环境 扩大开放合作

统筹利用国际国内两个市场、两种资源,在更大广度、更深程度、更高层次上扩大对外开放,加快融入经济全球化和区域经济一体化,不断提高开放型经济发展水平,构建对外开放新格局。

第一章 提升对外开放新优势

推进与国际经济、与港澳台、与沿海地区的对接和融合,加快资本集聚、资源利用、市场开拓、技术引进的国际化进程,提升开放型经济的层次和水平。

第一节 全力抓好招商引资工作

依托"十大平台"("十大平台":指北京新兴产业对接会、香港招商活动周、泛珠经贸洽谈会、赣台经贸合作研讨会、世界低碳与生态经济大会、景德镇国际陶瓷博览会、日韩重点产业推介会、东盟博览会产业推介会、樟树药交会、赣商大会),创新招商方式和投资促进机制,以产业链招商为重点,鼓励和引导国内外资金投向先进制造业、高新技术产业、现代服务业、现代农业、新能源和节能环保产业等领域。鼓励外资以参股、并购等方式参与省内企业改组改造和兼并重组。加强与中央企业、世界500强企业和境内外知名大企业的沟通对接,着力提高招商引资洽谈项目的签约率、落户率、进资率、开工率。坚持引资与"引智"相结合,积极引进国外技术创新机制、现代管理经验和高素质人才,鼓励大型企业在我省设立地区总部、研发中心、采购中心、培训基地等各类功能性机构,加快推进省内企业和科研院所与国外、省外公司建立技术合作战略联盟。

第二节 促进对外贸易转型升级

坚持出口市场多元化和以质取胜战略,确保对外贸易稳定增长。巩固欧美、亚洲等传统出口市场,开拓东盟、南美、非洲等新兴市场。优化出口商品结构,稳定劳动密集型产品、资源深加工产品等传统优势产品出口,扩大机电、光伏、汽车、直升机及飞机零部件、钨和稀土深加工等产品出口,延长加工贸易增值链,提高出口产品技术含量。加快发展服务贸易,逐步提高服务贸易比重。优化进口贸易结构,鼓励进口紧缺资源、先进装备和关键零部件,鼓励引进国外先进技术和现代服务业态。

第三节 加快实施"走出去"战略

按照政策引导和企事业自主原则,通过市场规则推进各类所有制企业通过多种渠道、多种方式有序参与境外投资合作。重点推动优势产业、骨干企业开发境外资源,建设生产加工基地,建立国际营销网络,开展科研开发、兼并收购。发挥资源加工型企业的优势,开发利用海外能源矿产资源。发挥农产品种植和加工的优势,开发利用海外农业资源。发挥各类勘探单位的技术优势,引导与骨干企业合作参与海外矿产资源勘探和开发。发展大型承包工程企业,承揽国际工程设计、施工项目。有序开展对外劳务合作业务,提升劳务合作技术含量。

第二章 优化对外开放环境

把进一步优化投资环境作为扩大对外开放的关键环节,完善制度,稳定政策,提高效率,降低成本,打造平台,全力营造稳定透明、公平公正的硬环境和软环境。

第一节 优化政务环境

根据国家涉外经济法律法规,完善相关政策措施,形成稳定透明的管理体制和公平可预见的政策环境。切实落实并完善相关政策措施,规范经营性收费,减少行政事业性收费,进一步提高行政审批效率,加快推进网上审批。深入推进优化投资环境活动。认真做好客商投诉处理工作,依法保护客商的合法权益。继续加强对重大项目的跟踪服务、调度推进力度。努力使江西的投资创业环境对内具有凝聚力、对外具有吸引力、在中部地区乃至全国最优。

第二节 开展多元合作

建立多层次开放平台,推进多领域合作交流。巩固提高世界低碳与生态技术博览会、江西(香港)招商引资活动周、赣台经贸合作研讨会、中国景德镇国际陶瓷博览会、中国"五会"经贸恳谈会、赣商大会等招商平台的层次和水平。加强国际生态合作。在维护生态安全、应对全球气候变化、发展低碳技术和绿色经济等重大领域广泛开展交流。融入长三角、珠三角、海西经济区,对接武汉城市圈、长株潭城市群、皖江城市带,推进援疆、援藏、援川对口帮扶和经济协作。

第三节 提升服务能力

加快工业园区、出口加工区、保税区、物流园区等平台建设,提高产业配套能力,降低商务成本,打造承接产业转移的新优势。完善口岸布局,开辟口岸通道,增加铁路、公路、水路口岸作业区,推进九江城西保税港区建设,促进铁公水空多式联运,构建现代立体口岸开放体系。完善电子口岸建设,畅通协调机制,全面实现跨部门、跨企业口岸工作数据并网运行,提升通关能力。改善外汇服务和管理方式,推进跨境贸易人民币结算,促进贸易便利化、外商投资和境外投资便利化。

第十二篇 完善实施机制 实现规划蓝图

本规划经过江西省第十一届四次人民代表大会审议批准后,具有法律效力。要举全省之力,集全民之智,充分调动最广大人民群众的积极性、主动性和创造性,确保实现未来五年发展的宏伟蓝图。

第一章 建立健全规划实施机制

综合运用经济法律和必要的行政手段，充分发挥市场配置资源的基础性作用，有效配置公共资源，合理引导社会资源，推动规划顺利实施，保障规划目标和任务的完成。

本规划确定的预期性指标和产业发展、结构调整等任务，主要依靠市场主体自主推进。各级政府要努力创造良好的体制、政策和法制环境，充分调动市场主体的积极性和创造性，引导市场主体行为与政府战略意图相一致。

本规划提出的约束性指标和公共服务领域的任务，要纳入各地各部门经济社会发展综合评价和绩效考核体系。约束性指标要分解落实到相关部门和单位，其中耕地保有量、单位生产总值能耗和二氧化碳排放、主要污染物排放等指标，要分解落实到各设区市。公共服务特别是促进基本公共服务均等化的任务，要明确工作责任和进度，主要运用公共资源全力完成。

围绕本规划确定的目标和任务，切实加强经济社会发展政策的统筹协调，注重政策目标与政策工具、短期政策与长期政策、年度计划与中长期规划的衔接配套。依据公共财政服从和服务于公共政策的原则，合理配置公共资源，优化公共财政支出结构，确保公共财政资源重点投向农业农村、民生和社会事业、科技创新、生态环保等领域。

完善规划监测评估制度，加强对规划实施情况的跟踪分析，自觉接受省人民代表大会及其常务委员会的监督检查。省直有关部门要对重点领域的突出问题适时开展专题评估。在本规划实施的中期阶段，省政府组织开展全面评估，中期评估报告提交省人大常委会审议。经中期评估需要对纲要进行修订时，报请省人大常委会批准。

第二章 强化规划协调管理

建立健全以国民经济和社会发展总体规划为统领，以主体功能区规划为基础，以专项规划、区域规划、城市规划和土地利用规划为支撑，形成各类规划定位清晰、功能互补、统一衔接的规划体系，健全责任明确、分类实施、有效监督的实施机制。

总体规划统领全省经济社会发展全局，是编制其他各类规划的依据。专项规划是本规划在特定领域的延伸和细化，主要明确特定领域的发展方向、发展目标、工作重点和政策措施。各设区市人民政府依据省级规划纲要，组织编制和实施本行政区的经济社会发展规划，既要确保省级规划在本行政区的落实，又要结合自身实际，突出特色。

切实加强各专项规划、市县规划与总体规划的衔接，市县规划要在约束性目标、空间功能定位和重大基础设施建设等方面与总体规划相衔接；专项规划要在发展目标、空间布局、重大项目建设等方面与总体规划相衔接。

切实加强总体规划与土地利用规划和城市规划之间的衔接配合，土地利用规划和城市规划以总体规划为依据，要将总体规划确定的目标、任务和要求进行具体落实，突出建设性、控制性，确保在总体要求上方向一致，在空间配置上相互协调，在时序安排上科学有序，不断提高规划的管理水平和实施成效。

加强年度计划与本规划的衔接，年度计划要逐年落实本规划提出的发展目标和重点任务，对约束性指标应当设置年度目标。年度计划报告要分析本规划的实施情况，特别是约束性指标的进展完成情况。

第三章 加强重大项目实施

突出重大项目对规划实施的支撑作用，抓好项目的研究、储备、论证、调度和建设，建立省、市、县三级项目库，实行动态管理、滚动推进。建立预算管理和投资管理协调统一、相互促进的联动机制，进一步完善以规划定项目、以项目定资金的长效机制，对规划所列的重大项目，特别是事关经济社会发展全局的重要基础设施、民生社会项目，政府要组织推动实施，在制定年度计划和财政预算时，落实建设资金，纳入财政预算；对有收益的公益性项目，要制定优惠政策，开展招商引资，采用多种融资方式吸纳社会资金参与建设；竞争性的产业项目，坚持以企业为主体，以市场为导向，政府提供服务。

“十二五”宏伟蓝图已经绘就，全省广大干部群众要更加紧密团结在以胡锦涛为总书记的党中央周围，高举中国特色社会主义伟大旗帜，在中共江西省委的正确领导下，把握新机遇，迎接新挑战，创造新业绩，全力推进鄱阳湖生态经济区建设，实现科学发展、进位赶超、绿色崛起。

江西省人民政府关于印发江西省城镇居民社会养老保险试点实施办法的通知

2011年7月25日

各市、县(区)人民政府，省政府各部门：

现将《江西省城镇居民社会养老保险试点实施办法》印发给你们，请认真贯彻执行。

江西省城镇居民社会养老保险试点实施办法

根据《国务院关于开展城镇居民社会养老保险试点的指导意见》(国发〔2011〕18 号)精神,结合我省实际,制定本办法。

一、基本原则

城镇居民养老保险工作要高举中国特色社会主义伟大旗帜,以邓小平理论和“三个代表”重要思想为指导,深入贯彻落实科学发展观,按照加快建立覆盖城乡居民的社会保障体系的要求,逐步解决城镇无养老保障居民的老有所养问题。城镇居民养老保险试点的基本原则是“保基本、广覆盖、有弹性、可持续”。一是从城镇居民的实际情况出发,低水平起步,筹资标准和待遇标准要与经济发展及各方面承受能力相适应;二是个人(家庭)和政府合理分担责任,权利与义务相对应;三是政府主导和居民自愿相结合,引导城镇居民普遍参保;四是城镇居民养老保险的基本原则和主要政策,由省人民政府根据中央方针确定,试点县(市、区)制定具体操作办法,城镇居民养老保险实行属地管理。

二、任务目标

建立个人缴费、政府补贴相结合的城镇居民养老保险制度,实行社会统筹和个人账户相结合,与家庭养老、社会救助、社会福利等其他社会保障政策相配套,保障城镇居民老年基本生活。2011 年 7 月 1 日启动试点工作,实施范围与新型农村社会养老保险(以下简称新农保)试点基本一致,2012 年基本实现城镇居民养老保险制度全覆盖。

三、参保范围

年满 16 周岁(不含在校学生)、不符合职工基本养老保险参保条件的城镇非从业居民,可以在户籍地自愿参加城镇居民养老保险。

四、基金筹集

城镇居民养老保险基金主要由个人缴费和政府补贴构成。

(一)个人缴费。参加城镇居民养老保险的城镇居民应当按规定缴纳养老保险费。缴费标准目前设为每人每年 100 元~1000 元 10 个档次(每百元为一档),试点县(市、区)人民政府可以根据实际情况增设缴费档次。参保人自主选择档次缴费,多缴多得。

(二)政府补贴。政府对符合待遇领取条件的参保人全额支付城镇居民养老保险基础养老金。其中,中央财政对我省按中央确定的 60 周岁以上人员月人均 55 元基础养老金标准给予全额补助。

省、县(市、区)财政对参保人缴费给予每人每年 30 元的基本补贴,所需资金由省、县(市、区)按比例分担。其中:西部政策延伸县,由省、县(市)财政按 8:2 负担;其他县(市、区),由省、县(市、区)财政按 6:4 负担。

对选择较高档次标准缴费的,可比照新农保办法给予适当鼓励。对参保人缴费的补贴标准从缴费 100 元补贴 30 元起步,每增加一个缴费档次多补贴 5 元(即缴费 200 元,财政补贴 35 元,缴费 300 元,财政补贴 40 元,依此类推,缴费 1000 元,财政补贴 75 元)。补贴标准原则上不超过 75 元。其中:对 200 元至 500 元档次的超基本补贴 30 元的缴费补贴所需资金全部由试点县(市、区)财政负担;对 600 元至 1000 元档次的超基本补贴 30 元的缴费补贴所需资金由省、县(市、区)财政按 2:8 负担。

(三)对城镇重度残疾人等缴费困难群体,各级人民政府为其代缴部分或全部最低标准的养老保险费。省、县(市、区)财政为城镇重度残疾人代缴最低标准的养老保险费每人每年 100 元,代缴资金由省、县(市、区)财政按比例分担;其中:西部政策延伸县由省、县(市)财政按 8:2 负担;其他县(市、区),由省、县(市、区)财政按 6:4 负担。

(四)从今年起,财政对新农保参保人缴费补贴 30 元和对农村重度残疾人代缴最低标准的养老保险费 100 元,省、县(市、区)财政负担比例比照上述城镇居民养老保险财政负担比例进行调整。

(五)鼓励其他经济组织、社会组织和个人为参保人缴费提供资助。

五、建立个人账户

县级经办机构为每个参保人员建立终身记录的养老保险个人账户。个人缴费、地方人民政府对参保人缴费补贴及其他来源的缴费资助,全部记入个人账户。个人账户储存额目前每年参考中国人民银行公布的金融机构人民币一年期存款利率计息。

六、养老金待遇

养老金待遇由基础养老金和个人账户养老金构成,支付终身。

目前基础养老金标准为每人每月 55 元。县(市、区)人民政府可以根据当地的实际情况提高基础养老金标准。

个人账户养老金的月计发标准为个人账户储存额除以 139(与现行职工基本养老保险及新农保个人账户养老金计发系数相同)。参保人死亡,个人账户中的资金余额(含政府补贴),可以依法继承。

七、养老金待遇领取条件

参加城镇居民养老保险的城镇居民,年满 60 周岁,可按月领取养老金。

城镇居民养老保险制度实施时,已年满 60 周岁,未享受职工基本养老保险待遇以及国家规定的其他养老待遇的，不用缴费，可按月领取基础养老金；距领取年龄不足15年的，应按年缴费，也允许补缴，累计缴费不超过15年；距领取年龄超过15年的，应按年缴费，累计缴费不少于15年。

为鼓励中青年城镇居民积极参保、长期缴费，对缴费年限超过15年的，在规定基础养老金的基础上，每超过一年，每月增加1元基础养老金。鼓励和引导城镇居民社会养老保险待遇领取人员的子女按规定参保缴费。

八、待遇调整

根据国家相关规定，结合我省实际，适时调整全省城镇居民养老保险基础养老金的最低标准。

九、基金管理

建立健全城镇居民养老保险基金财务会计制度。城镇居民养老保险基金财务管理参照新农保基金财务管理暂行办法执行。即：城镇居民养老保险基金纳入社会保障基金财政专户，实行收支两条线管理，单独记账、核算，按有关规定实现保值增值。试点阶段，城镇居民养老保险基金暂以试点县（市、区）为单位管理，实行预决算制度。县（市、区）级人力资源社会保障部门要会同同级财政部门编制城镇居民养老保险基金年度收支预算，报同级人民政府批准后执行，并将年度决算表报上级主管部门审核。随着试点扩大和推开，逐步提高管理层次。

十、基金监督

各级人力资源和社会保障部门要切实履行城镇居民养老保险基金的监管职责，制定完善城镇居民养老保险各项业务管理规章制度，规范业务程序，建立健全内控制度和基金稽核制度，对基金的筹集、上解、划拨、发放进行监控和定期检查，并定期披露城镇居民养老保险基金筹集和支付信息，做到公开透明，加强社会监督。财政、审计、监察部门按各自职责实施监督，严禁挤占挪用，确保基金安全。试点地区农保经办机构和居委会每年在社区范围内对城镇居民的待遇领取资格进行公示，接受群众监督。

十一、经办管理服务

开展城镇居民养老保险试点的县（市、区），要认真记录城镇居民参保缴费和领取待遇情况，建立参保档案，长期妥善保存；要建立全省统一的城镇居民和新型农村养老保险信息管理系统，与职工基本养老保险信息管理系统整合，纳入社会保障信息管理系统（“金保工程”）建设，并与其他公民信息管理系统实现信息资源共享；要大力推行社会保障卡，方便参保人持卡缴费、领取待遇和查询本人参保信息。试点地区要按照精简效能原则，建立健全统一的新型农村与城镇居民养老保险经办机构，加强经办能力建设。充实工作队伍，保障工作经费，确保基层有人办事、有钱办事。城镇居民养老保险工作经费纳入同级财政预算，不得从城镇居民养老保险基金中开支。

十二、相关制度衔接

已经开展新型农村养老保险试点的地方，城镇居民养老保险应与其合并实施。其他地方要抓紧建立健全城乡居民养老保险试点工作机构，为城乡居民养老保险制度全覆盖作好准备。要妥善做好城镇居民养老保险制度与职工基本养老保险、城镇居民最低生活保障、社会优抚等政策制度的配套衔接工作，具体办法按人力资源和社会保障部、财政部出台的规定执行。

十三、加强组织领导

省人民政府成立新型农村和城镇居民社会养老保险试点工作领导小组（以下简称试点工作领导小组）。试点工作领导小组统一领导、组织实施城镇居民养老保险试点工作，研究制定相关政策并督促检查政策的落实情况，总结评估试点工作，协调解决试点工作中出现的问题。试点工作领导小组办公室设在省人力资源和社会保障厅。

各级人民政府要充分认识开展城镇居民养老保险试点工作的重大意义，将其列入当地经济社会发展规划和年度目标管理考核体系，切实加强组织领导。各级人力资源和社会保障部门要切实履行城镇居民养老保险工作行政主管部门的职责，会同有关部门做好城镇居民养老保险的统筹规划、政策制定、统一管理、综合协调等工作。各市、县（区）也要成立试点工作领导小组，负责本地区试点工作。

十四、制定实施方案

各试点县（市、区）要在做好人口结构调查摸底和配套资金测算的基础上，制定切实可行的实施方案，报省试点工作领导小组批准后实施。

十五、做好舆论宣传工作

建立城镇居民养老保险制度是深入贯彻落实科学发展观、加快建设覆盖城乡居民社会保障体系的重大决策，是调整收入分配结构、扩大国内消费需求的重大举措，是统筹城乡发展、推进基本公共服务均等化的重要政策，是实现广大城镇居民老有所养，促进家庭和睦、社会和谐的重大民生工程。各地、各有关部门要坚持正确的舆论导向，加强对试点工作重要意义、基本原则和各项政策的宣传，使这项惠民政策深入人心，引导符合条件的城镇居民积极参保。同时，要弘扬中华民族敬老、养老的美德，引导子女依法履行赡养老人的义务。

各地要注意研究试点过程中出现的新情况、新问题，积极探索和总结解决问题的办法和经验，妥善处理改革、发展和稳定的关系，切实把好事办好。重要情况要及时向省试点工作领导小组报告。

江西省人民政府办公厅关于印发江西省2011年保障性安居工程建设工作方案的通知

2011年6月15日

各市、县(区)人民政府,省政府各部门:

《江西省2011年保障性安居工程建设工作方案》已经省政府同意,现印发给你们,请认真执行。

江西省2011年保障性安居工程建设工作方案

为加大保障性安居工程建设力度,确保完成2011年建设任务,根据国务院有关文件精神,结合我省实际,制定本工作方案。

一、明确目标任务

根据我省与国家签订的住房保障工作目标责任书要求,今年,全省保障性安居工程目标任务是:

(一)保障性住房和棚户区改造住房33.1万套。其中:

新增廉租住房6.5万套,新增发放租赁住房补贴1.1万户;

新增公共租赁住房5.06万套;

新建经济适用住房1万套;

城市棚户区改造9.4万户;

国有工矿棚户区改造0.8万户;

林业棚户区(危旧房)改造2万户;

垦区危房改造6万户;

煤矿棚户区改造1.24万户。

以上任务已分解到各市、县(详见附表)。

(二)农村危房改造任务按中央下达计划执行(第一批改造54667户,中央补助资金3.28亿元;第二批改造计划另行下达)。农村危房改造实施方案另行制定。

二、把握时间节点

(一)2011年4月底前,各市、县将本地保障性安居工程建设任务分解到项目,落实到地块,完成保障性安居工程建设的规划编制、建设计划和实施方案制定,并纳入市、县级国民经济和社会发展年度计划。

(二)2011年6月底前,各市、县严格按照相关规定完成各类保障性安居工程项目的规划设计和初步设计审查工作。棚户区改造项目同时要取得房屋征收决定(不含2011年1月21日以前已依法取得房屋拆迁许可证的项目)。

(三)2011年8月底前,各市、县完成保障性安居工程征收搬迁,取得《建设用地批准书》《建设用地规划许可证》《建设工程规划许可证》《建筑工程施工许可证》,全面开工建设。个别情况特殊、难度较大的项目,要逐级报告备案,最迟必须在9月底前开工建设。棚户区改造项目同时还要完成征收补偿协议签订。

(四)2011年12月底前,全省保障性安居工程基本建成50%以上。

(五)2012年6月底前,项目主体工程全部完工。9月底前,完成配套设施建设。12月底前,完成项目竣工验收,形成入住条件。

三、积极筹措资金

(一)中央补助资金。

2011年新建廉租住房中央投资补助资金标准:中部地区400元/平方米,比照西部政策的县500元/平方米。国有林场危旧房改造10000元/户,国有垦区危旧房改造7500元/户。中央对公共租赁住房、城市棚户区、国有工矿棚户区和中央下放煤矿棚户区改造将继续给予一定资金补助。

(二)省级配套资金。

省财政对新建廉租住房和公共租赁住房建设安排专项资金12.49亿元,其中新建廉租住房配套补助资金标准为200元/平方米。安排国有林场危旧房改造专项资金2亿元。按照每户5000元的标准安排农村危房改造地方配套资金,省与县(市、区)按照6:4负担(其中省与西部政策延伸县按照8:2负担)。按照2010年补助标准安排城市棚户区改造配套经费。

(三)地方自筹资金。

1. 土地出让净收益不低于10%、住房公积金增值净收益全部用于廉租住房、公共租赁住房建设和城市棚户区改造。

2. 市、县财政预算内安排。

3. 从国债转贷地方资金中安排新建廉租住房配套经费:南昌市中心城区200元/平方米,其他设区市中心城区150元/平方米,县(市)100元/平方米。

4. 通过银行贷款、发行债券、引导社会资金参与等方式融资。

（四）资金拨付。

省财政在5月底之前将中央和省保障性安居工程补助资金及时下达市、县。新建廉租住房在4月中旬前取得《建设用地批准书》《建设用地规划许可证》《建设工程规划许可证》《建筑工程施工许可证》的，先行下达投资计划和拨付资金。城市棚户区改造项目纳入市或县级国民经济和社会发展年度计划，实施方案经当地政府批准后，先拨付50%的省财政补助资金，其余50%待安置房建设项目取得“三证一书”和征收补偿款发放完成后再予拨付。

各地要加强资金的监督检查，保障资金安全，确保资金专款专用，防止资金截留、挤占、挪用。

四、确保建设用地

各设区市在土地供应计划中要优先安排保障性安居工程用地，对需要新增建设用地的保障性安居工程实行计划指标单列，做到应保尽保。各市、县政府应尽量将已完成拆迁的净地和地段较好的地块用于保障性安居工程建设。各市、县上报的保障性安居工程项目用地参照省重大项目有关制度执行。

五、落实政策措施

（一）继续贯彻《关于印发江西省加快廉租住房建设实施方案的通知》（赣府厅字〔2009〕24号）、《关于加快我省城市棚户区（危旧住宅区）改造的实施意见（试行）》（赣府厅发〔2010〕20号）、《关于印发学习贯彻国发〔2010〕10号文件省政府专题会议纪要的通知》（赣府厅字〔2010〕70号）规定的优惠措施。

（二）认真落实税费优惠政策。按现行政策规定对廉租住房、公共租赁住房、经济适用住房、棚户区改造安置住房的建设、买卖、经营等环节涉及的城镇土地使用税、土地增值税、契税、印花税、营业税、房产税等予以减免，免收城市基础设施配套费等各种行政事业性收费和政府性基金。

（三）城市棚户区改造项目供配电设施工程建设费按赣府厅字〔2010〕70号文件规定执行。

保障性住房供配电设施工程建设费在新的收费标准出台之前，按省发改委《关于保障性住房供配电设施工程建设费有关问题的通知》（赣发改商价字〔2011〕650号）执行。

六、严格督查考核

督查考核实行分工负责制。省住房城乡建设厅牵头会同有关部门负责对设区市中心城区项目考核验收，并抽查部分县（市）。设区市负责对县（市）项目验收。督查考核采取资料报备和现场督查相结合的方式进行。

（一）2011年8月，省住房城乡建设厅对各设区市中心城区保障性住房建设项目《建设用地批准书》或《土地使用权证》《建设用地规划许可证》《建设工程规划许可证》《建筑工程施工许可证》进行核验。各设区市应在8月底前将本市中心城区项目资料送省住房城乡建设厅核验。县（市）项目资料由设区市核验后，一并报省住房城乡建设厅备案。

城市和国有工矿棚户区改造报送资料：市、县国民经济和社会发展年度计划、项目实施方案、修建性详细规划、征收补偿安置方案、征收决定、已签订的征收补偿协议、被征收房屋基本情况明细表、组织实施房屋征收影像资料，以及安置房建设项目《建设用地批准书》或《土地使用权证》《建设用地规划许可证》《建设工程规划许可证》《建筑工程施工许可证》等资料。

（二）2011年9月，省住房和城乡建设厅对2011年新建项目开工情况、2010年新建保障性住房项目主体完工情况及城市和国有工矿棚户区改造安置住房项目竣工情况进行考核验收。

（三）2012年1月，省住房和城乡建设厅会同有关部门对2011年新建保障性住房项目建设进展情况和2010年新建保障性住房项目竣工情况进行考核验收。

（四）林区、垦区、煤矿棚户区改造工程进度要与全省保障性住房建设同步推进。省林业厅、省农业厅、省发改委按上述时间节点要求组织考核验收。

（五）严把工程质量安全关。各地要严格执行基本建设程序，落实项目法人责任制、招标投标制、合同管理制、工程监理制，确保保障性安居工程建设项目程序规范、质量优良、管理有效、生产安全。有关部门要加强对建材产品质量专项检查，坚决杜绝假冒伪劣产品进入保障性安居工程建设工地。2011年，省住房和城乡建设厅要组织二次保障性安居工程质量安全大检查。

省财政今年继续安排8000万元奖励资金，对城市和国有工矿棚户区改造、廉租住房建设、经济适用住房建设质量、安全、进度、资金管理等方面达到规定要求的市、县给予奖励。

七、加强组织领导

保障性安居工程建设实行省级人民政府负总责、城市人民政府抓落实的工作责任制，市、县政府主要领导是本地区的第一责任人。省人民政府与各设区市人民政府签订目标责任书，各设区市人民政府与县（市）人民政府签订目标责任书。对未完成目标任务的市、县，实行约谈和考核问责机制。

省促进房地产市场平稳健康发展和保障性住房建设领导小组要继续发挥统筹规划、组织协调的作用。各相关部门要加强协调，密切配合，按照本方案规定的时间进度要求，落实好本部门的相关工作。住房城乡建设部门要做好牵头协调工作，并实施、督导保障性住房建设、城市和国有工矿棚户区改造、农村危房改造工作；发改部门要抓好建设计划编制下达和项目初步设计审查工作，并具体负责中央下放地方煤矿棚户区改造工作；财政部门要抓紧落实与下达建设资金，并做好资金监管工作；国土部门要做好土地供应工作；林业、农业部门分别具体负责林区棚户区改造和垦区危房改造工作；金融、税务、审计、监察、民政、统计等部门要根据各自职能做好相关工作，提供优质高效服务。各级发改、国土、住房城乡建设、环保、消防、人防、交警、气象、卫生等有关部门要建立保障性安居工程建设项目绿色审批通道，缩短审批时限，提高审批效率。对手续齐备、符合要求的项目，必须在5个工作日内完成审批，土地审批必须在11个工作日内完成。

附表1.2011年全省保障性住房和国有工矿棚户区改造任务分解表

附表2.2011年全省城市棚户区（危旧住宅区）改造任务分解表

附表3.2011年国有林场危旧房改造任务分解表

附表4.2011年国有垦区危房改造任务分解表

附表5.2011年中央下放煤矿棚户区任务分解表

附表1

2011年全省保障性住房和国有工矿棚户区改造任务分解表

序号	设区市	新增廉租住房（套）	其中		经济适用住房（套）	公共租赁住房（套/间）	租赁补贴	国有工矿棚户区（户）
			新建（套）	其他筹集方式（套）				
	合计	**65000**	**59280**	**5720**	**10000**	**50600**	**140000**	**8000**
一	**南昌**	**6758**	**3958**	**2800**	**1360**	**3253**	**17500**	**0**
1	中心城区	4770	3358	1412	1360	3253	11760	
2	南昌县	710	500	210	0	0	1907	
3	新建县	710	0	710	0	0	1866	
4	安义县	284	0	284	0	0	1238	
5	进贤县	284	100	184	0	0	729	
二	**九江**	**9868**	**8768**	**1100**	**735**	**17212**	**13500**	**0**
6	中心城区	3500	2500	1000	735	13500	5714	
7	九江县	100	100	0	0	0	383	
8	瑞昌市	200	100	100	0	200	369	
9	武宁县	1008	1008	0	0	200	839	
10	修水县	700	700	0	0	1430	830	
11	永修县	160	160	0	0	179	1539	
12	德安县	1000	1000	0	0	100	622	
13	星子县	200	200	0	0	203	324	
14	都昌县	600	600	0	0	1000	1596	
15	湖口县	1500	1500	0	0	200	719	
16	彭泽县	300	300	0	0	200	489	
17	共青城市	600	600	0	0	0	76	
18	庐山管理局	0	0	0	0	0	0	
三	**景德镇**	**2840**	**2441**	**399**	**370**	**400**	**9000**	**0**
19	中心城区	2100	2100	0	170	300	6500	
20	乐平市	400	101	299	200	100	1500	
21	浮梁县	340	240	100	0	0	1000	
四	**萍乡**	**4422**	**4163**	**259**	**235**	**1044**	**11000**	**0**
22	中心城区	3000	3000	0	235	900	8964	

续表

序号	设区市	新增廉租住房（套）	其中		经济适用住房（套）	公共租赁住房（套/间）	租赁补贴	国有工矿棚户区（户）
			新建（套）	其他筹集方式（套）				
23	莲花县	453	453	0	0	48	508	
24	上栗县	610	610	0	0	48	260	
25	芦溪县	359	100	259	0	48	1268	
五	**新余**	**2020**	**2020**	**0**	**265**	**224**	**4800**	**284**
26	中心城区	1620	1620	0	145	200	3421	
27	分宜县	400	400	0	120	24	1379	
六	**鹰潭**	**1000**	**1000**	**0**	**1200**	**2362**	**4700**	**378**
28	中心城区	0	0	0	1200	1400	3012	
29	贵溪市	1000	1000	0	0	500	784	
30	余江县	0	0	0	0	462	904	
七	**赣州**	**13517**	**13517**	**0**	**2558**	**21351**	**19000**	**3720**
31	中心城区	4000	4000	0	0	13000	6971	
32	赣县	500	500	0	0	800	646	
33	南康市	500	500	0	1252	851	466	
34	信丰县	273	273	0	0	850	457	
35	大余县	100	100	0	0	300	428	
36	上犹县	1100	1100	0	0	300	160	
37	崇义县	200	200	0	96	200	341	
38	安远县	300	300	0	0	300	882	
39	龙南县	2000	2000	0	760	300	503	
40	定南县	500	500	0	0	200	611	
41	全南县	240	240	0	0	200	575	
42	兴国县	620	620	0	0	800	512	
43	宁都县	1100	1100	0	0	850	2419	
44	于都县	600	600	0	0	900	1225	
45	瑞金市	584	584	0	450	600	893	
46	会昌县	400	400	0	0	300	989	
47	寻乌县	300	300	0	0	300	295	
48	石城县	200	200	0	0	300	627	
八	**宜春**	**7005**	**5843**	**1162**	**740**	**1280**	**21000**	**0**
49	中心城区	1500	1500	0	188	1000	4200	
50	樟树市	500	500	0	120	0	1800	
51	丰城市	1500	338	1162	120	50	4300	
52	靖安县	105	105	0	48	0	1000	
53	奉新县	800	800	0	48	60	2100	

续表

序号	设区市	新增廉租住房（套）	其中		经济适用住房（套）	公共租赁住房（套/间）	租赁补贴	国有工矿棚户区（户）
			新建（套）	其他筹集方式（套）				
54	高安市	500	500	0	120	120	1800	
55	上高县	300	300	0	48	0	1100	
56	铜鼓县	400	400	0	0	0	1000	
57	宜丰县	500	500	0	0	0	1700	
58	万载县	900	900	0	48	50	2000	
九	**上饶**	**3626**	**3626**	**0**	**745**	**1554**	**15000**	**850**
59	中心城区	1008	1008	0	645	1329	3706	
60	上饶县	0	0	0	0	0	60	
61	广丰县	30	30	0	0	0	1042	
62	玉山县	100	100	0	0	0	841	
63	横峰县	188	188	0	0	0	526	
64	弋阳县	110	110	0	0	25	515	
65	德兴市	142	142	0	100	0	900	
66	婺源县	500	500	0	0	100	700	
67	铅山县	192	192	0	0	0	810	
68	万年县	376	376	0	0	100	1036	
69	余干县	180	180	0	0	0	1200	
70	鄱阳县	800	800	0	0	0	3664	
十	**吉安**	**8554**	**8554**	**0**	**978**	**650**	**10000**	**264**
71	中心城区	1800	1800	0	700	400	5275	
72	井冈山市	300	300	0	60	0	372	
73	吉安县	800	800	0	0	100	341	
74	新干县	1800	1800	0	20	0	616	
75	永丰县	500	500	0	20	50	343	
76	峡江县	200	200	0	0	0	493	
77	吉水县	400	400	0	24	0	853	
78	泰和县	600	600	0	60	0	350	
79	万安县	420	420	0	40	100	243	
80	遂川县	534	534	0	30	0	498	
81	安福县	700	700	0	0	0	375	
82	永新县	500	500	0	24	0	241	
十一	**抚州**	**5390**	**5390**	**0**	**814**	**1270**	**14500**	**2504**
83	中心城区	1600	1600	582	700	4719		
84	南城县	300	300	0	0	180	894	
85	黎川县	400	400	0	0	140	1223	

续表

序号	设区市	新增廉租住房(套)	其中		经济适用住房(套)	公共租赁住房(套/间)	租赁补贴	国有工矿棚户区(户)
			新建(套)	其他筹集方式(套)				
86	南丰县	500	500	0	84	50	462	
87	崇仁县	350	350	0	0	200	833	
88	乐安县	282	282	0	40	0	724	
89	宜黄县	296	296	0	0	0	801	
90	金溪县	262	262	0	0	0	763	
91	资溪县	248	248	0	0	0	633	
92	广昌县	400	400	0	108	0	1145	
93	东乡县	752	752	0	0	0	2303	

附表2

2011年全省城市棚户区(危旧住宅区)改造任务分解表

市、县	危旧房总建筑面积(万平方米)	危旧房总户数(户)	总人数(人)
全省合计	**766.15**	**94000**	**314761**
中心城区合计	**481.5**	**59479**	**187625**
县(市)合计	**284.65**	**34521**	**127136**
南昌市	**259.91**	**29328**	**87984**
中心城区	**208.75**	**24279**	**72837**
南昌县	14.99	1602	4806
进贤县	12.29	1385	4155
新建县	15.34	1434	4302
安义县	8.54	628	1884
九江市	**106.38**	**10395**	**36062**
中心城区	**69.67**	**5757**	**21153**
瑞昌市	2.96	360	1280
九江县	1.4	135	411
武宁县	5.9	620	1860
修水县	4.26	536	1780
永修县	7.09	1293	3879
德安县	1.86	156	483
星子县	4.5	240	960
都昌县	2	218	741
湖口县	1.8	183	603
彭泽县	3.74	497	1512
庐山管理局	0	0	0

续表

市、县	危旧房总建筑面积（万平方米）	危旧房总户数（户）	总人数（人）
共青城市	1.2	400	1400
景德镇市	**16.12**	**4187**	**11502**
中心城区	**9**	**2848**	**7550**
乐平市	6.12	1029	3022
浮梁县	1	310	930
萍乡市	**17.74**	**2470**	**9485**
中心城区	**10.8**	**1558**	**5832**
上栗县	6.28	709	3140
芦溪县	0.14	19	74
莲花县	0.52	184	439
新余市	**21.08**	**2428**	**6280**
中心城区	**21.08**	**2428**	**6280**
鹰潭市	**11.4**	**2076**	**6198**
中心城区	**7.01**	**1166**	**3498**
贵溪市	2.59	650	1940
余江县	1.8	260	760
赣州市	**126.42**	**16811**	**64006**
中心城区	**70.25**	**11086**	**37328**
瑞金市	1.16	61	283
龙南县	9	472	1840
信丰县	4.346	216	756
上犹县	4.934	605	2117
兴国县	0.545	32	170
全南县	5.567	706	5683
石城县	8	850	4400
定南县	2.14	448	2013
大余县	2.83	524	2149
宁都县	2.2	108	540
崇义县	4.77	373	1696
于都县	0.892	132	590
赣　县	3.09	379	1329
安远县	3.1	248	920
南康市	1.196	184	644
会昌县	2.4	387	1548
宜春市	**50.81**	**6354**	**21484**

续表

市、县	危旧房总建筑面积（万平方米）	危旧房总户数（户）	总人数（人）
中心城区	**17.9**	**2330**	**6894**
樟树市	6	830	2530
丰城市	3.92	496	2080
高安市	6.98	432	1728
靖安县	1.38	98	352
上高县	3.31	729	1965
宜丰县	2.95	45	739
铜鼓县	3.08	385	1348
万载县	5.29	1009	3848
上饶市	**66.59**	**6310**	**22300**
中心城区	**26.02**	**1818**	**6215**
德兴市	2.36	277	765
广丰县	14.89	1099	1416
玉山县	0.36	73	329
婺源县	3.94	378	1634
鄱阳县	6.05	507	1854
余干县	6.72	825	3795
万年县	0.9	185	830
弋阳县	3	742	2897
横峰县	0.35	20	20
铅山县	2	386	2545
吉安市	**49.41**	**7959**	**27570**
中心城市	**28**	**4462**	**15545**
井冈山市	1.3	100	250
吉安县	2.3	341	1364
新干县	6.63	1197	5926
永丰县	0.15	50	182
吉水县	4.27	170	414
泰和县	2.37	560	1039
万安县	1.2	120	400
遂川县	0	0	0
安福县	0.73	284	325
永新县	2.46	675	2125
抚州市	**40.29**	**5682**	**21890**
中心城区	**13.02**	**1747**	**4493**

续表

市、县	危旧房总建筑面积（万平方米）	危旧房总户数（户）	总人数（人）
南城县	10	1100	4950
黎川县	3. 52	704	2112
南丰县	2. 1	420	1470
崇仁县	2	289	1050
乐安县	2. 58	199	706
宜黄县	1	206	639
金溪县	3	123	615
资溪县	0. 6	150	600
广昌县	0. 33	36	106
东乡县	2. 14	708	5149

附表 3

2011 年国有林场危旧房改造任务分解表

序号	县（市、区）	改造规模		其　中					
				原址重建		异地新建		维修加固	
		户数	金额	户数	金额	户数	金额	户数	金额
全省合计		**20000**	**171698**	**5247**	**39911**	**12764**	**126278**	**1989**	**5509**
一	**南昌市**	**668**	**6337**	**430**	**3870**	**228**	**2435**	**10**	**32**
	市直	6	64			6	64		
	南昌县	222	2371				222	2371	
	进贤县	430	3870	430	3870				
	湾里区	10	32					10	32
二	**九江市**	**1986**	**14273**	**583**	**3893**	**955**	**9087**	**448**	**1292**
	九江县	61	305	61	305				
	瑞昌市	20	110	20	110				
	武宁县	113	620	56	326	35	228	22	66
	修水县	700	3419	274	2192			426	1227
	永修县	413	4460			413	4460		
	德安县	239	2394			239	2394		
	星子县	327	1816	146	730	181	1086		
	湖口县	87	919			87	919		
	都昌县	26	230	26	230				
三	**景德镇市**	**500**	**4800**			**500**	**4800**		
	市直	500	4800			500	4800		
四	**萍乡市**	**587**	**5495**	**77**	**648**	**484**	**4786**	**26**	**79**
	莲花县	283	2717			283	2717		

续表

序号	县(市、区)	改造规模		其中					
				原址重建		异地新建		维修加固	
		户数	金额	户数	金额	户数	金额	户数	金额
	湘东区	165	1378	45	360	100	960	20	58
	芦溪县	139	1400	32	288	101	1091	6	22
五	**新余市**	**574**	**5059**	**263**	**2367**	**251**	**2519**	**60**	**173**
	市直	40	240			40	240		
	分宜县	344	2767	263	2367	21	227	60	173
	渝水区	100	1080			100	1080		
	仙女湖区	90	972			90	972		
六	**鹰潭市**	**1218**	**9054**	**508**	**4112**	**594**	**4606**	**116**	**336**
	贵溪市	741	5514	318	2982	367	2351	56	181
	余江县	297	1639	190	1130	47	354	60	155
	龙虎山管委会	180	1901			180	1901		
七	**赣州市**	**1737**	**12955**	**777**	**5319**	**958**	**7630**	**2**	**6**
	赣　县	127	1237	23	157	102	1074	2	6
	信丰县	210	1496	22	144	188	1352		
	崇义县	24	211	12	96	12	115		
	定南县	30	240	30	240				
	全南县	457	3524	225	1575	232	1949		
	宁都县	126	775	126	775				
	于都县	56	441	56	441				
	兴国县	92	507	45	225	47	282		
	瑞金市	145	870			145	870		
	会昌县	470	3653	238	1666	232	1987		
八	**宜春市**	**2349**	**20653**	**409**	**2731**	**1715**	**17382**	**225**	**540**
	袁州区	391	3759	80	640	311	3119		
	樟树市	25	210	10	100	10	96	5	14
	丰城市	60	648			60	648		
	奉新县	222	1120	212	1060	10	60		
	高安市	100	900			100	900		
	铜鼓县	362	1802	28	220	114	1056	220	526
	宜丰县	7	63	7	63				
	万载县	432	4660	3	27	429	4633		
	明月山风景区	750	7491	69	621	681	6870		
九	**上饶市**	**2629**	**20000**	**869**	**7383**	**1007**	**10555**	**753**	**2062**
	上饶县	255	2087	214	1712	38	365	3	10

续表

序号	县(市、区)	改造规模		其　中					
		户数	金额	原址重建		异地新建		维修加固	
				户数	金额	户数	金额	户数	金额
	广丰县	708	7506	78	702	630	6804		
	弋阳县	899	5653	305	2855	144	1502	450	1296
	婺源县	340	1188			40	432	300	756
	铅山县	300	2560	200	1600	100	960		
	万年县	18	140	8	56	10	84		
	鄱阳县	95	715	59	413	36	302		
	三清山管委会	14	151	5	45	9	106		
十	**吉安市**	**5695**	**58268**	**428**	**3392**	**5219**	**54738**	**48**	**138**
	市直	50	400	50	400				
	青原区	124	896	64	320	60	576		
	井冈山市	800	8476	91	819	709	7657		
	吉安县	603	6512			603	6512		
	吉水县	32	278			32	278		
	永丰县	740	7992			740	7992		
	新干县	468	5054			468	5054		
	峡江县	310	3348			310	3348		
	遂川县	944	10195			944	10195		
	安福县	962	8941	51	464	871	8362	40	115
	泰和县	124	1272	8	77	108	1172	8	23
	万安县	150	1440			150	1440		
	永新县	388	3462	164	1312	224	2150		
十一	**抚州市**	**2057**	**14805**	**903**	**6196**	**853**	**7759**	**301**	**851**
	临川区	50	384	50	384				
	资溪县	591	3690	160	1230	160	1680	271	780
	金溪县	84	811	18	144	66	667		
	南丰县	29	146			21	126	8	20
	南城县	548	4210	328	2290	220	1920		
	乐安县	266	1404	192	960	74	444		
	黎川县	17	55	7	35			10	20
	崇仁县	472	4105	148	1153	312	2922	12	30

附表 4

2011 年国有垦区危房改造任务分解表

序号	项目名称	所属县(市、区)	2011 计划改造危房户数(户)	备注
	合计		**60000**	
一	南昌市		**14648**	
1	五星垦殖场	南昌县	4764	其中蚕茶所 200 户、养蜂所 350 户
2	新丰垦殖场	新建县	1400	
3	璜溪垦殖场		560	
4	桑海垦殖场		2047	
5	恒湖垦殖场		2625	
6	铁河垦殖场		873	
7	七里岗垦殖场		466	
8	北郊林场			
9	五里垦殖场	进贤县	817	其中红壤所 397 户
10	长山垦殖场			
11	茅岗垦殖场			
12	捉牛岗垦殖场			
13	万埠垦殖场	安义县	500	
14	峤岭垦殖场			
15	梅岭垦殖场	湾里区	110	
14	太平垦殖场		136	
17	扬子洲农场	青山湖区	350	其中水产所 110 户
二	九江市		**15650**	
1	新洲垦殖场	九江县	77	
2	赛湖垦殖场	瑞昌市	268	
3	三都垦殖场	修水县	650	比照西部政策县
4	云山垦殖场	永修县	4880	
5	恒丰垦殖场		2989	
6	八角岭垦殖场		74	
7	永丰垦殖场		411	
8	永修羽绒厂		160	
9	江西省通用技术工程学校		235	
10	上十岭垦殖场	彭泽县	300	
11	芙蓉垦殖场		1000	
12	庐山垦殖场	庐山管理局	1000	
13	共青垦殖场	共青城市	1164	

续表

序号	项目名称	所属县(市、区)	2011 计划改造危房户数(户)	备　　注
13	五厂	经济技术开发区	150	
14	茅山头垦殖场		1100	
15	赛城湖垦殖场		1192	其中棉花所 246 户
三	**景德镇市**		**2537**	
1	梅岩垦殖场	乐平市	612	比照西部政策县
2	历居山垦殖场		288	比照西部政策县
3	红岩垦殖场		276	比照西部政策县
4	文山垦殖场		100	比照西部政策县
5	十里岗垦殖场			
6	科山垦殖场			
7	凤凰山垦殖场			
8	大岭垦殖场	浮梁县	190	
9	九龙垦殖场		200	
10	万寿山垦殖场			
11	庄湾垦殖场			
12	罗家垦殖场		240	
13	荷塘垦殖场	昌江区	200	
14	西郊垦殖场		431	
四	**萍乡市**		**2121**	
1	五陂下垦殖场	安源区	200	
2	广寒寨垦殖场	芦溪县	535	
3	万龙山垦殖场	湘东区	535	
4	鸡冠山垦殖场	上栗县	447	
5	海潭垦殖场	莲花县	560	比照西部政策县
五	**新余市**		**1429**	
1	介桥垦殖场	分宜县	320	
2	九龙山垦殖场	渝水区	949	
3	南英垦殖场		160	
六	**鹰潭市**		**1596**	
1	河潭埠垦殖场	贵溪市	58	
2	青年垦殖场	余江县	400	
3	刘家站垦殖场		1138	其中邓家埠 438 户
4	红专垦殖场	月湖区		
七	**赣州市**		**530**	
1	安基山垦殖场	龙南县	95	
2	九连山垦殖场			

续表

序号	项目名称	所属县(市、区)	2011计划改造危房户数(户)	备注
3	茅山垦殖场	全南县	110	
4	长城企业集团		205	
5	琳池垦殖场	宁都县	120	比照西部政策县
6	小布垦殖场			比照西部政策县
7	日东垦殖场	瑞金县		比照西部政策县
8	高云山垦殖场	安远县		比照西部政策县
9	金盆山垦殖场	信丰县		
10	油山垦殖场			
11	桂竹帽垦殖场	寻乌县		比照西部政策县
12	凤凰崇垦殖场	会昌县		比照西部政策县
八	**宜春市**		**5562**	
1	油茶林场	袁州区	450	
2	阁山垦殖场	樟树市	1452	其中双金900户
3	雷公尖垦殖场	靖安县	300	
4	东风垦殖场	奉新县	600	
5	干洲垦殖场		200	
6	华林垦殖场	高安市	100	
7	相城垦殖场		300	
8	墨山垦殖场	上高县	500	
9	石花尖垦殖场	宜丰县	850	
10	黄岗山垦殖场		700	
11	九龙垦殖场		比照西部政策县	
九	**上饶市**		**9415**	
1	五府山垦殖场	上饶县		比照西部政策县
2	华坛山垦殖场			比照西部政策县
3	高泉垦殖场			比照西部政策县
4	铜钹山垦殖场	广丰县	100	
5	鹤山垦殖场		200	
6	五峰山垦殖场			
7	怀玉山垦殖场	玉山县	363	
8	大垄垦殖场			
9	红桥垦殖场	横峰县	130	比照西部政策县
10	山黄垦殖场			比照西部政策县
11	上坑源垦殖场			比照西部政策县

续表

序号	项目名称	所属县(市、区)	2011计划改造危房户数(户)	备 注
12	花亭垦殖场	弋阳县	390	比照西部政策县
13	旭光垦殖场		102	比照西部政策县
14	旗山垦殖场		110	比照西部政策县
15	三县岭垦殖场			比照西部政策县
16	磨盘山垦殖场			比照西部政策县
17	大茅山垦殖场	德兴市	545	比照西部政策县
18	银山垦殖场			比照西部政策县
19	福泉山垦殖场			比照西部政策县
20	新岗山垦殖场			比照西部政策县
21	鄣公山垦殖场	婺源县		
22	珍珠山垦殖场		521	
23	武夷山垦殖场	铅山县	110	
24	永平垦殖场		568	
25	汪二垦殖场		60	
26	太源垦殖场			
27	天柱山垦殖场			
28	梨树坞垦殖场	万年县	260	比照西部政策县
29	五里长山垦殖场		83	比照西部政策县
30	马家垦殖场		62	比照西部政策县
31	盘岭垦殖场			比照西部政策县
32	山家寨垦殖场			比照西部政策县
33	康山垦殖场	余干县	300	比照西部政策县
34	信丰垦殖场		300	比照西部政策县
35	禾斛岭垦殖场		200	比照西部政策县
36	高家岭垦殖场	鄱阳县	1050	比照西部政策县
37	鸦鹊湖垦殖场		90	比照西部政策县
38	莳山垦殖场		1200	比照西部政策县
39	莲花山垦殖场		128	比照西部政策县
40	饶丰垦殖场		2300	比照西部政策县
41	乐丰垦殖场		210	比照西部政策县
42	游击垦殖场	三清山管委会	33	
十	**吉安市**		**3354**	
1	禾埠垦殖场	吉州区	78	
2	红卫垦殖场			
3	东固垦殖场	青原区	225	

续表

序号	项目名称	所属县(市、区)	2011 计划改造危房户数(户)	备　注
4	井冈山企业集团	井冈山市	83	比照西部政策县
5	白石垦殖场		645	比照西部政策县
6	九龙垦殖场	吉安县	193	比照西部政策县
7	洋峰垦殖场	新干县	602	比照西部政策县
8	罗铺垦殖场	永丰县	150	比照西部政策县
9	李山垦殖场		162	比照西部政策县
10	金坪华侨农场	峡江县	200	比照西部政策县
11	白水垦殖场	吉水县	150	比照西部政策县
12	泰和垦殖场	泰和县	200	比照西部政策县
13	武山垦殖场		200	比照西部政策县
14	横龙垦殖场	安福县	200	比照西部政策县
15	永新垦殖场	永新县	88	比照西部政策县
16	麻源垦殖场	万安县	178	比照西部政策县
十一	**抚州市**		**3158**	
1	德胜关垦殖场	黎川县	150	比照西部政策县
2	华山垦殖场		113	比照西部政策县
3	长红垦殖场	南丰县	146	比照西部政策县
4	罗山垦殖场	崇仁县	150	
5	左港垦殖场		104	
6	石桥垦殖场		240	
7	翠雷山垦殖场	广昌县	54	比照西部政策县
8	红星企业集团	东乡县	370	
9	红光垦殖场		1551	
10	红亮垦殖场		96	
11	虎形山垦殖场		184	
12	荣山垦殖场	临川区		
13	七里岗垦殖场			
14	大马头垦殖场	乐安县		比照西部政策县
15	沟树垦殖场	金溪县		
16	黄柏岭垦殖场	宜黄县		比照西部政策县
17	青年垦殖场			比照西部政策县

附表5

2011 年中央下放煤矿棚户区任务分解表

单位:套(户)

项　目　名　称	2011 年安置户数
合　计	**12416**
萍乡市中央下放煤矿棚户改造项目	5100
景德镇市中央下放煤矿棚户改造项目	2371
丰城矿区中央下放煤矿棚户改造项目	4945

统计资料

本栏编辑 李目宏 詹跃华

国民经济和社会发展主要指标与发展速度

指　标	2010 年	2011 年	2011 年比 2010 年增长(%)
人口(万人)			
年末总人口	4462.25	4488.44	0.6
#男性人口	2303.16	2313.38	0.4
女性人口	2159.08	2175.06	0.7
#城镇人口	1966.07	2051.22	4.3
乡村人口	2496.18	2437.22	-2.4
就业(万人)			
年末社会就业人数	2498.8	2532.6	1.4
#职工人数	279.6	311.3	11.3
年末城镇登记失业人数	26.26	24.64	-6.2
地区生产总值(亿元)	9451.26	11702.82	12.5
第一产业	1206.98	1391.07	4.2
第二产业	5122.88	6390.55	15.2
第三产业	3121.40	3921.20	11.1
人均生产总值(元)	21253	26150	11.8
固定资产投资(亿元)			
全社会固定资产投资总额	8772.27	9087.60	26.8
#房地产开发投资	706.82	867.03	22.7
新增固定资产	4739.38	6515.62	37.5
财政(亿元)			
财政总收入	1226.24	1645.00	34.2
地方财政收入	778.09	1053.43	35.4
财政支出	1923.26	2534.60	31.8
能源生产与消费(万吨标准煤)			
能源生产总量	2204.40	2581.40	17.1
能源消费总量	6248.45	6928.17	10.9
价格指数(上年=100)			
居民消费价格指数	103.0	105.2	5.2
商品零售价格指数	102.7	104.8	4.8
工业品出厂价格指数	115.3	111.3	11.3
工业生产者购进价格指数	111.8	112.4	12.4
固定资产投资价格指数	104.8	108.4	8.4
人民生活			
在岗职工年平均工资(元)	29092	34055	17.1
城镇住户人均年可支配收入(元)	15481.12	17494.87	13.0
农村住户人均年纯收入(元)	5788.56	6891.63	19.1
城乡居民储蓄存款年末余额(亿元)	6113.24	7123.53	16.5
城镇住户人均住宅建筑面积(平方米)	38.88	39.39	1.3
农村居民人均住房面积(平方米)	40.26	46.82	16.3

续表1

指　标	2010年	2011年	2011年比2010年增长(%)
城市建设、环境保护			
人工煤气供气量(万立方米)	58208	49641	-14.7
液化石油气供气量(吨)	188847	194329	2.9
道路长度(千米)	5742	6086	6.0
排水管道长度(千米)	7340	8580	16.9
公共车辆(汽、电车)运营数(辆)	7048	9144	29.7
绿化覆盖面积(公顷)	48924	49308	0.8
工业用水重复利用率(%)	76.83	76.95	
一般工业固体废物综合利用量(万吨)	4379.14	6304.66	44.0
一般工业固体废物综合利用率(%)	46.54	55.27	
农业			
农业总产值(亿元)	1900.58	2207.27	4.2
主要农产品产量			
粮食(万吨)	1954.70	2052.79	5.0
棉花(万吨)	13.08	14.29	9.2
油料折油(万吨)	36.47	37.24	2.1
油料(万吨)	107.57	113.6	5.6
黄红麻(万吨)	0.11	0.10	-12.0
烟叶(万吨)	3.76	4.55	21.1
茶叶(吨)	29808	35039	17.5
蚕茧(吨)	7550	7230	-4.2
甘蔗(万吨)	59.10	62.85	6.3
水果(万吨)	297.13	387.65	30.5
肉类总产量(万吨)	308.20	316.75	2.8
水产品(万吨)	215.34	222.81	3.5
生猪年末存栏(万头)	1756.33	1827.51	4.1
生猪当年出栏(万头)	2897.54	2961.54	2.2
工业			
主要工业产品产量			
化学纤维(万吨)	17.92	31.47	74.6
布(混合数)(万米)	80517	80754	24.7
机制纸及纸板(万吨)	186.59	219.39	11.9
日用瓷(万件)	406806	296558	8.8
卷烟(万箱)	111.80	116.80	4.5
原煤产量(万吨)	2830.21	2443.00	9.7
发电量(亿千瓦时)	617.03	688.25	15.1
粗钢(万吨)	1834.03	2067.41	12.7
钢材(万吨)	1951.55	2247.36	15.3
水泥(万吨)	6220.54	6782.24	18.5
汽车(万辆)	37.28	34.35	-7.9
照相机(万架)	0.58	1.02	75.7
化学肥料(折合100%)(万吨)	113.42	29.46	-21.4
化学农药(原药)(吨)	21213	34210	23.8
规模以上工业企业主要指标(亿元)			
工业增加值	3101.89	3910.88	19.1
资产总计	8424.86	9964.06	18.3
主营业务收入	14196.68	18466.82	30.1
利税总额	1445.95	1814.69	25.5
建筑业(资级企业)			
建筑业企业人数(万人)	86.10	85.02	-1.3
建筑业总产值(亿元)	1691.47	2096.72	24.0

注:1. 地区生产总值、农业总产值、工业增加值的发展速度均按可比价格计算。

2. 从2011年起,固定资产投资项目统计起点由过去的计划投资50万元及以上提高到计划投资500万元及以上。

续表2

指　标	2010 年	2011 年	2011 年比 2010 年增长(%)
施工房屋面积(万平方米)	13669.67	15514.26	13.5
竣工房屋面积(万平方米)	6488.09	7813.18	20.4
交通运输业			
铁路营业里程(千米)	2734	2734	0.0
公路通车里程(千米)	140597	146618	4.3
货物周转量(亿吨千米)	2738.70	3004.02	109.7
铁　路(亿吨千米)	705.90	733.77	103.9
公　路(亿吨千米)	1850.20	2066.83	111.7
水　运(亿吨千米)	182.41	203.27	111.4
空　运(万吨千米)	1923	1550.34	80.6
旅客周转量(亿人千米)	912.76	962.56	105.5
铁　路(亿人千米)	564.80	600.18	106.3
公　路(亿人千米)	330.48	340.90	103.2
水　运(亿人千米)	0.32	0.30	94.6
空　运(万人千米)	171654	211766	123.4
邮电通信业			
邮电业务总量(亿元)	698.05	779.36	111.6
函　件(万件)	17971	13168.1	73.3
报刊期发数(万份)	361	25.8	7.1
移动电话用户(万户)	1811	2362.7	130.4
固定电话用户(万户)	709.6	673.9	95.0
城市	439.7	421.9	95.9
农村	269.8	252	93.4
计算机互联网用户(万户)	253.4	318.3	125.6
局用交换机容量(万门)	567.1	296	52.2
内外贸易和旅游			
社会消费品零售总额(亿元)	2956.21	3485.06	117.9
海关进出口总额(万美元)	2160007	3146771	145.7
出口额	1341606	2187496	163.1
进口额	818400	959275	117.2
外商直接投资合同金额(万美元)	749447	844545	112.7
外商直接投资实际使用金额(万美元)	510084	605881	118.8
旅游总收入(亿元)	818.32	1105.93	135.1
涉外旅游人数(人次)	1140792	1358265	119.1
涉外旅游收汇(万美元)	34630	41500	119.8
金融业(亿元)			
金融机构人民币存款余额	11846.18	14240.29	120.2
金融机构人民币贷款余额	7757.12	9175.16	118.3
教育、文化、卫生			
高等学校在校学生数(人)	837797	843180	100.6
中等专业学校在校学生数(人)	238744	240788	100.9
普通中学在校学生数(万人)	273.96	279.26	101.9
小学在校学生数(万人)	426.02	434.05	101.9
学龄儿童入学率(%)	99.93	99.76	99.8
报纸出版数量(万份)	70449	74425	105.6
期刊出版数量(万册)	7060	7325	103.8
图书出版数量(万册)	16039	17201	107.2
卫生机构数(个)	7172	7121	99.3
卫生技术人员(人)	154733	166069	107.3
#医　生	59264	62888	106.1
病床数(张)	127915	136512	106.7

国民经济主要比例关系

单位:%

指　标	2010年	2011年
地区生产总值		
第一产业	12.8	11.9
第二产业	54.2	54.6
工　业	45.4	46.2
建筑业	8.8	8.4
第三产业	33.0	33.5
#交通运输邮电业	4.7	4.3
批零贸易餐饮业	9.2	9.4
金融保险业	2.6	3.1
国内支出总额		
最终消费中		
居民消费	79.0	76.2
政府消费	21.0	23.8
资本形成总额中		
固定资本形成	97.6	96.6
存货增加	2.4	3.4
全省总人口		
城镇人口	44.1	45.7
乡村人口	55.9	54.3
社会就业人员		
第一产业	35.6	34.4
第二产业	29.6	30.1
第三产业	34.8	35.5
农业总产值		
农　业	42.2	41.6
林　业	9.8	9.3
牧　业	30.7	33.3
渔　业	13.5	12.3
服务业	3.8	3.5
规模以上工业增加值		
轻工业	34.6	31.7
重工业	65.4	68.3
全社会固定资产投资		
第一产业	2.9	2.6
第二产业	57.5	57.3
第三产业	39.6	40.1
财政支出		
文教科学卫生事业费	25.7	28.9
#科　学	0.9	0.8
教　育	15.5	18.7

主要指标每人年平均水平

指　标	2010 年	2011 年
地区生产总值(元)	21253	26150
第一产业	2714	3108
第二产业	11519	14279
第三产业	7019	8762
财政总收入(元)	2757	3676
年末居民储蓄存款余额(元)	13746	15917
主要农产品产量(千克)		
粮　　食	439.53	458.69
棉　　花	2.94	3.19
油料折油	8.20	8.32
甘　　蔗	13.29	14.04
水　　果	66.81	86.62
肉类总产量	69.30	70.78
牛　　奶	2.67	2.83
水 产 品	48.42	49.79
主要工业产品产量		
化学纤维(千克)	4.03	7.03
布(混合数)(米)	18.10	18.04
机制纸及纸板(千克)	41.96	49.02
日用瓷(件)	91.47	66.26
原　　煤(千克)	636.40	545.88
发电量(千瓦小时)	1387.46	1537.87
粗钢(千克)	412.40	461.96
钢材(千克)	438.83	502.17
水　　泥(千克)	1398.75	1515.47
化学肥料(千克)	25.50	6.58
化学农药(千克)	0.48	0.76
主要消费品消费量		
农民生活消费量(千克)		
粮　　食	213.52	203.91
植 物 油	6.57	8.22
猪牛羊肉	12.71	13.70
蛋　　类	3.28	4.56
水 产 品	5.23	5.77
城镇居民购买量(元)		
粮　　食	353.11	408.64
植物油	163.41	189.34
猪牛羊肉	616.94	777.14
蛋　　类	89.11	104.28
水 产 品	254.69	260.95

江西的一天

指标	2010年	2011年
全省每天创造的财富		
地区生产总值(万元)	258939	320625
第一产业	33068	38112
第二产业	140353	175084
工业	117445	148270
建筑业	22907	26813
第三产业	85518	107430
#交通运输邮电业	12225	13902
批零贸易餐饮业	23770	30199
金融保险业	6616	9793
财政总收入(万元)	33596	45068
财政支出(万元)	52692	69441
布产量(万米)	221	221
机制纸及纸板(吨)	5112	6011
日用瓷(万件)	1115	812
原煤产量(吨)	77540	66932
发电量(万千瓦小时)	16905	18856
粗钢(吨)	50247	56641
钢材(吨)	53467	61572
水泥(吨)	170426	185815
汽车(辆)	1021	941
照相机(架)	16	28
全省每天消费		
最终消费(万元)	122992	153258
居民消费	97136	116758
农村居民消费	30204	39555
城镇居民消费	66932	77203
政府消费	25856	36501
能源消费(万吨标准煤)	17.41	18.98
社会消费品零售总额(万元)	80992	95481
全省每天其他活动		
货物运输量(万吨)	274.90	305.69
旅客运输量(万人)	209.95	216.82
出版报纸(万份)	193.01	203.90
出版期刊(万册)	19.34	20.07
出版图书(万册)	43.94	47.13
邮电业务总量(万元)	19125	21352
邮寄函件(万件)	49.24	36.08
邮寄包裹(件)	3315	3419
结婚人数(对)	989	1022
离婚人数(对)	134	149

地区生产总值

本表按当年价格计算 单位:亿元

年份	地区生产总值	第一产业	第二产业	第三产业	人均地区生产总值
1978	87.00	36.18	33.08	17.74	276
1980	111.15	48.31	41.00	21.84	342
1985	207.89	84.06	76.05	47.78	597
1990	428.62	175.96	133.56	119.10	1134
1991	479.37	183.27	154.77	141.33	1249
1992	572.55	200.81	199.40	172.34	1472
1993	723.04	225.58	282.46	215.00	1835
1994	948.16	314.35	338.23	295.58	2376
1995	1169.73	374.64	403.74	391.35	2896
1996	1409.74	440.00	481.30	488.44	3452
1997	1605.77	475.18	548.84	581.75	3890
1998	1719.87	450.44	608.22	661.21	4124
1999	1853.65	464.40	648.82	740.43	4402
2000	2003.07	485.14	700.76	817.17	4851
2001	2175.68	506.00	786.12	883.56	5221
2002	2450.48	535.98	941.77	972.73	5829
2003	2807.41	560.00	1204.33	1043.08	6624
2004	3456.70	664.50	1566.40	1225.80	8097
2005	4056.76	727.37	1917.47	1411.92	9440
2006	4820.53	786.14	2419.74	1614.65	11145
2007	5800.25	905.77	2975.53	1918.95	13322
2008	6971.05	1060.38	3554.81	2355.86	15900
2009	7655.18	1098.66	3919.45	2637.07	17335
2010	9451.26	1206.98	5122.88	3121.40	21253
2011	11702.82	1391.07	6390.55	3921.20	26150

注:自2005年起,交通运输仓储和邮政业不含信息传输计算机服务和软件业。

按城乡分的人口数(年末数)

年份	总人口(人)	按城乡分		以年末总人口为100	
		城镇人口	乡村人口	城镇人口	乡村人口
1978	31828203	5331228	26496975	16.75	83.25
1980	32701960	6145928	26556032	18.79	81.21
1985	35097971	6942379	28155592	19.78	80.22
1990	38106418	7754656	30351762	20.35	79.65
1991	38646374	8148201	30498173	21.08	78.92
1992	39130927	8537586	30593341	21.82	78.18
1993	39660405	8944215	30716190	22.55	77.45
1994	40154459	9350367	30804092	23.29	76.71
1995	40625406	9689159	30936247	23.85	76.15
1996	41054635	10092871	30961764	24.58	75.42
1997	41503338	10507815	30995523	25.32	74.68
1998	41912074	10918934	30993140	26.05	73.95
1999	42311742	11333623	30978119	26.79	73.21
2000	41485447	11487320	29998127	27.69	72.31
2001	41857676	12728919	29128757	30.41	69.59
2002	42224273	13596216	28628057	32.20	67.80
2003	42542255	14472875	28069380	34.02	65.98
2004	42835667	15240930	27594737	35.58	64.42
2005	43112439	15994715	27117724	37.10	62.90
2006	43391287	16783750	26607537	38.68	61.32
2007	43684125	17386282	26297843	39.80	60.20
2008	44001038	18198829	25802209	41.36	58.64
2009	44321581	19138059	25183522	43.18	56.82
2010	44622489	19660669	24961820	44.06	55.94
2011	44884367	20512156	24372211	45.70	54.30

劳动力资源

单位:万人

年　份	劳动力资源总　数	社　会就业人数	#职　工人　数	劳动力资源总数占人口数的比重(%)	劳动力资源利　用　率(%)
1978	1448.1	1254.3	267.4	45.5	86.6
1979	1503.5	1307.0	269.6	46.6	86.9
1980	1559.6	1356.3	286.7	47.7	87.0
1981	1610.2	1409.8	301.9	48.7	87.6
1982	1638.9	1434.0	311.9	49.0	87.5
1983	1731.4	1498.2	311.1	51.2	86.5
1984	1824.8	1537.3	324.9	53.4	84.3
1985	1887.1	1584.8	341.6	54.5	84.0
1986	1934.6	1622.6	351.9	55.1	83.9
1987	1981.4	1668.4	365.3	55.7	84.2
1988	2055.3	1723.0	379.2	56.6	83.8
1989	2107.2	1760.4	380.1	57.0	83.5
1990	2175.3	1816.5	386.2	57.1	83.5
1991	2248.8	1874.5	398.9	58.2	83.4
1992	2354.0	1870.4	408.4	60.2	79.5
1993	2418.7	1903.7	412.0	61.0	78.7
1994	2636.1	2007.7	413.5	65.6	76.2
1995	2653.3	2100.5	411.3	63.3	79.2
1996	2735.4	2107.2	412.0	66.6	77.0
1997	2768.8	2120.6	409.4	66.7	76.6
1998	2809.1	2094.3	322.5	67.0	74.6
1999	2830.2	2089.0	305.9	66.9	73.8
2000	2898.2	2060.9	291.6	69.8	71.1
2001	2898.5	2054.8	279.3	69.2	70.9
2002	2911.6	2130.6	261.9	69.0	73.2
2003	3016.6	2168.2	256.7	70.9	71.9
2004	3073.5	2214.0	258.4	71.8	72.0
2005	3130.0	2276.7	264.8	72.6	72.7
2006	3210.4	2321.1	271.9	74.0	72.3
2007	3290.6	2369.6	275.0	75.3	72.0
2008	3353.0	2404.5	275.2	76.2	71.7
2009	3413.8	2445.2	273.8	77.0	71.6
2010	3417.6	2498.8	279.6	76.6	73.1
2011	3480.5	2532.6	311.3	77.5	72.8

注:自1998年起,职工人数为在岗职工人数。

城镇登记失业人数及登记失业率

年份	城镇登记失业人数（万人）	#失业青年	占城镇登记失业	登记失业率（%）
1978	21.38			7.39
1979	15.17	13.35	88.0	5.31
1980	17.03	14.43	84.7	5.59
1981	14.58	11.61	79.6	4.57
1982	14.81	11.63	78.5	4.47
1983	13.26	10.60	79.9	3.98
1984	7.57	6.10	80.6	2.21
1985	5.21	4.74	91.0	1.45
1986	5.42	4.98	91.9	1.46
1987	5.56	4.83	86.9	1.45
1988	6.17	5.57	90.3	1.53
1989	6.95	6.60	95.0	1.69
1990	10.26	9.60	93.6	2.44
1991	10.56	10.14	96.0	2.40
1992	8.65	7.92	91.6	1.92
1993	8.65	8.29	95.8	1.82
1994	8.85	7.13	80.6	1.79
1995	8.66	7.48	86.3	1.57
1996	10.10	6.36	63.1	2.20
1997	14.22	8.52	60.0	2.32
1998	14.45	8.26	57.2	2.47
1999	15.50	5.95	38.4	2.60
2000	16.68	5.45	32.7	2.90
2001	17.28	3.39	19.6	3.30
2002	17.76	3.86	21.7	3.40
2003	21.62	4.21	19.5	3.80
2004	22.42	4.39	19.5	3.56
2005	22.84	3.87	16.90	3.48
2006	25.27	3.83	15.20	3.64
2007	24.34	2.41	9.90	3.37
2008	25.99	2.12	8.15	3.42
2009	27.30	1.36	4.98	3.44
2010	26.26	0.94	3.58	3.31
2011	24.64	1.44	5.84	3.20

注：自1999年起失业青年为长期失业者。

全社会固定资产投资

年份	全社会固定资产投资		#房地产开发投资	
	绝对数（万元）	发展速度（上年=100）	绝对数（万元）	发展速度（上年=100）
1978	81316	157.7		
1979	83995	103.3		
1980	188219	224.1		
1981	170858	90.8		
1982	244972	143.4		
1983	280948	114.7		
1984	352080	125.3		
1985	440279	125.1		
1986	533527	121.2		
1987	587729	110.2		
1988	781751	133.0		
1989	732849	93.7		
1990	706532	96.4	28782	
1991	910773	128.9	47957	166.6
1992	1253607	137.6	76487	159.5
1993	1855038	148.0	137036	179.2
1994	2374548	128.0	187480	136.8
1995	2841825	119.7	258631	138.0
1996	3558519	125.2	263962	102.1
1997	3843045	108.0	251323	95.2
1998	4547650	118.3	271234	107.9
1999	4914811	108.1	335876	123.8
2000	5482004	111.5	423705	126.1
2001	6604942	120.5	635195	149.9
2002	9246027	140.0	1036441	163.2
2003	13799696	149.3	1774707	171.2
2004	18196590	131.9	2660196	149.9
2005	21689712	126.0	3010982	113.2
2006	26835744	123.7	3459564	114.9
2007	33019427	123.0	4354573	125.9
2008	47454333	143.7	5476570	125.8
2009	66431422	140.0	6345238	115.9
2010	87722717 (71646250)	132.1	7068222	111.4
2011	90875985	126.8	8670285	122.7

注:1. 本篇章各表均不含跨省中央项目和计划总投资500万元以下项目等其他投资。
2. 农村农户投资为抽样调查数。
3. 从2011年起,固定资产投资项目统计起点由过去的计划投资50万元及以上提高到计划投资500万元及以上,2010年括号中的数据为与2011年同起点的对比基数。

分类型全社会固定资产投资

指 标	2010年	2011年
投资总额(万元)	71646250	90875985
#住宅	8520024	10266708
按登记注册类型分	71646250	90875985
内 资	64022374	82285537
港、澳、台投资	1981100	2161768
外商投资	2061419	2131226
个体经营	3581357	4297454
按构成分		
建筑工程	37009332	48281617
安装工程	5855370	8674172
设备、工器具购置	17932284	22217630
其他费用	10849264	11702567
按建设性质分		
#新 建	49163122	61819271
扩 建	7968937	10563341
改建和技术改造	10320858	13991975
按产业分		
第一产业	2188778	2350877
第二产业	40879729	52075587
#工 业	40501386	51499917
第三产业	28577743	36449521
按性质分		
固定资产投资	68593453	87539281
#房地产开发	7068222	8670285
农 户	3052797	3336704
资金来源合计(万元)	91587891	103436214
上年末结余资金	5938867	5419973
本年资金来源小计	85649024	98016241
国家预算内资金	4228873	4356608
国内贷款	7929884	7432996
债券	13322	2050
利用外资	1631317	1762425
自筹资金	62754492	74133548
其他资金	9091136	10328614
新增固定资产(万元)	46618996	65156200
施工房屋建筑面积(万平方米)	23383.12	22566.35
#住宅	13530.17	12586.43
竣工房屋建筑面积(万平方米)	8842.06	8951.43
#住宅	5958.67	5590.97

海关货物进出口总额

年份	人民币(万元)				美元(万美元)			
	进出口总额	出口总额	进口总额	差额	进出口总额	出口总额	进口总额	差额
1989	232715	174932	57783	117149	62487	46948	15539	31409
1990	322283	257970	64313	193657	71934	58023	13911	44112
1991	408347	270925	137422	133503	76568	50814	25754	25060
1992	531711	355773	175938	179835	96533	64707	31826	32881
1993	665418	350031	315387	34644	116740	61409	55331	6078
1994	1126963	690113	436850	253263	130457	80014	50443	29571
1995	1080209	845224	234985	610239	129044	101035	28009	73026
1996	928914	709206	219708	489498	111672	85243	26429	58814
1997	1105121	924093	181028	743065	133284	111438	21846	89592
1998	1033368	844234	189134	655100	124720	101870	22850	79020
1999	1087884	750259	337625	412634	131387	90611	40776	49835
2000	1344664	991414	353250	638164	162399	119736	42663	77073
2001	1267519	860333	407186	453147	153119	103930	49189	54741
2002	1402687	871005	531682	339323	169468	105232	64236	40996
2003	2092670	1246410	846260	400150	252799	150569	102230	48339
2004	2923218	1651484	1271734	379750	353195	199539	153656	45883
2005	3338761	2005931	1332830	673101	405938	244004	161934	82070
2006	4948598	3000716	1947882	1052834	619356	375307	244049	131258
2007	7230425	4168726	3061698	1107028	944886	544473	400413	144060
2008	9545118	5412965	4132153	1280812	1361793	772666	589127	183539
2009	8727529	5033213	3694316	1338897	1277878	736849	541029	195820
2010	14629821	9079759	5550062	3529697	2160529	1341606	818923	522683
2011	20386735	14160252	6226483	7933769	3146771	2187496	959275	1228221

外商直接投资情况

年　份	项目数(个)	合同外资金额(万美元)	实际使用外资(万美元)
1984	18	708	80
1985	29	2781	517
1986	8	2093	458
1987	15	1990	394
1988	35	1760	563
1989	24	513	587
1990	54	2855	621
1991	162	5562	1949
1992	906	58990	9653
1993	1293	90983	20817
1994	536	39158	26168
1995	522	53966	28818
1996	369	39485	30068
1997	395	64444	47768
1998	334	41919	46493
1999	245	35136	32080
2000	272	26478	22724
2001	308	52660	39575
2002	591	153387	108725
2003	759	233094	161234
2004	964	311289	205238
2005	940	387645	242258
2006	982	403068	280657
2007	867	544615	310358
2008	689	492550	360368
2009	821	490484	402354
2010	1092	749447	510084
2011	812	844545	605881

对外经济合作

指 标	2010 年	2011 年
对外承包工程		
合同数(份)	102	135
合同额(万美元)	135697	144191
营业额(万美元)	104334	158503
对外劳务合作		
合同工资总额(万美元)	3531	4285
实际收入总额(万美元)	6582	6704
对外直接投资(非金融类)		
新设境外投资企业(家)	46	44
中方协议投资额(万美元)	21747	51570
对外直接投资额(万美元)	21280	28090

能源生产总量及构成

年 份	能源生产总量(万吨标准煤)	占能源生产总量的比重(%)		
		原 煤	天然气	水 电
1995	1868.8	88.0		12.0
1996	1573.2	88.5		11.5
1997	1410.0	83.7		16.3
1998	1394.7	78.6		21.4
1999	1154.5	85.7		14.3
2000	1293.2	76.1		23.9
2001	1242.7	71.0		29.0
2002	1252.2	77.0		23.0
2003	1450.4	71.7		17.5
2004	1730.4	79.7		20.3
2005	2010.5	86.0		14.0
2006	2241.0	84.6	0.1	15.3
2007	2253.3	87.9	0.3	11.8
2008	2395.0	87.0	0.2	12.8
2009	2528.8	89.1	0.2	10.7
2010	2204.4	86.1	0.2	13.7
2011	2581.4	88.3	0.7	11.0

能源消费总量及构成

年　份	能源消费总量（万吨标准煤）	占能源消费总量的比重（%）			
		煤　炭	石　油	天然气	水　电
1995	2391.7	79.8	10.0		10.2
1996	2154.7	78.4	12.0		9.6
1997	2132.4	75.2	12.9		11.9
1998	2028.4	73.3	16.3		10.4
1999	2123.3	73.6	17.8		8.7
2000	2505.0	70.5	17.3		12.2
2001	2628.0	71.5	17.0		11.5
2002	2933.0	68.7	21.8		9.5
2003	3426.0	74.5	22.2		3.2
2004	3814.0	72.6	16.9		10.5
2005	4286.0	74.0	17.0		6.6
2006	4660.1	73.8	16.9	0.2	7.4
2007	5052.5	74.9	16.9	0.3	5.3
2008	5383.0	71.7	16.7	0.6	5.7
2009	5812.5	72.0	16.0	0.5	4.7
2010	6248.5	71.9	16.6	1.0	4.8
2011	6928.2	74.3	15.4	1.2	4.1

财政收支总额及增长速度

年　份	财政收入（万元）	财政支出（万元）	收支差额（万元）	比上年增长（%）	
				财政收入	财政支出
1978	122246	162701	-40455	60.4	35.5
1979	117771	176302	-58531	-3.7	8.4
1980	124667	159884	-35217	5.9	-9.3
1981	131822	140292	-8470	5.7	-12.3
1982	123283	155407	-32124	-6.5	10.8
1983	135281	174677	-39396	9.7	12.4
1984	150126	219439	-69313	11.0	25.6
1985	211843	297263	-85420	41.1	35.5
1986	240552	366258	-125706	13.6	23.2
1987	282110	377878	-95768	17.3	3.2
1988	322931	423518	-100587	14.5	12.1
1989	374886	487126	-112240	16.1	15.0
1990	406155	507559	-101404	8.3	4.2
1991	448050	603651	-155601	10.3	18.9
1992	493882	683826	-189944	10.2	13.3
1993	656721	818983	-162262	33.0	19.8
1994	886707	920290	-33583	35.0	12.4
1995	1052172	1103381	-51209	18.7	19.9
1996	1235782	1318475	-82693	17.5	19.5
1997	1349160	1526026	-176866	9.2	15.7
1998	1456584	1752605	-296021	8.0	14.8
1999	1549809	2078293	-528484	6.4	18.6
2000	1716943	2234722	-517779	10.8	7.5
2001	2001638	2837144	-835506	16.6	27.0
2002	2344259	3413843	-1069584	17.1	20.3
2003	2858122	3820981	-962859	21.9	11.9
2004	3508096	4540598	-1032502	22.7	18.8
2005	4259007	5639525	-1380518	21.4	24.2
2006	5186139	6964361	-1778222	21.8	23.5
2007	6652189	9050582	-2398393	28.3	30.0
2008	8169872	12100730	-3930858	22.8	33.7
2009	9288753	15623742	-6334989	13.7	29.1
2010	12262376	19232633	-6970257	32.0	23.1
2011	16450001	25345989	-8895988	34.2	31.8

人民物质文化生活情况

指　标	2010 年	2011 年
就　业(人)		
城镇住户每一就业者赡养人数	1.87	1.89
农村住户每一劳动力负担人口	1.35	1.39
收　入(元)		
职工平均工资	29092	34055
城镇住户可支配性收入	15481.12	17494.87
农村住户纯收入	5788.56	6891.63
消　费(亿元)		
国内支出总消费	4496.69	5593.93
居民消费	3552.93	4261.66
农村居民消费	1156.53	1443.74
城镇居民消费	2396.40	2817.92
政府消费	943.76	1332.27
储　蓄(元)		
平均每人储蓄存款年末余额	13746	15917
居　住(平方米)		
城镇住户人均建筑面积	38.88	39.39
农村住户人均居住面积	40.26	46.82
交通、通讯		
城镇住户每百户摩托车拥有量(辆)	20.77	19.38
城镇住户每百户汽车拥有量(辆)	5.31	8.88
城镇居民每百户拥有移动电话(台)	181.18	200.46
农村住户每百户自行车拥有量(辆)	84.86	60.78
农村住户每百户摩托车拥有量(辆)	60.49	67.88
农村住户每百户拥有移动电话(台)	140.98	189.43
教　育		
每万人中有普通高等学校在校学生(人)	187.75	187.86
每万人中有中等学校在校学生(人)	787.68	780.82
每万人中有小学在校学生(人)	954.72	967.04
学龄儿童入学率(%)	99.93	99.76
卫　生		
每万人中有卫生技术人员(人)	34.7	37.0
#医生	13.3	14.0
每万人中有病床数(张)	28.7	30.4
#医院卫生院	23.1	29.5
文　化(台/套)		
城镇住户每百户拥有彩色电视机	148.00	155.52
城镇住户每百户拥有照相机	33.82	35.98
城镇住户每百户拥有组合音响	27.82	21.50
城镇住户每百户拥有家用电脑	59.91	73.87
农村住户每百户拥有彩色电视机	106.86	116.98
农村住户每百户拥有照相机	2.69	2.49

城市公用事业和建设基本情况

指　标	2010年	2011年
用水普及率(%)	97.4	97.9
供水管道长度(千米)	9527	10837
公共车辆(汽、电车)运营数(辆)	7048	9144
平均每万人拥有(标台)	9.3	11.6
排水管道长度(千米)	7340	8580
道路长度(千米)	5742	6086
道路面积(万平方米)	11330	12329
人工煤气供应量(万立方米)	58208	49641
#家庭用量	18321	10199
天然气供应量(万立方米)	11263	27004
#家庭用量	3384	5380
液化石油气供应量(吨)	188847	194329
#家庭用量	151656	158207
燃气普及率(%)	92.36	94.31
绿化覆盖面积(公顷)	48924	49308
公园数(个)	238	264
公园面积(公顷)	6442	7501
污水处理率(%)	80.83	85.08
生活垃圾清运量(万吨)	284	306.55
生活垃圾无害化处理率(%)	85.89	88.27
市政公用设施建设固定资产投资(万元)	4233310	5508220
#供水	95408	57620
燃气	66967	427900
公共交通	23165	56131
轨道交通	112894	111451
道路桥梁	2539040	3595860
排水	177934	132987
防洪	173535	164788
园林绿化	948889	625776
市容环境卫生	61536	23107
其他	33942	312600

森林资源情况

指　标	2011年
全省林业用地总面积(千公顷)	10720.22
有林地面积	9278.57
用材林	5858.17
防护林	3193.41
薪炭林	75.78
特种用材林	547.81
经济林	814.88
#油茶林	699.19
竹　林	986.45
稀疏林	111.59
灌木林	122.57
未成林造林地	230.11
荒山宜林地	60.64
其他	90.53
活立木总蓄积量(万立方米)	44530.55
杉木林	14528.74
马尾松	11653.61
阔叶树及其他	18348.20
毛竹林蓄积量(万株)	190860.33
森林覆盖率(%)	63.10

工业"三废"排放及处理利用情况

指　标	2010 年	2011 年
工业废水		
工业用水总量(万吨)	666813	697649
#重复用水量(万吨)		536835
工业用水重复利用率(%)	76.83	76.95
工业废水排放总量(万吨)	72526	71196
工业废气		
工业废气排放总量(亿立方米)	9812	16102
工业二氧化硫排放量(万吨)	47	56.81
工业氮氧化物排放量(万吨)		39.35
工业烟(粉)尘排放量(万吨)		35.91
工业固体废物		
一般工业固体废物产生量(万吨)	9407.30	11372.43
#危险废物	8.98	23.24
一般工业固体废物综合利用量(万吨)	4379.14	6304.66
#危险废物	7.87	17.89
一般工业固体废物综合利用率(%)	46.54	55.27
一般工业固体废物贮存量(万吨)	557.14	4420.25
#危险废物贮存量	0.04	0.19
一般工业固体废物处置量(万吨)	4486.55	651.86
#危险废物处置量	1.25	5.20
一般工业固体废物倾倒丢弃量(万吨)	13.23	15.44

注:1. 工业废气排放总量的计量单位为亿立方米,历年数据是万标立方米。

2. 工业固体废物产生量、工业固体废物综合利用量、工业固体废物综合利用率、工业固体废物贮存量、工业固体废物处置量、工业固体、废物丢弃量 2011 年统一改为一般工业固体废物产生量、一般工业固体废物综合利用量、一般工业固体废物综合利用率、一般工业固体废物贮存量、一般工业固体废物处置量和一般工业固体废物倾倒丢弃量,且口径发生变化,后同。

农、林、牧、渔业总产值和商品产值

本表按当年价格计算　　　　单位:万元

年　份	农林牧渔业总产值	农业产值	林业产值	牧业产值	渔业产值	服务业产值	农林牧渔业商品产值	农林牧渔业商品率(%)
1978	492900	364752	58723	63025	6400		175842	35.7
1980	681508	482402	96038	95168	7900		279874	41.1
1981	742600	522463	104083	104682	11372		305367	41.1
1985	1145040	740353	141190	228397	35100		566795	49.5
1990	2119055	1202955	195286	620351	100463		1372256	64.8
1990	2552437	1534586	239624	674764	103463		1372256	53.8
1991	2715836	1612274	288951	688523	126088		1483574	54.6
1992	2983528	1683513	315804	830611	153600		1735728	58.2
1993	3601064	1961358	314875	1095139	229692		2165316	60.1
1994	5278602	2762704	375230	1776561	364107		3368228	63.8
1995	6317137	3316376	414590	2095348	490823		4053816	64.2
1996	7334888	3863193	463328	2311829	696538		4751920	66.9
1997	7855119	3946088	468592	2558551	881888		5180617	66.0
1998	7348844	3615365	476187	2383146	874146		4824857	65.7
1999	7502895	3881699	495903	2239960	885333		4824974	64.3
2000	7602670	3872737	511086	2217976	1000871		4923589	64.8
2000	7413543	3446961	579735	2217976	1000871	168000	4497813	60.7
2001	7674396	3583299	605300	2261129	1042668	182000	4812927	62.7
2002	7918643	3664496	649332	2339367	1099548	165900	5093507	64.3
2003	8416300	3837127	704801	2540056	1185493	148823	5598337	66.5
2004	10549211	4910558	790778	3249823	1431346	166706	6836789	64.8
2005	11429925	5104715	873713	3650964	1625621	174912	7797125	68.2
2006	12252714	5571936	1046051	3440455	1643115	551157	8364442	68.3
2007	14269333	6212597	1264574	4355792	1822009	614361	9673395	67.8
2008	16804990	6943243	1507654	5560144	2115976	677973	11427251	68.0
2009	17338215	7297223	1617850	5414950	2311804	696388	12638262	72.9
2010	19005843	8013643	1867952	5840500	2555809	727939	13893271	73.1
2011	22072655	9178214	2061050	7343392	2722023	767976	15937301	72.2

注:1990年数为按老口径计算的数据,自2000年后按新的国民经济行业分类计算,后同。

农作物播种面积和产量(2011 年)

类　　别	播种面积 (千公顷)	单　产 (千克/公顷)	总产量(粮食: 万吨;其他:吨)	总产量比上 年增长(%)
总　计	5486.79			
粮食作物	3650.07	5355	2052.8	5.0
谷　物	3359.62	5565	1964.3	5.1
#稻　谷	3317.71	5601	1950.1	4.9
早　稻	1384.25	5097	785.6	11.4
中稻及一季晚稻	401.53	6450	266.3	2.8
二季晚稻	1531.93	5834	898.2	0.5
小　麦	10.89	1938	2.2	3.8
玉　米	25.65	3290	10.5	24.3
大(米)麦	0.22	1818	0.0	0.0
豆类合计	154.24	1810	28.7	2.6
大　豆	95.16	2147	20.7	1.5
杂　豆	59.08	1268	7.9	5.7
薯类(按折粮计算)	136.21	4188	59.9	4.9
油料合计	732.35	1469	1135852.0	5.6
#花　生	157.87	2584	437498.0	7.2
油菜籽	542.64	1177	666568.0	4.4
芝　麻	31.81	894	31723.0	11.6
棉　花	81.96	1596	142853.0	9.2
麻类合计	6.21	1642	9926.0	-2.6
黄红麻	0.22	5105	988.0	-12.0
苎　麻	5.99	1514	8938.0	-1.5
甘　蔗	14.00	42213	628475.0	6.3
烟叶合计	20.02	1878	45505.0	21.1
烤　烟	19.39	1867	44497.0	22.9
晒　烟	0.63	2211	1008.0	-27.6
中药材	19.90	2568	78656.0	53.9
蔬菜、瓜类	608.35	21149	13586686.0	5.6
#蔬　菜	535.54	20826	11657454.0	4.5
其他作物	353.93	11491	4012377.0	-1.3
#莲　子	11.46	1156	17079.0	28.9
青饲料	81.86	10298	987738.0	17.2

注:本表粮食作物均为农产量抽样调查数。

规模以上工业企业经济指标

指 标	2010 年	2011 年
企业单位数(个)	7976	6251
#亏损企业	378	294
资产总计(万元)	84248635	99640588
流动资产合计(万元)	35674934	46148463
流动资产年平均余额(万元)	33403461	39506165
固定资产合计(万元)	40946770	48427612
固定资产原值(万元)	50445601	59661849
固定资产净值年平均余额(万元)	34540414	40850836
负债总计(万元)	47004353	55512183
流动负债合计(万元)	36151172	42694567
长期负债合计(万元)	10853181	12817616
所有者权益(万元)	37244282	44128405
主营业务收入(万元)	141966804	184668214
#主营业务税金及附加	1672718	1933173
营业费用	2511101	2738042
利润总额(万元)	8568128	11138553
利润和税金总额(万元)	14459522	18146936
全部从业人员年平均人数(人)	1971755	1922534
工业总产值(万元)	138356056	
工业增加值(万元)	31018933	
总资产贡献率(%)	20.36	21.54
资本保值增值率(%)	125.74	123.17
资产负债率(%)	55.79	55.71
流动资产周转率(次)	4.51	4.53
成本费用利润率(%)	6.69	6.65
全员劳动生产率(元/人)	206437	231445
产品销售率(%)	98.98	98.94
工业经济效益综合指数(%)	275.13	292.21

工业产品产量

品　名	2011年	2011年比2010年增长(%)
原　煤(万吨)	2443.00	9.74
洗精煤(万吨)	139.80	18.20
硫铁矿生产量(折含硫35%)(万吨)	193.39	15.30
钨精矿折含量(万吨)	6.58	8.70
原　盐(万吨)	2.06	-95.20
配混合饲料(万吨)	1003.54	55.50
乳制品(万吨)	28.91	2.60
罐　头(万吨)	10.32	88.80
软饮料(万吨)	213.32	24.20
白　酒(万千升)	14.58	29.87
啤　酒(万千升)	129.47	9.60
精制茶(吨)	41320.15	20.09
卷　烟(亿支)	584	4.47
纱(万吨)	96.85	37.10
布(万米)	80754.30	24.73
纯棉布	52011.90	29.60
棉混纺交织布	25240.60	11.30
纯化纤布	3501.80	82.20
印染布(万米)	9389.20	-55.60
生丝(吨)	2730.20	-1.10
服　装(万件)	114900.21	24.81
皮　鞋(万双)	11988.10	22.70
人造板(万立方米)	386.62	5.70
机制纸及纸板(万吨)	219.39	11.85
家　具(万件)	945.91	-5.10
原油加工量(万吨)	431.84	-7.81
焦　炭(万吨)	875.85	9.30
硫　酸(万吨)	239.97	8.76
烧　碱(万吨)	27.80	1.90
电石(折300升/千克)(万吨)	2.02	-5.50
合成氨(万吨)	17.62	-36.00
化学肥料(折有效成分100%)(万吨)	29.46	-21.38
氮　肥	10.71	-51.60
磷　肥	18.75	22.20
化学农药(吨)	34209.86	23.84
纯　苯(吨)	30203	5.70
涂　料(吨)	20120.70	30.90
塑料树脂及共聚物(万吨)	10.66	-4.30
肥　皂(万吨)	0.22	-31.50
合成洗涤剂(吨)	7372.00	-69.00
火　柴(万件)	0.00	0.00
化学原料药(吨)	31238.39	-7.68
中成药(吨)	86372.00	11.30
化学纤维(万吨)	31.47	74.60
粘胶纤维	23.42	89.40
合成纤维	8.05	42.40
轮胎外胎(万条)	438.04	-21.30
塑料制品(吨)	708762.4	61
水　泥(万吨)	6782.24	18.48
平板玻璃(万重量箱)	592.75	126.50
日用玻璃制品(万吨)	0.60	108.50
玻璃保温容品(万个)	2470.00	-17.00
日用陶瓷(万件)	296557.60	8.80

续表

品　名	2011	2011年比2010年增长(%)
耐火材料制品(万吨)	28.66	16.90
生　　铁(万吨)	1917.07	14.50
粗钢(万吨)	2067.41	12.70
钢材(万吨)	2247.36	15.30
#中小型型材	0.00	0.00
棒　　材	101.18	-8.10
钢　　筋	618.75	14.60
线　　材	602.41	21.00
厚钢板	169.26	20.10
中　　板	183.73	16.60
热轧窄钢带	0.00	0.00
冷轧窄钢带	0.00	0.00
电工钢板	28.34	134.10
无缝钢管	26.29	-21.20
焊接钢管	4.77	-2.10
十种有色金属(万吨)	115.27	3.60
#铜	96.41	3.00
铁合金(万吨)	1.45	18.30
搪瓷制品(吨)	164.70	-66.70
工业锅炉(蒸发量吨)	1525.00	11.60
金属切削机床(台)	3829.00	12.10
#数控机床	1214.00	84.50
泵(万台)	9.98	37.40
风　　机(万台)	7.02	61.20
气体压缩机(台)	29824329	24.50
轴　　承(万套)	3313.00	-12.30
矿山设备(吨)	100068.70	7.50
印刷机(吨)	2402.60	-21.10
小型拖拉机(万台)	1.70	-2.80
汽　车(万辆)	34.35	-7.90
#载货汽车	18.36	-18.10
民用钢质船舶(万总吨)	21.79	26.40
发电设备(万千瓦)	28.08	1.00
交流电动机(万千瓦)	457.30	4.60
变压器(万千伏安)	3168.19	46.80
通信及电子网络用电缆(对千米)	867839.70	11.90
原电池及原电池组(万只)	5763.90	417.60
冷　　柜(台)	254602	23.30
家用电冰箱(万台)	116.46	-7.86
房间空气调节调器(万台)	190.41	11.51
电风扇(万台)	71.53	4.50
灯　泡(万只)	1047.00	120.40
电话单机(万部)	1.20	45.50
彩色电视机(万台)	102.56	51.57
照相机(万台)	1.02	75.70
发电量总计(亿千瓦小时)	688.25	15.10
火力发电	648.69	19.50
水力发电	38.21	-29.30

建筑业主要经济指标

指　标	2010 年	2011 年
企业个数(个)	1391	1428
建筑业合同情况(万元)		
签订的合同额	29450264	34449578
上年结转合同额	10482006	12512699
本年新签合同额	18968258	21936879
承包工程完成情况(万元)		
直接从建设单位承揽工程完成的产值	16589619	20711750
从建设单位以外承揽工程完成的产值	569342	469458
建筑业总产值(万元)	16914698	20967164
房屋建筑施工及竣工面积(万平方米)		
房屋建筑施工面积	13669.67	15514.26
房屋建筑竣工面积	6488.09	7813.18
劳动人员情况(万人)		
计算劳动生产率的平均人数	90.38	83.10
期末从业人数	86.10	85.02
年末资产负债(万元)		
流动资产合计	6330677	8652785
固定资产合计	2232447	1877310
资产合计	9494729	11262444
流动负债合计	5104727	6496621
负债合计	5457239	7013979
所有者权益合计	4003941	4242577
利润(万元)		
利润总额	562790	624672
工资、福利费(万元)		
应付职工薪酬	1609673	2071473

注:建筑业统计范围为具有建筑业资质等级的独立核算建筑业企业。

运输线路长度

单位:千米

指　标	2010 年	2011 年
铁路营业里程	2734	2734
公路通车里程	140597	146618
等级公路	101455	114449
#高速公路	3088	3603
一级公路	1386	1428
二级公路	9340	9464
三级公路	6670	6867
等外公路	39142	32169
内河通航里程	5638	5638
等级航道	2349	2349
等外航道	3289	3289

全社会运输周转量

单位:万吨千米、万人千米

指　标	2010 年	2011 年
货物周转量	27386993	30040231
民　航	1923	1550
铁　路	7059000	7337700
公　路	18501965	20668297
水　运	1824105	2032684
内　河	1147431	1267603
沿　海	602711	694858
远　洋	73963	70223
旅客周转量	9127645	9625564
民　航	171654	211766
铁　路	5648000	6001800
公　路	3304835	3409013
水　运	3156	2985
内　河	3156	2985

邮政电信业务主要指标

单位:万吨千米、万人千米

指　标	2010 年	2011 年
邮政业务总量(亿元)	36.85	28.16
电信业务总量(亿元)	661.2	751.2
邮路总长度(千米)	98020	93086
#航空邮路	28150	25952
铁路邮路	7113	7119
农村投递路线总长度(千米)	97950	96330
自备火车车厢(辆)	20	
邮政汽车(辆)	2060	2495
函　件(万件)	17971	13168.1
包　裹(万件)	121	124.8
报刊期发数(万份)	361	25.8
报刊累计数(万份)	54433	56172.3
特快专递(万件)	2351	3716.1
邮政储蓄年末收储余额(亿元)	1098	429.3
集　邮(万枚)	2540	
固定电话用户(万户)	709.6	673.9
#城市电话用户	439.7	421.9
#住宅电话	235.6	230.9
农村电话用户	269.8	252
#住宅电话	233.9	214.5
公用电话	64.1	59.6
移动电话用户(万户)	1811	2362.7
互连网宽带用户数(万户)	253.4	318.3
长途光缆线路长度(千米)	21201	21336
本地中继线光缆线路长度(千米)	247494	280665
长途电话交换机容量(路端)	554829	438459
局用交换机容量(万门)	567.1	296
移动电话交换机容量(万门)	3333	3811
已通电话行政村(个)	17246	

社会消费品零售总额

单位:万元

年　份	社会消费品零售总额	按行业分				按所在地分		
		批发零售贸易业	住宿餐饮业	制造业	其他行业	市	县	县以下
1980	454837	394464	14716	11925	33732	136117	124878	193842
1985	857101	624672	29833	67896	134700	284121	241686	331294
1990	1519351	992798	67288	123838	335427	565455	416650	537246
1991	1691914	1104809	76691	124733	385681	652942	452991	585981
1992	1976150	1252247	95006	140292	488605	773815	552926	649409
1993	2436197	1558161	133924	182450	561662	993276	647603	795318
1994	3309488	2170230	190318	225022	723918	1417590	842239	1049659
1995	4108625	2621800	240923	339499	906403	1754824	1032896	1320905
1996	4904426	3097082	324083	415364	1067896	2136075	1160310	1608041
1997	5585484	3393320	434171	422694	1335299	2509674	1328683	1747127
1998	6050877	3663941	487089	455056	1444791	2783772	1416479	1850626
1999	6504678	3976504	529461	472388	1526325	3024481	1504438	1975759
2000	7048677	4332119	601080	482100	1633378	3336519	1597858	2114300
2001	7633414	4719534	668622	505988	1739270	3689149	1712064	2232201
2002	8327099	5208415	750374	533849	1834461	4062171	1867732	2397196
2003	9232088	8120182	852549		259357	4553077	2066072	2612939
2004	10744928	9516427	1064138		164363	5545548	2358081	2841299
2005	12448931	11020953	1270375		157603	6449814	2737685	3261432
2006	14481923	12805426	1512142		164355	7594410	3170514	3716999
2007	17189295	15175878	1834720		178697	9097512	3736589	4355194
2008	21417862	18879278	2335508		203076	11464236	4583190	5370436
2009	24844266	21855608	2785850		202808	13305829	5317196	6221240
2010	29562073	4740892	21340866	358522	3121793	24659839	14614792	4902234
2011	34850588	6752635	23783941	473411	3840601	28868099	17644019	5982489

旅游业发展情况

年　份	旅游总收入(亿元)	占全国旅游总收入比重(%)	为全省地区生产总值(%)	为全省地区生产总值中第三产业(%)
1991	4.30	1.23	0.90	3.04
1992	4.81	1.03	0.84	2.79
1993	5.31	0.47	0.73	2.47
1994	6.33	0.38	0.67	2.14
1995	8.39	0.40	0.67	2.14
1996	50.15	2.02	3.31	10.27
1997	79.35	2.55	4.63	13.64
1998	81.64	2.37	4.41	12.35
1999	111.29	2.78	5.67	15.03
2000	134.6	2.98	6.72	16.47
2001	161.4	3.23	7.42	18.31
2002	191.1	3.43	7.80	19.85
2003	197.47	4.04	6.98	18.93
2004	240.81	3.52	6.97	19.65
2005	320.02	4.16	7.89	22.67
2006	390.89	4.37	8.37	25.00
2007	463.67	4.23	8.43	26.44
2008	559.38	4.83	8.63	27.90
2009	675.61	5.20	8.83	25.62
2010	818.32	5.21	8.66	26.22
2011	1105.93	4.92	9.45	28.20

金融机构本外币信贷资金平衡表年末余额

单位:万元

指 标	年末余额	比年初	比年初增长(%)
各项存款	143220489	24126830	20.3
单位存款	64693527	12238648	23.3
#活期存款	36719185	5458434	17.5
定期存款	12961649	3695944	39.9
个人存款	71774307	10346324	16.8
#储蓄存款	71531384	10159900	16.6
财政性存款	4998154	1381739	38.2
临时性存款	279776	-4271	-1.5
委托存款	144772	-7828	-5.1
其他存款	1329953	172217	14.9
各项贷款	93019480	14919841	19.1
境内贷款	92934065	14848997	19.0
#短期贷款	36654336	8013013	28.0
中长期贷款	54748245	7209908	15.2
票据融资	1514548	-371959	-19.7
各项垫款	16936	-1964	-10.4
境外贷款	85415	70845	486.2

注:本表统计口径包括中国人民银行、政策性银行、国有独资商业银行、邮政信汇局、其他商业银行、农村合作银行、城市信用社、农村信用社、信托投资公司、财务公司等金融机构。后同。

房地产开发与经营主要指标

指 标	2010年	2011年
企业个数(个)	2141	2099
投资额和新增固定资产(万元)		
投资额	7068222	8670285
按工程用途分		
住 宅	5447742	6611398
#别墅、高档公寓	181581	323442
办公楼	110064	203243
商业营业用房	781411	955386
其 他	729005	900258
本年新增固定资产	3898732	4254697
土地开发(万平方米)		
本年完成开发土地面积		
本年购置土地面积	777.15	1067.80
资金来源(万元)		
本年资金来源小计	10081606	12163508
国家预算内资金		
国内贷款	1464036	1486163
非银行金融机构贷款	51134	75284
债 券		
利用外资	28979	64601
自筹资金	3912925	4820400
其他资金来源	4675666	5792344
房屋施工、竣工和销售、出租情况(平方米)		
房屋施工面积	72299393	84613832
#新开工面积	23449792	34866674
房屋竣工面积	18177356	19060642
商品房销售面积	24697318	24168530
商品房销售额(万元)	7764058	10023664
商品房出租面积	236631	205784
商品房待售面积	3579863	4728023

研究与试验发展(R&D)情况(2011年)

项　　目	总　计	企　业		科研机构	高等院校	其　他
			#大中型			
研究与试验发展(R&D)						
机构和人员						
单位数(个)	7253	6771	1476	116	113	253
#有R&D活动单位	672	464	203	72	50	86
R&D人员(人)	56919	35062	28950	5216	9866	6775
#研究人员	28925	14283	11949	3357	7943	3342
全时人员	34084	21576	18119	4418	4391	3699
非全时人员	22835	13486	10831	798	5475	3076
R&D人员折合全时当量(人年)	37517.2	24748.2	20636.8	4741.0	4606.0	3422
研究与试验发展(R&D)						
经费支出(万元)						
R&D经费内部支出	967529.2	783482.1	667080.0	82488.0	79949.7	21609.4
日常性支出	816119.7	686164.5	592242.5	62322.0	53109.3	14523.9
人员劳务费	211353.6	161518.4	142056.5	24297.0	13900.9	11637.3
资产性支出	151409.5	97317.6	74837.5	20167.0	26839.4	7085.5
仪器和设备	136132.6	92070.0	70913.6	14873.0	22366.3	6823.3
政府资金	186629.8	52330.0	44633.5	71740.0	44921.8	17638.0
企业资金	754233.8	723743.5	616702.5	84.0	27813.9	2592.4
境外资金	1483.3	1289.3	285.7		145.0	49.0
其他资金	25183.3	6119.3	5458.3	10664.0	7070.0	1330.0
R&D经费外部支出	92065.7	80002.1	76244.0	7077.0	4876.3	110.3
研究与试验发展(R&D)						
产出						
专利申请数(件)	4082	2410	1744	95	1554	23
发明专利	1524	893	627	65	550	16
专利授权数(件)	809			68	732	9
发明专利	187			27	154	6
有效发明专利数(件)	2365	994	682	80	1257	34
发表科技论文(篇)	30849	2074	1713	1362	23936	3477
出版科技著作(种)	678	1		56	572	49

专利申请受理量和授权量

单位:项

类　　别	受理量		授权量	
	2010年	2011年	2010年	2011年
总　　计	6307	9674	4351	5550
按总类分				
发　　明	1968	2796	411	679
实用新型	2947	4699	2588	3088
外观设计	1392	2179	1352	1783
按申请者分				
个　　人	2960	4108	2313	2559
大专院校	855	1271	428	607
科研单位	90	184	58	106
工矿企业	2375	4066	1539	2264
机关团体	27	45	13	14

各类全日制学校基本情况(2011 年)

单位:人

类 别	学校数(所)	在校学生数	招生数	毕业生数	教职工数	#专任教师
研究生		23824	8353	5791		4625
普通高等学校	86	819356	246790	222416	70472	49970
普通中等专业学校	68	240788	86894	75625	8194	5660
中等技术学校	63	223685	80015	71480	7359	4997
中等师范学校	5	17103	6879	4145	835	663
普通中学	2554	2792600	984363	882275	201391	170394
高(完)中	438	783497	308930	251060	79176	47583
初　　中	2116	2009103	675433	631215	122215	122811
职业中学	307	328848	114763	112144	15814	11806
高(完)中	306	328310	114603	112006	15768	11760
初　　中	1	538	160	138	46	46
技工学校	100	142489	54373	42206	10263	8413
小　　学	11633	4340480	777955	667932	195620	204248
特殊教育学校	75	22577	3593	1917	990	885
幼儿园	9431	1455048	894446	400046	86222	52895
工读学校	1				4	4

体育事业基本情况

指 标	2010 年	2011 年
群众体育活动次数(次)	13105	4697
群众体育活动人数(万人)	521.82	336.41
青少年俱乐部(个)	108	128
等级裁判员发展人数(人)	567	643
等级运动员发展人数(人)	195	692
在国际国内比赛中获奖牌数(枚)	95	168
金　　牌	36	61
银　　牌	26	45
铜　　牌	33	62

卫生机构、床位及人员数

年 份	机构数（个）	#医院卫生院	床位数（张）	#医院卫生院	人员数（人）	#卫生技术人员	#医生
1978	5178	2107	72289	65237	87018	70247	30430
1979	5268	2157	74314	67398	92090	73868	31054
1980	5373	2189	76924	69716	97831	79014	32675
1981	5474	2195	78630	70876	111364	90812	37021
1982	5615	2199	81011	72471	115000	93392	38578
1983	5624	2205	82098	72963	119748	97661	40628
1984	5587	2217	82623	73510	126059	100673	40865
1985	5538	2206	84134	75203	127679	102209	43322
1986	5597	2221	86431	76779	131342	105401	45012
1987	5614	2234	89227	79304	134846	108065	46109
1988	5583	2253	90151	80342	138238	111765	48801
1989	5613	2283	92194	82059	141587	114402	50525
1990	5632	2305	92274	82601	144583	116786	51994
1991	5632	2308	92745	83190	146418	117903	51893
1992	5620	2321	93291	83619	147375	118708	52304
1993	5389	2276	93315	82625	147217	118318	52619
1994	5432	2304	94372	83911	149247	120503	54212
1995	5423	2313	93669	83625	151246	122649	55095
1996	7966	2302	88509	81323	147057	118700	50876
1997	8056	2310	90251	82489	148605	120072	51864
1998	7972	2305	91641	83349	149356	121119	52498
1999	7953	2298	91230	82326	152264	122321	53147
2000	8048	2282	90930	83300	151985	123192	54437
2001	7594	2266	91091	83484	151518	122858	53717
2002	11286	2146	90019	83817	139076	114513	46756
2003	11401	2083	85537	79790	141287	117755	49289
2004	12080	2047	84036	78211	141244	118196	46468
2005	10664	2007	85086	79292	138697	115986	46093
2006	10210	2032	88260	81585	142682	119761	51436
2007	9456	2028	94862	85502	153238	126598	51828
2008	8229	2036	105156	93890	168472	139764	55187
2009	7102	2077	123086	104700	176720	146990	56325
2010	7172	2092	127915	103075	184139	154733	59264
2011	7121	2131	136512	132319	196317	166069	62888

注：1. 从1996年起卫生年报统计口径变动，机构数中包括个体机构。

2. 2002年卫生年报统计口径调整，数据变化较大。

3. 2007年卫生年报统计口径变动。

社会福利事业基本情况

指标	2010年	2011年
优抚类收养性机构(个)	226	227
#光荣院	223	223
年末在院人数(人)	10970	11278
#光荣院	10225	10475
福利类收养性机构(个)	1693	1691
#社会福利院	102	103
养老服务机构	1585	1582
#农村	1359	1358
年末在院人数(人)	143402	133745
#社会福利院	11279	11111
养老服务机构	120612	121782
#农村	114335	115547
收养类社会服务机构床位数(张)	148910	150687
社会福利企业(个)	334	332
年末职工人数(人)	24048	26950
#残疾职工人数	12689	12761
社会救济总人数(人)		
城镇居民最低生活保障人数(人)	981136	981270
城市医疗救助(人次)	207136	365362
城市资助参加医疗保险人数(人)	1053390	983701
城市临时救济(人次)	6035	11680
农村居民最低生活保障人数(人)	1497473	1501378
农村医疗救助(人次)	416141	632236
农村资助参加合作医疗人数(人)	1652254	1664037
农村五保户集中、分散供养人数(人)	228607	228608
农村临时救济(人次)	29111	30155

婚姻登记情况

年份	准予登记结婚（对）	初婚（人）	再婚（人）	离婚（对）
1978	159661	150186		7387
1979	127242	239747	14737	6844
1980	148365	284253	12477	10200
1981	210132	402171	18093	5717
1982	213296			6487
1983	174610			4791
1984	223765			5666
1985	232469	453632	11306	11113
1986	231917	453021	10813	11241
1987	258275	504338	12212	12473
1988	250353	488228	12478	14063
1989	283406	551914	13075	16391
1990	334773	652052	17494	17637
1991	261054	508724	13384	17376
1992	255777	496201	15353	17682
1993	236384	458275	14493	19291
1994	249091	483833	14349	18979
1995	260573	502791	18355	19751
1996	271049	526016	16082	20037
1997	272364	525087	19641	21087
1998	278088	539122	17054	21502
1999	289370	558788	17454	26935
2000	295766	570202	18296	24229
2001	293852	548757	35569	26090
2002	283391	540779	21617	31762
2003	269708	507607	27805	29700
2004	296058	560260	28418	39897
2005	295282	553628	36936	39441
2006	315513	594219	36807	45291
2007	356154	665248	47060	51240
2008	391221	719684	62758	56030
2009	408061	738330	77792	45495
2010	361099	695884	26134	48891
2011	373001	703739	42263	54360

注：1. 1978、1979 年和 1981 年至 1984 年离婚对数中未包括法院离婚数。

2. 1999 年以后华侨、港澳台居民登记结婚中未分初婚、再婚人数。

各类事故伤亡情况

指　标	2010 年	2011 年
事故死亡总人数(人)	1924	1797
#工矿商贸企业事故死亡人数	233	200
铁路交通事故死亡人数	58	44
水上交通事故死亡人数	9	8
道路交通事故情况		
起　数(起)	4126	3354
死亡人数(人)	1603	1507
受伤人数(人)	4938	3910
经济损失(万元)	4184	4857
火灾情况		
起　数(起)	4721	4563
死亡人数(人)	21	38
受伤人数(人)	11	14
经济损失(万元)	8074	8395